Hubertus Halbfas

Religionsunterricht in der Grundschule
Lehrerhandbuch 4

Hubertus Halbfas

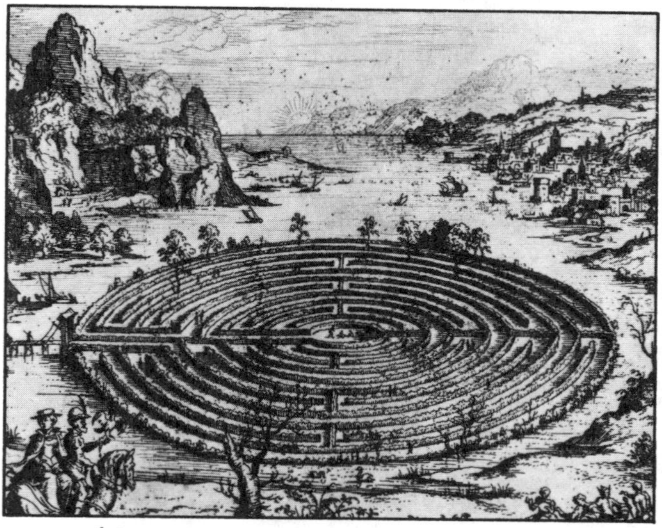

Religionsunterricht in der Grundschule

Lehrerhandbuch 4

Patmos

Zugelassen durch die Lehrbuchkommission der Deutschen Bischofskonferenz
als Lehrerkommentar zu dem genehmigten
»Religionsbuch für das 4. Schuljahr« von Hubertus Halbfas

 7. Auflage 2001
Umschlaggestaltung: Ursula Maria Kahrl, Köln
Titelbild unter Verwendung einer Radierung von Hieronymus Cock,
›Labyrinthi mirabiles ambages‹
(Die wunderbaren Irrwege des Labyrinths), 1558.
Foto: Staatliche Graphische Sammlung, München, Inv. Nr. 37805.
Gesamtherstellung: Bercker GmbH & Co. KG, Kevelaer
ISBN 3-491-78228-7 Patmos

Inhalt

Vorwort

Mit diesem Band rundet sich unser Unterrichtswerk in seinem Grundschulteil. Es ist hinreichend umfassend und vielschichtig angelegt, um dem Lehrer (fast) alles an die Hand zu geben, was er zu seiner Orientierung und kontinuierlichen Unterrichtsvorbereitung braucht. Bewußt sollen die Bücher im ersten Durchgang nicht ausschöpfbar sein. Auch in den sich wiederholenden Schuljahren möchten sie immer noch neuen Bewegungsraum anbieten können. Das Echo auf die früher erschienenen Bände war zustimmend und ermutigte, den beschrittenen Weg weiterzugehen.

Dennoch gab es auch Reaktionen auf dieses Unterrichtswerk, die eher irritierten und bedrückten. Unsere Religionsbücher hatten (und haben) Widerstände zu überwinden, die nicht jedem Religionsbuch in den Weg gelegt werden, doch weckten sie daneben auch ungewöhnliche Aufmerksamkeit. Vielen Freunden ist zu danken, daß die einmal begonnene Arbeit über alle Hürden hinweg weitergeführt werden konnte.

Daß es überhaupt zu diesen Büchern kam, ist das Verdienst von Dr. Oscar Bettschart, dem ehemaligen Direktor des Benziger Verlages. Über Jahre hin hat er sich nicht entmutigen lassen, immer wieder nach dem Entwurf für ein neues Unterrichtswerk zu fragen. Die vielen Schritte bis zur Ausführung hat er in den frühen Anfängen entscheidend begleitet.

In besonderer Weise muß ich an dieser Stelle den Mitarbeitern danken, ohne deren Können und Engagement das erzielte Niveau unerreichbar geblieben wäre: Relindis Agethen hat mit Hingabe für alle vier Bände Bilder gemalt, über die bereits viel diskutiert wurde; doch wer sich auch im unterrichtlichen Gespräch mit Kindern darauf einläßt, findet Anlaß, mit neuen Augen hinzusehen. – Für alle mit großer Sorgfalt und Kreativität ausgeführten Zeichnungen und Schriftseiten ist Annemarie und Josef Schelbert Dank zu sagen; Hartmut Vogler für seinen unermüdlichen Einsatz in vielen Schulen und zumal für seine halbjährige Arbeit am Labyrinth. Sie alle haben es möglich gemacht, manchen neuen Schritt gehen zu können, so daß unsere Religionsbücher nun Seiten anbieten, die *so* in Schulbüchern bisher nie zu finden waren.

Zu danken ist auch den Grundschulen in Düsseldorf, Erftstadt, Heiligenhaus, Köln, Neckartenzlingen, Ratingen und Reutlingen, deren vielfältiges Leben wir in unseren Büchern einfangen durften. Ihr Beispiel haben wir mit Bedacht aufgegriffen, um Maßstäbe damit deutlich zu machen.

Meine mannigfache Dankesschuld bliebe jedoch am wenigsten abgestattet, wollte ich die eigene Familie vergessen; deren Toleranz und tragendes Verständnis haben die geleistete Arbeit möglich gemacht. Insbesondere gilt dieser Dank meiner Frau Ursel, die viele Arbeitsschritte mit Ermutigung und Hilfe begleitete.

So liegt nun mit diesem 4. Band ein Unterrichtswerk für Schüler und Lehrer der Primarstufe vor, dem ich wünsche, daß es in seinen Hilfestellungen und Innovationen schrittweise erkannt und angenommen wird.

Drolshagen, im Juli 1986 *Hubertus Halbfas*

Einführung in die Arbeit mit dem Religionsbuch für das vierte Schuljahr

Nein, dies ist kein »Kommentar«, sondern ein *Handbuch* zum Religionsbuch für das 4. Schuljahr. Es geht um mehr als Erläuterungen und Interpretationen zu den Materialien des Schülerbuches. Wie in den drei voraufgegangenen Bänden hebt sich der Blick über den Religionsunterricht hinaus, wird das »Leben und Lernen in der Schule« weiter entfaltet, finden die Inhalte des Unterrichts theologisch wie didaktisch eine grundlegende Reflexion, so daß es sich nie um punktuelle Unterrichtshilfen dreht, sondern selbst im Detail um ein Verständnis des Ganzen. Es ist wichtig, diese Intention wahrzunehmen, damit der Umgang mit den Handbüchern in der rechten Offenheit und Geduld erfolgt. Wir können schrittweise Angebot und Anspruch unseres Handbuchs darstellen.

Was der Lehrer von diesem Handbuch erwarten darf

Zunächst einmal eine sachhaltige Information, die möglichst über das in der Primarstufe verwertbare Quantum hinausführt. Man kann ja nicht Lehrer sein, wenn das eigene Wissen gerade nur bis an die vom Lehrplan abgesteckten Grenzen reicht. Ein solcher Unterricht müßte in elender Spröde und Dürftigkeit dahinkümmern, anstatt in das Land der Weite und des Unerfahrenen zu führen. Es gibt hier auch keine Bescheidenheit, die dem Grundschullehrer eher zukäme als den Kollegen von der Sekundarstufe. Wer Kinder unterrichtet, muß es aus einer Kenntnis des Ganzen heraus tun. Diese Ganzheit ist zwar nicht mit Stoffwissen und schon gar nicht mit einem Vielerlei an Wissen gleichzusetzen, aber doch immer auch mit einer Sicht verknüpft, die gute Kenntnisse mit Problemverständnis und eigenen Fragen zusammenbringt. In diesem Sinne versucht unser Handbuch, alle großen Themenbereiche hinreichend breit zu dokumentieren. Es soll ein Horizont entworfen werden, in dem sich der Erwachsene orientieren können muß, um eine *eigene* Position zu gewinnen.

Ein besonders wichtiger Bereich ist die theologische Information, die in diesem Band vor allem im Rahmen der Christologie zu leisten war. Deswegen gerieten die Exegesen der biblischen Texte ausführlicher als sonst und wurden ihnen jeweils systematisch-theologische Klärungen beigefügt. Ein Anspruch auf Vollständigkeit kann sich damit im Rahmen eines Grundschulcurriculums nicht verbinden, immerhin wird aber an zentralen Inhalten eine theologische Perspektive entfaltet, die für manchen Lehrer vielleicht als Korrektur und Weiterführung der bislang vertretenen Theologie orientierend sein kann.

In allen Bereichen dieses Buches darf der Lehrer ein besonderes didaktisches Interesse erwarten. Auch wenn es nicht eigens erwähnt wird, finden sich an vielen Stellen Entwürfe und Modelle für neue didaktische Grundlegungen. Was in den vier Bänden des Unterrichtswerkes zum Beispiel über Metapher und Symbol entwickelt wurde, was sich im Bereich sprachlicher Gattungen

(Gleichnis, Parabel, Legende, Paradoxon) dem Religionsunterricht – nicht nur in der Primarstufe! – eröffnet, was an neuer Grundlegung zur Einführung in die Welt der Religionen angeboten wird, wie hier Text und Bild einander zugeordnet, Sachhaltigkeit und Spiritualität verbunden, Fachdidaktik und Schulpädagogik miteinander verschränkt werden, das sollte schrittweise deutlicher gesehen und in das Gesamtniveau des Unterrichts gehoben werden können.

Auf den letzten Aspekt sei noch eigens hingewiesen. Wohl erstmalig steht in unseren Büchern der Religionsunterricht nicht mehr als eine Welt für sich. Zwar gelten die juristischen und institutionellen Ordnungen fort, die ihn auf allzu große Strecken hin in die Randzeiten des Stundenplans, in Nebenzimmer und unter Sonderbedingungen drängen – immer nur zum Nachteil der Sache, um die es geht –, aber diesen Mißlichkeiten zum Trotz muß es die innere Intention des Religionsunterrichts sein, die Wörterwelt, die er entwirft, in einer leibhaftigen Schulwelt zu konkretisieren und zu beglaubigen. Wenn man sagen darf, daß der Lehrer, der mit diesen Handbüchern ernsthaft umgeht, nicht allein für seinen Religionsunterricht profitiert, sondern für seine Qualifikation in den anderen Fächern auch und in seinem schulpädagogischen Konzept insbesondere, dann hat sich damit die Religionspädagogik aus einer marginalen Funktion zu einer elementaren Bedeutung gewandelt.

Die Thematik, die hier für das 4. Schuljahr angeboten wird, weist erneut innere Bezüge auf, so daß die einzelnen Kapitel nicht additiv nebeneinanderstehen, sondern vielfältig miteinander verbunden sind.

Zunächst einmal gibt es diesen Verbund nach rückwärts. Wer unsere Übersichtstabelle anschaut (→ S. 18/19) und diese von links nach rechts liest, kann wahrnehmen, welche innere Folgerichtigkeit die einzelnen Themenstränge über die Grundschulzeit hin bewahren. Dies ist jedoch nicht allein in der thematischen Konzeption so, vielmehr werden zahlreiche Fäden, die in den früheren Schuljahren gesponnen werden konnten, in den je folgenden Bänden beibehalten und immer wieder neu in die Textur des Unterrichts eingewebt. Auf diese Weise ergeben sich oft nebenher Momente der Wieder-holung und der variierenden Vergegenwärtigung, die zu einer ganz anderen Festigung des Lernerfolges führen, als dies bei bezugslosen Reihungen der Kapitel je möglich wäre. Viele dieser Bezugnahmen sind der blätternden Durchsicht jedoch nicht erreichbar, sondern so versteckt, daß sie sich allein im unterrichtlichen Prozeß erschließen, bisweilen sogar nur dann, wenn man subtil sehen und sinnen kann.

Der andere Verbund zieht sich quer durch das Buch und ist der senkrecht gelesenen Inhaltsspalte kaum entnehmbar. Aber so, wie das Sonnengelb des Weizens ein Kennzeichen des Religionsbuches für das 3. Schuljahr ist, ist diesmal der grüne Umschlag ein Hinweis auf die durchhaltende Linie: Insgesamt geht es um das Leben. Die im Schöpfungs-Kapitel entfaltete Ökologie- und Friedensthematik konkretisiert sich im allgemeinschulischen Kontext in den Anregungen zum Schulgarten und den Möglichkeiten des Schulgeländes und entfaltet sich zu einem Gesamtsymbol im »Welthaus der Sioux«. Als ein anderes Lebensymbol durchzieht die Labyrinth-Thematik in anregender Vielfalt viele Teile des Buches; die Kapitel »Gott: Das dunkle Licht« und »Jesus: Der Christus« sprechen schließlich mit letztem Ernst von Leben und Tod, von Menschwerdung, Kreuzigung und Auferstehung. Es ist wichtig, diese Zusammenhänge zu sehen, damit das Buch in seiner inneren Geschlossenheit zum Tragen kommt und der Unterricht über ein Jahr hin nicht lediglich abgehackte »Einheiten« addiert.

Was der Lehrer von diesem Handbuch nicht erwarten darf

Zunächst einmal nichts, was geläufiger Erwartung oft so naheliegt, etwa rezeptartige Bedienung, die bis zu Listen für Zubehör und Zeiteinteilung den möglichen Unterricht entwirft. Ein solcher Service wird hier bewußt verweigert, weil er in seiner letzten Konsequenz den Lehrer nicht fördert, sondern unkreativ hält. Wenn eine solide Sachinformation erfolgt, die den rezeptologischen Angeboten durchweg abgeht, wenn didaktische Reflexion stattfindet, das angebotene Text- und Bildmaterial gut ist, darüber hinaus weitere unterrichtliche Kontexte erschlossen sind für Eigenaktivitäten der Schüler, dann muß es jedem Lehrer möglich sein, für *seine* Schüler an *dieser* Schule zu *dieser* Stunde einen Unterricht zu planen, der den lokalen Bedingungen entspricht. Nur sofern er diesen Teil eigener Leistung hinzufügt, also das für die eigene Person gewonnene Verständnis in unterrichtliche Prozesse übersetzt, wird es *sein* Unterricht sein.

Aus einem ähnlichen Grunde unterlassen wir es, zu den Religionsbüchern die gängige Form von »Arbeitsheften« anzubieten. Die üblichen Beschäftigungen, die sich damit verbinden, wie Ausmalen, Lückentexte eintragen, dies und das einander zuordnen, ausschneiden und einkleben... fixieren einen Unterrichtsstil, der wenig wünschenswert ist. Einerseits verbindet sich mit den meisten Aufgaben solcher Arbeitshefte eine Verengung der hermeneutischen Kategorien, andererseits ist jene Form von Selbsttätigkeit der Schüler – ein Hantieren mit vorprogrammierten Dingen – das Gegenteil von der eigentlich erstrebten und oft beschriebenen Selbsttätigkeit (→ I, 56 ff; II, 101-137; III, 49-116).

Es liegt in der menschlichen Natur, das Vertraute und Bestätigende gegenüber dem Fremden und möglicherweise Verunsichernden zu bevorzugen. Gute Gründe lassen sich dafür geltend machen. Dennoch wird der Benutzer dieses Handbuches gedrängt, an nicht wenigen Orten seiner Schulpraxis über das bisher Gewohnte hinauszugehen. Wir bieten in diesem Band Materialien, Interpretationen und Handlungsvorschläge, die an die Bereitschaft zu neuen Anforderungen geknüpft sind. Darum ist davor zu warnen, bei jedem noch so anfänglichen Versuch sofort bestätigende Unterrichtserfolge zu erwarten. Wer mit unserem Unterrichtswerk erstmalig im 4. Schuljahr zu arbeiten beginnt, ohne über den Anweg der voraufgegangenen Jahre entsprechende Vorbereitung erfahren zu haben, kann zweifellos Problemen begegnen, die andere nicht haben, die aus der Kontinuität der gesamten Grundschulzeit unterrichten.

Eine Erwartung, in längst geübten Bahnen bestätigt zu werden, sollte sich also nicht sonstigen Ansprüchen vorordnen. Das Schülerbuch bietet viele Seiten, deren Charakter ungewohnt sein mag, fordert mit Texten und Bildern heraus, mit denen sich noch keine Übung verbindet. Das ist aber zugleich die Chance, Wege zu gehen, auf denen mehr eigene didaktische Kompetenz zuwachsen kann und die insgesamt unseren Unterricht reicher und befriedigender machen.

	1. Schuljahr	2. Schuljahr
Schule	Leben und Lernen in der Schule – Wir richten uns ein – Frühstücken – Stille-Übungen – Hören, Zuhören – Arbeiten mit Ton	Pflege von Pflanzen und Tieren im Klassenzimmer Stille-Übungen Das tägliche Brot/Brot backen Feste feiern Schüler und Lehrer
Schöpfung	*Im Kirchenjahr* Erntedank Franz von Assisi Allerseelen Martin von Tours Elisabeth von Thüringen	Mensch und Tier – Adam und die Tiere – Die Arche Noachs – Franz von Assisi und die Tiere – Hubertus-Legende – Mönch und Skorpion
Gott	Nikolaus von Myra Advent Weihnachten Erscheinung des Herrn Fastnacht Passion Ostern	Das Licht der Welt – Die Herkunft des Menschen – Anbetung – Der Bund Gottes mit der Erde – Die Offenbarung des Jahwe-Namens – Gottes Gnade
Jesus	*Sehen lernen* Kann jeder sehen, der sehen kann? Das Gleichnis von den Blinden Die Heilung des Blinden	Die Menschenfreundlichkeit Gottes – Die Heilung des Blinden – Die Heilung des Taubstummen – Die Heilung des Lahmen – Die Heilung des Aussätzigen – Das Gastmahl der Armen
Fest		Geteilte und verdoppelte Freude – Wie Menschen feiern – Wie wir feiern können
Gebet/ Gottesdienst/ Sakrament		Der geheiligte Tag – Das Morgengebet – Das Abendgebet – Das Tischgebet
Kirche		Mit der Kirche feiern – Weihnachten: Ein Krippenspiel – Fastenzeit: Unser Hungertuch – Ostern: Das Weizenkorngleichnis – Pfingsten: Alle verstehen sich
Religionen		Die Sonne als Gottessymbol
Symbol-verständnis	Licht Herz Tür	Sonne Brot Wasser
Sprach-verständnis	Augen, die nicht sehen Man sieht nur mit dem Herzen gut Die Sterntaler	Metaphern – Sprichwörter – Die Sprache der Bibel
Bibelverständnis	Israel, Land und Leute	Gottesdienst in Israel

3. Schuljahr	4. Schuljahr
Lesen Schreiben Drucken Stille-Übungen Streit und Versöhnung Gemeinsam essen	Stille-Übungen Der Schulgarten Singen und Musizieren Zusammenarbeit mit den Eltern
Von außen und innen gesehen – Der Anfang – Das Leben – Der Mensch – Mann und Frau – Das Paradies	Mensch und Welt – Verantwortung für die Erde – Verantwortung für das Leben – Verantwortung für den Frieden
Verborgen und offenbar – Der fremde Gast – Die Himmelsleiter – Der Auszug – Der Rücken Gottes – Die Stille – Die Gebote	Das dunkle Licht – Die Nacht – Der Kampf – Die Einsamkeit – Der Feuerofen
Jüngerschaft und Nachfolge – Die Berufung – Der Seesturm – Die Speisung – Brotvermehrung – heute – Christus hat nur unsere Hände	Der Christus – Menschwerdung – Tod am Kreuz – Auferstehung
Das große Gastmahl – Die heilige Gabe des Festes – Das Fest ist wie ein Baum – Das Fest der Freiheit – Einmal muß das Fest kommen	Der Tag des Herrn – Der verlorene Sonntag – Wenn ich dreiundfünfzig Minuten übrig hätte...
Umkehr und Versöhnung – Das Evangelium von Vater und Sohn – Jesus und die Sünderin – Vertraue dich einem Menschen an – Der Gast beim Bauern Das Gastmahl der Liebe – Brotbrechen – Das Gastmahl der Liebe – Hochgebet	Das gelebte Leben – Erfahrungen machen – Das Bittgebet – Das Dankgebet – Das Lobgebet
Mit der Kirche gehen – Weg-Geschichten – Das Aschenkreuz – Der Kreuzweg – Die Wallfahrt – Maria – unterwegs	Mit der Kirche leben – Taufe – Gottesdienst – Gemeindeleben – Caritas – Seelsorge – Tod und Begräbnis
Die Mitte der Welt – Am Nabel der Welt – Golgota: Mitte der Welt – Jerusalem: Mitte der Welt – Christus: Mitte der Welt – Die innere Mitte	Das Welthaus der Sioux – Der Ring des Volkes – Die heilige Pfeife
Von außen und von innen sehen Was ist ein Symbol?	Labyrinth Baum Berg
Gleichnis und Parabel	Die Legende Das Paradoxon
Die Heilige Schrift	Religiöse und politische Umwelt

Was dieses Handbuch vom Lehrer erwartet

Die erste Forderung heißt, sich mit dem Gesamtentwurf vertraut zu machen. Es reicht nicht aus, mit irgendeinem Kapitel den Unterricht zu beginnen und lediglich zu diesem Thema das Handbuch zu befragen. Empfohlen sei, zu Beginn die Einführungen in die einzelnen Bände zu lesen und mit diesem Schlüssel sich die konzeptionelle Anlage der Schüler- wie Lehrerbände vor Augen zu führen. Das kann durchaus vergnüglich, im Sinne einer ersten, aber dennoch aufmerksamen Begegnung geschehen: blätternd und stockend, in einem kursorischen Anschauen und Bedenken. Die Kapitel »Leben und Lernen in der Schule« empfehlen sich insbesondere einer zusammenschauenden Beachtung. Was nämlich darin in allen vier Bänden vorgestellt wird, gilt jeweils für die gesamte Grundschulzeit und wurde lediglich aus Verteilungsgründen einzelnen Schuljahren beigefügt. Der Festkalender in Band 2 möchte für die übrigen Klassen ebenso beachtet werden wie die grundlegenden Ausführungen über Lesen, Schreiben und Drucken in Band 3. Erst recht ist der Einstieg in die Stille-Übungen wohl nur von den vorangehenden Bänden her möglich und sollte beachtet werden, um die Verstehensvoraussetzungen für dieses wichtige Anliegen nicht zu entbehren.

Ähnlich verhält es sich mit den Kapiteln des eigentlichen Religionscurriculums. Hier empfiehlt es sich durchgehend, den Anschluß von den früheren Bänden her zu suchen, sobald ein neues Kapitel begonnen wird. Wer also im Religionsbuch für das 4. Schuljahr das Kapitel »Schöpfung« unterrichtet, ist gut beraten, die voraufgegangene Linie zu rekapitulieren; dasselbe gilt für andere Themenstränge: ob es nun um »Religionen« oder »Sprachverständnis«, um »Jesus« oder »Kirche« geht: der eigene Unterricht ist solider fundiert, kann sich präziser auf frühere Erfahrungen stützen und alte Linien weiterführen, wenn der Lehrer den thematischen Strang seines Kapitels jeweils für die gesamte Grundschulzeit im Blick hat.

Auf den ersten Blick mögen diese Forderungen ungewöhnlich strapaziös erscheinen, tatsächlich sind sie es nicht. Wer sich darauf einläßt, erfährt ihre orientierende Hilfe, also auch die Sicherheit, welche für den gesamten Grundschulunterricht daraus resultiert. Es ist viel aufreibender, als Lehrer ständig von der Hand in den Mund zu leben, ohne Langzeitkonzeption und Kontinuität, als auf der Basis eines Curriculums, mit dem sich zugleich eine schulpädagogische und religionsdidaktische Gesamtschau verbindet.

Wie dieses Handbuch den Schüler sieht

In der Beurteilung unserer Religionsbücher begegnet nicht selten die Ansicht, manche Texte darin seien für die Schüler »zu hoch«. Wir sind auf diesen Vorbehalt bereits mehrfach eingegangen (→ I, 20 f; III, 17) und verweisen darauf zurück. Dennoch ist es notwendig, der Frage nach »kindgemäßen« Inhalten noch einmal Beachtung zu schenken.

Im historischen Rückblick zeigt sich das Kriterium der Kindgemäßheit solange als unbekannt, als es «Kindheit« als kulturelle Ausprägung noch nicht gab. Zwar gibt es Kindheit als biologische Gestalt seit jeher, solange sich aber keine gesellschaftlichen Voraussetzungen dafür entwickeln konnten, war die Idee und Realität der Kindheit dem öffentlichen Bewußtsein fremd (→ S. 26 ff). Kinder partizipieren ohne gesonderten Schutz- und Lernraum am Leben der Erwachsenen, also auch ohne didaktische Steuerung, die altersgemäße Zuordnungen regelte. Darum war der früheste Schulunterricht, etwa in der jüdischen Tradition, ohne Auswahlkriterien für »zu schwere« oder »zu leichte«, »geeignete« oder »ungeeignete« Lektionen der Tora (→ III, 580). Die durch das religiöse und kulturelle Gesamtleben des Volkes vermittelte Partizipation der Kinder an allem, was wichtig war, ging jeder lernpsychologischen Überlegung voraus.

Inzwischen haben sich in schulischen Teilbereichen die Verhältnisse derart umgedreht, daß hier die Inhalte fast vollständig einem nur-funktionalen Lernprozeß geopfert wurden. Als Beispiele haben wir die Entwicklung der Lesefibeln vorgestellt (→ III, 50-53). »Die Kriterien für die Auswahl des ersten Lesestoffes«, sagten wir dort, »werden leider einseitig von der Methodenraison diktiert. Es sind Kriterien einer ›totalen Verständlichkeit‹, die jede poetische, symbolische und inspirierende Qualität ausschließen und Kinder auf reine Funktionalität abstumpfen. Man nennt die so bemessenen Texte ›kindgemäß‹, aber diese Kindgemäßheit verhindert, daß die Kinder über die Bedeutungslosigkeit der Tagesfakten hinausgelangen.« Als Beispiel wurde eine jüdische Kindheitserinnerung zitiert: »Ehrlich gesagt erreichte mich alles, was sie zu unterrichten hatten, nur hinterm Ohr, sozusagen durch die linke Ohrlocke, wie man auf Jiddisch sagt. Mein rechtes Ohr horchte eifrig auf etwas ganz anderes, das aus dem Gebetbuch zwischen den Zeilen zu mir drang und sich mit dem vereinte, was bereits in meinem Herzen war... Aus den verwaschenen kleinen Buchstaben in diesen alten Büchern kamen verwirrte und unvollständige Fragmente von Generationen auf mich zu... Hier war ich und verkehrte mit all diesen Alten und nahm teil an ihrem Tun und Treiben... Das Tor des Verständnisses öffnete sich von selbst.«

Die heutige Religionspädagogik ist in Gefahr, diese Erfahrung durch eine »lernpsychologisch« vermessene Gegenwelt komplett zu ersetzen, die unter dem totalen Diktat einer vermeintlichen Kindgemäßheit steht. Darin wird die Bibel ihrer Dunkelzonen und Abgründigkeiten entkleidet und auf Kinderstubenformat á la Kees de Kort oder Jenny Dalenoord reduziert, oder ins Comic-Format übersetzt oder auf die Putzigkeiten der Zachäusversionen in Liedern und Unterrichtsvorgaben gebracht oder auch einfach in Klischees und flache Formeln gepreßt. Gegen all diese Vorgänge wehrt man sich normalerweise nicht, weil sie dem Gesetz der Kindgemäßheit unterstellt werden. Dem gleichen Gesetz soll die gemachte Heiterkeit der Illustrationen oder der Verschnitt ernsthafter Texte mit gekünstelten kindertümelnden Rahmenerzählungen dienen. Die Autoren und Produkte dieser Auslieferung des Glaubens an den Warencharakter der heutigen Kinderkultur (→ S. 33 f) werden natürlich für ihre Leistungen prämiiert, von der Hierarchie ebenso wie von der breiten Lehrerschaft, weil der Modus solch »sanfter Anpassung« immer noch unter dem Aspekt der Vermittlung gesehen wird. Wenn man aber die über die Altersstufe hinausreichende Langzeitwirkung solcher »Kindgemäßheit« mitsehen würde, ihre im letzten mangelnde Ernsthaftigkeit und Wahrhaftigkeit, und wenn man vor allem erkennen würde, daß diese Art Kindgemäßheit den Glauben zwar an die Warenwelt anpaßt, nicht aber die Kinder der Größe und Paradoxie des Christentums konfrontiert, würde das Verhältnis von Kind und Glaube im Religionsunterricht wohl weniger verspielt inszeniert.

Die Bibel – beispielsweise – ist auf keiner ihrer Seiten ein Kinderbuch. Sie wird es auch nicht durch Kinderbibeln und Übernahmen in Religionsbücher. Dennoch hat die Bibel in ihren erzählenden Traditionen seit jeher höchste Eindrücklichkeit für Kinder gehabt. Gerade in ihrem »Überschuß an Bedeutung«, in allem, was zwischen den Zeilen und »hinter« ihren Geschichten liegt, also in dem, was nicht einfach erklärbar ist und dem intellektuellen Verständnis der Kinder voraufbleibt, liegt zugleich ihr Faszinosum. Dabei ist es wichtig, daß die Ernsthaftigkeit, mit der die Erwachsenen sich auf die Bibel einlassen, auch den Kindern zugänglich ist, zumindest in der Person des Lehrers, damit ihre Botschaft die Kinder nicht nur hinterm Ohr, »sozusagen durch die linke Ohrlocke, wie man auf Jiddisch sagt«, erreicht. Bis zum Tag aber hat es noch keine überzeugende Bilderbibel für Kinder gegeben. Da ist das von Christoph Goldmann eröffnete Programm »Kinder erfahren Gott mit Marc Chagall« mit Sicherheit der seriöseste Weg, der bislang gefunden wurde. Gerade weil hier nichts in einer schulmeisterlichen Didaktisierung auf Kleinformat gebracht wird, ist es für Kinder ein Weg über die Kindheit hinaus.

Dasselbe gilt für Texte. Das »Hochgebet« im Religionsbuch für das 3. Schuljahr ist als (gekürzter) liturgischer Text in keiner Zeile »kindgemäß«. Aber soll er das überhaupt sein? Ein solcher Text legitimiert sich nicht durch »totale Verständlichkeit«. Er will nicht erklärt werden, sondern gesprochen, gebetet, im Gottesdienst erlebt, im Bild, in der Geschichte, im Symbol umspielt und vertieft. Oder nehmen wir aus dem Religionsbuch für das 4. Schuljahr die Passage aus Exupérys »Der Kleine Prinz«: »Wenn ich dreiundfünfzig Minuten Zeit hätte...« Auch wenn Saint-Exupéry sein Buch den Kindern widmete – oder dem Kind im Erwachsenen – so schrieb er doch keine Kindergeschichte, erst recht kein Buch, zu dem Kinder aus eigenen Stücken greifen, wohl aber ein Buch mit Szenen, die Kinder im Gespräch mit Erwachsenen warmen Herzens aufnehmen können. Wer diese Vermittlung wiederum nur als kognitive Möglichkeit versteht, also allein den Weg der »Erklärung« sieht, statt mit intuitiver Leichtigkeit den Kindern diese poetische Erzählung zuzuspielen, muß natürlich erneut das »zu hohe« Niveau beklagen.

Nein, ein »zu hoch« bemißt sich nicht so schnell am kindlichen Vermögen, das zwar durch kognitive Merkstoffe oft überfordert, durch erzählende, poetische, symbolische, spirituelle Texte und Bilder aber immer dann unterfordert bleibt, wenn der Lehrer nicht mit dem eigenen lebendigen Verhältnis zur Sache dabei ist. Wenn es an diesem Verhältnis nicht mangelt, wird den Kindern unser Religionsbuch ein Schlüssel zu Gott und der Welt sein – gerade weil es die Kinder so ernst nimmt und den christlichen Glauben nicht auf den Warencharakter der heutigen »Kinderkultur« reduziert.

Wie dieses Handbuch über die Primarstufe hinaus brauchbar ist

Um keine Mißverständnisse zu fördern: In der Anlage unserer Handbücher ging der Blick nicht über die Grundschule hinaus; was geschrieben wurde, nahm an ihr Maß und nur an ihr. Dennoch gibt es innere Momente, die das gesamte Unterrichtswerk über die Primarstufe hinaus brauchbar machen.

Das erste Moment ergibt sich aus der Sachbezogenheit aller Informationen. Die Handbücher sind *für Lehrer* geschrieben, für deren Verständnis und Problemsicht. Vermittelbar an Kinder ist nur, was zuvor eigene Sicht wurde. Deshalb begegnet hier keine Theologie ad usum delphini, sondern Theologie, wie sie in der heutigen Christenheit und Welt möglich ist. Darum sind die Grundlegungen und Einführungen in die thematischen Kapitel als auch die Interpretationen aller Texte und Bilder dem Lehrer auf der Sekundarstufe oder dem Pfarrer bei seiner Arbeit dienlich.

Das zweite Moment ist mit dem didaktischen Anspruch gegeben, keine Texte und Bilder zu akzeptieren, deren inhaltliche und formale Gültigkeit sich mit dem Kindesalter erschöpft. Darum ist selbst das Religionsbuch für das 1. Schuljahr – wie inzwischen vielfältig erprobt – in allen höheren Klassen bis zum 13. Schuljahr und nicht zuletzt in der Erwachsenenarbeit brauchbar. Wer sich der bereitstehenden Dia-Ausgaben zu allen vier Religionsbüchern bedienen will,[1] findet Möglichkeiten eines flexiblen Gebrauchs, selbst in Ländern, die eine Einführung der Schulbücher (noch) nicht genehmigen.

Der dritte Aspekt, der eine Beachtung dieses Unterrichtswerkes in weiterführenden Schulen nahelegt, ist uns freilich der wichtigste. Es geht darum, daß der Religionsunterricht im 5. Schuljahr (und späterhin) nicht blind *irgendwo* ansetzt, ohne sich zu informieren, was in allen voraufgegangenen Grundschuljahren geschah – oder hätte geschehen können –, was also vorausgesetzt werden darf, was nicht, und welche Wiederholung angemessen ist. Über das Schnittmuster mancher Lehrpläne soll hier nicht Klage geführt werden, doch bleibt es unverzichtbar, daß über den jeweiligen Lehrplan hinaus eine Bestandsaufnahme unseres Grundschulcurriculums erfolgt. Im Regelfall kommen in den fünften Schuljahren allerdings Kinder aus verschiedenen Schulen zusammen, in denen unterschiedliche Bücher benutzt wurden, so daß kein einheitlicher Bildungsstand vorausgesetzt werden kann. Was unsere Bücher beispielsweise im Bereich des Sprachverständnisses, des Symbol- und des Bibelverständnisses grundgelegt haben, sollte auch für die weiterführenden Schulen conditio sine qua non sein und gegebenenfalls nachgeholt werden. Dem Religionslehrer der Orientierungsstufe sei deswegen angeraten, sich aus den Sequenzen dieser Grundschulbücher eine gedrängte Grundlegung bzw. ein Repetitorium für seine Arbeit zu schaffen.

[1] *Hubertus Halbfas,* 32 Dias zu den Religionsbüchern 1 und 2, (Patmos Verlag) Düsseldorf 1984. *Hubertus Halbfas,* 32 Dias zu den Religionsbüchern 3 und 4, (Patmos Verlag) Düsseldorf 1986.

Brief an die Religionslehrer der Orientierungsstufe

Liebe Kollegin, lieber Kollege,

dieser Brief erreicht Sie über die Grundschule mit der Bitte, sich für Ihre Arbeit über den bisherigen Weg des Religionsunterrichts zu informieren.

Sie übernehmen eine fünfte Klasse. Ihre Schüler kommen aus verschiedenen Schulen und haben mit unterschiedlichen Religionsbüchern gearbeitet. Da ist es unmöglich, einheitliche Voraussetzungen zu finden, auf denen Ihr Unterricht aufbauen kann. Ihr Lehrplan, der sich über diese Situation 1986 noch keine Gedanken macht, darf deshalb nicht unbedachter Ausgangspunkt für den weiteren Religionsunterricht in Ihrer Schule sein. Wenn Sie alle Ihre Schüler dort abholen möchten, wo diese am Ende der Grundschulzeit stehen, ist es geraten, deren bisherige Religionsbücher zu kennen, mit denen in den voraufgegangenen vier Jahren gearbeitet wurde. Dann wird es Ihnen leichter fallen, die unterschiedlichen Wissens- und Verstehensvoraussetzungen der Kinder zu erheben, um vor Augen zu haben, was getan werden muß, damit eine gemeinsame und tragfähige Basis für den künftigen Religionsunterricht entsteht.

Ich möchte Ihnen nahelegen, diese Erkenntnis mit dem Curriculum unserer Religionsbücher für die Grundschule (die Ihnen im Klassensatz auch weiterhin gute Dienste leisten) und mit den zugehörigen Handbüchern in eine Beziehung zu bringen. Sie finden darin eine Basis religiöser Sprachlehre und christlichen Wissens, auf die der Religionsunterricht in der Sekundarstufe nicht verzichten kann. Außerdem gibt es innere Gründe, auf viele der dort vermittelten Geschichten und Bilder immer wieder einmal zurückzugreifen, weil sich ohne solche Wieder-Holungen ein tieferes Glaubensverständnis nur schwer erschließt und das notwendige Wissen sich kaum einwurzeln kann. Zahlreiche Themen dieser Bücher werden Sie auch in der Sekundarstufe behandeln, so daß eine kluge Weiterführung nur in dem Maße gelingt, als Rückbesinnung und Wiederholung voraufgehen.

Daneben möchte ich Sie bitten, sich die Zeit zu nehmen und die Fotos aus Grundschulklassen, die unsere Religionsbücher im jeweiligen Kapitel »Leben und Lernen in der Schule« zeigen, genau anzusehen und dabei auch den Klassenhintergrund detailliert zu beachten. Vergleichen Sie die Unterrichtsräume Ihrer eigenen Schule damit, ziehen Sie bitte die entsprechenden Kapitel der Handbücher hinzu, und – das wäre am meisten zu wünschen – versuchen Sie in Ihrer Schule ähnliche Prozesse anzustoßen. Es sollte nicht dauerhaft so bleiben, daß Grundschulen die freundlicher eingerichteten und mehr motivierenden Milieus bieten. Doch dazu kann es nur kommen, wenn die Sekundarstufenpädagogik sich nicht allein nach »oben« orientiert, sondern ihren Weg nicht minder bewußt von der Grundschule her bedenkt.

Bitte, sehen Sie sich unsere Bücher an. Sie werden es gewiß mit Gewinn für Ihre Arbeit tun.

Hubertus Halbfas

Kinder: Schuf die Schule die Kindheit?
Rettet die Schule die Kindheit?

Die Erfindung der Kindheit

Um Kindheit wird gestritten: seit wann es sie gibt; ob es sie heute noch gibt oder in einer voraussehbaren Zukunft nicht mehr gibt. Wieso kann man darüber streiten? Es hat doch schon immer Kinder gegeben, und es sollte – wenn schon die biologische Ordnung nicht auf den Kopf gestellt werden kann – kein Zweifel erlaubt sein, daß alles Leben klein und hilflos beginnt. Wer kann da Kindheit in Frage stellen?

Jan Hendrik van den Berg

Der erste, der die Kindheit nicht als eine biologische, sondern als soziologische Entwicklung sehen lehrte, war der holländische Psychologe Jan Hendrik van den Berg. Er schrieb 1956 ein Buch »Metabletica über die Wandlung des Menschen«. Darin überraschte er mit der These: »Das Kind ist Kind *geworden.*« Er schildert Kindheiten, die den heutigen Menschen ebenso fremd erscheinen wie exotische Schaustücke auf einem Jahrmarkt.

Da wurde – zum Beispiel – 1550 ein Théodore Agrippa d' Aubigné geboren, von dem bezeugt wird, daß er mit 6 Jahren Griechisch, Latein und Hebräisch las und Platon aus der griechischen Fassung ins Französische übertrug, noch bevor er das 8. Lebensjahr beendet hatte.

Etwa zur gleichen Zeit gab Montaigne den Rat, Kindern philosophische Reden oder Gespräche vorzulesen und zu deuten. Was waren das damals für »Kinder«?

Von Goethe wird überliefert, er habe vor seinem 8. Lebensjahr Deutsch, Französisch, Griechisch und Latein geschrieben. Italienisch habe er spielenderweise gelernt, während sein Vater dem siebenjährigen Schwesterchen darin Unterricht gab. Christoph Martin Wieland las Cornelius Nepos mit 8 Jahren, den schwierigen Horaz vom 10. bis zum 13. Lebensjahr... In dieser Reihung kann es lange weitergehen: es zeigt sich ein schier unübersehbarer Zug von – wie wir heute meinen – frühreifen Kindern. Es habe Mädchen gegeben, die schon mit 5 Jahren die ganze Bibel gelesen hätten, und es sei nicht anzunehmen, daß sie von alldem nur wenig verstanden hätten. An Pascal gingen die Signale der erwachsenen Welt offensichtlich nicht vorbei, und wenn von Heinrich Jung-Stilling berichtet wird, daß er mit 11 Jahren Luther und Calvin las, ist es kaum wahrscheinlich, daß er nur Worte buchstabiert hat, deren Sinn ihm fremd geblieben wäre.

Johann Heinrich Campe führt 1786 darüber Klage, daß es keineswegs ein Vergnügen sei, einen acht- oder zehnjährigen Jungen zu sehen: »Er nennt uns eine ganze Bibliothek von Büchern, die er schon gelesen hat, schwatzt von Thieren und Gewächsen, die es in beiden Indien gibt, hat schon seinen dicken Cursus der Erdschreibung und der Geschichte absolviret, spricht schon in mehreren Zungen, kann alle Paradigmata der lateinischen Grammatik schon an dem Finger hersagen, rechnet wie ein Kaufmann und exponiert seinen Classiker mit einer Fertigkeit, die einen ehrlichen Schulpedanten bis zu Freudenthränen rühren mögte.«

Während Campes Zeitgenossen in der damals dem Kind auferlegten Anforderung nichts besonderes sahen, wird heute um so bewußter, wieviel Mühe es kostet, ein paar Werke bis zum Abitur zu lesen; während zu jener Zeit ein Schüler »alle Paradigmata der lateinischen Grammatik kennt«, bleibt dies heute, auch mit höheren Lebensjahren, eine unsägliche Quälerei, und »die Klassiker mit tränenbringender Fertigkeit« auszulegen, will schon erst recht keine Parallele mehr erlauben. Was ist seitdem geschehen?

Van den Berg antwortet: »Das Kind ist Kind *geworden*. Nehmen wir das nicht an, dann muß es uns dunkel bleiben, daß das Kind Jahrhunderte hindurch Lektüre vorgesetzt bekam, die es, in unseren Augen nicht verdauen konnte.«[1]

Philippe Ariès

Wenige Jahre nach van den Bergs »Metabletica« legte der französische Kulturhistoriker Philippe Ariès eine »Geschichte der Kindheit«[2] vor (»L'enfant et la vie familiale sous l'ancien régime«), die – erst spät beachtet – die Augen für ein neues Forschungsinteresse öffnete. »Die mittelalterliche Gesellschaft hatte kein Verhältnis zur Kindheit«, lautet Ariès' Ausgangsthese. Er meint damit nicht, es habe keine Zuneigung zum Kind gegeben, sondern an einem *bewußten* Verhältnis zur Kindheit gemangelt. Die Kindheit als soziales Phänomen sei damals noch nicht entdeckt gewesen. »Deshalb gehörte das Kind auch, sobald es ohne die ständige Fürsorge seiner Mutter, seiner Amme oder seiner Kinderfrau leben konnte, der Gesellschaft der Erwachsenen an und unterschied sich nicht länger von ihr. Von dieser Erwachsenengesellschaft haben wir heute den Eindruck, daß sie recht häufig kindlich gewesen ist – zweifellos eine Frage der geistigen, aber auch der physischen Reife, denn teilweise setzte sich diese Gesellschaft ja aus Kindern und sehr jungen Leuten zusammen.« Die ungemein hohe Kindersterblichkeit – zeitweilig erfaßte sie vier von fünf Kindern – erlaubte es den Eltern nicht, mit der gleichen Affektivität ihren Nachwuchs zu lieben, wie dies heutigen Menschen möglich ist. »Ich habe zwei oder drei Kinder im Säuglingsalter verloren und dies zwar nicht ohne Bedauern, aber doch ohne Verdruß«, stellte Montaigne fest. Sobald aber das Kind dieses Alter überschritten hatte, in dem die meisten Kinder starben, mischte es sich unter die Erwachsenen.

Philippe Ariès' zentrale These behauptet nun, »die Kindheit« als ein über die Säuglings- und Kleinkinderzeit hinausreichender Lebensabschnitt sei erst zwischen dem 16. und 18. Jahrhundert »entdeckt» worden. Er erklärt diese Geschichte der Kindheit als einen Vorgang, der Kinder und Erwachsene, die im Mittelalter in ungetrennter sinnlicher Gemeinschaft lebten, immer mehr auseinander führt. Vordem haben – wie auch Norbert Elias breit belegt – die »Kinder« und die »Erwachsenen« dieselben Arbeiten verrichtet, die gleiche Kleidung getragen, dieselben Dinge gehört und gesehen; es gab keinen für die Kinder von der Erwachsenenwelt abgespaltenen Lebensbereich, auch keinen sexuellen. Ariès' Buch zeigt, welch lange Übergangszeit die neuzeitlichen Jahrhunderte konstruierten, die nun das Kind durchlaufen und lernend bestehen

[1] *Jan Hendrik van den Berg*, Metabletica über die Wandlung des Menschen. Grundlinien einer historischen Psychologie, (Nijkerk 1956) Göttingen 1960, 28-34.
[2] *Philippe Ariès,* Geschichte der Kindheit, München 1975.

muß, um Anerkennung in der Erwachsenenwelt finden zu können. Im Urteil Ariès' ist dies eine Entwicklung zum Negativen: von kindlicher Freiheit und Gleichberechtigung zu Unfreiheit, Disziplinierung durch Schule, Kirche und Familie und zur Unterwerfung unter die kleinkarierten Maßstäbe von Moralisten und Pädagogen. Er unterstellt also, vor der Einführung der Kindheit als einer exklusiven Sphäre, welche die Erwachsenen mit besonderer Aufmerksamkeit hüten, sei es den Kindern besser ergangen als heute. Obwohl er als Gegenstück hierzu die Gleichgültigkeit gegenüber Kindern deutlich herausstellt, wird ihm diese keineswegs zum Problem.

Lloyd de Mause

Eine solche Position blieb nicht ohne Widerspruch. Der amerikanische Psychoanalytiker Lloyd de Mause trug in dem von ihm herausgegebenen Sammelband »The History of Childhood«[1] 1974 eine pointierte Gegenposition vor. De Mause widerspricht der Ansicht von Ariès, daß Kinder in der »vorzivilisatorischen« Gesellschaft glücklicher gewesen seien als nach ihrer Gettoisierung in einer behüteten »Kindheit«: »Je weiter wir in der Geschichte zurückgehen, desto unzureichender wird die Pflege der Kinder, die Fürsorge für sie, und desto größer die Wahrscheinlichkeit, daß Kinder getötet, ausgesetzt, geschlagen, gequält und sexuell mißbraucht wurden.« Er unterscheidet sechs Phasen in der Entwicklung der Eltern-Kind-Beziehung. Die Antike (bis zum 4. Jahrhundert n. Chr.) sieht er durch den gesellschaftlich sanktionierten *Kindesmord* gekennzeichnet; für die nächste Phase (4. – 13. Jahrhundert) gilt ihm die *Weggabe* als charakteristisch. (Elisabeth von Thüringen ist dafür ein Beispiel – in ihrem eigenen Schicksal und in dem ihrer Kinder.) Das Eltern-Kind-Verhältnis in der Folgezeit (14. – 17. Jahrhundert) betrachtet de Mause danach von *Ambivalenz* bestimmt. Die vierte Phase (18. Jahrhundert) beschreibt er als *Intrusion* (Eindringen), die fünfte Phase (19. – Mitte 20. Jahrhundert) als *Sozialisation*, das derzeitige Verhältnis als *Unterstützung*. Diese letzte Phase scheint ihre volle Entfaltung noch vor sich zu haben, und es bleibt offen, ob de Mause danach noch weitere Verbesserungen für möglich hält: »Die Beziehungsform Unterstützung beruht auf der Auffassung, daß das Kind besser als seine Eltern weiß, was es in jedem Stadium seines Lebens braucht. Sie bezieht beide Eltern in das Leben des Kindes ein; die Eltern versuchen, sich in die erweiternden Bedürfnisse des Kindes einzufühlen und sie zu erfüllen. Bei dieser Beziehungsform fehlt jeglicher Versuch der Disziplinierung oder der Formung von ›Gewohnheiten‹. Die Kinder werden weder geschlagen noch gescholten, und man entschuldigt sich bei ihnen, wenn sie einmal unter großem Streß angeschrien werden. Diese Form verlangt von beiden Eltern außerordentlich viel Zeit, Energie und Diskussionsbereitschaft, insbesondere während der ersten sechs Jahre, denn einem kleinen Kinde dabei zu helfen, seine täglichen Ziele zu erreichen, bedeutet, ständig auf es einzugehen, mit ihm zu spielen, seine Regressionen zu tolerieren, ihm zu dienen, statt sich von ihm bedienen zu lassen, seine emotionalen Konflikte zu interpretieren und ihm die für seine sich entwickelnden

[1] Deutsche Ausgabe: *Lloyd de Mause* (Hrsg.), Hört ihr die Kinder weinen. Eine psychogenetische Geschichte der Kindheit, Frankfurt a.M.1977.

Interessen erforderlichen Gegenstände zur Verfügung zu stellen.« De Mause kommentiert seine Beschreibung allerdings, daß bisher nur wenige Eltern konsequent versucht hätten, in dieser Form für ihre Kinder zu sorgen. Viele Eltern seien »anscheinend in früheren historischen Formen steckengeblieben«.

Die Gefährdung der Kindheit

Neil Postman

Zweifellos hat die »Geschichte der Kindheit« von Philippe Ariès einen neuen Forschungsbereich eröffnet. »Warum gerade jetzt?« fragt der amerikanische Professor für Media Ecology, Neil Postman, und meint, die besten historischen Darstellungen würden immer dann geschrieben, wenn ein Ereignis abgeschlossen sei, wenn eine Periode zu Ende gehe und es unwahrscheinlich sei, daß sie einen neuen Aufschwung erlebe. »Die Historiker kommen im allgemeinen nicht zur Hochzeit, sondern zum Begräbnis. In jedem Fall tun sie sich mit einer Autopsie leichter als mit der Berichterstattung über offene Entwicklungsprozesse.«[1] Postman hat selbst keine historischen Forschungen betrieben, wohl aber ein griffiges Erklärungsmodell für das Entstehen und die Zerstörung der Kindheit beigesteuert.

Er fürchtet, im Gegensatz zu Jean Piaget, daß die Kindheit nicht eigentlich eine biologische, sondern eine kulturelle Erscheinung ist, die einstmals durch die Kultur des gedruckten Wortes erfunden worden sei und durch die Informationsumwelt von heute wieder zum Verschwinden gebracht werde: »Erstens, es verschwindet die Fähigkeit zu lesen und zu schreiben, kurz die ›Literalität‹. Zweitens, es verschwindet die Erziehung. Drittens, es verschwindet das Schamgefühl. Und viertens, infolge der drei anderen Prozesse kommt es zum Erlöschen der Kindheit.«

Dieselben Gründe erklären nach Postman, warum es in der mittelalterlichen Welt keine »Kindheit« gab: Eine Vorstellung von literarischer Erziehung war unbekannt; Lernen entsprach der Mündlichkeit und vollzog sich in Lehr- und Dienstverhältnissen. Ebenso fehlten Vorstellungen von einem Lernen in geordneten Schritten und in Abhängigkeit von der kindlichen Entwicklung. Kindheit existierte nicht in einer gesonderten Welt. Kinder spielten die gleichen Spiele wie die Erwachsenen, sangen die gleichen Lieder, hörten die gleichen Märchenerzählungen. Erwachsene und Kinder lebten zusammen, nicht getrennt voneinander. Das Wort »Kind« verwies auf ein Verwandschaftsverhältnis, nicht auf eine Altersbegrenzung. »Bei den derben Dorffestlichkeiten auf Breughels Gemälden essen und trinken Kinder gemeinsam mit den Erwachsenen – inmitten von berauschten Männern und Frauen, die einander in ungezügelter Gier zu umarmen versuchen.« Also resümiert Postman: »Fehlen von Literalität, Fehlen einer Idee von Erziehung, Abwesenheit von Schamgefühl – dies sind die Gründe dafür, daß es in der Welt des Mittelalters keine Vorstellung von Kindheit gab.«

Die Wandlung der Verhältnisse, wie sie in der Folgezeit eintraten, erklärt

[1] *Neil Postman,* Das Verschwinden der Kindheit, Frankfurt a.M. 1983.

Neil Postman aus einer veränderten kommunikativen Umwelt, wie sie seit Erfindung des Buchdrucks und der Ausbreitung einer sozialen Literalität entstand. »Die Druckerpresse brachte eine neue Definition von Erwachsenheit hervor, *die auf dem Lesenkönnen beruhte.*« Dieser Prozeß vollzog sich nicht auf einmal und nicht überall gleichzeitig, aber im Verlauf eines Jahrhunderts entstand in der kulturtragenden Gesellschaft eine von Grund auf andere symbolische Umwelt: »Diese Umwelt war erfüllt von neuem Wissen mit abstrakter Erfahrung. Sie erforderte neue Fertigkeiten, neue Verhaltensweisen und, vor allem, ein neues Bewußtsein. Individualität, die Fähigkeit zu begrifflichem Denken, geistige Regsamkeit, der Glaube an die Autorität des gedruckten Wortes, die Leidenschaft für Klarheit, Folgerichtigkeit und Vernunft – dies alles trat in den Vordergrund, während der von Mündlichkeit bestimmte Verständigungskontext des Mittelalters allmählich verschwand.«

Geschehen war dies: Der *literatus,* der des Lesens und Schreibens kundige Gebildete, war geschaffen worden. Und indem er hervortrat, hatte er die Kinder hinter sich gelassen. Denn im Mittelalter konnte weder jung noch alt lesen, und das Leben aller vollzog sich im Hier und Jetzt, im »Unmittelbaren und Lokalen«. Deshalb bedurfte es auch keiner Vorstellung von Kindheit, denn alle hatten Teil an der gleichen Wissensumwelt und lebten insofern in der gleichen gesellschaftlichen und kulturellen Formation. Als aber die Druckerpresse zur Wirklichkeit gelangt war, da zeigte sich, daß mit ihr eine neue Art von Erwachsenheit *erworben* war. Sie wurde zu einer symbolischen Leistung, war nicht länger Resultat einer biologischen Entwicklung. Seit der Erfindung des Buchdrucks mußten Kinder Erwachsene erst *werden*, und dazu mußten sie lesen lernen, die Welt der Typographie betreten. Damit ihnen das gelang, brauchten sie Erziehung. Deshalb erfand die europäische Zivilisation die Schule von neuem. Und damit machte sie aus der Kindheit eine Institution.

Die Zeit zwischen 1850 und 1950 stuft Postman als die Hochphase der Kindheit ein, in der man erfolgreiche Anstrengungen unternahm, alle Kinder aus der Fabrik heraus und in die Schule zu bringen, den Kindern eine eigene Kleidung, eigenes Mobiliar, eigene Literatur, eigene Spiele, die eigene soziale Welt zu schaffen. »In hundert Gesetzen wurden Kinder stets anders eingestuft und behandelt als Erwachsene, – in hundert Sitten und Gepflogenheiten wurde ihnen ein bevorzugter Status eingeräumt und Schutz vor den Unbilden des Erwachsenenlebens gewährt.« Dennoch war dies zugleich jene Zeit, in der die Voraussetzungen zum erneuten Verschwinden der Kindheit heranreiften. So wie Postman in der Druckerpresse das Schlüsselsymbol für die kulturelle Ermöglichung der Kindheit sieht, erkennt er in den elektronischen Medien die Ursachen für deren längst eingeleitete Zerstörung. Seine These lautet, »daß das Fernsehen die Trennungslinie zwischen Kindheit und Erwachsenenalter aus drei Gründen verwischt, die alle mit seiner undifferenzierten Zugänglichkeit zusammenhängen: erstens, weil es keiner Unterweisung bedarf, um seine Form zu begreifen; zweitens, weil es weder an das Denken noch an das Verhalten komplexe Anforderungen stellt; drittens, weil es sein Publikum nicht gliedert. Unterstützt von anderen, elektronischen, nicht auf dem gedruckten Wort beruhenden Medien, bringt das Fernsehen erneut Kommunikationsverhältnisse hervor, wie sie im 14. und 15. Jahrhundert bestanden haben. Biologisch sind wir so ausgestattet, daß wir Bilder sehen und deuten und so viel Sprache hören können, wie erforderlich ist, um diese Bilder in einen Zusammenhang zu stellen. Die neue, im Entstehen begriffene Medienumwelt beliefert jeden gleichzeitig mit derselben Information. Unter den von mir beschriebenen Bedingungen ist es unmöglich, irgendwelche Geheimnisse zu bewahren. Ohne Geheimnisse aber kann es so etwas wie Kindheit nicht geben.«

Fernsehkindheit

Gegen den letzten Satz steht das Fernsehen als Technologie des freien Eintritts. Während die Welt des gedruckten Wortes nur nach erheblichen Vorleistungen offensteht, kennt das Fernsehen keine Schranken, weder für junge noch für alte Menschen, nicht für Gebildete noch für Ungebildete. »Ob sechs oder sechzig Jahre alt – jeder ist gleichermaßen qualifiziert, mitzuerleben, was das Fernsehen anzubieten hat. In diesem Sinne ist das Fernsehen das egalitäre Kommunikationsmedium schlechthin und übertrifft darin sogar noch die gesprochene Sprache. Denn wenn wir sprechen, können wir sehr wohl auch flüstern, damit die Kinder etwas nicht hören. Oder wir können Wörter verwenden, die sie nicht verstehen. Das Fernsehen aber kann nicht flüstern, seine Bilder sind konkret und erklären sich von selbst. Die Kinder sehen alles, was es vorführt.«

Die erste Folge dieser egalisierenden Tendenz ist die Einebnung des Schamgefühls. Jedes Verbrechen, jedes Tabu, jedes Geheimnis – in ihrem Unterhaltungswert stets dem Fernsehen willkommen – ist grundsätzlich auch jedem zugänglich. Wer immer den Apparat anschaltet ist dabei. Allenfalls verhindern die häuslichen Verhältnisse eine pausenlose und unkontrollierte Teilnahme der Kinder, aber das Medium selbst kennt keine Unterscheidung. Für Neil Postman ist damit das Verschwinden der Kindheit eingeleitet: »Wenn wir Kindern in großem Umfang Erwachsenenwissen aushändigen, dann kann und wird die Kindheit nicht überleben.«

Daß mit dem Verfall des Schamgefühls auch die Höflichkeitsformen dahin siechen, ist offensichtliche Nebenfolge. Der Umgangston wird rüder. Man hört zunehmend öfter Ausdrücke, die früher niemals den Umgang Erwachsener mit Kindern bestimmt hätten. Insgesamt ist immer öfter ein ordinärer Zug – vor allem im Unterhaltungssektor – zu beobachten. Die sprachliche Rücksichtnahme auf ein anonymes Publikum, zumal auf die immer zuschauenden Kinder, scheint jenseits des eigenen Horizonts zu rücken. »In der sprachlichen Zurückhaltung des Erwachsenen spiegelte sich ein soziales Ideal, die Bereitschaft nämlich, Kinder gegenüber der gefühllosen, niedrigen oder zynischen Gesinnung, die in brutaler oder obszöner Sprache so oft anklingt, in Schutz zu nehmen... Diese Gepflogenheit ist so rasch verfallen, daß diejenigen, die sie heute noch beachten, als ›verschroben‹ gelten. Wie es scheint, sind wir wieder im 14. Jahrhundert angekommen, als es keine Wörter gab, die man als untauglich für das Ohr des Kindes erachtete.«

In dem Maße, wie das Fernsehen zum Begleiter durch den Alltag wird, wandelt sich die Infrastruktur aller Orientierungs- und Bildungsprozesse. Die wichtigste Veränderung liegt darin, daß nicht mehr die Sprache, sondern eine sich wandelnde Bilderfolge grundlegender Informationsträger wird. Auch wenn eine Rede, ein Interview oder eine Diskussion Gegenstand der Sendung ist, wird der *Zuschauer* überwiegend von den nicht-verbalen Informationen in Anspruch genommen, oft sogar derart festgehalten, daß das verbale Geschehen von ihm gar nicht aufgenommen, geschweige denn wiedergegeben werden kann. Darum ist es bei Fernsehübertragungen – zumal im politischen Bereich – nicht vorrangig, ob das, was einer sagt, Hand und Fuß hat, sondern wie dieser Mensch ankommt, welche Sympathien oder Antipathien er beim Zuschauer auslöst. Die politische Urteilsbildung besteht nicht mehr aus der intellektuellen Überprüfung einer Argumentation, sondern aus der intuitiven und emotionalen Reaktion auf die Totalität eines Bildes. Neil Postman meint, die Komplexität des Denkens, die eine Folge der literalen Bildung ist, werde durch das Fernsehen wieder aufgehoben. Darum mache das Fernsehen auch überflüssig, weiterhin zwischen Kind und Erwachsenen zu unterscheiden: »Wenn man von Fernsehsendungen sagt, sie seien auf die Mentalität von Zwölfjährigen zugeschnitten, dann liegt darin eine häufig nicht bemerkte Ironie: Fernsehsendungen kann man nämlich gar nicht auf eine andere Mentalität als die von Zwölfjährigen ›zuschneiden‹. Das Fernsehen ist ein Medium, das aus kaum etwas anderem als ›Bildern und Geschichten‹ besteht.« Anders gesagt: Die Tele-vision macht den Opa zum Kind und das Kind zum Greis.

Für das amerikanische Fernsehen – dessen Verhältnisse unsere Zukunft beschreiben – wurde die durchschnittliche Länge einer Kameraeinstellung mit 3,5 Sekunden berechnet, so daß dem Auge von Mal zu Mal eine neues Bild geboten wird, noch ehe es das vorhergegangene verarbeiten konnte. Wieviele neue Einstellungen sind das in einer Stunde? Wieviele an einem Fernsehtag? Trotz, nein gerade wegen dieser Vielfalt der Bilder stellt das Fernsehen nur minimale Anforderungen an den Zuschauer. Er muß nichts vorweg gelernt haben, um diese Bildsequenzen in sich aufzunehmen; für jedes Alter und jeden Bildungsstand ist der Zutritt frei: »Kein Kind und kein Erwachsener wird durch mehr Fernsehen zu einem besseren Fernsehzuschauer. Die erforderlichen Fähigkeiten sind so elementar, daß uns von einem Fall von Fernsehschwäche bisher noch nichts zu Ohren gekommen ist«, urteilt eine amerikanische Untersuchung. Aber wie sollte das auch geschehen, da das Grundgesetz des Fernsehens Entertainment heißt und nur das als »fernsehgerecht« zuläßt, was unterhaltenden Wert hat, die Tages-Nachrichten eingeschlossen. Darum darf es auch niemanden wundern, daß Kinder, die sich an langen Wochenenden dem Unterhaltungsangebot des Fernsehen auslieferten, am Montag abgeschlafft in der Schule sitzen und nur mühsam aus ihrer Konsumentenlethargie zu aktiver Fähigkeit erweckt werden können. In ihren unterschwelligen Dispositionen wünschen sich solche Schüler eine Schule als Fortsetzung des Fernsehprogramms, also Unterricht als Unterhaltung, und es soll nicht wenige Lehrer geben, die in dieser Programmgestaltung den Beweis didaktischen Könnens sehen.

Kinderkultur I

Neil Postmans These vom »Verschwinden der Kindheit« steht nun allerdings die unbezweifelbare Realität einer verbreiteten Kinderkultur gegenüber, die sich in Spielwaren, Spielplätzen, Comics, Kassetten, Büchern, Kleidern, Möbeln und Fernsehprogrammen darstellt und als eine eigene Kinderwelt vom Leben der Erwachsenen abhebt. »Kindheit heute ist in der Tat Kinder-Kindheit«, pointiert Hartmut von Hentig – möglicherweise aus der Sicht Philippe Ariès', zu dessen Buch er das Vorwort schrieb –, aber er kennzeichnet diese Kindheit näherhin als »Fernsehkindheit«, »Zukunftskindheit« und »Stadtkindheit«, als einander überschneidende Qualitäten, wobei die an erster Stelle genannte Fernsehkindheit nach Klaus-Dieter Lenzen genauer »Kindheit in der Warenwelt der Kinderkultur« heißen sollte.[1]

Was soll das sein »Kinderkultur«? Ist es ein begrifflicher Joker, der frei verfügbar ist und der sich ähnlich wie im Kartenspiel nur durch den Kontext bestimmen läßt? Die Erfindung des Begriffs paßt hervorragend in eine plurale Gesellschaft, die lauter Kulturgettos aneinanderreiht: Kinderkultur, Jugendkultur, Seniorenkultur, Freizeitkultur, alternative Kultur... Doch derartige Tortenstückchenkultur gibt es nicht. Kultur betrifft immer alle Bereiche des menschlichen Lebens und ist letztlich die Summe dessen, wie die Gesamtheit einer Gesellschaft miteinander lebt. Von diesem Verständnis ausgehend, kann es keine abgehobene »Kinderkultur« geben.

Lenzen bestimmt »Kinderkultur« als Bestandteil der heutigen Kultur, als deren infantiles Vorwort sozusagen. Sie ist ein »die kindliche Sozialisation bestimmmendes medienübergreifendes Programm«, oder anders gewendet: ein Instrument der Untertanen- und Verbrauchererziehung. Damit ist der Warencharakter dieser Szenerie erkannt. Die Waren der Kinderwelt sind, das ist ihr äußeres Merkmal, alle kindlich aufgemacht. Fast lückenlos werden sie mit Kindlichkeits-Signalen versehen, vom Töpfchen, Strampelchen oder Flaschenwärmer bis zur Möblierung der Kinderzimmer und der Kinderspielplätze. Lebensmitteln, insbesondere Süßigkeiten werden Beilagen zugefügt: Aufkleber, Bilderserien zum Sammeln, Comics (als Verpackungsmaterial) und Billigspielzeug (Plastikfiguren, Ringe, Murmeln, Kaugummis). Ein großer Markt für Nascherein bietet sich auch als eßbares Spielzeug an, sei es in Wundertüten, als Gummibärchen, Goldstücke aus Lakritz, Osterhasen oder Eis-am-Stiel-Figuren, die irgendwelche Comic-Helden darstellen und zugleich den kindlichen Verbrauchern signalisieren, daß dies besonders für sie geeignete Dinge sind. Neben den Artikeln der Kleinkinderzeit werden auch die Kleidung, die räumliche Umgebung von der Tapete bis zum Bett und Schreibtisch auf Kindlichkeitsausdruck gebracht. Alle Dinge, mit denen Kinder in Berührung kommen können, erfahren diese Verniedlichung. Kindheit ist lustig, bunt und verspielt! heißt die marktstrategische Ideologie, und selbst die Lernmittel, vom Radiergummi bis zum Religionsbuch unterwerfen sich der Ausstattung mit Kindlichkeitssymbolen.

Hauptvermittler des »Kinderkultur«-Programms ist das Fernsehen, das seinen festen Platz »im Herzen der Familie« hat. Aber auch der Kassetten- und Schallplattenmarkt wird von den allerseits bekannten Figuren der Kinderkultur beherrscht: von der Biene Maja, Micky Maus und Donald Duck, Asterix und Pipi Langstrumpf, Pumuckel, der Grimmschen Märchenpalette und den albernen Gestalten von der Sesamstraße. Die Vermarktung dieser Szenerie wird von gewaltigen Konzernen gesteuert, die nationale wie internationale Märkte beherrschen. Dazu gesellen sich eine große Anzahl kleinerer Unter-

[1] *Klaus-Dieter Lenzen,* Kinderkultur - die sanfte Anpassung, Frankfurt a.M. 1978.

nehmer im Kinderkultur-Geschäft: Spielzeugfirmen, Mode- und Möbelfabriken und vielerlei Verlage. Für manche Produkte wird ein »multi-media-approach« entwickelt, der eine durch das Fernsehen kreierte Figur in Büchern, Comics, Kassetten, Schallplatten, auf Postern, Kalendern, Spielzeug, Verpakkungen etc. zu verwerten erlaubt. Natürlich transponieren alle Inhalte der »Kinderkultur« immer auch unterschwellige Botschaften, über deren Kontur und Funktion nur selten Bewußtheit entsteht. Mit der Barbie-Puppe geht eine Vorstellung von Weiblichkeit einher, die auch sonst im Werbebereich eine Rolle spielt und sich außerhalb der Kinderszene mit vermarkteten Leitbildern von Film- und Fernsehstars verbindet. Ähnlich setzen auch die Helden der Comic-Hefte Maßstäbe von »Männlichkeit«, beispielsweise wie Männer von Frauen denken und mit ihnen umgehen; deren Strickmuster werden im gesamten Medienbereich nahezu täglich neu vermittelt.

Die Waren der Kinderkultur sind also zunächst immer kindlich aufgemacht – bis ins Religionsbuch hinein. Dort entrinnen auch Jesus und seine Zeitgenossen nicht dem allgemeinen Kindlichkeitszuschnitt, weder bei Kees de Kort noch bei Jenny Dalenoord, nicht im Bibelcomic noch in den sonst gängigen heiter-verharmlosenden Illustrationsfolgen. Die kindliche Aufmachung dieser Warenangebote wird zwar im allgemeinen als »kindgerecht« gedeutet, ohne daß dies auch nur entfernt begründet sein muß. Während aber die kommerzielle »Kinderkultur« durchweg ihr Ziel erreicht, indem sie den fröhlichen Konsumenten von früh auf heranzieht, verfehlt die sich an diese Kindlichkeitsmuster anhängende Religionspädagogik nahezu alles: sie sperrt die christliche Glaubenswelt in ein Getto der Infantilität, dem zwar die Kinder meistens entkommen, doch nur so, indem sie den Glauben darin zurücklassen.

Die Verteidigung der Kindheit

Kinderkultur II

Die in unserer Gesellschaft so ausgeprägte »Kinderkultur« widerlegt demnach nicht Neil Postmans These vom Verschwinden der Kindheit durch Mißachtung und Destabilisierung ihrer Spielräume. Das oberste Interesse der »Kinderkultur«-Industrie ist nicht pädagogisch, sondern ökonomisch gerichtet, sagt also nichts über den Weg und Standort der Kindheit als vielmehr über die Möglichkeit, sie völlig wirtschaftlichen Intentionen unterwerfen zu können. Damit bleibt die Frage bestehen, was Familie und Schule tun können, um die Kindheit nicht gänzlich den Mächten und Medien der Fernsteuerung auszuliefern.

Die wichtigste Antwort, welche die Schule geben kann, wird darin bestehen, ihre Schüler als *tätige* Menschen zu beanspruchen, das heißt, allen Ansätzen zu einer nur rezeptiven Konsumentenhaltung mit größter Entschiedenheit zu wehren. Sie muß ihre traditionelle Beschränktheit aufgeben, die Schüler auf das gewohnt enge Rollenverhalten festzulegen und stattdessen in jedem Schüler das Kind entdecken und ermutigen, ein lebendiges Kind zu sein. Das bedeutet, die Kinder werden angeleitet, nicht nur den Kopf, sondern auch die Hand zu benutzen; etwas erarbeiten zu können, was Mühe und Ausdauer verlangt, aber auch eine dauerhafte oder mitteilbare Gestalt hat; eigenständig und gemeinsam etwas planen, durchführen und zu Ende bringen zu können; Verantwortlichkeit zu beweisen und Zuverlässigkeit für einmal übernommene Aufgaben.

Für diese Ziele bietet sich ein Unterricht an, wie wir ihn in diesem Grundschulwerk oft beschrieben haben: mit Klassenräumen, die Werkstatt und Labor, Wohnraum und Spielzimmer zugleich sind; mit beständigen Aktivitäten, wie sie die freie Arbeit kennzeichnen, die aber zugleich erst Blumen und Tieren einen Lebensraum in der Schule garantieren und Voraussetzung für immer neue Spiele und Feste sind. Mit einem ganz anderen Recht als die auf Konsum abgerichtete Pseudo-Kinderwelt ließe sich hier von einer Kinderkultur sprechen, wenn diese als ein Ausdruck eigener Schaffensfreude und Lebensvielfalt verstanden würde. Was die gewöhnliche Schulpraxis auseinanderfallen läßt, muß wieder zusammenkommen: Kopf und Hand, Arbeit und Spiel, Ernst und Spaß, Disziplin und Freiheit, Selbsttätigkeit und Kooperation, Wissenserwerb und gestalterische Kreativität. Das Leben in einem Unterricht, deren Lehrer ihren didaktischen Horizont ausgemessen haben, wenn sie ihr »Pensum durchgenommen« und pro Tag ein halbes Kreidestück vertan haben, bringt sowohl ein Schul- wie ein Freizeitverhalten hervor, das von Langeweile und Interessenlosigkeit, von Konsumgier und kindlicher Verkümmerung geprägt ist. Es richtet die Schüler und mit ihnen auch die Lehrer zugrunde. Die Fernsehsucht der Kinder ist auch die Kehrseite einer unlebendigen, nicht stimulierenden Schule.

Natürlich muß eine erzieherische Schule mit dem übrigen Leben in der Gesellschaft verbinden: sich etwas einfallen lassen, wie allen Kindern die Stadtbücherei bekannt und die Schwellenangst davor überwunden werden kann; sorgfältig beachten, welche Kinder eine musikalische Begabung haben und ihnen Musikschulunterricht zugänglich machen; prüfen, welche Angebote für Kinder bestehen oder entwickelt werden können, die gerne malen, basteln, tanzen oder theaterspielen wollen, welche Zugänge zu den lokalen Sportvereinen vermittelbar sind; überlegen, auf welche Weise die erreichbaren Museen oder besondere Ausstellungen in den Unterricht einbezogen werden können...

Bilder-Bildung

Wenn Neil Postmans Analyse wenigstens in ihrem Grundzug stimmt, haben wir es heute mit dem Zerfall einer Bildung zu tun, in deren Mitte das langsame, gedruckte Wort steht, während eine visuelle Kultur inzwischen ganz neue Vorstellungen von Wissen und Wissenserwerb vermittelt. »Der wesentliche Beitrag des Fernsehens zur Bildungstheorie besteht in dem Gedanken, daß Unterricht und Unterhaltung untrennbar miteinander verbunden sind.«[1] Der Tradition einer Unterrichtstheorie, die Lernen bisher als einen schrittweisen Prozeß verstand, der Ausdauer und Anstrengung nicht ausschloß und sich auch nicht scheute, gewissenhafte Arbeit trotz momentaner Lustlosigkeit

[1] *Neil Postman,* Wir amüsieren uns zu Tode. Urteilsbildung im Zeitalter der Unterhaltungsindustrie, Frankfurt a.M. 1985, 179.

immer neu zu verlangen, bietet das Fernsehen nun eine bisher unbekannte Alternative: Deren Didaktik verlangt, nie etwas vorauszusetzen, was früher hätte gelernt werden müssen; nichts zu verlangen, was man behalten oder geduldig erarbeiten müsse; vor allem aber jeden gedanklich-argumentativen Prozeß in Bildersprache zu übersetzen und fortzulassen, was sich nicht visualisieren läßt.

Es steht zu befürchten, daß unsere Schulen – mehr als sie selbst sehen – den Stellentausch zwischen dem gedruckten Wort und dem optischen Signal für ihre eigene Didaktik übernehmen. Zur Begründung wird dafür oft auf eine Skala hingewiesen, die in diesem Zusammenhang häufig zitiert wird: Von dem, was ein Schüler gelesen hat, merke er sich nur zehn Prozent; von dem, was er gehört hat, zwanzig Prozent; von dem, was er gesehen hat, dreißig Prozent; von dem, was er gehört und gesehen hat, aber bereits fünfzig Prozent... Immer wieder wird mit diesen Zahlen, von denen man wissen müßte, wie sie ermittelt wurden, um ihre Gültigkeit einzuschätzen, ein Plädoyer für die Visualisierung der Unterrichtsinhalte verbunden. Als wenn Bild gleich Bild wäre und es nicht auch eine zerstreuende Bilderflut gibt, die den inneren Bildsinn des Menschen zerstört. Wenn deswegen von der Grundschule bis zum Abitur die Lehrer bemüht sind, die visuelle Stimulanz des Unterrichts zu erhöhen, alles was mit Lesen und Schreiben, Memorieren und Argumentieren zu tun hat, zu reduzieren, dann mögen an diesem Bemühen zwar Einsichten von Werbepsychologen beteiligt sein, aber dem Lehren und Lernen muß es dennoch nicht problemlos dienen. Beispielsweise bestreiten umfangreiche amerikanische Untersuchungen, »daß der Lernerfolg steigt, wenn man die Information in einem spannenden Rahmen präsentiert«, behaupten teils sogar einen entgegengesetzten Schluß. Als die Reaktion von Studenten auf Nachrichten untersucht wurde, die durch das Fernsehen, das Radio und in gedruckter Form übermittelt wurden, zeigte sich, daß die gedruckte Form den Umfang des Erinnerungsvermögens wesentlich erhöhte. Eine andere Untersuchung ergab: 51 Prozent der Zuschauer konnten sich bereits wenige Minuten nach einer Nachrichtensendung an keine einzige Meldung mehr erinnern. Aufgrund dieser und anderer Studien wurde gefolgert, daß die Informationen des Fernsehens auf einzelne Bilder beschränkt (segmentiert) bleiben und sich weniger leicht mit dem sonstigen Wissen verbinden, während die Inhalte, die man der Lektüre entnimmt, leichter in das vorhandene Wissen integriert werden und auch eher für ein kritisches Denken bereit stehen. Demnach ist maximale Visualisierung keineswegs eine durchgehende Stütze des Lernerfolges, oft sogar dem Textmaterial unterlegen und weniger als dieses geeignet, ein komplexes, kritisches, argumentatives Denken zu fördern.[1] Der Religionspädagogik harrt die Aufgabe, sich der alten Bilderskepsis zu entsinnen, wie sie in der Geschichte der westlichen Religionen angelegt ist und zwischen den vielfältigen Arten von Bildern unterscheiden zu lernen, damit nicht eine beliebige äußere Bilderflut den inneren Bildsinn des Menschen erstickt. Wenn sie weiterhin einen pädagogischen Fortschritt darin sieht, daß die eigene Glaubenswelt der Kindlichkeitsmanie unterworfen wird; wenn sie nicht empört aufschreit, so oft Medien-Verlage Dia-Serien beispielsweise über das Brot anbieten, wie *andere* es geerntet,

[1] Belege und Quellenhinweise: ebd., 185 f.

gemahlen, gebacken, geteilt und gegessen haben; wenn sie auch zukünftig noch der Fotokamera das Gebet, die Eucharistie, die religiöse Intimität erlaubt oder gar abverlangt, dann erweist sie sich als blind verstrickt in das mediale Unterhaltungsgeschäft, selbst wenn auf bewußter Ebene ganz andere Intentionen bestehen.

Unverzichtbar ist es dagegen, der inneren Korrespondenz zwischen dem Bild und der Seele des Menschen nachzugehen. In einem Bild (das mehr als äußeres Konterfei ist) begegnen wir der anschaubaren Gestalt einer tief in uns selbst wirkenden Urbildlichkeit. Während diese Urbildlichkeit mehr Disposition als realisierte Form ist, bringt das Bild einen ihrer Aspekte, der dennoch eine Ahnung des Ganzen einschließt, zur sichtbaren Darstellung. Indem das Bild dem noch Ungeformten Form gibt, befreit es das vordem Unbefreite zu sich selbst. Es enthüllt das Wesen des Dargestellten, das dem äußeren Blick gewöhnlich ebenso verhüllt ist wie der nur gedanklichen Vergegenwärtigung. Ein Bild ist um so wahrer, je mehr es dem Zufälligen enträt und zum Ausdruck eines im Konkret-Singulären durchscheinenden Urbildes wird. Ein solches Bild bringt den Betrachter vor sich selbst: Es deutet ihm die in seiner Seele wirksamen Urbilder und erlöst auf diese Weise die auf Gestaltwerdung angelegten Seelenkräfte zu orientierender Klarheit.[1] Für Kinder ist der bedächtige, mehrfach wiederholte Umgang mit solchen Bildern eine notwendige Erfahrung. Der Auslieferung an die Zufälligkeiten des millionenfachen Vorhandenen widersetzen sich die Innenbilder des Nicht-Zufälligen. Im Kontext heutiger Fernsehkindheit sind die notwendiger denn je.

Kinder-Schule

Wem eigentlich ist die heutige Kindheit anvertraut? Der Familie? Der Schule? Der Kirche? Wer von diesen hat den aufmerksamsten Blick, kann sich am wirksamsten kümmern? In allem, was bisher gesagt wurde, findet sich indirekt die Schule angesprochen. Um ihr Verhältnis zu den Kindern und der Kindheit insgesamt soll es noch einmal gehen.

Was die pädagogische Szenerie angeht, so wurde sie zu Beginn dieses Jahrhunderts mit einem besonderen Fanfarenstoß eröffnet. Just im Jahre 1900 proklamierte die Schwedin Ellen Key (1849–1926) »Das Jahrhundert des Kindes« und verfocht darin eine Schule, die nicht länger den Kindern ihre Kindheit raubt:

»Der Schule der Jetztzeit ist etwas gelungen, das nach den Naturgesetzen unmöglich sein soll: die Vernichtung eines einmal vorhanden gewesenen Stoffes. Der Kenntnisdrang, die Selbsttätigkeit und die Beobachtungsgabe, die die Kinder dorthin mitbringen, sind nach Schluß der Schulzeit in der Regel verschwunden, ohne sich in Kenntnisse oder Interessen umgesetzt zu haben. Das ist das Resultat, wenn die Kinder ungefähr vom sechsten bis zum achtzehnten Jahre ihr Leben auf Schulbänken damit zugebracht haben, Stunden für Stunde, Monat für Monat, Semester für Semester Kenntnisse zuerst in Teelöffel-, dann in Dessertlöffel- und schließlich in Eßlöffelportionen einzunehmen, Mixturen, die der Lehrer oft aus Darstellungen aus vier-

[1] Vgl. *Hubertus Halbfas*, Bilder in Religionsbüchern, in: *Ders.*, Das dritte Auge. Religionsdidaktische Anstöße, Düsseldorf ²1985, 51-83.

ter oder fünfter Hand zusammengebraut hat. Wenn die Jugend diesem Regime entrinnt, ist die geistige Eßlust und Verdauungsfähigkeit bei einigen so zerstört worden, daß ihnen für immer die Fähigkeit fehlt, wirkliche Nahrung aufzunehmen.«

Das ist ebenso bissig wie pauschal, überholt und immer noch aktuell, ungerecht und in einer bleibenden Weise beherzigenswert. In vielen Fällen sind unsere (Grund-)Schulen tatsächlich Kinderhäuser geworden, in denen sich vielgestaltiges Leben entfaltet, doch nicht minder überziehen die mit der linken Hand und sterilem Verwaltungssinn eingerichteten Schulen weiterhin das Land, und die »Seelenmorde«, die Ellen Key beklagt, finden auch heute noch statt.

Als die UNO-Generalversammlung für 1979 ein »Internationales Jahr des Kindes« proklamierte, meinten viele Kommentatoren im Rückblick auf Ellen Key, das »Jahrhundert des Kindes« habe nicht stattgefunden. Sie beklagten das grenzenlose Leid, das alleine die vielen Kriege und Hungersnöte über die Kinder aller Völker brachten. Daß aber zum Ende des Jahrhunderts die These vom »Verschwinden der Kindheit« ernsthaft diskutiert werden muß, haben sie 1979 noch nicht wahrgenommen. Neil Postmann glaubt, daß nur zwei Institutionen ein Interesse daran finden, sich dem Niedergang der Kindheit zu widersetzen: die Familie und die Schule. Die Familie hält er in ihrer Struktur und Autorität allerdings dadurch erheblich geschwächt, daß die Eltern die Kontrolle über die Informationswelt der Kinder verloren haben. Denn wenn U. Bronfenbrenner feststellt: »Die meisten amerikanischen Familien bestehen aus zwei Eltern, einem oder mehreren Kindern und einem Fernsehgerät«, und diese Feststellung nicht minder für die meisten deutschen Familien gilt, dann ist es mit ihrer kritischen Potenz vorbei. Margaret Mead nennt das Fernsehen sogar den »zweiten Elternteil«; sie meint, daß die Kinder heute mehr Zeit vor dem Fernseher verbringen als mit ihren Vätern, doch wäre zu ergänzen, daß in manchen Milieus die Eltern selbst in die Reihe der distanzlosen Kinder zurückgetreten sind, so daß hier *nur noch Kinder* vor den Geräten der elektronischen Unterhaltung sitzen. Die Rolle der Familie bei der Entwicklung der kindlichen Wertvorstellungen und Wahrnehmungsweisen ist erheblich eingeschnürt.

Auch die Schule bleibt in dieser Situation nicht unbetroffen. Neil Postman denkt dennoch groß von ihr: »Die Schule ist die einzige uns verbliebene Einrichtung, die auf der Annahme ruht, daß es wichtige Unterschiede zwischen Kindheit und Erwachsenheit gibt und daß die Erwachsenen Kindern etwas Sinnvolles zu vermitteln haben.« Andererseits aber schränkt er ein, »daß die Schule gesellschaftliche Trends eher reflektiert als aktiv dirigiert und daß sie kaum in der Lage ist, sich ihnen zu widersetzen«. Dennoch bleibt zu wünschen, daß unsere Schulen aus Kindern nicht einfach Schüler machen, sondern sie als Schüler zugleich Kinder sein lassen, ohne sie den Massenunterhaltern in die Arme treiben. Eine Sozialisation durch die Waren der heutigen Kinderszene befördert lediglich Konsumenten, aber zerrüttet die Kindheit, selbst wenn sie ideologisch als Sachwalterin der Kinder auftritt. Eine Schule ist nur dann wahrhafte Kinder-Schule, sofern sie eine Welt erschließt, in der sich die Schüler über ihre Kinderzeit hinaus zurechtfinden und bewähren können.

Kinder-Kirche

Welche Bedeutung aber hat die Kirche für das Schicksal der Kindheit? Wer Umschau hält, gewinnt auf diese Frage so leicht keine Antwort, zumindest keinen Bescheid, mit dem er sich zufrieden geben möchte. Zwar gibt es seit Jahrhunderten genügend Aktivitäten, die dem Kind zugeordnet sind: Kindertaufe, Kinderkatechese, Kinderkommunion, Kindergottesdienst und natürlich auch den Religionsunterricht; daneben Kindergärten, Krippen, Krankenhäuser, Waisenhäuser im kirchlichen Auftrag, auch eine Reihe von Namen, die sich aus christlichem Selbstverständnis in ihrem Lebenswerk den Kindern zugewandt haben, aber dies alles reicht nicht hin, um für die grundsätzlich gestellte Frage eine grundsätzliche Antwort zu finden. Vielleicht war Werner Loch der erste, der mit seinem Buch »Die Verleugnung des Kindes in der evangelischen Pädagogik« 1964 auf das (auch katholischerseits) vorhandene Defizit hinwies.[1] Er macht darin deutlich, daß die religionspädagogische Diskussion in diesem Jahrhundert das Kind in seiner Lebens- und Glaubensform reichlich ignoriere. Über alles werde ausgiebig gesprochen – über theologische Anthropologie, ethische Anforderung an den Erzieherberuf, die Stellung der Schule in der gesellschaftlichen und staatlichen Ordnung und zumal über den Auftrag des Religionsunterrichts –, doch fehle nach wie vor eine explizite Darstellung der Kindheit: »Wir suchen vergeblich nach einem Kapitel über das Kind und den Jugendlichen als die dem Erzieher gegenüberstehenden Menschen, die ihn überhaupt erst vor die Erziehungsaufgabe stellen und ohne deren Position der Begriff der Erziehung überhaupt nicht gedacht werden kann. Freilich tauchen die Worte Kind und Jugendlicher in den Texten auf ..., aber diese Wirklichkeit wird im Vergleich zur Seite des Erziehers und seinen Handlungen auffallend kurz angesprochen und, wenn überhaupt, auffallend flüchtig betrachtet, sowohl im Hinblick auf die fundamentale pädagogische Kategorie der Erziehbarkeit als im Hinblick auf die Möglichkeiten und Eigentümlichkeiten des Kindlichen und der jugendlichen Glaubensform.«

Wenn Werner Loch damals hinzufügte, daß die religionspädagogische Diskussion »keinerlei empirische Forschungsbefunde über die Erziehungs- und Glaubenswirklichkeit des Kindes und des Jugendlichen ihrer Zeit bei ihren Gedankengängen« berücksichtige, so möchte man heute ergänzen, daß es seitdem zwar mehrfache Untersuchungen zur religiösen Situation der Jugend gegeben hat, daß aber vergleichbare *empirische* Befunde über die Kinderjahre bis heute nicht erarbeitet wurden. Loch meint, die Theologie richte sich allzu pauschal »an den Menschen schlechthin..., gleich ob es sich um ein Kind, einen Jugendlichen oder um einen Erwachsenen handelt«, doch sei es üblich, daß der empirisch gegebene Mensch in den Systemen der Theologie durchweg die ausgeprägten Züge des Erwachsenen trage – zum Nachteil der Kinder in ihren elementaren Möglichkeiten und Bedürfnissen.

Vielleicht ist dieses Defizit in einigen protestantischen Kirchen der Gegenwart schon bedrängender spürbar geworden, als dies katholischerseits der Fall ist, so daß beispielsweise der Britische Kirchenrat 1976 und der National Council of Churches of Christ in den USA 1977 Entwürfe für »ein christliches

[1] *Werner Loch,* Die Verleugnung des Kindes in der evangelischen Religionspädagogik. Zur Aufgabe einer empirischen Anthropologie des kindlichen und jugendlichen Glaubens, Essen 1964.

Verständnis des Kindes in der Glaubensgemeinschaft« erarbeitet haben. In der britischen Studie heißt es: »Wir brauchen eine Theologie des Kindes. Das bedeutet nicht, daß es für Kinder ein besonderes Evangelium gibt, ebensowenig wie es für Frauen ein besonderes Evangelium gibt. Es bedeutet aber, daß ebenso wie wir in einer vornehmlich männlichen Theologie das Weibliche miteinzuschließen versuchen, wir auch die Kinder miteinzubeziehen haben. Die Aufgabe einer Theologie des Kindes ist es, ein spezifisch christliches Verständnis für die Natur und das Wesen des Kindes zum Ausdruck zu bringen. Unser Anliegen hier ist nicht, was Kinder glauben und was sie mit ihrem christlichen Glauben tun sollen, sondern wie der christliche Glaube auf die Besonderheit des Kindseins eingehen soll. Bis jetzt hat sich unsere Theologie zu sehr mit der Vorstellung des Mannes, in erster Linie mit der Vorstellung des erwachsenen Mannes befaßt.«

Die Stellungnahme des Britischen Kirchenrates sagt über die Stellung des Kindes in der Kirche: »Das Kind gehört zur Familie, und wenn die Familie zur Kirche gehört, dann auch das Kind.« Über ein Kind, dessen Familie der Kirche ablehnend gegenübersteht, heißt es: » Das Reich Gottes ist größer als die Kirche. Es wird viele solcher Kinder geben und viele, die ihnen gleich sind, denen das Reich Gottes gehört und die nicht förmlich Mitglieder einer Kirche sind. Indem die Kirche solche in ihre Gemeinschaft aufnimmt, macht sie sie nicht zu Kindern Gottes, sondern spricht mit Freude aus, daß sie das schon sind. Kinder sind ein Geschenk für die Kirche. Der Herr der Kirche setzt sie in die Mitte der Kirche, heute und hier ebenso wie einst in Galiläa ... Eine Kirche, die nicht vorbehaltlos Kinder in ihre Gemeinschaft aufnimmt, beraubt diese Kinder dessen, was ihnen rechtmäßig zusteht. Aber der Verlust, den eine solche Kirche selbst erleidet, ist noch viel schwerwiegender.«

Da fast alle christlichen Kirchen kleine Kinder taufen, stellt sich die Frage nach der Verantwortung der Kirchen für deren Kindheit mit besonderem Nachdruck. Gewiß soll es nicht primär darum gehen, daß für Kinder ein Sonderprogramm entwickelt wird und selbst der eigene Kindergottesdientst ist nicht vorbehaltlos selbstverständlich. Es ist auch nicht vorrangig, ob der Gottesdienst »konservative« oder »moderne« Züge trägt, was immer dies heißt, sondern daß eine lebendige Gemeinde ihn verkörpert, die den Kindern Erfahrungen erlaubt, deren Perspektiven ihr ganzes Leben ausmessen. Wichtig sind Gemeindeprozesse, die ganzheitlich, weltoffen und zugleich persönlich erlebt werden und die dem Kind bei der Entfaltung seiner eigenen Anlagen helfen.

Eine nicht minder bedeutsame Frage ist die der Theologie und der Verkündigung. Durchweg vollzieht sich die Glaubensvermittlung ja deduktiv, also in mehr oder weniger geschickter Übertragung wissenschaftlicher Theologie. Wenn man sich aber an jenem Problemprofil orientiert, das die Enqueten der letzten zwei, drei Jahrzehnte vermitteln, dürfte deutlich werden, daß das Empfinden und Fragen der jungen Leute gar nicht so falsch ist, auch dort nicht, wo sie sich an den gängigen Bekenntnisformeln reiben, daß aber die theologischen Raster, mit denen man ihnen antwortet, viel zu eng und festgeschrieben sind, um ein Glaubensverständnis artikulieren zu können, das zugleich dem jugendlichen Lebensgefühl Ausdruck gibt. Dies gilt auch für das Kindesalter. Wenn wir allesamt besser wüßten, welche intuitiven Erfahrungen und Fragen die Kinder bestimmen, zumal in einer vorbewußten, vorsprachlichen Präsenz, könnten Unterricht und Predigt wirksamer werden.

Alles in allem bleibt die Frage, inwieweit die Kirchen lebendig genug sind, um der Kindheit und Jugendzeit eine tragende, stimulierende, orientierende Heimat zu geben (→S. 426 f), aber auch, was sie tun, um das junge Leben zu schützen und zu ermutigen? Für Familien und Schulen wäre es schließlich wichtig zu wissen, was seitens der Kirchen möglich erscheint, um einem Zerfall der Kindheit zu wehren.

Leben und Lernen in der Schule

Stille und Bewegung[1] S. 5–7

In einem ruhelosen Leib haust eine unruhige Seele. Um diese Verschränkung wissen wir bei uns und den Kindern. Darum versuchten alle Stilleübungen bisher, über den ruhenden Leib auch Stille für die Seele zu gewinnen. Nun soll den Kindern eine weitere Erfahrung möglich sein: Bewegung läßt still werden, Stille kann bewegen. Das Religionsbuch für das 3. Schuljahr berichtet von einer Klasse, die entlang einer Spirale aus Zweigen schweigend den Weg zur Mitte ging. Die folgenden Seiten wollen dieses Erlebnis vertiefen und zu ähnlichen Gehversuchen anregen.

Der Leib findet, was die Seele sucht: Tanzen in der Schule

Selten ermutigt die Schule die Kinder, mit dem Leib auszudrücken, was die Seele bewegt. In manchen Schulstunden entsteht eher der Eindruck, Arme und Beine seien Störfaktoren, die am besten mit der Garderobe draußen vor der Tür bleiben. Doch der Mensch ist ganzheitlich gedacht. Soll sich wirkliches Lernen ereignen, muß der Leib Wege gehen dürfen, denen auch die Seele folgen kann. Solche Leib(es)erziehung darf dann nicht nur in den Sportstunden stattfinden und dem Fachkollegen überlassen werden. Dieser ist einerseits damit überfordert, die angestauten Bedürfnisse bewegungsarmer Klassen aufzufangen, andererseits oft einseitig an Kräfteschulung und Wettbewerb orientiert. Leibbezogene Erfahrungen sind Aufgabe jeden Unterrichts. Der Religionsunterricht partizipiert in besonderer Weise an diesem Auftrag. Sein Proprium wurzelt in leibhaften Vollzügen wie Kult und Sakrament, und er wäre todgeweiht, würde er nicht für einen Unterricht stehen, der Leib und Seele zugleich bewegt. Mehr als den Worten wird der Musik diese Verbindung glükken. Doch nur sensible Ohren, die sich immer wieder dem akustischen Dauerregen entziehen, werden sie wirklich hören. Musik und Stille ermöglichen sich gegenseitig. Ohne Übungen der Stille verkommt Musik zur Unterhaltung, wird Tanzen zum Bewegungssport. Umgekehrt kann Musik die Stille bewußt machen, ihr Klang die Seele ruhen lassen. So sind unsere Tänze stille Tänze. Sie werden nicht erklärend, sondern tanzend erfahren. Das schweigende Bewegen und bewegende Schweigen entwickelt hier die bisherigen Stilleübungen weiter und macht sie elementar für alles schulische Lernen.

Gefährtenschaft

Tanz lebt vom Mittun. Sein Gelingen verantworten die Tanzenden. Für Akteure, nicht für Zuschauer sind Tänze darum zuerst gedacht. Auch Tanzen in der Schule sollte weniger Darstellungszwecken unterliegen als vielmehr zum Unterrichtsbestand gehören. Tänze gestalten dann nicht so sehr die außerge-

[1] Diesen Abschnitt schrieb *Eva-Maria Bauer.*

wöhnliche Feier, sondern geben dem Alltag ein Stück Glanz. Während Perfektion und Publikumswirkung zurücktreten, werden Körpergefühl, Entspannung und Freude an Bewegung und Rhythmus wesentlich. Dieses Erlebnis wollen wir jedem Kind vermitteln, den Bewegungsfreudigen wie den Gehemmten, den Aufmerksamen, aber auch denen, die sich nur schwer in die Tanzgemeinschaft eingliedern. Wir gehen davon aus, daß die Schule zu begaben hat und nicht aus Bequemlichkeit Kinder in Begabte und Unfähige klassifizieren darf. Beim Tanzen sehen wir den Prozeß, der Tanz-Weg ist bereits das Ziel. Die Kinder halten andere, werden aber auch selbst gehalten. Sie finden zueinander und müssen wieder loslassen können. Sie erfahren Eingebundenheit und übernehmen gleichzeitig Verantwortung. Der Kreis birgt, sichert vor dem Herausfallen, soll aber auch Fehlschritte ertragen und Unebenheiten ausgleichen. In der Schlange, wenn alle hintereinandergehen, wird jeder geführt und weist dadurch anderen den Weg. So wird der einzelne wichtig für das Ganze, erfährt seinen Ort in der Gemeinschaft der Tanzenden. Die Verflochtenheit der Hände, das Gehen in gebundener Form wirkt dem oft beziehungslosen Umgang der Kinder untereinander entgegen.

Ordnung

Wer mit den Kindern zu tanzen beginnt, tut gut daran, mit vorgegebenen Schrittmustern anzufangen. Der tanzende Umgang mit dem eigenen Leib befremdet viele und kann zu Chaos und Leerlauf führen. Die Kinder fühlen sich alleingelassen mit ihrem Körper und können ungewohnte Bewegungsspielräume nicht produktiv nützen. Damit Tanzen Freude macht und Sinn gewinnt, sind Schrittsicherheit und rasches Gelingen der Tanzfiguren Bedingung. Eine systematische Einübung kommt dem natürlichen Orientierungsbedürfnis der Kinder entgegen. Nicht umsonst sind die traditionellen Tänze des Volkes Kreistänze und Reigen mit einfacher Schrittführung. Die geschlossene Form sowie die Ordnung der Bewegungen erleichtern die Weitergabe des Tanzes an Unerfahrene. Um ein weiteres Geheimnis wissen die folkloristischen Tänze: Im Rhythmus der Schritte findet auch die Psyche zu harmonischer Gestimmtheit. Der äußeren entspricht eine innere Ordnung. Dem tänzerischen Rahmen ist daher eigene Aufmerksamkeit zu schenken. Raum, Tanzfläche und Atmosphäre ordnen den Tanz vor, weisen ihm Mitte und Begrenzung zu und stimmen ein auf das Ereignis. Trotzdem muß die Ordnung des Tanzes immer auch gemeinsam entdeckt, und realisiert werden. Im Laufe der Zeit wird sich bei den Kindern ein Sinn für die Form entwickeln. Die Tanzstruktur bedeutet dann zwar noch Orientierung, wird aber von jedem individuell aufgenommen und lebendig ausgestaltet. Aus der Erfahrung wohltuender Ordnung heraus können Kinder auch zu eigenen Orientierungsmustern finden und schließlich frei tanzen.

Konzentration

Die meisten Gemeinschaftstänze kreisen um eine Mitte (Rundtänze) oder suchen sie auf (Spiral- oder Labyrinthtanz). Solch zentriertes Tanzen ist gleichzeitig konzentrierendes Tanzen, das die Sinne sammelt und den inneren Blick auf das Wesentliche lenkt. Während vieles in der Schule zwar angesprochen, aber letztlich unverarbeitet bleibt, wird hier ein Vorgang so häufig wiederholt, bis er vom Kopf in den Bauch übergeht. Die immer wiederkehrende Bewegung läßt den Kindern Zeit zum »Wiederkäuen im Herzen« (Martin Luther). Musik und Bewegung erreichen eben nicht nur ihren Verstand, sondern graben in tieferen Bewußtseinsschichten ihre unauslöschlichen Spuren. Das leibliche Sich-Einmitten läßt seelische Mitte zugleich spüren. Das Ruhen im Zentrum vermag auch das unruhige Klassenpendel zu besänftigen.

Einverleibung

Tanzen ist ein Lernereignis, das weder an der Tafel noch am Pult oder auf dem Papier stattfinden kann. Es vollzieht sich am Leib der Kinder und schließt auch leibliche Teilnahme des Lehrers mit ein. Zuerst muß er sich selber einverleiben, was er den Kindern vermitteln will. So mißt er Höhen und Tiefen des Vorgangs aus und geht den Weg mit eigenen Füßen, bevor er andere folgen heißt. Das bewahrt ihn vor Kinderferne und selbstbezogener Verkopfung. Verleiblichter Unterricht ist konkreter, anschaulicher Unterricht. Konkret werden Lern-wege und Handlungen, aber auch sozialer Um-gang. Die Füße lernen Schritt für Schritt, die Hände nehmen die Angst. Leibhaftig sein, ... Tanzen in der Schule.

Vom Gehen zum Schreiten: Wegerfahrungen im Unterricht

Die Wege unserer Kinder sind kurz geworden. Verkehrssituation und Wohnverhältnisse begünstigen den Autofahrer vor dem Fußgänger. Der Lebensraum in den Städten, aber auch in den dörflichen Neubausiedlungen hat häufig so unüberschaubare Formen angenommen, daß viele Kinder den Weg zum Kaufmann, zum Fußballtraining oder zur Großmutter nicht mehr zu Fuß zurücklegen. Was bleibt, ist allenthalben der tägliche Schulweg, den Bürgersteig und Asphalt bestimmen. Ein Verlust an Raumerfahrung und Erdkontakt geht damit einher. Die Kirche hat sich bis heute eine eigene Wegtradition bewahrt, wenn auch deren inneren Sinn nur wenige Menschen verstehen. In Bittgängen und Lichterprozessionen, in Hochzeitszügen und Leichenbegängnissen könnten Kinder – wenn es vermittelt würde – noch erleben, wie bewegend es sein kann, miteinander zu gehen. Der Weg, den man bedächtigen Schrittes abschreitet, ermöglicht Ruhe und Einkehr. Er schenkt Zeit, um Dank und Bitte zu empfinden, Freude und Trauer bewältigen. Solches Schreiten ist ein Gehen, dem die Seele nachkommen kann. Der Religionsunterricht räumt der Wegthematik einen zentralen Ort ein (→III, 431-474). In ihm gehen die Kinder den Weg durchs Kirchenjahr. Er weiß Geschichten der Nachfolge und ruft zu ihr auf. Mit den Sakramenten berührt er Lebensstationen und gibt Wegzehrung mit. Kreis und Rad, Spirale und Labyrinth sind religiöse Wegsymbole. Mit ihnen kann der Religionsunterricht einen Weg beschreiten, der in die vielerorts statisch gewordene Schule wieder Dynamik bringt. Begonnen werden kann mit einfachen Bewegungsaufgaben, die von den Kindern schweigend vollzogen werden.

Im Raum

Zuerst wird sich die Frage stellen: In welchem Raum? Das Klassenzimmer kann dafür zu eng erscheinen, die Möblierung stören, ihr Wegräumen lästig werden. Und doch ist das der den Kindern vertraute Lebensraum, in dessen Atmosphäre sie sich eher auf unbekannte Wege einlassen. Zudem sollten die Übungen und späteren Tänze in den Unterrichtsalltag integriert sein, und das ist ohne umständlichen Ortswechsel eher möglich. Dennoch kann man bei sehr kleinen Klassenräumen in eine nicht zu große Halle oder einen Gymnastiksaal ausweichen. Der Raum darf jedoch nicht dezentrierend wirken und das Gefühl der Verlorenheit aufkommen lassen. Auch ein leerstehendes Zimmer oder eine breite Pausenhalle können geeignet sein. Aber Ungestörtheit ist Voraussetzung, denn Zaungäste lenken ab und beirren die eben entstandene Vertrautheit. Am Anfang unserer Bewegungssequenz stehen Übungen zur Raumwahrnehmung. Tische und Stühle werden beiseite geräumt, jeder sucht sich einen Lieblingsplatz im Raum und läßt sich auf dem Boden nieder. Wenn Musik eingespielt wird, stehen alle langsam auf und bewegen sich leise durch den Raum. Keiner sollte sprechen oder den anderen berühren. Der Kontakt auf Fußsohlen mit dem Boden kann dabei wechseln: Auf Zehenspitzen, mit dem ganzen Fuß abrollend, voller Leichtigkeit oder schweren Schritts. Besonders gut strukturieren einfache Instrumente Ausdruck und Rhythmus: Langsame und schnelle Schläge auf dem Tambourin, helle und dunkle Töne des Glockenspiels oder der Flöte geben weite oder enge Schritte an, lassen aufrecht gehen oder geduckt, stimmen froh oder meinen Schwermut. Eine sehr eindrucksvolle Übung ist das blinde Geführtwerden durch einen Partner. Das Kind, das die Augen geschlossen hat, muß sich dem sehenden Partner blind anvertrauen. Es wird von ihm durch das Zimmer geführt, an Tischen vorbei, ums Regal herum, vielleicht sogar auf den Flur, die Treppe hinunter. Beteiligt sich der Lehrer, merkt er am eigenen tapsigen Schritt, wie schwer es fällt, sich einem anderen zu überlassen. Schön ist auch, sich einmal so durch die leere Kirche führen zu lassen, deren Weite und Stille der »Blinde« besonders empfindet. Legt man auf den Boden des Raumes Tücher, Felle o.ä. und läßt die Kinder in Strümpfen oder barfuß gehen, spüren die Füße weiche und harte, kalte und warme Begegnungen ... Dann können die Kinder versuchen, zu langsamer Musik einen Luftballon auf dem Handrücken so zu halten, daß er nicht zu Boden fällt. Dazu sind sehr ruhige Bewegungen nötig und ein Empfinden für zarten Umgang. Mit Bändern und Tüchern sind ähnliche freie Bewegungen möglich und die Kinder haben gleichzeitig etwas in der Hand. Um Stille zu erhalten, sollte der Lehrer sparsam sein mit verbalen Anweisungen. Seine Bewegungen motivieren aus sich zu Beobachtung und Nachahmung und konzentrieren auf das Geschehen. Das Gehen auf vorgegebenen Linien oder in angelegten symbolischen Formen ist ebenfalls eine reizvolle Wegerfahrung. Mit Hilfe von Bindfäden oder Tesakrepp lassen sich Kreise und Schlangenlinien nachgehen, Spiralen oder einfache Labyrinthe abschreiten.

Im Freien

Viele der genannten Übungen sind auch auf dem Schulgelände möglich. Vielleicht ist auf dem Hof bereits eine Hüpfschnecke aufgemalt, ansonsten wird mit Kreide rasch eine Figur aufgezeichnet, die die Kinder nachgehen können. Ist eine Wiese da, versuchen wir uns im Stehen zu erden, einzuwurzeln, ins Lot zu bringen, uns tragen zu lassen. Ein Baum ist ein sehr geeignetes Mittensymbol, um das wir gehen oder tanzen können. Im Kreis treten wir dann gemeinsam auf ihn zu, erheben die Hände, berühren seinen Stamm und gehen wieder leise zurück. Auf Lerngängen und Wanderungen tut es gut, einmal innezuhalten und schweigend ein Stück miteinander zu gehen. Ein langes Seil kann alle sammeln, die still gehen und viel sehen wollen.

Einfach und wiederholbar: Rund- und Wegtänze mit Kindern

Für Lehrer, die mit ihren Kindern tanzen wollen, ist es zunächst nicht leicht, sich durch die Vielfalt der möglichen Tänze und Tanzrichtungen hindurchzufinden. Tanzen mit Kindern ist zudem ein noch schmal erschlossenes Feld, das besonders dem Religionsunterricht wenig Materialhinweise und erst recht keine Auswahlkriterien gibt. Wie also tanzen wir mit den Kindern – die wir vielleicht seit unserer Tanzschulzeit ein Unverhältnis dazu haben, zumindest aber unsicher sind, ob wir uns als Tanzlehrer eignen? »Damit etwas religiöse Relevanz bekommt, braucht es nur einfach und wiederholbar zu sein«, sagt Karlfried Graf Dürckheim. Nach diesem Grundsatz lassen sich auch unsere Tänze auswählen.

Rundtänze

Der *Kreis* als Tanzform ist alt und in vielen Kulturen beheimatet. Schon immer wollten die Menschen seiner in sich ruhenden Gestalt und kosmischen Ordnungsstruktur nachgehen. In seiner unkomplizierten Form finden sich auch Kinder zurecht, werden gehalten und können sich gehen lassen. Die meisten Rundtänze erfordern eine kennzeichnende Handfassung. Dabei nimmt die rechte Hand mit der Handfläche nach oben den Partner auf, die linke mit der Handfläche nach unten: Empfangen und weitergeben. Möglich ist auch, die Hände auf die Schultern der Mittanzenden zu legen oder die Arme ineinander zu verschränken: Zur Einheit verbunden. Gehen die Tanzenden den Weg von der Peripherie zur Mitte und wieder zurück, entsteht ein *Rad.*Die Spannung zwischen Kreislinie und Zentrum wird so erfahren, Dichte und Ausweitung erlebt. Sollen Tänze Ruhe schenken, muß ihre Vermittlung an dieser Ruhe teilhaben. Die Musik selbst setzt den Beginn. Ohne zu sprechen, kann der Lehrer Pendelbewegungen anregen, die die Kinder rhythmisch auf den Tanz einstimmen. Die nachfolgenden Tanzbeispiele bestehen aus einfachen Grundschritten. Gehen (zur Seite, vor- und rückwärts, nach innen und außen) und wiegen (von einem Fuß auf den anderen, auf der Stelle verweilend) wechseln sich ab und bestimmen den Tanzweg. Ist einmal der Anfang gewagt, werden die angeführten Tänze rasch dazu motivieren, ihre Schrittfolgen zu variieren, eigene Tanzmuster zu entwickeln und die Bewegungen in einen choreographischen Kontext zu stellen.

Pilgertanz *

Dies ist ein alter griechischer Festtanz, der zu Hochzeiten, aber auch zu anderen Festanlässen, wie zur Geburt eines Kindes, getanzt wurde. Seine typischen Vor- und Rückwärtsbewegungen ermöglichen gemeinsames Gehen und gleichzeitig Innehalten auf dem Weg des Lebens. Er tanzt sich leicht und eignet sich auch als Lichtertanz. Intensiv entfaltet er seine Wirkung (wie viele andere Tänze auch), wenn er mit geschlossenen Augen getanzt wird.

Die mit* gekennzeichneten Tänze sind entnommen aus: *Hilda-Maria Lander,* Tanzen will ich. Bewegung und Tanz in Gruppe und Gottesdienst, München 1983, 39ff. Neben einer grundsätzlichen Einführung in den Tanz und seine Bedeutung, die auch tief zu greifen versucht, finden sich hier vielfältige Bewegungsimpulse und Tanzbeispiele.

Musik: jede ruhige, tragende Musik von Klassisch bis Beat, auch Folklore – je nach Zielgruppe
Aufstellung: im Kreis, Hände sind durchgefaßt. Beim Lichtertanz ist es günstig, die rechte Hand auf die linke Schulter des Vordertanzenden zu legen, so daß die linke Hand für die Kerze frei ist. Das Licht ist dann dem Herzen am nächsten.

Takte:
1-2 Rechter Fuß nach rechts in Tanzrichtung
linker Fuß nach rechts in Tanzrichtung
3-4 Wiegeschritt in Tanzrichtung, d.h. rechter Fuß geht in Tanzrichtung mit Gewichtsverlagerung, dann Gewicht auf den linken Fuß zurückverlagern
von vorne

Omonja *

Indem die Tanzenden ihren kreisenden Weg unterbrechen und zur Mitte schreiten, entstehen die Speichen eines Rades. Gemeinsam den Weg nach innen gehen, sich in der Mitte begegnen, um dann wieder in die Außenbereiche zurückzukehren – dieser Tanz hält besondere Erfahrungen bereit.

Musik: jede langsame, tragende Musik, z.B. To Perigiali auf der Schallplatte Theodorakis Gold, Metronome 60001
Aufstellung: im Kreis, Hände sind durchgefaßt, rechte Handfläche nach oben, linke Handfläche nach unten, Arme hängen herab

Takte:
1-4 mit dem rechten Fuß beginnend 8 langsame Schritte in Tanzrichtung, Gesicht in Tanzrichtung
5-6 mit dem rechten Fuß beginnend 4 Schritte zur Mitte, Arme langsam nach oben heben
7-8 mit dem rechten Fuß beginnend 4 Schritte rückwärts zurück, Arme senken sich langsam nach unten
von vorne

Rad

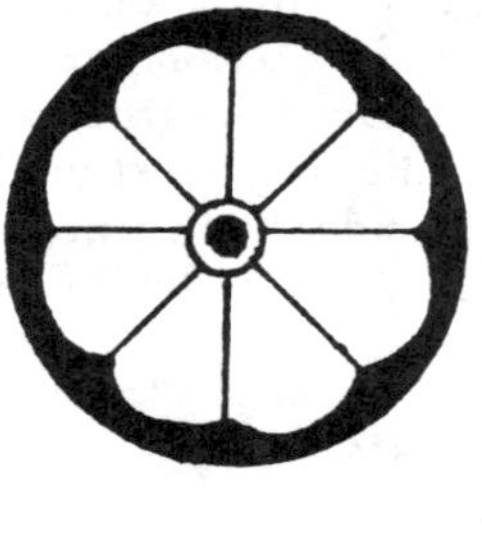

Rosette

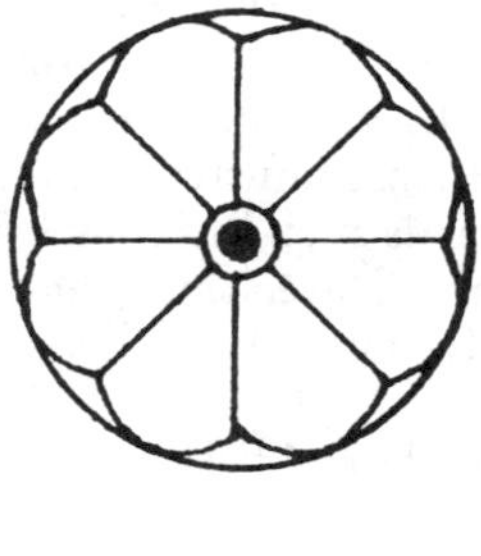

Enas Mithos **

Dieser griechische Tanz wird um eine Kerze getanzt und setzt einen abgedunkelten Raum voraus. Sein Dreivierteltaktrhythmus ergreift vom ganzen Körper Besitz. Durch seine Gleichmäßigkeit und Lichtzentrierung wirkt er sehr meditativ.

Aufstellung: im Kreis, Front zur Kreismitte, Hände sind durchgefaßt, d.h. rechte Handfläche nach oben, linke Handfläche nach unten
Musik: Enas Mithos auf verschiedenen Schallplatten mit griechischer Musik, gesungen von Nana Mouskouri, z.B. Fontana 6312019

Rhythmus: lang - kurz-kurz
Takte:
1-2 linker Fuß vorwärts zur Kreismitte, mit Gewicht
rechten Fuß an linken Fuß stellen, ohne Gewicht,
dabei zweimal kurz mit beiden Knien gleichzeitig wippen
3-4 rechter Fuß rückwärts zurück, mit Gewicht
linken Fuß an rechten Fuß stellen, mit Gewicht,
dabei zweimal kurz mit beiden Knien wippen
5-6 rechten Fuß nach rechts zur Seite, mit Gewicht
linken Fuß an rechten Fuß stellen, ohne Gewicht,
dabei zweimal kurz mit beiden Knien wippen
von vorne
Der Tanz wird ruhig getanzt, auf die Mitte zentriert. Es sind verschiedene Armfassungen und Tanzvariationen möglich.

Wegtänze

Der Kreis hält, legt aber auch fest. Um neue Wege zu finden, müssen wir aus ihm heraustreten, uns führen lassen, auch Umwege und Irrwege riskieren. In der *Spirale* rücken wir uns auf den Leib und ersehnen dann wieder die Ausdehnung. Als andere kommen wir heraus, als wir hineingegangen sind, denn nah waren wir der Mitte und uns selbst. *Labyrinthe* sind Wegaufgaben mit hohem Aufforderungscharakter. Ursprünglich wurden sie tanzend durchschritten. Labyrinthtänze haben eine so faszinierende Wirkungsgeschichte, daß diese den Kindern nicht vorenthalten werden darf. Sich in Kehren und Windungen dem Ziel nähern, das ist Wegerfahrung durchs Schuljahr. Ist das Labyrinth gar von der Klasse selbst gebaut, wird es das Erlebnis in besonderer Weise abrunden. Auch *Prozessionen,* diese heiligen Wege der Kirche, sind elementare Tänze, die den gemeinsamen feierlichen Schritt verlangen. Sie können von Musik und Gesang, Schweigen und Gebet, Lichtern oder Früchten begleitet sein und bieten so auch der Schule vielfältige Anlässe und Gestaltungen. Das kann der Einzug in einen Gottesdienst sein, das Bringen von Gaben, ein bewußter Abschluß und Auszug. Für Spirale, Labyrinth und Prozession sind neue Tanzfiguren möglich, jedoch nicht zwingend. Der Rückgriff auf bereits bekannte Schrittmuster läßt die Konzentration auf die Wegstrecke zu. Sowohl Pilgertanz als auch Biserkaschritte lassen sich offen in der Reihe tanzen und zu unbegrenzten Strecken ausbauen. Als Prozessionsschritt läßt die Pavane raumfüllende Gestaltungsmöglichkeiten zu.

**Tanzbeschreibung: Frankfurter Tanzkreis, Walter-Rietig-Str. 48, 6070 Langen.

Pavane *

Musik: Les musiciens de Provence, Vol. 3, Arion 34 301. Fidulafon 1100, Pavanen und Galliarden
Aufstellung: solo im Raum, paarweise zusammenfinden zu einer Prozession, die am längsten Teil des Raumes beginnt und am anderen Ende des Raumes in die Kreisform – paarweise – übergeht *oder* durchgefaßt zum Kreis, Arme angewinkelt, Hände in Schulterhöhe

Pavane I
Takte:
1-2 linker Fuß vorwärts, rechter Fuß bei, beide Fersen anheben und senken
3-4 rechter Fuß vorwärts, linker Fuß bei, beide Fersen anheben und senken
von vorne

Pavane II
Takte:
1 linker Fuß vorwärts
2 rechter Fuß vorwärts
3-4 linker Fuß vorwärts, rechter Fuß bei, beide Fersen anheben und senken
5 rechter Fuß vorwärts
6 linker Fuß vorwärts
7-8 rechter Fuß vorwärts, linker Fuß bei, beide Fersen anheben und senken
von vorne

Eva-Maria Bauer

Hildegardis-Codex: Das göttliche Licht S. 7

Das Hildegardis-Bild steht hier in einer inneren Entsprechung zu Text und Labyrinth-Darstellung auf der gegenüberliegenden Seite des Religionsbuches. Um dieses Verhältnis zu erfassen und ganz auszuschöpfen, ist die Lektüre des Kapitels »Labyrinth« notwendig (→ S. 496–523). Erst auf diesem Hintergrund wird einerseits die Wegthematik des Labyrinths und andererseits die Symbolik der Mitte deutlich, in welcher der Mensch zu seinem Ziel – d. h. ebenso zu sich selbst wie zu Gott – kommt. Die Deutung desselben Motivs im Religionsbuch 3, Seite 88, kann hinzugezogen werden (→III, 508f).

Als Bewegungs- und Tanzfigur wird das Labyrinth durch die voranstehenden Anregungen zugänglich gemacht. – Zu beachten ist auch, daß im Religionsbuch Labyrinth-Darstellung und der Mensch inmitten des göttlichen Lichts in Größe und Anordnung einander entsprechen.

Eine weiterführende Erschließung dieses Bildes, das uns durch alle vier Grundschuljahre begleitet hat, findet sich auf Seite 514f. Dort soll es darauf ankommen, das Hildegardis-Bild im Zusammenhang der Oster- und Himmelfahrtsthematik unseres Religionsbuches sehen zu lernen.

Der Schulgarten S. 8-12

Zur Geschichte des Schulgartens

Ein entfernter Vorläufer mag der Klostergarten sein, von dessen Anlage die Beispiele im Kloster zu Allerheiligen in Schaffhausen oder im St. Janshospital in Brügge noch Zeugnis geben. Schon der Klosterplan von St. Gallen enthielt 820 eine Liste von Pflanzen, die nach der Landgüterverordnung Karls des Großen angebaut werden sollten.

Erste Erwähnung scheint der Schulgarten in der Großen Unterrichtslehre, der Didactica magna des Johann Amos Comenius von 1632 gefunden zu haben. Comenius wünscht darin, daß sich bei der Schule ein Garten befinde, der gleichzeitig der Erholung dienen könne. In einer neuen Schulordnung für Volksschulen von 1642, im thüringischen Sachsen-Koburg-Gotha erlassen, 1648 unter dem Namen Schulmethodus von Andreas Reyher neu herausgegeben und durch weitere Schriften kommentiert, finden sich Anleitungen zum »Unterricht von natürlichen Dingen«: Man solle etwa den Kindern den inneren Bau des Körpers an geschlachteten Tieren zeigen, soll einen Schulgarten anlegen und ein Herbarium, soll in Wald und Feld gehen und »Grenzsteine, Gräben, Raine und Malbäume« anschauen; dabei möchten die Kinder durch eigene Tätigkeit möglichst selbständig lernen.

Im Kontext dieser Naturzuwendung aber zugleich in offenkundiger Übernahme klösterlicher Gartenanlagen darf auch der Entwurf eines »Schul- und Paradeißgärtleins« von J. Fürtenbach aus dem Jahr 1663 gesehen worden. Es ist der erste bekannte Plan eines Schulgartens, weniger einer agrarischen Effizienz als der erholsamen Muße gewidmet, wie der kreuzförmige Grundriß mit einer Laube im Zentrum und je einem Standbild in den vier Quadranten erkennen läßt, aber nicht minder der beigefügte Text ausführt:

> »Wenn nun die Jugend in der Schulstube soviel saure Stunden ausgestanden, daß es manchen harten Köpfen den Schwitz und Schweiß austreibt, so will es gleichwohl die Notdurft erfordern, daß die Schulmeister ihre ihnen untergegebenen Kinder in das freie Feld, oder wie mans bei uns nennen möchte, auf den Berg führen ... Derowegen habe ich mich nicht verdrießen lassen, den Schulkindern auch ein Gebäulein, einer Laube ähnlich in das freie Feld hinaus zu bauen ... Dahin so wollten die deutschen Schulmeister ihre Jugend von Knaben und Mädchen – etwa zur Sommerszeit und bei schönem Wetter zu unterschiedlichen Malen – spazieren führen, sich allda zu erstrecken und ein Examen im Grünen vor allem Volk anzustellen, hierdurch die Schulkinder zum Reden beherzt zu machen ... und man hier durch alles Gute zu erwarten habe.«[1]

Inwieweit die deutschen Schulmeister das »Schul- und Paradeißgärtlein« Fürtenbachs anzulegen bemüht waren, entzieht sich der heutigen Kenntnis. Der

[1] Zit. n.: *Gerhard Winkel*, Biologie im Schulgelände, Unterricht Biologie, Heft 35/36, 1979.

erste historische Beleg für einen tatsächlich realisierten Schulgarten datiert erst eine Generation später; August Hermann Francke legte ihn einige Jahre vor 1700 in Halle an und forderte ihn für alle seine Bildungsanstalten. Zu deren Curriculum gehörte das Realienfach »Gottes Werke«, in dem die Schüler beispielsweise Pflanzen studieren und ein Herbarium anlegen mußten.

Wieder hundert Jahre später macht sich der Einfluß Rousseaus auf die deutschen »Philanthropen« bemerkbar. Sie wollten mit ihrer Naturbegeisterung den Menschen ein «gemeinnütziges, patriotisches und glückseliges Leben« ermöglichen und postulierten einen naturgemäßen, fröhlichen und anschaulichen Unterricht. Basedow und Salzmann zählten darum den Schulgarten zu den unverzichtbaren Bereichen der Schule. Ernst Christian Trapp nennt als Zwecksetzung: »Außer dem Vergnügen soll er auch dienen, allerhand botanische und andere Naturerkenntnisse zu sammeln.« Trotz dieser Beispiele springt die Schulgarten-Idee aber nicht auf das allgemeine Schulwesen über. Wie auf die Franckeschen Anstalten, bleibt sie auf die philanthropischen Schulen beschränkt. Bemerkenswert für die frühen Vertreter der Schulgarten-Idee ist allerdings, daß neben der recht unsystematischen Erziehung zur Natur immer der Gedanke lustvoller Erholung eine Rolle spielt. Das sollte in der Folgezeit nicht von Dauer sein.

Mit dem Ausbau des naturwissenschaftlichen Unterrichts an Gymnasien, insbesondere aber an Realschulen wächst in der zweiten Hälfte des 19. Jahrhunderts das Interesse an »Anzucht- und Liefergärten« für den Unterricht. Diese »Liefergärten« sind der bedeutendste Impuls für die Schulgartenbewegung, wenngleich sie nicht zu einer einzelnen Schule gehören, sondern eine große Anzahl Schulen mit Pflanzen versorgen. Aus Hannover beispielsweise kamen 1903 mehr als 1 Million Pflanzen; sie wurden ein- bis zweimal wöchentlich angeliefert, »und zwar meist schon morgens zwischen 6 und 7 Uhr«. Einige dieser Liefergärten entwickelten sich zugleich als »Anschauungsgärten«; sie unterhielten einen Bienenstand, ein Wasserbecken und Demonstrationsbeete für verschiedene Pflanzensysteme.

Der nächste Impuls, der die Schulgarten-Idee förderte. war der Arbeitsgedanke, wie er beispielsweise von Georg Kerschensteiner pointiert unterstützt wurde. So wie er vielerlei manuelle Tätigkeiten anregte, handwerkliche Praktiken der Schule erschloß, den Mädchen hauswirtschaftlichen Unterricht in eigenen Schulküchen ermöglichte, unterstützte er auch die Anlage von Schulgärten sowie die Pflege von Tieren und Blumen. Kerschensteiner wollte die einseitige Kopflastigkeit des Lernens überwinden, indem er die Bedeutung des »Lernens durch die Hand« lehrte. Nicht minder sicher war Rudolf Steiners Intuition, als er den Schulgarten für seine »Waldorfschulen« in Anspruch nahm. In dieser Tradition gab es keine Irritation im modischen Auf und Ab, vielmehr blieb die Gartenarbeit von den Anfängen der Steinerschen Schulen bis heute ein selbstverständliches Programm.

In den ersten Jahrzehnten des 20. Jahrhunderts konnte sich der Schülerarbeitsgarten sogar in zahlreichen staatlichen Schulen durchsetzen. Die schulpädagogische Literatur förderte das Verständnis für seine Möglichkeiten und gab der Idee einen kräftigen Impuls. Als 1924 eine preußische Umfrage zur Verbreitung und Nutzung von Schulgärten stattfand, wurden für Berlin 148 Schulgärten ermittelt; von diesen waren 88 Schülerarbeitsgärten, davon 72 mit

Gemüseanzucht, 37 mit einem Blumengarten, 29 mit einer »biologischen Abteilung«, 21 mit einer Baumschule, sowie einige mit Imkerei, Gewächshaus, Freilichtbühne und anderen Sonderanlagen. »Das was wir heute als ›Schulgartenbewegung‹ bezeichnen, findet in den Arbeitsschulgärten zwischen 1920 und 1933 seine breiteste Zustimmung innerhalb der Lehrerschaft.«[1]

Als 1933 der NS-Staat die Schulen seiner totalitären Ideologie unterstellte, wurde die Vielgestaltigkeit der Schulgartenbewegung auf einen einzigen Nenner reduziert: »Der Schulgarten soll ein Gemeinschaftsgarten sein, er dient der Erziehung zum Gemeinschaftsgedanken. Das Schüler- oder Eigenbeet ist abzulehnen«, dekretierte der Reichsminister für Erziehung. Später wurden der «Kampf ums Dasein«, Vererbungsgesetze und Rasselehre und maximale Ertragssteigerung zu den Hauptmotiven der Gartenarbeit: »Wir sind in Deutschland darauf angewiesen, aus unseren Böden die höchstmöglichen Erträge herauszuholen.«

Als der Spuk zusammenbrach, wirkten zunächst noch Impulse der zwanziger Jahre nach. Gerhard Winkel zählt 1951 bis 1953 vier Veröffentlichungen zum Schulgarten, eine letzte vereinzelte Publikation noch 1961, dann bricht das Thema ab. »Wo ein Garten bestand, verwahrlost er, wird Hausmeistergarten oder mit Rasen eingesät... Das Schulgrün wird den Gartenämtern samt deren Einheitsbepflanzung überlassen. Der Schulgarten wird höchstens an der Peripherie der Schule geduldet. Der Fachlehrer zieht in die Schulen ein, das Wissenschaftsprinzip gewinnt an Boden, eine neue Ideologie verdrängt die Arbeitsschule, die nur in der didaktischen Theorie überlebt. Folie, Film, Dia, Test werden zum Alltagsmaterial des Unterrichts, weniger die Dinge selber. Selbst der Hilferuf Wagenscheins ›Rettet die Phänomene‹ (1976) vermag diese Entwicklung nicht aufzuhalten.«[2]

Seit 1980, meint Gerhard Winkel, verstärkten sich die Anzeichen, daß wir »am Anfang einer neuen, dritten Schulgartenbewegung« stünden. Dafür könnte das allgemein aufbrechende ökologische Problembewußtsein ein kräftiger Auslöser sein, wohl auch die Abkehr von einem einseitig wissenschaftsorientierten Unterricht und die Rückbesinnung auf den Reichtum ganzheitlicher Schulkonzeptionen, wie sie im Gefolge der Reformpädagogik entstanden.

Typen des Schulgartens

Vom Typ des »Anschauungsgartens«, der dem Botanischen Garten nachempfunden ist und durchweg vom Lehrplan des Biologieunterrichts mitbestimmt wird, wollen wir im Blick auf die Grundschule nicht sprechen. Die hier gewählte Einteilung hat natürlich, wie jede Systematik, ihre Grenzen und darf nicht übersehen lassen, daß die nachfolgend genannten Typen auch vermischt werden können, so daß sich in einem einzigen Garten zugleich Elemente der anderen Form finden.

[1] *Gerhard Winkel* (Hrsg.), Das Schulgarten-Handbuch, Sulze 1985, 20.
[2] Ebd., 22.

Der Nutzgarten

Die meisten Gärten aus der Blütezeit der Schulgartenbewegung waren als Ertrags- oder Nutzgärten angelegt. Die Gärten der Waldorfschulen sind es gewöhnlich heute noch. Solche Gärten dienen vorab dem eigenschulischen Leben, liefern die wichtigsten Produkte für den Kochunterricht und führen die Schüler notwendigerweise in die Grundlagen des Gartenbaus ein. Wenn ein solcher Garten professionell bewirtschaftet wird, kann er hohe Erträge liefern. Bei einer naturnahen Betriebsform vermittelt er den Schülern gute ökologische Kenntnisse, bei einer Ausrichtung auf hohe Erträge ist der Konflikt zwischen Ökologie und Ökonomie mitangelegt und dem Unterricht zur Stellungnahme und Lösung vorgegeben. Der Nutzgarten erfordert das kontinuierliche Engagement des Lehrers und überfordert bei größeren Flächen die Möglichkeiten einer Grundschule. Für einzelne Gartenbereiche ist eine auf Ertrag ausgerichtete Anlage aber durchaus möglich, zumal dann, wenn die Kinder sich selbst immer wieder kleine Mahlzeiten, zum Beispiel mancherlei Salate und Rohkostgerichte, aus ihrem Garten zubereiten.

Der Lehrgarten

Dieser Gartentyp ist vor allem auf den Biologie- bzw. den Sachkundeunterricht bezogen. Zwar berührt er sich mit dem »Anschauungsgarten«,doch während dieser durchaus von Fremden unterhalten werden könnte, fordert der Lehrgarten die aktive Mitarbeit der Schüler, wobei sich körperliche und geistige Tätigkeiten die Waage halten. Anders gesagt: Was immer im Lehrgarten geschehen soll, angelegt und gepflegt wird, es findet seine aufmerksame unterrichtliche Begleitung. Das ist so bei der Anlage von Blumenbeeten, wenn Standort, Wuchsform und Blütezeiten in ein harmonisches Verhältnis zueinander gebracht werden müssen, nicht minder, wenn es um Düngung und Kompostierungsversuche geht oder wenn ein Hochbeet angelegt und unterhalten werden soll. Gerhard Winkel meint, dieser Gartentyp finde unter Lehrern die breiteste Zustimmung. Für die Grundschule mag das nur mit Einschränkung gelten. Jedoch werden bei der Planung immer wieder Sondereinrichtungen zur Sprache kommen, die für viele Grundschulen einen erhöhten Reiz haben dürften, beispielsweise ob ein Teich oder Tümpel geschaffen werden kann (→S. 140ff), welche Gesichtspunkte für einen duftenden Kräutergarten sprechen, für einen Blumengarten, einen Obstgarten. Regionale Traditionen spielen für solche Entscheidungen eine wichtige Rolle. Natürlich lassen sich Sondereinrichtungen auch auf einzelne Beete begrenzen. Sie geben dem Garten eine große Vielfalt und können ihn sogar über die Schule hinaus für die Gärten und Anlagen bei den Wohnhäusern zum Lehrgarten werden lassen.

Der Lustgarten

Die Bezeichnung mutet antiquiert, aber auch verlockend an, erinnert sie doch an das Paradies, das auch ein Lustgarten ist, und darum ließe sich mit gleichem Recht, wie es J. Fürtenbach 1663 mit seinem Vorschlag tat, von einem Paradiesgärtlein sprechen. Gerhard Winkel nennt ihn den »Garten der Gartenfreude« und verbindet ihn mit Muße, Gespräch und Spiel.

Der Grundschule ist ein solcher Lustgarten zutiefst angemessen, und wenn sie ihn realisiert, löst sie den Wunsch ein, der sich in ältesten Zeiten vor jeder Zwecksetzung mit dem Schulgarten verband. Letztlich beglaubigt der Paradiesgarten, was Etymologen uns als Maßstab fragend vorhalten: daß Schule nämlich nicht »Schule«, sondern in ihrem (mitlaufenden) Ursprung Muße heißt.

Ein solcher Garten hat unterschiedliche Sitzplätze, Spiel- und Klettergeräte, mehrere Spielflächen, eine Hütte oder Laube, eine Feuerstelle – und dies alles so in Blumen, Stauden und Gehölze eingebunden, daß mehrere grüne und blühende Räume entstehen. Die Zeitschrift »natur« entwarf 1984 einen Lustgarten als »Ideengarten für sinnliches Lernen«. Wenngleich unser Name »Lust- oder Paradiesgarten« einer didaktischen Verzweckung durchaus widerstrebt, ließen sich einzelne Anregungen von dort übernehmen, etwa die Anlage eines Riechgartens (→I, 51f), eines »Fühlwegs« (→II, 324ff; 329f) oder eines Feldes für Bodenspiele. Ein besonderer Glanzpunkt könnte sogar die Anlage eines Heckenlabyrinths sein (→S. 508, 516).

Der Naturgarten

Der jüngste Schulgarten-Typ, aber wahrscheinlich zugleich das stärkste Motiv für seine Wiederbelebung, ist der Naturgarten, auch Öko-Garten genannt. In diesem Garten geht es um Biotope, ökologische Experimente und Artenschutz. Nicht ein verwertbarer »Ertrag« soll erwirtschaftet werden, vielmehr soll die Natur rings um die Schule zu ihren eigenen Möglichkeiten zurückfinden. Darum gibt es im Vokabular der Naturgartenarbeit auch kein »Unkraut«, sondern nur Wildpflanzen, die nicht verfolgt, allenfalls in großzügigen Grenzen gehalten werden. Gifte und mineralische Dünger bleiben aus diesem Gartenbau verbannt. Der Rasenmäher erhält – wenn überhaupt – nur seltenen Zutritt. Kompostieren wird ein zentraler Leitbegriff.

Biotope werden im naturnahen Schulgarten kleinräumig gesehen – eine Trockenmauer, eine bewachsene Wand, eine Hecke, ein Steinhaufen, ein Tümpel sind solche ökologische Lebensinseln, die sorgfältige Pflege finden, um damit zugleich dem Artenreichtum im Schulgelände zu dienen (→S. 137ff).

Die enge Definition des Schulgartens wird durch dieses Verständnis des Naturgartens gesprengt. Das gesamte Schulgelände rückt in den Gestaltungs- und Pflegebereich, wird schrittweise seiner Sterilität im Einheitskonzept der Stadtgärtnereien entwunden und wächst in eine neue Vielgestaltigkeit hinein, die sich an den Möglichkeiten der lokalen Topographie und den Bedingungen der jeweiligen Landschaft orientiert.

Nicht alleine für Grundschulen bietet der Naturgarten optimale Voraussetzungen. Er gestattet eine differenzierte, anregende Gestaltung der Außenanlagen der Schule mit schönen Sonderanlagen, die den Schülern wichtige Einsichten und Erlebnisse im Umgang mit der Natur erschließen. Gleichzeitig sind die finanziellen, zeitlichen und organisatorischen Probleme leichter als bei anderen Gartenformen zu lösen, denn »unterhalten« werden muß das Schulgelände in jedem Fall, und die Pflegeintensität ist wesentlich geringer als bei Nutzgärten, die nahezu jede Woche neue Aufgaben stellen. Das von vielen Lehrerkollegien hochgespielte Ferienproblem ist beim Naturgarten ebenfalls kein irritierender Faktor.

Alles in allem könnte für Grundschulen der naturnahe Garten als Rahmenkonzept, in das je nach Interessenlage und Kraft Elemente des Nutz- und Lehrgartens und selbstverständlich auch des Lust- und Spielgartens übernommen werden, der gangbarste Weg sein.

Der Religionsunterricht und der Schulgarten

Es bedarf im Rahmen unseres Kapitels »Leben und Lernen in der Schule« keiner Rechtfertigung, warum der Schulgarten in den Horizont einer ganzheitlichen Religionspädagogik gehört. Entwickelt er sich als naturnahe Gestaltung des gesamten Schulgeländes, nimmt er zusätzliche Elemente des Erholungs- und Spielgartens, aber auch des Lehrgartens mit ökologischen Sondernischen auf, wird er der Schule einen grünen mußevollen Rahmen geben, der den Kindern besonders angemessen ist.

Unser Religionsbuch für das 4. Schuljahr macht auf mehreren Seiten deutlich, wie willkommen ein Schulgarten ist, damit alle guten Worte über die Schöpfung ihr beglaubigendes reales Fundament *in der Schule* bekommen. Die kirchliche Tradition hat sich seit langer Zeit auf vielen Gebieten immerzu mit Worten begnügt, hat »schöne« Worte zu fast allem, was für Menschen wichtig ist, gefunden, aber hat mit diesen wohlfeilen Worten selten verändernde Tatsachen geschaffen. Damit dies nicht so bleibt, findet sich unser Kapitel über die Schöpfung in diesem Handbuch auf die Basis realer Umweltprobleme bezogen. Es gibt kein abgehobenes Schöpfungsethos, das von ökologischen Fakten absehen könnte. Wer die Liebe zur Natur lehren will, muß die Kinder zum Detail hinführen. Der deklamatorische Allgemeinplatz, wie ihn Predigt und Katechese kennen, ist ebenso unglaubwürdig wie unerträglich geworden. Wer mit Kindern das Radnetz einer Spinne betrachtet, deren graphisches Muster und statische Konstruktion, zugleich ihnen von der Funktion der Fangfäden erzählt und ihren Eigenschaften, wer ihnen Suchfäden, Gerüstfäden, Spiralfäden erklärt, wie Spinnen diese produzieren und verknüpfen... der ermöglicht den Kindern, daß sie vielleicht ein Leben lang solche Wunderwerke staunend und mit großer Nachdenklichkeit sehen lernen. »Liebe zur Schöpfung« läßt sich nicht in pauschalen Sprüchen an Kindern heranreden. Man muß mit ihnen »alles« über die Ameise oder den Marienkäfer, über die Brennessel oder das Geheimnis der fünfzähligen Blüte anschauen und besprechen und wird dabei im jeweils Einzelnen das Ganze erfassen.

Weil die Schöpfung – wie vieles andere – kein »Thema« ist, das der Lehrplan irgendwann punktuell berücksichtigt, geht es darum, unsere Schüler in ein dauerhaftes und zugleich gemüthaft gefülltes Verhältnis zur Natur einzuführen. Darum haben wir im Religionsbuch für das 2. Schuljahr Pflanzen und Tiere im Klassenzimmer vorgestellt, darum geht es hier um das gesamte Umfeld der Schule - einschließlich des oft trostlosen Pausenhofs. Wer als Religionslehrer davon spricht, daß wir Menschen den Auftrag haben, den Garten »zu bebauen und zu bewahren«, muß in der Schule damit anfangen.

Gerhard Winkel sagt in seinem Handbuch, »daß nicht nur Biologielehrer einen Schulgarten betreuen sollen, sondern auch Sportlehrer, Kunsterzieher oder Deutschlehrer«. Steht der Religionslehrer im allgemeinen Bewußtsein der

Schule so fern, daß man ihn mit fachübergreifenden Bereichen nicht verbindet? Es gehört natürlich zur Randstellung des Religionsunterrichts und trägt zu einer traurigen Isolation bei, daß allzu viele, unnötig viele, unverantwortlich viele Religionslehrer nur »zu Besuch« in die Schule kommen, sich dem Lehrerkollegium nicht verbunden wissen und sich außerhalb ihrer Fachstunden für die Schule insgesamt nicht engagieren. Wenn ich Schulleiter wäre, würde ich sagen: Stippvisisten in unserer Schule gibt es nicht. Wer unterrichtet, gehört zum Kollegium, nimmt an dessen pädagogischen und planerischen Konferenzen teil, trägt übergreifende Verantwortung mit allen gemeinsam. Wäre ich »Katechet«, würde ich besorgt sein, über die schmale Basis der ein oder zwei Wochenstunden hinaus mit den Kindern zusammen sein zu können, aus Interesse an den Kindern und aus Freude an ihnen.

Ein zeitlich begrenztes «Schulgarten«-Experiment war auf dem Anweg zu diesem Religionsbuch das Sommer-Labyrinth, über das wir Seite 517ff ausführlich berichten. Man könnte es auch als einen großen Weizen-Teller sehen, von dem die Kinder geerntet haben, um anschließend zu dreschen, zu mahlen, zu backen und gemeinsam das Brot zu essen. Solche oder ähnliche Einzelaktionen sind dem Religionslehrer auch unter schwierigen oder sterilen Schulverhältnissen möglich.

Insgesamt ist der Schulgarten einer der wenigen kostbaren Orte, wo Kopf, Herz und Hand zusammenwirken müssen, wenn etwas Gedeihliches entstehen soll. Kinder und Lehrer begegnen sich hier in einer ungezwungenen Form und können sich in eine Gemeinsamkeit einüben, die im verbalen Unterricht kaum zu entwickeln ist. Gleichzeitig erlaubt die Schulgartenarbeit wichtige Alternativerfahrungen und korrigierende Akzentsetzungen, um dem Trend zu einer passiven Konsumhaltung im Unterricht entgegenzusteuern.

Literaturhinweis:

Statt einer Unzahl einzelner Broschüren oder Bücher kann »Das Schulgarten-Handbuch«, herausgegeben von *Gerhard Winkel*, empfohlen werden (Friedrich Verlag, Sulze bei Hannover, 1985). Auf über dreihundert großen Seiten bietet es Grundlegendes und Praktisches zur Schulgartenarbeit. Ein auf reicher Erfahrung basierender informativer Text, Fotos und zahlreiche Zeichnungen machen mit allen wichtigen Aspekten, Aufgaben und Möglichkeiten des Schulgartens bekannt. Es wäre schade, wenn sich allenfalls Biologielehrer von diesem Buch inspirieren ließen. Es ergänzt im Sinne eines soliden Sachbuchs unsere Anregungen zum Schulgarten und zugleich viele Aspekte, die das Kapitel »Schöpfung: Mensch und Welt« aufgreift.

Siehe auch den Literaturhinweis Seite 125.

Singen und Musizieren S. 113-116

Singen

Die Erinnerung an die eigene Schulzeit weckt nicht gerade Beschwingtheit, wenn die alten Lieder von damals schwach herüberwehen. In der Grundschulzeit verlief offensichtlich alles nach den Regeln, wie sie die Ausbildung an der Lehrerpräparandie eingebleut hatte, mehr steif und pflichtbewußt als von eigener Intuition und Lebendigkeit getragen, und so blieb es bei einem Pensum, das wahrscheinlich die damaligen Lehrpläne forderten. Möglicherweise hielt sich die Lehrerin auch für ungeeignet, mit uns zu singen, denn sie trat bald den Musikunterricht an ihren Kollegen ab, der sich aus seiner Seminarzeit eine begrenzte Beweglichkeit auf der Geige bewahrt hatte und nun die Melodien herunterkratzte, um verhaltenes Feixen dafür zu ernten und damit die Voraussetzungen für ein einträchtiges Singen erst recht zu stören.

Das Gymnasium brachte anfangs eine Steigerung ins Stramme hinein: Fahnenapelle, Marschlieder im Turnunterricht, zackiges Getue. Dann brach die Stimme und gleichzeitig die Ideologie, der die Lieder und Posen bis dahin dienen mußten. Es folgte ein Musikunterricht »über« Musik, der bis zum Abitur an pubertären Problemen litt oder, was wahrscheinlicher ist, die Begeisterungskraft der Lehrer entbehren mußte.

Seltsamerweise sind die Schulwahrnehmungen der folgenden zehn, fünfzehn Jahre, so sehr sie vieles nur von außen registrierten, mit einer fortwährenden Singeslust verbunden: offene Fenster, zu denen täglich immer neue Lieder herausschallten, wandernde Klassen oder solche, die zum Sportplatz, zum Freibad zogen und unisono sangen. Diese Reminiszenz knüpft sich an die fünfziger und frühen sechziger Jahre. Seitdem scheint der Schulgesang seltener geworden zu sein, auf Fachstunden beschränkt, von der Straße her oder über Schulflure kaum noch auszumachen, als sei er mit den Maikäfern dahin, während andererseits der Umgang mit elektronisch produzierten Phoneinheiten auch schon für Kinder eine unkontrollierte Steigerung erfuhr. Jetzt singen die Stars und Sternchen, ermöglichen einen dauerhaften akustischen Reizhintergrund und trainieren groß und klein im Weghören.

Andererseits hat der elektronische Musikmarkt eine neue Musikbegeisterung gefördert. Acht Millionen Menschen in der Bundesrepublik Deutschland musizieren aktiv; davon sind zwei Millionen Kinder und Jugendliche. Jugendmusikschulen ergänzen etwa sechshundertmal das schulische Bildungsprogramm und erlauben fruchtbare Wechselbeziehungen. Neben der klassischen Instrumentenpalette steht immer öfter eine Ausstattung mit technischen Geräten zur Verfügung, wie Keyboard, Synthesizer, Mikrocomputer, Videosizer, zu dem auch Kinder bereits Zutritt finden. Mögen für die Sekundarstufe darin neue Möglichkeiten liegen, die Grundschule findet ihre eigene Gestaltung durch Singen, Spielen und Tanzen mittels einfacher und ursprünglicher Formen und Instrumente.

Elementar ist das Singen. Mancher Schulmorgen kann mit einem Lied eröffnet werden, oftmals ist zwischen den fachlichen Sequenzen eine erholsame Singezeit für Lehrer und Schüler eine Freude. Leider versperrt die fachspezifische Lehrerausbildung immer mehr Grundschullehrern das Zutrauen zu ihren selbstverständlichen Fähigkeiten. Es sollte nicht darum gehen, daß hier besondere Begabungen verlangt werden: jeder Mensch mit normalem Selbstvertrauen kann mit Kindern singen, so wie er mit ihnen spielen, malen, basteln oder erzählen kann. Die Grundschule lebt von einem gewissen Dilettantismus ihrer Lehrer, wobei die Grundbedeutung dieses Begriffs zu beachten ist: Dilettant heißt der Liebhaber einer Sache, die er nicht professionell, sondern zum eigenen Vergnügen betreibt. Um eben dieses eigene Vergnügen geht es. Es ist eine Angelegenheit der inneren Einstellung, der Bereitschaft, sich darauf einzulassen, wohl auch eine Frage des entkrampften, leichten Sinnes, der Unbekümmertheit, seiner eigenen Lebensfreude keinen Einhalt zu bieten.

Für den Religionslehrer, der erst zur dritten, vierten und letzten Stunde die Klasse betritt, ist die Situation nicht immer unbelastet. Die Frustrationen des Schulmorgens liegen auf den Kindern und Lehrern. Um so notwendiger ist jene innere Hygiene, die sich gegen Mißmut und Müdigkeit wehrt und darum stets neu den Schwung zu einem Anfangslied findet. Der Liedschatz, der sich hier anbietet, ist außerordentlich groß und nicht zuletzt sind in der Gegenwart viele neue religiöse Lieder hinzugekommen. Allein die zahlreichen Vertonungen, welche die Texte von Wilhelm Willms gefunden haben, erhellen, wie lebendig und anregend die Szenerie geworden ist. Es dürfte jedoch notwendig sein, auf regionaler Basis Fortbildungstermine anzusetzen, die sich bevorzugt die Vermittlung neuer musikalischer (und tänzerischer) Formen zur Aufgabe machen. Nicht jeder kann sich selbst einen hinreichenden Überblick verschaffen oder neue Lieder erarbeiten. Wenn dies in größerem Kreise geschieht und unter Leitung eines kompetenten Kollegen, wird die Resonanz im Religionsunterricht der Schulen kurz darauf zu hören sein. Es scheint jedoch, als hätten die Weiterbildungsinstanzen nicht genug Phantasie und Unternehmungslust, um das musikalische Leben im Religionsunterricht wirksam zu fördern. Was könnte hier nicht alles getan werden!

Musizieren

Von allen Arten des Umgangs mit Musik sind Singen und Instrumentenspiel die wertvollsten Tätigkeiten und durch nichts zu ersetzen, am wenigsten durch elektronische Musikkonserven. Der Neigung zum passiven Konsum, wie sie durch die allseits umspülende Unterhaltungsindustrie gestützt wird, muß die Schule durch alle nur denkbaren Formen der Selbsttätigkeit entgegenwirken. Das Musizieren der Kinder ist hierzu ein besonders glücklicher Beitrag, zumal die Kinder ihre Fähigkeiten dann auch gerne zu Hause vorführen und oft sogar über die Schulzeit hinaus pflegen.

In erster Linie muß hier, bevor von anderen Instrumenten die Rede ist, von Carl Orff und seinem »Schulwerk« gesprochen werden. Der Ansatz geht in die zwanziger Jahre zurück, als die ausklingende Reformpädagogik Musik und Bewegung als Einheit zu fassen suchte. Damals entstand in München die Günther-Schule für Gymnastik und elementare Musik, mit der die Musik- und Bewegungserziehung ihren Anfang nahm, wie sie heute die Grundschuldidaktik kennzeichnet. In Zusammenarbeit mit Dorothee Günther und Gunhild Keetmann, zu denen sich der Cembalo- und Klavierbauer Carl Maendler gesellte, entwickelte Orff das neue Schlagwerk, das zur Grundlage des späteren Orff-Instrumentariums wurde. Ebenfalls wurde das Xylophon entwickelt und zu seiner heutigen Formen- und Klangvielfalt ausgebaut. Dennoch führte dieses Bemühen noch nicht zum heutigen »Schulwerk«. Der Nationalsozialismus war an Orffs Intuition uninteressiert, 1945 wurden alle Instrumente, wie sie bis dahin entwickelt waren, ein Opfer des Bombenkriegs. Vielleicht wäre die Sache sogar aufgegeben worden, wenn nicht eines Tages der Bayrische Rundfunk Carl Orff gebeten hätte, einen Beitrag für den Schulfunk zu schreiben.

»Ich arbeitete damals an der Partitur meiner ›Antigonae‹ und stand allem Pädagogischen fern. Trotzdem reizte mich das Angebot, da es für mich kein Aufgreifen von etwas zu Ende Gegangenem war, sondern einen neuen Anfang mit neuen Mitteln und neuer Zielsetzung bedeutete. Elementare Musik in einer pädagogisch aufgebauten Sendereihe für Hunderte von Schulen und Tausenden von Kindern auszustrahlen, war ein verlockender Plan, ein Plan von solchen Ausmaßen, wie ich ihn einst... erträumt hatte. Wenn mir auch die Erfahrung vieler Jahre Schulwerkarbeit zu Gebote stand, so war es damals eine Arbeit mit Jugendlichen und Erwachsenen gewesen, noch dazu innerhalb einer Berufsausbildung, die andere pädagogische oder künstlerische Ziele anstrebte. Was jetzt auf mich zukam, war etwas völlig anderes: Eine Musik ausschließlich für Kinder, die von Kindern gespielt, gesungen, getanzt, aber auch in ähnlicher Art von ihnen selbst erfunden werden konnte – eine eigene Welt.

Ich wußte wohl, daß rhythmische Erziehung schon in der frühen Kindheit einzusetzen hat. Die Einheit von Musik und Bewegung, die man jungen Menschen hierzulande erst wieder mühsam anerziehen muß, ist beim Kind noch natürlich vorhanden. Ebenso wurde mir klar, was dem Schulwerk bis dahin gefehlt hatte: Von Ansätzen abgesehen, hatten wir in der Güntherschule das Wort, die Singstimme, nicht voll zu ihrem Recht kommen lassen. Naturgegebener Ausgangspunkt aber für die Arbeit mit Kindern ist der Kinderreim, die ganze Fülle des alten gewachsenen Kinderliedgutes.«[1]

Ohne Zweifel hat Carl Orff mit seinem »Schulwerk« die musikalische Erziehung in aller Welt verändert, bei uns ebenso wie in Japan, Afrika oder Amerika. Es hat sich damit ein musikalischer Kosmos eröffnet, der nicht allein auf Stimme und Sprache gründet, sondern den ganzen Menschen mit allen körpersprachlichen Möglichkeiten einbezieht, mit Klatschen, Stampfen, Schnalzen sowie einer Fülle einfach zu handhabender Instrumente wie Schlagstäbe, Trommeln, Rasseln, Kastagnetten, Schellenbänder, Triangeln, Cymbeln, Bekken, Xylophone, Glockenspiele, Flöten und selbst die Peitsche. Orffs Schulwerk hat elementare Ausdrucksmöglichkeiten der Musik erschlossen, durch welche die Musikalität des ganzen Menschen gebildet werden kann. Ausgehend von dem jedem Kind leichtzugänglichen Fünfton-Raum, schafft sein Instrumentarium eine Verbindung von Wort, Ton und Gebärde, mit kleinsten rhythmischen Einheiten, mit Improvisationen und Erfindungsübungen, die in

[1] *Carl Orff/Thomas Werner,* Carl Orff und sein Werk, Dokumentation, 8 Bde., Bd. 4: Trifoni, Tutzing 1979, 212.

ihrer elementaren Einfachheit spontane Zugänge und Spielformen auch außerhalb des professionell geführten Musikunterrichts erlauben. Darum fand das Orff-Schulwerk auch im Kindergarten und in der Behindertenarbeit Aufnahme, weil es manche Verklemmungen lösen hilft und gerade den angeblich Unmusikalischen den Weg zur Musik leicht macht.

Literaturempfehlung:

Elisabeth Unkel, Musikbuch Religion (Spiel-Lieder und Sprech-Spiele für Schule und Kindergottesdienst nach der Idee von Carl Orff, mit Schallplatte), Lahr 1978.

Rainer Schmitt, Musik und Spiel in Religionsunterricht und Jugendarbeit. Praktische Anleitungen, Beispiele und Modelle, Stuttgart/ München 1983 (insbesondere: Instrumentales Musizieren und musikalisches Gestalten).

Musik im Unterricht der Grundschule. Ein Bericht[1]

In unserer Klasse vergeht kein Tag ohne Musik. Unser wichtigstes Instrument ist die Stimme, wir singen viel und gern. Und wir spielen alle auf der Blockflöte, gemeinsam. Hin und wieder benützen wir auch das Orff-Instrumentarium. Ein besonderes Erlebnis ist es, einfache Instrumente selbst herzustellen und sie mit einzubeziehen: Kronkorkenrasseln, Sandpapierreiben, Rasseln aus Joghurtbechern, Schalmeien, Röhrenzithern, Panflöten, Blasdosen. – In unserer Schule ist der gesamte Lehrplan auf »fächerübergreifenden Unterricht« ausgerichtet. So bereitet es mir als Klassenlehrerin, die ich (außer Sport) alle Fächer in meiner Klasse selbst unterrichte, keine Schwierigkeiten, Musik in allen uns möglichen Formen überall da einzusetzen, wo sie uns Freude macht und unseren Unterricht bereichert.

Musik im Schul-Alltag

Die Musik, Singen und Flöten vor allem, hat für die Kinder einen hohen Stellenwert, ist für mich *das* fächerübergreifende, alles verbindende Element.

Das beginnt bereits in den ersten Schulminuten. Schon für den morgendlichen Gruß liegen die Flöten und die Musikmappen bereit. (Wir besitzen keine Liederbücher, denn wir stellen unser »Repertoire« nach eigenem Bedarf – und unserem Vermögen – zusammen.) Das tägliche Morgengebet besteht meist aus einem Lied, gesungen und geflötet. Hat eines der Kinder Geburtstag, spielen wir ihm ein Glückwunschlied, davon können die Kinder mehrere auswendig. Das liebste: »So viel Stern am Himmel stehn«, beliebt, weil es mehrstimmig gespielt und gesungen werden kann, mit zusätzlicher Begleitung oder ohne, zwei Strophen, jede anders zu kombinieren, wenn man mag. Es ist die Vielseitigkeit und der fröhliche Text, der die Kinder reizt. Im übrigen richten wir uns mit unseren Liedern nach den bevorstehenden Festen, den Jahreszeiten, dem Wetter. Zur Zeit das liebste Lied (es ist Februar):

»Es ist für uns eine Zeit angekommen
die bringt uns eine große Freud.
Über's schneebeglänzte Feld
wandern wir, wandern wir,
durch die weite, weite Welt.«

Ein Lied der Jahreszeit, das die innere Freude der Kinder am Schnee nach außen

[1] Diesen Abschnitt schrieb *Christel Maier.*

trägt. Dieses Lied war auch unser Schlußlied im letzten Gottesdienst, kein »Kirchenlied«, aber ein von Herzen kommendes Lob der Schöpfung.

Nach diesem gemeinsamen, uns verbindenden Beginn am Morgen ist ein gesammelter, geordneter Unterrichts-Anfang leicht. – Meist greifen wir im Laufe des Tages nochmals nach unserer Flöte. Gründe dafür gibt es immer, und oftmals ist die Stimmungslage der Kinder, ihre innere Sammlung nach fünf Musizierminuten eine ähnliche wie nach einer Stilleübung.

Die Anfänge

Wie kann man es bewerkstelligen, mit einer Klasse von 26 Kindern *gemeinsam* zu flöten? Möglichst von Anfang an und möglichst so, daß jedes dieser Kinder, die ja mit sehr verschiedenen Vorraussetzungen in die dritte Klasse gekommen sind, Freude am Flöten hat?

Es soll hier nicht die Rede sein von rhythmischer Schulung, Notenlernen, Takten, exaktem Üben usw. Übergeordnetes Ziel ist *gemeinsames* musikalisches Tun innerhalb des Unterrichts, der keine »Musikstunde« im herkömmlichen Sinne ist. – Um in möglichst kurzer Zeit die Kinder gemeinsame Erfolge erleben zu lassen, ist eine Musikstunde pro Woche (laut Lehrplan) wenig Hilfe. Mit dem Einverständnis aller Eltern (das mir noch nie versagt wurde) besorge ich für alle Kinder dieselbe Flöte, denn ein Sammelsurium von Flöten ergibt keinen einheitlichen Klang. Die wöchentliche Musikstunde wird für die ersten sechs Wochen aufgeteilt in tägliche 10-Minuten Einheiten, die wir an den Beginn unseres Unterrichts stellen. Am Anfang steht die Handhabung des Instruments, nicht die Theorie. Aus diesem Grund spielen die Kinder in der ersten Zeit nach meinen Handzeichen der Tonika-Do-Methode und können sich so vollkommen auf ihre Flöte konzentrieren. Auch für Kinder, die bereits vorher mit der Flöte Bekanntschaft gemacht haben, ist diese Methode meist neu und bietet deshalb auch ihnen eine Anreiz. Wichtigstes Grundprinzip ist das *tägliche* Flöten, denn so stellen sich schnell erste Erfolge ein.

Die Motivationen, dieses Instrument zu erlernen, sind vielfältig. Da ist einmal die Neugier auf die Flöte, dann die Aussicht, gemeinsam musizieren zu können. Als Erst- und Zweitklässler haben die Kinder gesehen, daß andere – noch Grundschüler – Feste und Gottesdienste mitgestalten. Der Ehrgeiz, das auch zu können, ist groß. Es kommt hinzu, daß manches Kind, das sich verbal im Unterricht schwertut, beim Flöten ganz besonderen Eifer an den Tag legt. Nicht zu unterschätzen sind die sozialen Lernprozesse, die bei diesem gemeinsamen Tun ablaufen. So ist z.B. von allen Kindern Geduld und Toleranz gefordert mit den etwas schwerfälligeren unter ihnen, denn wir wollen es ja *alle* können. Und dessen sind wir uns von Anfang an bewußt. Unser »Konzert« ist nur dann schön, wenn alle mitmachen. So ergibt es sich auch von selbst, daß ab und zu ein Kind, das schon länger flötet, mit einem »Anfänger« im Gruppenraum verschwindet, um da und dort nachzuhelfen. Wenn ein Kind krank war, weiß es schon, an wen es sich wenden wird, um das Versäumte aufzuholen. Das geschieht nebenbei, z.B. in den Stunden der »Freien Stillarbeit«. Ein befriedigendes Erlebnis, so stelle ich mir vor: Der eine kann helfen (anstatt evtl. zu prahlen mit seinem Können oder sich zu langweilen), der andere erhält Hilfe, ohne vor der Klasse negativ aufzufallen.

Eine harte Probe ist anfangs manchmal die Disziplin, die sich die Kinder abverlangen müssen. Wir stellen gemeinsame Regeln auf, die während des Flötenunterrichts beachtet werden müssen. Dazu gehört z.B., nur dann in die Flöte zu blasen, wenn das Zeichen dazu gegeben ist. Es ist sicher schwierig, die Flöte in der Hand zu halten und nicht blasen zu dürfen. Aber die Kinder lernen einsehen, daß anders eine Gemeinsamkeit nicht möglich ist. All diese Lernprozesse, die gar nicht unmittelbar an die Musik gebunden sind, durchdringen das Verhalten der Kinder auch im übrigen Unterricht.

Unser Flötenunterricht geht nicht nach einer Flötenschule systematisch vor, er muß für *unsere* Klasse, *unsere* Buben und Mädchen zugeschnitten sein. Wenn die Kinder nach der Tonika-do-Methode die ersten drei Töne sauber blasen können, rufen wir einander morgens mit der Flöte beim Namen:

Tho – mas   The - re - sa   Pa - tri - zi - a   Ni – ko – la
so – mi   mi – so – mi   mi-so-so-mi   so – so – mi

Wer errät, wer gemeint ist?

Bei passender Gelegenheit äußere ich den Wunsch, auch einmal mitzuspielen, »wenn ich nicht immer diese Zeichen machen müßte.« So bringen die Schüler mich darauf, daß man das ja auch aufschreiben kann. Die Kinder *wollen* nun Noten schreiben und lesen.

Mit der Flöte durch den Jahreskreis

Inzwischen ist es Oktober oder Anfang November geworden. Die ersten spielbaren Lieder sind jetzt das »Nebellied« (Nebel, Nebel, weißer Hauch) und das »Martinslied« (Martin, Martin, Martin war ein frommer Mann). Ein schönes Erfolgserlebnis, »richtige Lieder« zu spielen nach kurzer Zeit! Ab jetzt flöten wir jeden Morgen ein Lied. Es folgen leicht spielbare Winterlieder und die ersten Adventslieder (Wir sagen euch an den lieben Advent). – Bei Bedarf kann man die Melodie ja vereinfachen und als Begleitung verwenden. Wenn ein Lied mehrere Strophen hat, kommt jedes Kind sowohl zum Singen als auch zum Begleiten. Dieselben Lieder tauchen übrigens ein Jahr später wieder auf, jetzt aber schwieriger gesetzt, in einer anderen Tonart oder zwei-, dreistimmig.

Auf Weihnachten hin werden die Kinder besonders eifrig, denn jedes möchte unterm Tannenbaum ein Weihnachtslied flöten können. (Es gab schon Kinder, die im Treppenhaus übten, weil die Eltern es in der Wohnung nicht mehr hören konnten!)

Die Möglichkeiten in der Folge der verschiedenen Jahreszeiten und christlichen Feste sind unerschöpflich. Besondere Höhepunkte in diesem Kreislauf sind natürlich die Gelegenheiten, bei denen man zeigen darf, was man kann. Die Kinder spüren: Ein Fest wird erst durch (selbstproduzierte) Musik zum Fest. Mit glühenden Backen stehen die Drittklässler das erste Mal im Advent unterm Adventskranz im Treppenhaus der Schule mit ihrer Flöte, wenn sich dort Montag morgens alle Grundschüler zum »Adventssingen« versammeln. Es ist eine Ehre, da spielen zu dürfen! – Andere Gelegenheiten sind gemeinsame Kinder- und Eltern-Nachmittage, die Weihnachtsfeier, die Einschulung der Schul-Anfänger (die Drittklässler erinnern sich, daß sie selbst noch vor zwei Jahren die »Großen« bewundert haben), das Sommerfest, Abschlußfeiern mit den Studenten, und vor allem die Gottesdienste. In unserer Schule werden diese immer von den verschiedenen Klassen *einer* Jahrgangsstufe gemeinsam vorbereitet. Ab und zu kombinieren wir die Flöten mit dem Orff-Instrumentarium oder mit Gitarren, die von den Lehrerinnen gespielt werden. Auf diese Weise sind die Kinder ins Gottesdienst-Geschehen noch mehr eingebunden (während die Orgel doch recht weit weg ist). – Besondere Höhepunkte sind auch Besuche im Altenheim im Advent oder aus Anlaß des Erntedankfestes. Nie ist das Empfinden, anderen mit der eigenen Musik Freude zu machen, so stark wie in diesen Momenten.

Musik in Sachunterricht, Deutsch, Religion

Unser Marchtaler Plan[1] wünscht »vernetzten Unterricht«. Zu jedem Leitthema soll die musikalische Entsprechung gefunden werden. Leitthemen sind entweder der Sachkunde oder der Religion entnommen. Auch hier bringen Flöten und Orff-Instrumente eine große Bereicherung des Unterrichts. Einige Beispiele:

Thema: »Der Mensch und das Feuer«. Über die üblichen Kinderlieder hinaus haben wir den »Feuerreiter« von Eduard Mörike gewählt. Nach einer Durchdringung im Deutsch-Unterricht (d.h. intensiver Kenntnis des Textes) versuchten wir, mit den gegebenen Instrumenten und eigenem Material das Feuer, den Feuerreiter, das Getuschel der Leute usw. darzustellen. Als Abschluß hörten wir die Vertonungen von Hugo Distler und Hugo Wolff. Es ergaben sich interessante Vergleiche, wie verschieden das Instrument »Stimme« eingesetzt werden kann. (Wir selbst hatten das Gedicht gesprochen und mit unseren Instrumenten begleitet.) – Allerdings muß gesagt werden, daß hier für etliche Kinder die Ansprüche doch zu hoch waren.

Thema: »Vom Korn zum Brot«. Hier besteht die größere Schwierigkeit darin, aus der großen Anzahl von Mühlen-, Bäcker- und Erntedankliedern das Passende auszuwählen. Denn wir wollen uns ja nicht den Spaß entgehen lassen, außerdem noch mit Orff-Instrumenten und eigenem Material das Klappern der Mühle, das Dreschen des Getreides usw. nachzuempfinden.

Thema: »Wie wird das Wetter?« Für dieses Thema steht eine große Anzahl von Liedern zur Auswahl bereit. Darüber hinaus wollten wir jedoch versuchen, ein Frühlingsgedicht zu »verklanglichen«. Eine Studentin, die bei uns ihr Praktikum absolvierte, hatte die Idee, »Ein Klanggedicht zum März« zu versuchen, ein Gedicht also, das nicht aus Worten, sondern aus Klängen besteht. – Nun werden Klanggestaltungen für gewöhnlich nach vorgegebenen Anleitungen, z.B. nach graphischen Notationen, gespielt. Wir aber wollten den umgekehrten Weg gehen, mit Klängen experimentieren, neue Klänge, insbesondere Frühlingsklänge, auf dem Orff-Instrumentarium und mit unkonventionellen Instrumenten entdecken. Später sollte für jedes Klangbild ein Symbol gefunden werden, um daraus eine Partitur zu gestalten.

Ausgangspunkt war der Text: Halli-Hallo, der März beginnt, es weht ein lauer Frühlingswind. – Um den Schülern eine intensive Wahrnehmung und die Konzentration nach innen zu erleichtern, wurden sie aufgefordert, die Augen zu schließen. Die unterrichtende Studentin rezitierte das »Klanggedicht zum März« und ahmte den darin vorkommenden Frühlingswind lautmalerisch nach. Das Summen setzte sich durch die ganze Klasse fort. Gemeinsam wurde nun nach einer Möglichkeit gesucht, diesen Wind aufzuschreiben...

Jetzt überschlugen sich die Ideen der Kinder, was im März alles passiert! Ein Specht klopft. Als Instrument eignet sich die Röhrentrommel. Wir lassen einen Schmetterling fliegen – ganz leise – mit dem Glockenspiel. Eine Triangel ahmt das Bimmeln des Schneeglöckchens nach. Ameisen krabbeln, d.h. unsere Finger krabbeln auf dem Tamburin. Morsche Äste krachen, dafür eignen sich Klangstäbe. Ein Bauer pflügt, Vögel fliegen, Kirchenglocken dröhnen, ein Hase hoppelt, Kinder schaukeln, ein Bach plätschert, ein Fohlen springt. Wir lassen Gras rascheln mit Zeitungspapier und Bienen summen mit unserer Stimme.

Im Handumdrehen hatten wir so viele Ideen gesammelt, daß jedes Kind eine Aufgabe bekam. Zuletzt standen über zwanzig Klangbildvorschläge der Kinder zur Verfügung und eine herzerfrischende Partitur an der Tafel. – Nun konnten wir daran gehen, unser »Klanggedicht« vorzutragen. Beispielsweise ließ sich die gesamte Partitur in der fixierten Reihenfolge abspielen, für den Anfang am einfachsten. Ebenso

[1] Der Marchtaler Plan ist der Lehrplan der freien katholischen Schulen im Bistum Rottenburg.

konnten, schon etwas schwieriger, die Symbole durcheinander gespielt werden, wobei ein Kind die Aufgabe übernahm, mit dem Zeigestock das zu spielende Symbol anzutippen. Oder: Das leiseste Instrument beginnt, alle anderen steigen nacheinander ein, bis alle Instrumente beteiligt sind. Auch hier kann ein Schüler einen Einsatz bestimmen. Oder: Instrumente und Aufgaben werden ausgetauscht. Oder: Der Frühlingstag klingt aus am Abend.

An diesem Vormittag gab es in unserer Klasse überhaupt nur noch Frühlingsboten und Frühlingsstimmung.

Werkstatt-Tage

Fähigkeiten und Fertigkeiten ganz anderer Art erforderte es von den Schülern, selbst Instrumente herzustellen. Wiederum eine Studentin hatte sich gewünscht, aus einfachen Materialien – Abfallprodukten – Blasinstrumente, Rasseln, Reiben usw. herzustellen. Mit Feuereifer waren die Kinder dabei! Da wurde gesägt, gehämmert, und wieder einmal war es erforderlich, einander zu helfen, aufeinander achtzugeben. Einer alleine brachte hier nichts zustande. Jetzt waren die handwerklich Geschickten am Zug! Das absolute Neue: Die Schüler waren am Werdeprozeß »ihres« Instrumentes beteiligt.

Der Sinn und Zweck solcher Instrumente ist ein völlig anderer als der der Flöte. Während auf dem vertrauten Instrument vorgegebene Melodien reproduziert werden, gilt es hier, zuerst einmal auszuprobieren, was überhaupt mit dem einzelnen Instrument möglich ist. Kann ich beispielsweise die Lautstärke variieren? (Kann ich laut oder/und leise blasen?) Kann ich schnell oder langsam spielen? Mit der Sandpapierreibe? Mit der Rassel? Kann ich die Tonhöhe bestimmen? Die Tondauer? Bei einer Rassel? Die Klangfarbe? (Spielt mein Instrument hell oder dunkel?) Hier hilft nur handelndes Erfahren weiter.

Jeder Schüler war bemüht, sein Instrument so sorgfältig wie möglich herzustellen und nachher auch die passendsten Möglichkeiten dafür zu finden. Trotzdem blieben Enttäuschungen nicht erspart: Beim Löcherbohren spaltete sich der Bambus für die Kronkorkenrassel, das Sägen ging nicht ohne Hilfe von Erwachsenen, und die Ergebnisse ihrer Arbeit haben die Kinder nicht immer befriedigt. Fazit dieses Werkstatt-Vormittags: Die Kinder erhielten erste Einblicke in bestimmte physikalische Gesetzmäßigkeiten und deren Zusammenhänge mit musikalischen Phänomenen. Sie waren in der Lage, auftauchende Probleme gemeinsam zu lösen, sie erzielten handwerkliche Lernerfolge und machten auf musikalischem Gebiet völlig neue Erfahrungen.

Wo werden selbstgebaute Instrumente vorzugsweise eingesetzt? Die meisten eignen sich bestens für rhythmische Übungen, auch in Verbindung mit Bewegung. Interessant sind hier auch die Partituren, die die Kinder in diesem Zusammenhang erarbeiten, völlig unkonventionell und unbelastet von unserer herkömmlichen Notation. Diese Instrumente bieten sich jedoch auch an zur Gestaltung von Texten oder Klanggeschichten.

Wie konnten wir nun unser Instrumentarium am besten zur Geltung bringen? *Jedes* Kind sollte eine Aufgabe erhalten, *jedes* Instrument eingesetzt werden! – Die Geschichte von »Swimmy« (von Leo Lionni) war aus dem Deutschunterricht bekannt (→II, 504 f), so beschlossen wir, daraus eine Klanggeschichte zu machen …

Die Kunstwoche

Im vergangenen Herbst wurde in unserem Lehrerkollegium beschlossen, eine »Kunstwoche« zu veranstalten. Sie wäre wohl besser »Werkstattwoche« benannt worden, denn vorwiegend wurde »gehandwerkt«. Da wurde mit Ton gearbeitet, mit Speckstein, mit Holz, mit Salzteig. Auch Hinterglasmalerei war eine sehr gefragte

Arbeitsgemeinschaft. Die Kleinen schufen Gegenstände aus Faltpapier oder bastelten Puppenstuben aus Abfallprodukten.

Nachdem in unserer Klasse eine größere Unterrichtseinheit über Mozart gelaufen war, beschlossen wir gemeinsam, uns an die Darstellung der »Zauberflöte« zu wagen. Das Märchen von der Zauberflöte[1] hatte ich jeweils im Morgenkreis mehrere Stunden lang vorgelesen, so daß der Inhalt wohl bekannt war. Der Stoff reizte die Kinder. Und mich reizte es, hier das ganzheitliche Ausdrucksvermögen der Kinder zu fördern und zu testen. Folgende Elemente sollte unser Versuch enthalten: Bildnerisches Gestalten, textiles Werken, Erzählung, mimisches und gestisches Darstellen, Singen und Flöten. – Wir hatten eine Woche Zeit, der Samstag der »Kunstwoche« sollte der Ausstellungs- bzw. Vorführtag in der Schule sein. Was wir uns vornahmen, war nicht wenig:

1. Bereich textiles Werken: Sieben Szenen sollten als Wandbehänge gearbeitet werden (Stoffapplikationen auf Nessel).
2. Bereich Deutsch: Das ganze Märchen sollte in einer Mischung aus Theaterspiel und Erzählung dargeboten werden.
3. Bereich Musik: Zwischen den einzelnen Szenen sollten wir mehrstimmige Sätze aus der »Zauberflöte« flöten.

Mir gefiel an diesem Konzept vor allem die Vielseitigkeit der Darstellungsmöglichkeiten und der Eifer, mit dem sich die Kinder an der Planung beteiligten.

Innerhalb einer knappen Woche setzten wir diese Pläne in die Tat um. Wir beschäftigten uns in diesen Tagen ausschließlich mit unserer Zauberflöte und hatten für nichts anderes Zeit. – Für unsere sieben Wandbehänge bot die Handarbeitslehrerin ihre Hilfe an. Das erwies sich als großer Vorteil, denn während sieben Gruppen handarbeiteten, wurden daraus einzelne Kinder immer wieder abgerufen, um Theater zu proben oder flöten zu üben. So hätte ich alleine, im nachhinein betrachtet, doch möglicherweise den Überblick verloren. (Wie auch das ganze Unternehmen nur gelingen konnte mit der Bereitschaft der Kinder, große Disziplin zu üben.) Unsere sieben Wandbehänge zeigen folgende Szenen:

1. Der ohnmächtige Tamino, die drei verschleierten Frauen und die getötete Schlange
2. Die Königin der Nacht erscheint unter Blitz und Donner
3. Sarastros Wächter umtanzen Pamina
4. Tamino übergibt Sarastro die Zauberflöte
5. Tamino und Papageno treffen im Wald das alte Weiblein
6. Tamino und Papageno in der Feuer- und Wasserprobe
7. Sarastro überreicht Tamino vor dem Palast den siebenfachen Sonnenkreis.

Nach deren Fertigstellung hängten wir jeden Wandbehang an eine Stellwand und waren so in der Lage, für unser Spiel ein passendes Bühnenbild zu schaffen. – Das Märchen selbst wurde in so viele Szenen aufgeteilt, daß jedes Kind eine Rolle spielen oder in einer Szene als Erzähler agieren konnte. Dabei hatte das ganze Stück den Charakter eines Stegreifspiels, denn bewußt lernten die Kinder keine Rolle auswendig, sondern spielten, mehr oder weniger spontan, das Erzählte nach. Auch der Erzähler hatte die Freiheit, zu raffen (dies meist unfreiwillig) oder auszuschmücken. (»Zauberflöte mit Variationen«) – Zwischen den einzelnen Szenen flöteten die Kinder folgende mehrstimmige Sätze: Ein Mädchen oder Weibchen ... Der Vogelfänger bin ich ja ... In diesen heilgen Hallen ... Das klinget so herrlich ... Bald prangt, den Morgen zu verkünden ... Auf diese Weise war jedes Kind mehrfach in Aktion. Unser Spiel dauerte dann etwa eine Stunde. – Der Lohn für die Mühe (und das Vergnügen) zeigte sich darin, daß sich die anwesenden Eltern übereinstimmend eine Wiederholung

[1] »Die Zauberflöte« für Kinder erzählt von *Gerhard Buchner*, München 1983.

wünschten. Diese wuchs sich aus zu einem Theaternachmittag im Advent, in selbstgefertigten Kostümen und mit zunehmender Freude. – Im Rückblick betrachtet, bilden solche Höhepunkte sicherlich markante Stationen innerhalb der Grundschulzeit.

Christel Maier

Musikinstrumente selbst bauen

Die Sache beginnt mit der Frage, was eigentlich ein Instrument ist. Im wörtlichen Sinn heißt Instrument *Werkzeug*. Es besteht kein Anlaß nur an solche Instrumente zu denken, die nach langer Entwicklungszeit eine technisch ausgereifte Gestalt gefunden haben, vielmehr geht es um elementare Möglichkeiten, musikalische Klänge hervorzubringen. Alle Dinge um uns herum können »zweckentfremdet« und auf ihre Eignung untersucht werden, als Musikwerkzeuge zu dienen. Das können Hölzer jeder Art sein, auch Steine, keramisches Material, Hohlgefäße, Stangen und Röhren, Glas, gespannte Fäden oder Drähte . . . Wie diese Dinge von einem der Pioniere des schulischen Instrumentenbaus, Heinrich M. Sambeth, entdeckt wurden, schildert er aus seiner Kindheit. Er stiftete unter seinen Spielkameraden eine Wette an, wer an einem einzigen Tag die meisten singenden Gegenstände aufzeichnen könne. »Ich weiß nicht mehr, wer die Wette gewonnen hat, ich weiß nur so viel, daß der Gewinner 67 Gegenstände aufgezeichnet hatte, deren Ton nach der Stimmgabel genau bestimmt werden konnte. Es waren darunter Löffel, Gabeln, Messer, Teller, Tassen, Gläser, Töpfe, Schalen, Schüsseln, Krüge, Einmachgläser, Arzneifläschen, Blumentöpfe, Blumenvasen, Tintenfässer, Schürhaken, Eimer, Gartengeräte, Geländestangen, Magnete, natürlich auch die Haus- und Ladenschellen.«[1]

Ähnlich können wir in der Schule immer noch beginnen. Alle vorhandenen Materialien werden akustisch untersucht. Dabei liegt ein großer Reiz im Suchen, Probieren und endlichen Finden. Um das Gefühl der Freude, wenn überraschende Klangwirkungen entdeckt werden, sollte der Lehrer keinen Schüler bringen und sich darum aller vorwegnehmenden Mitteilungen enthalten. Es geht niemals nur um ein Resultat, sondern immer zugleich um den Weg dorthin, und der ist für Schüler meistens bedeutsamer als das Ziel selbst. Kinder müssen an sich entdecken, wie groß die Befriedigung und Freude ist, wenn sie eine Lösung ganz selbstständig erarbeitet haben.

Hier ist eine kleine Liste mit Musikinstrumenten, die wir in der Grundschule (und natürlich auch späterhin) selber bauen können:

I. Rhythmus-Instrumente

Trommeln mit Gummi (vom Gummischlauch eines PKW oder Mofa) bespannt: Blech-, Blumentopf-, Stoßtrommel (mit einem Hartgummiball innen).
Felltrommeln als Handtrommel, Knietrommel, Große Trommel, – mit der Hand, mit Trommelschlegel oder Jazzbesen zu schlagen.

[1] *Heinrich M. Sambeth,* Kinder bauen Musikinstrumente. Reihe: Bausteine für Musikerziehung und Musikpflege, hrsg. v.: *Fritz Jöde,* Mainz 1951, 7.

Bongos aus unterschiedlichen langen Pappröhren oder Tontöpfen; mit Pergament, Folien o.ä. bespannt.
Klappern: Klanghölzer, gegeneinander geschlagen; Handklappern, Schlagbretter, Bambusklappern, Bambuskastagnetten, Handkastagnetten, Rasselklappern.
Reibinstrumente: Handraspel, Waschbrett.
Schüttelinstrumente: Schüttelbecher, Schüttelbüchsen, Sambadosen, Maràcas (aus Kokosnüssen, auf einen Handgriff gesetzt und mit kleinen Steinen u.ä. gefüllt).
Schelleninstrumente: Schellenstab aus Kronkorken, Schellenrassel aus Kronkorken, Schellenring, Schellenband, Schellenstock, Schellenbaum, Schellenkrone, Schellen- oder Glockenkranz.

II. Melodie-Instrumente

Allbekannt ist es, daß Gläser oder Tassen, leicht angeschlagen, einen bestimmten Ton geben. Dabei ist die Tonstufe regulierbar, je nachdem, wie weit die Gefäße mit Wasser gefüllt sind. Auch der Gegenstand, mit dem man anschlägt, beeinflußt den Klang, ebenso die Unterlage, auf dem die Gläser stehen. Wir beginnen mit alltäglichen Dingen aus Küche, Haus und Garten, an denen die Kinder in spielerischer Weise die Gesetzmäßigkeiten der Tonleiter kennenlernen können.

Schlaginstrumente: Blumentöpfe (verschiedener Größe, an einem Lattengestell aufgehängt); Gläserspiel (sechs bis zehn Gläser, nach der Tonleiter gestimmt, auf einem Filz- oder Schaumbelag); Flaschenglockenspiel (am Flaschenhals an einem Gerüst aufgehängt); Röhrenspiel (aus Eisen- oder Kupferrohren, mit Draht durch vorgebohrte Löcher aufgehängt); Xylophone aus Eisenplättchen oder Klanghölzern.
Zupfinstrumente: Über Kisten, Bambusrohre oder andere Resonanzkörper werden Saiten gespannt und gezupft. Saitenlänge und Spannung verändern die Tonhöhe.
Blasinstrumente: Weiden oder Holunderflöten; Rohrflöten aus Schilfrohr; Panflöte (aus Schilf oder Bambus, fünffach in verschiedener Länge aneinander gebunden); Bambus-Blockflöte und -Querflöte.

Man nehme also Blechdose, Besenstiel und Draht und baue daraus einen jaulenden Teufelbaß, »und wenn der Funke dann zündet«, sagt Margret Beckmannshagen, »sind alle Probleme gelöst, und man hat neue«; doch war dies für ihre Klasse das Ei des Kolumbus. Nach genau fünf Jahren »hängen die Instrumente bis unter die Decke, stehen an den Wänden entlang, füllen die Schränke und die Ecken! Aber die ganze Decke steht uns noch zur Verfügung. Oft beratschlagen Kinder über ein praktisches Aufbewahrungssystem, das auch den Gebrauch aller Instrumente und Klangwerkzeuge ermöglicht. Etwas Sorge um einen Platz für ihre eigenen kommenden Werke ist auch dabei . . .

Nachdem wir erste Spielinstrumente gebaut hatten, herrschte allgemeine Ratlosigkeit, denn wir konnten nur Geräusche und Lärm veranstalten. Es schien eine Katastrophe zu werden. Die Klänge unserer Instrumente waren ungewohnt, jaulend und blechern. Ich glaubte damals, das Bauen sei erschöpft, und spielen könne keiner auf diesen Dingen.

Unermüdlich und zäh haben wir das Spielen und Zusammenspielen ergründet und geübt. Kleine geglückte Passagen erfreuten uns und zeigten, daß wir mit der Zeit finden würden, was wir anstrebten. Das wiederum gab den Auftrieb zu neuer Bautätigkeit. So sind Bauen und Orchesterspiel aneinander gewachsen. Unsere Arbeitsweise hat sich gebessert, es herrscht ein auffälliges Wohlverhalten bei uns. Meine eigenen Sorgen und Aufgaben konzentrieren sich fast nur noch auf sachbezogene Dinge. Meine Unerfahrenheit auf diesem Gebiet gibt den Schülern Freiraum, eigene Ideen, Arbeitsweisen und Organisationsformen zu entwickeln, und das wird ausgebaut, soweit es im Rahmen von Schule möglich ist. Zu jeder Gruppe gehöre ich eng dazu als Förderer, Berater, Techniker, ziehe mich aber so oft wie möglich zurück aus Furcht, durch zu starkes Lenken mehr zu verhindern als zu fördern.

Jedes neue Instrument motiviert uns zum Musizieren. Das wiederum verlangt bei wachsendem Können verbesserte Instrumente, die nur durch intensivere Arbeit entstehen können. Es ist ein Selbstbewegungsprozeß, der auf sehr verschiedene Sachgebiete übergreift und dadurch immer komplexer wird.

Heute existieren mehr als 140 Instrumente und Klangwerkzeuge originellster Art; nicht weniger originell sind die damit gespielten Tonschöpfungen aller Gruppen, vom ersten bis zum neunten Schuljahr. All dies wurde aber nur möglich durch das großzügige, vertrauensvolle Gewährenlassen unserer Schulleitung, die uns nach Möglichkeit unterstützt und auch die ersten turbulenten Versuche geduldet hat. Das gab uns einen gewissen Ehrgeiz, nicht zu enttäuschen, und der half uns, Leistungen zu erzielen, die unsere Erwartungen weit übertroffen haben.«[1]

Literaturhinweise:

Ulrich Martini, Musikinstrumente – erfinden, bauen, spielen. Anleitungen und Vorschläge für die pädagogische Arbeit, (Klett-Verlag) Stuttgart 1980.

Margret Beckmannshagen, Musik-Werken. Erlebte Projektgruppen in den Klassen eins bis neun, (Burckhardthaus-Laetare-Verlag) Offenbach 1981.

Ravensburger Instrumentenspielbuch für Kinder von *Dorothee Kreusch-Jacob,* (Otto Maier-Verlag) Ravensburg 1981. (Für die Klassenbibliothek)

Ad Heerkens, Musikinstrumente selbst bauen, selbst spielen, (Johannes Stauda Verlag) Kassel 1982.

Zu den Zeichnungen S. 113-116

Wir zeigen in unserem Religionsbuch einige Beispiele für Musikinstrumente, welche die Kinder selbst anfertigen können. Weitere Beispiele sind auf den begleitenden Fotos zu sehen. Während die Fotos aus einer Klasse stammen, der nur ein sehr kurzer Weg zu diesen einfachen Instrumenten eingeräumt war, zeigen die Zeichnungen von Josef Schelbert, mit welcher Sorgfalt und Phantasie selbst schlichteste Instrumente in ihrem äußeren Bild gestaltet werden können.

Schnabellose Längsflöte S. 113

Es kann ein Metall-, Kunststoff- oder Bambusrohr verwendet werden. An einem Ende wird eine Kerbe eingeschnitten oder eingeschliffen. Beim Blasen verschließt die Unterlippe den größten Teil des Rohres. Der Luftstrom muß genau auf die Kante der Kerbe treffen.

[1] *Margret Beckmannshagen,* Musik-Werken. Erlebte Projektgruppen in den Klassen eins bis neun, Offenbach 1981, 12 f.

Tonflöte

Aus Ton ein Rohr herstellen (siehe Strichzeichnung 1). Daraus an einem Ende einen u-förmigen Ausschnitt herausschneiden (2). Den U-Bogen abschrägend zu einer dünnen Kante formen. Für das Mundstück eine kurze Walze mit dem inneren Rohrdurchmesser drehen und diese dann mit einem Schraubenzieher durchbohren (3). So wird die Einblasöffnung rund und der Luftaustritt flach viereckig. Die Walze so in die Tonröhre einsetzen, daß der Luftstrom durch die dünne U-Kante geteilt wird (4).

Büchsenlaute S. 114

Dicht unter dem Boden einer großen Blechbüchse einen Stab durchstecken. Die Saiten am kurzen Stabende befestigen, über den Steg (Strichzeichnung links) ziehen und am anderen Ende mit Ringschrauben spannen (Strichzeichnung rechts).

Schalmei S. 115

Einen Trinkhalm nach der Zeichnung zuschneiden und mit einem Stück Kork in ein Rohr, in das Griffläche gebohrt wurden, stecken. Als Schalltrichter kann eine Auswahl verschiedener Plastikflaschen o.ä. dienen. Sie verändern die Klangfarbe. Zum Spielen die beiden Zungen des Trinkhalms mit den Lippen zusammenpressen und kräftig blasen.

Trommel und Rohrtrommel S. 115/116

Für ein Plastik- oder Kartonrohr ein Stück festes Papier zuschneiden. Das nasse Papier mit Weißleim aufkleben. Die Klebelaschen während des Trocknens mit Bindfaden fest umwickeln. Als Schlegel dient ein Rundstab mit aufgesteckter Kork- oder Styroporkugel.

Rassel S. 116

Die Zeichnung stellt eine Rassel der Omaha-Indianer vor, die bei der Calumet-Zeremonie (S. 488 ff, 493 f) gebraucht wurde (nach 1880 aufgrund der Überlieferung von La Flesche, S. 481). Das Gefäß besteht aus einem ausgehöhlten Kürbis, durch den man den Holzgriff geschoben hat. An die untere Öffnung ist ein dunkelbraunes Lederstück gebunden und in zwei Streifen geschnitten. Diese Streifen werden durch eine Wicklung aus hellem Leder an den Griff gepreßt; nur die Enden bleiben sichtbar. Sie wurden aufgeschnitten und in viele Schnüre geteilt. Der Rasselkörper ist mit einem grünen Ring, der den Horizont symbolisiert und mit vier Meridianen, welche die Himmelsrichtungen bezeichnen, bemalt.

Musikhören[1]

Welch lebendige Verbindung Stille und Musik miteinander eingehen können, führt Ernst Barlachs Plastik »Der Flötenspieler« (→ I, 53) vor Augen. Stille und Musik durchdringen und vertiefen einander. Es sind nicht die physisch hörbaren Töne in eine äußere Stille hinein, die das Wesen dieser Verbindung ausmachen. Es besteht vielmehr darin, daß der Hörer von beiden innerlich ausgefüllt wird.

[1] Diesen Abschnitt schrieb *Bernd Schwarz.*

»Wenn die Musik zu uns spricht, soll der Vogel im Baum unbewegt lauschen, soll keine Welle an die Ufer schlagen und jedes Lüftchen still verweilen«, heißt es im Prolog der Frau Musica zu Claudio Monteverdis Oper »L'Orfeo«. Aber in welcher Ferne liegt dieser Wunsch für eine Zeit, die Angst vor der Stille empfindet. Nicht wenige suchen ihre Zuflucht im Lärm, und die Technik gibt ihnen genügend Mittel in die Hand, um gerade mit Hilfe der Musik die Stille zu vertreiben.

Bereits 1957, als der Lärm des heutigen Musik-Marktes noch nicht ahnbar war, machte Carl Gustav Jung auf die Angst vor der Stille aufmerksam. Er meinte, die Menschen hätten den Lärm nicht, wenn sie ihn nicht heimlich wollten. Er ist »ein uneingestandenes und unverstandenes Mittel zum Zweck, nämlich eine Kompensation der Angst, für die nur allzu reichlich Gründe vorliegen. In der Stille nämlich würde die Angst den Menschen zum Nachdenken veranlassen, und es ist gar nicht abzusehen, was einem da alles zum Bewußtsein käme ... Das, was in Wirklichkeit gefürchtet wird, ist das, was vom eigenen Innern kommen könnte, nämlich all das, was man sich durch Lärm vom Halse gehalten hat.«[1] Eine tiefgreifende Besserung erhoffte sich Jung nur von einer umfassenden Sinnesänderung. Alle anderen Maßnahmen, fürchtete er, würden allenfalls Linderungsmittel bleiben, da sie nicht in jene Tiefen reichen, in denen das Übel wurzelt und aus denen es sich immer wieder erneuert.

Um so zahlreicher sind heute die Versuche, gerade mit Hilfe der Musik wenigstens für Augenblicke den oft unerträglichen Belastungen des Alltags, also auch dem Lärm zu entfliehen; doch benutzt man dabei die Musik durchweg nur als bloßes Mittel, etwa als akustisch anregenden Hintergrund, um sich zu entspannen. Aber ohne eine aktive und bewußte Hinwendung zur Musik und ohne Besinnung auf ihren eigentlichen Sinn wird eine »gründliche Sinnesänderung« durch das, was die Musik selbst zu sagen hat, nicht zu erwarten sein.

In seinem Buch »Die Stundentrommel vom heiligen Berg Athos« knüpft Erhart Kästner an die Frage nach dem Wesen des Bildes auch eine Überlegung über Sinn und Bedeutung der Musik an. Das Bild ist für ihn sichtbarer Ausdruck einer im Dunkeln unseres Innern verborgenen, aber doch anwesenden tieferen Wirklichkeit. Und so, wie das Bild »ein Fenster in der Dunkelheit ist«, bezeichnet er die Musik für den Menschen als »das Fensterhafte an sich: Musik ist Licht durch die Fenster«.[2]

Von manchen Arten der heutigen Musik und zumal von den Formen ihres massiven Einsatzes geht allerdings kein wirkliches inneres Licht aus, eher grelles und aufreizendes Scheinwerferlicht, das den Menschen blendet, so daß ihm Hören und Sehen vergehen. Die Vorstellung, »es verbiete jemand um Gottes willen die Musik«, bewegt Erhart Kästner. Wie wäre das zu verstehen? Etwa in dem Sinne, daß ohne die Musik dem Menschen ein bedeutsamer und wesentlicher Zugang zu seiner eigenen Menschwerdung versperrt wäre? Wie aber, wenn eben durch die Musik, durch die nahezu pausenlose Beschallung

[1] *Carl Gustav Jung*, Lärm als Kompensation der Angst. Briefe III, zit. n.: *Franz Alt* (Hrsg.), Das C. G. Jung-Lesebuch, Olten ³1983, 367.
[2] *Erhart Kästner*, Die Stundentrommel vom heiligen Berg Athos, Frankfurt a. M. 1983, 137.

der Ohren besonders unserer Kinder deren innere Wahrnehmungsfähigkeit bereits im Keim erstickt wird? Könnten sie dann jemals »das dritte Ohr« entwickeln?

Uns Lehrern bleibt freilich innerhalb der Schule die Möglichkeit, eine »gründliche Sinnesänderung« bei unseren Kindern anzubahnen, indem wir im Unterricht das Musikhören wieder zu einem Erlebnis in der Stille machen. Musik muß für die Kinder zu einer inneren Erfahrung werden, nach der sie sich im Grunde ihres Herzens sehnen.

Ich habe selbst beobachten können, sowohl bei Grundschülern als auch bei älteren Realschülern, wie tiefgehend die Wirkung von Musik, die man in diesem Alter gewöhnlich nicht hört, auf diese jungen Menschen sein kann. Im Anschluß an eine Stille-Übung mit Schülern einer 10. Realschulklasse schrieb eine Schülerin:

»Ich wurde immer entspannter und fühlte, daß diese Musik tiefer und tiefer mich hineindrang. Ich verspürte eine ungeheuere Ruhe und Zufriedenheit in mir, wie ich sie nie zuvor bei anderer Musik erlebt hatte. Jedoch hatte das alles nichts mit meiner Gläubigkeit zu tun, denn ich hörte weniger auf den Text als auf die Musik. (Außerdem bin ich kein überzeugter Christ.) Ich glaube, daß es größtenteils daran lag, daß wir dieses Stück in der Schule gehört hatten, uns nur *darauf* konzentrieren konnten und nicht abgelenkt wurden. Die Musik versetzte mich in einen Rausch, der mich vom üblichen Schulstreß abschirmte, der aber leider abrupt endete, als das Klingelzeichen ertönte. Ich fühlte mich mit neuer Energie geladen und konnte mich nun gut in die nächste Unterrichtsstunde begeben.«

Dieses erste Hören der Musik beschreibt die Schülerin als ein rauschhaftes Erlebnis. Doch darf es dabei nicht bleiben. In einer weiteren Stunde haben wir Teile der gehörten Musik durch analytisches Hören vertieft. Dieselbe Schülerin und eine Reihe anderer Schüler meinten anschließend, daß ihnen die Musik jetzt noch mehr gegeben hätte.

Im Folgenden soll die Rede sein von einer Musik, die dem Menschen wirklich etwas zu sagen hat. Diese Musik ist zweierlei: objektive, für den Menschen sinnlich wahrnehmbare Tonsprache als auch Ausdruck einer geistigen Wirklichkeit. In der großen Tradition europäischer Musik – angefangen bei den unbekannten Meistern des Gregorianischen Chorals bis hin zu Bruckner und Mahler – besitzen wir einen unendlich reichen Schatz solcher Musik. Verborgen in dem unentwegten Strömen der Töne, Klänge, Melodien, Harmonien und Rhythmen, durch die Form auf ein Gleichmaß zwischen ungebundener Freiheit und vernünftiger Ordnung gebracht, enthält die Musik unsere ureigenen unbewußten Sehnsüchte und Fragen, aber auch deren Antworten. Sie sind Teil von uns selbst, und doch kennen wir sie nicht. Hört aber der Mensch diese »Stimme« und folgt er ihr, so kann sie ihn in seine eigentliche Mitte führen. Wie keine andere Sprache ist die Musik Widerklang der Regungen unserer Tiefenseele. Hierauf beruht die große seelische Spannung, die uns erfüllt, wenn wir Musik mit den »inneren Ohren« hören.

Vielleicht in Träumen, aber nirgendwo sonst wird unsere Seelentätigkeit in so unmittelbarer, aber auch subtiler Weise vernehmbar wie durch die Musik. Doch im Gegensatz zum Schlaf, in dem sich unser nach innen gerichteter Blick wie von selbst einstellt und wir uns ausschließlich mit uns selbst beschäftigen, erfordert das Musikhören wache Aufmerksamkeit und eine aktive, bewußte Hinwendung.

Schöpferisches Hören ist der Weg von der Schale zum Kern. Es erfordert Mühe und Hingabe. Der Weg führt durch das Nadelöhr jenseits von Bequemlichkeit und Oberflächlichkeit. Er ist gekennzeichnet durch innere und äußere Stille, durch Konzentration und wache Aufmerksamkeit.

Das Ziel des Lehrers bei seiner Vorbereitung auf eine Stille-Übung wird es sein, mit der Musik so vertraut zu werden, daß er sie wie aus seinem eigenen Inneren heraus hören kann. Nachdem er sich zunächst mit der allgemeinen musikalischen Atmosphäre vertraut gemacht hat, kann er größere und kleinere Abschnitte erkennen, die miteinander verkettet sind oder auch einzeln im Kontrast zu anderen stehen. Sie können variieren und sich schließlich auf einen verdichteten musikalischen Punkt hin entwickeln. Er wird die melodischen Ideen, die tönenden Akteure der Musik, immer differenzierter hören und sie in ihrer Ausdrucksform bewußter aufnehmen und im Gedächtnis behalten. Nach und nach kristallisiert sich so die architektonische Struktur des Musikstücks heraus. In dem Maße, als man sie erkennt, gelingt zugleich eine vertiefte Form des Musikhörens. Was anfangs nicht ohne Mühe gelingt, erfolgt nun wie von selbst. Das Hören wird freier von subjektiven Empfindungen, die oft nur auf mehr vordergründige Ansprüche und Erwartungen an die Musik bestimmt sind.

Erst das eigene Verhältnis des Lehrers zur Musik läßt auch jenen Funken überspringen, der in den Ohren, genauer gesagt: in den Herzen der Kinder Begeisterung entfachen wird. Die vorausgegangene persönliche Begegnung mit der Musik ist – um es im Bilde des Labyrinths zu sagen – der Ariadnefaden, der den Lehrer befähigt, die Kinder zum Kern der Musik und damit auch zu ihrer eigenen Mitte zu geleiten.

Zwei Erfahrungsberichte mögen die Aufgabe näherhin beschreiben.

Eine Kollegin versuchte erstmalig eine Stille-Übung mit Musik. Ihre Klasse beschrieb sie als recht schwierig und laut. Nur mit Überredungskünsten hätte sie die Kinder dazu gebracht, nichts weiteres zu wollen und zu tun, als in aller Stille der Musik zu lauschen. Dabei durften sie sich auf den Boden setzen. Sie hörten den langsamen Satz aus dem Klavierkonzert D-Moll, KV 466, von Wolfgang Amadeus Mozart. Gleich nach Beginn der Musik fingen einige Schüler zu lachen und leise zu tuscheln an. Die Lehrerin blendete die Musik wieder aus. Sie sagte, was nun geschehen solle, könne nur in vollkommener Ruhe gelingen. Es wurde tatsächlich still. Die Lehrerin beobachtete, wie sich die Schüler zunehmend in die Musik einhörten. Nach einem größeren Abschnitt unterbrach sie die Musik, worauf die Kinder enttäuscht reagierten:

»Das war so schön und entspannend.«
»Man wurde so ruhig.«
»Man brauchte nicht einmal zu reden.«

Ein Junge war auf Bitten der Lehrerin in der Lage, das Thema nachzusummen. Andere Kinder versuchten es ebenfalls. Auf Drängen der Schüler hörten sie denselben Abschnitt noch einmal. Über die Reaktion der Schüler war die Lehrerin nachher in hohem Maße erfreut:

»Die Musik kommt einem jetzt viel kürzer vor, denn man weiß schon, was kommt.«
»Die Musik ist jetzt viel schöner, weil man sie schon besser kennt.«
»Jetzt war die Situtation nicht mehr so ungewohnt; ich konnte mich besser konzentrieren.«

Am folgenden Tag fragten mehrere Kinder ihre Lehrerin schon auf dem Schulhof, ob sie dieselbe Musik noch einmal hören könnten. Bemerkenswert war, daß sich die Klasse gleich zu Beginn der Stunde ruhiger verhielt als sonst. Sie baten, einmal das ganze Klavierkonzert hören zu dürfen. Die Lehrerin versprach, mit ihnen öfter in dieser Weise auch andere Musik zu hören.

Dieses Beispiel eines ersten stillen Musikhörens entspricht dem vorwiegend undifferenzierten und ganzheitlichen Erleben des Grundschulkindes. Der folgende Bericht kann aber zeigen, welche Intensität des Musikhörens mit Kindern möglich ist, die darin bereits einige Übung haben: daß bis zu einem gewissen Grade auch eine analytische, verstandesmäßige und damit umfassendere Betrachtungsweise der Musik möglich ist, obwohl das Erleben stets ganzheitlich und emotional bestimmt bleibt.

Mit Kindern des 4. Schuljahres hörte ich im Zusammenhang mit dem Unterrichtsthema »Schöpfung« aus Franz Schuberts »Forellenquintett« das »Thema mit Variationen«. Das Lied der Forelle kannten die Kinder bereits. Sie saßen im Stuhlkreis.

»Heute und an den folgenden Tagen wollen wir wiederholt ein kleines Musikstück hören. Haltet ihr es für denkbar, über längere Zeit nur mit einer einzigen Musik zu leben?«
»In manchen Musikstücken steckt eben sehr viel drin . . .«
»Wenn man alles heraushören will, muß man immer wieder hinhören.«
»Vielleicht kommt euch die Musik bekannt vor. Bewahrt die Stille und hört bis zum Ende gut zu. Danach lauscht der Musik noch etwas nach.«

Erstes Hören. Bald schon zeigt sich Überraschung und Freude in den Gesichtern der Kinder. Sie bleiben still. Bei der 4. oder 5. Variation werden einige unaufmerksam. Nach dem Verklingen der Musik kommen aber doch spontane Äußerungen:

»Das kannten wir schon.«
»Das war das Lied von der Forelle, nur ganz anders gespielt.«
»Das wurde mehrmals gespielt, aber jedesmal anders. Ich glaube, so fünf-, sechsmal.«
»Es wurde nicht gesungen, sondern von Instrumenten gespielt.«

Die Kinder zählen die erkannten Instrumente auf. Sie summen die Melodie, wobei sie die Wiederholung der ersten Sequenz auslassen. Ich lasse sie die erste Variation hören und mache sie auf die Wiederholung, die im Lied nicht vorkommt, aufmerksam.

»Findet heraus, wievielmal das Lied gespielt wird. Versucht, nachher zu beschreiben, welche Veränderungen ihr entdecken konntet.«

Beim zweiten Hören waren die Kinder viel stiller und aufmerksamer. Die Anzahl der Variationen und Veränderungen konnten sie aber nicht bestimmen. Diese Übung dauerte zwanzig Minuten.

An einem anderen Tag weiteres vertiefendes Hören. Von Anfang an hörten die Kinder still und gespannt zu. Einige hielten die Augen geschlossen. Diesmal konnten sie sicher die sieben Variationen unterscheiden und sie auch etwas näher charakterisieren. Ein Mädchen hatte sogar erkannt, daß die fünfte Variation ganz von der Melodie abweicht. Zu diesem Zeitpunkt hatte der Zauber dieser schönen Musik die Kinder am stärksten in den Bann gezogen.

Im Folgenden sollten der weitgehend gleiche formale Aufbau, aber auch feine Unterschiede in den einzelnen Variationen erkannt werden. Die Kinder sollten so auch – was beim flüchtigen Hören verborgen bleibt – den inneren musikalischen Reichtum bewußter hören. Dazu gab ich Hilfen: Wir hörten die erste Variation. Dabei zeichnete ich im melodischen Rhythmus der Musik linienhafte Figuren auf großes Papier. Die innere Gliederung wurde sichtbar. Anschließend schrieben die Kinder dann mit ruhigen, aber weiten Armschwüngen die Figuren in die Luft. Das wiederum etwa zwanzigminütige Hören war an diesem Tage von großer Intensität getragen.

An einem weiteren Tag wiederholten wir die Übung. Bei jeder neuen Variation kam ein Kind nach vorne und machte anhand der Zeichnung die melorhythmischen Körperbewegungen vor. Alles verlief geordnet und still. Die anderen machten mit. – Vor dem abschließenden Hören versuchten wir, die einzelnen Variationen im voraus zu charakterisieren, insbesondere auch das jeweils tonangebende Instrument zu bestimmen. Am Ende äußerten die Kinder den Wunsch, sie möchten auch die anderen Sätze des Quintetts hören. Als wir tags darauf zu einem Bach wanderten, vernahm ich immer wieder bei den Kindern das Summen der Musik. Zweimal sangen wir gemeinsam das Lied, zur eigenen Freude und der der Passanten. Ich hatte das Gefühl einer inneren Verbundenheit zwischen der Natur, der Musik und uns Menschen.

Bernd Schwarz

Erster Grundsatz: Die Schule pädagogisch thematisieren

Innerhalb der Länder sind hinreichend viele »Mitwirkungs«gesetze erlassen, ausreichende Ebenen der wechselseitigen Zusammenarbeit institutionalisiert worden, um die Beteiligung der Eltern am schulischen Prozeß garantiert sehen zu können. Dennoch ist dies nur bürokratische Zwischenordnung, die tot bleibt, solange man lediglich den Verordnungen genüge tut, oder – falls eigener Elan beteiligt ist – sich auf organisatorische und technische Bereiche beschränkt. Mehr als alles andere ist es im Gespräch zwischen Lehrern und Eltern notwendig, die Schule als eine gemeinsame *pädagogische* Aufgabe anzugehen.

Wer die Verhältnisse kennt, weiß wie groß die Schwierigkeiten sind, die diesem Ziel von beiden Seiten entgegenstehen. Die Lehrerschaft, zumal die Schulleitung fürchtet weithin, die eigene Verwaltungsautonomie zu verlieren, wenn man die Gestalt der Schule selbst, ihre Lebensordnungen und internen Zustände elterlichen Vorstellungen und Wünschen zugänglich macht. Darum wird vieles, was zum inneren Bereich des Schulbetriebs gehört, der außerschulischen Gedankenwelt von vorneherein nicht eröffnet. Man füllt die Tagesordnungen mit Problemen des Schulwegs oder der Organisation von Schulfesten, unterläßt es aber mit einem gewissen System, über alles zu sprechen, was die Schule in ein Kinderhaus verwandeln könnte, in dem selbst (und gerade) die schwachen Schüler Geborgenheit und Hilfe finden. Dabei ist es so notwendig, besonders über die Bedürfnisse jener Kinder zu sprechen, die Schwierigkeiten in der Schule haben, und bei denen die Eltern nicht helfen können. Bis ein Schulkollegium allerdings die Reife und Freiheit erworben hat, über solche Fragen mit den Eltern der Schüler zu beraten, ist im Normalfall eine Phase der Selbstbesinnung auf das eigene pädagogische Arbeitsfeld unumgänglich. Solange die Schulkonferenzen lediglich bürokratische und organisatorische Kasualien regeln, im eigentlichen Sinn schulpädagogische Themen aber meiden, dürfte es an innerer Offenheit mangeln, etwa die Schulprobleme einzelner Kinder *nicht* als deren private Probleme zu verdrängen. Erst dann wird die Schule zum Partner der Elternhäuser, wenn sie den Eltern oder Erziehungsberechtigten klar zu machen versteht, daß die Schulschwierigkeiten der Kinder immer auch Probleme der Schule sind und darum einer öffentlichen Erörterung der schulischen Praxis bedürfen.

Eine solche Schule verschanzt sich nicht hinter Paragraphen und Erlassen. Diese Art der Abwehr ist ein Indiz für innere Schwäche. Wenn man von den Menschen aus denkt, ergeben sich sowieso andere Ansatzpunkte. Beispielsweise wird man die eigene Hausaufgabenpraxis überprüfen, auch den Vorwurf, daß die Schule über die Hausaufgaben einen Teil ihres Auftrags den Eltern zuschiebt, obwohl nur eine Minderheit von Eltern wirklich ohne Schwierigkeiten helfen kann. Von hier aus kommen Fragen nach Förder- und Stützmaßnahmen ins Spiel, wie die Schule gerade schwächeren Kindern, ohne ihnen das Lernen zu verleiden, Sicherheit im Lesen, Schreiben und Rechnen vermitteln kann. Solche Überlegungen stellen geläufige Ordnungen zur Disposition. Sie lassen nach pädagogischen Untersuchungen und Lösungsvorschlägen fragen, die Erfahrungen und Meinungen der Eltern erkunden, unterziehen diese Meinungen ebenso wie die eigenen Positionen der kritischen Reflexion und haben – ad experimentum – den Mut zu neuen Schritten.

Man wird über die Gestalt der Klassenzimmer sprechen: ob sie den Kindern genügend Identifikationsangebote bieten, ob Einrichtung und Inventar dem Unterricht Vielgestaltigkeit und Selbsttätigkeit erlauben, ob sie Behaglichkeit und Atmosphäre ausstrahlen... Für viele Eltern wird hier wie anderswo ein Prozeß des Umdenkens beginnen, der sich aber keineswegs auf die Schule beschränkt, sondern oft zu einer neuen Bewußtheit im eigenen Erziehungsbereich führt. Und wenn sie sich an diesem Vorgang beteiligen, in dem sie den Klassenräumen ihrer Kinder Möbel, Gerätschaften, Werkzeuge und Arbeitsmaterialien stiften, wie es unser Brief im Religionsbuch auf den Seiten 117-118 anregt, dann ist beiden damit geholfen. Die Schule wird ohne solche Unterstützung viele Pläne nie realisieren können, die Eltern aber beteiligen sich an einem Veränderungsprozeß, der zugleich ihr eigenes pädagogisches Aufgabenverständnis verändert.

Bei den Klassenräumen kann der wechselseitige Disput noch nicht stehenbleiben. Auch die Flure, das Treppenhaus, der Eingangsbereich sind aus dieser Sterilität zu befreien. Wie können wir das gesamte Schulhaus mit Leben füllen? Welche Hilfe brauchen wir dabei? Wo finden die Eltern in der Schule einen gemütlichen Platz, wenn sie zu Besuch kommen, ihre Kinder bringen oder abholen? Selbst über die Veränderung des Schulgeländes in einen Naturgarten (→S. 56f) ist nicht alleine im Kollegium zu beraten. Was alle angeht und für alle Modell sein kann, sollte auch für alle in Planung und Ausführung zugänglich sein.

Zweiter Grundsatz: Die Schule gemeinsam realisieren

Eine Schule, wie sie unsere Religionsbücher und Lehrerhandbücher beschreiben, geht nur zusammen mit den Eltern. Beide Seiten müssen viel voneinander wissen. Die Lehrer sollten die Familien ihrer Schüler kennen, die Eltern müssen Einblick in das Leben der Schule nehmen können. Wir beschreiben hier einige Formen der Kontaktaufnahme und Kooperation, die sich insbesondere für Grundschulen empfehlen.

Unterrichtsbesuche

Bei einem Elternabend fragt eine Mutter, ob Unterrichtsbesuche möglich seien. Die wenigsten Eltern verbinden damit eine Vorstellung. Alle schauen auf die Lehrerin, die jedoch ebenfalls überrascht und unsicher reagiert. Der Elternvertreter schlägt eine Verschiebung des Themas vor. Beim nächsten Elternabend diskutieren alle das Thema in Kleingruppen und stellen heraus:

Pro:
Man könnte besser verstehen, was die Kinder in der Schule arbeiten;
es wäre für Eltern leichter einsehbar, welche Schwierigkeiten ihr Kind in der Schule hätte;
Eltern könnten eventuell dem Lehrer durch Mitarbeit helfen;
Hinweise auf die Unterschiede zwischen außerschulischen Kinderinteressen und angebotenen Unterrichtsinhalten seien leichter zu geben.

Contra:
Die Hospitation der Eltern könnte als Prüfung des Lehrers mißverstanden werden;
einzelne Kinder könnten sich gestört fühlen oder mit übermäßigem Ehrgeiz reagieren;
manche Eltern würden dann nur noch genauer wissen, wie sie ihre Kinder trimmen könnten;
nicht alle Eltern hätten die Chance, am Vormittag Unterrichtsbesuche zu machen;
es sei nicht auszuschließen, daß das Verhalten einzelner Kinder ins Gerede komme.[1]

Die Abstimmung ergab eine große Mehrheit gegen Unterrichtsbesuche von Eltern zum damaligen Zeitpunkt. Wie die Contra-Liste zeigt, gingen Ängste und Vorstellungen in das Meinungsbild mit ein, die von der eigenen früheren Schulzeit geprägt waren. Eine Schule, die gerade bei den Eltern ein Umdenken und vielleicht ein bis dahin unbekanntes Vertrauen stiften möchte, wird deshalb große Anstrengungen aufbringen, um den Eltern Einblick in ihre Arbeit zu gestatten. Als 1975/76 in Hamburg an 150 Grundschulklassen mit 3000 Kindern ein solches Programm initiiert wurde, ergab sich, daß von den beteiligten 44 Schulen 43 diesen Versuch ausschließlich positiv beurteilten. Dabei muß es keineswegs um Unterrichtsbesuche gehen, bei denen die Eltern untätig bleiben, vielmehr ist ihre Mitarbeit im Schulalltag durchaus denkbar. Solch eine »aktive Hospitation« führte in Hamburg zu dem Urteil, »daß der Unterricht durch die Mitarbeit von Eltern vor allem der unterschiedlichen Lernfähigkeit der Kinder gerecht wurde und den förderungsbedürftigsten Kindern besonders zugute kam«.[2]

Eine Kölner Grundschule wendet sich in ihrem »Schulprogramm« mit folgenden Worten an die Eltern: »Wir haben eine ›offene‹ Schule! Bei uns gibt es nichts zu verbergen. Alle Eltern können zu jeder Zeit unseren Unterricht besuchen. Dabei ist aber die ›Straßenbahnregel‹ zu beachten: ›Nicht mit dem Fahrer sprechen!‹ *Alle* Kinder haben Anspruch auf Unterricht. Auskunft über *Ihr* Kind erhalten Sie gerne. Benutzen Sie aber nur die Sprechstunden und die Sprechtage. Melden Sie sich dazu bitte beim Lehrer an; er kann sich dann gezielt vorbereiten, Arbeitsergebnisse des Kindes dazunehmen usw. Sie haben Anspruch auf ein gründliches und ausführliches Gespräch. Ihr Kind hat es nicht verdient, daß es nur in ›Tür-und-Angel-Gesprächen‹ abgehandelt wird.«[3]

Übungsstunden

Die Mitarbeit der Eltern wird in einigen Grundschulen in einer besonderen

[1] *Heinrich Dauber/Heribert Weber,* Eltern aktiv. Handbuch für eine humane Schule, Reinbek 1976, 244f.
[2] Ebd., 245.
[3] Gemeinschaftsschule Friedensstraße Köln-Porz (Grengel), Unser Schulprogramm (1985), 32f.

Form institutionalisiert. Damit *jedes* Kind wirklich sichere Fertigkeiten im Lesen, Schreiben und Rechnen erwirbt, betreut ein Elternteil, der sich hierzu regelmäßig bereithalten kann, zwei bis fünf Kinder. Das gibt dem Lehrer Gelegenheit, Kinder mit Auffälligkeiten, Defiziten und Lernschwierigkeiten besonders zu begleiten. Während der Übungsstunden steht er den Müttern oder Vätern auf Handzeichen zur Beratung zur Verfügung. Eine solche »Lese«-Mutter schildert ihre Erfahrungen:

»Hier sind die Türen offen, die Eltern kommen herein, ein Kind wählt ein Büchlein oder einen Text aus und liest ihn mit der Mutter oder dem Vater alleine auf dem Flur, wo es zusätzliche Sitzgelegenheiten gibt. Die anderen Kinder werden nicht gestört, denn sie sind daran gewöhnt (zu Hause kommt ja auch mal einer leise ins Zimmer und geht wieder hinaus!!). Im allgemeinen sind die Lesekandidaten von der Lehrerin schon ausgewählt. Besonders sollen solche Kinder dadurch gefördert werden, für die zu Hause gerade kein Elternteil Zeit hat, um mit ihnen zu lesen. Daß mit dieser individuellen Leseübung die allgemeine Sprachkompetenz eines Kindes erweitert wird, ist für die Kinder wichtig, die längst heraushaben, wie die Buchstaben aneinandergereiht werden, aber trotzdem nicht so gerne lesen, weil da vielleicht viele Wörter vorkommen, deren Bedeutung ihnen nicht vertraut ist. Beim Lesen mit einem einzelnen Kind können solche Sprachbarrieren bemerkt und behoben werden. Das kommt letztlich allen Kindern zugute. Und es zeigt sich, daß eigentlich alle Kinder gerne vorlesen. Sie sind stolz darauf, ihre Künste vorzuführen und sich an Neues heranzuwagen. Der Ansporn untereinander ist ganz natürlich gegeben. Als das 1. Schuljahr z.B. noch nicht lesen konnte, und nur Kinder des 2. Schuljahres »auf dem Flur« üben durften, da forderte das den Ehrgeiz der Erstklässler heraus. Jetzt, wo diese z.T. schon Bücher lesen können, wollen die Großen auch wiederum mehr – ihr gutes Recht!!

Der Lehrer kann aber neuen Lernstoff um so intensiver erarbeiten, wenn er merkt, daß das Üben, das nun mal zur Schule gehört wie das Salz zur Suppe, mit allen Kindern auch sichergestellt ist. Dazu sind also »Lese«-Mütter und ebenso »Rechen«-Väter (auch mit umgekehrten Vorzeichen!) bereit.

Und es macht durchaus nicht nur Arbeit, sondern auch Freude, die Fortschritte der Kleinen, die doch langsam auch groß werden wollen, zu beobachten. Denn Eltern nehmen durch ihre Hilfe in der Schule viel intensiver teil am Leben ihrer Kinder und dem der Klassenkameraden ihrer Sprößlinge, sicher eine menschliche Bereicherung, für die sich ein wenig Zeit und Mühe lohnt!«[1]

Offene Pause

Ob die folgende Idee ebenfalls an Grundschulen Übernahme findet, sollte nicht dem ersten Eindruck überlassen bleiben; jedenfalls hat sie bei näherem Zusehen große Vorzüge.

Bekannt ist, daß die meisten Schulen mit der großen Pause ein mehr oder minder strenges Reglement verbinden. Man verpflichtet alle Kinder, auf den Schulhof zu gehen und schließt manchmal sogar die Klassenzimmer ab, um keine heimlichen Stubenhocker zu dulden. Es ist aber keineswegs allen Kindern genehm, auf Kommando draußen zu spielen, insbesondere nicht in Schulen, die ihnen Freiarbeit anbieten und in Verbindung damit ein behagliches,

[1] Ebd.

Interessen stimulierendes Klassenzimmer. Darum kann man ihnen auch erlauben, nach eigener Wahl in der Klasse zu bleiben und dort zu spielen. Angeboten sind Puppen, der Bauteppich mit vielerlei Baukästen und -systemen, Gesellschaftsspiele und Lernspiele. In dieser Zeit werden sie in ihren Schulzimmern von »Pausenmüttern« betreut, die sich in jeder Klasse für einen bestimmten Wochentag verpflichtet haben. Zur gleichen Zeit treffen sich die Lehrer im Lehrerzimmer zur gemeinsamen Tasse Kaffee und zur laufenden »Betriebsbesprechung«. Daß die Eltern den Lehrern die tägliche Tischrunde ermöglichen, ist nicht selbstverständlich, aber außerordentlich hilfreich, denn von diesem Morgenkaffee, der durch Geburtstage und besondere Anlässe oftmals noch herausgehoben wird, gehen viele Formen wechselseitiger Verständigung und Anregung aus.

Pädagogische Nachmittage

Schulen, in denen die freie Arbeit gepflegt wird, haben unablässig Bedarf an geeigneten Arbeitsmitteln für ihre Schüler. Zwar bietet der Handel mancherlei Systeme und Hilfen an, doch reicht dies nie hin und für mancherlei Sachgebiete und Fächer schon gar nicht, so daß viele Arbeitsmittel gezielt für die Bedürfnisse konkreter Klassen und Unterrichtsprozesse erfunden und hergestellt werden müssen. »Da dies sehr arbeits- und zeitaufwendig ist«, teilt die Grundschule Friedensstraße, Köln-Porz (Grengel), in ihrem Schulprogramm mit, »sind wir froh, wenn die Eltern mitarbeiten und die Arbeitsmittel für *ihre* Kinder mitherstellen. Oft helfen uns die Eltern auch, das erforderliche Material zu beschaffen, da die Haushaltsmittel karg bemessen sind. Durch die zwanglosen Gespräche bei diesen Treffs, sind die Eltern immer auf dem Laufenden über Vorgänge in der Schule.«

Elternabende

Da gibt es einerseits die vorgeschriebenen Elternabende (»Elternabende sind so trocken, weil sie so trocken sind«), die mit besonderem Akzent über schulorganisatorische Dinge berichten und über außergewöhnliche Planungen. Andererseits bieten Elternabende die beste Möglichkeit, das pädagogische Gespräch über die Schule und die Kinder zu führen. Die Eltern haben so viele Fragen, sind oftmals ratlos; das Leben heute ist kompliziert. Die Kinder sind in vielen Dingen anders als die Kinder vor einer Generation und früher. Sie stellen ihre Eltern und Lehrer vor Probleme, deren Lösung nirgendwo vorgezeichnet ist. Darum ist es angemessen, möglichst oft gemeinsam über Erziehungsschwierigkeiten und Erziehungsmaßstäbe miteinander zu sprechen. Es wäre optimal, wenn die Schule, möglichst in Verbindung mit den Kirchengemeinden, eine den örtlichen Verhältnissen entsprechende »Elternpädagogik« vermitteln könnte, gegebenenfalls unter Vermittlung von Fachleuten, die zu besonderen Fragen eingeladen werden.

Dritter Grundsatz: Statt Leistungsdruck Leistungsfreude entwickeln

»Wir fordern und fördern *alle* Kinder«, schreibt ein Lehrerkollegium an die Eltern. »Kinder, die von Lernbehinderungen bedroht sind, erhalten gezielt Hilfe, so daß eine Aussonderung und Überweisung in die Sonderschule möglichst vermieden wird. Kinder, die für bestimmte intellektuelle, musische oder praktische Tätigkeiten eine besonder Vorliebe zeigen, oder die bereits besondere Begabungsansätze erkennen lassen, versuchen wir durch entsprechende Aufgaben zu fördern. Wir geben ihnen Möglichkeiten, ihre Kenntnisse zu erweitern, zum Teil auch in jahrgangsübergreifenden Arbeitsgemeinschaften. Es gibt eine Musik-AG, Sport-AG, Ton-AG, Theater-AG, Koch-AG, Tanz-AG, Zeitungs-AG. Ausgeschlossen ist, daß der Förderunterricht für sogenannte ›Leistunsgruppen‹ mißbraucht wird, in denen Kinder gezielt ›pauken‹, um auf bestimmte ›weiterführende‹ Schulen nach dem 4. Schulbesuchsjahr überzuwechseln. Es sollte in diesem Zusammenhang deutlich darauf geachtet werden, daß die Grundschule keinen formalen Abschluß vermittelt, und daß es nicht darum gehen kann, ein ›Grundschul-Abitur‹ abzulegen.

Schulzeugnisse sind heute leider zu sozialen Berechtigungsscheinen geworden. Sie haben im Ansehen der Öffentlichkeit einen Wert gewonnen, der ihnen von den Lehrern gar nicht zugedacht war. ›Zeugnisse‹ sind nur ein Informationsmittel zwischen Schule und Elternhaus. Sie geben nur Aufschluß über die vom Kind an vorzeigbaren Arbeiten ausgewiesenen ›Leistungen‹ für einen bestimmten, gerade vergangenen Zeitabschnitt. Zeugnisse geben aber keine Auskunft über die eigentliche Persönlichkeit des Kindes; viele Begabungen, Fähigkeiten, Fertigkeiten eines Kindes kommen gar nicht im Zeugnis vor. Es handelt sich also nicht um ein Persönlichkeitsgutachten, sondern um ein Meinungsbild des Lehrers, gemessen an der Fiktion eines Schüler-Leistungsdurchschnitts, an einem fiktiven ›Durchschnittsschüler‹, der vom Lehrer ›errechnet‹ wurde, und den es in Wirklichkeit gar nicht in seiner Klasse gab. Das Zeugnis gibt nur Auskunft darüber, was der Schüler gezeigt hat, nicht darüber, was er kann. Es ist erst recht keine Prognose über zukünftige Leistungen, zukünftiges Leistungsvermögen oder gar Begabungen.

Wichtiger als bloße Leistungsmessung, Leistungsbewertung und Notenerteilung ist für uns die Leistungserziehung: die Pflege der Leistungsfreude, des Leistungswillens, der Leistungsbereitschaft. Schon Peter Petersen forderte: Weg vom Leistungskult und hin zur Leistungskultur! Unsere Noten richten sich darum nicht nach unpersönlichen, pseudo-sachlichen, ›objektivierten‹ Leistungsmessungen oder Tests, sondern berücksichtigen auch das Leistungsverhalten, den aufgebrachten ›Fleiß‹, den individuellen Leistungszuwachs. Wir erteilen also *pädagogische* Noten!«[1]

Eine Grundschule, die in solcher Offenheit ihre pädagogischen Überzeugungen den Eltern vorlegt, liefert ihnen Maßstäbe, mit denen die Unterrichtspraxis selbst auf Schritt und Tritt gemessen werden kann. Ist der Lernprozeß wirklich angstfrei? muß man fragen. Wie hält man es beispielsweise mit den

[1] Ebd., 43, 71.

Hausaufgaben, mit denen bekanntlich ja viele Schulen ihren inneren Streß in die Familie exportieren? Auf die Frage: »Halten Sie die Hausaufgaben in erzieherischer Hinsicht für die Schüler für unbedingt notwendig/nützlich/ziemlich wertlos/schädlich?« antworteten 94% der Lehrer mit »unbedingt notwendig« (52%) oder mit »nützlich« (42%). Die Frage nach der Leistungssteigerung durch Hausaufgaben ergab noch eine höhere Zustimmung der Lehrer (99%). Aufschlußreich ist schließlich noch ein drittes Ergebnis dieser Befragung. »Halten Sie die Hausaufgaben der Schüler für die Erreichung des stofflichen Unterrichtszieles für unbedingt notwendig/nützlich/ziemlich wertlos/schädlich?" wurde gefragt. Fast die Hälfte aller Lehrer (47%, beim Gymnasium 79,9%) antworteten »unbedingt notwendig«.[1]

Weil auch die meisten Eltern diese Beurteilung übernehmen, ist der Bericht einer Mutter bemerkenswert, die sich von der abweichenden Praxis einer Grundschule überraschen ließ:

»Als mir mein Sohn eines Tages auf die übliche Frage: ›Was habt ihr für Hausaufgaben auf?‹ strahlend verkündete, er habe gar nichts auf, nahm ich dies zur Kenntnis, ohne mir dabei etwas zu denken. Aber sieh da, der Vorfall wiederholte sich und gipfelte eines Tages in der Aussage: ›Wir müssen überhaupt keine Hausaufgaben mehr machen.‹

Ich konnte es nicht glauben. Ich wollte es nicht glauben. Wir gerieten in Streit. Deutlich bekam ich die Empörung meines Sohnes zu spüren. Ich bohrte nach. Was ich erfuhr, war diffus, so dargestellt, wie es eben ein Zweitklässler vermag, und es paßte gar nicht in die allgemeinen Vorstellungen von Schule. Da war die Rede von ›Hausaufgaben nehmen, wenn man wollte‹, von ›freier Arbeit machen‹, es tauchte der Begriff ›Wochenplan‹ auf, und ich mußte die selbstbewußte Erklärung meines Sohnes entgegennehmen: ›Ich habe in der Schule genug gearbeitet.‹ Ein mißtrauischer Blick in den Ranzen half mir auch nicht weiter. Ängste machten sich breit, und ich wurde vorübergehend von dem Gedanken beherrscht: ›Jetzt lernt er nichts mehr.‹

Ein Elternabend brachte schließlich eine erste Erklärung. In dieser Schule sollte mit unseren Kindern etwas Neues ausprobiert werden. Zeit für freie Arbeit sollten einen größeren Raum in der Schulwoche einnehmen. Wir erhielten Einblicke in Karteikärtchen, die sich unsere Kinder in freier Wahl auch für die häusliche Arbeit nehmen konnten; Wochenpläne zur Sicherung eines kontinuierlichen Arbeitsablaufs wurden vorgestellt. Heftige Fragen und Zweifel wurden laut. Kann man Kindern soviel Selbständigkeit zumuten? Fehlt ihnen nicht noch völlig die Fähigkeit zur eigenständigen Arbeitseinteilung? Wie sollen wir Eltern nun noch kontrollieren, ob unsere Kinder Lernfortschritte machen? Dies alles sei in erster Linie Sache der Schule und der Kinder, wurde uns gesagt. Nun gut, ich war bereit, mich darauf einzulassen.

Aus meiner Sicht: Es hat sich gelohnt! Ich sah, wie sich ein Klassenraum im Laufe der Zeit in eine lebendige schulische Heimstätte verwandelte, in der jedes Kind seinen Platz hatte. Ich erlebte den Stolz meines Sohnes auf seine Klasse, seine Schule. Ich konnte relativ ruhig und gelassen, ohne durch die Schule verursachte häusliche Spannungen seine Entwicklung verfolgen, teilte seine Freude und seine Kümmernisse ohne Druck und sah seine Kreativität durch wertvolle Anregungen wachsen. Ich glaube, mein Sohn hat eine ganze Menge gelernt, Ideen und Interesse selbst zu entwickeln, sein Leben selbst zu organisieren, mit anderen zusammenzuarbeiten, Erfolge zu teilen und Rücksicht zu nehmen, er hat gelernt, seinen eigenen Arbeitsrhythmus zu erkennen und dabei Eigenverantwortlichkeit zu akzeptieren. Und übri-

[1] Vgl.: *Heinrich Dauber/Heribert Weber*, a. a. O., 201.

gens: lesen, schreiben, rechnen kann er auch. Mein Kind ist gerne in diese Schule gegangen und ich mit ihm.«

Der Diktion dieses Berichtes zufolge hätte es der Mutter keine Probleme bereitet, ihrem Sohn bei gestellten Hausaufgaben zu helfen. Es ist aber breite Erfahrung, daß bei steigenden Anforderungen (die oft bereits in Sprachlehr- und Mathematikbüchern begegnen) nur noch Eltern mit entsprechender Begabung oder Schulbildung helfen können. Kinder aus Häusern, in denen diese Voraussetzungen fehlen, sind dann auch bei den Hausaufgaben benachteiligt. In solchen Fällen helfen Hausaufgaben, die soziale Auslese der Schule zu verstärken. Die besagte Grundschule argumentiert gegenüber den Eltern folgendermaßen:

»Wenn wir Kindern Arbeiten für zuhause aufgeben, dann stehen sie in engem Zusammenhang mit dem Unterricht. Hausaufgaben dürfen keinesfalls mißbraucht werden zu bloß schematischem Eintrichtern von Stoff oder dem stupiden Eintrainieren von Fertigkeiten, die in der Schule durchgenommen worden sind, für die aber nicht genügend Zeit eingeräumt werden konnte, um den Kindern ein sicheres Können zu vermitteln (zum Beispiel 20 Päckchen Rechnen, 30 Beispielsätze Schreiben usw.).

Wenn wir Hausaufgaben aufgeben, dann müssen sie individuell so bemessen sein, daß Kinder dazu *keine fremde Hilfe* brauchen. Bitte spielen Sie als Eltern zu Hause nicht ›Schule‹, wie Sie sie vielleicht guten Glaubens in Erinnerung haben oder wie Sie glauben, daß Schule ›eigentlich‹ sein müßte. Wir sollten die Kinder nicht verwirren und auf diesem Wege auch noch in die 35-Stunden-Woche treiben. Kommen Sie lieber zu uns in die Schule – und arbeiten Sie mit!

Es geht uns nämlich bei der Erteilung von Hausarbeiten gerade darum, daß das Kind Sicherheit und Selbstvertrauen zu seinem eigenen Können gewinnt; es geht uns Lehrern auch bei den Hausarbeiten um Erziehung zur Selbständigkeit.

Eine für Eltern vielleicht ungewohnte Art von Hausarbeiten sind an unserer Schule Aufgaben zur Erkundung, zum Sammeln von Material und von Informationen, sind Beobachtungen oder Versuche, die der Vorbereitung oder der Interessenweckung dienen – vielleicht ist es auch zuweilen ein Stück Explorationsphase, die in die Hausarbeit verlegt wird. Bei diesen Aufgaben sollten Eltern gerne ›helfen‹, indem sie mit dem Kind zusammen die Umwelt durchforschen.«[1]

Sind dies alles Botschaften aus einer utopischen Schulwelt? Vielen Lesern mag es im Blick auf die eigene Schule so scheinen. Dennoch gibt es jene Beispiele, die uns hier vorbildlich erscheinen, nicht unter den Sonderbedingungen exklusiver Privatschulen, sondern im Regelsystem der üblichen staatlichen Pflicht- und Umgebungsschulen. Wenn von diesen dennoch einige über andere herausragen, dann wahrscheinlich deshalb, weil sie Lehrer haben, wie Peter Petersen sie wünscht: als Frauen und Männer mit Initiative, fähig und bereit, Lasten auf sich zu nehmen und zu tragen, ihrer Aufgabe hingegeben, »und darunter einige wenige, die bereit sind, *mehr zu tun* als die anderen, für diese anderen, ohne davon Aufhebens zu machen«.

[1] Gemeinschaftsschule Friedensstraße Köln-Porz, a.a.O., 72f.

Schöpfung: Mensch und Welt

Zwei große Sequenzen sind diesem Kapitel vorausgegangen: Im 2. Schuljahr das Thema »Mensch und Tier«, im 3. Schuljahr die Deutung der biblischen Schöpfungstradition in ihrem Verhältnis zum evolutiven Weltbild. Beide Unterrichtsfolgen sind für den nun aufgetragenen Komplex »Mensch und Welt« unverzichtbare Voraussetzungen. Viele ihrer inhaltlichen Positionen müssen neu aufgenommen und vertieft werden.

Mit seinen drei Teilen »Verantwortung für die Erde«, »Verantwortung für das Leben« und »Verantwortung für den Frieden« führt unser Religionsbuch die Schöpfungsthematik in den Bereich der heutigen ökologischen und politischen Herausforderung. Theologie und Kirche sind in die globale, alles Leben bedrohende Krise dieser Zeit mitverstrickt. Um den Preis ihrer Glaubwürdigkeit müssen sie erkennen, daß es nicht darum geht, dem bekannten Traktat von der Schöpfung ein paar Seiten zuzufügen, ihn vielmehr kreativ zu überdenken, und zwar von der Wurzel her, so daß dies zu einem neuen christlichen Selbstverständnis führt. Das muß zwangsläufig eine Entgrenzung der Theologie im Gefolge haben, insofern sie auch die biologische, ökologische und politische Situation der Schöpfung wahrnimmt und mitzuverantworten bereit ist.

Die Umweltkrise als Krise des christlichen Glaubens

Erst seitdem die Folgen eines ungebrochenen Fortschritts tödliche Perspektiven erahnen ließen, meldeten sich zu Beginn der 70er Jahre einzelne Stimmen, die der jüdisch-christlichen Tradition wesentlichen Anteil an der Korrumpierung der Welt zuwiesen. Der amerikanische Historiker Lynn White jr. schrieb: »Unsere derzeitige Naturwissenschaft und unsere derzeitige Technik sind so sehr von einer orthodoxen christlichen Arroganz gegenüber der Natur durchsetzt, daß von ihnen allein keine Lösung unserer ökologischen Krise erwartet werden kann.«[1] Der deutsche Publizist Carl Amery beschrieb die anwachsende ökologische Krise als Folge der Verinnerlichung jüdisch-christlicher Grundvorstellungen durch die Gesamtgesellschaft. »Die gnadenlosen Folgen des Christentums« sieht er weit mehr als in den verfaßten Kirchen in den Fortschrittsvorstellungen wirksam, die ebenso im Deutschen Industrie- und Handelstag, im Zentralkommittee der KPdSU, im Pentagon und in den Büros der Technokratie das Denken bestimmen.[2] Bedächtiger nahm in den folgenden Jahren Günter Altner, Biologe und Theologe zugleich, diese Problemstellung

[1] *Lynn White,* Die historischen Ursachen unserer ökologischen Krise, in: *Michael Lohmann,* Gefährdete Zukunft. Prognosen amerikanischer Wissenschaftler, (Reihe Hanser-Umweltforschung) München 1970, 28f.

[2] *Carl Amery,* Das Ende der Vorsehung. Die gnadenlosen Folgen des Christentums, Reinbek 1972.

auf. Zwar entläßt auch er das Christentum nicht aus seiner Verantwortung: »Die Umweltkrise ist die Krise des christlichen Glaubens. Und die jahrhundertelange Glaubenskrise der abendländischen Christenheit hat die Umweltkrise mitverursacht«, aber er wehrt alle Versuche ab, die Ausbeutung der Welt kurzerhand als Folge der biblischen Schöpfungsgeschichte, zumal des Herrschaftsauftrags von Gen 1,27f zu sehen.[1] Eugen Drewermann, Theologe und Psychologe, gibt seinem Buch »Der tödliche Fortschritt« den Untertitel: »Von der Zerstörung der Erde und des Menschen im Erbe des Christentums«. Auch für ihn ist die Krise der Umwelt primär kein technisches, sondern ein religiöses Problem. Die Gründe, warum das Christentum Schuld an der progressiven Zerstörung der Natur und des Menschen trage, sieht Drewermann in einem Anthropozentrismus, der die Natur allein dem Wohl und Wehe des Menschen unterordnete und schließlich die Naturordnung »völlig auf den Kopf« stellte, indem er »das gesamte Schicksal der Natur vom Menschen abhängig« machte: »wegen der Sünde Adams seien alle Geschöpfe bestraft worden«.[2]

Es kann hier nicht darum gehen, das immer breiter werdende Spektrum der Kritiker zu referieren, welche die christliche Tradition ursächlich an der heutigen Weltkrise beteiligt sehen, wichtiger ist es, die allen gemeinsame Problemstellung aufzuzeigen und deren Konsequenzen für Theologie und Religionsunterricht deutlich zu machen.

Kontroversen um den biblischen Herrschaftsauftrag

Unsere erste Aufmerksamkeit richtet sich auf die biblische Schöpfungstheologie. Viele Autoren machen bevorzugt die priesterliche Tradition ursächlich für ein falsches Naturverhältnis verantwortlich:

Gerhard Kade: »Die hierarchische Ordnung der Welt, die im Buche Genesis entworfen wird, zeigt den Menschen als Ebenbild Gottes, dem die Herrschaft über die belebte und unbelebte Natur überantwortet wird. Der Mensch war aufgerufen, sich die Erde untertan zu machen, er war der Herr der Erde, die Natur sein Untertan ... Gottes Wille geschieht erst, wenn der Mensch die Natur für seine eigenen Ziele ausbeutet. Damit war die Idee der unbegrenzten Herrschaft des Menschen über die Schöpfung begründet.« Dieser generelle Auftrag zur Naturausbeutung verfestigte sich nach Kade im Gang der industriellen Revolution in einer ökonomischen Ideologie und realisierte sich vollends im Zusammenwirken von Technik und Ökonomie.[3]

Carl Amery: »Dem Menschen allein ist Gottesebenbildlichkeit zugeschrieben. Keinem anderen Lebewesen, keiner anderen Kreatur, auch nicht der gesamten Harmonie des Kosmos wird dieses Privileg eingeräumt. (Es) wird gefolgert, daß ein tiefer Graben zwischen dem Menschen und dem Rest der Schöpfung angelegt ist; ein Graben, der nicht als Unglück empfunden, sondern als Ausweis der grundsätzlichen Höherwertigkeit betrachtet wird.

1 *Günter Altner,* Schöpfung am Abgrund. Die Theologie vor der Umweltfrage, Neukirchen-Vluyn 1974.

2 *Eugen Drewermann,* Der tödliche Fortschritt. Von der Zerstörung der Erde und des Menschen im Erbe des Christentums, Regensburg 1981, 77.

3 Vgl.: *Gerhard Kade,* Ökonomische und gesellschaftspolitische Aspekte des Umweltschutzes, in: Gewerkschaftliche Monatshefte 1971, Heft 5, 5f.

Jedem Zweifel über diese absolute und totale Überlegenheit steht Gottes Auftrag entgegen. Es ist der ausdrückliche Auftrag der totalen Herrschaft. Der Mensch wird gerufen, diese Erde zu erfüllen, sie sich untertan zu machen. Magische Auflagen sind nicht damit verbunden, das heißt, es ist ihm völlig freigestellt, wie er diesen Auftrag vollzieht. Sonne und Mond sind Beleuchtungskörper, sonst nichts; Rohstoffe, Flora, Fauna sind ein Arsenal, über das er frei verfügt, sind Jagdterrain und Ernteacker.«[1]

Wir haben uns mit den Traditionen, die hier verhandelt werden, ausführlich bereits beschäftigt (→ III, 129–187), insbesondere fand der Herrschaftsauftrag von Gen 1,28 ein zweimaliges Bedenken (→ II, 158f; III, 164f). Günter Altner räumt gegenüber den Kritikern dieser Stelle ein: »Wer Gen 1,26 und 28 isoliert für sich nimmt, wird hier in der Tat – gerade vor dem Hintergrund dessen, was wir über altorientalische Herrscher wissen – einen Aufruf zur Despotie und zur Ausbeutung der Natur herauslesen müssen. Aber darüber bleiben die größeren Zusammenhänge unberücksichtigt, in die unsere Verse eingebettet sind.«[2] Als solche Zusammenhänge, die den Herrschaftsauftrag im gesamtbiblischen Kontext verstehen lassen, können wir nachfolgend drei Bedeutungshorizonte aufzeigen:

Zunächst ist darauf zu achten, daß Gen 1,28 im Kontext der ganzen Urgeschichte gelesen und gedeutet werden muß. Darin wird erzählt von Sündenfall und Brudermord, von zunehmender Bosheit, Verwirrung und Entfremdung bis hin zur Zerstreuung über alle Welt, nachdem einer den anderen nicht mehr versteht. Alle diese Geschichten unterstreichen nicht, wie der Mensch seinem Herrschaftsauftrag gerecht wird, sondern zeigen ihn in seinem Ungenügen und in den Folgen all dieser Schwachheit und Sünde. Die Mißachtung des gottgesetzten Rahmens menschlicher Verantwortung für das Leben – also der Mißbrauch des Weltauftrags – führt in immer größere Hoffnungslosigkeit. In unübersehbarer Deutlichkeit zeigt dies die biblische Urgeschichte.

Als zweites ist zu bedenken, daß die Bibel insgesamt den Menschen in eine mitkreatürliche Schicksalhaftigkeit stellt. So wie er mit dem Vieh den Odem teilt, so ist er mit allem Getier und den Blumen vergänglich und sterblich. Gottes Segenswort zu Fruchtbarkeit und Vermehrung wird über Tier und Mensch gemeinsam gesprochen; gemeinsam ist ihnen der Tod. Eine Kriegserklärung ist allerdings das Wort Gen 9,2ff: »Furcht und Schrecken vor euch soll sich auf alle Tiere der Erde legen, auf alle Vögel des Himmels, auf alles, was sich auf der Erde zeigt, und auf alle Fische des Meeres; euch sind sie übergeben. Alles Lebendige, das sich regt, soll euch zur Nahrung dienen. Alles übergebe ich euch wie die grünen Pflanzen.« Man nimmt an, daß dieses schreckliche Diktum das Gegenstück zu Gen 1 sein soll, wo von der ursprünglichen Schöpfungsordnung die Rede ist, in der der Mensch kein Tier tötet, um davon zu leben, während Sündenfall und Flutkatastrophe nun den kreatürlichen Frieden zerstört haben. Dieser Riß, der Mensch und Tier verfeindet, wird erst wieder in der prophetischen Endzeit überwunden: »Dann spielt der Säugling vor dem Schlupfloch der Natter, das Kind steckt seine Hand in die Höhle der Schlange« (Jes 11,8). Bis dieses Bild sich beglaubigt, aber gilt, »daß die Schöpfung seufzt und in Geburtswehen liegt« (Röm 8,22).

[1] *Carl Amery*, a. a. O., 16.
[2] *Günter Altner*, a. a. O., 59.

In einem dritten Bedeutungshorizont tritt der Herrschaftsauftrag in Gen 1,28 schließlich in Beziehung zu dem paulinischen »Alles ist euer!« (1 Kor 3,23). In Erweiterung der kreatürlich-gegenständlichen Welt erläutert Paulus: »Alles gehört euch: Paulus, Apollos, Kephas, Welt, Leben, Tod, Gegenwart und Zukunft.« Dann aber stellt er dieses »alles« in die entscheidende Klammer: »Ihr aber gehört Christus und Christus gehört Gott.« Die Freiheit und Herrschaft über die Welt erfährt ihr inneres Maß in der Rückbindung des Menschen an das Gesetz Christi und seine Ausrichtung auf Gott.

So kann also, wenn man den Herrschaftsauftrag des Menschen nicht aus isoliert gedeuteten Zitaten verstehen will, der gesamtbiblische Kontext klären, daß es sich in Gen 1 niemals um einen Freibrief zu schrankenloser Ausbeutung der Schöpfung handelt. Günter Altner pointiert diese Meinung (gegen Kade, Amery u. a.) so: »Die Tatsache, daß sich im Gefolge des christlichen Abendlandes rund um die Erde eine tiefgreifende Zerstörung des natürlichen Gleichgewichts findet, ist nicht den Heilszusagen der jüdisch-christlichen Traditionen anzulasten ... Die Umweltmisere ist die Folge der Ungehorsamsgeschichte des Christentums.«[1] Damit scheint die Bibel entlastet, und dennoch bleibt zu fragen, ob unsere obige Interpretation schon vergangenen Zeiten zugänglich war, oder ob die Wirkungsgeschichte mancher Bibelworte in einer fatalen Weise nicht auch gegen deren inneren Sinn verlief, und zwar aus Bedingungen, die im Gesamtkontext der jüdisch-christlichen Geschichte ebenfalls angelegt sind, obwohl sie innerhalb dieser Traditionen nur mühsam und ohne Vergleich mit anderen Traditionen vielleicht gar nicht wahrnehmbar werden. Darüber ist nunmehr zu sprechen.

Unterschiedliche Schöpfungsfrömmigkeit

Schon lange wird gesehen, daß der priesterschriftliche Schöpfungstext die Weltlichkeit der Welt betont. Die Gestirne haben gegenüber ihrer Bedeutung im Alten Orient allen göttlichen Symbolwert verloren. Sie sind nur noch entsakralisierte Himmelsleuchten. Was im kulturellen Bereich ehedem göttliche Gabe war, wird zunehmend als menschliche Errungenschaft betrachtet. Gott und die Welt rücken auseinander. Aus dieser Freisetzung der Welt resultiert freilich keine menschliche Willkürherrschaft über die Erde, denn Jahwe bleibt der Gott Israels, der den Umgang mit der Schöpfung seinem Gesetz unterstellt.

In diesem Zusammenhang wendet Eugen Drewermann ein, das Verhältnis zur Schöpfung sei in der biblischen Tradition »auf seiten Gottes ebenso wie auf seiten des Menschen schon vom Prinzip her *äußerlich*« und zitiert Hegel, der die Äußerlichkeit der jüdischen Gottesvorstellung, in der Gott nur als Macht bestimmt werde, insgesamt bemängelte. »Im Grunde ist die Religion Israels eine Wüstenreligion geblieben, die aus Scheu vor den Göttern Kanaans die Erde niemals gütig und warm nach Art der Großen Mutter zu sehen vermocht hat ... Vergeblich sucht man in der Bibel nach Zeugnissen einer autochthonen Poesie irdischer Schönheit. Daß Gott imstande ist, dem Menschen ›Most, Öl

[1] Ebd., 77f.

und Wein‹ sowie ›Weizenmark und Felsenhonig‹ zu geben, darin erschöpft sich der hebräische Lobpreis der Schöpfung. Die einzige große Ausnahme (außerhalb des Buches Hiob) bildet der Ps 104, der aber bezeichnenderweise nur eine hebräische Nachdichtung des großen Sonnengesanges des Pharao Echnaton darstellt: mehr als ein halbes Jahrtausend dürfte das ägyptische Orginal von der biblischen Kopie trennen, und was dort aus einem breiten Strom der Naturverbundenheit fließt, mutet in der Bibel an wie ein ›Bach in den Steppen des Südlands‹.«[1] Ähnlich harsch urteilt Ulrich Mann über die Schöpfungsfrömmigkeit der Bibel: »Allzu lange hält sich der biblische Fromme freilich nicht bei den Unbegreiflichkeiten der Schöpfung auf. Alles ist im Grund ›weislich geordnet‹ (Ps 104,24), meist auf den menschlichen Nutzen hin... Überhaupt fällt bei den biblischen Texten im Vergleich mit denen der altorientalischen Umwelt auf, wie kurz sie sich doch bei Phänomenen der Natur aufhalten..., es mutet an, als könnten sie nicht schnell genug vom bloß Naturhaften weg und zum Geschichtlichen hingelangen, zum Historischen, wohl verstanden als der Geschichte Israels...«[2]

Im geläufigen theologischen Schrifttum sind solche Urteile selten. Sie mehren sich jedoch immer dann, wenn den Autoren neben der biblischen Tradition auch die umgebende – oder gar die indianische! – Religionswelt bekannt ist, und tatsächlich zeigt sich die Kargheit der biblischen Naturfrömmigkeit erst im Vergleich zu andersreligiösen Dokumenten. »Was könnte uns mehr von Gott erzählen und seine Nähe empfinden lassen, als das, was aus seiner Schöpferhand hervorgegangen und so ist, wie es daraus hervorging?« lautet die Frage aller naturfrommen Kulturen.[3] Darum bildet dieses besondere Weltgefühl, die Überzeugung, auf der Mutter Erde mit zahllosen Geschwistern zusammenzuwohnen, die Triebfeder religiöser Dichtung, die zugleich dem alltäglichen Leben seine Spannkraft gibt bis in den letzten Augenblick des Daseins. So berichtet John Tanner vom Abscheiden seines Ottawafreundes Pescheuba, der Sterbende habe lange erzählt von seinen Träumen und Himmelsfahrten und mit der Mitteilung geschlossen, er könne nun nicht mehr länger bleiben. »Dann zog er die neuen Kleider an, die ich ihm gegeben hatte, und verließ das Zelt, *um noch einmal die Sonne, den Himmel, den See und die fernen Berge zu betrachten.* Darauf legte er sich ruhig auf seine Decke, und innerhalb weniger Minuten hörte er auf zu atmen.«[4] Solches Leben und Sterben ist der Ausdruck einer Schöpfungsfrömmigkeit, die zutiefst in allem aus einer mitkreatürlichen Solidarität lebt und die erwiesenermaßen zur Umweltzerstörung unfähig ist. Warum ist die biblisch-christliche Tradition dieser Frömmigkeitshaltung so fern geblieben?

[1] *Eugen Drewermann,* a. a. O., 73f.

[2] *Ulrich Mann,* Schöpfungsmythen. Vom Ursprung und Sinn der Welt, Stuttgart 1982, 197.

[3] *Walter F. Otto,* Die Wirklichkeit der Götter. Von der Unzerstörbarkeit griechischer Weltsicht, Hamburg 1963, 84.

[4] *John Tanner,* Dreißig Jahre unter den Indianern, Weimar 1953, 177f; zit. n.: *Werner Müller,* Poesie der Uramerikaner, in: Scheidewege (5), 1975, Heft 2, 265.

Der Tod des großen Pan

Gegenüber der massiven Anklage, die Zerstörung der Erde stehe im Gefolge ihrer biblischen Säkularisierung und Auslieferung an die Herrschaft des Menschen, haben wir bisher die Bibel freigesprochen. Man kann nicht rechtens aus isoliert verstandenen Textstellen die heutige Umweltkrise erklären. Andererseits aber war zu sehen, daß die Bibel in ihrer Schöpfungsfrömmigkeit überraschend schmal bleibt und – vergleichsweise – eher durch besondere Zurückhaltung auffällt. In ihrem unterschiedlichen Verhältnis zu Natur und Geschichte hat sie seit frühester Zeit das geschichtliche Daseinsverständnis gefördert, aus ihrem Abwehrkampf gegen die kanaanäischen Baalskulte aber alle Naturfrömmigkeit tunlichst gemieden. Dadurch entstand eine Disposition, die durch weitere Faktoren der Christentumsgeschichte ihre eigentümliche Schicksalhaftigkeit gewann. Für Günter Altner entwickelten sich die »gnadenlosen Folgen des Christentums« dadurch, daß der Mensch sich nicht mit der Verwaltung der weltlichen Natur begnügte, sondern auch die »Unverfügbarkeit gottgewirkter Geschichte« mißachtete, um nun selbst die Geschichte in die Hand zu nehmen. »Auf der Suche nach den Ursachen der ausbeuterischen Praxis neuzeitlicher Naturbeherrschung stoßen wir hier in den Kern des Problems vor ... Die Vorläufigkeit menschlicher Naturbeherrschung gerinnt zur Despotie wirtschaftlich-technischer Ausbeutung.«[1]

Altner weist darauf hin, daß diese säkularistische Verderbnis nicht zuletzt durch den scholastischen Rückbezug auf die aristotelische Philosophie mitprovoziert worden sei. Damals habe das Hantieren mit zeit- und geschichtslosen Wahrheiten begonnen, die später in abgewandelter Form zum Anspruch technologischer Welterschließung beigetragen hätten. Diese und andere Vorgänge der Christentumsgeschichte sollen in ihrer Beteiligung an der Freisetzung eines Geistes technokratischer Machbarkeit und Ausbeutung gar nicht geleugnet werden – gewiß ist auch die Bedeutung des Protestantismus für die Entstehung der modernen Welt und die kapitalistische Geisteshaltung nicht zu unterschätzen –, aber man darf bei all diesen Analysen auch niemals übersehen, wie früh sich bereits jüdische Tradition und jonischer Logos verbanden, also zwei Linien, die das alte mythische Wissen denkerisch aufzulösen versuchten, so daß seitdem der Logos den Mythos verdrängte, indem er ihn als unwahre Geschichte diffamierte (→ II, 417 f).

Wenn schließlich am Beginn der germanischen Christentumsgeschichte als Menetekel, ähnlich kennzeichnend wie die Sage vom Tod des großen Pan für das Ende der Antike,[2] die Attacke des Bonifatius gegen den heiligen Baum der Heiden steht,[3] so kulminieren in dieser Handlung ebenso viele Linien der jüdisch-christlichen Vorgeschichte, wie sie zugleich ein Programm für ferne Entwicklungen geblieben ist. Natürlich konnte Bonifatius die heilige Eiche, der man nur mit Ehrfurcht nahte, bedenkenlos fällen, um zu zeigen, daß hier nichts Verehrungswürdiges zu finden sei, »weil ihm ein ganz anderer Mythos

[1] *Günter Altner*, a. a. O., 74.

[2] *Plutarch*, Der Tod des großen Pan, in: *Hubertus Halbfas*, Das Welthaus. Ein religionsgeschichtliches Lesebuch, Düsseldorf/Stuttgart ²1984, Nr. 25.

[3] *Rudolf von Fulda*, Bonifatius fällt die Donareiche, in: *Hubertus Halbfas*, Das Welthaus, a. a. O., Nr. 27.

die Augen für etwas ganz anderes geöffnet und damit für das, was die Heiden bewegte, gründlich verschlossen hatte. Er konnte das gefahrlos tun, nicht weil die alten Götter, wie er meinte, vor dem Namen *Christi* kapitulieren mußten, sondern weil ihr Sein in keinerlei Beziehung zu ihm stand.«[1]

Von den weit herkommenden Vorbedingungen dieser Tat her mag es eine geschichtlich zwangsläufige Aggression gewesen sein, da sie aber seitdem unbefragter Bestandteil einer Heiligenvita wurde, darf es nicht wundern, daß das Bewußtsein für den Baumfrevel und die Heiligkeit der Natur schwand und die heutige Umweltkrise ermöglichen half.

Vgl. hierzu → II, 158: Das biblische Zeugnis; 160 ff: Die Mißachtung des Tieres in der Christentumsgeschichte; 163: Naturfrömmigkeit und Tierliebe in indianischen und östlichen Zeugnissen.

Eine theologische Sackgasse

Der sich in der Tat des Bonifatius darstellende Konflikt ist trotz des Zeitenabstandes weder verschmerzt noch gelöst. In nahezu jeder Dogmatik finden wir Sätze, die jeweils in ihrer Weise als Symptome der heutigen Umweltkrisen gelten können. Selbst im Denken Karl Rahners wirkt Bonifatius noch fort. In seinem »Grundkurs des Glaubens« hat man zunächst Mühe, überhaupt eine Schöpfungstheologie zu finden. Schließlich aber heißt es: »Die christliche Lehre von der Kreatürlichkeit der Welt ... bedeutet gerade jene Entmythologisierung und Entnuminisierung der Welt, die für das christliche Daseins- und Weltverständnis – und nicht nur für ein modernes Daseinsgefühl – bestimmend ist ... Darum wird sie mit Recht nicht als die ›heilige Natur‹, sondern als der Stoff für die schöpferische Macht des Menschen betrachtet.«[2] In diesen Sätzen und Begriffen haben wir das ganze Elend einer fatalen Anthropozentrik, die Eugen Drewermann in seiner Analyse als Wurzel des Übels betrachtet, die Engführung und Verflachung einer entzauberten Natur, die nur noch *Stoff* für die schöpferische Macht des Menschen sein soll. Um so mehr freut es, in Fridolin Stiers Aufzeichnungen (→ II, 260–266) eine entschiedene Kritik an dieser Position zu finden:

»Einspruch! Bedeutet die ›Kreatürlichkeit der Welt‹ (= ›Entmythologisierung‹, ›Entnuminisierung‹, Entheiligung der ›heiligen Natur‹) eo ipso, daß die Natur ›mit Recht‹ nur ›als der Stoff für die schöpferische Macht des Menschen‹ zu betrachten ist? Man betrachte diesen ›Stoff‹ in concreto, um zu sehen, daß Rahners anthropozentrische Wertung an der Wirklichkeit der Natur vorbeisieht, in deren ungeheurer Fülle phantastischer Lebensgestalten mir ein Erfinden und Schaffen erscheint, dessen seltsames Sinnen und Trachten sich nicht nur auf den Menschen beziehen und nur als Stoff für dessen schöpferische Macht bestimmen läßt. Abermillionen Wesen führten und führen ein Leben, das, der ›schöpferischen Macht des Menschen‹ völlig entrückt, in keinerlei Beziehung zum Menschen stand und steht – welch primitive Theologie, welch simple Anthropozentrik!

[1] *Walter F. Otto,* a. a. O., 76.

[2] *Karl Rahner,* Grundkurs des Glaubens. Einführung in den Begriff des Christentums, Freiburg i.Br. 1976, 88.

Die Fülle pflanzlicher und tierischer Lebensgestalten in den Jahrmillionen dauernden Erdzeitaltern vor dem Erscheinen des Menschen. Alles Blühende, Wachsende – vom Gänseblümchen bis zur Orchidee, vom Löwenzahn bis zum Kaktus – Viren, Bakterien, Fliegen und Käfer, Würmer und Schmarotzer – all das tolle Geziefer... Kolibri, Uhu und Adler, Kraken, Krokodil, Kröten, Haifisch ...

Macht eure Augen, macht eure Sinne auf für all dies kriechende, krabbelnde, flatternde und ewig fressende Gewese – betrachtet es, laßt es auf euch wirken, es vor euch kommen, fühlt euch hinein in dieses schlechthin Fremde, dieses gänzlich Unintegrierbare der biokosmischen Wirklichkeit – wenn ihr dann noch von ›Stoff für die schöpferische Macht des Menschen‹ redet, dann seid ihr mit philosophischer und religiöser Blindheit geschlagen.

Die Katze, groß, schwarz, ein weißes Brustlätzchen, große Bernsteinaugen, sitzt vor mir auf dem Schreibtisch ...«[1]

Ein weiteres Wort ist zu der »entmythologisierten« und »entnuminisierten« Natur zu sagen. Wenn sie in sich selbst nicht mehr zum göttlichen Geheimnis hin offen ist und alle Numinosität eingebüßt hat, dann ist sie in der Tat letztlich nur noch »Stoff«, mit dem wir umgehen können nach eigenem Gutdünken. Nicht das Erkennen allgemeiner Gesetze, die von jeder Kreatur abstrahieren, führt uns zur Natur, sondern das genaue und beteiligte Beobachten des Lebens in concreto. Wir bleiben der Natur wohl näher, wenn wir einsehen, daß keinerlei Aufklärung ihren numinosen Grund erhellen wird. Was auch immer verschiedene Forschungswege und wechselnde Zeiten dem menschlichen Verstand zugänglich machen, letztlich schließt jedes Gänseblümchen und jeder Schmetterling die Summe aller Fragen nach Gott und Welt in sich ein, und angemessener bleibt ein Franz von Assisi, der den Regenwurm von der Fahrbahn trägt, als eine Theologie, welche alle Natur lediglich »als den Stoff für die schöpferische Macht des Menschen« betrachtet.

Der Konflikt zwischen Natur und Geschichte

Wenn wir eine Linie von der biblischen Schöpfungstheologie über die verschiedenen Etappen der Christentumsgeschichte bis zu Karl Rahners Position verfolgen, durchzieht diese Tradition das tödliche Gefälle einer Entgegensetzung von Natur und Geschichte. Wir haben uns mit dieser falschen Alternative bereits einmal beschäftigt (→ III, 344ff), damals freilich unter dem Aspekt des Kultes, und müssen nun die Frage grundsätzlich stellen. Sie soll uns im Blick auf eine vermutete, wenngleich noch unerkannte und erst recht unverwirklichte Einheit von Natur und Geschichte beschäftigen und dabei zunächst über einige Lösungsversuche informieren:

Dualismus von Mensch und Natur

Der erste Ansatz, von dem zu berichten ist, gehört zur geisteswissenschaftlichen Anthropologie Arnold Gehlens. Gehlen kennzeichnete den Menschen

[1] *Fridolin Stier,* An der Wurzel der Berge. Aufzeichnungen II, hrsg. v.: *Karl H. Seidl,* Freiburg i. Br. 1984, 102f.

als ein Mängelwesen, das der Natur gegenüber zu wenig angepaßt sei, um aus seinen eigenen physischen, instinktiven und psychischen Möglichkeiten in ihr leben zu können. Darum deutete er die Kultur als das vom Menschen in die Natur »hineingebaute Nest«, das ihn davor bewahre, der »rohen Natur« preisgegeben zu sein. In dieser Anthropologie erfolgt eine dualistische Gegenüberstellung von Mensch und Natur. Der Mensch muß die »Lebensfeindlichkeit« der Natur ins »Lebensdienliche« umwandeln. Dieser Prozeß zeitigt heute freilich ein so zerstörerisches Ausmaß, daß der Mensch als das »nicht festgestellte Tier« die Grenze des eigenen Menschseins erreicht sieht.

Rückkehr zur Natur

Als Antwort auf die Naturvergessenheit unserer geisteswissenschaftlichen Tradition und insbesondere als Reaktion auf das eskalierende Umweltdesaster entstand inzwischen eine Schwemme partikulärer wie pauschaler Alternativprogramme mit teils klugen, teils einseitigen Lösungsvorschlägen. Manche Positionen »gehen von der Meinung aus, als könne der Mensch aus seiner Geschichte noch einmal in die Natur zurückkehren. Dies war und ist *nie* die Möglichkeit des Menschen gewesen, auch nicht jener Bevölkerungen, die auf dem Stand vor-neolithischen Jägertums lebten und leben.«[1] Soweit es sich um theoretisch begründete Modelle handelt, erfolgt möglicherweise eine falsche Verbindung von natürlicher Ordnung und Naturgesetzen, die auf unverwechselbaren Ebenen je zu Hause sind. Die von Menschen entdeckten Naturgesetze sind nämlich nicht die Natur selber, sondern aus den konkreten Gegebenheiten abstrahierte Erkenntnisse, welche den manipulativen und ausbeuterischen Umgang mit der Natur erst begründen. Eine Versöhnung zwischen Natur und Geschichte kann von naturgesetzlichen Positionen – also auch von den modernen Naturwissenschaften alleine – nicht erreicht werden.

Begrenzung des Wachstums

Während die bisher genannten Lösungsversuche jeweils einseitig auf Mensch *oder* Natur ausgerichtet waren, scheint eine ökologische Studie über »Die Grenzen des Wachstums« sich gerade dem Vermittlungsbereich dazwischen zu widmen.[2] Diese Studie bezieht fünf Trendberechnungen in ihre Analyse ein: Bevölkerungswachstum, Industrialisierung, Nahrungsmittelproduktion, Rohstoffvorräte und Umweltverschmutzung, jeweils in ihren Wechselwirkungen durch Computersimulation prognostiziert. Bei ungebrochen weiterbestehenden Trends würde die Bevölkerung demnach noch bis etwa 2050 rapide wachsen, dann aber durch katastrophale Hungersnöte ebenso drastisch wieder abnehmen. Die Rohstoffreserven nähmen ab, die Industrieproduktion ginge zurück. So linear diese Studie die weitere Entwicklung unterstellt, ohne mit Selbstkorrekturen aus Einsicht in die wachsende Gefahr zu rechnen, so ernsthaft wird doch erstmals auf die Grenzen des Wachstums verwiesen. Ein Über-

[1] *Günter Altner,* a. a. O., 94.

[2] *Dennis Meadows u.a.,* Die Grenzen des Wachstums. Bericht des Club of Rome zur Lage der Menschheit (MIT-Studie des Massachusetts Institute of Technology), Stuttgart 1972.

leben für die Menschheit gilt nur dann als möglich, wenn die Bevölkerungszahl durch die Gleichsetzung der Geburten- und der Sterberate ab 1975 konstant gehalten werden kann und auch die übrigen Trends Einschränkung erfahren. Auf diese Weise werde das tödliche Gefälle zwischen Geschichte und Natur aufgefangen und die Menschheit auf einem bestimmten Zivilisationsniveau gehalten.

Das Modell der MIT-Studie, dem korrigierende Modelle gefolgt sind, schließt die These ein, daß der »ökologische Kapitalstand« irgendwann verbraucht sein werde. Demnach wird das Gefälle zwischen Natur und Geschichte nicht prinzipiell aufhebbar, sondern nur in Grad und Beschleunigung des Gefälles regulierbar. »Irgendwann sind die Vorräte im Raumschiff Erde verbraucht, ersticken die Insassen in einer nicht mehr aufwertbaren Abfalldichte, sinkt die Geschichte auf eine niedere Stufe des Lebens zurück oder erlischt das Leben überhaupt«,[1] beschreibt Altner den prognostizierten Prozeß und kritisiert: »Die Natur rangiert hier ganz unter dem Aspekt begrenzter und vor allem verknappender Ressourcen. Sie ist Reservoir, aber nicht Partner und Mitkreatur, ausschöpfbarer Fundus, aber nicht lebendiges Gegenüber.«

Wenn wir es bei einer materialen, lediglich quantifizierbare Indikatoren berechnenden Verhältnisbestimmung zwischen Geschichte und Natur nicht bewenden lassen wollen, muß »die Kluft zwischen dem Quantifizierbaren und Nichtquantifizierbaren« immer wieder übersprungen werden, »wenn Geschichte und Natur nicht an der Alleinherrschaft des Quantifizierens und Objektivierens, die sich schon in der frühen Menschheit anbahnt, zugrunde gehen sollen«.[2] In diesem Prozeß sind darum nicht allein die empirischen Wissenschaften, sondern auch Philosophie und Theologie vonnöten. Ihr Beitrag muß in einer »Hoffnung gegen das Gefälle« liegen, in Motivationen und Zielangaben, die den tödlichen Trend nur objektivierender Naturbeherrschung brechen und schließlich aufheben helfen.

Ein beachtenswertes Zeichen dieser christlichen Neubesinnung ist auch die »Erklärung der Deutschen Bischofskonferenz zu Fragen der Umwelt und Energieversorgung« von 1980. Darin wird die Welt als Schöpfung und Erbe vorgestellt: »Der Mensch hat Verantwortung für die Generationen der Menschheit, die nach ihm kommen. So wird die Schöpfung zum Erbe, das jedes Geschlecht den kommenden Geschlechtern schuldet und ihnen nicht wegkonsumieren, nicht mit unerträglichen Hypotheken belasten darf. Dies ist der kritische Punkt unserer heutigen Situation: Ausgeraubte und verbrauchte Schöpfung regeneriert sich nur teilweise, Ressourcen sind nicht unerschöpflich, Entwicklung geht nicht grenzenlos weiter, Nebenwirkungen heutigen Handelns sind oftmals Nachwirkungen für kommende Jahrhunderte. Verantwortung des Menschen für die Schöpfung ist Verantwortung dafür, das Erbe zu hüten und nicht anstelle eines Gartens eine Wüste zu hinterlassen.«[3]

1 *Günter Altner*, a. a. O., 113.
2 Ebd., 115.
3 Zukunft der Schöpfung – Zukunft der Menschheit. Erklärung der Deutschen Bischofskonferenz zu Fragen der Umwelt und Energieversorgung, 1980. (Sekretariat der Deutschen Bischofskonferenz, 5300 Bonn, Kaiserstraße 163)

Theologische Ansätze für eine Bekehrung

Welche Fundamente zu legen, welche Engen zu sprengen, welche Horizonte zu öffnen sind, wenn es um eine Theologie geht, die sich ihrer schuldhaften Geschichte bewußt wird und ihrer Verantwortung in der ökologischen Weltkrise, kann auf diesen Handbuchseiten nicht geklärt werden. Andererseits bleibt keine Zeit zu verlieren. Es dürfen nicht erst allseitig ausbalancierte Entwürfe abgewartet werden, ehe der Religionsunterricht seine Aufgabe erkennt. Wir, auch unsere Kinder, sind heute beteiligt und müssen darum heute verantwortlich werden. Darum seien nachfolgend einige Koordinaten benannt, die als »theologische Ansätze für eine Bekehrung« beachtet und weiterentwikkelt werden sollten.

Vor jeder positiven Beschreibung ist als erstes zu betonen, daß es nicht darum geht, der bisherigen systematischen Theologie lediglich ein paar Fußnoten, Seiten oder Exkurse zuzufügen. Noch viel weniger ist es damit getan, allein die theologische Ethik um einige Maßstäbe und Postulate zu ergänzen. Entscheidend wird sein, die gesamte Theologie – nicht nur die »Lehre von Schöpfung«, sondern alle ihre Traktate – neu zu bedenken, denn mit der heutigen Umweltkrise, sowie der Möglichkeit einer atomaren Weltzerstörung, stellt sich das Verhältnis von Gott, Mensch und Welt anders dar als je zuvor. Es geht auch nicht darum, den Herrschaftsauftrag von Gen 1,28 verschärfter Verantwortlichkeit zu unterstellen, als wäre die herkömmliche Herrschaft des Menschen über die Natur lediglich besser zu kontrollieren, vielmehr steht die Struktur dieser Herrschaft selbst zur Disposition. Davon sind Gottesverständnis und theologische Anthropologie, das Verhältnis von Schöpfungs- und Erlösungswirklichkeit und nicht zuletzt die Eschatologie wesentlich mitbetroffen.

Die in dieser Rückbesinnung und Konversion angelegten Erkenntnisse werden die Theologie insgesamt verändern:

- Die Rede von Gott wird konkreter und mehr welthaltig; sie wird »Gott in Welt« aufzeigen und im Namen Gottes zur »Ausdehnung der Liebe auf die nichtmenschliche Welt« (John B. Cobb) anleiten.
- Die Christologie wird nicht minder eine anthropozentrische Engführung aufgeben müssen, um am weltweiten Leiden der Kreatur die Verflechtung unseres eigenen Menschseins, so wie es in Christus Jesus intendiert ist, darzustellen.
- Die Schöpfungstheologie muß das abstrahierende Sprechen über »die« Schöpfung differenzierend und konkretisierend überschreiten und im Licht moderner Naturwissenschaft »die zerbrechliche Geschichtlichkeit der Natur« (Günter Altner) beschreiben lernen. Ohne dieses genauere Hinschauen bleiben ihr die tieferen Ursachen der Zerstörung verborgen und entbehrt die theologische Rede ihre Verwurzelung in der uns beanspruchenden Realität.
- Die Eschatologie wird die Versöhnung von Natur und Geschichte als ein Ziel christlicher Hoffnung beschreiben und auf diese Hoffnung zugleich das Tun und Lassen der Gegenwart ausrichten.

Eine an die Aussöhnung von Natur und Geschichte hingegebene Theologie kann nicht ebenso ausschließlich wie bisher aus ihrer eigenen Tradition das Arbeitsfeld begrenzen. Eine solche Theologie muß bereits in ihrem Ansatz interdisziplinär arbeiten und besonders das Gespräch mit den Naturwissenschaften aufnehmen. Dies sollte eine dem theologischen *System* eigene Bewußtseinshaltung werden, und nicht eine Variante, die der Problemeinsicht und Interessenlage einzelner Theologen entspringt.

Eine weitere Überschreitung des traditionellen theologischen Selbstverständnisses und Wahrnehmungshorizonts liegt in der Einbeziehung der nichtchristlichen Religionen. Wie in deren Lehre und Praxis das Verhältnis von Natur und Geschichte aussieht, wie dort die Verhältnisbestimmung von Mensch und Tier, Mensch und Lebenswelt ausfällt, das muß in die christliche Bemühung mit aufgenommen und bedacht werden. Die globale Krise ist nur global zu lösen. Ohne das Wissen um andere Kulturen und deren Naturfrömmigkeit bleibt die Theologie partikularistisch. Allein die Begegnung und das ernsthafte Gespräch mit diesen unterschiedlichen Menschheitstraditionen läßt eine Erweiterung und Veränderung des christlichen Bewußtseins erwaren. Daß hier bestehende Berührungsängste nicht den Lernprozeß blockieren, ist eine der wichtigsten Bedingungen.[1]

Mit allem, was hier gesagt und überlegt wurde, soll nun aber keineswegs unterstellt werden, die jüdisch-christliche Tradition sei monokausal an der heutigen Umweltkrise schuld. Wer so argumentieren wollte, müßte allzuvieles verdrehen. Beispielsweise haben wir nicht minder den griechischen Logos in Rechnung zu stellen und natürlich all die vielen Faktoren, die in der naturwissenschaftlich-technischen und kapitalistischen Entwicklung der Weltgeschichte mitbeschlossen sind. Dabei ist auch hier nichts zu verteufeln, denn viele Entwicklungen waren segensreich, wenngleich sie in ihren ungewollten Nebenwirkungen nicht überschaut wurden. Allerdings ist in diesen Prozessen stets auch menschliche Habgier, Eigennützigkeit und Rücksichtslosigkeit beteiligt, und der Anteil dieser Faktoren an der heutigen Umweltzerstörung darf nicht gering geschätzt werden. Wir haben in diesem Kapitel die christliche Komponente deutlicher herausgestellt, weil sie uns im Rahmen des Religionsunterrichts in besonderer Weise berührt und auch aufgegeben ist.

Unsere Problemanzeige würde aber auch mißdeutet, wenn sie nur als Anklage gelesen würde. Es geht in allem um vertiefte Einsicht, um Korrektur einer an ihre Grenzen gelangten Tradition, um Motivation für neue Verantwortlichkeit. Darin liegt die Hoffnung eingeschlossen, daß gerade von christlicher Seite in Zukunft besonders wirksame Impulse ausgehen können, um ein neues Schöpfungsethos in der Breite der Bevölkerung zu entwicklen. Wenn sich christliche Gemeinden – und über alle Grenzen hinweg alle christlichen Kirchen – in diesem Engagement die Hände reichen und gleichzeitig jeden anderen Mitmenschen willkommen heißen, der sich hier helfend einreihen möchte, dann können Theologie und Weltfrömmigkeit politisch und ökologisch relevante Faktoren werden, die jedermann wieder Hoffnung geben.

[1] Manche der voranstehenden Gedanken und Anregungen sind dem Buch von *Günter Altner*, a. a. O., verpflichtet.

Was kann die Schule tun?

Sowenig die Theologie heute die ökologische Diskussion mit gefüllten Händen bereichern kann, vielmehr für eine Weile in fremde Schulen gehen muß, um das Gespräch mit anderen Disziplinen und Traditionen aufnehmen zu können, so wenig ist der Religionsunterricht die alleinige Basis für eine schulische Umwelterziehung. Er teilt sich in der Grundschule den Auftrag dazu mit dem Sachunterricht, hinter dem seinerseits ein differenziertes Fächerspektrum steht.

Wichtig ist die Einsicht, daß es niemals nur um »Themen«, also rein verbal verbleibende Unterrichtsinhalte gehen soll. Die stete Verbindung von Wissen und Erfahrung bestimmt vielmehr den didaktischen Horizont, in dem sich der Unterricht bewegt. Das entgrenzt apriori alle falsche Fachlichkeit und schafft ein Gewebe des Lebens und Lernens in der Schule, wie es unser Konzept vom 1. Schuljahr an bestimmt. Darum sind viele Voraussetzungen und Apekte einer schöpfungsbewußten Erziehung in den voraufgehenden Büchern schon entwickelt worden:

Im 1. Schuljahr ging es um die Wahrnehmung und Inbesitznahme des eigenen Klassenraumes; die Schüler sollten ihn mit Leben ausfüllen und gestalten lernen (→ I, 30–39). Hier disponiert bereits der Umgang mit den Dingen und die Verantwortung für die ihnen eigene Ordnung zu einer Umsicht und Zuverlässigkeit, der mit höherem Alter neue Räume und neue Aufgaben zugewiesen werden können.

Im 2. Schuljahr wurde mit besonderer Ausführlichkeit überlegt, wie man Kinder für die Natur begeistert; der Umgang mit Tieren und Pflanzen fand breite Beachtung (→ II, 56–80). Das Kapitel »Schöpfung« entfaltete das Thema »Mensch und Tier«; es enthält den Versuch, dieses in der Christentumsgeschichte wenig respektierte Verhältnis problemgeschichtlich zu erschließen und spirituell zu durchdringen (→ II, 151–195). Für die Weiterführung im 4. Schuljahr sind die genannten Seiten im Schüler- wie im Lehrerbuch grundlegend.

Im 3. Schuljahr dominierte der Versuch, das naturwissenschaftliche und das biblische Bild von der Entstehung der Welt aufeinander zu beziehen und den Schülern in ihrer jeweiligen Sichtweise verständlich zu machen (→ III, 130–187f). Es soll ihnen die Hypothek eines gespaltenen Bewußtseins erspart bleiben und der Weg zur »zweiten Naivität« (→ III, 516f) schon früh eröffnet werden. Zugleich soll diese Erde ihnen als kostbarer Garten gezeigt werden, der den Menschen anvertraut wurde, damit sie ihn bebauen und bewahren.

Im 4. Schuljahr geht es schließlich um das Verhältnis von Mensch und Welt, Natur und Geschichte. Das vorliegende Kapitel entfaltet die sich zuspitzende Umweltkrise in ihren wichtigsten Aspekten unter einem fachübergreifenden Horizont. Der nur gering verfügbare Platz erlaubt im Religionsbuch keine großen Schritte, doch liegt der Versuch vor, in Text *und* Bild entscheidende Perspektiven zu eröffnen. Ein weiteres Erfahrungs- und Anwendungsfeld regt unser Buch mit seinen Ausführungen zum Schulgarten an. Hier sind es besonders die Hinweise zum Naturgarten und Biotop, die fast jeder Schule erlauben, Wissen und Erfahren zusammenzubringen (→ S. 137ff). Schließlich vertieft das Kapitel »Religionen: Das Welthaus der Sioux« (→ S. 474ff) den Themenkreis um eine wesentliche religionsgeschichtliche Dimension. Auch unser Fotobericht über die Anlage eines Feldlabyrinths steht im Zusammenhang mit dem Gesamtgefüge von Natur und Geschichte (→ S. 517ff).

Die nachfolgenden Seiten erschließen das Schöpfungskapitel des Religionsbuches mit unterschiedlichen Materialien. Texte und Bilder werden wie immer interpretiert, eine Fülle neuer Anregungen und Hinweise wird ergänzt. Obgleich sich so ein breites didaktisches Spektrum ergibt, ist zu beachten, daß dieses Handbuch nur eine erste orientierende Hilfe bieten kann. Die sich stets verändernde ökologische Krisenlage wird immer neue Informationen und Forschungsergebnisse bringen, gleichzeitig veränderte und verändernde Verhaltens- und Handlungsmöglichkeiten anstoßen. Darum ist es auf diesem Gebiet besonders wichtig, im Gang der Zeit mit der Situation vertraut zu bleiben und nach weitergehenden Hilfen Ausschau zu halten.

Verantwortung für die Erde S. 13 – 16

»Wir haben die Erde nicht von unseren Vätern geerbt, wir haben sie von unseren Kindern geliehen«, sagt ein amerikanisches Sprichwort; es wäre gut, wenn es auch unseres würde. In die gleiche Richtung schaut eine jüdische Erzählung, die es nicht nur einmal, sondern immer wieder zu bedenken lohnt:

»Ein Weiser mit Namen Choni ging einmal über Land und sah einen Mann, der einen Johannisbrotbaum pflanzte. Er blieb bei ihm stehen und sah ihm zu und fragte: ›Wann wird das Bäumchen wohl Früchte tragen?‹ Der Mann erwiderte: ›In siebzig Jahren.‹ Da sprach der Weise: ›Du Tor! Denkst du, in siebzig Jahren noch zu leben und die Früchte deiner Arbeit zu genießen? Sondern pflanze lieber einen Baum, der früher Früchte trägt, daß du dich an ihm erfreust in deinem Leben.‹

Der Mann aber hatte sein Werk vollendet und sah freudig darauf, und er antwortete: ›Rabbi, als ich zur Welt kam, da fand ich Johannisbrotbäume und aß von ihnen, ohne daß ich sie gepflanzt hatte, denn das hatten meine Väter getan. Habe ich nun genossen, wo ich nicht gearbeitet habe, so will ich einen Baum pflanzen für meine Kinder und Enkel, daß sie davon genießen. Wir Menschen mögen nur bestehen, wenn einer dem anderen die Hand reicht. Siehe, ich bin ein einfacher Mann, aber wir haben ein Sprichwort: Gefährten oder Tod‹.«[1]

Welche Welt hinterlassen wir unseren Kindern und Kindeskindern? Die Prognosen, die seit 1972, als der Club of Rome erstmalig auf die Grenzen des Wachstums hinwies, vorgelegt wurden, sind düster. Der Blick in die Zukunft raubt vielen jungen Menschen den Mut, diese Welt einer eigenen Nachkommenschaft zuzumuten. Die Hauptfaktoren, die in ihrem Zusammenspiel den ökologischen Kollaps dieser Erde herbeiführen können, sind folgende:

Erstens: ein weiteres Bevölkerungswachstum.

Vor zweitausend Jahren gab es schätzungsweise 250 Millionen Menschen. Um diese Zahl zu verdoppeln, bedurfte es mehr als anderthalb Jahrtausende. Um 1650, nach dem Dreißigjährigen Krieg, betrug die Erdbevölkerung rund 500 Millionen Menschen. Die darauf folgende Verdoppelung benötigte nur noch zweihundert Jahre: Um 1850 war die erste Milliarde erreicht. Von da an beschleunigt sich das Wachstum der Menschheit immer stärker. Schon nach weiteren achtzig Jahren, 1930, ist die Weltbevölkerung auf zwei Milliarden angestiegen. Weitere fünfzig Jahre später, 1980 sind es bereits vier Milliarden; zur Zeit, da dieses Buch geschrieben wird, 1985, zählen die Statistiken 4,7 Milliarden, und in nur weiteren 15 Jahren, im Jahre 2000, sollen es nach allen Vorausberechnungen unwiderruflich über sechs Milliarden Menschen sein, die auf dem kleinen Planeten Erde wohnen, arbeiten und essen wollen.[2]

[1] *Else Schubert-Christaller*, In deinen Toren Jerusalem, Heilbronn 1964. Siehe auch: *Hubertus und Ursula Halbfas* (Hrsg.), Das Menschenhaus. Ein Lesebuch zum Religionsunterricht, Düsseldorf/Stuttgart/Zürich [11]1986, 88.

[2] *Hoimar von Ditfurth*, Unfähig zu zählen, in: natur, Nr. 2, 1985, 55.

Die Zeitabstände für die nächstfolgenden Verdoppelungsschritte werden von den Bevölkerungsstatistikern heute nur noch auf 35 bis 40 Jahre geschätzt.[1] Alle bisherigen Maßnahmen der Familienplanung haben die weltweite Entwicklungsgeschwindigkeit nicht aufhalten können. Jedoch nehmen verschiedene Studien ein Abflachen der Bevölkerungskurve in der zweiten Hälfte des nächsten Jahrhunderts an. »Hinter dem angenommenen Abflachen der Kurve nach 2025–2050 stehen Hungerkatastrophen von heute noch unvorstellbarem Ausmaß, vor allem in den Entwicklungsländern, wobei besonders die enorme Verschiebung in dem Zahlenverhältnis von Weltbevölkerung und Bevölkerung in den Entwicklungsländern zu beachten ist.«[2]

Begleiterscheinungen dieser Bevölkerungsentwicklung sind Massenarbeitslosigkeit, drastisch gesteigert durch die »zweite industrielle Revolution« der elektronischen Automatisierung, die eine Rückverlagerung der Arbeit aus den sogenannten Billigländern in die Industrieländer nach sich ziehen kann. Gleichzeitig geht mit diesen Prozessen eine Verstädterung der Bevölkerung einher, die Entwurzelung in riesigen Slums zur Folge hat. Zunehmende Belastung der Umwelt, wachsender Rohstoffbedarf, weitere Industrialisierung der Landwirtschaft, ungeheure Abfallhalden, Verschmutzungen des Bodens, des Wassers und der Luft, Raubbau an Wäldern, klimatische Veränderungen unberechenbarer Reichweite sind unsere Zukunftsaussichten.

Zweitens: Umweltbelastungen aufgrund steigender Nahrungsmittelproduktion.

Bis zum Jahre 2000 rechnet man mit einer sechsfachen Erhöhung der städtischen Bevölkerung; fast vier Milliarden werden dann in den Städten leben,[3] – und alle wollen zu essen haben. Der Zwang zu industriellen Formen der Landwirtschaft wird deshalb immer größer. Und weil die Ertragssteigerung das alleinige Ziel dieses Wettlaufs ist, droht die Landwirtschaft immer stärker in eine Katastrophenwirtschaft abzurutschen: »Aus Gründen der Wirtschaftlichkeit wird zunächst die Fruchtfolge stark eingeschränkt und der Boden dadurch rascher ausgelaugt; also wird mehr Industriedünger notwendig; dadurch aber verarmen die Bodenfauna und -flora mit ihren lebenswichtigen Stoffwechselvorgängen; infolgedessen erhöht sich die Anfälligkeit der Pflanzen und die Vermehrung schädlicher Insekten; also muß der Einsatz von Schädlingsbekämpfungsmitteln erhöht werden, was den Boden noch mehr belastet und die natürliche Mineraldüngung weiter einschränkt; zwar läßt sich auch das noch eine Zeitlang durch vermehrten Einsatz von Kunstdüngern und Pestiziden ausgleichen, aber die humose Bodenstruktur wird dabei zerstört und der Erosion preisgegeben, neue Gebiete müssen gerodet werden, und der Circulus vitiosus von Monokultur, Intensivnutzung, Verarmung der Bodenflora und -fauna, wachsendem Insektenbefall usw. kann von neuem beginnen.«[4] Dabei ist immer noch dies zu beachten: »Wenn die Entwicklung der nächsten Jahrzehnte dar-

[1] Vgl.: Global 2000. Der Bericht an den Präsidenten, deutsche Übersetzung hrsg. v. *Reinhard Kaiser*, Frankfurt a. M. 1980, 174–177.

[2] *Eugen Drewermann*, a. a. O., 12.

[3] Vgl.: *Frederic Vester*, Das Überlebensprogramm, Frankfurt a. M. 1975, 185.

[4] *Eugen Drewermann*, a. a. O., 16f.

auf hinausliefe, daß die 10 bis 15 Milliarden Individuen, auf die sich der Bestand der Menschheit einpendeln soll, den Verbrauchs- und Emittierungsmaxima der entwickelten Länder nachjagen, werden sich die kommenden Generationen damit befassen, Sauerstoff für die Atmosphäre, Wasser für die Flüsse, Kälte für die Pole herzustellen.« (Rudolf Bahro)

Drittens: Die Belastung durch immer mehr Abfall.

Das Märchen vom süßen Brei, in dem schließlich die ganze Welt zu erstikken droht (KHM Nr. 103), wäre heute auf die endlos wachsenden Abfallhalden hin zu aktualisieren. Um immer mehr Menschen zu versorgen, werden immer mehr Konsumgüter produziert, wird der Rohstoffabbau immer größer, der Energieverbrauch immer gigantischer, der Ausstoß von umweltbelastenden Abfällen immer gefährlicher. Während die vorindustrielle Welt durchweg nur Stoffe verbrauchte, die in den natürlichen Kreislauf der Dinge wieder zurückkehren konnten, ist die Produktion von Problemmüll, mit dem der Boden verseucht, die Meere und die Luft vergiftet werden, ins Ungeheure hinein gestiegen. Die Folgen für Pflanzenwelt und Tiere sind schlimm. In mancher Hinsicht wissen wir nicht, welche Zeitbomben wir mit dem Atommüll auf dem Meeresboden, mit verklappten chemischen Schadstoffen, mit schwermetallhaltigen Böden, die niemand mehr »waschen« kann, unseren Nachfahren hinterlassen. Die Antwort der jüdischen Erzählung, daß es im Verhältnis der Generationen zueinander nur die Alternative »Gefährten oder Tod« gebe, bewahrheitet sich mit erschreckendem Ernst.

Viertens: die Zerstörung ökologischer Systeme und das Wachstum der Wüsten.

In welchem Maße die ungeheuren Regenwälder des Amazonasgebietes, die Südhänge des Himalaya und die Wälder Afrikas abgeholzt werden, ist in Umfang und ökologischer Konsequenz heute noch nicht überschaubar. Von Jahr zu Jahr nimmt der Waldbestand der Erde ab. Katastrophale Erosionen, Überschwemmungen, Vernichtung der Tierwelt, wachsende Versteppung und Verwüstung der Erde stehen im Gefolge.

Über diese Vorgänge wird heute fast täglich berichtet. Fachzeitschriften und Bücher analysieren die Situation, kalkulieren den Trend, berechnen die Folgen. Niemand kann noch sagen, dies alles erreiche ihn nicht. Es gibt nicht mehr die Unschuld der Ahnungslosigkeit, und wo dennoch Zeitgenossen weiterhin Ahnungslosigkeit vorgeben, macht diese sie schuldig. Die Alarmsignale sind nicht mehr zu überhören. Sie gehen inzwischen jeden an und lassen sich längst nicht mehr im schulischen Fächerkanon aufteilen und als Unterrichts»stoff« verharmlosen. Vom Religionslehrer wird nicht weniger Betroffenheit erwartet als vom Biologielehrer. Seine Rede von Gottes Schöpfung ist nichts wert, wenn er den Blick abwendet von der Zerstörung dieser Schöpfung, weil er nicht wissen will, welchen Platz er bei dieser Zerstörung selbst einnimmt.

Wir wissen heute Bescheid. Das naivfröhliche Schöpfungslob unserer katechetischen Tradition würde verlogen, wollten wir es fortsetzen, ohne zu sehen und zu sagen, wie wir dabei sind, den anvertrauten Garten zu vernichten, statt ihn zu bebauen und zu bewahren. Von diesen Vorgängen kann man nicht länger pauschal sprechen. Davon muß im Detail und konkret gehandelt werden, also ist vom Boden, vom Wasser, von der Luft, von Pflanze und Tier und von unserem Verhältnis zu all diesen Realitäten zu sprechen, wenn schon »Verantwortung für Gottes Schöpfung« nicht aus dem Religionsunterricht entlassen werden soll. Die ärgste Versuchung in diesem Zusammenhang ist die häufige Neigung, sich in der eigenen Zuständigkeit für die Umweltkrise resignativ zu dispensieren. Die »Enteignung unserer Kompetenz« erfolgt zwar fortwährend durch Erlasse und bürokratische Gängelei, durch Bescheide und Gesetze, deren Kompliziertheit wir nicht durchschauen, durch das Kleingedruckte in Verträgen und durch Fachleute, die uns bevormunden. Als Lehrer jedoch dürfen wir uns nicht alle Kompetenz absprechen lassen, müssen über die Schule hinaus im lokalen Geschehen Partei ergreifen und initiativ werden, um uns selbst und dadurch auch unseren Schülern zu beweisen, daß nicht alles so sein muß, wie es ist, und daß wir nur dann vor denen, die nach uns kommen, bestehen können, wenn wir heute mit vollem Engagement einer jungen Generation helfen, von Kindertagen an zu lernen, was es bedeutet, am Ende des 20. Jahrhunderts den Garten dieser Welt zu bebauen und zu bewahren.

Genesis 2,15: Bebauen und Bewahren S. 13

A. Über das Bebauen und Bewahren des Gartens haben wir im 3. Schuljahr ausführlich mit unseren Schülern gesprochen. Dabei haben sie den »Garten« vorzüglich als das Verhältnis des Menschen zu Gott und zueinander kennengelernt. Die Ehe, die Familie, Freundschaft, Nachbarschaft, Gemeinschaft ... das alles ist ein Garten, in dessen Mitte der Baum steht, über den niemand nach eigenem Gutdünken verfügen kann, ohne das Ganze zu zerstören (→ III, 176–187).

Unser Kapitel »Schöpfung: Mensch und Welt« wird erneut unter das Bild des den Menschen anvertrauten Gartens gestellt und darum mit dem Vers Gen 2,15 eröffnet. Diesmal weitet sich der Garten zur Heimat auf dem Planeten Erde. Dieser kleine schöne Stern ist unserer Hut und Sorge anvertraut. Wir leben von seinem Leben – jedoch nur so lange, als wir diesem Leben dienen.

B. Die Alliteration von *B*ebauen und *B*ewahren des Gartens ist unserem Ohr am vertrautesten. Martin Buber/Franz Rosenzweig übersetzen anders:

> »Gott nahm den Menschen und setzte ihn in den Garten von Eden,
> ihn zu bedienen und ihn zu hüten.«

Das Verb »bebauen« darf nicht in einem Gegensatz zu »bedienen« gesehen werden. Das hebräische *ābad* entspricht hier dem lateinischen *colere,* dessen Bedeutungsspektrum bebauen, bearbeiten, bewohnen, aber auch Sorge tragen, schmücken, veredeln, pflegen, wahren bis zu verehren und anbeten umspannt. In diesem Sinn soll jede menschliche Arbeit Kulturschaffen sein. Das Bewahren ist bereits darin eingeschlossen. Der Mensch kann den Garten nur bebauen in einem wahrenden, pfleglichen Umgang mit der Schöpfung. Dem colere, bebauen, ist darum das conservare immanent, und es gibt Situationen – sagt Claus Westermann –, »in denen dieses conservare nur noch durch eine revolutio möglich ist«.

C. Nicht allen Kindern ist es eigen, ehrfurchtsvoll und behütend mit Dingen und Lebewesen umzugehen. Dazu bedarf es eigener Erfahrung von Zärtlichkeit, dazu müssen sie von früh auf in vielfältiger Weise Anleitung erfahren. Auch wenn das häusliche Klima hierzu wenig Stütze bieten sollte, kann das Schulleben dennoch für guten Ausgleich sorgen. Unsere Beispiele für Pflanzen und Tiere im Klassenzimmer, die das Religionsbuch für das 2. Schuljahr vorstellt – man muß sie einmal in ihren Details genau betrachten –, möchten Impuls für den eigenen pfleglichen Umgang mit Blumen und Tieren sein (→ II, 56–80). Die Ordnung und Pflege der vielfältigen Sachenwelt im Klassenraum sollte daneben aber keinesfalls gering geachtet werden. So wie die Kinder ihre Stühle am Ende des Schulmorgens hochstellen, wie sie Papiere und Abfälle forträumen und in allem fähig werden, aufeinander Rücksicht zu nehmen, üben sie sich in Verantwortlichkeit ein. Es gibt hier keine Ressorts, in denen das Bebauen und Bewahren mal wichtig, mal weniger wichtig sein könnte. Wer nicht achtlos Verpackungen und Dosen am Waldrand zurücklassen oder in einen Bach werfen soll, wird das gleiche Ethos auch auf Pausenhöfen oder in Schulfluren praktizieren müssen.

Natürlich können auch Kinder diese Zusammenhänge verstehen. Man muß mit ihnen darüber sprechen. Viel wirksamer aber ist es, mit ihnen die Pflege eines Naturbereichs zu übernehmen, sei es, daß wir im zeitigen Frühjahr gemeinsam einen Bachlauf von Unrat reinigen, sei es, daß wir Abfälle und wilde Müllkippen im Wald beseitigen. Erst das Tun öffnet den vollen Blick und berechtigt zu der Zuversicht, daß Kinder solcher Praxis am wenigsten zu den achtlosen Verschmutzern unserer Welt gehören werden.

D. Die Seite 13, als Titelseite des Kapitels »Schöpfung: Verantwortung für die Erde«, stellt unter dem Bild von Monika Mähl drei unterschiedliche Texte zusammen. Obenan steht der Auftrag vom Bebauen und Bewahren des anvertrauten Gartens. Dann folgt ein Psalmauszug, der – wie es der biblischen Naturbetrachtung naheliegt – den nutzbringenden Ernteertrag im Blick hat. Abschließend folgt eine Feststellung aus der Rede des Indianerhäuptlings Seattle (→ S. 108ff), mit der auf die Mißachtung des Schöpfungsauftrags von Gen 2,15 in ihren vernichtenden Folgen bereits hingewiesen wird.

Es hat immer seine eigenen Schwierigkeiten, derartige Texte zu unterrichten. Sie erzählen keine Geschichte, eröffnen keinen Raum, in dem sich Kinder und Lehrer leicht bewegen könnten. Dennoch ist es unverzichtbar, diesen Auftrag, unseren Garten zu bebauen und zu bewahren, intensiv zu entfalten. Folgende Ansätze zeigen einige Möglichkeiten:

Zunächst empfiehlt sich die Anknüpfung an das Vorjahr. Die Geschichten vom Garten und deren Interpretation können neu bedacht werden. Der Garten erfährt seine Erweiterung auf die ganze Erde.

Sodann müssen die Verben bebauen und bewahren, bedienen und hüten in ihrem Bedeutungsspektrum entfaltet werden. Vielleicht ist auch ein Wort zu Gen 1,28 möglich: »Seid fruchtbar und vermehret euch, bevölkert die Erde, unterwerft sie euch, und herrscht über die Fische des Meeres, über die Vögel des Himmels und über alle Tiere, die sich auf dem Land regen« (→ III, 164f).

Das Bebauen und Bewahren ist schließlich mit allen nur denkbaren praktischen Konkretionen durchzukonjugieren: ich diene und hüte, du dienst und hütest, er, sie, es dient und hütet, wir dienen und hüten, ihr dient und hütet, sie dienen und hüten. Das heißt, wir überlegen für jeden einzelnen, für Eltern und Geschwister, für Spielkameraden und Freunde, für die Klassengemeinschaft, für alle Kinder der Grundschule, was wir tun können, damit aus dem zerstörerischen Verhalten ein aufbauendes und pflegendes Tun werde. Die vielen Handlungsvorschläge, die wir auf den folgenden Seiten bringen, können dabei zu einem eigenen Umweltschutzprogramm zusammengestellt werden.

Monika Mähl, Das Gänseblümchen in der Konservendose S. 13

A. Monika Mähl, Jahrgang 1942, lebt in einer ehemaligen Windmühle in der Nähe von Düsseldorf. Ihre Bilder zeigen realistische Landschaften und Gegenstände, die aber in ihrer Kombination surrealistisch sind.

B. Das vorliegende Bild trägt eine Beschriftung, die als Steckbrief des Gänseblümchens gelten darf:

»Korbblütler
Bis 15 cm hoch
Nur Grundblätter
Blütenstiel blattlos
Randblüten weiß
Scheibenblüten gelb
Blütezeit: März–November«

Ergänzend können wir die Beschreibung abrunden: Das Gänseblümchen (Bellis perennis), auch Marienblümchen genannt, ist eine mehrjährige Rosettenpflanze, die eine Höhe bis zu 12 cm erreicht. Der Blütenstengel trägt jeweils nur eine Blüte. Die weißen Zungenblüten sind elliptisch und oft rot überlaufen. Sie umrahmen strahlenförmig das runde Körbchen mit gelben Röhrenblüten. Der Blütenkopf hat einen Durchmesser von nur 2 bis 3 cm. Das Gänseblümchen wächst auf allen Arten von Wiesen und Wegrändern. Es ist anspruchslos und in Mitteleuropa auf Schritt und Tritt zu finden. Die von Monika Mähl auf ihrem Bild angegebene Blütezeit März bis Dezember läßt sich für die meisten Jahre auf Februar bis Dezember erweitern. Man unterscheidet sechs Arten. Es gibt keine andere Blume, die so beständig durch das Jahr und die verschiedenen Landschaften begleitet (siehe auch → III, 122f).

Dieses bescheidene, anspruchslose Blümchen wird durch das Bild als bedroht gezeigt. Seine üblichen Standorte »auf Wiesen, auf Feldern, an Wegen und Waldrändern« versieht die Malerin mit einem Fragezeichen. Der Standort »im Garten« erscheint nicht einmal mehr fraglich; er ist gestrichen: die Spritz- und Unkrautvertilgungsanleitungen der chemischen Industrie und die manipulierbare Lernbereitschaft der folgsamen Kleingärtner, Rasenflächen und Gärten von allem »Unkraut« freizuhalten, sind der Erfahrungshintergrund dieser Streichung.

Wie vom Aussterben bedrohte Tierarten nur noch in Reservaten und zoologischen Gärten unter künstlichen Bedingungen überleben können, so wird bald selbst die robuste und allgemein verbreitete Pflanzenwelt in ihrem Überleben gefährdet sein. Sie muß konserviert werden, soll sie erhalten bleiben. Darum setzt Monika Mähl mit bitterer Ironie ein Gänseblümchen in eine Konservendose aus Weißblech. »Gebt acht, daß es nicht soweit kommt!« sagt ihr Bild. »Bald habt ihr es so weit getrieben, daß die Natur nur noch unter künstlichen Schutzbedingungen überlebt. Was euch einmal auf Schritt und Tritt begleitete, wird dann zur Rarität, einer teuren Besonderheit, die bloß in sekundären Systemen bewahrt werden kann.«

C. Das Bild ist mit naturalistischer Sorgfalt gemalt, mit biologischen Angaben ergänzt, so daß es auf den ersten Blick liebenswürdig und harmlos erscheint. Unser Stocken und Fragen beginnt mit der ovalen Blechdose, in der normalerweise eingelegte Sardinen verpackt werden. Die in den Dosenboden gestanzte Schrift trägt eine Nummer und Herkunftsangabe aus Portugal. Der Deckel der Dose ist sorgfältig mit dem zugehörigen Schlüssel aufgedreht worden und läßt nun als konservierten Inhalt die kleine Gänseblümchenpflanze sehen. Soll in Zukunft auf diese Weise der Garten Eden in Einzelportionen zerlegt und »bewahrt« werden?

Das Bild ist herausfordernd. Es läßt fragen, auf welche Vorgänge in unserer Welt es zielt, auf welches Recht sich eine solch bittere Kritik stützt. Wir müssen also vor allem erzählen, was die Natur heute belastet und zunehmend mehr zerstört. Von den Böden ist zu berichten, die immer stärker verarmen, von der Vergiftung der Luft, den Schadstoffen im Regen wie im Wasserhaushalt insgesamt, vom sterbenden Wald. Auf dem Hintergrund dieser immer noch ansteigenden Entwicklung, die unsere Lebensgrundlagen zerstören kann, gewinnt Monika Mähls Bild eine symbolische, warnende Bedeutung.

D. Was soll das Gänseblümchen in der Blechdose? werden unsere Schüler spontan fragen. Sie konnten dem Gänseblümchen schon im Jahr zuvor in einer schönen und intensiven Weise bei Stille-Übungen begegnen (→ III, 122f). Um so verfremdender ist nun der neue Kontext. Wir werden Fragen der Kinder nicht einfach beantworten. Zuvor ist es ratsam, den beigefügten Text zu lesen und durch eigenen Augenschein zu realisieren. Die drei Fragezeichen hinter den Standortangaben lassen erkennen, daß die Malerin offenbar Zweifel hat, ob Gänseblümchen immer noch auf Wiesen, Feldern und an Wegrändern wachsen. Was gibt Anlaß zu solchem Zweifel? Und warum wurde durchgestrichen, daß Gänseblümchen in Gärten wachsen? Wie ist das bei uns zu Hause? Geht die Gefährdung der Natur so weit, daß man sie künftig nur noch in Konserven retten kann?

Bei diesen Fragen können wir die Texte der gleichen Seite in unsere Überlegungen einbeziehen. Vor allem der letzte Text ist ein Schlüssel zum Bild – wie können wir ihn belegen? –, während der Vers Gen 2,15 all diesem Raubbau den rettenden Maßstab setzt. Aber heißt »bewahren«, daß wir die Schöpfung künstlich konservieren? Was läßt sich tun, um die Perspektive, die unser Bild warnend zeigt, zu verhindern?

Eine weitere Frage wäre, wieviele Pflanzen und Tiere es schon gibt, die in der Natur bereits ausgestorben sind und die nur noch als mumifizierte Konserve der Nachwelt erhalten bleiben. Daß die Zahl solcher Konserven immer größer wird und sich bald ins Furchterregende steigern kann, läßt dieses Bild bereits zu einer gegenwärtigen Realität werden (die wir auf Seite 137f näherhin erläutern).

Die Rede des Häuptlings Seattle S. 14–15

A. Unser Religionsbuch verwendet auf der Seite 13 und oberhalb der Bild-Reihe auf den Seiten 14 und 15 Zitate aus der Rede des Häuptlings Seattle, die in den vergangenen Jahren eine fast inflationäre Verbreitung gefunden hat.

B. Seattle wurde um 1786 im Nordwesten der USA geboren. Sein Vater war der Suquamish-Häuptling Schweabe, die Mutter Scholitza aus dem Stamm der Duwamish, und da die Küsten-Salish in ihrer Abstammung die mütterliche Linie berücksichtigen, gilt Seattle später als Häuptling der Duwamish. Diese Häuptlingswürde erwarb er sich schon in jungen Jahren, hauptsächlich durch seine Klugheit und Sprachgewandtheit, die in der indianischen Kultur stets einen hohen Rang einnahm. Seine Zeitgenossen beschrieben ihn als eine große, Ehrfurcht gebietende Erscheinung. (Das einzige bekannte Foto von Seattle, kurz vor seinem Tode 1866 aufgenommen, zeigt hingegen eine eher kleine Gestalt. War es die geistige Wirkung, die von Seattle ausging, die ihn breitschultrig und groß erscheinen ließ? War es das Alter, das den beeindruckenden Mann wieder »in die Erde wachsen« ließ?) In seiner Art galt er als zurückhaltender Mensch, der dennoch seinen Ansichten Geltung verschaffen konnte. Schon früh erkannte Seattle, daß die Konflikte mit den Weißen nur Blutvergießen und Niederlagen eintrugen, und versuchte deshalb, sein Volk aus diesen kriegerischen Händeln herauszuhalten. Nachdem um 1830 die ersten Missionare in das Stammesgebiet der Duwamish kamen, ließ sich Seattle nach einiger Zeit als katholischer Christ taufen und erhielt den zusätzlichen Namen Noah.

Im Jahre 1855 machte der 14. Präsident der Vereinigten Staaten, der Demokrat Franklin Pierce, den Duwamish das Angebot, ihr Land den weißen Siedlern zu verkaufen; sie selbst sollten in ein Reservat ziehen. Am 22. Januar fand der Vertragsabschluß zwischen dem Gouverneur des Washington Territory Isaac I. Stevens und den Häuptlingen jener Region statt. Die US-Regierung versprach, den Indianern nach der Ratifizierung des Vertrages 150.000 Dollar für das abgetretene Land zu zahlen. Jedoch war drei Jahre später der Vertrag vom US-Senat weder ratifiziert, noch waren Gelder bezahlt worden – für die Indianer aber begannen Hunger und Elend in den Reservaten, kaum die Ausnahme als eher die Regel in der amerikanischen Geschichte.

Anläßlich jenes Port-Elliott-Vertrages hat nun Häuptling Seattle diese Rede gehalten, die vor allem in unseren Tagen so große Resonanz findet, und deren Authentizität neuerdings zugleich bestritten wird. Die Kritik richtet sich sowohl auf den Überlieferungsweg als auf den Inhalt.

Was die Überlieferung angeht, so haben wir eine schöne Analogie zur Jesus-Tradition der Evangelien. Ebenso wie Jesus waren auch die Indianer Männer des ausschließlich gesprochenen Wortes. Der Choctaw-Häuptling Cobb schildert 1832 die Bedeutung der mündlichen Rede: »Der rote Mann besitzt keine Bücher, und wenn er seine Absichten kundtun will, gebraucht er seinen Mund. Er verabscheut das Schreiben. Wenn er spricht, weiß er, was er sagt; der Große Geist hört ihn. Schreiben ist eine Erfindung der Blaßgesichter, es ist die Quelle von Irrtum und Streit.« (Vgl. → III, 566) Dieses Ethos war auch für Seattle selbstverständlich. Daß seine Worte dennoch schriftlich überliefert wurden, geht auf einen Dr. Henry Smith zurück, der zu den ersten Siedlern im Land der Duwamish gehörte. Henry Smith galt als landeskundig; es heißt, er habe innerhalb von zwei Jahren die Sprache der Duwamish erlernt und sich beim Vertragsabschluß von 1855 Notizen über die Rede des Häuptlings gemacht. Heute fragt man jedoch, ob Smith in kurzer Zeit das Duwamish so perfekt erlernen konnte, wie es zum Verständnis einer solchen Rede notwendig gewesen wäre, zumal die indianischen Sprachen sich keinem flüchtigen Interesse erschließen. Hinzu kommt, daß die heute bekannte Fassung der Rede erst 32 Jahre später erschien, zu einer Zeit also, da Seattle und die meisten anderen Teilnehmer an jener Verhandlung von 1855 längst gestorben waren. Schließlich gibt es sogar Zweifel, ob Henry Smith tatsächlich selbst in Port Elliott dabei gewesen ist, so daß ein pessimistisches Resümee dieser Überlieferungsgeschichte lauten kann: es ist zwar wahrscheinlich, daß Häuptling Seattle anläßlich eines solchen Vertrages das Wort ergriffen hat, ebenso ist festzustellen, daß Smith indianisches Gedankengut weitergibt, aber was der Häuptling wirklich gesagt hat, verliert sich ins Dunkel der Geschichte.

Die Rede Seattles existiert in zwei Fassungen. Neben der Langform des Henry Smith gibt es noch einen kürzeren, nur 14 Zeilen umfassenden Text, möglicherweise eine Art Protokoll, das allerdings den Eindruck erweckt, die weißen Verfasser hätten die vorhandenen Probleme durch bewußte Harmonisierung der Verhältnisse zu beschönigen versucht. Beide Texte wurden dokumentiert in »The Washington Historical Quaterly« vom Oktober 1931, die Smith-Fassung nach ihrer Publikation in »Seattle-Sunday« vom 29. 10. 1887.

Die in deutscher Übersetzung heute meistens wiedergegebene Version der Rede geht nicht geradewegs auf den Smith-Text zurück. Hierfür stand vielmehr eine »dichterische« Version des Amerikaners William Arrowsmith von 1969 Pate. Drei Jahre später erfuhr die Arrowsmith-Adaption eine nochmalige Anpassung durch die »Southern Baptist Convention«. Heißt es beispielsweise im Smith-Text: »Euer Gott ist *nicht* unser Gott«, wird nun harmonisiert: »Unser Gott ist derselbe Gott.« Bei Smith sagt Seattle hierzu mit bestürzender Distanzierung: »Wenn wir einen gemeinsamen himmlischen Vater haben, muß er parteiisch sein – denn er kam zu seinen weißgesichtigen Kindern. Wir sahen ihn nie. Er gab euch Gesetze, aber für seine roten Kinder, die einst so zahlreich wie die Sterne diesen weiten Kontinent bevölkerten, hatte er kein Wort übrig. Nein. Wir sind zwei unterschiedliche Rassen mit verschiedenen Ursprüngen und verschiedenen Schicksalen. Zwischen uns gibt es nur wenig Gemeinsamkeiten.«[1]

C. Wird die Seattle-Rede wertlos, weil ihre Überlieferung eine mehrfache Transformation durch weißes Bewußtsein und weiße Interessen gefunden hat? Soll man dem Text nur noch »historisch-kritisch« begegnen, um die ipsissima vox des Chief Seattle wieder zu rekonstruieren? Sind die unbewußten wie auch

[1] Eine kritische Darstellung und Analyse der Seattle-Rede findet sich in: natur, Nr. 7, 1984, 76-83 v. *Anna Pytlik/Rolf Gehlen,* hier: 78.

bewußten Transformationen als Verfälschungen zu beurteilen, welche die ganze Tradition disqualifizieren?

Wenn wir den Text für sich nehmen – selbst die adaptierte Fassung von William Arrowsmith[1] –, so haben wir immerhin eine Rede, »die in ihrer analytischen Klarheit und Schärfe, in ihrer Wehmut und Ohnmacht, aber auch in ihrem Glauben an die Wahrheit des Göttlichen jenseits der unabwendbar scheinenden Katastrophe einzigartig dasteht« (Eugen Drewermann). Die »Gefahr«, daß Seattles Rede hingegen »zu einer weiteren Variante verkürzender Indianer-Romantik verkommt, die sich von den Phantasien Karl Mays bestenfalls graduell unterscheidet«, wie Anna Pytlik und Rolf Gehlen meinen, ist schwerlich eine wirkliche Gefahr. Wie weit auch der Anteil der Tradenten jeweils an Seattles Wort sein mag, in ihren Formen der Wiedergabe, je für neue Situationen und zunehmend schärfer gesehene Krisen rezipiert, wirkt das indianische Denken fort und formt sich zu einem Gericht für unseren Umgang mit der Schöpfung.

D. Unser Religionsbuch entlehnt der Seattle-Rede nur wenige Sätze in einer freien Übernahme. Wer will, kann die hier abgehandelte Problematik einfach übergehen. Wegen der grundsätzlichen, auch religionsgeschichtlichen Bedeutung dieser Fragestellung ist der referierte Sachverhalt jedoch für den Lehrer relevant.

Zu empfehlen ist, daß der Lehrer, der unser Kapitel »Schöpfung« unterrichtet, die ganze Rede kennenlernt. Neben der Ausgabe des Walter Verlags liegt sie in mehrfachen Wiedergaben vor.[2] Daneben existiert eine Filmfassung, die auch unterrichtlich verwendet werden kann.[3] In größeren Ausschnitten können wir auch mit unseren Schülern die Rede lesen, am sinnvollsten in einer bewußten Sprechgestaltung (→ III, 64). Damit der Lehrer den notwendigen Hintergrund und Zusammenhang gewinnt, um den Text in seinem vollen religiösen Ernst wahrzunehmen, empfiehlt sich die voraufgehende Lektüre des Kapitels »Religionen: Das Welthaus der Sioux« (→ S. 474 ff). Die heute vorliegende authentische Indianerliteratur stellt im übrigen der Seattle-Rede so viele andere Zeugnisse indianischer Naturfrömmigkeit zur Seite, daß es keine Mühe bereitet, ähnliche und variierende Stimmen hinzuzunehmen.[4]

[1] Diese Version ist durch die Ausgabe des Walter Verlags am meisten verbreitet: *Seattle,* Wir sind ein Teil der Erde, Olten/Freiburg i. Br. 1982.

[2] So z.B. in: ferment 8/9, 1979 und bei *Tilman Schmieder,* Diese Erde ist uns heilig, Stuttgart 1978, hrsg. v. d. Arbeitsgemeinschaft der Evangelischen Jugend in der Bundesrepublik Deutschland.

[3] Söhne der Erde („Home", USA 1973). Institut für Film und Bild in Wissenschaft und Unterricht (FWU), München. (Über die Kreisbildstellen erhältlich.)

[4] Zum Beispiel: *Teri C. McLuhan,* . . . Wie der Hauch eines Büffels im Winter. Indianische Selbstzeugnisse, Hamburg [4]1984. Vgl.: *Werner Müller,* Indianische Welterfahrung, Stuttgart 1976. *Ders.,* Geliebte Erde. Naturfrömmigkeit und Naturhaß im indianischen und europäischen Nordamerika, Bonn [3]1979.

Der Zustand der Böden ist für das Leben auf der Erde von größter Bedeutung. Die kommenden Jahre werden die Reichweite dieser Bedeutung erst ins Bewußtsein drängen. »Der Trend geht jedoch unglücklicherweise dahin, daß die Bodenbedingungen sich verschlechtern werden.«[1]

Ein erstes Problemfeld ist die zunehmende Verringerung des anbaufähigen Bodens in der Welt. Die Hauptursache für diese Bodenverluste sind (a) eine Ausbreitung der Wüsten, die manchen Staaten, z. B. jenen der Sahelzone, die wirtschaftlichen Grundlagen entzieht; Trockenheit und Überweidung sind daran am meisten beteiligt; (b) Versumpfung, Versalzung und Alkalisierung durch falsche Bewässerungsmaßnahmen; man vergleicht die Probleme teilweise mit jenen, die zum Niedergang der Zivilisation in Mesopotamien und am Oberen Nil führten, als frühe Zeichen der landwirtschaftlichen Überproduktion nicht beachtet wurden; (c) Bodenabtragung durch Waldvernichtung; wenn die Wälder abgeholzt werden, besonders in tropischen und subtropischen Gebieten, tritt beschleunigte Bodenerosion auf, daneben verstärkte jahreszeitliche Flutkatastrophen; (d) allgemeine Erosion und Humusverlust als Folge von routinemäßigen Bearbeitungsmethoden; und (e) schließlich der Verlust von Land durch Städteausdehnung, Straßenbau und industrielle Expansion. Diese Form des Bodenverlustes trifft vor allem das eigene Land. Der bayrische Bund Naturschutz errechnete, daß 1970 bis 1978 rund 350.000 Hektar Naturgrund auf Nimmerwiedersehen unter Asphalt, Beton und allerhand Baulichkeiten verschwanden. Der immer noch ungebremste Flächenfraß deutscher Kommunen und Bauherren verschlinge stündlich ein Flurstück in der Größe von 40 Fußballfeldern.[2] Da im allgemeinen Bewußtsein der Maßstab für den Wert des Bodens nur sein jeweiliger Quadratmeterpreis ist, wird er von den meisten nicht als Kostbarkeit behandelt. Man verbraucht, verwüstet und vernichtet ihn, als würde er nachwachsen.

Dennoch muß der Boden immer mehr hergeben. Das ist das zweite große Problemfeld. Der gesteigerte Ernährungsbedarf erzwingt die Entwicklung mineralischen Düngers, aber auch die Behandlung der Böden mit immer neuen »Schädlingsbekämpfungsmitteln«. Diese führen (a) zur Konzentration von beständigen Pestiziden im tierischen und menschlichen Gewebe; (b) bei zahlreichen Schädlingen zu einer steigenden Resistenz gegen Pestizide, was wiederum die Entwicklung neuer chemischer Waffen bewirkt; (c) zur Vernichtung oder Verminderung natürlicher Schädlingsvertilger wie Marienkäfer oder Vögel; (d) zum Auftauchen neuer Schädlinge, die vorher nicht schädlich waren, und schließlich (e) zu Vergiftungen bei Landarbeitern und deren Familien durch nicht-beständige Pestizide.

1 Global 2000, a. a. O., 587.

2 Vgl.: *Emanuel Eckardt/Sebastian Knauer,* Kein schöner Land ... Ein deutscher Umweltatlas, Hamburg 1979, 66.

Ein drittes Problemfeld ist die Vergiftung der Böden mit Schwermetallen. In der Europäischen Gemeinschaft verzeichnen die Böden einen Anstieg des Cadmium-Gehaltes von 160 auf 380 Mikrogramm je Kilogramm. Dementsprechend speicherten menschliche Nieren um die Jahrhundertwende nur rund ein Viertel soviel Cadmium, wie man heute in der Niere des Menschen findet. Schwermetalle sind kaum abbaubar und reichern sich nach und nach an: zuerst im Boden, später – über die Nahrung – im Menschen.

Aber nicht alleine Cadmium vergiftet den Boden. Blei, die sauren Niederschläge, das Streusalz an den Straßenrändern, die gigantischen Nitrat- und Phosphatmengen in Düngemitteln und Gülle können das komplizierte Gefüge der Mikroorganismen im Boden durcheinanderbringen und die Lebewelt im Wurzelbereich der Pflanzen schädigen. Zwar zersetzen sich viele Düngemittel wieder, aber Schwermetalle wie Blei, Quecksilber und Cadmium bleiben für immer im Boden, soweit sie nicht über Pflanzen oder das Grundwasser in den Nahrungskreislauf gelangen. Dennoch ist die Sorge um akute Vergiftungen – abgesehen von belasteten Landstrichen in der Nachbarschaft entsprechender Industrien – noch unbegründet. Aber viele Auswirkungen der Bodenbelastung sind nicht hinreichend erforscht, und der Trend zu weiteren Belastungen ist weiterhin ungebrochen.

Homo-Humus. Der religiöse Aspekt

Bekannt ist der Brauch von Papst Johannes Paul II., bei Betreten eines fremden Landes zuerst dessen Boden zu küssen. Er will damit das ganze Land mit allem, was es trägt, ehren. Damit partizipiert er – bewußt oder unbewußt – an einer Verehrung der Erde, deren Geschichte aus ältesten, uns verhüllten Zeiten kommt und die immer noch weitergeht.

Es gibt keine menschliche Kultur, die nicht von der Glaubensvorstellung berührt wäre, daß die Erde Mutter ist. Da existiert die etymologische Deutung, die *materia* mit *mater* verbindet; selbst wenn dieser Konnex nicht gradlinig erweisbar ist, entspricht er doch der allgemeinen mythisch-religiösen Weltanschauung: »Die Erde ist ›lebendig‹, vor allem, weil sie fruchtbar ist. Alles, was aus der Erde kommt, ist dem Leben geweiht, und alles, was in sie zurückkehrt, soll aufs neue leben... Was wir Leben und Tod nennen, sind nur zwei Momente des Gesamtschicksals der Erdmutter: das Leben ist nur ein Loslassen aus dem Inneren der Erde, der Tod ein Zurückkehren ›zu sich‹. Das so häufige Verlangen, in der Heimaterde begraben zu werden, ist nur die profane Form eines mystischen Bedürfnisses, in das eigene Haus zurückzukehren. Die Grabinschriften der römischen Kaiserzeit künden von der Befriedigung, in heimatlicher Erde begraben zu sein: hic natus hic situs est; hic situs est patriae; hic quo natus fuerat optans erat illo reverti.«[1]

Die Zweiheit *homo – humus* darf allerdings nicht im Sinne der Aschermittwoch-Mahnung verstanden werden: »Gedenke, o Mensch, daß du Staub bist und zum Staube zurückkehrst« (→ III, 450 f), daß er also Erde sei, weil er

[1] *Mircea Eliade,* Die Religionen und das Heilige. Elemente der Religionsgeschichte (1954), Darmstadt 1976, 288.

sterblich ist, sondern andersherum: der Mensch kann leben, weil er aus der Erde kommt, von der Mutter Erde geboren ist und zu ihr zurückkehrt. »Jede Gestalt wird lebendig aus der Erde geboren und kehrt zu ihr zurück, wenn das ihr zugemessene Maß des Lebens erschöpft ist... Aber kein Verschwinden ist endgültig: der Tod einer lebenden Gestalt ist nur ein verborgener oder vorläufiger Existenzmodus.«[1]

Mit den Worten: »Sei gegrüßt, Erde, Mutter der Menschen...«, beginnt ein alter angelsächsischer Zauber. Mit ähnlichen Formulierungen haben die meisten Kulturen dieser Welt die Erde personalisiert und als Mutter aller angesprochen, und Melvin Randolph Gilmore bezeugt für die indianische Sichtweise: »Sie halten die Erde für einen lebendigen, bewußten Organismus«. So sangen die Schwarzfüße bei einem rituellen Akt:

> »Die Erde liebt uns,
> Sie freut sich, wenn sie uns singen hört!«

Und in der Tradition der Dakota heißt es im Lied der Wildrose:

> »Alles was lebt, ist ihr Lied,
> Alles was stirbt, ist ihr Lied,
> Auch der Wind, der da weht, ist ein Erdlied,
> Und die Erde will alle ihre Lieder singen.«[2]

Man kann kaum eine Sammlung indianischer Selbstzeugnisse aufschlagen, ohne auf den Glauben an eine gemeinsame Weltfamilie zu stoßen. Sie glauben, daß alles um sie herum brüderlich zusammenhängt, »ob Stein, ob Blatt, ob Tier«, weil es Kinder der einen Mutter Erde sind, und darum räumen sie dem Menschen kein Recht ein, Boden, Wasser und Wald auszubeuten, ja, sie bewahren sogar eine unüberwindliche Abneigung gegen die Ackerkultur der Weißen, weil sie das Aufreißen des Ackers mit der tiefgreifenden Pflugschar als ungebührliche Verletzung der Mutter Erde ansehen.

Trotzdem hat selbst den Indianer eine Ahnung angeflogen, der Mensch könne für diese Erde ein Verhängnis darstellen. »An einer versteckten Stelle«, berichtet Werner Müller, »in den Mythen der Winnebago am Michigansee, lesen wir die wahrhaft einmalige Mitteilung, die Mutter Erde habe gegen den Menschen von Anfang an Widerwillen gezeigt; sie habe ihn geradezu abgelehnt, und man hätte ihr immer wieder zureden müssen, dieses neue Wesen freundlich zu behandeln.«[3]

Eine Weiterführung und umfassendere Information über die indianische Welterfahrung bietet unser Kapitel »Religionen: Das Welthaus der Sioux« S. 474 ff).

[1] Ebd., 289.
[2] Alle Zitate nach: *Werner Müller,* Geliebte Erde, a. a. O., 15 f.
[3] *Werner Müller,* Geliebte Erde, a. a. O., 55. Weitere Texte in: *Hubertus Halbfas,* Das Welthaus, a. a. O., Nr. 16–102: Gaja, die Erdmutter.

A. Monika Mähl haben wir mit ihrem Bild »Die Konservierung des Gänseblümchens« bereits kennengelernt. Das hier vorliegende Bild, im gleichen Format wie das »Gänseblümchen« gemalt, mußte in der Wiedergabe unseres Religionsbuches seitlich beschnitten werden, um die formale Konzeption der Doppelseite nicht zu zerstören.

B. Monika Mähl bedient sich in diesem Bild ähnlicher Mittel wie vordem. Es werden Dinge miteinander verbunden, die eigentlich nichts miteinander zu tun haben und darum Verwunderung und Nachdenken anstoßen. Wer pflanzt Strandhafer in einem Koffer an? Wozu trägt man einen solchen Koffer in die nackte Wüste? Man könnte meinen, hier liege ein neuer Surrealismus vor, doch ist es nicht subjektive Phantasie, die zu solchen Bildeinfällen führt, sondern ein sachlich fundiertes umweltkritisches Problembewußtsein.

Um Monika Mähls »Rekultivierung« zu verstehen, sind Kenntnisse über die Zerstörung der Böden und die Ausbreitung der Wüsten erforderlich. »Wüstenausbreitung ist ein nicht fest definierter Begriff, der eine Reihe ökologischer Veränderungen miteinbezieht, die den Boden für die Landwirtschaft oder menschliche Besiedlung nutzlos machen. Wüsten ziehen sich kaum an genau bezeichneten Grenzen entlang, sie tauchen plötzlich flickenartig auf, wo Mißbrauch, wenn auch unbeabsichtigt, die dünne Vegetationsschicht und den fruchtbaren Boden zerstört und nur Sand und unfruchtbare Erde zurückläßt.«[1]

UNO-Untersuchungen haben eine erschreckende Zunahme verödender Landschaften erwiesen und diese auch für die Zukunft als ein »aktiv fortschreitendes Phänomen« prognostiziert. Dabei sind die größten Verluste für Afrika und Asien zu verzeichnen. Das Bild von Monika Mähl muß dennoch nicht eng mit diesem Hintergrund verbunden werden. Das Dahinsiechen des Waldes (→ S. 122ff), das Aussterben der Arten (→ S. 137f), die Vergiftung der Böden läßt uns ebenfalls fragen, was die Erde in Zukunft noch hervorbringen und in Gesundheit tragen kann. Wenn manche Pflanzen und Blumen, auch Bäume und Tiere nicht mehr unter den herrschenden Belastungen leben können, sondern künstlichen Schutz brauchen, dann ist der Ansatzpunkt, den unser Bild ins Groteske hinein übersteigt, erreicht.

C/D. Um die Aussage des Bildes zu verstehen, müssen die Schüler über einige Krisenfelder unserer Natur informiert sein. Als Fragestellung oder Rätsel kann der Lehrer die Bewegung, die davon ausgeht, schon früh im Unterricht aufnehmen. Es empfiehlt sich aber, das Rätsel solange ungelöst stehen zu lassen, bis es irgendwann im Fortgang des Unterrichts die Schüler drängt, ihre neuen Kenntnisse und Problemeinsichten mit diesem Koffer voll anspruchsloser Natur inmitten einer leblosen Wüste zu verbinden. Keinesfalls ist es angebracht, daß der Lehrer eine Interpretation vorträgt. Das Bild muß sich selbst im *Prozeß der Sachverhalte* den Schülern erschließen.

[1] *Erik Eckholm/Lester R. Brown*, Spreading Deserts – The Hand of Man, Washington 1977, zit. n.: Global 2000, a. a. O., 589.

Abfälle und Wiederverwendung

Seit 1950 wächst die Müllhalde, die wir jährlich auftürmen, immer höher. Es lohnt kaum Zahlen zu nennen, denn wer kann sich schon unter 20 Millionen Tonnen Hausmüll etwas vorstellen? Da ist der Hinweis hilfreicher, allein die Einwohner Kölns könnten in ihrem jährlichen Müll den Dom verstecken.

Dieser Müllberg besteht zum großen Teil aus den kurzlebigen Produkten unserer Wegwerfgesellschaft. Obenan stehen die Verpackungsmaterialien; ihr Volumen ist von Jahr zu Jahr gewachsen. Inzwischen häufen sich von allen Seiten die Dinge, die nur einmaligem Gebrauch dienen sollen:

»Alle vier Sekunden macht es flutsch. Aus einer milchig weißen Folie, die über eine große Trommel in die Maschine läuft, werden zwei Dutzend Joghurtbecher auf einmal gestanzt. Ein Arbeiter in einem klinisch sauberen Arbeitsanzug und mit einem Käppi auf dem Kopf überwacht die mannshohe Fertigungsstraße mit den aluminiumverkleideten Aufbauten. Seine linke Hand liegt auf der Schalttafel mit den Kontrollampen, während der Automat in regelmäßigem Takt konisch geformte Becher der Standardgröße ausspuckt. 360 Stück pro Minute.

Jeder Becher ist ein Wunderwerk für sich, 7,5 Gramm schwer, Wandstärke 2 Millimeter, das Material ist Polystyrol, ein Kunststoff, der aus Erdöl gewonnen wird. In der Werkshalle der Wiesbadener Firma ›Bella Plast‹, einem der größten Hersteller von Kunststoffverpackungen in der Bundesrepublik, beginnt die Karriere eines Fließbandprodukts, das zu einem Symbol der Wegwerfgesellschaft geworden ist.

Sein Lebensweg ist kurz, sein Sterben dauert eine Ewigkeit. Versehen mit einem bunten Aufdruck der Molkerei-Industrie, von der Ananas bis zur Zitrone, wird der Becher mit 150 Gramm Joghurt mit oder ohne Frucht gefüllt. Die ›besten Jahre‹ des Karrierebechers dauern nur die wenigen Tage bis zum Ablauf des aufgestanzten Verfalldatums. Dann ist seine Stunde gekommen.

In Sekunden produziert und in weniger als einer Minute am Frühstückstisch ausgelöffelt, wandert er auf den Müll. Dort gibt es kein Verfallsdatum, denn der Kunststoffbecher ist nahezu unzerstörbar. Er verrottet nicht, Bakterien, die ihn zerfressen könnten, werden von den Wissenschaftlern bislang vergebens gesucht. Erst nach 25.000 Jahren beginnt der achtlos weggeworfene Joghurtbecher sich aufzulösen. Die ältesten Amphoren, in denen die Römer ihren Wein abfüllten, sind gerade 2500 Jahre alt. Der in den fünfziger Jahren entwickelte Joghurtbecher wird seine antiken Vorbilder um Jahrtausende überleben.«[1]

Man muß nicht beim Joghurtbecher stehen bleiben. Jeder Einkauf liefert uns weitere Beispiele aufwendiger Einwegverpackungen, bei denen das, was zum Müll wandert, oft teurer ist als der bescheidene Inhalt. Klassisches Beispiel: der Salzstreuer aus Kunststoff. Aber auch Gebrauchsgüter werden mehr und mehr zum Wegwerfen nach kurzer Verwendung bestimmt. So zündet schon jeder zweite Raucher seine Zigarette mit einem Feuerzeug an, das nach Verbrauch der Butangas-Füllung in den Mülleimer wandert. Alle zehn Tage verbrauchte der Bundesbürger 1978 eine Einkaufstasche aus Plastik, insgesamt 2,3 Milliarden Beutel. Inzwischen gibt es Taschenlampen mit einer Einmalfüllung, das heißt, deren Batterien mit vierzigstündiger Brenndauer nicht ausgewechselt werden können. War einer früheren Käufermentalität die Erwartung

[1] *Emanuel Eckardt/Sebastian Knauer,* a. a. O., 128.

eigen, daß alle Dinge eine größtmögliche Lebensdauer haben sollten, so ist vielen Waren heute der Verschleiß schon eingebaut – seien es Autos, Waschmaschinen, Kühlschränke und Glühbirnen, oder selbst ganze Wohnungseinrichtungen. Meistens wird die Benutzungsdauer zusätzlich noch durch bewußte modische Gestaltung verkürzt, damit sich der Konsument schneller leid sieht und »öfter mal was Neues« anschafft.

Diese Wegwerfmentalität kommt uns teuer zu stehen. Die mit hohem Material- und Energieaufwand gefertigten Produkte werden in immer größeren Mengen vorzeitig zum Abfall geworfen. Wertvolle Rohstoffe landen auf der Kippe und verschlingen durch ihre Beseitigung hohe Kosten.

Unser Handbuch und der Religionsunterricht in der Grundschule sind nicht der Ort, um die vielen Probleme des Müllaufkommens, zumal des Sondermülls und seiner Beseitigung zu behandeln. Darüber gibt es eine breite und kompetente Literatur, und überdies schärfen die Tagesvorkommnisse, nicht selten auch regionale Konflikte, die heiß diskutiert werden, weil sie unmittelbar betreffen, das öffentliche Bewußtsein. An dieser Stelle aber kommt es darauf an, das Problem der Abfallbeseitigung im Rahmen einer Korrektur unseres kranken Verhältnisses zur Schöpfung wahrzunehmen und das mögliche Maß eigener Mitverantwortung einzuüben. Es ist dem Religionsunterricht nicht länger freigestellt, diese Themen zu übergehen oder dem Sachunterricht zuzuweisen. Sie stellen einen ökologischen, aber auch einen ethischen Anspruch.

Konsequenzen und Aktionen

Was wir selbst zur Bewältigung des Müllproblems tun können

An den gut zweieinhalb Pfund Müll, die pro Bundesbürger täglich produziert werden – fast eine halbe Tonne pro Jahr – sind auch Kinder kräftig beteiligt. Ihre Erziehung zu einem ökologischen Bewußtsein darf das Müllproblem nicht übergehen. Die unübersehbaren Umweltbelastungen, die sich damit verbinden, sind nur zu meistern, wenn jeder in diesen Dingen Sachkenntnis und eine neue Gewissenhaftigkeit entwickelt. Den Müll weiterhin unter den Mantel des Vergessens oder der Verdrängung zu kehren, wie dies das Bild von Monika Mähl (S. 15b) beklagt, ist nicht länger verantwortbar.

Wichtiges Ziel in unserem Aufgabenkatalog ist die Verhinderung potentieller Abfälle.[1] Unsere Schwerpunkte müssen deshalb auf Vermeidung und Verminderung, und erst nachgeordnet auf Verwertung und Beseitigung liegen.

Aufgabe 1: Abfälle vermeiden

Vieles, was heute produziert wird und bald darauf in den Müll wandert, ist überflüssig und muß gar nicht erst produziert werden. Solange der Staat hier keine verbindlichen Vorgaben setzt, liegt es alleine bei der Kritikfähigkeit des Verbrauchers, einer neuen Umweltmoral den Weg zu ebnen.

[1] Unser Programm, das mit Kindern im Sachunterricht eingehend durchgesprochen werden muß, folgt dem Entwurf der Zeitschrift „natur“, Nr. 9, 1984: Abfallwirtschaft. Ein Vierstufenplan für Bund, Länder, Gemeinden und Haushalte.

Ungefähr ein Drittel des Hausmülls besteht aus Verpackung. Zehn Millionen Tonnen Verpackungsmaterial werden in der Bundesrepublik Deutschland jährlich hergestellt. Die Beseitigung dieser Menge kostet zweieinhalb Milliarden Mark! Die Beseitigung einer Einwegflasche wurde im Mittelwert auf 3,8 Pfennige berechnet, während die Beseitigung einer ausgedienten Mehrwegflasche nur noch einen Zehntel Pfennig kostet. Schon gar nicht mehr kalkulierbar und in definitiven Summen auszudrücken sind die Kosten der Umweltbelastung durch Rohstoff- und Energieverbrauch.

Seitdem die durchrationalisierten Handelsketten in den vergangenen zwanzig Jahren die Lebensmittel-Einzelhandelsgeschäfte von 91.000 auf fast 8000 vermindert haben, sind Einwegverpackungen und Wegwerfprodukte die zwangsläufige Folge, denn Arbeitskräfte sind (noch?) teurer als Energie und Rohstoffe. Aber auch dem Kunden kommen folienverpackte Nahrungsmittel, Einkaufstaschen aus Kunststoff, Partygeschirr, Flaschen und Dosen zum Wegwerfen entgegen. Das alles gilt inzwischen fast als selbstverständlich. Der Käufer hat sich schnell an die neue Bequemlichkeit gewöhnt und bedarf kräftiger Motivationen, um sich auf ein verändertes Verhalten einzulassen. Das sind die Ziele:

– Die Privathaushalte müssen durch ihr Kaufverhalten einen neuen wirtschaftlich relevanten Zwang ausüben: Sie kaufen keine folienverpackten Nahrungsmittel mehr (wie Fleisch, Wurst, Obst, Gemüse). Wenn sie die Wahl haben, übergehen sie die mehrfachverpackten Produkte (z. B. Zahnpasten, Dosen und Flaschen, die in einem Karton stecken) sowie Mogelpackungen (Flaschen mit hochgezogenen Böden, dreiviertelgefüllte Packungen für Waschmittel etc.).

– Auch Kinder lernen, beim Einkauf auf diese Dinge zu achten. Sie nehmen Tasche, Netz oder Korb von zu Hause mit und vermeiden Plastiktüten.

– Einwegflaschen, Ex-und-hopp-Feuerzeuge oder -Kugelschreiber werden abgelehnt. Dementsprechend muß man Geschäfte übergehen, die bewußt nur Einweg-Produkte führen.

– Wenn Alternativ-Produkte fehlen, muß man zwar sinnlose Verpackungen mitkaufen. Man muß sie aber nicht mit nach Hause nehmen. Wenn viele Kunden den überflüssigen Verpackungsmüll gleich im Laden lassen, ist der Lernprozeß für Handel und Industrie kürzer.

Aufgabe 2: Abfälle vermindern durch getrennte Sammlung des Mülls

Aus den unvermeidbaren Abfällen müssen die Wert- und Schadstoffe aussortiert werden. Die Wertstoffe können als Sekundär-Rohstoffe wieder in den Produktionskreislauf eingeführt werden. Ihr Wiedergewinnungswert ist höher als ihr Heizwert.

Unter den Möglichkeiten, den Hausmüll zu sortieren, gehört der getrennten Sammlung direkt in den Haushalten die Zukunft. Die sortenrein gesammelten Wertstoffe, die unverschmutzt weitergegeben werden können, sind jeder anderen Mischsammlung (etwa in den sogenannten »Grünen Tonnen«) vorzuziehen. Das richtig gewählte und konsequent durchgeführte Trennsystem vermindert den Hausmüll um die Hälfte, besonders wenn neben den Abgabemöglichkeiten für Papier und Glas auch solche für Kunststoffe und Metall geschaffen werden.

Bereits die Schule kann ein differenziertes Abfallsystem einführen und damit den Kindern helfen, die Selbstverständlichkeit eines solchen Umgangs mit dem Müll einzuüben.

Grünabfälle aus Haushalt und Garten gehören nicht in die Mülltonne. Soweit möglich, gehört zu jedem Haus ein eigenes Kompostsystem; ansonsten sollte die Kommunalverwaltung für öffentliche Kompostieranlagen sorgen.

Aufgabe 3: Giftmüll-Verminderung. Was nicht mehr in den Mülleimer darf

Im einzelnen Haushalt fallen nur wenige Schadstoffe an, aber auf den Müllkippen kommt viel zusammen. Die gleichen Umweltgifte, die bei Industrie und Gewerbe in großen Mengen anfallen und dort als »Sondermüll« strengen Bestimmungen unterliegen, kommen immer noch im Hausmüll vor, nur glaubt man, wegen ihrer geringen Menge verlören sich deren Spuren in der Gesamtmasse.

– Oberstes Ziel ist es, gefährliche Haushaltsprodukte (Abbeizmittel, Batterien, Farben, Lacke, Lösungsmittel, Fieberthermometer, Holzschutzmittel, Medikamente und Kosmetika, Schädlingsbekämpfungsmittel) auf keinen Fall in die Mülltonne zu werfen. Auch hier gilt das Prinzip der Vermeidung.

– Viele schadstoffhaltige Produkte, die heute noch gedankenlos benutzt werden, können durch umweltfreundliche Produkte ersetzt werden. Verdächtige Produkte werden auf ihre Schädlichkeit untersucht, die Risiken ihrer Beseitigung geprüft.

– Die am Ort vorhandenen Annahmestellen für Sondermüll müssen allen Schülern bekannt sein.

Ausgerechnet Gärtner, so ermittelte eine Studiengruppe der Ruhr-Universität in Bochum, sind am meisten von Lungenkrebs bedroht. Ihr Risiko, daran zu sterben, sei sechsmal so hoch wie bei einem Durchschnittsbürger mit normalem Zigarettenkonsum: eine Folge von zu langem Aufenthalt in jenem mit feinsten Fasern, schwermetallhaltigen Stäuben und anderen Schadstoffen durchsetzten Gasgemisch, das wir immer noch frische Luft nennen, obwohl es inzwischen zum Krebsrisiko geworden ist.

Die kranken Lungen der Gärtner, so wird weiter ausgeführt, seien der Preis für die dicke Luft in den fünfziger Jahren, denn 25 bis 30 Jahre brauche der Lungenkrebs, bis sein zerstörerisches Wachstum offenbar werde.[1] Zwar wurde seitdem der blaue Himmel über dem Ruhrgebiet proklamiert und auch tatsächlich eine meßbare Besserung der Luft erreicht. Im Dezember 1962 hatte ein Kubikmeter Luft in Teilen des Ruhrgebiets bis zu 5000 Mikrogramm Schwefeldioxid aufgewiesen (was drei Jahre später, 1965, zur Einrichtung eines Smog-Warndienstes führte), aber seitdem überschreiten die Emissionen im Jahresmittel nirgendwo mehr die erlaubten Höchstwerte. »Der Gehalt an Schwefeldioxid ging gegenüber 1970 um 30 Prozent zurück«, sagte der zuständige Minister in Düsseldorf, sagte aber nicht, wo der Schadstoff geblieben ist, denn der Ausstoß aus den Schornsteinen an der Ruhr (und anderswo) hat sich im gleichen Zeitraum kaum verändert. Vielmehr wurden die Schornsteine inzwischen »ein unverzichtbares Element der Luftreinhaltung«, das heißt, sie wurden nun so hoch gebaut, daß die Schadstoffe jetzt in lichter Höhe, 300 Meter über der Erde, über das ganze Land und das Ausland dazu vertrieben werden.

Mittlerweile redet man kaum noch um die Dinge herum. Die Probleme werden beim Namen genannt, und es wird auch einiges getan: Emissionskataster gibt es heute, Luftreinhaltepläne, Analysen über die Auswirkungen der Luftverschmutzung. Das Hauptaugenmerk galt unter anderem der Belastung durch Feinstäube, die von der Nasenschleimhaut aus der Atemluft nicht herausgefiltert werden und deshalb in die Lungen wandern, wo sie von bestimmten Konzentrationen an als besonders gesundheitsschädlich gelten.

Selbst die steinernen Zeugen unserer Kulturgeschichte entgehen nicht der Zerstörung durch die vergiftete Luft. Die schönsten Sandsteinbauten des Mittelalters, sei es nun das Freiburger Münster oder die Dome von Köln und Regensburg, werden vom schwefeloxidhaltigen Regen aufgelöst. Die Zerstörung schreitet so rasch voran, daß die Dombauhütten kaum Schritt halten, den weicheren Sandstein durch härtere Steine zu ersetzen. Dabei schaffen es die aggressiven Bestandteile der Luft seit etwa drei Jahrzehnten immer schneller, Kunstwerke, die über Jahrhunderte oder gar Jahrtausende bewahrt blieben, in erschreckendem Ausmaß zerbröckeln zu lassen. In industriellen Ballungsräumen sind längst Totalverluste zu beklagen. »In zwanzig Jahren werden 25.000

[1] Vgl.: *Emanuel Eckardt/Sebastian Knauer,* a. a. O., 94.

unersetzliche Glasgemälde und Kirchenfenster in der Bundesrepublik zerstört sein, wenn man sie nicht bis dahin in die Museen schafft.«[1] Aber sollen wir unsere Kirchen und Kathedralen, Rathäuser und Schlösser, Denkmäler und Brunnen allesamt in luftdichte Folien verpacken, damit sie nicht vollends zerfallen? Man versucht dergleichen ja schon lange, indem man die Steine mit chemischen Härtern oder Schutzhäuten widerstandsfähiger zu machen bemüht ist, doch steht die wirklich rettende Erkenntnis bis heute noch aus.[2]

Der Lärm

In der Bundesrepublik, so heißt es in einer Publikation von 1971, leiden mindestens zehn Millionen Menschen nachhaltig unter Lärm: während der Arbeit, auf der Straße, in der Freizeit und in der Wohnung. Weitere zehn Millionen fühlen sich durch den Geräuschpegel ihrer Umwelt erheblich gestört.

Die Belästigung durch Lärm hat seitdem insgesamt nicht abgenommen, trotz aller Lärmschutzwände an Autobahnen. Zwar konnten solche Wände und der Einbau von Schallschutzfenstern den Lärmpegel in vielen Anliegerwohnungen senken helfen, aber das Anwachsen des Straßenverkehrs, die zunehmende Verwendung technischer Geräte in Haus und Garten, die fortschreitende Industrialisierung haben zu einer rasanten Vermehrung vielfältiger Lärmquellen geführt. Inzwischen ist bereits die Kinderwelt mit Kassetten und Recordern, Schallplatten und Transistorgeräten üppig versorgt und garantiert mit wachsenden Jahren auch wachsenden Radau.

Die größten Krachmacher sind Kraftfahrzeuge. 30 bis 35 Prozent aller Bürger fühlen sich durch den Straßenverkehrslärm belästigt. Zwar legen Richtlinien die Geräuschgrenzwerte für jede einzelne Kraftfahrzeugart fest, und die Betriebserlaubnis ist daran geknüpft, doch kann jeder, wenn er unbedingt will, durch Hochjagen des Motors im Leerlauf, Fahren in niedrigen Gängen, zu schnelles Beschleunigen vor allem beim Anfahren und natürlich auch durch lautes Zuschlagen von Türen, Motorhauben und Kofferraumdeckeln seine Mitbürger quälen und ärgern.

In manchen Regionen ist der Lärm durch Flugzeuge nicht minder belästigend. Gewiß schreibt auch hier Paragraph 1 der Luftverkehrsordnung vor, das Flugzeug sei so zu führen, daß kein unnötiger Lärm entstehe. Die Lärmüberwachung mancher deutschen Flughäfen ist sogar wirklich effektiv. So zwingen sie beispielsweise die Fluggesellschaften, umweltfreundliche Maschinen einzusetzen, indem sie die Start- und Landegebühren nach dem Lärmpegel der Flugzeuge festlegen. Doch hindert das die Nato-Verbände nicht, mit Starfighter- oder Phantom-Jets im Tiefflug über das Land zu donnern. Dagegen scheint keine Abwehr möglich.

Baustellenlärm rangiert unter allen gewerblichen Lärmquellen obenan. Auch hier existieren erhebliche Auflagen, etwa jene, alle Geräusche zu verhindern, die nach dem Stand der Technik vermeidbar sind, und unvermeidbare

[1] Ebd., 100.
[2] Vgl.: *Wilfried Scharnagl*, Der Dreck, in dem wir leben oder Ein Nachruf auf unsere Umwelt, München 1971, 240–251.

Geräusche durch Dämmaßnahmen auf ein Minimum zu reduzieren, doch weiß jedermann, wie quälend der tatsächliche Krach ungeniert Straßen und Plätze überzieht.

Konsequenzen und Aktionen

Vorsicht mit Spraydosen

Schon der Kleinverbraucher leistet einen Beitrag zur Krise der Biosphäre. Sein arg- und kritikloser Verbrauch von Fluorkohlenwasserstoffen in Spraydosen attackiert nicht nur Achselnässe, Blattläuse oder Lackschäden, sondern auch die hauchdünne Ozonschicht, welche die Erdatmosphäre umschließt. Die USA, Kanada und Schweden haben die Herstellung dieser Treibgasdosen sofort eingeschränkt, bei uns wurde zum Teil der zerstörerische Fluorkohlenwasserstoff durch ein ungefährliches Butangemisch ersetzt. Solche Spraydosen dürfen das internationale Umweltschutzzeichen tragen. Doch weiterhin werden Tausende Tonnen Fluorkohlenwasserstoff zur Körperpflege und zum Festigen des Haares versprüht, ohne daß den Frauen bewußt ist, »daß sie für den richtigen Sitz ihrer Frisur den Hautkrebs ihrer Kinder in Kauf nehmen. Zu lange ist ihnen eingeredet worden, daß unser Leben verschönert, was sich mit einem Knopfdruck bedienen läßt.«[1]

Minderung des Schullärms?

Keineswegs leiden nur Lehrer unter dem Lärm in der Schule, auch Schüler fühlen sich belastet. Obwohl sie im Alltagsrummel kräftig mitmachen, klagen sie zu Hause doch nachhaltig, daß es in der Klasse immer viel zu laut zugehe. Manche Lehrer kann der ständige Lärmpegel sogar psychisch quälen, ohne daß sie sich fähig sehen, der ständigen Unruhe zu begegnen. Wir haben in allen vier Bänden dieses Handbuchs der inneren Ruhe und sogar der Stille in der Schule große Aufmerksamkeit gewidmet, verschiedentlich aber auch deutlich gemacht, daß Sammlung und Muße, Konzentration und Ruhe nicht durch einzelne »Maßnahmen« erreicht werden können, sondern Früchte eines schulpädagogischen Gesamtkonzepts sind (→ I, 43–55; II, 81–100; III, 117–127).

Wer also – mit seinen Schülern – unter dem Lärm des Schulmorgens leidet, kann nicht mit Verhaltensregeln dagegen ankämpfen, sondern muß bei der Wohnlichkeit und Anregungsvielfalt seines Klassenraumes beginnen (→ I, 30–39), muß differenzierte Formen der Selbsttätigkeit, der freien Arbeit, der wechselseitigen Hilfe entwickeln (→ III, 30–38, 72–109), muß singen und musizieren (→ S. 59ff), erzählen und spielen können (→ II, 36–48) und zahlreiche gemeinsame Handlungsformen und Aktivitäten entfalten (→ II, 56–72, 101–138). In diesem Kontext gewinnen die Stille-Übungen dann ihren fruchtbaren Ort.

[1] *Emanuel Eckardt/Sebastian Knauer,* a. a. O., 108.

Während der ersten Umweltschutzkonferenz der UNO 1972 in Stockholm versuchten die skandinavischen Länder die Aufmerksamkeit der Delegierten aus aller Welt auf ein Thema zu richten, das den meisten fremd und bedeutungslos schien: Saure Niederschläge. Aus zahllosen skandinavischen Seen, so wurde berichtet, verschwänden die Fische, anfangs die säureempfindlichen, Forellen und Lachse, später auch Barsche und Hechte. Außerdem vermindere sich der Holzzuwachs in den großen Wäldern am Polarkreis. Als Ursache wurde Übersäuerung des Wassers und der Böden vermutet.

Die meisten Konferenzteilnehmer, auch die aus den westlichen Industriestaaten, ignorierten die Klagen der Skandinavier. Immerhin mehrte sich die Erkenntnis, daß Schadstoffe sich durch die Luft exportieren lassen, bei Verminderung der eigenen Belastungen. Es begann die Strategie der hohen Schornsteine. Doch schon am Ende des Jahrzehnts stand die Einsicht, daß sie ein katastrophaler Fehler war. Der Preis für den »blauen Himmel« über der Ruhr sind die braunen Wälder im Fichtelgebirge.

Das Waldsterben der Gegenwart, das sich in wenigen Jahren rasant ausbreitete, ist jedoch nicht mehr von regional begrenzten Ursachen ableitbar, sondern von viel gefährlicherer Art.

– »Es hat alle Nadelwälder und viele Mischwälder in ganz Europa zwischen Vogesen und Ural, Apennin und Mittelschweden erfaßt.

– Es betraf zuerst nur die Tannen, dann aber bald Kiefern und Fichten, schließlich Buchen, Eichen, Pappeln, Eschen und Ahorn.

– Die allgemeine Verteilung der Schäden läßt kaum einen Einfluß unterschiedlicher Boden- und Wasserverhältnisse auf die Krankheit erkennen. Besonders stark betroffen sind nach Westen gerichtete Hanglagen und die Kammbereiche von Mittelgebirgen.

– Der Verlauf der Krankheit nach Symptomen und Geschwindigkeit ist bei verschiedenen Bäumen derselben Art auf demselben Standort oft sehr unterschiedlich.

– Klimatische Einflüsse wie Kälte, Trockenheit, Stürme bewirken offenbar nur unwesentliche Änderungen im Krankheitsverlauf der Bestände, überlagern jedoch gelegentlich die Krankheitssymptome.

– Reine Nadelwälder sind vor allem geschädigt, aber Mischwälder kränkeln ebenfalls, auch wenn die Anzahl der betroffenen Baumindividuen je nach Artenmischung geringer ist als in Reinbeständen.

– Bäume, die dem Luftstrom besonders ausgesetzt sind, weil sie das Kronendach der anderen überragen, exponiert im Freien oder am Waldrand stehen, sind vor allem betroffen.

– In der Bundesrepublik Deutschland treten die Schäden besonders dort auf, wo man es am wenigsten erwarten sollte, in den Hochlagen der Mittelgebirge, in sogenannten Reinluftgebieten fernab von städtischen und industriellen Ballungsräumen.«[1]

[1] *Georg Meister/Christian Schütze/Georg Sperber,* Die Lage des Waldes. Ein Atlas der Bundesrepublik. Daten, Analysen, Konsequenzen, Hamburg 1984, 81f.

Von Autofahrern wird oft gefragt: Wieso sollen die Autoabgase schuld sein? Entlang den Straßen sind die Bäume grün, aber in Gebirgslagen, wohin nie ein Auto kommt, sterben die Wälder. Wie soll man das verstehen? Die Erklärung ist, daß Stickoxide nicht unmittelbar, sondern indirekt giftig wirken. Sie bleiben nicht im Umfeld der Autostraßen, sondern werden von Aufwinden in die obere Atmosphäre getragen. Dort zerfallen sie unter dem Einfluß von UV-Strahlen zu Ozon, das für Pflanzen, Tiere und Menschen schädlich ist, weil es bereits in geringer Konzentration pflanzliches Leben zerstört.

Mit dieser Erkenntnis ist keineswegs das Sterben der Wälder schon hinreichend erklärt, vielmehr konkurrieren heute noch unterschiedliche Erklärungsversuche miteinander. Diese Hypothesen zu referieren, ist hier nicht der Ort. Es genügt zu sagen, trotz aller Differenzen stimmen sie darin überein, daß die tiefste Ursache, von der sich alle weiteren Folgen ableiten, in der Luftverschmutzung liegt. Fast alle Wissenschaftler sehen im Waldsterben »eine Komplexkrankheit«. Viele Zusammenhänge seien noch ungeklärt, auch könne man die Schädlichkeit der verschiedenen Verunreinigungen für bestimmte Bäume nicht bestimmen; sicher aber sei, daß man den Wäldern nur helfen könne, wenn man die bekannten Gifte – Schwefeldioxid, Stickoxide, Schwermetalle – aus der Atmosphäre fernhalte, indem man die Emissionsquellen verstopfe.[1]

Da das Waldsterben keine einzelne Ursache hat, gibt es auch keine isolierte Therapie. Eine komplexe Krankheit muß mit einer komplexen Therapie geheilt werden: einer energischen und klaren Gesetzgebung gegen Luftschadstoffe; Korrekturen im wirtschaftlichen Denken, zumal einer Fixierung auf die Wachstumsidee; Aufgabe der Monokulturen durch Mischwald; Schutz des Waldes vor Wildschäden und einem belastenden Freizeitbetrieb. Doch selbst, wenn sofort alles nur Menschenmögliche getan würde, endet das Waldsterben nicht alsbald. Die Störungen sind bereits zu tief in das Ökosystem eingedrungen, als daß sie in wenigen Jahren wieder behoben werden könnten.[2]

Didaktische Hinweise

Welche Erlebnisse verbinden den Lehrer mit dem Wald? Kennt er ihn vom Spiel der Kinderjahre her? Waren ihm die Bücher Ernest Thompson Setons vom Leben in den Wäldern[3] oder Walter Scherfs Großes Lagerbuch[4] Impuls und Maßstab für eigene Abenteuer? Hat er in Wäldern schon einmal gelebt, geschwiegen, gewacht, geschlafen? Führen ihn immer wieder lange Wanderungen zurück in den Wald? Kennt er Tanne, Fichte, Kiefer, Douglasie, Lärche? Buche, Eiche, Esche, Eberesche, Ahorn, Birke, Pappel, Erle? Die Antworten auf diese Fragen sind so vielfältig, wie sich Menschen unterscheiden; sie sind nicht bedeutungslos für alles Sprechen vom Wald im Unterricht. Um so wichtiger ist es, gut vorbereitet zu sein, wenn wir mit unserer Klasse in den Wald gehen. Man muß mit dem Weg vertraut und ihn vorher selbst mit Bedacht

1 Ebd., 90.
2 Vgl.: ebd., 74–93.
3 Zum Beispiel: *Ernest Thompson Seton*, Jan und Sam im Walde (1903), Stuttgart 1924 (ff).
4 *Walter Scherf*, Das Große Lagerbuch, Recklinghausen 1954.

gegangen sein, wichtige Pflanzen und Bäume kennen, über Vögel und Ameisen ein wenig Bescheid wissen und die Anzeichen erkrankter Bäume sehen lehren können. Wer sich für diese Aufgabe überfordert sieht, tut gut daran, einen naturkundigen Menschen als Begleiter mitzunehmen.

Über den Wald zu sprechen, darf nicht bei naturwissenschaftlichen Informationen zum Waldsterben sein Bewenden finden. Sachliche Fakten sind rational gerichtet. Ohne affektive Berührung entsteht keine wirkliche Betroffenheit. Dann genügt bereits eine wiederholte Rede vom »Waldsterben«, um gelangweiltes Abwinken auszulösen. Deswegen geht bereits heute eine Welle des Überdrusses durch die Bevölkerung. »Man kann es schon nicht mehr hören«, lautet der Tenor und verlangt nach einem Wechsel der Themen, weil die Sache selbst lediglich als Information konsumiert wurde. Auch Kinder sind schnell geneigt, von Langeweile zu sprechen, wenn etwas zum wiederholten Male an sie herangetragen wird. Das geschieht jedoch um so leichter, je weniger sie von dem Vorgang innerlich berührt werden. Also darf der Wald – der Baum, das Wasser, die Luft, die Blume, der Vogel... – für sie nicht »Thema« bleiben, sondern muß vielfältig erlebt werden. Was wir über die Führung der Kinder zur Natur gesagt haben (→ II, 59–66), gilt im gleichen Sinne für den Wald. Die mythische und märchenhafte Dimension des Waldes sollte deswegen nicht übersehen werden. Auch verzahnt sich diese Thematik mit dem Symbolkomplex »Baum« (→ S. 524ff) und natürlich mit dem Kapitel »Religionen: Das Welthaus der Sioux« (→ S. 474ff). Gerade jene archaische Welt ist voller Impulse und symbolischer Bilder, die den Kindern helfen, ihr Verhältnis zur Natur zu vertiefen und im Sinne einer wahren Schöpfungsfrömmigkeit auch spirituell zu füllen. Im Fortgang des Schuljahres sollten die Rückbezüge zur ökologischen Problemlage darum immer wieder neu aufgerichtet und vertieft werden.

Konsequenzen und Aktionen

Die großen Programme zur Rettung des Waldes sind in die übergreifenden Ökosysteme eingebunden und darum nur mittels grundlegender und weitreichender Änderungen möglich. Um sie durchzusetzen und langfristig zu garantieren, sind Bewußtseinsprozesse notwendig, die niemals früh genug angebahnt werden können. Darum sind auch Kinder im Grundschulalter schon beteiligt und in ihrer Weise auch mitverantwortlich.

Wir nennen einige Möglichkeiten, an denen sie teilhaben können:

– Das Pflücken von Blumen ist normalerweise gestattet. Dennoch fehlen diese Blumen dann im Wald, der längst ärmer ist, als es scheint. Die gepflückte Blume verwelkt, aber lebend entwickelt sie Samen und ernährt Schmetterlinge und Bienen. Deshalb – nicht pflücken!

– Zäune werden nicht gegen Waldbesucher gebaut, sondern gegen das Wild: Die Tiere schälen die Baumrinde und bringen dadurch selbst mittelstarke Stämme zum Absterben; im Niederholz führt der Verbiß dazu, daß Jungbäume nicht hochkommen, sondern verkrüppeln. Darum ist es wichtig, diese Zäune des Waldes wegen zu ertragen und zu schonen.

– Auch außerhalb solcher Umzäunungen wachsen oft teuer gekaufte und gepflanzte Setzlinge auf: auf den Wegen zu bleiben, ist da der beste Dienst am Wald.

– Pilze aller Art sind wichtig für das Ökosystem des Waldes. Wer sie für die Küche sammeln will, sollte die eßbaren vorher kennenlernen, statt alle mitzunehmen und dann in der Pilzberatung wegzuwerfen. Auch giftige Pilze sollten niemals mutwillig zerstört werden. Dem Wald sind sie gleich dienlich.

– Achtzig von hundert Waldbränden entstehen durch Leichtsinn. Jedes Flämmchen im Wald kann eine Katastrophe auslösen. Deshalb: niemals Feuer im Wald.[1]

– Im übrigen dienen wir dem Wald und der gesamten Umwelt durch jede Energiesparmaßnahme. Die privaten Haushalte sind in hohem Maße am Energieverbrauch beteiligt. Leichtfertiger Umgang mit Energie muß unter allen Umständen gestoppt werden: die Beleuchtung ausschalten, wenn sie nicht benötigt wird (Schulflure!); jede Kilowattstunde setzt 6 g Schwefeldioxid über die Kraftwerkschlote frei (laut SO_2-Bericht des Umweltbundesamtes); die Raumheizung senken: das Absenken der Raumtemperatur um 1 °C erspart 6 Prozent Heizenergie. 20 °C gelten als genügend und optimal.

– Der Bund für Umwelt- und Naturschutz Deutschland e.V. bietet vielfältige Materialien und Anregungen an: Wir können mit ihnen Informationstafeln und Sonderveranstaltungen in der Schule versorgen. Plakate, Postkartenserien, Diaserien und Videokassetten stehen bereit.

Literaturhinweise:

Umfassende Informationen, auch spezielle Literaturlisten, bietet das BUND-Umweltzentrum, Rotebühlstr. 84/I, 7000 Stuttgart 1 an. Auch die Landesverbände des BUND stehen mit Hilfen und einem besonderen Lehrerservice bereit.

Das Buch der Zeitschrift GEO: Die Lage des Waldes. Ein Atlas der Bundesrepublik. Daten, Analysen, Konsequenzen, von *Georg Meister, Christian Schütze, Georg Sperber,* Hamburg 1984, ist für unterrichtliche Zwecke ein verläßlicher und hilfreicher Führer.

Spielmöglichkeiten in der Natur, vorzugsweise stille und sensible Spiele, bietet das Buch von *Frieder Stöckle,* Feld-, Wald- und Wiesenspiele. Schauen, horchen, fühlen, denken, Ravensburg 1981.

[1] Nach: *Georg Meister u.a.,* a. a. O., 307.

Es zogen einmal fünf Bundesbürger, des naturentfremdeten Lebens in der Wohlstandsgesellschaft überdrüssig, aus der Stadt hinaus aufs Land bei Nienburg an der Weser. Dort lebten sie autark: Sie backten fortan ihr Brot selbst, zogen Gemüse und Obst ohne Chemie, fütterten Hühner und Milchkühe nach alter Art und schöpften sogar ihr eigenes Wasser aus einem Brunnen hinter der Scheune – ein Idyll, so glaubten sie, und ein gesundes obendrein.

Doch eines Tages ließen sie ihr Brunnenwasser untersuchen: Es enthielt über 200 Milligramm Nitrat pro Liter, mehr als viermal so viel, wie die Weltgesundheitsorganisation gerade noch für vertretbar hält. So wird etwa das Nitrat, über Flaschenmilch aufgenommen, im Körper von Kleinkindern zu Nitrit umgewandelt, einem Zellgift, das sich mit dem Blutfarbstoff Hämoglobin verbindet und dadurch die Sauerstoffabgabe der roten Blutkörperchen an das Gewebe verringert. Blausucht nennt der Volksmund diese Krankheit.

Was private Brunnenbesitzer und kleine Wasserwerke mit nur flachen Brunnen aus dem Boden saugen, weist immer häufiger Nitrat in hohen Konzentrationen auf. Übermäßige Düngung in Weinbau und Landwirtschaft, Gülleauftrag in den Hochburgen der Massentierhaltung (→ II, 166 f) sind die Ursachen. Das Nitrat wird aus der Ackerkrume gewaschen und in den Untergrund gespült. So gelangt die Stickstoffverbindung – oft erst nach Jahren – ins Trinkwasser.[1]

Die vermutlich größten Wassersorgen verbinden sich in Zukunft mit dem Grundwasser. Die Abwässer aus Industrie, Landwirtschaft und privaten Haushalten, aber auch die dichte Besiedlung, der Verkehr und ungeordnete Mülldeponien bedrohen den begrenzten und nicht vermehrbaren Wasserschatz. In einer Studie für das Bundesinnenministerium wird prognostiziert, daß bei steigendem Wasserverbrauch in drei Jahrzehnten die Grundwasserreserven erschöpft sein werden.

Im statistischen Durchschnitt verbraucht der Bürger 150 Liter Wasser. Diese Menge teilt sich auf Waschmaschine, Badewanne oder Dusche mit rund 30 Litern auf; zehn Liter kommen auf Körperpflege und Wohnungsreinigung, als Lebensmittel werden für Kochen und Trinken täglich dreieinhalb Liter Wasser benötigt, aber doppelt so viel für die Autopflege. Neun Liter allerfeinsten Trinkwassers werden für *jede* Wasserspülung verschwendet.

Wenn man hinter den statistischen Durchschnitt schaut, zeigt sich eine soziale Differenz: Der Wasserverbrauch steigt mit dem Wohlstand. Für einfache Wohnungen liegt der Tagessatz bei 60 Litern, in »Komfortwohnungen mit sanitärer Höchstausstattung« bei 400 Litern. Im Vergleich zu diesem Verbrauch benötigt die Industrie jedoch ungleich mehr Wasser. Allein die Kühlwassersysteme in der chemischen Industrie und bei Kraftwerken benötigen

[1] Vgl.: *Egmont R. Koch/Fritz Vahrenholt,* Die Lage der Nation. Umwelt-Atlas der Bundesrepublik – Daten, Analysen, Konsequenzen, Hamburg 1983, 63f.

rund 80 Prozent des industriellen Wasserbedarfs. Immer noch vergeuden diese Großverbraucher wertvolles Trinkwasser und lassen es nach Gebrauch einfach ab, anstatt es in geschlossenen Kreisläufen wieder zu verwenden. Die von Industrie und Haushalten erzeugten Abwässer müssen kostspielig geklärt werden, bevor sie weitergeleitet werden. Das geschieht noch bei weitem nicht in ausreichender Weise. Flüsse und Seen tragen die Last der Verschmutzung.

Konsequenzen und Aktionen

Ein resignatives Fazit: »Was kann ich alleine schon daran ändern!« ist oft die letzte Reaktion auf gebündelte Sachinformationen. In Sachen des Umweltschutzes hält man die eigenen Möglichkeiten für den »Tropfen auf den heißen Stein« und glaubt sich mit dieser Entschuldigung entlastet. Dennoch liegen darin Konsequenzen, die sich in ihrer Addition verhängnisvoll auswirken.

Unsere Schüler müssen erkennen, daß zahlreiche Schmutz- und Schadstoffe aus jedermanns Haushalt kommen: Reinigungs-, Putz- und Waschmittel, Kosmetika, Farben, Lacke und Lösemittel, Autoöle und Speiseöle.

Nach Untersuchungen des Bundesgesundheitsamtes enthalten unsere Gewässer bereits 10.000 verschiedene Schadstoffe. Die Tendenz ist immer noch steigend. So wie es beim Abfall primär um Vermeidung geht, ist auch hier die Verhinderung unnötiger Belastungen die wichtigste Regel. Nachfolgend eine (modifizierte) Liste des Bundes für Umwelt und Naturschutz:

1. Feste Abfallstoffe gehören nicht ins Abwasser oder in die Toilette. Sie verstopfen die Kanalisation und müssen mit aufwendigen Verfahren im Klärprozeß wieder entfernt werden. Dazu gehören Wattestäbchen, Heftpflaster, Abfälle vom Bleistiftanspitzen u.ä.
2. Nie dürfen Medikamente in den Abfluß geworfen werden. Alte Medikamente werden gesammelt und in der Apotheke abgegeben.
3. Farben, Lacke und Lösemittel gehören zu den gefährlichsten Verunreinigern der Gewässer. Unverwendbare Reste werden zu speziellen Sammelstellen für Sondermüll gebracht. Die lokalen Möglichkeiten sollte jedes Kind kennen.
4. Altöle gehören ebenfalls zur Altölsammelstelle. Ein Liter Öl kann eine Million Liter Trinkwasser vergiften.
5. Es gibt eine Fibel »Umweltfreundliche Produkte«. Alle Schüler sollten die Plakette, die solche Waren auszeichnet, kennen und darauf achten, daß zum Beispiel Waschmittel mit diesem Prädikat bevorzugt werden.
6. Speisereste, Küchenabfälle und Speiseöle gehören nicht ins Abwasser, sondern möglichst auf den Kompost.
7. Beim Umgang mit Wasch- und Putzmitteln sollte man um sparsame Dosierung besorgt sein. Weniger ist oft mehr.
8. Ein Vollbad benötigt ca. 200 Liter Trinkwasser, ein Duschbad dagegen nur 50 bis 100 Liter Trinkwasser.
9. Streusalz schädigt Pflanzen und Bäume und erhöht die Salzkonzentration im Abwasser. Es gibt alternative Mittel (Granulate, Sand-Asche-Splitt-Mischungen). Womit arbeitet der Hausmeister auf dem Schulgelände?
10. Viele Kinder leeren ihre Teller bei den Mahlzeiten nicht wirklich sauber. Sie lassen Speisereste und Soßen achtlos zurück. Beim Spülen wird unnötig damit das Abwasser belastet.

A. Franz von Assisi, 1182 geboren, 1226 gestorben, verfaßte den Sonnengesang zwei Jahre vor seinem Tod. Zu dessen Verständnis ist die Situation, in der er entstanden ist, beachtenswert. Die erst im 14. Jahrhundert entstandene Tradition, nach der Franz das Lied in drei Schritten gedichtet haben soll – den ersten Teil als kranker Mann in San Damiano; dann, um Bürgermeister und Bischof von Assisi miteinander zu versöhnen, die Beifügung der Friedensstrophe; schließlich angesichts des eigenen Todes die Todesstrophe – stößt heute auf Skepsis. Wichtiger ist die subjektive Verfassung, aus der heraus Franz sein Lied entfaltete. Er litt nämlich an gar zu vielen Krankheiten: »an einem Trachom, einer schmerzhaften tropischen Augenkrankheit, die ihn fast erblinden läßt, an einer schwere Anämie, die ihm alle Kräfte raubt, an einem Milztumor, einer Lebervergrößerung, Darm- und Magengeschwüren, an den Wundmalen, an seiner eigenen Seele, die sich verurteilt und gescheitert fühlt, am Geschick seines Ordens, der nicht mehr seine Wege gehen will. Der Sonnengesang bedeutet für Franziskus die Bewältigung seiner schwersten Krise, nicht als eigene Leistung, sondern, wie ausdrücklich betont wird, als reinstes Geschenk Gottes.«[1]

B. Der Sonnengesang folgt in seiner Gliederung dem antiken Weltbild. Zunächst kommt das Universum mit Himmel und Erde zur Sprache. Den Himmel vertreten Sonne, Mond und Sterne, die Erde ist durch die vier Elemente Luft, Wasser, Feuer und Erde vertreten. Darauf wird der Mensch besungen, und zwar in seiner Kraft zu vergeben, Leid zu ertragen und Frieden zu stiften. Die letzte Strophe stellt den Menschen schließlich vor seine kreatürliche Grenze, vor die Möglichkeit des Scheiterns und des ewigen Heils.

Unser Zeitenabstand und unser neu geschärftes Wahrnehmungsvermögen für die Schöpfung lassen nun heute jedoch in diesem Lobpreis gerade jene Mitkreatürlichkeit hören, die der christlichen Frömmigkeit meistens abging. So schreibt Lynn White: »Der Schlüssel zum Verstehen Franz von Assisis ist sein Glaube an die wirksame Kraft der Demut – nicht für den einzelnen, sondern für die Menschheit als Ganzes. Franz von Assisi versuchte, die Herrschaft des Menschen über die Schöpfung zu beenden und eine Demokratie aller Geschöpfe zu errichten. Seine Brüderlichkeit mit den Werken Gottes kommt in seiner Lobeshymne an den Weltenschöpfer deutlich zum Ausdruck... Wir werden weiterhin in einer sich verschlimmernden ökologischen Krise leben, bis wir den Grundsatz verwerfen, daß die Natur keine andere Existenzberechtigung hat, als dem Menschen zu dienen. Der größte geistige Revolutionär in der abendländischen Geschichte, Franz von Assisi, bot eine alternative christliche Vorstellung von der Natur und der Beziehung des Menschen zu ihr: Er

[1] *Franz von Assisi,* Die Demut Gottes. Meditation, Lieder, Gebete. Ausgewählt, übersetzt, kommentiert und eingeleitet v. *Anton Rotzetter/Elisabeth Hug,* Zürich ^{3}1980, 152.

versuchte, die Idee der unbegrenzten Herrschaft des Menschen über die Schöpfung durch die Idee von der Gleichheit aller Geschöpfe zu ersetzen.«[1]

C. Ein Schlüsselwort des Franz von Assisi heißt Brüderlichkeit. Es ist zugleich ein Schlüsselwort für das Verhältnis des Menschen zur Erde und zu aller Mitkreatur. Letzten Endes geht es in der ökologischen Krise der Welt darum, daß der Mensch zur Brüderlichkeit der Dinge findet. Eindrucksvoll ist dieses Schlüsselwort in jener Geschichte inszeniert worden, welche die »Fioretti« von Franz und seiner Begegnung mit dem Wolf von Gubbio erzählen (→ I, 81f). Der dänische Forscher und Autor einer Franz-Biographie, Johannes Jörgensen (1866–1956), glaubte, dieser Wolf von Gubbio sei die literarische Version für eine von Franz tatsächlich herbeigeführte Verwandlung eines bösartigen Ortstyrannen in einen hilfswilligen Bürgermeister. Beweisen läßt sich diese Interpretation nicht, sie ist jedoch eine ebenso gültige Auslegung der Legende, wie deren Deutung im Blick auf alles sonstige, was bedroht und Ängste weckt. Über lange Zeiten hinweg hat der Mensch die Natur als Feind betrachtet und alles darangesetzt, sie sich zu unterwerfen. Dieses Verhalten zerstörte nicht nur die Natur, sondern auch die Menschlichkeit des Menschen. So wie Franz den Wolf umarmte, will jede Kreatur vom Menschen brüderlich angenommen und geachtet werden. Es ist der einzige Weg des Menschen zum Frieden mit der Schöpfung und mit sich selbst.

D. Unsere Religionsbücher haben in jedem Schuljahr vom heiligen Franz erzählt. Im 1. Schuljahr stand im Mittelpunkt des doppelseitigen Bildes die erwähnte Geschichte von der Umarmung des Wolfes (→ I, 77–92); sie darf erneut erzählt, bedacht und mit dem Sonnengesang in Verbindung gebracht werden. Im 2. Schuljahr haben wir unter Giottos Bild von der Vogelpredigt (→ II, 181–187) in drei kleinen Ereignissen erzählt, wie Franz allen Tieren der Schöpfung brüderlich zugewandt war: jenen im Wasser, denen zu Lande und den fliegenden Tieren in der Luft. Auch diese Traditionen helfen, den Sonnengesang als Lob der Schöpfung zu deuten. Im 3. Schuljahr begegnete uns Franz, wiederum mit dem Wolf von Gubbio, inmitten des bedrohten Bootes (→ III, 310ff). Die Geste der Umarmung wurde mit neuer Eindringlichkeit unterstrichen. Um den Sonnengesang auf dem Hintergrund eines volleren Bildes vom heiligen Franz auszulegen, sollten die bisherigen Bilder und Geschichten von ihm noch einmal angeschaut werden.

Um den Sonnengesang in gelauteter Sprache mit den Kindern zu erarbeiten, sei auf die Ausführungen in Band III, 64 verwiesen. Ihn anschließend auch gemeinsam und wiederholt – zum Beginn des Schulmorgens, zu besonderen Anlässen – zu singen, darf selbstverständlich sein.

[1] *Lynn White,* zit. n.: *Anton Rotzetter/Elisabeth Hug,* a. a. O., 153.

»In meinen jungen Jahren war das Land schön«, klagt ein alter Omaha-Indianer.»In den Flußauen wuchs Wald: Baumwollbäume, Ahorne, Ulmen, Eichen, Hickorys, Walnüsse und viele Arten mehr. Da wuchsen im Unterholz Reben und Büsche, und noch eine Stufe tiefer gediehen viele gute Kräuter und Blumen. Wald und Prärie waren durchzogen von Wildpfaden, und überall sangen Vögel. Wo ich auch ging, erblickte ich die mannigfaltigsten Formen des Lebens, von Wakanda an ihren Ort gesetzt. Die Tiere gingen, flogen, sprangen, liefen und spielten herum. Aber nun ist das Gesicht des Landes verwandelt und voller Trauer. Die lebenden Wesen sind dahin. Ich sehe das Land verwüstet, und mich drückt unsäglicher Kummer. Manchmal wache ich nachts auf, und dann meine ich ersticken zu müssen unter dem Druck dieses fürchterlichen Gefühls der Einsamkeit.«[1]

Als 1847 die amerikanische Regierung den Geologen David Dale Owen in die Anrainerländer des Mississippi sandte, damit dieser die Bodenschätze und wirtschaftlichen Möglichkeiten der damals noch menschenleeren Weiten erkunde, verloren sich die Ureinwohner darin nahezu vollständig. Zwar fand Owen eine intakte Natur, aber am St. Croix traf er bereits fünf Sägemühlen an, die ihre Ware bequem flußabwärts transportierten. Owen berechnete die Entwaldung Wisconsins zu dieser Zeit auf 20 Quadratkilometer pro Jahr. Die Indianer empfanden diesen Vorgang nicht als Erschließung, sondern als Liquidation ihres Landes.

Das ungeheuerlichste Zeichen dieser Eingriffe in eine intakte Lebensordnung wurde die Ausrottung des Bisons.

»Zwischen 1650 und 1750 weideten Büffelherden im gesamten Kontinent, vom Felsengebirge bis zum atlantischen Saum, vom kanadischen Sklavensee bis tief hinein nach Mexiko ... Besonders auf den Grasebenen des Westens muß die Zahl der Tiere jede Vorstellung überstiegen haben, während sie im Waldland zwischen Mississippi und Atlantik offenbar im langsamen Vordringen begriffen waren. Für 1800 schätzt man die Zahl der Bisonten in ganz Nordamerika auf 50 Millionen Tiere ...«[2]

Der Chronist dieser Ereignisse, William T. Hornaday, zittert noch im Rückblick vor Empörung: »Die Männer, die unsere Büffel wegen ihrer Zungen schossen oder zum Sport vom Eisenbahnwagen aus, waren Mörder. Der zivilisierte Mensch fällt augenblicklich in seinen früheren Status zurück, sobald man ihn mit den Tieren der freien Wildbahn allein läßt. Drücke ihm eine Flinte in die Hand oder irgendein Mordinstrument und versichere ihm, daß ihm selbst nichts geschieht, und sieh da! er verwandelt sich sofort in einen Wilden: mit rasender Lust am Blutvergießen, Niedermetzeln und Totschlagen; nicht so sehr des Gewinnes wegen, als vielmehr aus Freude am Mord. Da ist keine Jagdart unfair, niederträchtig und gemein genug, um nicht benutzt zu werden ... Sie schießen Büffel und Antilopen vom fahrenden Eisenbahn-

[1] *Melvin Randolph Gilmore*, Prairie Smoke, New York 1929, 36, zit. n. : *Werner Müller*, Geliebte Erde, a. a. O., 19.

[2] *Werner Müller*, Geliebte Erde, a. a. O., 20.

waggon aus, sie treiben Hirsche mit Hetzhunden ins Wasser und schneiden ihnen die Kehle ab; sie töten wochenalte Hirschkälber wegen ihres gefleckten Fells; sie überfallen mit wölfischer Wut Hirsche, Elche, Karibus im Schnee, wo sich die Tiere in einem bedauernswerten Nachteil befinden; sie rotten mit Schrotflinten die atlantischen Wildenten aus, um sie auf die großstädtischen Märkte zu liefern; sie knallen Bergziegen ab, um ihre Felle für 50 Cents zu verhandeln; sie vernichten Wagenladungen von Forellen mit Dynamit, und so geht es fort.«[1]

Was hier über die Zerstörung einer Lebenswelt im vergangenen Jahrhundert berichtet wurde, wiederholt sich in der Gegenwart in anderen Zonen und im Kampf gegen anderes Leben nicht minder unbarmherzig und dumm. So brach der Mensch in die geregelte Lebensordnung der Blauwale, der größten Lebewesen aller Zeiten auf dieser Erde, mit apokalyptischen Vernichtungsorgien 1925 ein, als die erste schwimmende Walkocherei, ein riesiges Fabrikschiff in Dienst gestellt wurde.

»Bereits fünf Jahre später gingen Tod und Verderben von nicht weniger als 41 Kochereien mit insgesamt mehr als 200 Fangschiffen über alle Ozeane. Innerhalb eines einzigen Jahres mußten in antarktischen Gewässern 40.201 große Wale sterben, in anderen Meeren weitere 30.000, darunter 29.000 Blauwale – 2,6 mal so viel, wie heute noch auf der ganzen Welt am Leben sind!

Der ursprüngliche Walbestand von 220.000 Blauwalen wurde bis 1963 auf nur noch 1900 Tiere dezimiert, der Finnwal bis 1973 von 490.000 Exemplaren auf sogar nur noch 700 Tiere. Etwas später mußte der Buckelwal daran glauben. Von 13.000 Tieren lebten 1960 nur noch 600.

Immer dann, wenn die Schlächter eine Walart bis fast zur Ausrottung vermindert hatten, so daß sich der Fang nicht mehr lohnte, beschloß die Internationale Walfangkommission, sie unter Schutz zu stellen. Das hat immerhin bewirkt, daß bis heute noch keine einzige Walart total ausgerottet wurde.

Aber trotzdem: welcher Wahnsinn! Hätten die Fangschiffe von 1930 bis 1939 und dann nach dem Krieg wieder von 1945 bis 1955 nicht 50.000 Blau- und Finnwale jährlich harpuniert, sondern »nur« 1500, dann wäre ein so großer Bestand erhalten geblieben, daß auch heute noch und bis in ferne Zukunft die gleiche Menge alljährlich hätte gejagt werden können. Doch die Walfangflotten mußten sich ihr Seemannsgrab selber bereiten. Die Japaner und die Sowjets, die barbarischen Umweltzerstörer auf den Weltmeeren, haben das bis heute noch nicht begriffen ... Im Klartext: Wir müssen von einer Beuteart immer so viele Tiere am Leben erhalten, daß wir noch nach zehn, hundert und tausend Jahren ebenso viele fangen können wie heute.«[2]

Die weltweiten Proteste des World Wildlife Fund, die Rettungsaktionen von Greenpeace und alle Mobilisierung der Weltöffentlichkeit über die Medien und zumal die Argumente der Meeresbiologen haben ein wirksames Umdenken noch nicht erreicht. Den ökologischen Einwänden setzt man die ökonomischen Ausgaben für Schiffe, Ausrüstung und Mannschaft entgegen, blind dafür, daß rein wirtschaftliches Rechnen nur bis zur nächsten Bilanz reicht, langfristig aber in den Ruin führt, weil es total unwirtschaftlich ist, die Natur zu vernichten, von der man auch übermorgen noch leben muß.

[1] *William T. Hornaday,* The Extermination of the American Bison. Annual Report of the Board of Regents of the Smithsonian Institution for the Year 1887, pt. 2, Washington 1889, zit. n.: *Werner Müller,* Geliebte Erde, a. a. O., 25 f.

[2] *Vitus B. Dröscher,* Wiedergeburt. Leben und Zukunft bedrohter Tiere, Düsseldorf 1984, 147.

Nach den Walen muß auch die Tragödie des Robbenschicksals und jene der Meeresschildkröten gesehen werden. Schon die Naturbedingungen erlauben den Robbenbabys keine idyllische Kinderstube. Dennoch brach etwa seit 1780 der Mensch in diese Tierkindheit mit unglaublicher Rohheit ein. Die Robbenfänger, die durch das Eis zu den Wurfplätzen der Tiere vorzustoßen versuchten, haben zu ungezählten Tausenden um des Gewinns wegen ihr eigenes Leben nicht geschont, sind auf Riffs gelaufen, im Nebel gestrandet, vom Eis zerdrückt worden, in Flammen verbrannt. Niemand weiß, wie hoch die Zahl der ins Wasser gefallenen, mit Knochenbruch liegen gebliebenen, im Kampf mit Neidern ermordeten Robbenfänger ist; über die Anzahl der erbeuteten Felle aber wurde die Zeiten hindurch stets exakt Buch geführt.

Grausam war diese Robbenjagd seit jeher. »Sie zogen den niedlichen Tierbabys das Fell bei lebendigem Leib über die Ohren. Das blutüberströmte, skalpierte, nackt wieder aufs Eis geworfene Tierchen schrie und zuckte noch vier Minuten lang, ehe es der Tod erlöste. Die Entschuldigung der Robbenfänger klingt wie Hohn: Wenn man das Tier zuvor durch Schläge auf den Kopf tötet, friert es schneesteif und läßt sich dann nicht mehr so leicht abhäuten.«[1]

Der abscheuliche Robbenmord und die stetige Minderung des Artbestands sind noch nicht überwunden. Zwar startete Professor Bernhard Grzimek 1967 eine internationale Aktion; seine Filmberichte erschütterten die Welt; zwar unterstützte Brigitte Bardot wirksam diesen Protest; zwar erließen einzelne Länder Importverbote für Robbenfelle... aber der gnadenlose Mord an den jungen Tieren geht immer noch weiter. Wie lange wohl noch?

Über die Meeresschildkröten ist ebenfalls nur Trauriges zu berichten. Längst fordern Millionen ihren Schutz, ächten den Kauf oder Genuß »echter Schildkrötensuppe«, mißbilligen ihr Angebot auf Speisekarten. Als einziges Land stellte Australien diese Tiere unter absoluten Schutz, doch wehrt sich die Lobby, baut Hintertürchen aus durch sogenannte »Zuchtstationen«, die auch den Meeresfang kaschieren helfen. Erst wenn es die Menschheit als eine Frage der Moral begreift, ebenso die Schildkrötensuppe wie Artikel aus Schildpatt zu ächten, dürfte die mitkreatürliche Solidarität über die deklamatorische Ohnmacht hinauskommen.

Unsere Beispiele für bedrohtes Leben müssen nicht notwendig auf die Weiten des Meeres oder der Prärie ausgreifen, auch vor der eigenen Haustür spielen sich vergleichbare Tragödien ab. Der Rückgang des Niederwildes ist hier zu beklagen, am Schicksal des Hasen sei er aufgezeigt.

Von Frankreich bis zur DDR, von Dänemark bis Italien wird ein großes Hasensterben gemeldet, jedoch folgen Katastrophenjahren wie 1977/79 Jahre neuer Erholung wie 1982. Als Ursache des besorgniserregenden Rückganges der Hasenbestände werden Krankheit und Hunger infolge nasser und kalter Sommer genannt – aber gab es solche Wetterschwankungen nicht schon immer? Was kommt neu hinzu? Als die schlimmsten Hasenkrankheiten kennt man eine Darmentzündung und die Coccidose (»Pseudotuberkulose«). Normalerweise bewältigt der Hase solche Erkrankungen mit seinen körpereigenen Abwehrkräften, die er durch heilende Kräuter unterstützt. Er frißt dann Schafgarbe, Hirtentäschelkraut, Ackerhohlzahn und Weißen Gänsefuß – wenn er sie

[1] Ebd., 166.

noch findet. Die chemischen Unkrautvernichter haben die Felder frei davon gespritzt und die Feldränder und Straßengräben dazu. Hinzu kommt noch etwas anderes: »In England haben 1983 Dr. Richard Barnes und Dr. Stephen Tapper vom Staatlichen Umweltschutz-Forschungsrat nachgewiesen, daß Herbizide, also Unkrautvernichter, die Abwehrkräfte des Hasen so stark schwächen, daß der Tod eintritt. Wenn das Tier durch das Kraut hoppelt, bleiben die Chemikalien am Fell haften. Kurz darauf säubert sich der Hase durch Lecken mit der Zunge, und schon ist das Unheil geschehen. Im Zusammenwirken von Krankheit, schlechtem Wetter und Herbiziden tritt der Tod ein.«[1] Verstärkend kommen die landwirtschaftlichen Rationalisierungsmaßnahmen hinzu, dem Buschwerke, Hecken und Schilfflächen zum Opfer fielen. Übrig geblieben sind große Kulturwüsten, die Fasan und Hasen kaum noch Lebensraum und Deckung bieten, um den Nachwuchs und sich selbst zu verstecken. Und gelingt es doch, so muß noch das Glück hinzukommen, nicht unter die Räder oder in das tödliche Werk der Maschinen zu geraten. Zu den Herbiziden kommen schließlich noch andere Schädlingsbekämpfungsgifte, die dem Niederwild zusetzen. Eine Gegentherapie ist ziemlich einfach zu benennen: erstens geht es um die Wiederherstellung einer gesunden, durch Vielfalt ausgezeichneten Landschaft; zweitens um das allmähliche Zurückdrängen der Chemie aus der Landwirtschaft. Gegen das erste Ziel werden sich die Agrarpolitiker wehren, die immer noch in Kategorien der Ertragssteigerung das Heil europäischer Landwirtschaft sehen. Gegen das zweite Ziel steht die allmächtige chemische Industrie auf und verteidigt ihren Umsatz. Doch ist das Schicksal des Niederwildes nur ein Indikator für unser eigenes Schicksal, denn der Mensch steht am Ende der Nahrungskette und bleibt niemals ungeschoren.

Lesehinweis:

Die voranstehenden Beispiele gefährdeter Tierarten sind ausführlicher, als es dem Umfang dieses Handbuchs zuträglich ist, aber nicht detailliert genug, um ein ökologisch orientiertes Porträt dieser Tiere zu zeichnen. Damit der Unterricht sich nicht mit Allgemeinplätzen begnügen muß, ist es wichtig, den Schülern zu zeigen, wie Irrtümer und Unkenntnis über tierliches Verhalten Leben bedrohen und in welcher Weise die Existenz selbst fremder Tierarten mit dem Schicksal des Menschen unauflösbar verbunden ist. Kenntnisse und Problemsicht auf diesem Gebiet einer ökologisch fundierten Verhaltensforschung gehören heute zu einer Schöpfungsfrömmigkeit, die sich aus theologischen Gedanken alleine nicht realisiert. Dem Lehrer hilft das oben herangezogene Buch von *Vitus B. Dröscher,* Wiedergeburt. Leben und Zukunft bedrohter Tiere, Düsseldorf 1984, seinen Unterricht mit farbigen Schilderungen über das Schicksal einzelner Arten wie Storch, Wanderfalke, Graureiher und Fischotter, Igel, Hase, Fuchs oder Silbermöve lebendig werden zu lassen. Die von Dröscher mit großer Sachkenntnis spannend erzählten Tierschicksale führen Gedankenlose zur Einsicht und zeigen zugleich die vorhandenen Hoffnungsperspektiven.

[1] Ebd., 229.

Genesis 6, 18–20: »Von allem, was lebt, führe in die Arche« S. 17

A. Wir kommen erneut auf die biblische Geschichte von Noahs Arche zurück, die bereits im 2. Schuljahr in Text und Bild unseren Schülern vermittelt wurde. Auf die im Lehrerhandbuch dazu gebotenen Ausführungen wird hier verwiesen (→ II, 176-181). Sie werden als Grundlegung für alles Folgende vorausgesetzt.

B. Kontext und Intention unseres Textes rücken die biblische Tradition unverkennbar in aktuelle Bezüge. Noahs Arche wird zum Symbol der gegenwärtigen Verantwortung für das Leben auf der Erde. Unsere Situation ist tatsächlich erstmals in eine Parallele zu jener mythischen Geschichte geraten, in der dem Menschen die Aufgabe für das Überleben aller Tierarten zugewiesen wird. Noahs Situation findet sich sogar übersteigert, da heute selbst die Tiere des Meeres in diese »Arche« geholt und gerettet werden müssen.

C. Der Bund für Umwelt und Naturschutz Deutschland (BUND) brachte 1982 eine Aktionsmappe heraus, die sich programmatisch »Arche Noah 2000« nennt. Die Jahreszahl 2000 verweist auf die erst zu leistende Arbeit, auf mittelfristige Aufgaben und auf die sich zuspitzende Dringlichkeit. Die Rettungstat des biblischen Noah ist für uns noch ausstehend. Was jener leistete, muß die Gegenwart neu vollbringen. Die »Archen«, die hierzu notwendig sind, können im Detail unterschiedliche Namen tragen, seien es intakte und miteinander vernetzte Biotope, atmende Seen, saubere Flüsse, lebendige Meere; eine gesunde Luft, fruchtbarer, von Giften freier Boden und eine vielfältige Mischung von Gräsern, Kräutern und Blumen, Strauch- und Baumarten in Feld und Wald; seien es Schutzzonen für bedrohte Pflanzen und Tiere, Rettungsaktionen auf allen Kontinenten, Einsätze für die gefährdete Kreatur wie jene der Naturschutzorganisation »Greenpeace«.

Der Text Gen 6, 18-20 kann für unsere Schüler eine symbolische Leitfunktion gewinnen, die alle nachfolgend angeregten Unterrichtsinhalte zusammenfaßt. Wenn sie auf dem Schulgelände einen Naturgarten anlegen (→ S. 56f), sich um die Erhaltung oder Wiederherstellung von Biotopen kümmern (→ S. 138ff), den Vögeln Nistkästen bauen (→ S. 144f), einen Tümpel anlegen (→ S. 140f), dem Igel, dem Frosch, den Schmetterlingen Überlebensmöglichkeiten schaffen (→ S. 142ff), dann sind sie wie Noah an der Aktion Arche beteiligt. Das eigene Tun erschließt und aktiviert die Bildmächtigkeit des Symbols.

D. Wir können auch als Gemeinschaftsarbeit eine große Arche auf eine Wand des Klassenzimmers malen und diese dann im Laufe des 4. Schuljahrs mit Kräutern, Blumen, Bäumen und Tieren bevölkern, die vom Untergang bedroht sind und der Rettung dringend bedürfen.

Roland Peter Litzenburger: Die gekreuzigte Kreatur

S. 17

A. Roland Peter Litzenburger, 1917 in Ludwigshafen am Rhein geboren, begann mit Zeichnen und Modellieren in einer Mannheimer Abendschule, besuchte später die Fachschule für Bildhauerei in Oberammergau, studierte nach dem Krieg Kunstgeschichte und Germanistik und arbeitet seit 1952 als Graphiker, Maler und Bildhauer im freien Beruf, seit 1964 in Markdorf-Leimbach am Bodensee.

Das Bild, eine Federzeichnung aus dem Jahre 1974, dem wir hier den Titel »Die gekreuzigte Kreatur« gegeben haben, hat Litzenburger benannt: »Mich dürstet nach reinem Wasser«. Darin klingt der Ps 42 an: »Wie den Hirsch dürstet nach frischem Wasser, so dürstet meine Seele, Gott, nach dir«, jedoch gewinnt Litzenburgers Titel zugleich jenen ökologischen Hintersinn, der gerade nicht das Wasser als Metapher, sondern das reale Element Wasser meint, das in Seen, Flüssen und Meeren verschmutzt und vergiftet wird und die Tiere krank werden und sterben läßt.

B. Wir sehen einen aus Wasserfluten hervorschauenden, nach Luft schnappenden Fisch, der offensichtlich verendet. Jedoch verbindet sich die Fischgestalt in eigentümlicher Weise mit einer Menschengestalt, so daß man von einem Fischmenschen sprechen könnte. Gleichzeitig erinnert dieser Fischmensch in seiner Haltung an den Gekreuzigten. Zunächst verwundert, daß sich im linken Bildteil zwei erschlafft herabhängende Arme zu einer Hand vereinen. Erst ein genaues Hinsehen läßt erkennen, daß der untere Arm zu einem Christus führt, der sich rechts unterhalb des Fischkopfes zeigt. So sind der gekreuzigte Christus und der sterbende Fisch neben- und ineinander gezeichnet. Im Tod des einen stellt sich der Tod des anderen dar. Daß es sich hierbei nicht nur um einen einzigen Fisch handelt, sondern um das Schicksal ungezählter, machen die toten Tiere auf dem Grund des Gewässers deutlich. Ein bereits bis auf das Grätengerippe zerfallenes Opfer liegt hinter den Füßen der gekreuzigten Kreatur, neben ihm eine Menge kleiner, ebenfalls verendeter Fischlein.

C. Litzenburgers ungewöhnliche Zeichnung arbeitet ein lange verdrängtes theologisches Defizit auf. Sie bringt den Schöpfungs- und den Erlösungsglauben wieder zusammen. Die erlösende Kraft des Todes Christi wird aus der verengten Ausrichtung auf den Menschen alleine herausgenommen und auf die gesamte Kreatur bezogen, die ja gleich dem Menschen »seufzt und leidet« (Röm 8,22).

Mehr als ein theologischer Traktat lehrt diese Zeichnung einen neuen Blick. Es sind ja in zweitausend Jahren Christentum nie viele gewesen, die im Leiden der stummen Kreatur ebenso ihren gekreuzigten Herrn wiedererkannten wie im Leiden der gequälten Mitmenschen. Von jenen, die sich dazu literarisch äußerten, sind die Namen Joseph Bernhard, Reinhold Schneider, Fridolin Stier bekannt. In den vielbändigen dogmatischen Lehrbüchern hat der Schmerz der stummen Kreatur kaum einen Autor zur Klage bewegt, geschweige denn umgetrieben. Die vielen Kreuzwegbilder, vor denen das christliche Volk über die Jahrhunderte eine bisweilen empfindsame, bisweilen rührselige Passionsfrömmigkeit einübte, haben die Sinne meist in die historische Retrospektive gerichtet, die isoliert blieb, so daß es im allgemeinen nicht gelang, im leidenden Mitmenschen, in den gekreuzigten Kreaturen der eigenen Umwelt die Vergegenwärtigung der Passion und Todesnot Christi zu erkennen. Dazu aber leitet Litzenburgers Zeichnung an. Sie stellt die gottlosen Formen der Tiervernichtung, der Ausrottung und der ungerührten Quälerei unter das Gericht des Kreuzes. Sie gibt allen Engagements aus mitkreatürlicher Solidarität, den Bemühungen des Tierschutzes und den Kämpfen um den Erhalt gesunder Lebensräume eine christologische Deutung, die das Verhältnis des Menschen zum Tier spirituell zu vertiefen mag.

D. Wie immer bei den »Titelbildern« unserer thematischen Kapitel in allen Religionsbüchern, geht es auch hier um eine verdichtende, zusammenfassende Aussage, die ihren methodischen Ort eher am Ende der betreffenden Unterrichtseinheit findet als zu Beginn. So ist es ratsam, das Bild der gekreuzigten Kreatur zunächst nur als Frage und Verwunderung zu nehmen und erst, wenn einige Tierschicksale den Kindern begegneten, erneut – und nun mit meditativem Ernst – die Zeichnung anzuschauen. Die nachfolgenden Texte geben zusätzliche Hilfen, dem Ernst des Themas standzuhalten.

Unser Religionsbuch nennt einige Zahlen über das fortschreitende Aussterben von Pflanzen- und Tierarten. Regionale Untersuchungen können zum Teil erschütternde Verarmungsprozesse ergänzend belegen. So sind beispielsweise im Kanton Aargau (Schweiz) um die Jahrhundertwende noch rund 1300 wildwachsende Pflanzenarten gezählt worden. Davon waren 1960 insgesamt 208 Arten verschwunden, 177 gefährdet und 250 in starkem Rückgang.[1] Bedenkt man, daß der Kanton Aargau noch eine relativ friedliche Landschaft ist, die sich mit vielen deutschen Industrieregionen nicht vergleichen läßt, und daß der untersuchte Zeitraum bereits 1960 endet, also *vor* dem gravierenden Wachstum von Industrie und Verkehr, kann die Signalwirkung dieser Zahlen gar nicht hoch genug eingeschätzt werden. Die Angaben für Niedersachsen, einem Flächenstaat mit landwirtschaftlichem Gepräge, nennen für 1976 von 1847 wildwachsenden Farn- und Blütenpflanzen bereits 687 Arten als verschollen oder gefährdet.[2] Urs Schwarz kommentiert: »Wenn das bisherige Ausmaß der Umweltbeeinflussung anhält, wird der Kanton Aargau im laufenden Jahrhundert den Verlust von rund der Hälfte seiner wildwachsenden Pflanzenarten verbuchen müssen. Nach eigenen Beobachtungen sieht die Lage im schweizerischen Kanton Solothurn recht ähnlich aus. Die Zahlen dürften überhaupt für alle Regionen Mitteleuropas gelten.«[3]

Dieser Rückgang von Pflanzenarten hat zugleich einen Verlust von Tierarten im Gefolge. So leben die Raupen einiger Schmetterlinge nur auf einzelnen Pflanzen wie Geißblatt, Brennessel und Wildem Hopfen. Eine kleine Übersicht über das Ausmaß der zurückgehenden Natur bieten verschiedene Sonderuntersuchungen:

Von 75 Säugetierarten sind 40 gefährdet, von 201 einheimischen Vogelarten 108, von 10 Reptilienarten schweben 7 in Gefahr, von 18 Lurcharten 10, und schließlich sind von 58 Fischarten 29 in ihrem Bestand bedroht.[4]

Eine Studie des Europarates belegt die gleiche Tendenz für Mitteleuropa: Danach sind 30 Prozent der Amphibien und 45 Prozent der Reptilienarten direkt von der Ausrottung bedroht.[5]

Nach der ›Roten Liste‹ der gefährdeten und seltenen Vogelarten gelten für die Bundesrepublik 44 Prozent aller Brutvogelarten als verschollen oder gefähr-

[1] Vgl.: *H. U. Stauffer,* Veränderungen in der Flora des Aargaus. Mitteilungen der Aargauer Naturforschungs-Gesellschaft, Heft 26, 1961, zit. n.: *Urs Schwarz,* Der Naturgarten. Mehr Platz für einheimische Pflanzen und Tiere, hrsg. v.: »Stiftung World Wildlife Fund Schweiz für die natürliche Umwelt«, Frankfurt a.M. [7]1983, 11.

[2] Ebd.

[3] *Urs Schwarz,* ebd.

[4] Vgl.: Veröffentlichungen des Bayerischen Umweltschutzministeriums, zit. n.: *Urs Schwarz,* a.a.O., 15.

[5] Vgl. Europarat. Nature and Environment Series Nr. 15: Threatened Amphibians and Reptiles in Europe, by *R. E. Honegger,* 1978, zit. n.: *Urs Schwarz,* ebd.

det.[1] Für die Schweiz zählte man 1870 noch 190 Brutvogelarten, von denen heute 83 als ausgestorben oder in ihrem Fortbestand bedroht gelten.[2]

Viele Verluste sind nie wieder aufzuheben. Die Verknüpfung und wechselseitige Abhängigkeit der Nahrungsketten voneinander bringt es aber mit sich, daß das Verschwinden von Lebewesen weiteren Arten die Existenzbasis entzieht – bis schließlich nur noch eine verarmte Allerweltsflora und -fauna übrigbleibt. Artenreiche Lebensgemeinschaften erhalten sich nur dort, wo der Mensch freiwillig oder unfreiwillig eine intensive Bewirtschaftung unterläßt. Solche Bereiche sind Feld- und Ufergehölze, Sumpf, Tümpel, Teich, Ufer, Waldrand, Steilhang, Restflächen zwischen Verkehrsanlagen, Straßenrand, Damm, Mauerfuß. Derartige Terrains lassen sich als ökologische Ausgleichsflächen bezeichnen. Sie erhalten den größten Teil der außerhalb des Waldes wild wachsenden Pflanzenarten – man schätzt ihn auf 70-80 Prozent – wobei die Tierarten, die dort Unterschlupf finden, ebenfalls nicht zu unterschätzen sind.

Der Ansatz unseres Naturschutzgedankens liegt bei diesen »ökologischen Ausgleichsflächen«, die das Schulgelände stellt. Pionier hierfür ist der Schweizer Dr. Urs Schwarz. »Gibt es nicht zahllose Flächen im Siedlungsraum«, fragte er sich, »die ohne wirtschaftlichen Schaden für den Besitzer jederzeit in ökologische Ausgleichsflächen überführt werden könnten? Warum nicht Wiese statt Rasen, einheimische Gehölze aus der Gegend statt Holzpflanzen aus Übersee, ein naturnaher Weiher statt einem Kunststoff- oder Betonbecken, ein pflanzenfreundlicher Belag auf Wegen und Plätzen statt Asphalt, eine Magerwiese am Bord statt Bodenbedeckern aus anderen Erdteilen.« In der Tat ist es bedrückend zu sehen, wie unsere Siedlungsräume immer mehr mit Blumen und Gesträuch aus dem Gartencenter-Katalog – als Containerpflanzen geliefert – dekoriert werden, steril und geputzt, als wäre es eine Wohnungseinrichtung. Das Übermaß der Koniferen, der Kübelpflanzen, der Importe aus fremden Klimazonen ist kaum Basis für Nahrungsketten der einheimischen Tierwelt. Urs Schwarz entwickelt aus seiner Erkenntnis die Idee des Naturgartens, zunächst beim eigenen Haus: »Mit einheimischen Pflanzen aus der Umgebung legte ich Gebüsch, Hecke, Schlagfläche und Tümpel an. Die Kinder liebten den Naturgarten vor allem deshalb, weil es darin vergleichsweise wenig Arbeit gibt. Wir hatten Erfolg mit naturnahen Lebensgemeinschaften, indem etliche Amphibien-, Schmetterlings- und Heuschreckenarten, Waldmaus, Neuntöter und viele andere Tiere in unserem Garten heimisch geworden sind.« Die im privaten Garten gewonnenen Erfahrungen überträgt Urs Schwarz in den öffentlichen Siedlungsraum. Er berät vorrangig Schulen oder auch Behörden, die Grünflächen rings um deren Baulichkeiten durch naturnahe Bepflanzungen wieder zu ökologischen Nischen zu machen. Unsere folgenden Anregungen sind diesem Konzept verpflichtet und realisieren zugleich ein weiteres Mal unser Prinzip, in der Schule an der Schule zu lernen. Was Kinder hier selbst

[1] Vgl.: *J. Blab/E. Novak/W. Trautmann/H. Sukopp,* Rote Liste der gefährdeten Tiere und Pflanzen in der Bundesrepublik Deutschland, Greven 1978.

[2] Vgl.: *B. Bruderer/W. Thönen,* Rote Liste der gefährdeten und seltenen Vogelarten der Schweiz, Basel 1977.

betreuen und erleben können, ist eine wirksamere Erziehung zur Natur, als verbale Hinweise allein jemals sein können.

Hecken und Gehölze S. 18

Mit Hecken ist hier ein dichter, meist wenige Meter breiter Gehölzstreifen gemeint, aus niederen und hohen Sträuchern gebildet, vielleicht gelegentlich durch einzelne Bäume ergänzt. Auch punktförmige oder flächige Gebüschgruppen zählt man zu den Hecken. Es gibt kaum Schulen, deren Gelände an den Grenzen nicht durch solche Pflanzungen gesäumt würden. Da bereits schmale Streifen von nur 50 Zentimeter Breite und wenigen Metern Länge einer beschnittenen Hecke Platz bieten (und eine beschnittene Hecke ist grundsätzlich besser als gar keine), gibt es viele Möglichkeiten, durch geschickte Bepflanzung das Schulgelände zu gliedern.

Der biologische Wert von Hecken ist fraglos. Sie sind Nahrungsgrundlage zahlloser Insekten, lassen den Vogelbestand eines Grundstücks ansteigen, bieten Kleinsäugern wie Igeln und Mausarten Unterschlupf, und im Winter bleibt für Meise, Drossel, Star und Zeisig immer noch etwas Eßbares. So sind Hekken wichtige ökologische Ausgleichsflächen. Daneben bieten Hecken Windschutz, gleichen die kleinräumige Temperatur aus und wirken zugleich als Luftfilter, der Staub und giftige Abgase fernhält.

Deckungspflanzen für Kleintiere und Vögel sind: Weißdorn, Schwarzdorn, Kreuzdorn, Schlehe, Wildrose, Rote Heckenkirsche, windendes Geißblatt, Waldrebe und Efeu.

Bienenpflanzen, die Nektar und Pollen spenden, sind: Weiden, Weißdorn, Vogelbeere, Schwarzdorn, Bergahorn, Spitzahorn, Feldulme, Linde, Faulbaum und Efeu.

Wirksame Filter gegen Staub sind Feldahorn und Heckenrose. Die Heckenrose schützt außerdem vor Autoabgasen.

Zur optischen Bereicherung können Blütensträucher, wie Heckenrose, Holunder, Weide, Haselnuß, Weißdorn, Schneeball, Vogelkirsche, Schlehe und Pfaffenhütchen gewählt werden.

Für eine Schnitthecke empfehlen sich einheimische Gehölze wie Hainbuche, Rotbuche, Feldahorn, Kornelkirsche, Liguster, Hartriegel oder Weißdorn.

Die Sträucher sollten so gepflanzt werden, daß in der Mitte die höherwachsenden Arten stehen. Die kleineren Sträucher bilden den Abschluß nach außen. Der anfängliche Gras- und Krautwuchs in neuangelegten Hecken ist wichtig als Lebensraum für allerhand Getier. Später, wenn die Gehölze höher sind und den Boden bewachsen, stirbt der Unterwuchs ab. Dann muß ein neuer, schattenverträglicher Unterwuchs gesucht werden, der meistens nur aus Waldpflanzen bestehen kann. War die Wahl falsch, sollte sie nicht wiederholt werden. Wer der Natur Zeit läßt, wird sehen, wie sich im Laufe von Jahren Schattenpflanzen von selbst einstellen.

Zur pädagogischen Bedeutung und pflegerischen Betreuung der Hecken und Gehölze auf dem Schulgelände sei auf unsere Informationen zum Schulgarten hingewiesen: → S. 55ff.

Steine im Naturgarten S. 18

Natürliche Steinflure sind eigenständige Biotope. Hier leben Pflanzen und Tiere, deren Art diesen wärmeren und zugleich ärmeren Flächen angepaßt ist. In normalen Gartenböden halten sich Pflanzen solcher Standorte nur kurze Zeit, weil dort die Konkurrenz anderer Gewächse zu groß ist. Es sind hauptsächlich die Steine, die vielen Pflanzen erst die richtigen Lebensbedingungen bieten. Steine speichern die Tageswärme und geben sie an den Boden ab. Wasser findet gute Möglichkeiten zum Versickern. Staunässe wird auf diese Weise verhindert. Die Vegetationsglieder dieser Pflanzenwelt auf steinernen Böden zeigen meistens typische Merkmale: Vielfach sind ihre Blätter bzw. ihre Lichtorgane verdickt; ihr Wuchs ist rosettig oder ihre Oberfläche stärker behaart.

Für die Anlage eines naturnahen Steingartens bieten sich Böschungen und abschüssige Gelände besonders an. Aber auch ebene Flächen sind geeignet. Um keine künstlich wirkenden Konstrukte zu schaffen und das Gelände auch ästhetisch nicht zu belasten, sollte ausschließlich landschaftsbezogenes Material und Gestein *einer* Färbung verwendet werden. Auszuschließen sind Betonkunststeine. Man setzt die Steine nie aufrecht, sondern legt sie auf ihre flache Seite, ein wenig in den Boden gegraben. Die größeren Brocken werden zuerst eingebaut, danach kommen die kleineren Steine hinzu. Dabei sollen möglichst vielfältige Hohlräume für Tiere geschaffen werden. Ein großer Stein als Blickfang kann natürlich das Gelände besonders akzentuieren.

Wünschenswert ist es, den Steingarten in Südhanglage bei möglichst geringer Beschattung anlegen zu können. Beim Bepflanzen muß das Pflanzloch doppelt so groß sein wie der Pflanzballen. Bestimmte Teile der Anlage sollten unbearbeitet liegen bleiben und der natürlichen Bewachsung überlassen werden. Das schafft viele Beobachtungsmöglichkeiten. Felsenbewohnende Pflanzen wie die meisten Mauerpfefferarten können durch Abrißlinge vermehrt werden.

Statt eines sorgfältig angelegten Steingartens können auch Steinhaufen, Geröllflächen und Sandpartien angelegt werden. Auch dafür sollten nur landschaftsbezogene Materialien verwendet werden, wie sie in der Umgebung natürlicherweise vorkommen. Wurzelstrünke und Geäst darf dazwischenliegen. Auf möglichst viel Hohlraum ist zu achten. Man kann anspruchslose Geröllbesiedler anpflanzen wie heimische Königskerze, Dachwurzarten, Fetthennen, Lein- und Mauerpfefferarten, Schwalbenwurz, Küchenschelle und anderes mehr. Man kann aber auch eine solche Fläche oder einen Teil davon der natürlichen Sukzession überlassen. Das Gestein soll sonnig liegen. Auf kalkhaltigem steinigen Boden wird eine sonst nicht zu erreichende hohe Artenvielfalt entstehen, die Insekten und Schmetterlingen Nahrung bietet. Der besondere Blütenreichtum ist sehr reizvoll.

Der Tümpel S.18

Ein ungewöhnliches Erfahrungsangebot auf dem Schulhofgelände bietet der Tümpel. Das Wichtigste zu seiner Anlage sagt bereits unser Religionsbuch. Das Schulgelände bedarf keines natürlichen Wasserlaufs, der Tümpel oder

Teich füllt sich in den meisten Zonen unseres Landes mit Regenwasser. In trokkenen Gegenden kann man den ergänzenden Zufluß von Wasser aus der Regenrinne erwägen.

Als Standort eignet sich jeder Platz in einer Grünfläche. In schattiger Lage entsteht ein pflanzenarmer Typ ähnlich einem Waldweiher. In voller Sonnenlage wachsen Algen und Wasserpflanzen stärker und können dann leicht auswuchern und zur Verlandung führen. Optimal ist ein halbschattiger Standort, der auch pflanzenreich sein darf, ohne daß er die ganze Wasserfläche vollständig überwuchert. Welcher Typ auch entsteht, alle Varianten sind wertvolle Lebensräume und ein belebendes Element im Schulgelände.

Über die Größe des Tümpels oder Weihers müssen die Platzverhältnisse entscheiden. Alle Wasserflächen, seien sie lediglich von der Größe einer Pfütze oder ein richtiger Teich, können naturnah gehalten werden. Eine entsprechende Variationsbreite ist für die Tiefe erlaubt. Wer primär Gefahren sieht, kann bereits mit wenige Zentimeter tiefen Tümpeln lebendige Biotope einrichten, doch sind auch alle sonstigen Varianten denkbar bis zur größten Tiefe von etwa einem Meter. Eine Gliederung des Weihers in Flach- und Tiefwasserzonen und die Anlage von Sand- und Kiesbänken sollte jedoch immer angestrebt werden.

Eine Tiefe von 30 bis 60 Zentimetern erlaubt vielen Kleintieren und Larven das Überleben im Winter. Flachufer sind der Tiere (wie der Kinder) wegen einem Steilufer vorzuziehen.

Beim Bau des Tümpels ist in der Regel die Abdichtung des Untergrunds mit einer Spezialfolie anzuraten. Dafür empfiehlt sich eine Foliendicke von etwa 1 Millimeter. Dünnere Folien werden leicht von Pflanzen durchstoßen oder durch Wasser und Nagetiere beschädigt. Die Abdeckung der Folie mit einer Lehmschicht erhöht die Haltbarkeit. Grundsätzlich darf die Sohle nur mit nährstoffarmem Material (Sand, Lehm, Kies) abgedeckt werden. Nährstoffhaltige Böden fördern eine übermäßige Algenbildung.

Viele liebevoll angelegte Weiher werden meist falsch bepflanzt. Aus Ungeduld und Besitzerfreude kauft man gleich beim Gärtner Rohrkolben, Seerosen und ähnlich spektakuläre Arten. Damit wird uns die Möglichkeit genommen zu sehen, wie die Natur schrittweise das Gewässer in Besitz nimmt. Besser ist es, nacheinander und maßvoll die eine oder andere Pflanzenart anzusiedeln. Es gibt mehrere hundert Arten von Wasser- und Sumpfpflanzen; um die richtige Wahl zu treffen, empfiehlt sich eine wache Umschau an Gewässern der Umgebung. Man kann aber auch gar nichts unternehmen – oder wenigstens einen Teil des Uferbereichs ausklammern – und die Natur arbeiten lassen. Wer dazu hinreichende Geduld hat, wird erleben, wie im Laufe der Jahre immer neue Pflanzen den Weg von selbst finden.

Treten in unserem Tümpel Algen massenhaft auf, so ist das kein Grund zur Panik. Es ist ein Zeichen für starken Sonneneinfall und hohen Nährstoffgehalt des Wassers. Man kann beobachten, wie sich die Veralgung im Gang des Jahres mehrmals auflöst und neu bildet. Vielen Tieren bietet die Algendecke Nahrung und Schutz.

Die Kleinwelt der Tiere stellt sich im Tümpel schon nach kurzer Zeit von selbst ein. Andernfalls holt man aus einem anderen stehenden Gewässer einige Liter Wasser in den neuen Teich; bald entwickelt sich dann ein reges Leben.

Man wird Wasserläufer entdecken, die ersten Wasserschnecken, Libellen in zahlreichen Arten, auch Schmetterlinge und Vögel kommen. Vielleicht stellen sich sogar Amphibien von selber ein; jedoch gehört Umsicht dazu, die eine oder andere Art dort anzusiedeln, weil jedes Tier an seinen Lebensraum eigene Ansprüche stellt. Auf keinen Fall gehören Goldfische in den Teich. Wer Goldfische einsetzt, wartet vergeblich auf ein reiches Tierleben.

Sofern überhaupt Fische ausgesetzt werden, so sollten es nur einheimische Kleinfische sein, doch gehört auch zu dieser Entscheidung eine Kenntnis der lokalen Lebensbedingungen.

Stehende Gewässer sind zwar nicht aufwendig, aber sie brauchen von Zeit zu Zeit doch eine gewisse Pflege. Sich selber überlassen, verwachsen sie stärker und werden immer nährstoffreicher. Das führt über Fäulnisprozesse zur Verlandung. Es entsteht ein »Flachmoor«. Wer diesen Vorgang zurücknehmen will, kann den verwachsenen Teich ausräumen, am besten aber nicht auf einmal, sondern in einem dreijährigen Zyklus, so daß man stets drei unterschiedliche Lebensbereiche nebeneinander hat.

Die Frösche S.18

Bernhard Grzimek: »Amphibien zeigen uns durch ihr Vorkommen oder Verschwinden, ob unsere Umwelt noch heil ist. Das Aussterben vieler Amphibien-Arten in zahlreichen Gebieten sollte uns ein Warnzeichen auch für unser Überleben sein. Amphibienschutz ist mehr als bloßer Tierschutz. Amphibienschutz ist auch das Bemühen um die Erhaltung unserer Lebensgrundlagen.«

Konrad Lorenz: »Wo kein Platz mehr ist für Frösche, ist auch kein Platz mehr für die Kinder. Je älter ich werde, desto stärker empfinde ich, was wir den Kindern alles genommen haben. Das tausendfältige Leben der Feuchtbiotope wurde ›begradigt‹, ›verrohrt‹, zugeschüttet – planiert. Der Lebensraum der Frösche ist der wunderbarste Erlebnisraum der Kinder – bietet dem weltoffenen Neugierwesen Mensch vielfältige Anregungen und Erkenntnismöglichkeit – vermag zur Entwicklung von Naturliebe und Natursehnsucht beizutragen – die wichtigste Voraussetzung für jenen ›Friedenspakt mit der Natur‹, zu dem wir finden müssen, wenn die nächste Generation noch überleben soll.«

Die Rote Liste[1] zeigt, daß über die Hälfte der bei uns heimischen Amphibienarten vom Aussterben bedroht und gefährdet ist. Dafür gibt es unterschiedliche Ursachen. Die meisten Frösche benötigen Gewässer, um sich fortpflanzen zu können. Gerade in den letzten zwanzig Jahren wurde ihnen dieser Lebensraum aber immer mehr genommen. Die meiste Zeit ihres Lebens verbringen Amphibien jedoch an Land; regelmäßig wandern Erdkröten mehrere Kilometer zwischen Sommerlebensraum, Winterlebensraum und Laichgewässer. Das immer engmaschigere Straßennetz hat jedoch viele Amphibienbe-

[1] Die Rote Liste ist eine von Wissenschaftlern in jahrelanger Forschungsarbeit erstellte Liste jener Tierarten, deren Bestand in der Bundesrepublik bzw. der Schweiz bedroht ist (vgl.: S. 138). In die Rote Liste werden Arten aufgenommen, die in einigen Bundesländern über Jahre hinweg stark zurückgegangen oder ausgestorben sind. Darum ist die Rote Liste ein Indikator für die Auswirkungen menschlicher Eingriffe in die Natur.

stände ausgerottet. Schon eine so geringe Verkehrsbelastung von 15 bis 20 Fahrzeugen pro Stunde führt zum Tod von etwa 50 Prozent aller Amphibien, die die Straße überqueren wollen. Weitere Ursachen für den Rückgang sind die Ausräumung der Landschaft durch Flurbereinigung, die Steigerung des Dünger- und Chemikalieneinsatzes, der zu einer großflächigen Lebensraumvernichtung führt, und insbesondere der immer noch ungebremste Einsatz von Unkraut- und Schädlingsbekämpfungsmitteln. Da Frösche vor allem durch die Haut atmen, sind sie schutzlos gegen giftige Chemikalien und sterben eines lautlosen, aber grausamen Todes. Wer in seinem Garten Pflanzenschutzmittel einsetzt, muß damit rechnen, alle hier lebenden Amphibien zu töten.

Der wirkungsvollste Amphibienschutz ist die Anlage eines Laichgewässers in einer möglichst großräumigen naturnahen Umgebung. Dazu eignen sich Tümpel und Teiche auf dem Schulgelände durchweg nicht. Es gehört auch viel ökologisches Wissen dazu, solche Gewässer zu schaffen.

An anderer Stelle ist manchmal schon Kindern Hilfe möglich, insbesondere zum Schutz wandernder Amphibien. Wichtig ist vor allem die Aufmerksamkeit für Zeiten, in denen der Drang zum Laichgewässer in die Todeszonen der Straßen führen kann: Der Grasfrosch zieht von Mitte Februar bis Mitte April bei regnerischem Wetter.

Mit der Sperrung von Straßenabschnitten während der Laichwanderung kann den Tieren am besten geholfen werden. Warntafeln ohne Straßensperrung sind sinnlos. Schnelle Hilfe ist oft mit Fangzäunen aus Folien möglich. Über diese und andere Möglichkeiten informiert im Detail ein Aktionsblatt »Hilfe für Laichwanderer« des Bundes für Umwelt- und Naturschutz.

Die Vögel S. 19

Es ist allenfalls eine Generation her, daß Menschen ihre Häuser mit vielen Tieren teilten. Von Hund und Katze, Ziege, Schaf, Schwein und Kuh soll nicht einmal die Rede sein. Es soll auch nicht behauptet werden, alle Tiere seien willkommene Gäste gewesen. Mäuse, Ratten und Asseln im Keller, Fliegen und Motten in den Wohnräumen waren niemandem eine Freude. Andere Arten waren jedoch weniger störend, hielten sich den Wohnräumen fern, um unter Dachtraufen, in Toreinfahrten, Stallungen, Scheunen, Mauernischen, Giebelverstecken einen Unterschlupf zu finden. Immer galten Schwalben als Glücksbringer, das »Heimchen« war akzeptiert und wurde geliebt, auch die Eulen in Scheunen und hohen Dachböden fanden bereitwillige Duldung.

Inzwischen ist alles anders geworden. Unsere Häuser sind mit Materialien gebaut oder renoviert worden, die den Tieren kaum noch Unterschlupf gewähren. Gewiß war die Bausubstanz früher in einem schlechteren Zustand; manches Mauerwerk war brüchig, Löcher und Ritzen, zerbrochene Fensterscheiben und stets offenstehende Luken boten vielfältigen Einschlupf. Verwinkelte Bauweisen, Anbauten und Nebengebäude ermöglichten zustätzliche Verstecke. Heute hat eine funktionale und glatte Architektur all diese Nischen und Höhlen, Ritzen, Löcher und Nebenräume verschlossen und menschliche Siedlungen zu Blöcken geballter Anti-Natur werden lassen, auf deren Ordnung und Sauberkeit man nun mit gesteigertem Eifer, um nicht zu sagen, mit krankhafter Überzogenheit achtet. Wo sollen nun die Mehlschwalben ihre Nester ankleben, wenn viele Baumaterialien dafür zu glatt geworden sind und noch mehr Menschen diese kunstvollen Nester nicht mehr dulden, wegen des Kots, den die Tiere fallen lassen (und den ein Kotbrett – im Abstand von wenigstens 70 cm – auffangen könnte). Selbst die Kirchtürme hat man bei den perfektionierten Dacharbeiten dicht gemacht. Wo sollen nun Gartenrotschwanz, Käuzchen und Schleiereule, Turmfalke, Dohle und Fledermaus noch Unterschlupf finden? Unsere Siedlungen sind zwar sauber und hygienisch, doch fehlt ihnen das Leben.

Auf die Verwendung natürlicher Baustoffe und mehr Großzügigkeit gegenüber Tieren als Mitbewohnern können unsere Schüler keinen Einfluß nehmen, doch können sie bereits im 3. und 4. Schuljahr Nisthilfen für neuen Unterschlupf schaffen. Das setzt allerdings eine Kenntnis der Arten und ihrer Lebensansprüche voraus.

Allgemein zu beachten ist, daß die für Holz-Nistkästen verwendeten Bretter wenigstens 20 Millimeter stark sein sollen. Das Holz soll innen ungehobelt bleiben, einen Schutzanstrich bekommt nur die Außenseite. Man muß den Kasten auf jeden Fall auch öffnen können, um im Herbst die alten Brutnester entfernen zu können. Damit eingeflossenes Wasser sich nicht im Kasten staut, sollte der Boden zwei oder drei Löcher von etwa einem halben Zentimeter Durchmesser haben.

Nistkästen nützen natürlich nur dort, wo die Vögel auch Lebensraum und Nahrung finden. Weil die meisten Nistkästen, die aufgehängt werden, für Stare und Meisen gedacht sind, ist es sinnvoll, gerade an die vernachlässigten Vögel zu denken wie Gartenrotschwanz, Grauschnäpper, Bachstelze, Hausrotschwanz, Mauersegler, Rauch- und Mehlschwalbe, Dohle, Turmfalke, Schleiereule und Steinkauz. Von all diesen Vögeln sind Schleiereule und Steinkauz am ärgsten bedroht. Wenn das Schulgebäude am Dorf- oder Stadtrand liegt und dort an ausgedehnte oder von Hecken und Obstwiesen durchzogene Grünländereien grenzt, lohnt es sich, diesen Eulenarten zu helfen. Jedoch empfiehlt sich die Rückfrage bei den Naturschutzverbänden, ob es für die betreffende Region überhaupt noch Sinn hat, für Schleiereule und Käuzchen Nistplätze aufzuhängen.

Anleitungen für den Bau von Nistkästen für unterschiedliche Vogelarten hält der Bund für Umwelt und Naturschutz Deutschland über seine Landesverbände bereit. Dort gibt es auch eine Liste für besondere Rücksichtnahmen, welche die einzelnen Arten verlangen, zum Beispiel für Umgebung, Hangplatz, Himmelsrichtung, Höhe und Typ der Nisthilfe. Unser Religionsbuch zeigt eine variable Bauanleitung: Die schwarzen Zahlen (in cm) gelten für Meisen und gleichgroße Höhlenbrüter, die roten Zahlen für Stare und starengroße Vögel. Das Einschlupfloch sollte leicht ansteigend gebohrt werden, damit kein Regenwasser eindringen kann. Ein muldenförmiger Boden aus Lehm, Gips oder Dreikantleisten verhindert das Wegrollen der Eier in die Kastenwinkel. Hier würden sie erkalten und zugrundegehen. Beim Befestigen des Nistkastens an einem Baum sind starke Unterlegscheiben unter die gut eingefetteten Nägel zu legen. Andernfalls würden die Nägel in den Baum einwachsen und den Nistkasten absprengen. Zu imprägnieren ist der Nistkasten mit Leinöl o.ä. Er hängt gut mindestens zwei Meter über dem Erdboden, der Katzen wegen genügend weit von Ästen entfernt. Wenn das Schlupfloch gegen Sonnenaufgang gerichtet ist, schützt der Baumstamm vor regnerischen Weststürmen.

Die beste Zeit, den Nistkasten aufzuhängen, ist der Herbst. Über den Winter können die Vögel dann ihre neue Wohnung kennenlernen und sich an sie gewöhnen. Im folgenden Herbst muß der Nistkasten gereinigt werden. Mit der aufklappbaren Vorderwand geht das leicht. Eine besondere Aufmerksamkeit verdienen die äußerst bedrohten Fledermäuse. Sie sterben aus, weil es ihnen an Nahrung (Insekten) und Nistgelegenheiten fehlt. An ihre Hangplätze stellen diese unter strengen Naturschutz gestellten Tiere unterschiedliche Ansprüche. Es empfiehlt sich, vor jeder Hilfsanstrengung zunächst einmal sachkundig zu werden.

Die Schmetterlinge S. 19

Wie der Frosch, so ist auch der Schmetterling ein Symbol der Wandlung zu neuem Leben. Elisabeth Kübler-Ross berichtet davon, daß sterbenskranke Kinder sehr oft den Schmetterling als Traumsymbol kennen; in ihm nehmen sie verschlüsselt das innere Wissen von der Auferstehung zu einer neuen Existenz vorweg (→ S. 513).

Wie lange können Kinder unserer Zonen noch solch tröstende Träume haben? Auch die Welt der Schmetterlinge scheint ihrem Untergang entgegenzugehen. Tagfalter, die in reicher Artenfülle vor Jahrzehnten noch über Sommerwiesen und Hausgärten gaukelten, tauchen immer seltener auf oder sind in manchen Landschaften sogar schon ausgestorben. Die Ursachen für diese traurige Entwicklung sind stets die gleichen: Zuerst die Zerstörung der Landschaft, die zur Verarmung der pflanzlichen und tierischen Lebensräume geführt hat; dann die flächendeckenden Schädlingsbekämpfungsmittel in Feld und Garten, denen Raupen, Puppen und auch die Schmetterlinge selbst zum Opfer fallen; hinzu kommt die chemische »Unkraut«bekämpfung, die zugleich den Schmetterlingsraupen viele Futterpflanzen nimmt; schließlich der Ersatz von Gartenstauden und Blütengehölzen durch »pflegeleichte« Nadelbäume, wodurch den Schmetterlingen im Siedlungsbereich viele Nektarspender genommen werden.

Das Ausbleiben der Schmetterlinge hat aber auch für die Pflanzenwelt Folgen. Manche Wildpflanzen können nämlich wegen des besonderen Baues ihrer Blüte (Faltenblumen) von anderen Insekten nicht oder nur ungenügend bestäubt werden. So entstehen auch hier neue Lücken.

Was zur Schmetterlings-Hege getan werden kann, ergibt sich aus den Ursachen seiner Vernichtung. »Man kann damit rechnen, daß noch der bescheidenste Versuch, die Lebensbedingungen der Schmetterlinge zu verbessern, von diesen tatsächlich bemerkt und genutzt wird«, ermutigt die Max-Himmelheber-Stiftung.

Was können wir tun?

Auch wenn die Kinder keine Entscheidungsbefugnis haben, müssen sie doch wissen, daß Schädlingsbekämpfungsmittel nicht mehr in den Garten kommen dürfen.

Im Schulgelände ist es selbst bei engstem Raum möglich, ein »Unkrautbeet« anzulegen, mit Raupenfutterpflanzen und Falterblumen. Dazu können kommen: Wegerich, Wicken, Kleearten, Wilde Möhre, Disteln, Ampfer. – An anderer Stelle, vielleicht in einem Winkel, ist gewiß noch Platz für Brennesseln, denn die Brennessel ist die wichtigste Raupenfutterpflanze. – Viele Schmetterlinge brauchen Kräuter und Gräser, die vor Erfindung der Herbizide auf jeder Wiese zu finden waren, wie Thymian, Wegerich, Kleearten, Storchschnabel, Reiherschnabel. Insofern dient auch die Wiederherstellung echter Wiesen durch Verzicht auf regelmäßigen Schnitt der Wiedergesundung der Natur. Der wichtigste Baum für Schmetterlinge ist der Sommerflieder, der den Schmetterlingen eine bevorzugte Nektarweide ist.

Alle diese Angebote führen natürlich nicht sofort zu einem Erfolg. Je vereinzelter sie bleiben, desto geringer sind die Chancen, den Schmetterlingen wieder Lebensraum zu bieten. Darum sollten die Kinder überlegen, welche Möglichkeiten der Aufklärung sie entwickeln können, ihre Eltern, Nachbarn und Bekannten zu bewegen, alle Chemie aus den Gärten zu verbannen.

Aggressivität im Christentum

»Im Winter 1962/63 führte das Kanadische Friedensforschungsinstitut eine empirische Repräsentativ-Untersuchung durch, die das Verhältnis der Bevölkerung zur militärischen Verteidigung und Abrüstung analysieren sollte. Ziel der Forschung war es, jene Faktoren zu erhellen, die ursächlich auf außenpolitische Einstellungen einwirken oder diese erklärbar machen. Das Ergebnis erwies unter anderem enge Beziehungen zwischen religiösen Einstellungen und Koexistenzdenken: Christen, die einer ausgeprägt dogmatischen Tradition angehören und Orthodoxieprobleme in ihren Reihen besonders heftig austragen, entwickeln mehr als andere feindliches Mißtrauen gegenüber Koexistenzparolen und Abrüstungspolitik; sie unterstützen mehr als andere eine nukleare Aufrüstung; sie plädieren für ein Maximum an konventionellen Streitkräften und besitzen ein wesentlich geringeres persönliches Verantwortungsbewußtsein und Friedensengagement.[1]

Bereits 1954 wies Gordon Allport in seinem Buch über das Wesen des Vorurteils nach,[2] daß trotz der hohen Einschätzung des Liebesgebotes im Christentum eine überdurchschnittlich hohe *Neigung zum Diskriminieren* besteht. Kein anderer Aspekt ist seitdem so gründlich untersucht worden wie der Konnex zwischen Religion, *Vorurteil* und Ethnozentrismus. In ihrer Mehrheit belegen alle Detailstudien einen effektiven Zusammenhang zwischen (nicht näherhin differenzierter) ›Religiosität‹ und der Neigung zu Vorurteil und Diskriminierung. Wenn es auch einzelne Untersuchungen gibt, die diese Verbindung nicht feststellen, bewies jedoch keine, daß orthodoxe Religiosität Vorurteilsneigungen verringert.

Für Katholiken und fundamentalistische protestantische Gruppen bestätigte sich ferner eine von der Glaubensgesinnung abhängige *antikommunistische Haltung:* Diese Einstellung war um so ausgeprägter, je orthodoxer sich der Glaube erwies; seinerseits ging der Antikommunismus wiederum mit militaristischen Tendenzen zusammen.

Schließlich gehört noch ein Element in das beschriebene Syndrom, das als *Unterdrückungsneigung* bezeichnet wird, für die Betroffenen aber unter der Parole ›Man muß dem Bösen wehren‹ steht. Bei orthodox-fundamentalistischer Frömmigkeit begegnet die Tendenz zur Unterdrückung bestimmter Arten von Freiheit, sobald sich deren religiöse Ideale davon bedroht fühlen.

[1] Eine vollständige Übersicht über das bis 1970 vorliegende Forschungsmaterial bietet *Elbert W. Russel* in seiner Studie, Christentum und Militarismus (Peace Research Reviews, Bd. IV, Nr. 3, November 1971, Kanadisches Friedensforschungsinstitut, Oakville, Ontario, Kanada.). In deutscher Fassung und mit weiterführenden Problemstellungen, Einwendungen und Fragen versehen ist Russels wichtige Arbeit erreichbar in den »Studien zur Friedensforschung«, hrsg. v. *Wolfgang Huber/Gerhard Liedke*, Stuttgart/München 1974.

[2] *Gordon W. Allport,* The Nature of Prejudice, New York 1954.

Die genannten Aspekte zusammengenommen zeigen, daß der autoritären Dimension eine besondere Relevanz innerhalb orthodox-christlicher Glaubensüberzeugungen zukommt; daneben zeigt sich ›Punitivität‹ (Neigung zu strafender Strenge) als strukturierender Faktor.

In ziemlicher Vollständigkeit liegen dem hier referierten Befund alle amerikanischen Untersuchungen (Kanada und USA) zugrunde, die während des vergangenen halben Jahrhunderts über religiöse und militaristische Einstellungen gemacht worden sind. An der Richtigkeit der Ergebnisse besteht kein Zweifel. Gefragt werden muß allerdings, ob dieselben Resultate auch für Europa bzw. für das kirchliche Christentum in Deutschland zutreffen.

Für den deutschen Protestantismus bestätigt Wolfgang Huber im Blick auf dessen geistesgeschichtliche Tradition, daß die von Russel referierten Ergebnisse auch hier zutreffen. Wenn trotzdem der Tatbestand bis heute keine Aussichten hat, unter die notwendigen ›Themen der Theologie‹ aufgenommen zu werden, bezeichnet das die Wirksamkeit seiner fortdauernden Verdrängung. Im Nachwort zu Russels Forschungsbericht schreibt Alan G. Newscomb, der Herausgeber der kanadischen ›Peace Research Reviews‹: ›Die übliche Reaktion der christlichen Kirchenmänner auf solche Ergebnisse ist, von vornherein in Abrede zu stellen, daß die Methode irgendwelche Aussage- und Beweiskraft habe, oder die Beweggründe (ja sogar die Religion) der Forscher in Zweifel zu ziehen... Vor einiger Zeit äußerten sie noch die Ansicht, daß nicht genug Untersuchungen durchgeführt worden wären und beim Weiterarbeiten zum Vorschein kommen würde, was für Fehler in der fertigen Arbeit steckten (dies war, wie sich herausgestellt hat, nicht der Fall).‹

Der Zusammenhang von Religiosität und politisch-sozialer Einstellung ist mit dem Aufweis von korrelierenden Werten allerdings noch nicht erklärt.

Angesichts der Tatsache, daß die Christentumsgeschichte mehr als andere Religionstraditionen von ungewöhnlicher Aggressivität bestimmt ist – Arnold Toynbee errechnete für die bisherige christlich-abendländische Vergangenheit nur 23 Jahre ohne Krieg! –, fragt Russel, ob gegebenenfalls schon in den biblischen Quellen Dispositionen stecken, die diese Geschichte unaufhörlichen Gezänks und gesteigerter Aggressionsbereitschaft verursacht haben könnten. Er bejaht dies. Dem tritt jedoch Gerhard Liedke entgegen, weil Russel seine Belegstellen aus ihrem historischen und theologischen Gesamtrahmen gelöst habe bzw. nicht aus der ›Mitte‹ biblischer Theologie argumentiere. Immerhin bleibt die Feststellung, daß zahlreiche Bibeltexte in ihrer *Wirkungsgeschichte* aggressive Einstellungen unterstützt und legitimiert haben, so daß die Christenheit de facto die beste biblische Theologie verdrängte, die von der unbedingten Liebe Gottes zu allen Menschen spricht, zugunsten selektiver Traditionen, welche die nur bedingte Liebe Gottes behaupten und in entsprechend repressive Handlungsmuster auszulegen gestatten.«[1]

Die genannten Untersuchungen über das Koexistenzdenken und Toleranzverhalten von Christen liegen inzwischen einige Jahrzehnte zurück. In welchem Umfang die damals gewonnenen Einsichten heute noch gelten, kann mit neuen empirischen Fakten nicht beantwortet werden. Inzwischen entwickelte

[1] Gekürzt wiedergegeben nach: *Hubertus Halbfas,* Religion (Themen der Theologie), Stuttgart 1976, 116-124.

sich in den beiden Konfessionen Deutschlands, Ost wie West, eine zwar randständige, aber doch bemerkenswerte Friedensbewegung. Ob deren Denken auch für Wandlungen im mehr traditionalistischen Kernbereich der Kirchen kennzeichnend ist, muß aber fraglich bleiben. Solange die unfriedliche Vergangenheit, die das gesamte Christentum geprägt hat, unbereut und unwiderrufen ist, ist dieses Christentum nicht von den Zwängen der Wiederholung befreit.

Unwiderrufene Kriegstheologien

Wie unaufgearbeitet der kirchliche Schuldanteil an der Vergangenheit und Gegenwart Europas und der von Europa betroffenen Welt ist, kann in vielen Perspektiven aufgezeigt werden. »Trotz manch gegenteiliger Versicherung im Neuen Testament ist die Geschichte der christlichen Völker eine Geschichte ihrer Kriege. Gedankenlos haben Christen aller Richtungen ihren Gott um Hilfe für ihre Kriege angefleht – auch heute noch –, und *mit Überlegung* haben die Kirchen ihre Hilfe für ihre Kriege gewährt... vom Mittelalter bis zum heutigen Tag wäre es dem Christentum möglich gewesen, Kriege zu verhindern, wenn es das nur ernsthaft gewollt hätte.«[1]

Am Anfang der christlichen Geschichte dominiert freilich die bewußte Distanz zu Krieg und Militärwesen. Als aber die Christen infolge der Konstantinischen Wende Zugang zu den öffentlichen Ämtern bekamen und in politische Verantwortung aufrückten, stellte sich für sie die Frage des Kriegsdienstes neu. Die Schar der christlichen Militärdienstverweigerer, die dafür mit Ächtung oder gar Tod bestraft worden war, wurde aus dem Kalender und dem Gedächtnis gestrichen. (Allerdings zeigt die Kriegsdienstverweigerung des Martin von Tours im Jahre 336 unter Kaiser Julian Apostata, daß die »Konstantinische Wende« nicht sofort das Bewußtsein aller veränderte; doch bleibt bemerkenswert, daß Martin der erste historisch *bekannte* Kriegsdienstverweigerer ist, während alle früheren Zeugen dieser Einstellung jeder Erinnerung entzogen wurden. (Vgl. → I, 101 f) In dieser neuen Lage schreibt nun Athanasius, der »Vater der Rechtgläubigkeit« (295-373): »In Kriegen ist es sowohl gesetzlich wie lobenswert, Gegner zu töten«,[2] und Gregor von Nazianz (ca. 329-390): »Wo Bosheit offenkundig ist, ist es besser, mit Feuer und Schwert, mit Geschick und Macht und auf alle mögliche Weise (!) vorzugehen, als am Sauerteig der Bosheit teilzunehmen.«

Augustinus (354-430) beantwortet die Frage, ob der Krieg dem biblischen Tötungsgebot entgegenstehe, mit einem Rückgriff auf Ciceros (106-43 v. Chr.)

[1] *Karl Becker*, Sag nein zum Krieg, Stuttgart 1962, 5.

[2] In seinem Brief an den Mönch Amun vertritt Athanasius eine Position unterschiedsloser Anerkennung des Krieges. Das Töten der Gegner sei im Krieg ebenso erlaubt, wie die geschlechtliche Vereinigung in der Ehe (Migne, PG 26,1173). Allerdings läuft bei Athanasius der Gedankengang umgekehrt: Er setzt das Töten im Krieg als selbstverständlich und allgemein akzeptiert voraus und benutzt diese sententia communis, um zu argumentieren, daß analog dazu auch der Geschlechtsverkehr nicht sündhaft ist, wenn er innerhalb der Ehe geschieht.
Diese von moralischen Bewertungen und Hemmungen freie Sicht wurde offenbar zu jener Zeit und in den nachfolgenden Jahrhunderten von vielen Christen geteilt und wie selbstverständlich auch praktiziert. Es war der Preis des Christentums für seine Verschmelzung mit der Gesellschaft.

Lehre vom »gerechten Krieg«. Demnach sieht er eine Beteiligung von Christen als legitim an, soweit es um die Abwehr von Unrecht und die Herstellung eines gerechten Zustands gehe.[1] Von ihm stammt in diesem Kontext auch die Formel vom *bellum Deo auctore,* also einem Krieg, dessen Urheber Gott sei, ohne daß er ahnen konnte, welche Kriegstheologie sich in den folgenden Jahrhunderten auf diesen Topos gründen würde; Kreuzzüge und andere Heilige Kriege stehen in seiner Wirkungsgeschichte. Spätere Jahrhunderte waren bemüht, die Lehre vom »gerechten Krieg« schärfer einzugrenzen. Dazu wurden gefordert: eine rechtmäßige Obrigkeit, die Wiederherstellung verletzter Rechte, eine Verhältnismäßigkeit von Zweck und Mittel, die Aufrichtung einer Friedensordnung. Doch waren in der politischen Realität diese Kriterien stets dehnbar genug, um kaum jemals einen tatsächlich gerechten Krieg zu garantieren.

Die Entwicklung führte von Augustinus über Gregor I. (590-604), der aus einem bedenklichen Eifer den byzantinischen Exarchen von Nordafrika, Gennadius, lobte, weil dieser Kriege führe und Völker unterwerfe, denen dann das Christentum gepredigt werden könne. Gewaltanwendung für kirchliche Vorhaben konnte seitdem als »Wille Gottes« interpretiert werden. So war es kein großer Schritt mehr für Leo IX. (1048-1054), seinen Kriegszug gegen die Normannen, der 1053 mit der Schlacht von Civitá-al-Mare und der Gefangennahme des Papstes verlorenging, zum »heiligen Krieg« zu erklären und damit das Unheil der Kreuzzüge einzuleiten. Die Gefallenen wurden zu Märtyrern stilisiert. Damit war ein Beispiel gegeben, das schon bald zum konsequenten Mißbrauch des Adjektivs »heilig« in Verbindung mit dem Krieg führen sollte. Zwar hat Petrus Damiani den Papst aufs schärfste getadelt und sich dagegen gewandt, daß »zum Schimpf der Kirche durch Kriegsgewalt entschieden werden« soll, doch waren vierzig Jahre nach dem Tod Leos die Kreuzzüge geboren, um mit wechselnden Namen und Zielen die folgenden achthundertfünfzig Jahre zu überdauern. In der Geschichte der Vorkreuzzüge spielte noch Alexander II. (1061-1073) eine bedenkliche Rolle. Einem Heer französischer Kreuz-

[1] Die brutal-grobschlächtige Art, welche die allermeisten Christen, Geistliche nicht ausgenommen, in der Praxis gar nicht erst nach Gerechtigkeit oder Ungerechtigkeit der von ihnen geführten Kriege fragen ließ, hat Augustinus durch seine differenzierende Frage nach dem *gerechten* Krieg zu steuern versucht. Er verurteilte Gewaltanwendung durch Privatpersonen ebenso wie Eroberungskriege des Staates aus Machtstreben. Für aufgezwungene und friedenssichernde Kriege fordert er eine Art »humane« Kriegführung: Auch das dem Gegner gegebene Wort bindet; Gefangene sind milde zu behandeln. Damit waren die Grundzüge eines Kriegsethos entworfen, das bis heute tradiert wurde. Bei Gehorsamskonflikten darf nach Augustinus ein Soldat selbst dann folgen, wenn er *im Zweifel* ist, ob ein Befehl dem Willen Gottes widerspricht (ob er es muß, sagt Augustinus nicht). Auch die Problematik dieser Aussage wirkt bis in die Gegenwart hinein. Daß der andere Fall – Gehorsamsverweigerung, weil der Befehl dem Willen Gottes widerspricht – von Augustinus nicht ausgeführt wurde, ist der gravierendste Fehler angesichts der Bedeutung, die diese Lehre für die Geschichte gehabt hat. »Haben er und seine Mitbrüder nicht gesehen«, fragt François Reckinger, »wieviel Unrecht und Verbrechen zu ihrer Zeit ›auf Befehl‹ geschahen und wie wenig selbst solche Menschen, die in anderen Belangen sehr wohl nach dem Willen Gottes fragten, an die Verweigerung derartiger Befehle dachten? Auf jeden Fall: So sehr wir hinsichtlich der Jahrhunderte davor über eine große Zahl von Märtyrern unterrichtet sind, die lieber starben als Befehle auszuführen, die sich gegen das erste Gebot (die alleinige Anbetung des einzigen Gottes) richteten, so wenig hört man von Christen aus der Zeit Konstantins, die einen Befehl ihrer staatlich-militärischen Vorgesetzten als unsittlich zurückgewiesen und für diesen Schritt die Konsequenzen getragen hätten.« *François Reckinger,* Krieg ohne uns!, Paderborn 1983, 42f.

zugsmarodeure erteilte er im voraus Absolution für einen Überfall auf die spanische Stadt Barbastro, wo Christen und Moslems in Frieden zusammenlebten und nun sechstausend Menschen abgeschlachtet wurden. Sein Nachfolger Gregor VII. (1073-1085) mobilisierte gegen Robert Guiscard, nannte diese Soldateska von fünfzigtausend Mann *Militia Sancti Petri,* stellte sich selbst an deren Spitze, nannte sich Dux und den heiligen Petrus einen himmlischen Feldmarschall. »Das Papsttum«, urteilt Arnold Toynbee hierüber, »verfiel somit dem Dämon der Gewaltanwendung, den es ursprünglich selbst hatte austreiben wollen.« Als gelehriger Schüler Gregors VII. löst schließlich Urban II. (1088-1099) das Zeitalter der Kreuzzüge aus, deren wirkungsgeschichtliche Schatten bis in die Weltkriege unseres Jahrhunderts, bis Vietnam und bis zur Dämonisierung des »Reiches des Bösen« in der heutigen Ost-West-Konfliktlage reichen. Urbans Drängen zum »Marsch nach Jerusalem zur Befreiung der christlichen Kirchen« hat die Botschaft des Evangeliums vernebeln helfen.

Die nächste Steigerung der Kriegstheologie brachte das Pontifikat Innozenz' III. (1198-1216). Dessen Begeisterung für Kreuzzug und Eroberung zeigte sich erstmals, als er den kriegsfreudigen Domherrn Albert von Bremen zur Eroberung Livlands ermächtigte, dessen friedlich missionierte Bewohner sich gegen eine Einverleibung in das Erzbistum Bremen wehrten. Livland wurde 1199 überrannt. Es war nur Präludium für den bald vom Papst mit der Ordensregel ausgestatteten Deutschen Orden zu dessen »Schwertmission«. Wenige Jahre später begann der Vierte Kreuzzug, von dem der führende Historiker dieser Epoche, Steven Runciman, sagt: »Es hat niemals ein größeres Verbrechen an der Menschheit gegeben als den Vierten Kreuzzug.« 1209 beginnt dann der Kreuzzug gegen die katharischen Albigenser als die endgültige Wendung des Kreuzzugsgedankens gegen christliche Brüder. Dieser Krieg von Kirche und Papsttum dauerte 35 Jahre im engeren und 47 Jahre im weiteren Sinne und wurde zum förmlichen Genozid an einer christlichen Minderheit. Die neugegründete Inquisition setzte diesen Ansatz für weitere Generationen auf neuen Schauplätzen fest. Dem Heerführer gegen die Albigenser hatte der Papst »uneingeschränkte Vollmacht« erteilt, »zu zerstören, zu vertilgen und auszureißen«, doch erst fünf Jahre später eskalierte der Krieg zu unbeschreibbarer Grausamkeit und der Liquidation einer vordem friedlichen Landschaft, die Katholiken und Katharer nicht als Feinde kannte. »Christlich gesehen wurde der Albigenserkreuzzug zur erfolgreichen Generalprobe für die Möglichkeiten, Macht theologisch restlos zu mißbrauchen: ein Wendepunkt der europäischen Geschichte«, urteilt Hans Kühner.

Das unvorstellbare Grauen des Albigenserkreuzzugs hat sich in der Geschichte Frankreichs fortgesetzt. Von den Blutbädern des 13. Jahrhunderts führt eine gerade Linie über die acht französischen Religionskriege zur Bartholomäusnacht und schließlich zu der Guillotine der Revolution, dem Umschlagen der Waagschale nach der Gegenseite. Und von den Judenverfolgungen der Kreuzzugszeit geht nicht minder eine innere Verbindung über ihre Gettoisierung und Vertreibung, Entrechtung und Denunziation bis hin zur sogenannten Reichskristallnacht und dem Holocaust der Vernichtungslager. Keine Kirchengeschichte hat die Frage bis heute aus der Sicht dieser Kontinuität gesehen, geschweige denn beantwortet. Geschichte wird immer nur von den Siegern geschrieben, wie es Simone Weil einmal formuliert hat.

Die einzige Möglichkeit, unbewußte Denkmuster und reale Schuld zu überwinden, die in einem Menschenleben, in einer Gesellschaft oder in einer Glaubenstradition entstanden sind, liegt darin, neue Beziehungen aufzubauen, welche die frühere Schuld nicht weiterwirken lassen. Die »Unfähigkeit zu trauern«, oder christlich gesprochen: die Unbußfertigkeit, ist die Verweigerung der Einsicht, aus der ein verändernder Lernprozeß und eine grundlegende Wandlung erfolgen könnten. Wichtig bleibt allerdings, daß wir nicht nur dem einzelnen diesen Lernprozeß abfordern, sondern ebenso ganzen Gesellschaften, Völkern, den Kirchen – wenn alle überleben wollen. Es geht darum, das Gewissen des einzelnen, aber auch das Gewissen der Christenheit zu verändern. Andernfalls bleibt keine Chance mehr.

Das atomare Dilemma

Golo Mann äußerte in einem Gespräch: »Ich würde durch eine Notverordnung, wenn es so etwas noch gäbe, den Ausdruck ›Dritter Weltkrieg‹ verbieten.« - »Und was statt dessen sagen?« war die Gegenfrage. »Apokalypse oder Holocaust – das wäre doch gar kein Krieg mehr! Was nun käme, verdient das Wort ›Krieg‹ nicht.«

Die Einsicht, daß ein atomarer Untergang nicht mehr als »gerechter Krieg« verhandelt werden kann, scheint sich langsam auch in christlichen Kreisen durchzusetzen. 1959 hatten noch sieben deutsche führende Moraltheologen unter dem Motto »Christliche Politik muß realistisch sein« (statt: »Realistische Politik darf nur christlich sein«) die Atombombe verteidigt, und Gustav Gundlach vertrat die fürchterliche These: »Sogar für den möglichen Fall, wo nur noch eine Manifestation der Majestät Gottes und seiner Ordnung, die wir ihm als Menschen schulden, als Erfolg bliebe, ist Recht und Pflicht zur Verteidigung höchster Güter denkbar. Ja, wenn die Welt untergehen sollte, so wäre auch das kein Argument gegen unsere Argumentation.« Ihm sekundierte sein Kollege Johannes Hirschmann, der die Atomwaffenverteidigung als »sittlich durchaus einwandfrei und zumutbar« bezeichnete, als »Ausdruck, ja Forderung der Liebe«, und er steigerte diese Position noch mit der Rede, sie könne »der Haltung des Heiligen Franziskus innerlich näher stehen und mehr vom Geist der Theologie des Kreuzes atmen als ein Denken, das naturrechtliche Prinzipien vorschnell einem unbedachten Theologumenon opfert«.

Gegenüber solcher Schreckenstheologie, der man absprechen muß, noch Theologie zu sein, ist in breiteren Kreisen – aber wie breit sind sie wirklich? – die Einsicht in die politische Realistik der Bergpredigt gewachsen. Die akute Kernwaffenbedrohung ließ deutlicher als zuvor erkennen, daß Jesus eine Ordnung unter den Menschen vertreten hat, die Gewalt durch Liebe ersetzt. Aber: »Die Geschichte der Bergpredigt hat nicht stattgefunden«. Stattgefunden hat die Geschichte ihrer Verdrängung. Es gibt eine ganze Bücherflut, die uns klarmachen will, daß sie nicht gar so wörtlich zu nehmen ist. Und die Christen Otto von Bismarck, Helmut Schmidt und Karl Carstens sagten übereinstimmend: »Mit der Bergpredigt kann man nicht regieren.« Hans Apel meinte als Verteidigungsminister: »Die Bergpredigt ist in ihrer Totalität nur für Bettelmönche.«

Ein paar Jahrzehnte früher verlautete der Freiburger Erzbischof Conrad Gröber in einem anderen Kontext (1935): Die Kirche hat »den übertriebenen und kraftlosen Pazifismus abgelehnt, der im Kriege etwas Unerlaubtes und Widerchristliches erblickt und dem Unrecht die Herrschaft überläßt«.

An diesem Punkt, dem Unrecht nicht die Herrschaft zu überlassen, gehen noch immer die Meinungen auseinander. Schon 1958 stellte die Synode der EKD fest, der Konflikt reiche »von der Überzeugung, daß schon die Herstellung und Bereitstellung von Massenvernichtungsmitteln aller Art Sünde vor Gott ist, bis zu der Überzeugung, daß Situationen denkbar sind, in denen in der Pflicht zur Verteidigung der Widerstand mit gleichwertigen Waffen vor Gott verantwortet werden kann«. Die Heidelberger Thesen von 1959 haben dann als Vermittlung zwischen beiden Positionen formuliert, daß nicht allein der Verzicht auf Waffen, sondern auch der Versuch, »durch das Dasein von Atomwaffen einen Frieden in Freiheit zu sichern... eine heute noch mögliche christliche Handlungsweise« sei. Damit sollte gesagt sein, daß der Schirm atomarer Abschreckung nur eine Übergangslösung sein könne und keinen dauerhaften Weltfrieden garantieren werde.

Inzwischen sehen Christen und Kirchen, daß die Zeit schlecht genutzt wurde, und die Gefahr eines Atomkrieges gewachsen ist. Carl Friedrich von Weizsäcker meint, weil diese Arsenale da sind, sei es unabwendbar, daß sie auch eines Tages eingesetzt würden. Allein in der Existenz dieser Waffen sieht er die Garantie eines kommenden Atomkriegs. Aus ähnlichen Einschätzungen heraus erklärten deswegen die im Reformierten Weltbund zusammengeschlossenen Kirchen 1982: »Der Versuch, durch das Dasein von Atomwaffen einen Frieden in Freiheit zu sichern, kann nicht länger als eine christlich vertretbare und zu rechtfertigende Handlungsweise anerkannt werden.« Dabei wird ausdrücklich die Friedensfrage als eine Frage nach dem status confessionis der Kirche bezeichnet, »weil es in der Stellung zu den Massenvernichtungsmitteln um das Bekennen oder Verleugnen des Evangeliums geht«.

Die Strategie der Abschreckung beruhte lange Zeit auf der Annahme, daß die wechselseitige Drohung, einen Erstschlag mit einem ebenso tödlichen Zweitschlag zu beantworten, den jeweiligen Gegner abhalten könnte, als erster Kernwaffen einzusetzen. »Wer zuerst schießt, stirbt als zweiter«, ist die Grundlage dieser Abschreckungsstrategie. Daraus resultiert die ethische Frage, die Helmut Schmidt in seiner Erklärung zur Lage der Nation 1982 so formulierte: »Soll ein Christ zum Zwecke der Abschreckung auch den Einsatz von atomaren Waffen androhen, wenn er doch weiß oder wenigstens ahnt, daß er das tatsächliche Abschießen dieser Waffen sittlich nicht würde verantworten können?« Die politische Situation ist inzwischen so aberwitzig, daß jede Seite im Falle eines Kernwaffengebrauchs zerstört, was geschützt werden soll, so daß sich ein politisch und moralisch vertretbarer Zweck damit nicht mehr verbinden läßt. Das erlaubt diesen Waffengebrauch nur mit der eingeschlossenen Bereitschaft zum Selbstmord, doch setzt andererseits ihre Abschreckungswirkung den Willen und die Fähigkeit, diese Waffen auch tatsächlich zu gebrauchen voraus, sofern die Abschreckungsdrohung glaubhaft sein soll.

Diesem Dilemma versucht jede Seite durch kontrollierte Begrenzung des Kernwaffenrisikos zu entkommen. Die Atomsprengköpfe werden für kleinere Ziele gebaut, mit größerer Zielgenauigkeit ausgerüstet und so zu taktischen

Waffen umgepolt. Dadurch soll ein Atomkrieg besser begrenzbar sein, länger geführt und schließlich gewonnen werden können. Doch selbst wenn die Strategie des begrenzten Krieges zum Kalkül der Supermächte gehört, für die Völker Europas würde sie das Ende ihrer geschichtlichen Existenz bedeuten. Von dieser Strategie her können die Sicherheitsinteressen der europäischen Bündnispartner und jene der USA nicht zur Deckung kommen.

Doch stellt sich das Problem der »Verteidigung« nicht allein zwischen Ost und West, sondern auch zwischen Nord und Süd. Das Stockholmer Friedensforschungsinstitut SIPRI schätzte die gesamten Militärausgaben der Welt 1980 auf etwa 450 Milliarden US-Dollar. Davon entfallen etwas mehr als zwei Drittel auf die Nato-Staaten und den Warschauer Pakt, doch sinkt deren Anteil, während jener der Entwicklungsländer steigt und 1980 bereits bei 16 Prozent lag. Diese Summen können nicht annähernd deutlich machen, welche Vergeudung von Ressourcen, welche Umweltbelastung und welche Kapitalbindung damit verbunden ist. Auch wenn keine Kriege ausgefochten werden, verursacht ihr finanzieller Bedarf alle Jahre neu millionenfachen Tod.

Die Kinder und der Krieg

Ein Verein für Friedenspädagogik und die örtliche Katholische-Junge-Gemeinde gaben eine Broschüre für Kinder heraus: »›Schluß jetzt! Es reicht!‹ Kinder gegen die Atombombe«.[1] Im Vorwort heißt es unter der Überschrift »Die Atombombe geht auch die Kinder an«:

> »In dieser Broschüre geht es um etwas, das euch alle betrifft: um die Atombombe. Gewiß gibt es viele Erwachsene, die sagen: ›Das ist doch kein Thema für Kinder. Laßt damit gefälligst die Kleinen in Ruhe! Die werden nur verängstigt.‹
>
> Diese Erwachsenen haben nicht recht. Auch ihr Kinder sollt von der Atombombe hören. Ihr müßt wissen, was es damit auf sich hat. Nicht deshalb, damit ihr nicht mehr ruhig schlafen könnt. Sondern darum, daß ihr versteht, wenn ihr im Radio oder Fernseher oder von Erwachsenen solche Begriffe hört wie ›Aufrüstung‹, ›Hiroshima‹, ›Atombombe‹, ›Rakete‹ und so weiter ...«[2]

Auf den folgenden Seiten werden viele Informationen in Texten und dokumentarischen Fotos geboten: Über unsere Bedrohung durch die Raketensysteme, deren Kosten und Rückwirkungen auf die arme Welt, die Entwicklung, Funktionsweise und Wirkung der Atombombe, über die ständige Weiterrüstung als einer Schraube ohne Ende... Was sollen wir davon halten? Ist dies ein Weg der Friedenserziehung für das Grundschulalter? Oder ist es unverantwortlich, bereits Kinder mit Informationen zu konfrontieren, die immer auch der politischen Wertung unterliegen?

Ob auf solche Fragen eine eindeutige Antwort möglich ist, die für alle so zwingend ist, daß sie unterschiedliche Grundüberzeugungen integriert, muß bezweifelt werden. Mit größerer Gewißheit aber läßt sich sagen, daß eine Didaktik der Friedenserziehung in diesem Bereich *nicht* ihre Fundamente hat.

[1] *Hartwig Weber/Otger Antrata/Klaus-Dieter Mayer/Ottmar Vorländer,* »Schluß jetzt! Es reicht!« Kinder gegen die Atombombe, Tübingen 1983.

[2] Ebd., 4.

Gleichzeitig bleibt festzustellen, daß es nur wenige Untersuchungen gibt, die das Thema »Kinder und Krieg« multiperspektivisch angehen.[1] Bereits in der Beurteilung des Kriegsspielzeugs beginnen die Unzulänglichkeiten. Die meisten Autoren belegen die »Schädlichkeit« des Kriegsspielzeugs und verurteilen es mit moralischen Kategorien. Jedoch unterlassen sie die Frage nach den kindlichen Motivationen: Warum Kinder – im Regelfall sind es Jungen! – mit unverkennbarer Lust zum Kriegsspielzeug greifen.

»Wenn Kinder Grausames spielen (oder wenn Menschen an brutalen Handlungen am Fernsehschirm teilnehmen), werden sie dann gereinigt von ihren tiefliegenden Aggressionen?« fragt Andreas Flitner. »Finden diese Gefühle darin ihren unschädlichen Abfluß? Oder erlernen die Menschen vielmehr auf diesem Wege erst ihre Grausamkeit? Gewöhnen sie sich in diesen Handlungen und Bildern daran, sich asozial zu betätigen?«[2] Anders gefragt: Macht Kriegsspielzeug Kinder aggressiver, oder greifen aggressive Kinder nach Kriegsspielzeug, oder geschieht sowohl das eine wie das andere? In einer Literaturübersicht zu diesem Thema[3] wird gesagt, es gebe keine eindeutigen Belege für oder gegen den Einfluß von Kriegsspielzeug auf länger überdauerndes oder gar militaristisches Verhalten bei Kindern. Der Erkenntnisstand scheint der Diskussion über die Wirkungen von Gewaltdarstellung im Fernsehen oder in Filmen zu gleichen. In einer Studie der Hessischen Stiftung Friedens- und Konfliktforschung kommt Christian Büttner zu dem Ergebnis:

»Kriegsspielzeug ›erzieht‹ weniger zu kriegerischem Verhalten oder zu militärischen Gewohnheiten, als daß es Ausdruck für den inneren Unfrieden von Kindern ist. Das heißt, Kinder, die sehr viel und sehr ausgiebig mit Kriegsspielzeug spielen, einerlei, ob mit industriell vorgefertigtem oder selbstgebasteltem, scheinen in sich selbst einen ›Krieg‹ zu führen. Meist wünschen sich solche Kinder in extremem Maße Kriegsspielzeuge, die besonders schmerzhafte Gewalterfahrungen in ihrer Lebensgeschichte gemacht haben, sei es, daß sie sehr früh von ihren Eltern getrennt wurden, sei es, daß sie geprügelt, mißhandelt, herabgesetzt, den elterlichen Phantasmen unterworfen oder in anderer Weise gekränkt wurden.

Wenn Kinder sich aktiv mit dem Thema ›Krieg‹ beschäftigen, etwa daß sie Krieg spielen, malen oder vom Krieg schwärmen, geht es ihnen in erster Linie gar nicht darum, andere Menschen wirklich zu verletzen oder gar zu töten. Auch wenn der Wunsch danach, z. B. in der Art eines Rachewunsches, vorhanden sein mag, so bleibt er doch in der Phantasie oder im Spiel. Das Kind will nicht wirklich töten. Dennoch sind seine Gefühle von Rache, Haß und Feindseligkeit wirklich. Das Kind erlebt sie, und sie drücken sich über sein Kriegsspiel aus. Eltern und Erzieher sind in ihren eigenen Gefühlen betroffen und spüren, daß sie gemeint sind ... Wenn im Kriegsspiel eines Kindes feindselige Gefühle zum Ausdruck kommen, die eine Reaktion auf die Feindseligkeit seiner Umwelt sind, dann wird es Strafe und Entzug dieses Spielzeugs erneut als Feindseligkeit erleben zwischen Erwachsenen und Kindern. Es kann dann nur Frieden finden, wenn es von jemand auch in seinem Haß akzeptiert wird, der hinter der blinden Wut und dem Schlachtgetümmel die Kränkungen erkennen und mit ihm durchstehen kann, die das Kind so tief verletzt haben . . .

[1] Zu nennen ist hier als ausführlichste Studie: *Christian Büttner,* Kinder und Krieg. Zum pädagogischen Umgang mit Haß und Feindseligkeit, Frankfurt 1984.

[2] *Andreas Flitner,* Spielen-Lernen, München 1973, 15.

[3] Vgl.: *Bernhard Kroner,* Ist das noch Spielzeug?, in: Psychologie heute, 12, 1977, 14-22.

Den Krieg beim einzelnen Kind verhindern oder gar unnötig machen zu wollen, bedeutet damit zugleich, die dem Kind nahestehenden Personen im Auge zu behalten und zu erkennen, ob man selbst zu diesen Menschen gehört.«[1]

In militaristisch ausgerichteten Gesellschaften hat Kriegsspielzeug immer einen höheren Stellenwert als in nicht-militaristischen Gesellschaften. Es hilft, die Phantasie der Kinder von früh auf zu kanalisieren und mit militaristischen Intentionen zu verknüpfen. Aber selbst wenn es hier neben der Spielzeugwelt eine paramilitärische Erziehung in Kinderorganisationen und Schulen gibt, für die militaristischen Ziele ist es weniger entscheidend, ob die jungen Menschen mit Waffen hantieren lernen, als sich in eine Hierarchie einzufügen, die deren gesamtes Verhalten zu reglementieren vermag.

An dieser Stelle hat die christliche Erziehungstradition ihre eigene empfindliche Stelle. Zwischen den beiden Weltkriegen hieß es in einem bedeutenden theologischen Lexikon, »auf dem Gebiete der Religion« habe der Gehorsam eine bleibende Bedeutung. Darum werde »gewiß wieder die Zeit kommen, wo man auch auf freierer Seite den Gehorsam, das Hinnehmen der Autorität, das Wirkenlassen, ohne nach Grund zu fragen... statt des ewigen Fragens und Antwortens als die Grundlage aller religiösen Erziehung erkennen und üben« werde.[2] Im Rückgriff auf diese Erziehungstradition und zumal ihre religiöse Begründung – die selbst den »Gehorsam bis zum Kreuze« hier mißbraucht – konnte Adolf Eichmann während seines Prozesses in Jerusalem sagen: »Meine Schuld liegt in meinem Gehorsam. Gehorsam wird als christliche Tugend gepriesen, und ich möchte daher darum bitten, daß nur diese Tatsache meines Gehorsams in Betracht gezogen wird.«

Die gegenwärtige Problematik ist schwieriger, weil verschleierter geworden. Es geht kaum noch darum, gegen einen konkreten Feind aggressiv zu sein, sondern unter Ausschaltung eigener Gewissenskämpfe und Verantwortlichkeit in abstrakt gewordenen Kontexten funktional zu sein. Bei der militärischen Ausbildung wird die Frage, ob man einen Feind töten will, nicht zugelassen. Die Ausbildung ist nur daran interessiert, daß man ihn töten kann. Also fragt sie auch nicht, ob man mit einem Gewehr, einem Geschütz, einer Rakete schießen will, sondern ob man die Technik dieser Geräte beherrscht, so daß sie richtig »bedient« werden können. Aus dem gleichen Grund hat vierzig Jahre nach Abwurf der Atombombe auf Hiroshima die noch überlebende Einsatzmannschaft durchweg keine Skrupel; man erfüllte einen technischen Auftrag gewissenhaft und »tat seine Pflicht«. Es besteht kein Zweifel, daß auch weiterhin »Pflichtbewußtsein« jeden Krieg möglich macht. Wie man Kinder von früh an instandsetzt, diese Zwänge der sublimen Vereinnahmung, der Verschonung von eigener Verantwortung durch Spezialisierung und Transfer auf technische Ebenen zu durchschauen und sich dagegen zu wehren, ist ein noch wenig geklärtes Aufgabenfeld praktischer Pädagogik. Ebenso wenig sind die Erkenntnisse aus dem Milgram-Experiment[3] für den heutigen Erziehungsauf-

[1] *Christian Büttner,* a.a.O., 117ff.

[2] *Baumgarten,* Art.: Gehorsam, in: RGG², Bd. II, Tübingen 1927, Sp. 934-936, hier: Sp. 935.

[3] *Stanley Milgram,* Das Milgram-Experiment. Zur Gehorsamsbereitschaft gegenüber Autorität, Reinbek 1974. Milgram wies experimentell nach, daß mehr als drei Viertel der Durchschnittsbevölkerung durch eine pseudowissenschaftliche Autorität dazu gebracht werden können, in bedingungslosem Gehorsam einen völlig unschuldigen Menschen zu quälen, zu foltern, ja zu töten.

trag verarbeitet worden. Angesichts der modernen Kriegstechnik, der Unsichtbarkeit des zudiktierten Feindes, der Segmentalisierung der Aufgabenbereiche sind unser Ethos und unsere Pädagogik ratlos hinter den Notwendigkeiten zurück.

Was aber sollen wir unseren Kindern im Grundschulalter von der Atombombe und ihrer politischen Realität sagen? Schweigend darüber hinwegzugehen, dürfte keine Lösung sein. Einerlei wo Kinder leben, schon in frühen Jahren erreicht sie die bestehende Situation; Schlagzeilen, Fernsehbilder, Gespräche der Erwachsenen werden aufgenommen, vor allem aber partizipieren sie mehr unbewußt als bewußt an der allgegenwärtigen Angst, die unterschwellig in der Gesellschaft präsent ist. Schuluntersuchungen haben wiederholt gezeigt, in welchem Maße unsere Kinder von dieser Angst berührt sind. Da nutzt kein Schweigen und Umgehen, sondern nur ein Zur-Sprache-Bringen und Aufarbeiten.

Für unser Religionsbuch haben wir einen Weg gewählt, der mit guten Gründen darauf verzichtet, Entwicklung, Funktionsweise und Wirkung der Kernwaffen darzulegen. Das sind keine Themen für Grundschüler. Wir wollen nicht mit der Angst arbeiten und erst recht nicht die Angst schüren, sondern vorhandene diffuse Angst befreien und in Lernprozesse überführen. Diesem Ziel diente bereits im Religionsbuch für das 1. Schuljahr das Passionsbild (→ I, 179-187). Dem gleichen Ziel dienen im vorliegenden Religionsbuch die Seiten 21 bis 24 und erneut das Bild der Kreuzigung Christi, Seite 45. Die Texte verbinden individuelle und gesellschaftliche Ursachen, politische Einsicht und gläubige Hoffnung, kritische Argumentation und jesuanisches Ethos. Die Bilder decken dieses Spektrum ebenfalls ab. Durch ihre künstlerische Qualität helfen sie zugleich, die bedrängende Realität zu verarbeiten, ohne ihr Bedeutung und Impuls für das eigene Ethos zu nehmen. Bei eindringlicher Unterrichtung kann ihre Wirkung weit über die Kinderzeit hinausreichen.

Jesaja 2, 2-5: Die Schwerter zu Pflugscharen umschmieden S. 21

A. Das eigentliche Jesajabuch (1-39) ist keine ursprüngliche Einheit. Die Texte sind nicht chronologisch geordnet. Vielmehr vereint das Buch mehrere ursprünglich selbständige Sammlungen. Eine solche, anfangs eigenständige Sammlung begann wohl auch einmal mit dem jetzigen Kapitel 2. Die im V. 1 vorangestellte Überschrift, die (erneut) Namen und Vatersnamen des Propheten nennt sowie die Adressaten seiner Botschaft, macht den ehemaligen Anfang der Schrift deutlich.

B. Das vorliegende Stück Jes 2, 2-5 liegt nochmals Mi 4, 1-4 in einer Dublette vor. Der Michatext wirkt abgerundeter und rhythmisch geschlossener. Eine Verfasserschaft Michas an diesem Stück scheidet aus sprachlichen und sachlichen Gründen aus; auch die Herkunft von Jesaja gilt vielen Forschern als unwahrscheinlich. Beide Texte können von späterer Hand eingefügt worden sein, um neue Hoffnung zu stützen. Mit diesem literarkritischen Urteil verbindet sich allerdings kein Werturteil über den Inhalt. Die Bedeutung eines biblischen Textes hängt nicht an der Verfasserfrage, sondern an seiner Aussage.

Die in diesem Stück 2, 2-5 vorliegende Heilsprophezeihung wird durch eine Zeitangabe eingeleitet: »Am Ende der Tage wird es geschehen«. Seit der Übertragung der hebräischen Bibel ins Griechische durch die sogenannte Septuaginta wird diese Zeitangabe gewöhnlich mit »den letzten Tagen« wiedergegeben. Darin liegt eigentlich eine Verfälschung, weil diese Formulierung die Vorstellung eines absoluten Endes der geschichtlichen Weltzeit einschließt. Der Heilsspruch zielt aber nicht in diesem Sinne auf das »Ende der Tage«. Wörtlich muß man vielmehr übersetzen: »auf der Rückseite der Tage«. Diese Wendung spiegelt eine uns sehr fremde Orientierung im Zeitraum: »Was bereits geschehen ist, liegt für den Hebräer vor ihm, was einmal kommen wird, liegt in seinem Rücken.«[1] Es ist mit »der Folge der Tage« – oder wie es die Einheitsübersetzung noch mißverständlicher formuliert: »am Ende der Tage« – also keineswegs eine »Weltuntergangsphase« gemeint oder gar die Heilszeit »danach«, sondern eine *innergeschichtliche* Zeit. Darum zielt die Erwartung auch nicht auf das Ende, sondern die Vollendung der Geschichte. Dann soll die wahre Mitte der Welt offenbar werden (→ III, 498).

Die Völkerwelt erkennt zu dieser Zeit unmittelbar, was ihr zum Heile dient. Ihre Wallfahrt zur Mitte der Welt, zum »Hause des Gottes Jakobs« beginnt. Sie alle kommen an im Zentrum des Lebenslabyrinths, finden nach allen Irrungen und Wirrungen endgültige Heimat. Dann ist es Jahwe, der Recht spricht im Streit der Völker und der die Nationen zurechtweist. Aus innerer Einsicht werden die Völker fortan auf ihre Waffen und Rüstungspotentiale verzichten. Was bisher dem Kampf, dem Töten und Vernichten dient, soll nun Werkzeug wer-

[1] *Otto Kaiser,* Der Prophet Jesaja (ATD, Bd. 17), Göttingen 1960, 19.

den, mit dem Menschen ihre Erde »bebauen und bewahren« können. Aus Schwertern werden Pflugscharen, aus Speeren Winzermesser. Dabei geht der Michatext, vermutlich einen ursprünglichen Zug bewahrend, in der Ausmalung des Friedenszustandes einen Schritt weiter: »Jeder sitzt unter seinem Weinstock und unter seinem Feigenbaum, und niemand schreckt ihn auf.«

Im Rahmen der biblischen Weltvorstellungen haben vor und nach unserem Propheten andere gemeint, der Friede käme nur durch Gottes Siege im Krieg. Hier aber wird gesagt, »daß es allein darauf ankommt, daß die Menschen von Gottes Gottheit überzeugt werden«. Der Prophet glaubt, daß Gott die Menschen in seiner Güte dahin bringen wird, von sich aus und freiwillig Rüstung und Krieg einzustellen.

C. Das Wort von Jes 2,4 und Mi 4,3, die Schwerter zu Pflugscharen zu schmieden, hat in der kirchlichen Friedensbewegung, zumal jener der DDR, einen aktuellen Klang und eine herausfordernde Note gewonnen. Nirgendwo waren exegetische Anstrengungen notwendig, um diesen Worten unmittelbare Verständlichkeit zu geben. Sie rückten in unseren politischen Kontext, gewannen Brisanz durch die kontroverse Diskussion um SS 20 und Pershing-Raketen und wirkten so frisch und herausfordernd, wie vielleicht in ihren ersten Tagen. Sie sind auch jetzt keine historischen Zitate, sondern prophetische Rede, die in neue Zeiten weist und zum engagierten Für und Wider provoziert.

Die aktuelle politische Diskussion ist für Grundschulkinder wohl nicht vernehmbar gewesen. Trotzdem können auch sie die Friedensvision unmittelbar verstehen. Für den vollständigen Text Jes 2, 2-5 oder Mi 4, 1-5 haben sie sogar gute Verstehensvoraussetzungen gewonnen:

– Im Religionsbuch 2 lernten die Kinder bereits das Prophetenwort nach Mi 4,3 kennen. Dort war es ihnen unter dem Aspekt der sprachlichen Metaphorik aufgegeben worden.

– Im Religionsbuch 3 bot das Kapitel »Religionen: Die Mitte der Welt« eine sehr breite und anschauliche Variantenfülle über die Symbolik der Mitte. Auf dem Hintergrund dieses Spektrums, zumal der Informationen über Jerusalem als Mitte der Welt, kann die Prophetenvision, welche die Völker der Welt aus den vier Winden zum Nabel und Zentrum des Kosmos pilgern sieht, anschaulich ausgelegt werden.

D. Die Beschäftigung mit dem Bibeltext steht sinnvollerweise nicht am Beginn dieses Unterrichtsthemas. Wie immer sind die Titelseiten unserer Kapitel kleine Summarien, die in Text und Bild die Gesamtthematik konzentrieren wollen. Darum können sie zwar Ausgangsfragen stellen, aber nicht minder auch Zusammenfassungen für das Memorieren bieten. Als Memoriervorlage, wie → III, 65 ff erläutert, kommen die Prophetenworte durchaus in Betracht.

Verbindungen mit aktuellen Vorgängen und Tagesfragen sollten nie außer acht bleiben, hier ist es in die evangelische und politische Wachheit des Lehrers gestellt, welche Bezüge er seinen Schülern erschließen, welche Bewußtheit er ihnen vermitteln kann.

Otto Pankok: Christus zerbricht das Gewehr S. 21

A. Otto Pankok (1893-1966) war Maler, Holzschneider und Bildhauer. Vom Widerwillen gegen den bürgerlichen Kunstbetrieb und den Krieg bewegt, zog er sich zunächst ins Oldenburger Land zurück, um der »Natur und den Elementen so nahe zu sein wie diese einfachen Menschen in ihren Hütten und Feldern«. Hier wurde Otto Pankok ein Freund aller unterdrückten und ausgebeuteten Menschen. Ihnen galt seine Liebe, wie es sein künstlerisches Schaffen ausweist. 1920 zog er nach Düsseldorf, machte in den folgenden Jahren Reisen und stellte in seinen Werken immer wieder die sozial bedrückten Menschen, denen er begegnete, dar. Als er mit den dreißiger Jahren die Not der Zigeuner in Deutschland entdeckte, rückten diese in viele seiner Bilder ein. 1936 legte er die Passion Jesu, in sechzig Bildern erzählt, der Öffentlichkeit vor. Das NS-Regime diffamierte ihn als »entarteten Künstler« und beschlagnahmte 51 seiner Werke. Heimlich arbeitete Pankok weiter und richtete in vielen symbolisch verschlüsselten Arbeiten den Ungeist seiner Zeit. In den letzten Jahrzehnten lebte Otto Pankok in seiner niederrheinischen Heimat. Von 1947-58 war er Professor an der Düsseldorfer Kunstakademie.

B. Pankoks Holzschnitt »Christus zerbricht das Gewehr« stammt aus dem Jahr 1950; er wurde im eigentlichen Sinne erst entdeckt mit dem neu erwachten Friedensstreben und Friedensbewußtsein in unserer Gesellschaft.

Während in den siebziger Jahren ein Bild entstand, das »Che Guevara als bewaffneten Christus« zeigt, das Gewehr geschultert, ist Pankoks Christus genau das Gegenbild. Mit beiden Händen faßt er ein Gewehr und zerbricht es überm Knie. Er steht vor einem offenen Land, mit den sparsamen Mitteln des Holzschnitts nur angedeutet, wobei von seiner Gestalt eine strahlende Lichtflut ausgeht. Mit diesem Gewehr zerbricht Pankoks Christus alle unterdrükkende und tötende Gewalttätigkeit.

C. Welches Recht liegt in dieser Darstellung? Findet sie in jenem Jesusbild, das uns die Evangelien zeichnen, Legitimation und Bestätigung? Mit anderen Worten: ist Pankoks Holzschnitt theologisch haltbar?

Allgemein ist zu sagen, daß im Neuen Testament keine grundsätzliche und unmittelbare Auseinandersetzung mit dem Krieg erfolgt. Die Frage, ob sich die Teilnahme an Kriegen erlaube, wird nicht gestellt. In der Begegnung Jesu mit einem Hauptmann (Mt 8, 5-13 par) sowie in der Kirchenaufnahme des Hauptmanns Cornelius durch Petrus (Apg 10, 23b-48) klingt nirgendwo ein Vorbehalt gegen Soldatenstand an. – Auf die Frage der Soldaten an Johannes den Täufer: »Was sollen wir denn tun?« wird keine Berufsaufgabe verlangt, sondern: »Mißhandelt niemand, erpreßt niemand, begnügt euch mit eurem Sold!« Damit ist zwar eine Gutheißung des Krieges nicht verbunden, doch scheint ebensowenig ein kritisches Denken über den Krieg den Hintergrund dieser Tradition zu bilden.

Dennoch gibt es sehr prinzipielle Worte Jesu, die in ihrer Konsequenz dazu führen können, alle Gewehre übers Knie zu brechen. Vornean steht das Ethos der Bergpredigt.

»Gilt die Bergpredigt nur für eine paradiesische Endzeit oder schon für diese Welt? Die Welt der Bergpredigt ist im Gegensatz zu dem, was in frommen Büchern dazu steht und in wortgewaltigen Predigten dazu gesagt wird, unsere Welt. Im Jenseits wird vermutlich nicht geschossen und nicht geschlagen, es wird wohl auch keine Gerichtshöfe und keine Gefängnisse geben. Die Bergpredigt handelt von Anfang bis zum Schluß von unserer Welt. Jesu Schlüsselworte sind ›jetzt‹ und ›neu‹. Seine Lehre ist keine Vertröstungsideologie, sondern eine Seligpreisung der Friedensstifter, ein Angebot für eine bessere Welt... Seine Moral ist nicht weltfremd, sondern weltverändernd. Die Harmonie mit dem Bestehenden und Alten lehnte er ab. ›Neuer Wein gehört in neue Schläuche.‹ (Mt 9,17) Jesus fordert nicht weniger als eine Revolution unseres allgemeinen Bewußtseins, privat und politisch. Kein Zweifel, daß Christen und christliche Kirchen auch an der Schwelle zum 3. nachchristlichen Jahrtausend noch immer vorchristlich leben. Die Harmonie mit Staat und Gesellschaft und privatem Lebensstil ist uns allemal wichtiger als die christliche Identität. Wir haben heute allenfalls den christlichen Bewußtseinsstand von Kleinkindern, wir haben Angst, christlich erwachsen zu werden. Nach der Aufklärung ist das Abendland wissenschaftlich zwar ein Riese geworden, aber seelisch und religiös ein Baby geblieben. Und Schuld an alledem ist – nach Hanna Wolff – das heute noch gültige patriarchalische Menschenbild und ein damit zusammenhängendes krankmachendes Gottesbild...

Gilt die Bergpredigt nur für Auserwählte? Jesus spricht alle an, die sich ansprechen lassen wollen. Die Bergpredigt ist nicht nur an seine ›Jünger‹, sondern auch an ›die vielen Menschen‹ gerichtet. ›Wenn nun schon ihr, die ihr böse seid, euren Kindern gebt, was gut ist, wieviel mehr wird euer Vater im Himmel denen geben, die ihn bitten.‹ Es ist tröstlich zu wissen, daß die Bergpredigt denen gilt, die ›böse‹ sind. Die Bergpredigt enthält private und politische Vorschläge für ein Leben aus dem Geist der Liebe. Und am Ende der Bergpredigt ›war die Menge sehr betroffen von seiner Lehre‹. Das Beten im stillen Kämmerlein und die Ehemoral sind ebenso gemeint wie Feindesliebe und Friedensethik.«[1]

Jesu Forderung, die eigenen Feinde zu lieben, geht auf Kriege nicht ein, doch muß man fragen, ob die psychologische Basis einer Kriegsführung überhaupt stabil bleibt, und ob die Mehrzahl der Soldaten aller Zeiten für einen Krieg auf die Dauer motivierbar ist, wenn Achtung und Liebe zum Feind jede Aggression zur Qual machen. Das Gebot der Feindesliebe ist in seiner inneren Substanz »wehrkraftzersetzend«.

In dieselbe Richtung weist das Jesuswort: »Ihr habt gehört, daß gesagt worden ist, Auge für Auge und Zahn für Zahn. Ich aber sage euch: Leistet dem, der euch etwas Böses antut, keinen Widerstand, sondern wenn dich einer auf die rechte Wange schlägt, dann halt ihm auch die andere hin. Und wenn dich einer vor Gericht bringen will, um dir das Hemd wegzunehmen, dann laß ihm auch den Mantel. Und wenn dich einer zwingen will, eine Meile mit ihm zu gehen, dann geh zwei mit ihm.« (Mt 5, 38-41) Individuelle und staatliche Notwehr werden durch dieses Ethos Jesu wahrscheinlich nicht verneint. Die genannten Beispiele richten sich auf demütigende Erfahrungen, nicht auf die

[1] *Franz Alt,* Frieden ist möglich. Die Politik der Bergpredigt, München 1983, 25, 27.

Bedrohung des eigenen Lebens. Verlangt wird aber der Verzicht auf Gegengewalt bei nicht lebensbedrohender Gewaltanwendung durch andere. Und dies ist keineswegs metaphorische Rede, sondern wortwörtlich zu verstehender Klartext.

Würden Christen nicht fortfahren, die Forderungen der Bergpredigt in ihrer Verbindlichkeit abzuschwächen, sondern wären sie davon im Denken und Tun durchdrungen, würden sie allein schon für strategische Kriegsplanungen schwerlich brauchbar. Denn solche Menschen würden stets auch von der anderen Seite her denken und empfinden, wären immer gegen die Imputation kalkulierter Feindbilder, würden unausweichlich zu einem politischen Faktor, der mit humanem Ethos und Gewissensfragen dem Planspiel der Strategen in den Weg träte.

Die hier in gebotener Kürze skizzierten neutestamentlichen Positionen geben dem Holzschnitt Otto Pankoks eine innere Legitimität. Ein Christus, der die Werkzeuge der Gewalt zerbricht, erscheint reiner als der Weg, die Wahrheit und das Leben als viele geläufige Christus-Darstellungen, wie sie unsere belastete Frömmigkeitsgeschichte kennt.

D. Otto Pankoks Christus, der das Gewehr zerbricht, kann Anlaß zu einer Besinnung sein. Zunächst weckt das Bild selbst Fragen. Vielleicht ist es nützlich, die Reaktionen und Empfindungen der Schüler aufzuschreiben. Wie immer diese Problemstellungen ausfallen, durchweg führen sie zu Rückfragen nach dem, was Jesus wirklich wollte und tat. Dann sollten wir die wichtigsten Passagen der Bergpredigt anschauen und besprechen.

In einem zweiten Ansatz läßt sich Pankoks Holzschnitt mit den vielen anderen Jesusbildern unserer Religionsbücher in Beziehung stellen, insbesondere mit dem Zyklus von Relindis Agethen »Jesus, die Menschenfreundlichkeit Gottes« im Religionsbuch für das 2. Schuljahr. Ist das derselbe Jesus, oder ist es ein anderer?

Schließlich sollte das Ende Jesu am Kreuze nicht außer acht bleiben: sein Gebet für die Henker (»Vater, vergib ihnen, denn sie wissen nicht was sie tun« Lk 23,34) und seine Bereitschaft zu Passion und Tod. Die (spätere) Betrachtung von Chagalls »Weißer Kreuzigung« darf erneut auf Pankoks Christus zurückkommen.

Günter Kunert: Wo der Krieg noch in den Windeln liegt S. 23

A. In den Text der Seiten 22/23 ist ein Gedicht von Günter Kunert (geb. 1929) aufgenommen, das bei Kunert den Titel »Manöverplatz«[1] trägt:

»In den erblühten Gärten, wo
Das weiche Gras zum Ruhen lädt,
Umstanden von den unbewegten
Bäumen, weht Wind den Pulverstank
Von einem Ort her, wo der Krieg
Noch in den Windeln liegt.
Ist er erwachsen, kommt er in
Den Garten ernten.«

B. Das unseren Schülern vertraute Bild des Gartens (→ III, 176-187) wird hier aufgenommen. Gärten sind umhegte Bezirke, Schutzzonen gesteigerten Lebens, Orte der Kommunikation und des Friedens. Die Geschichte vom selbstsüchtigen Riesen, die unser Religionsbuch auf Seite 9 im Auszug erzählt, interpretiert den Garten in seinen Möglichkeiten: wer ihn nicht mit anderen teilen will, muß im eisigen Frost der Einsamkeit leiden; wer ihn aber öffnet für groß und klein, macht den Garten blühen.

Solch »erblühte Gärten, wo das weiche Gras zum Ruhen lädt«, stellt uns das Gedicht Günter Kunerts vor Augen: »Orte des Friedens«. Die unbewegten Bäume, die diese Gärten umstehen, verstärken die Imagination des beschützten Lebens. Aber nicht einmal ein Punkt trennt dieses Bild der Ruhe von Vorgängen, die alles blühende Leben infragestellen, denn in diese Gärten der Frühjahrsfreude »weht Wind den Pulverstank von einem Ort her, wo der Krieg noch in den Windeln liegt«. Dieser Ort wird nicht beschrieben. Er liegt außerhalb des Gartens, doch allzu weit kann er nicht entfernt sein. Ebenfalls bleibt verschwiegen, wer diesen Pulverstank produziert. Jene im Garten mögen denken, daß die da draußen sie nichts angehen. Doch ist das allenfalls ein gestundeter Irrtum. Seine schlimmen Folgen werden offenbar, wenn der neu gezeugte Kriegskeim aus den Windeln heraus ist. Dann zeigt sich, daß private Zurückhaltung und Desinteresse am Geschehen jenseits der hohen Bäume tödlich sein kann. Denn sobald der Krieg auf eigenen gepanzerten Füßen steht, gilt weder Grenze noch friedliche Ruhe; er dringt in jeden Garten ein und erntet das Leben in seinem verschlingenden Tod.

C/D. Es bedarf nur gesammelter Aufmerksamkeit und der eindrücklichen Sprechgestaltung, um dieses Gedicht Kindern zu erschließen. Der Rückgriff auf die Gartendeutungen rund um die Paradiesesgeschichte im Vorjahr bietet einen vertieften Verstehenshintergrund. Der Kontext, in dem diese Verse stehen, beschreibt zugleich Orte, an denen der Krieg in Windeln liegt.

[1] Deutsche Lyrik auf der anderen Seite. Gedichte aus Ost- und Mitteldeutschland, hrsg. v. *Ad den Besten*, München 1960.

Wo eigentlich beginnt Krieg? S. 22-23

Die Seiten 22/23 bieten einen Text, der ein breites Problemspektrum aufgreift. Wir können folgende Aspekte herausheben:

- die Frage nach den Ursachen und Entstehungsbedingungen des Krieges;
- das Gedicht Günter Kunerts, das auf die »Kriege in den Windeln« warnend hinweist;
- die nie überwundene Angst vor der Gegenseite, welche die mörderische Rüstungsschraube immer weiter dreht;
- den Wahnwitz einer Verteidigung, die das, was sie verteidigen will, zerstört;
- die Rückbesinnung auf Jesu Lobpreis der Friedensstifter und sein Ethos der Feindesliebe in der Bergpredigt;
- die sensibilisierende Erinnerung an den Friedensweg von Martin Luther King und Bischof Oscar Romero, von dem der Unterricht im 3. Schuljahr ausführlich erzählt hat (→ III, 294-305);
- die Warnung vor Krieg und Gewalt, die von Pablo Picassos Werk »Guernica« ausgeht.

Die grundlegenden Überlegungen zu diesem Spektrum haben wir voranstehend auf den Seiten 147 bis 157 geboten. Deutungen zu Kunerts Gedicht (→ S. 163) und Picassos »Guernica« (→ S. 165) liegen gleicherweise vor.

Die hier angefügte Liste besonders empfehlenswerter Bücher über Frieden und Freundschaft, Aggression und Krieg verdient besondere Beachtung. Man kann ein einzelnes Buch als fortlaufende Vorlesegeschichte parallel zum Thema »Verantwortung für den Frieden« wählen (etwa Astrid Lindgrens »Ronja«), kann aber auch alle übrigen Titel den Kindern genauer vorstellen und über eine Weile zur Ausleihe bereitstellen, so daß neben dem Unterricht auch in der privaten Orientierung eine affektiv verwurzelte Bereitschaft für alle Prozesse der Friedensstiftung wächst.

Leseempfehlungen zum Thema Frieden und Krieg:

Lloyd Alexander, Lukas Kasha oder Der Trick des Gauklers, (Boje) 1983.
Clara Asscher-Pinkhoff, Sternkinder, (Dressler) 1979.
Elfi Donelly, Karo Honig macht Frieden, (Dressler) 1981.
Maurice Druon, Tistou mit dem grünen Daumen, (dtv-junior) 1981.
Willi Fährmann, Der überaus starke Willibald, (Arena) 1983.
Erich Kästner, Die Konferenz der Tiere, (Ullstein-TB) 1983.
Judith Kerr, Als Hitler das rosa Kaninchen stahl, (Otto Maier) 1982.
Munor Leaf/Robert Lawson, Ferdinand der Stier, (Diogenes) 1977.
Astrid Lindgren, Ronja Räubertochter, (Oetinger) 1982.
Jürgen Lodemann, Der Gemüsekrieg, (Thienemann) 1979.
Jörg Müller/Jörg Steiner, Die Menschen im Meer, (Sauerländer) 1983.
Jan Procházka, Es lebe die Republik, (Otto Maier) 1981.
Frank Ruprecht, Jakobs Traum, (Thienemann) 1984.
Fredrik Vahle, Das Buch mit dem Friedensmaler, (Pläne) 1983.

Pablo Picasso: Guernica S. 22-23

A. Pablo Picassos (1881-1973) radikale Neuerungen in der Malerei liegen bald dreiviertel Jahrhundert zurück, aber noch immer gehen fast alle bedeutenden Ereignisse der modernen Kunst auf ihn zurück. Er ist einer jener wenigen Künstler, deren Schaffen ein ganzes Zeitalter beeinflußte. Selten nur vermochte jemand einen so vielfältigen Erfindungsreichtum mit ungebrochener Schaffenskraft zu verbinden.

Picasso hat sich als Künstler nie apolitisch verstanden. Die Malerei nicht »als eine Kunst der simplen Verzierung, der Zerstreuung« zu betrachten, betonte er ausdrücklich: »Ich habe durch die Zeichnung und durch die Farbe, da dies meine Waffen sind, immer mehr das Bewußtsein der Welt und der Menschen durchdringen wollen, damit dieses Bewußtsein uns alle jeden Tag mehr befreie; ich habe zu sagen versucht, auf meine Weise, was ich als Maler gerecht und gut betrachte...« Nach dem Zweiten Weltkrieg stellte Picasso einmal die Frage: »Was ist in deinen Augen ein Künstler? Ein Narr, der nur Augen hat, wenn er Maler ist, oder nur Ohren, wenn er Musiker ist...? Im Gegenteil. Er ist gleichzeitig ein politisches Wesen, stets aufnahmebereit für bewegende, brennende oder glückliche Ereignisse, die er in jeder Weise erwidert. Wie ist es möglich, für andere Menschen kein Interesse zu zeigen und sich in einen elfenbeinernen Turm vor dem Leben zu flüchten, das sie dir so reichlich bescheren? Nein, Malerei ist nicht dazu da, um Appartements zu schmücken. Sie ist eine Waffe zu Angriff und Verteidigung gegen den Feind.«

1931 war in Spanien die Monarchie zusammengebrochen. Als bei der Wahl im Februar 1936 die Volksfront siegte und daraufhin Franco am 18. Juli einen Putschversuch unternahm, stellte Picasso sich gleich auf die Seite der Republikaner. Im Januar 1937 gab die gegen den Faschismus General Francos sich verteidigende Regierung der Republik Picasso den Auftrag, ein repräsentatives Gemälde für den Spanischen Pavillon auf der Weltausstellung in Paris zu malen. Am 26. April wurde das nordspanische Städtchen Guernica, in der Nähe von Bilbao, von den ausländischen Verbündeten Francos bombardiert. Es war die erste totale Vernichtung einer wehr- und schutzlosen Bevölkerung mit moderner Kriegstechnik, der Auftakt zu Coventry, Rotterdam, Dresden, Hiroshima.

Die Vernichtung von Guernica wurde für Picasso der Ausgangspunkt seines Bildes. Bereits 14 Tage nach dem Bombardement, am 11. Mai 1937 vollendete er die erste der acht übereinanderliegenden Fassungen des Gemäldes (Öl auf Leinwand, 351 × 782 cm, Madrid, Casón del Buen Retiro). In seiner kubistisch-symbolischen Formsprache gewann dieses Gemälde als politische Anklage verallgemeinernde Kraft. »Guernica« ist das bedeutendste politische Bild des 20. Jahrhunderts.

B. »Guernica« bleibt nur auf den ersten Blick ein verwirrendes Bild. Die Komposition ist durchaus klar, wenngleich mit verschränkenden Übergängen.

Wir können uns am besten orientieren, wenn wir von der Vorstellung eines Tryptichons ausgehen, also ein breites Mittelstück b mit zwei Seitenteilen a,c als gliederndes Prinzip unterstellen. Beginnen wir mit einer Beschreibung von links nach rechts.

a) Den oberen linken Bildteil beherrscht ein stehender Stier mit gewendetem Kopf, hell in der Farbe gehalten, während der Rumpf des Tieres dunkel bleibt. Der Schwanz des Stieres ist wiederum leuchtend, buschig erhoben und an Feuer oder einen Flammenschweif erinnernd. Wenn es richtig ist, das Bild von links nach rechts zu lesen, wird hier gleich das Kriegsfanal gesetzt. (Auf den meisten Reproduktionen, auch den größerformatigen, ist der Vogel rechts vom Stier – zwischen Stier- und Pferdekopf – kaum oder nicht zu erkennen: Von einem weißglühenden Granatsplitter getroffen schnellt er in irrem Schmerz auf.)

Unter den Füßen des Stieres wie auch des Pferdes liegt dahingestreckt ein Krieger. Seine beiden Arme hat er ausgespannt in der Haltung des Gekreuzigten. Während er die fünf Finger der linken Hand weit auseinanderspreizt, hält er in der Rechten verkrampft einen abgebrochenen Dolch, Zeichen seiner endgültigen Niederlage. Darüber steht unversehrt eine kleine Blume, winziger Rest Natur in einer von Technik, Zerstörung und Tod beherrschten Welt. Der Krieger – Ritter, Caballero – liegt auf dem Rücken, vom Pferd gefallen, ohnmächtig nun und schreiend. Seine Augen sind verschoben, verdreht, verrückt, weit aufgerissen. Was sie noch sehen, ist unfaßbar geworden, die ins Chaos stürzende Welt übersteigt alles Begreifen, sprengt Sinn zu Wahn, läßt die Augen auf- und übergehen. Kunstgeschichtler weisen darauf hin, daß die Verstellung der Augen zugleich einen Bewegungsablauf ausdrücke: »Wenn wir jedem Auge eine Kopfstellung zuordnen, dann sehen wir, daß der Kopf von rechts nach links rollt... Jahrhundertelang vermochten die Maler nur ein einziges Stadium einer Bewegung wiederzugeben; hier aber wird deutlich eine Folge von Phasen in einer einzigen Figur geboten, deren Dynamik damit ins Unheimliche steigt.«[1]

Zwischen dem Stier und dem dahingestreckten Krieger, über dessen ausgestrecktem Arm schwebt eine Frau mit ihrem toten Kind in den Armen. Diese Figurengruppe ist formal in die Mitte des linken Bildteils komponiert, der dunkle Rumpf des Tieres hebt die sich aufreckende Frau hervor; ihr Gesicht ist nicht auf den Kopf des Stieres gerichtet, sondern steil nach oben in eine endlose Ferne. Diese Mutter hält ihr zerfetztes Kind. Sie betrauert es nicht in innerlichem Schmerz, sondern schreit alle Not in gellender Klage steil nach oben.

b) Die Mitte des monumentalen Gemäldes wird von dem schreienden Pferd und den zwei von rechts hereinstürzenden Gestalten gebildet; aber nur die untere Gestalt ist vollständig abgebildet und reicht mit ihrem linken Bein bis in die rechte Bildecke. Die zweite Gestalt darüber ist auf den Kopf alleine beschränkt.

In äußerster Qual windet sich das große Pferd. Darin wird für Picasso eine zwanzig Jahre zuvor (1917) entstandene Zeichnung wieder lebendig, ein veren-

[1] *Rolf Linnemann,* Kindlers Malerei Lexikon, Bd. 10, München 1976, 125.

dendes Pferd mit zum Himmel erhobenem, aufheulendem Kopf. Im vollendeten Gemälde »Guernica« beherrscht das sterbende Pferd nun die Bildmitte. Aus seinem aufgerissenen Maul ragt die Zunge wie ein spitzer Keil, Geschoß oder Stachel, in dem der unendliche Schmerz der Kreatur einen so zerreißenden Ausdruck findet, daß auch der Betrachter davon betroffen wird. Der Schweif des Pferdes gleicht – ähnlich dem Schwanz des Stieres – einer züngelnden Flamme, der Körper des Tieres läßt dagegen an eine Montage aus Zeitungspapier denken. So wie im Stierkampf die Pferde der Picadores mit dicken Schutzmänteln behängt sind, scheinen die Zeitungen dieses Tier, seine tödlichen Verletzungen, zu kaschieren.

Weiter rechts, leider im Buchfalz, schwebt ein Kopf, hell, strahlend und keineswegs verzerrt wie die anderen Gesichter. Er scheint hereinzustürzen, jedenfalls drücken die wehenden Haare Bewegung aus, die Augen sind auf das Pferd gerichtet, der Mund zum Sprechen geöffnet. Ist es ein Engel, der in das apokalyptische Chaos fährt? Gehört der ebenfalls aus gleicher Richtung hineinfahrende Arm mit der Dochtlampe zu diesem Boten? Was richtet er aus?

Unter diesem Kopf kommt mit weit ausholendem Schritt und aufgerecktem Gesicht eine Frau hinzu, von der Dunkelheit darüber tief gebeugt, mit ihrem Blick aber der Lichtkontur folgend bis zu jener zentralen Lampe, die in der umgebenden Dunkelheit nur eine Funzel ist und trotzdem den Strahlenschein der Sonne bekommen hat. Diese Beobachtung läßt uns nach den Lichtquellen des Bildes insgesamt fragen.

In der Mitte oben, über dem Kopf des gequälten Pferdes, das Licht der Glühlampe, »deren Schirm so verkürzt ist, daß er die Form eines Auges annimmt; weil es über allem schwebt, fühlt man sich an das Auge Gottes erinnert« (Rolf Linnenkamp). Ob die gedrückte Frau dieses Licht sucht? Dazu kommt das Licht der hereingestoßenen Lampe. Von dieser Quelle aus senkt sich der Lichtschein in einem hellen Dreieck schräg nach rechts unten und fällt dort auf jenes Gesicht, das aus gedrückter Verzweiflung und doch Hoffnung aufschaut – auf zum Licht. Rolf Linnenkamp deutet diese Figur als Zerrbild des Menschen, der von unerträglichen Schrecken gepeinigt wird. »Die Deformierung durch äußere Gewalt verstört dermaßen, daß hier in voller Übereinstimmung von Wirklichkeit und Kunstwerk die Formen der menschlichen Gestalt vergewaltigt sind. Diese Figur stürzt hilfeheischend dem Licht entgegen, geblendet, hoffnungsvoll – und vergeblich.«

c) Eine letzte Steigerung geht von der Gestalt am rechten oberen Bildrand aus. Als stecke er in einer Gefängniszelle unterhalb eines engen Fensterlochs, reckt dieser Mensch, Hilfe schreiend, seine Arme in die Höhe, während ihn zugleich ein scharf bezahnter Abgrund, ein zerreißender Schlund, in die Tiefe hinein schluckt. Das Gesicht dieses Versinkenden ist noch steiler in die Höhe gerissen als jenes der Mutter mit dem toten Kind auf der linken Gegenseite. Dabei erinnert die Art, in solcher Weise das Gesicht des Menschen nach oben zu kehren, an die Technik der Wiener Genesis, von der uns im Religionsbuch 3, Seite 25 ein Beispiel für die völlige Ausrichtung des Menschen auf Gott vor Augen stand. Das kleine quadratische Lichtloch mag auf diese Dimension jenseits des verschlingenden Rachens verweisen: für den gepeinigten Menschen ist es Sehnsuchtsziel, nicht Rettung; der Abgrund verschlingt ihn.

Picasso bemalte diese Riesenfläche von nahezu acht Metern Länge mit den sparsamsten Mitteln. Jedes überflüssige Beiwerk fehlt. Zwischen Schwarz und Weiß bleibt es bei der Mischung unterschiedlicher Grautöne. Grau ist der Alltag, grau ist auch das stumpfe Leid, Schwarz die Trauer, der Tod, die äußerste Finsternis. Aber selbst der Gegensatz hierzu ist nicht aufhebend: das gleißende Licht ist feindlich und kalt, es taucht alles Geschehen in Unerbittlichkeit.

C./D. Die Frage, ob Picassos »Guernica« in einem Religionsbuch für Zehnjährige abgebildet werden darf, stellt sich nur dann, wenn bestritten wird, daß wir mit Kindern dieses Alters über den Krieg sprechen. Aber da Kriege allerorten die Welt in Aufruhr halten, das Schießen und Bomben aus der täglichen Berichterstattung nicht weichen will, die Angst vor einem endgültigen Holocaust alle Völker umfängt, ist es unumgänglich, solche Furcht und Schrecken im Unterricht zur Sprache zu bringen. Wer Ängste verdrängt, treibt die Menschen nur noch schlimmer in ihre Not. Ängste müssen bewußt werden. Ängste können uns helfen, Gefahren zu sehen und gegen sie anzugehen.

Manche Religionsbücher dokumentieren Krieg durch Fotografien zerstörter Welt und vernichteten Lebens. Dergleichen Versuche lehnt die didaktische Linie unseres Unterrichtswerkes ab. Der Fotografie ist das anregende, vorbildliche Schulleben vorbehalten. Die Dokumentation des Schreckens hat ihren legitimen Ort in der Presse, im Rundfunk und Fernsehen. Das Religionsbuch darf nichts davon ignorieren, muß aber den Kindern helfen, solche Wirklichkeit zu verarbeiten. Das gelingt alleine mit dem befreienden Wort des Dichters, dem deutenden, ordnenden Bild des Künstlers. »Guernica« ist kein chaotisches Bild, es beschwört das Chaos. Es ist kein Bild, das Angst macht, es bringt die Angst zur Sprache, weckt Fragen, ermutigt zum Mitleiden, bekennt sich zur Würde des Menschen.

Bevor es um einen methodischen Weg gehen kann, dieses Bild im Unterricht zu erschließen, geht es grundlegend um das eigene Verhältnis des Lehrers zu »Guernica«. Alles, was im vorliegenden Abschnitt (S. 147–157) über Krieg und Frieden gesagt wurde, ist dabei zur persönlichen Auseinandersetzung mitaufgegeben. Hier gibt es nichts »durchzunehmen«, hier ist jeder Lehrer mit seiner eigenen privaten und gesellschaftlichen Existenz gefragt, und angesichts der Herausforderung ist Indifferenz nicht möglich.

Bertolt Brecht: Bitten der Kinder S. 24

A. Das kleine Gedicht besteht aus zehn Zeilen zu je fünf Paarreimen. Sein Rhythmus ist unregelmäßig: Bis Zeile 6 herrscht ein gleichmäßiger Wechsel von betonten und unbetonten Zeilenanfängen. Ab Zeile 7 wird jeder Zeilenbeginn betont, wodurch der Text härter und fordernder wird. In den Zeilen 3 und 4 finden sich nur zwei Hebungen am Anfang und Ende, entsprechend den Inhalten. »Nacht« und »Leben«: die Dauer wird unterstrichen.

B. Die ersten sechs Zeilen des Gedichts bringen verneinende Aussagen (»nicht«, »keiner«, »keine«). Auch die positiv formulierte Zeile 3 ist als Verneinung negativer Kriegserfahrungen zu verstehen. Die Zeilen 7 bis 10 stellen die positiven Postulate dagegen. Die umständliche Formulierung in Zeile 6: »Keiner sollt' müssen töten einen« verweist auf die Befehle zum Töten im Krieg, wo jene »schuldig« gemacht werden, die sich diesem »Müssen« entziehen. Was gebaut werden muß, ist auf »alle« bezogen. Die Gestaltung dieser Welt soll jedermann beteiligen. Erst wenn alle »was« bauen, »kann man allen trauen«. Dieses Vertrauen gilt nicht da, wo nur einige sich der Arbeit aller bedienen. Der Schlußvers vereint alt und jung: Den Jungen wird Kraft und Glück gewünscht, eine menschliche Welt zu errichten. Aber sie sollen es nicht ohne die Alten oder gar auf deren Kosten tun. Erst wo jung und alt gemeinsam leben und bauen, kann überwunden werden, was das Leben zur Strafe werden ließ.

C. Das Gedicht erinnert formal an Kindergebete. Aber nicht »der liebe Gott«, sondern die Menschen sind Adressaten dieser Bitten. Läßt die Ernsthaftigkeit solcher Bitten auch in ihrer Weltbezogenheit die Bezeichnung »Gebet« zu? Wann werden Bitten zum Gebet? (→ S. 386ff)

D. Leitfragen: Welche Kinder haben solche Bitten und Wünsche? Wann weinen Mütter? Wo können Menschen töten »müssen«? Wie zeigen uns Fernsehberichte Länder, in denen Krieg ist? Wie ergeht es dort Kindern, Frauen und alten Leuten? – Nutzt es etwas, zu bitten? *Wen* bitten die Kinder? *Wie* bitten sie am besten? Was also heißt »bitten«? Hat eine Bitte Folgen für den, der bittet? Wie ist ein Bittender in seine eigene Bitte verflochten?

Gott: Das dunkle Licht

Es wurde schon oft gesagt und soll dennoch hier erinnert werden: Wer dieses Kapitel unterrichtet, muß wissen, in welcher Linie es steht, was in den drei Jahren zuvor den Kindern vermittelt wurde. Das ist nicht allein deswegen geboten, um frühere Einsichten wach halten und vertiefen zu können – wieviel geht verloren, weil der Unterricht kein Wiederholen, kein Zurückkommen auf einmal Gehörtes kennt! –, sondern um in allem, was jetzt zu sagen ist, nie ohne Hintergrund und korrigierenden Kontext zu bleiben.

Es geht nämlich im Folgenden um die dunkle Seite Gottes, um alles, was zerstörend, vernichtend, in den Tod verschlingend in Geschichte und eigener Lebenszeit erfahren wird. Es müssen nicht persönliche Schicksalsschläge sein, die hier erschüttern und ratlos machen, es genügt der Blick in die Tageszeitung, um den Kopf zu vergraben und an Gott und der Welt irre zu werden.

Wer meint, dies sei ein Problem der Erwachsenen, Kinder berühre es nicht, mag immerhin bedenken, daß bei einer Umfrage unter Grundschülern, auf welche Fragen die Erwachsenen den Kindern am häufigsten eine Antwort schuldig blieben, lauter Beispiele kamen, die von Leid und Tod in der Welt sprachen, mit deren Realität ihre Gottesvorstellung kollidierte. Es wäre deshalb eine verfälschte Sicht und zugleich eine langfristig verhängnisvolle Sache, würden wir uns mit Gott als Licht der Welt (2. Schuljahr) und den großen biblischen Theophanien (»Verborgen und offenbar«: 3. Schuljahr) begnügen. Nicht wenige Kinder müssen schon in ihren Jahren mit schmerzhaften Wunden an Leib und Seele fertigwerden, ohne daß sie gerade in solchen Erfahrungen eine religiöse Hilfe bekommen. Unsere Achtung vor ihrer Person und ihrer nie zu unterschätzenden Reife gebietet uns, auch das mit ihnen zu teilen, was uns selbst bewegt, uns ratlos macht und manchmal umtreiben kann: Frage und Klage, Glaube und Zweifel, Ergebung und Widerstand, Dunkelheit und Licht.

Was hat Gott mit den Weltläuften zu tun?

»Die Vernunft zerstört den Glauben keineswegs; viel ernster zu nehmen ist die Arbeit des Schmerzes am Fels, vernichtende Erosion«, schrieb Reinhold Schneider am 7. März 1958, einen Tag vor seinem Tod. In den Notizbüchern, die seinen »Winter in Wien« 1957/58 skizzieren, begegnet diese Trauer immerfort: »Des Vaters Antlitz hat sich ganz verdunkelt; es ist die schreckliche Maske des Zerschmeißenden, des Keltertreters; ich kann eigentlich nicht ›Vater‹ sagen.«

Für Reinhold Schneider war in dieser Zeit bereits ein Blick in die nächste Natur Belastung seines Glaubens:

»Wir brauchen nicht weit zu gehen, benötigen weder Fernrohr noch Mikroskop ... Erinnern wir uns nur der alltäglichen, schon oft erzählten Geschichte von den im Gedärme gewisser Vögel lebenden Schmarotzern, deren Eier durch den Kot sich in Schnecken einschleichen; in diesen wachsen sich die Keime zu Schläuchen aus, die in die Fühler vordringen; in den aufdunsenden Fühlern entwickeln sie ein anreizendes Farbenspiel und ebensolche Bewegungen; das lockt die Vögel an, die Fühler abzureißen; so kommen die Parasiten wieder an ihren Platz. Und immer wachsen der Schnecke wieder Fühler, und immer werden sie abgerissen; die Schnecke ist nur Herstellerin der Zerstörer, die sie und die Vögel zerstören; ohne Myriaden von Zerstörern zu beherbergen, ohne von ihnen sich bedienen zu lassen, könnte kein höherer Organismus bestehen; ohne sie also könnte auch der Geist sich nicht aussagen. Und was sind nun Liebe und Schönheit? Es bedarf äußerster Kraft, sie niemals zu verletzen. Wenn man die Visionen des Hieronymus Bosch im Irdischen läßt, woher sie stammen, so ist er unwiderlegbar.«[1]

Die Klage, die hier angestimmt wird, fragt zugleich nach Gott inmitten einer solchen Welt. Da gibt es theologische Entlastungsversuche, die Gott als Geist nur auf den Geist des Menschen einwirken sehen, während er nicht in die physikalischen Abläufe der Welt eingreife, was dem Menschen überlassen bleibe. »Ist es dann sinnvoll«, fragt Fridolin Stier, »in der Dürre um Regen zu bitten oder ihm für eine gute Ernte zu danken?« – »Aber«, fügt er an, »wer kennt denn die Grenzen des Wirkens Gottes in der Welt? Enden sie an der kosmologischen Mechanik?

Dies einmal angenommen, dann tritt an die Stelle der Bitte um Regen die Klage über das Massensterben in der Sahelwüste von Menschen und Vieh – tausend, abertausend Menschen und Tiere verenden, verrecken, elend unter Qualen ... Der stumme Aufschrei der zu Tode gemarterten Kreatur findet kein Gehör. Gott hat nichts damit zu tun; sinnlos, ihn um Regen zu bitten?« Fridolin Stier hat den theologisch so gedeuteten Gott in einer Audienz der Tiere antworten lassen: »Ich kann euch nicht helfen, ich habe auf diesem Gebiet keine Zuständigkeit, wie die Theologen mich wissen lassen; tut mir leid, meine lieben Geschöpfe. Verschont mich also mit euren Klagen, sie sind an der falschen Adresse.« Er läßt die Kreatur unter diesem Bescheid aber nicht verstummen, sondern erzählt die Szene weiter: ein kluger Affe nämlich, »der etwas Theologie studiert hatte«, erhob Protest. Bis auf die Knochen abgemagert, vom Hunger ausgezehrt, raffte er sich auf:

»Wartet Brüder!« rief er seinen Leidensgenossen zu, »es stimmt nicht.« Schreiend, mit den Armen fuchtelnd, näherte er sich dem Thron ... »Nein, Herr, so kannst du uns nicht abwimmeln! Du hast die Weltmechanik erfunden und sie in Gang gesetzt, du bist der Ur-Verursachende aller die Weltmaterie beherrschenden Ursachen. Oder sollten diese in der Weltmaterie waltenden Ursachen (die sogenannten zweiten) deinen Händen entglitten sein oder sich selbständig gemacht und vom Urglied der Ursachenkette gelöst haben? Sollte dir ein Mißgeschick passiert sein, ein göttliches Versagen?«

Fridolin Stier fügt eine Anmerkung hinzu: »Wenn du der bist, an den wir glauben (der Liebende), so bist du selbst angeblich derjenige, der in uns klagt, gegen etwas anderes in dir, ›das nicht das Deine ist‹.«[2]

[1] *Reinhold Schneider,* Winter in Wien. Aus meinen Notizbüchern 1957/58, Freiburg i. Br. 1958, 119 f.

[2] *Fridolin Stier,* a.a.O., 195 f.

Die Schöpfung, in der Kinder gemartert werden

Das unbegreifliche Leid und die ihm entwachsenden klagenden Fragen werden in der Theologie unter dem Begriff der »Theodizee« verhandelt. Theodizee, aus *theós* = Gott und *dike* = Rechtsstreit gebildet, bedeutet »Rechtsstreit um Gott«. Das Buch Ijob entfaltet diesen Streit *mit* Gott:

> »Zum Ekel ist mein Leben mir geworden,
> ich lasse meiner Klage freien Lauf,
> reden will ich in meiner Seele Bitternis.
> Ich sage zu Gott: Sprich mich nicht schuldig,
> laß mich wissen, warum du mich befehdest.
> Nützt es dir, daß du Gewalt verübst,
> daß du das Werk deiner Hände verwirfst,
> doch über dem Plan der Frevler aufstrahlst?
> Hast du die Augen eines Sterblichen,
> siehst du, wie Menschen sehen?
> Sind Menschentagen deine Tage gleich
> und deine Jahre wie des Mannes Tage,
> daß du Schuld an mir suchst,
> nach meiner Sünde fahndest,
> obwohl du weißt, daß ich nicht schuldig bin
> und keiner mich deiner Hand entreißt?
> Deine Hände haben mich gebildet, mich gemacht;
> dann hast du mich umgedreht und mich vernichtet.
> ...
> Warum ließest du mich aus dem Mutterschoß kommen,
> warum verschied ich nicht, ehe mich ein Auge sah?
> Wie nie gewesen wäre ich dann,
> vom Mutterleib zum Grab getragen.
> Sind wenig nicht die Tage meines Lebens?
> Laß ab von mir, damit ich ein wenig heiter blicken kann,
> bevor ich fortgehe ohne Wiederkehr
> ins Land des Dunkels und des Todesschattens,
> ins Land, so finster wie die Nacht,
> wo Todesschatten herrscht und keine Ordnung,
> und wenn es leuchtet, ist es wie tiefe Nacht.«
>
> (Ijob, 10, 1-8; 18-22)

Bei Georg Büchner (1813-1837) in »Dantons Tod« ist diese Klage aus dem Leid heraus zum »Fels des Atheismus« geworden. Dem Nichts konfrontiert, verstummt dann auch bald die Klage, wird sprachlos und endet im resignierenden Verstummen. »Er kenne einen Priester, der während des Krieges den Glauben verloren habe, als er das Gesicht eines jungen Mannes mit ausgestochenen Augen erblickte«, sagt Tarrou in Albert Camus' Roman »Die Pest«. Und der Arzt Dr. Rieux erklärt als seine Glaubensposition: »Da die Weltordnung durch den Tod bestimmt wird, ist es vielleicht besser für Gott, wenn man nicht an ihn glaubt und dafür mit aller Kraft gegen den Tod ankämpft, ohne die Augen zu dem Himmel zu erheben, wo er schweigt.«

Die Pest ist Albert Camus (1913-1960) ein Paradigma für alles zerstörende Unheil: Krankheit und Krieg, Unterdrückung und das Leid der Unschuldigen.

Rieux kämpft gegen dieses Elend, wenngleich seine Siege immer nur vorläufig sein können. Der Jesuitenpater Paneloux aber deutet die Seuche als Gottes Strafgericht: »Meine Brüder, ihr seid im Unglück, meine Brüder, ihr habt es verdient«, beginnt er seine Predigt und erläutert dann:

»Das erstemal erscheint diese Geißel in der Geschichte, um die Feinde Gottes zu strafen. Pharao widersetzt sich den Absichten des Ewigen, und die Pest zwingt ihn in die Knie. Seit allem Anfang der Geschichte wirft die Geißel Gottes die Hochmütigen und die Verblendeten zu seinen Füßen nieder. Bedenkt das und fallt auf die Knie...

Wenn euch heute die Pest anschaut, so deshalb, weil der Augenblick des Nachdenkens gekommen ist. Die Gerechten brauchen sich nicht davor zu fürchten, aber die Bösen haben Ursache zu zittern. In der unermeßlichen Scheuer des Weltalls wird der unerbittliche Dreschflegel das menschliche Korn dreschen, bis die Spreu vom Weizen geschieden ist. Es wird mehr Spreu geben als Weizen, mehr Berufene als Auserwählte, und dieses Unglück ist nicht von Gott gewollt...

Für uns, die wir klarer sehen, läßt es einfach jenen wunderbaren Schein der Ewigkeit hervortreten, der auf dem Grund jedes Leides ruht. Dieser Schein erhellt die dämmerigen Wege, die zur Erlösung führen. Er offenbart den göttlichen Willen, der ohne Unterlaß das Böse in Gutes verwandelt. Auch heute noch führt er uns auf diesen Pfaden von Tod, Angst und Gezeter der letzten Stille und dem Urquell allen Lebens entgegen. Liebe Brüder, darin liegt der unermeßliche Trost, den ich euch bringen wollte, damit ihr nicht nur Züchtigung von hinnen traget, sondern auch ein Wort der Linderung.«

»Wie denken Sie über Paneloux' Predigt, Herr Doktor?«, fragt Tarrou. Rieux darauf: »Ich habe zu lange in Spitälern gelebt, um den Gedanken einer Kollektivstrafe zu lieben. Aber wissen Sie, die Christen sprechen manchmal so, ohne es wirklich je zu denken. Sie sind besser als sie scheinen.« Auf Tarrous Frage: »Glauben Sie an Gott, Herr Doktor?« antwortet Rieux: »›Nein, aber was heißt das schon? Ich tappe im Dunkeln und versuche, dennoch klar zu sehen. Ich habe schon lange aufgehört, das originell zu finden.‹«

In einem späteren Gespräch zwischen Pater Paneloux und Dr. Rieux bemerkt der Seelsorger: »Vielleicht sollen wir lieben, was wir nicht begreifen können.« Aber da richtet sich Rieux auf und gibt »mit der ganzen Kraft und Leidenschaft, derer er fähig war«, zur Antwort: »Nein, Pater. Ich habe eine andere Vorstellung von der Liebe. Und ich werde mich bis in den Tod hinein weigern, die Schöpfung zu lieben, in der Kinder gemartert werden.«[1]

Hören, Kontemplieren, Schweigen

Für jeden, den das Leid der Welt betrifft, sei es Auschwitz, Hiroshima, Vietnam, Erdbeben und Flut, Krankheit und Unfall, werden philosophische wie theologische Antwortversuche unbefriedigend bleiben. Was hilft den grausam Leidenden Augustins Ansicht, daß Leid und Widersinn im einzelnen die Ordnung im ganzen nicht widerlegen: »Mehr ist nämlich das Ganze als ein Teil«? Wen tröstet Hegels Position, »dabei, daß einzelne Individuen gekränkt worden sind, kann die Vernunft nicht stehen bleiben«, denn: »Das Wahre ist

[1] *Albert Camus,* Die Pest, (Paris 1947) Hamburg 1950, 57-60, 128 f.

das Ganze«? Was hilft es weiter, wenn Adorno das Ganze einfach umdreht und behauptet: »Das Ganze ist das Unwahre«, um zu sagen, daß alle bisherigen Rechtfertigungsversuche des Negativen aus dem Sinn des Ganzen endgültig erledigt sind?

Erst recht machen uns solche »Lösungen« sprachlos, wenn unsere Kinder nach dem Leid der Welt fragen. Sie wollen nicht wissen, was Hegel dachte, sondern wie wir, ihre Lehrer und Eltern, mit eigenem und fremdem Leid umgehen und welche Antwort darauf uns der Glaube gibt.

Doch welche gibt er? Jene, die Albert Camus zu seiner Zeit von Christen hörte – er selbst hatte über Platon und Augustinus promoviert –, überzeugte ihn nicht. Für ihn blieb »die Pest« absurd und nur durch eine selbstverständliche menschliche Solidarität zu bekämpfen. Jene, die Fridolin Stier als Theologe kannte, ersparte ihm weder Grübeln noch die Klage aus den Tiefen erschütterter Betroffenheit. »Ijob – hat gerufen, ihm antwortete Gott. Seine Freunde haben eine sichere Theologie. Sie fragen nicht – wie sollten sie, wo sie über die wahre Lehre verfügen... Die Gottkenner, die Gotteskundigen ficht Gott nicht (mehr) an. Er schweigt denen, die *über* ihn reden.«[1]

Der Weg, den wir unsere Kinder führen können, ist am wenigsten ein denkerischer Weg. Angemessen wäre es, von einem Weg der Erfahrung zu sprechen, wenn das für schulische Prozesse ein nicht zu vollmundiger Anspruch ist. Gemeint sei, daß wir mit unseren Schülern Geschichten, Psalmen, Gebete mit innerer Bedachtsamkeit kontemplieren, die uns die Erfahrung und die Antwort der Bibel vermitteln. Diesen Weg führt unser Religionsbuch und das hier folgende Kapitel mit großer Aufmerksamkeit. Im Lesen, Sehen, Hören und Lernen der biblischen Zeugnisse können sich den Schülern Grundmuster der Klage, der Geduld, der Tapferkeit und des Glaubensmutes erschließen, die vielleicht auch einmal in Situationen eigener Betroffenheit ihr Verhalten orientieren. Die ausgewählten Beispiele von Abraham, Jakob und Jeremia haben die Kraft, ihre Frage nach Gott mit der Erfahrung unserer heutigen Welt zu vereinen. Zusammen mit Chagalls Bildern und modernen Kontexten kann sich der Unterricht in einen Prozeß begeben, der jede Formelhaftigkeit vermeidet und einen wahrhaftigen Weg suchen lehrt.

Wir können also mit allgemeinen Reflexionen keine Antwort auf die Theodizeefrage geben. Mit »Sätzen« ist der Bedrängnis eines Reinhold Schneider, Albert Camus, Fridolin Stier nicht zu begegnen. Letztlich verweisen die Geschehnisse, Erfahrungen, Zeugnisse eines beglichenen Glaubensweges, von denen die Bibel berichtet, allesamt auf die Passion und den Kreuzestod Jesu. Im Anschauen des Kreuzes, im Betrachten des Paradoxons, *daß sich Gott in der Ohnmacht* des unschuldig Gehenkten *offenbart,* ist wohl das Geheimnis aller leidenden Kreatur enthalten. Worte, die dies fassen wollen, versagen. ...Mysterium crucis... Aber jene Bilder des gekreuzigten Leidens, die wir unseren Kindern wie uns selbst vor Augen stellen, mögen ihre Kraft entfalten, wenn das Räsonieren verstummt auf dem Weg zum Berge Moria.

[1] *Fridolin Stier,* a.a.O., 184.

Text und Bild im Kapitel »Gott: Das dunkle Licht«

Wie bisher bleibt unser Religionsbuch der Linie treu, das Gottes-Kapitel mit Bildern Marc Chagalls auszustatten. Es hätte die Möglichkeit bestanden, unmittelbar textnahe Bildwerke zu wählen, wie sie von Chagall zu den Perikopen unseres Kapitels geschaffen wurden, beispielsweise das »Opfer Abrahams« zu Gen 22 (NVZ Nizza 266); »Jakobs Kampf mit dem Engel« (1950 oder 1950/52); oder »Jeremia in der Zisterne« (Nizza 358). Wir haben uns gegen diese Lösung entschieden, weil die genannten Bilder der biblischen Erzählung – im Gegensatz zu vielen vorangegangenen Chagall-Bildern – sehr eng folgen, also bildlich noch einmal schildern, was der Text bereits darstellt. Da es aber ein wesentliches Ziel unserer Auslegung ist, die Texte als »Geschichten des mitlaufenden Anfangs« (→ III, 132 ff) zu verstehen, sie also jeder historisierenden Verengung vorzuenthalten, schien es uns wichtig, mit den gewählten Bildern den Texten eine zweite Ebene zuzuordnen. Keins der drei beigefügten Bilder ist im Blick auf die vorgegebenen Bibeltexte gemalt worden. Sie haben je unterschiedliche Entstehungsgeschichten und können grundsätzlich nicht als »Illustrationen« zu unseren Perikopen angesehen werden. Vielmehr stellt sich im Unterricht die Aufgabe, eine innere Beziehung zwischen Bild und Text erst zu suchen.

Auf den ersten Blick könnte man meinen, der sowieso schon hohe Anspruch, den die drei Bibeltexte an den Lehrer stellen, werde durch diese Bildzuordnung weiterhin erschwert: Aber das Gegenteil trifft zu. Illustrierende Bilder verstärken die Fixierung der Schüler auf ein gegenständliches Textverständnis. Statt zu einer Überschreitung der ersten Anschauungsebene zu kommen, werden die Kinder durch das nacherzählende Bildwerk stärker darauf festgelegt. Demgegenüber enthalten »Der Tote«, »Der Jude in Grün« und »Einsamkeit« die Aufforderung, die jeweiligen Perikopen mit darüber hinausgehenden Erfahrungen zu verbinden, beispielsweise zu fragen, was die von Abraham erzählte »Glaubensprobe« mit dem Toten auf der Straße zu tun haben könnte. In diesem Kapitel bilden die Chagall-Gemälde also eine Meta-Ebene, die den Kindern hilft, das Verständnis der biblischen Geschichten mit der weitergehenden Geschichte des Menschen zu verknüpfen. So wird einer falschen Historisierung vorgebeugt. Die Texte sind nicht in sich abgeschlossen, werden keiner vordergründigen Gegenständlichkeit überlassen, sondern mit der Eindringlichkeit der Assoziationsfülle, die jedes Gemälde umfaßt, in einen nach vorne offenen, kreativen Verstehensprozeß hineingefordert. Unsere Interpretationen am jeweiligen Ort bieten dazu nähere Hinweise.

Max Dentler, Licht und Dunkel S. 25

A. Max Dentler, 1919 in Pforzheim geboren, studierte an der Akademie der Bildenden Künste in Stuttgart bei Willi Baumeister und Karl Hils. Nach zwölf Jahren Krieg und Gefangenschaft engagierte sich Dentler in der therapeutischen Arbeit mit Behinderten, Strafgefangenen und langfristig Kranken. »Die Kunst kann heilen helfen« war seine Überzeugung. Darum ging er in Kliniken, Heime und Kindergärten, um behinderten Kindern und Jugendlichen zu helfen, durch schöpferische Arbeit Selbstvertrauen und Lebensmut zu finden - eine Werktherapie, die damals noch keine Selbstverständlichkeit war. Von 1962 bis 1981 war Dentler Kunsterzieher an der Pädagogischen Hochschule Reutlingen. Dort lebt er heute als freischaffender Künstler.

B. Das vorliegende Bild (Öl auf Leinwand, 120 x 100 cm) ist »abstrakt«. Die sichtbaren Formen entziehen sich einer Benennung, sind also weder »dies« noch «das«. Unübersehbar ist die Spannung zwischen Dunkel und Hell, hinter nächtlichen Zonen aufsteigendes Licht, dessen Quelle noch verborgen bleibt. Nur mangelhaft läßt die Druckwiedergabe erkennen, daß der Malgrund aufgeraut ist, mit einer halbreliefartigen Körnung bis hin zu krustigen Formen. Das verstärkt die Faszination des Bildes und hebt die einzelnen Gebilde körperhaft-schwebend in den Raum.

Die untere Hälfte, von links nach rechts fallend, ist in tiefe Finsternis getaucht. Diese Nacht wirkt undurchdringlich und kann dennoch nicht die Kontur der großen Gestalt verschlucken, deren Ränder schmale Lichtsäume tragen. Die Formen- und Farbwelt ist elementar, aber auf so feine Weise nuanciert, daß sie sprachlich kaum zugänglich wird, am ehesten einer Musik vergleichbar, die sich auch nicht in Worte fassen läßt.

Dentler verbindet sein Bild mit Hoffnung. Nicht die Nacht, sondern das Licht wird siegen; er denkt an den bald steigenden Morgen. Dentlers Hintergrund ist biblisch geprägt.

C. Bilder, die nicht einfach Abbilder vordergründiger Realitäten sind, sind notwendig vieldeutig. Der Betrachter selbst ist aufgefordert, kreativ zu sein. Er darf sich durch das Bild inspirieren lassen und eigene Gedanken, Erinnerungen oder Empfindungen entwickeln. Es gibt keine Instanz, die ein Bild letztgültig deuten könnte. Selbst der Künstler verfügt nicht über »die« Deutung schlechthin. Was er sagen kann, sagt er durch sein Werk. Jedes Wort nebenher bleibt eine Auslegung unter anderen möglichen Auslegungen.

Auch die hier abgebildete Arbeit von Max Dentler ist ein offenes Angebot, sich so damit zu befassen, daß die eigenen Gedanken und Empfindungen dem zugehören, was das Bild sagen will. Das Bild *und* seine Betrachter ergeben die Aussage.

D. Einzelerfahrungen mit abstrakten Bildern sind unseren Kindern bereits vertraut (→ II, 384ff, 390f; IV, 370ff). Allemale stehen diese Bilder in meditativen Zusammenhängen. Auch das vorliegende Bild möchte primär eine stille, besinnliche Form des Hinschauens und Bedenkens anregen, etwa jeweils im Kontext zu den nachstehenden Geschichten, die von bitteren Dunkelheiten erzählen, denen dennoch ein rettendes Licht nicht fehlt.

Die symbolische Deutung des Lichtes ist den Schülern seit dem 1. Schuljahr vertraut (→ I, 263-291). Dennoch wird es notwendig sein, hier wieder bewußt anzuknüpfen. Das den Kindern vertraute Bild aus dem Hildegardis-Codex erleichtert es, das nahezu immaterielle Licht als Gottessymbol zu sehen, wie dies auch weiter hinten im Rahmen der Osterbilder geschieht (→ S. 328ff). Max Dentlers Gemälde findet also seine didaktischen Verstehensvoraussetzungen, aber zugleich mehrfache Querverbindungen in die ikonographische Sprache des Religionsbuches. Wer als Lehrer hier »im Bilde« ist, wird nur sparsamer Worte bedürfen, um seinen Schülern auf dem Weg durch das vorliegende Gottes-Kapitel erneut das Dritte Auge zu öffnen.

Genesis 22, 1-14: Das Liebste geben S. 26

A. Diese Erzählung – »die formvollendetste und abgründigste aller Vätergeschichten«[1] – hat neben anderen Patriarchengeschichten eine ungeheuere Nachwirkung im jüdischen, christlichen und islamischen Raum gehabt. Sie ist von einer sprachlichen Einfachheit, die kaum noch verdichtet werden kann, und entspringt dennoch keiner simplen Einfalt, sondern birgt unauslotbare Tiefe, die alle Problematik menschlichen Leids umfaßt.

Für die biblische Wissenschaft steht es seit langem fest, daß die Herkunft dieser Geschichte über den Pentateuch hinausreicht, auch über die Zeit hebräischer Ansässigkeit im Lande Kanaan, so daß sie in der vorisraelitischen Religionswelt der kanaanitischen Urbevölkerung ihren Ursprung gehabt hat. In jener fernen Zeit muß dort der Brauch geherrscht haben, zu besonderen Anlässen oder Nöten der Gottheit den Erstgeborenen als das Beste, was man geben konnte, zu opfern. Dieser Akt wird nicht überall, sondern nur an bestimmten Kultorten vollziehbar gewesen sein.

Der Brauch des Kindesopfers ist religionsgeschichtlich reich dokumentiert. Plutarch (46-120 n. Chr.) insbesondere berichtet über Kindesopfer in Karthago: »... in völliger Unkenntnis der Umstände opferten sie ihre eigenen Kinder, und diejenigen, die keine Kinder hatten, pflegten solche von armen Leuten zu kaufen und schnitten ihnen die Kehlen durch, als ob es Lämmer oder junge Vögel wären, während die Mutter – ohne eine Träne oder einen Seufzer – dabeistand. Falls sie aber auch nur einen einzigen Seufzer hören oder eine einzige Träne fallen ließ, mußte sie das Geld zurückzahlen, und ihr Kind wurde trotzdem geopfert. Der ganze Bezirk vor der Statue war von dem lauten Geräusch von Flöten und Trommeln erfüllt, so daß die Klagerufe die Ohren der Leute nicht erreichen konnten.« (Moralia) Wahrscheinlich gibt es in alten Zeiten kaum ein Volk, dem das Kindesopfer und auch der Kindesmord fremd gewesen ist.[2] Lloyd de Mause berichtet: »Archäologen haben Tausende von Gebeinen geopferter Kinder ausgegraben, die oft Inschriften tragen, die die Opfer als die erstgeborenen Söhne angesehener Familien ausweisen und zeitlich bis ins Jericho 7000 v. Chr. zurückreichen. Häufig wurden Kinder auch in Mauern, Gebäudefundamenten oder Brücken eingemauert, um diesen Bauwerken einen größeren Halt zu verleihen; die Beispiele reichen von der Errichtung der Mauer von Jericho bis zum Jahre 1843 in Deutschland.«[3]

Unsere Erzählung scheint nun in ihrer vorbiblischen Form ein Zeugnis jenes »Kultursprungs« zu sein, der vom auferlegten Kindesopfer zur Möglichkeit seiner Ablösung durch ein Tieropfer führte. »Die Auslösung wurde

[1] *Gerhard von Rad,* Das erste Buch Mose (ATD Bd. 3), Göttingen 1958, 208.

[2] Einige Dokumentationen aus germanischer, amerikanischer und afrikanischer Tradition in: *Hubertus Halbfas,* Das Welthaus, a.a.O., 160-164.

[3] *Lloyd de Mause,* a.a.O., 49.

höchstwahrscheinlich an einigen wenigen, hierfür eigens reservierten Heiligtümern vollzogen. Es ist klar, daß zwischen einer Zeit, in der man Gott Kinder als kostbarstes Opfer schlachtete, und einer späteren Zeit, in der solche Opfer durch Tieropfer ersetzt wurden, eine ganz bestimmte religiöse Erfahrung, eine tiefere Erkenntnis Gottes, stattgefunden haben muß: Gott will nicht Menschenopfer; er will das menschliche Herz, er will Glauben und Vertrauen. Erfahrungen dieser Art haben unsere Geschichte konstituiert.«[1]

Von dem, was wir heute kulturgeschichtlich in unserer Erzählung wiedererkennen, wußte freilich die israelische Tradition nichts. Sie hatte kein Interesse an der ehemaligen Fassung dieser Überlieferung, insofern diese die Auslösung eines Menschenopfers durch ein Tieropfer legitimierte. Diese Wurzel der Erzählung ist der biblischen Version völlig fremd geworden. Gerhard von Rad glaubt, das beste Indiz dafür im Verlust des Namens jenes kanaanäischen Kultortes sehen zu können. »Mit der Ablösung der Erzählung von ihrem alten kultischen Haftpunkt entfiel das besondere Interesse an der Namengebung. Das, was ehedem das Wichtigste war, ist als Wortspiel zum erzählerischen Beiwerk geworden. Vielleicht ist auch der alte Name durch die spätere Verbindung der Erzählung mit dem ›Land Moria‹ hinfällig geworden.«[2]

Wir müssen uns nun vorstellen, daß die in Kanaan »nach der Mosezeit« einwandernden hebräischen Sippen kanaanäische Traditionen kennenlernten, so also auch diese alte Kultätiologie, und sie nun als ein Vehikel zur Darstellung ihrer eigenen Glaubenserfahrungen benutzten. Im Rahmen dieser israelitischen Adaption rückte der Stammvater Abraham in die Erzählung ein. Was überliefert war, wurde nun von ihm erzählt und damit zugleich ein völlig neuer Sinnhorizont entworfen, mit Korrekturen und Erweiterungen, die aus der eigenen Glaubenserfahrung kommen und sich deutlich in der zweiten Rede des Engels, VV. 16-18, niederschlagen. Denn was dort über den Segen Jahwes gesagt wird, daß er Abraham »eine überaus zahlreiche Nachkommenschaft« und »das Tor seiner Feinde« schenken werden, ist deutlich in einer anderen Zeit der ursprünglichen Erzählung zugewachsen. Alleine die Konstruktion, daß der Engel ein zweites Mal erscheinen muß, macht die Nahtstelle deutlich. Die ältere Version der Geschichte endete einmal mit V. 14: »Abraham nannte jenen Ort Jahwe-sieht, wie man noch heute sagt: Auf dem Berg läßt sich der Herr sehen.«

Trotz solcher Ergänzungen ist es sicher, daß die Überlieferung der alten Erzählungen sehr konservativ mit deren Substanz umging (→ III, 564 ff). »Haben denn die Erzählungen Gen 22, 1 ff; 28, 10 ff (›Die Himmelsleiter‹); 32, 23 ff (›Der Jakobskampf‹) ehedem, als sie noch Kultsagen gewesen, in ihrer äußeren Gestalt, d.h. was die Zahl der Sätze, ja den verwandten Wortschatz anlangt, wesentlich anders gelautet als in ihrer Jetztgestalt?«[3] fragt Gerhard von Rad. Aber obwohl wir in Gen 22, 1-14 noch vorbiblisches Traditionsgut erkennen, hat die biblische Adaption dieser Erzählung deren Aussage völlig verändert. Allein durch die Verkümmerung des ursprünglichen ätiologischen

[1] *Gerhard Lohfink,* Jetzt verstehe ich die Bibel. Ein Sachbuch zur Formkritik, Stuttgart 1973, 83.
[2] *Gerhard von Rad,* a.a.O., 208.
[3] Ebd., 137.

Skopus[1] stürzte das alte Sinngebäude der Sage in sich zusammen. Was trat an dessen Stelle? Vorrangig der Sinn, den die Erzählung nun durch die ihn einbindende Gesamtkomposition erhält. Damit vollzieht sich zugleich eine Entgegenständlichung der Erzählung, indem diese eine übertragene Bedeutung bekommt. Was ehedem eine ortsgebundene, konkrete Beziehung hatte, verschiebt sich nun ins Allgemeine hinein, in eine breitere Gültigkeit, wie dies in unserer Erzählung durch die Substituierung der früheren Ätiologie durch den Patriarchen Abraham geschieht als kollektiver Vergegenwärtigung ganz Israels.

Formkritisch betrachtet ist unsere Erzählung Gen 22, 1-14 als *Sage* zu bezeichnen. Lehrer, die mit dieser Kennzeichnung primär eine negative Wertung verbinden, weil sie darin die historische Gültigkeit der biblischen Tradition berührt sehen, unterliegen einem verhängnisvollen Mißverständnis, das ihnen den Zugang zum inneren Verständnis des Textes versperren kann. Sage bedeutet hier weder Gegensatz zur Historie noch deren Minderung, sondern eine andere Form der geistigen Auseinandersetzung mit der Geschichte. Es geht in dieser Tradition nicht um äußere Fakten und Daten, sondern um ein fortgesetztes Anschauen und Deuten, was ehedem geschah, aber auch jetzt noch geschieht, also in einer tiefgreifenden Weise die Gegenwart bestimmt und selbst noch die Zukunft erreichen wird (vgl. → III, 132-134: der mitlaufende Anfang). Die Wahrheit unserer Erzählung entscheidet sich darum nicht an der Frage, ob Abraham in ihr sekundär ist, also alles, was erzählt wird, »so« gar nicht erlebt hat, sondern führt in eine Geschichte innerer Erfahrungen und Fügungen, in eine Reflexion des eigenen Lebensweges durch Licht und Dunkelheit oder – mit einem Wort gesagt – in die hintergründige *Geschichte* des Stammvaters und des in ihm vertretenen Volkes *mit Gott.* Es handelt sich dabei oft um ein Geschehen »von viel größerer innerer Tragweite als bei vielen Dingen, die die Historie bucht, weil sie länger nachwirken und deshalb auch für die Existenz der Nachfahren bestimmend bleiben. Es ist oft eine ganze Welt von Geschehen – wirklichem, erlebtem Geschehen! – die von einer einzigen Sage umschlossen wird. Die Sage hat also auch einen viel höheren Dichtigkeitsgrad als die Historie.«[2]

B. Die nachfolgende Interpretation von Gen 22 stammt von Erich Auerbach. Sie ist ein Beispiel brillanter Textauslegung im Rahmen antiker Erzähltradition. Wer diese berühmte Interpretation Auerbachs nicht nur einmal liest, kann daran seinen eigenen Umgang mit Texten schulen. Vielleicht wird nirgendwo besser das Verständnis für die Eigenart biblischer Erzählweise gewonnen, als an diesem Stück:

»Luther übersetzt den Anfang folgendermaßen: Nach diesen Geschichten versuchte Gott Abraham, und sprach zu ihm: Abraham! Und er antwortete: Hier bin ich! – Schon dieser Anfang läßt uns stutzen, wenn wir von Homer kommen. Wo befinden sich die beiden Unterredner? Das wird nicht gesagt. Wohl aber weiß der Leser, daß sie sich nicht jederzeit am gleichen irdischen Ort befinden, daß der eine derselben, Gott, von irgendwo ankommen, aus irgendwelchen Höhen oder Tiefen ins

[1] Eine Ätiologie ist eine Entstehungsgeschichte (→ III, 132 ff). Eine Kultätiologie erzählt, warum ein bestimmter Ort durch eine Erscheinung oder Offenbarung zum Kultort wurde.

[2] *Gerhard von Rad,* a.a.O., 24 f.

Irdische hineinbrechen muß, um zu Abraham zu sprechen. Woher kommt er, von woher wendet er sich an Abraham? Davon wird nichts gesagt. Er kommt nicht, wie Zeus oder Poseidon, von den Äthiopen, wo er sich am Opfermahl erfreut hat. Es wird auch nichts von der Ursache gesagt, die ihn bewogen hat, Abraham so schrecklich zu versuchen. Er hat sich nicht, wie Zeus, mit anderen Göttern auf der Ratsversammlung in geordneter Rede besprochen; auch was er im eigenen Herzen erwog, wird uns nicht mitgeteilt; unvermutet und rätselhaft fährt er aus unbekannten Höhen oder Tiefen in die Szene hinein und ruft: Abraham! Man wird nun sogleich sagen, daß sich dies aus der besonderen Gottesvorstellung der Juden erklärt, die von der der Griechen so ganz verschieden war. Das ist richtig, aber kein Einwand. Denn wie erklärt sich die Gottesvorstellung der Juden? Schon ihr einstiger Wüstengott war nicht festgelegt nach Gestalt und Aufenthalt, und war einsam; seine Gestaltlosigkeit, Ortlosigkeit und Einsamkeit hat sich im Kampf mit den vergleichsweise weit anschaulicheren Göttern der vorderasiatischen Umwelt schließlich nicht nur behauptet, sondern sogar noch schärfer herausgebildet. Die Gottesvorstellung der Juden ist nicht sowohl Ursache als vielmehr Symptom ihrer Auffassungs- und Darstellungsweise. Das wird noch klarer, wenn wir uns jetzt zu dem anderen Gesprächspartner, zu Abraham wenden. Wo befindet er sich? Das wissen wir nicht. Er sagt zwar: Hier bin ich – aber das hebräische Wort bedeutet nur etwa: ›siehe mich‹, oder, wie Gunkel übersetzt: ›ich höre‹ und will jedenfalls nicht den wirklichen Ort bedeuten, an dem Abraham steht, sondern seinen moralischen Ort im Verhältnis zu Gott, der ihn gerufen hat: ich bin hier deines Gebots gewärtig. Wo er sich aber praktisch aufhält, ob zu Beerseba oder anderswo, ob im Haus oder unter freiem Himmel, das wird nicht mitgeteilt; es interessiert den Erzähler nicht, der Leser erfährt es nicht, und auch die Beschäftigung, der er sich gerade hingab, als Gott ihn rief, bleibt im Dunklen. Man denke, um des Unterschieds inne zu werden, etwa an Hermes' Besuch bei Kalypso, wo Auftrag, Reise, Ankunft und Empfang des Besuchers, Lage und Beschäftigung der Besuchten in vielen Versen ausgebreitet werden; und selbst da, wo Götter plötzlich für kurze Zeit erscheinen, sei es um einem ihrer Lieblinge zu helfen, sei es, um einen ihnen verhaßten Sterblichen zu täuschen oder zu verderben, da wird stets ihre Gestalt, meist auch die Art ihrer Ankunft und ihres Verschwindens genau angegeben. Hier aber erscheint Gott gestaltlos (und doch ›erscheint‹ er), von irgendwoher, nur seine Stimme vernehmen wir, und diese ruft nichts als den Namen: ohne Adjektiv, ohne beschreibende Umtastung der angeredeten Person, wie sie zu jeder homerischen Anrede gehört; und von Abraham wird auch sonst nichts sinnfällig gemacht als die Worte, die er Gott entgegensetzt: Hinne-ni, hier siehe mich – womit freilich eine überaus eindringliche Geste suggeriert wird, die Gehorsam und Bereitschaft ausdrückt – deren Ausmalung aber dem Leser überlassen bleibt. Von beiden Unterrednern wird also nichts sinnfällig als die kurzen, abgerissenen, durch nichts vorbereiteten und hart aufeinanderstoßenden Worte; allenfalls die Vorstellung einer Geste der Hingabe; alles übrige bleibt im Dunklen. Und dazu kommt noch, daß die beiden Unterredner nicht auf dem gleichen Grunde stehen: denkt man sich Abraham im Vordergrunde, wo etwa seine niedergeworfene oder knieende oder mit ausgebreiteten Armen sich neigende oder nach oben aufschauende Gestalt vorstellbar wäre, so ist doch Gott nicht dort: Abrahams Worte und Gesten richten sich nach dem Inneren des Bildes oder in die Höhe, nach einem unbestimmten, dunklen, auf jeden Fall nicht vordergründigen Ort, von dem die Stimme zu ihm dringt.

Nach diesem Beginn gibt Gott seinen Befehl, und es beginnt die Erzählung selbst; ein jeder kennt sie; ohne jede Einschaltung, in wenigen Hauptsätzen, deren syntaktische Verbindung miteinander äußerst arm ist, rollt sie ab. Undenkbar wäre es hier, ein Gerät, das gebraucht wird, eine Landschaft, die man durchquert, die Knechte oder den Esel, die den Zug begleiten, zu beschreiben, etwa die Gelegenheit, bei der sie erworben wurden, ihre Herkunft, ihr Material, ihr Aussehen oder ihre Brauchbarkeit rühmend zu schildern; nicht einmal ein Adjektiv ertragen sie; es sind Knechte, Esel, Holz und Messer, weiter nichts, ohne Epitheton; sie haben dem von Gott befohlenen Zweck zu dienen; was sie sonst sind, waren oder sein werden bleibt im Dunkel. Es wird ein Weg zurückgelegt, denn Gott hat den Ort angegeben, an dem das Opfer sich vollziehen soll; aber von dem Weg wird nichts gesagt, als daß er drei Tage dauerte, und auch dies in einer rätselvollen Weise: Abraham mit seinem Zuge machte sich ›des Morgens früh‹ auf und ging hin zu dem Ort, von dem ihm Gott gesprochen hatte; am dritten Tage hob er seine Augen auf, und sah die Stätte von ferne. Dies Augenaufheben ist die einzige Geste, ja überhaupt das einzige, was von der Reise berichtet wird, und obgleich sie wohl darin ihre Begründung findet, daß der Ort hoch liegt, so erhöht sie doch durch ihre Einzigkeit den Eindruck der Leere des Reiseweges; es ist, als ob auf der Reise Abraham vorher nicht nach rechts und nach links geschaut, alle Lebensäußerungen bei sich und seinen Reisegefährten unterdrückt habe, ausgenommen nur das Schreiten ihrer Füße. So ist die Reise wie ein schweigendes Schreiten durchs Unbestimmte und Vorläufige, ein Atemanhalten, ein Vorgang, der keine Gegenwart hat und zwischen dem Vergangenen und dem Bevorstehenden eingelagert ist wie eine unausgefüllte Dauer, die aber doch gemessen ist: drei Tage! Solche drei Tage rufen die symbolische Ausdeutung, die sie später gefunden haben, geradezu herbei. Begonnen haben sie ›des Morgens früh‹. Aber zu welcher Zeit am dritten Tage hob Abraham seine Augen auf und sah das Ziel? Darüber steht nichts im Text. Offenbar nicht ›des Abends spät‹, denn es blieb, wie es scheint, noch Zeit für den Weg auf den Berg und die Opferhandlung. Also ist ›des Morgens früh‹ nicht um der Zeitabgrenzung willen gesetzt, sondern um der moralischen Bedeutung willen; es soll das Unverzügliche, Pünktliche und Genaue im Gehorsam des so schwer getroffenen Abraham ausdrücken. Bitter ist ihm die Morgenfrühe, in der er seinen Esel gürtet, seine Knechte und seinen Sohn Isaak ruft und sich aufmacht; aber er gehorcht, er schreitet bis zum dritten Tage, an diesem hebt er die Augen auf und sieht die Stätte. Von wo er kommt, das wissen wir nicht, aber das Ziel ist genau angegeben: Jeruel im Lande Moria. Was für ein Ort damit gemeint war, steht nicht fest, zumal ›Moria‹ vielleicht später für ein anderes Wort hineinkorrigiert worden ist – aber jedenfalls war er angegeben, und jedenfalls handelte es sich um eine Kultstätte, der durch die Verknüpfung mit dem Abrahamsopfer eine besondere Weihe verliehen werden sollte. Ebensowenig wie ›des Morgens früh‹ einer zeitlichen Grenzsetzung dient, ebensowenig dient ›Jeruel im Lande Moria‹ einer örtlichen; ist ja doch in beiden Fällen die Gegengrenze nicht angegeben, denn ebensowenig wie die Tageszeit des Augenaufhebens kennen wir den Ort, von dem Abraham auszog – Jeruel ist bedeutend nicht sowohl als Ziel einer irdischen Reise, in seinem geographischen Verhältnis zu anderen Orten, als durch seine besondere Auserwählung, durch sein Verhältnis zu Gott, der es zum Schauplatz dieser Handlung bestimmte, und darum muß es genannt werden.

In der Erzählung selbst erscheint eine dritte Hauptperson: Isaak. Während Gott und Abraham, Knechte, Esel und Gerät einfach beim Namen genannt werden, ohne Erwähnung einer Eigenschaft oder sonstigen Bezeichnung, erhält Isaak einmal eine Apposition; Gott sagt: Nimm Isaak, deinen einzigen Sohn, den du lieb hast. Dies aber ist keine Bezeichnung Isaaks, wie er überhaupt ist, auch außerhalb der Beziehung zu seinem Vater, und außerhalb dieser Erzählung; es ist keine beschreibende Ablenkung und Unterbrechung, denn es ist keine Isaak umgrenzende, auf seine sonstige Existenz hinweisende Charakterisierung; er mag schön oder häßlich, klug oder dumm, groß oder klein, gefällig oder abstoßend sein – das wird hier nicht gesagt. Nur dasjenige, was jetzt und hier, innerhalb der Handlung von ihm bekannt sein muß, wird beleuchtet – damit hervortrete, wie schrecklich die Versuchung Abrahams ist, und daß Gott sich dessen wohl bewußt ist. Man sieht an diesem Gegenbeispiel, welche Bedeutung die beschreibenden Adjektive und Abschweifungen der homerischen Gedichte haben; mit ihrem Hinweis auf die sonstige, von der gegenwärtigen Lage nicht voll ergriffene, gleichsam absolute Existenz des Beschriebenen verhindern sie die einseitige Konzentration des Lesers auf eine gegenwärtige Krise; sie verhindern, selbst im schrecklichsten Ereignis, das Aufkommen einer drückenden Spannung. Hier aber, beim Abrahamsopfer, ist die drückende Spannung da; was Schiller dem tragischen Dichter vorbehalten wollte – uns unsere Gemütsfreiheit zu rauben, unsere inneren Kräfte (Schiller sagt ›unsere Tätigkeit‹) nach einer einzigen Seite zu richten und zu konzentrieren –, das wird in dieser biblischen Geschichte, die man doch wohl episch nennen muß, geleistet.

Denselben Gegensatz finden wir, wenn wir die Verwendung der direkten Rede vergleichen. Auch in der biblischen Erzählung wird gesprochen; doch dient die Rede nicht wie bei Homer der ausgeformten Kundgabe des innerlich Gemeinten, sondern geradezu im Gegenteil: dem Hinweis auf ein Gemeintes, welches unausgesprochen bleibt. Gott gibt seinen Befehl in direkter Rede, doch er verschweigt sein Motiv und seine Absicht; Abraham, als er den Befehl empfängt, verstummt, und handelt, wie ihm befohlen ist. Das Gespräch zwischen Abraham und Isaak auf dem Weg zur Opferstätte ist nur eine Unterbrechung des schweren Schweigens, wodurch dieses noch lastender wird. Die beiden, Isaak mit dem Holz, und Abraham mit Feuergerät und Messer, ›gingen miteinander‹. Zögernd wagt sich Isaak hervor mit der Frage nach dem Schaf, und Abraham gibt die Antwort, die man kennt. Dann wiederholt der Text: ›Und gingen die beiden miteinander.‹ Alles bleibt unausgesprochen.«[1]

Erich Auerbachs Interpretation ist noch um einzelne exegetische Hinweise zu ergänzen:

Das »Land Morija« wird neben V. 2 nur noch 2 Chr 3,1 erwähnt. »Salomo begann, das Haus des Herrn in Jerusalem auf dem Berge Morija zu bauen«, wenngleich in einer leichten orthographischen Variante. Das Land Morija und der Berg Morija stehen zunächst einmal unverbunden nebeneinander. 2 Chr 3,1 begründet die Würde des Ortes von David her, obwohl doch die Bezugnahme auf Abraham dem Ort eine viel höhere Weihe gäbe. Daß dieser »Berg« (→ S. 543f) kein geographischer Topos ist, sondern ein allgemeiner Ort, der überall sein kann, wo »Abraham« sich vom Liebsten, das ihm zugehört, trennen muß, wurde bereits deutlich.

Daß die jüdisch-christliche Tradition diesen Berg dennoch zum Mittelpunkt einer mythischen Geographie machte, indem sie hier das Paradies und Adams Grab lokalisiert, wie auch die Hinrichtung Jesu am Kreuze, konnten unsere Schüler im vergangenen Jahr als Vorstellung einer symbolischen Weltmitte kennenlernen (→ III, 499; vgl.: Religionsbuch 3, S. 85).

Für die VV. 9-14, die Auerbach nicht mehr berücksichtigt, bleibt zu beachten, wie sehr sich hier die Erzählung verlangsamt. Mit schrecklicher Genauigkeit werden die Einzelheiten genannt: Abraham baut den Altar, schichtet das Holz auf, fesselt den Sohn, legt ihn auf den Altar – »oben auf das Holz«... und dann folgt sogar eine Schilderung seiner Bewegungen: er streckt seine Hand aus und nimmt das Messer.

[1] *Erich Auerbach,* Mimesis. Dargestellte Wirklichkeit in der Abendländischen Literatur, Bern/München [3]1964, 10-13.

Der »Engel des Herrn«, der nun eingreift, ist »nur die Erscheinungsform, in der Gott selbst für Menschen sinnenfällig wird; ja hier scheint der Unterschied zwischen dem Engel und Jahwe fast ganz aufgehoben, denn es ist doch in allem Gottes Stimme, die an Abraham ergeht« (vgl. → III, 216 f). »Ob der Erzähler in der Existenz des Widders, der sich im Gebüsch verfangen hatte, ein reines Wunder sieht, ist zu bezweifeln. Näher liegt die Annahme einer gewissen Milderung des Wunderhaften; es liegt darin, daß Abraham ihn jetzt sieht, und daß er, der vielleicht vorher schon da war, für Abraham so greifbar zur Verfügung steht...«[1]

Die abschließende Benennung des Ortes ist auch in anderen Vätergeschichten ein bedeutsamer Vorgang. Um so erstaunlicher, daß dennoch weder ein bekannter Kultort, noch überhaupt ein Ortsname mit diesem Geschehen verknüpft wird. Wenn es einmal eine geographische Lokalisierung gab, so ist sie jetzt getilgt. Übrig blieb ein Wortspiel, daß sich sogar eignet, das Grundwort »Sehen« aktivisch und passivisch zu fassen: Gott sieht – Gott läßt sich sehen (d.h.: er erscheint). Was sieht Gott? Abrahams Glauben und Vertrauen? das Opfer? oder allgemeiner: den Menschen in seiner Not? Der Hörer oder Leser bleibt angestoßen, mit dem Wortspiel zu spielen, also mit eigenen Gedanken in die Geschichte einzusteigen.

C. Welche Verstehensvoraussetzungen sind für diese ungewöhnliche und schwierige Erzählung zu schaffen? Mit welchen didaktischen Problemen ist im Unterricht zu rechnen? Wie können wir dem hohen Anspruch des Textes gerecht werden? Eigene Erfahrungen sollen hier Antwort geben.

Zunächst einige Bemerkungen zum Text: Während manche Bibeltexte durchaus gut interpretiert werden können, ohne daß sie den Schülern schriftlich vorliegen, empfiehlt sich diese Methode hier nicht. Es ist wichtig, daß jeder den Wortlaut im Buch oder auf einem Blatt vor sich hat, geht es doch darum, dem Leitfaden der Sprache Schritt für Schritt zu folgen und über ein Nachvollziehen der sprachlichen Form in die Hintergründigkeit der Erzählung zu gelangen. Das verlangt ein genaues Hinsehen, ein Lesen in winzigen Abschnitten, ein laut sprechendes Nachgestalten und Einhören in Wortklang und Stimmung (→ III, 64 f). Von großem Belang ist dafür die ausgewählte Übersetzung. Nicht jede ist geeignet. So wurde in alten Schulbibeln gerne die dialogische Eröffnung der Erzählung übergangen und damit ihr insgesamt dialogischer Charakter, der die Auslegung bestimmen muß, verfälscht.

In Korrespondenz zu diesem Dialog zwischen Gott und Mensch steht der Dialog von Vater und Sohn. Übersetzungen, die das Verständnis dieser sprachlichen Parallele zugänglich machen, formulieren: »Mein Vater!« Er antwortet: »Hier bin ich, mein Sohn.« Das muß man hören, wie hier das Kind sich an den Vater wendet und die gleiche Zusicherung unbedingter Bereitschaft bekommt, wie sie derselbe Mann Gott gegenüber erklärte, sogar noch verstärkt durch das nachdrückliche »mein Sohn«. Stattdessen heißt es in der »Einheitsübersetzung«: »Nach einer Weile sagte Isaak zu seinem Vater Abraham: Vater! Er antwortete: Ja, mein Sohn!« Das ist beiläufiger, flacher und und ohne die Hinter-

[1] *Gerhard von Rad,* a.a.O., 207.

gründigkeit des zweimaligen, jetzt verstärkten »Hier bin ich«. Wer ein wenig Sinn für Sprache hat, wird empfinden, wieviel Minderung eine solche Übersetzung für unterrichtliche Prozesse bedeutet. Die Anrede Isaaks »Mein Vater!« ist mehr als Anrede. Abraham weiß es und antwortet mit den gleichen Worten, die vordem seine Hingabe an Gott bezeugten. Wie zu Gott wird so eine moralische Ortsbestimmung im Verhältnis zum Sohn ausgesprochen, und sie ist um so erregender, als sie dem Sohn in gleicher Rückhaltlosigkeit gilt wie Gott – eben darin aber Abraham in einen Zwiespalt stellt, in dem keine Antwort, sondern nur glaubendes Vertrauen rettet.

Eine ähnliche Einbuße verbindet sich bei der Übersetzung der VV. 6. 8. Gut übersetzt heißt es V. 6: »Dann nahm Abraham die Holzscheite fürs Brandopfer und lud sie seinem Sohn Isaak auf; er selbst nahm das Feuer in die Hand und das Messer. *So gingen die beiden miteinander.«* Dieser letzte kleine Satz kann leicht übersehen werden, wenn man die Sprache nur nach ihrer faktischen Information beurteilt. Was steht darin schon Neues? Und dennoch beleuchtet er in eigentümlicher Weise die geschilderte Szene, macht sie so bedeutungsschwer und rückt sie in den Blick nachdrücklichen Bedenkens. Das wird um so bewußter, wenn das Gespräch Isaaks mit dem Vater erneut in der gleichen Wendung abgeschlossen wird: »So gingen die beiden miteinander.« In einer Erzählung, in der kein zufälliges und kein überflüssiges Wort steht, ist die Parallelität auch dieser hintergründigen Sätze, die auf das Unsagbare verweisen, von größter – auch didaktischer – Bedeutung. Während nun die »Einheitsübersetzung« in V. 6 noch formuliert: »So gingen beide miteinander«, sagt sie in V. 8: »Und beide gingen miteinander weiter.« Das ist eine Nivellierung ins Banale, die Aufhebung der Hintergründigkeit.[1]

Eine gute Übersetzung ist didaktisch unverzichtbar, aber sie enthebt uns noch nicht der eigentlichen Interpretationsprobleme, – und diese stellen sich beim vorliegenden Text in besonderem Maße. Vielleicht gibt es keine zweite biblische Erzählung, die so viel sprachliches, theologisches und didaktisches Niveau verlangt wie diese. Mit welchen Verstehensproblemen wir zu tun bekommen können, zeigt uns alleine ein Blick in die Wirkungsgeschichte der Perikope.

Das wahrnehmbare Mißverständnis durchzieht seit Generationen die Gesellschaft. Die Ratlosigkeit der Lehrer und Pfarrer im Umgang mit diesem Text ist darin eingeschlossen. In jüngster Zeit hat noch der Psychoanalytiker Tilmann Moser gezeigt, zu welchen Mißdeutungen biblische Texte abdriften können, wenn ihnen keine kompetente Interpretation widerfährt:

»Ich habe dich«, schreibt Moser in Form einer fiktiven Gottesanrede, »wie es mir deine Diener nahelegten, angestaunt ob deiner Güte, Abraham den Isaac nicht schlachten zu lassen. Du hättest es ja so leicht fordern können, er hätte es *für dich* getan, und mit dem Rest von Menschenwürde in deinem auserwählten Volk hätte es nur noch ein wenig fürchterlicher ausgesehen. Oder hast du vielleicht nur ein unverschämtes Glück gehabt, daß dir in letzter Sekunde die Idee kam, einen Engel an den

[1] In der »Grundschulbibel« und der »Schulbibel für 10-14jährige« (beide 1979) liegen die kritisierten Versionen ebenfalls vor. Die Brauchbarkeit solcher Texte – Gen 22, 1-14 ist nur ein Beispiel! – wird dadurch erheblich in Frage gestellt.

Ort des geplanten Gemetzels zu schicken? Vielleicht wären dem guten Abraham doch noch Zweifel an den Vorteilen seiner priviligierten Beziehung zu dir gekommen, wenn ihn erst Isaacs Blut bespritzt hätte? Bei deinem eigenen Sohn warst du dann ungenierter und hast deinem Sadismus freien Lauf gelassen. Man hat mir weismachen wollen, daß du mit seiner Opferung am Kreuz den neuen Bund der Liebe hast einläuten wollen... Seltsam, seltsam – keiner von den Predigern hat je Verdacht geschöpft, daß vielleicht nicht mit *uns,* sondern mit *dir* etwas nicht stimmt, wenn du vor lauter Menschenliebe deinen Sohn schlachten mußtest.«[1]

In etwas anderer Akzentuierung begegnet ein Mißverständnis von Gen 22 in der Verknüpfung des bekannten »Milgram-Experiments« mit der Gestalt Abrahams. Das Milgram-Experiment zeigte, in welch erschütterndem Ausmaß normale, biedere Zeitgenossen bereit sind, Mitmenschen zu quälen, ihre Gesundheit und gar ihr Leben zu riskieren, wenn dies auf Geheiß einer unbezweifelten wissenschaftlichen Autorität geschieht.[2] Der Fernsehbericht über diesen problematischen Gehorsam wurde unter dem Titel *»Abraham«* gesendet: ein weiteres Zeichen dafür, wie schief und belastend ein großer Text mißverstanden und damit dem durchschnittlichen Verständnis verschlossen wird.

Was können wir tun, um den geschilderten Mißdeutungen zu begegnen? Wie müssen wir im Unterricht verfahren, um der alten Geschichte ihre Würde zu bewahren? Folgende Hinweise sind zu beachten:

Erstens empfiehlt es sich in vielen Fällen, die Formgeschichte des Textes an den Anfang zu stellen, wie es auch unser Religionsbuch tut. Wenn die Schüler verstehen, daß die Erzählung ursprünglich einen anderen Ort und eine andere Bedeutung hatte als im heutigen Zusammenhang, dann können die besonders massiven Mißverständnisse gleich umgangen werden. Zugleich ist damit gewährleistet, daß die Frage nach der literarischen Gattung und ihrer Wahrheit angemessen gestellt wird. Das heißt, die Erzählung wird nicht als Historie mißdeutet, sondern in ihrem symbolischen Gehalt erschlossen.

Zweitens ist zu beachten, was wir über die literarische Form der Sage (→ S. 182) und die Geschichten des mitlaufenden Anfangs (→ III, 132 ff) gesagt haben. Wenn unsere Schüler mit jenem Verständnis an die Erzählung herangehen, daß es eine Tradition des *principiums* ist, also eines Anfangs, der auch die Gegenwart bestimmt und selbst die ferne Zukunft erreicht, wird ihre Frage nach der Bedeutung des Textes mit anderen Akzenten gesetzt, als wenn sich ihr Blick nur retrospektiv darauf richten würde.

Drittens aber – und das ist die größte Schwierigkeit – geht es darum (zunächst für uns selbst), zu verstehen, daß diese Erzählung auf *einer* Ebene darstellt, was in Wirklichkeit auf unterschiedlichen Ebenen zu Hause ist: Abraham sollte sein Liebstes geben – wie es von allen Menschen verlangt wird, wenn sie sich von ihren Kindern, Eltern, Partnern und Freunden endgültig trennen müssen. Unsere Geschichte erzählt, daß Abraham seinen Sohn für *dieses* Leben zurückerhielt. Doch *so* erhalten wir unsere verstorbenen Freunde nicht zurück. Wenn wir sie loslassen und Gott anvertrauen, müssen wir nicht zerbrechen, da wir darauf setzen, sie in einer »anderen« Weise wiederzugewin-

[1] *Tilmann Moser,* Gottesvergiftung, Frankfurt a.M. 1976, 20 f. Zum Verständnis des Kreuzestodes Jesu siehe Seite 282ff.
[2] Siehe: S. 156.

nen. (Um dies zu veranschaulichen, bedienen wir uns nachfolgend des Traumdialogs, den Wolfgang Borchert in seinem Stück »Draußen vor der Tür« erzählt.)

Viertens ist es sehr wichtig, nicht *über* diesen Text zu sprechen, sondern ihn selbst zur Sprache zu bringen. Unser Unterricht folgt darum dem Leitfaden der sprachlichen Form (→ III, 209 f). Die Interpretation Erich Auerbachs hilft, die Hintergründigkeit des Erzählten zu erfassen und das im Ungesagten Aufgehobene wahrzunehmen. Wo dies nicht geschieht, bleibt der Unterricht außen vor, und was gesagt wird, ist etwas anderes, als das, worum es geht.

D. Nachfolgend wird ein gestrafftes Unterrichtsprotokoll vorgelegt, an dem der Lehrer verfolgen kann, wie in diesem Unterrichtsprozeß die aufgezeigten Schwierigkeiten angegangen wurden. Die Skizze gründet auf einer Stunde in der Hauptschule, doch wird es nicht schwerfallen, den didaktischen Duktus in ein 4. Schuljahr zu übernehmen.[1]

L. Zunächst wollen wir den Text mit offenen Ohren hören. Ich lese ihn euch langsam vor. Versucht, Satz für Satz in die Geschichte hineinzufinden.
...
Der Anfang unserer Erzählung zeigt, daß schon etwas vorausgegangen ist, von dem wir hier nichts erfahren. In der Bibel wird nämlich kurz vorher erzählt, daß Abraham von seiner Frau Sara keinen Sohn bekam. Deshalb nahm er nach damaligem Recht seine Sklavin zur Nebenfrau. Diese Sklavin, Hagar hieß sie, gebar ihm einen Sohn, den Ismael. Sie war stolz darauf, und Sara war neidisch. Als aber Sara dann doch noch einen Sohn gebar, den Isaak, und Isaak gesund war und heranwuchs, sagte die Sara zu Abraham:
(21, 10) »Jage die Magd da mit ihrem Sohne fort; denn der Sohn dieser Magd soll nicht Erbe werden mit meinem Sohn, mit Isaak. (14) Am anderen Morgen in der Früh nahm Abraham Brot und einen Schlauch voll Wasser und gab es Hagar, den Knaben aber setzte er ihr auf die Schulter; so schickte er sie fort...« Von da an war Abrahams Zukunft allein auf seinen Sohn Isaak gestellt. Nur noch von ihm, wenn er groß war, konnte er Nachkommenschaft erwarten.
Da aber »versuchte Gott den Abraham und sprach zu ihm: Abraham!«
Was denkt ihr, wie müssen wir uns diese Anrede Gottes an Abraham vorstellen?

Sch. Vielleicht ist Gott dem Abraham erschienen.

Sch. Oder Abraham hat einen Traum gehabt.

Sch. Gott kann aber auch im Gewissen sprechen.

L. Dieses »Wort« im Gewissen ist nicht mit Ohren zu hören, und doch weiß ein Mensch dann sehr genau, was von ihm verlangt wird.
Es gibt allerdings noch eine andere Redewendung, die davon spricht, daß Gott, »gesprochen« oder »gerufen« habe. Manchmal steht es in der Zeitung, daß Gott jemanden »rief«...

Sch. Ja! In den Todesanzeigen kommt das vor.

L. Wie liest man da?

Sch. Gestern oder heute rief Gott den und den zu sich.

L. Haben die Leute, die das schreiben, Gott »gehört«?

Sch. Nein.

[1] Der Unterrichtsprozeß wird hier in mancherlei Hinsicht gestrafft wiedergegeben. Wiederholungen und Leerläufe wurden gestrichen. Sinn des Protokolls ist es, einen Verstehensprozeß zu zeigen, der Hilfen zu eigenen Unterrichtsversuchen geben kann. Es handelt sich nicht um eine »Kopiervorlage«. In jedem Fall muß eine Übersetzung in die persönlichen Möglichkeiten hinein stattfinden.

L. Warum sprechen sie dann so?
Sch. Sie glauben, daß der Verstorbene von Gott gerufen wurde.
L. Nun kann man aber immer feststellen, woran ein Mensch stirbt. Die Ursache kann ein hohes Alter, Herzschwäche, Schlaganfall, Krebs, eine andere Krankheit oder ein Unfall sein. Wenn aber Menschen mitteilen, ihr mit dem Motorrad verunglückter Sohn und Bruder sei von Gott *gerufen* worden, dann *deuten* sie diesen Tod aus ihrem Glauben. Im alten Israel nannte man jedes Ereignis *debarim,* das heißt »Wort«. Für die Israeliten war ein Geschehnis ein »Wort«, genauer: ein »Wort Gottes«. In den Geschehnissen des Lebens »hörten« sie das Wort. So konnte Gott für sie auf mannigfache Weise sprechen . . .
Sch. Durch den Tod.
L. Das sagten wir schon. Fallen euch noch andere Geschehnisse ein, die »Wort« sind, durch die sich der Mensch von Gott gerufen sehen kann?
Sch. Zum Beispiel ein Unfall; Gott kann durch einen Unfall sprechen.
Sch. Oder durch Krankheit.
L. Meint ihr, daß Gott nur durch traurige Ereignisse »spricht«?
Sch. Nein, durch alles, was wichtig ist.
L. Sagen wir: durch Verhältnisse, denen der Mensch nicht davonlaufen darf, denen er sich stellen muß, auf die er antworten muß: so übernimmt er Ver-antwortung.
Sch. Dann spricht Gott zum Beispiel durch Kinder. Denn uns dürfen Sie ja auch nicht davonlaufen.
L. So ist es.
Sch. Auch die Eltern dürfen uns nicht davonlaufen: wir sind für sie ein Wort Gottes.
L. So ist es.
Sch. Und die Gesunden dürfen nicht den Kranken, die Reichen nicht den Armen davonlaufen.
L. Ganz richtig. Aber was mag das für ein »Wort« gewesen sein, das Gott an Abraham richtete. Der Text sagt uns ja nicht, *in welcher Weise* Abraham dieses Wort erfuhr.
Sch. Bestimmt meint die Geschichte ein trauriges Ereignis. Vielleicht geriet Isaak in Todesgefahr.
L. Das wollen wir nochmals deutlich machen: Wenn die Bibel erzählt: »Und Gott sprach . . .«, dann bleibt immer offen, was äußerlich geschehen ist; durch welches Ereignis ein Mensch Gottes Wort hörte. Auch in alten Zeiten hat niemand Gott so mit seinen Ohren gehört, so daß man diese »Stimme« hätte auf Tonband einfangen können. Gott spricht in der Geschichte der Menschen . . . Das glaubte Israel.
Nun aber sehen wir uns den ersten Satz der Erzählung noch weiter an.
Sch. »Abraham antwortete: *Hier bin ich!*«
L. Wie versteht ihr das?
Sch. Das heißt: Du kannst dich auf mich verlassen.
Sch. Oder: Ich bin bereit.
Sch. Ich bin ganz für dich da.
L. Wenn aber nun der Ruf »Abraham« nicht äußerlich zu hören war, also nicht für die Ohren oder ein noch so feines Mikrophon, weil er der An-spruch ist, der in den Dingen und Ereignissen liegt, wie ist dann Abrahams Antwort: »Hier bin ich« zu verstehen?
Mußte er sein »Hier bin ich« sprechen, rufen oder schreien?
Sch. Vielleicht hat er immer so gebetet.
L. Dies Gebet: »Gott, ich bin für dich bereit«, muß natürlich auch gelebt werden. Wir können sogar fragen, ob Gebete immer nur *gesprochen* werden müssen.

Sch. Man betet ja eigentlich durch sein ganzes Leben.

L. Abrahams Antwort: »Hier bin ich!«, muß also keine gesprochene Antwort gewesen sein, wohl aber eine gelebte Antwort.
Bis jetzt haben wir nur den ersten, sehr wichtigen Satz bedacht. Er ist für die folgende Geschichte ein »Schlüssel-Satz« (→ II, 55).
Was wir nun im Fortgang der Erzählung lesen, kommt wuchtig und schwer daher. Hört einmal: »Nimm deinen Sohn – deinen einzigen – den du lieb hast – den Isaak – und gehe hin ins Land Morija und opfere ihn dort.« Hört ihr, wie der Satz immer schwerer wird, immer gewichtiger, immer schmerzhafter für den Vater, und wie er den Abraham zu Boden drücken kann: »Nimm deinen Sohn – deinen einzigen – den du lieb hast – den Isaak...« Viermal wird hier ausgeholt, jedesmal schlägt die Rede härter zu, und ohne daß es gesagt wird, spüren wir an der immer schärferen Spannung der Sprache, daß Grausames geschieht. – Nun schaut einmal nach: Wann kommt Abraham am Berge an?

Sch. Am dritten Tage.

L. Zu welcher Zeit?

Sch. Das steht da nicht.

L. Wann aber bricht Abraham zu Hause auf?

Sch. Am Morgen frühe.

L. Warum nennt uns der Erzähler die Aufbruchszeit, nicht aber die Ankunftszeit? Wäre die Ankunftszeit nicht wissenswerter?

Sch. »Am Morgen frühe« soll heißen: Abraham zögerte nicht.

L. Denkt nochmals an Vers 1.

Sch. Der frühe Aufbruch bedeutet auch »Hier bin ich«.

L. Es wird uns nichts von Abrahams Gedanken erzählt. Wir hören kein Wort von seinem Schmerz. Wir lernen nur seine Bereitschaft kennen.

Sch. Er bepackte seinen Esel.

Sch. Er spaltete das Holz zum Brandopfer.

Sch. Er nahm seine beiden Knechte mit sich und seinen Sohn.

L. Und so zogen sie zum Berg. Wissen wir etwas von diesen drei Tagen Wanderschaft?

Sch. Nein, aber Abraham war bestimmt voller Schmerz.

L. Der Text ist so knapp. Er schweigt, weil Worte Abrahams Leid nicht aussagen können. Wenn er das Liebste, das er hat, weggeben soll... dann sieht er den Weg nicht mehr, über den er geht, spürt nicht Steine oder Sand, nicht Sonne und Durst... Der Beginn des Verses 4 deutet das vorsichtig an.

Sch. »Als Abraham am dritten Tag seine Augen aufhob ...«

L. Wo hat er sie denn gehabt?

Sch. Auf der Erde.

L. Ich glaube, das verstehst du zu äußerlich.

Sch. In sich.

Sch. Abraham war ganz mit seinem Sohn beschäftigt.

L. Da sind sie also angelangt. Nun wird die Erzählung immer langsamer. Lest genau den Vers 5 und deutet ihn!

Sch. »Und Abraham sprach zu seinen Burschen: ›Bleibet hier bei dem Esel; ich und der Knabe, wir wollen dorthin gehen anzubeten, und dann wieder zu euch kommen.‹«

L. Wie kann Abraham das sagen?

Sch. Das ist eine Notlüge.

Sch. Er wollte gewiß dem Isaak noch nicht sagen, was ihm bevorstand.

L. Diese Erklärungen befriedigen nicht. Wir wollen aber unsere Frage noch eine Weile zurückstellen, denn dieses Problem wird gleich noch einmal verschärft. –

Der nächste Satz beschreibt uns nämlich, wie Vater und Sohn alleine weitergehen. Der Junge bekommt das Opferholz auf die Schultern. Der Vater nimmt Feuer und Messer. (Das Feuer befand sich als glimmende Kohle in einem tönernen Topf.) *Hört* noch einmal, wie erzählt wird: »Dann nahm Abraham die Holzscheite fürs Brandopfer und lud sie seinem Sohn Isaak auf; er selbst nahm das Feuer in die Hand und das Messer. *So gingen die beiden miteinander.«*
Unsere Geschichte ist außerordentlich knapp erzählt. Um so verwunderlicher der letzte Satz. Wäre er nicht entbehrlich?

Sch. Ja.
L. Deine Begründung!
Sch. Er sagt nichts Neues.
L. Hört doch noch einmal: »Dann nahm Abraham die Holzscheite fürs Brandopfer und lud sie seinem Sohn Isaak auf; er selbst nahm das Feuer in die Hand und das Messer. *So gingen die beiden miteinander.«*
Sch. Der letzte Satz ist zum Nachdenken.
L. Ja. Er durchleuchtet das Geschehen. Wir sollen das Bild vor Augen haben, wie die beiden da den Berg besteigen ... Es soll uns innerlich treffen: »So gingen die beiden miteinander«, heißt es, und wir sehen den Sohn mit dem Holz auf der Schulter, daneben wortlos den Vater mit Feuer und Messer ... Der Weg liegt im Dunkel und im Schweigen. Nur einmal wird das Schweigen durch ein Gespräch unterbrochen.
Sch. »Da sprach Isaak zu seinem Vater Abraham: ›Mein Vater!‹ Er antwortete: ›Hier bin ich, mein Sohn!‹ Und er sprach: ›Hier ist Feuer und Holz, wo aber ist das Schaf zum Brandopfer?‹ Abraham antwortete: ›Gott wird sich ein Schaf zum Brandopfer ersehen, mein Sohn.‹ – So gingen die beiden miteinander.«
L. Der Junge wendet sich an Abraham: »Mein Vater!« Darin liegt sein Vertrauen. Wer »mein Vater!« sagt, meint: »Auf dich kann ich mich verlassen. Du behütest mich!« Und Abraham gibt eine Antwort, die wir schon einmal hörten.
Sch. Er sagt: »Hier bin ich, mein Sohn.«
Sch. Zu Gott hatte er ja auch gesagt: »Hier bin ich.«
L. Wie aber kann er das? Ist es möglich, sowohl zu Gott wie zu Isaak zu sagen: »Ich stehe dir zur Verfügung! Du kannst dich ganz auf mich verlassen!«
Sch. Er hat seinen Sohn angelogen. Aber das mußte er auch. Er konnte doch nicht die Wahrheit sagen.
L. Ihr meint also, Abraham war unehrlich gegen seinen Sohn?
(Ratlosigkeit in der Klasse)
Sch. Ich glaube, ja.
Sch. Er sollte ja sein Kind opfern.
L. Aber er sagt zu Isaak: »Hier bin ich, mein Sohn!« Damit bekennt er sich zu ihm. Abraham antwortet Gott: »Hier bin ich!« Dem Isaak aber sagt er: »Hier bin ich, *mein Sohn!«* Damit verstärkt er seine Antwort, ganz für diesen Jungen da sein zu wollen. *Mein Sohn!* sagt er, und das heißt auch: ich bin und bleibe dein Vater!
Sch. Aber er soll ihn doch töten.
L. So erzählt die Geschichte. Jetzt müßt ihr euch daran erinnern, woher diese Geschichte kommt. Lange vor Israels Zeit im Lande Kanaan ging es um Kindesopfer. Die gab es längst nicht mehr. Daß Abraham – oder sonst ein Vater – sein Kind töten solle, kann also nicht gemeint sein. Aber denkt daran, was wir zur Anrede »Abraham« gesagt haben. Wie spricht Gott die Menschen an?
Sch. Wir sagten, durch das, was geschieht. Durch das Leben.
L. Was könnte dann hinter Abrahams Weg mit seinem Sohn auf den einsamen Berg für ein Ereignis stehen?

Sch. Vielleicht, daß Isaak krank wurde und sterben sollte.

Sch. Oder ein Unfall.

L. Es sind alle möglichen Todesarten denkbar. Es geht im Leben ja oftmals traurig zu. Immer wieder müssen Menschen das Liebste, das ihnen gehört, loslassen. Das Volk Israel hat diese Erfahrung durch alle Zeiten hindurch gemacht. Was aber *alle* erfahren haben, also das ganze Volk Israel, das durfte man stellvertretend vom Stammvater erzählen. Wenn unsere Geschichte »Abraham« nennt, so sind doch viele gemeint, denn was hier von Abraham verlangt wird, haben unzählige Menschen leisten müssen: das Liebste in ihrem Leben loszulassen, weil es der Tod forderte. – Die alte Sage ist also in diesem Punkt symbolisch zu verstehen: in den Tod eines Angehörigen soll »Abraham« einwilligen, sich nicht wehren und sträuben, sondern sagen: So wie ich zu dir, mein Sohn, stehe, so stehe ich zu Gott, einerlei was geschieht.
Nunmehr können wir also erneut überlegen, ob Abraham beide Male ehrlich zu Gott wie zu Isaak sprechen konnte: »Hier bin ich!«?

Sch. Wenn Isaak zum Beispiel an einer Krankheit starb, konnte Abraham ihm bis zuletzt beistehen und gleichzeitig für Gott da sein.

L. Sehr schön. Gott lieben und die Menschen lieben ist nämlich *nie* ein Gegensatz. Wer zu Gott sagt: »Hier bin ich!«, sagt dies auch zu seinem Nächsten – jedenfalls, wenn er weiß, was er sagt.
Nun wird es uns auch möglich sein, eine vorhin aufgeschobene Frage zu klären. Isaak wollte wissen, wo das Schaf zum Brandopfer sei; darauf antwortete Abraham: »Gott wird sich ein Schaf zum Brandopfer ersehen, mein Sohn!«

Sch. Abraham wußte vielleicht selbst nicht, wie es mit Isaak weitergehen würde.

L. Die Symbole der Sage sind: Weg, Berg, Brandopfer, Schaf, Feuer, Holz, Messer. Und was erzählen diese Symbole?
- Die Geschichte von Menschen, die ihr Liebstes geben müssen;
- die Geschichte von Einsamkeit und Schmerz;
- die Geschichte des Vertrauens auf Gott und der Treue zueinander.

»Berge« wie diesen hier gibt es überall. Immer wieder müssen Menschen so schwere Wege gehen wie Abraham und Isaak auf ihren Berg. Irgendwann steht jeder Mensch vor solch einem Berg und kann ihm nicht ausweichen. Alle Tage kann man »Abraham« aufsteigen sehen mit dem Liebsten, an dem er hängt, und das er doch loslassen soll.
Unsere Erzählung ist tief und schwer – für Kinder, aber auch für Erwachsene.

*

L. Neben die biblische Erzählung wollen wir heute eine zweite, moderne Abrahams-Geschichte stellen. Sie wurde nach dem Ende des letzten Krieges von einem jungen Soldaten geschrieben, als er todkrank aus Rußland heimkehrte.
In seinem Bühnenstück »Draußen vor der Tür« erzählt dieser Heimkehrer, Wolfgang Borchert, von einem Soldaten Beckmann, dessen Freunde und Kameraden in Rußland gefallen sind. Zuhause in Hamburg angekommen, trifft er nur auf Trümmer. Seine Frau will ihn nicht mehr. Sie lebt mit einem anderen Mann zusammen. Sein Kind kam unter die Bomben. Der Schutt seines Hauses liegt nun darüber. Jetzt sitzt er da, am Straßenrand, und will nicht mehr leben. Übermüdet schläft er ein und hat einen Traum.
(Siehe den Text Seite 28 im Religionsbuch für das 4. Schuljahr. Der Lehrer gibt der Klasse eine Weile Zeit, über die Geschichte nachzudenken.)

L. Auch dieser Beckmann ist ein Abraham.
Sch. Er mußte ebenfalls auf das Liebste verzichten.
Sch. Auf sein Kind.
Sch. Und auf seine Frau und sein Haus.
Sch. Auch auf die Kameraden in Rußland.
L. Und doch ist Beckmann ein ganz anderer Mensch als der Vater Abraham. Abraham sagte: »Hier bin ich!« Beckmann dagegen . . .
Sch. Beckmann fragt: »Wo bist du, Gott?«
L. Gut gesagt. »Hier bin ich!« sagt Abraham I, »Wo bist du?« fragt Abraham II.
Sch. In der Bibel ist der Mensch für Gott da. In dieser neuen Geschichte soll Gott für den Menschen da sein.
L. Welchen Abraham findet ihr denn verständlicher?
Sch. Den Beckmann.
L. Warum?
Sch. So *ist* das doch! Wenn einem alles genommen wird, wie dem Beckmann, muß man doch Gott anklagen!
Sch. Wie Beckmann sind alle Menschen. Den Abraham gibt es nur in der Bibel oder höchstens ganz selten.
L. In Beckmann erkennen wir uns also eher wieder als in Abraham. Was macht diesen Abraham so besonders?
Sch. Sein Gehorsam. Er gehorcht ohne Widerrede.
L. Auch heutige Menschen sind gehorsam. Wahrscheinlich immer zu sehr gehorsam. Die vielen, die mit Beckmann Soldaten waren, haben sich gehorsam in den Krieg führen und erschießen lassen. Aus Gehorsam haben viele an Morden und Quälereien mitgewirkt. Falscher Gehorsam hat 6 Millionen Juden in den Tod gebracht. Heute berufen sich diese Leute immer noch auf ihre Pflicht zum Gehorsam. In Abrahams Gehorsam möchte ich darum nicht seine Größe sehen.
(Die Schüler sind ratlos.)
L. Paulus nennt Abraham den »Vater des Glaubens«.
Sch. Er glaubte mehr.
L. Könnte man sagen, – sofern wir ergänzen, was »glauben« bedeutet.
Sch. Soviel wie »vertrauen«?
L. Gut. Aber was heißt das in der Situation von der unsere Sage erzählt?
Sch. Er vertraut selbst dann, wenn nur noch der Tod vor Augen steht.
L. Das ist gut gesagt. Dort, wo Beckmann bloß Verzweiflung bleibt, kann Abraham noch vertrauen.
Sch. Das ist bei Abraham aber auch etwas ganz anderes. Der hat seinen Sohn ja schließlich behalten. Beckmann hatte ihn aber bereits verloren. Kein Vertrauen und kein Glauben kann ihn dann wieder lebendig machen.
L. Der Einwand ist beachtenswert.
Sch. Ich finde auch, die Abraham-Geschichte hat ein happy end, für Beckmann aber ist alles verloren.
L. Und wie geht es im Leben gewöhnlich zu?
Sch. So wie bei Beckmann.
Sch. Meistens steht man vor vollendeten Tatsachen.
Sch. Meistens steht man vor vollendeten Tatsachen.
Sch. Dann nutzt alles Vertrauen nichts mehr, dann ist ja schon alles kaputt oder tot.
L. Demnach ist unsere Abrahamsgeschichte lebensfern?
(Ratlosigkeit)
L. Es gibt Menschen, die alles festhalten möchten. Die zum Beispiel ihre Kinder, wenn sie älter werden, nicht loslassen wollen, sondern sich ganz fest an sie

klammern. Solche Eltern müssen dann erleben, daß sie ihre Kinder gerade deswegen verlieren. Wer Kinder nicht loslassen kann, damit sie eigene, selbständige Menschen werden, wird sie erst recht verlieren, denn solche Eltern und Kinder »verstehen« sich bald nicht mehr.

Es gibt aber auch Kinder, die ihre Eltern nicht loslassen können, zum Beispiel, wenn diese sterben. Wenn man dann den Toten nicht seinem Tod überläßt, und – anstatt zu trauern – unaufhörlich hinter ihm herklagt, nimmt man sich selbst die Zukunft. Man lebt nur noch rückwärts, nicht offen und frei nach vorne.

Unsere Sage endet damit, daß Abraham seinen Sohn wiederbekommt. Es wäre auch denkbar, daß die Sage von Isaaks Tod erzählte, – und dann von seiner »Auferweckung«, durch die er dem Vater »zurückgegeben« würde. Auch dann wäre es keine ganz andere Geschichte.

Sch. Weil beidemale Isaak dem Abraham erhalten bliebe.

L. Sofern ihr »Auferweckung« als Rückkehr in dieses Leben verstehen würdet (→ S. 318 f). Aber »Auferweckung« bedeutet nicht Rückkehr in die Welt, sondern Rettung in das Leben Gottes hinein.

Sch. Wie bei Jesus?

L. Ja, wie bei Jesus. Auch er durfte nicht an seinem Leben festhalten, um endgültig gerettet zu werden. Vielleicht ist die Erzählung von Abraham eine verkappte Ostergeschichte. Wenn die Jünger Jesu sich nur gegen seinen Tod gewehrt hätten wie Beckmann, wäre die Osterbotschaft wohl nie zu ihnen gekommen.

Aber denken wir an Beckmann: Beckmann will sein Schicksal nicht annehmen. Solange er sich wehrt, vergräbt er sich in Schmerz und Hader. Freiheit für sein weiteres Leben gewinnt er erst, wenn er wieder Ja sagen lernt, oder – biblisch gedacht – wenn er wieder »Hier bin ich« sagen kann. Wenn Beckmann von Abraham lernen könnte, bekäme er zurück, was er verloren hat: den Sohn, die Kameraden und sogar die Frau.

Sch. Wieso seine Frau?

L. Er könnte verzeihen und ihr dadurch in einer anderen Weise treu bleiben. Selbst wenn sie nicht zu ihm zurückkäme, wäre sie nicht aus seinem Leben verdrängt. Sie bliebe.

Sch. Und das Haus?

L. Wer aus Glauben und Vertrauen »Hier bin ich« sagen kann, hat die Kraft zu leben. Der bleibt behaust.

– – –

L. Fragen wir also noch einmal: Kann es auch heute noch Abraham geben – oder bleibt nur Beckmanns Verzweiflung?

Sch. Bestimmt gibt es noch viele Abrahams.

L. Wer ist Abraham?

Sch. Jeder, der »Hier bin ich« sagen kann.

L. Wer muß es sprechen?

Sch. Jeder Mensch.

L. Wann?

Sch. Oft.

Sch. Vor dem eigenen Tod; vor dem Tod der Eltern und der Freunde.

Sch. So oft wir das, was wir lieb haben, abgeben müssen.

L. In der Bibel wird auch noch in anderen Geschichten von dieser Erfahrung erzählt. Die Legenden von Daniel in der Löwengrube und von den drei Männern im Feuerofen haben ebenfalls damit zu tun. Es sind heimliche, verschlüsselte Ostergeschichten.

A. »Draußen vor der Tür. Ein Stück, das kein Theater spielen und kein Publikum sehen will«, von Wolfgang Borchert (1921-1947), wurde im Jahr seines Todes vom NWDR als Hörspiel gesendet und von den Kammerspielen in Hamburg als Bühnenstück uraufgeführt. Der Rußlandheimkehrer Beckmann, der aus sibirischer Gefangenschaft zurückkehrt, ist, wie es vorab heißt, »einer von denen, die nach Hause kommen und die dann doch nicht nach Hause kommen, weil für sie kein Zuhause mehr da ist. Und ihr Zuhause ist dann draußen vor der Tür.« Das Stück gilt als das bedeutendste Werk der frühen Nachkriegsjahre. Es erschöpft sich nicht in realistischer Schilderung und krasser Anklage, sondern ist zugleich ein symbolisches Spiel von der geschundenen Kreatur, die nicht einmal mehr bei der Natur – (die Elbe wirft den lebensmüden Beckmann bei Blankenese wieder ans Ufer) – und bei den höheren Mächten (Gott, der Tod, der »Andere«) Erbarmen und Hilfe findet.

B. In einem Presse-Interview, das Borchert kurz vor seinem Tod im St.-Clara-Spital in Basel gab, wurde er gefragt:

»Mit welchen Themen, glauben Sie, wird man den Leser nicht langweilen?«

»Mit Themen über Gott und Nicht-Gott, mit Themen über Brot und Nicht-Brot – das kommt auf den Leser an.«

»Sie sind ein religiöser Dichter, warum verbergen Sie es?«

»Natürlich bin ich ein religiöser Dichter. Ich verberge es nicht. Ich glaube an die Sonne, den Walfisch, meine Mutter und an das Gras. Genügt das nicht? Das Gras ist nämlich nicht nur das Gras.«

Ob diese Antwort damals verstanden wurde und ob sie heute verstanden wird, mag bezweifelt werden. Einem studierten Theologen und frommen Mann, der sich über Borcherts »Hundeblume« entsetzt zeigte und daraufhin ins Krankenhaus mahnte: »Wir müssen uns eben zu der Einfachheit und Demut der Claudius' und Eichendorff durchzwingen«, antwortete Borchert in entwaffnender Bescheidenheit: »Theologie hin – Theologie her... ich weiß, wir werden uns *irgendwo* doch wohl nahe sein!«

Borchert mag sich jenseits eines Gottes-Glaubens gesehen haben – gemessen an dem, was gängigerweise als »gläubig« gilt. Es wäre auch wenig überzeugend gewesen, wenn ihn seine Kriegsjahre nicht zu neuen Fragen und Einwänden angesichts verbrauchter Rhetorik geführt hätten. Die Parole »Gott mit uns« auf dem Koppelschloß hatte er 1941-45 vor sich hertragen müssen. Die Fragen, die er anschließend seinen Beckmann an den Theologen-Gott richten läßt, *mußten* gestellt werden – nicht zuletzt für die Gläubigen, weil deren Glaube nach 1945 nur glaubwürdig bleiben konnte, wenn er sich diesen Enttäuschungen, Einsamkeiten und Dunkelzonen aussetzte, die eine ganze Generation verwirrten.

Für alle, die wir später leben, sind Borcherts Klagen an den »lieben Gott« Herausforderung geblieben. Wir leben nach Jahrhunderten fortgesetzter Kriege, Massenmorde, Vertreibungen. Coventry und Stalingrad, Auschwitz und Hiroshima sind für die Theologie seitdem ein neuer Notenschlüssel, der alles, was jetzt noch folgt, ausrichtet. Im Erbe dieser Geschichte, von der wir nicht wissen, wieviel von ihr Vergangenheit, wieviel Zukunft ist, stehen auch unsere Kinder. Beckmanns Fragen nach Gott sind ihnen existentiell ebenfalls möglich. Dessen resignative Distanzierung von einem hilflos abwesenden Gott ist gewöhnlich erst die Konsequenz in den Jugendjahren – sofern nicht rechtzeitig eine Aufarbeitung solcher Gottesenttäuschung erfolgt. Das vorliegende Kapitel hat seinen didaktischen Ort in diesem Kontext.

C. Die Interpretation von Beckmanns Traum – im Gegenüber zu Gen 22, 1-14 – haben wir bereits voranstehend geleistet (→ S. 194ff). Es bleibt aber zu beachten, daß der Traum auch ohne diese Bezugnahme der Aufmerksamkeit und Diskussion wert ist. Dann hilft er Anfechtungen und Zweifel zu artikulieren, die Kinder gegen Ende der Grundschulzeit oft mit sich herumtragen, ohne daß der Religionsunterricht dafür auslösende und befreiende Vorgaben böte. Damit dies geschehen kann, ist allerdings ein Lehrer notwendig, der durch seine Persönlichkeitsstruktur keinerlei dogmatisches Erwartungskonzept über den Unterrichtsgang stülpt, so daß sich die Schüler mehr um erwartete Antworten bemühen, als daß sie ihre eigenen Fragestellungen vorbringen. Doch dazu muß der Lehrer selbst einige Wege bei Tag und Nacht weiter gegangen sein. Wer an diesem Punkt unterrichtet, muß innehalten und seine persönliche Ortsbestimmung versuchen: Regiert mich noch die Erste Naivität? Oder zerbrach diese unter aufklärerischen Einsichten, ohne daß der Negation eine neue Position folgte? Ist die Chiffre der Zweiten Naivität eine didaktische Perspektive des gesamten Unterrichts? Wird sie für die eigene Person als befreiend erlebt? Nehmen die Schüler spürbar daran teil? (→ III, 516 f)

D. Über den im Religionsbuch gebotenen Textausschnitt hinaus ist ein weiterer Rückgriff auf Borcherts Stück weder notwendig noch anzuraten. Die Figur des Beckmann vertritt jeden anderen Menschen, der »am Ende« ist und mit sich selbst und mit Gott nichts mehr anfangen kann. Oft ist der häusliche Hintergrund unserer Schüler von ähnlichen Stimmungen geprägt, nur bleiben diese meist sprachlos und darum als Meinungsbild amorph. Die Artikulation von Vorbehalt und Klage hilft, das Unausgesprochene aufzuarbeiten und einen guten Schritt zu einem reiferen Gottesverständnis zu führen.

Zvi Kolitz: »Ich werde dich immer liebhaben – Dir selbst zum Trotz!« S. 29

A. Die folgende Legende wird überliefert von dem polnischen Schriftsteller Zvi Kolitz (geb. 1914) in seinem in Jiddisch verfaßten »Testament«: Jossel Rachower spricht zu Gott.[1] »Ich Jossel... schreibe diese Zeilen, während das Warschauer Getto in Flammen steht... Spätestens in einer Stunde werde ich mit Frau und Kindern vereint sein und mit Millionen meines Volkes in einer besseren Welt, wo es keinen Zweifel gibt und wo Gott der einzige Herrscher ist. Ich sterbe ruhig, aber nicht befriedigt, ein Geschlagener, aber kein Ver-

[1] Erstmals in: Almanach 2 für Literatur und Theologie, hrsg. v.: *Dorothee Sölle/Wolfgang Fietkau/Armin Juhre/Kurt Marti*, Wuppertal 1968, 19-28.

zweifelter, ein Gläubiger, aber kein Betender, ein Verliebter in Gott, aber kein blinder Amensager...« Dieser Text ist eine Weiterführung des Buches Ijob. Die Auseinandersetzung mit Gott endet mit der Legende: »Mein Rabbi hat mir oft eine Geschichte erzählt, von einem Juden, der mit Frau und Kind der spanischen Inquisition entflohen ist...«

B. Diese einzigartige Geschichte bedarf keiner paraphrasierenden Interpretation. Sie spricht aus sich selbst. In ihr verdichtet sich eine gelebte biblische Glaubenstradition, in der Abrahams Vertrauensgröße und Jakobs Ringen mit Gott zusammengehen. Gleichzeitig ist diese Legende ein Zeugnis des jüdischen Weges durch unendliche Niederungen der Verfolgung. Die genannte spanische Inquisition ist da allenfalls ein Beispiel.[1]

C. Es darf unseren Kindern nicht verschwiegen werden, daß es in der Geschichte viel weniger christliche Märtyrer gibt als von Christen verfolgte und ermordete Ketzer, Juden, Moslems und Heiden. Ein weiteres Verdrängen oder Herunterspielen der grauenhaften Schuld verlängert nur die Vergangenheit, wenn auch in anderen Weisen und Auswirkungen, und nimmt uns die Möglichkeit der Buße und Umkehr.

Das Zeugnis dieser spanischen Legende ist für jeden an Gott glaubenden Menschen Ermutigung und Hilfe. Hierin lebt die große biblische Tradition weiter. In diesem Text sind sich die Frommen (zumindest aller monotheistischen) Religionen nahe. Er kündet vom Glauben eines weiterlebenden Abraham und Jakob. Und nicht umsonst hat diese alte Tradition ihren neuen Ort am Ende eines langen quälenden Disputs gefunden, den ein gläubiger Jude in den Trümmern des Warschauer Gettos 1943 kurz vor dem Ende mit seinem Gott führte. Sie ist der Ausdruck eines Glaubens, der selbst den Gaskammern von Auschwitz standhielt. So oft wir Christen heute der eigenen Glaubenszeugen gedenken, dürfen wir die jüdischen Heiligen nicht vergessen.

D. Die voranstehenden Gedanken gelten der Orientierung des Lehrers. Texte, wie der hier gegebene, dürfen nicht in enge methodische Maschen gepackt und stoffhuberisch verbraucht werden. Es sind Texte, in denen sich geschichtliche Abläufe und tausendfache menschliche Schicksale verdichten. Die Art, wie der Lehrer mit ihnen umgeht, muß den Schülern Ehrfurcht und wache Aufmerksamkeit abnötigen.

Was wir seit dem 1. Schuljahr zum Überschuß an Bedeutung sagen, den wir den Bildern und Texten eines Religionsbuches grundsätzlich wünschen (→ I, 20 f) gilt fraglos auch für diese Legende (wie für das Gotteskapitel insgesamt). Da es darum geht, Deutungspotentiale grundzulegen, die vielleicht erst in Jahrzehnten jenseits der Schulzeit für einzelne wichtig werden, wenn existentielle Betroffenheiten letzte Fragen und Nöte aktivieren, ist es wichtig, diese Legende nicht nur einmal »durchzunehmen«, sondern sie als *legendum* – das immer wieder zu Lesende – meditativ zu bedenken.

[1] Die originale Fassung dieser Legende findet sich in der Chronik des *Salomon Ibn Verga* »Schewet Jehuda« aus dem Jahr 1550, zit. bei *Dorothee Sölle,* Leiden, Stuttgart 1973, 111.

A. Das berühmte Gemälde »Der Tote« (Ölgemälde, 69 × 87 cm) entstand bereits 1908, als Chagall 22 Jahre alt war. Um diesem Bild hinreichend gründlich zu begegnen, folgen wir »dem mit aller Kenntnis und jeder Auskunft vom Künstler selbst versehenen Biographen Franz Meyer«, Chagalls Schwiegersohn, damit zunächst unser eigenes Auge geweckt werde für »dieses Wunderbild vor jeder Welterfahrung Chagalls«.[1]

B. Zu sehen ist eine Dorfstraße, zu beiden Seiten von niedrigen Holzhäusern mit Strohdächern flankiert. Das links der Straße stehende Haus ist durch einen herausgehängten Schaftstiefel, das Zeichen eines Schuhmachers, gekennzeichnet; das gegenüberstehende Haus hat eine Fahne ausgehängt. Vorn auf der Straße liegt ein Toter, in ein rotbraunes Laken gehüllt, umstellt von sechs brennenden Kerzen. Auf dem Hause oben links hockt ein geigender Mann, unten hebt eine Frau wehklagend ihre Arme hoch und wendet sich nach rechts, wo eben ein anderer Mann, fast fallend, jedenfalls überstürzt, verschwindet. Etwas zurückversetzt ist ein Straßenkehrer, den Besen in der Hand, einen Hut auf dem Kopf, in seine Arbeit vertieft, ohne dem Geschehen ringsum Beachtung zu schenken.

In seiner Autobiographie, vierzehn Jahre nach diesem Gemälde in russischer Sprache abgefaßt, erinnert sich Chagall:

»Eines Morgens, noch ehe es hell geworden war, drangen plötzlich Schreie von der Straße her zu den Fenstern herauf. Beim schwachen Schein des Nachtlichtes konnte ich eine Frau erkennen, die allein durch die leeren Straßen lief.

Sie ringt die Hände, schluchzt, fleht die noch schlafenden Bewohner an, ihrem Manne zu Hilfe zu kommen, als ob ich oder die beleibte Kusine, die in ihrem Bett döst, einen Sterbenden heilen oder retten könnte. Sie rennt weiter.

Sie hat Angst, mit ihrem Mann allein zu bleiben.

Von allen Seiten strömen aufgeschreckte Leute herbei.

Jeder redet, gibt Ratschläge, reibt die Arme, die beklommene Brust. Man besprengt ihn mit Kampfer, Alkohol, Essig.

Alles seufzt und weint.

Die Tatkräftigen aber, die jeder Lage gewachsen sind, schieben die Frauen beiseite, zünden in Ruhe die Kerzen an und beginnen inmitten des Schweigens mit lauter Stimme über dem Haupte des Sterbenden die Gebete zu sprechen.

Der Glanz der gelben Kerzen, die Farbe dieses kaum toten Gesichtes, die sicheren Bewegungen der Greise, ihre unbeteiligten Blicke überzeugen mich und die Umstehenden davon, daß alles aus ist.

Ihr anderen, ihr könnt schon nach Hause gehen, euch wieder hinlegen oder den Samowar anzünden und die Läden aufmachen.

Den ganzen Tag sind die Klagegesänge der Kinder zu hören, die das Hohelied singen.

Schon liegt der Tote, in feierlicher Trauer, auf der Erde aufgebahrt, sechs Kerzen erleuchten sein Antlitz.

Schließlich trägt man ihn hinaus.

Unsere Straße ist nicht mehr die alte. Sie ist nicht wiederzuerkennen mit all diesen wild heulenden Frauen.

[1] *Horst Keller,* Marc Chagall. Leben und Werk, Köln 1980, 16.

Ein schwarzes Pferd zieht den Sarg. Als einziges erfüllt es ruhig seine Pflicht, den Menschen auf den Friedhof zu bringen.«[1]

Dies ist also Chagalls Kindheitserinnerung, die in bewußten wie unbewußten Elementen an seinem Gemälde beteiligt ist. Eine andere Erinnerung verbindet sich mit dem Geiger auf dem Dach: bei einem Fest vermißte man den Großvater; man entdeckte ihn schließlich auf dem Dach eines Schuppens sitzend. Der Alte hatte sich mit einem Napf voller Essen dorthin zurückgezogen, um dem Trubel der engen Hütte zu entgehen.[2] Natürlich ist der Mann auf dem Dach – oft mit einer Geige, manchmal mit den Gesetzestafeln abgebildet – auf den Bildern Chagalls nicht mehr dessen Großvater. Das Motiv variiert seine Bedeutung je nach dem bildlichen Kontext, in dem es auftaucht. Darum dürfen die Erinnerungen Chagalls, wie die gerade zitierten, nur sehr bedingt als »Quelle« herangezogen werden. »Auf keinen Fall kann der Text mehr geben als einen Hinweis auf die Erlebnissphäre, aus der die einzelnen Bilder stammen. Für die Deutung des Bildes zählt vor allem der Sinn, der gerade dieser besonderen ›Konstellation‹ von Erinnerungsbildern zukommt.

In erster Linie beziehen sich die Figuren und Gegenstände aufeinander. Chagall sagt es mit aller Deutlichkeit: der Geiger auf dem Dach ist der inhaltlich-formale Gegensatz zum Toten auf der Straße... In gleicher Weise gehören die Frau und der Straßenkehrer, die Fahne und die stürzenden Blumentöpfe zusammen. Chagall konstruiert sein Bild aufgrund solcher Gegensatzpaare. Eine Figur ist nichts ohne die anderen, und eine jede bedeutet nur eine Vokabel in einem komplexen poetischen Satz...

Ähnlich der formalen, ist auch die farbige Komposition hier weit klarer als früher. Zum erstenmal ist ein Werk auf den durchgehenden Grundkontrast Grün-Rot aufgebaut. Der Kontrast ist betont offen zwischen dem stechenden grünlichen Zitronengelb des Himmels und dem Rotbraun der Häuser rechts. Ebenso stark hebt sich – gleichsam als Übersetzung des flammenden Schreis – die grüne Bluse der Frau von der roten Hauswand ab, begleitet vom weißen Fanal des Rocks. Das warme Braunrot des Toten andererseits steht in sordiniertem Kontrast zum gebrochenen Grün der Umgebung. Jede Form individualisiert sich so auf besondere Weise und tritt in Beziehung zum Ganzen des Bildes...

Beim ›Toten‹ von 1908 darf man vom Gegensatz der beiden Bildhälften ausgehen. Links herrschen die ruhigen Formen und kühl-erdigen Farben vor, und wir finden als Figuren den Toten und den seinem Spiel hingegebenen Geiger. Formen, Farben und Figuren gehören zum ungestört Naturhaften, zum Bereich, in dem der Mensch wurzelt und dem er als Toter wieder angehört. Im Toten ist der Mensch Erde und also Natur. Im Geiger aber, der sich grünlich dunkel vom zitronengelben Himmel abhebt, besingt er die geheimen Aufbaukräfte der Welt.

Von anderem Charakter ist die rechte Hälfte: Hier stoßen und drängen sich die Formen, und es überkreuzt sich horizontal und schräg-vertikal Gelagertes. Die schärferen Farbkontraste lassen zugleich stärkere Temperaturen spüren. Da ist der Bezirk des Aufgerissenen, Erregten, des gestörten Gleichgewichts.

[1] *Marc Chagall*, Mein Leben, Stuttgart 1959, 61 f.
[2] Vgl.: ebd.

Als sein Kern erscheint im Bild der Schrei der Frau. Hier wird der Tod, anders als links, nicht als ein Eingehen in die Natur empfunden, sondern als tiefste Verwundung, als Störung aller Ordnung.

Beide Bildhälften gehören zusammen, und die eine verweist auf die andere. Man liest das Bild natürlicherweise von links nach rechts, im Sinne der sich verstärkenden Dynamik. Auch die Figuren fügen sich mit ihrem Umriß in diesen Ablauf. Nur eine steht ihm entgegen: der Straßenkehrer. Wie das Zünglein an der Waage befindet er sich zwischen beiden Hälften und führt den Blick von rechts zurück nach links. Was bedeutet diese Figur: Als der Unbeteiligte, der ganz seiner Arbeit hingegeben ist, steht der Straßenkehrer über dem Gegensatz zwischen beiden Bezirken. Wenn alles vorbei ist, fegt er den Platz sauber. Er beherrscht als letzter die Szene. Seine Haltung erinnert von fern an diejenige des traditionellen Sensenmannes, aber ohne das allegorisch Festgelegte dieser Figur.

Der Inhalt des Bildes besitzt die Sinndichte eines Traums, den eine Deutung immer nur zum Teil erhellt. Aber das Bild ist wiederum nicht ›im Traum‹ entstanden. Es ist in allererster Linie – und Chagall unterstreicht das bei jeder Gelegenheit – eine *Komposition.*

Jedes Werk Chagalls läßt sich auch inhaltlich lesen, als ein einfaches oder komplexes Sinnbild. Fast nie ist die Symbolik dem Künstler als solche bewußt, und selten läßt sie sich mit linearer Eindeutigkeit in Worte fassen. Aber, wenn auch Chagall immer wieder vor dem ›Symbolismus‹ warnt, darf man versuchen zu deuten. Jedoch ist nie das Einzelne für sich zu betrachten. Die Deutung bezieht sich auf den symbolischen Sinn des Bildganzen, wobei aber die ›Konstellation‹ der einzelnen Figuren und Symbole wie auch der ›Ort‹ an dem sie stehen, eine Rolle spielen.«[1]

C. Was hat dieses Bild nun mit Abrahams Glaubensprobe und dem Traum Beckmanns zu tun? Kann man sagen, daß es sich in einer ähnlichen Weise zu der biblischen Perikope verhält, wie sich Borcherts Text zu Gen 22 verhält? Mit dem nebenstehenden Kontext wollen wir ja veranlassen, daß die Patriarchenerzählung nicht historisierend verkapselt wird, sondern ihre Öffnung für vergleichbare Erfahrungen der eigenen Welt findet. »Feuer« und »Messer« in Abrahams Hand müssen nicht bedeuten, daß er aktiv den eigenen Sohn zu töten bereit ist, sondern daß er bereit ist, das Liebste, das ihm zugehört, loszulassen, wenn das Leben, wenn der Tod es unausweichlich fordern. So also ist der Tote auf der Straße »Isaak«, aber auch »Beckmanns Sohn« und in gleicher Weise steht er für alles, was der Krieg dem erschöpften Heimkehrer nahm.

Wir müssen beachten, daß dieser Tote auf der offenen Dorfstraße liegt. Es ist nicht die Verborgenheit und Geschütztheit des Hauses, die sonst das Sterben umgibt, sondern eine preisgebende Öffentlichkeit, in der alle Intimität aufgehoben ist, ein Tod »draußen vor der Tür«. Die Straße, auf der dieser Tote liegt, ist die Straße, auf der dieses Leben sich abspielt und die wir alle gehen. Sie macht den Tod offenbar und macht damit zugleich das Leben offenbar. Jeden kann hier der Tod ereilen, der eigene Tod und der Tod des Lebensgefährten, der Kinder und Freunde.

[1] *Franz Meyer,* Marc Chagall, a.a.O., 65 f.

Es ist zugleich ein Tod unter dem Wahrzeichen eines herausgehängten Schaftstiefels. Dem Toten wurden die Schuhe schon ausgezogen. Er braucht sie nicht mehr, um seinen letzten Weg ins Grab zu gehen. Es stellt sich allerdings noch eine andere Assoziation ein, daß es nämlich besonders oft jüdisches Schicksal war, auf der Straße zu sterben, gleichsam unter den Stiefeln erbarmungsloser Horden. So war es in den rheinischen Bischofsstädten zu Beginn des Kreuzzugswahns, und so war es zuletzt im Warschauer Getto, wo die Toten auf den Straßen lagen, als sei das ihr Ort zu sterben.

Aber finden wir denn auch Abraham wie Beckmann innerhalb des Bildes? Wenn wir in Abraham jenen erkennen, der in die Unabänderlichkeit des Todes einstimmt, der sich dem dunklen Gott nicht entzieht und bereit ist loszulassen, was das Leben ihm schenkte, dann ist es nicht gekünstelt, in dem Fiedler auf dem Dach ihn wiederzuerkennen. Wer dort sitzt, ist dem Himmel nahe und nicht der kopflosen Panik der Straße ausgeliefert. Auch wenn die Trauer ihn ausfüllt, seine Seele bleibt gehalten, und mit der Melodie seiner Geige stimmt er ein in das Stirb und Werde dieser vergänglichen Welt. Darum ist auch das Haus, auf dem dieser Abraham sitzt, nicht tot. Hinter dem Fenster brennt ein Licht und kündet davon, daß die Menschen hier den Tod annehmen, ihn in ihr Leben holen und dadurch die Freiheit für einen neuen Tag gewinnen.

Ganz anders geht es auf der rechten Straßenseite zu. Dies ist die Seite »Beckmanns«. Auf das Geschehen der Straße, den überfallenden Tod, antworten sie mit Abwehr und Panik. Sie vermögen dem Grauen, aber auch der Würde des Todes nicht standzuhalten, sondern flüchten Hals über Kopf und klagend vom Ort des Geschehens. Hatten sie vordem die Fahne des Lebens zum Haus herausgehängt, so fallen dort nun die Blumentöpfe vom Fensterbrett: innen ist es dunkel und Tod ergreift das Leben. Es sieht nicht so aus, als sei auf dieser Seite der Engel und die Hoffnung zu Hause.

Die sechs brennenden Kerzen auf den Leuchtern zeugen von einer inneren Haltung, die den Toten in seinem Tod anzunehmen vermag. Statt des verzweifelten Schreis spricht diese Stimme: »Hier bin ich!« Die Trauer trennt hier nicht, sondern übergibt den Verstorbenen den Händen Gottes.

D. Der unterrichtliche Umgang mit diesem Bild setzt eine bedachtsame Textauslegung von Gen 22 und dem Traum Beckmanns voraus. Erst im Anschluß daran ist die Frage nach der Bedeutung der dargestellten Szene sinnvoll.

Auch jetzt darf die Bildaussage nicht vorschnell auf die umgebenden Kontexte bezogen werden. Als erstes muß sich alle Aufmerksamkeit auf das Gemälde allein richten. Wir beschreiben bis in jedes Detail, was zu sehen ist und erarbeiten anschließend den Bildaufbau, ähnlich jener Deutung, wie sie voranstehend unter B zu finden ist. Dabei können wir von links nach rechts, aber auch von rechts nach links vorgehen. Im Sinne unseres Unterrichts liegt das Gewicht der positiven Aussage auf der linken Bildhälfte, auch wenn man mit Franz Meyer »das Dynamische« nach rechts hin gesteigert sieht; es ist die Dynamik des schreienden und flüchtenden Lebens.

Sinnvoll ist es, die Gegensatzpaare des Gemäldes zu bedenken:

– den Toten auf der Straße und den Geiger auf dem Dach: die unterschiedliche Haltung und Ausrichtung beider Figuren, der spannungsreiche Kontrast ihres erlebnismäßigen Bildcharakters, aber auch die innere Beziehung zwischen beiden, wie sie in den verwandten Farbtönen zum Ausdruck kommt;

– die aufgelöst schreiende Frau und die unbeteiligte Ruhe des Straßenkehrers, den Franz Meyer »das Zünglein an der Waage« nennt, weil er den Blick von rechts zurück nach links führt;

– die Fahne und die stürzenden Blumentöpfe;

– den durchgehenden Grundkontrast von Rot und Grün, »betont offen zwischen dem stechenden grünlichen Zitronengelb des Himmels und dem Rotbraun der Häuser rechts«;

– die ruhigen Formen und Farben in der linken Bildhälfte – in der Tod und Leben einen naturhaften Zusammenhang bilden – und die gestörten Gleichgewichte im rechten Bildteil mit dem Schrei der Frau als Kern der Bildaussage.

Erst nachdem wir das Bild so angeschaut haben, sind die symbolisch verschlüsselten Motive zu erörtern: die *Straße* als öffentlicher Raum, ihr Gegensatz zur Intimität des Hauses; der *Tote* in seiner langgestreckten Steifheit auf der Erde, der musizierende Mann in der Höhe; die *Lichter*, der ausgehängte Stiefel, der ungewöhnlich helle Himmel, die tief dunkle Erde... Wenn wir schließlich meinen, das Bild hinreichend durchwandert, seine symbolische Sprache entschlüsselt, seine unabschließbare Geschichte »gelesen« zu haben, ist der Zeitpunkt gekommen, nach Querverbindungen zu den umgebenden Kontexten des Religionsbuchs zu fragen. Etwa:

– Gibt es auf diesem Bild auch einen Abraham? Kann es der Mann auf dem Dach sein? Warum gerade dieser mit seiner Geige, und nicht der Straßenkehrer? Welche inneren Gründe gibt es, die ein Vertauschen der Bedeutungen ausschließen?

– Und kommt auch »Beckmann« vor? Hier im Bild ist es die schreiende, verzweifelte Frau. Wo wird sie hinlaufen? Worin unterscheidet sie sich von dem Musikanten auf dem Dach? Mit welchen malerischen Mitteln unterscheidet Chagall beide Menschen angesichts des Todes?

– Aber »Isaak«? Kann er der Tote auf der Straße sein? Gewiß verbindet sich mit diesem in der Öffentlichkeit dahingestreckten Toten die Geschichte Beckmanns: dessen Kameraden, dessen Sohn raffte der Krieg dahin, so rücksichtslos, wie Kriege töten. Wenn es uns gelingt, mit diesem Toten auch den »Isaak« der Bibel zu verbinden, haben wir die alte Genesistradition auf eine neue Verstehensebene gehoben und die biblische Erzählebene mit der Geschichtlichkeit des Lebens verschränkt.

In diesem Fall ist die Zuordnung eines Bildes, das ohne biblischen Bezug entstanden ist, zu den Texten des Religionsbuchs also nicht Erschwerung, sondern didaktische Hilfe, um die Schüler aus der gegenständlichen Fixierung an die Erzählhandlung zu lösen. Chagalls »Der Tote« wird es ihnen leichter machen, Gen 22 als eine Geschichte des mitlaufenden Anfangs zu lesen und ihren immer möglichen eigenen Ort darin zu finden.

Literaturhinweise:

Unsere Religionsbücher haben in den Kapiteln »Schöpfung« und »Gott« alle alttestamentlichen Texte vom 2. bis zum 4. Schuljahr mit Bildern Marc Chagalls ausgestattet. Soweit wir sehen, gibt es hierzu keine bessere Alternative. Reiche Erfahrungen bestätigen, wie sehr Kinder durch Chagalls Bilder zu einer tieferen Begegnung mit der biblischen Botschaft kommen können.

Das Verdienst, Kindern den Zugang zu Chagalls biblischer Bilderwelt gebahnt zu haben, gebührt jedoch nicht unseren Religionsbüchern, sondern *Christoph Goldmann,* der mit seinem schönen Band »Kinder entdecken Gott mit Marc Chagall«, (Vandenhoek & Ruprecht/Christophorus) Göttingen/Freiburg 1978, Pionierarbeit geleistet hat. Ausgewählten Blättern aus Chagalls Radierfolge »Bible« stellt er sorgfältige Interpretationen und Gespräche mit Kindern zur Seite, die dieses Buch zu einem goldenen Schlüssel für die Vermittlung Chagallscher Bildwerke an Kinder machen.

Siehe hierzu auch: *Christoph Goldmann,* Wenn dein Kind dich fragt... Entdekkungen an der Bibel mit Marc Chagall. Dias zu Marc Chagalls Biographie und zu den Bibelbildern des Buches »Kinder entdecken Gott mit Marc Chagall«, (Vandenhoek & Ruprecht/Christophorus) Göttingen/Freiburg 1981.

Ebenfalls: *Marc Chagall,* Botschaft der Bibel. Dias mit Bildinterpretationen von *Christoph Goldmann,* (Christophorus/Burckhardthaus-Laetare) Freiburg/Offenbach 1979.

Eine wohlfeile, vorzüglich gedruckte Ausgabe der großen Gemälde der »Biblischen Botschaft« liegt ebenfalls vor: *Marc Chagall,* Die großen Gemälde der Biblischen Botschaft, (Belser) Stuttgart 1986.

Der Kampf

Genesis 32,23-31: Jakobs Kampf mit Gott S. 30

A. »Noch in der vorliegenden Fassung – zunächst unabhängig betrachtet vom redaktionell hergestellten Bezug zur Jakob-Esau-Geschichte – verrät die Geschichte ihr Alter. Wirkt sie nicht wie ein mehrfach belichteter Filmstreifen? An ihren formalen und inhaltlichen Brüchen, Spannungen und Wiederholungen läßt sich erahnen, wieviele Generationen daran sprachlich gearbeitet haben, um ihre Erfahrungen darin unterzubringen und weiterzugeben. Sie kommt von weither, sicher aus vorisraelischer und vorjahwistischer Zeit. Eigentümlich durchsichtig zu den Anfängen hin gleicht sie in der Tat einem Brunnen, der in Tiefen reicht. Dieser Transparenz zurück, in die Tiefe, zu den Ursprüngen hin korrespondiert aber eine Transparenz nach vorn, in die Zukunft Israels hinein: im Namenswechsel des Stammvaters wird gleichsam archetypisch veranschaulicht, was Israel im Gang seiner Geschichte stets neu widerfuhr. ›Israel hat hier fast prophetisch seine ganze Geschichte mit Gott als einen solchen Kampf bis zum Anbruch der Morgenröte dargestellt.‹

Versucht man der Herkunft der Geschichte exegetisch auf die Spur zu kommen – einem Archäologen gleich, der Schicht um Schicht sein verschüttetes Objekt freizulegen sucht –, so ergibt sich folgender Befund. Vermutlich liegt der Geschichte eine alte Gespenstersage zugrunde, die dann später erst von den Jakobnomaden und schließlich von Israel zur Deutung und Bewältigung eigener Erfahrungen aufgegriffen wurde: die Sage vom Kampf mit dem bösen Flußdämon in der Nacht als mythischer Ausdruck der Gefahren nicht nur der Flußüberquerung. Es mag auch sein, daß der ursprüngliche Anlaß zur Geschichte bei den nomadisierenden Jakobleuten selbst zu suchen ist, die ihre archaischen Erfahrungen mit dem Stammesgott, ›dem Starken Jakobs‹ (vgl.: Gen 49, 24), darin sammelten und diese zur Jabbokfurt und zum Pnielheiligtum schon mitbrachten. Sie hätten sie dann dort erst mit der Kultortlegende von Pniel kom-poniert.

Sicher ist in jedem Fall – ohne daß der verschlungene Wachstumsprozeß der Geschichte im einzelnen eindeutig zu rekonstruieren ist –, daß in dieser ursprünglich selbständigen Geschichte Elemente der Geistersage, ätiologische Kultortlegenden (Pniel = Gott sieht bzw. läßt sich sehen = Angesicht Gottes; Jabbok = er kämpft) und ›Jakoberfahrungen‹ zusammengewachsen sind. Das organisierende Wachstumsprinzip dabei könnte das Interesse an der Verherrlichung des Ahnherrn Jakob gewesen sein, der demgemäß – einem Riesen gleich (vgl.: Gen 28, 18; 29, 10; 33, 26) – gar mit Gott gekämpft und gesiegt hätte. Dies war eine dem späteren gereiften Jahweglauben so ungeheuerliche Vorstellung, daß man ihre Spuren redaktionell verwischte und aus der Erzählung von Jakob, dem großartigen Gottbesieger, jene eigentümlich offene und vieldeutige Geschichte vom Kampf zweier ebenbürtiger und doch völlig verschiedener Gegner machte: ›Jakob geht unbezwungen und unterlegen, geschädigt und beschenkt, als Sieger über die Gottheit und als der in Grenzen gewiesene Mensch aus dem Kampf hervor.‹ In der Geschichte vom Stammvater kommt nun zur Sprache, was der Gruppe und dem Volk Identität und Perspektive gibt: Gottes gefährliche Ferne und segenstiftende Nähe zugleich, des Volkes und des einzelnen tödliche Bedrohtheit und Erwählung in einem; Stammes- und Bundesgeschichte als Leidens- und Segensgeschichte.

Die Geschichte vom Jakobskampf wird eine Art Kurzfassung der gesamten Bundesgeschichte Israels, auf die man jederzeit erzählend zurückkommen konnte und mußte. Ob sie deshalb dem jahwistischen Verfasser geeignet schien, die Jakob-Laban-Geschichten und die Jakob-Esau-Geschichten zu jener Familiengeschichte Isaaks zu verknüpfen, die uns heute im AT vorliegt (Gen 25, 19-35; 29 mit einigen späteren, priesterschriftlichen Einsprengseln)?

In der jahwistischen Redaktion steht die Geschichte vom Jakobskampf an entscheidender Stelle: zusammen mit der Bethelgeschichte (Gen 28, 10-22) bildet sie die ausdrücklich theologische Deutung eines auf den ersten Blick allzumenschlichen Verhaltens. So verwirrend ›weltlich‹ und unmoralisch Jakobs Weg auch geschildert wird – wie ein roter Faden durchzieht das ganze Wirrwarr von Betrugs- und Liebesgeschichten die Gewißheit, daß ›der Gott von Bethel‹ (Gen 31, 13) mit ihm ist. Und das bedeutet konkret: Segen, unglaublich reiches und glückliches Gelingen, konkretisiert in der Doppelverheißung von Landnahme bzw. Heimkehr und Volkwerdung mit neuem Namen. Das Leitmotiv der ganzen jahwistischen Jakobsgeschichte ist das des Mitseins Jahwes (vgl.: Gen 28, 15.20; 31, 42; 35,3 und bes. 32, 10-13) und damit das des Segens. Genau dieses Motiv kommt auch in der Geschichte vom Jakobskampf vor. Neben dieser redaktionellen Verknüpfung der überlieferten Geschichte mit dem Segensmotiv ist dem Jahwisten das Motiv vom Antlitz, insbesondere vom Antlitz Gottes wichtig gewesen (vgl.: Gen 32, 31 mit 32, 21 f und 33, 10).«

B. »Jakob, der Betrüger und Fersensteller, der Hinterhältige und Trickreiche – warum legt die Geschichte so viel Wert auf diese Erklärung des Namens Jakob (vgl.: Gen 27, 36), ohne sie irgendwie moralisch zu werten? Dient sie als ›Kontrastfolie‹ der Betonung der Souveränität Jahwes, der erwählt und auszeichnet, wen er will, aber auch wie er will? – Jakob ist auf dem Heimweg: endlich zurück aus dem Exil und der Fronarbeit bei dem Aramäer Laban (ähnlich ›später‹ der Fron in Ägypten, in Babylon, in...), endlich nahe am Ziel, im versprochenen Land, zu Hause. Aber dort wartet der betrogene Zwillingsbruder Esau auf ihn. Der flüchtige Betrüger Jakob kann des versprochenen und bisher erfahrenen Segens (noch) nicht endgültig gewiß sein. Noch steht dieser unter dem Zeichen des Anfangs: er ist erschlichen. Ob sich das Versprechen von Bethel nun endgültig realisiert, steht noch dahin. Nach gewohnter Manier also bereitet Jakob das Wiedersehen mit seinem vermutlich rachsüchtigen Bruder vor: ängstlich-vorsichtig und trickreich. Aber all diese klugen Vorsichtsmaßnahmen werden durchkreuzt. Dem Jakob wird – jetzt allein wie damals auf der Flucht – der Weg versperrt. Ein Unbekannter tritt ihm in die Quere und verwickelt ihn in einen Kampf auf Leben und Tod – und dies, die Unheimlichkeit unterstreichend, am Fluß und in der Nacht. Der Segen, einst erschlichen, muß nun neu und endgültig errungen – und erlitten werden. In unmittelbarer Konfrontation bekommt es Jakob mit einem Anderen zu tun. Er, der

Starke und Erfolgreiche, findet einen Stärkeren. Er, der den verheißenen Segen zunächst einfordert wie sei Recht, muß ihn sich nach fast tödlichem Kampf schenken lassen. Er, der sich seinen Namen (und damit seine bisherige Lebensart: Jakob, der Betrüger) abringen lassen muß, bekommt – zum Segen nicht nur für ihn – einen neuen Namen, einen Siegesnamen trotz des Schlags auf die Hüfte und der bleibenden Verletztheit. Jakob: gesegnet und behindert seitdem; angeschlagen und ausgezeichnet. So geht ihm die Sonne auf. Erst jetzt erkennt er klar, mit wem er es zu tun hatte: im unbekannten nächtlichen Gegner war es Jahwe selbst, der über ihm blieb – ihm unheimlich nahe und sich ihm souverän entziehend, ›mit ihm‹ und die Segensverheißung von Bethel wahrmachend auf überraschende Weise. Gottes Segen ist etwas völlig anderes als Jakobs Kalkül. Im Lichte dieser Erfahrung sieht Jakob nun ihn, den Bruder. In offenbar bewußter Redaktion nimmt der Jahwist das Motiv vom Sehen Gottes (und der Menschen) auf und läßt den ausgezeichneten Jakob zu Esau sagen: ›Ich habe dein Angesicht gesehen, wie man das Angesicht Gottes sieht‹ (Gen 33, 10). Jakob, der Gott ›sehen‹ durfte, wird nun des Bruders neu ansichtig. Jakob, der sich von Gott und vor Gott neu ›sehen‹ ließ (und dem daraus neues Ansehen erwuchs), kann sich nun auch von Esau und vor ihm neu sehen lassen; nicht mehr Angst und Rache, Betrug und Tricks herrschen zwischen den Brüdern. In der Redaktion des Jahwisten wirkt es wie eine Zusammenfassung der ganzen Jakobsgeschichte, wenn Jakob nun dankend sagen kann, was er zuvor nur bittend auszusprechen vermochte (Gen 32, 10 ff): ›Wir wollen uns aufmachen und nach Bethel ziehen und dort einen Altar bauen dem Gott, der mich am Tage meiner Angst erhört hat und der mit mir auf dem Wege war, den ich gegangen bin‹ (Gen 35,3).

Transparenz nach vorn, in die Zukunft hinein, zum Typischen hin: die Geschichte von Jakob, der mit Gott und den Menschen gekämpft hat und in der Niederlage den besonderen Sieg der Erwählung errang, erzählt in Kurzfassung, was Israel im Laufe seiner Geschichte auf vielfach verschlungenen Wegen je neu widerfuhr. Man denke z.B. nur an den Kampf der Propheten vor dem Exil, an die sog. Selbstbekenntnisse eines Jeremia, an den Kampf Israels ums Überleben zwischen den Großmächten, man denke an den Kampf Hiobs: Geschichten von der Erwählung der Unscheinbaren, der Kleinen und Allzumenschlichen; Geschichten vom Leiden der Ausgezeichneten; Geschichten von der unerschütterlichen Treue und Mit-Leidenschaft des Gottes Abrahams, Isaaks und eben Jakobs. (Hier wäre vor allem auch die Geschichte von Jesus von Nazaret zu erzählen: warum sprechen die Synoptiker und der Hebräerbrief von Jesu Situation angesichts seines Todes als der eines Kampfes mit Gott und um Gott?)«

C. »›Ich möchte behaupten, daß ein Mensch nur dann beginnen kann, die innere Welt des Menschen zu erforschen, wenn er seine eigene Neurose zu dem Engel des Herrn erhebt, mit dem er zu kämpfen hat und den er nicht lassen wird, bis er ihn auch segnet.‹ Mit diesen Worten nimmt der Psychoanalytiker Erikson die Geschichte vom Jakobskampf auf und liest sie zusammen mit der Krankheits- und Gesundungsgeschichte jedes einzelnen: der Kampf mit der Neurose als einzig möglicher Durchgang zur wahren An-Erkenntnis seiner selbst und zum heilenden Umgang mit sich und dem Anderen. Der Andere neben mir ist immer auch der Andere in mir. ›O Doppelgänger brüderlicher Schatten / Der mit mir geht zu jeder Zeit / Bei Kerzenglanz und Kerzenschatten / Mein siamesisches Geleit / Ich liebe dich wie ich dich hasse / Bald bist du Bruder mir und bald / Des Dämons flüchtige Grimasse / Von krüppelhafter Mißgestalt....‹[1] Der Lichtseite, in der ich mir und anderen gefalle, entsprechen Schattenseiten, aufgrund derer ich mir und anderen fremd, ablehnenswert und unheimlich sein kann. Dem, was mir bewußt und vertraut ist, kommt immer wieder anderes in die Quere, was ich nicht will und doch tue. Es ist nicht nur anderes, es bin ich selbst als Anderer: Der Andere in mir als Inbegriff ungelebter Möglichkeiten, heimlicher und verdrängter Wünsche und Ängste, unheimlicher Triebdynamik und abgründiger Träume. (Die Rede vom alten Adam in uns oder das Wort vom »inneren Schweinehund« meinen dieselbe Erfahrung der Doppelgesichtigkeit, die der Mensch an sich wahrnimmt.)

Neurosen entstehen bekanntlich dann, wenn Menschen sich mit ihrem unbekannten Anderen, mit ihrem Schatten, nicht befreunden können, sondern ihn verdrängen und sich vor ihm auf die Flucht begeben. Sie scheuen die – durchaus schwierige und angstbesetzte – Auseinandersetzung und gehen lieber den Weg des geringsten Widerstandes. Letzten Endes entstehen alle Neurosen aus der Unfähigkeit und Unwilligkeit zu leiden: sei es, daß einer nicht erwachsen werden will und dem Schock der eigenen Sterblichkeit (und fundamentalen Begrenztheit) nicht standhält; sei es, daß er sich durch die harte Realität (seiner Lebensgeschichte und seiner Lebenssituation) zutiefst gekränkt fühlt und sich der damit gegebenen Herausforderung verweigert. Die eigene Existenz wird als so widersprüchlich und ausweglos erlebt, daß man nur durchzukommen glaubt, wenn man ganze Lebensbereiche – und meist die unangenehmen – ausklammert und im Keller des eigenen Lebensgebäudes vor anderen und vor sich selbst versteckt hält. So gefährlich ist der Andere in uns. Gesundungsprozesse kommen erst in dem Maße in Gang, in dem wir uns der Begegnung und dem Kampf mit dem ungeliebten brüderlichen Doppelgänger stellen und die dadurch entstehenden Widersprüche und Spannungen aushalten und versöhnen lernen. ›Seine Größe zeigt man nicht, indem man sich zu einem Extrem bekennt, sondern indem man beide in sich vereinigt.‹ Erst im Kampf mit dem dunklen Schatten kann sich zeigen, daß dieser gar nicht nur der gefährliche Feind ist, sondern möglicherweise ›der Engel des Herrn‹ und unsere ›bessere Hälfte‹. So schlägt Erikson vor, die Geschichte vom Jakobskampf als Kurzgeschichte der eigenen Ganzwerdung zu lesen und diese zu begreifen als Leidens- und Segensgeschichte zugleich. Folgen wir also dieser Spur und bringen wir Jakobs Weg und den eigenen in ein Zwiegespräch.«

D. »›In der jüdischen Geschichte sind alle Ereignisse miteinander verwoben. Erst heute, nach dem Malstrom von Feuer und Blut des Holocaust, begreift man die Ermordnung eines Menschen durch seinen Bruder, die Fragen eines Vaters und sein verstörtes Schweigen. Erst wenn man sie heute im Lichte einer bestimmten Lebens- und Todeserfahrung erzählt, begreift man sie‹. So schreibt Elie Wiesel, einer der wenigen, die Auschwitz überlebt haben. Die Erfahrung der fürchterlichen Nacht der Verfolgung und Zerstörung in der

[1] *Ivan Goll,* Gedichte, München 1976, 122.

Nazi-Zeit wird für ihn zum Schlüssel der biblischen Geschichten. Diese umgekehrt kommen im Lichte heutiger Leidensgeschichten neu, und oft genug tröstlich, zum Sprechen. Auch dies gehört in den Kontext sozial-geschichtlicher und materialistischer Exegese. Läßt sich das Alte Testament, läßt sich die Geschichte vom Jakobskampf Israels heute lesen ohne Beachtung des Holocaust? Für Elie Wiesel ist Jakob der Sohn eines Überlebenden, der Sohn Isaaks, der eigentlich geopfert werden sollte. ›Für Jakob ist es nicht leicht, im Schatten eines Menschen aufzuwachsen, den Gott als Opfergabe auserwählt und gefordert hat. Leicht ist es nicht für ihn, der Sohn des ersten Überlebenden der jüdischen Geschichte, des ersten Zeugen eines Holocaust zu sein.‹

Und so muß Jakob auch, nach langen inneren und äußeren Umwegen, für sich und sein Volk Gott neu erringen und entdecken. ›Niemand vor ihm hatte Gott gezwungen, sich offen mit dem Menschen zu messen, niemand vor ihm war Gott so herausfordernd begegnet.‹ Jakob erkämpft in der Nacht der Gottesfinsternis gleichsam das wahre Angesicht des lebendigen Gottes, des Gottes, der im Dunkel der Geschichte den Weg des Menschen leidenschaftlich mitgeht, der mitleidet und dessen Segen nicht ohne den Schlag auf die Hüfte zu haben ist. ›Die Stärke Jakobs heißt Israel, sagt der Midrasch. Hat er den Kampf gewonnen? Kann der Mensch seinen Schöpfer besiegen? Das ist natürlich unmöglich, aber ist es nicht ein Privileg, von Gott besiegt worden zu sein?‹ Der in der Nacht kämpfende Jakob und der in der Verlassenheit mit Gott streitende Hiob gehören zusammen wie Brüder.

An anderer Stelle erzählt Elie Wiesel, wie Rabbinen in Auschwitz Gericht hielten über ihren Gott, den Gott der Väter und der Verheißungen. In langen schmerzlichen Nachtsitzungen wurde nach geltendem Recht untersucht, ob Gott schuldig sei angesichts der fürchterlichen Not seines Volkes. Schließlich wurde das Urteil verkündet: Gott ist schuldig. Gott ist völlig mithinein verwickelt in diese Leidensgeschichte; er steht unter der Anklage und dem Urteil, schwach und kraftlos zu sein. Im Leidenskampf ist er, so scheint es, der total Unterlegene. Nachdem der Gerichtsvorsitzende aber dieses Urteil über Gott gesprochen hatte – und andere mörderische Götter schienen viel mächtiger! –, sagte er: ›Kommt, laßt uns zu ihm beten.‹ Wird hier nicht die alte Geschichte vom Jakobskampf in völlig neuen Dimensionen ›wiederholt‹? Der Streit mit Gott und um Gott angesichts der Götter, die völlige Verzweiflung und Enttäuschung auf dem Scheitelpunkt der Nacht, schließlich doch der Segen und der Sonnenaufgang durch so viele Tode und Nächte hindurch und ihnen zum Trotz!«[1]

Gotthard Fuchs

Marc Chagall: Der Jude in Grün S. 31

A. Marc Chagall hat eine Reihe alter Männer gemalt, die an andere Bilder mit ausgesprochen jüdischer Thematik anknüpfen. Zu nennen sind »Der Jude

[1] Vorliegende Interpretation wurde mit Zustimmung des Autors gekürzt. Sie erschien erstmals in: Katechetische Blätter 103, 1978, 385-394; später überarbeitet in: *Johannes Thiele,* Bibelarbeit im Religionsunterricht. Ein Werkbuch zur Bibeldidaktik, München 1981, 107-138.

in Grün« (Ölgemälde, 1914, 100 × 80 cm, Privatbesitz in Basel), »Der Jude in Rot«, »Der Jude in Hellrot«, »Der Jude in Schwarz-Weiß« und der »Zeitungsverkäufer«. Von den »Alten Juden« dieser Reihe tangiert nur »Der Jude in Schwarz-Weiß« den kultischen Bereich; gezeigt wird ein zum Gebet gerüsteter Mann mit Gebetsmantel und Gebetsriemen. Alle übrigen Alten Männer sind in dem Maße »profan«, wie ein Jude dieser Herkunft allenfalls »profan« sein kann. Die Modelle waren, wie Chagall selbst erzählt, Bettler oder chassidische Wanderrabbis:

»Stellt euch vor: am Tisch sitzt ergeben, in seinem Stuhl gelehnt, ein gebeugter Greis vor dem Samowar.

Ich blicke ihn fragend an: ›Wer sind Sie?‹

›Wie, Sie kennen mich nicht? Sie haben noch nie etwas von dem Prediger von Slusk gehört?‹

›Ach hören Sie; dann kommen Sie doch bitte bei mir vorbei. Ich mache dann von Ihnen ... Wie soll ich sagen ...?‹

Wie soll ich es ihm erklären? Ich habe die Befürchtung, daß er aufsteht und davongeht.

Er ist gekommen, hat sich auf einen Stuhl gesetzt und ist sofort eingeschlafen.

Habt ihr den Alten in Grün gesehen, den ich gemalt habe? Das ist er.«[1]

Die jüdische Welt Weißrußlands, der Chagall entstammt, ist durch und durch vom Chassidismus geprägt. Der Chassidismus war ähnlich wie der Pietismus in seinen Anfängen eine Erweckungsbewegung, die den erwachsenen Laien auf seine eigene religiöse Kompetenz ansprach, ihn also von der ständigen Bevormundung durch den professionellen Theologen unabhängig zu machen suchte. »Der Chassidismus zielte darauf, diese elende Welt als eine Gotteswelt zu verstehen, in deren Winkeln und Ritzen das überschwengliche Glück der Gottesbegegnung wartet. Er war darauf gerichtet, den grauen Alltag zu überstrahlen. Man erfuhr und erlebte Gottes beseligende Gegenwart in allen Verrichtungen des Alltags und des Sabbats ... Durch alles Dunkel dieser Welt schimmert für den chassidisch Frommen das ewige Licht ... Man muß die Glut dieser Gottinnigkeit, die auf Lebensfreude gerichtet war, aus dem düsteren, grauen Grund der kärglichen Existenzbedingungen eines verstoßenen Volkes in der Fremde, auch in der Fremde des damaligen zaristischen Rußlands, verstehen.«[2]

B. Daß für »Der Jude in Grün« der Prediger von Slusk Modell gesessen hat, ist für unser Verhältnis zu diesem Bild nicht sehr bedeutsam. Wichtiger ist der Eindruck, den der Alte auf uns macht: Dieser Eindruck »ist gewaltig«, deutet Franz Meyer: »Zwar bleibt der Schmerz wortlos, die Verzweiflung dumpf und stumm. Und es bewegt uns auch nicht Mitleid vor ihren durchfurchten Gesichtern und gebeugten Rücken. Was uns packt, ist die Ahnung davon, daß diese Mühebeladenen dem Leben in seiner Tiefe stärker verbunden sind als Menschen glücklichen Schicksals.«[3]

[1] *Marc Chagall,* Mein Leben, a.a.O., 117 f.
[2] *Christian Rietschel,* in: »Zeichen der Zeit« (1966), zit. n.: *Hans-Martin Rotermund,* Marc Chagall und die Bibel, Lahr 1970, 66.
[3] *Franz Meyer,* a.a.O., 222.

Der Jude, der hier vor uns sitzt, verkörpert nicht nur ein individuelles, sondern zugleich auch ein kollektives Schicksal. Die Jahre haben ihn gebeugt, Armut zeichnete ihn, was immer sein Schicksal war, er hat es hineingenommen in sein Sinnen über Gott und die Welt. Diese Dimension seiner Existenz ist unübersehbar. Chagall hebt sie insbesondere heraus durch die hebräisch geschriebenen Bibeltexte, auf denen der Alte zu sitzen scheint, um zu betonen, daß dies die Basis und der ständige Rückbezug seines Lebens gewesen ist. Zu lesen sind die Worte Gottes an Abraham, Gen 12,1-3:

»Zieh weg aus deinem Land, von deiner Verwandtschaft und aus deinem Vaterhaus in das Land, das ich dir zeigen werde. Ich werde dich zu einem großen Volk machen. Ein Segen sollst du sein. Ich will segnen, die dich segnen; wer dich verwünscht, den will ich verfluchen. Durch dich sollen alle Geschlechter der Erde Segen erlangen.«

So sehr diese Worte die Auserwählung Abrahams und seiner Nachfahren anzeigen, so sehr bezeichnen sie auch den ewigen Hintergrund des jüdischen Schicksals. Solche Berufung ist nicht mit Wohlergehen verbunden: Heimatlosigkeit, Armut und lebenslange Not können damit einhergehen. Segen bedeutet in der Bibel nicht Sonnenschein, sondern ungleich öfter Dunkelheit und die Einsamkeit der Nacht. Wer diesen alten Mann anschaut, weiß, was es heißt, von Gott auserwählt zu sein.

Gebeugt sitzt er da, in sich versunken, allen Lebenskampf nach innen verlagert. Das linke Auge ist fast geschlossen, mit dem rechten schaut er unbestimmt vor sich hin, ohne zu bemerken, was ringsum geschieht. Seine Hände sind zusammengelegt. Es fällt auf, wie klein sie sind, gemessen an der Größe und Ausgeprägtheit des Gesichtes, als wären es zeitlebens nie die eigenen Hände gewesen, mit denen das Schicksal bewältigt werden sollte, sondern die Gedanken und die Gebete hin und her zwischen der Schrift und den Turbulenzen der Welt. Am meisten auffallend sind die gänzlich unnaturalistischen Farben. Das Gesicht ist grün, der Bart gelb, die Hände grün und weiß. Es geht bei Chagall nie um äußere Detailrichtigkeit, sondern um eine psychisch wahrgenommene Erfahrung. So erzählte er selbst zu diesem Bild: »Ich hatte den Eindruck, der Alte wäre grün, vielleicht fiel ein Schatten von meinem Herzen auf ihn.« Franz Meyer deutet:»Seine Farbigkeit gibt dem Grünen die eigenartige Naturkraft, die stärker ist als alles menschliche Elend.«[1]

C. Erneut müssen wir fragen, was dieses Bild mit dem zugeordneten Bibeltext verbindet. Gewiß wird Gen 12,1-3 zitiert, also auf die Berufung Abrahams und den jüdischen Schicksalsweg angespielt, aber wo bleibt die Beziehung zu Jakobs Kampf mit dem Engel? Wir sagten schon, daß Chagalls Werk eine Auswahl thematisierender Bilder zu Gen 32,23-33 verfügbar macht, daß wir aber dennoch nicht darauf zurückgreifen wollten, um eine Lösung zu erzielen, die dazu zwingt, das äußere bildhafte Geschehen auf innere Vorgänge zu übertragen: wir wissen nicht, welches das individuelle Schicksal dieses Alten war, wir müssen ihn auch nicht auf die Entstehungszeit des Gemäldes festlegen. Mit gleichem Recht kann hier ein Jude aus dem Millionenheer der Vernichtungslager vor uns sitzen, aber auch jener durch die spanische Inquisition Vertriebene,

[1] Ebd., 224.

von dem die Legende auf S. 29 des Religionsbuches erzählt. Sie alle haben den Kampf mit Gott in den Dunkelzonen und Niederungen ihres Lebens gekämpft, haben unter Tränen und Trotz unzählige Male gestammelt: »Ich lasse dich nicht, du segnest mich denn!« und sind ebenso sieghaft wie geschlagen diesen Nächten für neue Nächte entkommen.

D. Nochmals gilt der methodische Rat, der sich voranstehend bereits mit »Der Tote« verband (→ S. 199ff): Bevor wir das Bild auf die biblische Perikope beziehen, bedarf es der Betrachtung unter den Aspekten bildimmanenter Gesetzlichkeit. Wir schauen also mit unseren Schülern diesen alten Mann lange und in großer Ruhe an. Wir fragen nach dem hebräischen Text, schlagen ihn in der Bibel nach, vergewissern uns seiner Bedeutung für Abraham und dessen Nachfahren. Wir beachten die Haltung des Mannes, seine Hände, den Gesichtsausdruck. Was mögen die fremdartigen Farben bedeuten? Sie kennzeichnen den Alten in besonderer Weise. Sinnbildet dieses Grün jene »eigenartige Naturkraft, die stärker ist als alles menschliche Elend«? Verweist es also auf ein Schicksal, aber auch auf innere Kräfte und Kämpfe, die diesen Mann herausheben aus der Zahl seiner Mitmenschen, weil jeder, der mit Gott ringt, einsam und gezeichnet ist?

Es kann hilfreich sein, den »Juden in Grün« im nächsten Schritt mit der Legende von Seite 29 zu verbinden, so als wäre dies die Biographie des alten Mannes. Dann beginnt das Bildnis von innen her zu sprechen, und es wird den Kindern verständlich, daß Menschen in mancherlei Nächten ihrer Lebensgeschichte mit Gott kämpfen – aber auch, daß dieser Jude mit innerem Recht den Namen »Israel« tragen darf, wie es die Nazis jedem bürgerlichen Namen im Personalausweis zufügten, ohne zu wissen, wie sehr sie damit Gen 32,29 aufnahmen und für unsere Zeit fortschrieben.

Wir sollten freilich die Auslegung nicht auf jüdisches Schicksal beschränken. Wie Jakob, kämpft manch ein Mensch mit Gott. Es kann sein, daß wir in Chagalls Bildnis auch etwas über das eigene Schicksal erfahren, jedenfalls aber etwas über das Ringen des Menschen mit Gott.

Die Einsamkeit

Jeremia 38, 2-13: Der Prophet im Brunnen S. 32-33

A. Was wissen wir von Jeremia? Geboren wurde er im Jahr 645 v. Chr., seine Berufung zum Propheten datiert ins Jahr 627. Er war der Sohn des Priesters Hilkia in Anatot, nur wenige Kilometer nordöstlich von Jerusalem, aber dem Stamm Benjamin zugehörig. Diese Herkunft bestimmt auch seine theologische Welt. Während Jesajas Weissagung von der Zionstradition bestimmt wird, fehlt diese bei Jeremia insgesamt. Dagegen dominiert bei ihm die im Stamm Benjamin gepflegte Exodus- und Sinaitradition. Zwar hat Jeremia in Jerusalem gewirkt, aber die sakrale Davidstradition bleibt in seiner Theologie peripher: »Gehorsam will ich, nicht Opfer!« (Jer 7,21-28)

Von seiner Berufung zum Propheten vermittelt Jer 1, 4-10 einen lebendigen Eindruck. Am Anfang steht Jeremias Weigerung, Prophet zu werden, was im übrigen nicht ungewöhnlich ist, denn von Mose an haben sich viele ähnlich verhalten.

> »Ich sprach:
> Ach, mein Herr, DU,
> da, ich weiß nicht zu reden,
> ich bin ja ein Knabe.
> ER aber sprach zu mir:
> Sprich nimmer: Ich bin ein Knabe!
> Ja denn,
> allwohin ich dich schicke,
> wirst du gehn,
> allwas ich dir entbiete
> wirst du reden.
> Fürchte dich nimmer vor jenen,
> denn ich bin mit dir,
> dich zu erretten.
> SEIN Erlauten ists.
> Und er schickte seine Hand aus
> und ließ meinen Mund berühren.
> Und er sprach zu mir:
> Da,
> ich gebe meine Reden in deinen Mund.
> Sieh, ich verordne dich an diesem Tag
> über die Weltstämme
> über die Königreiche
> auszureuten, einzureißen,
> abzuschwenden, hinzuschleifen,
> zu bauen, zu pflanzen.«
> (Jer 1, 6-10)[1]

[1] Übersetzung von *Martin Buber/Franz Rosenzweig* (im Abschnitt A.).

Das ist das Ende des privaten Daseins für diesen Jungen und der Beginn einer Sendung, vor der er sich nicht drücken, nicht weglaufen und nicht verstecken kann. Von jetzt an spricht er mit einer anderen Autorität als seiner eigenen, ist sein Leben mit dem Schicksal seines Volkes verbunden (vgl. die Berufungsgeschichten: III, 280-284).

Jeremia war zur Zeit seiner Bestellung zum Propheten noch unverheiratet. Vielleicht glaubte er, deswegen fehlte ihm das öffentliche Ansehen, um ein prophetisches Amt ausfüllen zu können. Immerhin spielten politische Verhältnisse mit, um seine Berufung unausweichlich zu machen. Von Norden her waren nämlich die Skythen, ein reitendes Nomadenvolk wohl iranischen Ursprungs, durch Assyrien durchgestoßen und befanden sich im Vormarsch gegen die syrische Küste. Diese Bedrohung durch die wilden Reiter hat dann die Skythenlieder Jeremias über den »Feind aus dem Norden« ausgelöst und vorher wahrscheinlich zu Jeremias Prophetenweg beigetragen.

Das Wirken Jeremias im Kontext der sich wandelnden politischen Ereignisse kann hier nicht dargestellt werden. Wir müssen uns mit einer raffenden Kennzeichnung seiner öffentliche Tätigkeit begnügen. »Der Talmud sagt: ›Zu jener Zeit brachten drei Propheten Gottes Wort zu den Leuten. Zephanja besuchte die Häuser der Gelehrten, Hulda die Frauen und Jeremias sprach auf den Märkten! Aber auch inmitten der Massen ist Jeremias allein – mit Gott und manchmal allein gegen Gott. Wo immer er auftritt, bringt er Unglück, und jede Heiterkeit erstirbt. Wie alle Propheten vor ihm ist er stets in Opposition, bekämpft das Establishment, verspottet die Macht und die, die sie ausüben, betont die Brüchigkeit der Gegenwart und die Ungewißheit der Zukunft. Wer auf ihn hört, verliert jede Lust zu essen, zu trinken, Kinder aufzuziehen... In Jerusalem pulsiert das Leben noch, aber er ist schon unterwegs in den Trümmern; für ihn ist die Stadt schon in weite Ferne deportiert.

Ein von solchen Visionen heimgesuchter Mann kann nicht populär sein. Man meidet ihn, wendet sich ab. Er zerstört jede Lebensfreude, er zwingt, das zu sehen, was niemand sehen will.

Nicht verwunderlich also, daß einige Kommentatoren des Midrasch behaupten, Jeremias sei nicht nur von den Herrschern und Fürsten Judas verfolgt worden, sondern auch von der Bevölkerung. Man fürchtete seine Worte und lehnte daher auch den ab, der sie aussprach. Sie nannten ihn einen falschen Propheten, einen Verrückten. Sie drängten ihn beiseite, quälten ihn öffentlich, kerkerten ihn ein: kurz, taten alles, ihn unglaubwürdig zu machen.«[1]

In seiner Prophetenrede unterscheidet sich Jeremia deutlich vom prophetischen Stil der älteren Zeit. Die Knappheit und Gebundenheit des Prophetenwortes geht bei ihm in epische und oft dramatische Breite über. Das Darstellerische gewinnt einen größeren Raum und verbindet sich mehr als jemals zuvor mit dem Pathos der Klage und des Leides:

> »Mein Eingeweid, mein Eingeweid!
> Ich muß mich krümmen!
> Wände meines Herzens!

[1] *Elie Wiesel,* Five Biblical Portraits, London 1982; dt.: Von Gott gepackt. Prophetische Gestalten. Aus dem Englischen v. *Ursula Schottelins,* Freiburg i. Br. 1983, 102. Der plakative deutsche Titel verdirbt das religiöse Sprachempfinden.

Mein Herz tobt nur auf,
ich kann nicht schweigen,
den Posaunenhall hast du gehört,
meine Seele,
das Schmettern des Kriegs!«
(Jer 4,19)

»Ich sah das Erdland an,
da war es Irrsal und Wirrsal,
zu den Himmeln empor,
hinweg war ihr Licht,
ich sah die Berge an
da, sie schüttern,
alle Hügel lockerten sich.[1]
Ich sah,
da war der Mensch hinweg
aller Himmelsvogel verflattert,[2]
ich sah,
da war die Fruchtaue Wüste,
all ihre Städte niedergerissen –
vor IHM
vor der Flamme seines Zornes.«
(Jer 4, 23-26)

Der Prophet erlebt das künftige Unheil in seinem eigenen Innern vorweg, zieht es bis in seine Eingeweide hinein, bis an die Grenzen seiner eigenen Tragkraft. Gegenüber der sachlichen Distanz, welche die Ankündigungen der älteren Propheten kennzeichnet, ist dies eine Subjektivierung, die neue Formen des Bewußtseins deutlich macht. Man hat Jeremia als den ersten – und eloquentesten – jüdischen Schriftsteller bezeichnet; man sah, daß sich in seinen Texten das freie persönliche Individuum zum ersten Male entfaltete; man nannte ihn den Vater des freien persönlichen Gebets – und doch reicht es nicht aus, dies lediglich kulturgeschichtlich zu deuten. Zwar war er darin ein Kind seiner Zeit, daß er sich nicht mehr fraglos dem Willen Jahwes ergab, er mußte fragen und mußte verstehen. »Seine Empfindsamkeit und Verwundbarkeit, seine Anfälligkeit zur religiösen Problematik hat er gewiß mit vielen seiner Zeitgenossen geteilt. Seelisch war er sicher ungleich differenzierter als Amos oder Micha. So war auch viel Ungebärdigkeit in ihm, ein Aufbäumen gegen Schickungen, die frühere Zeiten, die in ihrem Glauben noch geborgener waren, wahrscheinlich ergebener getragen hätten. Auf der einen Seite war er mit Jahwe verbunden, wie nur je ein Prophet, auf der anderen Seite aber mußte

[1] »Bebende Berge? Was wollte Jeremias damit ausdrücken? Ich habe nie die Bedeutung dieser Worte verstanden, bis ich Babi-Yar besuchte. Augenzeugen hatten mir gesagt, daß im September 1941, als die deutschen Angreifer einige 80.000 Juden zwischen Rosch-ha-Schana und Jom Kippur ermordeten und sie in der Schlucht in der Nähe von Kiew begruben, die Erde wochenlang bebte. Die Leichenberge ließen die Erde erbeben. Da verstand ich Jeremias ...«

[2] »Was die Vögel des Himmels betrifft, die geflohen sind, so verstand ich des Propheten Symbolik erst, als ich im Sommer 1979 nach Auschwitz und Birkenau zurückkehrte. Erst dann erinnerte ich mich, daß während des Sturmes von Feuer und Schweigen nicht ein Vogel am Horizont zu sehen war: sie hatten den Himmel verlassen. Ich stand in Birkenau und erinnerte mich an Jeremias.« Ebd., 117 f.

er auch dem freien Nachdenken Raum geben... Daß bei Jeremia, und nicht schon vorher, das irdische Gefäß zu Bruch gekommen ist, liegt zunächst daran, daß Jeremia das Prophetenamt in einer Breite und in einer Tiefe auf sich genommen hat, wie das vor ihm noch keiner tat.«[1]

Worte genügten Jeremia zuzeiten nicht mehr. Wo sie verschlissen sind oder kein Aufhorchen mehr wecken, spricht er durch Gebärden, Pantomimen, symbolische Gesten. So zerbricht er eine Flasche, um vorzuführen, wie Gott jene zerbrechen wird, die seinen Willen mißachten. Er geht mit einem hölzernen Joch um den Hals durch Jerusalem, um allen anzuzeigen, daß sie selbst bald unter dem Joch des Feindes gehen werden. Als dann ein falscher Prophet, jemand, dem Jeremias Demonstration unerträglich wird, dieses hölzerne Joch zerbricht, legt er ein neues aus Eisen an. Allen sollen die Augen aufgehen, alle sollen seine Worte bedenken.

B. Einen solchen Mann freilich glaubten – und glauben – die Nationalisten nicht ertragen zu können. Sein Pazifismus galt ihnen als wehrkraftzersetzend, er schwächte die Kampfmoral, propagierte einen gefährlichen Defätismus. »Er verlangt ja nicht weniger als eine Kapitulation gegenüber dem Feind, ohne Kampf, ohne den Versuch, Widerstand zu leisten. Er tritt ein für völlige, bedingungslose Kapitulation, Verzicht auf alles, was jüdische Souveränität heißt, Kapitulation der kämpfenden Truppe, d.h. der Prophet schlägt Erniedrigung auf nationaler Ebene vor, ja, er fordert sie. Selbst wenn man seine mutigen Predigten vor dem Krieg noch verstehen kann, muß man sie doch während des Kriegs mißbilligen. Sie haben bestimmt zu der Niederlage beigetragen.«[2]

Jeremias Verhalten ist so eindeutig gegen alle geltende Verteidigungsmoral gerichtet, so scharf jedem Rüstungsdenken entgegen, daß es nicht einmal der Phantasie bedarf, um sich vorzustellen, wie in der Gegenwart die Völker und Staaten darauf reagieren würden. Wie zeigte sich damals die politische Situation?

Das unter David und Salomo geeinte Reich war längst wieder in Nord und Süd zerfallen, in das Reich Israel und das Reich Juda. Die geschürten Gegensätze hatten auch die Einstellungen der Menschen ergriffen: so wie sie untereinander zerstritten waren, waren sie auch gegen ihren gemeinsamen Gott zerstritten. Die innere Schwächung und die äußere Konstellation führte die Regierung Judas dazu, sich an eine der beiden Supermächte anzulehnen: an Ägypten oder an Babylon. Die Politik mußte ständig neu abwägen, was dem Land zuträglicher war, etwa Frieden allein mit Ägypten oder von beiden Seiten Unsicherheit. War Neutralität zwischen den Blöcken wirklich eine vertretbare Position?

Die politische Problematik, die Jeremia hier aufnimmt und mit allen bitteren Folgen für seine Person austrägt, findet ihre Darstellung in der *Baruchererzählung* des Jeremiabuches (Jer 37-45). Es handelt sich um eine eigene Quelle, die weniger die Botschaft des Propheten als die Person des Propheten in den Blick nimmt. Hier ist das dramatische Geschehen selbst das Thema, das

[1] *Gerhard von Rad*, Theologie des Alten Testaments, Bd. II.: Die Theologie der prophetischen Überlieferungen Israels, München ³1962, 217.
[2] *Elie Wiesel*, a.a.O., 108.

Schicksal Jeremias, beginnend bei dessen Gefangennahme und darauf schrittweise den Ereignissen folgend. Die Aufzeichnungen enden mit der Verschleppung Jeremias nach Ägypten. Danach verliert sich seine Spur. Wahrscheinlich lag Jeremias Tod noch jenseits des Zeitpunkts, zu dem die Quelle entstand. Ihr Autor war offenbar ein Zeuge der Vorgänge in unmittelbarer Nähe. Die Authentizität des Berichteten steht außer Zweifel, wohl aber fragt sich, welche Interessen die Darstellung insgesamt leiten. Offensichtlich geht es um keine Prophetenlegende. Zum Ruhm Jeremias wird hier nicht geschrieben. Gerhard von Rad sieht eher einen theologischen Grund: der Verfasser Baruch verfolge so gewissenhaft alle Einzelheiten jenes Leidensweges, weil die Katastrophe, die Jeremia einholt, kein Zufall sei, sondern ein Vollzug des göttlichen »Einreißens«, und weil hier ein Mensch in einzigartiger Weise an dem göttlichen Leiden mitgetragen habe.

Jeremia hat der Politik des Königs Josia zwischen 622 und 609 – Josia verfolgte eine behutsame Anlehnung an Babylon – wahrscheinlich zugestimmt. Dessen Nachfolger Jojakim aber war ebenso charakterlos wie tolpatschig und verschleuderte das gesamte politische Guthaben, das Josia für den Staat Juda bei den Babyloniern angesammelt hatte. Er versuchte, sein Land der babylonischen Oberhoheit zu entziehen, was den König Nebukadnezar zur militärischen Intervention bewog. Nebukadnezar ließ 598 Jerusalem belagern, doch scheint Jojakim darüber gestorben zu sein, so daß dessen erst achtzehnjähriger Sohn Jojachin im Königsamt folgte. Nach der Einnahme Jerusalems wurde Jojachin sowie die waffentragende Oberschicht des Landes nach Babylon deportiert.

Nebukadnezar setzte nun als neuen König einen jüngeren Sohn Josias ein, dem er den Namen Zedekia gab. Aber der so gemaßregelte (und verkleinerte) Vasallenstaat konnte sich nur schwer in seine Lage schicken. Die revanchistischen Stimmen, die das Verlorene zurückbegehrten, verschafften sich immer wieder Gehör. In dieser Situation mahnte Jeremia, die Unterwerfung unter Nebukadnezars Oberhoheit als Gehorsam gegen den Willen Gottes anzunehmen, doch stempelten ihn solche Mahnungen eher zum Verräter als zu einem achtbaren Mann. Zwar war der König, der seinen Thron nur dem babylonischen (unser Text sagt: chaldäischen) Oberherrn verdankte, in seiner Ratlosigkeit nicht ganz unempfänglich gegenüber Jeremias Warnungen, und doch war er schwach genug, ihn öffentlich überhaupt nur anzuhören. Jeremia blieb bei jenen, die das politische Geschäft mitversorgten, so wenig angesehen, daß der König ihn gelegentlich nur heimlich zu rufen wagte, um dessen Meinung kennenzulernen. Darum verwundert es nicht, daß der König Jeremia schließlich halbherzig fallen ließ und Babylon die Gefolgschaft kündigte, vermutlich nach eingeholter Rückendeckung von Ägypten.

589 erschien eine babylonische Streitmacht vor Jerusalem und belagerte die Stadt. Weil aber bald darauf eine ägyptische Truppe ebenfalls ins Land kam, sahen sich die Babylonier gezwungen, zuerst dieser Herausforderung zu begegnen und von der Belagerung Jerusalems zu lassen. Während man in der Stadt diesen Abzug mit optimistischer Zuversicht kommentierte, warnte Jeremia (37, 7-9) vor falschen Hoffnungen und behielt Recht. Die Ägypter zogen sich in ihr Land zurück, die Babylonier aber belagerten Jerusalem reichlich anderthalb Jahre; dann war die Stadt ausgehungert. Im Juli 587 gelang es

ihnen, eine Bresche in die Stadtmauer zu schlagen und in die Stadt einzudringen. König Zedekia versuchte, mit seinem Gefolge zu fliehen, wurde aber im Jordangraben bei Jericho gefaßt und gefangen Nebukadnezar vorgeführt. Zedekia mußte mitansehen, wie vor seinen Augen die eigenen Söhne getötet wurden, dann wurde er selbst geblendet und in Ketten nach Babylon geführt. Die Sieger plünderten das eroberte Jerusalem und steckten Königspalast und Tempel in Brand. Damit endete die Zeit des salomonischen Tempels.

Jeremias Voraussage des Untergangs und sein Rat, möglichst bald zu kapitulieren, galt seinen Landsleuten als schmählich und wohl auch unehrenhaft. Sie glaubten, einen Mann mit solchen Überzeugungen, die dieser Mann auch noch öffentlich vortrug, nicht ertragen zu können. Seinen Unterwerfungsappellen setzten sie die Parole: »Lieber tot als... babylonisch« entgegen. Jeremia bezahlte mit Leid, Gefangenschaft und Einsamkeit, das ganze Volk mit Vernichtung, Verwüstung und Tod.

Jeremia hörte nie auf zu reden. Selbst wenn er wie gegen Wände anreden mußte, er rief, schrie, warnte, betete. Und hinterher tröstete er sein Volk. Für ihn selbst waren dies irritierende Erfahrungen, die ihn nicht allein an seinen Mitmenschen, sondern auch an Gott zweifeln ließen, der den Feind und Zerstörer Nebukadnezar durch Jeremias Mund »meinen Diener Nebukadnezar« nannte. Ist das nicht alles widersinnig?

»Keine Einsamkeit ist größer als die eines Boten, dem es nicht gelingt, seine Botschaft zu vermitteln. Keiner ist so allein wie der Prophet, der sich auf Gottes Befehl fern von jenen halten muß, zu denen er geschickt wurde, um sie zu warnen und zu retten. Keiner ist so allein wie der Mann, der sprechen muß und nicht gehört wird.«[1]

C. Um bereits Grundschüler an die Propheten heranzuführen, ist wohl keine Schrift im Anfang geeigneter als die Barucherzählung im Buch Jeremia, Kapitel 37 bis 45. Hier wird in vielen Details ein menschliches Schicksal erzählt, das selbst Kindern schon innere Teilnahme erlaubt. Doch ist darauf zu achten, daß die Dramatik der äußeren Fakten die Aufmerksamkeit nicht ausschließlich bindet, sondern über das Geschehen hinaus fragen läßt, so daß auch das innere Schicksal des Propheten vor aller Augen tritt:

»Du hast mich betört, o Herr,
und ich ließ mich betören;
du hast mich gepackt und überwältigt.
Zum Gespött bin ich geworden den ganzen Tag,
ein jeder verhöhnt mich.
Ja, sooft ich rede, muß ich schreien,
›Gewalt und Unterdrückung!‹ muß ich rufen.
Denn das Wort des Herrn bringt mir
den ganzen Tag nur Spott und Hohn.
Sagte ich aber: Ich will nicht mehr an ihn denken
und nicht mehr in seinem Namen sprechen!,
so war es mir, als brenne in meinem Herzen ein Feuer,
eingeschlossen in meinem Innern.

[1] Ebd., 115.

Ich quälte mich, es auszuhalten,
und konnte nicht;
hörte ich doch das Flüstern der Vielen:
Grauen ringsum! Zeigt ihn an!
Wir wollen ihn anzeigen.
Meine nächsten Bekannten
warten alle darauf, daß ich stürze:
Vielleicht läßt er sich betören,
daß wir ihm beikommen können
und uns an ihm rächen.
Doch der Herr steht mir bei wie ein gewaltiger Held«.

(Jer 20, 7-11a)

Elie Wiesel berichtet, wie der Midrasch über Jeremia erzählt: »Als er auf eine Gruppe gequälter junger Männer stößt, schließt er sich ihnen an und will ihren Schmerz teilen. Als eine Anzahl Juden gehenkt werden soll, versucht er, sich auch aufzuhängen. Er möchte mit ihnen sterben, es gelingt ihm aber nicht, der Feind läßt es nicht zu. General Nebuzaradan sagt zu ihm: ›Ich habe Befehl, Euch am Leben zu erhalten.‹ Jeremias muß weiterleben, weil der Feind nicht will, daß er stirbt. Auch im Leiden bleibt er allein, getrennt von seinem Volk, und so beschließt er, nicht bei ihnen in Babylon zu bleiben. Er weiß, er ist anders und wird nie sein wie sie: er ist verdammt, allein zu leiden und allein zu sterben...

Und hier schließt sich der Kreis. Der Prophet Israels ist ein Prophet aller Völker geworden. Er versteht nun – und lehrt andere es verstehen –, daß Israels Schicksal das Schicksal aller beeinflußt. Was Juda geschieht, wird schließlich auch Babylon zustoßen, dann Rom und letztlich der ganzen Welt. Und von daher wird der jüdischste aller jüdischen Propheten allgemeingültig.«[1]

Bleibt zu fragen, welche Gotteserfahrung dieses Lebensschicksal lehrt. Daß darauf nicht begrifflich und nicht satzhaft geantwortet werden kann, versteht sich. Aber wir können mit unseren Schülern seinen Weg begleiten und manches tiefer bedenken:

– daß Jeremia wie Jona oftmals fliehen möchte vor den Menschen und zugleich vor Gott, um seinem Prophetenschicksal zu entgehen. Offenbar weiß die Bibel, daß es schrecklich sein kann, in die Hände des lebendigen Gottes zu fallen;

– daß Jeremia daneben die gegenteilige Erfahrung macht: Gott als seine Rettung und Sicherheit erlebt, ganz so, wie im Religionsbuch 1, Seite 22-23 die Geborgenheit in Gottes Händen vor Augen stand (→ I, 95-99);

– daß auch Jeremias Leben im Zeichen des Jakobskampfes steht (→ S. 205 ff): Gott, ich werde mit dir streiten, ich habe keine Wahl: gerade weil du gerecht bist und dein Name Wahrheit, muß ich mit dir streiten;

– daß Propheten und Heilige meistens mehr die Nacht und die Einsamkeit erfahren als das Licht und den Beifall, daß sie darin aber in jener Weise geborgen sind, wie Jona im Bauch des Walfischs, Daniel in der Löwengrube und die drei Männer im Feuerofen (→ S. 222 ff).

D. Die Geschichte Jeremias läßt sich gut an die Seiten 30/31 im Religions-

[1] Ebd., 114f.

buch für das 2. Schuljahr (→ II, 248-254) anknüpfen. Dort wurde bereits der Untergang Jerusalems im Jahre 586 und der Schmerz des Propheten (Deuterojesaja) den Schülern im Bild, im Text und im Lied vermittelt.

Es empfiehlt sich, den Textauszug des Religionsbuchs im Zusammenhang mit weiteren Texten der Barucherzählung zu vermitteln. Bereits die »Grundschulbibel« widmet Jeremia fünf Kapitel, die »Schulbibel« für die Sekundarstufe entfaltet elf Kapitel. Man kann sich daran orientieren, kann aber auch eine eigene Auswahl treffen.

Im Unterricht sind Rückbezüge auf den Jakobskampf, Vorgriffe auf die Legende der drei Männer im Feuerofen sinnvoll. Der Blick auf Chagalls Prophetenbild wird die nachdenklichen und leisen Worte in anderer Weise imaginieren helfen.

Marc Chagall: Einsamkeit S. 33

A. »Solitude« – Einsamkeit hat Chagall dieses Bild genannt, das 1933 entstand (Ölgemälde, 102 × 169 cm, Museum Tel Aviv). Die Thematik ist unseren Schülern nicht fremd. Sie begegnete erstmals im 2. Schuljahr mit der Radierung »Die Glaubensnacht des Propheten« (→ II, 248-254). Die Strenge der dortigen Darstellung findet sich hier durch die poetischen Note des Bildes gemildert.

B. Das Gemälde vereint drei Bildelemente, die auf vielen Bildern Chagalls begegnen: einmal den schwermütigen Juden mit der Torarolle im Arm (vgl. »Die weiße Kreuzigung«, Religionsbuch 4, S. 45); dann das Chagallsche Tier (mit der Geige) und schließlich den Chagallschen Engel.

Franz Meyer nennt in seiner Besprechung den in sich versunkenen Mann »den Beter«. Mit seiner Einhüllung in den weißen Mantel und der Torarolle im Arm ist er eindeutig als Jude gekennzeichnet. Er kann durchaus als Prophet verstanden sein, doch möchte diese Gestalt nicht individuell gedeutet werden, sondern eine symbolische Allgemeingültigkeit beanspruchen, in der sie ein durch die Zeiten gebundenes Schicksal beschreibt. Es ist das Schicksal des ausgestoßenen Juden. Vor den Toren der Stadt sitzt er, und das russische Witebsk im Hintergrund mit seinen christlichen Kirchen ist nur eine Silhouette für unzählige andere. Dieser Mann ist im äußeren Sinn heimatlos. Was ihm dennoch Halt und Verwurzelung bewahrt, trägt er im eigenen Arm: die Heilige Schrift. Sie bewahrt ihn allerdings nicht vor Schwermut und Trauer. Es ist ja nicht leicht, nur mit der Tora als geistiger Heimat zu leben, wenn alle sonstigen Bindungen ringsum verlorengingen. Wer immer ein prophetisches Schicksal erfährt, entgeht schwerlich der Exkommunikation seiner Zeit. Jeremia ist hierfür ein exemplarischer Fall.

Das Chagallsche Tier begegnet auf unzähligen Bildern. Es taucht natürlich in immer wieder anderen Sinnzusammenhängen auf und darf deswegen keine feststehende Erklärung erfahren. Immerhin gilt aber, daß Chagall das Tier, die Kreatur, in Übereinstimmung mit dem Grundakkord der Schöpfung erlebt und daß er ihm um dieses reinen Einklangs willen die Geige zuordnet. Hans-Martin Rotermund zitiert ein Wort des Rabbi Menachem Mendel, der im 18.

Jahrhundert in Chagalls Heimatstadt Witebsk lebte und dort die chassidische Bewegung förderte. Dieser Rabbi hat von einem Wurm gesagt: »Er verdirbt nichts und erfüllt den Willen seines Schöpfers.« Rotermund fragt sich, ob man von einem solchen Wort her nicht eine direkte Verbindungslinie zu dem Chagallschen Tier ziehen darf, »diesem eigenartigen Chagallschen Tier, die Geige spielend, von dem wir deutend ja genauso zu sagen versuchten: ›Es verdirbt nichts, es erfüllt den Willen seines Schöpfers‹, es steht, im Unterschied zu der zwiespältigen Welt des Menschenherzen, noch in reinem Einklang mit dem Grundakkord der Gotteswelt.«[1]

Der Chagallsche Engel ist uns in den voraufgegangenen Religionsbüchern mehrfach begegnet (insgesamt achtmal). So sehr seine Bedeutung durch den jeweiligen Kontext variiert wird, meistens spielt ein versöhnendes Moment mit. Am deutlichsten ist dies auf der Radierung »Die Glaubensnacht des Propheten«, die wir im Religionsbuch für das 2. Schuljahr betrachten konnten. Hier wie dort befindet sich der Engel im Rücken des Propheten, diesmal freilich auch seinerseits dem einsamen Beter abgewandt, wenngleich dennoch präsent.

C. Die Verbindung dieses Gemäldes mit der Geschichte von Jeremias Verstoßung in die Zisterne ist leichter zu knüpfen als bei den vorangegangenen Bild-Text-Konstellationen. Es bereitet keine Schwierigkeiten, in der nachdenklichen Gestalt den Propheten zu sehen, wenngleich es schön wäre, wenn unsere Kinder aus ihrer eigenen Umwelt Beispiele für eine Existenz wüßten, die so mit der Bibel lebt, als drücke der eigene Arm sie Tag und Nacht an sich. Aber wovon sonst lebt ein Mensch, der in Zisternengruben geworfen wird? Was trägt die Menschen, die in Gefängnissen sitzen, die in Löwengruben oder Feueröfen das Ende vor sich sehen? Einmal, sagt Chagall, ist es die Heilige Schrift; dann, sagt er, ist es der Einklang mit der Schöpfung, den das Tier lehren kann; schließlich aber ist es die göttliche Nähe selbst, die immer gegenwärtig ist, auch wenn Sinne und Gemüt sie nicht wahrnehmen.

D. Wir können Chagalls einsamen Beter mit dem gesamten Gottes-Kapitel in Beziehung setzen, mit ihm also auch die »Nacht« und den »Kampf« verbunden sehen, von denen bisher die Rede war. Dann ist er jener Mensch, der vor jeder anderen Sorge dem Wort Gottes treu sein will.

Wir können zu diesem Bild den Kindern auch die Verse des Dichters Chajim Nachman Bialik (1873 – 1934) geben:

> »Nicht, um mit der Faust zu schlagen, bin ich geboren;
> das Lied Gottes soll ich in der Welt singen.
> Aber ich werde nicht Wolf unter Wölfen sein:
> eher will ich mit den Lämmern umkommen.«

Das sind Worte, die zu Jeremias Botschaft passen und die gleichzeitig den einsamen Mann mit der Torarolle im Arm kennzeichnen.

[1] *Hans-Martin Rotermund*, a.a.O., 70.

Der Feuerofen

Daniel 3: Die Männer im Feuerofen S. 34

A. Das Buch Daniel nennt selbst keinen Verfasser, aber die Überlieferung führt es auf jenen Daniel, einen gläubigen Juden am babylonischen Hof, zurück, von dem das Buch erzählt. Innere Gründe sprechen gegen diese Tradition, besonders historische Unstimmigkeiten als auch die uneinheitliche literarische Form. Die Forschung datiert die Entstehungszeit des Buches Daniel heute um das Jahr 165 v. Chr. und deutet es als ein Trostbuch, das während der Judenverfolgung unter Antiochus IV. Mut zum Durchhalten machen sollte.

Zur Zeit dieses Antiochus' IV. Epiphanes (175-164) war Jerusalem durch bürgerkriegsähnliche Verhältnisse verwirrt. Der Hellenismus – also die griechische Denk- und Lebensart jener Epoche – hatte großen Einfluß auf die gebildeten Schichten des Judentums gewonnen, dadurch aber zugleich einen krassen Streit mit den strenggläubigen Juden ausgelöst. So hatte man in Jerusalem Sportvereinigungen gegründet, die griechische Ideale verfolgten; daß zum Beispiel Ringwettkämpfe nach griechischem Vorbild nackt ausgetragen wurden, empörte die Gesetzestreuen, die darin einen Verstoß gegen die Tora sahen. Viel bedenklicher aber waren jene Kräfte, die – dem Willen Antiochus' IV. folgend – sogar eine Übernahme griechischer Kulte in den Tempel anstrebten. Die alten Höhenheiligtümer wurden damals neu belebt, im Tempel selbst ein Götterstandbild aufgestellt (das Dan 11, 31 »Greuel der Verwüstung« nennt), und wahrscheinlich gab es sogar einen Altar für diese Gottheit, so daß Jahwe zu »irgendeinem« Gott erniedrigt wurde.

Auf dem Rückmarsch von einem ägyptischen Feldzug kam Antiochus IV. nach Jerusalem und griff dort massiv in die Auseinandersetzung ein. Er unterstützte die hellenistischen Reformjuden, die ihm das Betreten des Tempels und die Ausbeutung der Tempelschätze für seine Feldzüge erlaubt hatten. Im Zuge seiner Gleichschaltungspolitik verbot Antiochus die Sabbatfeier und die Beschneidung und führte den Kult des Zeus Olympios im Tempel ein, denn sein Ziel war, »daß alle zu einem Volke würden und jeder seine (besonderen) Bräuche aufgeben solle« (1 Makk 1, 41b.42a). Mit diesem Versuch aber weckte er den bewaffneten Widerstand der Gesetzestreuen, zumal auch der Landbevölkerung, die sich unter der Führung des Judas Makkabäus siegreich behauptete. Das Buch Daniel wollte in dieser Verfolgungs- und Kampfzeit den toratreuen Juden Mut und Trost geben.

Die Beispielfigur Daniel, von der das Buch erzählt, wird dennoch nicht vor dem Hintergrund der zeitgenössischen Verfolgung, sondern im Rahmen des babylonischen Exils dargestellt. Ebenso setzt auch das Kapitel 3 mit der Legende von den drei jungen Männern im Feuerofen den babylonischen Hintergrund (→ S. 217f) voraus. Die fiktive Erzählung berichtet, daß von den exilierten Juden einige am Hof des »Königs der Könige« Nebukadnezar zu hohen Stellungen gekommen seien. Um ihre politische Zuverlässigkeit zu kontrollieren, verlangte der König einen demonstrativen Unterwerfungsakt, der symbolisch ihre Gesinnungstreue offenbare. Die drei jüdischen Beamten verweigern die Proskynese (den Kniefall), werden denunziert, verhört und in einen »glühenden Feuerofen« geworfen. Während die herausschlagenden Flammen noch die Schergen erfassen, bleiben die drei Männer inmitten der Glut so wohl geborgen, als säßen sie »in Abrahams Schoß«.

B. Eine Frage nach der Konstruktion dieses Ofens und seinen technischen Merkmalen ist müßig. Dieser »Feuerofen« stand nicht allein in Babylon, sondern noch und noch auch in Jerusalem, in Masada (→ S. 593), in Gamla (→ II, 525), in den rheinischen Bischofsstädten zu Beginn der Kreuzzüge (→ S. 151) über Jahrhunderte in den Judengettos der großen europäischen Städte, genannt seien lediglich Rom, Venedig und Prag, an den Straßen und Wegen der vielfachen Judenvertreibungen, inmitten der christlichen Gemeinden, welche ihre jüdischen Mitbürger unter Zwang und Druck zur Aufgabe ihres Glaubens nötigten, in zahllosen deutschen Städten, in denen 1938 in der Nacht vom 9. zum 10. November die Synagogen brannten, und zumal in den Konzentrations- und Vernichtungslagern des NS-Deutschland, in denen Millionen jüdischer Menschen ihr Leben ließen – ob sie nun »gläubig« waren oder nicht –, weil sie diesem Volk Jahwes zugehörten. Niemandem aus der endlosen Schar der Verfolgten, Vertriebenen und Ermordeten muß man sagen, wie ihr »glühender Feuerofen« aussah. Wer selbst darin war und gerettet wurde, hat keine überflüssigen Worte.

»Welcher Gott kann euch aus meiner Gewalt erretten?« fragte der »Könige der Könige« die drei Männer (3,15). Die Antwort, die sie ihm gaben, blieb bis Auschwitz eine gültige Antwort: »Wenn überhaupt jemand, so kann nur unser Gott, den wir verehren, uns erretten; auch aus dem glühenden Feuerofen und aus deiner Hand, König, kann er uns retten. Tut er es aber nicht, so sollst du, König, wissen: Auch dann verehren wir deine Götter nicht und beten das goldene Standbild nicht an, das du errichtet hast« (3,17 f). Hinter dieser Antwort steht nicht die Spekulation auf ein Wunder. Gott wird die Freiheit zugestanden, seine Bekenner auch in den Tod zu holen. Die Glaubenszuversicht hängt nicht an der Rettung dieser Menschen, sondern übergreift den eigenen Untergang.

Von Janusz Korczak wird überliefert, daß er gemeinsam mit den zweihundert Kindern seines Waisenhauses 1942 in die Gaskammern von Treblinka gezogen ist. Er selbst, dem die Nazischergen Verschonung anboten, ging wie der Engel des Herrn mit ihnen in den Feuerofen, damit die Angst sie nicht überwältigte.[1]

Aber wenn es so ist, daß das ungeheure Feuer seine Opfer doch verschlingt, welche Wahrheit kommt dann dieser Legende zu, die doch das Loblied des göttlichen Schutzes singt? Ähnlich wie wir in der Abrahamsgeschichte Gen 22 schon gesehen haben (→ S. 195), muß die *eine* Handlungsebene der Erzählung doppelbödig verstanden werden: Die Rettung vollzieht sich nicht notwendig in einer äußeren Bewahrung: das Meer kann verschlingen, die Löwengrube zum

[1] Siehe die Biographie v. *Hanna Mortkowicz-Olczakowa,* Janùsz Korczak, (Weimar 1973) München/Salzburg 1973.

Grab werden, der Feuerofen verbrennen und verzehren, was hineinfällt – in all diesem tödlichen Untergang findet der Mensch dennoch seine Rettung in den lebendigen Gott hinein, so daß der Glaube erzählen kann, daß der Abgrund sein Opfer nicht behält, die Raubtiere nicht triumphieren, die Flammen nichts berühren. So verstanden, haben wir dann österliche Erzählungen vor uns. Sie sprechen von einer Rettung durch jeden Untergang und Tod hindurch.

C. Die didaktische Struktur unserer Erzählung ist damit bereits aufgewiesen. Es muß verhindert werden, die Legende als Mirakelgeschichte zu lesen, so daß sich ein Staunen auf die unbegreifliche und widernatürliche leibliche Rettung richtet. Der Wahrheitsanspruch unserer Erzählung ist weitergehend und umfassender. Er gilt nicht nur für Ausnahmesituationen und Einzelfälle, sondern für jedermann, der sich in Nacht und Not, Gefahr und Verfolgung unter den Schutz und Schirm Gottes stellt. Deshalb können Menschen, wenn der Feuerofen sie schluckt und ihr Grab zu werden droht, dennoch einen Lobgesang anstimmen, denn in diesen Todesschlünden waltet auch der Engel, die schützende Hand Gottes (→ III, 236), die durch den Tod hindurch rettet.

Um das einzelne Symbol nicht zu sehr zu verfestigen, ist es anzuraten, die Parallelen zu Dan 6 »Daniel in der Löwengrube« oder zu Jona 2 »Jona im Bauch des Fisches« wahrzunehmen. Die Schüler können historische und existentielle Situationen benennen, die sich als Bauch des Fisches, Löwengrube oder Feuerofen deuten lassen, so daß die Erzählungen hiervon ihnen als Glaubens- und Hoffnungsgeschichten verständlich werden, die gerade durch die Dunkelzonen des Lebens hindurch tragen. So helfen diese Erzählungen, in den härtesten Qualen, die Menschen erfahren können, ein letztes Vertrauen zu behaupten.

Es ist unmöglich, daß Kinder bereits ausmessen, was die Feueröfen sind, in die Menschen geworfen werden. Meist wissen es wir Erwachsene auch nicht, solange wir nicht in der Situation sind. Letzten Endes weiß niemand heute, ob nicht alle miteinander in einem atomaren Holocaust untergehen – die ganze Welt als vernichtender Feuersturm. Angesichts eines solchen Horizonts die Gelassenheit zu bewahren, weil auch dann der Lobgesang der Männer im Feuerofen sein inneres Recht findet – ist das die Möglichkeit?

D. Unsere Legende steht im Rahmen eines Kapitels, das von dem »dunklen Gott« handelt. Die erfahrungsschweren Traditionen von Abrahams Versuchung und Jakobs nächtlichem Kampf sind vorausgegangen. Die geweckten Fragen nach all dem, was Gott und das Leben zumuten, nach Grausamkeit und Güte, Tod und Erretung aus dem Tod, können mit der Symbolkraft unserer legendarischen Erzählung aufgenommen und zu beantworten versucht werden. Dabei leistet ein Seitenblick auf das Kapitel »Sprachverständnis: Die Legende« mitunter besondere Hilfe (→ S. 551ff).

Jesus: Der Christus

Mit dem 4. Band dieses Unterrichtswerkes mündet die neutestamentliche Sequenz in einem christologischen Horizont. Nicht, als habe dieser bisher nicht bestanden – der innerste Topos der Herrenfeste und Heiligenviten war bereits im 1. Schuljahr christologisch bestimmt –, doch wird er nun in einer ausdrücklichen Weise thematisch. Menschwerdung, Tod und Auferstehung sollen den Kindern gedeutet werden, wobei es dem Lehrer vorbehalten bleibt, ob er dies in einem geschlossenem Durchgang anstrebt, oder ob er die Schwerpunkte des Kapitels den jeweiligen Festzeiten zuordnet.

Doch bevor es um Unterricht gehen kann, ist das eigene Verständnis gefordert, müssen Kenntnisse geordnet und vertieft werden, Fragen gestellt und theologische Antworten bedacht werden. Dabei kann unser Handbuch nicht in ausreichender Weise helfen. Die theologische Grundorientierung des Studiums und eine problemsichtige Weiterbildung durch Fachliteratur ist hier nicht zu ersetzen. Möglich ist im Folgenden aber der Hinweis auf wichtige Wege, die der Lehrer für seine Person gehen muß, damit sein Wort weiß, was es sagt.

»Den Mund der Quelle freigelegt« – Der Weg des Lehrers

»Gesegnet, dreimal gesegnet und gepriesen die liberale, ja: die ›liberale Theologie‹ und ihre kritische Bibelwissenschaft!

Darum, daß sie Jesus befreit – geradezu ›bloß-gestellt‹, den versandeten, verschilften Mund der Quelle freigelegt und ihn auf engen, historisch gerade noch erschürfbaren Grund und Boden gebracht hat – und siehe da:

Er steht wieder auf, geht einher, erscheint, kommt, kommt!«

So notiert Fridolin Stier am 14. April 1970 in seinen Aufzeichnungen,[1] doch ist zu bezweifeln, daß er mit diesem Lobruf die breite Meinung der Christenheit trifft. Denn eben dieser Theologie, die Jesus »auf engen, historisch gerade noch erschürfbaren Grund und Boden gebracht hat«, wird von unterschiedlichen Seiten vorgeworfen, daß sie einen »Wackelkontakt zur Bibel« verursacht habe und insgesamt eine Demontage des Glaubens betreibe. Jeder, der über die zentralen christologischen Glaubensinhalte sprechen muß, sei er Pfarrer, sei er Lehrer, und der seinerseits den Erkenntnisweg der vergangenen zweihundert Jahre in diesen Fragen geführt wurde, kennt solche Kritik und muß das eigene Tun ihr gegenüber rechtfertigen können. Da hilft keine Anwendung nur gelernten Wissens, keine formelhafte Rhetorik, sondern nur ein Prozeß eigener theologischer Reifung.

In entscheidender Weise ist gerade die Christologie das Feld, auf dem sich die Entwicklung des Lehrers von der ersten zur zweiten »Naivität« vollzieht

[1] *Fridolin Stier,* a.a.O., 143 f.

(→ III, 516 f). Hat er die Wege der historisch-kritischen Forschung absolviert, die hermeneutischen Probleme der Dogmenentwicklung für sich selbst beantwortet, den Wechselbezug zwischen dem historischen Jesus und dem verkündigten Christus wahrgenommen, dann hat er damit zugleich auch die Krise des eigenen Kinderglaubens erfahren, Irritation und Zweifel kennengelernt, ein neues Verstehensniveau für den alten Glauben gewonnen. Ob dies jedoch lediglich zu aufklärerischen Blasiertheiten oder zur Mündigkeit eines reifen, erwachsenen Glaubens führt, ist nicht für jeden gleich zu beantworten, wenn auch die Zuträglichkeit des Religionsunterrichts davon abhängt. Entschieden ist aber zu sagen, daß der Religionslehrer, der seinen Unterricht theologisch verantworten können will, niemals vor der Wahl steht, ob er den Weg der historisch-kritischen Exegese geht oder nicht: es gibt keinen zweiten Weg nebenher, und es stellt sich zu keiner Zeit die Frage, *ob* wir ihn gehen, sondern allenfalls, *wie* wir ihn gehen und an welchen Orten wir ihn zugleich überschreiten müssen.

Nehmen wir an, ein Lehrer versteht nicht, wovon hier die Rede ist, weiß nicht, wo die Glocken hängen, kennt nicht die Methoden und Ergebnisse der wissenschaftlichen Schriftauslegung. Darf er sich mit resümierenden Informationen begnügen? Genügt es zu wissen, auf welche Quellen sich die synoptische Tradition stützt, warum die Evangelien keine historischen Berichte sind, weswegen sie uns keine klare Kontur des Menschen Jesus von Nazaret zeichnen, wieso das Johannesevangelium historisch noch weniger transparent ist als die Synoptiker? Solches Wissen wäre mit der Formelkenntnis eines Schülers vergleichbar, hinter der das Verständnis des Weges zu dieser Formel fehlt. Darum kann nichts nützlicher sein und zu innerer Freiheit führen, als ein Verständnis der Etappen neutestamentlicher Forschung.

Es dürfte einleuchten, daß wir diese Wege hier nicht ausreichend darstellen können. Um aber auf sie hinzuweisen und vielleicht die Bereitschaft zu diesem Prozeß zu wecken, sollen wenigstens ein paar Stationen genannt werden, mit denen sich eigene Fragen verbinden können.

Begonnen hat es, so darf man wohl datieren, mit den »Fragmenten eines Wolfenbüttelschen Ungenannten«, die *Gotthold Ephraim Lessing* herausgab, und deren letztes Fragment 1778 unter dem Titel »Von dem Zwecke Jesu und seiner Jünger« erschien. Hinter der Anonymität dieser Schriften verbarg sich der damals schon verstorbene Hamburger Professor für orientalische Sprachen *Hermann Samuel Reimarus* (1694-1768). Lessing publizierte dessen Texte nicht, weil er sich mit ihnen identifizierte, sondern »weil dem Feuer muß Luft gemacht werden, wenn es gelöscht werden soll«. Bis dahin hatte sich die Bemühung um das Neue Testament im großen und ganzen auf Auslegungen beschränkt, die der Frömmigkeit dienen sollten, ohne ein historisches Interesse damit zu verbinden. Reimarus unterschied nun erstmalig zwischen der Lehre Jesu und der Lehre seiner Jünger: »Allein ich finde große Ursache, dasjenige, was die Apostel in ihren eigenen Schriften vorbringen, von dem, was Jesus in seinem Leben wirklich selbst ausgesprochen und gelehret hat, gänzlich abzusondern.« Reimarus sieht den Hauptakzent der Verkündigung Jesu in Mk 1,14 f: Das Reich Gottes ist nahe – bekehrt euch!, doch versteht er »Reich Gottes« rein politisch im Sinne der messianischen Erwartung eines irdischen Befreiers; er zeigt, daß der Missionsbefehl nicht auf Jesus zurückgehen kann, sieht die Schwierigkeit der »Schweigegebote« Jesu, die Problematik seiner Leidens- und Auferstehungsvoraussagen, die Fragen nach der Legitimation der christlichen Taufe...

Ausgangspunkt für seine Deutung des Neuen Testaments war die eigene deistische Vernunftgläubigkeit und sein affektives Engagement gegen die orthodoxe Kirche seiner Zeit. »Selten war ein Haß so beredt, selten ein Hohn so großartig«, urteilte Albert Schweitzer. Die Abwehr der offiziellen Theologie damals verfehlte allerdings das mit Brisanz aufgeworfene Problem. Erst die liberale Leben-Jesu-Forschung im 19. Jahrhundert und die theologische Frage nach dem kerygmatischen Christus in den vergangenen Jahrzehnten, haben das Recht der Reimarus-Frage klargestellt, wenngleich sie damals zu früh kam und zunächst nur Abwehr provozierte.

Den nächsten großen Paukenschlag tat *David Friedrich Strauß* (1808-1874) mit seinem Werk »Das Leben Jesu. Kritisch bearbeitet«, das der erst siebenundzwanzigjährige Theologe 1835/36 vorlegte, sechs Jahre vor Ludwig Feuerbachs »Wesen des Christentums« (1841). Strauß wollte sich weder auf eine »supranaturalistische« Deutung der Evangelien einlassen, wie er sie in der traditionellen Orthodoxie walten sah, noch mochte er sich mit einer nur rationalistischen Interpretation anfreunden. Beide Wege, so fand Strauß, würden der Geschichte nicht gerecht, und so wollte er untersuchen, »ob und wie weit wir überhaupt in den Evangelien auf historischem Grund und Boden stehen«. Dabei griff er auf den Mythosbegriff zurück, den er vorwiegend literarisch bestimmte, in ihm aber den Ausdruck einer philosophischen Wahrheit erkannte: »Evangelischen Mythus nennen wir eine solche, auf Jesus unmittelbar oder mittelbar sich beziehende Erzählung, welche und soweit wir sie nicht als Abdruck einer Tatsache, sondern als Niederschlag einer Idee seiner frühesten Anhänger betrachten dürfen.« Strauß war der Ansicht, daß seine Evangelienkritik den Kern des christlichen Glaubens nicht antaste. Diesen Kern sah er in der Einheit von Gott und Mensch, die in Jesus Christus zur Darstellung gekommen sei. »Das wahre und wirkliche Dasein des Geistes ist also weder Gott für sich noch der Mensch für sich, sondern der Gottmensch: weder allein seine Unendlichkeit noch allein seine Endlichkeit, sondern die Bewegung des Sichhingebens und Zurücknehmens zwischen beiden, welche von göttlicher Seite Offenbarung, von menschlicher Religion ist.« Strauß spricht allerdings von einer »Menschwerdung Gottes von Ewigkeit«; sie sei ein universales Thema der Geschichte und könne sich nicht in einer einzelnen geschichtlichen Person vollenden. In seiner Evangelienkritik entwickelte Strauß kein Gesamtbild der Person und des Wirkens Jesu, sondern befaßte sich ausschließlich mit Einzelüberlieferungen, als wäre ihm die formgeschichtliche Einsicht damals schon präsent gewesen, daß wir es hier tatsächlich mit kompilierten Einzelüberlieferungen zu tun haben. Der weiteren Leben-Jesu-Forschung gab Strauß damit wichtige Anregungen. Da er »die Theologie vor eine Reihe von Fragen gestellt hat, zu denen sie, wie zu denen Feuerbachs, vielleicht bis heute noch nicht durchgreifend Stellung genommen hat«, wie Karl Barth meinte, reicht die Nachwirkung seines Werkes weit über sein Jahrhundert hinaus.

Bis zu David Friedrich Strauß war die Leben-Jesu-Forschung primär am Johannesevangelium orientiert. Mit dieser Ausrichtung brach Strauß erfolgreich und gut begründet. Es gelang ihm aber nicht, eine schlüssige Theorie über das Verhältnis der drei Synoptiker zueinander aufzustellen. Im Rückblick zeigt sich, wie schwierig es war, die Frage der Abhängigkeiten voneinander zu beantworten. Strauß wollte von der schon damals vertretenen These, das Markusevangelium gehe im Alter voran, nichts wissen. Strauß' früherer Lehrer, *Ferdinand Christian Baur* (1792-1860) hielt Markus für von Lukas und Matthäus abhängig. Erst akribische philologische Arbeiten (von Christian Gottlob Wilke, Christian Hermann Weiße und Heinrich Julius Holtzmann) sicherten das seitdem immer neu bestätigte Ergebnis: das Markusevangelium ist der älteste Text, Lukas und Matthäus hängen literarisch von ihm ab, stützen sich aber außerdem, jeweils unabhängig von einander, auf eine Sammlung von Jesusworten, die sogenannte Logienquelle oder Quelle Q. Damit war eine solide Basis für die weitere Forschung geschaffen.

Was in der anschließenden Leben-Jesu-Forschung des 19. Jahrhunderts entwickelt wurde, war freilich ein liberal-psychologisches Jesus-Bild, in dem sich das fortschrittsbewußte Bürgertum dieser Zeit ebenso wiederfand, wie es sich zugleich ideologisch dadurch gestützt sah: Das Reich Gottes wurde spiritualistisch interpretiert als universal und innerlich; Jesus brachte die Botschaft von Gott, dem liebenden Vater aller, und vom unendlichen Wert der menschlichen Seele. Positiv bleibt aber die Intention, daß entschiedener nach Jesus selbst zu fragen sei, damit *er* Maßstab des Glaubens und des Christentums werde.

Ein weiterer Schritt in der »streng geschichtlichen Erforschung« des Neuen Testaments wurde mit der Wiederentdeckung der Eschatologie gemacht. *Johannes Weiß* (1863-1914) erschütterte das bürgerlich-humanitäre Jesusbild mit seiner These: »Auch Jesus kann das Reich Gottes nicht herbeiführen, gründen, stiften; das kann nur Gott. Gott selbst muß die Herrschaft ergreifen... So erkennen wir auch aus den letzten Erörterungen, daß das Reich Gottes nach der Auffassung Jesu eine schlechthin überweltliche Größe ist, die zu dieser Welt in ausschließendem Gegensatz steht. Damit aber ist gesagt, daß von einer *innerweltlichen* Entwicklung des Reiches Gottes im Gedankenkreise Jesu die Rede nicht sein *kann.*«

Nicht minder sensationell wurde *Wilhelm Wredes* Buch »Das Messiasgeheimnis in den Evangelien« (1901) aufgenommen. Wrede zeigte darin, daß auch das älteste Evangelium dogmatisch überformt wurde, weil es nicht vom historischen Jesus, sondern vom Messiasverständnis des Urchristentums geprägt worden sei: das Jesusbild des Markusevangelium dürfe nur aus dem Glauben der hinter ihm stehenden Gemeinde erklärt werden. »Die Wissenschaft vom Leben Jesu krankt an der psychologischen Vermutung, und diese ist eine Art des historischen Ratens.« Damit stürzte ein mühsam erarbeitetes Leben-Jesu-Konzept in sich zusammen: »Erst hatte man die Synoptiker gegenüber Johannes ins Recht setzen, dann Markus gegenüber Matthäus und Lukas zur Geltung bringen müssen – nun wurde diese Bastion, die ein halbes Jahrhundert überdauerte, auch noch gestürmt!« (Wolfgang Trilling)

In der folgenden Zeit wurden Konsequenzen aus der Einsicht entwickelt, daß die Evangelien aus einer Fülle kleiner, ursprünglich eigenständiger Sprachformen zusammenwuchsen. Man versuchte, diese Stoffe nach Gruppen zu ordnen und ihre Gattungsmerkmale zu beschreiben. Daraus entwickelte sich die formgeschichtliche Methode. Hinzu kam eine weitere Untersuchungsmethode, die nach den soziologischen Bedingungen fragte, die der Einzeltradition zugrundeliegen, also deren »Sitz im Leben« zu erfassen trachtet. Diese zweifache Befragung des Textes ermöglichte eine genaue Analyse des einzelnen Stücks, Einsichten in dessen Überlieferungsweg sowie – in der Summe – ein besseres Verständnis der Überlieferungsgeschichte der Evangelien. Grundlegend für diese Arbeit wurden die Werke von Karl Ludwig Schmidt, »Der Rahmen der Geschichte Jesu« (1919), Martin Dibelius, »Die Formgeschichte des Evangeliums« (1919) und Rudolf Bultmann, »Die Geschichte der synoptischen Tradition« (1921). Damit war die Basis für die weitergehende historisch-kritische Bibelarbeit in diesem Jahrhundert geschaffen.

Der skizzierte Forschungsweg konnte nur zurückgelegt werden, weil eine Generation nach der anderen mit unendlicher Mühe, erstaunlicher Gelehrsamkeit und akribischer Sorgfalt die Bibel und ihr gesamtes antikes Umfeld untersucht haben. Irritationen blieben dabei nicht aus. Wie immer beeinflußte auch der »Zeitgeist« alle wissenschaftlichen Anstrengungen sowohl in ihren Fragestellungen wie in ihren Resultaten. Am deutlichsten zeigt sich hier ein Auf und Ab, ein Hin und Her in den jeweils unterschiedlich gestellten und immer problematischen Alternativen zwischen Jesus und Christus. Am Anfang stand die Abwendung von Christus und ein betontes Bemühen um den historischen Jesus, weil dieser allein als greifbar und verbürgt galt. Diese Linie gipfelte in Adolf von Harnacks »Wesen des Christentums« (1900), in dem dieser die arbeitsintensive Epoche liberaler Theologie auf einen repräsentativen Nenner brachte. »Nicht der Sohn, sondern allein der Vater gehört in das Evangelium, wie es Jesus verkündigt hat, hinein«, heißt es da. »Daraus ergibt sich von selbst die Parole: Zurück hinter den gepredigten Christus, den Gegenstand des trennenden Glaubens, zum predigenden Christus, den Ruf zur einenden Macht der Liebe unter dem einen Vater mit den vielen Brüdern. Man kann wohl nicht leugnen, daß dies eindrucksvolle und bewegende Aussagen sind, an denen nicht leichthin vorbeigegangen werden darf.« So resümiert Joseph Ratzinger Harnacks Werk, dessen Tendenz er in der Flucht von Christus zu Jesus bestimmt sieht, fährt dann aber fort: »Und trotzdem – während noch Harnack seine optimistische Jesusbotschaft verkündigte, standen die Füße derer, die sein Werk zu Grabe trugen, bereits vor der Tür. Zur selben Zeit schon wurde der Nachweis erbracht, daß der bloße Jesus, von dem er sprach, ein romantischer Traum war, eine Fata Morgana des Historikers, Spiegelung seines Durstes und seiner Sehnsucht, die sich auflöst, je mehr er auf sie zugeht.«[1]

Bei Rudolf Bultmann (1884-1976) nämlich schlägt die theologische Tendenz um. Schon 1913 hatte Albert Schweitzer eine »Geschichte der Leben-Jesu-Forschung« vorgelegt – eine stark erweiterte Umarbeitung der 1906 veröffentlichten Untersuchung »Von Reimarus zu Wrede« – in der er die gesamte Literatur seit dem 18. Jahrhundert über den historischen Jesus sichtete. Die Epoche der Leben-Jesu-Forschung ging mit diesem Abschlußbericht zu Ende – »ein so schmerzliches und entsagungsvolles Ringen um die Wahrheit... hatte die Welt noch nie gesehen und wird es nie mehr sehen« – und Rudolf Bultmann zog nachfolgend den Schluß, daß es nicht nur unfruchtbar, sondern sogar illegitim sei, nach dem »historischen Jesus« zu forschen. Der aufgrund der Quellenlage

[1] *Joseph Ratzinger,* Einführung in das Christentum. Vorlesungen über das Apostolische Glaubensbekenntnis, München 1968, 158 f.

unerreichbare historische Jesus bedeute für den Glauben nichts, sondern gefährde ihn sogar, weil sich der Glaube mit historischen Fakten unberechtigte Sicherungen zu schaffen suche.

Eine so radikale Alternative, die sich damit begnügte, daß Jesus existiert hat, ohne nach Kontur und Inhalt noch viel weiter zu fragen, konnte auf die Dauer allerdings nicht befriedigen. In den fünfziger Jahren brach die Frage nach dem historischen Jesus neu auf. Die einmal gestellten und nicht mehr widerrufbaren Fragen nach der Geschichte Jesu und der Bedeutung seiner Sache beweisen ihre eigene Dynamik. »Positive Ansätze zur Beantwortung finden sich in allen Perioden der historisch-kritischen Jesusforschung«, resümiert Wolfgang Trilling. »An ihrem ›Ende‹ angelangt, kann man zuversichtlich sagen, daß zur weiteren Klärung zu methodischer und sachlicher Hinsicht das gesichertste Fundament errichtet worden ist, das man jemals besaß.«[1]

Der zurückgelegte Forschungsweg ist zweifellos von oft wechselnden Meinungen und Methodenstreitigkeiten bestimmt worden. Es gab Irr- und Umwege, und keine Ergebnisse wurden ungeprüft einfach hingenommen. Das brachte eine Arbeitsweise in die Theologie, die ihrer Tradition ganz fremd war und immerfort neue Unruhe auslöste. Andererseits wurden Grundeinsichten gewonnen, die auch die dogmatische Christologie zu neuer Bewegung herausfordern, zumal sich wichtige Grundeinsichten »nach menschlichem Ermessen nicht mehr ändern werden, wie die Erkenntnis, daß die Evangelien in erster Linie Glaubenszeugnisse sind, daß ihre Verfasser keine Augenzeugen des Lebens Jesu waren, daß der historische Jesus unmöglich die johanneischen Offenbarungsreden gehalten haben kann, daß alle christologischen Hoheitstitel – außer wahrscheinlich dem des Menschensohnes – erst aus der Theologie der Gemeinde stammen und vieles andere mehr«.[2] Die Folgen dieser Erkenntnisse sind auch für das christologische Dogma relevant und werden nachfolgend in unseren Orientierungsskizzen zu Menschwerdung, Tod und Auferstehung bedacht. Was ehedem in formelhafter Gültigkeit ein für allemal gesagt zu sein schien, hat viel von seiner unbefragten Selbstverständlichkeit verloren. So irritiert darauf viele Kreise der Christenheit reagieren, man sollte nicht übersehen, daß der Glaube sich nur nach vorne, nie in einem konservierenden Rückzug bewähren kann. Die geschilderten Wege der Forschung haben manchen Christen in Anfechtung und Zweifel geführt, doch war dies zugleich der Weg, der insgesamt zu einem freieren, weltoffenen Glauben führte, der sich durch größere Argumentationskraft, Klarheit und Wirklichkeitsnähe auszeichnet.

Lese- und Arbeitshinweis:

Die Fülle der exegetischen Literatur zum Neuen Testament ist unüberschaubar. Sie verwirrt den Laien und auch Fachleuten fällt es schwer, Leseratschläge zu geben. Wir unterstellen hier, daß es hilfreicher sein kann, nur einen Titel zu nennen, als deren viele und empfehlen zur Lektüre und zugleich zur Information über Detailfragen das Buch von *Hans Conzelmann/Andreas Lindemann,* Arbeitsbuch zum Neuen Testament, (J. C. B. Mohr (Paul Siebeck)) Tübingen 1975; erschienen als Uni-Taschen-

[1] *Wolfgang Trilling,* Geschichte und Ergebnisse der historisch-kritischen Jesusforschung, in: *Franz Joseph Schierse* (Hrsg.), Jesus von Nazareth, Mainz 1972, 211.
[2] Ebd.,212.

(UTB) 52. Das Werk führt in die neutestamentliche Wissenschaft und ihre Methoden ein; es bietet eine Zeitgeschichte des Urchristentums und gibt einen guten Überblick über die historischen und theologischen Probleme der einzelnen Schriften des Neuen Testaments. Ein weiterer Teil informiert über alle wichtigen Aspekte der Leben-Jesu-Forschung. Die Methoden und Ergebnisse kritischer Exegese werden so dargestellt, daß der Weg, der zu diesen Ergebnissen führte, durchschaubar und nachvollziehbar wird.

Ereignis und Name – Der Weg des Schülers

Was haben die Kinder mit solch theologischen Erkenntniswegen zu tun? Leben sie nicht jenseits dieser Probleme? Und warum soll sich ein Grundschullehrer darum kümmern, wenn doch derartige Theologie den Kinderköpfen fremd bleibt?

Diese Fragen scheinen plausibel, aber ihre Voraussetzungen sind falsch. Auch die einfachen Worte, in denen Eltern mit ihren kleinen Kindern sprechen, wurzeln in theologischen Traditionen, deren Fundamente und Konturen bei weitem nicht jedem einsichtig sind, dessen Denken und Glauben davon bestimmt wird. Oft bringen die Kinder aus ihren Elternhäusern oder aus dem Kindergarten Sprachregelungen mit, die ein fixes Jesusbild einschließen: »Da heilt der Gott einen Blinden«, oder »da hängt Gott am Kreuz«, sagen sie vor Jesusbildern und setzen damit zwischen Jesus und Gott ein selbstverständliches Gleichheitszeichen. Schon hier wird jeder Durchschnittslehrer ratlos, sollte er aufgefordert sein, über das Recht einer Identifikation Jesu mit Gott Auskunft zu geben. »Jesus ist eigentlich Gott, seine Menschheit ist nur vorübergehende, notdürftige Verkleidung, er ist ein Gott in Menschengestalt: So sieht ihn das katholische Normalbewußtsein. Durch Religionsunterricht, Liturgie und Kunst wurde dem Gläubigen von klein auf ein Jesusbild vermittelt, in welchem die Gottheit Jesu die Menschheit überblendet und aufsaugt ... Dabei ist nicht zu leugnen, daß der vulgär mißbräuchliche Satz ›Jesus ist Gott‹ in der Fachsprache der Theologie einen Sinn haben kann, vorausgesetzt, was Theologen mit ›Idiomenkommunikation‹ meinen ... Das ›ist‹ hat in dem Satz ›Jesus ist Gott‹ einen solch ungewöhnlichen, kniffligen, ja waghalsigen Sinn, daß der Satz für Mißverständnisse überaus anfällig ist und für die Verkündigung ungeeignet sein dürfte – ganz abgesehen davon, daß der Satz auch bei korrektem Verständnis interpretationsbedürftig bleibt. Außerdem ist es didaktisch ungeschickt, ständig mit einer Formel, die das zugespitzte Ergebnis eines Entwicklungsprozesses ist, zu operieren, statt in den Prozeß selbst einzuführen.«[1] (Vgl. S. 243ff).

Aber auch die Rede von Jesus als »Sohn Gottes«, die der katechetischen Diktion im Elementar- und Primarbereich keineswegs fremd ist, verdient kritische Vorbehalte: »Wer ohne Hinweis auf die Geschichtlichkeit einfach anfängt mit ›Jesus war der Sohn Gottes‹, erzeugt in den Kindern die irreparable Vorstellung: Jesus ist Gott Nr. 2; die Menschheit Jesu käme gar nicht mehr zum

[1] *Günter Lange*, Über die Notwendigkeit, die Schwierigkeit und die Möglichkeit, an ein zutreffendes und wirksames Jesusbild zu kommen, in: Katechetische Blätter 96, 1971, 581-597, hier: 583 (mit Anm. 2).

Bewußtsein, weil sie durch die Gottidentifikation total überlagert wäre.«[1] Es ist also schon nicht leicht, mit den Namen und Titeln Jesu richtig umzugehen, ohne die in ihnen eingeschlossene Problematik zu kennen. Darum bleibt es keinem Lehrer erspart, selbst nicht einmal im Anfangsunterricht, Einblick in die wichtigsten neutestamentlichen und dogmatischen Grundlagen der Christologie zu nehmen.

Innerhalb der neutestamentlichen Tradition müssen wir die Bezeichnung »Sohn Gottes« und daneben die einfache Benennung »der Sohn« genau unterscheiden. Der Ausdruck »Sohn Gottes« begegnet im Judentum in zweifacher Bedeutung: Einmal kann er das Volk Israel bezeichnen (Ex 4, 22 f; Hos 11,1 u.a.). Zum anderen kann auch der König diesen Titel tragen (2 Sam 7, 14), was insbesondere im Rahmen der Königstheologie begegnet. In Ps 2,7 wird dem König Israels zugerufen: »Künden will ich die Setzung Jahwes: Er sprach zu mir: ›Mein Sohn bist du, heute habe ich dich gezeugt. Verlange von mir, ich gebe dir die Völker zum Erbe und die Welt zum Besitztum.‹« Gott wird hier nicht als der »natürliche« Vater des Königs gedacht, sondern als jener, der ihn nach seinem freien Ermessen *erwählt* – und eben damit zu seinem »Sohn« macht. Die Wendung: »Mein Sohn bist du, heute habe ich dich gezeugt«, am Tage der Thronbesteigung über den erwählten König gesprochen, ernannte ihn eben damit zu Gottes Sohn. Wenn in den älteren Zeiten Israel insgesamt als Gottes erstgeborener, geliebter Sohn bezeichnet werden konnte und später diese Rede auf den König übertragen wird, heißt das, daß sich in ihm die Berufung des Volkes zusammenfaßt.

Man wird also nach jüdischem Verständnis Gottes Sohn durch »Adoption«. Jahwe ruft in das Sohnes-Verhältnis zu sich hinein, und nur durch diesen Ruf kommt es zustande. Damit ist im jüdischen Raum die Bedeutung von »Sohn Gottes« juristisch gedacht, Metapher für Erwählung und besondere Nähe, und darin durchaus eindeutig.

In dieser Linie ist nun auch der neutestamentliche Sprachgebrauch von Gottes Sohn verwurzelt. In den Evangelien hat er seinen ältesten Ort in der Geschichte von der Taufe Jesu (Mk 1, 9-11). Dort hören wir von der Himmelsstimme, welche die nur wenig modifizierte Adoptionsformel aus Ps 2,7 zitiert. Ein jüdischer Hörer dieser Geschichte konnte sie nur so verstehen, daß Gott Jesus bei seiner Taufe in ein exklusives Erwählungsverhältnis berufen, ihn gewissermaßen adoptiert hat, so daß er von nun an in der Vollmacht seines heiligen Geistes als Gottessohn wirken konnte.

Joseph Ratzinger sieht in der Anwendung eines ursprünglich orientalischen Königsrituals auf den König von Israel, wie es im Ps 2 geschieht, ein Paradoxon, dem der Spott nicht fern ist: »Wenn, was bei den Großmächten Babylon und Ägypten sinnvoll war, für den König auf dem Zionsberg angewandt wird, schlägt es in die pure Ironie um, denn die Erdenkönige zittern nicht vor ihm, viel eher zittert er vor ihnen. Und die Weltherrschaft mußte, von einem armseligen Duodezfürsten, wie er es war, ausgesagt, beinahe lächerlich wirken... Das bedeutet: Die Königstheologie... wurde in einem weiteren Schritt aus einer Erwählungstheologie zu einer Theologie der Hoffnung auf den kommenden König; das Thronorakel wurde immer mehr zu

[1] *Elmar Gruber,* Arbeitshilfen für die Glaubensunterweisung im 1. und 2. Schuljahr, München ²1970, 12; zit. n.: *Günter Lange,* a.a.O., 583 Anm. 2.

einem Spruch der Verheißung, daß eines Tages der König kommen werde, von dem zu Recht gesagt werden konnte: ›Mein Sohn bist du, heute habe ich dich gezeugt. Verlange von mir, und ich gebe dir die Völker zum Erbe‹.

An diesem Punkt setzt die Neuverwandlung des Textes durch die christliche Urgemeinde an. Wahrscheinlich im Rahmen des Auferstehungsglaubens ist dieses Psalmwort zuerst auf Jesus angewendet worden. Das Geschehen der Auferweckung Jesu von den Toten, an das diese Gemeinde glaubt, wird von den ersten Christen als jener Augenblick begriffen, in dem der Vorgang von Psalm 2 tatsächlich Wirklichkeit geworden ist. Das Paradox ist hier freilich nicht geringer. Denn glauben, daß der auf Golgotha gestorben ist, zugleich derjenige sei, zu dem *diese* Worte gesagt sind, scheint ein unerhörter Widerspruch... Ihm, dem völlig Gescheiterten, der am Galgen hängend kein Stück Boden mehr unter den Füßen hat, um dessen Gewänder gelost wird und der selbst von Gott preisgegeben scheint, ihm, gerade ihm gilt das Orakel: ›Mein Sohn bist du, heute – an *dieser* Stelle – habe ich dich gezeugt. Fordere von mir, und ich gebe dir Völker zum Erbe und die Welt zum Besitztum‹.«[1]

Neben dem jüdischen Gottessohn-Verständnis gab es nun freilich auch einen hellenistischen Verstehensrahmen. Als Söhne Gottes konnten in der griechischen Antike alle möglichen Menschen bezeichnet werden, denen man außergewöhnliche Kräfte zuschrieb. Daneben führte man Gottessohnschaft auch auf eine wunderbare Geburt zurück und erzählte von Gottheiten, die mit irdischen Frauen ein Kind gezeugt hätten. Mit diesen hellenistischen Vorstellungen von Göttersöhnen und göttlichen Menschen berührt sich die jüdische Tradition und zumal die Interpretation Jesu durch Ps 2 in keiner Weise. Dennoch war nicht zu verhindern, daß mit der Übernahme des jüdisch verstandenen Sohn-Gottes-Begriffs in den griechischen Sprachraum Bedeutungsverschiebungen unter der Hand erfolgten. Der adoptianisch gemeinte Terminus wurde sozusagen »biologisch« mißdeutet.

Ebenfalls etwas völlig anderes und mit der Bezeichnung »Sohn Gottes« nicht zu verwechseln ist die johanneische Selbstbezeichnung Jesu als »der Sohn«. »Die Benennung Jesu als Sohn ist für Johannes nicht Ausdruck einer Eigenmacht, die Jesus sich zulegen würde, sondern Ausdruck der totalen Relativität seiner Existenz... Darum deckt sich der Titel ›Sohn‹ mit den Bezeichnungen ›das Wort‹ und ›der Gesandte‹... Er als ganzer ist Sohn, Wort, Sendung.«[2] Von hierher müssen auch die christologischen Dogmen von Nizäa und Chalcedon verstanden werden. Sie liegen nicht in der Verlängerung hellenistisch-mythischer Zeugungsideen, sondern entsprechen dem johanneischen Zeugnis vom »Sohn«, in dem sich das Menschsein Jesu als Ereignis eines vollständigen Verdanktseins darstellt.

Wer die Bezeichnungen »Sohn Gottes« und »der Sohn« bedenkt, darf freilich nie übersehen, daß diese Titulaturen im Neuen Testament keinen besonders hervorgehobenen Ort einnehmen. Neben ihnen gibt es eine *Fülle* anderer Titel, Metaphern, Interpretamente, die von unterschiedlichen Ausgangspunkten alle um das Verständnis Jesu bemüht sind. Das Neue Testament läßt sie nebeneinander bestehen, ohne sie harmonisieren oder untereinander verrechnen zu wollen. Damit relativieren sie sich gegenseitig, interpretieren und

[1] *Joseph Ratzinger,* a.a.O., 175 ff.
[2] Ebd., 182.

korrigieren sich untereinander. In den nachfolgenden Jahrhunderten der frühen Christenheit wurde im griechischen Denkraum jedoch der Gottessohnbegriff als Christustitel einseitig bevorzugt. Wenn aber *ein* Titel das Monopol bekommt, so besteht die große Gefahr, daß er nicht mehr als *ein* Interpretationsversuch unter mehreren möglichen anderen verstanden, sondern mit der Wirklichkeit der Person einfach identifiziert wird.[1] Dem widerspricht sowohl die Fülle der biblischen Titel und Metaphern für Jesus als auch die Vielzahl der Evangelien selbst, die sich nach Adressat, Zeit und theologischen Anliegen voneinander unterscheiden.

Der wichtigste Unterschied zwischen den Deutungsmodellen des Neuen Testaments und den späteren christologischen Definitionen liegt jedoch in den zugrundeliegenden Ausgangspositionen. Das biblische Denken bleibt immer dem Ereignis und seiner Wirkung verbunden, das griechische Bemühen zielt hingegen auf Wesensbestimmungen. Darum beschreiben die Evangelien Jesus als einen Menschen, dessen Worte und Taten ganz von Gott erfüllt sind; durch seine Art, mit den Menschen zu leben, sie zu sehen, zu hören, ihre Lage zu erfassen, bringt er Gottes Menschenfreundlichkeit zur Erfahrung, so daß dies als Heil und Erlösung erlebt wird. Anders gesagt: im gesamten Lebenswerk Jesu wird Gott ausgelegt als ein befreiendes Wort, als rettende Hilfe, als tröstende Nähe. Anders verfährt demgegenüber das spätere griechisch-theologische Denken: darin geht es um Wesensaussagen und Definitionen, die mehr das Sein-an-sich als das Ereignis in den Blick nehmen. Wenn es aber ein hermeneutischer Grundsatz ist, daß nicht von den späteren Dogmen her die Bibel auszulegen ist, sondern daß die Bibel Richtschnur und Wahrheitskriterium aller nachfolgenden Theologie bleibt, dann gilt erst recht für die Sprache des Religionsunterrichts der Grundsatz, daß *die offene Fülle biblischer Metaphern und Gleichnisse, ihre lebendige Bildmächtigkeit und Verweiskraft den Kindern besser gerecht wird,* als fixe Nomenklaturen. Lehrer, deren Rede von Jesus sich durchgehend einer Handvoll fester Titulaturen bedient – sei es nun der »Gottessohn« oder der »liebe Heiland«, der »göttliche Kinderfreund« oder der »Meister« –, betreiben allemal eine Klischeebildung, die selten Begegnung und Betroffenheit ermöglicht.

Wort und Bild, Symbol und Tat – Der Weg des Religionsunterrichts

Der Weg, den unser Religionsbuch zu führen versucht, knüpft zunächst an die im Lehrerhandbuch II entwickelte Linie an. Wir haben dort über Titulare und Narrative Christologie gesprochen und in einer »aszendenten Christologie« die Richtschnur des Unterrichts erkannt (→ II, 266-271). Die innere Folgerichtigkeit, die vom 1. bis zum 4. Schuljahr gelten soll, wurde ebenfalls beschrieben.

Die großen christologischen Mysterien – Menschwerdung, Tod, Auferstehung –, vor denen wir nunmehr als Unterrichtsaufgabe stehen, werden also nicht unvermittelt erörtert. Einerseits haben die mehrfach um Weihnachten

[1] Vgl.: *Günter Lange,* a.a.O., 586.

und Ostern kreisenden Themen und Bilder und nicht minder die immer neue Präsenz des Kreuzes in allen Religionsbüchern ein ganzheitliches Vorverständnis grundlegen helfen; andererseits führte der Aufbau der Jesus-Kapitel von den Heilungsgeschichten der in Jesus erschienenen Menschenfreundlichkeit Gottes im 2. Schuljahr zum Themenkreis um Jüngerschaft und Nachfolge im 3. Schuljahr, der dort im Kontext der Tisch- und Eucharistiegeschichten eine zusätzliche Vertiefung fand. Auf diesem Hintergrund ist die christologische Thematik im 4. Schuljahr nunmehr solide fundiert.

In der didaktischen Konzeption unseres Schulbuch-Kapitels versuchen wir einige neue Schritte. Folgende Elemente gliedern jede thematische Sequenz:

An erster Stelle steht immer der neutestamentliche Text; er soll Gegenstand einer gründlichen Auslegung sein. Ihm folgen theologiegeschichtliche Informationen. Dieser Part ist knapp und einfach gehalten und bietet Anstöße für ein weiterführendes Unterrichtsgespräch, das zur eigenen Auseinandersetzung anregt. Die im Handbuch ergänzten historischen und theologischen Informationen geben dem Lehrer Rückhalt für diesen Arbeitsschritt.

Auf der gleichen Seite findet sich zusätzlich eine Liedstrophe, in der sich das christologische Thema verdichtet. Unterricht ist ein ganzheitliches Geschehen, an dem Intellekt und Emotion, Kopf und Herz, beteiligt sind, und das nicht allein Wissen, sondern auch Frömmigkeit mehren und vertiefen soll. Daß diese Lieder lediglich Hinweis- und Impulscharakter für weitere Lieder und Verse haben, versteht sich von selbst.

Die zweite Doppelseite, die nun jeweils folgt, arbeitet mit einem bilddidaktischen Konzept. In einer Art synoptischem Gegenüber werden je zwei oder vier Bilder präsentiert, die unterschiedlichen Glaubensvorstellungen entstammen. Dieses Arrangement soll einen theologischen Erkenntnisprozeß fördern, der anders als über das Bild, zumal begrifflich, nicht mit Kindern realisierbar wäre. Die zugrundeliegende Überzeugung geht also davon aus, daß am Bild gewonnene Einsichten zu einem inwendigen theologischen Verständnis führen, in dem kritische Aufklärung und intuitive Partizipation in gleicher Weise beteiligt sind. Dabei kann insbesondere die österliche Bildsynopse zeigen, in welchem Maße kunstgeschichtliche Beobachtungen theologische Probleme verständlich machen, und zwar in einem Modus, der Kinder zu Ein-sichten führt, die auf nur begrifflich-diskursivem Wege gewiß erst viele Jahre später möglich werden.

Und dann gibt es sogar noch einen dritten Ansatz, um das soweit gewonnene Verständnis erneut zu vertiefen: Auf den folgenden Seiten fordern die neuen Bilder von Relindis Agethen heraus, die Menschwerdung, den Tod und die Auferstehung Christi in einem weiterführenden Schritt zu bedenken. Dieser Schritt hat eine integrative Funktion. Er führt Motive und thematische Linien des gesamten Unterrichtswerkes weiter, verklammert außerdem wichtige Themen des vorliegenden Buches mit der Christologie und leistet auf diese Weise eine wiederholende, vertiefende und zusammenfassende Aufgabe.

Der damit eingeschlagene Weg ist in der Didaktik von Religionsbüchern neu, wohl nicht zuletzt deswegen, weil die protestantische Verengung der Wirklichkeit letztlich nur noch das Sakrament des Wortes zuläßt und die katholische Theologie ebenfalls längst durch diese enge Pforte geschlüpft ist. Das reicht bis in das Bewußtsein der Prälaten. Als das Religionsbuch für das 1.

Schuljahr erschien, meldete sich zum Beispiel ein heftiger Protest mit dem Einwand an, unser Buch habe keine Christologie; ein anderer hatte gezählt, wie oft das Wort ›Gott‹ vorkomme und gefolgert, das Ergebnis sei zu mager, es fehle dem Buch Hintergrund. Niemals wurde von diesen Kritikern eine Bildaussage einbezogen. Als theologisch relevant galt nur das gedruckte Wort, alles andere schien nicht existent zu sein. – In anderer Weise begegnet diese Engführung in der theologischen Hermeneutik. Sie ist Texthermeneutik und registriert als solche, was je gedruckt und gesagt wird. Aber daß sich die Theologie qua Theologie für ihre eigene christliche Bildtradition interessierte, ist bis heute unerhört. Das wurde der Kunstgeschichte und Kunstwissenschaft zugeschoben und ist dort auch in guten Händen, aber die Theologie erfuhr durch solche Bescheidung einen Wirklichkeitsverlust, der ihrer Entbildlichung in verbale Abstraktheit hinein weiteren Vorschub leistete. – In der Religionsdidaktik äußerte sich die hermeneutische Engführung darin, daß Religionsbuchautoren durchweg nur ein Textmanuskript verfaßten und es dann sogar dem Verlagslektorat überließen, welche »Illustrationen« in einem nachgehenden Akt beigefügt werden sollten. Einige Verlage erfanden für diese sekundäre Prozedur den Namen »Visualisierung«; sie putzen das eingelieferte Textmanuskript mit Fotos von Bildagenturen und einzelnen »Kunstwerken« auf, ohne daß sich damit ein originärer didaktischer Anspruch noch verbände.

Das sola scriptura hat die Hermeneutik des Bildes, des Symbols, des Rituals, der Architektur, der Kultur schlechthin verdrängt, obwohl doch in Monreale, in der Arenakapelle oder im Musée National Biblique nicht minder theologische Erkenntnisse zu gewinnen sind als bei Berengar, Bonaventura, Yves Congar oder Karl Rahner. Und daß die Rotunde von St. Michael in Fulda einen theologischen Kosmos verkörpert, in anderer Weise der Dom zu Limburg oder die Kathedrale von Chartres, aber auch St. Peter in Rom, die Wieskirche und die Kapelle von Ronchamp, sollte für keine theologische Bildung außerhalb des Blickfeldes bleiben. Letztlich muß dem Religionspädagogen eine breit angelegte Kulturhermeneutik wichtig sein, damit die Geschichte der Menschheit aus dem theologischen Erkenntnisprozeß nicht ausgeklammert bleibt. Diese Perspektive ist zugleich ein Aspekt der Christologie, denn wie anders hat die Christenheit ihr Christusverständnis ausgelegt, als in Architektur, Kunst, Kirchenverfassung, Sozialordnung und politische Ordnungen hinein.

Nun greifen unsere christologischen Bildseiten nicht einfach auf einzelne bemerkenswerte Werke zurück, sondern konfrontieren diese mit einer jeweils anderen Auffassung desselben Themas. Es liegt am mangelnden Raum, daß dieses nur an einem äußersten Minimum realisiert werden kann. So stehen sich unter dem Titel »Menschwerdung« eine Ikone ostkirchlicher Theologie und ein Weihnachtsbild westlicher Prägung gegenüber. In ihrer Verschiedenheit widersprechen sich die Bilder nicht, aber sie lehren zu sehen, zu denken und zu fragen, einen Blick für die eigene Frömmigkeitsform zu gewinnen und sich gleichzeitig dem Reichtum der anderen Traditionen zu öffnen. Ähnlich und zugleich anders ist dies bei den Darstellungen der Kreuzigung Jesu. Hier stehen sich unterschiedliche Zeiten gegenüber, ebenso unterschiedliche Erfahrungen und Sichtweisen, doch ergänzen beide einander und verweisen auf die vielen nicht gezeigten Kreuzigungsbilder, die alle zur Theologie der einen Kreuzigung gehören. Wiederum anders verfährt die österliche Bildsynopse. Hier lehrt das Nebeneinander der vier Auferstehungsdarstellungen ein hermeneutisches Problembewußtsein und Verständnis, das ohne Bilderfolge wohl unerreichbar bliebe. Es geht dabei um die Frage, ob und wie transzendente Wirklichkeit, die sich jeder Beobachtung und erst recht jeder fotografischen Darstellung entzieht, in Bildern anschaulich gemacht werden kann. Dabei führen die unterschiedlichen Antworten aus tausend Jahren in ihrer Differenz zu einer theologischen Erkenntnis, in der gerade ihre Anschaulichkeit das entscheidende Problem vor Augen führt.

Wer weiterdenkt, erkennt hinter den vorhandenen Lehrbuchseiten ein weites, offenes Feld: Unsere eigene Bildauswahl kann durch ein Spektrum anderer Bilder leicht ergänzt werden. Wenn man solche Arbeit nicht als Nebenweg mißversteht, sondern als einen genuinen theologischen Erkenntnisprozeß wertet, sind den Kindern darin sogar eigene intellektuelle und spirituelle Erfahrungen möglich. Neben die Bilder stellt sich die Literatur, deren theologische Relevanz ebenfalls von Religionslehrern und Pfarrern noch zu entdecken ist. Es mag sein, daß das zeitgenössische Schrifttum einen »anderen« Jesus[1] vorstellt als jenen des kirchlichen Dogmas, vielleicht auch, daß das eine Jesusbild das andere herausfordert, aber es wird eine solche Erweiterung der Wahrnehmung kaum ohne theologischen und menschlichen Gewinn bleiben. Schließlich geht es immerfort darum, die Gestalt Jesu nicht in erstarrten Formeln, seien es jene der eigenen Sprache, seien es die zu Klischees abgesunkenen Symbola der Tradition zu verlieren, sondern ihn immer wieder in die eigene Lebendigkeit auferstehen zu lassen. »Das probateste Mittel, sich eines Propheten zu entledigen, ist das ›Besprechen‹«, sagt Fridolin Stier. »Denn als ›Besprochener‹ spricht er nicht mehr.«

Nicht zuletzt verweist unser Kapitel auf die Feste Weihnachten, Karfreitag/Ostern und Himmelfahrt. Was der Unterricht zur Sprache bringt, feiert die Gemeinde in Gottesdiensten, im Gebet und im Brauchtum. Ohne diesen Hintergrund bliebe das Wort wurzellos. Daß es leibhaftig werden kann, erfordert die Weiterführung in eine soziale Gestalt, in gemeinschaftliches Tun und gesellschaftlichen Ausdruck. Einen Brückenschlag hierhin leisten in besonderer Weise die Bilder von Relindis Agethen.

[1] *Karl-Josef Kuschel* (Hrsg.), Der andere Jesus. Ein Lesebuch moderner literarischer Texte, Zürich/Gütersloh 1983.

Ernst Barlach: Von Angesicht zu Angesicht S. 35

A. Ernst Barlach (1870-1938) verstand sich in der zweiten Hälfte seines Lebens vor allem als Holzbildhauer. Diese Wendung in seiner künstlerischen Orientierung ist nicht selbstverständlich, denn »Holz« war im 19. Jahrhundert als »billiges« Material der Volkskunst überlassen worden. An den Kunstakademien wurde Holzbildhauerei nicht gelehrt. Selbst wenn es einige periphere Arbeiten in Holz bei zeitgenössischen Künstlern gibt, so ist Barlach doch der erste Künstler seit dem Spätrokoko, der das Holz als das wichtigste Material seines plastischen Gestaltens bevorzugt. Holz war Barlach im eigentlichen Sinne kongenial. Die blockhaft organische Geschlossenheit einer Skulptur konnte er darin am besten ausdrücken. Schon 1904 sagt er: »Materialformen sind Anschauungsnormen«.

Dieser Wertschätzung des Holzes widerspricht es, daß Barlachs plastisches Werk in Ausstellungen, Fotobänden und Kalendern durch zahlreiche Bronzegüsse vermittelt wird. In der Jubiläumsausstellung zum 100. Geburtstag des Künstlers kam es öfter vor – wahrscheinlich durch die effektvollen Aufnahmen der Bronzen verleitet –, daß Besucher bemängelten, man zeige ja »nur« Hölzer und habe die schönen Bronzen dagegen ausgetauscht. Barlach selbst kam zu den Bronzegüssen eher nebenher. Es waren Freunde, insbesondere die Kunsthändler Paul Cassirer und Alfred Flechtheim, die ihn drängten, Bronzen nach vorhandenen Entwürfen in Ton und Gips gießen zu lassen, doch begannen diese Arbeiten hauptsächlich erst seit 1930. Diese Modelle waren entweder Vorentwürfe, die noch nicht auf ein bestimmtes Material hin konzipiert waren, oder Modelle für Skulpturen, die in Holz ausgeführt werden sollten.[1]

Die in unserem Religionsbuch wiedergegebene Plastik trägt unterschiedliche Titel: »Das Wiedersehen«, »Das Erkennen« oder »Thomas und Christus«. Die unmittelbare Vorzeichnung entstand 1922; für die Ausführung fertigte Barlach 1926 ein Werkmodell in Gips und schuf noch im gleichen Jahr in Nußbaumholz die Gruppe in den Maßen 103 cm Höhe, 40 cm Breite und 26 cm Tiefe. Außerdem entstanden später Bronzegüsse nach dem Originalmodell, aber wesentlich kleiner als die Holzarbeit (47,5 × 19 × 12 cm). Die Holzplastik befindet sich im Ernst-Barlach-Haus in Hamburg, sein Stukkoabguß in der

[1] Zum »Flötenbläser«, den unser Regligionsbuch für das 1. Schuljahr auf Seite 15 abbildet, schrieb Ernst Barlach: »Den Flötenbläser in Bronze habe ich aus der Ausstellung Buchholz entfernen lassen, sobald ich davon erfuhr (durch Katalog). Erstens beschicke ich in absehbarer Zeit keine Ausstellung, zweitens war es ein Fehler, ihn in Bronze zu zeigen. Sobald ich ihn für Holz geplant, war die Ausführung in Bronze hinfällig, es war aber eine Bestellung (Bronze) schon so weit voran, daß (vielleicht ist es wahr!) der Guß nicht mehr zurückgenommen werden konnte (vom Gießer Noack). Daß er bei B. zur Ausstellung gelangte, war einer jener Kunsthändlergewaltakte, die immer und immer wieder geschehen. Herr Valentin dort hatte angeblich einen Käufer, und die Firma eine Anstellung, von beiden Umständen wußte ich nichts. Dann war Herr V. verreist, u. obgleich ich das Exemplar hierher dirigiert hatte, kam es dort ins Magazin. Dort steht es noch und wartet auf den angeblichen Käufer. Wenn ich alles Derartige selbst überwachen und regulieren wollte, könnte ich mich totschreiben . . .«

Güstrower Gertrudenkapelle. Die Bronzen sind auf zahlreiche Sammlungen im In- und Ausland verteilt.[1]

B. »Die Gertrudenkapelle in Güstrow wird heute nicht mehr als gottesdienstlicher Ort genutzt, sondern als Ausstellungsraum für einige wenige Plastiken Barlachs, sorgfältig plaziert. Trotzdem werden in dieser schönen mittelalterlichen Backsteinkirche beim Ansehen und Herumgehen um die beiden Figuren ganz bestimmte Assoziationen geweckt. Uns fällt der von Barlach in Klammern gesetzte Titel für dieses Werk ein: Thomas und Christus. Es ist nicht die uns so bekannte lehrhafte Szene, in der sich der auferstandene Christus dem skeptischen Thomas durch seine Wundmale offenbart. Barlach hat einen Augenblick höchster dramatischer Spannung im Bild festgehalten: Der Apostel erkennt den Totgeglaubten – manche nennen daher dieses Werk auch ›Das Erkennen‹ –, er drängt sich zu ihm, blickt zu ihm auf, ist schon fast zudringlich. Er klammert sich an ihn, mit fragendem Blick dringt er in ihn. Er will diesen Jesus begreifen, ihn endlich verstehen. Bewußt stellte Barlach im Titel den Namen Thomas voran. Der Auferstandene spielt in diesem Stück eine eher verhaltene Rolle. Er hält Thomas, richtet ihn auf, trägt ihn, er-trägt ihn. Aber er hält doch auch Distanz, wartet, wendet sein Gesicht leicht zur Seite, Wehmut in seinen Zügen, nicht von österlicher Freude. Eine Antwort, verbindlich, allgemein und allezeit gültig gibt er nicht – doch er hält ihn! Und er wird ihn auch als Jünger erhalten.

Was verbindet die beiden? Die Hände! Und die Hände des Thomas liegen nicht in den Wundmalen, sondern zur Umarmung bereit auf den Schultern des Freundes: Wird er sich aufrichten, wird er den anderen umarmen können? Was sagt diese Geste gegen die ›Dogmatik der Wundmale‹, und was sagt sie für das Glaubenlernen?

So bringen uns diese beiden in dem klaren, schönen Raum der Gertrudenkapelle unmittelbar zu Fragen unseres Glaubens und Unglaubens.«[2]

C. Es gibt einen recht müßigen Streit um die Frage, ob Barlach ein »christlicher Künstler« sei oder nicht. Er selbst hat sich dazu 1932 geäußert: »Man versucht, mich weltanschaulich zu rubrizieren, sagt, daß ich ein Gottsucher bin. Aber ein Gottsucher, was ist das eigentlich? Ich würde es geradezu als Arroganz bezeichnen, wenn ein anderer das von sich behauptete. Man klebt die Etiketten ›kultisch‹ und ›mystisch‹ auf meine Arbeiten und zerbricht sich den Kopf darüber, welche Rätsel ich darstelle und wie kunstvoll ich deren Lösung schwierig mache. Ich begehre jedoch nichts anderes, als schlecht und recht Künstler zu sein. Es ist mein Glaube, daß dasjenige, was nicht durch das Wort auszudrücken ist, durch Formen in den Besitz eines anderen übergehen kann.« In seinem Drama »Die Sündflut« (1924) läßt Barlach einen Hirten sagen: »Ich schäme mich, von Gott zu sprechen, und auch sonst sprach ich nie

[1] Zum Ganzen: *Isa Lohmann-Siems,* Zum Problem des Materials bei Ernst Barlach, in: Ernst Barlach. Plastik, Zeichnungen, Druckgraphik. Ausstellungskatalog Kunsthalle Köln, 19. 12. 74 – 5. 2. 75, 23-32.

[2] Diese Beschreibung einer Begegnung mit Ernst Barlachs Plastik »Das Wiedersehen« ist entnommen dem empfehlenswerten Buch: *Helmut Ruppel/Ingrid Schmidt,* Von Angesicht zu Angesicht. Aufmerksamkeit für Ernst Barlachs Bilder vom Menschen, Neukirchen-Vluyn 1984, 10-15.

von ihm. Das Wort ist zu groß für meinen Mund. Ich begreife, daß er nicht zu begreifen ist, das ist all mein Wissen von ihm.« In einem Brief an den Güstrower Pastor Johannes Schwartzkopff vom Dezember 1932 schreibt Barlach: »Zunächst geht mir das verpflichtende Empfinden für Kirche und Gemeinschaft nicht aus Gründen, sondern von Natur her ab. Was hinter den Worten, Formulierungen und zeitgemäßen Geltungen der christlichen Gemeinschaft als Ewiges und hingebend Verehrtes steht, wird davon nicht berührt. Dieses in das Bettelkleid des dürftigen Wortes gekleidete Letztere ist größer als beschreibbar... Ein Bekenntnis zu miteinander verbundenen, ein Ganzes ausmachenden, ein System begründenden Glaubensartikeln kann von mir nicht erbracht werden.«

D. Simone Weil schreibt in ihren »Betrachtungen über den rechten Gebrauch des Schulunterrichts und des Studiums im Hinblick auf die Gottesliebe«: »Obwohl man dies heutzutage nicht zu wissen scheint, ist die Ausbildung unseres Vermögens zur Aufmerksamkeit dennoch das wahre Ziel des Studiums und beinahe das einzige, was den Schulunterricht sinnvoll macht... Die Aufmerksamkeit ist nicht nur der wesentliche Gehalt der Gottesliebe. Auch die Nächstenliebe, von der wir wissen, daß sie die gleiche Liebe ist, ist aus dem gleichen Stoff gemacht. Die Unglücklichen bedürfen keines anderen Dings in dieser Welt als solcher Menschen, die fähig sind, ihnen Aufmerksamkeit zuzuwenden. Die Fähigkeit, einem Unglücklichen seine Aufmerksamkeit zuzuwenden, ist etwas sehr Seltenes, sehr Schwieriges, sie ist beinahe ein Wunder; sie ist ein Wunder.«[1]

Die Aufmerksamkeit der Kinder auf Ernst Barlachs Gruppe »Thomas und Christus« zu lenken, ist aus mehrfachen Gründen nicht einfach. Zunächst schränkt die Wiedergabe der Plastik durch eine fotografische Reproduktion unsere Möglichkeiten ein. Wir sind auf die Perspektive der Kamera festgelegt und auf die einmalige Licht- und Schattenwirkung während der Aufnahme. Wir können nicht um die beiden Gestalten herumgehen, erleben sie nicht in jener Räumlichkeit, welche die voranstehende Interpretation von Helmut Ruppel und Ingrid Schmidt wesentlich bestimmt. Auch das Material Holz, Maserung wie Glanz spiegelt der Druck nur eingeschränkt wider; die erhebliche Verkleinerung mindert weiterhin die plastische Wirkung der Gruppe.

Ähnlich wie beim »Flötenbläser« (→ I, 53) ist es wichtig, mit Ruhe und Muße die Plastik zu betrachten. Eine Zeit der Stille kann jedem Gespräch vorausgehen. Wie immer äußern die Kinder danach ihre ersten Eindrücke.

Anschließend geht es um eine genaue Beschreibung dessen, »was wir sehen«: Linien, die das Verständnis leiten, gerade und gebogene, aufrechte und gespannte; körpersprachliche Zeichen, welche uns die einzelnen Figuren nach Haltung, Gestik und Mimik erschließen; Materialmerkmale (z. B. die Holzmaserung), welche die Linienführung und Geschlossenheit der Plastik bestimmen. Zusätzliche Informationen zur Person des Künstlers sind wesentliche Interpretationshilfen.[2]

[1] *Simone Weil,* Das Unglück und die Gottesliebe, München 1953, zit. n.: *Helmut Ruppel/Ingrid Schmidt,* a.a.O., 79.

[2] Vgl. hierzu: *Helmut Ruppel/Ingrid Schmidt,* a.a.O.

Ein Bedenken der drei Titel, die unsere Plastik kennt, führt in die inhaltliche Auseinandersetzung ein. Welchem Titel geben wir den Vorzug? Worauf verweisen alle Titel in je ihrer Weise? Ein Nachlesen und das Gespräch über Joh 20, 24-29 wird unumgänglich (→ S. 327). Wir nehmen den im Religionsbuch beigefügten Text als weitere Hilfe hinzu. Ist jedes Wiedersehen nur Bestätigung, oder liegt auch ein neues Moment darin? Was macht es, daß wir von Mal zu Mal anders sehen, Neues wahrnehmen, frühere Engen überwinden? Unser Verhältnis zu den Mitmenschen (den Eltern, Geschwistern, Lehrern, Schulfreunden) wandelt sich immerfort; welchem Wandel unterliegt unser Jesusbild?

Die Geburt Jesu Christi

Was heißt Menschwerdung Gottes? S. 36-41

»Während einer Geschäftsordnungsdebatte in Würzburg sprach sich der Bonner Kirchenrechtler Prof. Flatten dafür aus, daß man auf der Synode zwar einander nicht vorschnell verurteilen, aber auch keine Glaubensverfälschung zulassen dürfe. Zur Verdeutlichung zitierte er aus dem ›Amtsblatt‹ der Erzdiözese Köln: ›Wer sagt: Ich glaube nicht, daß Jesus Christus wahrer Gott ist..., der gehört nicht mehr zur Gemeinschaft der katholischen Kirche. Ich achte sein Gewissen und seine private Meinung, aber er möge auch seinerseits den Glauben der Kirche achten und so redlich sein, die katholische Kirche, die nicht mehr seine Kirche ist, offen zu verlassen.‹[1]

Karl Rahner, Jesuitenpater und Dogmatikprofessor in Münster, erhob sofort energischen Widerspruch: ›Ich muß Ihnen ehrlich gestehen‹, erklärte er den Synodalen, ›dieses Votum von Herrn Flatten ist einfach zu einfach, als daß es eine Leitlinie für unsere Verhandlungen geben könnte.‹ Selbstverständlich – auch er sei der Überzeugung, daß niemand als stimmberechtigtes Mitglied in diese Synode gehöre, der nicht ›Jesus von Nazareth‹ als ›unseren Herrn und Heiland‹ bekenne. ›Aber wenn ich sage: Jesus ist Gott, dann muß ich mir heute erst genauer überlegen, was ich damit eigentlich gemeint habe, und ich muß überlegen, ob nicht viele Leute unter einem solchen Satz etwas verstehen, was alles andere als ein katholisches kirchliches Dogma ist.‹

In einem Briefwechsel zwischen Kardinal Höffner und Professor Rahner in ›Publik‹ [2] wurde die Debatte öffentlich fortgesetzt. Der Kardinal beharrte auf seinem Standpunkt, den er im Kölner ›Amtsblatt‹ vertreten hatte: Wenn er Jesus Christus als ›Gott‹ bekenne, bekenne er ›nicht irgend etwas, sondern den Glauben der Kirche an Gottes eingeborenen Sohn, der ›Gott von Gott‹ ist, ›Licht vom Lichte, wahrer Gott vom wahren Gott, gezeugt, nicht geschaffen, eines Wesens mit dem Vater‹.‹ Was damit eigentlich gemeint sei, müsse er sich nicht ›heute erst genauer überlegen‹, sondern das sage ihm ›unsere Kirche, die durch ihr Lehramt die Frohbotschaft Christi verkündet und auslegt‹. Doch auch Prof. Rahner blieb hart. Er lasse nicht von seiner Überzeugung, ›man könne heute einem Menschen nicht einfach sagen: ›Jesus ist Gott; das ist die Lehre der Kirche; was damit gemeint ist, ist klar‹.‹ Es sei ›einfach nicht richtig, daß dieser Satz vor jedem Mißverständnis von vornherein geschützt sei, daß er nicht von vielen Christen mißverstanden werde‹ – mißverstanden etwa dadurch, daß sie diesen Satz als ›Mythologie‹ ablehnen, weil sie aufgrund dieses Satzes in Jesus eine Art Zwitterwesen, eine Art Halbgott sehen, Gott in menschliches Gewand gehüllt, ähnlich dem Weihnachtsmann; mißverstanden

[1] Kirchlicher Anzeiger für das Erzbistum Köln, 1969, 217.
[2] »Publik« Nr. 4, 1971, 19.

aber auch dadurch, daß sie dem Satz in diesem mythologischen Sinn zustimmen, der aber in Wahrheit durch das kirchliche Dogma abgelehnt werde.«[1]

In einem späteren Fernsehgespräch Karl Rahners mit Marietta Peitz und Klaus Breuning [2] ging es ebenfalls um das Verständnis Jesu. In diesem Zusammenhang erläuterte Karl Rahner seine Interpretation der kirchlichen Lehrtradition:

»Man kann den Satz ›Jesus ist Gott‹ gar nicht richtig verstehen, außer man ist sich wirklich darüber im klaren und davon überzeugt, daß Jesus wahrer, eigentlicher, wirklicher Mensch ist. Das, was wir die ›Menschheit‹ Jesu nennen, ist nicht nur eine Attrappe, ist nicht nur eine Gliederfigur, ist nicht nur eine Livrée, in der der liebe Gott auf Erden wandelt. So ungefähr hat es auch Goethe, meines Wissens, gesagt. Nein, dieser Mensch Jesus ist wirklich ein Mensch mit Leib und Seele, also mit einer radikal geschaffenen Wirklichkeit. Er ist ein Mensch, der betet, der unweigerlich vor der Frage der Übereinstimmung seiner menschlichen Wirklichkeit und seines menschlichen Willens mit dem Willen Gottes steht; der gehorsam sein muß oder in Freiheit versucht wird etc.

›Jesus ist zunächst wahrer Mensch‹, ein radikal wahrer Mensch? Das, so meine ich, ist unserer Generation möglich zu glauben. Wenn ich sage: Jesus ist Mensch, ja. Aber: Jesus ist Gott?

Sicher ist in den beiden Sätzen, ›Jesus ist Mensch‹ und ›Jesus ist Gott‹ das ›ist‹ nicht in dem genau gleichen Sinne zu verstehen. Das macht natürlich – von tiefsinnigeren Problemen einmal ganz abgesehen – bereits die Schwierigkeit dieses Satzes aus. Wenn ich sage, ›Jesus ist Gott‹, dann versteht man beinahe unwillkürlich bei der Enge, der Begrenztheit und der Eingefuchstheit der menschlichen Sprache dieses ›ist‹ im selben Sinne, als wenn ich sage ›Jesus ist Mensch‹. Und das stimmt natürlich nicht.

Pater Rahner, was erlaubt uns, das ›Jesus ist Gott‹ anders zu interpretieren als das ›Jesus ist Mensch‹?

Das Selbstverständnis Jesu befiehlt uns das, und die Lehre der Kirche ebenso. Die Lehre der Kirche sagt nicht: Du sollst, wenn du ein ganz strammer, glaubender Christ sein willst, dieses ›ist‹ in dem gleichen Sinn verstehen wie das ›ist‹ in dem Satz ›Jesus ist Mensch‹. Die Lehre der Kirche, sofern wir sie klar durchdenken, sagt: Du darfst dieses ›ist‹ in dem Satze ›Jesus ist Gott‹ nicht so verstehen wie in dem Satze ›Jesus ist Mensch‹.[3]

Für mich ist dies eine theologische Spitzfindigkeit. Mir als einem theologischen Laien erscheint die Interpretation ›Jesus ist Mensch‹ als eine sehr einfache, eine

[1] Wiedergegeben nach: Erneut aktuell: Der Mann von Nazareth. Ein Arbeitsbuch für die Erwachsenenbildung, hrsg. v.: Verein Katholisches Bibelwerk e.V. Stuttgart und der Arbeitsstelle für Erwachsenenbildung der Diözese Rottenburg-Stuttgart, Stuttgart 1972, 12f.

[2] »Fragen an den Theologen« im Zweiten Deutschen Fernsehen, Mainz, 19. September 1971, wiedergegeben in: Karl Rahner, Im Gespräch,Bd. 1: 1964-1977, hrsg. v.: *Paul Imhof/Hubert Biallowons,* München 1982, 159-167.

[3] In einer wissenschaftlichen Publikation vertritt Karl Rahner diese Position folgendermaßen: »An diesen Sätzen signalisiert nichts ausdrücklich, daß dieses ›ist‹ als Kopula in einem ganz anderen Sinn auftritt und verstanden werden will als in den uns sonst geläufigen Sätzen mit der (scheinbar) selben ›ist‹-Kopula. Denn wenn wir sagen: Petrus ist ein Mensch, besagt der Satz eine Realidentifikation der Inhaltlichkeit des Subjekts- und Prädikatsnomens. Der Sinn des ›ist‹ bei Sätzen der Idiomenkommunikation in der Christiologie beruht gerade *nicht* auf einer sol-

leicht zu glaubende, wenn Sie so wollen, denn sie ist bekanntlich historisch bewiesen. Aber die Frage ›Jesus ist Gott‹ wird unendlich kompliziert, denn das hier verwendete ›ist‹ ist nicht identisch mit dem ›ist‹ im Satze ›Jesus ist Mensch‹, sagen Sie, Pater Rahner.

Ich muß zunächst genau erklären, sofern die Zeit dazu reicht, in welchem Sinne diese beiden ›ist‹ zu verstehen sind. In dem Falle ›Jesus ist ein Mensch‹ habe ich ein ›ist‹, das eine absolute Identität in dem Satz zwischen Subjekt und Prädikat herstellt. Im anderen Falle formuliert man eine Aussage, die nicht eine Identität, sondern eine Einheit der menschlichen Wirklichkeit mit Gott aussagen soll. Und daß der christliche Glaube eine unvergleichliche, einmalige Einheit dieses Menschen Jesus mit Gott glaubt und von da aus das eigene Verhältnis zu Jesus bestimmt, das kann man gewiß allen Ernstes nicht bezweifeln.

Trotzdem bleibt der Widerspruch, das Problem der vielen jungen Leute, die diesen Satz ›Jesus ist Gott‹ so einfach nicht annehmen wollen, die also sagen: Jesus als Mensch, als Anwalt der kleinen Leute, Jesus als der, der sich radikal eingesetzt hat für die Entrechteten, für die Zukurzgekommenen, diesen Jesus bejahen wir. Dieser Mann imponiert uns, ihm sind wir bereit zu folgen. Ihm glauben wir das, was er sagt, weil er glaubwürdig ist. Müssen sie dann auch noch unbedingt – sofern sie als Christen gelten wollen – den Satz aussprechen ›Jesus ist Gott‹? Oder kann nicht in dieser Verehrung, besser in der Nachfolge Jesu bereits der Glaube an Jesus den Gottessohn enthalten sein?

Auf diese komplexe Frage müßte ich sehr vieles antworten. Selbstverständlich kann jemand in einem vollen christlichen Sinne an Jesus als den Sohn Gottes glauben, auch wenn er den Satz ›Jesus ist Gott‹ – einfach weil er ihn nicht versteht, weil er ihn falsch interpretiert und deswegen zurecht als eine Absurdität betrachtet – nicht verwendet. Auf der anderen Seite muß man allerdings darauf hinweisen, daß nicht jedwede Verehrung Jesu als eines für seine Mitmenschen engagierten Menschen schon jenes Verständnis von Jesus impliziert, das ihm adäquat gerecht wird. Ein wirklich christliches Verständnis von Jesus ist zweifellos erst dann gegeben, wenn man davon überzeugt ist, daß das eigene Verhältnis zu Gott, dem Absoluten, Unendlichen, Unbegreiflichen,

chen Realidentifikation, sondern auf einer einmaligen, sonst nicht vorkommenden und zutiefst Geheimnis bleibenden Einheit von real verschiedenen, einen unendlichen Abstand voneinander habenden Wirklichkeiten. Denn Jesus in und nach seiner Menschheit, die wir sehen, wenn wir ›Jesus‹ sagen, ›ist‹ nicht Gott, und Gott in und nach seiner Gottheit ›ist‹ nicht Mensch im Sinn der Realidentifikation.

Die christologischen ›ist‹-Formeln – derselbe ist Gott und Mensch – bleiben mit anderen Worten als vermeintliche Parallelen zu ›ist‹-Sätzen des sonstigen alltäglichen Sprachgebrauchs ständig *in der Gefahr einer falschen Auslegung,* die von diesen Parallelen herrührt: Damit ist nichts gegen die Berechtigung und bleibende Gültigkeit dieser christologischen ›ist‹-Aussagen gesagt. Aber man muß sehen, daß ihnen die Gefahr eines monophysitischen und somit mythologischen Mißverständnisses anhaftet. Wenn z.B. jemand sagt: ›Ich kann doch nicht glauben, daß ein Mensch Gott ist, daß Gott ein Mensch (geworden) ist‹, dann wäre die erste richtige christliche Reaktion auf eine solche Erklärung nicht die Feststellung, hier werde ein christliches Grunddogma verworfen, sondern die Antwort, daß die dem abgelehnten Satz vermutlich gegebene Auslegung dem wirklich christlichen Sinn dieser Aussage nicht entspreche. Die wahre ›Inkarnation‹ des Logos ist zwar ein Geheimnis, das die Tat des *Glaubens* aufruft, das aber nicht durch mythologische Mißverständnisse belastet werden darf.«

Karl Rahner/ Wilhelm Thüsing, Christologie - systematisch und exegetisch (Quaestiones disputatae 55), Freiburg 1972, 56f.

Heiligen wesentlich begründet ist durch diesen Jesus von Nazaret. Und dort, wo ein solches Verständnis Jesu nicht nur in der Theorie, sondern auch in der Praxis abgelehnt würde, wo also prinzipiell gesagt würde: Jesus ist nichts als einer der doch relativ zahlreichen, vorbildlichen Menschen, dort würde es sich nicht mehr um das Christentum handeln.

Wenn wir jetzt fragen: Wie ist diese Einheit nun genauer zu formulieren, auszudeuten und zu artikulieren, dann können wir auf die normalen, christlichen, traditionellen, auch kirchenamtlich definierten Formeln von der ›hypostatischen Union‹, von der ›Einheit zweier Naturen, der göttlichen und der menschlichen in dem einen letzten Subjekt oder der Hypostase des ewigen Logos‹ zurückgreifen. Wir könnten von einer ›substantiellen Einheit zwischen der Gottheit und der Menschheit in der Person des Logos‹ sprechen usw.

Wir müssen dann aber auch möglichst gut kontrollieren, ob wir den Sinn und die Bedeutung dieser traditionellen Formeln wirklich erreichen. Wenn ich eine absolute, letzte Heilsbedeutung von Jesus verstehe und aussage, wenn ich ihn – um es einmal so zu formulieren – als den absoluten, unüberbietbaren Heilsbringer betrachte, wenn ich mein Leben auf ihn und seine Wirklichkeit so gegründet empfinde und weiß, daß eben ein anderer, gleichartiger nicht mehr in Frage kommt, und diese Begründung nie mehr überholbar ist, weil Gott sich radikal in ihm mir selber zusagt als meine absolute Zukunft, dann habe ich natürlich – so glaube ich wenigstens – die traditionellen Formeln wirklich übersetzt, und von diesen Formeln nehme ich eben doch an, daß man sie bis zu einem gewissen Grade wirklich verstehen kann.«

*

Das Konzil von Nizäa (325) hatte in seinem »Großen Glaubensbekenntnis«, das bis heute alle Kirchen des Ostens und des Westens miteinander verbindet, formuliert:

> »Wir glauben an den einen Herrn Jesus Christus,
> Gottes eingeborenen Sohn,
> aus dem Vater geboren vor aller Zeit:
> Gott von Gott, Licht vom Lichte,
> wahrer Gott vom wahren Gott,
> gezeugt, nicht geschaffen,
> eines Wesens mit dem Vater.«

Der »Katholische Erwachsenen-Katechismus« interpretiert diese Sätze folgendermaßen: »In Jesus Christus ist ein für allemal und endgültig offenbar geworden, daß Gott, wie Jesus Christus ihn verkündet, kein starres, einsames Wesen ist, das nur im Gespräch mit sich selber und eifersüchtig auf sich selbst bedacht ist. Vielmehr ist Gott von aller Ewigkeit her die Liebe, die sich selbst verschenkt und mitteilt. Von Ewigkeit her teilt der Vater alles, was er ist, dem Sohn mit: Der Vater lebt in Bezug auf den Sohn, im Sich-selbst-Verschenken an den Sohn. Ebenso lebt der Sohn im Bezug zum Vater; indem er sich vom Vater empfängt und liebend auf den Vater zurückbezieht, ist er der Sohn. Der

Sohn besitzt aber dasselbe Gottsein als vom Vater geschenktes. Deshalb ist er eines Wesens mit dem Vater... Das ist zweifellos ein undurchdringliches Geheimnis – das Geheimnis einer unbegreiflichen, sich selbst verströmenden Liebe. In der Offenbarung dieser Liebe hat Gott in Jesus Christus auch ›dem Menschen den Menschen‹ geoffenbart und ihm sein tiefstes Geheimnis erschlossen. In Jesus Christus ist der Mensch von Ewigkeit her von Gott angenommen und geliebt und zur Liebe bestimmt.«[1]

Lukas 2, 1-20: Die Geburt Jesu S. 36-37

Kein anderes Evangelium im Kirchenjahr ist so sehr mit Gemütswerten verbunden wie die Geburtsgeschichte Jesu Lk 2, 1-20. Schon in frühester Kindheit durchdringt sie eine Festerfahrung, die für viele zeitlebens der Inbegriff von Geborgenheit und Familienglück ist, – und manche spätere Kritik am »Weihnachtsrummel« resultiert aus der Enttäuschung über eine zerbrochene Idylle. Wer jeweils zur Weihnachtszeit die Zeitschriften durchsieht, insbesondere aber die vielen Weihnachtsbücher für Kinder, und unter diesen die fromm gemeinten mit ihren Nacherzählungen der Geburtsgeschichte für Kinder, wird feststellen, daß sich Texte und Bilder durchweg bemühen, die Angaben der lukanischen Tradition mit ergänzenden historischen Details zu konkretisieren, bisweilen phantasievolle Ausschmückungen beizufügen und alles dem eingewurzelten gemütvollen Festverständnis anzupassen. Immer wird auf diesem Wege der lukanischen Geburtsgeschichte ein historischer Informationsgehalt unterstellt, und mehr als anderswo reagieren gerade Erwachsene betroffen, wenn ihnen die mit soviel Emotionen verknüpfte Erzählung durch historisch-kritische Aufklärung aus dem Rahmen herausgenommen wird, den Krippenbrauchtum und Liedpoesie geschaffen haben.

Für viele Lehrer bringt deshalb auch die folgende Interpretation von Lk 2 eine Korrektur ihrer vielleicht unreflektiert übernommenen Anschauungen. Die Erfahrung der zurückliegenden Jahrzehnte hat gelehrt, daß der von aller Formkritik noch unberührte gläubige Erwachsene mit affektgeladener Entrüstung auf solche exegetischen Informationen reagiert. Wir unterstellen, daß wir im 4. Band dieses Unterrichtswerkes, nach so langen und intensiven Wegen zu einem angemessenen Sprach-, Symbol- und Bibelverständnis, mit solch naiven Reaktionen nicht mehr rechnen müssen. Dennoch gilt unser Bemühen einer größeren Ausführlichkeit und breiteren didaktischen Reflexion, damit die Voraussetzungen für die Aneignung des Gesagten günstiger sind. Unter A. finden sich Angaben zur literarischen Form der »Kindheitsgeschichte; unter B. folgt die Exegese von Lk 2 mit besonderer Beachtung historischer Fragen und theologischer Intentionen; im Abschnitt C. schließt sich wie üblich die didaktische Reflexion an, um zuletzt unter D. mit unterrichtlichen Anregungen zu enden.

[1] Katholischer Erwachsenen-Katechismus, Das Glaubensbekenntnis der Kirche, hrsg. v. der Deutschen Bischofskonferenz, Kevelaer/München/Stuttgart/Limburg/Regensburg/Köln 1985, 79f.

A. Soweit es die Quellenlage erkennen läßt, hat sich die älteste christliche Verkündigung mit der Geburt und Kindheit Jesu nicht befaßt. Ihr Interesse war ganz vom Kreuzestod Jesu und seiner Auferweckung bestimmt, also vom Ende her, und von dort her zielt die Rückfrage auf die wenigen Jahre, die diesem Ende voraufliegen und zugleich dorthin führten. Darum beschränkt sich das früheste Zeugnis auf jene »Zeit, in der der Herr Jesus bei uns ein- und ausging, angefangen von der Taufe durch Johannes bis zu dem Tag, an dem er von uns ging und aufgenommen wurde« (Apg 1, 21 f). Die Anfänge des Lebens Jesu entziehen sich diesem Zeugnis, und allem Anschein nach hat sich auch Jesus nie auf besondere Ereignisse seiner Geburt berufen, um die eigene Besonderheit zu begründen.

Erst in einem späteren Stadium der neutestamentlichen Entwicklung – jedenfalls nach Paulus und Markus – rückt die Herkunft Jesu in den Blick der Nachgeborenen. Niederschlag dieses Interesses sind die Kindheitserzählungen bei Lukas und Matthäus. Keiner dieser Evangelisten hat jedoch das Genus »Kindheitserzählung« erfunden. Die beiden neutestamentlichen Kindheitsgeschichten wurzeln ihrerseits in einer alten biblischen Tradition, deren charakteristische Motive auch einzelne literarische Gestaltungen des Lukas und Matthäus prägen.

Die Bibel erzählt von großen Männern Israels (Isaak, Mose, Samson, Samuel) nach einem Schema, dessen einzelne Elemente vielfach variiert werden: (1) Jahwegläubige Eltern haben keine Kinder und leiden daran; sie sind sehr alt wie Abraham und Sara (Gen 17,17; 18,11) oder die Frau ist unfruchtbar (Gen 25,21; Ri 13,2; 1 Sam 1,2). (2) Da erhört Jahwe ihr Gebet (Gen 25,21; 1 Sam 1,11) und verheißt einen Sohn durch sein Wort (Gen 15,4 f; 17,16) oder durch sein Erscheinen (Gen 18,10) oder durch einen Priester (1 Sam 1,1). (3) Mit dieser Ankündigung wird meist schon die Bedeutung des Kindes für Israel ausgesagt (Gen 16,12; Ri 13,5). (4) Die Ankündigung findet nicht immer Glauben (Gen 17,17; 18,12). Der Mensch verlangt Zeichen oder Bestätigung (Gen 15,8; Ri 13,8). (5) Der Name des Kindes wird oft von Jahwe bestimmt (Gen 16,11; 17,19; Jes 7,14). (6) Außergewöhnliche Ereignisse in der Schwangerschaft (Gen 25,25 f) oder in der Kindheit sind zeichenhaft bedeutsam für das ganze Leben. (7) Retardierende Motive (Gen 21, 16-19; 22, 1-14; 37, 18-36; Ex 2, 1-10) dienen dem Hinweis, daß Jahwe seinen Heilsplan durch Menschen nicht durchkreuzen läßt, daß aber der Erwählte immer wieder von ihm her sein Leben empfängt. – Die Interpretationsmaßstäbe, die für diese alttestamentlichen Kindheitserzählungen gelten, sind auch für die Kindheitserzählungen bei Lukas und Matthäus zu beachten. Neben den aufgewiesenen Motiven – vor allem aus der Tradition der Vätergeschichten – haben typologische, prophetische und apokalyptische Elemente einzelne Kindheitsgeschichten beeinflußt.

Ein Vergleich der lukanischen Kindheitserzählungen mit jenen des Matthäusevangeliums zeigt dennoch erhebliche Unterschiede. Der Überlieferungsweg beider Stoffkomplexe kennt keinerlei Abhängigkeiten. Es erfolgt auch kein Ausgleich der Differenzen, so daß man vermuten darf, daß beide Evangelisten die Tradition des jeweils anderen nicht gekannt haben. »Diese Einsicht warnt vor Harmonisierungsversuchen. Die Erzählungen gehen ihre eigenen Wege und lassen keinen synoptischen Vergleich zu. Die Kindheitsgeschichte des einen Evangelisten läßt sich nicht aus der Sicht des anderen erklären. Beide sind unabhängig voneinander konzipiert und müssen gesondert interpretiert werden, und zwar im Zusammenhang des Evangeliums, in dem sie stehen.«[1]

Im Verhältnis zu Matthäus bietet Lukas die umfassendere Kindheitstradition. Auf den ersten Blick erscheint die lukanische Fassung stringent durchkonzipiert und in sich stimmig. Dem genaueren Zusehen enthüllen sich jedoch deutliche Brüche und Nähte. So wird die Täufergeschichte in Lk 1 durch die Verkündigung an Maria (1, 26-38) und die Erzählung vom Besuch Marias bei Elisabet (1, 39-56) unterbrochen. Selbst dem Laien ist die Naht am Ende des Einschubs erkennbar: die VV. 56. 57 stehen beziehungslos nebeneinander. Danach setzt sich auch die Täufergeschichte fort, ohne auf die zwischenhin erzählten Geschehnisse Bezug zu nehmen, wenngleich umgekehrt die interpolierte Stelle bewußt Verbindungslinien zur Täufergeschichte zieht (durch die Zeitangabe 1,26; durch den Hinweis auf Elisabet 1,36 und zumal durch die Begegnung der beiden Mütter 1, 39-56).

Von all diesen in Kapitel 1 erzählten Ereignissen nimmt das 2. Kapitel nirgendwo den Faden wieder auf. Es steht völlig selbständig, ohne inneren Zusammenhang mit dem 1. Kapitel und ist aus seinen eigenen Konstitutiven heraus verständlich. Obwohl Josef und Maria in 1,26 f bereits vorgestellt wurden, werden sie in 2,4 neu eingeführt.

»Die Erzählungen in Lk 1 und 2 gehen auf verschiedene Quellen zurück und sind erst im Laufe einer längeren Traditionsgeschichte zusammengewachsen. Die Täufergeschichte bildet eine geschlossene Einheit. Sie ist in jüdisch-palästinensischen Vorstellungen in Anlehnung an alttestamentliche Motive ohne Bezug zur Jesusgeschichte und früher als diese konzipiert und aus der ursprünglich semitischen Sprache später (noch vor Abfassung des dritten Evangeliums) ins Griechische übersetzt. Sie dürfte auf judenchristliche Kreise zurückgehen.

Die Jesusgeschichte setzt sich aus mehreren voneinander unabhängigen Erzählungen zusammen. Gemeinsam ist ihnen das jüdische Kolorit und die Gedankenwelt des Alten Testamentes. Ihr Urbestand ist judenchristlicher Herkunft. Doch zeigen sich deutlich hellenistische Einflüsse.

So verwickelt und vielschichtig der Entstehungsprozeß der ersten beiden Kapitel des Lukasevangeliums sich uns darbietet, es ist nicht zu übersehen, daß die verschiedenen Traditionen nach einem bestimmten Prinzip geordnet sind. Den Erzählungen von der Ankündigung, Geburt, Beschneidung und Namengebung des Täufers folgen entsprechende Erzählungen der Jesusgeschichte, und zwar in der Form überbietender Parallelität: Letztere ragen in ihrer Bedeutung heraus und stellen die Täufergeschichte in den Schatten. Jesus ist all das auch, was Johannes ist, aber er ist zugleich unvergleichlich mehr. Deutlich wird hier also von Johannes nur um Jesu willen erzählt.«[2]

Die Weihnachtsgeschichte des Lukas ist dreigliedrig. Sie erzählt zunächst die Geburt Jesu in Betlehem (2, 1-7), schließt daran die Botschaft der Engel auf dem Hirtenfelde an (2, 8-14) und endet mit der Verkündigung der Hirten (2, 15-20). Weil der Text von frühen Kindertagen an geläufig ist, glaubt jedermann zu wissen, was er sagt. Dagegen gelingt es einer sorgfältigen Auslegung – Vers um Vers – die Sinne für ein lebendiges und möglicherweise erstmaliges Hören zu öffnen.

[1] *Franz Kamphaus,* Von der Exegese zur Predigt. Über die Problematik einer schriftgemäßen Verkündigung der Oster-, Wunder- und Kindheitsgeschichten, Mainz 1968, 214.
[2] Ebd., 215.

B. V. 1f: Während Lukas die Geburt des Täufers lediglich in die engere Landesgeschichte einordnet (1,5), entwirft er für die Geburt Jesu einen Rahmen, der auf den ganzen Erdkreis bezogen wird. Dieser Erdkreis gilt mit dem Imperium Romanum als präsent. Der Kaiser wird als »Augustus«, das heißt »der Überragende«, vorgestellt. Es ist der Ehrentitel des Kaisers seit dem 16. Januar 27; sein voller Name ist Gaius Julius Caesar Octavianus; er regierte von 31 v. Chr. bis 14 n. Chr. (→ S. 582). Lukas geht es mit dieser Nennung nicht um eine Datierung aus historischem Interesse, auch nicht um eine Erhellung des zeitgeschichtlichen Hintergrunds, sondern um sein Anliegen, die Jesusgeschichte in die Weltgeschichte einzugliedern. Der Name Augustus reißt den jüdischen Horizont auf und macht die Ökumene präsent.

Der Zensus

Als eine die ganze Ökumene, das heißt das Römische Reich, betreffende Maßnahme wird von einem Kaiserbefehl gesprochen, alle Bewohner in Steuerlisten eintragen zu lassen (Aufschreibung, Zensus). Gegenüber dieser lukanischen Angabe melden die Historiker Widerspruch an: Erstens, sagen sie, habe es einen Zensus, der sich auf alle Provinzen des Reiches erstreckte, unter Augustus nie gegeben. Zweitens lasse sich eine Statthalterschaft des Quirinius über Syrien für die Jahre vor dem Tode Herodes' des Großen (→ S. 585) nicht beanspruchen. Drittens sei eine römische Steuerveranlagung mit der politischen Stellung des Herodes als ›rex socius‹ (Teilhaberkönig) nicht vereinbar. Staatsrechtlich sei eine solche Maßnahme erst möglich geworden, nachdem im Jahre 6 n. Chr. das Gebiet des abgesetzten Herodessohnes Archelaus (Judäa, Idumäa und Samaria) – und *nur* dieses, keineswegs aber Galiläa! – einem römischen Prokurator, Coponius hieß der erste, unterstellt wurde (→ S. 583).

Bekannt ist dagegen ein unter Quirinius als Statthalter von Syrien durchgeführter Zensus im Jahre 7 *nach* Christus. Der jüdische Historiker Flavius Josephus (→ S. 587) berichtet über jenes Ereignis, das er als einen bisher unbekannten, ja unerhörten Vorgang empfindet und somit indirekt auch als den ersten Zensus im jüdischen Gebiet. Weil das jüdische Volk einen Zensus unter Herodes wohl noch mehr als außergewöhnliches und einschneidendes Ereignis bewertet hätte und da die Herodeszeit von Josephus sehr ausführlich dargestellt wird, halten es Historiker nicht für denkbar, daß Josephus jenen Zensus, hätte er wirklich stattgefunden, in seiner Zeitgeschichte übergehen konnte. In der Apostelgeschichte, dem Fortsetzungswerk des Lukas, spricht dieser übrigens selbst 5,37 von dem Zensus des Jahres 7 n. Chr. als *der* Aufschreibung schlechthin.

Offensichtlich hat also Lukas den Zensus des Jahres 7 n. Chr. um zehn bis zwölf Jahre zurückverlegt, da davon auszugehen ist, wovon auch Lk 1,5 spricht, daß Jesus noch zu Lebzeiten Herodes' des Großen geboren wurde, der aber bereits im Jahre 4 vor unserer Zeitrechnung starb. Ergänzend wird darauf hingewiesen, daß zudem der Erlaß eines römischen Zensus weder Josef zur Reise nach Betlehem, noch Maria zur Teilnahme hätte verpflichten können. Die Durchführungsbestimmungen sahen als Meldeort nämlich den jeweiligen Wohnort bzw. den Zentralort des zuständigen Steuerbezirks vor.

Was aber mochte den Evangelisten bewegen, die Geburt Jesu mit der römischen Steuerpolitik zu verknüpfen, obwohl dafür keine historischen Anhaltspunkte bestehen? Anton Vögtle erklärt diesen Zug aus dem theologischen Interesse des lukanischen Doppelwerkes: »Die universale Geltung des Christentums ist ja anerkanntermaßen sein hervorstechendes Anliegen... Nur Lukas, und zweifellos erst er, stellt zum Beispiel dem Auftreten des Täufers den bekannten sechsgliedrigen Synchronismus voraus: ›Im 15. Jahre der Regierung des Kaisers Tiberius, als Pontius Pilatus Statthalter von Judäa war...‹ (Lk 3,1 f). Durch diese zeitliche Fixierung will Lukas den heilsgeschichtlichen Einschnitt, die weltweite Bedeutung des mit dem Auftreten des Täufers verbundenen öffentlichen Wirkens Jesu betonen. Suchte Lukas zum gleichen Zweck nach einem früheren Einschnitt des Lebens Jesu, dann bot sich ihm Jesu Eintritt in die Welt, seine Geburt an – wenigstens unter der unbestrittenen Voraussetzung, daß er die Hirtengeschichte (2,8-20), die himmlische Proklamation des Messiaskindes, vorgefunden hat. Wie verfuhr Lukas dann also? Er wußte wohl von dem Zensus des Jahres 7 n. Chr., der in der Tat unter Quirinius als Statthalter Syriens stattfand, aber nur einen Teil des eigentlich jüdischen Gebietes, nämlich Judäa erfaßte. Jedoch hatte er keine klare Vorstellung von den römischen Zensuspraktiken, insbesondere auch nicht von der räumlichen Ausdehnung und dem Zeitpunkt jenes Zensus vom Jahre 7 n. Chr. Gerade diese mangelhafte Vertrautheit mit historischen Daten dürfte es ihm erlaubt haben, die ihm vorliegende Erzählung von der den betlehemitischen Hirten verkündeten Geburt des Messiaskindes mit einem ersten Reichszensus des Kaiser Augustus zur Zeit der syrischen Statthalterschaft des Quirinius in Verbindung zu bringen und durch diesen Zensusvorspann nicht nur die Reise Josefs und Marias nach Betlehem zu motivieren, sondern auch und vor allem eines seiner speziellen Verkündigungsanliegen, die weltweite Bestimmung des nicht nur Israel geltenden Christusereignisses, zu unterstreichen.«[1]

V. 3: Hinter der Angabe, daß alle sich aufmachten, »ein jeder in seine Stadt«, um sich dort in die Steuerlisten eintragen zu lassen, steht für Lukas anscheinend eine vage Information über den römischen Provinzialzensus und dessen Modalitäten, nämlich persönliches Erscheinen vor den Behörden am Hauptwohnsitz oder an dessen Verwaltungsmittelpunkt bzw. am Ort des Besitzstandes. Hiermit nun kombiniert er die Abkunft der Familie Jesu aus dem Hause Davids, um so die Verbindung nach Betlehem zu gewinnen.

Betlehem, Ort der Verheißung

V. 4: In Lk 1,26 wurde Maria als in Nazaret wohnhaft erwähnt; hier nun wird auch Josef mit Nazaret in Verbindung gebracht. Das Ziel ihrer Reise nach Betlehem wird durch die Zensusverordnung begründet. Sie zogen nach Betlehem *hinauf*, weil das Dorf im judäischen Hochland liegt.

Im Gegensatz zu Nazaret, das in den biblischen Schriften vordem keine Erwähnung findet, ist Betlehem messianisch hochbedeutsam als die Davidsstadt (Mi 5,1; 1 Sam 16,1-13). Nach rabbinischer Tradition sollte der Messias

[1] *Anton Vögtle*, Erzählung oder Wirklichkeit? Die Weihnachtsgeschichte als Frohbotschaft, in: Publik Nr. 51/52, 19. 12. 1969, 33.

beim Herdenturm in Betlehem zur Welt kommen, wie man im Anschluß an Mi 4,8 erwartete: »Und du Herdenturm, Feste der Tochter Sion, zu dir kommt zurück und kehrt wieder die frühere Herrschaft, das Königtum der Tochter Jerusalem.«

Ob Lukas eine genaue Vorstellung der geographischen Situation Palästinas hatte, erscheint ungewiß. Hans Conzelmann glaubt, »daß sich Lukas Judäa und Galiläa unmittelbar benachbart vorstellt«,[1] also die Reise von Nazaret nach Betlehem eher kurz und unbedeutend sieht. Der Zensus dient hier als Anlaß, der zur theologisch bedeutsamen Geburt in Betlehem führt. Manche Theologen halten Betlehem deswegen nicht für den historischen, sondern für den »von einer bestimmten Christologie postulierten Geburtsort Jesu«.[2] Diese Frage hat jedoch keinen dogmatischen Streitwert. Wichtiger als ihre Beantwortung ist das Wissen um den literarischen Charakter der Kindheitserzählungen, der – wie bisher ersichtlich – von kerygmatischen, nicht von historischen Interessen geprägt ist.

V. 5: Josef und Maria werden in den wichtigsten Textüberlieferungen als Verlobte, nicht als Ehepaar eingeführt, ohne daß die Schwangerschaft Marias eine besondere Hervorhebung fände. Außerhalb des Gesichtskreises dieser Erzählung liegt auch die Frage, warum Maria trotz ihrer Schwangerschaft die Reise nach Betlehem mitmacht.

V. 6: Nachdem die Zensusverordnung den Davididen Josef mit seiner schwangeren Frau in »die Stadt Davids« führte (mit der sonst nur Jerusalem gemeint ist: vgl.: → II, 519), interessiert der Zweck jener Reise den Erzähler nicht mehr. Ihm liegt bloß an der hier erfolgten Geburt des erbberechtigten Sohnes.

V. 7: Ob das Wickeln des Neugeborenen bereits als ein »Umschnüren mit Bändern« verstanden werden muß, um die Glieder geradezuhalten, wie dies in späteren Zeiten der Fall war (vgl.: Georges de LaTour im Religionsbuch 1, S. 32/33) und Martin Dibelius auch hier unterstellt, sei bezweifelt. Eher sind die Windeln ein Zeichen ordentlicher Pflege. Das Neugeborene war erwartet, es wurde alles getan, um es angemessen zu versorgen. Es ist ein wirkliches Kind, kein Wunderkind.

Auffallend bleibt allein die Futterkrippe, in die das versorgte Neugeborene gelegt wird. Begründet wird der Vorgang mit dem Platzmangel in der Herberge. Der griechische Terminus für Herberge – Katalyma – läßt sich auch mit Unterkunftsraum übersetzen. Wir müssen darum nicht zwingend im Sinne der volksfrommen »Herbergssuche« an einen alternativen Raum zur »Herberge« denken, in den das Paar ausgewichen ist, sondern näherliegend ist der Gedanke an den beengten Wohnraum des palästinensischen Hauses, in dem die Menschen auf einer erhöhten Plattform Platz finden, während die Tiere auf der ebenen Erde davor ihren Ort haben (vgl.: Religionsbuch 1, S. 84/85; → I, 357). Weil es hier an sicheren Möglichkeiten mangelte, das Kind hinzulegen, wählte

[1] *Hans Conzelmann,* Die Mitte der Zeit. Studien zur Theologie des Lukas (Beiträge zur historischen Theologie 17), Tübingen [3]1960, 61.

[2] *Hans Conzelmann,* Art.: Jesus Christus, RGG[3], Bd. III, Tübingen 1959, Sp. 626: Die älteste Überlieferung kenne nur die Herkunft Jesus au Nazaret. Für Markus sei Jesus nur »der Nazarener« (Mk 1,24; 10,47; 14,67; 16,6). Von Betlehem wüßten nur die legendarischen Kindheitserzählungen.

man einen Futtertrog – gewiß nicht einmalig unter damaligen Umständen. Solche Krippen oder Tröge konnten als Nischen in der Wand angebracht sein, am Rande des Wohnplafonds oder auf ebener Erde.

In der lukanischen Erzählung ist die Krippe das Erkennungszeichen. Es ist ein eigenartiges Zeichen. »Der durch die Hinweise auf die alttestamentlichen Verheißungen bereits verhalten als Messias angekündigt ist, liegt als Kind in einem Futtertrog. Dieses rätselhafte, paradoxe Zeichen erklärt zunächst nichts. Es will das Geheimnis des Kindes mehr erfragen als erläutern: es ist wie eine offene Frage, was wohl aus einem so vorgefundenen Kind einmal werden solle.« Der Name des Kindes wird nicht genannt; er bleibt bis 2,21 vorbehalten.

Überhaupt ist die bisherige Darstellung 2, 1-7 ohne jeden wunderbaren Glanz. Von Gott ist nicht die Rede. Was hier geschieht, vollzieht sich inkognito. Selbst die beteiligten Menschen können von sich aus das Geheimnis dieses Kindes nicht entdecken. Es gibt keine wunderbaren Merkmale, die dazu Anstoß böten. Auch die Umstände der Geburt sagen nichts über die Bedeutung des Geborenen. So wie dieses Kind wurden Hunderttausende zu allen Zeiten unter bedrängten Bedingungen des Lebens zur Welt gebracht. Auch die Eltern hätten zur Bestimmung ihres erstgeborenen Sohnes nichts sagen können. Alles wäre im unbewußten Schweigen geblieben, wenn der Himmel nicht selbst, wie die folgende Szene erzählt, gesprochen hätte.

Während die neutestamentliche Forschung von den bisherigen sieben Versen annimmt, daß sie die redaktionelle Hand des Evangelisten zeigen, glaubt man, daß die folgende Hirtengeschichte (2,8-20) eine von Lukas bereits vorgefundene Form ist, die erst den Anstoß zu dem Vorspann von Lk 2,1-7 bot. Diese Hirtengeschichte bildet eine unbezweifelte geschlossene literarische Einheit. Sie beginnt mit einem neuen Schauplatz und einer neuen Personengruppe:

V. 8: »In jener Gegend lagerten Hirten auf freiem Felde und hielten Nachtwache bei ihrer Herde.« Hirten wurden seinerzeit den verachteten Berufsständen zugerechnet. Dibelius, Bultmann u.a. vermuten allerdings keinen palästinensischen Ursprung für diese Geschichte, so daß in ihrer Perspektive die Hirten dann eher die Repräsentanten eines klassischen Berufes sind, der die Erinnerung an den Hirten David und sogar den Gedanken an das paradiesische Leben wieder aufleben läßt. Wäre es so, entfielen die inneren Assoziationen mit den späteren »Armen« des Evangeliums.

Die Botschaft der Engel

V. 9: Der »Engel des Herrn« steht hier in der Bedeutung des altisraelitischen Gottesboten (mal'ak jahwe), der im Unterricht bereits hinreichend interpretiert wurde (→ III, 216; 236f). Er ist, »wo er weniger handelnd als redend und verkündigend in den Bereich des Menschen tritt, ... eine Erscheinungsform Jahwes. Er ist Gott selbst in menschlicher Gestalt ... Die naive Unmittelbarkeit des Gottesverhältnisses ist durch die Einführung dieser Mittelsgestalt einigermaßen gebrochen, ohne daß doch damit der Direktheit der göttlichen Anrede und des göttlichen Heilshandelns an den Menschen etwas abgebrochen wurde.«[1] Daß dieses Engelverständnis auch hier vorliegt, ergibt sich allein aus V. 15, wo die Hirten darüber sprechen, was *der Herr* ihnen kundgetan hat.

Die »Herrlichkeit des Herrn« bzw. der »Glanz des Herrn«, welcher die Hirten umleuchtet, ist der von der Erscheinung Jahwes ausstrahlende Lichtglanz, jener kabôd jahwē, von dem in Ex 33, 18.22 die Rede ist (→ III, 244 f; ebenso Ex 16,10; 24,16 u.ö.). Sowohl der verkündigende Engel wie der Kabod Jahwes sind im Pentateuch Erscheinungsformen Jahwes, aber gesondert und je für sich. Eine Kombination des Engel Jahwes und des Kabod Jahwes findet sich in der hebräischen Bibel nicht. Das ehedem Verzehrende des Kabod mildert sich hier zum strahlenden Glanz, der nur noch blendet, nicht aber mehr tötet. »In unserer Erzählung wird Gott im Engel und in dem von ihm ausgehenden Lichtglanz epiphan; doch diese Epiphanie dient nur der Beglaubigung der Botschaft, die nun ergeht.«[2]

V. 10: In der Botschaft des Engels erreicht die Erzählung, die in ihrem lukanischen Vorspann die Geburt Jesu eigentlich nur gestreift hat, ihren Höhepunkt. Der Engel beginnt mit dem »Fürchtet euch nicht!«, das immer eine Begegnung eröffnet, deren göttliche Dimension den Menschen überwältigen kann. Darauf verkündigt er zuerst »eine große Freude«, die den Hirten und »allem Volk« gilt.

V. 11: Die folgende Proklamation verwendet Worte, die aus der religiös-politischen Welt des Hellenismus stammen und mit denen auch der Geburtstag des Kaisers gefeiert wurde: Das verheißene Heil ist da, in Jesus ist es zum »Heute« geworden. Er ist der Retter, und zwar nicht irgendeiner, sondern der Messias und Herr aus der Stadt Davids. Nur hier und Apg 5, 31; 13,22 bezeichnet Lukas Jesus als Retter (Erlöser, griechisch: Sotär); bei Matthäus und Markus begegnet diese Prädikation überhaupt nicht.

V. 12: Die Botschaft schließt mit der Kundgabe des Zeichens: »ein Kind, das in Windeln gewickelt, in einer Krippe liegt«. Was ist das für ein seltsames »Zeichen«? Ein gewindeltes Kind in einem Futtertrog kann schwerlich äußeres Merkmal sein. Eher geht es um ein inneres, theologisches Verständnis, das nur als Paradoxon zur Sprache kommen kann: Mit dem Neugeborenen in der Krippe hat sich das göttliche Heil in absoluter Ohnmacht offenbart; die »Herrlichkeit Gottes« erstrahlt nicht mehr hinter den Insignien der Macht, sondern in einem hilflosen Kind, dem ausgelieferten Menschen schlechthin (→ S. 569).

V. 13: Die Erscheinung erweitert sich noch: »Plötzlich« war beim Engel des Herrn »ein großes himmlisches Heer«, ein liturgischer Chor, der die verkündigte Botschaft abschließt, indem er in einem Hymnus die universale Bedeutung des proklamierten Ereignisses feiert. Wenn es von diesem Chor heißt, daß er »Gott lobte und *sprach*«, so vertritt dieses »Sprechen« den Doppelpunkt im Deutschen.

V. 14: Mit den »Menschen seiner Wahl« ist Gottes Volk gemeint. Falls für diese Doxologie hier rabbinische Vorbilder existierten, so zielte die Formulierung eines jüdischen Hymnus auf die Juden bzw. die jüdischen Frommen. In der christlichen Fassung versteht sich die Aussage auf die Christusgläubigen bezogen. Martin Dibelius übersetzt den Lobgesang zweigliedrig:

[1] *Gerhard von Rad*, Das erste Buch Mose, a.a.O., 163 f.

[2] *Walter Dignath*, Weihnachtstexte im Unterricht, Gütersloh 1965, 95.

»Herrlich im Himmel ist Gott
Und mit Heil begnadet auf Erden sein Volk.«

Das hebräische *schalom* wird mit dem griechischen *eiréne* wiedergegeben, was neben Frieden auch Heil bedeutet. Manifestiert wird, daß die Herrlichkeit (doxa) des Himmels und der Friede (eiréne) auf der Erde zur Einheit werden, so daß im Heil der Menschen Gottes Ehre liegt.

Die Zeugen der Botschaft

VV. 15-20: Nun folgt der Schlußteil der Erzählung. Die Hirten haben die Botschaft verstanden und das ihnen verkündete Wort als »Wort Gottes« aufgenommen. Nun »eilen« sie, um das genannte Zeichen zu finden und den Eltern das Geheimnis des Kindes zu künden.

V. 16: Es entzieht sich dem Interesse der Erzählung, wie die Hirten das Kind ausfindig machen; wichtig genommen wird nur, daß sie es finden.

V. 17: Erstmals hören die Eltern durch die Hirten vom messianischen Geheimnis ihres Kindes. Es wird hier erzählt, ohne daß die Geschehnisse von Lk 1 vorausgesetzt werden.

V. 18: Diese Art des Chorschlusses ist typisch für viele Erzählungen (vgl.: Lk 8,25; Mt 9,33; 15,31) und ein Merkmal hellenistischer Redaktionsweise.

V. 19: Der Blick wendet sich nun Maria zu. Wie in anderen Erzählungen der Kindheitsgeschichten wird sie besonders herausgehoben. Sie bewahrt das Gehörte bleibend »in ihrem Herzen und dachte darüber nach«. Die gleiche Bemerkung begegnet Lk 2,51 noch einmal und verrät die Handschrift des Redaktors. Maria wird als ein Typos des hörenden und glaubenden Menschen gezeichnet.

V. 20: Die Hirten kehren zu ihrer Herde zurück, Gott rühmend und preisend für alles, was sie gehört und gesehen haben. Auch dieser Satz erinnert an einen Chorschluß, gibt aber zugleich die typisch christliche Reaktion wieder. Von nun an wird das Lukasevangelium nie wieder auf die Hirten zu sprechen kommen. Ihre Mission hat sich im Rahmen der vorliegenden Erzählung erfüllt.

Die Wahrheit der Weihnachtsgeschichte

Rückblickend auf Lk 2, 1-20 bleibt noch einmal die Frage nach dem literarischen Genus und dessen Wahrheitsanspruch zu stellen. Wir haben gesehen, daß der römische Zensus historisch unbeglaubigt ist, also nur eine literarische Funktion erfüllt, einerseits, um die Geburt Jesu mit der Weltgeschichte zu verknüpfen, andererseits, um ein Motiv für die Reise von Nazaret nach Betlehem zu bieten.

Zu den Engelerscheinungen, dem damit verbundenen Lichtglanz Gottes und den Engelworten sagt der Neutestamentler Heinz Schürmann, gewiß hätten die Hirten dies alles nicht mit Augen und Ohren wahrgenommen. Vielmehr sei den Hirten eine innere Erleuchtung über die Geburt des Messias zuteil geworden. Diese innere Erleuchtung sei bereits von den Hirten oder auch anderen, denen diese davon erzählten, nach biblischer Ausdrucksweise als eine göttliche Proklamation dargestellt worden. Anton Vögtle nennt diese Deutung »eine fast verdächtig geschickte Erklärung«: »Sie möchte dem heutigen Hörer einen schlechthin frappanten Einblick der Transzendenz ersparen und doch den sachlichen Inhalt der Engelbotschaft als Faktum sichern, eben dadurch, daß sie die mirakelhaften Züge in die geschichtliche Dimension zieht.« Vögtle hält dagegen den ganzen Komplex Lk 2,1-20 für eine literarische Konstruktion. Alle Fragen und Schwierigkeiten, vor die der Text stelle, fänden eine befriedigende Lösung nur dann, wenn man sie – wohlbegründet – als eine urchristliche Verkündigungsgeschichte verstehe. »Danach ist unsere Offenbarungsgeschichte (2,8-20) nicht als Bericht konzipiert worden. Sie will von ihrem Ursprung her nicht überliefern, was einige Hirten eines Nachts bei und in Bethlehem erlebten. Vielmehr will sie aus der späteren Rückschau auf die erfolgte Christusoffenbarung mit Hilfe eines Motivs der alttestamentlichen Prophetie verkünden, wer in der Person Jesu geboren, in die Welt gekommen ist...«[1] So wie die Engel als Repräsentanten Gottes zu verstehen sind, sind also auch die Hirten als symbolische Figuren, nämlich als Repräsentanten der gläubigen Menschen zu verstehen. Indem Lukas diese Kindheitserzählung in sein Evangelium einordnet, führt er »die Heilsgeschichte des Kyrios Jesus Christus bis in seine Geburt zurück«.[2]

C. Die lukanische Geburtsgeschichte ist also kerygmatisch orientiert. Diese Zielsetzung prägt ihre literarische Struktur im Ganzen wie im Detail. Der Ort, von der diese Verkündigung ausgeht, ist nicht die historische Retrospektive, sondern die österliche Botschaft. »Die österliche Perspektive eröffnet jenen Raum, in dem die Weihnachtspredigt ihren Ursprung hat und aus dem sie auch heute lebt. Sie bewahrt davor, das Evangelium zu psychologisieren und historisierend auszumalen. Die Gefahr dazu ist am Weihnachtsfest in erhöhtem Maße gegeben. Mit den Kindheitsgeschichten verbindet sich eine Fülle von Vorstellungen, die in alten und neuen Krippendarstellungen, Krippenspielen und Weihnachtsliedern ihren Ursprung haben... Die österliche Dynamik der Kindheitsgeschichten macht es unmöglich, Weihnachten lediglich als Erinnerung zu verstehen. Sie läßt es nicht zu, sich in eine vergangene Welt zurückzuträumen und zu tun, als ob vorübergehend alles noch so sei wie damals. Die Urgemeinde hat die Anfänge des Lebens Jesu nicht historisch rekonstruiert, sondern sie aus dem Glauben an ihren erhöhten Herrn interpretiert und aktualisiert... Er ist ›heute‹ da, und zwar nicht als Kind in der Krippe, sondern als der ›Retter Christos Kyrios‹.«[3]

Damit ist der Maßstab gesetzt, aber was bedeutet das didaktisch? Walter Dignath schildert die neu eintretende Situation folgendermaßen:

»Wenn die Kinder die Weihnachtsgeschichte aus Lk 2 zuerst in einer der breiten, oft novellisierenden Nacherzählfassungen kennenlernten und die aus Krippenspielen und Weihnachtsbildern vorgeformte Plastik ihrer Vorstellung darin bestätigt fanden, so vermissen sie, wenn sie die Erzählung in der Bibel nachlesen, schmerzlich alle liebgewordenen und sorgsam gehüteten Details, die der Text nicht enthält: den bösen

[1] *Anton Vögtle,* a.a.O.
[2] *Franz Kamphaus,* a.a.O., 230 (nach Heinrich Schlier).
[3] Ebd., 244 f.

Wirt, den Stall neben der Herberge, die Krippe aus Holz, Ochs und Esel, die knieenden Hirten und anderes mehr. Sie müssen das Weihnachtsbild, das sich in ihren Herzen befestigt hat bzw. vornehmlich durch die christliche Unterweisung dort befestigt wurde, antasten lassen, indem sie nun mit dem spärlichen Textbericht selbst konfrontiert werden. Dieser stellt aber für die Kinder nicht mehr die bekannte, sondern eine andere Geschichte dar... Mit der didaktisch erreichten Preisgabe der ersten Vorstellung aber erlischt im kindlichen Herzen die Identität ›ihrer‹ Geschichte mit der, die ihnen nunmehr ›erklärt‹ wird. Das Umsteigen von den mit so vielen zusätzlichen Motiven und Farben angereicherten Nacherzählungen in die Texte selbst, wie es den Übergang von der Unter- zur Mittelstufe kennzeichnet, bedeutet für die Kinder eine harte psychologische Zumutung. Die ersten Eindrücke und frühen Bilder, die sich ihnen einprägten, haften tiefer als im Bewußtsein. Ihre gewaltsame Entfernung gelingt entweder nicht, oder aber sie verursacht Wunden, die mitunter unheilbar sind. Denn diese Bilder sind durch die gekennzeichnete Darbietung, wenn auch nicht durch sie allein, in tiefen intuitiven Schichten ihrer Seele befestigt worden... Solche sich überlagernden Fehldeutungen haben sich der kindlichen Seele längst mehr oder weniger eingeprägt, bevor die eigentliche Unterweisung einsetzt... Sie bleiben, älter geworden und oft auch noch als Erwachsene, konsequent bei diesen ersten Bildern als der Erstgestalt dieser Geschichte, verteidigen und beschützen sie im stillen gegen den Text, der sie ihnen zu zerstören *droht*. Sie empfinden und behandeln den Text, dessen Wirkung sie so erleben, als sekundär diesen Erstbildern gegenüber. Oder aber – das ist die andere Reaktion – sie erfahren wehrlos den Text als Feind, der ihnen das geliebte Bild zerstört *hat*. Die Folge davon ist, daß sie nach solchem Verlust den Text, der ihn verursacht, nicht lieben können. So manches Trauma hat hier seine Ursache und seinen Sitz.«[1]

Walter Dignath, der auf diese Weise eine didaktische Problematik der Weihnachtsgeschichte beschreibt, akzeptiert dennoch nur die historisch-kritische Lösung. Lehrer, Pfarrer und Katecheten seien durch nichts legitimiert »sich im Elfenbeinturm nicht zur Kenntnis genommener historischer Einsichten aufzuhalten«. Andernfalls werde die Gültigkeit des Evangeliums »an historische Scheinvoraussetzungen geknüpft, deren Vorhandensein den Schülern suggeriert wird, die aber keine echten historischen Voraussetzungen sind, ganz abgesehen davon, daß auch belegbare historische Fakten niemals Voraussetzungen des Glaubens werden können.«[2]

In Dignaths Beschreibung der unterrichtlichen Situation, vor der der Lehrer steht und deren Bedenkenswürdigkeit hier nicht abgeschwächt werden soll, scheint jedoch eine dominant kopflastige Interpretation des biblischen Textes vorausgesetzt zu werden. Demgegenüber muß daran erinnert werden, daß wir unser bibeldidaktisches Konzept als *intuitiv-bildhaft* beschrieben haben (→ III, 201 f). Es soll für den Primarbereich die verbal-begriffliche Erörterung nicht im Vordergrund stehen, sondern ein Modus, der sich insbesondere auf erzählerische, bildliche, symbolische, musikalische und handlungsbezogene Möglichkeiten stützt und dadurch einen inneren Sinn für die kerygmatische Intention des biblischen Textes stiftet. Gewiß gilt der Erkenntnisstand der historisch-kritischen Methode. Gewiß hat kein Lehrer das Recht, deren Anspruch und Gültigkeit für seine Arbeit in der Primarstufe zu relativieren, solange der Unter-

[1] *Walter Dignath*, a.a.O., 140 ff (Hervorhebung im Original).
[2] Ebd., 142 f.

richt theologisch, und das heißt auch wissenschaftlich soll verantwortet werden können. Dennoch ist es zu wenig, hierbei stehenzubleiben. Unsere Didaktik ist eindeutig an der historisch-kritischen Methode orientiert, aber nicht einseitig auf sie beschränkt. Ein Text ist mehr – vielschichtiger und aspektreicher – als die wissenschaftlichen Analysemethoden der Exegese erkennen lassen. Die poetische Entfaltung, die symbolische Vertiefung, die künstlerische Variation, die ihn in seiner langen Auslegungsgeschichte umspielt haben, müssen nicht puristisch abgedrängt und für den Unterricht exkommuniziert werden. Darum hat unser Religionsbuch dem Bibeltext auch jeweils Lied und Bild zugesellt. Es soll sich zeigen, daß diese Elemente keineswegs eine folkloristische Übermalung fördern, sondern bei aller Aufnahme der gemüthaften Momente, die sich frömmigkeitsgeschichtlich mit dem Bibeltext verbanden, auch eine tiefere Deutung seiner Theologie erlauben. Musik und bildende Kunst sind theologisch in einem hohen Maße relevant, und wenn auch Lk 2 nichts von Ochs und Esel an der Krippe weiß, so sind diese Tiere doch nicht nur müßige Erfindung einer späteren Zeit, sondern Bedeutungsträger einer seriösen Weihnachtstheologie – wie zu zeigen sein wird. Wir müssen darum nicht alternativ verfahren. Wenn bei Lukas auch nur von einer »Unterkunft« die Rede ist, also weder von einer Höhle noch einem Stall, so ist die ostkirchliche Tradition, die über die Jahrhunderte hin das Geburtsgeschehen in den Uterus eines Berges versetzt, ebenso wie die westliche Neigung, Stallungen und andere Stätten der Armut als Geburtsorte zu zeigen, dennoch von eigenständigem legendarischen, d. h. symbolischen Recht.

Natürlich ist es zu vermeiden, die lukanische Weihnachtsgeschichte mit den Versatzstücken bürgerlicher Krippenromantik und Hirtenpoesie zu vermengen. Überhaupt sollen die Erzählvorschläge, wie sie die katechetische Tradition kennt, für den Unterricht nicht länger Pate stehen. Am besten ist es, auf jede Art eigener »Nacherzählung« zu verzichten und konsequent von der Textvorlage auszugehen. Mit der Vers für Vers erfolgenden Auslegung wird eine Basis geschaffen, von der aus die Beschäftigung mit der weihnachtlichen Bildüberlieferung erfolgen kann. Wenn der Unterricht keine einseitig rationale Engführung betreibt, werden auch Dignaths Befürchtungen nicht die zwingende Folge sein. Das »Umsteigen von den mit so vielen zusätzlichen Motiven und Farben angereicherten Nacherzählungen in die Texte selbst« muß für die Kinder keineswegs »eine harte psychologische Zumutung« darstellen. Was sich bildhaft und emotional bei ihnen im Unterbewußten festsetzte, bedarf wie alles andere, was unsere psychische und geistige Entwicklung steuert, der steten nachgehenden Erweiterung, Korrektur und rationalen Kontrolle. Das ist grundlegend so notwendig und stellt angesichts der Weihnachtsgeschichte kein größeres Problem dar als angesichts der Schöpfungsgeschichte (→ III, 130-187) oder der geschlechtlichen »Aufklärung«. Es ist auch keineswegs so, daß die Kinder bis ins Erwachsenenalter hinein die Erstgestalt der biblischen Geschichten latent oder unbewußt gegen eine spätere kritische Theologie zu verteidigen suchen und in der Bibelkritik gar eine Feindgestalt erblicken. Viel öfter – und wenn es gut gemacht wird, sogar immer – geht von der exegetischen Bemühung um den Text eine helfende und befreiende Wirkung aus. Wenn es unser Ziel ist, den Weg von der ersten zur zweiten Naivität anzubahnen (→ III, 516 f), dann ist nur diese Perspektive sinnvoll.

Durchaus richtig und in angemessener Großzügigkeit löst Walter Dignath freilich dasselbe Problem im Blick auf die Weihnachtslieder. Hier gibt es nicht weniger Kitsch und schiefe Theologie als im Bereich der herkömmlichen Gemeindefrömmigkeit. Insofern ist auf kritische Unterscheidung nie zu verzichten. Wenn Dignath aber rät, bei der unterrichtlichen Verwendung dieser Lieder »den Wortlaut nicht in sprachlicher Analyse zu ›quälen‹, sondern seine musikalische Transzendierung zur Geltung zu bringen«, dann ist dies der rechte Weg, die rationale Einseitigkeit der historisch-kritischen Methode zu ergänzen.

»Die primäre Verwendung des Liedes besteht darin, daß es gesungen wird (nicht darin, daß es befragt wird). Indem das Lied das Heute der Gnade erklingen läßt, ist es das ›neue Lied‹ des ›neuen Menschen‹...

Die Schüler sollten aber nicht nur unsere deutschen Weihnachtslieder singen lernen, sondern auch – unter Verwendung von Schallplatten oder Bandaufnahmen – mit fremdländischen Weihnachtsliedern, nicht zuletzt mit weihnachtlichen Spirituals bekannt gemacht werden. Dadurch wird das eigene Empfinden ökumenisch integriert und verliert seine vermeintliche Maßgeblichkeit. Darüber hinaus sollte der Unterricht auch weihnachtliche Chorsätze alter und neuer Meister heranziehen. Es ist eine gute didaktische Möglichkeit, die Unerschöpflichkeit der Weihnachtsfreude an der Unerschöpflichkeit ihrer musikalischen Ausdrucksmöglichkeiten aufzuzeigen.

Vertonung bringt Sprache zum Erklingen und gibt ihr damit eine Dimension, in der die Sprache als solche entgeschichtlicht und gewissermaßen ins Absolute gehoben wird. Sie tritt jedoch zugleich im Prozeß ihrer Musikalisierung in die geschichtliche Relation zurück und wird in der Konkretion der Wort-Ton-Beziehung wieder humanisiert; die Geschichtlichkeit der Sprache ist jetzt nicht mehr ihr Gesprochen werden, sondern ihr Gesungen werden. So gibt es Vertonungen von Lk 2, 1-20,[1] die klingender Widerhall der kerygmatischen Anrede, tönender Inbegriff des Amen derer sind, die wie die Hirten das Evangelium gehört und ausgerichtet haben.[2]«

D. Im Bewußtsein der meisten Menschen gilt Lk 2, 1-20 als der eigentliche Weihnachtstext. Er hat Lieder und Brauchtum in entscheidender Weise geprägt. Diese Dominanz der lukanischen Geburtsgeschichte ist freilich nicht unproblematisch. Franz Kamphaus gibt zu bedenken, daß dadurch der Eindruck entstanden sei, in der Schrift sei sonst nirgendwo von »Weihnachten« die Rede. Die einseitige Ausprägung der Weihnachtsfrömmigkeit sei ebenso sehr Folge, wie manche Auswüchse und zugleich eine inhaltliche Verarmung der Weihnachtstheologie, da die Vielfalt der neutestamentlichen Formen – Erzählung, Lehre, Bekenntnis, Hymnus – nicht mehr zur Darstellung komme.[3]

Dieser Hinweis ist für den Sekundarbereich bedeutsamer als für die Grundschule. Hier haben wir es weiterhin vorrangig mit dem lukanischen Text zu tun, doch ist es angemessen, dessen Stellenwert im Kontext des Neuen Testaments den Kindern bewußt zu machen. Anleitung dazu bietet der Kommentar

[1] Beispiele: *Heinrich Schütz*, Historia von der freudenreichen Geburt Jesu Christi; *Johann Sebastian Bach*, Aus dem Weihnachtsoratorium die Weihnachtsgeschichte der Kantaten I-III; *Hugo Distler*, Die Weihnachtsgeschichte, op. 10; *Ernst Pepping*, Die Weihnachtsgeschichte des Lukas.

[2] *Walter Dignath*, a.a.O., 171f.

[3] *Franz Kamphaus*, a.a.O., 247.

des Religionsbuches auf Seite 37. Dort wird darauf hingewiesen, daß im ältesten wie im jüngsten Evangelium *keine* Geburts- und Kindheitserzählungen vorkommen: Dieserart Geschichten galten also wohl nicht als so zentral, daß sich mit ihnen die Christusverkündigung notwendig verbinden müßte. Es ist gut, wenn die Kinder erkennen, daß der christliche Glaube an den Christus Jesus nicht an *einer* Darstellungsversion alleine hängt. Die bereits früher vermittelte Deutung des Weihnachtsfestes als »Fest der unbesiegten Sonne« (→ II, 439, s.a. 423) bietet eine andere Perspektive, die dem antiken Christentum näher war als die erst viel später entwickelte Interpretation der deutschen Winterweihnacht, in der sich das bürgerliche Festverständnis eingenistet hat.

Es sei empfohlen, an den Beginn des Unterrichtsprozesses die Auslegung von Lk 2, 1-20 zu stellen, Vers für Vers. Entweder benutzen die Schüler dafür das Religionsbuch, oder sie bekommen den Text auf einem gesonderten Arbeitsblatt. Für das Unterrichtsgespräch kann sich der Lehrer am Interpretationsgang orientieren, wie wir ihn oben unter B entwickelt haben. Selbstverständlich muß dabei nicht alles zur Sprache kommen, was dem Lehrer als Hintergrundverständnis angeboten wird.

Wichtig ist es, das thematische Spektrum des Religionsbuches nicht selektiv zu verwenden. Bevor die Bilder östlicher und westlicher Weihnachtsfrömmigkeit angeschaut werden, muß die lukanische Geburtsgeschichte eine umsichtige Deutung erfahren haben. Von den bildlichen Auslegungen her ist dann jeweils der Rückbezug auf den Schrifttext notwendig, so daß der Verstehensprozeß im hin und her zwischen Bild und Schrift vor sich geht.

Die Geburt Christi in der ostkirchlichen Bildtradition

»Wie der Text des Evangeliums auch sich heraus bei den Christen Verehrung genießt und keines anderen Buches oder Wortes bedarf, das ihn bestätigen und für ihn Zeugnis ablegen müßte, um ihn als ehrwürdig und verbindlich gelten zu lassen, so erzeugt auch das heilige Bild, das mit dem Evangeliumstext identisch ist, von sich aus Glauben und bedarf keiner Stütze von außen, die beweisen müßte, daß es dasselbe bedeutet wie das Evangelium und damit dieselbe Hochachtung und Verehrung verdient. Bedürfte es einer Bestätigung von außen, was ließe sich dann anderes anführen als eben das Wort des Evangeliums?

Wenn also das Evangelium, das ins Gehör der Gläubigen dringt, solcher Ehren wert ist – unser Glaube kommt ja vom Hören –, dann hat das, was dem Auge entgegentritt und durch die sinnliche Wahrnehmung dieselbe Lehre vermittelt, sogar einen Vorzug infolge der schnellen Unmittelbarkeit der Unterrichtung, weil der Gesichtssinn besser als das Gehör zu beglaubigen vermag. Jedenfalls darf er nicht als zweitrangig abgetan werden. Es ist also Evangelium!«[1]

Diese keineswegs selbstverständlichen Sätze schrieb der Patriarch Nikephoros in der zweiten Phase des ostkirchlichen Bilderstreits; er war Patriarch vor dem Ausbruch dieses Streits 806-815. Sie sind kennzeichnend für ein Verständnis des Bildes, das in der ostkirchlichen Tradition bis heute dominiert. Bevor wir über die Darstellung der Geburt Christi in der byzantinisch-ostkirchlichen Tradition nachdenken, ist es wichtig, deren Voraussetzungen im Rahmen der Ikonentradition kennenzulernen.

[1] Migne, PG 100, 381-384; zit. n.: *Hans Georg Beck* (Hrsg.), Byzantinisches Lesebuch, München 1982, 277f.

Was ist eine Ikone?

Eine rein lexikalische Deutung des Begriffs Ikone verweist auf griechisch: *eikón* = Bild. Aber diese einfache Gleichsetzung ist irreführend. Eikon bedeutet im eigentlichen Sinne gerade nicht Bild, jedenfalls nicht das nur materiell Gemalte – dafür steht im Griechischen das Wort *pinax* –, sondern einen geistigen Vorgang, der das Ähnlichmachen ausdrückt: die Wiederholung eines Lebendigen, ein Gedächtnisbild, das an die Stelle des nicht mehr vorhandenen oder erreichten Urbildes tritt und in dem die heilige Person gegenwärtig wird. Die Ikone sei dem Urbild verwandt wie der Siegelabdruck dem geschnittenen Stempel, erklärte Theodoros Studites (759-826), Abt des Studiu-Klosters in Konstantinopel und einer der großen Theologen der Ostkirche. Wegen dieser inneren Beziehung ist das Abbild dem Urbild in einer geistigen Weise verbunden, darum kann die Ikone die transzendente Wirklichkeit präsent setzen.

Freilich stellt die Ikone nur das Äußere des Urbildes dar; alles was dieses Äußere übersteigt, ist durch die Ikone nicht darstellbar. Diese Differenz zwischen Urbild und Abbild (Ikone) diente den Bildergegnern als Einwand gegen die Ikone. Sie bemängelten die fehlende Wesensgleichheit zwischen Urbild und Ikone, während die Ikonenverehrer auf die Wesensähnlichkeit verwiesen und sich damit begnügten. Durch diese »Wesensähnlichkeit« bestehe zwischen der heiligen Person und ihrer Ikone eine mystische Verbindung. Die heilige Person, die auf der Ikone dargestellt wird, wohne ihr auch inne und sei durch die Ikone gegenwärtig. Die Gegenwärtigkeit des Urbildes in der Ikone wird von der östlichen Theologie analog zu jeder Beziehung gedeutet, wie sie zwischen dem Vater und dem Sohn besteht, der nach Hebr 1,3 »Abglanz seiner Herrlichkeit und Ebenbild seines Wesens« ist. So wie in Christus »die ganze Fülle der Gottheit« wohne, er also die Ikone des unsichtbaren Gottes genannt werden kann, spiegle sich in den gemachten Ikonen die unsichtbare Welt Gottes.

Diese himmlische Welt kann in der Ikone aber nur ihren Widerschein finden, wenn sie alles Niedrige, Zufällige und Wandelbare überwindet. Das bedingt die festgeprägten Bildtypen, den sich kaum verändernden fixierten Formenkanon. Während sich die westliche Malerei auch in der Darstellung der Transzendenz immerfort wandelt, dem subjektiven Einfall und Können des Künstlers keine Grenzen setzt und so immer neue Elemente »dieser Welt« ins Bild bringt, hält die Ikonenmalerei an der tradierten Malweise streng fest (→ S. 263 f). Neben diesem Moment der »Wesensähnlichkeit« zwischen Urbild und Abbild, in dem sich neuplatonische Einflüsse spiegeln, gehört als weiteres Kriterium die schriftliche Benennung der dargestellten Personen zur Eigenheit der Ikone. Der Brauch, ein Bild zu beschriften, ist alt und führt über die Ikonentradition hinaus. »In der heidnisch-griechischen Antike kann eine bildmäßig neutrale Statue dadurch zum Abbild einer bestimmten Person werden, daß ihr der Name dieser Person eingraviert wird. Damit repräsentiert die Statue diese Person, ist mit ihrem Geschick verknüpft und mit ihren Kräften geladen. ›Nicht so sehr oder nicht allein die ›Ähnlichkeit‹ der Darstellung verbürgt, daß zwischen dem dargestellten Menschen und seinem Bilde Personengleichheit besteht und daß Kraft und Wesen der Person durch ihr Bild weiterwirken; das tut vielmehr der Name, der dem Bilde aufgeschrieben ist.‹[1] Soll man die Namensaufschriften auf Ikonen als Rückkehr zu solch magischen Praktiken deuten?«[2] Wir haben bereits gesagt, daß die innere Beziehung der Ikone zum Urbild in einer Wesensähnlichkeit gesehen wird. Diese Ähnlichkeit wird mit dem bildnerischen Bestand alleine nicht hinreichend gegeben. »Vom

[1] *Hubert Schrade,* Vor- und frühromanische Malerei, Köln 1958, 119.

[2] *Günter Lange,* Bild und Wort im Bilderstreit der alten Kirche, Kath. Akademie Schwerte o.J. (Manuskript), 4.

Betrachter aus gesehen hat der Name im christlichen Bereich die Funktion, den Blick gerade nicht am bildnerischen Bestand haften zu lassen, sondern das Bild zu transzendieren, es mit einem inneren Blick zu überschreiten auf die gemeinte Wirklichkeit hin . . . Das Wort im Bild hat also letztlich auch etwas mit dem Bilderverbot zu tun. Es hat nicht nur eine identifizierende, sondern auch eine kritische Funktion. Es kritisiert denjenigen, der die Ikone als autonomes Gebilde auffaßt und es bei ihrem Anblick beläßt. Das Wort durchbricht die Geschlossenheit des Bildes und macht aus ihm eine Art Fenster, indem es auf das hinweist, was man *nicht* sieht.«[1]

Die Kriterien der Ähnlichkeit und der Beschriftung verleihen der Ikone also ihren kultischen Wert. Sie sind hinreichendes Argument gegen die aufkommende Forderung, die Ikone bedürfe einer kirchlichen Weihe. Darum braucht die Ikone »keine Stütze von außen«, wie der Patriarch Nikephoros sagte, vielmehr »erzeugt das heilige Bild, das mit dem Evangelientext identisch ist, von sich aus Glauben«.

Die Ikone und ihr Maler

Eine der Konsequenzen des byzantinischen Bilderstreits war ein Kanon verbindlicher Regeln für den Ikonenmaler. Der Ikonenmaler war (und ist) kein freier Künstler im Sinne jenes Verständnisses, wie es sich im Abendland entwickelt hat – er sah sich unter einem höheren Befehl, der nicht gegen die eigene Instanz ausgetauscht werden konnte, ohne die himmlische Ordnung der Ikone zu zerbrechen. Der Ikonenmaler verstand sich als ein Instrument Gottes. Er trat so sehr mit seiner Person hinter dem Bild zurück, daß jede subjektive Interpretation ausgeschlossen war. So war es selbstverständlich, daß der Maler anonym blieb. Allenfalls gibt es seit dem 17./18. Jahrhundert signierte und datierte Ikonen, doch wurde dies niemals zur Regel. Dem Können und erst recht dem Ideenreichtum des Malers blieb stets die jenseitige Wirklichkeit vorgeordnet. Malhandbücher gaben Anweisungen für die Gestaltung von Themen und Motiven. Aber trotz dieser Festlegungen der Themen, Formen und Farben ließ sich die Hand des einzelnen Malers doch niemals ganz verleugnen. Darum verraten die Ikonen letztlich immer Person und Können, sogar den Traditionsraum, so daß stilistisch zwischen byzantinischen, griechischen, russischen oder serbischen Ikonen unterschieden werden kann.

Die meisten Ikonen entstanden in den Ikonenmalschulen der Klöster. Der Ikonenmaler bereitete sich durch Gebet und Fasten auf seine Arbeit vor: »Erhelle meine Seele, mein Herz und den Geist deines Dieners, führe meine Hand, daß ich würdig und vollkommen dein Bild, das deiner allerreinsten Mutter und aller Heiligen beschreiben kann . . .« (Dionysios vom Berge Athos) Neben diesem Gebet ist die Ikone selbst Gebet, denn während seiner Arbeit steht der Maler im fortwährenden Gespräch mit der heiligen Person oder dem heilsgeschichtlichen Geschehen, das er malt. Völlig unmöglich wäre es für den Ikonenmaler, den Personen seines Bildes die individuellen Züge anderer Menschen zu geben. Niemals wird eine bestimmte Frau *als* Maria gemalt, wie es seit Ausgang des Mittelalters in der abendländischen Kunst sich immer mehr einbürgert. Die heiligen Personen einer Ikone sind weder alt noch jung, sie zeigen keine bestimmte Gemütsregung. Sie wollen nicht jeweils dem herrschenden Schönheitsideal entsprechen. Da der Ikone durchweg die Perspektive fehlt, eröffnet sich auch kein (zufälliger) Hintergrund, weder ein häusliches Interieur noch eine bestimmte Landschaft. Es fehlt also jedes fiktive Element, jede individuelle Variante, so daß die Ikone eine Art Objektivität repräsentiert, die in deutlichem Gegensatz zur Entwicklung der westlichen Kunst steht.

[1] *Ebd.*

In diesem Kontext ist eine Überlegung erhellend, die auf André Malraux und Ernesto Grassi zurückgeht. Malraux meint, es sei zwar üblich, die ältesten Bildschöpfungen der Menschheit, etwa die vorgeschichtliche Höhlenmalerei, ebenso unter den Oberbegriff Kunst zu stellen wie moderne bildliche und plastische Werke.

Dennoch sei hier eine Unterscheidung wichtig: Kunst entstehe im strengen Sinne erst dann, wenn der Bruch mit dem Mythos als der absoluten Ordnung erfolgt ist; danach würden nur noch »mögliche«, subjektiv konzipierte und verantwortete Ordnungen verhandelt. Während die im Mythos fundierte Wirklichkeit eine *in principio* gründende Gültigkeit habe (→ III, 132 ff), ende dieser Anspruch mit dem Aufkommen der Kunst: von da an gebe es nur noch das freie Spiel menschlicher Möglichkeiten – faszinierend vielseitig, phantasievoll und reich, aber eben doch zugleich subjektiv und nicht länger allgemeinverpflichtend. Damit erschöpfe sich die Offenbarung objektiver und absolut verpflichtender Realität und mache »Ansichten« und »Interpretationen« Platz, die jetzt lediglich subjektive Entwürfe ohne letztverbindlichen Charakter seien. Die stets »eindeutige und ewige Wiederholung der sakralen Darstellung sinkt derart zum ›Schau-Stück‹ herab, der Mithandelnde spaltet sich in die Gestalten des ›Schau-Spielers und des Zu-Schauers‹; der Mythos selbst büßt seine religiöse Bedeutung ein und zergliedert sich in ›Fabeln‹ und in ›Fiktionen‹.«[1]

Bei André Malraux heißt es: »Im 13. Jahrhundert war die Fiktion noch ganz aus dem Bereich der religiösen Kunst ausgeschlossen; dafür wurde die religiöse Kunst im 17. Jahrhundert zur reinen Fiktion. Zum Schöpfer eines fiktiven Universums geworden, fühlte sich der entwerfende Künstler als König ... Er verbesserte, harmonisierte und idealisierte seinen bereits harmonisierten idealisierten Entwurf.« Den Unterschied zwischen Bildern, die religiöse Zeugnisse und solchen, die künstlerische Fiktionen sind und stets ein »Angenommen, daß ...« unterstellen, exemplifiziert Malraux an Objekten: »Der Christus von Monreale ist kein ›Angenommen, daß ...‹, ebensowenig wie Giottos ›Begegnung an der goldenen Pforte‹. Doch eine Madonna von Lippi oder Botticelli beginnt damit und eine Madonna von Leonardo ist es bereits ganz. Ein Kruzifix von Giotto ist ein *Zeugnis,* Leonardos Abendmahl eine *erhabene Erzählung.* Das konnte die Religion erst werden, seitdem sie nicht mehr Glaube war.«[2]

In diesem Hinweis liegt auch eine Erklärung dafür, daß vor den bedeutenden Bildern der christlichen Kunstgeschichte kaum je gebetet worden ist. Sie dienen eher dem ästhetischen Genuß als der frommen Versenkung; realisieren eine subjektiv gesetzte Fiktion, keine sich objektiv manifestierende Transzendenz. Die Aufgabe, der sich die byzantinischen, später die griechischen, russischen oder serbischen Ikonenmaler unterziehen, zielt nirgendwo auf menschlich schöne Gestalten und auch nicht auf ein seelisch-pathetisches Ergreifen. Alles ist für den Ikonenmaler symbolhaft und typisch bis zur Bedeutung der Farben, deren Wahl ihm ebensowenig freisteht wie die Gestaltung der Form.

Der Ikonenmaler ist also kein »Künstler«. Seine Arbeit ist kultische Handlung, in der er sich selbst nur als ausführendes Instrument einer höheren Macht versteht. Pointiert gesagt lautet sein Selbstverständnis, daß alles, was er aus eigenem Vermögen zu tun vermag, die Bereitung des Bildgrundes ist, während die Ikone »sich selbst malt«. Der Ikonenmaler verschwindet mit seinen individuellen Neigungen und Interessen hinter seinem Bild; er würde es als Frevel empfinden, wollte er mit der Ikone

[1] *Ernesto Grassi,* Kunst und Mythos, Hamburg 1956, 97.
[2] *André Malraux,* Psychologie der Kunst. Bd. 1: Das imaginäre Museum (1947), Hamburg 1967, 59.

zugleich etwas über seine Person und seinen künstlerischen Ideenreichtum aussagen. Darum gilt für die Ikone – wie für *jede* Gestaltung göttlicher Wirklichkeit in den frühen Kulturen – ein allgemeingültiger Kanon inhaltlicher und formaler Gestaltungsgesetze, der nie zur Diskussion steht. Dort aber, wo persönliche Auflehnung und Einzelgängertum in der Geschichte durchbrechen, führt dies zum Ende des Mythos und seiner objektiven Gültigkeit: Es entsteht »Kunst«, welche die Perspektive der göttlichen Ordnung gegen die vielen Möglichkeiten menschlicher Gestaltung vertauscht.

Kultbilder müssen überpersönlich sein. Der Beter will nicht auf ein individuelles Gesicht, auf Haltungen und Ausdrucksformen einer bestimmten Person gelenkt werden, sondern auf die alle Zufälligkeiten überschreitende Epiphanie des Ewigen. Jene Bilder, Kultbilder, zu denen das Volk wallfahrtet, vor denen es kniet und betet, sind durchweg unscheinbare Gestaltungen. Keines der großen Meisterwerke aus tausend Jahren wird als »Gnadenbild« verehrt; und finden sich wirklich schön geformte Statuen, vor denen der Beter sein Herz ausschüttet, so sind diese Figuren nachträglich unter starren, kegelförmigen Gewändern verhüllt worden, die nur noch den Typus, aber keine künstlerische Eigenart mehr erkennen lassen.

Kultbilder sind Symbole, die die göttliche Dimension transparent machen. Darum dürfen sie sich nicht selbst zum Gegenstand der Aufmerksamkeit setzen, soll doch der innere Blick des Beters »durch sie hindurch« auf die ewige Wirklichkeit gerichtet werden. Wenn aber die Madonna ihr zeitloses Antlitz, das die Ikonen (und die vielen, meist geschwärzten Gnadenbilder) zeigen, verliert und menschlich näherrückt, wird sie zur Fiktion des Mutter-Kind-Themas oder zur Figuration der verehrten Frau. Sie sinkt herab zum Vorwand für das Schönheitsideal wechselnder Moden, so daß uns in diesen Madonnen römische und Florentiner Mädchen, Nürnberger Bürgerinnen, spanische Barockdamen und flämische Kaufmannstöchter begegnen, jeweils in zeitbetonte konkrete Umwelten hineingestellt, die das Marienleben zu einer Darstellung subjektiver Intentionen werden lassen, die auch dann dem Kult fremd bleiben, wenn sie als Altarbilder Verwendung finden.

Ikone: Die Geburt Christi S. 38

A. In den frühen christlichen Jahrhunderten ist das Fest der Geburt Christi noch unbekannt. Erst im 4. Jahrhundert werden Geburt, Huldigung der Magier und Taufe im Lichtfest der Epiphanie zusammengefaßt. Als ein selbständiges Fest wird die Geburt Christi erstmalig im Westen des Römischen Reiches gefeiert (→ II, 438 ff), wenig später gliedert es sich auch im Osten aus dem Epiphanienzyklus aus. 379 feiert Gregor von Nyssa das Geburtsfest in der Kaiserstadt Konstantinopel. Johannes Chrysostomos spricht von einem aus Rom übernommenen Fest. Endgültig setzt es sich im Osten erst durch, nachdem das Konzil von Ephesus Maria zur Theótokos – Gottesgebärerin – erklärt hat.

In dieser Zeit nehmen auch die Bilder der Geburt Christi ihren Anfang. Ihren Ausgangspunkt haben sie bei Lk 2, 1-20, zunächst als Sarkophagplastik, jedoch ganz im Bereich der weströmischen Tradition (→ S. 274). Aus dieser spätantiken Bildtradition entwickelte sich ebenfalls die byzantinisch-ostkirchliche Kunst. Wie im Westen, so bleibt auch im Osten bis zum 6. Jahrhundert allein das Kind, umgeben von Ochs und Esel, das wesentliche Bildmotiv. Im 6. Jahrhundert aber, mit dem die erhaltenen Denkmäler des Ostens einsetzen, rückt Maria in das Zentrum der Geburtsbilder ein. Der Weltenheiland und die

Gottesmutter finden »als gleichberechtigte Bildwerte zusammen, gleichsam als historische und dogmatische Aussage, das Eine ohne das Andere nicht denkbar«.[1] In der Folgezeit tragen apokryphe Evangelien und Legenden zur Ausgestaltung der Motive und Szenen bei. Besonderen Einfluß gewinnen dabei außerkanonische Evangelien: das Protevangelium des Jakobus (aus der 2. Hälfte des 2. Jh.) und das Pseudo-Matthäusevangelium (welches erst im 8./9. Jh. alte Erzähltraditionen zusammenfaßt). Nachdem der Bilderstreit 843 endgültig beendet war, verfestigen sich die Bildtypen der Ostkirche. So begegnet uns in der italo-byzantinischen Tradition des 17. Jahrhunderts noch jener in der Ostkirche seit dem 10./11. Jahrhundert bestehende Typus, den auch unser Religionsbuch vorstellt, und der sich deutlich vom abendländischen Bild der Geburt Christi abhebt, dessen Entwicklung seit dem Mittelalter eigene Wege ging.

Es handelt sich um eine »Geburt Christi« aus dem Hellenistischen Institut für byzantinische und spätbyzantinische Studien in Venedig, Ende des 15./ Anfang des 16. Jahrhunderts zu datieren, ohne Rahmen 57 × 47,5 cm (1959 restauriert). Zu ihrem Verständnis muß man wissen, daß trotz des Schismas von 1054 die kulturelle Beziehung zwischen dem West- und Ostteil des ehemaligen Römischen Reiches nie zum Erliegen gekommen war. Vor der Türkeninvasion hatten Flüchtlinge in Italien Zuflucht gesucht. Die Kunstzentren verlagerten sich an die Peripherie. Bedeutende Ikonenmaler waren nach Kreta gegangen und ließen hier die sozusagen offizielle Malschule der Orthodoxen Kirche entstehen. Die besten Züge dieser Traditionslinie verdeutlichen sich – nach dem Urteil von Manolis Chatzidakis[2] – in unserer Geburtsikone.

B. Die Mitte der Ikone bildet der Berg mit der heiligen Höhle (→ S. 268 ff), in der das Jesuskind, vornehm gewickelt, in einem sarkophagartigen Kasten liegt, flankiert von Ochs und Esel auf auf der einen und von Maria auf der anderen Seite.

Über die symbolische Qualität der Höhle informiert anschließend ein eigener Exkurs. Daß die Geburtshöhle Uterusbedeutung hat, liegt auf der Hand. Sie steht darum auch in einer inneren Beziehung zu Maria, die ein liturgischer Text selbst als Berg bezeichnet: »Aus dem vom Buschwerk beschatteten Berg kamst du, der Gepriesene.« Auch wird sie als »heiliger Berg«, als »Eden Paradies, aus dem geboren wird der Gottmensch« angerufen, während Prokop von Gaza (6. Jh.) die Geburt als das »Herausführen aus einer dunklen Höhle« versteht.[3] Wichtiger ist wohl die alte mythische Tradition von der »Schatzhöhle«, die in der Mitte der Welt liegt (→ III, 498 ff), und welche die *axis mundi* mit dem Himmel verbindet. Darum zeigt sich die Höhle nach oben hin aufgerissen, auf manchen Bildvarianten bis zur Spitze des Berges hin, so daß ein Kanal den dunklen Bauch der Erde mit dem Himmel verbindet. Diese Funktion übt in besonderer Weise das Sternenlicht aus, dessen Strahl vom Himmel her in die Geburtshöhle eindringt.

[1] *Günter Ristow,* Die Geburt Christi in der frühchristlichen und byzantinisch-ostkirchlichen Kunst, Recklinghausen 1963, 20.

[2] *Manolis Chatzidakis,* Ikonen aus Griechenland, in: *K. Weitzmann/M. Chatzidakis/ S. Radojcic,* Die Ikonen. Sinai, Griechenland und Jugoslawien, Herrsching 1977, 84.

[3] *Günter Ristow,* a.a.O., 42 f.

Wir sagten schon, daß zum ältesten Geburtsbild lediglich das Kind mit Ochs und Esel gehören, bisweilen noch ein oder zwei bezeugende Hirten. Das Motiv von *Ochs und Esel* leitet sich von einem Prophetenwort Jes 1,3 ab: »Der Ochs kennt seinen Besitzer und der Esel die Krippe seines Herrn; Israel aber hat keine Erkenntnis, mein Volk hat keine Einsicht.« Erstmals hat der Alexandriner Origenes (182-252) diesen Vers auf die Geburt Jesu bezogen. Gregor von Nazianz (330-390) überliefert eine weitere (polemische) Bedeutung der Tiere: Ochs und Esel stünden für Judentum und Heidentum; zwischen dem Ochsen, der an das Gesetz gebunden und dem Esel, der mit der Sünde des Götzendienstes beladen sei, liege der von beiden Lasten freie und befreiende Gottessohn.

Waren bei den frühen Ikonen Platz und Haltung Marias noch nebensächlich, so ist sie seit der Jahrtausendwende in die Mitte der Geburtsikone eingerückt. Sie ruht auf einem roten Wochenbett, davon fast wie von einem Kokon umschlossen, die größte menschliche Gestalt der Ikone. Immer wieder verwunderlich für den westlichen Betrachter ist die scheinbare Beziehungslosigkeit zwischen der liegenden Mutter und ihrem Kind. Zur Seite gekehrt, leicht auf den rechten Arm gestützt, wendet sie dem Krippenkind den Rücken zu und schaut interessiert zu, wie zwei Frauen das Bad für ihr Neugeborenes bereiten.[1] Um das Christuskind bemühen sich die Hebammen Zelomi und Salome, die nach dem Pseudo-Matthäusevangelium von Josef herbeigeholt wurden.[2] Theologisch liegt darin der Hinweis, daß Gottes Sohn von diesen Frauen wie jedes andere Menschenkind gebadet wird, freilich hier ganz in Anlehnung an Darstellungen der ausgehenden Antike. Wie sehr dieses Bad die Phantasie verehrungsfreudiger Christen angeregt hat, zeigt der Reisebericht eines Palästinapilgers: Im ausgehenden 7. Jahrhundert wurde dem Bischof

[1] Vorwiegend gibt es drei Varianten der jungfräulichen Mutter auf dem Wochenlager. Ihre Vorstufen reichen in die frühbyzantinische Zeit zurück, haben sich aber seit Beginn des byzantinischen Mittelalters voll entfaltet. Die erste Variante liegt in unserer Ikone vor: Maria wendet sich, auf dem Lager ausgestreckt, dem Bad ihres Sohnes zu. Bei der zweiten Variante schaut sie – halb aufgerichtet – aus dem Bild heraus den Betrachter an. In der dritten Version verweist sie den Kreis der Verehrenden auf das göttliche Kind. Vgl.: ebd., 57.

[2] Das Protevangelium des Jakobus erzählt, daß Maria »halbwegs« zu Josef sprach: »Joseph, hebe mich vom Esel herab, denn das Kind in mir bedrängt mich und will herauskommen.« Joseph hob sie herunter. »Und er fand dort eine Höhle und führte sie hinein ... und ging hinaus, um eine hebräische Hebamme in der Gegend von Bethlehem zu suchen ... Und er fand eine, die gerade vom Gebirge herunterkam, und er nahm sie mit ... Und er trat an den Ort der Höhle, und siehe, eine lichte Wolke überschattete die Höhle, und die Hebamme sprach: ›Erhoben ist heute meine Seele, denn meine Augen haben Wunderbares gesehen, denn Israel ist das Heil geboren.‹ Und sogleich verschwand die Wolke und ein großes Licht erschien, so daß die Augen es nicht ertragen konnten. Und die Hebamme kam aus der Höhle heraus, und es begegnete ihr Salome. Und sie sprach zu ihr: ›Salome, ich habe dir ein nie dagewesenes Schauspiel zu erzählen: Eine Jungfrau hat geboren, was doch die Natur nicht zuläßt.‹ Und Salome sprach: ›So wahr der Herr, mein Gott, lebt, wenn ich nicht meinen Finger hinlege und ihren Zustand untersuche, so werde ich nicht glauben, daß eine Jungfrau geboren hat.‹ Und Salome legte sie bereit zur Untersuchung ihres Zustandes. Und sie erhob ein Wehgeschrei und sprach: ›Weh über meinen Frevel und meinen Unglauben; denn ich habe den lebendigen Gott versucht; und siehe, meine Hand fällt von Feuer verzehrt von mir ab.‹ Und sie betete zum Herrn. Und siehe, da stand ein Engel des Herrn vor Salome und sprach zu ihr: ›Gott, der Herr, hat dein Gebet erhört. Tritt herzu, faß das Kind an, so wird dir Heilung geschehen.‹ Und Salome tat so. Und Salome wurde geheilt, wie sie es erbeten hatte.« *Hennecke-Schneemelcher,* Neutestamentliche Apokryphen II, Tübingen ³1964.

Arnulf noch frischerhaltenes Wasser gezeigt, das vom Bad des Christuskindes stammen sollte.

In der Mitte der unteren Bildreihe, mit dem Rücken gegen die beiden Hebammen gewandt, aber durch einen Baum von der Badszene getrennt, sitzt Josef sinnend auf einem Stein. Die byzantinische Kunst zeigt Josef mit Vorliebe nachdenklich oder bekümmert über das unverstandene Geschehen der Mutterwerdung Marias. Die ikonische Tradition gesellt diesem ratlosen Mann in späterer Zeit meistens noch einen alten Hirten zu; auf unserem Bild sind es gleich zwei. Dieser Hirte erfährt unterschiedliche Deutungen. Mal wird er als Versucher des zweifelnden Josef verstanden, mal gilt er als der Prophet Jesaja, der mit seiner Weissagung (Jes 7,14) die Wahrhaftigkeit des wunderbaren Geschehens bezeugt. Für unsere Ikone treffen jedoch beide Interpretationen nicht zu. Hier sind es jene zwei Hirten, denen der Engel die Botschaft vom gekommenen Heil gebracht hat. Wir sehen sie bereits etwas höher vor dem roten Berg, von dem herab der Engel ihnen erscheint. Nun künden sie unten, was ihnen gesagt worden ist. Josef schaut sie aber nicht an; sein Blick geht gedankenverloren in eine innere Welt.

Rechts und links von dieser Szene sind ein Hase und eine Hirschkuh zu sehen. Die Hirschkuh trinkt aus einer Quelle, die am Fuße des heiligen Berges entspringt. Manolis Chatzidakis hält beide Tiere für neue, »diskret eingeführte« Nebenelemente italienischen Einflusses, die an Pisanello (→ II, 191-195) erinnern.

Die Verkündigung an die Hirten wird uns auf der rechten Bildseite gezeigt. Vor einem rot gehaltenen Berg sehen wir erneut jene zwei Hirten – der alte, bärtige in einen schwarzen Umhang gehüllt, der jüngere mit dem grünen Hut hinterrücks auf seinen Stock gestützt, die wenig später vor Josef stehen, um ihm ihre Engelsbotschaft mitzuteilen. Hier erscheint ihnen der Engel segnend vom Berge herab. Links neben ihnen sitzt auf einem Stein ein weiterer Hirt, ins Flötenspiel vertieft. (Auf älteren Ikonen können wir diesem Hirten bereits begegnen, wie er mit übereinandergeschlagenen Beinen dasitzt, die Flöte in der Hand. Liturgische Texte deuten diesen Aspekt als das unterbrochene Flötenspiel der Hirten: »Das Heer der Engel ließ das Spiel der Hirtenflöte verstummen, indem es rief: ... Stimmet den Lobgesang an.«)

Zu beiden Seiten des sich aufgipfelnden Berges türmt sich der Chor der Engel, teils dem Ereignis im geöffneten Berg zugewandt, teils den Blick auf den göttlichen Lichtschein gerichtet, der vom Himmel her einfällt. Von links ziehen die Magier den Berg heran, beritten und – nach ihrer Gestik zu urteilen – auf den Stern deutend, der ihnen den Weg weist. Ein weiterer Berg hat sich wie eine Pforte vor ihnen aufgetan. Wenn sie dort hindurch reiten, sind sie, symbolisch gedacht, inmitten der heiligen Höhle, und das heißt: in der Mitte der Welt angekommen.

Die beiden Berge rechts und links, jener der Magier und jener der Verkündigung an die Hirten, werden verbunden durch den sternenbesäten Erdkreis, den Himmel der Engelchöre, der sich in seinem Zenit mit der göttlichen Dimension berührt. Was hier geschieht, verbindet Himmel und Erde, die Erde aber wird überwölbt von einem einzigen Bogen, der voll ist von Gottes Herrlichkeit: ein Bild also, das nicht »etwas« darstellt, sondern »das Ganze« zur Sprache bringt: Gott und die Welt – Gott in Welt.

C. Die didaktischen Überlegungen, zu denen diese Ikone einlädt, sind grundlegend mit dem Wesen der Ikone gegeben, wie vorne dargestellt wurde (→ S. 260ff). Man muß also beachten, daß Ikonen kein »Thema« entfalten, sondern kerygmatische Bilder sind, die ein heilsgeschichtliches Ereignis künden wollen. Hier wird weder psychologisiert noch historisiert. Darum fragt diese »Geburt Christi« nicht, wie es »damals« hätte gewesen sein können, sondern wählt – vor allem mit Berg und Höhle – eine symbolische Sprache, welche das historisch unscheinbare Ereignis in seiner kosmischen Bedeutung erschließt. »Es ist nicht schlechthin ein Bild von der Geburt Christi, nicht einmal *das* Bild der Geburt Christi, sondern die gegenwärtige Widerspiegelung des großen Mysteriums, das als immer gleichzeitige Tatsache in die Welt hereinbricht.«[1]

Die besten Voraussetzungen, diese Ikone zu interpretieren, bieten sich vom Kapitel »Religionen: Die Mitte der Welt« im Religionsbuch für das 3. Schuljahr her (→ III, 480 ff). Dort ist insbesondere die alte Tradition von der »Schatzhöhle« (→ III, 498 f) ein geeigneter Ansatz, um die Geburt in der Höhle, wie sie die Ostkirche tradiert, als eine großartige symbolisch-theologische Schau zu erschließen. Sofern jener Hintergrund im 3. Schuljahr den Kindern eindrücklich erschlossen wurde, führt diese Geburtsikone das alte Wissen um die »Mitte der Welt« weiter. Tiefenpsychologisch korrespondiert mit Berg und (geöffneter) Höhle, Uterus und Geburt, ein teils bewußtes, teils vorbewußtes symbolisches Verstehen, das nicht allein theologisch, sondern auch anthropologisch erhellend ist.

D. Anzuraten ist, die Ikone nicht als Reproduktion im Schulbuch, sondern als Dia-Projektion anzuschauen.[2] Das große Format und die sammelnde Kraft des einen Bildes ist dem gemeinsamen Schauen und Sprechen angemessener als wenn jeder Schüler das Buch vor sich liegen hat. Methodisch empfiehlt sich der Ausgang von der Höhle als Symbol. Damit ist zugleich eine durchgehende Linie aufgenommen, die auch die Ikonentradition in der Darstellung der Kreuzigung (→ S. 300) und des Ostergeschehens (→ S. 329) erschließen hilft, denn Berg und Höhle bleiben die Symbolkonstanten dieser christologischen Bildtheologie. Der nachstehende Exkurs bietet eine vertiefende Perspektive.

Die Heilige Höhle in der alten Christenheit und in der östlichen orthodoxen Kirche[3]

Die Evangelien wissen nichts von einer Höhle. Bei Lk 2,7 legt Maria ihr Kind in eine Krippe, weil die Herberge für sie keinen Platz bot. Als die Magier bei Mt 2,11 ankommen, heißt es: »Sie gingen in das Haus – oikos – und sahen das Kind und Maria, seine Mutter; da fielen sie nieder.«

1 *Günter Ristow,* a.a.O., 38.
2 *Hubertus Halbfas,* 32 Dias zu den Religionsbüchern 3 und 4, (Patmos Verlag) Düsseldorf 1986.
3 Die Darstellung erfolgt im Anschluß an den gleichlautenden Vortrag von *Ernst Benz* auf der Eranos-Tagung in Ascona 1953, in: Eranos-Jahrbuch 1953, Band XXII: Mensch und Erde, hrsg. v.: *Olga Fröbe-Kapteyn,* Zürich 1954, 365-432.

Demgegenüber kennt die altkirchliche und später die östlich-orthodoxe Bildtradition weder das Haus noch den Stall, sondern die Geburtshöhle. In gleicher Weise spricht die Liturgie der alten Kirche und der Ostkirche immer nur von der Höhle der Geburt und nie von Haus oder Stall. Die Geburtshöhle hat sich hier im inneren Bildsinn der Menschen so ausschließlich durchgesetzt, daß sich nicht einmal der *Versuch* findet, sie durch eine Darstellung des Hauses zu ersetzen.

Wie ist diese Idee von der Geburtshöhle in die altkirchliche Tradition hineingekommen? Eine erste Rückfrage führt zum Protevangelium des Jakobus, das wir schon kennengelernt haben (→ S. 266). Dieser apokryphe Text entstand zwischen Mitte und Ende des 2. Jahrhunderts, war in der alten griechischen Kirche sehr beliebt und wurde als die glaubwürdige Grundlage vieler Marienlegenden angesehen. »Und er (Josef) fand daselbst eine Höhle«, wird erzählt, »und führte sie hinein...« Es folgt die Episode der zwei Hebammen (→ ebd.), dann heißt es: »Und sie traten an die Stätte der Höhle, und siehe, eine lichte Wolke überschattete die Höhle. Und es sprach die Hebamme: ›Heute ist meine Seele erhoben, denn meine Augen haben Wunderbares gesehen, denn Heil für Israel ward geboren.‹ Und sofort verschwand die Wolke aus der Höhle, und es erschien ein großes Licht in der Höhle, so daß unsere Augen es nicht ertrugen, und nach einer kleinen Weile verschwand jenes Licht, worauf dann das Kind sichtbar wurde, und es kam und nahm die Brust von seiner Mutter Maria...«

In dieser Szene ist bereits eine Art Theologie der Höhle enthalten: Das Kind – vom Heiligen Geist aus der Höhe empfangen – wird in der Tiefe der Erde geboren: »Das Oberste vergegenwärtigt sich im Untersten, das Licht des Himmels in der Finsternis der Höhle. Nicht die Nacht des Himmels ist es, sondern die Nacht des Erdenschoßes, in der sich die heilige Geburt vollzieht.«

Das zitierte Protevangelium des Jakobus ist freilich nicht der Ursprung des Höhlenmotivs, vielmehr ist diese Anschauung schon früher verbreitet und mit einer besonderen Theologie verknüpft. So erzählt der zum Christentum bekehrte griechische Philosoph und spätere Märtyrer Justin († um 165): »Damals aber, als der Knabe in Betlehem geboren wurde, nahm Josef, da er in jenem Dorf nirgends Unterkunft finden konnte, in einer Höhle in der Nähe des Dorfes Quartier. Als sie in jenem Orte weilte, hatte Maria Christus geboren und ihn in eine Krippe gelegt.«[1] Um seine Ausführung zu unterstützen, greift Justin auf Jes 33,16 f zurück. Diese Stelle lautet in ihrer Septuaginta-Fassung: »Du sollst wohnen in einer hohen Höhle eines starken Felsens.« Diese Version findet sich *nur* in der griechischen Übersetzung des Alten Testaments, der hebräische Urtext wie die lateinische Vulgata wissen nicht von der Höhle. Justin aber greift den Jesaja-Vers nur auf, um einer anderen Interpretation entgegenzutreten. Zur gleichen Zeit war nämlich der Mithraskult verbreitet und konkurrierte mit dem Christentum. Die Mithrasverehrung fand meistens in Höhlen (Mithräen) statt. Als Geburtstag dieser iranischen Lichtgottheit, deren Kult sich nach 70 n. Chr. im ganzen Römischen Reich ausbreitete, galt der 25. Dezember, Tag der Wintersonnenwende (→ II, 439). Erzählt wurde von von der Geburt des Mithras aus einem Felsen. Gegen diesen Mithraskult, der

[1] *Justin,* Dialogus cum Tryphone, c. 58, 5-6

zum Hauptrivalen des jungen Christentums wurde, wendet sich nun Justin in seiner Argumentation: »Wenn die Lehrer der Mithras-Mysterien behaupten, Mithras sei aus einem Stein geworden, wenn sie den Ort, an dem die Mithras-Verehrer eingeweiht werden sollen, Höhle nennen, soll ich darin nicht eine Nachahmung erkennen? Sie wagten es sogar, lauter Jesaja-Worte zu entlehnen... Wenn ich, o Tryphon, von Perseus höre, er sei von einer Jungfrau geboren worden, dann weiß ich, daß auch diese Erzählung eine Nachäffung durch die trügerische Schlange ist.«

Offenbar waren die Lehrer der Mithras-Mysterien in Rom dazu übergegangen, ihrerseits die prophetischen Schriften des Alten Testaments für sich und ihren Kultus in Anspruch zu nehmen und ihren Kultheros Mithras als Erfüller alttestamentlicher Prophetien den Gläubigen darzustellen. Dann hätten Mithraspriester zuerst die Deutung der Jesajastelle »auf Mithras bezogen, und Justin versucht nun, diesen Mithras-Lehrern die Jesaja-Prophetie zu entwinden, indem er sie auf Christus und seine Geburt in der Höhle bezieht und Christus als den hier prophezeiten ›König der Herrlichkeit‹ darstellt. So hat also die Interpretation der Jesajastelle mit der Höhle eine dramatische Geschichte, indem sich zwei Religionen um das Privileg ihrer Erfüllung streiten, die beide von einem Heiland und Lichtbringer kündeten, der in einer Höhle geboren wurde.«[1]

Es ist zu fragen, auf welche Quellen Justin sich seinerseits stützt. Eine von Ernst Benz verfolgte Spur knüpft an die Überlieferung an, die eine bei Betlehem gelegene Höhle schon in vorchristlicher Zeit kannte. So schreibt Origenes (246/48), offensichtlich aus eigener Ortskenntnis, »daß entsprechend der Geburtsgeschichte im Evangelium in Betlehem noch die Höhle gezeigt wird, in der er geboren, und in der Höhle noch die Krippe, in der er in Windeln gewickelt wurde. Was gezeigt wird, das ist in aller Mund in dieser Gegend, auch bei den Ungläubigen, nämlich daß in dieser Höhle der von den Christen verehrte und bewunderte Jesus geboren wurde.«[2] Vermutlich gab es also zur Zeit des Origenes in Betlehem eine Höhle, welche die kirchliche Überlieferung als die Geburtshöhle Christi ansah. Ernst Benz resümiert: »Wenn man an die Geburt Christi dachte, dachte man an die Höhle von Betlehem, von der die Pilger und die Kirchenlehrer berichteten; und so erhielt die Höhle auch ihren Platz in der kirchlichen Ikonographie.«[3]

Wie stark diese Höhlenvorstellung den symbolischen Sinn und das religiöse Denken der alten Kirche beschäftigt hat, wird bei Eusebius von Caesarea (um 265-339) deutlich. In seinem Leben des Kaisers Konstantin sagt er, daß das Christentum aus drei »mystischen Höhlen« hervorgegangen sei: aus der Geburtshöhle, der Grabes- und Auferstehungshöhle und der Himmelfahrts- bzw. Offenbarungshöhle. Über der Grabeshöhle errichtete Konstantin die Kirche des heiligen Grabes in Jerusalem; über der Geburtshöhle auf dem Ölberg hat die Kaiserin Helena Kirchen bauen lassen.

Der Grundstein zur Geburtskirche wurde 325 gelegt, im Jahre als in Nizäa bei Konstantinopel das erste Allgemeine Konzil durch den Kaiser eröffnet

[1] *Ernst Benz,* a.a.O., 374 f.
[2] *Origines,* Contra Celsum, I, 51.
[3] *Ernst Benz,* a.a.O., 383.

wurde. Zweihundert Jahre zuvor hatte Kaiser Hadrian an der gleichen Stelle eine Kultstätte mit einer Opfergrotte geschaffen, dem Geliebten der Venus, Adonis, zu Ehren. Damals wird sich noch kein christlicher Anspruch auf diesen Ort gerichtet haben, es verband sich wohl auch kein gegenchristlicher Affekt damit. »Die Grotten drängten sich dem Kult einfach auf.«[1]

Als die konstantinische Basilika längst stand, lebte der Kirchenlehrer Hieronymus in den Höhlenräumen unter der Kirche und führte das Leben eines schreibenden Asketen. Der Eifer gegen Hadrians Kultstätte ist retrospektiv: »Der geheiligste Flecken auf Erden wird von der Höhle des Adonis überschattet, und dort, im Inneren der Grotte, wo das Christuskind geboren wurde, beweinte man einst den Geliebten der Venus.« Doch als Hadrian hier sein Heiligtum gründete, dürfte sich schwerlich christlicher Eifer auf Betlehem gerichtet haben: Hadrian hatte den Bar-Kochba-Aufstand niedergeworfen, die Judenchristen waren geflohen, so daß nach dem Aufstand so gut wie keine Möglichkeit bestand, in Betlehem eine christliche Gemeinde zu gründen; sie wäre gleich ein Opfer der römischen Behörden geworden. Historisch geurteilt bleibt festzustellen: Die Geburtsgrotte ist ein inneres Bild des Glaubens.

Alte Pilgerberichte, die mit dem Jahr 333 beginnen, wissen von einer weiteren großen Zahl christlicher Kulthöhlen, über denen Kirchen errichtet oder die als Gottesdiensträume genutzt wurden: die Höhle der Geburt Mariä in Jerusalem, die Höhle der Verkündigung in Nazaret, die Höhle der Josefswerkstätte ebenda, die Hirtenhöhle bei Betlehem, die Höhle der Magier, die Auferstehungshöhle des Lazarus in Betanien, die Höhle der Fußwaschung im Josaphat-Tal, die Höhle der Reue Petri auf dem Berge Zion. Hinzu kommen die vielen Höhlen alttestamentlicher Ereignisse: die Brunnenhöhle Davids in Betlehem, die Geburtshöhle Israels, die Grabhöhle Rachels bei Betlehem, die Grabhöhle Ijobs, die Höhle Abrahams in Mamre, die Höhle des Elias auf dem Horeb, die Höhle des Mose auf dem Zion.

Angesichts einer solchen Zahl christlicher Pilgerstätten ist es kein Zufall, daß sich Eusebius auf die drei genannten »mystischen Höhlen« beschränkt. Ohne Zweifel lebt in der starken Verbreitung christlicher Kulthöhlen ein wesentlicher Anteil antiker Religiosität weiter. Eusebius wollte wahrscheinlich zeigen, daß in der Verehrung der Geburtshöhle, der Grabes- und Auferstehungshöhle und der Offenbarungshöhle der heidnische Höhlenkult seine Aufhebung fand. Dennoch bleibt der Überlieferungszusammenhang mit der vorchristlichen Zeit bestehen.

Wenn wir religionsgeschichtlich weiter zurückgehen, so gelangen wir allemale in die vom Licht nur sparsam erhellten Zonen der vorchristlichen Höhlen. Im Hintergrund der Geburtshöhle Christi erscheint plötzlich – gemäß einem Brief des Hieronymus an seinen Freund Paulinus von Nola – der Mythos von Untergang und Wiederkehr: »Betlehem, das jetzt uns gehört und der erhabendste Ort des Weltkreises ist, ... liegt im Schatten eines Hains des Tamuz, d.h. des Adonis, und in der Höhle, in der einst der kleine Christus schrie, wurde der Liebhaber der Venus beweint.«[2] Damit verbindet sich der Mythos der Muttergöttin Ischtar, der das Kind Tamuz als Geliebter verfällt

[1] *Hans Kühner*, Israel. Ein Reiseführer durch Dreitausend Jahre, Olten 1975, 393.
[2] *Hieronymus*, ep. 58,3 ad Paulinum.

und stirbt, zusammen mit allem Leben auf Erden. Doch die Götter finden einen Zauber, um Ischtar und Tamuz aus dem Hades zu befreien, so daß alles Sterben und Auferstehen der Natur seinen zyklischen Fortgang findet.

Erich Neumann unterstellt die Höhlensymbolik dem Archetyp der »Großen Mutter«. Dessen Symbolspektrum ist mit dem Inbegriff des »Innen« zu kennzeichnen. Am augenfälligsten wird der Gefäßcharakter dieses Archetyps mit dem Bauch verdeutlicht; dazu gehört der Schoß (das Tor) als Symbol des Eingangs in diesen Bereich. Die tiefste Dimension dieser Welt des Bauches ist das Reich der Unterwelt im »Bauch« oder »Schoß« der Erde. »Die Höhle in ihrem Zusammenhang mit dem Berg, der den Gefäß-, Bauch- und Erdcharakter in sich vereinigt, gehört zu dem dunklen Territorium der Erd-Unterwelt. Die gleiche Bedeutung wie der Berg und die Erde haben auch Fels und Stein... Die Höhle ist ebenso Lebensraum wie Todesstätte, der Gefäßcharakter des Großen Weiblichen birgt nicht nur das Ungeborene im Gefäß des Leibes und nicht nur das Geborene im Gefäß der Welt, sondern es nimmt auch das Gestorbene zu sich zurück in das Gefäß des Todes, in die Höhle oder den Sarg, das Grab oder die Urne...

Die bergende Höhle als Teil des Berges stellt entwicklungsgeschichtlich die Naturform der Kultursymbole dar, die als Tempel und Temenos, als Hütte und Haus, als Dorf und Stadt ebenso wie als Gatter, Zaun und Mauer Schützendes und Abschließendes bedeuten, wobei immer das Tor und die Türe den Schoß des mütterlichen Gefäßes bilden.«[1]

So ist die Geburtshöhle also zunächst einmal die Erweiterung des mütterlichen Uterus in die erdhafte Dimension. Gleichzeitig ist die Höhle in dieser Symbolsprache »Unterwelt« und darin zugleich ein bedeutsamer Ausdruck der Symbolik des Unbewußten. Wir rühren an die matriarchale Grundkonzeption des Unbewußten, in der sich die Erde als die Große Mutter alles Lebendigen zeigt. Für eine nur patriarchal existierende Welt kann solche Symbolik etwas Bedrohliches haben, dem oft dadurch begegnet wurde, daß die Erde als Inbegriff des Sündigen verketzert wurde.

Die Geburtsbilder der ostkirchlichen Tradition zeigen nun aber gerade den Eintritt des göttlichen Kindes in den Schoß der Erde. Für alle, die sich mit darauf einlassen wollen, bedeutet das ein Erleiden und Annehmen des Dunkels, des Schattens, auch der affektiven und triebhaften Seite der menschlichen Natur und zugleich eine Assimilierung des Unbewußten im Sinne einer Ganzwerdung der Persönlichkeit. Die archetypische Symbolik bringt diese Ganzwerdung als Verbindung von Himmel und Erde zum Ausdruck: das Diesseitige wird transparent für das Jenseitige, das Jenseits offenbart sich im Diesseits. Das Licht des Himmelsterns durchbricht die Dunkelheit des Berges und strahlt in die verborgene Höhle. So singt auch die ostkirchliche Liturgie:

[1] *Erich Neumann,* Die Große Mutter. Der Archetyp des Großen Weiblichen, Zürich 1956, 55 ff. Weitere Aspekte dieses Archetyps sind Tiefe, Abgrund, Tal, Urgrund, aber auch Meer und Meeresgrund, Brunnen, See, Teich. »Alles Umfassende, Große, das ein Kleines enthält, umgibt, birgt, schützt, erhält und nährt, gehört zum urmütterlichen Bezirk. Als *Freud* alles Hohle als weiblich erkannte, hätte er es zu Recht erkannt, wenn er es als Symbol erfaßt hätte. Wenn er es als ›weibliche Genitale‹ deutet, mißversteht er es zutiefst, weil weibliches Genitale nur ein winziger Teil des Archetyps der Ur-Mutter ist.« *Ders.,* Ursprungsgeschichte des Bewußtseins, Zürich 1949, 28.

»Von der Höhle verborgen wurdest du geboren,
aber der Himmel hat dich allen kundgetan wie ein Mund
und hat den Stern darübergestellt, o Retter!«

Der Stern erscheint hier als das himmlische Zeichen, das auf das Mysterium der Höhle weist. In der Dunkelzone der Erde wird die Sonne der Gerechtigkeit, das himmlische Licht, geboren.

Wenn wir von hier wieder dem Weg der Geschichte folgen, finden wir in der Höhlentradition der alten Kirche auch die Ambivalenz, die sich mit dem Archetyp der Großen Mutter verbindet. In der asketischen Praxis dieser Jahrhunderte ist die Höhle der Ort der Dämonen, der Todesmächte und der Finsternis. Der Asket wohnt in der Höhle, um dort die Dämonen in ihrem eigenen Herrschaftsbereich – und zugleich im eigenen Herzen – zu bekämpfen. Darum liegen in der Ikonographie auch Beziehungen zwischen der Menschwerdung Christi in der Höhle und seinem Abstieg in die Hadeshöhle vor, um alle Gefangenen daraus zu befreien. Die Höhle ist beides: Grabeshöhle, in welcher der Asket sein bisheriges Leben begräbt, schon bei lebendigem Leib dem Grab zugehörig, und Auferstehungshöhle, in der er sich als Sieger über die Dämonen erhebt und in das Licht des Himmels tauchen läßt.

Ernst Benz gibt diesem Gedankengang nochmals einen größeren Rahmen: »Die neuesten Forschungen über die Kultmalereien der prähistorischen Höhlen in Frankreich und Spanien, die Prof. Kühn in Mainz in seinem Werk über die Höhlenmalerei der Eiszeit vorgelegt hat, zeigen, daß bestimmte Höhlen im Innersten weit verzweigter Höhlensysteme, weit entfernt von den eigentlichen, weiter vorn gelegenen Wohnhöhlen, nachweislich über einen Zeitraum von mindestens 30 000 Jahren hinweg als Kulthöhlen gedient haben. Es finden sich gelegentlich zwei bis drei Schichten von Höhlenmalereien übereinander, deren unterste, älteste noch die Mammute zeigt. Die Mammute starben aus, aber der Kult der Menschen in der Höhle blieb, neue Tiergattungen traten auf und starben wieder aus, wurden Gegenstand und Symbol kultischer Verehrung, aber der Mensch blieb und der Höhlenkult blieb. Der prähistorische Höhlenkult ist von einer Dauer und Kontinuität, der gegenüber auch die ältesten historischen Hochreligionen als recht jugendlich erscheinen, und der gegenüber auch die bisherige Periode der christlichen Kirche als verhältnismäßig kurz bezeichnet werden muß. In den historischen Religionen des alten Orients scheinen sich im Kult der Muttergöttin Traditionen und Symbole der alten Höhlenreligion fortgesetzt zu haben. Ich erwähne dies nicht, um religionsgeschichtliche Vergleiche anzustellen, sondern nur um eines klarzumachen: die heilige Höhle gehört offenbar zur tiefsten Schicht und zu den ältesten Ausdrucksformen menschlicher Religiosität. Sie hat auch die religiöse Erfahrung und die religiöse Anschauung, in einem gewissen Sinn auch das religiöse Bewußtsein der Menschheit am längsten geformt.

Die Kirche hat die jahrzehntausendealte religiöse Erfahrung, Anschauung und Symbolik, die die Menschheit im Verlauf ihrer Urgeschichte angesammelt hatte, nicht unbeachtet liegen gelassen oder unterdrückt, sie hat die Höhle erleuchtet. Sie hat eine Art Rückwendung zur Höhle vollzogen, aber nicht mehr im alten Sinne, sondern in einem neuen Sinne, indem sie die Höhle in Beziehung setzte zu dem menschgewordenen Herrn, und die in der Höhle gleichzeitig die Geburtshöhle, die Auferstehungshöhle und die Offenbarungshöhle des Herrn erblickte. Sie hat auch das uralte Symbol der Höhle als eine Verheißung auf Christus gedeutet.«[1]

[1] *Ernst Benz,* a.a.O., 429ff.

Die Geburt Christi in der westlichen Bildtradition

Erst infolge der Einführung des Weihnachtsfestes (→ II, 439 f) und im Zusammenhang mit der christologischen Dogmenentwicklung erwachte im 4. Jahrhundert ein breiteres Interesse an der Geburtsgeschichte. In den Katakomben kommt das Thema noch nicht vor. Die frühesten Darstellungen finden sich auf Sarkophagen, meist in kleinem Format auf den Deckeln. Sie gehören nicht zu den bevorzugten Szenen. Auch in der Folgezeit bleibt das Geburtsmotiv im Hintergrund; es entwickelt sich erst langsam und in der Stille.

Bei diesen ersten Darstellungen erfolgt keine Orientierung am Evangelientext, eher geht es um den Aspekt der Menschwerdung Gottes. Da ist keine Maria, kein Josef, kein Stern und kein Stall. Ein Wickelkind liegt auf einem trogartigen Gebilde, Ochs und Esel beugen sich darüber; selbst wenn Mutter und Hirten fehlen, die beiden Tiere gehören immer dazu. Als erstes wird ein Hirt zugesellt: auf seinen Stab gestützt blickt er zu dem Kind nach unten (Sarkophagdeckel, Rom, um 325). Das früheste Weihnachtsbild zeigt also nicht die Geburt, sondern die Anbetung durch einen Hirten. Damit beginnt die römisch-abendländische Entwicklung eines Themas, dessen Beliebtheit sich von Jahrhundert zu Jahrhundert steigert.[1]

In der weiteren Entwicklung gewinnt Maria entscheidenden Anteil am Geschehen. Sie wird nicht mehr als Nebenperson dargestellt. Ab Ende des 5. Jahrhunderts hat sie ihren festen Platz neben der Krippe; vom 6. Jahrhundert an bildet sie neben dem Kind einen zweiten Schwerpunkt der Bildkomposition. Um so mehr drängen sich von hierher rückblickend Fragen nach den ältesten Konstellationen des Geburtsbildes auf, ohne daß eindeutige Antworten möglich wären. Wir sagten schon, daß die Kirchenväter Ochs und Esel mit Hilfe biblischer Zitate deuteten (→ S. 266). Es ist aber auch nicht ausgeschlossen, daß in diesen Tieren alte mythische und kultische Vorstellungen nachwirken. So spielte der Stier zur konstantinischen Zeit im immer noch weit verbreiteten Mithraskult (→ S. 269) und auch im Kult des ägyptischen Apis-Stiers, der erst 382 verboten wurde, eine Rolle. Der Esel galt als Symbol des Widergöttlichen, auch der Wollust. Die Christen waren mit der Lästerung, sie beteten einen gekreuzigten Esel an, besonders zu verletzen. Aus einer römischen Kaserne blieb ein solches Spottbild vom Anfang des 3. Jahrhunderts erhalten (→ S. 299 f). Darum erscheint es möglich, »daß auf den frühen Darstellungen die beiden Tiere die durch die Geburt des wahren Gottes überwundenen heidnischen Kulte verkörpern, auch wenn sie in der Antike niemals einander gegenübergestellt sind oder einem gemeinsamen Kult angehören«.[2]

Die Krippe selbst begegnet in drei Grundformen. Das Kind liegt entweder auf einer überdeckten Kline (antikes Ruhebett zum Schlafen und Speisen) oder in bzw. auf einem geflochtenen Korb oder in einem aufgebockten Kasten mit erhöhter Rükkenlehne.

Insgesamt gehört der bisher beschriebene Typ des Weihnachtsbildes dem westlichen Christentum an; er ist wahrscheinlich in Rom entstanden und hat sich von dort aus nach Gallien und Norditalien verbreitet. Die Entwicklung des östlichen Bildtyps wurde hiervon zwar beeinflußt, entstand aber erst zweihundert Jahre später und nahm einen gänzlich anderen Weg. Während im Abendland die Anbetung des göttlichen Kindes im Vordergrund steht, ist es im Orient die Gottesmutter. »Auf den

[1] Zum Ganzen: *Hanna Jursch,* Das Weihnachtsbild, seine Entstehung und seine Entwicklung bis zur Renaissance, Wiss. Zeitschrift der Friedrich-Schiller-Universität Jena 4, 1954/55 (Gesellschafts- und sprachwissenschaftliche Reihe), Heft 1/2, 59-72. *Gertrud Schiller,* Ikonographie der christlichen Kunst, Bd. I, Gütersloh [3]1981, 69-99.

[2] *Gertrud Schiller,* a.a.O., 71.

Erweis der jungfräulichen Geburt kommt es hier an. Dazu muß sich der Himmel öffnen, Himmel und Erde müssen sich durchdringen ...«[1] Es bleibt allerdings zu beachten, daß das östliche Weihnachtsbild auch weite Gebiete des Abendlandes eroberte – während des Bilderstreits gingen viele byzantinische Maler in den Westen –, so daß es zur Mischung beider Typen kam. So finden wir etwa bei Giotto in der Arenakapelle das byzantinische Schema, jedoch ruhen Mutter und Kind mit ihren Blicken ineinander – mit jener Innigkeit seelischer Beziehungen, wie sie dem westlichen Weihnachtsbild zunehmend eigen wird. Bald aber finden wir auch das Neue; Taddeo Gaddi, ein Giotto-Schüler, zeigt Maria erstmals kniend vor dem Kind, aber sie schaut es nicht an, sondern sieht aus dem Bild heraus auf den Betrachter; mit ihrer Rechten weist sie auf das Kind, damit auch alle anderen es anbeten wie Josef und die Hirten. Was sich hier bei Gaddi (um 1300-1366) als ein erster Versuch gestaltet, war der Auftakt zu einer Entwicklung im 14. und 15. Jahrhundert, deren Gehalt sich am besten erschließt, wenn wir eine ausgereifte Darstellung wie jene von Martin Schongauer (→ S. 276) betrachten. Dem Repräsentationsbild der byzantinischen Tradition steht ein Andachtsbild gegenüber, »eine kindlich fromme Gebärde, ein menschlich Nahes, das unseren Sinnen unmittelbar eingeht. Während wir vor den orientalischen Bildern voller Ehrfurcht stehen wir vor einer Offenbarung aus einer anderen Welt, so ist es uns hier, als würde unsere Seele ganz hineingenommen in den heiligen Vorgang ... Wenn wir so den Gehalt unseres neuen Typus von dem der früheren abheben, dann muß hinter diesem Wandel des Ausdrucks ein Wandel der gesamten geistigen Situation stecken.«[2] Dieser Wandel in der geistigen Situation und im Stil der Frömmigkeit ist wesentlich von der Innerlichkeit der Mystik bestimmt. In diesem Zuge konnte es geschehen, daß die Visionen frommer Menschen den Blick auf das Heilsgeschehen neu orientierten. Insbesondere waren es die Visionen der heiligen Birgitta von Schweden (um 1308-1373), deren Vision des Geburtsgeschehens nachweislich die Weihnachtsbilder verändert hat. Birgitta schildert ihre innere Schau folgendermaßen:

»Ich sah eine schwangere Jungfrau von wunderbarer Schönheit in einen weißen Mantel gehüllt und in eine feine Tunika, durch welche ich deutlich ihr jungfräuliches Fleisch erblickte. Bei ihr war ein alter Mann von großer Ehrwürdigkeit, und sie hatten einen Ochs und einen Esel. Sie traten in die Höhle ein, und der Mann kam, nachdem er die Tiere an die Krippe gebunden hatte, hervor und brachte der Jungfrau eine brennende Kerze. Er befestigte sie an der Wand, dann verließ er den Raum, um nicht bei der Geburt anwesend zu sein. Hierauf streifte die Jungfrau ihre Schuhe von den Füßen, löste sie den umhüllenden weißen Mantel auf, nahm den Schleier von ihrem Kopf herunter und legte ihn zu ihrer Seite. So blieb sie, nur mit der Tunika bekleidet. Ihre wunderschönen goldenen Haare fielen ihr lose auf die Schultern herab. Dann brachte sie zwei kleine leinene und zwei wollene Tücher hervor, von erlesener Schönheit und Feinheit ... Und als alles vorbereitet war, kniete die Jungfrau in großer Andacht in Gebetsstellung nieder, und ihr Rücken war gegen die Krippe gewendet, aber ihr Angesicht war zum Himmel erhoben, in der Richtung gegen Osten. So, mit erhobenen Händen und mit gen Himmel gerichteten Augen stand sie in Ekstase, verloren in Kontemplation, in einem Entzücken göttlicher Süßigkeit. Und während sie so im Gebete stand, sah ich das Kind in ihrem Schoß sich bewegen, und plötzlich gebar sie in einem Momente ihren Sohn, von welchem ein unsagbares Licht und ein Glanz ausstrahlte, so daß die Sonne damit nicht zu vergleichen war. Noch viel weniger gab das Kerzenlicht, das St. Joseph ihr aufgestellt hatte, irgendeinen Schein. Das göttliche Licht verschlang das natürliche Kerzenlicht völlig ... Ich hörte den Gesang

[1] *Hanna Jursch,* a.a.O., 68.
[2] Ebd., 70.

der Engel, der überaus lieblich und süß war. Als hierauf die Jungfrau fühlte, daß sie ihr Kind schon geboren hatte, betete sie es sogleich an, neigte ihr Haupt und faltete die Hände und sagte mit großer Ehrerbietung und Ehrfurcht zu ihm: ›Sei willkommen mein Gott, mein Herr und mein Sohn!‹«[1]

Der Einfluß dieser Vision Birgittas auf das Weihnachtsbild ist das ganze 15. Jahrhundert hindurch in dreifacher Weise zu beobachten: in der genauen Wiedergabe der Vision, in der Darstellung der anbetenden Maria allein und in der Übernahme einzelner Motive. Anfangs liegt das Kind ohne Unterlage auf dem Boden; von 1440 an läßt man es jedoch meistens wieder auf Heu liegen, auch auf einem Tuch, oder dem Mantelzipfel der Gottesmutter. »Von da an verschwindet das mystische Licht und aller Glanz für einige Jahrzehnte. Es bleibt die Armut und Dürftigkeit des irdischen Daseins, in dem Gott nackt und bloß Mensch wird.«[2]

Martin Schongauer: Geburt Christi — S. 39

A. Um 1450 kam Martin als Sohn des Goldschmiedes Caspar Schongauer in Colmar zur Welt. Erst fünf Jahre zuvor war der Vater von Augsburg dorthin gezogen. Vermutlich war Martin der jüngste Sohn, sollte studieren und Geistlicher werden. Deshalb wurde er im damals üblichen Alter von 15 Jahren der Universität Leipzig immatrikuliert. Offenbar gefiel ihm aber das Studium nicht, und er wandte sich ebenso wie seine Brüder der Kunst zu. Seit 1471 ist er wieder in Colmar seßhaft, besitzt dort ein Haus, macht eine Stiftung und stirbt bereits 1491, wahrscheinlich an der Pest.

Der wichtigste Teil der erhaltenen Werke Martin Schongauers sind seine Kupferstiche, von denen Dürer lernte und die zu den besten graphischen Arbeiten aller Zeiten gehören. Von seinen Bildern blieben nur einige erhalten. In ihnen ist seine Begegnung mit der niederländischen Malerei, zumal mit der Kunst Dirk Bouts und Hugo van der Goes zu spüren. Vasari (→ II, 183) hält ihn sogar irrtümlich für einen Niederländer.

Die in unserem Religionsbuch abgebildete »Geburt Christi« gehört zu fünf erhaltenen Bildtäfelchen (37,8 × 28 cm) von überraschender Feinheit und Farbigkeit. Die Darstellung ist auf Holz gemalt und im Besitz der Gemäldegalerie, Stiftung Staatliche Museen Preußischer Kulturbesitz, Berlin (West).

B. Der voraufgehend geschilderte Typ des abendländischen Weihnachtsbildes, wie er sich im 14. und 15. Jahrhundert entwickelt hat (→ S. 274), liegt in einer abschließenden Form in Martin Schongauers kleinem Tafelbild vor, das zwischen 1475 und 1480 entstanden sein könnte. Die Szene spielt unter dem offenen Vorbau eines (gemauerten) Stalles, mit Ausblick auf ein sich weit in die Ferne ziehendes Tal. Doch wirkt diesem Tiefenraum der geschlossene Aufbau der Anbetungsszene unter dem Scheunendach entgegen.

Der Stall ist im Weihnachtsbild des 15. Jahrhunderts kein unentbehrliches Requisit mehr. Mitunter wird die Anbetung auch in die freie Landschaft verlegt. Seit 1420 findet sich als Herberge für die heilige Familie häufig auch eine Ruine. Sie soll den Ver-

[1] *Sven Stolpe,* Die Offenbarungen der heiligen Birgitta von Schweden, Frankfurt 1961, 104 f.
[2] *Gertrud Schiller,* a.a.O., 90.

fall der alten Welt anzeigen und bezieht sich nach Am 9,11 dann insbesondere auf »die zerfallene Hütte Davids«. Unter dem Einfluß der Renaissance treten an die Stelle romanischer Ruinenteile verfallene klassische Tempel, die nun als Stall dienen. So kündet die Darstellung von der Ablösung der antiken Religion durch das beginnende neue Geschehen.

Die Mitte des Bildes bildet, auf Stroh und Tücher gebettet, wenngleich ohne Krippe auf den Boden gelegt, das nackte Kind. Zwei hinter dem Kind aufsteigende Stützpfosten gliedern die Szene: links schaffen sie den Raum für die knieende und das Kind anbetende Mutter mit dem hinter ihr stehenden Josef; die Tiere, liegend wie stehend, sind ausgewogen in die Komposition eingefügt; sie schauen zum Kind hin und rahmen zugleich – als Gegengewicht zu Josef – die andächtige Mutter. Rechts von den Stallpfosten drängen sich drei interessiert schauende und anbetende Hirten. Sie sind ungemein lebensvoll charakterisiert und erinnern an die Hirten des Hugo van der Goes, wie sie auf dessen Portinari-Altar (1473-1475) zu sehen sind.

Das mystische Licht, das unter dem Einfluß Birgittas von Schweden zu Beginn des Jahrhunderts das Kind und die Mutter noch umstrahlte (vgl. die »Geburt Christi« des Meister Francke von 1424), ist auf Schongauers Bild bereits wieder verloschen. Selbst die Engel, die sonst nie fehlen (und die auf dem Portinari-Altar des Hugo van der Goes von 1473/75 allgegenwärtig sind), finden auf Schongauers Tafelbild keinen Platz. Auch andere Attribute der Transzendenz fehlen: das Kind wie Maria sind ohne Heiligenschein, und nicht einmal besonderer Lichtglanz umgibt sie. Die leichte, fließende Linienführung der Gewänder, die harmonischen, leuchtenden Farben, das Verhältnis von Nähe und Ferne und die ausbalancierte Komposition weben eine Atmosphäre der Intimität und verinnerlichter Frömmigkeit.

C. Die repräsentative Symbolik der Ikone ist weit entfernt. Deren objektivierender Kultcharakter wendet sich hier zum Andachtsbild, das voller Gemüt ist und eine individuelle Ergriffenheit stimuliert. Während die Ikone ihren Platz im öffentlichen Kultraum beanspruchen darf, ist der Ort dieses Bildes eher der private Bereich, die Intimität des Hauses. An diese überraschend kleinen »depictae tabulae« dachte auch wohl Wimpheling, als er davon sprach, daß diese Formate »in die ganze Welt verschickt wurden«.[1]

Soweit Kinder für Farben, realistische Schilderungen und Stimmungswerte eines Bildes empfänglich sind, fühlen sie sich von Schongauers Tafelbild unmittelbar angesprochen, während die griechische Ikone sich diesem direkten Zugang verwehrt. Der unterrichtliche Prozeß zeigt jedoch auch, wieviel mehr Anstrengung die Ikone erfordert, weil der symbolische und theologische Hintergrund tiefer und komplexer ist. In ihrer Gegenüberstellung vertreten beide Bilder in je charakteristischer Weise das östliche und das westliche Weihnachtsbild.

[1] Erhalten geblieben von den kleinen Tafeln sind nur sechs: »Maria im Gemach« (Basel); »Maria im Fenster« (Slg. Goldammer); »Maria im Fenster« (Slg. v. Gutmann); »Heilige Familie« (Wien); »Heilige Familie« (München); »Anbetung des Kindes« (Berlin; s.o.).

D. In der Reihenfolge der Bilder empfiehlt es sich, die Betrachtung der Ikone an den Anfang zu stellen. Dia-Projektion[1] ist dabei ratsamer als die Vorlage des Buches. Zur Unterscheidung beider Traditionen sind Höhle und Berg gegenüber Stall oder Ruine sinnvolle Ausgangspunkte. Dabei kann es sich zeigen, daß die Kinder mit ihrer eigenen Affinität zum Spiel in Höhlen und Hütten den Symbolwerten des byzantinischen Geburtsbildes näher stehen als den Ställen unserer eigenen Bildtradition. Jedoch geht es nicht darum, in Alternativen zu urteilen, sondern beide Formen des Weinachtsbildes in ihrem Nebeneinander wahrzunehmen; dann erwächst aus diesem Zueinander ein vertieftes Verständnis des Weihnachtsfestes.

Relindis Agethen: Geburt Christi S. 41

A. Die drei Bilder von Relindis Agethen in diesem Kapitel thematisieren die Schwerpunkte christologischer Theologie. Gleichzeitig stehen sie in Verbindung mit wichtigen Stationen des Unterrichtswerkes und insbesondere in einer Verschränkung mit der Legende vom vierten König im Religionsbuch für das 3. Schuljahr und der Labyrinth-Symbolik im vorliegenden Religionsbuch.

Das Gemälde »Geburt Christi« entstand 1985; es wurde Öl auf Leinwand in den Maßen 187,5 × 149 cm gemalt.

B. Schon der erste Blick erfaßt, daß die östliche und die westliche Bildtradition in der Gestaltung der Geburt Christi, die wir voranstehend interpretierten, in diesem Gemälde eine innere Verbindung erfahren. Dargestellt wird die Geburt in der Höhle, aber im Kontext einer winterlichen Landschaft, wie sie am ehesten mit deutschen Weihnachtsvorstellungen einhergeht.

Der Schwerpunkt des Bildes liegt bei der Figurenkonstellation der Höhle. Wir schauen geradewegs in den Bauch, den Uterus der Erde hinein. Wie in einem kosmogonischen Ei sind hier Mutter und Kind, Ochs und Esel miteinander vereint. Die Höhle (→ S. 268) liegt unter einem Berg (→ S. 545 ff), der als Golgota gekennzeichnet ist, also in der Mitte der Welt (→ III, 480 ff), und kann deshalb zugleich als das Grab Adams gesehen werden. Der Schädel Adams, von dem die tiefsinnige Legende erzählt, daß ihn das vom Kreuz rinnende Blut Jesu getauft habe (→ III, 498 ff), ist im Dunkel der Höhle unter der Krippe des Kindes zu sehen: jede Geburt schließt den sicheren Tod in sich ein; die Geburtshöhle ist zugleich auch die Grabeshöhle.

Wir sehen die Mutter und das Kind liegend, wie auf alten romanischen Darstellungen der Geburt Christi. Die Figurengruppe ist auf die klassische Konstellation beschränkt; Josef findet keine Erwähnung. Die Mutter hat ihre Augen geschlossen, doch verweist die Ruhe ihres Gesichtes weniger auf Schlaf als auf eine Wendung aller geistigen Bewegungen nach innen. Nur ganz leicht berühren zwei Finger ihrer linken Hand das Kind vor sich, verweisend, der eigenen Distanz bewußt. Über dieses Kind verfügt die Mutter nicht. Beide liegen nebeneinander, aber unterschiedlich gerichtet, vielleicht auch dies ein Hinweis auf die Andersheit des Kindes. In jedem Fall betont diese Zuordnung das Spannungsgefüge zwischen beiden.

[1] *Hubertus Halbfas,* Dias zu den Religionsbüchern 3 und 4, (Patmos Verlag) Düsseldorf 1986.

Das Kind liegt auf einem rohgezimmerten Holzbock in der kauernden Haltung, die der Mensch im Mutterschoß einnimmt. Zwei sich kreuzende volle Weizenähren verweisen zurückhaltend darauf, daß es einmal als »Brot der Welt« erfahrbar wird. In der Dunkelzone unter dem Holzbock, zwischen beiden Weizenhalmen, ist ein Totenschädel erkennbar. Die mythische Tradition trägt alle heilsgeschichtlich bedeutsamen Geschehnisse der Menschheit auf einer einzigen Achse ein: jener axis mundi, die Mitte der Welt ist, weder historisch noch geographisch auszumachen, wohl aber mit einem symbolischen Sinn, der eine tiefer gründende Wahrheit erfaßt.

Der ältesten ikonographischen Tradition entsprechend gesellen sich auch hier Ochs und Esel der Szene zu. Ihre patristische Deutung wurde bereits benannt (→ S. 266). Hier kommen weitere Aspekte hinzu, denn beide Tiere begegneten bereits auf früheren Agethen-Bildern. Den Esel sahen wir beim »Gastmahl der Armen«, wo er mit den Randsiedlern der Gesellschaft am Tisch Jesu zu finden ist (→ II, 355). Ähnlich wie bei Chagall (→ S. 307) vertritt er die Gesamtheit der Kreatur, von welcher der Mensch und auch seine Erlösung nicht absehen darf. Dagegen können wir in diesem Ochsen den Minotauros wiedererkennen, der uns in »Die Heilung des Blinden« begegnete, als Symbol einer der Triebhaftigkeit ausgelieferten Natur, unter ihr leidend und zugleich nach Erlösung sich sehnend (→ II, 289). Diese Deutung wird unausweichlich, wenn wir die Plakette beachten, die der Ochs an seinem Hals trägt. Darauf ist der in tappendem Gestus ausschreitende »blinde« Minotauros zu sehen, wie ihn das Religionsbuch 2 auf Seite 35 zeigt, auf dem Weg zu ihm aber der befreiende Theseus-Christus – wie die altkirchliche Tradition die Beziehung kühn knüpfte (→ S. 502).

So verkörpert dieses Tier alle unbefreite – zur Liebe nicht freigesetzte – Kraft dieser Welt und zugleich alle darin immer auch eingeschlossene Sehnsucht nach wahrer Menschwerdung.

Das gesamte Rund der Höhle ist in ein warmes Dunkel getaucht. Entsprechend sind die Farben erdhaft und ruhig. Noch weiß die Welt nicht, was in der Verborgenheit ihres Schoßes vor sich geht. Es ist eine Geburt, die Himmel und Erde verbindet, Licht in die Finsternis bringt. Darum rinnt wie ein hauchdünner Strahl das Licht des Weihnachtssternes in die Mitte der Höhle und trifft dort das schlafende Kind –, die östliche Tradition der Geburtsikonen darin weiterführend (→ S. 265).

Außerhalb dieses Erduterus herrscht winterliche Kälte, wenngleich eine festlich-freudige Gestimmtheit. Der sich über der Höhle wölbende Berg ist in seinem unteren Bereich von labyrinthischen Gängen umzogen (→ S. 497ff). Auf dem Gipfel ragen drei Kreuze auf. Wenn das Kind, das gerade geboren wurde, seinen Lebensweg durch das Labyrinth der Welt gegangen ist und in der Mitte – das ist zugleich »oben« – angekommen ist, dann wird es dort seinen Tod finden, der ihn zum »neuen Adam« für diese Welt machen wird.

Über den drei Kreuzen aber strahlt die Ostersonne auf, die wir bereits mehrfach in unseren Religionsbüchern kennenlernten (→ Religionsbuch 1, S. 40; Religionsbuch 2, S. 62; Religionsbuch 3, S. 47). Hier steht sie jedoch nicht am nächtlichen Winterhimmel, sondern wird von der Gotteshand in einem aufgeschlagenen Buch über die noch dunkle Welt gehalten. Menschwerdung, Tod und Auferstehung sind so in der Mittelachse des Bildes integriert.

In das geheimnisvolle Dunkel des Nachthimmels findet sich überdimensional der Engel der Verkündigung projiziert. In gewisser Weise ist er transparent, also ungegenständlich, denn die Landschaft scheint durch ihn hindurch. So bietet diese »Erscheinung« einen Hinweis darauf, daß der Himmelsbote anders verstanden werden will als die übrigen Gestalten, die sich auf der verschneiten Welt bewegen.

Dem verkündigenden Engel unmittelbar zugewandt sehen wir eine vertraute Gestalt, die unsere Kinder seit Beginn der Schulzeit begleitet. Es ist jener »Himmelsgucker«, der den Titel des Religionsbuches für das 1. Schuljahr kennzeichnet und der im gleichen Buch sowohl mit dem »blinden« Hirt, der die Liebe und das Glück nicht sehen kann, als auch mit dem sehend gewordenen Bartimäus verschmilzt. Hier nun vertritt er alle, die tatsächlich sehen können und sehen wollen: er schaut und hört »die große Freude, die allem Volk zuteil werden soll«. In ihm ist der Hirt unseres Schlüsselmärchens endgültig sehend geworden.

Darum finden wir die Hirtenschar nebenan auch musizierend und tanzend: der linke spielt die Querflöte, der rechte hat ein Lamm liebkosend in seine Arme genommen, der dritte zwischen ihnen ist mit zum Himmel gerichtetem Blick in ekstatischer Verzückung auf die Knie gesunken. Die Schafe aber drängen sich dicht an diese Menschengruppe sowie an den rotgewandeten »Himmelsgucker«, weil sie hier Frieden und Geborgenheit verspüren.

Wer aber kommt von der anderen Seite aus dem verschneiten Wald durch den tiefen Schnee geritten? Das Pferd ist prachtvoll aufgezäumt; der Reiter trägt einen festlichen roten Mantel und ein königliches Diadem. In seiner Hand trägt er einen Weihnachtsbaum mit lauter brennenden Lichtern. Es ist jener »vierte König«, dessen Legende wir im 3. Schuljahr kennenlernten (→ III, 448 f), und der hier gerade auszieht, um dem neuen Herrscher der Welt, von dem er gehört hat, zu huldigen. Er weiß noch nichts von seinem langen, mühevollen Weg. Er wird ebenfalls den labyrinthischen Gang der Welt bestehen müssen, bis er unter dem Kreuz in der Mitte der Welt ans Ziel gelangt. Aber jetzt ist Golgota noch fern. Der Glanz des neuen Lichtes taucht diese festliche Nacht in jubelnde Stille. Der verschneite Wald steht schweigend gegen den sternenübersäten Himmel. Ganz unten aber neben der Höhle sind Christrose und Schneeglöckchen Vorboten der kommenden Blütezeit.

C. Unsere Interpretation des Bildes hat deutlich gemacht, wieviele Fäden des bisherigen Religionsunterrichts hier zusammenlaufen. Wer diese sammelnde Kraft des Gemäldes nicht verschenken will, tut gut daran, den einzelnen Motiven rückwärts bis ins 1. Schuljahr nachzugehen, aber auch die Verknüpfung mit zentralen symbolischen Topoi des vorliegenden Bandes aufmerksam zu studieren, insbesondere die Symbole Labyrinth, Berg und Höhle. Da im Gang des Buches bisher nur die Höhle nähere Beachtung fand, das Labyrinth aber wohl noch nicht ausführlich thematisiert wurde und der Berg allenfalls im Kontext der Mitten-Symbolik im 3. Schuljahr, ist es durchaus sinnvoll, zunächst nur der Höhle besondere Beachtung zu schenken. Das Labyrinth drängt sich hier ja auch noch nicht auf, kann sogar übersehen werden. Erst von den folgenden Bildern »Kreuzigung« und »Auferstehung« her wird es unübersehbar und verlangt dann rückwärtsgewandte Aufmerksamkeit.

Besondere Verstehensvoraussetzungen für unser Weihnachtsbild sind mit dem Kapitel »Religionen: Die Mitte der Welt« im vergangenen Schuljahr gegeben (→ III, 498-503). Von den unterschiedlichen Aspekten dieser Sequenz ist die um Jerusalem und Golgota kreisende Mitten-Symbolik näherhin wiederaufzunehmen, zumal die sehr alte »Schatzhöhlen-Tradition« vom Grab Adams. Aber auch die voranstehenden Interpretationen zur ostkirchlichen Geburtsikone und deren Einordnung in Berg und Höhle sollten lebendiger Hintergrund für die Beschäftigung mit der »Menschwerdung« von Relindis Agethen sein. In jedem Fall sei davor gewarnt, ohne breitgerichtete Vorbereitung, welche die genannten Bezüge erinnert und aufbereitet, mit Kindern an dieses wichtige Bild heranzugehen. Selbst wenn die vielen Geschichten, die hier erzählt oder neu geordnet werden, wiederum zur Sprache kamen, bleibt noch genügend meditative Kraft, um eine Dia-Projektion dieses Gemäldes zum Mittelpunkt einer nachdenklichen Weihnachtsfeier zu machen.

D. Für eine Klasse, die seit Beginn ihrer Schulzeit Agethen- und Chagall-Bilder zu lesen gelernt hat, bietet unser Weihnachtsbild keine ungewohnten Schwierigkeiten. Wichtig ist nur, daß die Kinder in die eigene Schulzeit zurückgehen können, beispielsweise um die »Geschichte« des Himmelsguckkers, des sehend-blinden Hirten, erinnern und für den neuen Kontext fruchtbar machen zu können. Auf diese Weise entwickelt unser Religionsunterricht einmal mehr die Intensität einer Wiederholung, die in ihrer bildhaften Eindrücklichkeit weit über die Grundschulzeit hinaus begleiten kann.

Wir haben im Religionsbuch dem Bild eine eigene Textseite beigefügt, die unterstützende und vertiefende Impulse für die Bildbetrachtung anbietet. Als erstes fällt die Reminiszenz an die Legende vom vierten König auf. Sie ersetzt nicht die erneute Vergewisserung der Erzählung im Religionsbuch für das 3. Schuljahr. Sie zitiert aber auch nicht aus jener Textfassung, sondern spielt die Geschichte neu zu: »...jeder erzählt sie ein bißchen anders. Sie ist ja auch noch nicht fertig, könnte man sagen. Sie kann immer noch weitergehen...« Das heißt, unsere Kinder können in die Erzählung hineinschlüpfen, wenigstens jetzt zu Anfang sich mit dem »kleinen König« identifizieren und mit ihm aufbrechen, nachts, wenn der Stern am hellsten leuchtet.

Ein weiteres Interpretationsangebot bietet das Lied »O Heiland, reiß die Himmel auf«. Es ist auf der Spannung »Himmel und Erde« aufgebaut und entfaltet eine machtvoll symbolische Sprache, die sich in verwandter Weise in unserem Bild wiederfindet: Da ist der Himmel »aufgerissen«, und die Gotteshand verheißt »die klare Sonn', den schönen Stern.« Da steht von Geburt an »der ewig Tod« vor Augen, aber nun auch die Verbindung von Himmel und Erde. Der Himmel ergießt sich mit seinem Licht über diese Welt und bricht in das Dunkel der Erdhöhle ein; die Erde aber schlägt aus und beginnt zu blühen in der Winternacht.

Wenn wir dieses Lied nicht vergeuden wollen, ist es wichtig, dessen kraftvolle Metaphorik Vers für Vers zu »schmecken«. Lied und Bild haben jeweils ihren Eigenstand, aber um so reizvoller ist die innere Korrespondenz, die sich aus einem theologischen Bildsinn einstellt. »Reiß ab, wo Schloß und Riegel für« sei auch dem Unterricht gewünscht, damit keine Blockade und keine Trägheit Aug' und Ohr hemme, zu sehen und zu verstehen.

Der Tod Jesu Christi

Was heißt Erlösung? S. 42-47

»Wiederum habe ich versucht, auf allgemeine Aufforderung hin, dich anzustaunen«, sagt Tilmann Moser zu dem Gott seiner Kindheit, »weil du für mich armen Sünder deinen einzigen Sohn geopfert hast. Das macht natürlich Eindruck: Wie schlecht muß ich sein, daß es einer solchen Inszenierung bedarf, um mich zu erlösen! Seltsam, seltsam – keiner von den Predigern hat je Verdacht geschöpft, daß vielleicht nicht mit *uns*, sondern mit *dir* etwas nicht stimmt, wenn du vor lauter Menschenliebe deinen Sohn schlachten lassen mußtest...«[1] Tilmann Moser macht in seiner Abrechnung das Bild jenes Gottes, das Bibel, Religionsunterricht, Umwelt und Erziehung ihm entwarfen, und dessen Verzerrung sich in ihm nur noch steigerte, verantwortlich für Ängste und Schuldgefühle, die jedes gesunde und notwendige Selbstwertgefühl verhinderten. Er sieht seine Kindheit durchzogen von einer Art Gottesvergiftung, die ihm verwehrte, sich als Mensch zu finden und andere als Menschen zu suchen. »Dir verdanke ich die Erfahrung der schrecklichsten Dimension: sich verworfen fühlen... Für viele *meiner* Generation bist du jedenfalls immer noch die Quelle gebrochener Unterwürfigkeit und quälender Selbstzweifel, auch wenn sie es schon gar nicht mehr wissen.«[2]

Was heißt hier angesichts solcher Erfahrung – denn um Erfahrung handelt es sich zweifellos – Erlösung? Wie ist es möglich, daß ein Glaube, den die Theologie als das Heil des Menschen auslegt, de facto zu dessen Vergiftung und Selbstzerstörung führen kann? Was geht vor, wenn eine Botschaft, die von Erlösung und Freiheit redet, für Schuldgefühle, Selbsthaß und Lebensmißmut verantwortlich gemacht wird? Friedrich Nietzsche hatte schon reklamiert: »Erlöster müßten sie aussehen – die Christen!« Worin besteht Erlösung, wenn sie statt als Freiheit nur als Enge und Bedrückung von vielen ehedem kirchlich erzogenen Menschen erlebt wird? Lassen sich die offensichtlichen Widersprüche auflösen?

»Im Verbund mit zahlreichen exegetischen und theologiegeschichtlichen Arbeiten«, heißt es in einem Bericht zur Lage der heutigen Theologie, »hat sich die jüngste Erlösungstheologie endlich befreit von einem weithin menschenfeindlichen Gottesbild. Die Überwindung der degenerierten Satisfaktionstheorien... gibt den Blick wieder frei auf den Gott und Vater Jesu Christi, der nicht der Rivale und Kontrahent der Menschen ist, sondern als Initiator der Erlösung und als Partner der Menschen, in Christus die Welt mit sich versöhnt.«[3] In diesem Fazit steckt eine ungeheuerliche Aussage: demnach

[1] *Tilmann Moser*, a.a.O., 20 f.
[2] Ebd., 43 f, 46 f.
[3] *Gottfried Bitter*, Neuere Erlösungstheorien. Ergebnisse und offene Fragen, in: *Gottfried Bitter/Gabriele Miller* (Hrsg.), Konturen heutiger Theologie. Werkstattberichte, München 1976, 187 f.

bedurften die Erlösungstheologien nämlich selbst der Erlösung, um von ihren menschenfeindlichen Implikationen befreit zu werden. Was ging über die Zeiten hinweg in diesen Theologien vor sich, und welche Korrektur hat stattgefunden?

Zunächst ist zu sehen, daß es für »Erlösung« nicht nur ein, sondern mehrere sowohl unterschiedliche wie ineinander übergehende theologische Erklärungsmodelle gibt. Dabei heben sich ein orientalisch-ostkirchlicher und ein abendländisch-westlicher Denkansatz am deutlichsten voneinander ab. Ihre jeweiligen Kristallisationspunkte setzen bei der Inkarnation und beim Kreuzestod Jesu an. Die Theologie der Ostkirchen orientiert sich seit dem 3. Jahrhundert vorwiegend an der Inkarnation bzw. der Menschwerdung des Logos, jene der römisch bestimmten Westkirchen hingegen dominant am Kreuzestod Jesu. Dementsprechend entstanden zwei Typen von Erlösungslehren (Soteriologien), die kurz charakterisiert werden sollen:

Der inkarnatorische Ansatz ist primär an einer Er-lösung der irdisch-leibhaftigen Sphäre interessiert. Die getrennt gedachten Größen Gott und Welt sollen geeint werden. Dabei wird die Gottheit als Licht und Leben gedeutet, die Menschenwelt erscheint davon getrennt in Finsternis und Tod. Aufgrund seiner Menschwerdung vereint nun Christus die beiden Bereiche in seiner Person: die Gottheit und die Menschheit, die Unendlichkeit und die Endlichkeit, die Unvergänglichkeit und die Vergänglichkeit. In dieser Vereinigung zeigt sich die Gottheit stärker als die begrenzte und sterbliche Welt. Sie durchdringt die Sterblichkeit mit ihrer Unsterblichkeit und absorbiert nahezu die geschaffene Welt. Alle Aktivität geht also von der Gottheit aus. Erlösung ist Teilhabe an der göttlichen Natur, man kann sogar sagen: Erlösung ist Vergöttlichung. Letzten Endes tendiert dieses Verständnis dahin, Erlösung als Auflösung des Menschen in Gott zu verstehen. Möglich wird nach diesem Ansatz das Aufgehen in Gott aber nur dadurch, daß die Gottheit Mensch wird. Es gäbe keine Erlösung, wenn Gott nicht selbst in die Menschheit eingegangen wäre – oder anders herum: wenn Christus nicht Gott wäre. Dabei bedeutet »Menschwerdung« weniger die Inkarnation der Gottheit in einem konkreten Menschen, sondern ihre Einigung mit der Menschennatur insgesamt. Der Blick richtet sich auf die Menschheit allgemein, deren Natur in der Fleischwerdung Gottes in einem individuellen, historischen Menschen in die Gottheit aufgenommen wurde.

In dieser Konzeption hat das geschichtliche Leben Jesu keine tragende Bedeutung. Im Augenblick der Inkarnation wird alles Wesentliche als bereits geschehen gedacht. In den Mysterienhandlungen der Kirche gewinnt nun der Mensch seine Teilhabe an dieser Erlösungswirklichkeit, das heißt durch Taufe und Eucharistie partizipiert er am göttlichen Leben. Die Ausblendung des historischen Wirkens Jesu aus diesem Erlösungsverständnis und dessen ausschließlich kultische Realisation führte dazu, daß das östliche Christentum bis heute kaum Sinn für planvolle Veränderungen der je bestehenden Lebensverhältnisse entwickelt hat.[1]

Der Ansatz bei Passion und Tod Jesu charakterisiert den Ausgangspunkt der westlichen Erlösungstheologien. Es handelt sich hier nicht um ein einheitliches

[1] Vgl. zum Ganzen: *Hans Kessler,* Erlösung als Befreiung, Düsseldorf 1972, 44 ff.

Modell, sondern um verschiedenartige Ansätze, die in jeweils eigener Metaphorik den Tod Jesu deuten. Hans Küng unterscheidet vier Akzentsetzungen: zunächst *juristische* Deutekategorien (der Tod Jesu als Gerechtsprechung des Sünders); sodann *kultische* (der Tod Jesu als Opfer oder Stellvertretung); dann *finanzielle* Interpretationsmuster (der Tod Jesu als Bezahlung des Lösegeldes); und schließlich *militärische* (der Tod Jesu als Kampf mit bösen Mächten).[1] Insgesamt dominieren moralistische und legalistische Denkweisen, Korrelationen von Leistung und Lohn, Schuld und Sühne, eine Metaphorik aus dem Rechts- und Handelsleben. »Man spricht von einem neuen Gesetz, von guten Werken, von Opfern und Verdiensten, von Vergeltung, Vergebung und Versöhnung. Und man rechnet. Gott und Mensch stehen in einem geordneten Rechtsverhältnis. Gott gilt als Herr und Gesetzgeber. Der Mensch, der Gottes Gesetz kennt und freien Willen besitzt, soll Gott geben, was er ihm als untergebenes Geschöpf schuldet: Gehorsam. Gott fordert auch da Gehorsam, wo dieser dem Menschen ganz unverständlich ist. Für übergebührliche Leistungen kann der Mensch auf entsprechende Gegenleistungen Gottes rechnen; sie begründen einen Anspruch auf Lohn bzw. sie werden als Verdienste gutgeschrieben. Für jede Übertretung göttlicher Gebote hat er hingegen die gebührende Strafe zu erwarten. So verlangt es die ›Ordnung des Heils‹.«[2]

Der Erlösungsgedanke dieser Tradition setzt bei der Sünde an und verbindet damit das Leiden und Sterben Christi als freiwillige Sühneleistung, um das menschliche Defizit und die Kränkung Gottes wieder auszugleichen. »Der Tod des Herrn war vermögender, wirksamer als sein Leben«, resümiert ein lateinischer Text der Väterzeit jene Vorstellung: Ohne den Kreuzestod gäbe es keine Erlösung: alles Heil kommt vom Kreuze. Die Bedeutung des Lebens Jesu wird letztlich nur als Weg zum Erlösungstod gesehen, denn wenn sich das entscheidende Geschehen mit dem Sterben verbindet, ist das Leben nur ein Vorspiel.[3]

Die Aussage, daß wir durch Jesu *Tod* erlöst seien, wird in der westlichen Tradition vorrangig durch drei Modelle gedeutet, die hier kurz skizziert werden sollen:

Das Modell des Opfers

Der Tod Jesu wird als ein Gott dargebrachtes Opfer verstanden, wobei jüdische und hellenistische Opferanschauungen diese Deutung mitbeeinflußten. Im Bewußtsein des Volkes – aber wohl auch im Denken der Theologen – sah das so aus: »Die Menschen haben den zürnenden Gott durch sühnende Opfer wieder gnädig zu stimmen. Sie haben zu sühnen und dadurch Gott wieder zu versöhnen, damit er ihnen daraufhin vergibt. Jesus tut das stellvertretend für alle Menschen. Er ist der Mensch gewordene Gottessohn, der – selber sündenlos – das reine Opfer sein kann, dessen Blut die Sünden der Menschen sühnt und Gott zufriedenstellt. So können die sündigen Menschen sich auf Jesu Opfer berufen.«[4]

Der Gedanke des Sühneopfers begegnet allerdings schon im Neuen Testament: »Der Menschensohn ist nicht gekommen, um sich dienen zu lassen, sondern um zu dienen und sein Leben hinzugeben als Lösegeld für viele«, heißt es Mk 10,45.

[1] Vgl.: *Hans Küng,* Christ sein, München 1974, 410.
[2] *Hans Kessler,* a.a.O., 49.
[3] Ebd., 51 ff.
[4] Ebd., 12.

Wahrscheinlich liegt hier ein Rückgriff auf Jes 53,4 f.12 b vor:

> »Er hat unsere Krankheit getragen
> und unsere Schmerzen auf sich geladen ...
> Er wurde durchbohrt wegen unserer Verbrechen,
> wegen unserer Sünden zermalmt.
> Zu unserem Heil lag die Strafe auf ihm,
> durch seine Wunden sind wir geheilt ...
> Denn er trug die Sünden von vielen
> und trat für die Schuldigen ein.«

Dieses Verständnis des Todes Jesu wird bei den meisten heutigen Theologen »als frühe nachösterliche Erkenntnis« betrachtet, dessen Zurückführung auf Jesus selbst aber als unsicher angesehen.[1] Dennoch betont Hans Kessler: Skeptischer Zurückhaltung in dieser Frage stehe andererseits entschiedene Befürwortung (Mk 14, 22-24 sei authentisch jesuanisch) gegenüber. Jedoch spielt der Begriff des »Sühnopfers« im Neuen Testament nicht jene bedeutsame Rolle, die ihm im späten Hebräerbrief und dann in der theologischen Systematik beigemessen wird. »Im Hebräerbrief hat sich die Erkenntnis, die sonst im Neuen Testament nur anklingt, durchgesetzt: daß die vollkommene Selbsthingabe bleibende Gültigkeit hat und damit weitere Sühnopfer für alle Zeiten überflüssig gemacht sind. Dieses eine ›Opfer‹ ist ›ein für allemal‹ dargebracht worden und löst die Vielheit der bisherigen Opfer ab.«[2]

Für das junge Christentum war mit dem Begriff Opfer natürlich noch eine Erfahrungsgrundlage gegeben. Wenn später bei Thomas von Aquin (1226–1274) die Tendenz deutlich wird, im Zusammenhang mit dem Tode Jesu nur noch behutsam und zurückhaltend vom Opfer zu sprechen, dann mag dies einmal daran liegen, daß es in der christlich gewordenen Welt keine Opfer mehr gab. Zum andern nahm Thomas die prophetische und zum Teil auch frühchristliche Position (z. B. bei Irenäus von Lyon) wieder auf, daß Gott nicht an Brand- und Schlachtopfern Gefallen habe, sondern an Barmherzigkeit und Güte, an Recht und Gerechtigkeit vor Gott. Das Festhalten am Opferbegriff hatte dennoch die Nebenwirkung, daß viele ehedem heidnische Vorstellungen damit wieder eingeschleust wurden und die Deutung des Todes Jesu für lange Zeit auch nachteilig beeinflußten.

Das Modell des Loskaufs

Erstmals hat Origines († 254) den Gedanken des Loskaufs vom Teufel, der ursprünglich bei Gnostikern begegnet, auf den Tod Jesu übertragen. Darin erscheint der Kreuzestod Jesu als ein Kaufpreis, der dem Teufel entrichtet wird, um die sündigen Menschen, die sich wegen ihrer Schuld zu Recht in dessen Gewalt befinden, aus dessen Verfügungsgewalt loszukaufen. In der populären Katechese gibt es auch das Bild der Waage, deren eine Seite mit den Sünden aller Menschen sich dem Teufel zuneigt; als jedoch Christi Kreuz auf die andere Waagschale gelegt wird, wiegt diese alle Schuld der Welt auf und kauft dadurch die Menschheit aus dem Machtbereich der Hölle frei.

Anselm von Canterbury (1033–1109) hat diese Geschäfts- und Loskaufmetaphorik deutlich kritisiert. Sie vertrage sich nicht mit dem christlichen Gottesverständnis; das unterstellte Herrschaftsrecht des Teufels über die Menschen widerspreche dem Glauben an die Souveränität Gottes. Problematisch am Loskaufgedanken ist auch, daß er die Menschen zu passiven Figuren eines überirdischen Erlösungsdramas macht, an

[1] Vgl.: *Hans Kessler,* Art.: Erlösung/Soteriologie, in: *Peter Eicher* (Hrsg.), Neues Handbuch theologischer Grundbegriffe, Bd. 1, München 1984, 241-254, hier: 244.

[2] *Hans Küng,* a.a.O., 415.

dem sie selbst durch kein Tun und Lassen beteiligt sind. Für das Leben des Menschen in der Welt hätte dieses Erlösungsmodell weder Realität noch Relevanz.

Das Modell der Genugtuung

Die Kritik Anselms am patristischen Loskauf-Modell entsprang seinem Empfinden für überholte Vorstellungen. Daß der Teufel einen Rechtsanspruch auf den sündigen Menschen Gott gegenüber haben sollte, schien ihm theologisch nicht mehr vertretbar – wenngleich im volkstümlichen Denken, bis ins Kasperletheater hinein, diese Vorstellungsmuster selbst noch die Gegenwart erreichen. Doch so profund und hilfreich Anselms Neuentwurf auch war, im Gang der Jahrhunderte ist gerade seine Erlösungstheologie vor simplifizierenden Verzeichnungen und Mißdeutungen nicht verschont geblieben. »Es gibt wohl keine theologische Theorie, die so leidenschaftlich umstritten ist und die doch – obwohl nie Gegenstand verpflichtender Kirchenlehre – das Glaubensbewußtsein so vieler Christen geprägt hat wie die Erlösungslehre Anselms von Canterbury.«[1] In den Kinderängsten und der »Gottesvergiftung« eines Tilman Moser finden wir ihren späten, verzerrten Niederschlag, ebenso wie in der theologischen Kritik, beispielsweise eines Adolf von Harnack. Gegenstand aller Kritik ist die – auf einen Satz reduzierte – These Anselms, daß der Gottessohn Jesus Christus durch sein Leiden und Sterben am Kreuz die gerechte Sühne für die Schuld der Menschen leistet und dadurch jene unendliche Genugtuung schafft, die wir nicht erbringen können, so daß durch ihn Gottes Zorn besänftigt wird. Das Schlimmste bei Anselm, sagt Harnack, sei der Begriff Gottes »als eines mächtigen Privatmannes, der seiner beleidigten Ehre wegen zürnt und den Zorn nicht eher aufgibt, als bis er irgendein mindestens gleich großes Äquivalent erhalten hat«.[2] Im Blick auf »manche Andachtstexte«, in denen die Anselmsche Theorie bis zum Tage ihre vergröbernde Popularisierung erfährt, ergänzt Joseph Ratzinger: »Man wendet sich mit Schrecken von einer Gerechtigkeit ab, deren finsterer Zorn die Botschaft der Liebe unglaubwürdig macht.«[3]

In Wahrheit wird die durch die Jahrhunderte sich erstreckende Wirkung der Theologie Anselms jedoch zum Zerrbild seiner ursprünglichen Intention. Es geht bei der »Verletzung der Ehre Gottes« – wie Anselm formuliert – gar nicht um Gott, sondern um den Menschen und die Inkarnation der Welt. Der von Anselm benutzte Ehrbegriff ist nämlich nicht aus einem heutigen bürgerlichen Sprachverständnis abzuleiten, sondern wurzelt in einer germanischen Tradition, in der Recht, Frieden und Freiheit ebenso Synonym für »Ehre« sind, wie umgekehrt »Ehrlosigkeit« Unfreiheit, Ruin, Recht- und Friedlosigkeit einschließt. »Nicht Gott und seine persönliche Ehre verlangen also Wiederherstellung, sondern die verunstaltete, aus den Fugen geratene Welt erfordert Wiederherstellung. Gottes Ehre wird mithin von Anselm an entscheidender Stelle anthropologisch, ja, wenn man so will, soziologisch uminterpretiert und verstanden als die Ordnung und Schönheit, als die Ehre der Schöpfung selbst, welche gleichsam die Ehre Gottes widerstrahlen soll.«[4] Die Wiederherstellung verletzter Ehre ist in dieser Gesellschaftsordnung also keine Privatsache, sondern ein Akt mit gesellschaftlich-öffentlichen Konsequenzen. Genau gesehen korrigiert Anselm aber das ihm vorgegebene germanische Rechtsmodell: die Sünde gegen Gott betrifft nach Anselm letztlich nicht Gott, sondern nur die Ordnung der Welt, also das Geschöpf selbst und nicht die »persönliche Ehre Gottes«. »Gottes Ehre kann gar

[1] *Gisbert Greshake,* Erlösung und Freiheit. Zur Neuinterpretation der Erlösungslehre Anselms von Canterbury, in: Theologische Quartalschrift 153, 1973, 323-345, hier: 323.
[2] *Adolf von Harnack,* Lehrbuch III, 408, zit. n.: *Gisbert Greshake,* a.a.O., 326.
[3] *Joseph Ratzinger,* a.a.O., 231.
[4] *Gisbert Greshake,* a.a.O., 328f.

nicht vergrößert oder verkleinert werden«, sagt er. Die Analogie eines beleidigten Privatmannes, von dem Harnack sprach, oder eines opferblutgierigen Gottes, den Tilman Moser bekämpft, verfehlt die ursprünglich gemeinte Sache. Darum ist auch die »Genugtuung«, die Gott fordert, bei Anselm etwas Positives und keine Strafe mehr, wie im Rechtsbrauch seiner Zeit. Satisfactio, Genugtuung, wird als ein menschliches Tun verstanden, »nicht damit Gott etwas vom Menschen erhält, sondern damit die Freiheit und Selbstmacht des Menschen im Erlösungsgeschehen gewahrt bleibt, damit – ja! – die Erlösung vom freien Menschen selbst bewirkt wird«.[1]

Warum dann aber Erlösung durch Jesus Christus? In ihm straft Gott nach Anselm nicht den Unschuldigen für den Schuldigen, sondern »der freiwillige Tod Jesu ist die Aufgipfelung eines Lebens, das sich radikal an Gott und die anderen weggab und gerade so in Freiheit Schöpfung verwirklichte und für uns alle neu konstituierte. In seinem Tod ist ein Raum der Versöhnung, wahren Friedens und wahrer Freiheit eröffnet, in den die Menschheit – als imitatores, wie Anselm sagt, – durch Nachfolge eintreten darf und kann.«[2]

Gott ist also einer wohlverstandenen theologischen Tradition zufolge »nicht mehr das allein handelnde Subjekt, sondern die Menschheit ist in und durch den Menschen Jesus in die eigene Befreiung einbezogen«.[3]

Mit dieser Überlegung berührt sich die Einsicht der neueren Theologie, daß das Kreuz Jesu nicht länger von seinem Leben isoliert werden darf. Jesu Leiden und Sterben sind die Konsequenz seines Lebens. Wer die Erlösung durch Jesus Christus verständlich machen will, tut gut daran, diese nicht alleine mit Geburt und Tod zu verbinden, sondern sie letztlich aus der Ganzheit seines Lebens zu verstehen. Um das erlösende Dasein Jesu zu erschließen, müssen wir also von seinem Tun und Lassen erzählen können, wie sich darin eine neue Freiheit ausdrückt und anderen Freiheit ermöglicht. Und wer dann wirklich anfängt, sich auf Jesus und dessen befreiende Praxis einzulassen – auf seine Solidarität mit Unterdrückten, seine Offenheit für jeden, seinen Einsatz für das Recht der Geächteten, darauf, wie er Feindschaft und Gewalt überwindet und in alledem einen Gott erschließt, der als Liebe und Gnade erfahren werden kann –, der gerät an diesen befreienden Gott, der jeden unverdientermaßen ganz annimmt und ihn damit frei macht zu einem Verhalten gegenüber anderen, das sich dem Verhalten Jesu – wenn auch nur entfernt – annähert.

In seinem Bemühen um ein Neuverständnis der Erlösung fragt Hans Kessler: »Ist es denkbar, daß dieser Gott am Ende irgendwen, auch nur einen, abweist? Ist es denkbar, daß der Gott, welcher in Jesus selbst die anderen annimmt und bejaht, die ihn ablehnen, am Ende selbst jemanden ablehnt? Soll der Gott, der seine Feinde annimmt (Röm 5,6-10) und die Feinde zu lieben heißt (Mt 5,44), schließlich selbst seine Feinde verdammen und von sich stoßen?... Wenn man Jesus, sein Verhalten und seine Verkündigung ernst nimmt, dann drängt sich die Frage auf: Wird es bei dem Gott Jesu am Ende noch Ausgestoßene, noch Geächtete und Feinde, noch Verdammte und Verlorene geben?«[4]

[1] Ebd., 338.
[2] Ebd., 339.
[3] Ebd., 341.
[4] *Hans Kessler,* a.a.O., 94.

Man möchte diese Frage verneinen, gäbe es nicht ebenso Gerichtsworte im Munde Jesu und im Neuen Testament. Die Spannung zwischen Heilsverheißung und Gerichtsandrohung ist nicht einfach zu lösen und harrt noch weiterer theologischer Bemühung. Andererseits bleibt die Frage, ob der in Jesus eröffnete Gott die Erlösung aller nicht nur will, wie Paulus 1 Tim 2,4 sagt, sondern am Ende auch bewirkt und sich darin wahrhaft als Gott erweist. Es ist die Frage einer Hoffnung auf Gott, die Jesus selbst unter den Menschen geweckt hat.

Markus 15,20 b–39 par: Der Tod Jesu am Kreuze S. 42–43

A. Die heute vorliegende Passionsgeschichte geht auf markinische Kompositionsarbeit zurück. Allerdings schildert hier Markus nicht aus eigener Zeugenschaft: weder war er ein Jünger Jesu noch ein Jude; er nahm vielmehr überkommene Traditionen auf und überarbeitete diese historisierend, wobei er sie gleichzeitig nach Maßgabe aktueller Verkündigungsabsichten veränderte.

Der markinischen Passionsgeschichte liegt eine ältere, vormarkinische Passionserzählung zugrunde. Diese frühere Form war bereits aus Einzelstücken zu einem fortlaufenden Erzählkomplex zusammengewachsen, das heißt, auch hier ist die Darstellung nicht aus einem Guß, doch im Gegensatz zu anderen Stoffen der vormarkinischen Gemeindetradition hat sich schon sehr früh ein Erzählzusammenhang gebildet; in gewisser Weise disponierte er von Anfang an die Entwicklung der Passionsgeschichte.

Nach Rudolf Bultmann war der vormarkinische Text am Anfang rein historisch orientiert – in knapper Form Verhaftung, Verurteilung, Abführung zum Kreuz, Kreuzigung und schließlich Tod darstellend –, während die dogmatisch-kultische Prägung des Stoffes erst später hinzugekommen sei. Da fragt sich nur, warum die damalige *Gemeinde* kein kerygmatisches Interesse gehabt haben soll, um stattdessen lediglich den Ereignisgang festzuhalten... Ohne kerygmatische Intention ist christliche Gemeinde nicht denkbar.

Martin Dibelius glaubt, daß die Deutung der Passion Jesu aus der Perspektive der christlich gelesenen Heiligen Schriften zur Bildung der Passionstradition geführt habe. Die der Bibel entnommenen Zitate und Anspielungen hätten die Erfüllung der prophetischen Botschaft in der Passion Jesu belegen sollen. Günter Bornkamm nimmt diese Perspektive auf, in dem er pointiert: »Wie nur irgendwo sonst ist darum hier das Historische ins Legendäre verwoben und so berichtet, daß darin und dahinter die Hand Gottes sichtbar wird und Jesus als der erscheint, der Gottes Ratschlüsse vollstreckt und ihre Erfüllung erleidet. Ständig begegnet daher das gleiche Motiv, daß in Jesu Tun und Leiden die ›Schrift‹ erfüllt werden sollte. Propheten- und Psalmenworte durchziehen die Erzählung in großer Zahl, nicht nur in ausdrücklichen Zitaten, sondern auch in vielen Einzelzügen und Anspielungen.«[1]

Es ist freilich unangemessen, die Schriftreminiszenzen der markinischen Redaktion als Weissagungen und das Passionsgeschehen als deren Erfüllung anzusehen. Dieses Schema Weissagung – Erfüllung wird erst bei Matthäus und

[1] *Günter Bornkamm,* Jesus von Nazareth, Stuttgart 1956, 143.

Lukas programmatisch. Die Intention des Markus beschränkt sich darauf, mittels der alttestamentlichen Wendungen den Leidensweg Jesu als den schriftgemäßen Weg Gottes zu kennzeichnen. »Bei dieser Lage der Dinge müssen wir freilich eingestehen, daß wir über diese letzte Geschichte des Nazareners im modernen historischen Sinne nicht viel Sicheres wissen. Denn auch die ... alttestamentlichen Textzitate bzw. Anspielungen sind ja nicht nur nachträgliche Reflexion und Deutung, sondern mit ihrer Hilfe wird gerade diese letzte endgültige Geschichte Jesu erzählt. Sie haben also selbst geschichtszeugend gewirkt. Das gilt nicht nur für die markinische Leidensgeschichte, sondern bereits für den ältesten vormarkinischen Passionsbericht.«[1]

Trotzdem wäre es überzogen, der markinischen Passionserzählung alle Geschichtlichkeit absprechen zu wollen. Historie und Kerygma durchdringen sich hier in eigenartiger Weise. So ist auch der Text Mk 15, 21–45, der die Kreuzigung Jesu darstellt, ein der Verkündigung entspringender und für sie bestimmter »Geschichtsbericht«. »Sehr wahrscheinlich gehört dieser Kreuzigungsbericht (natürlich abzüglich der markinischen Zusätze) zur ältesten Schicht der vormarkinischen Passionserzählung überhaupt und ist die Quelle gewesen für das dann einsetzende Zusammenwachsen verschiedener einzelner Geschichten ... zu der großen Passionsgeschichte, die heute in Kapitel 14 ff vorliegt.«[2]

B. So sind also Geschehen und Deutung eng miteinander verbunden. Die junge Kirche konnte sich mit einem »Tatsachenbericht« aus vielen Gründen nicht begnügen. Sie mußte sich gegen den Vorwurf wehren: ›Verflucht ist, wer am Holze hängt‹ (Dtn 21, 23). Sie mußte andere Stellen der Schrift, die vom Leiden des Gerechten sprechen, dagegen setzen. So kommt es, daß der Ps 22, das Klagelied eines leidenden Gerechten, immer wieder in der Passionsdarstellung anklingt. Die von ihrer Umwelt angefochtenen Christen sollten begreifen, daß der öffentlich Gehenkte nicht von Gott verworfen ist, vielmehr jener Gerechte ist, der Gottes Weg geht und von Gott angenommen ist.

V. 20 b: »Dann führten sie ihn hinaus, um ihn zu kreuzigen.« Zwei Stationen des Kreuzwegs sind bekannt: das Prätorium und Golgota. Das Prätorium war der Amtssitz des Pilatus während der Gerichtsverhandlung gegen Jesus (Mk 15, 16). Viele identifizieren ihn mit dem Herodespalast an der westlichen Stadtmauer. Andere vermuten, die Burg Antonia, nordwestlich an den Tempelplatz angrenzend, sei der eher wahrscheinliche Ort. Dort laden die Soldaten Jesus das *patibulum,* den Querbalken des Kreuzes auf. Der aufrecht stehende Pfahl befand sich bereits am Hinrichtungsort und wurde dort fest in die Erde verkeilt. Der Zug führte durch belebte und enge Gassen. Der öffentliche Vollzug der Strafe sollte möglichst viele Menschen abschrecken. Die Mächtigen demonstrieren gerne ihre Macht an den Ohnmächtigen.

Die Gassen, durch die Jesus damals geführt wurde, gibt es heute nicht mehr. Ihr Pflaster liegt unter meterhohem Schutt. Als die Stadt unter Kaiser Hadrian wiederaufgebaut wurde, bekam sie einen neuen Grundriß. Die Via

[1] *Siegfried Schulz,* Die Stunde der Botschaft. Einführung in die Theologie der vier Evangelisten, Hamburg 1967, 124.
[2] Ebd., 136.

dolorosa, über die man gegenwärtig die Pilger führt, hat Jesus nicht gekannt. Der Zug der Schergen mit ihrem Opfer leitete aus der Stadt hinaus. Weder römisches noch jüdisches Recht duldeten eine Hinrichtung innerhalb der Mauern.

V. 21: Aus Gründen, die ungenannt bleiben, zwingen die Soldaten einen vom Feld zurückkehrenden Mann, an Jesu Stelle den Querbalken des Kreuzes zu tragen. Daß der Name dieses Mannes genannt werden kann und sogar ein Hinweis auf seine hier unbeteiligten Söhne möglich ist, läßt darauf schließen, daß diese Männer in der überliefernden Gemeinde bekannt sind und wahrscheinlich deren Mitglieder waren. Wenn später Matthäus und Lukas die Namen der Söhne Alexander und Rufus wieder streichen, so verrät die Kürzung, daß an ihnen persönliches Interesse nicht mehr bestand. Von ihrem Vater wird gesagt, daß er aus der afrikanischen Kyrenaika stammte, dem späteren Tripolis. Möglicherweise war er ein Festpilger. Sofern damit unterstellt werden kann, daß er Jude war, deuten die unjüdischen Namen seiner Söhne auf einen gewissen hellenistischen Einfluß hin, dem er sich geöffnet hatte. Befremdlich ist, daß dieser Simon vom Feld oder vom Lande kommt; es paßt nicht zum Morgen des bald beginnenden Passahfestes.

V. 22: Der Hügel Golgota (→ III, 498 ff) lag nahe bei der Stadt. Heute lokalisiert man diesen Ort im Christenviertel der Jerusalemer Altstadt, also innerhalb der Mauern. Zur Zeit Jesu gab es hier noch Gärten. Erst unter Herodes Agrippa (41-44 n. Chr.) (→ S. 589) wurde jener Bezirk in die Stadtmauern einbezogen.

Wann die aufwölbende Kuppe erstmals den Namen Golgota, Schädelstätte erhielt, ist unbekannt. Unter den Stadtveränderungen der Römerzeit wurde der Hügel für fast zweihundert Jahre verschüttet. Kaiser Hadrian, der das in Schutt gesunkene Jerusalem als *Aelia Capitolina* neu erbaute, ließ an dieser Stelle einen Venustempel errichten und mit Mauern umgeben. Aber der Name und das Wissen um den Ort überdauerten. Kaiser Konstantin (→ S. 270f) ließ später die mächtige Aufschüttung wieder abtragen, bis der Fußboden der Jesuszeit erneut freigelegt war, und an dieser Stelle die Grabeskirche errichten. Später haben die Kreuzfahrer hier vieles verändert, so daß sich heute nicht mehr sagen läßt, wo das Kreuz Jesu stand. Man zweifelt aber nicht, daß der erhaltene Fels zur »Schädelstätte« gehörte.

V. 23: Am Hinrichtungsplatz angekommen, reicht man Jesus einen Becher mit Myhrrenwein. Der Zusatz von bitterem Gummiharz soll den Verurteilten etwas betäuben.

So heißt es im Talmud: »Rabbi Hija ben Aschi sagte im Namen Rabbi Hisdas: Wenn jemand zur Hinrichtung hinausgeführt wird, reiche man ihm einen Becher Wein, der mit etwas Weihrauch vermischt ist, damit ihm das Bewußtsein verwirrt werde, entsprechend dem Schriftwort (Spr 31,6): ›Gebt Rauschtrank dem, der am Untergehen ist, und Wein solchen, deren Seele betrübt ist.‹ Hierzu wird gelehrt, daß vornehme Frauen in Jerusalem dies zu spenden und zu bringen pflegten. Auf wessen Kosten wird dies nun besorgt, wenn die vornehmen Frauen nicht spenden? Ganz klar, auf Kosten der Gemeinde, denn es heißt (Spr 31,6): ›Gebt, nämlich auf eure Kosten.‹« (Sanhedrin 43a)

Jesus verweigert den angebotenen Trunk. Markus verschweigt seine Motivation. Offensichtlich will er bei klarem Bewußtsein die folgenden Grausamkeiten erleiden.

V. 24: Die Kreuzigung selbst wird mit nur drei Worten, also einer unvergleichlichen Knappheit, berichtet. Was aus anderen Quellen über die Praxis dieser Hinrichtungsart bekannt ist, findet sich nachfolgend unter C. dargestellt. Zuvor entkleidet man ihn. Nach römischen Brauch wird der Verurteilte nackt gekreuzigt. Von einem Schamtuch wird nirgendwo etwas berichtet. Das in der Kunstgeschichte bekannte Lendentuch ist eine Gabe christlicher Pietät.

Jesus wird nun auf jenes Querholz, das Simon bis hierher getragen hat, geschlagen. Die Arme werden auf den Balken nach hinten gedrückt, die Nägel durch den Unterarm (nicht durch die Handflächen) getrieben. Dann ziehen die Soldaten den Querbalken am Stamm hoch. Üblicherweise wird dieser Balken oben auf den Pfahl gelegt, so daß nicht die uns geläufige Kreuzesform, sondern ein T-förmiger Galgen entsteht. Gewöhnlich wird auch noch ein Sitzpflock angenagelt, der die Last des hängenden Körpers mindert, aber auch den Todeskampf verlängert. Die Beine des Delinquenten werden übereinandergelegt und mit einem dritten Nagel durch die Fersen an den Stamm geschlagen. Der Tod trat meistens nicht durch Blutverlust, sondern durch Erschöpfung ein. Oft ließ er lange auf sich warten.

Während dieser Zeit erfolgte – ebenfalls nach römischem Brauch – die Verlosung der Kleidungsstücke an die Henker. Markus beschreibt diesen Vorgang mit den Worten von Ps 22,19: »Sie teilen meine Kleider unter sich und werfen das Los um mein Gewand.«

V. 25: Die Stundenangaben am Tage der Kreuzigung lassen die Zeit im Rhythmus des Drei-Stunden-Taktes vorangehen. Trotz allem was geschieht, läßt sich das Eschaton nicht aufhalten, mag dahinter stehen. Üblicherweise sind die Zeitangaben im Markusevangelium redaktionelle Positionen, keine historischen Informationen.

Über die Todesursache Jesu haben sich Mediziner verschiedentlich geäußert. Bekannt ist die These vom Erstickungstod. Spätere Erörterungen lehnen diese Diagnose ab und sprechen vom Versagen des Kreislaufs. Kurt A. Speidel referiert diesen Befund in einer realistischen Beschreibung:

> »Die Dehnung der Muskeln führt zu einem Muskelkrampf. Dieser breitet sich schleichend über den ganzen Körper aus. Er beginnt in den Armen und wandert zur Körpermitte. Irgendwann erreicht er die Atemmuskulatur. Der Hängende leidet unter Atemnot. Der Druck des Blutes fällt. Sein Sauerstoffspiegel nimmt ab, der Kohlensäuregehalt steigt. Der Durst wird zur Qual. Das Herz schlägt schneller. Schweiß rinnt über den Körper. Die Körpertemperatur erhöht sich.
>
> Solange seine Kraft reicht, kann der Gekreuzigte sich trotz aller Schmerzen nach oben stemmen und die Muskelspannung in den Armen für kurze Zeit vermindern. Dann atmet er etwas leichter. Doch dieses Aufbäumen kostet Kraft. Schließlich versagen die Beine den Dienst.
>
> Die Atemnot wird drückender. Der Sterbende fühlt würgende Enge. Angst ergreift ihn. Die Durchblutung von Kopf und Herz wird immer schwächer. Der Körper erhält kaum mehr Sauerstoff. Der Schlag des Herzens setzt aus. Der Kopf neigt sich vornüber auf die Brust.«[1]

[1] *Kurt A. Speidel,* Das Urteil des Pilatus. Bilder und Berichte zur Passion Jesu, Stuttgart 1976, 138.

V. 26: Die üblicherweise angebrachte Tafel (lateinisch: *titulus*) mit der Schuldangabe fehlt auch hier nicht: »Der König der Juden«. Das ist ein unmöglicher Titel; wäre er politisch gemeint, so müßte er »König von Judäa« heißen, wäre er religiös verstanden, müßte er »König Israels« lauten. Da dieses Königsmotiv sich wiederholt in der Passionsgeschichte findet (14,60 ff, 15,1 ff), ist es angemessen, dahinter eine theologische Perspektive des Evangelisten zu sehen. Weder Juden noch Römer können die Inschrift im zitierten Wortlaut verfaßt haben. Johannes scheint die Diskrepanz empfunden zu haben, darum ergänzt er: »Da sprachen die Hohenpriester der Juden zu Pilatus: Schreibe nicht: Der Juden König, sondern daß er gesagt hat: Ich bin der König der Juden. Pilatus antwortete: Was ich geschrieben habe, das habe ich geschrieben.« (19,21)

V. 27: Erst jetzt werden die zwei »Räuber« erwähnt, die mit Jesus gekreuzigt werden. Man nennt sie gewöhnlich »Schächer«, von mittelhochdeutsch *schāch* »Raub« (vgl. schachern). Zwar durften nach jüdischem Recht nie zwei Verbrecher an *einem* Tag hingerichtet werden, auch das römische Recht kennt Vorbehalte, nicht aber die römische Praxis. Der griechische Text bezeichnet ihr Vergehen mit einem Ausdruck, das weniger Räuber als Aufrührer oder Unruhestifter meint. Erst Lukas hat aus beiden »Übeltäter« gemacht. Noch spätere Texte »wissen« sogar ihre Namen.

V. 28: Dieser Vers ist nur in jüngeren Handschriften bezeugt und zweifellos nachträglich interpoliert worden. Im Ausschluß an Lk 22,37 wurde hier eingefügt: »So erfüllte sich das Schriftwort: Er wurde zu den Verbrechern gerechnet.«

V. 29 f: Öffentliche Hinrichtungen wurden in der Vergangenheit nicht an verschwiegenen Orten vollzogen, sondern an Plätzen, die eine größere Volksbeteiligung erlaubten. So kann auch hier von »Leuten, die vorüber kamen« die Rede sein. Daß sie ihn verhöhnten und ihren »Kopf schüttelten«, mag die Sprache von Ps 22, 8 sein, kann aber auch in den Vorgängen begründet sein. Wenn es dann im Psalm anschließend heißt: »Er vertraute auf Jahwe, der soll ihn befreien; der reiße ihn heraus, wenn er ihn liebt« (V. 9), so wird bei Markus nun die spöttische Parallele dazu gebildet: »Ha, der du den Tempel zerbrichst und baust in drei Tagen, hilf dir nun selber und steig herab vom Kreuz!«

V. 31: »Auch die Hohenpriester und die Schriftgelehrten verhöhnten ihn…«, heißt es weiterhin, wenngleich man sich gerade deren Präsenz wegen des hohen Festtags und auch aus grundsätzlichen Vorbehalten nicht an einer Richtstätte vorstellen kann. Zweifellos führt hier die spätere Gemeindetradition Regie und setzt die stereotype Gegnergruppe einmal mehr in Szene.

V. 32: Wahrscheinlich werden bekannte Phrasen zitiert, die man dem gekreuzigten Jesus gegenüber vorbrachte. Der nachösterlichen Gemeinde offenbaren sie um so mehr die Blindheit des Volkes und seiner Führer. Sogar die Mitgehenkten werden nun in den Spott einbezogen.

Während also bei Markus (wie auch bei Matthäus) die Leidensgenossen Jesus im Verein mit dem gegenüberstehenden Volke schmähen, ist es interessant, was Lk 23, 39–43 aus dieser Szene macht. Beide Männer nehmen auch hier das Wort, aber nur noch einer verspottet Jesus:

»Einer der Verbrecher, die neben ihm hingen, verhöhnte ihn: Bist du denn nicht der Messias? Dann hilf dir selbst und auch uns! Der andere aber wies ihn zurecht und sagte: Nicht einmal du fürchtest Gott? Dich hat doch das gleiche Urteil getroffen.

Uns geschieht recht, wir erhalten den Lohn für unsere Taten; dieser aber tat nichts Unrechtes. Dann sagte er: Jesus, denk an mich, wenn du in dein Reich kommst. Jesus antwortete ihm: Amen, ich sage dir: Heute noch wirst du mit mir im Paradies sein!«

Es gibt einen eigenartigen Vorentwurf dieser Konstellation beim ägyptischen Josef: Der wurde zusammen mit weiteren zwei Leidensgenossen im Gefängnis festgehalten, mit dem Obermundschenk und dem Oberbäcker. Dem Bäcker verheißt Josef, er werde nach drei Tagen an einen Pfahl gehängt, dem Mundschenk aber sagt er, er werde nach drei Tagen neu in sein Amt eingesetzt. Gedenke meiner beim Pharao, sagt Josef zum Mundschenk, und gedenke meiner, sagt der Schächer zu Jesus, wenn du in dein Reich kommst. Hinter der Szene steht auch Jes 53,12:

»Deshalb gebe ich ihm seinen Anteil unter den Großen, und mit den Mächtigen teilt er die Beute, weil er sein Leben dem Tod preisgab und sich unter die Verbrecher rechnen ließ. Denn er trug die Sünden von vielen und trat für die Schuldigen ein.«

VV. 33–41: Der neue Absatz wird durch die Zeitangabe »Als die sechste Stunde kam« vom Vorhergehenden abgehoben; er endet vor der Zeitangabe in V. 42 »Da es Abend war«. Inhaltlich bestimmt ihn der Tod Jesu als einziges Thema, doch gliedert er sich in drei Teile, die vom Sterben selbst, von dem begleitenden Wunder und von den zuschauenden Frauen handeln.

V. 33: Die Finsternis, die das Sterben Jesu begleitet, muß weder astronomisch (als Sonnenfinsternis) noch meteorologisch (als Bewölkung des Himmels) verstanden werden. Sie ist ein Element literarischer Veranschaulichung und theologischer Interpretation des Todes Jesu: Was hier geschieht, berührt den ganzen Kosmos; es geht über jede lokale Episodenhaftigkeit hinaus.

V. 34: Die sechste Stunde war nach antiker Zählung die Mittagsstunde; die neunte Stunde ist für uns 15 Uhr. Wiederum mit Ps 22 sagt Jesus seine letzten Worte. Wenn wir vergleichen, wie diese Tradition in allen vier Evangelien variiert wird, so ergibt sich folgende Synopse:

Markus	*Matthäus*	*Lukas*	*Johannes*
		Amen, ich sage dir: Heute noch wirst du mit mir im Paradies sein. (23, 43)	Ich bin durstig (19, 28)
Eloï, Eloï, lema sabachtani? = Mein Gott, mein Gott, warum hast du mich verlassen? (15, 34)	Eli, Eli, lema sabachtani? = Mein Gott, mein Gott, warum hast du mich verlassen? (27, 46)	Vater, in deine Hände lege ich meinen Geist (23, 46)	Es ist vollbracht! (19, 30)

Aus dem Ruf bei Markus klingt noch die aramäische Sprachform. Aber nicht Markus hat diesen Vers dem sterbenden Jesus in den Mund gelegt, vielmehr bildete er bereits in der vormarkinischen Passionsgeschichte einen Schwerpunkt der Darstellung. Schon die erste Christengeneration stellte sich vor, daß Jesus mit dem Klagevers des leidenden Gerechten auf den Lippen gestorben sei. Der Ausruf selbst ist voll dunkler Hintergründigkeit und hat viele Deutungen hervorgerufen. Einerseits spricht der Vers von Einsamkeit und Verzweiflung, obwohl die ganze bisherige Existenz vom Vertrauen auf Gott gehalten war. »Im Augenblick des Todes zerbricht dieser Halt, der nicht zerbrechen kann, und leer ist die Welt von Gott« (Ernst Lohmeyer). Andererseits ist der Schrei der Verzweiflung aber doch auch ein Gebet mit den Worten der Heiligen Schrift. Und dieses *mein* Gott, *mein* Gott betont bei aller empfundenen Gottverlassenheit zugleich ein bleibendes Verhältnis.

Wenn wir die Entwicklung bis zum vierten Evangelium verfolgen, zeigt sich die Tendenz, dem einsamen Sterben Jesu seine furchtbare Härte zu nehmen. Während Matthäus den schockierenden Psalmvers noch von Markus übernimmt, fehlt er bei Lukas und Johannes. Es ist ein Anliegen des Lukasevangeliums, Jesus durchgehend als den Heiland der Sünder zu zeigen (→ III, 403 ff), und so setzt er diesen Akzent auch hier. Johannes dagegen wählt hoheitsvoll abgeklärte Worte: »Es ist vollbracht!«: Der am Kreuz Erhöhte bezeugt mit eigenen Worten, daß er diesen Weg gehen wollte, um den Auftrag des Vaters zu vollenden.

V. 35: Zu dem Satz »der Umstehenden«: »Er ruft nach Elija« hat wohl kaum eine lautliche Assoziation geführt – die klangliche Ähnlichkeit ist nicht sehr groß –, sondern eher der jüdische Gedanke, daß dem Messias Elija vorhergehen und ihn offenbaren werde. Dann ist diese Bemerkung nur als erneuter Spott zu deuten.

V. 36: Ob jener, der dem Sterbenden einen Essig getränkten Schwamm reicht, als einer der umstehenden Juden zu denken ist, wie der Text nahelegt, oder als ein römischer Soldat, muß offen bleiben. Die Handlung erinnert an Ps 69,22: »Sie gaben mir Gift zu essen, für den Durst reichten sie mir Essig.« Lohmeyer hält den Vorgang für einen Versuch, das entweichende Leben durch ein scharfes Reizmittel noch einmal zurückzuhalten.

V. 37: Jesus stirbt nach Markus mit einem wortlosen Schrei. »Dann hauchte er den Geist aus.«

V. 38: Mit dem zerreißenden Tempelvorhang meint Markus wohl den äußeren Vorhang, den vor dem »Heiligen«, das heißt am Tempelgebäude, nicht den inneren Vorhang vor dem »Allerheiligsten«, denn dieser war den Blicken des Volkes verborgen. Dann will er damit die beginnende Zerstörung des Tempels andeuten und das Ende der am Tempelkult orientierten Religion. Gleichzeitig nimmt dieser Vorgang aber auch Rückbezug auf V. 29 f: Wenn Jesus getötet wurde wegen des Wortes »Ich werde den Tempel zerstören«, so kündet sein Tod nur den Anfang dieser Prophetie an.

V. 39: Im gleichen Augenblick, da dies am Tempel geschieht, erkennt ein römischer Hauptmann, also ein »Heide«, daß Jesus »ein Gottessohn« ist. Gottes Sohn bedeutet im Mund eines Römers nichts streng Definiertes. Jedes ungewöhnliche menschliche Wesen, vom Philosophen bis zum Caesar, konnte so bezeichnet werden. Aber zugleich ist diese Bezeichnung für Markus »der

Inbegriff aller göttlichen Würde«: »Das Wort erschien im Anfang des Evangeliums, es wird aus dem Munde Gottes oder seiner dämonischen Widersacher laut, aber es klingt als ein menschliches Bekenntnis nur bei diesem heidnischen Hauptmann unter dem Kreuz... So wird der Hauptmann zum wahren Zeugen des Todes Jesu, der einzige, von dem unter dem Kreuz nicht Spott und Hohn laut wird.«[1]

V. 40 f: Abschließend wird die Anwesenheit von Anhängerinnen Jesu aus Galiläa nachgetragen. Nur Frauen sind es, die der Hinrichtung Jesu »von weitem zusahen«. Ihre Präsenz macht die Flucht der Jünger doppelt bewußt.

Im Markusevangelium werden dreimal die Frauen um Jesus erwähnt: beim Tod, beim Begräbnis und bei der Auferstehung Jesu, also bei jenen Vorgängen, die auch das urchristliche Kerygma nennt. Die Theologie hat damit bisher wenig anfangen können.

C. Knapp heißt es: »Jesus aber ließ er geißeln und übergab ihn den Soldaten zur Kreuzigung« (Mk 15,15). Geißelung und Kreuzigung werden hier in einem Atemzug genannt. Die Geißelung ist der Auftakt zur Kreuzigung. Mit Lederpeitschen wird auf den Verurteilten dreingeschlagen, bis Fetzen von Haut und Muskeln herabhängen und Blut über den Körper fließt.

Wollen wir die Kreuzigung in der Geschichte zurückverfolgen, müssen wir bis zum zweiten Samuelbuch zurückgehen. 2 Sam 21,9 berichtet von der Rache der Gibeoniter an der Sippe Sauls; David liefert ihnen sieben Prinzen aus, »die sie auf dem Berg vor dem Angesicht Jahwes pfählten«. Es wird nicht mitgeteilt, ob die Söhne Sauls lebendig aufgespießt wurden, oder ob nur ihr Leichnam an einen Pfahl oder Baum gehängt wurde. Dieses Aufhängen am Pfahl schändet den Toten und stellt ihn sogar unter einen Fluch: »Ein Gehängter ist von Gott verflucht« (Dtn 21,23). Dort wird auch geregelt, wann ein Gepfählter zu begraben ist: »Wenn jemand ein Verbrechen begangen hat, auf das die Todesstrafe steht, wenn er hingerichtet wird und du den Toten an einen Pfahl hängst, dann soll die Leiche nicht über Nacht am Pfahl hängen bleiben, sondern du sollst ihn noch am gleichen Tag begraben« (Dtn 21,22-23a).

Nicht Israel hat das Pfählen der Getöteten erfunden; der grausame Brauch begegnet außerhalb bei den Assyrern, doch scheinen die Perser erstmals die Kreuzesstrafe in größerem Umfang praktiziert zu haben. Herodot nennt »gegen dreitausend Menschen«, die unter Dareios gekreuzigt wurden, als er Babylon eroberte. Der Anlaß zu dieser Praxis war »fromm« verstanden: Man wollte die heilige Erde nicht durch den Leichnam eines toten Verbrechers unrein machen. Wenige Monate nach dem Sieg über Babylon erläßt Dareios ein Dekret zugunsten des Tempelneubaus in Jerusalem: »Jedem, der diesen Erlaß mißachtet, reiße man einen Balken aus seinem Haus und pfähle ihn auf diesem Balken; sein Haus soll wegen seines Vergehens zu einem Trümmerhaufen gemacht werden! Der Gott aber, der seinen Namen dort wohnen läßt, vernichte jeden König und jedes Volk, die sich unterfangen, den Erlaß zu mißachten und jenes Gotteshaus in Jerusalem zu zerstören! Ich, Dareios, habe den Befehl gegeben; man befolge ihn genau!« (Esra 6, 11 f).

So ist also im Zusammenhang mit dem Tempelneubau erstmals von der

[1] *Ernst Lohmeyer,* Das Evangelium nach Markus, Göttingen 1959, 347.

Kreuzigung im eigentlichen Sinne in Palästina die Rede. Etwa 550 Jahre später wird jener am Kreuze hingerichtet, von dem Mk 15,29 sagt, daß er den Untergang des Tempels vorhergesagt habe.

Die Kreuzigung als Todesstrafe wurde von den Phöniziern im ganzen Mittelmeerraum verbreitet. »Sie wird in ihren Kolonien und damit auch in Karthago vollstreckt. Von den Puniern übernehmen später die Römer das neue Marterwerkzeug und nennen es crux – ›Kreuz‹.

Zuvor schon bedient sich der jugendliche Held, den wir Alexander den Großen nennen, dieser grausamen Hinrichtungsart. Im August 332 kapituliert vor ihm nach siebenmonatiger Belagerung die phönizische Stadt Tyros. Der Sieger schickt 30.000 Überlebende, meist Frauen und Kinder, auf die Sklavenmärkte. Zweitausend wehrfähige Männer läßt der mazedonische Herrscher an der Mittelmeerküste kreuzigen.«

Um 82 v. Chr. aber ist es der Hasmonäerfürst Alexander Jannäus, König und Hoherpriester der Juden (→S. 593), der 800 rebellische Landsleute in Jerusalem ans Kreuz binden läßt und vor deren Augen ihre Frauen und Kinder abschlachtet.

63 v. Chr. hält der Römer Marcus Tullius Cicero auf dem Forum Romanum eine Rede für den Statthalter Rabirius, dem man die Kreuzigung römischer Bürger vorwirft. Da sagt Cicero: »Das bloße Wort Kreuz soll ferne bleiben vom Leib der römischen Bürger, von ihren Gedanken, ihrem Auge, ihrem Ohr. Denn all diese Dinge sind eines römischen Bürgers und freien Menschen unwürdig: nicht nur, daß es sie gibt und daß sie erlitten werden, sondern daß sie zulässig sind, daß man sie erwartet, ja schließlich, daß sie erwähnt werden.«[1]

So sehr sich Cicero selbst von Wort und Vorstellung distanziert, in den römischen Provinzen war den Römern die Kreuzesstrafe durchaus recht. Der »Herr Quintilius Varus« war vor seiner Niederlage im Teutoburger Wald Statthalter Syriens; dort brachte er 2000 rebellische Juden ans Kreuz. Einer seiner Nachfolger, Ummidius Quadratus, läßt um 50 n. Chr. in Caesarea (→S. 583) gefangene Juden kreuzigen. Unter dem römischen Landpfleger Felix steigt in Judäa, wie Flavius Josephus berichtet, »die Zahl der gekreuzigten Räuber... ins Ungeheure«. Als schließlich Titus 69–70 n. Chr. Jerusalem belagert, läßt er alle Juden, die er fangen kann, und die sich nicht widerstandslos ergeben, ans Kreuz schlagen: »Wenn sie aber gefaßt wurden, wehrten sie sich gewöhnlich aus ihrer Notlage heraus. Da es ihnen nach einem Kampf schon zu spät zu sein schien, noch um Gnade zu flehen, wurden sie gegeißelt, durch Mißhandlungen aller Art vor ihrem Tod gefoltert und schließlich der Mauer gegenüber gekreuzigt... Die Soldaten aber trieben voller Wut und Haß ihren Spott mit den Gefangenen, indem sie jeden in einer anderen Stellung ans Kreuz nagelten. Bald fehlt es an Platz für die Kreuze und an Kreuzen für die Leiber. So viele waren es.«[2]

Als nach dem israelisch-arabischen Krieg die Trennung Jerusalems aufgehoben wurde, wurden bei neuen Bauarbeiten im Norden, an der Straße nach Nablus vier Gräber entdeckt. In einem dieser Gräber fand man das Skelett eines Mannes, der vor etwa 2000 Jahren am Kreuze hingerichtet wurde. Alle Gräber waren beschriftet. Johohanan ben Hagqol – Johannes, Sohn des Ezechiel – hieß der Gekreuzigte. Der anatomische Befund ergab, daß die Henker rechtes und linkes Fersenbein übereinandergelegt und mit einem Nagel mitten durch die Knochen an einen Akazienstamm, von dem Reste noch am Nagel hafteten, getrieben hatten. Der Nagel hatte sich offenbar in einem Ast des Stammes so verklemmt, daß die Henker bei der Abnahme vom Kreuz Johohanan die Füße abschnitten. Deswegen wurde der Nagel mit der Leiche bestattet.

[1] *Cicero,* Pro C. Rabirio Oratio, 16.
[2] *Flavius Josephus,* Der jüdische Krieg, 5, 11,1.

Als Querbalken war ein Olivenholz benutzt worden. Die Schienbeine waren zersplittert. Dort traf Johohanan die Keule, mit der ihm die Beine zerschmettert wurden. Die geschmiedeten Eisennägel waren nicht durch die Handflächen, sondern zwischen Elle und Speiche hindurch an das Querholz geschlagen worden.[1]

D. In unserem Religionsbuch findet sich nicht die ganze Passionsgeschichte, sondern nur deren Kreuzigungstradition. Die Gründe dafür sind äußerer Natur; es liegt nicht in der Freiheit eines Autors, über das Limit hinaus noch einzelne Bedarfseiten einzuschalten. Um so freier ist der Lehrer, nach eigenem Ermessen die Textauswahl zu erweitern und die Passionsgeschichte ungekürzt den Kindern zu vermitteln.

Die voranstehend gebotenen Informationen sind reicher bemessen als für den Unterricht erforderlich. Wie immer geht es darum, daß der Lehrer mehr versteht und tiefer gründet als sein Wort sagt. Die geschichtlichen Angaben und Quellenhinweise zur Kreuzesstrafe im Altertum wurden geboten, damit unsere Rede vom Kreuz die eingeübte Gedankenlosigkeit verliert und den Blick auf die Brutalität dieser Hinrichtungsform wieder frei gibt.

Unerörtert ist bislang noch die Frage, welchen didaktischen Zielvorstellungen die Passionsgeschichte im Unterricht unterstellt werden soll. Darüber kann hier nur Vorläufiges gesagt werden. Soweit ich sehe, fehlt eine grundsätzliche Auseinandersetzung mit den theologischen und didaktischen Maßstäben, denen sie untersteht.

Zu erinnern ist, daß man im Neuen Testament vergeblich nach Textstellen sucht, die von Trauer und Mitleid um den gefolterten und getöteten Herrn geprägt sind. Das Gefühl für das Ausmaß des Leidens oder gar die Endgültigkeit des Verlustes findet hier keinen Raum. Das Denken der Evangelien wie der Paulusbriefe bleibt beherrscht vom vorübergehenden Charakter des Todes und von der göttlichen Bestimmung des Geschehens. Passion und Tod Jesu werden von Ostern her erzählt. Wäre dies alles nicht geschehen, hätte sich der göttliche Heilsplan nicht erfüllen können. Selbst das letzte, in manchem doch recht sensible Evangelium nach Johannes bleibt stets sachlich knapp. »Es stand aber unter dem Kreuze Jesu seine Mutter...« Sie stand – nichts weiter. Josef von Arimathäa »kaufte ein Leinentuch, nahm Jesus vom Kreuz, wickelte ihn in das Tuch und legte ihn in ein Grab«. Alles geschieht in gemessener Ordnung und sachgemäß, aber kein Wort von Klage und trauerndem Abschied.

Das bleibt so über Jahrhunderte. Die Vollendung des Heilswerkes bedeutet Erhöhung, Verherrlichung, »Sitzen zur Rechten des Vaters«. Johannes zeigt in seiner Passionsgeschichte Jesus weniger als den Leidenden, sondern als den, der sich im Gehorsam bewährt und dadurch seine Erhöhung findet. Im Frühchristentum wird dann der Tod Jesu bevorzugt als Sieg über Tod und Satan verkündet. »Christi Tod erschlug den Tod«, formuliert Augustinus. Und Leo der Große: »Es war in den Augen der Ungläubigen ein großer Schimpf. Den Gläubigen dagegen offenbarte sich darin ein großes Geheimnis: Trug doch der ruhmreiche Überwinder Satans... das herrliche Siegzeichen seines Triumphes.« Als Kaiser Konstantin das Kreuz im Traum sah, verband er damit die Worte: »In diesem Zeichen siege«, und Clemens von Alexandrien nannte die Dornenkrone ein Diadem, mit dem der Gottessohn gekrönt wurde.

[1] Nach: *Kurt A. Speidel,* a.a.O., 118 ff, 131 ff.

Mit dem Aufgang des lateinischen Mittelalters ist die triumphale Kreuzestheologie noch ungebrochen. Das typische Christusbild der Karolingerzeit ist jener »Siegesfürst«, der das Kreuz als Feldzeichen trägt und den Fuß auf die überwundenen Feinde stellt, die im Tiersymbol (nach Ps 91,13) erscheinen. Dann aber wendet sich der Blick immer mehr vom erhöhten Christus zurück zu seinem Leiden und Tod auf Golgota. Im Paris des 12. Jahrhunderts entsteht ein lateinischer Text, der wahrscheinlich für die Kreuzverehrung am Karfreitag bestimmt war, und der den Auftakt zu einer neuen lyrischen Gattung gab: In 27 Versen seufzt, klagt und weint Maria sich hier ihren untröstlichen Kummer vom Herzen über die Qualen dessen, den sie geboren hat. Daß sie »Gottesmutter« ist, wie alle Jahrhunderte vorweg so intensiv betonten, scheint sie vergessen zu haben, sie ist nur noch die unglückliche Mutter eines leidenden Menschen. »Schone den Sohn, Tod, nicht mich«, fleht sie, »wenn nur, mein Sohn, du nicht gemartert wirst«.

Die Theologie und Frömmigkeit des Westens vollziehen eine bedeutsame Wende. Bernhard von Clairvaux (1090–1153) stellt in seiner *theologia crucis* den Menschen das Leiden Christi vor die Seele. Ihm folgen darin im 13. Jahrhundert die deutschen Mystiker und Mystikerinnen. Franz von Assisi eröffnet den Blick für die Armut des irdischen Jesus und rückt seinen Zeitgenossen dessen Leiden vor die inneren Augen, die sie durch ihre eigene Schuld verursachten. Zur Zeit der großen Pest (→III, 452f), als der Tod über Europas Straßen zog, verbindet sich der eigene Schmerz mit dem Schmerz der Mutter Jesu und schafft sich im erschütternden Vesperbild, der Pietà, Ausdruck. Die theologisch-dogmatische Interpretation der biblischen Texte wird abgelöst durch eine sehr persönliche, vergegenwärtigende Aneignung des Geschehens. Das Andachtsbild des Spätmittelalters ist bestrebt, die heilige Geschichte in die eigene Alltagssphäre zu stellen. Die Passionsfrömmigkeit mit ihren vielen Bräuchen (→ III, 457 ff) ist zugleich Ausdruck für eine erwachte Innerlichkeit und seelische Differenzierung, die zu persönlichen subjektiven Glaubens- und Andachtsformen führen.

Zur Zeit der Reformation wirken die Traditionen der mittelalterlichen Frömmigkeit noch fort. Allerdings wird, zumal in Luthers *theologia crucis*, die Passion nicht mehr so von Ostern isoliert, wie es oft vordem geschah. War auf den großen Passionsaltären das Auferstehungsbild als eines unter vielen anderen dem Hauptbild der Kreuzigung zugeordnet, so verselbständigt es sich nunmehr in der Monumentalkunst. Die Gegenreformation kehrt erneut das Passionsthema hervor. Die Barockzeit führt es vor allem in kirchlichen Andachten weiter. Die bildende Kunst greift von den traditionellen Motiven besonders jene auf, die den menschlichen Schmerz zum höchstmöglichen Schmerz steigern lassen (Ecce Homo, Kreuztragung, Beweinung, Pietà u.ä.). In Liedern und Gebeten wird in der weitergehenden Frömmigkeitsgeschichte besonders an das Mitleid und Sündenbewußtsein des einzelnen Gläubigen appelliert. Das 19. Jahrhundert setzte bisweilen noch eigene, eher sentimental-kitschige Akzente hinzu. Die pastorale Instrumentalisierung dieser Passionsfrömmigkeit erlag nicht selten der Versuchung, »Zerknirschung und Reue« dadurch zu kneten, daß selbst schon der kindlichen Seele gegenüber Schuldzuweisungen erfolgten, deren Gewicht das Leiden Christi vergrößert hätten. Anweisungen zu Askese und Selbstkasteiung, fanden hier einen wirksamen Ansatzpunkt.

Unsere Reflexion des didaktischen Ortes der Leidensgeschichte sollte die vorausgegangenen Überlegungen zum Verständnis von »Erlösung« (→ S. 282ff) einbeziehen. Sowenig es theologisch angemessen ist, den Tod Jesu gegenüber Ostern zu isolieren, sowenig ist eine Trennung der Passion vom voraufgegangenen Leben und Wirken Jesu vertretbar. Wie immer die Urteilsbegründung ausgesehen haben mag und wie undurchschaubar hier römische und sadduzäische (?) Interessen sich trafen, im letzten war dieser Tod die Konsequenz seines Lebens. Und umgekehrt: jedes Wort und jede Geste der Solidarität mit den Randfiguren jener Gesellschaft gewinnt durch die Bereitschaft Jesu zu seinem Tod eine letzte Bekräftigung und Glaubwürdigkeit.

Angesichts der bisherigen Frömmigkeitsgeschichte sind wir – in der großen Linie – religionspädagogisch zu keinen alternativen Parteinahmen gedrängt: Die österlich bestimmte Theologie des ersten Jahrtausends, die im Kreuz den überwundenen Tod sah, behält ihre Gültigkeit. Das historische Kreuz ist nicht das lezte Wort. Andererseits bestimmen auch heute Folter und Tod das Geschehen in dieser Welt. Da bleiben die Bilder und Bräuche der mittelalterlichen Compassio weiterhin aktuell: im Kreuzweg Christi die Leidenswege der Menschen bedenken; angesichts seiner Folter die Augen für alle Menschenverachtung in der eigenen Gesellschaft und im politischen Weltgeschehen öffnen und vom Mitleid, das die ältere Frömmigkeitstradition anstößt, zu Sympathie und kleinen Schritten der Solidarität zu kommen, – das sind Maßstäbe, die den didaktischen Horizont der Leidensgeschichte ausrichten helfen. Die Anleitungen zum Hungertuch im Religionsbuch für das 2. Schuljahr (S. 58/59) und zum Kreuzweg im Religionsbuch für das 3. Schuljahr (S. 76/77) veranschaulichen diesen Ansatz.

Die Kreuzigung Christi in der Bildtradition

Vorbemerkung: Unser Religionsunterricht verfolgt keine einseitige Texttheologie. Als unverzichtbar gilt ihm zugleich die christliche Bildtradition. Sie erschließt eine tiefe und meist komplexe Theologie, die sich im Wort allein Schülern niemals vermitteln läßt, während sie im Bild unmittelbar präsent ist und anschaulich wird. Freilich, nicht jeder, der vor einem Bild sitzt, sieht, was er sieht. Manches zeigt sich erst, wenn man weiß, was vorausging, wenn man Vorgeschichte und den zeitlichen Kontext kennt. Darum sind jene ausholenden Längsschnitte, wie wir sie zu Geburt, Tod und Auferstehung Christi vorlegen, Verstehensvoraussetzungen, um auch die Schüler zum Sehen und Verstehen anleiten zu können.

Daß wir im Religionsbuch nur zwei Darstellungen der Kreuzigung Christi zeigen, ist durch Umfang und Preis des Schulbuches bestimmt. Angemessen wäre es, eine romanische Deutung sowie eine byzantinische Ikone ebenfalls abzubilden als auch Beispiele des Gekreuzigten aus der modernen Kunst. Dies alles aber im Kleinstformat auf zwei Seiten zu bringen, ist inakzeptabel. Da es aber ein reichhaltiges Dia-Angebot verschiedener Verlage gibt, kann es dem motivierten Lehrer keine Schwierigkeiten bereiten, eine Erweiterung des Bildprogramms für seinen Unterricht zu besorgen.

Am Beginn der ikonographischen Kreuzigungstradition steht eine Ritzzeichnug aus dem Anfang des 3. Jahrhunderts in einer ehemaligen Kaserne in Rom: der am Kreuz Ausgespannte trägt einen Eselskopf; vor ihm steht ein junger Mensch, den der unordentlich gekritzelte Textzusatz verspottet: »Alexamenos betet seinen Gott an.«

Die Zeichnung demonstriert, wie die antike Welt das Kreuz der Christen sah, aber auch das Wort des Paulus: »Die Weisheit dieser Welt ist Torheit bei Gott.« (1 Kor 3, 19) Gleichzeitig macht dieses Spottkruzifix klar, warum die Christen eine Darstellung des Kreuzes zunächst vermieden.

Die angebliche Wiederauffindung des Kreuzes durch Helena und der Bau der Grabeskirche durch Kaiser Konstantin (→ S. 270) lösten vermutlich die ersten bildlichen Darstellungen der Kreuzigung aus, wenngleich Zögern und vorsichtige Zurückhaltung auch weiterhin spürbar bleiben. Zunächst begegnen Kreuzbilder in kleinen Formaten auf Ampullen und als Gemme. Weil sich hier Motive der Kreuzigung mit jenen der Kreuzverehrung mischen, kann man in ihnen ein voll entwickeltes Kreuzigungsbild noch nicht sehen. Offen ist auch, ob der Westen im 4. Jahrhundert schon ein Kreuzigungsbild hatte. Die ältesten erhaltenen Beispiele gehören dem 5. Jahrhundert an. Bekannt ist ein Holzrelief der Tür von S. Sabina in Rom, 432 entstanden, das Christus in Orantenhaltung zwischen den beiden Schächern vor der Mauer Jerusalems zeigt; das Kreuz wird lediglich durch die an zwei Brettchen angenagelten Hände angedeutet. Wenig vorher, zwischen 420 und 430, entstand vermutlich in Oberitalien ein Elfenbeintäfelchen, das zu einem Reliquienkästchen gehörte. Es ist das älteste westliche Kreuzigungsbild, das wir mit dem an das Kreuz geschlagenen Christus kennen. Es deutet das Sterben Christi als Triumph über den Tod. Andere Darstellungen des Westens aus dem 5. und 6. Jahrhundert blieben nicht erhalten; wir wissen von ihnen nur durch Textzeugnisse.

Der einheitlichen Entwicklung des byzantinischen Kruzifixbildes im Osten steht im Abendland eine große Variantenfülle gegenüber. Vom 9. Jahrhundert an wird die Kreuzigung im zunehmenden Maße das Hauptthema der Bildkunst, in dem sich bis zur Reformationszeit Theologie und Frömmigkeit artikulieren. An dieser Stelle kann lediglich eine grob vereinfachte Darstellung geboten werden.

Im 7. Jahrhundert verdrängten in Irland steinerne Hochkreuze die heidnischen Steinsetzungen. Sie trugen zunächst nur ornamentalen Schmuck, doch stellten sich figürliche Darstellungen bald ein. Hier zeigt sich, wie die christliche Aussage sich älterer Formen bedient, denn die irischen Kreuze sind ebenso ein Erbe der keltischen Kultur (→ II, 425 ff) wie ein originärer Ausdruck christlichen Glaubens.

In der karolingischen Kunst macht sich eine neuer Trend bemerkbar: Christus wird nun bevorzugt allein dargestellt; die Schächer und die Personen unter dem Kreuz fallen weg. Die Frömmigkeit konzentriert sich ausschließlich auf den Erlösergott. So zeigt das Gebetbuch Karls des Kahlen (843–877) auf der vollen rechten Seite den gekreuzigten Christus, während links gegenüber der knieende Kaiser bittend die Hand ausstreckt und folgendes Gebet an den Gekreuzigten richtet: »Christus, der du die Vergehen der Welt am Kreuz gesühnt hast, nimm du auch von mir, der ich zu dir bete, meine Sünden.« Ein wichtiger Schritt zur Verinnerlichung der Kreuzestheologie deutet sich darin an.

Die keltischen und fränkischen Steinkreuze setzen sich fort in den monumentalen Kruzifixen der romanischen Kunst, in Vortrage- und Altarkreuzen. Dem östlichen Christentum blieben diese Kruzifixe fremd, da die plastische Kunst im kirchlichen Bereich abgelehnt wurde. (Der byzantinische Einfluß in Italien machte sich deswegen dort im 12. und 13. Jahrhundert in der Vorliebe zu Tafelkreuzen geltend; siehe das Kreuz von San Damiano auf dem Bild »Franz von Assisi« im Religionsbuch 1, S. 21.) Das berühmteste und gleichzeitig älteste erhaltene Großkreuz ist das aus Eichenholz geschnitzte Gerokreuz im Kölner Domschatz, das um 965 entstanden ist, und zum ersten Mal den Gekreuzigten in beeindruckendem Realismus darstellt: als Toten. Der Leib ist nach unten gesackt, er zerrt an den Armen, hat die Knie nach vorne gedrückt. Ein Toter hat ausgelitten, und so sind in dem vornüberfallenden Gesicht alle Schmerzen zur Ruhe gekommen. Dieser Christus ist wirklich tot, aber die Darstellung meint wohl mehr den liturgischen Opfertod als den historischen Augenblick.

Das Thema des toten Kruzifixus hat die romanische Kunst nicht weiterverfolgt. Sie bevorzugte den hoheitsvollen Christus, der auch am Kreuze der überlegene Sieger bleibt. Es ist der von menschlicher Todesqual unberührte König, der hier als Erlöser vor Augen steht. Die Prachteinbände liturgischer Bücher mit dem Edelsteinkreuz repräsentieren ihn ebenso wie die Huldigungsszenen in den Kuppel- und Apsismosaiken Ravennas. Noch die majestätischen Kreuzigungsgruppen der frühen Gotik in der fernen Höhe des Triumphbogens sind Zeugnisse repräsentativen Geistes. Doch beginnen jetzt auch Trauer und Klage über den Tod des Gekreuzigten. In der Mystik des 14. Jahrhunderts, intensiviert durch den grassierenden Pesttod, steigern sich Klage und Mitgefühl zu expressiven Gestaltungen des Leidens.

Während also die romanische Kunst ihren Christus, in eine Tunika oder ein weites Lendentuch gehüllt, an erhöhter Stelle inthronisiert, zeigt ihn das Kruzifix der gotischen Zeit fast nackt und dem Betrachter nahe gerückt. Nun ist ihm die Dornenkrone brutal auf den Kopf gedrückt; Schmerz und Todeskampf wurden in gesteigertem Realismus herausgestellt. Auf den Tafelbildern nehmen immer mehr Menschen am Passionsgeschehen teil. Maria Magdalena vertritt kniend unter dem Kreuz die sündige Menschheit. Heilige und Stifter gesellen sich dazu. Dichte Volksmengen drängen sich heran. Die Szenen werden zunehmend volkreicher und bedürfen der gruppierenden Ordnung. Vom frühen 14. Jahrhundert an erhöht sich das Gedränge, nimmt der Tumult zu. Da sind reiche Juden auf Pferden, in prächtiger Modetracht – des 14. Jahrhunderts natürlich –, trauernde Frauen drängen sich unter dem Kreuz, Soldaten heben sich durch Waffen und Rohheit ab. »Das Bild der mittelalterlichen Stadt mit ihrem Gedränge, wenn zu Markttagen, Volksfesten oder Gerichtsverhandlungen die Bevölkerung der umliegenden Dörfer in den engen Mauern zusammenströmte, hat sicher an den volkreichen Kreuzigungsbildern mitgeformt. Zugleich gewinnt die individuell denkende und fühlende Einzelgestalt innerhalb des Figurenreichtums an Bedeutung, wie auch die Verantwortung und das Selbstbewußtsein des Bürgers im Rahmen des städtischen Gemeinwesens wachsen. Die Maler beginnen zu dichten, die Dichter erzählen immer bildhafter und farbiger.«[1]

Eine neue Steigerung des Kreuzigungsbildes in die alltägliche Gegenwart hinein erreichen die niederländischen und italienischen Maler, wenn sie die Kreuzigung in weite helle Landschaften hineinstellen. Historisches Ereignis und reale Lebensumwelt fließen zusammen. Ein Gemälde des flämischen Malers Hans Memling von 1470 stellt schließlich ein ganzes Passionsspiel inmitten der Gassen, Tore und Paläste einer spätmittelalterlichen Stadt dar. Vom Einzug in Jerusalem an kann man Jesus über alle Leidenswege und -stationen bis zur Kreuzigung begleiten, die ganz klein in der Ferne zu sehen ist, die Grablegung dazu und die Auferstehung. Aller Goldgrund ist gewichen, vom Himmel über der Stadt nur noch ein letzter Rest, selbst Jesus umgibt kein Nimbus mehr. Hier erscheint er ganz als Mensch. Manche Historiker datieren dieses Bild als den Beginn der Renaissance. Der nächste Schritt führt zu Matthias Grünewald.

Matthias Grünewald: Die Kreuzigung vom Isenheimer Altar S. 44

»Es gibt keine vergleichbare Kreuzigungsdarstellung, die jedem, der vor sie hintritt, so völlig den Atem nimmt, die jeden Gedanken stillstehen läßt und jede theolo-

[1] *Helga Möbius,* Passion und Auferstehung in Kultur und Kunst des Mittelalters, Berlin (Ost) 1978, 75 f.

gische Spekulation angesichts der übermächtigen Gegenwart des Leidens Christi derart zum Schweigen bringt.«[1]

»Das Kreuzigungsbild bildet in seiner Konzentration, in seiner Intensität der Aussage und durch den zum Glaubenszeugnis gesteigerten Realismus einen Höhepunkt, der nicht wieder erreicht wird.«[2]

»Vor dem ausgespannten Riesen des Isenheimer Altars hat bloßes Mitleid keine Kraft mehr. Es ist Bestürzung, Gewalt und Majestät, die von ihm ausgehen.«[3]

»Er war der große Maler unter den Deutschen, ein Kolorist, der in der Glut und Sinnlichkeit der Farben niemals auch nur annähernd von einem anderen deutschen Künstler erreicht wurde.«[4]

A. Eineinhalb Jahrhunderte nach Grünewalds Tod beklagte Joachim von Sandrart, daß »dieser ausbündige Maler Mathis von Aschaffenburg unter allen den besten Geistern der alten Teutschen in der edlen Zeichen und Malkunst, dermaßen mit seinen Werken in Vergessenheit geraten ist, daß ich nicht einen Menschen mehr bei Leben weiß, der von seinem Tun nur eine geringe Schrift oder mündliche Nachricht geben könnte.«

Dieser Sandrart war es, der dem Mathis Gothart mit Beinamen Nithart oder Neithart den Phantasienamen »Grünewald« gab und von ihm berichtete, daß er übel verheiratet gewesen sei, ein stilles Leben geführt und sich meistens in Mainz aufgehalten habe. So sehr sich Sandrart bemühte, das ihm Erreichbare aufzuzeichnen, zwischen seinem Grünewald und dem Isenheimer Altar gab es schon keine Verbindung mehr. Das Dunkel um den Maler konnte nicht weiter aufgehellt werden, bis 1917 Walter Karl Zülch mit seinen Forschungen über den historischen Grünewald bescheidenes Licht brachte. Demnach wurde er vermutlich um 1470-1475 geboren und starb 1528 in Halle an der Saale. Er wurde 1509 Hofmaler des Erzbischofs Ulrich von Gemmingen in Aschaffenburg. Zwischen 1510 und 1512 muß er den Auftrag für sein Hauptwerk, den Isenheimer Altar, erhalten haben. Diesen Auftrag erteilte der hochgebildete Präzeptor des Antoniterklosters in Isenheim (Elsaß), der Sizilianer Guido Guersi. Er und sein Vorgänger, der Savoyarde Jean d' Oriliac, hatten die Klosterkirche großzügig umgebaut. Mit dem gewaltigen Wandelaltar, seinen doppelten Flügeltüren, die einen mächtigen Schrein mit Holzbildwerk schließen, krönten die beiden Präzeptoren in unvergleichlich großartiger Weise ihr Erneuerungswerk der Isenheimer Kirche.

Die Antoniter waren ein abendländischer Hospitalorden. Sie verehrten den Wüsteneremit Antonius, der gegen Dämonen und Teufel kämpfte, vor Anfechtung und Krankheit schützte und Kranke heilen konnte. In Isenheim war ein bedeutender Konvent dieses Ordens. In den Jahrhunderten zuvor hatte das »Antoniusfeuer« grassiert, eine Erkrankung des Blutes, die einzelne Glieder zum Abfaulen brachte. In späterer Zeit wurden in den Antoniterklöstern auch Pest, Syphilis und Epilepsie bekämpft. Der hl. Antonius galt als Helfer gegen

[1] *Christian Baur* (Text)/*Max Seidel* (Fotographie), Grünewald: Der Isenheimer Altar, Stuttgart 1983, 6.

[2] *Gertrud Schiller,* Ikonographie der christlichen Kunst, Bd. 2: Die Passion Jesu Christi, Gütersloh [2]1983, 171.

[3] *Georg Scheja,* Der Isenheimer Altar des Matthias Grünewald, Köln 1969, 59.

[4] *Franz Winzinger,* Art.: Grünewald, in: Kindlers Malerei Lexikon, Bd. V, Zürich/München 1976, 217.

das Antoniusfeuer, der hl. Sebastian als Beistand gegen die Pest; beide sind auf den zwei Standflügeln des geschlossenen Altares dargestellt. Zwischen ihnen überspannt die riesige Kreuzigung Christi die ganze Fläche des Schreins (269 x 307 cm). Es war die Werktagsseite des Altares. Vor ihr knieten die Kranken des Spitals in der Hoffnung auf Trost und Heilung. (→S. 332: Die Auferstehung Christi)

B. Diese Kreuzigungsdarstellung führt auf die Kuppe des Berges Golgota, eine felsige Anhöhe, von der aus man einen Blick auf eine weitschwingende Landschaft mit Bergrücken und Tälern hat. Der Himmel darüber ist schwarze Finsternis, je höher um so dichter. Diese Dunkelheit ist mehr als nur die Wiedergabe eines Naturgeschehens. Jene Nacht ist die Nacht Jakobs am Jabbok (→S. 205ff), die Nacht Abrahams auf dem Berge Morija, die Nacht der Gottverlassenheit Jesu. Nur die Horizontlinie hellt fahlgrüner Lichtschein auf und taucht die Kreuzigungsszene in ein unwirkliches Licht.

In furchtbarer Eindringlichkeit hängt vor diesem verschlossenen Himmel der tote Leib des Gekreuzigten. Der schwere Körper wird von der Spannung des gebogenen Querbalkens hochgezerrt. Es entsteht eine Spannfolter, die alle Gliedmaßen dehnt und verrenkt. Auseinandergerissen greifen die Hände verkrampft ins Leere. Die ausgekugelten Armgelenke haben den Leib seitlich neben die Mittelachse des Stammes rutschen lassen. Durch die Nagelwunde der Füße entstehen durch die Zerrung Wulste an der Unterseite, so daß hier das Blut besonders fließt.

Das dornige Gebinde, das Jesus auf den Kopf gedrückt wurde, überdeckt alles Haar. An der rechten Seite drücken sich die Dornen in den Körper und halten den kraftlosen Kopf in dieser qualvoll geneigten Lage fest. Das Lendentuch ist zerfetzt, von oben bis unten wird der gesamte Leib von den Wunden einer grauenvollen Marterung überdeckt. Schon sind sie in eine grünliche Todesverfärbung übergegangen. Das Gesicht zeigt noch den erstarrten Schmerz des Todeskampfes mit einem halb geöffnetem Mund und blau angelaufenen Lippen, denen das letzte Stöhnen entwichen ist. So steigert eins das andere zu einer unerhörten Gebärde qualvoller Marter und der Einsamkeit des Sterbens in einer leeren, verfinsterten Welt.

Die Gruppe der Trauernden links unter dem Kreuz stellt sich in formaler Geschlossenheit dar: die Bewegung der sich nach hinten beugenden knienden Maria Magdalena setzt sich in der Kontur des stehenden Johannes hinter ihr fort, der seinerseits die schwankende Mutter Jesu umfängt.

Nicht vom Schmerz geschüttelt, sondern in sich erstarrt und totenblaß steht Maria da, in einer ekstatischen Ohnmacht, in der sie an der Agonie des Sohnes teilhat. Um sie zu stützen, wendet sich ihr der Jünger Johannes zu, die weißgekleidete Frau in das leuchtende Rot seines Mantels hüllend. Magdalena, mit aufgelöstem blonden Haar, in ein faltenreiches Gewand gekleidet, ist in einem weniger gehemmten, lauten und profaneren Schmerz auf ihre Knie gesunken und reckt ihre gefalteten Hände ringend zum Gekreuzigten auf. Die Verkleinerung des Maßstabs von Johannes über Maria zu Magdalena verstärkt den Eindruck des Niedersinkens der ganzen Gruppe, ihre Schwankung nach hinten die Wirkung tiefster Erschütterung.

In der Kunstgeschichte wird diese Darstellung des Mit-Leidens der Mutter, der Jünger, der Magdalena (und anderer Figuren) als Compassio bezeichnet. Die Compassio ist ein in mittelalterlicher Theologie, Dichtung und Kunst oft und breit entfaltetes Motiv. Wir sagten schon, daß die Evangelien es nicht kennen, und daß es auch der triumphalistischen Deutung des Todes fremd blieb (→ S. 297f). Bis ins späte Mittelalter hinein hat die fromme Phantasie das Leid Mariä unter dem Kreuz in zwei Varianten ausgebildet: als lamentatio und als agonia. In der lamentatio ringt Maria die Hände, gerät außer sich, wendet sich an die Umstehenden und an die ganze Menschheit. Diesem Typ entspricht beim Isenheimer Altar nur die Magdalena und – gemildert – Johannes. Die Darstellung der Maria verdichtet sich hingegen in der agonia. »Diese Agonie ist immer als die eigentliche Compassio, als Mitvollzug des Leidens und Sterbens Christi gedeutet worden. In der mystischen Betrachtung wird sie zur ekstatischen Ohnmacht gesteigert. Das entspricht der allgemeinen Tendenz in den spätmittelalterlichen Klöstern, die imitatio Christi als kontemplative Erfahrung zu verstehen. Es handelt sich also auch hier [im Altarbild] um theologische kontemplative Erfahrung, was sich aufs deutlichste in der vielgedeuteten geistlichen Kleidung der Maria ausdrückt. Sie wird als Vertreterin des klösterlichen Menschen aufgefaßt. Grünewald hat in der Haltung und im Gesicht der Madonna diese ekstatische Hinweggenommenheit aufs eindeutigste dargestellt.«[1]

Gegen die Gruppe der trauernden Menschen auf der linken Seite des Kreuzes stemmt sich zur Rechten die demonstrative Gestalt des Täufers Johannes. Historisch gedacht, gehört er gar nicht hierhin, denn er wurde bereits zu Lebzeiten Jesu hingerichtet. Wer ihn genau betrachtet, sieht, daß dieser Johannes auch nicht so den Tod Jesu erfährt, wie dies die gegenüberstehenden Personen tun. Er ist auffallend wenig ergriffen, schaut auch nicht auf den Gekreuzigten, sondern an ihm vorbei über den Bildrand hinaus. In prophetischer Größe und unerschütterlicher Ruhe steht er da und zeigt mit gestrecktem Finger auf den toten Christus. Im Winkel seines Armes aber steht ein Spruch, dem der Ausdruck dieser Gestalt untergeordnet ist: Illum oportet crescere, me autem minui – jener muß wachsen, ich aber muß abnehmen (Joh 3,30). Ganz offensichtlich ist darin eine theologische Komponente des Bildes gegeben.

Im Textzusammenhang des Evangeliums geht es in diesem Wort um die schwindende Zahl der Johannes-Jünger und die wachsende Anhängerschaft Jesu. Der Täufer betont, daß sich in diesem Wandel zugunsten der Bedeutung Jesu sein eigener Auftrag erfülle: »Er, der von oben kommt, steht über allen; wer von der Erde stammt, ist irdisch und redet irdisch. Er, der aus dem Himmel kommt, steht über allen« (Joh 3,31). Tatsächlich »steht« der am Kreuz Erhöhte hier über allen. Allein in den körperlichen Proportionen überragt er alle anderen auf dem Bild. Grünewald hat aber den Gegensatz zwischen der erfahrbaren Niedrigkeit des geschundenen Menschen am Kreuz und seinem göttlichen Geheimnis bis zum krassesten Paradoxon gesteigert (→ S. 573). Solche Paradoxa begegnen bereits in der älteren theologischen Tradition. So spricht Augustinus von dem Licht, das die gekreuzigt haben, die sich rühmten, das Licht zu sehen: »Welche Blindheit! Sie töteten das Licht, doch hat das

[1] *Georg Scheja,* a.a.O., 60. Scheja weist darauf hin, es könne unmöglich Zufall sein, daß Maria, wo immer sie im Isenheimer Altar auftritt, im Zustande kontemplativer Versenkung dargestellt wird: die Heilsgeschichte wird nicht nur als Historie gesehen, sondern als Stiftung der mystischen Verbindung zum Göttlichen.

Licht am Kreuz die Blinden erleuchtet.« Vielleicht variiert Augustinus hier den Vers Joh 1,5: »Und das Licht leuchtet in der Finsternis, und die Finsternis hat es nicht erfaßt.« Ähnlich gehört es zur Dialektik von Grünewalds Kreuzigungsdarstellung, daß einerseits ein toter Christus und der Schmerz um sein grausames Dahinscheiden mit nie zuvor gesehener Wucht gezeigt werden, so daß aller Glaubensmut schwinden könnte; und daß andererseits gerade deswegen der Fingerzeig auf den Toten notwendig ist, in dem das neue Leben erstand. Abnehmen – mag das Wort des Täufers dann lehren – müßt ihr notfalls bis zu Unansehnlichkeit und Tod, damit das neue göttliche Leben in euch groß werden kann.

Die Gestalt des Johannes findet ihre zusätzliche Deutung durch das symbolische Attribut des Opferlammes zu seinen Füßen, aus dessen Brust das Blut in einen Kelch rinnt. Es interpretiert den Tod des Gekreuzigten als Opfer- und Sühnetod: Christus ist das Lamm, das die Sünden der Welt auf sich nimmt.

C. Als in den Wirren der Französischen Revolution 1793 auch das Antoniterkloster zu Isenheim nach Zeugnissen der Feudalherrschaft untersucht wurde, glaubte man diese auch in dem Altar vor sich zu haben. Das reich geschnitzte und vergoldete Gesprenge wurde zerstört. Doch war der Altar geschlossen. Nur die Werktagsseite war zu sehen, die Kreuzigung Christi vor dem nachtschwarzen Himmel. Diese Darstellung wurde geschont. »Dagegen erhob sich keine Hand. Man war doch nicht kaltblütig genug, im übrigen zu wenig gebildet, um zu wissen, daß sich der Altar zweimal öffnen ließ. Wer weiß, ob der Lichtglanz der ersten Öffnung mit der ›Verkündigung‹, dem ›Engelskonzert‹, der ›Madonna mit dem Kind‹ und der strahlenden ›Auferstehung‹ nicht doch die Zerstörung provoziert hätte?«[1]

Um eine weitere Gefährdung des Altars zu verhindern, brachte man 1794 die geschnitzten Figuren des inneren Schreins und die Altartafeln Grünewalds ins Jesuitenkolleg nach Colmar, 1852 in das ehemalige Kloster Unterlinden, das heutige Musée d'Unterlinden, das seitdem den Altar hütet. Die verwaiste Klosterkirche zu Isenheim fiel 1832 einem Brand zum Opfer. Bis auf Reste der Umrahmung und einer Fialenbekrönung aus dem Gesprenge verbrannte der dort lagernde Schreinaufbau des Altares mit, so daß sich das ehemalige Werk heute nicht mehr darstellt. »Im Ganzen war der Aufbau des Isenheimer Schreins von schlanker Eleganz, eher leicht als schwer..., ein Gesamtkunstwerk im universalen Sinn des Mittelalters, d.h. ein Zusammenwirken von Architektur, Plastik und Malerei.«[2]

Der Isenheimer Altar ist ein theologisches Gebäude eigener Prägung, das einen weitgespannten Themenzusammenhang schafft. Diesen umfassenden Kontext kann unser Handbuch hier nicht berücksichtigen. Es stellt sich überhaupt die Frage, was die Auswahl dieser Kreuzigung für unser Religionsbuch legitimiert. Wenn man die Erfahrungstiefe und menschliche Reife, die dieses Kunstwerk spiegelt und gleichzeitig die Vielschichtigkeit der interpretatorischen Problematik um den Isenheimer Altar bedenkt, fällt eine Begründung

[1] *Christian Baur,* a.a.O., 5.
[2] *Georg Scheja,* a.a.O., 12.

nicht schwer, dieses Bild als ungeeignet für Kinder anzusehen. Doch was ist das – näherhin besehen – für ein Kriterium? Ist das Gero-Kreuz oder eine gotische Kalvarienbergszene Kindern näher? Ist überhaupt die Kreuzigung »etwas für Kinder«? Nein, das ist sie entschieden nicht. Weder läßt sich die Rohheit dieser Hinrichtung, noch die theologische Deutung jenes Todes als »kindgemäß« ansehen. Die Verhängung einer Zensur für die Thematik ließe sich pädagogisch besser rechtfertigen als ihre Freigabe. Und doch führen solche Vorbehalte hier wie anderswo ins didaktische Getto. Kinder wachsen nirgendwo und zu keiner Zeit in Schonräumen heran. Das soziale Elend, die Krankheit, die Todesangst, die Ungesichertheit der Existenz machen keinen Bogen um ihr Leben herum. Unter allem, was Erwachsene drückt, leiden sie oft noch viel mehr. Die Kreuzwege, die die Menschen immerfort gehen, berühren selbst eine behütete Kinderwelt. Wer Kinder für die Wahrheit des Lebens aufschließen will, muß ihnen auch das Kreuz deuten.

Von besonderer Tragik ist es zu sehen, welchen Unterhaltungswert das Töten und Getötetwerden im Fernsehen bekommt: daß sich für die Kinder »Spannung« damit verbindet, ohne daß sich ein Nachdenken um menschliches Schicksal einstellt. Im Gegensatz dazu, und doch zutiefst hiermit verschränkt, steht die Verdrängung des Todes aus unserer Gesellschaft. Die meisten Kinder werden von der Erfahrung des Sterbens und des toten Menschen ferngehalten (→ III, 451).

Das Christentum, dem die Torheit wie die Weisheit des Kreuzes aufgegeben sind, kann hier nicht die Augen schließen. Es muß auch den Kindern das Kreuz zeigen, nicht das formelhaft vernutzte Kreuz, das man als Schmuckstück gedankenlos trägt, das man in Schulräumen und Kirchen gedankenlos als Dekor übersieht, sondern das Kreuz, das den Tod bedeutet. Es gibt keine Darstellung innerhalb unserer Kunstgeschichte, die diese Wirklichkeit des Gekreuzigten so unverbraucht und anrührend vor uns hinstellt. Von hier gehen Schweigen, Bestürzung, Nachdenken aus. In diesem Kruzifixus treten zugleich alle Opfer menschlicher Rohheit vor uns hin: die Gekreuzigten des Dareios zu Babylon wie die Gefolterten, Erschossenen und Vergasten von Auschwitz, Treblinka, Dachau, Buchenwald oder Bergen-Belsen. In irgendeiner Weise sogar die eigene Zukunft. Daß es den Tod bedeutet, will uns das Kreuz ein Leben lang einüben lehren. Daß es das Leben bedeutet, soll die christliche Hoffnung bleiben.

D. Wenn man die Originalmaße der Isenheimer Kreuzigung bedenkt, ist es verständlich, daß deren Wiedergabe mit 14 × 12,5 cm im Schulbuch die Wirkung des Bildes wesentlich mindert. Vielleicht ist es angemessen, das Werk interpretatorisch mit den Schülern aus dem Religionsbuch zu erarbeiten im Sinne einer Vorbereitung auf die eigentliche Begegnung mit dem Altarbild. Diese Begegnung läßt sich anschließend durch eine Dia-Projektion in angenäherter Originalgröße ermöglichen. Dabei sollte nicht mehr das kunsthistorische Interesse leiten, sondern ein geistliches Sehen und Sprechen.

Dem Kruzifixus aus der Darstellung Grünewalds sind unsere Kinder bereits im 1. Schuljahr im Osterbild des Religionsbuches begegnet (→ I, 179 ff); in anderer Gestalt sahen sie das umgekehrte Kreuz im Religionsbuch für das 3. Schuljahr auf Seite 39 (→ III, 289).

A. Der Gekreuzigte hat im Werk des Juden Marc Chagall einen eigenartigen Stellenwert, dem wir zunächst nachgehen wollen, bevor »Die weiße Kreuzigung«, die unser Religionsbuch zeigt, eine nähere Deutung findet.

Hans-Martin Rotermund ist in seinem wichtigen Buch »Marc Chagall und die Bibel« der Beziehung des Künstlers zum Neuen Testament und zumal zur Gestalt Christi in sorgfältiger Weise nachgegangen. Er fand die Christus-Gestalt nur als den Gekreuzigten bei Chagall vertreten, seit 1938 mit besonderer Akzentuierung; ein älteres Vorspiel ist das schon 1912 entstandene kubistische Gemälde mit dem Titel »Golgatha«. Als dieses Bild 1949 in Paris ausgestellt wurde, bemerkte Chagall in seiner Eröffnungsrede dazu: »Die symbolische Figur von Christus war mir immer vertraut, und ich war entschlossen, ihr aus der Vorstellung meines jungen Herzens heraus Gestalt zu geben. Ich wollte Christus als unschuldiges Kind zeigen. Heute sehe ich es natürlich anders. Als ich dieses Bild in Paris malte, versuchte ich, mich psychologisch von der Auffassung eines Ikonenmalers zu befreien, wie von der russischen Kunst überhaupt.« Chagalls Tochter Ida bemerkte Hans-Martin Rotermund gegenüber, »daß ihr Vater in seiner Jugend von der Frage bewegt gewesen ist, was es um die Gestalt Jesu sei. Er habe einmal einem jüdischen Rabbiner diese Frage gestellt, aber eine barsche Abfuhr erfahren.«[1]

Von den in späteren Lebensjahren entstandenen Bildern mit dem Gekreuzigten lassen sich zwei Gruppen unterscheiden: einerseits sehr subjektiv empfundene Kreuzigungsmotive, andererseits solche, die aus den politischen Zeitereignissen erwachsen.

Als Beispiel für eine subjektive Interpretation der Kreuzigung, kann das Bild »Selbstbildnis mit Wanduhr« (1947) gelten. Es zeigt den Künstler in Eselsgestalt vor seiner Staffelei; er arbeitet an einem Gemälde, das den Gekreuzigten darstellt. Für Chagall ist Christus »der Mensch mit dem tiefsten Lebensverständnis«, das Vorbild und Urbild einer Haltung, die – insbesondere dem Künstler aufgegeben – dennoch vom Menschen und auch von ihm, dem Künstler, nie voll realisiert wird.

Noch mehr aber verknüpft sich das Motiv der Kreuzigung bei Chagall mit politischen Zeitereignissen. Als Beispiel sei eine farbige Gouache von 1944 genannt: »Die Gekreuzigten«[2]. Wir sehen eine winterlich verschneite russische Dorfstraße, leer, ausgestorben, ausgemordet. »Links vorn liegen Tote im Schnee. Nur zwei Menschen sind am Leben geblieben: ein kleiner Junge, der sich (rechts unten an der Tür) geduckt fortzuschleichen sucht, ein alter Mann, der oben auf dem Dach sitzt, die Rolle der Heiligen Schrift im Arm – gleichsam die Stimme der Totenklage über dem ausgestorbenen Dorf. Und nun sieht man, in die Tiefe der Dorfstraße gestaffelt, ein Kreuz hinter dem anderen. Es ist ganz eindeutig, daß nicht das *eine* Opfer gemeint sein kann, das da *einmal* dargebracht wurde, wie es uns der Hebräerbrief im Neuen Testament beschreibt, sondern das Zeichen des Kreuzes ist hier zu einem Sinnbild für das

[1] *Hans-Martin Rotermund,* a.a.O., 111 ff.

[2] Abgebildet in: *Hubertus und Ursula Halbfas* (Hrsg.), Das Menschenhaus. Ein Lesebuch zum Religionsunterricht, Düsseldorf/Stuttgart/Zürich ^{11}1986, 175.

Leiden des jüdischen Menschen, des jüdischen Volkes geworden. Hier ist dieser Gekreuzigte mit Jes 53 verstanden als der ›leidende Gottesknecht‹; nur dieses Jesajakapitel – anders als es die Theologen der beiden christlichen Kirchen auslegen, oder vorsichtiger gesagt: auszulegen pflegten – nach jüdischer Schriftauslegung bezogen auf das Schicksal des jüdischen Volkes selbst. ›Israel‹ ist nach jüdischer Exegese der leidende Gottesknecht.«

Rotermund verfolgt das Motiv der Kreuzigung noch auf vielen anderen Bildern Chagalls. Zum Schluß sagt er: »Es hat mir – zunächst zu meiner Verwunderung – Chagalls Tochter Ida auf meine Fragen hin einmal gesagt, daß ihr Vater nie daran denken würde, im Neuen Testament zu lesen. Heute ist mir diese Aussage verständlicher. Chagall wird der Meinung sein, daß er diesen Jesus von Nazareth als Angehörigen des jüdischen Volkes, als seinen Bruder, besser und unmittelbarer zu verstehen vermag, als das Neue Testament, in dem sich über diesen Jesus bereits eine Interpretation, der Glaube der frühchristlichen Gemeinde und damit die beginnende christliche Dogmatik, gelegt hat. Ohne Frage hat Chagall durch die Gestalt Jesu einen starken religiösen Impuls empfangen. Dabei mag Chagalls persönliche Stellung gegenüber diesem Jesus Schwankungen unterlegen haben. Aber ich denke, es wird richtig sein, die Bedeutung dieser Gestalt und damit auch dieses Gekreuzigten in Chagalls Werk lieber stärker im Jüdischen zu belassen, als Chagalls Bilder vorschnell für die christliche Verkündigung in Anspruch nehmen zu wollen...

Ein anderes Kapitel wird freilich aufgeschlagen, wenn es um die Frage geht, was die Kreuzigungsbilder Chagalls uns, was sie der christlichen Gemeinde zu geben vermögen. Ein Bildmotiv kann, wie ich meine, über die subjektive Absicht des Künstlers hinaus, wenn es als abgeschlossenes Kunstwerk vorliegt, aus sich selbst zu einer weiter wirkenden Aussage werden. In der Gestaltungsweise des Künstlers kann echte Wirklichkeit erschlossen sein, ohne daß sie für ihn selbst bis ins letzte theologisch reflektiert und geklärt ist. – Wenn man bedenkt, wieviel an ›christlicher Kunst‹ heute lediglich in Anlehnung an überkommene Traditionen gestaltet wird, wie zahllose ›Kruzifixe‹ für die vielen restaurierten oder neuerbauten Kirchen rein auftragsgemäß gemalt oder geschnitzt werden, irgendwo an traditionelle Vorbilder angelehnt, ohne Beziehung zu dem lebendigen Atem unserer Zeit, sollte man nicht mit der Berufung darauf, daß es sich hier um einen jüdischen Künstler handelt, übersehen, daß auf den Kreuzigungsbildern Chagalls die Gestalt Christi in erregender Aktualität in die erschütterndsten und qualvollsten Ereignisse unserer Zeit hineingestellt ist, so daß sie in zugleich gegenwartsnaher wie künstlerisch großartiger Weise vor uns steht.«[1]

B. »Die weiße Kreuzigung« Marc Chagalls ist ein Ölgemälde (155 × 139,5 cm), das 1938 entstand und heute im Art Institute Chicago hängt. Wir können es anschauen wie eine erzählende Bilderbuchseite, von Detail zu Detail weitergehend, um dabei eine komplexe Geschichte zu erfahren.

Offensichtlich geht Schreckliches vor sich. Das bis dahin friedliche Dorf stürzt durcheinander. Ein Haus steht Kopf, aus einem anderen ist die Tür halb herausgerissen, das Türblatt hängt nur noch an einer Angel. Aus dem Nach-

[1] *Hans-Martin Rotermund,* a.a.O., 126, 137 f.

barhaus daneben schlägt Feuer. Auf der Straße davor hocken drei Menschen beieinander, Mann, Frau und Kind; hinter dem Haus, im verschneiten Garten, liegt jemand ausgestreckt auf dem Rücken; es könnte ein Erschlagener sein. Weiter zurück steht verloren ein leerer Stuhl, eine Ziege kauert davor. Ob dort der Erschlagene kurz zuvor noch gesessen hat? Über den Hügel am Horizont rückt mit wehenden roten Fahnen und waffenschwingend eine wilde Soldateska heran. Das kleine Dorf wird Opfer eines solchen Überfalls gewesen sein, mit all dem Zerstören, Brandschatzen und Morden, das seit Jahrtausenden der Krieg mit sich bringt. Vor dem Dorf sind viele Menschen in ein großes Boot gestiegen; manche hängen erschöpft über dem Bootsrand. Vermutlich wollen sie fliehen, ohne daß ersichtlich würde, wo es Zuflucht für sie gäbe. Der Mann vorne im Boot deutet dorthin, wo der Gekreuzigte hängt.

Flucht bestimmt auch das Geschehen in der unteren Bildhälfte. Nur noch im Anschnitt am Bildrand ist links in der Ecke ein alter Mann erkennbar, der sich die Tränen aus den Augen wischt. In der Mitte rechts eine fliehende Frau mit ihrem Kind. Sie trägt ein Kopftuch und drückt das junge Leben mit beiden Händen fest an sich. Offensichtlich sind es lauter Juden, die hier in alle Welt flüchten. Der Bärtige links mit dem blauen Kittel und dem weißen Brustlatz breitet ratlos die leeren Hände aus. Das Schild auf seiner Kleidung ist unbeschriftet, doch stand ursprünglich einmal in deutscher Sprache darauf geschrieben: »Ich bin ein Jude.« Das hat der Maler später wieder als zu direkt getilgt. Hinter ihm läuft ein ebenfalls älterer Mann mit der Torarolle im Arm. Wie im Zorn wendet er sich noch einmal zurück. Während dieser die Torarolle rettet, liegt rechts am Bildrand eine andere brennend auf der Straße. Großen Schritts eilt ein Jude im Kaftan, mit wenigen Habseligkeiten im Sack, zur anderen Richtung davon.

Im Hintergrund brennt lichterloh eine Synagoge. Im Giebelfeld erkennt man die Löwen aus Judas Stamm und den Davidsstern. Ein blauer Vorhang weht nach außen und geht in Flammen auf. Sonst dient dieser Vorhang dazu, den Schrein mit den Schriftrollen zu verhüllen. Jetzt wird der Schrein geplündert. Auf der Straße liegen bereits ein umgefallener Stuhl, Gebetbücher, sonstiges Inventar. Ein Mann mit knallrotem Kopf reißt die Torarollen aus der Synagoge. An seinem Arm trägt er eine Binde, wie sie zu Nazi-Uniformen gehörte. Wahrscheinlich ist es ein SA-Mann, der die Synagoge schändet, dessen feuerroter Kopf ihn mit den lodernden Flammen und den roten Fahnen auf der anderen Bildseite in Beziehung setzt.

Inmitten all dieser Szenen der Aggression, der Flucht und des Untergangs steht in majestätischer Größe und Ruhe das Kreuz. Der Gekreuzigte trägt als Lendenschurz einen jüdischen Gebetsschal, kenntlich an den zwei schwarz eingewebten Streifen und den einfassenden Fransen (→ II, 515). Das Haupthaar Jesu ist durch ein Kopftuch bedeckt, so wie jeder Jude bei liturgischen Handlungen eine Kopfbedeckung tragen muß. Sein geneigtes Gesicht schaut nach unten auf den siebenarmigen Leuchter mit den brennenden Lichtern, der die jüdische Gemeinde vertritt und gewiß nicht zufällig diesen zentralen Platz erhalten hat. Besonders überraschend wirkt eine kleine Beobachtung, die im Wiedergabeformat des Religionsbuches vielleicht nicht gemacht werden kann: In der Mitte des Querholzes findet sich als Inschrift nicht nur das traditionelle »INRI«, vielmehr hat es Chagall in einer zweiten Zeile noch einmal wiederholt: »Jesus, der Nazarener (genau wiedergegeben: der Nazoräer), der König der Juden.« Darüber aber in der himmlischen Höhe schweben klagend und weinend die Ahnen des jüdischen Glaubens.

Noch wird zu sprechen sein von zwei Bildelementen, die das Kreuz Jesu mit einer jenseitigen Dimension verbinden. Das eine ist die Leiter, die auf vielen Kreuzigungsbildern Chagalls begegnet. Zwar könnte man die Leiter als technisches Hilfsmittel jeder Kreuzigung deuten, doch fällt auf, daß sie auf den meisten Bildern gerade nicht instrumentell eingesetzt erscheint, sondern mit ihrem oberen Ende in den geöffneten Himmel hineinragt. Zweifellos bedeutet sie hier die Himmelsleiter, von der Gen 28, 10–19 erzählt (→ III, 222ff). In unserem Bild lehnt die Leiter mit ihrem linken Holm an den Kreuzesstamm, mit dem rechten dagegen verliert sie sich im Lichtstrahl, der vom Himmel her einfällt. Sie führt sowohl zum Kreuze wie zum Licht, und das eine nicht ohne das andere.

Dieses Licht ist aber das zweite Element, das der Kreuzigung wie dem Judenpogrom ringsum eine verborgene Dimension gibt. Der gewaltige Lichteinbruch nämlich, der von oben über den Gekreuzigten fällt, ist ja keine äußerlich sichtbare Wahrnehmung, sondern der verborgene Glanz, den der Glaube inmitten von Nacht und Leid als Hilfe erfährt. So wie sich in diesem einen Gekreuzigten das millionenfache Schicksal eines gejagten und gequälten Volkes verdichtet, so verkörpert sich in seiner Gerechtigkeit und Frömmigkeit doch auch die Nähe Gottes.

C. Die Interpretation macht deutlich, daß wir kein Recht haben, die »Weiße Kreuzigung« mit dem vollen Gehalt des christologischen Dogmas zu verbinden (doch gilt dies, um es zu wiederholen, auch gegenüber sehr vielen anderen Werken einer »christlichen« Tradition, selbst wenn sie die Kirchen füllen). Ebenso deutlich wurde aber auch, daß sich in dieser Kreuzigung die Geschichte unseres Jahrhunderts spiegelt, genauer gesagt: das Pogrom der sogenannten Reichskristallnacht vom 9. zum 10. November 1938. Es ist dies »die Nacht, in der die Synagogen brannten«. (Die Bezeichnung »Reichskristallnacht« ist verharmlosend; sie nimmt spöttisch Bezug auf die Zerstörung eines kristallenen Lüsters in einem jüdischen Kaufhaus, verschleiert aber bewußt den eigentlichen Sachverhalt des bewußt inszenierten Greuels.) Da im Zeichen des gekreuzigten Christus über ein Jahrtausend hin Juden von Christen verachtet, verfolgt und ermordet worden sind (→ S. 209), unter grauenvoller Blindheit für jenen Juden, zu dem man währenddessen in den eigenen Kirchen rief – der Judenhaß der Nazis ist also Glied einer langen Entwicklung –, scheint es mir in diesem ausgehenden Jahrhundert nicht legitim zu sein, das Kreuz Jesu theologisch und kultisch zu deuten, ohne zu reflektieren, daß daran ein Jude hängt, der seinem Volke durch alle Zeiten Bruder bleibt. Auch wenn die christlichen Kirchen teilweise im Widerstand gegen den Nationalsozialismus aktiv waren, haben sie den Brand der Synagogen und die Ausrottung der Juden doch als ein fremdes Schicksal gesehen, das sie nicht zu Zeugnis und Solidarität motivierte. Diese Schuld ist nicht hinwegzureden; sie wird bleiben. Wir müssen unseren Schülern davon erzählen, müssen Stellung beziehen und ein Problembewußtsein schärfen, damit die Gewissen wach werden für ähnliche Kreuzigungen in der Gegenwart und Zukunft. Von der Kreuzigung Jesu zu sprechen, darf für Religionslehrer nicht länger bedeuten, dies in geschichtsloser Abgehobenheit zu tun. An all den sichtbaren oder unsichtbaren Folterstökken der Welt, an denen Mitmenschen gequält werden, leidet der gekreuzigte Christus mit. Amnesty International macht in konkreter Weise heute darauf aufmerksam. Wer vom Schicksal der seitdem ermordeten Juden – oder sonstiger Ausgestoßener – nichts wissen will, steht mit unter dem Volk des Kalvarienbergs, sei es folternd, sei es gaffend.

D. Die Betrachtung der »Weißen Kreuzigung« leitet in jene Geschichte ein, die vom Jugendpogrom des Novembers 1938 erzählt. Der Religionsunterricht bleibt nicht länger dispensiert, diese dunkle Seite unserer Geschichte auszuklammern. Zwar werden die zeitlichen Begrenzungen nicht erlauben, mit größerer Ausführlichkeit hiervon zu erzählen, doch können die unten angefügten Dokumente zumindest helfen, den geschichtlichen Hintergrund des Chagallschen Bildes auszufüllen. Eine besonders subtile Beziehung, die zugleich das Verständnis des Gemäldes trifft, erhellt die Erzählung »Haben Lügen kurze Beine?« von Clara Asscher-Pinkhof. Chagalls »Weiße Kreuzigung« bietet auch viele Rückbezüge zu den Texten und Bildern des Kapitels »Gott: Das dunkle Licht«. Der Unterricht wird gut daran tun, diese Verbindungen sichtbar zu machen und gemeinsam zu bedenken.

Clara Asscher-Pinkhof: Haben Lügen kurze Beine?[1]

»Die Beschaffung von Lebensmitteln ist sehr schwierig, für alle Menschen in der Stadt, aber für die Juden am schwierigsten. Die jüdischen Fischläden dürfen keinen Fisch verkaufen, die jüdischen Gemüseläden kein Obst und fast kein Gemüse, sie müssen mit den Resten vorliebnehmen, die bei der allgemeinen Verteilung übrigbleiben. Manche Juden bekommen zuweilen Pakete mit Obst geschickt, aber das ist gefährlich. Wenn die Grünen kommen und Schalen im Abfalleimer finden, dann kann man noch so beteuern, daß man die Äpfel oder Birnen von außerhalb geschenkt bekommen hat, bestraft wird man doch, und alle, die im Haus wohnen, mit. Einmal haben sie von einem Freund des Vaters einen Fisch erhalten. Der Freund ist kein Jude und darf draußen angeln. Nach dem Essen haben sie die Gräten in die Wasserspülung geworfen.

Und dann wurde nach acht Uhr geklingelt! Zum Glück war es nur jemand, der zu einem Nachbarn wollte und aus Versehen die Tür verwechselt hatte. Erschrocken waren sie trotzdem. Aber auch froh, daß sie die Fischgräten so gut weggebracht hatten.

Nun möchte Mutter zu Vaters Geburtstag so gerne Äpfel haben. Es gibt eine Möglichkeit, doch sie ist gefährlich. Er will das Risiko gern auf sich nehmen. Er ist acht Jahre alt, aber so klein, daß er ohne weiteres sagen kann, er sei sechs. Zwischen sechs und fünf ist kein großer Unterschied, und wer fünf ist, braucht keinen Stern zu tragen. Sonst trägt er natürlich immer einen, aber er hat noch eine alte Strickjacke ohne Stern . . .

Klar? Außerdem ist er blond. Er kann also ohne Schwierigkeiten in einen nichtjüdischen Gemüseladen gehen und zwei Kilo Äpfel kaufen. Ganz einfach.

[1] Aus: *Clara Asscher-Pinkhof,* Sternkinder. Aus dem Niederländischen von *Wilhelm Niemeyer,* Berlin 1961.

›Wenn sie wissen wollen, warum du keinen Stern trägst, dann sagst du, daß du erst fünf bist, verstehst du?‹

Er nickt verständnisvoll. Bisher fühlte er sich immer bedrückt, weil er so klein war, nun freut er sich darüber.

›Und wenn sie sich erkundigen, wie du heißt, sagst du einfach . . . de Jong. So können auch andere heißen.‹

›De Jong‹, wiederholte er leise. In der Schule gibt es Kinder die de Jong heißen. Doch wenn Mutter meint, daß auch andere so heißen können, wird es also stimmen. De Jong also.

Alles klappt ausgezeichnet. Niemand fragt ihn, warum er keinen Stern trägt. Es ist ganz sonderbar, einmal ohne Stern zu gehen. Als er einen Grünen sieht, denkt er: Der kann mir nichts tun, denn er weiß nicht, daß ich ein Jude bin. Es ist ein richtig angenehmes Gefühl.

Im Laden muß er lange warten. Viele Frauen werden vor ihm bedient. Als er an die Reihe kommt, sagt er schnell:

›Zwei Kilo Äpfel bitte.‹

Beim Abwiegen fragt die Frau freundlich, weil er so klein ist:

›Wie heißt du denn, Kerlchen?‹

Er muß sich besinnen.

›De Jong‹, antwortete er endlich.

›Nein‹, lacht die Frau. ›Ich meine deinen Vornamen!‹

Damit hat er nicht gerechnet. Er weiß nicht, ob Jopie ein jüdischer Vorname ist oder ob auch die anderen so heißen können. Auf jeden Fall scheint es ihm besser, nicht Jopie zu sagen. Aber was sonst?

›Na, verrat es nur!‹ lächelt die Frau.

›Jesus‹, sagt er heiser.«

Als die Synagogen in Deutschland brannten[1]

Geheimes Fernschreiben des Chefs der Geheimen Staatspolizei Heinrich Müller an alle Stapoleit- und Stapostellen vom 9. November 1938

Berlin Nr. 2344049.11.2355
An alle Stapo-Stellen und Stapoleitstellen –
An Leiter oder Stellvertreter
Dieses FS ist sofort auf dem schnellsten Wege vorzulegen.

1. Es werden in kürzester Frist in ganz Deutschland Aktionen gegen Juden insbesondere gegen deren Synagogen stattfinden. Sie sind nicht zu stören. Jedoch ist im Benehmen mit der Ordnungspolizei sicherzustellen, daß Plünderungen und sonstige besondere Ausschreitungen unterbunden werden können.
2. Sofern sich in Synagogen wichtiges Archivmaterial befindet, ist dieses durch eine sofortige Maßnahme sicherzustellen.
3. Es ist vorzubereiten die Festnahme von etwa 20-30 000 Juden im Reiche. Es sind auszuwählen vor allem vermögende Juden. Nähere Anordnungen ergehen noch im Laufe der Nacht.
4. Sollten bei den kommenden Aktionen Juden im Besitz von Waffen angetroffen werden, so sind die schärfsten Maßnahmen durchzuführen. Zu den Gesamtaktionen

[1] Dokumente zit. n.: *Heinz Lauber*, Judenpogrom. »Reichskristallnacht« November 1938 in Großdeutschland. Daten, Fakten, Dokumente, Quellentexte, Thesen und Bewertungen, Gerlingen bei Stuttgart 1981, Nr. 53, 67, 78.

können herangezogen werden Verfügungstruppen der SS sowie Allgemeine SS. Durch entsprechende Maßnahmen ist die Führung der Aktionen durch die Stapo auf jeden Fall sicherzustellen.
Zusatz für Stapo Köln: In der Synagoge Köln befindet sich besonders wichtiges Material. Dies ist durch schnellste Maßnahmen im Benehmen mit SD sofort sicherzustellen.
Dieses FS ist geheim.

Gestapo II Müller

Bretten: Eine Benzinrechnung für den Synagogenbrand

Auto-Union- und BMW-Vertretung Ernst Mayer, Bretten/Baden, Kraftfahrzeug-Reparaturwerkstätte für alle Fabrikate
Bretten, den 1. November 1939
Rechnung
für: An die Stadtgemeinde (freiwill. Feuerw.) Bretten:
10. 11. 1938 50 l Shell f. Brand v. Syn. RM 19,50
(Die 50 Liter Benzin mußten von der Firma Ernst Mayer auf einen Telefonanruf hin auf den Marktplatz und von dort zur Synagoge gebracht werden.)

Rexingen/Horb am Neckar: Was ich sah, war schrecklich
In der Nacht vom 9. zum 10. November 1938 wurde ich aus dem Schlafe geweckt, mit dem Rufe »die Synagoge brennt«. So schnell wie möglich eilte ich zur Synagoge und was ich sah, war schrecklich.
Die Synagoge brannte an verschiedenen Stellen. SA-Leute rissen Lampen, Gedenktafeln für Verstorbene von Wänden und Decken. Mit Beilen und Äxten wurde auf Vorbeterpult, auf Bänke und Thorarollen eingeschlagen.
Zu diesem Zeitpunkt war ich noch der Ansicht, es würde sich um eine Einzelaktion handeln. Die Feuerwehr war da, aber es wurde nicht auf die Synagoge gespritzt. Auf meine Frage »Warum nicht?«, gab man mir zur Antwort: »Wir haben Verbot, die Synagoge zu schützen; wir haben nur darauf zu achten, daß das Feuer nicht auf andere Häuser übergreift.« Daraufhin ging ich zu Bürgermeister Gunkel.
Ich ging zum nächsten Telefon und habe den Jüdischen Oberrat in Stuttgart, Herrn Weissmann, angerufen. Erst dann habe ich erfahren, was eigentlich los war. In der gleichen Nacht wurden auch in allen Häusern, die noch im jüdischen Besitz waren, die Fensterscheiben eingeworfen. Als ich zur Synagoge zurückkam, stand das Gebäude noch, aber das Gotteshaus war vollkommen ausgebrannt.
Was übrig war, wurde in einer Ecke im Synagogenhof aufgehäuft und erneut angezündet. Zum Beispiel die Thorarollen, Gebetbücher, Talessim[1] usw. Auf dem Wege nach meinem Hause wurde ich verhaftet und in das Gefängnis in Rexingen eingeliefert. Mit mir kamen noch andere. Als der zehnte eingeliefert wurde, machte jemand die Bemerkung: »Jetzt kann uns nichts mehr passieren, wir haben Minjan[2].«

Die Gegenwart des Gekreuzigten

Wenn es um das Kreuz als Geschichte und Symbol geht, um dessen Deutung und Meditation, muß der Religionspädagoge die zwei Wurzeln sehen, die in der christlichen Kreuztradition zusammenwuchsen.

[1] Talessim: Mehrzahl von Tallit = Gebetsmantel.
[2] Minjan, d.h. wir sind jetzt 10 Männer, die über 13 Jahre alt sind, und können, da vollzählig, beten.

Die eine – jüngere – Wurzel ist die Geschichte des Kreuzes als Pfahl oder Galgen zur Vollstreckung von Todesurteilen. Wir haben diese Linie auf den voranstehenden Seiten breit dokumentiert. Die andere Wurzel des Kreuzes liegt in der kosmischen Symboltradition fast aller alten Kulturen. Sie verbindet sich darin mit dem Kreuz und Quadrat, markiert die Mitte und Weltachsen (→III, 476–509), strukturiert das Mandala und die Symbolformen des Runden, ist in der Verbindung von Vertikale und Horizontale Ausdruck für die Verbindung von Himmel und Erde, kann in Varianten (zum Beispiel dem Hakenkreuz) für Sonne, Licht und Heil stehen und ist so schon in der vorchristlichen Welt ein Symbol, das Höhe und Tiefe, Breite und Länge einbezieht und von Ganzheit und Erlösung spricht. Diese Deutung des Kreuzes als Elementarsymbol hat vor allem Alfons Rosenberg wieder neu zugänglich gemacht.[1]

Unsere bisherige Berichterstattung über das Kreuz in der christlichen Kunst hat mit dem Beginn der Neuzeit haltgemacht. Über die weitere Entwicklung kann in aller Knappheit informiert werden. In den reformierten Ländern brach das Verhältnis zum religiösen Bild auf geraume Zeit ab. Johannes Calvin gestand den bildenden Künsten keinen Platz in der Kirche mehr zu. An der Seite Luthers malte jedoch Lukas Cranach unter dem Einfluß von Luthers *theologia crucis* ungezählte Kreuzigungsszenen.

Cranach, Vater wie Sohn, bleiben den überlieferten Bildvorstellungen verpflichtet, doch versuchen sie vor allem, Luthers *Lehre* in volkstümlicher Weise in Bilder *zu übersetzen.* »Seine Gemälde sind deshalb eher Illustrationen des Wortes vom Kreuz als neue künstlerische Interpretationen dieses Wortes.«[2]

Aus der Barockzeit ragt besonders das Kruzifix von Diego Velasquez (1631/32) als ein Meisterwerk heraus, das zu stiller Betrachtung und Meditation anregt. Bei den gewaltigen Kreuzigungsszenen Peter Paul Rubens fragt man sich jedoch, ob sich hier Könnerschaft und künstlerischer Ehrgeiz dem Thema überordnen, so daß der »Stoff« mehr Anlaß bietet, zu demonstrieren, wie aus verschiedenen Blickrichtungen menschliche Proportionen ihre darstellerische Bewältigung finden oder wie das Spiel von Licht und Schatten gehandhabt wird. Dem biblischen Zeugnis rückte da Rembrandt als ein Maler des Kreuzes wieder näher. Er sah, »daß das göttliche Licht nicht auf die menschliche Schönheit, auf Stärke und Ruhm fällt, sondern auf den Menschen in seinem ganzen Elend«.[3]

Seitdem gab es lange Zeit hindurch keinerlei bemerkenswerte Kreuzigungsdarstellungen mehr. Zwar bewunderte man das »Kreuz im Gebirge« eines Caspar David Friedrich über die Maßen, doch tendiert dies, theologisch gesehen, wohl eher zur Peripherie hin. Die zahlreichen Nachempfindungen früherer Stile demonstrieren im 19. Jahrhundert die eigene Sprachlosigkeit für eine christlich erfahrene und gedeutete Welt. Zum Jahrhundertende hin und mit Beginn des zwanzigsten Jahrhunderts zerbrechen jedoch die entlarvten Konventionen. Die Lüge heißt wieder Lüge, die Oberflächlichkeit der Gesellschaft wird durchschaut, ihre Inhumanität angeklagt. In vielen neuen Werken ist zwar der Gekreuzigte nicht gegenständlich präsent, doch kommt die Deutung der Welt und des Menschen mit all ihren Abgründen der Dämonie und der Gewalt dem Kreuz auf Golgota näher als die wohlfeile religiöse Kunst jener Zeit. So etwa weiß Picassos »Guernica« (→ S. 165) mehr von Christi Kreuzigung und hat mit Grünewalds Altarbild mehr innere und religiöse Verwandtschaft, als es der gängige theologische Sinn heute schon wahrhaben kann.

Im Werk von Marc Chagall und Georges Rouault fand das Kreuz wieder einen bemerkenswert deutlichen Raum. Ihre Bilder sind kennzeichnend für den Haupt-

[1] Vgl.: *Alfons Rosenberg,* Kreuzmeditation. Meditation des ganzen Menschen, München 1976.
[2] *Hans-Ruedi Weber,* Und kreuzigten ihn. Meditationen und Bilder aus zwei Jahrtausenden, Göttingen 1980, 76.
[3] Ebd.

akzent der zeitgenössischen künstlerischen Deutungen der Kreuzigung: Man begegnet der Realität des Kreuzes im Alltagsleben, sieht, wie es als traditionelles und kultisches Symbol verschlissen ist und stellt es in Bezüge, die es den Frommen erneut zum Ärgernis machen. »Das Christliche wird hier nicht mehr als bequem verständliche Botschaft angeboten, sondern verlangt die Auseinandersetzung mit Form und Geist. Im Grunde widerspricht es der Art solcher Bilder, ihre Gegenständlichkeit zu beschreiben und zu deuten, denn durch das gewählte Motiv wollen sie sich dem ja gerade entziehen und hinter der Konvention nach neuen Gehalten suchen.«[1]

Relindis Agethen: Tod am Kreuze S. 47

A. Das Anfang 1986 entstandene Bild, Öl auf Leinwand, wurde im Format 187,5 x 149 cm ausgeführt.

B. Beherrschend ist das Kreuz, aus einer Perspektive von oben gesehen im Anschluß an Salvador Dalis »Christus des Juan de la Cruz« von 1951. Mit weit ausgespannten Armen mißt er den Himmelsraum aus. Sein nach vorne gefallenes Haupt verwehrt den Blick auf das Gesicht. So schaut er vom Weltenbaum (→S. 531) auf die Erde herab, die sich zu einem Labyrinth von kosmischen Ausmaßen geweitet hat. Das Labyrinth ist als Kirchenlabyrinth vom Typ Chartres mit elf Umgängen erkennbar. Die Elf verweist auf Unvollkommenheit und Sünde, wie Seite 505 näherhin ausgeführt wird. Die Mitte des Labyrinths bildet der Weltenberg, hier im Anschluß an alte orientalische Traditionen der Berg Golgota mit dem Grab Adams in der Höhle unter dem Gipfel. Die auf dem Weihnachtsbild bereits entworfene Topographie wird mit verblüffender Konsequenz näher ausgeführt und durchgestaltet. Was dort noch »von unten« gesehen wurde und in der Ferne lag, ist nun in bedrängende Präsenz geholt. Wir sehen das Labyrinth von oben; der äußerste Umgang verbindet sich mit der Horizontlinie. Im Sinne der alten Handschriften-Labyrinthe liegt der Eingang unten, das heißt im »Westen«, also nur vom Ort der untergehenden Sonne und des Todes her zu betreten (→ S. 503). Wer des Labyrinths nicht kundig ist, könnte meinen, der Weg vom Eingang bis zum Kreuz in der Mitte sei schnell zurückgelegt, aber tatsächlich muß die »ganze Welt« ausgemessen werden, um dorthin zu gelangen.

Der Himmel hinter dem Gekreuzigten ist von Grünewaldscher Finsternis (→S. 303), doch selbst ohne jenen letzten Streifen Licht, der dort über dem Horizont liegt. Das in gleißender Helle und giftigem Grün dennoch über dem Weltlabyrinth aufstrahlende Licht, das von den nackten, düsteren Mauern der Labyrinthgänge widerscheint, rührt von einer atomaren Explosion und setzt die politische Gegenwart ins Bild. Dieses Lichtphänomen muß nicht eindeutig realistisch verstanden werden. Es sagt keine Zukunft voraus, sondern steht für alle Ängste unserer Zeit. In seiner Ringgestalt wiederholt die vernichtende Strahlung das kosmische Rund der Erde. Kriege und Hungersnöte, alles was den Tod über die Menschen breitet, ist darin eingeschlossen.

[1] *Hans H. Hofstätter,* Der Gekreuzigte ist allgegenwärtig, in: *Hans Maier/Wieland Schmied* (Hrsg.), Zeichen des Glaubens – Geist der Avantgarde. Religiöse Tendenzen in der Kunst des 20. Jahrhunderts, Stuttgart 1980, 82.

Im linken unteren Teil des Bildes begegnen wir erneut dem leidenden Kind, das uns seit dem Anfang der Grundschulzeit vertraut ist. Das historische Modell für dieses Mädchen war ein jüdisches Kind aus dem Warschauer Getto. Auf dem Nikolaus-Bild im Religionsbuch 1 sehen wir es zusammen mit seinem Vater. Wahrscheinlich haben beide den Holocaust der Vernichtungslager nicht überlebt. In unserem Religionsbuch vertritt dieses Mädchen die ungezählten Millionen anderer Kinder und Menschen unserer Zeit, die unter Armut, Hunger, Krieg und Vertreibung in allen Teilen der Welt leiden. Gewiß kann man heute unter das Kreuz Jesu nicht mehr nur aus Konventionalität Maria und Johannes stellen. Mit dem Tode Jesu verbinden sich die Tode all jener, die weiterhin ans Kreuz geschlagen werden. Mit seinem Tod gedenken wir ihrer Tode. Wer immer das Kreuz betrachtet, muß in einer sozialen und politischen Sensibilisierung Augen für alle späteren und gegenwärtigen Kreuze gewinnen, anders wären die Kreuze im christlichen Verständnis, in Kirchen und Häusern, nicht mehr legitimiert. Viele Lehrer, die sich an der Traurigkeit des Kindes mit dem Gänseblümchen-Kopftuch stoßen, sollten bedenken, daß es das Kreuz in unserer Zeit präsent macht.

Auch der Teddybär mit seinem aufgeschlitzten Bauch und der Stacheldraht sind bekannte Motive. Mit dem Stacheldraht verbanden sich stets soziale Distanz, jene Gettoisierung der Not, die aus der Scham der Armen und der Neigung der anderen zu einem ungestörten Leben entspringt. Nur zweimal sahen wir bislang den Stacheldraht zerreißen: auf dem Osterbild mit den zur Liebe befreiten Menschen und im Umkreis des Franz von Assisi (Religionsbuch 1, S. 20, 40). Der gewaltsam beschädigte Teddybär aber begegnete erstmalig ebendort auf dem Passionsbild. Er stellt die Frage nach jeder Art von Gewalt, die bereits von Kindern ausgeht. Hier nützt keine Rousseausche Verklärung der Kindheit: auch die Kleinen sind schon gezeichnet von der Gestalt dieser Welt; sie können ebenso verwunden wie trösten. Der Teddybär verlangt von den Kindern die Selbsterforschung nach der in ihnen schlummernden Rohheit, die bisweilen so schockierend hervorbrechen kann.

Auf der rechten Seite unter dem Kreuz begegnen wir dem kleinen König wieder, den wir bereits auf dem Weihnachtsbild aufbrechen sahen. Nun ist er angekommen, nach der Darstellung von Relindis Agethen immer noch als »kleiner« König, ungealtert. Seinen weiten, mühevollen, entsagungsreichen Weg hierhin erzählt das Bild nicht. Darauf verweist ebenfalls das Labyrinth; dieser hochherzige »König« wurde unterwegs ja mehr und mehr christusförmig, wie die Legende erzählt, so daß sein Tod mit dem Tod dessen, dem er nachfolgte, zusammenfällt. Seine Krone kennzeichnet ihn innerlich. Dennoch bedrängt ihn ein Mangel: »Ich habe nichts von allem, was ich dir mitbringen wollte«, dachte er beschämt. »Das Gold, die Steine, das Linnen, die Pelzchen und selbst der Honig – alles ist hin und vertan...« Aber ist der Korb seines Lebens deshalb leer? Wir sehen ihn jenseits des Stacheldrahts, gefüllt mit den himmlischen Gaben, die uns »die Geschichte vom Korb mit den wunderbaren Sachen« bereits im 1. Schuljahr wahrnehmen ließ. Eine *Passionsblume* ist hinzugekommen, das einzig Blühende in dieser sonst toten Welt. Die übrigen Gaben des Korbes aber weisen über den Karfreitag hinaus auf Ostern: am Ende seines Lebens angekommen, trägt der »kleine König« ebenso wie sein mit Dornen gekrönter Herr das neue Leben, die himmlische Gabe bereits in sich.

Übrigens ist auch eine winzige Raupe im Labyrinth unseres Bildes unterwegs. Wenn sie zur Mitte gelangt, wird ihr Ende der Beginn eines neuen Lebens sein.

C. Ähnlich wie das Weihnachtsbild versammelt auch diese Karfreitagsdarstellung eine Anzahl früher verfolgter Linien. Darum bündeln sich in diesem Bild erneut wichtige Fäden des bisherigen Religionsunterrichts: Das arme Mädchen ist wieder da und weckt die Erinnerung an manche Bilder des 1. und 2. Schuljahres, auf denen es uns begegnete. Der beschädigte Teddybär läßt nach dem Passionsbild von damals zurückfragen. Dort sahen wir in der linken Hälfte die reale Not unserer Zeit, auf der rechten Seite hingegen, symbolisch verschlüsselt, was *immer* da ist: jene Habsucht und Gewalt, welche die Menschen in sich tragen, und die stets neue Kreuze in die Welt stellen (→ I, 179–187). Sodann finden wir die Legende vom vierten König erneut aufgenommen, die letzte Frage dieses Königs aber mit der Korb-Symbolik unserer Schlüsselgeschichte aus dem Anfangsunterricht verknüpft (→ I, 199–212; vgl.: Religionsbuch 3, S. 95). Lehrer, die in den vorausgegangenen Jahren den Religionsunterricht ihren jetzigen Schülern nicht erteilten, sind gehalten, die genannten Voraussetzungen nachzuarbeiten, auch mit ihren emotionalen Gehalten, weil anders dieses Bild nicht hinreichend zur Sprache käme.

Aus dem 3. Schuljahr wird – wie bereits auf dem Weihnachtsbild – die Thematik der Weltmitte weitergeführt. Ohne Einbeziehung der dort entfalteten Traditionen über Jerusalem und Golgota als Mitte der Welt (→ III, 498ff) würde unser Bild eine wichtige Dimension entbehren.

Aus dem Curriculum des 4. Schuljahrs bestimmt schließlich die Symbolik des Labyrinths (→ S. 496), des Berges (→ S. 541) und des Baumes (→ S. 524) die zentrale Aussage des Gemäldes. Um sie zu erschließen, ist das Studium der angeführten Seiten in diesem Handbuch unerläßlich. Wieviel der Lehrer von diesem Wissen bereits jetzt in die Deutung des Bildes einbezieht, muß ihm überlassen bleiben. In jedem Fall empfiehlt sich eine neue, vertiefende Betrachtung der Darstellung, sobald das Symbol-Kapitel des Religionsbuches seine Realisation in der Klasse gefunden hat.

D. Auch diesmal erübrigen sich methodische Ratschläge. Analog gelten die Empfehlungen zum Weihnachtsbild. Der jeweilige Rückbezug zu früheren Bildern sollte sorgfältig besprochen werden. Ein Vergleich mit dem Passionsbild aus dem Religionsbuch 1 kann sich möglicherweise nahelegen.

Die gegenüberstehende Textseite entspricht in ihrer formalen Konzeption jener von Seite 40. Die Legende vom vierten König wird in ihrem Ausgang zitiert. Daß sich Herz (im Text) und Korb (im Bild) symbolisch entsprechen, ist kaum zu übersehen. Die erneute Lektüre der ganzen Erzählung gehört zur Bildbetrachtung, insbesondere aber zur Erfahrung des Labyrinths.

Das beigefügte Lied (aus dem »Gotteslob« Nr. 168) hat Eigenständigkeit, nimmt aber zugleich wesentliche Inhalte des Bildes und der Legende auf. Die Weg-Thematik ist ihm ebenfalls eigen. Mit der abschließenden Bitte: »Hilf, daß wir durch dich / den Weg zum anderen finden« wird die Grundbewegung der Legende formuliert.

Die Auferstehung Jesu Christi

Was heißt Auferstehung? S. 48–52

»Auferstehung meint die Vollendung des ganzen Menschen. Zum ganzen Menschen gehört seine Leibhaftigkeit. Darüber ist man sich bei aller Diskussion über verschiedene Denkmodelle in der gegenwärtigen Theologie einig. Was aber heißt ›leibhaftig‹? Was ist gemeint mit dem ›Leib‹, der auferweckt und vollendet werden soll?

Oft identifiziert man einfach ›Leib‹ und ›Körper‹. Dann wäre die Auferwekkung des Leibes die Rekonstruktion des Körpers, der beim Tod zu zerfallen begann. In der neuscholastischen Theologie ging man mehr oder weniger von diesem Denkansatz aus. Dabei kam man zu Fragen, die uns heute teilweise kurios erscheinen: ob alle Körperteile im einzelnen wiederhergestellt würden, beispielsweise auch die Haare, die Fingernägel, die Verdauungsorgane; was aus den menschlichen Leibern würde, die größtenteils oder vollständig in andere Substanzen übergegangen sind; in welchem Leib der auferstehen solle, der – im Falle eines extremen Kannibalismus – sein Leben lang ausschließlich mit Menschenfleisch ernährt worden sei, dessen ganze Leibessubstanz also anderen Menschen gehöre, usf. In solche und ähnliche Denkschwierigkeiten gerät man, wenn man ›Leib‹ als eine physikalische Größe begreift. Vor allem aber gerät der Glaube an leibhaftige Auferstehung in Gefahr, mehr ein Gedankenspiel zu werden, als die Artikulation einer existentiell bedeutsamen Hoffnung zu sein.

Im Gegensatz dazu geht man in der heutigen Theologie vorwiegend von einem personalen Leib-Verständnis aus: Zum Menschsein gehört wesentlich die Kommunikation mit anderen, und der Mensch ist wesentlich ein geschichtliches Wesen. Beides zusammen macht seine Leibhaftigkeit aus. Der Leib des Menschen ist Realsymbol seiner Fähigkeit, mit anderen zu kommunizieren und Geschichte in sich zu sammeln.

Diese etwas abstrakt klingende Aussage sei kurz veranschaulicht. Sprechen, Hören, Anschauen, Die-Hand-Geben, Umarmen, sogar Schreiben und Lesen, alles Sich-Mitteilen und Den-anderen-Wahrnehmen, alle Kommunikation geschieht leibhaftig. Und die Narben und Schwielen, die Falten im Gesicht eines älteren Menschen können die Geschichte eines erlittenen und gestalteten Lebens erzählen. ›Des Menschen Gesicht enthält in Kurzschrift seine ganze Biographie‹, sagt Theodor Bovet in einer Meditation über die Falten im Antlitz seiner Frau. Nicht immer ist die Lebensgeschichte so deutlich ›ablesbar‹; aber diese kleinen Hinweise können vielleicht schon den Zusammenhang von Leiblichkeit und Geschichtlichkeit des Menschen andeuten.

Auferweckung des Leibes bedeutet dann, daß der ganze Mensch mit seiner ganzen Lebensgeschichte, mit all seinen Beziehungen zu den anderen, eine Zukunft hat.

Ein Bild für diese Glaubensüberzeugung findet man in einer johanneischen Ostergeschichte. Joh 20,19 ff wird erzählt, wie der Auferstandene sich den Jüngern zeigt: ›Nach diesen Worten zeigte er ihnen seine Hände und seine Seite. Da freuten sich die Jünger, daß sie den Herrn sahen.‹ Die Jünger sehen die Wundmale, die bleibenden Spuren seines Leidens; sie sehen die Geschichte seines Lebens, das wesentlich ein Leben für sie war. Diese Geschichte ist nicht vergessen, abgelegt wie das Gewand des Schauspielers nach der Vorstellung, sie ist, um im Bild des Evangelisten zu bleiben, seinem Leib eingeschrieben, und dieser Leib gehört bleibend zum Auferstandenen.

Was für den auferstandenen Jesus gilt, ›den Ersten der Entschlafenen‹ (1 Kor 15,20), das kann für alle gelten, die nach ihm kommen. Leibhaftige Auferstehung bedeutet, daß nicht nur (wenn es so etwas überhaupt gäbe) das nackte Ich des Menschen durch den Tod hindurch gerettet wird, wobei alle irdische Geschichte endgültig zurückgelassen und alle Beziehungen zu anderen Menschen bedeutungslos würden; leibhaftige Auferstehung bedeutet, daß die Lebensgeschichte und alle in dieser Geschichte gewordenen Beziehungen mit in die Vollendung eingehen und dem auferweckten Menschen endgültig gehören.

›Gott liebt mehr als die Moleküle, die sich im Augenblick des Todes im Leib befinden. Er liebt einen Leib, der gezeichnet ist von der ganzen Mühsal, aber auch der rastlosen Sehnsucht einer Pilgerschaft, der im Lauf dieser Pilgerschaft viele Spuren in einer Welt hinterlassen hat, die durch diese Spuren menschlich geworden ist... Auferweckung des Leibes heißt, daß von all dem Gott nichts verloren gegangen ist, weil er den Menschen liebt. Alle Tränen hat er gesammelt, und kein Lächeln ist ihm weggehuscht. Auferweckung des Leibes heißt, daß der Mensch bei Gott nicht nur seinen letzten Augenblick wiederfindet, sondern seine Geschichte.‹[1]

So verstanden, kann der Auferstehungsglaube auch nicht, wie es die Religionskritik sah, Ablenkung von der Gegenwart und vom Diesseits bedeuten. Im Gegenteil: Wenn jede Tat und jede personale Beziehung, wenn dieses ganze irdische Leben eine ewige Zukunft hat, dann ergibt sich gerade daraus ein verstärktes Interesse am jetzt und hier zu lebenden Leben«[2] (→ S. 399ff, 467ff).

Markus 16, 1–8 par: Die Botschaft von der Auferweckung Jesu S. 48

Nach der Verhaftung und Hinrichtung Jesu am Kreuz sind seine Jünger untergetaucht und aus Jerusalem geflohen. Sie zogen sich in das ländliche und ruhigere Galiläa zurück. Doch einige Zeit später kehrten sie erneut nach Jerusalem zurück und sammelten sich dort zur Urgemeinde. Diese überraschende Wende verknüpft sich für sie mit der nun öffentlich vertretenen Botschaft, Gott habe den gekreuzigten Jesus von den Toten auferweckt.

[1] *Wilhelm Breuning,* Gericht und Auferweckung von den Toten als Kennzeichen des Vollendungshandelns Gottes durch Jesus Christus, in: *Johannes Feiner/Magnus Löhrer* (Hrsg.), Mysterium Salutis, Bd. 5, Zürich 1976, 844–890, hier: 882.

[2] *Franz-Josef Nocke,* Eschatologie (Leitfaden Theologie 6), Düsseldorf 1982, 121–123.

Unter den neutestamentlichen Schriften, die alle die Überzeugung von der Auferweckung Jesu als innere Voraussetzung kennen, galt lange Zeit die Bekenntnisformel 1 Kor 15, 3-5 als die älteste christliche Osterbotschaft. Sie ist in der Tat sehr alt. Paulus dürfte sie wenige Jahre nach dem Tod Jesu in Damaskus oder Jerusalem (vgl.: Gal 1,18) kennengelernt haben. Sie stammt aus dem frühen, griechisch sprechenden Judentum. Dennoch haben neuere Untersuchungen[1] gezeigt, daß der von Paulus als übernommene Tradition gekennzeichneten Formel noch ältere Fassungen voraufliegen. Als das älteste literarisch greifbare Zeugnis von der Auferstehung Jesu gilt die eingliedrige Formel: »Gott hat Jesus von den Toten auferweckt.« Diese Formel findet sich in vielen neutestamentlichen Schriften.[2] Die Verbreitung und geringe Variabilität der Wendung erlauben es, sie als eine festgeprägte Formel anzusehen. Daneben hat sich die Formel bei 1 Kor 15, 3-5 (mit 6.7) als eine bereits komplexe und theologisch hoch reflektierte Bildung erwiesen, die schon eine Entwicklung voraussetzt.

Gegenüber den genannten Auferweckungsformeln, die alle Schriften des Neuen Testaments durchziehen, sind die Ostererzählungen der Evangelien literarisch jüngeren Datums. Sie bringen Momente der Osterbotschaft zur Sprache, »die man nicht abstrakt sagen, sondern nur als Erzählung ins Wort bringen kann« (Gerhard Lohfink). Es handelt sich bei diesen Grabes- und Erscheinungserzählungen aber nicht um historische Erfahrungsberichte, »sondern um spätere Verkündigung in Gestalt erzählerischer Entfaltung des Osterbekenntnisses und der Ostererfahrung. Die Ostererzählungen sind, darüber besteht kein Zweifel, in längerer mündlicher und schriftlicher Erzähltradition angewachsen. Ob und inwieweit sie aber – über die durch die Osterbekenntnisse vorgegebenen Daten der Auferweckung und Erscheinung des gekreuzigten und begrabenen Jesus hinaus – historische Erinnerungen an die österlichen Ereignisse selbst enthalten, ist sehr schwer zu sagen und äußerst strittig.«[3]

A. Die Erzählung von der Auferweckungsbotschaft am leeren Grab ist die einzige Ostererzählung, die allen drei Synoptikern gemeinsam ist. Ihre älteste literarische Gestalt liegt Mk 16, 1-8 vor. Die Parallelen in Mt 28, 1-7 und Lk 24, 1-11 sind literarisch von der markinischen Vorlage abhängig. Sie übernehmen den Markus-Text, redigieren ihn aber im Sinne der eigenen Zeit und Intention. Die Erzählung von der Entdeckung des leeren Grabes bei Joh 20, 1-13 hat inhaltliche Berührungspunkte und ist möglicherweise in ihrem Grundbestand (VV. 1.11-13) durch die synoptischen Grabeserzählungen oder deren vormarkinische Fassung beeinflußt.

Traditionsgeschichtliche Analysen zu Mk 16, 1-8 haben zeitweilig versucht, die Erscheinung und Botschaft des Engels in VV. 5.6 als sekundär, das heißt

[1] Umfassende Übersicht bei *Hans Kessler*, Sucht den Lebenden nicht bei den Toten. Die Auferstehung Jesu Christi in biblischer, fundamentaltheologischer und systematischer Sicht, Düsseldorf 1985.

[2] 1 Thess 1,10; Gal 1,1; 1 Kor 6,14; 15,15; 2 Kor 4,14; Röm 4,24; 8,11; 10,7.9; Kol 2,12 f; Eph 2,5; Hebr 11,19; 13,20; Apg 2,24.32; 13,33 f, 17,31; passivisch formuliert: 1 Kor 15,12.20; Röm 6,4.9; 7,4; Mk 16,6 par; Mt 17,9, 27,64, 28,7; Joh 2,22; 21,14; 2 Tim 2,8; als Auferstehungsformel: 1 Thess 4,14; Mk 8,31 par, 9,9 f. 32 par, 10,34 par; Joh 20,9; Offb 1,18, 2,8 u. a.

[3] *Hans Kessler*, Sucht den Lebenden . . ., a.a.O., 118.

nachträglich eingefügt, auszuscheiden. Dahinter stand die Hypothese, auf diese Weise einen älteren Bericht von der Auffindung des leeren Grabes nachweisen zu können. Dieser Versuch ist mißlungen; die verbleibende Resterzählung wäre nur noch eine Geschichte ohne jeden Verkündigungsinhalt, deren Tradierung in der christlichen Gemeinde unverständlich bleibt. Die literarische Struktur unseres Textes muß denn auch in entgegengesetzter Richtung gesehen werden. Die Erzählung wird nicht vom Motiv des leeren Grabes her bestimmt, ist vielmehr auf die Botschaft von der erfolgten Auferweckung Jesu hin konstruiert (die das Motiv des leeren Grabes bereits voraussetzt), und muß deswegen von hierher (V. 6) ausgelegt werden. »Die überlieferte Auferwekkungsbotschaft des urchristlichen Kerygmas (vgl. 1 Kor 15, 3-5) bildet also den strukturellen Kern der Erzählung; sie inszeniert die ihr schon vorgegebene Botschaft von der Auferweckung Jesu am dritten Tag in anschaulicher Weise. Grabgang der Frauen, Feststellung des geöffneten Grabes usw. bestimmen daher nicht die Erzählung, sondern geben nur den expositionellen Rahmen ab für die zentrale Auferweckungsbotschaft des Verkündigungsengels (nicht angelus interpres) im Grab: ›Ihr sucht Jesus, den Gekreuzigten; er ist auferweckt, er ist nicht hier.‹ (V. 6 bc).«[1]

Zur Gattungsbestimmung des Stücks führt Rudolf Pesch aus: »Im Unterschied zu den meisten Erzählstücken der vormarkinischen Passionsgeschichte, die als *berichtende Erzählungen* charakterisiert werden konnten, liegt in 16, 1-8 eine ... an theologischen Motiven reiche, *konstruierte Erzählung*, eine Legende vor, die unter den Materialien der Passionsgeschichte der Verklärungserzählung am nächsten steht. Dem unselbständigen, kontextgebundenen Charakter des Erzählstückes entspricht, daß es von der themenbezogenen Formeltradition mehrerer Gattungen mitgeprägt ist, selbst aber nicht eindeutig einer Gattung zuzuweisen ist.«[2]

In gleicher Weise wird die Perikope von Paul Hoffmann u.a. »als legendarische Veranschaulichung des Auferstehungskerygmas charakterisiert«,[3] während Anton Vögtle feststellt: »Man ist sich fast allgemein darüber einig, daß die ältesten und ursprünglicheren Zeugnisse in Artikulierungen des Osterglaubens zu suchen sind, die vor und außerhalb der Ostererzählungen begegnen.«[4]

[1] Ebd., 119 f.

[2] *Rudolf Pesch,* Das Markusevangelium, II. Teil, Freiburg i. Br. 1977, 521 (Kursivsetzungen im Original).

[3] *Paul Hoffmann,* Art.: Auferstehung II/1 in: Theologische Realenzyklopädie (TRE) IV, Berlin 1979, 498.

[4] *Anton Vögtle/Rudolf Pesch,* Wie kam es zum Osterglauben? Düsseldorf 1975, 13 f. Jacob Kremer möchte die Gattungsbezeichnung *Legende* lieber vermieden sehen, einmal weil die Literaturgeschichte den Terminus enger faßt (→ S. 551 ff), zum anderen, weil sich im allgemeinen Sprachverständnis zu viele Mißverständnisse damit verbinden. Aber gegen den Eindruck, Mk 16,1-8 für einen protokollarischen Bericht zu halten, macht er geltend: (1) der Text sei weniger an historischen Details als an der Botschaft des jungen Mannes interessiert; (2) die Schilderung – als Bericht gewertet – enthalte zu viele »Unwahrscheinlichkeiten»; (3) die Engelbotschaft sei auffallend verwandt mit der kirchlichen Verkündigungssprache; (4) die Angaben über innere Vorgänge seien typisch für fiktionales Erzählen (»Entsetzen hatte sie erfaßt«; »denn sie fürchteten sich sehr« ...); (5) Mt und Lk hätten Mk 16, 1-8 nicht als Bericht verstanden, andernfalls hätten sie nicht so frei damit umgehen können; (6) auch andere Bibeltexte (z. B. Kindheitserzählungen), die auf den ersten Blick als Berichte erschienen, seien bei näherer Betrachtung einer anderen Gattung zuzuordnen. *Jacob Kremer,* Die Osterevangelien – Geschichten um Geschichte, Stuttgart 1977, 42.

B. V.1: Die Erzählung beginnt mit einer Zeitangabe: »Als der Sabbat vorüber war...«. Der Sabbat endet mit Sonnenuntergang (Religionsbuch 2, S. 81). Wenige Stunden vor Sabbatbeginn ist Jesus gestorben. Wenn wir die markinischen Zeitangaben voraussetzen, wurde er reichlich knapp vor Sonnenuntergang (Sabbatbeginn) begraben. Daß die drei Frauen ihre Kräuteröle nicht am Sabbat kaufen, entspricht der religiösen Ordnung.

Die genannten drei Frauen wollen nachholen, was die eilige Bestattung am Freitag Abend nicht mehr einräumte. Wohlriechende Kräuteröle und Salben dienen der Salbung vornehmer Toter. Die Frauen, die sich hier auf den Weg machen, sind Jesus in besonderer Verehrung zugetan.

Nun ist die Totensalbung zwar jüdischer Brauch, aber einen bereits bestatteten, in Tücher eingehüllten und schon anderthalb Tage im Grab liegenden Toten noch nachträglich salben zu wollen, gilt als ganz und gar ungewöhnlich. Unbeanstandet wird auch von der heutigen Forschung Wellhausens Vorbehalt zugestimmt: »Die Salbung einer bereits eingewickelten und beigesetzten Leiche ist in der Tat ein kühner Gedanke der Frauen« – wie auch des Erzählers. Dennoch wird dieses Motiv dem Text ursprünglich zugehören, denn es begründet im Fortgang der Erzählung, warum die Frauen in das Grab gelangen wollten.[1] »Bei der raschen Verwesung von Leichen im Orient, wäre eine Totensalbung anderthalb Tage nach der Bestattung – ein Vorgang ohne Parallele – heikel; auch wenn man mit besserer Konservierung einer Leiche in einem kühlen Felsengrab im Frühjahr rechnen darf, bleibt das den Frauen zugeschriebene Ansinnen analogielos... Die angemessene Bewertung der Salbungsabsicht der Frauen dürfte sich allein aus der Erzählökonomie der Erzählung selbst ergeben: die ›unmögliche‹ Salbung ermöglicht bzw. erzwingt den Gang ins Grab, den die Gattung ›Suche nach dem Leichnam und Nichtauffindbarkeit‹ erfordert, wird aber nicht verwirklicht; die ›unmögliche‹ Handlung wird nicht vollzogen. Einerseits ist Jesus auch schon vorweg zum Begräbnis gesalbt worden, andererseits wird bereits angedeutet, daß die ganze ›Suche‹ der Frauen vergeblich ist, weil Jesus kein Toter mehr ist, den man salben könnte. Das Salbungsmotiv ist also ganz in den Dienst der Grabeslegende gestellt, in der es um die Verkündigung der Auferweckung Jesu geht.«[2]

V. 2: »Sehr früh am ersten Wochentag« kommen die Frauen zur Grabstätte. Diese Zeitangabe hat symbolische Bedeutung. Jesu Auferstehung geschieht »nach drei Tagen« (Mk 8,31; 9,31; 10,34) bzw. »am dritten Tag« (1 Kor 15,4). Weil die jüdische Zeitrechnung die angebrochenen Tage mitzählt, ist dieser erste Wochentag der »dritte Tag« nach Jesu Tod. Die Morgenfrühe verstärkt die theologische Bedeutung der Zeitansage. Die Zeit des Sonnenaufgangs gilt insbesondere als jene Stunde, zu der Gottes Rettungstaten offenbar werden (vgl.: Mk 6,48).

V. 3: Erst auf ihrem Weg zum Grab überlegen die Frauen, wie sie den Stein, der den Einstieg verschließt, fortbekommen können. Unerörtert bleibt dabei, welche Vorstellungen die Frauen überhaupt haben konnten, in das Grab zu gelangen. Sie haben niemanden mitgenommen, der ihnen hätte helfen können, und der Tag war noch nicht einmal voll aufgegangen, so daß auch nicht mit

[1] Vgl.: *Paul Hoffmann,* a.a.O., 498; *Rudolf Pesch,* a.a.O., 529.
[2] *Rudolf Pesch,* a.a.O., 530.

(zufälliger) fremder Hilfe zu rechnen war. Doch führt es auf die falsche Fährte, mit dieser Logik die markinische Erzählung zu kritisieren. Die Frage nach dem Helfer erklärt sich nicht aus der vorhergehenden Gedankenlosigkeit der Frauen, sondern aus dem erzählerischen Ziel, das Folgende vorzubereiten. Sie dient als Disposition dem sogenannten »Türöffnungswunder« und der Einführung des Engels als »Helfer«. Im Unterschied zu Mt 28,2, der dieses Türöffnungswunder mit einem Erdbeben verknüpft, wird das Motiv bei Markus nicht ausgewertet. Es hat nur expositionelle Funktion für die nächste Szene.

V. 4: Die Beseitigung des Steins wird nüchtern festgestellt. Daß die Frauen dies erst beim »Aufblicken« sehen, bestätigt noch einmal ihre Frage. Zugleich wird unterstrichen, daß sie selbst die Hand nicht rührten. Das Wunder klingt dennoch nur verhalten an. Wie Mt 28,2 wird der Leser unwillkürlich schließen, der Engel habe den schweren Stein weggewälzt. Da dieser jedoch erst in V. 5 eingeführt wird, ist seine eigentliche Funktion auch erst mit dem anschließend Erzählten verbunden.

V. 5: Die folgenden VV. 5f.8a bilden einen literarisch geschlossenen Abschnitt, der wahrscheinlich Kern der vormarkinischen Erzähleinheit war. »Im Verdacht redaktioneller Zusätze stehen nur die Bezeichnung Jesu als Nazarener und die Aufforderung des Engels, die Stelle, wo man ihn hinlegte, zu besichtigen.«[1]

Die Frauen betreten das Grab. Die Engelerscheinung wird nun aus ihrer Sicht erzählt: sie sehen einen »Jüngling«, laut neueren Übersetzungen einen »jungen Mann«, der durch ein weißes Gewand als Gottesbote charakterisiert wird (vgl. hierzu → III, 216 f). Der Hinweis, daß der Platz des Engels »auf der rechten Seite« war, deutet auf die gute Botschaft hin, die er auszurichten hat; seine sitzende Haltung unterstreicht die Autorität seiner Botschaft (vgl.: Mt 5,1, wo Jesus sich zur »Bergpredigt« setzt). Die Furchtreaktion der Frauen gehört zu den Stilgesetzen der Epiphanieerzählungen: die Erscheinung des Engels ist ein *mysterium tremendum,* vor dem der Mensch erschaudert.

V. 6: Auch das eröffnende Engelwort: »Erschreckt nicht!« oder »Fürchtet euch nicht« (vgl.: Lk 2,10), gehört zur Topik von Epiphaniegeschichten. Im Folgenden deutet der Engel den Weg der Frauen, ihre Absicht, Jesus zu salben, als *Suche* nach Jesus, dem gekreuzigten Nazarener. Die zusätzliche Kennzeichnung Jesu als Nazarener und Gekreuzigten, erinnert an das vorweg Erzählte und bereitet die folgende Botschaft vor. Die Identität des Auferstandenen soll keinem Zweifel unterliegen. Der gekreuzigte und hier bestattete Jesus ist von Gott auferweckt worden und folglich nicht im Grab zu suchen. Das leere Grab begründet aber nicht die Auferweckungsbotschaft, vielmehr ist die Nichtauffindbarkeit Jesu im Grab als »Folge« seiner Auferweckung vorgestellt. Davon kann aber nur ein göttlicher Bote Kundschaft geben. Menschliches Suchen, Fragen, Beobachten oder Schlußfolgern können sich den Inhalt solcher Offenbarung nicht erschließen. »Der Hinweis auf den Platz, wohin man Jesus gelegt hatte, hat bestätigende Funktion im Blick auf die Behauptung der Nichtauffindbarkeit Jesu« (Rudolf Pesch).

[1] *Paul Hoffmann,* a.a.O., 498.

Das leere Grab

Ob das leere Grab tatsächlich eine historische Entdeckung gewesen ist, ist unter Exegeten und Theologen zum Teil noch umstritten. Zugunsten der Historizität der Entdeckung des leeren Grabes wird angeführt:

(1) »Die Entdeckung des geöffneten, leeren Grabes durch Frauen kann außerdem kaum als Erfindung der Urkirche erklärt werden, da Frauen nicht als zuverlässige Zeugen galten und die Gemeinde sich ihre Verkündigung dadurch nur erschwert hätte (vgl.: Lk 24,11: »Doch die Apostel hielten das alles für Geschwätz und glaubten ihnen nicht.«).« So Jacob Kremer.[1] Diesem Argument wird entgegengestellt: Die Mk-Erzählung sehe die Aufgabe der Frauen keineswegs im Zeugnisgeben (→ V. 8). Außerdem sei die Herkunft der Tradition nicht erwiesen; die Erzählung könne auch aus hellenistischem Milieu stammen, wo Frauen zeugnisfähig waren. Schließlich sei es völlig offen, ob die Urgemeinde das Grab Jesu überhaupt gekannt habe, »da die näheren Kennzeichnungen des Grabes Jesu bei allen vier Evangelisten – vorsichtig ausgedrückt – nicht unverdächtig sind, sekundär zu sein.« (Ingo Broer)[2]

(2) »Die Osterbotschaft implizierte für Juden das leere Grab, da ihnen die abendländischem Denken vertraute Trennung von Leib und Seele nicht geläufig war. Hätte man in Jerusalem auf den Leichnam Jesu im Grab zeigen können, wäre die Verkündigung der Osterbotschaft unmöglich gewesen.« (Jacob Kremer)[3] Dagegen wird gesagt: »Man muß sich ... für die Möglichkeit offen halten, daß das Grab Jesu für die Vorstellung der glaubenden Jünger aufgrund der Auferweckung leer wurde, ohne daß diese Vorstellung empirisch verifiziert war, ohne daß das Leersein des Grabes Jesu festgestellt wurde.« Sowie: »Könnte der Umstand, daß ... die ältere Überlieferung kein gegnerisches Interesse am Schicksal des Leichnams Jesu reflektiert, sich auch daraus erklären, daß die Frage eines eschatologischen Sendungsanspruchs Jesu ... für die jüdischen Führungskreise mit seiner Hinrichtung absolut entschieden und erledigt war und das, was die Jesusanhänger als Handeln Gottes am gekreuzigten Jesus behaupteten, in ihren Augen so absurd war, daß es von ihnen zunächst überhaupt nicht ernst genommen wurde ...?« (Anton Vögtle)[4]

(3) »Offenbarungen und Deutungen in der apokalyptischen Literatur nehmen meist auf geschichtliche Ereignisse Bezug und knüpfen daran an. Von der literarischen Gattung aus ist deshalb mit einem historischen Kern der Überlieferung zu rechnen.« (Jacob Kremer)[5] Die Gegenargumentation lautet: »Ein Rückschluß auf die Historizität der Entdeckung des leeren Grabes Jesu, mittels eines ›Subtraktionsverfahrens‹, das alle legendarischen Züge aus der Erzählung ausscheidet und einen ›historischen Kern‹ ermitteln will (der im *die Legende* tragenden Erzählgerüst bestehen soll), ist methodologisch höchst anfechtbar, wie schon die einfache Überlegung zeigen kann, daß nach solchem Verfahren aus jeder Legende und jedem Märchen ein historischer Kern herausgeschält werden könnte. Legenden wollen nicht nach einem ›historischen Kern‹, sondern nach den sie tragenden historischen Bedingungen (z. B. Gattung) und Vorgaben befragt sein.«[6]

[1] *Jacob Kremer,* a.a.O., 50.
[2] Zit. n.: *Hans Kessler,* Sucht den Lebenden ..., a.a.O., 121.
[3] *Jacob Kremer,* a.a.O., 50.
[4] *Anton Vögtle/Rudolf Pesch,* a.a.O., 87, 91.
[5] *Jacob Kremer,* a.a.O., 50.
[6] *Rudolf Pesch,* a.a.O., 537.

»Der angezeigte neutestamentliche Befund spricht entschieden eher gegen als für die Annahme, das Leersein des Grabes Jesu sei ein unbestrittenes Faktum gewesen«, resümiert Anton Vögtle.[1] Das freilich weckt die Frage nach der Bedeutung des leeren Grabes. Zunächst ist zu beachten, daß die kerygmatischen Kernsätze älter sind als die Grabesgeschichte und daß ihnen auch inhaltlich der Vorrang zukommt. »Das leere Grab besitzt keinen selbständigen kerygmatischen Rang und dient nicht als Beweis für die Realität der Auferstehung.« Wenn wir davon ausgehen, daß das »leere Grab« als pures Faktum für widersprechende Deutungen offen ist, müssen wir zugleich einsehen, daß es kein Kriterium des Osterglaubens ist. »Die Frauen haben nicht aufgrund des leeren Grabes und erst recht nicht an das leere Grab geglaubt... Der Blick wird nicht auf das leere Grab gelenkt, als könnte dadurch Glaube begründet werden, sondern geradezu vom Grabe weg: ›Was sucht ihr den Lebenden bei den Toten (Lk 24,5).‹«[2]

V. 7: Im Fortgang der Engelbotschaft werden die Frauen selbst zu Boten gemacht. Dabei erscheint »die Rolle der Frauen und die Rolle der Jünger und des Petrus im Blick auf die Verantwortung des Osterglaubens... sorgfältig differenziert... Die Frauen werden im Horizont einer Grabeslegende zu Zeugen der Nichtauffindbarkeit Jesu gemacht; sie können die Auferweckungsbotschaft, die ihnen als Engelsbotschaft verkündigt wird, bestätigen. Petrus und die Jünger... sollen hingegen *mit dem Auferstandenen selbst* Kommunikation haben; sie sind die Primärzeugen.«[3] Das Wort vom Vorausgehen nach Galiläa bedeutet natürlich keine zeitweilige »Rückkehr« auf die Erde. Eine späte Himmelfahrt, wie sie Lukas in Evangelium und Apostelgeschichte vorstellt, ist hier nicht im Blick.

V. 8: Nun folgt ein Motiv, das kennzeichnend für das Markusevangelium ist: Schrecken, Entsetzen und Flucht der Frauen. So wie die Wunder Jesu sein wahres Wesen nicht zugänglich machen und dadurch zum Glauben führen (vgl.: Mk 4,41), so wenig kann dies auch durch das leere Grab geschehen. Wie die Wunder, so ist auch das leere Grab nur »Zeichen«, aber kein »Beweis«. Den Glauben begründet allein der Auferstandene, der dem Unglauben zu Hilfe kommt. »Nur wo *er* das Sehen gibt, *wird* er gesehen.« (Joseph Ratzinger)

Daß die Frauen entgegen ihrem Auftrag »niemandem etwas davon sagen«, spiegelt noch einmal die Wucht des empfangenen Mysteriums. Zugleich wird mit dem ursprünglichen Ende des Markusevangeliums der Leser oder Hörer gefragt, wie er sich selbst zu der empfangenen Botschaft verhält.

C. Mit allem, was bisher zum Verständnis der Auferstehung Jesu gesagt werden konnte, werden sich für viele Benutzer dieses Handbuchs auch neue Fragen verbinden. Das zeigt, wie unmöglich es ist, einen biblischen Text, zumal einen zentralen, nur aus sich selbst heraus zu interpretieren. Wer im Unterricht Mk 16, 1-8 auslegen will, muß aus einem Verständnis des Ganzen sprechen können, andernfalls sind Einseitigkeiten und Schiefheiten kaum vermeidbar. Soweit das eigene theologische Wissen unsere Ausführungen hier nicht ergänzen kann, sei deshalb auf die unten angegebene Literatur zum persönlichen Weiterstudium hingewiesen. Nachfolgend sollen zunächst noch

[1] *Anton Vögtle/Rudolf Pesch*, a.a.O., 89.
[2] *Franz Kamphaus*, a.a.O., 39 f.
[3] *Rudolf Pesch*, a.a.O., 534.

einige Informationen zum Verständnis der Osterbotschaft gegeben werden, soweit sie im Kontext zu Mk 16, 1-8 stehen oder besondere Nähe zum Themenspektrum in der Primarstufe haben. Dabei wird vorrangig aus der neueren Fachliteratur zitiert.

Zur Leiblichkeit des Auferstandenen

Welche Art von Leibhaftigkeit darf der Religionslehrer mit dem Auferstandenen bzw. Erscheinenden verbinden? Anton Vögtle beschreibt via negationis, was das Neue Testament uns *nicht* darüber sagt: »Die Bekenntnistradition verrät keine Reflexion über das ›Wie‹ des Sich-zu-sehen-Gebenden, des Erscheinungsvorgangs oder gar des ›Auferweckungs‹-vorgangs ... Man kann H. von Campenhausen meines Erachtens nur zustimmen, wenn er fortfährt: ›Diese Frage nach der Leiblichkeit Jesu hat die ersten Zeugen des Auferstandenen offenbar kaum bedrückt.‹ So eindeutig in der Bekenntnistradition die personale Identität des Gekreuzigten und des Auferweckten/Erscheinenden vorausgesetzt ist, läßt sich hier in der Tat nicht das geringste Interesse nachweisen an der Frage, wie sich Leib-Identität und etwa ein gleichzeitig qualitatives Anderssein des Leibes des Auferweckten zueinander verhalten. Autoren, welche die Jünger Jesus gern in seiner ›verklärten‹, ›verherrlichten‹, ›pneumatischen‹ u.ä. Leiblichkeit sehen lassen, verraten uns ja leider nicht, auf welche alten Aussagen sie die Behauptung dieses – vorstellungsmäßig ohnedies kaum nachvollziehbaren – Vorgangs stützen.«[1]

Wir haben einleitend in die Osterthematik zu dieser Frage eine systematische Antwort wiedergegeben (→ S. 318). Ergänzend läßt sich auf Michael Schmaus hinweisen, der – einmal angenommen, man fände in einem Grab den Leichnam Marias – darin keinen Widerspruch zum katholischen Dogma von ihrer »leiblichen Aufnahme« in den Himmel sieht (→ III, 469). Dementsprechend wird heute weithin betont, daß der im Grab verwesende Leichnam nicht Einrede gegen die neue Leiblichkeit der »Auferstehung« sei. »Darum ist der Gedanke des *leeren Grabes* kein notwendiger Bestandteil des christlichen Auferstehungsglaubens (sondern eher veranschaulichendes Symbol).«[2]

Zu den Erscheinungsgeschichten bei Matthäus, Lukas und Johannes

Bekanntlich endet Markus ursprünglich mit 16,8. Dieses Evangelium kannte keine weiteren österlichen Erscheinungsgeschichten. Demgegenüber erzählen aber die übrigen – später entstandenen – Evangelien sehr eindrückliche und entfaltete Geschichten von Erscheinungen des auferstandenen Jesus im Kreis der Jünger, die mehr als die älteste christliche Osterverkündigung die Vorstellung und das Denken heutiger Christen bestimmen.

Gemeinsam ist diesen Ostergeschichten ein *realistisches* Verständnis der Tradition vom leeren Grab. Markus und Lukas setzen die markinische, Johannes möglicherweise eine der Markus-Vorlage verwandte Erzählung voraus. Die weiteren Berührungen zwischen den Großevangelien und Johannes lassen weniger auf literarische Abhängigkeit als auf Zunahme und Einfluß der mündlichen Überlieferung schließen.

Die Emmausgeschichte (Lk 24, 13-35) ist die ausführlichste Ostererzählung und zugleich die im Religionsunterricht am meisten rezipierte. »Ihr Hauptmotiv findet zahlreiche Parallelen in der Überlieferung anderer Völker: Gott kommt in Menschen-

[1] *Anton Vögtle/Rudolf Pesch,* a.a.O., 96.
[2] *Hans Kessler,* Sucht den Lebenden ... a.a.O., 334.

gestalt als Wanderer verkleidet auf die Erde, gesellt sich zu Menschen, um sich ihnen zu offenbaren und entschwindet, sobald er erkannt ist. Auch Gen 18 läßt deutlich dieses Motiv erkennen (→ III, 214 f): Drei Männer kommen in Mamre zu Abraham und werden von ihm gastlich aufgenommen. In ihnen gibt Jahwe selbst dem Abraham Verheißung und Weisung. – Die Emmausgeschichte steht solchen Erzählungen in und außerhalb der Heiligen Schrift formal sehr nahe. Ihr erzählerisches Motiv dürfte von dort übernommen sein. Freilich, indem es auf die Begegnung der Jünger mit dem Auferstandenen, die sich in Raum und Zeit ereignet hat, bezogen wird, bringt es nicht länger nur mehr allgemeine religiöse Ahnungen und Erfahrungen zur Sprache, es ist durch Jesus Christus eingelöst, geschichtlich konkretisiert und tritt so in den Dienst der Osterbotschaft...

Die Emmausgeschichte ist auch heute möglich: Christus geht, vielleicht lange unerkannt, an unserer Seite. Im Hören auf sein Wort und in der Gemeinschaft des Mahles gehen die Ohren und Augen und das Herz auf, ihn zu erkennen und zu bekennen.«[1]

Die Thomasgeschichte (Joh 20, 24-29). Die Darstellung dieser Erscheinung findet einen ungemein realistischen Ausdruck. Ihre Intention zielt jedoch *nicht* auf wunderbare äußere Vorgänge. Jesu »Halte mich nicht fest!«, das der Auferstandene in V. 17 zu Maria von Magdala sagt, korrespondiert hier mit V. 29: »Weil du mich gesehen hast, glaubst du.Selig sind, die nicht sehen und doch glauben.« Offensichtlich protestiert der Evangelist hier gegen eine Tendenz seiner Zeit, daß man sich die Auferstehung Jesu wie eine Rückkehr vorstellt, derer man sich auf empirischem Wege vergewissern möchte. So verweist gerade der drastische Realismus dieser Osterlegende auf das Proprium des Glaubens. Diese Erscheinungsgeschichten werden »in ihr Gegenteil verkehrt, wenn man aus ihnen folgert, die Jünger hätten sich des Auferstandenen experimentell vergewissern können, der Glaube sei ihnen aufgrund eines zwingenden übernatürlichen Beweises erspart worden. ›Das liefe groteskerweise darauf hinaus, daß diejenigen, die als erste den Glauben predigten, selbst nicht darauf angewiesen waren zu glauben, sondern durch das Sehen vom Glauben dispensiert waren.‹ (Gerhard Ebeling).«[2]

D. Es ist an dieser Stelle nicht zu ermessen, auf welches theologische Vorverständnis die hier entfaltete Osterinterpretation stößt. Sofern der eigene Weg bisher noch nicht bis zu diesen Erörterungen geführt hat, wird man den Religionsunterricht nicht kurzerhand aus dem Buch heraus umsetzen können. Frage und Zweifel, Information und Irritation dürfen dann nicht kurzerhand übergangen werden. Sie weisen den notwendigen, vielleicht schmerzhaften, aber wichtigen Weg zur eigenen Glaubensmündigkeit, die wir an anderer Stelle als »Zweite Naivität« (→ III, 516 f) beschrieben haben. Es ist deshalb auch nichts mit methodischen Hinweisen auszurichten, wo das persönliche theologische Konzept noch grundlegender Klärung bedarf.

Denkbar sind zwei gegensätzliche Extremreaktionen, vor denen gewarnt sei. Die eine flüchtet regressiv in den fundamentalistischen Kinderglauben zurück, in der Hoffnung, hier eine unangefochtene Identität retten zu können. Der Preis dieser Verdrängungsversuche ist abnehmende Offenheit, latente Angst vor »moderner Theologie«, Intoleranz und möglicherweise kämpferische Abwehr. Die andere Extremreaktion gerät in einen flachen Positivismus.

[1] *Franz Kamphaus*, a.a.O., 47.
[2] Ebd., 52 f.

Die Gattungsangabe »Legende« genügt, um vorschnell Ungeschichtlichkeit und ein Wahrheitsdementi damit zu verbinden. Der Preis solcher Oberflächlichkeit wäre ein Verlust des Glaubens aus rationalistischer Engführung. Lehrer beider Kategorien werden unseren Kindern nicht weiterhelfen.

Nicht alle Informationen, die unsere Exegese voranstehend geboten hat, können in den Unterricht einfließen. Deren Auswahl und Maß ist jedem einzelnen Lehrer überlassen. Es ist aber nicht von der Position auszugehen, für unsere Schüler sei es einstweilen noch angemessen, Mk 16, 1-8 und die übrigen Erscheinungsgeschichten als historische Berichte anzusehen, während der Religionsunterricht erst in späteren Jahren eine schrittweise Korrektur an dieser Ausgangsposition zu leisten habe. Demgegenüber muß deutlich gesagt werden, daß ein historisierendes Verständnis erzählender Symbolsprache und theologischer Interpretamente auch für Kinder keine didaktische Legitimation finden kann. Die sprachliche und symbolische Sensibilisierung, die unser Unterrichtswerk seit Beginn der Schulzeit leistet, müßte hinreichend Hintergrund bieten, um ein Glaubensverständnis grundlegen zu können, das Jahre später auch rationaler Auseinandersetzung standhalten kann.

Eine wesentliche Hilfe zur Artikulation des Osterglaubens bietet der bildsynoptische Vergleich des Religionsbuchs auf den Seiten 50/51. Das didaktische Problem, die Kinder an die Anschaulichkeit der erzählenden Texte nicht gegenständlich zu verhaften, welches mit einer *bildlich*-gegenständlichen Darstellung ja nicht minder besteht, können wir mit Hilfe divergierender Darstellungsmodelle am leichtesten zugänglich und lösbar machen. Wechselbezüge zwischen Text- und Bildinterpretationen sollten dabei nicht außer acht bleiben. Es ist darum sinnvoll, die markinische Ostergeschichte erst dann zu unterrichten, wenn die Konzeption aller vier Religionsbuchseiten überschaut, also auch die folgenden Ausführungen zur Ikonographie und Theologie des Osterbildes einbezogen wurden.

Lesehinweis:

Eine systematisch-zusammenfassende Darstellung des Osterglaubens bietet *Hans Kessler*, Sucht den Lebenden nicht bei den Toten. Die Auferstehung Jesu Christi in biblischer, fundamentaltheologischer und systematischer Sicht, (Patmos Verlag) Düsseldorf 1985.

Die Auferstehung in der christlichen Bildtradition S. 50–51

Zunächst ist daran zu erinnern, daß jener Vorgang, den das Neue Testament Auferweckung oder Auferstehung nennt, dort nirgendwo eine Beschreibung findet. Als gedankliche oder bildliche Vorstellung bleibt der Begriff Auferstehung unbesetzt. Er liegt jenseits zugänglicher Erfahrung.

Die altchristliche und frühmittelalterliche Kunst verharrt bei dieser Vorbehaltenheit. Es gibt über mehr als tausend Jahre keine Darstellung der Auferstehung als Vorgang. Die frühe Ikonographie beschränkt sich auf symbolische Darstellungen, indem beispielsweise Kreuz oder Christusmonogramm im Lorbeerkranz, von Wächtern bewacht, gezeigt werden. Daneben gibt es das Motiv der Frauen am Grabe, das bevorzugt im Westen begegnet, während die Ostkirchen die »Höllenfahrt Christi« (Anastasis) als ihr eigentliches und einziges Osterbild schätzen. Ein Bildtypus, der vom Wort ausgehend, einen im Grab sich aufrichtenden Christus vorstellen würde, begegnet nicht. Die unmittelbare Wortbedeutung »Auferweckung« und »Auferstehung« hat zunächst keine direkte Imagination gefunden. »Das Spektrum der ikonographischen Typen widerspricht also der einfachen These, daß es *in mente* immer ein eindeutiges Vorstellungsbild von ›Auferstehung‹ gegeben habe, das nur darauf gewartet habe, vor Augen gemalt zu werden.«[1]

Die drei Frauen am leeren Grabe S. 50

A. Das Motiv der Frauen am Grab stützt sich auf die synoptische Tradition Mk 16, 1-8 par (→ S. 319ff). Diese Tradition ist in sich uneinheitlich und widersprüchlich. Mk 16, 1 nennt Maria aus Magdala, Maria, die Mutter des Jakobus und Salome; Mt 28, 1: Maria aus Magdala und die »andere« Maria; Lk 24, 10: Maria Magdalena, Johanna und Maria, die Mutter des Jakobus, sowie »die übrigen Frauen«. Joh 20,1 nennt lediglich Maria von Magdala. Auch die Zahl der Engel differiert. Während Markus und Matthäus von *einem* Jüngling sprechen, machen Lukas wie Johannes zwei Boten daraus. Die bildliche Darstellung hält sich meistens an Markus und Matthäus; aus dem Johannesevangelium wird jedoch das Moment der Leichentücher am Grabe übernommen. Insgesamt boten die abweichenden Berichte in der ikonographischen Tradition einer großen Variantenfülle Spielraum.

Die älteste bekannte Darstellung des Motivs entstand vor 235 im Baptisterium in Dura Europos: über dem Grab leuchten zwei Sterne als Symbole der beiden Engel. Auf einem Fresko aus dem 3./4. Jahrhundert sitzt der Engel am Grab (Katakombe von Karmonz-Alexandria). Um 400 erscheint der Bildtypus (auf einer weströmischen Elfenbeintafel) voll ausgeprägt. Aber erst im 9. Jahrhundert entfaltet sich das Thema der Frauen am Grab immer stärker, dabei folgen alle Bilder der Komposition von Dura Europos: links sitzt der Engel, die Frauen kommen von rechts zum Grabe oder Grabgebäude und empfangen seine Botschaft. Im späteren Mittelalter verbindet sich die Szene der Frauen am leeren Grab mit der (für die Frauen unsichtbaren) Darstellung des Auferstandenen. Danach verliert das Motiv ikonographisch an Bedeutung; es wird zur Nebenszene der Auferstehung Christi.

B. Unsere Abbildung entstammt der Tradition der Reichenauer Buchmalerei. Sie wird um das Jahr 1000 datiert. Die Reichenau war Sitz einer Werkstatt, in der führende ottonische Handschriften entstanden, meist geschlossene Bildfolgen zum Neuen Testament mit oft eigenständigen ikonographischen Neuerungen.

[1] *Alex Stock,* Auferstehungsbilder. Eine ikonographisch-theologische Studie, in: *Alex Stock/Manfred Wichelhaus* (Hrsg.), Ostern in Bildern, Reden, Riten, Geschichten und Gesängen, Zürich 1979, 11.

Unsere Darstellung ist gerahmt durch einen ornamentierten Bogen, der auf Säulen ruht. Die innere Gliederung erfolgt durch ein Gebäude, dessen Mittelpfeiler – nochmals betont durch einen kleinen Dachreiter – die Szene in zwei Räume teilt. Der rechte Teil wird ausgefüllt durch den majestätischen Engel, der auf dem abgehobenen und querliegenden Sarkophagdeckel sitzt. Der Blick des Betrachters geht in das Innere des Sarkophags; er ist leer, nur die Leichentücher liegen darin wie ein kunstvoll gebundener Knoten: das offenkundig unlösbare Geheimnis. Mit seiner Rechten wendet sich der Engel den zwei Frauen am linken Bildrand entgegen. Im Gegensatz zum Engel füllen diese ihre Bildhälfte nicht aus, sondern bleiben an der Peripherie. So entsteht ein freier Raum zwischen den Frauen und dem Engel, den nur die Gestik des Engels (auch durch die Stellung des rechten Beines) überbrückt, der andererseits aber auch die Distanz und Spannung zwischen ihnen herstellt. Die vordere Frau trägt ein Salbgefäß in ihrer Linken; mit der anderen Hand deutet sie fragend auf das leere Grab. Die Frau hinter ihr hält sich bestürzt am Oberarm ihrer Gefährtin fest. Ein Begreifen des Vorgangs kommt nicht zum Ausdruck.

C. Die im ersten christlichen Jahrtausend und auch in der romanischen Buchmalerei begegnenden Osterdarstellungen machen deutlich, daß es auch in der inneren Vorstellung kein festes Bild von »Auferstehung« gegeben hat. Dieser Befund hat seine Bedingungen in der neutestamentlichen Tradition selbst. »Weder narrativ noch deskriptiv noch wortsemantisch gibt es in der biblischen Überlieferung eine eindeutige sprachlich-mentale Vorgabe, als deren visuelle Umsetzung Auferstehungsbilder verstanden werden könnten.«[1] Jene Vergegenständlichung, wie sie in gotischer Zeit gewagt wird, bindet also noch kein inneres Vorstellungsbild. Bis zu Meister Francke, auf dessen Hamburger Altar (um 1425) Christus zur rückwärtigen Seite hin eilig und leise aus dem Sarg klettert wie ein gewöhnlicher Mensch, der es nötig hat, die Wächter zu überlisten, ist noch ein weiter Weg. Zugleich ist es ein problematischer Weg, den wieder aufzuheben unsere didaktische Aufgabe ist.

D. Eine Unterrichtsplanung sollte erst erfolgen, wenn die gesamte Bildreihe der Doppelseite in ihrer ikonographisch-theologischen Entwicklung überschaut wird. Der didaktische Wert dieser Konzeption liegt in den Möglichkeiten des Vergleichs. Vorausgesetzt wird in jedem Fall die Auslegung des Textes Mk 16, 1-8. Der gespannte Bogen führt bis zu Manessier und Agethen.

Kölner Evangeliar: Der auferstandene Christus steigt aus dem Grab — S. 50

A. Etwa zur gleichen Zeit, als die Mysterienspiele der großen Kathedralen den Auferstandenen *in persona* – zunächst nur in einer Szene – auftreten lassen, wagen es auch die Maler, diesen Vorgang ins Bild zu bringen. Seit etwa 1200 steigt Christus aus dem Grab heraus, zunächst in liturgischen Büchern, dann auch in den Glasmalereien der Fenster und schließlich als Tafelmalerei. Die

[1] Ebd., 12.

Kunstwissenschaft macht für das Aufkommen dieses neuen Bildtyps einen Wandel in der gesamten Frömmigkeitsstruktur jener Zeit verantwortlich: »Die bildliche Veranschaulichung der Auferstehung Christi fügt sich... in einen weitergespannten Entwicklungsprozeß der christlichen Kunst ein, der u.a. in dem Vorzeigen der Reliquien und in der Elevation bzw. dem Ausstellen der Hostie gleicherweise Ausdruck fand. Es handelt sich hierbei um Neuerungen, denen ein tiefer Wandel im Verhältnis des Menschen zum Übersinnlichen zugrundeliegt. Die unmittelbare Schau des Heiligen, das dem Gläubigen Unterpfand seiner künftigen Erlösung bedeutet, steht für ihn jetzt im Vordergrund... Dieser epochale Wandel im religiösen Empfinden des Gläubigen war die unerläßliche Voraussetzung für die Entstehung des neuen Bildtypus der Auferstehung Christi.«[1]

B. Die Darstellungen beschränken sich gegenständlich zunächst auf eine lapidare Knappheit: unten im Vordergrund zwei schlafende Wächter, der offene Sarkophag, Christus mit der Kreuzfahne in der Hand, wie er gerade mit einem Bein über die Sarkophagwand steigt.

Der Sarkophag ist hier nicht mehr Hintergrundarchitektur, sondern zentraler Handlungsort des Bildes. Gewöhnlich wird er geöffnet mit querliegendem Verschlußstein gezeigt. Dieser Sarkophagtypus tritt an die Stelle der früheren Hochgrabformen, wie sie in vielen Darstellungen der Frauen am Grab zu sehen sind. Als zeitgeschichtlicher Hintergrund sollten die Kreuzzüge mit dem Ziel des Grabes Christi nicht außeracht bleiben.

Immer trägt Christus in seiner linken Hand die Kreuzfahne bzw. einen Kreuzstab. Im Orient, auch bei Römern und Germanen galt die Fahne als Kampf- und Siegeszeichen. In der mittelalterlichen Geschichte hat sich die Fahne im christlich-religiösen Gebrauch aber nur langsam durchgesetzt. Im Vorfeld der Kreuzzüge und während ihres Verlaufs bediente sich der Papst der Fahnenverleihungen (»Vexillum S. Petri«) als Mittel seiner Politik. Die rechte Hand Christi ist durchweg zum Segensgestus erhoben.

Mit einem großen Schritt steigt Christus nach vorn aus dem Grab. Oft stellt er dabei seinen Fuß auf den Kopf eines der davor liegenden, schlafenden Wächters. In der mittelalterlichen körpersprachlichen Symbolik gilt das Stehen als Haltung des Kämpfers und Siegers, während man die sitzende Haltung als Gestus des Richters versteht. Als die »Rüstung« Christi gelten die liturgischen Gewänder. Auf unserem Bild steht das langfließende Gewand, das die rechte Brustseite mit der Seitenwunde offenhält, in Kontrast zur Kleidung der gerüsteten Wachsoldaten in ihren Kettenhemden und Schutzpanzern.

C. Im Vergleich zum vorhergehenden und zu den nachfolgenden Bildtypen ist diese »Auferstehung« die massivste Vergegenständlichung unserer Reihe. Darstellungen dieser Art haben das allgemeine Glaubensverständnis stärker tangiert, zum Teil auch blockiert, als die Bilder subtilerer Theologie davor und danach. Wenn wir mit Kindern darüber sprechen, sollten sie wissen, daß 1200 Jahre vergehen mußten, ehe die Christenheit ihr inneres Verständnis

[1] *Franz Rademacher,* Zu den frühesten Darstellungen des Auferstandenen, in: Zeitschrift für Kunstgeschichte 28, 1965, 218, zit. n.: *Alex Stock,* a.a.O., 13 f.

von der aller menschlichen Vorstellungskraft entzogenen Auferstehung in diese Anschaulichkeit bringen konnte. Damit darf dann die Anschaulichkeit der Darstellung selbst thematisiert und in Frage gestellt werden. Die Kinder können im Vergleich zur Aussparung des Mysteriums im Motiv der »Frauen am Grab« ihrerseits die Frage gewinnen, inwieweit dieser Bildtyp einer biblischen »Sicht« des Ostergeschehens gerecht wird. Dabei wird ihnen zumindest die Problematik dieser Tradition aufgehen; der Vergleich mit den übrigen Darstellungen wird die vorliegende Form relativieren und damit jenes Urteilsvermögen anleiten, ohne das ein theologisch kontrolliertes Verständnis der Osterbotschaft nicht erreichbar wird.

D. Unsere Bildbetrachtung setzt die Interpretation von Mk 16, 1-8 voraus. Vom Motiv der Engelserscheinung im leeren Grab her kann bereits deutlich geworden sein, daß der Text über ein Wie und Was der Auferweckung schweigt. Die Frauen haben aus *ihrem* Vermögen nichts gesehen, was den Auferstehungsglauben begründen könnte. Und sowenig menschliches Wollen oder fotografische Kontrolle hier irgendetwas ausgemacht hätten, sowenig kann äußere Anschauung die Rettung des Gekreuzigten in die Gottheit hinein einfangen. Auferstehung ist ein Mysterium des unzugänglichen göttlichen Lebens.

Trotzdem hat dieser Bildtyp sein Recht und seine innere Würde, wenn wir die Darstellung symbolisch sehen lernen. »Was sucht ihr den Lebenden bei den Toten?« fragt der Engel bei Lk 24, 5. Die Gräber bergen nicht jene, deren Namen darauf stehen. Was ihnen anvertraut wird, ist sterblicher »Überrest«, der zur Erde zurückkehrt. Den neuen Auferstehungsleib können die Bilder der Gotik nur menschlich zeigen: die Anschauung verweist auf das Unsichtbare.

Matthias Grünewald: Auferstehung als Aufgang (Himmelfahrt ins Licht) S. 51

A. An gewöhnlichen Werktagen, wenn alle Flügel des mächtigen Wandelaltares in der Hospitalkirche der Antoniter zu Isenheim geschlossen waren, traten die Kranken der übermächtigen Kreuzigung entgegen. Sie fanden sich auf das größere Leiden Christi verwiesen und ihre Erlösung zum ewigen Leben (→ S. 301ff).

Zu den Festzeiten aber öffnete sich das äußere Flügelpaar. Dann überraschte die Spitalinsassen eine farbenprächtige, visionäre Bildszene von unerhörter Strahlkraft und Faszination. Das Mysterium der Menschwerdung entfaltete sich mit seiner Aufgipfelung ganz rechts in der Auferstehung Christi. Von der Zweckbestimmung des Isenheimer Altares in einem Hospital für Aussätzige darf bei der Betrachtung seiner Bilder nicht abgesehen werden. Sie verleiht auch dem Osterbild zusätzliche Intensität.

Die Maße der »Auferstehung Christi« sind 269 x 143 cm. Auf der Suche nach Vorbildern oder Anstößen, die zu Grünewalds Konzeption hinleiten, werden Albrecht Dürer und Raffael genannt. Einerseits sehen einige Kunstwissenschaftler in der »Auferstehung« von Dürers Großer Holzschnitt-Passion eine Vorstufe zu Grünewald, doch kennzeichnet seinen Christus weniger ein schwereloses Schweben als ein triumphales Hervortreten auf dem Deckel des *geschlossenen* Sarkophags. (Die Darstellung der Auferstehung aus geschlossenem Grab hat längere Tradition in der mittelalterlichen Kunst. Einerseits ist daran eine Interpretation von Mt 28,2 beteiligt, nach der erst der Engel den Stein den Frauen zuliebe fortschaffte, andererseits wird das Hervorkommen aus dem geschlossenen Grab analog zur Geburt Christi aus dem unverletzten Mutterschoß verstanden.)

Ein weiterer Einfluß auf Grünewalds Auferstehungsbild wird Raffael zugeschrieben. Auf einer Zeichnung von 1512 finden sich sowohl das sonst fremde Motiv der *stürzenden* Wächter sowie das Schweben über dem Sarkophag in der Gebärde der ausgebreiteten Arme und unter Verzicht auf die sonst stereotype Kreuzfahne. Beziehungen zu Raffael sind allerdings historisch nicht nachweisbar.

B. Mit einem herrlichen Schwung und einer unerhört leichten und freien Gestik entschwebt hier der Auferstehende der Enge des kantigen Steinsarkophags in die Glorie des göttlichen Lichts. Eine Sonnenvision (→ II, 464 f) in der Sternennacht! Diese Christusgestalt prägt die Einheit von Ruhe und Bewegung. Dabei muß sich sein Hervorgang aus dem Grab wie der Ausbruch eines Vulkans ereignet haben. Arpad Weixlgärtner schildert Geschehen und Gestalt:

»Der schwere Deckel des Sarkophags wurde beiseite geschleudert, er lehnt an dessen hinterem Rand. Das Leichentuch oder besser: die Leichentücher – denn man zählt oben an Christus mindestens vier Zipfel und wenigstens zwei müssen noch im Grab lieben – wirbeln in allen Farben des Regenbogens um ihn herum. Unten sind sie weiß mit bläulichen Schatten, die nach oben violett werden, während Karmin über Zinnober auf Unterarmen und Schultern in das leuchtende Gelb von Christi Haaren übergeht. Das Tuch entstofflicht sich nach oben zu ebenso wie Christi blaß fleischfarbener Körper, der in seinem Haupt in den großen Strahlenkranz verschwimmt, mit der Aureole in Licht zerfließt. Der Strahlenkranz ist innen leuchtendes Gelb, das gegen den Umfang des Kreises zu bräunliches Rot wird, das außen wie der Hof des Mondes von einem hellblauen Rand umgeben ist. Christi ausgestreckte Arme und emporgehaltene Hände, die die Nagelwunden zeigen, sind noch innerhalb des gelbroten Kreises. Ganz schwach sind mit braun Christi Augen, Nase und Bart angegeben, der Mund ebenso mit Karmin wie die fünf Wundmale, die alle gelbes Licht ausstrahlen. Christi Körper ist schwerelos, seine Beine werden nicht anders als das Leichentuch weggeweht, nur in entgegengesetzter Richtung, was gerade die Bewegung raschen Emporschwebens aufs überzeugendste veranschaulicht.«[1]

Der riesige Kreisnimbus aus verschiedenfarbigem Licht ist noch näherhin zu bedenken. Dessen innerer, sonnengelber Kern hat das Gesicht und den Oberkörper Christi bereits entmaterialisiert. »Christus erscheint nicht im Licht, er ist selber Licht geworden, das das andere, das göttliche Sein symbolisert. Niemals vorher und nachher ist die Auferstehung so als Lichtwunder und

[1] *Arpad Weixlgärtner,* Grünewald, Wien 1962, 68.

selten in so triumphaler Gewaltsamkeit dargestellt worden.«[1] – »Die heftigen Gegensätze der Richtungen und die Farbspannungen kommen im Rund der Aureole zu Ruhe und Ausgleich. Hier, wo sich der Sinn der Darstellung vollendet..., kommt auch die Bewegung, die das Bild in mächtigen Strömen durchzieht, zum Stillstand.«[2]

Keiner der Wächter sieht das Lichtmysterium. Ihre Gesichter sind abgewendet, die Helme verrutscht und über die Augen gedrückt. In ihren Rüstungen mit eisernen Ringkragen, mit Armschienen und gestepptem Fechtrock stolpern sie gerade oder liegen schon auf dem Rücken; ein anderer verharrt vornübergebeugt, ohnmächtig und blind in dumpfer Befangenheit. Indem wir sie so zu Boden geschleudert sehen, verweisen sie auf die Auferstehung, die wie eine Explosion gedacht zu sein scheint. Trotz des wie zufällig wirkenden »heillosen« Durcheinanders der verwirrten Wächter, sind sie mit großer Sorgfalt in den kompositionellen Zusammenhang gefügt. Im Kontext zu Sarkophag, Grashang und dem toten Baumstumpf am rechten Bildrand bilden sie einen horizontal gegliederten Formkomplex, aus dem sich die Auffahrt Christi über dem aufwallenden und quirlenden Grabtuch in großartiger Freiheit entfaltet.

C. Wenn man in der Kunstgeschichte auch mit einem Einfluß Dürers und Raffaels auf Grünewald rechnet, so bleiben doch auch grundsätzliche Unterschiede. Die Künstler der Renaissance, Dürer eingeschlossen, interpretierten die »verklärte Leiblichkeit« Christi durch antike Idealität. Damit stimmt Grünewald nicht überein. Er verwandelt den Auferstandenen in einen Lichtleib, der sich in eine riesige Sonnenaureole hinein auflöst.

Ikonographisch läßt sich zeigen, daß der Auferstehende schon seit dem 14. Jahrhundert als Lichterscheinung dargestellt wird, doch bleibt es letztlich beim Licht als hinzukommendes Attribut, während hier die Sonne als Symbol der Gottheit Christus in sich selbst hinein aufnimmt. Biblische Anstöße zu dieser Deutung liegen vor. In der Erzählung von der Verklärung Christi – einer wohl rückversetzten Ostergeschichte – heißt es: »Sein Antlitz leuchtete wie die Sonne« (Mt 17, 2). Bei Mk 16, 1 scheint die Auferstehung mit dem Sonnenaufgang gleichzeitig gesetzt zu sein, und auch Ps 19, 5 könnte Einfluß genommen haben mit der Wendung: »In der Sonne hat er sein Zelt gebaut«. Daneben konnten wir bereits zeigen, daß der Auferstandene schon in alter Zeit mit der Sonne verbunden wurde (→ II, 423 ff, 437), daß vor allen Dingen aber die Mystik Gott und den in die Gottheit aufgenommenen Christus als Lichtgestalt gedeutet hat (→ II, 463 f). Wenn sich bei Grünewald der Auferstandene in das immaterielle Licht der Gottheit hinein entstofflicht, dann fallen in dieser Sicht – theologisch korrekt – Auferstehung und Himmelfahrt zusammen.

Dennoch ist mit dieser Deutung das differenzierte Lichtphänomen der Aureole noch nicht erklärt. Das sonnenhafte Licht ist ja nur der innere Kern der Erscheinung, um ihn herum legt sich ein Kreis roten und dann ein Kreis blauen Lichts. Da Grünewalds Vertrautheit mit der Mystik bekannt ist, darf

[1] *Georg Scheja*, a.a.O., 36.
[2] *Heinrich Geissler*, in: *Max Seidel* u.a., Mathis Gothart Nithart Grünewald. Der Isenheimer Altar, Stuttgart 1973, 149.

unterstellt werden, daß er die Christus in sich aufnehmende Sonne trinitarisch verstand. Die Darstellung des dreifaltigen Gottes durch eine konzentrische Kreissymbolik ist uns ja von der Illumination aus dem Codex der Hildegard von Bingen wohlvertraut (→ I, 288; II, 463; III, 508). Auch dem Nikolaus von Flüe (1417-1487) erschien am nächtlichen Himmel das Antlitz Christi in riesigen, konzentrischen Lichtkreisen. Bei Dante (1265-1321) wird es als letzte und höchste Schau des Göttlichen geschildert:

> »Und so erschienen in der tiefen klaren
> Substanz des Himmelslichtes mir drei Kreise:
> an Farbe dreifach, doch von einem Umfang.
> Der eine und der andere wie zwei Regenbogen
> bespiegeln einander und der dritte
> war eine Glut, von beiden gleich geschürt.«[1]

Die Aureole in Grünewalds Osterbild ist also eine visionäre Symboltradition der trinitarischen Gottheit. Während der Menschensohn auf dem Bild des Hildegardis-Codex ganz in ihre Mitte eingeschlossen ist, vollzieht sich diese Hineinnahme in die Gottheit bei Grünewald im Vollzug seiner Auferstehung und Himmelfahrt.

D. Im Gespräch über Grünewalds Osterbild – das in seinem winzigen Format und der qualitativ geminderten Wiedergabe im Buch nur Anhaltspunkt ist und notwendig nach einer angemessenen Dia-Reproduktion verlangt[2] – können wir uns, nach Betrachtung aller Details, dem sorgfältigen Vergleich mit dem vorhergegangenen Bildtyp befassen. Die oben herausgestellten Unterschiede sollten auch den Schülern bewußt werden. Dabei ist die Deutung der Auferstehung als Aufgang ins Licht von besonderer didaktischer Bedeutung. Da das Licht in seiner eigenen Natur bereits einen Übergang ins Immaterielle verkörpert, kann die Darstellung des Isenheimer Altars das Ungenügen an der Realsymbolik der Gotik den Kindern bewußt machen: daß hier der Versuch vorliegt, das allen menschlichen Sinnen Vorenthaltene zu zeigen und darin zugleich wieder in das unsichtbare Geheimnis aufzulösen.

Die Rückverbindungen zur Lichterfahrung des 1. Schuljahres sollten unbedingt gesucht und neu belebt werden (→ I, 263-291); die bisherigen Zugänge zur Deutung des Gottessymbols nach der Vision der heiligen Hildegard verdienen ebenfalls eine Verknüpfung mit Grünewalds Osteraureole. Dabei kann die große Wiedergabe auf Seite 7 im Religionsbuch (→ S. 51) besonders leicht herangezogen werden.

Alfred Manessier: Auferstehung S. 51

A. Daß die Auferstehung Christi in der Kunst der Gegenwart seit langem »kein lebendiges und wirksames Motiv« mehr sei (Theodor Filthaut), ist

[1] *Dante,* Divina Commedia, XXXIII. Gesang. Übersetzt von *K. Vossler,* Münster 1941, zit. n.: *Georg Scheja,* a.a.O., 40.
[2] *Hubertus Halbfas,* 32 Dias zu den Religionsbüchern 3 und 4, (Patmos Verlag) Düsseldorf 1986.

inzwischen auch dem Laien evident.[1] Die Gründe dafür mögen auf vielen Seiten liegen. Alex Stock fragt, ob nicht auch die Theologie daran beteiligt ist, etwa, weil sie selbst eine so unsinnliche Sprache spreche, die keine Bilder mehr evoziert.[2] So mag es sein, aber es wirkt vielleicht noch mehr jene theologische und kirchliche Tradition nach, welche die Auferstehung allzu vordergründig und fundamentalistisch verstand und Literaten wie Künstlern die Sprache nahm. Und andererseits ist auch nicht zu verkennen, daß ein theologisches Denken jenseits Erster Naivität und rationalistischer Aufklärung das öffentliche Bewußtsein noch lange nicht erreicht hat.

Wenn das einzige berühmte Bild der Auferstehung in der Gegenwartskunst eine abstrakte Darstellung ist, dann ist dies weder Zufall noch Nachteil, sondern Ausdruck einer Entwicklung, die sowohl auf theologischen Fundamenten wie auf kunstgeschichtlichen Vorgängen aufruht. Bei Alfred Manessier (geb. 1911), der sich als gläubiger Katholik bekennt, tauchen schon früh christliche Themen auf. Das Konzept der »École de Paris«, in der sich Paul Klees Einfluß mit französischer Tradition verband, formulierte Manessier so: »Das Ungegenständliche scheint mir die gegenwärtige ›Chance‹ zu sein, durch die der Maler am besten an die innere Wirklichkeit herankommen und das Bewußtsein seines Wesentlichen, sogar seines Seins erhaschen kann.« Und zu seiner eigenen Kunst: »Es kommt mir mehr und mehr darauf an, das innere Gebet des Menschen darzustellen. Meine Themen sind die religiösen und kosmischen Erfahrungen, die der Mensch in der Konfrontation mit der Welt macht. Meine Bilder versuchen in jeder Weise Zeugnis zu sein für etwas, das vom Herzen gelebt wird, nicht für etwas, das man mit den Augen sehen kann ... Der Anfang meiner abstrakten Malerei war ein Fragen. Je weiter ich in das Gegenstandslose eindrang, um so näher kam ich dem Inneren der Dinge ... Der Künstler ist der Ort der Transfiguration und aller Mutationen, und damit meine ich den Künstler, der sich nicht zu einem bloßen Spiegel der Natur macht. Die alten Meister verfügten über große Intensität der Darstellung. Und dasselbe wird von uns verlangt. Was die reine Malerei angeht, bleibt es dasselbe. Abstraktion ist die Konsequenz einer bestimmten kulturellen Entwicklung; auf dem Hintergrund eines langen historischen dialektischen Prozesses.«[3]

B. Während unser erstes Bildbeispiel davon ausging, daß die Auferstehung sich menschlicher Vorstellung entzieht und sich darum mit einer Leerstelle behalf, durch Frauen erfahren, einen Engel gedeutet, waren die darauf folgenden Beispiele durch einen Versuch gegenständlicher Darstellungsweise gekennzeichnet. Doch nur die hochmittelalterliche Lösung wagte in naiver Unbekümmertheit die schlichte Anschauung; schon bei Grünewald begegneten wir wieder dem Versuch, das Unanschauliche darzustellen, die Auflösung in das göttliche Licht, in immaterielle Geistigkeit. Bei Manessier vollendet sich diese Konsequenz.

[1] Genannt werden können: *Maurice Denis,* Die heiligen Frauen am Grabe (1894); *Georges Rouault,* Biblische Landschaft (1956); *Emil Nolde,* Auferstehung (aus: Das Leben Christi, 1911/12); *Max Beckmann,* Auferstehung (unvollendet, 1916/18).

[2] *Alex Stock,* a.a.O., 28 f.

[3] *Jean Clay/Alfred Manessier,* Ma Vérité de Peintre, Paris 1962, zit. n.: *Hans Maier/Wieland Schmied* (Hrsg.), Zeichen des Glaubens – Geist der Avantgarde, a.a.O., 264.

Genau genommen handelt es sich nicht einmal um abstrakte Malerei. Wir sehen ein explodierendes Lichtphänomen, *eine* Sonne, in der Mitte zu hellster Leuchtkraft verdichtet, welche die letzten Reste von Dunkelheit und Schwere aus sich herausgeschleudert hat. Einige Spuren dieser Stofflichkeit entschwinden an den Bildrändern. Auferstehung ist hier wie der Aufgang einer Super-Nova. Auf jede materielle Gegenständlichkeit, zumal aber auf den Versuch einer Vorgangsdarstellung hat der Künstler verzichtet und folgt darin der Entwicklung des theologischen Bewußtseins. Die Selbstverständlichkeiten der Vergangenheit gelten nicht mehr – auch nicht für Kinder –, selbstverständlich ist heute, daß sich »Auferstehung« nur noch in symbolischer Übersetzung ins Bild bringen läßt. Die Sprache von Form und Farbe verlangt hier genaue Beachtung.

C. Die Auseinandersetzung mit Manessiers »Auferstehung« ist um so leichter und erhellender, als sie stets den Vergleich mit den vorangestellten Bildkonzeptionen einbezieht. Infolge dieser synoptischen Arbeit erfassen die Kinder »anschaulich«, welche Probleme bei derartigen religiösen Themen mit der Anschaulichkeit verbunden sind: daß die Gegenständlichkeit der Darstellung eine irreführende Vorstellung leiten kann und der innere Glaubenssinn hier vom gegenständlichen zum symbolischen Verständnis übergehen muß. Wir nutzen also die didaktischen Möglichkeiten des Vergleichs, zeigen die Veränderungen und Wandlungen von Bild zu Bild auf und relativieren dadurch ein naives Osterverständnis. In diesem Prozeß kann Manessiers »Auferstehung« eine heilsam korrigierende und befreiende Wirkung haben. Sie unterstützt die bereits am Text geleistete theologische Auslegung und aktiviert jenen inneren Bildsinn, der jede theologische Einsicht tragen muß.

D. Daß hier Auferstehung als Lichtereignis gedeutet wird, ist unseren Schülern unmittelbar einsichtig. Damit aber haben sie eine Perspektive gewonnen, die ihnen bereits im 1. Schuljahr begegnete. Dort wurde ihr Gottesverständnis mit dem Symbol Licht verbunden (→ I, 263-291). In der Darstellung des trinitarischen Gottessymbols des Hildegardis-Codex, die durch alle Religionsbücher der Grundschuljahre begleitete, finden sie diese Sicht in besonderer Weise verdichtet. Im Anschluß an die Bildsynopse der Seiten 50/51 können wir die Darstellung auf Seite 7 erneut anschauen und nun entdecken, daß es sich ebenfalls um ein Osterbild handelt: die christusliche Menschengestalt ist in die Gottheit selbst hineinversetzt, ihre Mitte ist in gleicher Weise die Mitte Gottes; so also heißt Auferstehung: mit Gott, in Gott und durch Gott zu leben (→ S. 51).

Eine weitergehende Deutung der »Auferstehung« Manessiers wie des mystischen Gottessymbols der heiligen Hildegard kann mit den Materialien des Religionsbuches für das 2. Schuljahr erfolgen. Dort steht die Sonne als Gottessymbol leitmotivisch im Vordergrund (→ II, 461-470). Eine besondere Deutung erfährt die Ostersonne als das christliche Lichtmysterium (→II, 423 ff). In dem Maße, wie der Unterricht auf diese Materialien zurückgreift, gewinnt die bildtheologische Interpretation der Auferstehung als Einswerden mit dem göttlichen Licht eine differenzierte inhaltliche Ausfüllung.

Ingrid Riedel über Alfred Manessiers »Auferstehung«[1]

»In dieser kühnsten aller mir bekannten Darstellungen des Themas ›Auferstehung‹ ist die schwarze Todesstruktur, zuletzt zusammengeballt in dem riesigen Kreis, zersprungen: Schwarze Spurenelemente wirbeln nur noch an der äußersten Peripherie des so entstandenen Kraftfeldes. Die Farbkomposition des Bildgrundes tritt strahlend in den Vordergrund, nicht mehr verstellt von dem Gitterwerk der linearen Struktur. Ein leuchtender orangegelber Strahlenkreis umfaßt das ganze Bild, veranlaßt das Auge, seine Rotation mit zu vollziehen. Das Bildgeschehnis läßt sich nur mit Vorstellungen moderner Energieforschung vergleichen: Es ist, als sei ein Atomkern zersprungen und habe eine ungeheure Energie freigesetzt. Ähnliche Vorgänge kennen wir aus der Astrophysik bei der Entstehung neuer Weltkörper im All.

Der Energieball rotiert, das Auge folgt den gelben, orangeroten, grauen und schwarzen Energieteilchen bis an den Bildrand, der nun ganz von der Verwandlungsfarbe Rotviolett geprägt ist. Im Zeichen der Neuwerdung steht dieses Bild.

Locker, in Tupfen, durchlässig ist der Rahmen im Vergleich zu allen früheren gestaltet. Er scheint zurückzuweichen unter der neu andrängenden Energie, die vom Bildzentrum ausgeht. Zugleich kühlt der Farbton des Rahmens die expandierende Glut und auch seine Form verhindert, daß die Energieexplosion die Komposition letztlich zersprengt. Wenn das Auge von der Wahrnehmung des Rahmens zu der feurigen Energierotation zurückkehrt, gewinnt es fast den Eindruck, von nun an wirkten auch die zentripetalen Kräfte, die bei der Planetenentstehung die frei rotierenden Energieteilchen anziehen und in den Bannkreis des neuen Weltkörpers bringen. Was physikalisch als Befreiung der Kernenergie ausgedrückt werden kann, bedeutet theologisch die Liebesenergie, die von der Selbsthingabe Christi ausgeht. Psychologisch ausgedrückt, beschreibt diese Energie-Explosion die Befreiung der innersten Kräfte eines Menschen aus langer Blockierung. Einer, der sich selbst entfremdet war, wird mit sich identisch. Ein Egozentriker wird fähig zur Liebe. Ein Zielloser, der Verantwortung und Leiden scheute, hat ein Engagement gefunden, für das es lohnt, zu leben.

Beim Assoziieren zu diesem Orangerot wurde immer wieder ›Feuer‹ genannt, ›Kernexplosion‹, ›Planetenentstehung‹, ›Sonnenaufgang‹, schließlich auch ›Pfingsten‹. An Emotionen, die diese Farbe auslösen kann, erschienen als die häufigsten »Erschrecken«, ›Begeisterung‹, ›Inspiriertheit‹. Man fühlte sich durch die Farbe wie unter eine Ausstrahlung von Licht und Feuer geraten. Johannes Itten bemerkt zu dieser Farbe: ›Orange als Mischung von Gelb und Rot steht im Brennpunkt der größten strahlenden Aktivität. Es besitzt sonnenhafte Leuchtkraft in der Sphäre des Materiellen, welche im Rotorangen das Maximum an warmer Energie erreicht.‹«

Relindis Agethen: Auferstehung S. 52

A. Das Bild, Öl auf Leinwand, 187,5 x 149 cm, entstand im Frühjahr 1986.

B. Wiederum erscheint die Welt als Labyrinth. Während dessen Wände im Karfreitagsbild jedoch aus totem Beton zu sein scheinen, sehen wir nun eine Hecke in leuchtendem frischen Grün vor uns: das Leben hat neue Blätter getrieben, die ganze Welt erstrahlt in österlichem Glanz.

[1] Begleitheft zu: Alfred Manessier, Passion-Ostern. Dias und Texte, hrsg. v. *Ingrid Riedel,* Gelnhausen/Freiburg i. Br. 1974.

Die starre Senkrechte, die das dem Labyrinth einbeschriebene Kreuz mit dem Kreuz Jesu in eine einzige Linie auf dem Karfreitagsbild übergehen ließ, ist hier aufgehoben. Das Labyrinth selbst überwächst den Erdball, dessen Achse vom Lot abweicht. Der Anklang an kosmische Bedeutung wird dadurch verstärkt. Mit dem Eingang nach unten ist auch dieses Labyrinth orientiert (vgl.: S. 503); somit geht die Ostersonne tatsächlich im Osten auf, jene Sonne, die im Weihnachtsbild der Welt verheißen wird, und die nunmehr endgültig alle Totenstarre vertreibt. Es ist dieselbe Sonne, die im Gefolge Albrecht Altdorfers seit dem 1. Schuljahr die österliche Dimension anzeigt (→ II, 464 f).

Der Weltenberg Golgota bildet noch einmal die Mitte des Labyrinths. Haben wir ihn bisher mit seiner Schatzhöhle als Grab Adams kennengelernt, so verschmilzt er hier mit dem Grab Jesu. Tod und Beisetzung fanden ihren Ort in der Mitte der Welt. Aber das Grab ist geöffnet, der mächtige Stein beiseite gerollt. Mit ungeheurer Dynamik sind die Leichentücher zum Himmel hochgewirbelt, wie in einem unwiderstehlichen Sog. Im Sinne der bisherigen Grünewald-Zitation wird die Auferstehung zugleich als »Himmelfahrt« verstanden, jedoch die Leiblichkeit Christi bis auf eine letzte Andeutung zurückgenommen. Jenseits des Regenbogens läßt sich die österliche Gestalt vollends auf.

Lichtphänomene verweisen auf die Transzendenz des Geschehens (→ vgl.: S. 337). Der Himmel ist in ein zartblasses Rosa getaucht, der verschwimmende Regenbogen kündet von der Bundestreue Gottes: er ist Zeichen des Friedens und des neu geschenkten Lebens; immer wieder sind wir ihm in dieser Sicht begegnet (vgl.: → II, 234 f, 385 f); in den Religionsbüchern finden wir ihn zum Beispiel in 1: 40, 59; in 2: 26, 34/35, 52; in 3: 28, 46/47.

Am äußersten rechten Rand des Bildes erscheint der Verkündigungsengel und deutet auf das leere Grab: »Was sucht ihr den Lebenden bei den Toten?« Zwar stehen die Kreuzeshölzer noch und erinnern an das grausame Geschehen, doch erweist sich die Mitte als ambivalent: der Tod wandelt sich in neues Leben, die Grabeshöhle wird zum Berg der Himmelfahrt (→ S. 546f), aus der kriechenden Raupe entstand der zauberhafte Schmetterling (→ S. 317, 513).

So also erblüht das Leben: Osterglocken leuchten in sonnigem Gelb und das Sterntalermädchen empfängt den Segen des Himmels. Dieses Sterntalerkind vertritt die erlöste Menschheit: es ist das ehedem traurige Wesen von der Schattenseite des Lebens, immerfort durch trennende Grenzen der Armut und Not von den Glücklicheren verstoßen (der Gänseblümchen-Kranz erinnert daran); doch ebenso ist es »Jedermann«: der Himmel fällt in den Schoß; Segen von oben verwandelt Trauer in Glück.

Und wo ist unser kleiner König geblieben? Wir sind ihm gefolgt von der Geburt Jesu bis zu dessen Tod. Dort endet die Legende. Nun aber sehen wir ihn im österlichen Himmel schweben, gelöst, erlöst, befreit zur Teilhabe am unzugänglichen Licht der Gottheit.

C. Die didaktische Reflexion des Bildes muß drei Bereiche besonders in den Blick nehmen: erstens die Auferstehungssymbolik; zweitens die Linie der vorangehenden christologischen Gemälde von Relindis Agethen; drittens die aus den früheren Religionsbüchern wiederaufgenommenen Bildmotive.

Wer die Neigung von Kindern kennt, bildliche Gegenständlichkeit auch in gegenständlicher Vereinfachung zu deuten, wird befürchten, die im Anschluß an Matthias Grünewald entfaltete Auferstehungssymbolik könnte nicht symbolisch, sondern real (miß-)verstanden werden. So jedenfalls lauteten Einwände von Lehrern in der ersten Begegnung mit unserem Bild. Die Gegenfrage nach alternativen Vorstellungen wurde mit Verweis auf abstrakte Lösungen beantwortet, wie sie beispielsweise im Osterbild von Manessier gegeben sei. Diesen Einwand kann man verstehen, muß ihn aber nicht teilen. Zunächst ist zu beachten, daß die tausendjährige Tradition des Auferstehungsbildes an zahllosen Orten gegenwärtig ist und in Zeitschriften und Büchern immer neu vermittelt wird. Es kann nicht darum gehen, eine Ostertheologie zu entwikkeln, die dieser ikonographischen Überlieferung den Rücken kehrt, ohne sie nochmals bedenken zu wollen. Ein solides, weiterführendes Verständnis ist nur in dem Maße gegeben, als es den bisherigen Verstehensweg in sich aufnimmt, statt ihn abzuschneiden. Deswegen haben wir auf der vorhergehenden Doppelseite eine Bildsynopse von Auferstehungsdarstellungen geboten, welche den Blick für die symbolische Dimension dieser Bilder, aber auch für die Grenzen des Darstellbaren schulen soll. Die ruhige, vergleichende Beschäftigung mit diesen Bildern und dem beigefügten Text muß vorausgesetzt werden, um dem Agethen-Bild gerecht werden zu können.

Als Resultat dieses Erkenntnisprozesses kann herauskommen, daß wir immer nur mit *unseren* Mitteln – Metaphern, Symbolen, Geschichten, Bildern – zu sagen versuchen, was jenseits der menschlichen Erfahrungswelt liegt, sich also jeder Vergegenständlichung prinzipiell entzieht. Darum ist es wichtig, die gewählte Gegenständlichkeit bewußt als symbolischen Ausdruck zu sehen. Dies wird bereits bei Grünewald unterstützt, indem er den ins Gotteslicht aufsteigenden Christus in einen Prozeß der Entmaterialisierung hineinzunehmen versucht. Manessier gibt den gleichen Hinweis überdeutlich. In unserem Bild – wie auf den früheren Auferstehungsdarstellungen im Religionsbuch 1, S. 40 und Religionsbuch 3, S. 42 – wird der Grünewaldsche Gestus lediglich mit den entschwebenden Beinen gezeigt. Um das von den Kindern nicht als »Raumfahrt« mißdeuten zu lassen, ist es wichtig, den Verzicht auf die ganze Gestalt als Ausdruck der Unverfügbarkeit verständlich zu machen, die »Höhe« und das »Schweben« aber als symbolische Mittel zu interpretieren, die auf das unserem Leben Jenseitige verweisen.

Neben dem Hinweis, Agethens Osterbild im Kontext zu den voraufgehenden Osterbildern zu sehen, muß der Rat stehen, es nicht ohne die beiden anderen Bildtafeln »Menschwerdung« und »Tod am Kreuze« auszulegen. Alle drei Bilder sind inhaltlich miteinander verflochten und aufeinander bezogen. Abgesehen von der christologischen Linie, die sie verbindet, sind es vor allem drei Komplexe, die einen inneren Zusammenhang stiften: zunächst die Labyrinth-Thematik, dann die Symbolik der Mitte und schließlich die Legende vom vierten König. Wer das Labyrinth des Osterbildes deuten will, muß auf das Labyrinth des Karfreitags- und des Weihnachtsbildes zurückgreifen, bedarf dazu freilich einer allgemeinen Kenntnis dieses Symbols (→ S. 496ff) und im besonderen seiner österlichen Dimension in der mittelalterlichen Kathedraltradition (→ S. 506). Ähnliches ist zur Symbolik der Mitte zu sagen, die im vergangenen Jahr vermittelt wurde (→ III, 498 ff). Von der russischen Legende könnte man meinen, sie ende unter dem Kreuze. Aber wenn auch bis dahin immer nur die menschliche Geschichte führt, so ist die Entbindung aus dieser Geschichte doch stets der Überschritt nach Ostern. Daß der schwebende kleine König der bildhafte Ausdruck seines österlichen Glücks in der Teilnahme an der Transzendenz Christi ist, dürfte Kindern unmittelbar einsichtig sein.

Schließlich bleiben die aus früheren Schuljahren vertrauten Bildmotive wieder-holend zu bearbeiten: das Sterntalermotiv (→I, 247-252), die Symbolik von Raupe und Schmetterling (→ III, 533; IV, 513) und die Lichtsymbolik mit Sonnenaufgang und Regenbogen.

Fest: Der Tag des Herrn

»Schule heißt nicht ›Schule‹, sondern Muße«

Auch wenn man es längst weiß, Josef Piepers lapidare Feststellung verblüfft über die Jahrzehnte immer wieder aufs Neue: »Muße heißt griechisch σχολή, lateinisch schola, deutsch Schule. Der Name also, mit dem wir die Stätten der Bildung und gar die der Ausbildung benennen, bedeutet Muße. Schule heißt nicht ›Schule‹, sondern Muße.«[1] Wer genauer wissen will, wie es zu dieser Bedeutung kam, findet im »Kleinen Pauly« die Spur gewiesen. Dort wird belegt, wie sich im antiken Wortgebrauch *schola* von der »Ruhebank« ableitet. So gab es seit dem 1. Jahrhundert v. Chr. auf öffentlichen Plätzen halbrunde steinerne Bänke – mit dem besonderen Komfort einer Rückenlehne – mit Blickrichtung auf eine besonders schöne oder wichtige Aussicht; eine solche öffentlich aufgestellte Ruhebank hieß schola. Ein weiteres Mal begegnet der Begriff in den römischen Thermen, also an einem Ort der Erholung und Geselligkeit; dort hießen die apsisartigen Nischen mit Wasserbecken, in denen man sich vor und nach dem Bad aufhalten konnte, ebenfalls schola. Und schließlich nannte man in der Kaiserzeit Räume verschiedener Form, die manchmal reich geschmückt waren, aber auch ungeschmückt begegneten, und in denen sich der Senat, Vereine und sonstige Gruppen versammelten, erneut schola.[2]

Daß sich Schule etymologisch mit »Ruhebank« verknüpft, also mit Muße, ist in der Tat erstaunlich, denn die nächsten Begriffe, mit denen *wir* Schule assoziieren, sind zweifellos Arbeit und Leistung. Ein Hinweis, die Schule möge sich stets ihrer Herkunft von der Ruhebank erinnern, trifft da eher auf Belustigung oder auch sarkastischen Spott. Längst haben ja Lehrpläne und Unterrichtstheorien definiert, was eine Schule ist und leisten muß, und alle, die dort heute ihrer Arbeit nachgehen, und, um das zu können, eine Reihe von Ausbildungsgängen durchlaufen haben, würden die Forderung nach einer Rückkehr zur Muße zweifellos als ein Kuckucksei im fremden Nest empfinden. So stellt sich die Frage grundsätzlich: Was hat die Schule heute noch mit Muße zu tun? Verweist die etymologische Auskunft auf ein Wesensmerkmal, das von der antiken Schule bis in die Schulsysteme der komplexen Industriegesellschaft durchgehalten werden muß, sofern es um Bildung und nicht nur Ausbildung gehen soll? Oder muß die Schule in Leistungsgesellschaften nicht notwendig so funktional begrenzt sein, daß sie vorrangig die Anforderungen dieser industriellen Leistungsgesellschaft erfüllen hilft?

[1] *Josef Pieper,* Muße und Kult, München 1948, 14.

[2] Art.: schola, in: Der Kleine Pauly. Lexikon der Antike auf der Grundlage von Pauly's Realencyclopädie der classischen Altertumswissenschaften, hrsg. v.: *Konrat Ziegler/Walther Sontheimer/Hans Gärtner,* Bd. V, München 1979, 23f.

Zweierlei Weisen des Lernens

Es war bereits Sokrates, der das Lernen des Lernens als wichtig erkannte, und in gewisser Weise sind seine Erkenntnisse seitdem auch immer wieder neu überdacht und bis in die Pädagogik der Gegenwart hinein weiter verfolgt worden. Man hat zu jeder Zeit ein bloßes Stoffwissen als unbefriedigend empfunden, es aber gleichzeitig doch immerfort verlangt und in Prüfungen bevorzugt bewertet. Insgesamt gilt es als unbestritten, daß die Schule Wissen vermitteln muß, die Anwendung dieses Wissens einüben soll und damit auf die Anforderungen des späteren Berufslebens vorzubereiten hat. Niemandem muß man beweisen, daß der Erwerb solchen Wissens und Könnens mit Anstrengung, also mit Arbeit verbunden ist. Jede Schule ist eine Arbeitsschule. Georg Kerschensteiner, Maria Montessori oder Célestin Freinet sehen darin sogar eine besondere Auszeichnung, erweitern den Arbeitsbegriff jedoch in je ihrer Weise, indem sie ihren Schülern nicht allein Papier, sondern mancherlei Materialien und Werkzeuge in die Hand geben.

Sofern die Schule sich nicht zur Ausbildungsanstalt reduzieren will, kann sie sich nie auf Nutz- und Brauchwissen allein beschränken. Ihre Lehrpläne gehören nicht ausschließlich unter das Diktat des Nutzens, und keineswegs ist gleich alles unnütz, dessen Nutzen curricular unverrechenbar bleibt. Wenn auch die meisten Lehrplaninhalte eine »herkulische Arbeit« einfordern, also Mühe und angestrengte Ausdauer, darf es in keiner wirklichen *Schule* damit getan sein. Neben dem Lernen durch Arbeiten gibt es ein Lernen aus Muße und beides hat seine Legitimität.

Aber wie? Ein Lernen durch Arbeit ist programmierbar. Es untersteht der Absicht, der Methode und der Kontrolle; es gehorcht der Anweisung, kann durch Lohn und Strafe gesteuert werden. Doch ein Lernen aus Muße? Sind hier auch noch Planung und Lernzielkontrolle, Gewinn oder Verlust ausweisbar? Muße ist das Unverrechenbare, der Bereich un-nützlicher Tätigkeit, ein Zustand der Seele, der keinem Lehrplan, keinem Pausenzeichen und keinem Befehl gehorcht. Geht das mit den reglementierten Schulen unserer Gesellschaft noch zusammen? Wer kritisch ist, sieht natürlich, daß die Schule nahezu alle Dinge, auch die »freien Künste« ihrer Zweckrationalität unterstellt. So spielt man in der Schule nicht mehr nach Lust und Laune, vielmehr gewinnt das Spiel einen didaktischen Ort, wird auf Lernziele ausgerichtet, methodischen Ordnungen eingegliedert. Ähnlich ist es mit Geschichten. Sie werden nicht nach ihrem Unterhaltungswert ausgesucht, sondern von jenen Funktionswerten her, die sie zur Erreichung vorgegebener Unterrichtsziele haben. Eine didaktische Verzweckung ist unvermeidbar.

Nun ist Muße allerdings nicht mit Zweckfreiheit gleichzusetzen. Ebensowenig wird Muße durch die Einstellung der Arbeit herbeigeführt; Pausen, Unterrichtsschluß, Freizeit, Wochenenden und Ferien schaffen sie nicht einfach herbei. Vielmehr sind es innere Bedingungen, in denen Muße wurzelt und aus denen sie erwächst. Hier sind einige Kernsätze von Josef Pieper, mit denen er Eigenart und Gestalt der Muße zu beschreiben versucht:

»Muße kann es nur geben, wenn der Mensch eins ist mit sich selbst.

Muße ist eine Gestalt jenes Schweigens, das eine Voraussetzung ist für das Vernehmen von Wirklichkeit: nur der Schweigende hört; und wer nicht schweigt, hört nicht.

Die Muße ist nicht die Haltung dessen, der eingreift, sondern dessen, der sich öffnet; nicht dessen, der zupackt, sondern dessen, der losläßt, der *sich* losläßt und überläßt – fast wie ein Schlafender sich überläßt (nur wer sich überläßt, vermag ja zu schlafen) . . . So ist der Mensch in der Muße den Schlafenden verwandt, von denen Heraklit der Dunkle gesagt hat, auch sie seien ›Tätige und Mitwirkende im Geschehen der Welt‹.

Die Muße steht senkrecht zum Ablauf des Arbeitstages.

Eine rein äußere Ermöglichung von Muße genügt nicht; sie kann erst dann zur Frucht gedeihen, wenn es dem Menschen von sich aus möglich geworden ist, ›Muße zu wirken‹.

Bei Aristoteles heißt es in dessen ›Politeia‹: ›Das ist die Hauptfrage, mit welchem Tun man die Muße auszufüllen hat.‹ «

Diese Sätze führen uns zu der immer schwierigeren Hauptfrage zurück, wie das vor sich gehen soll, daß Schule nicht Schule bedeutet, sondern Muße. Wo ist dort eine Gestalt des Schweigens zu Hause? Wann wird den Schülern erlaubt, »den Schlafenden verwandt« zu sein? Kann die Schule überhaupt »senkrecht zum Ablauf ihres Arbeitstages« Muße einräumen? Und schließlich – mit Aristoteles gefragt – mit welchem Tun könnte man die Muße in der Schule ausfüllen? Oder anders herum: Gibt es in unseren Schulen noch Ruhebänke? Falls ja, wo stehen sie? Gehören sie zu einzelnen Fächern, oder ist ihr Platz an den Randzonen zu suchen, in Pausen, bei Feiern oder gelegentlichen Gottesdiensten? Es läßt sich gar nicht verhehlen, daß die heutige Institution Schule der Muße fremd gegenübersteht und eher bereit ist, eventuelle »Ruhebänke« als ihrem Wesen und Auftrag zuwider mit Strafzetteln zu ahnden, als sie Lehrern und Schülern zu empfehlen. Wenn wir dennoch meinen, es dürfe hier keine Alternative zwischen Arbeit und Muße geben, weil beide Weisen einander ergänzende Wege des Erkennens und Lernens sind, so ist damit keineswegs ausgemacht, daß es auch gelingt, der Muße wieder ein Recht in der Schule einzuräumen. Da es aber nicht möglich ist, Muße zu organisieren, über institutionelle Ordnungen und Stundenpläne der Weg also nicht führt, scheint es geraten, beim Lehrer selbst zu beginnen, weil in der Ruhe seines Gemütes ein Ermöglichungsgrund für die Muße der Schüler im Unterricht liegen könnte.

Die Ruhe des Gemüts

Es ist nahezu eine Kunst, als Lehrer die innere Ruhe zu bewahren und aus der Gelassenheit des Gemüts die tägliche Schulzeit zu bestehen. Da sind die vielen Pflichten, die sich drängen, die Unruhe der Schüler, der Lärm ringsum, die Oberflächlichkeit oder Distanziertheit der Kollegen, nicht selten auch Konflikte, Konferenzen, Korrekturarbeiten, Elternabende, Arbeitsgemeinschaften, Fortbildungstermine, Sonderaufgaben hier und da; daneben der private Bereich, viel Unerledigtes, die nie hinreichende Zeit. In diesem Strom der sich drängenden Tage geraten alle Tätigkeiten leicht unter einen inneren Zwang, der sie anstrengend macht und zugleich leer, so daß sogar den Vergnügungen die Heiterkeit fehlt. Ohne die Ruhe des Gemütes gibt es keine Muße, und der mußelose Lehrer verwehrt sie, einerlei was er macht, auch seinen Schülern.

Es steht außer Frage, daß eine mangelhafte Sicherheit im sachlichen Wissen und in der unterrichtlichen Erfahrung die innere Unruhe steigern können, vor allem dann, wenn die Schüler mit Unlust und Disziplinlosigkeit darauf antworten. Andererseits gibt es aber auch einen »Geist der Tüchtigkeit«, der uns die Zeit stiehlt und alle Muße raubt. Dieser Getriebenheit von den eigenen inneren Nöten setzt Peter Handke seinen Rat entgegen: »Geht... so langsam, daß euch wieder die Welt gehört, so langsam, daß klar wird, wie sie euch nicht gehört... Die Langsamkeit ist das Geheimnis.« Ein Oaxaca-Indianer in Mexiko sagte einem Weißen, der nach dem nächsten Dorf fragte, daß er eine Stunde brauche, um dort anzukommen, fügte dann aber hinzu: »Wenn du schnell gehst, vielleicht auch zwei.«

Langsam kann man auf vielerlei Weisen gehen. Das ein oder andere, was zum Pensum zählt, muß nicht getan werden. Vor allen Dingen muß ich nicht eine Stunde am Tag Zeitungen lesen, zwei Stunden vor dem Fernsehen »entspannen«, drei, vier oder fünf Mal in der Woche das gesellige und kulturelle Leben unterstützen. Weniger ist mehr. Nichts zu tun – aber wirklich *nichts* – wirkt oft heilend, und noch besser wäre es, vom Nichts-tun zum Nicht-tun übergehen zu können, wie es Laotse in seinem Buch vom Tao lehrt:

> »Das Tun sei Nicht-Tun,
> Das Geschäft sei Nicht-Geschäft,
> Der Genuß sei Nicht-Genuß,
> Das Große sei Kleines,
> Das Viele sei Weniges.« (LXIII)

Man muß freilich oft diese Worte bedacht haben, um sie für sich selbst zu verstehen; viel weiter ist der Weg, ihnen genüge zu tun. Wer das schafft, kann die Welt anhalten, selbst mitten im Schulbetrieb, der findet im Lauf des Schulmorgens immer wieder jene geheimnisvolle Ruhebank, die sich Jedermanns Augen entzieht, und kommt dort gemeinsam mit seinen Schülern zur »Muße der Schlafenden«, wie sie Josef Pieper beschreibt.

Alles geht nach der Uhr

Eine gute Weile, bevor Josef Pieper sich so auf die Muße zurückbesann, hat Friedrich Nietzsche ihren Verlust für die aufgekommene industrielle Gesellschaft angezeigt: »Man schämt sich jetzt schon der Ruhe; das lange Nachsinnen macht beinahe Gewissensbisse. Man denkt mit der Uhr in der Hand, wie man zu Mittag ißt, das Auge auf das Börsenblatt gerichtet – man lebt wie einer, der fortwährend etwas versäumen könnte. ›Lieber etwas tun als nichts‹ – auch dieser Grundsatz ist eine Schnur, um aller Bildung und allem höheren Geschmack den Garaus zu machen.«[1] Offensichtlich geht es im Verhältnis von Muße und Arbeit keineswegs nur um Zweckfreiheit und Nutzen, sondern jeweils auch um ein eigenes Verhältnis zur Zeit.

»›Alles geht nach der Uhr‹, sagt Frau Ureburegurli. ›Um ein Uhr haben die Kinder gegessen, bis zwei Uhr arbeiten sie an den Schulaufgaben, bis fünf Uhr dürfen sie

[1] *Friedrich Nietzsche,* Die fröhliche Wissenschaft, IV, 228.

spielen, um halb sechs essen sie Abendbrot, danach lernt die Großmutter noch mit den Kindern, und von abends sieben bis morgens sieben schlafen sie. Um acht Uhr gehen sie zur Schule, und um zwölf Uhr dreißig sind sie wieder zu Haus.‹

›Ich bin gespannt«, sagt Frau Lustibustigiero, die Nachbarin, ›wie lange es dauert, bis Ihre Kinder nur noch tik tak sagen.‹ «[1]

Die Muße steht senkrecht zum Ablauf des Arbeitstages«, hatten wir Josef Pieper zitiert, also steht sie natürlich auch senkrecht zum Stundentakt eines Schulmorgens, den die Uhr und der von ihr gesteuerte Gong regieren. Zwar melden neuerdings einige Schulen: »In unserer Schule ist die Klingel abgeschafft! Wir brauchen sie nicht mehr!«, doch ist damit allein die Muße noch nicht zurückgewonnen. Den ersten Schritt aus den Zwängen der abstrakten Zeit kann wiederum nur der Lehrer mit seiner eigenen Person tun. Er muß sich frei machen von einem überladenen Curriculum, von Zeitnot und Leistungsdruck. Wie Momo muß er sich hüten vor den grauen Männern, die ihm einreden, die Zeit sei knapp und darum müsse allerwege daran gespart werden, keine Minute sei zu verschwenden – und verschwendet sei alles, was nicht der Soll-Erfüllung diene. Vielmehr geht es darum, die Schulwoche statt mit dem Fachpensum mit einem Morgenkreis zu beginnen, in dem Gespräch und Freundlichkeit, vielleicht ein Lied oder ein gutes Wort Vorrang haben. Der Mathematikunterricht muß das strenge Reglement des Lehrbuchs durchbrechen lernen und zwischendurch auch den Rätseln und der Symboltiefe der Zahlen nachsinnen können: der Drei im Märchen wie in der Trinität, der Weltzahl vier, der Fünf in der Natur, wie sie allerwege in Blütenblättern und Blattständen begegnet, der Sechs als dem halben Dutzend, somit der Zwölf in der Ordnung des kosmischen Rhythmus, der geheimnisvollen Bedeutung der Sieben... – über Zahlen läßt sich mit Kindern schön philosophieren; sie geben Anlaß zum Staunen, sofern man nur das Curriculum anhalten und das Einfache wieder anschauen kann. Ähnliches gilt für jedes andere Fach. Warum sollen wir in Biologie nur über Korbblütler, Querschnitte, Längsschnitte und Standorte sprechen, aber darüber, daß das Gänseblümchen mit seinem gelben Blütenboden und dem weißen Strahlenkranz ein Bild der Sonne ist, kein Wort verlieren? es in seiner Mandalaform ignorieren? also nur beobachtend hinsehen, nie aber kontemplativ? Wir können schließlich auch dadurch die lineare Zeit durchbrechen und die Dimension der Muße aufsuchen, daß wir vom Reden zum Schweigen übergehen, um hierin wahrzunehmen, was sich dem Wort entzieht.

[1] *Irmela Wendt,* Tik Tak, in: *Hans Joachim Gelberg* (Hrsg.), Geh und spiel mit dem Riesen, Weinheim 1971, 14.

»›Den Sonntag feiern‹ – für viele ist das eine Freude, für andere eine Last, für manche ein Problem. Was einmal selbstverständlich war, hat weithin seine Selbstverständlichkeit verloren. Und doch wäre es für alle Menschen eine schreckliche Vision, den Sonntag zu verlieren. Er ist ein Geschenk und birgt selbst in seiner Entstellung noch sein Geheimnis.

Viele von uns erfahren den Sonntag nicht als einen besonderen Tag. Er ist eingebettet in das Wochenende, das am Freitagmittag beginnt. Ein früher niemals gekanntes Maß an Freizeit bringt die Aufgabe mit sich, die freie Zeit zu nutzen. Eine ganze Industrie bietet ihre Dienste an. Tätigkeiten, die einmal die freie Zeit ausfüllten, gewinnen Arbeitscharakter. An die Stelle von Entspannung und Ruhe treten deshalb schon wieder Hektik und Unruhe. Der Sonntag wird gleichsam aufgesogen vom Wochenende, ist nur noch dessen Abschluß, sein letzter Tag. Ganze Berufszweige im Dienstleistungsgewerbe sind am Wochenende besonders angespannt.

Häufig unterscheiden sich Werktag und Sonntag kaum noch voneinander. Der Rhythmus von Anspannung und Entspannung, Tätigkeit und Ruhe ist verlorengegangen. Der Unrast der Arbeit entspricht die Unrast des Konsums. Wo alles nur auf Leistung abgestellt ist, bleibt die Seele leer.

Verändert hat sich auch der Zusammenhang von Sonntag und Familie. Daß der Sonntag besonders der Familie gehörte, ist weithin dem Bewußtsein entschwunden. Jeder meint, der Sonntag gehöre zuerst ihm selbst. Die Familie ist der Konkurrenz verschiedener Angebote ausgesetzt (zum Beispiel dem Fernsehprogramm und Freizeitveranstaltungen), die den einzelnen unterschiedlich interessieren. Als Folge davon fühlen sich viele Familien nicht mehr so zusammengehörig, daß es für sie selbstverständlich ist, den Sonntag wenigstens teilweise gemeinsam zu gestalten.

Der christliche Glaube aber läßt uns nicht stehenbleiben bei einer Analyse unserer Situation und der Trauer über Vergangenes. Er ermutigt uns ›den Sonntag zu feiern‹. Die Erinnerung an seine Herkunft zeigt auch in der Gegenwart neue Möglichkeiten.

*

Spiel und Sport, Gespräch und Erholung, die Natur erleben und bewundern, sich kümmern um andere – das alles öffnet unseren Blick für Dank und Feier. Es kann uns ahnen lassen, daß es mehr gibt als nur das Tun, das auf einen Zweck ausgerichtet ist. Zugleich macht es uns deutlich, daß unser Leben nicht aufgeht in dem, was wir leisten. Die Arbeit ist keinesfalls gering zu achten. Aber sie ist bei weitem nicht alles. Dieses ›Mehr‹ gibt der Feier des Gottesdienstes einen eindeutigen Inhalt. Im Gottesdienst feiern wir nicht uns selbst, sondern den, von dem wir kommen und zu dem wir gehen. Die Mitte des Gottesdienstes ist Gottes Geschichte mit uns: Jesu Tod und Auferstehung, seine Himmelfahrt, sein Leben unter uns und sein Kommen in Herrlichkeit.

Feste leben von Erinnerungen an frühere Rettung, den Alltag durchbrechende Wunder, den Aufschein von Gottes Nähe. Feste fügen jedes Einzelleben ein in einen großen Zusammenhang. Ausgespannt zwischen einer weit zurückreichenden gemeinsamen Erinnerung und der gemeinsamen Hoffnung, daß der Herr Jesus Christus wiederkommt und die Schöpfung vollendet, gewinnt unser Leben an Tiefe, erhält es Gewicht.

*

Der Gottesdienst bildet die Mitte der Gemeinde. Das Sonntagsgebot dient seinem Schutz. Wer seine Teilnahme auf spontane Bedürfnisse abstellt, entschließt sich meistens zu spät. Wer nur aus Gewohnheit geht, trägt bei zur Langeweile. Die gute Gewohnheit aber darf nicht verdächtigt werden. Sie hilft mit, daß der Gottesdienst nicht abhängig wird von unseren schwankenden Stimmungen und vermeintlichen Bedürfnissen. Der Gottesdienst der Gemeinde muß vor Willkür geschützt werden. Er verträgt nicht ruhelose Abwechslung, sondern braucht Stetigkeit und Wiederholung. Er bedarf der Beständigkeit der Formen ebenso wie der lebendigen Gestaltung und Beteiligung...

Die Feier des Sonntags läßt die Gegenwart Jesu Christi und die Kraft des Glaubens erfahren. Wir machen den Gemeinden und Pfarrern Mut, mit Hingabe Gottesdienst zu feiern. Wir bitten sie, nicht nachzulassen, die Erinnerung an Gottes große Taten wachzuhalten. Wir laden die Menschen ein, die enttäuscht sind vom Gottesdienst, es noch einmal und immer wieder mit ihm zu versuchen. Das Leben verkümmert, wenn die Feste entschwinden. Die christliche Gemeinde ist mit einer großen Verantwortung beladen für alle Menschen. Nicht nur die Kirche, auch die Welt braucht das Fest der Christen, sie braucht den Sonntag und den Gottesdienst.«[1]

In unserem Unterrichtswerk wird die Frage nach dem Sonntag hier zum erstenmal ausdrücklich gestellt, doch findet sie sich schon früher angebahnt. Im Religionsbuch für das 2. Schuljahr konnten die Kinder bereits einiges über den jüdischen Sabbat erfahren. Im Lehrerhandbuch wurde ausführlich über die Entwicklung der Sieben-Tage-Woche und die liturgische Feier des Sabbat berichtet (→ II, 516 ff). Im Zusammenhang mit dem christlichen Lichtmysterium, der Ostersonne, war sodann von den frühen Auseinandersetzungen um den Sonntag die Rede sowie vom Streit um seine Benennung: ob er der Tag des Helios oder der Herrentag heißen solle (→ II, 424 f). Auf diese Ausführungen muß der Unterricht über den Sonntag zunächst zurückgreifen. Es lohnt sich, aus dem Religionsbuch für das 2. Schuljahr noch einmal die Seite 83 anzuschauen, sowie insgesamt die das ganze Buch durchziehende Sonnenthematik erneut in den Kindern aufzuwecken (→ II, 461-473). Wenn – was zu empfehlen ist – diese erneute Besinnung auf das Sonnensymbol im Anschluß an die Oster-Seiten des Religionsbuches für das 4. Schuljahr geschieht, kann das Verständnis der Ostersonne und des Sonn-Tags eine sehr lebhaft leuchtende Vertiefung erfahren. Wenn den Schülern das frühere Religionsbuch nicht mehr zur Hand ist, können die entsprechend ausgewählten Dias aus der Dia-Reihe zu den Religionsbüchern diese Wiederbegegnung und Vertiefung ermöglichen.

[1] »Den Sonntag feiern«. Gemeinsames Wort der Deutschen Bischofskonferenz und des Rates der Evangelischen Kirche in Deutschland, Hannover/Bonn 1984.

Robert Tobler: Haben Sie den Sonntag gesehen? S. 54–56

A. Unsere Erzählung wurde von dem Schweizer Lehrer und Theologen Robert Tobler (geb. 1937) geschrieben, freilich als ein kleines Kinderbuch, aus dem unser Religionsbuch eine gekürzte Fassung übernehmen konnte.[1]

B. Die Erzählung bedarf an dieser Stelle keiner Interpretation. Anzumerken bleibt nur, daß im Original Patrick als ein Ausländer vorgestellt wird, der nur gebrochenes Deutsch spricht, aber eine weite Reise gemacht hat, um die »Sonntagsstadt« zu erreichen. Im Religionsbuch wurde dieses gebrochene und zum Teil falsche Deutsch korrigiert, weil sonst wohl Einwände gegen die Aufnahme der Erzählung in ein Schulbuch zu erwarten wären.

C. Die didaktische Natur dieser Geschichte ist offenkundig. Sie leistet dreierlei: Zunächst stellt sie in einer sehr eindringlichen Weise die Frage nach dem Verständnis des Sonntags in unserer Gesellschaft. Alle gewohnten Gedankenlosigkeiten werden aufgesucht und auf diese Weise bewußt gemacht. Zweitens macht die Erzählung überaus deutlich, wie sehr uns der Sonntag verloren ging, ohne daß die meisten Zeitgenossen seinen Verlust gemerkt hätten. Drittens wird eine Palette gängiger und oberflächlicher Ansichten über den Sonntag vorgestellt, die zur Auseinandersetzung und differenzierenden Wertung nötigt. Schließlich aber mündet die Geschichte in einem offenen Ende: »Der Sonntag kommt sicher wieder«, meint der Reporter. »In fünf Tagen.« – »Ich bin nicht sicher«, antwortet Patrick darauf: »Es steht auf dem Papier. Das ist nicht das Leben. Im Leben möchte ich den Sonntag finden.« Wie dieses Finden gelingen kann und welche Ansprüche sich damit verbinden, bleibt als eine Lösung, die der Leser für sich selbst zu entwickeln hat, unausgefüllt: jeder einzelne Schüler und die Klasse insgesamt können sich an der Fortschreibung der Geschichte beteiligen.

D. Methodisch gibt es mehrere Möglichkeiten, die Erzählung im Unterricht zu erschließen. Wollen wir eng am Text bleiben, ist es falsch, gleich alle Aufmerksamkeit auf das offene Ende zu richten. Wir gehen dann am besten am Leitfaden der Handlung entlang und erörtern im genauen Für und Wider die einzelnen Dialoge. Mit Patricks Augen suchen wir den Sonntag: In den Häusern, den Cafés, den Autos, auf den Sportplätzen, bei Unterhaltung und Vergnügen. Wir müssen den formalistischen Meinungen der Beamten nachgehen, die den Sonntag schon deswegen für gegeben halten, weil er im Kalender steht. Dann ist die »Vermißtenmeldung der Polizei« zu diskutieren, in der sich eine qualitative Beschreibung des Sonntags findet. Schließlich verlangt das Spektrum der unterschiedlichsten Zeitgenossen – Ausflügler, Pfarrer, Schüler, Kellner ... – eine eingehende und argumentative Auseinandersetzung.

Eine andere, vielleicht auch ergänzende Möglichkeit liegt im frei improvisierenden Spiel. Wir können die Geschichte als unser Drehbuch betrachten, verteilen dann die Rollen, fügen eventuell noch weitere hinzu, jedenfalls so, daß alle Schüler im Spiel dabei sind...

[1] *Robert Tobler,* Haben Sie den Sonntag gesehen?, Zürich 1984.

Antoine de Saint-Exupéry: Wenn ich dreiundfünfzig Minuten übrig hätte

S. 57–58

A. Über den französischen Dichter Antoine de Saint-Exupéry (1900–1944) ist hier nicht zu informieren und noch weniger über sein berühmtestes Werk »Der Kleine Prinz«, dessen Kenntnis für jeden Lehrer vorausgesetzt wird. Ein wesentliches Motiv seines dichterischen Engagements aber, das auch den »Kleinen Prinzen« mitbestimmt, ist das Verlöschen der Sinne, die Abstumpfung des Herzens. »Ach, Herr General«, schreibt er, »es gibt nur ein Problem, ein einziges in der Welt. Wie kann man den Menschen eine geistige Bedeutung, eine geistige Unruhe wiedergeben; etwas auf sie herniedertauen lassen, was einem Gregorianischen Gesang gleicht!... Sehn Sie, man kann nicht mehr leben von Eisschränken, von Politik, von Bilanzen und Kreuzworträtseln. Man kann es nicht mehr. Man kann nicht mehr leben ohne Poesie, ohne Farbe, ohne Liebe...«[1] –»Zweihundert Millionen Menschen in Europa haben keinen Sinn in ihrem Leben und wollen geboren werden... Man meinte, es genüge, sie zu bekleiden, zu nähren und sonstige Bedürfnisse zu befriedigen, um sie groß zu machen. Man hat auf diese Weise nur den kleinen Spießer, den Kannegießer und Maschinenmenschen großgezogen. Man bildet sie aus, statt sie zu unterrichten. Eine armselige Auffassung der Kultur greift um sich, die im Formelgedächtnis das Höchste sieht... Wir fühlen alle mehr oder minder deutlich eine Sehnsucht nach der wirklichen Geburt.«[2]

B. Unser Religionsbuch reiht drei Textausschnitte aneinander, deren gemeinsame Thematik die Muße ist: das Gespräch mit dem Weichensteller und dem Pillenhändler sowie das Gespräch des Ich-Erzählers mit dem Kleinen Prinzen am Brunnen.

Der Weichensteller, mit dem sich der Kleine Prinz hier unterhält, ist nicht nur bei der Eisenbahn zu finden. In unserer Gesellschaft gibt es ungezählte Weichensteller. Auch die Schule ist von ihnen betroffen, und je nachdem, ob sie die Durchfahrt auf »rechts« oder »links« stellen, bewegt sich alles in die angegebene Richtung. Immer ist es eine Fremdsteuerung, und allemale betrifft sie die Menschen, »nach Tausenderpaketen sortiert«. Die Weichensteller tun ihre Arbeit normalerweise unerkannt. Am wenigsten sehen die Fahrgäste in den Zügen, wie das vor sich geht. Aber je nachdem, um welche Weichensteller es sich handelt, tragen die Leute ihre Kleider lang oder kurz, mal in Puder-, mal in Eis-Farben, mal pink, mal türkis, gehen sie langmähnig oder mit hochgestellten Haaren, kaufen, was »aktuell« ist, singen und hören am liebsten die Top-Titel des Seller-Tellers, lesen, was alle lesen, sehen, denken, wünschen, was alle sehen, denken, wünschen und fahren dorthin in Urlaub, wo alle in Urlaub hinfahren... Warum die Leute diese »Ziele« anstreben sollen, wissen

[1] *Antoine de Saint-Exupéry,* Brief an einen General, Gesammelte Schriften in drei Bänden, Bd. 3, München 1978, 227f.
[2] *Ders.,* Wind, Sand und Sterne, a.a.O., Bd. 1, 332.

weder sie selbst noch die Weichensteller. Die tiefere Ursache für solchen Wechsel, dieses Hin und jenes Her, hat wohl der Weichensteller mit seiner Bemerkung erfaßt: »Man ist nie zufrieden dort, wo man ist.« Als Frage bleibt, wie weit heute die Kindheit reicht. »Nur die Kinder wissen, wohin sie wollen«, sagt ja der Kleine Prinz. Aber wenn er hätte erleben können, wie früh auch diese heute schon von den Weichenstellern manipuliert werden und wie wirksam diese Steuerung in die Ordnung der Kinderzimmer einbricht, hätte er vielleicht doch eine einschränkende Bemerkung hinzugefügt, und sei es nur den leisen Hinweis, wieviel Umsicht hinzukommen muß, daß den Kindern ihre Kindheit nicht vor der Zeit gestohlen wird.

Der Pillenhändler, den der Kleine Prinz als nächsten trifft, gehört zur Truppe der grauen Männer, gegen deren Verführungs- und Verfolgungsstrategie Michael Endes Momo ihre Abenteuer besteht. Die Szene ist von unübertrefflicher Knappheit. Der Händler empfiehlt seine durststillenden Pillen, die für eine volle Woche jedes Trinkbedürfnis löschen und dadurch dreiundfünfzig Minuten einsparen helfen. Der Kleine Prinz setzt lapidar und unbeeindruckt seine natürliche Menschlichkeit dagegen: »Wenn ich dreiundfünfzig Minuten übrig hätte, würde ich ganz gemächlich zu einem Brunnen laufen...« Wer die Landschaft genauer kennenlernen will, in die der Pillenhändler deutet, kann sie in Aldous Huxleys »Schöne neue Welt« beschrieben finden:

> »Heutzutage – sehn Sie, das ist wahrer Fortschritt! – arbeiten die alten Männer, sind immer beschäftigt, das Vergnügen läßt ihnen keine Muße, keinen freien Augenblick, um sich hinzusetzen und nachzudenken. Und selbst wenn sich durch einen unglücklichen Zufall eine Lücke in der ununterbrochenen Kette ihres Zeitvertreibs auftut, ist immer Soma zur Hand, das köstliche Soma! Ein halbes Gramm genügt für einen halbfreien Tag, ein Gramm fürs Wochenende, zwei Gramm für einen Ausflug in die Pracht des Orients, drei Gramm für eine dunkle Ewigkeit auf dem Mond. Und wenn sie zurückkehren, sind sie bereits über den Abgrund hinweg, stehn auf dem sicheren Boden täglicher Arbeit und Unterhaltung.«[1]

Was der Pillenhändler propagiert, ist eine Welt der reinen Zweckrationalität. Der Mensch soll sich nur noch funktional verhalten, also die je kürzesten Wege in wirtschaftlicher Effizienz einschlagen. Jede natürliche Sinnenfreude, alles Genießen der Welt ist diesem Ziel unterzuordnen. In einem solchen Leben gibt es keine Muße mehr.

Die dritte Szene, *das Gespräch am Brunnen*, entwirft die Gegenposition zu der Propaganda des Pillenhändlers. Zunächst wird der Brunnen als ein Ziehbrunnen beschrieben, mit Winde, Seil und Kübel. Ein solcher Brunnen führt tief in die Erde, noch unter den beständigen Grundwasserspiegel. Es ist einer jener Dorfbrunnen, wie ihn das Märchen von »Frau Holle« kennt. Wenn man hineinspringt, kommt man auf seinem Grund »zu sich selbst« (→II, 90). Diese Brunnen gibt es nicht überall. Man muß lange Wege gehen, um sie zu erreichen, Wege, die erschöpfen können, die den Durst zur bewußten Erfahrung machen. Und angelangt, steht der Trank immer noch nicht bereit. Man muß den Brunnen »aufwecken«, die Zugwinde bedienen, den Kübel ins Wasser

[1] *Aldous Huxley*, Schöne neue Welt. Ein Roman der Zukunft, Frankfurt a.M. 1953, 60.

lassen, in die Brunnentiefe schauen und im Wasser die Sonne zittern sehen. Erst nach diesem Weg, nachdem die Rolle mit dem Seil geknarrt hat, der Schöpfkübel eingeholt ist, steht der Trunk bereit: dann ist er »süß wie ein Fest – doux comme une fête«.

C. Es wäre nicht genug, diesen Text in einer Stunde zu lesen, um ihn danach zu vergessen. Er soll weniger »Text« als Anstoß zu individueller Bewußtwerdung und Erfahrung sein. Alle drei Szenen sind aus ihrer fiktiven Gebundenheit zu befreien und in die aktuelle Realität zu übersetzen. Es genügt also nicht, sie in ihrer literarischen Poesie ästhetisch zu deuten, wenn sie nicht zugleich ein Schlüssel zu eigenen dumpfen Erfahrungen werden: hier muß Selbsterkenntnis möglich werden, ein Licht aufgehen. Jedem Schüler sollte deutlich werden, daß nicht von einem imaginären »Kleinen Prinzen« die Rede ist, sondern von der eigenen Welt. Diese Welt gilt es zu erkennen, um ihr gegenüber die persönliche Freiheit zu bewahren.

D. Es besteht kein sachlicher Zwang, die drei ausgewählten Szenen zusammenhängend zu unterrichten. Als Verstehensvoraussetzung ist lediglich die Figur des »Kleinen Prinzen« zu vermitteln. Das muß der Lehrer aus seinem Verständnis des Buches leisten. Möglicherweise wurde ja bereits im 3. Schuljahr die schönste und bedeutendste Szene des Buches, das Gespräch mit dem Fuchs, den Kindern vermittelt (→ III, 535 f).

Die Szene mit dem Weichensteller läßt sich auf mancherlei Weise »übersetzen«. Das würde dann ein ausführliches Gespräch über »Züge«, in denen bereits die Zehnjährigen sitzen, erfordern. Der größte und wichtigste dieser zu Millionenpaketen gebündelten Züge ist das Fernsehen. Dem Rausch dieser Reisen sind unsere Schüler in erschreckender Weise verfallen, ohne daß sie die Weichensteller und die Zonen, in die man sie entführt, schon ausmachen können. Es sind Züge, in denen man vor sich selbst davon fahren kann.

Die Szene mit dem Pillenhändler ist nicht ganz so weit von dem Weichensteller entfernt, wie es auf den ersten Blick den Anschein hat. Auch hier erscheint eine Erleichterung des Lebens angeboten, ohne daß die damit einhergehende Entmündigung, die Entfremdung gegenüber allem, was ursprünglich ist, den meisten deutlich wird: Ihr dürft immer fahren, wollt ihr dann noch gehen? Ihr könnt abschreiben, lohnt sich da noch das eigene Denken? Es gibt Radio, Kassetten, Plattenspieler, die gebotene Musik ist perfekt, warum müht ihr euch ab, selbst ein Instrument spielen zu lernen? Dies sind Perspektiven für ein Gespräch, den Pillenhändler zu entlarven, der viele Gesichter hat und an jeder Ecke für seine Methoden der Lebenserleichterung wirbt.

Die dritte Szene am Brunnen ist ein Gleichnis für den Reichtum des selbst gelebten Tages und damit zugleich ein Hinweis auf die sinnenhaften Freuden des einfachen Lebens: nicht die Stimmung auf dem Kalenderfoto genießen, sondern selbst Baum und Wolke, Wind und Dämmerung wahrnehmen, obwohl zu gleicher Zeit der Schuh drückt und der Magen knurrt. Das ist nicht leicht und will gelernt sein. Aber wie lernt man es? Nicht im Film und nie im Buch, sondern stets nur auf den eigenen Füßen, im Gebrauch der eigenen Sinne, in der Bereitschaft zu Schwierigkeiten, ohne die es keine Wege in ein wirklich eigenes Leben hinein gibt. Je mehr ein Lehrer solche Wege mit seinen

Schülern geht – Wanderwege, Erkundigungswege, Wege gemeinsamer Arbeit und gemeinsamer Freude –, um so mehr kann ihnen die Erfahrung zuwachsen, daß das Wasser, das sie nach dem Marsch durch die Wüste erreichen, süß ist wie ein Fest.

Gebet: Das gelebte Leben

»Christophorus suchte lange Zeit, ob ihm jemand von Christo möchte Kunde geben. Zuletzt kam er zu einem Einsiedel, der predigte ihm von Christo und unterwies ihn mit Fleiß im Glauben. Und sprach zu Christophorus: ›Der König, dem du dienen willst, begehrt, daß du viel fastest.‹

Antwortete Christophorus: ›Er fordere von mir ein ander Ding, denn dies vermag ich nicht zu tun.‹

Sprach der Einsiedel: ›Es ist not, daß du viel zu ihm betest.‹

Antwortete Christophorus: ›Ich weiß nicht, was das ist, und kann ihm darin nicht folgen.‹

Da sprach der Einsiedel: ›Weißt du den Fluß, darin viel Menschen umkommen, so sie hinüber wollen fahren?‹

Antwortete Christophorus: ›Ja, ich weiß ihn.‹

Und der Einsiedel sprach: ›Du bist groß und stark: setze dich an den Fluß und trage die Menschen dahinüber, so wirst du Christo dem Könige gar genehm sein, dem du zu dienen begehrst, und ich hoffe, daß er sich dir darselbst wird offenbaren.‹

Sprach Christophorus: ›Das vermag ich wohl und will ihm hierin dienen.‹«[1]

Die schwierige Aufgabe

Ist dieser Dialog Ausdruck mittelalterlicher Anschauung, so blieb er doch gültig für die Ratlosigkeit vieler Zeitgenossen, Erwachsener wie Kinder, ein Verhältnis zu den überlieferten Formen der Frömmigkeit zu gewinnen. Zwar können wir keine Eremiten mehr aufsuchen, um uns Wege des geistlichen Lebens zeigen zu lassen, aber in mancherlei Hinsicht hält sich die spirituelle Weisung bis zum Tage immer noch in monastischem Zuschnitt, so daß der Mensch heute manchen guten Vorschlägen gegenüber ebenso reagiert wie der Christophorus der Legende: »Er fordere von mir ein ander Ding, denn dies vermag ich nicht zu tun.« Gilt das allgemein gegenüber mancherlei Formen asketischer Tradition, so hat sich die Ratlosigkeit gegenüber dem Gebet eher noch gesteigert: »Ich weiß nicht, was das ist, und kann ihm darin nicht folgen.« Die Alternative, die der Einsiedel schließlich anbieten kann, – soziales Engagement –, überzeugt auch weiterhin und ist oft der einzige mögliche Ausdruck religiösen Ernstes geblieben.

Die Fremdheit gegenüber dem Gebet, wie sie manche unserer Schüler kennzeichnet, hat allerdings unterschiedliche Ursachen. Eine bedeutende Rolle dürfte es spielen, daß viele junge Eltern heute mit Inhalt und Sinn religiöser Erziehung kaum etwas anzufangen wissen und diesen Bereich im Verhältnis zu ihren Kindern häufig ausklammern. Das kann so weit führen, daß selbst den Heranwachsenden gegenüber jede religiöse Fragestellung vermieden wird.

[1] Die Legenda aurea des *Jacobus de Voragine* aus dem Lateinischen übersetzt von *Richard Benz*, Heidelberg [4]1963, 539.

Während die bürgerliche Tabuisierung der Sexualität inzwischen überwunden scheint, hat die Tabuisierung des Religiösen, zumal die Frage nach dem eigenen Standort, dem eigenen Vermögen wie Unvermögen, ein breites Ausmaß angenommen. Es ist anzunehmen, daß in sehr vielen Familien ein Gespräch mit den Kindern über Formen und Weisen des Gebets nie stattfand und daß auch letzte Reste gemeinsamen Gebetes – und sei es ein völlig konventionalisiertes Tischgebet – verloren gingen. Dieser defiziente Hintergrund berührt natürlich den Religionsunterricht. Manches, was ältere Religionslehrer noch als selbstverständlich unterstellen, ist als Grundkonsens nicht mehr vorhanden oder doch in Auflösung begriffen. Der kirchlichen Erwartung, diese Lücke könne der Religionsunterricht füllen, muß zugleich mit einiger Skepsis begegnet werden, denn was ist hier unterrichtlich vermittelbar?

Wenn von Eltern und Kindern die Rede ist, darf die Lehrerschaft nicht außer acht bleiben. Sie steht in religiösen Dingen den Ratlosigkeiten der Zeit ja nicht isoliert und souverän gegenüber, sondern hat daran persönlichen Anteil. Wie dieser Anteil ausfällt, kann jeder am besten im Blick auf die eigenen Kinder ermessen. Aber nicht die persönlichen Schwierigkeiten sind es, die zu beklagen wären, falls diese nur bewußt angenommen werden. Zu beklagen, wenn nicht zu fürchten, ist eine religiöse Erstarrung, die alles korrekt, aber formelhaft handhabt, aus einer verkrusteten Enge heraus, die sich ihrer selbst schon nicht mehr bewußt wird. Es gibt diese Funktionäre nicht selten in den Formen der Professionalität. Wenn es »gut« geht, lassen sie die Kinder unberührt, zu befürchten ist allerdings, daß unter deren religiöser Maske auch Schüler ersticken können.

Die Betonung heutiger Sozialisationseinflüsse, wenn von Erziehung zu kindgemäßer Spiritualität die Rede ist, erfolgt zu Recht. Daneben ist allerdings nicht zu übersehen, daß es auch quer durch jeden epochalen Wandel Dispositionen gibt, die sich spirituellen Ansprüchen nur sehr schwer erschließen lassen. Nicht jede religiöse Distanz ist zeitbedingt. Neben Menschen mit offenen Sinnen für Symbol und Sinn, Poesie und Kunst, Meditation und Gebet, gibt es auch solche, die gegenüber dieser Dimension spröde, manchmal sogar ablehnend bleiben. Sie strecken sich oft nach der Decke, machen mit, was schulisches und kirchliches Reglement verlangen und bleiben dennoch in unberührter Distanz dazu. Was innerhalb einer Persönlichkeitsstruktur diese Haltung disponiert, was sie durch äußere Faktoren unterstützt, kann hier nicht analysiert werden. Wichtig ist jedoch, solche Kinder zu sehen, behutsam mit ihnen umzugehen und ihnen keine Frömmigkeitsformen abzuverlangen, die sie aus eigenem Vermögen nicht ehrlich vollziehen können. Das ist kein Einwand gegen gemeinsame Formen der Spiritualität, die für solche Kinder um so wichtiger sind, als sie aus sich selbst heraus dazu außerstande bleiben. Es ist jedoch ein Vorbehalt für unbedachten Eifer, der etwas tun läßt, wogegen sich das Kind innerlich wehrt, und sei es nur durch Unbehagen.

Und nochmals wäre es voreilig, nur von einer Sprödigkeit zu sprechen, ohne zu sehen, daß diese bisweilen eine besondere Art Sensibilität verdeckt. Ein schönes Beispiel hierfür bietet Gottfried Kellers Roman »Der Grüne Heinrich«, der in den Grundzügen seine eigene Kindheit und Jugend schildert:

»Nun geschah es aber, daß ... mein Umgang mit Gott sich verschämt zu verschleiern begann und, als meine Gebete einen gewissen Sinn erhielten, mich eine wachsende Scheu beschlich, sie laut herzusagen ...

Eines Sonntags (wollte meine Mutter), als wir uns eben zu Tisch gesetzt hatten, das Tischgebet einführen, welches bis dahin nicht üblich gewesen in unserem Hause, und sagte mir zu diesem Zwecke ein kleines altes Volksgebet vor, mit der Aufforderung, es jetzt nur in Zukunft nachzubeten. Aber wie erstaunte sie, als ich nur die ersten Worte trocken hervorbrachte und dann plötzlich verstummte und nicht weiter konnte!

Das Essen dampfte auf dem Tisch, es war ganz still in der Stube, die Mutter wartete, aber ich brachte keinen Laut hervor. Sie wiederholte ihr Verlangen, aber ohne Erfolg; ich blieb stumm und niedergeschlagen, und sie ließ es für diesmal bewenden, da sie mein Benehmen für eine gewöhnliche Kinderlaune hielt. Am folgenden Tag wiederholte sich der Auftritt, und sie wurde nun ernstlich bekümmert und sagte: ›Warum willst du nicht beten? Schämst du dich?‹ Das war nun zwar der Fall, ich vermochte es aber nicht zu bejahen, weil, wenn ich es getan, es doch nicht wahr gewesen wäre in dem Sinne, wie sie es verstand. Der gedeckte Tisch kam mir vor wie ein Opfermahl, und das Händefalten nebst dem feierlichen Beten vor den duftenden Schüsseln wurde zu einer Zeremonie, welche mir alsobald unbesieglich widerstand. Es war nicht Scham vor der Welt, wie es der Priester zu nennen pflegt; denn wie sollte ich mich vor der einzigen Mutter schämen, vor welcher ich bei ihrer Milde nichts zu verbergen gewohnt war? Es war Scham vor mir selber; ich konnte mich selbst nicht sprechen hören und habe es auch nie mehr dazu gebracht, in der tiefsten Einsamkeit und Verborgenheit laut zu beten.«[1]

Dieses Zeugnis des Heinrich Lee, alias Gottfried Keller, untersteht nicht den Bedingungen jener Zeit. So wenig man es damals verallgemeinern konnte, so wenig läßt es sich heute als eine mögliche Reaktionsform in Abrede stellen. Zu befürchten ist allerdings, daß kirchlich sozialisierte Menschen, zumal Professionelle wie Pfarrer und Lehrer, wenig Sensibilität für religiöse Scham aufbringen, die sich zwar als Verweigerung zu erkennen gibt, aber doch selbst einem religiösen Empfinden entspringt. Daß jene Sprache, in der viele zu beten lernten, diese zu anderer Zeit auch wieder sprachlos machen kann, daß Gebetsformen, die für die einen selbstverständlich sind und keinerlei Anlaß zum Nachdenken bieten, die anderen exkommunizieren, insofern sie sich statt einbezogen ausgeschlossen fühlen, das bedarf wieder und wieder der Selbstprüfung. Letztlich kann nur der ein Lehrer des geistlichen Lebens sein, der eine wache innere Aversion gegen ungedeckte Worte, leere Formeln und routinierte Repetition hat. Auch wenn sich Kinder noch nicht reflexiv dagegen zu wehren verstehen: intuitiv können sie wahr und unwahr unterscheiden und sich von allem distanzieren, was ihnen unecht erscheint.

Die Hilfen des Religionsbuches

Nun ist alle »Erziehung und Führung zum geistlichen Leben«, wenn sie im Lehrplan verfügt wird, in der Gefahr, punktuell und deklamatorisch zu

[1] *Gottfried Keller,* Der Grüne Heinrich, I,4: Der Roman entstand 1842/43; erschien 1854/55 in vier Bänden, in einer zweiten, umgearbeiteten Fassung 1879/80.

werden. Man macht eine Themenfolge daraus, nennt es Unterrichtseinheit, die man durchnimmt, behandelt oder traktiert und wieder verläßt, wenn das nächste Kapitel aufzuschlagen ist. In der Tat widerspricht solches Vorgehen dem Ziel selbst, denn wahre Frömmigkeit läßt sich so nicht wecken. Darum ist es wichtig, was immer kindliche Spiritualität umfaßt, nicht in »Themen« umzuschlagen, um nicht von verbaler Vermittlung zu erwarten, was Worte allein nie leisten. Wichtig ist es auch, dieses vorliegende Kapitel im Schülerbuch wie im Lehrerband nicht separiert zu sehen, als ginge es nur hier um Spiritualität und Gebet und anderswo nicht.

Als erstes ist zu beachten, daß verschiedene Passagen des Religionsbuches das Gebetskapitel unmittelbar ergänzen. Das sind zunächst die eröffnenden Seiten 5 bis 7, die ein Leitmotiv skizzieren, das einerseits durch alle Grundschuljahre hindurch begleitet, andererseits gerade in diesem Jahr seine besondere Entfaltung und Vertiefung findet (→ S. 44-51). Auf vielen Seiten begegnen die Schüler dem Labyrinth (im Religionsbuch S. 1; 5; 6; 41; 47; 52; 87-92); es wird ihnen erschlossen als ein Symbol des Lebensweges und der Selbstfindung, als Prozeß und als Ziel, als Figur des Todes und der Auferstehung. Wenn die vielen Anregungen, die wir hierzu bieten, in eigene Aktivitäten übernommen werden, wird den Schülern damit ein geistlicher Erfahrungsraum aufgetan, der über gewohnte Unterrichts-»Themen« weit hinausführt.

Auch der Weg zur Legende, die Einübung in das Paradoxon, eröffnet spirituelle Bahnen. Es soll ja nicht alleine Wissen zuwachsen, so wenig darauf zu verzichten ist, sondern eine innere Orientierung in Grundformen des geistlichen Lebens erfolgen (→ S. 374-385). Was immer Gebet heißt, in all dem hat es seine Wurzeln.

Zum zweiten geht es um eine Frömmigkeit des Denkens. Wir versuchen sie – wie in Jahren zuvor rund um das Brot und den Tisch – vorrangig im Verhältnis zur Schöpfung zu buchstabieren. Wenn wir eine Kindern gemäße Verantwortung für die Erde, für das Leben und für den Frieden einüben, keineswegs nur belehrend, sondern im Leben der Schule selbst (→ S. 86-169), dann ist das innerste Ziel eine Schöpfungsfrömmigkeit, die in jedem Tun und Lassen durchscheint. Was nutzen schließlich aller Naturschutz, ökologisches Wissen und Friedenswünsche, wenn sie nicht aus dem tiefen Empfinden mitkreatürlicher Solidarität erwachsen?

Zum dritten geht es um Grundhaltungen, wie sie unsere Stille-Übungen nun schon im vierten Jahr verfolgen und unsere Anleitung zur Muße (→ S. 344 ff) auf weitere Lebensvorgänge zu übertragen hofft. Letzten Endes wurzelt alle Spiritualität in der Fähigkeit des Menschen, bei sich selbst zu Hause sein zu können und Abstand vom Gang des Alltags zu nehmen. Je mehr die Schule auf Leistung besteht, um so notwendiger ist die Muße als Kontrapunkt.

Schließlich steht alles in einem inneren Verbund. Die Art, wie wir von Spinnen und Fledermäusen oder von Gott und Jesus sprechen, darf nicht auseinanderfallen. Darum ist die Sorgfalt, zu der wir anleiten, ein Bild zu betrachten, einen Text zu bedenken, ein Lied zu singen, eine Aktion gemeinsam durchzuführen ... zugleich eine Anleitung zum verantwortlichen Leben – also auch zum Beten ... An anderer Stelle wurde bereits mehr darüber gesagt (→ II, 200-212, 373-379).

Die vielen Sprachen und Weisen

In einem Gespräch äußerte der neunjährige Rolf: »Ich kann doch keine Gedichte machen, dann kann ich auch kein Gebet selbst machen. Wenn man beten will, kann man ja aus dem Gesangbuch beten oder das Vaterunser oder irgend etwas... Allein habe ich noch nicht für andere Leute gebetet.« Diese Engführung des Gebetsverständnisses kann nur zustandekommen, wenn Kinder ausschließlich gereimte Verse als Gebete kennenlernen und deren Hersagen als Beten deuten. Was wir voranstehend über die Hilfen zur Gebetserziehung, soweit sie im Religionsbuch angelegt sind, sagten, beugt solcher Engführung vor. Aber auch die folgenden Anregungen möchten jeder unlebendigen, lediglich repetierenden Gebetspraxis ausweichen helfen und zeigen, wie das Leben selbst gebetet werden kann.

Mit Liedern beten

Daß jemand, der singt, doppelt betet, ist eine alte Redensart. Das Urteil versteht sich aus der Intensität des Ausdrucks, zu dem der singende Mensch sich steigert. Singen ist eine gehobene Form des Betens, insofern das gesprochene oder meistens nur gedachte Wort in einer Ganzheitlichkeit artikuliert wird, in der sich Verstand und Gemüt, Intention und Form verbinden, – vorausgesetzt, der Mensch ist in seinem Gesang präsent.

Unvergeßlich bleibt mir die Erinnerung an eine Chorprobe in der ehemaligen Pädagogischen Hochschule Paderborn. Der so früh verstorbene Kollege Paul Kötters dirigierte, war aber mit seinen Studenten an diesem Morgen nicht zufrieden. Er fand sie zu wenig konzentriert und wach. Als auch ein dritter Versuch nicht befriedigte, wurde er unübersehbar ernst und sagte leise: »Meine Damen und Herren, dies ist eine Sache auf Leben und Tod; sie geht nur ganz oder gar nicht.« Nebenhin geäußert, mag diese Bemerkung den Mitgliedern des Chors nicht in Erinnerung geblieben sein. Mich persönlich hat sie aber begleitet, zumal mir die Gültigkeit des Wortes übertragbar erscheint. Es artikuliert sich darin der innere Ernst und die Frömmigkeit, die dem menschlichen Tun zukommt oder abgeht. So liegt für mich die Frömmigkeit des Handwerkers darin, mit welchem Können und Engagement er seine Arbeit betreibt; liefert er verdeckten Pfusch, mag seine Kirchenfrömmigkeit so intensiv sein, wie sie will, sie bleibt abgespalten und ist nicht Ausdruck der Arbeit und Gesinnung seiner Werktage. Nicht minder liegt die Frömmigkeit des Lehrers in dem Ernst, mit dem er sich den Kindern, dem Unterricht und der Schule verpflichtet sieht. Auch dieses Engagement geht nur ganz oder gar nicht. Es ist tatsächlich eine Sache auf Leben und Tod.

Ein Lehrer, der so von seiner eigenen Berufsarbeit denkt, wird mit dieser Haltung – die ein wesentliches Moment der Frömmigkeit ist – auch auf seine Schüler einwirken. Wenn er mit ihnen singt, kann es keine Routine sein, die ohne innere Beteiligung abläuft, keine Pflichtübung, die »pro forma« geschieht, sondern stets nur eine bewußte Inanspruchnahme des ganzen Menschen in seiner geistigen Wachheit, geistlichen Offenheit, leiblichen Gehaltenheit... So wird Gesang zum Gebet.

Die Lieder, die wir singen, dürfen nicht allein unter musikalischen Aspekten eingeübt werden. Bisweilen erstaunt es, wie Kinder über Jahre hinweg etwas singen, dessen Bedeutung sie nicht verstehen und nicht erfragen. Jetzt gerade sang ein viertes Schuljahr: »... reiß ab vom Himmel Tor und Tür, reiß ab, wo Schloß und Riegel für« und wußte nichts mit dieser Metaphorik anzufangen (→ I, 311-331). Bisweilen genügt eine Frage, ein kleiner Hinweis, um die gedankenlos hingenommene Formulierung zu durchbrechen und in den inneren Raum eines Liedes zu gelangen, bisweilen sind aber auch meditative Umgangsformen mit einem Lied notwendig, um es singend beten zu können.

Mit Gedichten beten

»Du wirst vielleicht durch lange Übung langsam
Die ersten Zeilen des Gebetes lernen.
Wenn du sie kannst, wird es dich dann entfernen
Aus dem Bereich der leicht gesagten Worte.

Und diese ersten Zeilen des Gebetes
Sind alles, was du mitnimmst auf die Reise.
Sie bleiben die nie aufgezehrte Speise
Für dich an dem von ihm bestimmten Orte.

Du wirst die ersten Zeilen des Gebetes
Mitbringen, wenn du wiederkehrst von drüben,
Und ihrer mächtig, wirst du weiter üben –
Und einmal wird Gebet sein ohne Worte.«[1]

In diesen Versen von Ina Seidel lebt das Wissen um eine Kindheit, die verlassen werden muß, und eine Kindheit, die auf allen weiteren Wegen innerer Besitz bleibt. »Die ersten Zeilen des Gebetes« haben unsere Schüler »vielleicht durch lange Übung« gelernt. Nun dauert es nicht mehr lange, da wird »er« sie dann entfernen »aus dem Bereich der leicht gesagten Worte«. Wie diese Entfernung aussieht, wie lange sie dauert, in welche Fremde sie führt, das muß offen bleiben. Jeder geht seinen eigenen Weg. Doch so sehr diese Reise ein Abschied von der Kindheit ist, die Kindheit ist zugleich der mitlaufende Anfang, und »die ersten Zeilen des Gebetes ... bleiben die nie aufgezehrte Speise« an jenem Ort, an dem womöglich auf lange, lange Zeit verstummt, was den frühen Tagen so leicht und selbstverständlich war. Und doch muß das Leben an diesem anderen Ort nicht endgültig sein. Wenn der Wurzelgrund der Kindheit tief und lebendig war, wird der Mensch einst »wiederkehren von drüben« und in neuer Weise jener »Worte« mächtig sein, die seiner Kindheit Glanz und Geborgenheit verliehen. Womit die Kindheit begabte, wird er dann weiter üben: »Und einmal wird Gebet sein ohne Worte.«

Geschildert wird in diesem schönen Gedicht allerdings kein Entwicklungsgesetz. Bedingung ist, daß »die nie aufgezehrte Speise« einmal zu eigen wurde: »durch lange Übung langsam die ersten Zeilen des Gebetes« sich einprägten. Je mehr diese ersten Zeilen die Kindheit überragen, also einen Überschuß an Bedeutung haben, den das Kind nicht ausschöpft, eine Dimension des Unerklärlichen,

[1] *Ina Seidel,* Die lange Übung. Gedichte 1905-1955, Stuttgart 1957.

die sich mit dem Selbstverständlichen nicht verrechnen läßt, um so eher bleiben sie eine nie aufgezehrte Speise. Man muß sie aber in sich haben, *by heart* besitzen, um davon zehren zu können (→ III, 65 ff). Hier ist eine kleine Auswahl:

Gott des Himmels und der Erden,
Vater, Sohn und Heilger Geist,
der es Tag und Nacht läßt werden,
Sonn und Mond uns scheinen heißt,
dessen starke Hand die Welt,
und was drinnen ist, erhält.

Gott, ich danke dir von Herzen,
daß du mich in dieser Nacht
vor Gefahr, Angst, Not und Schmerzen
hast behütet und bewacht,
daß des bösen Feindes List
mein nicht mächtig worden ist.

Hilf, daß ich mit diesem Morgen
geistlich auferstehen mag
und für meine Seele sorgen,
daß, wenn nun dein großer Tag
uns erscheint, und dein Gesicht,
ich davor erschrecke nicht.

Führe mich, o Herr, und leite
meinen Gang nach deinem Wort;
sei und bleibe du auch heute
mein Beschützer und mein Hort.
Nirgends als bei dir allein
kann ich recht bewahret sein.

Heinrich Albert (1604-1651)

Ohne Gott bin ich ein Fisch am Strand,
Ohne Gott ein Tropfen in der Glut,
Ohne Gott bin ich ein Gras im Sand
Und ein Vogel, dessen Schwinge ruht.
Wenn mich Gott bei meinem Namen ruft,
Bin ich Wasser, Feuer, Erde, Luft.

Jochen Klepper (1903-1942)

Der Mensch lebt und bestehet
Nur eine kleine Zeit;
Und alle Welt vergehet
Mit ihrer Herrlichkeit.
Es ist nur einer ewig und an allen Enden
Und wir in seinen Händen.

Matthias Claudius (1740-1815)

Nun kehr ich ein;
Herr, rede du allein
Beim tiefsten Stillesein
Zu mir im Dunkeln.

Gerhard Tersteegen (1697-1769)

Nun sich der Tag geendet,
mein Herz sich zu dir wendet
und danket inniglich:
Dein holdes Angesichte
zum Segen auf mich richte,
erleuchte und entzünde mich!

Ich schließe mich aufs neue
in deine Vatertreue
und Schutz und Herze ein;
die fleischlichen Geschäfte
und alle finstern Kräfte
vertreibe durch dein Nahesein!

Ein Tag, der sagt dem andern,
mein Leben sei ein Wandern
zur großen Ewigkeit.
O Ewigkeit, du schöne,
mein Herz an dich gewöhne,
mein Heim ist nicht in dieser Zeit.

Gerhard Tersteegen

Mein sind die Jahre nicht, die mir die Zeit genommen,
Mein sind die Jahre nicht, die etwa möchten kommen.
Der Augenblick ist mein, und nehm ich den in acht,
So ist der mein, der Jahr und Ewigkeit gemacht.

Andreas Gryphius (1616-1664)

Dort auf dem Stuhl liegt fremd mein Kleid,
ein Häuflein Schein und Eitelkeit.
Was bleibt vom Tag? Bald bin ich arm.
Genug ist, daß mein Leib noch warm.
Die Wange paßt in meine Hand,
ein Stern äugt her vom Fensterrand.
Ob wohl ein Bruder irgendwo
für mich heut wachen muß im Stroh?
Wer war's, für den ich selbst gewacht
im Finstern manche bange Nacht?
Du Dunkler, der uns alle kennt,
lösch aus den Schmerz, nimm fort, was trennt!
Zukomme uns im Schlaf Dein Reich;
dort mach uns wieder gut und gleich!

Christine Busta (geb. 1915)

Mit Geschichten beten

Es ist keine Frage, daß wir die vorgelegte Gedichtauswahl beten können. Viele Texte sind bereits als Gebete formuliert, sie enthalten eine Anrede an Gott. Das ist anders bei Geschichten. Hier wird erzählt; der Zuhörer oder Leser wird unterhalten. Dabei muß der Text selbst keinerlei Ausrichtung auf das Gebet nahelegen. Insofern wird es angemessen sein, jetzt unser Verständnis des Gebetes zu erweitern und von einem meditativen Umgang mit Geschichten zu sprechen. Der Sinn dieses Tuns sollte nicht sein, einen Text rational zu verstehen, sondern ihn sich innerlich anzueignen. Nicht auf objektive Sachverhalte darf er lenken, sondern auf das eigene Selbst.

Eine erste Möglichkeit für diesen Weg bieten einzelne Märchenmotive. Es ist allerdings keine sonderlich entlegene Erkenntnis, daß Gott im Märchen explizit so gut wie gar nicht zu begegnen scheint, es sei denn, es handelt sich um Legendenmärchen. Kennzeichnend für diese christlich beeinflußten Formen ist es, daß sie Gott »inkognito« auftreten lassen, und zwar durchweg in einer unscheinbaren Gestalt, die man leicht übersehen oder beiseitedrängen kann.

»Der Reiche guckte den Wandersmann von Haupt bis zu den Füßen an, und weil der liebe Gott schlichte Kleider trug und nicht aussah wie einer, der viel Geld in der Tasche hat, schüttelte er mit dem Kopf und sprach: ›Ich kann Euch nicht aufnehmen, meine Kammern liegen voll Kräuter und Samen, und sollte ich einen jeden beherbergen, der an meine Tür klopft, so könnte ich selber den Bettelstab in die Hand nehmen. Sucht Euch anderswo ein Auskommen.‹ Schlug damit sein Fenster zu und ließ den lieben Gott stehen. Also kehrte ihm der liebe Gott den Rücken und ging hinüber zu dem kleinen Haus. Kaum hatte er angeklopft, so klinkte der Arme schon sein Türchen auf und bat den Wandersmann einzutreten. ›Bleibt die Nacht über bei mir‹, sagte er, ›es ist schon finster, und heute könnt Ihr doch nicht weiterkommen.‹ Das gefiel dem lieben Gott, und er trat zu ihm ein. Die Frau des Armen reichte ihm die Hand, hieß ihn willkommen und sagte, er möchte sichs bequem machen und vorlieb nehmen, sie hätten nicht viel, aber was es wäre, gäben sie von Herzen gerne. Dann setzte sie Kartoffeln ans Feuer, und derweil sie kochten, melkte sie ihre Ziege, damit sie ein wenig Milch dazu hätten. Und als der Tisch gedeckt war, setzte sich der liebe Gott nieder und aß mit ihnen, und schmeckte ihm die schlechte Kost gut, denn es waren vergnügte Gesichter dabei.«[1]

Zu erkennen ist der verborgene Gott also nicht, aber gerade darin erweist sich dieses Märchenmotiv als Schlüssel zu einer gläubig gesehenen Welt. Wenn wir unseren Schülern diese Szene zur Betrachtung geben – Betrachtung hängt zusammen mit etwas tragen, nach etwas trachten, trächtig sein –, ist es sinnvoll, ihnen den Reichen wie den Armen als zwei mögliche Aspekte des eigenen Ich zu deuten, denn zu beiden Verhaltensweisen sind wir fähig, und gewöhnlich überwiegt die des Reichen, weil sich dafür die besseren Argumente anbieten. Wer seinen Schülern eine solche Betrachtung übrigens nur gelegentlich oder zufällig nahelegt, wird wahrscheinlich mit seinen Erfahrungen nicht zufrieden sein. Es empfiehlt sich unbedingt, dasselbe Märchenmotiv wiederholt zu betrachten, etwa eine Woche lang täglich, weil anders sich dessen innere Wahrheit nicht im einzelnen Menschen entfalten kann.

[1] KHM Nr. 87.

Als einen weiteren Märchenausschnitt stellen wir das oft begegnende Motiv von versteinerten Menschen vor:

»Er war aber dem schönen Wild immer nachgeritten, und konnte es niemals einholen; wenn er meinte, es wäre schußrecht, so sah er es gleich wieder in weiter Ferne dahinspringen, und endlich verschwand es ganz. Nun merkte er, daß er tief in den Wald hineingeraten war, nahm sein Horn und blies, aber er bekam keine Antwort, denn seine Leute konnten nichts hören. Und da auch die Nacht einbrach, sah er, daß er diesen Tag nicht heim kommen könnte, stieg ab, machte sich bei einem Baum ein Feuer an und wollte dabei übernachten. Als er bei dem Feuer saß, und seine Tiere sich auch neben ihn gelegt hatten, deuchte ihn, als hörte er eine menschliche Stimme: er schaute umher, konnte aber nichts bemerken. Bald darauf hörte er wieder ein Ächzen wie von oben her, da blickte er in die Höhe und sah ein altes Weib auf dem Baum sitzen, das jammerte in einem fort ›hu, hu, hu, was mich friert!‹ Sprach er ›steig herab und wärme dich, wenn dich friert.‹ Sie aber sagte ›nein, deine Tiere beißen mich.‹ Antwortete er ›sie tun dir nichts, altes Mütterchen, komm nur herunter.‹ Sie war aber eine Hexe und sprach ›ich will dir eine Rute von dem Baum herabwerfen, wenn du sie damit auf den Rücken schlägst, tun sie mir nichts.‹ Da warf sie ihm ein Rütlein herab, und er schlug sie damit, alsbald lagen sie still und waren in Stein verwandelt. Und als die Hexe vor den Tieren sicher war, sprang sie herunter und rührte auch ihn mit einer Rute an und verwandelte ihn in Stein. Darauf lachte sie und schleppte ihn und die Tiere in einen Graben, wo schon mehr solcher Steine lagen.«[1]

Das geschieht ja nicht selten, daß jemand »einem schönen Wild« immer nachreitet, ganz davon besessen ist und nicht mehr darauf achtet, wie tief er dabei in den Wald gerät. Und wenn er schließlich sein Horn nimmt und bläst, kommt keine Antwort zurück. Wenn er nun gar die Nacht in diesem Wald verbringt, überwältigen ihn die bösen Mächte, machen ihn hilflos und verwandeln ihn in Stein. So ist er lebendig tot, wird in einen Graben geworfen, wo er mit vielen andern die Friedhöfe unter dem Mond vermehren hilft.

In anderen Märchen wird erzählt, wie die Versteinerung langsam wächst, bis sie schließlich das Herz erreicht. Unsere Kinder kennen aber auch die Sage vom steinernen Herzen (→ I, 130), das alleine genügt, um den ganzen Menschen lebendig tot sein zu lassen. Sie können sich vor Augen stellen, wie Versteinerung gefühllos macht. Wo die Lähmung Platz greift, weicht der Schmerz, so daß die meisten gar noch mit sich zufrieden sind und nicht merken, wie weit das Leben schon aus ihnen gewichen ist. Dann gibt es keine Rettung mehr aus eigener Kraft. Fast jedes Märchen weiß von Verstrickungen aus Schuld und Schicksal. Vorzeitig beendete Wege und hemmende Gestaltwandlung gehören zu den häufigsten Motiven. Die Gefahr erstarrten Stillstands bedroht schon im Kindesalter, und manch einer gelangt nur zu einer Vorläufigkeit, die er nie mehr durchbrechen kann. Das Märchen weiß aber gerade für solche Fälle, daß es erlösende Kräfte gibt: »Das Schöne ist wirksamer als das Häßliche, das Gute ist stärker als das Böse, das Lebendige setzt sich gegenüber dem Lähmenden und Einengenden durch, das ist die ermutigende Botschaft der Märchen. – Der Gott der Märchen zeigt sich nicht, er bleibt verborgen, aber seine geheimnisvolle Stimme läßt sich doch vernehmen, wenn sie auch in die verschiedenen Stimmen mit eingeflossen ist.«[2]

1 KHM Nr. 60.

2 *Otto Betz*, Der abwesend-anwesende Gott in den Volksmärchen, in: Gott im Märchen. Im Auftrag der Europäischen Märchengesellschaft hrsg. v.: *Jürgen Janning* u.a., Kassel 1982, 18.

Noch ein drittes Motiv sei als Beispiel vorgestellt. Es wird erzählt von einem Mädchen, das aus Liebe zu ihrem Vater auf die eigenen Hände verzichtete. Ein König, der sie kennenlernte, sagte: »Wenn du von aller Welt verlassen bist, so will ich dich (doch) nicht verlassen.« Aber er konnte ihr auch nur silberne Prothesen geben und nicht die eigenen Hände. Und weil dies nur Mißverständnisse förderte, verließ die junge Frau das Haus, das ihr volle Versorgung versprochen hatte, und »ging mit weiniglichen Augen fort«:

»Sie kam in einen großen wilden Wald, da setzte sie sich auf ihre Knie und betete zu Gott, und der Engel des Herrn erschien ihr und führte sie zu einem kleinen Haus, daran war ein Schildchen mit den Worten ›hier wohnt ein jeder frei‹ ... Da blieb sie in dem Hause sieben Jahre und war wohl verpflegt, und durch Gottes Gnade wegen ihrer Frömmigkeit wuchsen ihr die abgehauenen Hände wieder.«[1]

Darauf kommt es an, daß jeder dieses Haus »in dem großen wilden Wald« findet. Es ist kein Reihenhaus, auch keine Mietswohnung im Hochhaus. Wer dorthin will, muß sich wenigstens auf die eigenen Füße machen, wenn er schon keine Hände mehr hat. Dieses Haus inmitten des wilden Waldes ist das eigene Selbst, jene »Mitte der Welt«, die wir im vergangenen Jahr so intensiv gesucht haben, und die zugleich der Ort Gottes ist (→ III, 475-509; vgl.: vorne S. 51). Dort lebt niemand abhängig. Was die Menschen geben konnten, sofern sie nicht ihrerseits verletzten, waren allenfalls Dauerprothesen. Hier aber wird die Welt zu einem Haus, einem Ort der Freiheit – symbolisiert durch den Engel, der in die Seele der jungen Frau eintritt und sie wieder heil werden läßt. Dieses Haus, in dem »ein jeder frei wohnt«, kann weder gemacht noch gekauft werden. Es ist jener Ort, wo der Mensch zu sich selbst zurückfindet.

Über dieses Motiv läßt sich schön mit Kindern meditieren. Nützlich ist es, wenn die kleine Erzählung aus dem Religionsbuch 3 »Die innere Mitte« (S. 88) vorausgegangen ist. Die Kinder sollten natürlich die Symbolik des Märchens verstehen: daß manche nur von anderen her leben, nichts aber selbst in die Hand nehmen, aber doch den Weg in einen großen wilden Wald auf sich nehmen müssen, um frei zu werden. Der Ort, an dem ein Mensch *sich* findet, weil er *Gott* findet, ist nicht an Stätten der Abhängigkeit gegeben, sondern dort, wo er mit sich selbst übereinstimmt. Unnötig ist es, das Bild des Märchens zu »erklären«. Es kann umkreist und betrachtet, durch die Symbolik der Mitte vertieft und weitergeführt werden.

Die angedeuteten drei Beispiele müssen hier genügen. Wer ein eigenes Verständnis dieser Motive aufbringt, hat keine Schwierigkeiten, sie Kindern zu vermitteln. Die meisten Erzählungen, die unsere Religionsbücher vorlegen, halten einer meditativen Versenkung stand. Die »Geschichte vom Korb mit den wunderbaren Sachen« erlaubt ebenso sehr Besinnung im Angesicht Gottes, wie die Elisabeth- und Franz-Legenden oder die »Legende vom vierten König«. Daneben gibt es jene Erzählungen, die das Gebet selbst thematisieren und lehren; auf diese sollten wir am wenigsten verzichten: siehe »Der betende Gaukler«; »Der Rabbi und das verlassene Kind«; »Ach«; »Der gedeckte Tisch«[2].

[1] Das Mädchen ohne Hände, KHM Nr. 31.

[2] Alle Texte in: *Hubertus Halbfas*, Der Sprung in den Brunnen, Düsseldorf (1981) [6]1985, 135 f, 131; 105 f; 165. Weitere Texte dort ebenfalls.

Mit Bildern beten

Natürlich können wir alle Bilder beten: die erzählenden, die voller Details sind und die das Auge schweifend durchwandert, wie jene, die streng in ihrer Symbolik bleiben, geometrisch in Kreis und Quadrat, Mitte und Peripherie, als Ordnungsbilder der Seele. Es handelt sich hier um zweierlei Weisen des Sehens, die nicht ineinander übergehen. Einmal, beim äußeren Sehen, geht es um die Augenweide, die das Bild darbietet. Man wandert durch die erzählte Szene, beachtet Aufbau und Form, Vordergrund, Hintergrund, Farben, Landschaft, Architektur, Personen, Gestik, Kleidercode und vieles mehr. Dabei fixiert das Auge mal diesen, mal jenen Gegenstand. Um das Bild in seiner ganzen Vielfalt zu erfassen, muß das Auge hin und her gehen. Das verlangt eine Beweglichkeit des Blicks, wobei das Auge sich der Dinge *bemächtigt,* die sich darstellen.

Anders das innere Auge. Es ist nicht schweifend, gehorcht nicht dem Willen, schaut auch nicht genießend. Die ihm entsprechenden Bilder sind meditativer Natur, also weder unterhaltend noch erzählend: Bilder der langen Weile. Die klassische Gestalt dieses Meditationsbildes ist das Mandala (→ III, 479 f); die unseren Schülern jährlich neu vorgelegte christliche Version eines solchen Mandalas: »Die wahre Dreiheit in der wahren Einheit« aus dem Hildegardis-Codex. Es kann nicht schweifend angesehen, sondern nur mit den inneren Augen betrachtet werden, so daß es seine Ordnung in die Seele einbildet (→ S. 51).

Einen besonderen Hinweis verdient das abstrakte Bild. Es ist keine neue, eigenständige Kategorie, sondern gehört durchaus zu den Bildern der Augenweide, also des äußeren Genusses. Es kann aber Wege zu einer Sammlung bieten, welche alle geistigen Kräfte einbinden und konzentrieren hilft. Aus diesem Grunde ist es nicht zufällig, daß wir die Gebetskapitel im 2. und 4. Religionsbuch mal mit Werken Paul Klees, mal mit Werken Piet Mondrians ausstatten. Hier ist nichts konterfeit, vielmehr werden Strukturen vorgestellt, die hinter die tausend Zufälligkeiten des Tages vordringen lassen. Wenn wir es schaffen, unsere Schüler zum meditativen Umgang mit diesen Werken anzuleiten, haben sie zugleich einen Schritt zu sich selbst zurückgelegt.

A. Pieter Cornelis Mondriaan wurde 1872 in Amersfoort bei Utrecht geboren. Der Vater, Lehrer an der reformierten Gemeindeschule, war ein strenggläubiger Calvinist von traditioneller Prägung, zugleich auch ein begabter Zeichner aus Liebhaberei. Beide Faktoren waren bedeutsam für Mondrians Weg. Piets Wunsch, Maler werden zu wollen, knüpfte die Familie an die Bedingung, daß er zuvor das Diplom eines Zeichenlehrers erwerbe. Danach konnte er seinen eigenen Weg gehen.

In seinen frühen Jahren widmete sich Mondrian fast ausschließlich der Landschaftsmalerei. 1909 wurde er Mitglied der Niederländischen Theosophischen Gesellschaft, deren Esoterik auf Künstler damals großen Einfluß ausübte. Das bedeutete den Bruch mit dem orthodoxen Christentum des Elternhauses. Neuplatonische und »pantheistische« Gedanken beschäftigten ihn nun in aller Weltdeutung. Mondrians Leben – seit seiner Pariser Zeit 1911/12 schreibt er seinen Namen nur mit einem a – bleibt arm an äußeren Ereignissen, abgesehen vom eingreifenden Charakter der beiden Weltkriege, doch ist seine innere Entwicklung um so reicher. Von Bild zu Bild geht er in seltener Konsequenz einen kompromißlosen Weg. In der Rückschau besticht sein Werk vor allem durch den inneren Zusammenhang. »Hinter dem Künstler stand eine treibende Kraft, die die Entwicklung bestimmte; sie forderte ›immer weiter‹ zu gehen, immer weiter in der Läuterung der bildnerischen Sprache, im Ausmerzen von Zufälligkeiten, im Streben nach dem Wesen der Dinge und ihren universalen Beziehungen.«[1]

Im Herbst 1911 sah Mondrian wahrscheinlich auf einer Ausstellung in Amsterdam zum ersten Mal kubistische Bilder. Aus eigenem Empfinden hatte er sich schon jahrelang bemüht, in seinen Naturbildern alles Momentane und Zufällige zu überwinden. Im Kubismus fand er nun eine Methode, hinter dem Unbeständigen das Wesenhafte aufzusuchen. Die Baumbilder von 1912 zeigen diesen Einfluß. »Form und Struktur dominieren auf Kosten der Farbe; wie in den Bildern der französischen Kubisten, ist die Farbskala auf einige Abstufungen von Gelb, Ocker und Braun beschränkt; nur hin und wieder tritt ein Akzent von Blau oder Grün auf.«[2]

Der weitere Weg Mondrians verfolgt eine totale Abstraktion. Die Wahrnehmung zufälliger Wirklichkeitsfragmente soll in seinen Bildern überwunden werden. Er beschränkt sich immer konsequenter auf wenige Grundelemente der Malerei, schließlich nur noch auf die horizontale und vertikale Linie, auf die drei Primärfarben Rot, Gelb, Blau und die zwei Nichtfarben Weiß und Schwarz. Die äußerste Vereinfachung, die »absolute Lösung«, die er gemäß seinem Wahlspruch »immer weiter« suchte, wurde schrittweise erreicht.

[1] *Hans L. C. Jaffé,* Piet Mondrian, Köln 1971, 9.
[2] Ebd., 12.

»Mondrian war von der Kunst erfüllt und arbeitete, von Einsamkeit, Verständnislosigkeit und Armut bedrängt, unbeirrbar und geduldig. Er schloß nie einen Kompromiß, denn er betrachtete sein Werk, sein Ringen um Harmonie, als eine Aufgabe, die ihm aufgetragen war. Er machte dem Geschmack des Publikums, das ihm auf seinem Weg nicht folgen konnte, keine Zugeständnisse... Dieses Suchen füllte Mondrians ganzes Leben aus, ist die Essenz seines Oeuvre. Er ordnete ihm alles unter; sein bescheidenes Dasein war nur ein Dienst an diesem Auftrag... Mondrian erklärte wiederholt, daß die Kunst dem Leben vorausschreite. Nur wenige seiner Zeitgenossen konnten die Kluft zwischen Gegenwart und Zukunft überbrücken.«[1]

Mondrians Suchen nach einer absoluten Lösung und darin zugleich nach einem universellen Weltbild ist puritanisch und niederländisch geprägt. Trotz seiner Theosophie blieb er dem calvinistischen Hintergrund seines Elternhauses verhaftet. Der im Universalienstreit der Scholastik umstrittene Satz »Universalia sunt realia« findet in Mondrians Bildern künstlerischen Ausdruck. Die Abstraktion von allen impressionistischen, flüchtigen, zufälligen Erscheinungsformen führte zu Werken, die im Einzelnen das Ganze zu erfassen suchen.

B. In den Jahren 1909 bis 1912 malte Mondrian eine Serie von Bäumen, in deren Abfolge er schrittweise die gültigen Strukturen hinter aller Phänomenvielfalt zu erfassen sucht. Aus dieser Schaffensphase haben wir für unser Religionsbuch die zwei berühmtesten Werke von 1912 ausgewählt.

Der silberne (graue) Baum S. 59

Während die vorausgegangenen Skizzen und Bilder (Der blaue Baum, 1909; Der rote Baum, 1910) noch den Zusammenhang mit Mondrians frühen Landschaftsbildern erkennen lassen, wird hier der Schritt in die Stilisierung bereits sehr deutlich (Öl auf Leinwand, 78,5 x 107,5 cm, Gemeentemuseum, Den Haag). Die Farbe tritt zugunsten von Form und Rhythmus fast ganz zurück. Die natürliche Erscheinung des Baumes wird in ein rhythmisches Linienspiel überführt. Es geht nirgends mehr um Einzelheiten, alle Detailaspekte wurden in die übergreifende Form aufgehoben. Dennoch ist die Gegenständlichkeit des Baumes nicht aufgelöst. Der Stamm steigt noch bis ins Astwerk hinein, das sich aus einem dichten, verknoteten Zentrum in immer freieren Bögen entfaltet, das gesamte Bildformat ausfüllt und in immer weiteren Rhythmen – empfangend, Licht aufnehmend – zum Himmel hin öffnet.

Der blühende Apfelbaum S. 61

Das Bild (Öl auf Leinwand, 78 x 106 cm, Gemeentemuseum, Den Haag) entstand wahrscheinlich im Frühjahr 1912. Zwar ist es farbiger als das silbergraue Winterbild des etwas früher gemalten Baumes, doch bleiben die Farben

[1] Ebd., 24 f.

gemäßigt zugunsten der Form. Die Palette beschränkt sich auf wenige lichte Töne: grün, ocker, grau und blau. In seiner formalen Struktur verdichtet sich das Bild zur Mitte hin, während die Ecken fast leer bleiben. Es mutet an wie ein Lebenskeim, der aus einem angedeuteten Stamm von unten her sich entfaltet, während in rhythmischen Bögen vom Himmel her eine Bewegung entgegenkommt, die zugleich aus der horizontalen Breite nach oben weist. Trotz aller Reduktion der Formen auf wenige Elemente, wird der Natureindruck nicht ausgelöscht, vielmehr auf eine Struktur verdichtet, die nicht alleine »Baum«, sondern auch Keim, Blüte, Leben, Weltenbaum, Begegnung von Himmel und Erde verkörpert. Die Zartheit der Farben, der harmonische Rhythmus des sich entfaltenden Lebens ist von einer lyrischen Feinheit, die den Gedanken an Frühling und Zuversicht aufkommen läßt.

C. Bevor wir mit Mondrians Bäumen unterrichtliche Wege gehen, ist es sinnvoll, uns selbst darauf einzulassen. Beeinträchtigend wirkt allerdings das kleine Wiedergabeformat des Religionsbuches, in dem Pinseltechnik und Farbnuancen kaum noch zur Geltung kommen. Eine Dia-Projektion ist darum sehr zu empfehlen. Für die persönliche Meditation der Bildwerke kann Martin Bubers Betrachtung des Baumes eine Hilfe sein:

»Ich kann ihn als Bild aufnehmen: starrender Pfeiler im Anprall des Lichts, oder das spritzende Gegrün von der Sanftmut des blauen Grundsilbers durchflossen.

Ich kann ihn als Bewegung verspüren: das flutende Geäder am haftenden und strebenden Kern, Saugen der Wurzeln, Atmen der Blätter, unendlicher Verkehr mit Erde und Luft – und das dunkle Wachsen selber.

Ich kann ihn einer Gattung einreihen und als Exemplar beobachten, auf Bau- und Lebensweise.

Ich kann seine Diesmaligkeit und Geformtheit so hart überwinden, daß ich ihn nur noch als Ausdruck des Gesetzes erkenne – der Gesetze, nach denen ein stetes Gegeneinander von Kräften sich stetig schlichtet, oder der Gesetze, nach denen die Stoffe sich mischen und entmischen.

Ich kann ihn zur Zahl, zum reinen Zahlenverhältnis verflüchtigen und verewigen.

In all dem bleibt der Baum mein Gegenstand und hat seinen Platz und seine Frist, seine Art und Beschaffenheit.

Es kann aber auch geschehen, aus Willen und Gnade in einem, daß ich, den Baum betrachtend, in die Beziehung zu ihm eingefaßt werde, und nun ist er kein Es mehr. Die Macht der Ausschließlichkeit hat mich ergriffen.

Dazu tut nicht not, daß ich auf irgendeine der Weisen meiner Betrachtung verzichte. Es gibt nichts, wovon ich absehen müßte, um zu sehen, und kein Wissen, das ich zu vergessen hätte. Vielmehr ist alles, Bild und Bewegung, Gattung und Exemplar, Gesetz und Zahl, mit darin, ununterscheidbar vereinigt.

Alles, was dem Baum zugehört, ist mit darin, seine Form und seine Mechanik, seine Farben und seine Chemie, seine Unterredung mit den Elementen und seine Unterredung mit den Gestirnen, und alles in einer Ganzheit.

Kein Eindruck ist der Baum, kein Spiel meiner Vorstellung, kein Stimmungswert, sondern er leibt mir gegenüber und hat mit mir zu schaffen, wie ich mit ihm – nur anders.

Man suche den Sinn der Beziehung nicht zu entkräften: Beziehung ist Gegenseitigkeit.«[1]

[1] *Martin Buber,* Ich und Du, in: *Ders.,* Das dialogische Prinzip, Heidelberg 1962, 10ff.

D. Gegenüber den erzählenden Bildern unseres Religionsbuches ist auf Mondrians Gemälden »nichts« zu sehen. Hier unterhält kein Detail, gibt es keine Szene. Auf den ersten Blick ist auch den Kindern deutlich, daß diese Bilder eine andere Art einfordern, sich mit ihnen zu befassen. Die am meisten angemessene ist die Übung stiller Betrachtung. Dafür kann es sehr dienlich sein, den Text auf der gleichen Seite durch ein unliniertes, sauberes Papier abzudecken. Der so entstehende weiße Rahmen gibt dem Bild die ihm zustehende Ruhe, aus der heraus der Baum erst dem Betrachter entgegentritt.

Die Weisen des weiteren Verfahrens erlauben verschiedene Wege. Denkbar ist es, einen der Bäume an mehreren Tagen zum Gegenstand einer Stille-Übung zu wählen, ohne damit irgendwelche Kommentierung zu verbinden. Die Kinder bekommen jedesmal drei Minuten Zeit angeboten – vielleicht auch weniger – und äußern sich hinterher nur auf eigenen Wunsch, doch sollte nach der wiederholten stillen Betrachtung durchaus ein gemeinsames Gespräch stattfinden. Daß wir Mondrians Bäume nicht kunstgeschichtlich interpretieren müssen, sei nur angemerkt. Die Kinder sollen sich von ihnen zu eigenen Gedanken und Empfindungen inspirieren lassen. Es ist möglich, daß am Ende dieser Beschäftigung ein freier Text entsteht (→ III, 72-84).

Ein anderer Modus besteht darin, daß wir unseren Schülern zum einzelnen Bild ein unkommentiertes Stichwort geben, das ihnen zum freien Assoziieren überlassen bleibt. Beispielsweise nur das Wort »Beten«. Dieser Weg muß aber nicht alternativ zum vorangehend beschriebenen begangen werden; er wird besser als eine *zweite* Möglichkeit gewählt.

Im Fortgang solcher Übungen darf schließlich auch ein vergleichender Blick auf andere Bäume im Religionsbuch fallen. Da ist zunächst die prächtige Linde aus dem Schulgarten von Neckartenzlingen (S. 8), also ein fotografierter Baum in seiner Sommerpracht. Seite 79 zeigt als Grabstein einen früchtetragenden Kreuzesbaum, während Seite 94/95 neben dem Baum der Versuchung der Baum des Heiles zu sehen ist. Seite 103 blüht der Baum des heiligen Christophorus, Seite 87 grünt er als Mittelpunkt eines Insel- und Heckenlabyrinths und Seite 93 schließlich findet er eine mythisch-symbolische Verkörperung. Haben Mondrians Bäume mit allen diesen variierenden Gestaltungen etwas zu tun?

Wer über oberflächliche Reminiszenzen hinwegkommt, wird merken, daß der silberne wie der blühende Baum Ordnungsbilder sind: sie wissen um Himmel und Erde, um Horizontale und Vertikale, um Mitte und Peripherie, um Wachsen und Empfangen, Geschlossenheit und Offenheit. Mit ihrer Struktur sind sie breit eingebunden in die innere, symboldidaktische Konzeption unserer Religionsbücher.

Der kleine Dialog, der unser Kapitel eröffnet, will Verständnis für den »Raum des Gebetes« vermitteln. Es geht um die Voraussetzungen, um eine Propädeutik also, deren Bedingungen sowohl im Zuschnitt des Schullebens wie in der privaten Lebensform liegen.

Mit zehn Jahren sind Kinder reif genug, um zu verstehen, daß es Verhaltensnormen gibt, die jedermann beachten muß, damit sich die Menschen einander nicht weh tun; daß es aber auch eine innere Haltung gibt, die kein Gesetz oder Reglement einfordern kann, obwohl sie darüber entscheidet, wie sich die Menschen einander anschauen, anhören, ansprechen und annehmen. Mit Kindern und Jugendlichen nur über den Sinn von Geboten und Verboten zu sprechen, wie es die Lehrpläne gewöhnlich tun, genügt nicht. Viel wichtiger ist es, sie für die eigene Selbsterziehung zu interessieren, damit sie sich nicht eines Tages als reine Produkte ihrer Umgebung verstehen müssen, sondern als Menschen, die es von früh auf gelernt haben, sich selbst Maßstäbe zu setzen und an diesen auszurichten. Guardinis »Briefe über Selbstbildung« (1930) liegen weit zurück, wenige aus der heutigen Pädagogenschaft haben sie noch kennengelernt. Eine Vermittlung dieses Anspruchs an Heranwachsende wird im Schulspektrum gewöhnlich nicht mehr verfolgt. Da scheint es zu genügen, wenn die Ordnungsregeln beachtet werden.

Es genügt aber nicht. Alle Erziehung ist schnell am Ende, wenn sie nur noch auf die Respektierung der Spielregeln sieht. Dann drängen sich Disziplinprobleme nach vorne, das Lehrer-Schüler-Verhältnis wird formal, die Kinder tun, was sie tun *müssen*. Wenige Jahre nach der Grundschulzeit, sobald die Vorpubertät spürbar wird, rücken die Jungen und Mädchen dann deutlich auf Distanz: besetzen Gegenpositionen, lassen sich ihre Orientierungsmarken durch Kommerzwerbung und Unterhaltungsgewerbe liefern und verlieren für eine geraume Zeit ihre Ansprechbarkeit für alle Wege einer gegenläufigen inneren Bildung.

Man wird in vielen Dingen mit Zwölfjährigen an Grenzen stoßen, wenn man nicht früher mit Acht- und Zehnjährigen darüber in lebendige Prozesse eingetreten ist. Vor allem droht ein spiritueller Prozeß aus dem Lehrer-Schüler-Verhältnis zu verschwinden, wenn ihm die Grundschulzeit keinen ausreichenden Raum bieten konnte. Darum geht es im Folgenden nicht um *Sachthematik*, die der Unterricht »behandelt«, sondern um die *Motivation*, unsere Kinder für ihre eigene Lebensform zu interessieren.

Damit ist klar: der Lehrer darf den Kindern nicht distanziert gegenüberstehen. Wer doziert, »durchnimmt«, »behandelt«, spricht nicht an. Sie müssen sich freundschaftlich zugetan sein, der Lehrer und seine Kinder, inneres Einverständnis soll sie verbinden, damit die Erwartungen der Schüler durch die Menschlichkeit des Lehrers ihre Erfüllung finden. Wenn das geschieht, der Lehrer seinen Kindern also mit spürbarer Sympathie und Freude an der Gemeinsamkeit entgegenkommt, findet er auch das Ohr dieser Kinder. Wie aber sollte ein Lehrer seine Schüler für deren spirituelle Entwicklung interessieren können, wenn er sich letztlich nicht einmal für die Schüler interessiert? Motivation gelingt nur aus Teilhabe!

Gesetzt den Fall, wir finden auch im 4. Schuljahr noch Frühstücksbrote im Papierkorb, nachdem wir in den Jahren zuvor gemeinsam Brot gebacken haben, miteinander Mahl hielten, über das Symbol Brot in Geschichten, Bildern und Liedern nachdachten, das Sakrament Brot gefeiert haben, so stellt ein solcher Fund viele Fragen: War alles, was bisher geschah, nur deklamatorisch? Hat es die Kinder nicht in ihrem Verhalten ändern können? Warum haben sie es sich nicht zu eigen gemacht? Ist der häusliche Hintergrund so gegenmächtig? Mißlang es, wirksame, tätige Überzeugung zu vermitteln, weil die Person des Lehrers nicht hinreichend akzeptiert wird? Ein solcher – oder anderer – Fall verlangt die gewissenhafte Selbsterkundung, wo man in seinem Interesse und Verhältnis zur Klasse steht. Wer zu überlegen beginnt, wie er die Kinder beten lehren kann, muß hier beginnen.

Damit ist deutlich, daß alles, was Beten heißt, nicht mit »Beten« anfängt. Das Gebet hat in den Familien, den Schulen und den Kirchen zuviele eilfertige Lehrer, die glauben, ihre gute Intention und das erlernte Wort genüge, um zum Gebet zu führen. Wer hier Lehrer sein will – oder muß –, soll vor sich selbst erschrecken und zunächst verstummen. Es muß das Auge wahrnehmen, das Ohr für das Ungesagte offen sein, das Herz sprechen, bevor man es wagt, die toten Worte heute, für diese Kinder, aus ihren Gräbern zu rufen.

Und dann beginnt es bei den Regularien des Alltags: wie wir einander begrüßen und verabschieden, uns Verläßlichkeit im Wort abfordern, Kooperation im Schulmorgen, Sorgfalt im Umgang mit den Sachen, auch den Schulsachen im eigenen Tornister... in all diesen hundert Augenblicken müssen die Kinder aufgeschlossen werden für ihre eigene Lebensform. Die »Übungen des praktischen Lebens« (→ III, 32 f) sind tatsächlich zu üben, immer wieder, mit Humor und Geduld, auch Witz darf dabei sein, um so jedem Kind Erfolgserlebnisse zu verschaffen und zu zeigen, daß Eltern und Lehrer nur eine Weile begleiten können, daß aber alles darauf ankommt, den »Verborgenen Lehrer« in sich selbst zu finden (→ III, 21 f).

An dieser Stelle nun setzt unser Text im Religionsbuch ein. Es ist nur ein winziger Gesprächsausschnitt, der vieles andere, was zu sagen wäre, nicht aufgreifen kann, doch zeigt er, gemeinsam mit den zwei folgenden Seiten, die Richtung an. Dabei handelt es sich keinesfalls um etwas Neues. Die Stille haben wir ja über alle Jahre zu suchen geübt, doch geht es nun darum, diese Wertschätzung aus der schulischen Tradition in die eigene Lebensform zu übernehmen. Wie wichtig dabei die Beherrschung der großen Versucher ist, der bewußte Kampf um innere Unabhängigkeit von ständigen Unterhaltungskonserven, haben wir schon mehrfach dargelegt (→ II, 81 ff; III, 122 ff).

Die weiteren Voraussetzungen, welche die Frage »Wie lerne ich beten?« beantworten helfen, finden sich in der Gebetsschule »Der Sprung in den Brunnen« entfaltet. »Dies ist nicht irgend*eine* Geschichte«, sagt dort der Lehrer, »es soll *deine* Geschichte werden.« – »Aber wo gibt es den Brunnen, in den ich springen könnte?« – »Je weiter du ausschweifst, um so entfernter bist du ihm. Suchst du bei dir, schaust du über seinen Rand.« Der Lehrer, der hier spricht, ist kein Kinderlehrer, und der Schüler, der immerzu mit seinen Fragen, Einwänden und Erfahrungen kommt, ist kein Kind. Darum handelt es sich auch nicht um Unterricht, was hier verhandelt wird, sondern um Wege erwachsener Menschen, die freilich in je eigener Weise jeder gehen sollte, der sich im Unterricht den vielen Fragen nach dem Gebet stellt.[1]

[1] *Hubertus Halbfas,* Der Sprung in den Brunnen, a.a.O. (Zitate: ebd., 15).

Die Liste der Vorschläge, die unser Religionsbuch auf Seite 60 den Schülern vorlegt, führt den Ansatz der voranstehenden Seite fort. Es geht darum, die Kinder für eigene Erfahrungen zu wecken. Sie sollen – unabhängig von allem Vorgesagten – Empfindungen, Gefühle, Reaktionen bei sich entdecken, die weder von außen gesteuert noch von außen gedeutet sind. Darum handelt es sich um Vorschläge, die ihnen bisher noch niemand gemacht hat. Sie enthalten fast immer etwas Unbekanntes, auf das man gespannt sein darf. Daß es sich bei diesem Unbekannten um das eigene Selbst handelt, daß die Vorschläge insgesamt erste Erkundungen der Brunnentiefe sind, also Wege zur Muße (→ S. 345ff) und Dispositionen für Stille, Besinnung und Gebet, bedarf keines Nachweises.

Eine nähere Betrachtung der einzelnen Anweisungen zeigt, daß die meisten Vorschläge Zonen des Unbewußten berühren, Phantasie wecken, Affekte wahrnehmen und integrieren helfen, für Erfahrungen der Stille sensibilisieren. Anders gesagt: es geht hier nicht um Erkundungen der Sachenwelt, sondern um Erkundungen des eigenen Ich. Wer sich auf den gewiesenen Weg einlassen kann, in manchen Übungen nicht nur einmal, sondern immer wieder, ist zu sich selbst unterwegs.

Es ist kein Zufall, daß sämtliche Vorschläge ihre Realisation nur außerhalb des Schulunterrichts finden können. Es geht gegen Ende der Grundschulzeit darum, die Kinder für ihre eigene Lebensform zu interessieren (→ S. 374f) und sie für bewußt gewählte Erfahrungen ansprechbar zu machen, die den spirituellen Menschen erwecken helfen. Die Aufgabe des Lehrers liegt in der Motivation für diese Prozesse. Selbstverständlich ist es unmöglich, die beschriebenen Anweisungen als »Hausaufgabe« zu stellen, deren Einlösung zur Pflicht gemacht würde. Es geht auch nicht darum, zwei, drei Vorschläge den Kindern zu empfehlen und dabei nur das Ungewöhnliche oder gar Exzentrische zu betonen. Ein Versuch, »die Katze nachzumachen, die vor dem Haus in der Sonne liegt«, ist kein Gag, sondern ein ernst gemeinter meditativer Prozeß, der weniger auf Methode als auf Imagination verweist. Was der Lehrer hier beisteuern kann, ist eine Schilderung der Katze, die vor dem Haus in der Sonne liegt: deren Haltung, deren Behagen, deren Zeitvergessenheit. So läßt sich die eine oder andere Aufgabe verständlicher machen. Man darf damit aber nicht die Erwartung verknüpfen, nun müßten alle Schüler am gleichen Tag daheim deren Einlösung versuchen. Überhaupt steht die Seite 60 nicht für eine einzelne Woche im Schuljahr an. Zu empfehlen ist, sie in den ersten Monaten des Schuljahres gemeinsam anzuschauen, manches im Gespräch zu verdeutlichen..., um dann im verbleibenden Schuljahr gelegentlich darauf zurückzukommen: Wer hat schon *seinen Baum* gesucht und gefunden?, in der Straßenbahn einem Fremden ein Bonbon geschenkt?, sich wie tot hingelegt und als tot imaginiert? Möglicherweise erzählen die Kinder von sich aus, wenn sie eine Erfahrung besonders stimuliert hat. Für alle Gespräche gilt das Prinzip des Respekts und der Freiheit. Ausfragen verbietet sich.

Niemals sollte übersehen werden, worum es im Ganzen geht: Übungen der Stille, der Muße und der sensiblen Aufmerksamkeit in das eigene Leben zu übernehmen, ansprechbar zu werden für leise Stimmen und Vorgänge.

Noch einmal müssen wir Graf Dürckheims Hinweis bedenken: »Damit etwas religiöse Relevanz bekommen kann, braucht es nur *einfach* und *wiederholbar* zu sein.«[1] Was zur Veranschaulichung dieser Einsicht beiträgt, liegt nicht weit ab. Bestes Beispiel ist das Rosenkranzgebet, das mit den Adjektiven »einfach« und »wiederholbar« gut gekennzeichnet ist. In allen Religionen gibt es ähnliche Übungen, sei es nun die endlos gesprochene, gehauchte heilige Silbe OM oder ein anderes Mantra, sei es die Monotonie der Gebetsmühlen, sei es das unaufhörliche Umrunden eines Stupa oder der Marienkapelle von Altötting.

Aber wir brauchen nicht einmal auf solche religiösen Formen zu sehen, die trotz ihrer Einfachheit aus unterschiedlichen Elementen bestehen. Längst vorher wissen die meditativ erfahrenen Religionen um die tragende Bedeutung aller elementaren Tätigkeiten, von denen dem Atmen größte Aufmerksamkeit beigemessen wird.

Unser zweites Augenmerk gilt dem Wesen der Übung. Übung bedeutet in religiöser Hinsicht etwas völlig anderes als im Sport, in Unterricht und Lehre. Zu üben ist nicht irgendeine Leistung, sondern menschliche Reife: innerliche Veränderung statt meßbare Leistung. Spirituelle Übungen wollen den Menschen zu sich selbst bringen, indem sie ihn in ein neues Verhältnis zu den Dingen um sich her versetzen. Wir wiederholen noch einmal, was früher schon gesagt wurde: »Jede Handlung kannst du üben. Das Wichtigste ist, daß sie einfach zu lernen ist, oder daß jeder sie bereits ›kann‹... Nicht die Übung, sondern der Übende wird geübt. Immer reiner und genauer soll das werden, was der Mensch in der Übung ausdrücken will.« (→ II, 85)

Der dritte Hinweis bedeutet das Selbstverständliche. In gewisser Weise gehört das Selbstverständliche zum Schwersten. So alltäglich es ist, so entzogen und unbekannt ist es zugleich – bis zum Tode hin unentdeckt. Meist schaut der Mensch ja auf das stets Neue, also Zufällige, während das grundlegend Gegebene aus dem eigenen Ich exkommuniziert bleibt, dem bewußten Leben unerreichbar. Es ist also kein Widersinn, alle Aufmerksamkeit auf das bereits Gekonnte zu richten. Wer hier Erfahrung hat, weiß, daß Tätigkeiten, die so einfach scheinen, weil jedermann sie verrichtet, doch anspruchsvoll zu üben sind und in ihrer reinen Form einen langen Weg einfordern. Darum sagt unser Religionsbuch: »Das Selbstverständliche ist das Schwerste. Man muß das Selbstverständliche üben. Nicht einmal, nicht manchmal, sondern regelmäßig.«

Stehen

Daß jemand sich »die Beine in den Bauch steht«, ist eine saloppe Redensart, die bewußt macht, daß Stehen anstrengen kann. »Dieser Gottesdienst war eine

[1] *Karlfried Graf Dürckheim,* Japan und die Kultur der Stille, Bern/München/Wien [6]1975, 31.

Qual«, erzählt ein Bekannter. »Ich kam zu spät, alle Bankreihen waren besetzt, also mußte ich stehen. Ich habe gar nicht gewußt, wie schwer mir das fällt. Ich habe mein Gewicht von einem Bein auf das andere verlagert, wurde fürchterlich müde und verkrampft. Allem Anschein nach kann ich nicht richtig stehen.«

Was hätte dazu Simeon der Säulensteher († 493) wohl gesagt? Er war ein hochangesehener Asket, der lange Jahre auf einer Säule lebte. Als geistlicher Berater und Friedensstifter hat er das Leben vieler Menschen in Ordnung gebracht. Damit ein Mensch so stehen kann, muß er entspannt seinen Gliedern inne sein. Das gelingt nur aus körperlicher und seelischer Harmonie. Wahrscheinlich hätte dieser Stylit gesagt: »Lieber Freund, du bist dir deines Stehens nicht bewußt. Du weißt gar nicht, wie du stehen mußt, um nicht zu ermüden. Mal verlagerst du dein Körpergewicht auf das eine, mal auf das andere Bein, und da du anatomisch nicht richtig stehst, wirst du gleich müde...«

Entwicklungsgeschichtlich ist die aufrechte Haltung etwas Besonderes. Sie gehört ausschließlich zum Menschen und wurde mühsam erworben (→ III, 160 f). Mit einer Länge zwischen 1,50 bis 2 Meter und einem Gewicht zwischen einem und zwei Zentnern steht der Mensch auf der schmalen Grundfläche seiner Füße. Wenn er in der richtigen Balance ist, müßte das Skelett den Körper gegen den Zug der Schwerkraft alleine halten können. Da viele sich anatomisch aber verkrampfen, nehmen sie beim Stehen Muskeln zu Hilfe, die dafür gar nicht ausgebildet sind. Wenn Muskeln auf solche Weise Funktionen des Knochengerüsts mitunterstützen, sind Verspannung und Ermüdung die baldige Folge.

Von Haltungsschäden, die einer orthopädischen Behandlung bedürfen, soll hier natürlich nicht die Rede sein, sondern von einer aufrechten Haltung, die eine spezifische Form des Gleichgewichts verlangt. So wie sie von innen heraus blockiert werden kann, muß sie von innen her auch ihre Lockerheit und Selbstverständlichkeit finden. Diesen Wechselbezug zwischen »außen« und »innen« macht unsere Sprache deutlich: Wer »mit beiden Beinen im Leben steht«, hat guten Bodenkontakt; den wirft so leicht nichts um, und der kann sich auch Widerwärtigkeiten »stellen«. Tatsächlich verleiht ein gutes Fersenbewußtsein verstärkten Stand, Wachheit und Präsenz durch die gleichgewichtige Ordnung des Rückgrats. Ein solcher Mensch vergewissert sich seiner selbst und setzt sich »instand«, Widerwärtigkeiten »standzuhalten«. Wenn ein Mensch aber »keinen Standpunkt« hat, mangelt es ihm oft auch »an Rückgrat«. Das Schlimmste, das Menschen zustoßen kann, ist, daß sie »den Boden unter den Füßen verlieren«: eine äußere und innere Katastrophe (→II, 324-329).

Wer richtig zu stehen vermag, kann dies stundenlang tun und ruht dabei noch aus. Solchen Menschen ist es eine Wohltat, wohlgespannt, gut geerdet und nach oben geöffnet, zwischen Himmel und Erde zu stehen und zu gehen. Die Psalmworte »der Herr läßt deinen Fuß nicht wanken« (Ps 121,3) und »ob ich sitze oder stehe, du weißt von mir« (Ps 139,2) gewinnen von diesem Verständnis aus eine elementare Bedeutung.

Übungen:

Wir stellen uns – ohne Schuhe – so, daß die Füße in einem Abstand von ca. 10 cm parallel nebeneinanderstehen. Die Wirbelsäule ist aufrecht, jedoch ohne Anstrengung; der Kopf gerade, die Arme neben dem Körper.

In dieser Haltung nehmen die Füße bewußt Kontakt mit dem Boden auf: Mit der Fußhaut fühlen wir durch den Strumpf hindurch zum Boden; insbesondere fühlen wir mit der Ferse, aber auch mit der übrigen Fußsohle und mit den einzelnen Zehen.

Diese Übung erfolgt zunächst mit einem Fuß, dann mit dem anderen. Später können auch beide Füße gleichzeitig erfühlt werden.

Wenn beide Füße guten Kontakt mit dem Boden haben, *fühlt* sich eine Ferse in den Boden hinein. Sie »wächst« so nach unten. Dies geschieht *nur* in der Vorstellung, nicht durch tatsächlichen Druck auf den Boden. Ist die eine Ferse gut im Boden unten, folgt ihr die andere nach. Sie verlängert sich *in der Vorstellung* ebenfalls und nimmt den ganzen Fuß mit.

Haben beide Fersen gute Fühlung mit dem Boden, so »fühlen« wir die Scheitelhaare bis zur Decke. Das unterstützt eine natürliche, freie und aufrechte Haltung. Bei Korrekturen der Haltung durch den Lehrer ist stets von der Peripherie auszugehen, also von den »langen« Fersen im Boden her oder den verlängerten Scheitelhaaren an der Decke.

Im weiteren nehmen wir die Hautkontakte des Oberkörpers wahr: fühlen die Haut zur Kleidung hin, vorne, an der Brust, vor allem aber am Rücken. Wir spüren die Berührung der Schulterblätter mit der Kleidung.

Zum Abschluß noch einmal die verlängerten Fersen im Boden und die verlängerten Scheitelhaare an der Decke fühlen.

Das Fersenbewußtsein in dieser Übung führt dazu, daß sich die ganze Statik verbessert. Das kommt der Wirbelsäule zugute. Fersenarbeit macht auch den Kopf frei. Natürlich fallen die Kinder schnell wieder in ihre alte »bequemere« Haltung zurück. Aber je mehr sie üben, um so besser wird ihr Gefühl für die richtige aufrechte Haltung. Schließlich *sind* sie aufrecht und können sich gar nicht mehr vorstellen, daß sie sich einmal krumm wohlgefühlt haben.[1]

Unser zweiter Vorschlag gilt dem »meditativen Stehen«:

»Wir verteilen uns im Raum, stellen uns in leichte Grätsche (möglichst ohne Schuhe) und versuchen, uns in einen ›Baum‹ hineinzufühlen: mit den Füßen angewurzelt sein, feststehen, im Boden Halt suchen; mit den Armen nach oben spüren und – einer Baumkrone gleich – ausgreifen; leichter Wind bringt uns von der Mitte des Körpers heraus zum Schwingen. Je nach Musik und Interpretation werden die Bewegungen stärker bzw. verhaltener. Werden die Augen geschlossen, dann kann das manchem helfen, die anfänglichen Hemmungen zu überwinden. Außerdem werden Konzentration und aufmerksames Hinhören dadurch intensiviert.

Aus dem Stehen heraus gelingt die Überleitung zum meditativen Gehen ziemlich selbstverständlich. Die verschiedenen Grundformen der Fortbewegung werden bewußt nachvollzogen: gelöstes Dahinschlendern, zielstrebiges Schreiten, schleichendes Gehen; hektisches Eilen, müdes Dahinschleppen, aufbrausendes Drauflosgehen, zorniges Stampfen … Sobald sich der einzelne vom Platz wegbewegt, sind natürlich die Augen zu öffnen.

Meditatives Stehen und Gehen sind Vorübungen und gleichzeitig Elemente des meditativen Tanzens. Hier wird der ganze Körper in die Bewegung mit hineingenommen. Entscheidend dabei ist, daß die einzelnen Formen nicht ›gemacht‹ sind, sondern ehrlicher Ausdruck meiner inneren Stimmung sind. Das bedeutet, daß ich mich in die jeweilige Stimmung hineinfühle und sie in Bewegung umsetze. Ich lasse mich los, ›lasse mich gehen‹, lasse mich bewegen und tanzen. Auch die kleinste und kaum sichtbare Gebärde kann darum freimachen.

[1] Nach: *Mariann Kjellrup,* Bewußt mit dem Körper leben. Spannungsausgleich durch Eutonie, München [2]1981, 56 ff.

Eine bedeutende Funktion kommt bei dieser Übung der Musik zu. Besonders geeignet dafür:

Sätze aus dem »Pastorale« von L. v. Beethoven; Passagen aus der »Romantischen« von A. Bruckner; Instrumentalmusik aus dem Film »Z« von M. Theodorakis; »Bolero« von M. Ravel; »Equinoxe« (Synthesizer) von J. M. Jarre; die meisten Stücke von J. Ch. Michel; ebenso fast alle Stücke von Gh. Zamfir, besonders aus »Eté d'amour«; z.T. auch ausgewählte Disco-Musik.«[1]

Sitzen

Was bleibt unseren Schülern anderes übrig, als die Woche über von früh bis Mittag fast nur zu sitzen, wenigstens neun oder zehn Jahre lang, vielfach dreizehn und mehr. Wer studiert oder Bürotätigkeit übernimmt, sitzt einen guten Teil seines Lebens. Wie sitzen wir? Wer zeigt uns schon, richtig zu sitzen?

Vertraut ist der sitzende Buddha. Wer sieht seine Haltung, versteht die Gestik seiner Hände? Auch die indischen Yogis kennen wir sitzend, die Beine gekreuzt oder untergeschlagen, die Wirbelsäule immer in der richtigen Haltung. Aber um so sitzen zu können, ist viel Übung nötig. Dieses Training, diese Form ist uns aus den Bedingungen unserer Tradition unerreichbar.

Die Wirbelsäule ist so gebaut, daß sie sich mit geringer Muskelanstrengung oder gar keiner Unterstützung selbst halten kann. Sie hat eine leicht geschwungene Linie, weshalb ein aufrechtes Stehen oder Sitzen nicht bedeutet, das Rückgrat so gerade zu machen wie ein Lineal. Eine solch gestreckte Haltung würde bald ermüden. Wenn man den unteren Teil des Rückens (in der Lendengegend) in den richtigen Grad der Krümmung bringt, ergibt sich die weitere Krümmung der Wirbelsäule von selbst. Man kann die richtige Form der Kurve fühlen, wenn man sich flach auf den Boden legt oder gegen eine Wand stellt. Die Hand fühlt in der unteren Rückenpartie den Abstand von Boden oder Wand. Außerdem bleibt noch etwas Raum hinter dem Hals.

Um die natürliche Haltung der Wirbelsäule zu erspüren, stellen wir uns hin, aufrecht, und stützen die Hände hinter den Rücken gegen die Lenden. Dann atmen wir tief ein. Dabei können wir fühlen, daß sich die Krümmung des Rückgrats vertieft. Beim Ausatmen halten wir diese Kurvenkrümmung bei und sacken nicht wieder nach vorn. Das Gewicht der Schultern und des Brustkorbs bleibt auf dieser Kurve aufruhend, der Bauch tritt vor, ohne Anspannung. Wenn wir dies einige Male wiederholen, finden wir eine Stellung, die sich richtig anfühlt: wir stehen gerade. Wir versuchen, dieses Gefühl zu bewahren, wenn wir uns setzen.

Die Haltung der Yogis auf ebener Erde ist für uns zu anstrengend. Es mag genügen, auf einem Stuhl, wie er in der Schule ist, das Sitzen zu lernen.

Die beiden kleinen Knochen, auf denen wir sitzen, sind die Sitzbeinknochen (Ischia). Man kann sie ertasten. Wenn wir uns auf einem Stuhl zurücklehnen, sitzen wir gewöhnlich mehr auf dem unteren Teil der Wirbelsäule. Manchmal sitzen wir auch überwiegend auf dem unteren Teil der Schenkel, doch sind die Sitzbeinknochen für das rechte Sitzen da. Darin erfüllen sie ihre Funktion. Die Stühle, auf denen wir sitzen, sollten so hoch sein, daß die Knie

[1] *Benedikta Hintersberger,* Mit Jugendlichen meditieren. Methoden – Einstiege – Texte, München ^{2}1983, 95.

auf der Höhe der Sitzbeinknochen sind oder ein wenig niedriger. Wenn wir beide Füße fest auf den Boden stellen und uns aufrecht hinsetzen, merken wir, daß wir – um auf diesen Knochen zu sitzen – vorn auf dem Stuhl Platz nehmen müssen, so daß die beiden Sitzbeinknochen vorne an der Stuhlkante sind und wir uns nicht zurücklehnen können.

Die Beine stellen wir mit beiden Füßen bequem auf den Boden vor uns. Die Hände ruhen auf den Knien, die Arme entspannt. Wir können aber auch etwas Symbolisches mit ihnen tun, etwa die Hände zu Fäusten ballen und vor uns halten. (Welches Gefühl ist das?) Dann die Hände langsam öffnen, die Handflächen nach oben gewendet. (Welches Gefühl ist das?) Wir können auch die Hände auf die Knie legen, die Handflächen mal nach unten, mal nach oben gerichtet; oder in den Schoß, nach oben geöffnet, eine Hand in der anderen liegend.

Übung:

Das freie richtige Sitzen muß immer wieder geübt werden, bei jeder Gelegenheit.

Wir setzen uns auf einen harten Stuhl, dessen Höhe etwa bis zu den Kniekehlen reicht. Die Füße stehen im Abstand von zehn Zentimetern parallel zueinander. Die Hände liegen flach auf den Oberschenkeln. Der Oberkörper ist aufrecht, nirgendwo angelehnt, der Blick geradeaus.

Wir nehmen auf dem vorderen Teil des Stuhles Platz und setzen uns so, daß wir die Sitzknochen gut fühlen. Wer damit Schwierigkeiten hat, kann mit der Hand nach ihnen fühlen.

Danach fühlen wir mit Scheitel oder Scheitelhaaren bis zur Decke hinauf. In unserer Vorstellung lassen wir die Wirbelsäule durch den Kopf hindurchgehen, bis sie zum Scheitel heraus»wächst«.

Wenn wir den Oberkörper einschließlich Becken etwa um zehn Grad nach vorne neigen, spüren wir eine kleine Verschiebung im Sitz: das Gewicht ruht auf der vorderen Seite der Sitzknochen. Dadurch bekommen wir von alleine eine aufrechte Haltung, mehr Freiheit im Bauchraum, also auch eine bessere Atmung.

Die Füße nehmen jetzt Kontakt mit dem Boden auf, zunächst ein Fuß, dann der andere, schließlich beide zusammen. Wie bei der Übung des Stehens wächst in der Vorstellung eine Ferse nach der anderen in den Boden hinein.

Eine solche Sitzübung kann während des Schulmorgens immer wieder geübt werden. Wer richtig sitzen lernt, kann ständig etwas für sich tun. Angesichts einer immer mehr dahingegossenen Haltung in Sesseln und auf Sofas, die manchen Kindern – ebenso wie Erwachsenen – kaum noch ein Gefühl für innere Form und bewußte Körperlichkeit ausbilden läßt, ist die Übung des richtigen Sitzens nicht allein für die Anatomie, sondern ebenso für Charakter und Geist eine Wohltat.

Atmen

»Das erste, was zu lernen ist, ist der Atem«, wird als Buddha-Wort überliefert. In den Religionen des Ostens steht die Atmung schon seit Jahrtausenden im Mittelpunkt des Bewußtseins und des spirituellen Lebens. Das richtige Atmen gilt als Voraussetzung für jeden weiteren religiösen Fortschritt.

Dem frühen Christentum war die Ahnung um die Bedeutung des Atmens zumindest bewußter, als dies in späteren Zeiten der Fall blieb. Nahezu ist das Wort Atem aus der christlichen Sprachtradition gewichen, obwohl der griechische Ursprung doch soviel vom *pneuma hagion* spricht. Pneuma heißt Hauch, Wind, Atem, Odem; es meint jenen Atem, mit dem das Leben in den Körper einzieht und mit dessen Auszug der Mensch stirbt. Die ausschließliche Übersetzung mit »Heiliger Geist« verdrängt die Vorstellung von der wechselseitigen Verschmelzung geistiger *und* körperlicher Vorgänge.

Inzwischen steht das Denken der Vergangenheit in einem Umbruch. Anthropologie und Theologie sehen den Menschen in seiner Leiblichkeit anders: freier und bejahender. Das führte auch zu einer leibbezogenen Spiritualität, so daß heute viele christliche Meditationswege ebenfalls ihren Ausgang bei der Übung des rechten Atmens nehmen. Gleichzeitig ist auf medizinischer und psychologischer Seite das Wissen um die Bedeutung des Atmens für die leib-seelische Gesundheit gewachsen.

Übungen:

Voran muß die Einschränkung stehen, daß eine Anleitung zu Atemübungen durch Bücher problematisch ist. Prinzipiell ist vorauszusetzen, daß sich der Lehrer selbst ein Atembewußtsein erworben hat und seinerseits Atemübungen unter fremder Anleitung machen konnte. Fast alle Volkshochschulen bieten dazu Kurse an.

Es gibt Meditationsschulen, die eine große Sache aus dem Atmen machen, Kundalini-Yoga zum Beispiel, und alle, die etwas davon verstehen, sagen, ohne kompetente Führung solle man nicht damit experimentieren. Aus diesem Grunde beschränken wir uns hier auf das Einfache und Selbstverständliche.

Als elementarste Regel für die Atmung gilt, daß wir stets durch die Nase atmen sollen. Das ist die natürliche Weise, die jeder Mensch unbewußt immer befolgt, im Wachen wie im Schlafen. Schnarchen ist eine belastende Angewohnheit, die sich aus Mundatmung ergibt. Bei Kindern läßt sich dem leicht vorbeugen. Wenn sie im Schlafe mit offenem Mund atmen, genügt es, ihnen den Mund zu schließen, und bald regelt sich eine richtige Atmung von selbst. (Ein Erwachsener müßte sich seinen Mund schon mit einer Binde schließen, wenn er keinen Partner hat, der ihm hilft.) Die zweite Regel empfiehlt, regelmäßig und rhythmisch zu atmen, wie es im Schlaf meistens geschieht.

Als Übung kann es genügen, die eigenen Atemzüge zu zählen, von eins bis drei oder von eins bis zehn, immer wieder. Oder wir beobachten einfach, wie der Bauch sich hebt und senkt, am besten im Liegen. Wenn das nicht geht, können wir die Berührung des Atems in den Nasenlöchern »fühlen«, während er hinein- und hinausstreicht. Das könnte schon alles sein. – Die Wüstenväter der Ostkirche haben das Jesus-Gebet so gesprochen, daß es mit dem Atem zusammengeht. So entstand eine sehr einfache und ruhige Art der Meditation und des Gebetes. Beim Einatmen konnte es heißen: »Herr Jesus Christus« und beim Ausatmen: »Erbarme dich meiner«. Nach einer Weile bleibt nur noch das Gebet, das von alleine zum »Gebet des Herzens« wird: »Es muß fein, leicht und – in des Wortes tiefster Bedeutung – gnadenhaft anmutig sein. Wenn der Vogel die erstrebte Höhe erreicht hat, gleitet er in seinem Flug dahin und nur von Zeit zu Zeit schlägt er mit seinen Flügeln, um sich in der Luft zu halten.«[1]

Wenn wir über das einfache Achtgeben oder einige tiefe Atemzüge hinaus üben wollen, können wir uns auf den Rücken legen, ganz ruhig, und nur mit dem Bauch atmen. Beim Einatmen hebt sich der Bauch nach oben. Wenn wir die Hände auf den

[1] Das Jesus-Gebet. Im Namen Jesu ist Heil. Von einem Mönch der Ostkirche, übersetzt und eingeleitet von *Oswald Loretz*, Innsbruck 1959, 26.

Bauch legen, können wir es auch fühlen. Beim Ausatmen fällt der Bauch wieder zurück. Wir ziehen aber die Luft nicht ein, sondern machen nur Platz für sie; der atmosphärische Druck läßt sie von selbst einfließen und den Innenraum ausfüllen. Beim Ausatmen ziehen sich unsere Bauchmuskeln zusammen, um die Luft wieder auszustoßen. »Es ist leicht, sich an die Abfolge des Atmens zu erinnern, wenn man sich das Auffüllen der Lunge mit Luft so vorstellt wie das Auffüllen eines Glases mit Wasser. Der untere Teil, der Bauch, füllt sich zuerst, dann der obere Teil, die Brust. Wenn Du ausatmest, ist es dasselbe, als ob du Wasser aus einem Glas gießt. Der obere Teil leert sich zuerst, dann der untere. Wenn du es richtig machst, wird es so fließend und gleichmäßig sein wie das Gießen von Wasser.«[1]

[1] *Gerald G. May,* Der sanfte Weg. Ein Meditationshandbuch, Hamburg 1980, 114.

»*Lehrer:* Es ist schwerer zu bitten als zu danken.
Schüler: Das wundert mich. Sagt man nicht ›Not lehrt beten‹?
Lehrer: Sorgen und Wünsche äußern ist noch kein Bitt*gebet*.
Schüler: Aber so haben wir es doch gelernt: ›Im Bittgebet tragen wir unsere Nöte vor Gott.‹
Lehrer: Was aber bedeutet, unsere Nöte vor Gott zu tragen? Wer Gott nicht außen sucht, wird auch seine Bedrängnisse nicht einfach loswerden wollen.
Schüler: Sollen wir denn nicht mit unseren Nöten zu Gott gehen?
Lehrer: Doch. Aber die eigene Not vor Gott bringen heißt, sich besinnen, welcher Teil der Not bekämpft und welcher angenommen werden muß, damit wir in beidem reifen.
Schüler: Warum die Not einmal bekämpfen und einmal annehmen?
Lehrer: Es gibt Notlagen, die sind unannehmbar; man muß alles, was man ist und hat, gegen sie einsetzen. Andere Notlagen sind unabänderlich... Zuletzt für jeden der Tod. Wollten wir das Unabänderliche verdrängen, würden wir uns selbst verfehlen.
Schüler: Gott bitten müßte dann bedeuten, die eigene Verantwortung in dieser Sache zu suchen?
Lehrer: Jedes Bittgebet ist ein Suchen und ein Sich-Besinnen.
Schüler: Aber warum soll dieses Suchen und Besinnen Beten sein?
Lehrer: Weil es im Bemühen um letzte Ehrlichkeit geschieht.
Schüler: Dann ist das Bittgebet erschreckend anspruchsvoll.
Lehrer: So ist es. Wer eine Not vor Gott trägt, versucht, sich dem Anspruch dieser bedrängten Lebenslage zu stellen.
Schüler: Auf diese Weise werde ich die Not aber gerade *nicht* los. Statt sie an Gott abzutreten, verlangst du, mich ihr zu stellen.
Lehrer: Gewiß. Doch indem ich das tue, indem *ich* mich stelle, stelle ich mich zugleich Gott anheim.
Schüler: Das ist etwas völlig anderes, als seine Not an Gott loszuwerden. Es ist wohl eher gefährlich.
Lehrer: Wer Gott außen denkt, ist geneigt, mit seinem Bittgebet die Not abzuwälzen, die Verantwortung dafür zu übertragen oder zu verdrängen. Wer Gott aber innen sucht und mit Gott zu sich selbst findet, überträgt seine Not nicht auf einen Übermächtigen, sondern stellt sich der Not.
Schüler: Was heißt hier: sich stellen?
Lehrer: Bedenken, was die Notlage fordert, und der Forderung nicht ausweichen.
Schüler: Belastet ein solches Gebet nicht mehr, als daß es befreit?
Lehrer: Wer sich einer Not zu stellen vermag, ist schon befreit. Er ist ja auch nie allein angesichts dieser Not; in ihm und durch ihn selbst wirkt Gott mit.«[1]

A. Unser Religionsbuch stellt eine Folge von Texten zusammen, die insgesamt ein wichtiges Spektrum des Bittgebets bilden. Die Seiten-Konzeption dieser wie der zwei folgenden Seiten beachtet als Schema: vorauf steht ein erzählender Text, ein Kasus, an dem sich die Frage nach dem Bitt-, Dank- oder Lob-

[1] *Hubertus Halbfas,* Der Sprung in den Brunnen, a.a.O., 172-174.

gebet anknüpfen läßt. Dann folgen Texte aus dem Neuen Testament, die ein Verständnis der jeweiligen Gebetsform unterrichtlich erarbeiten lassen. Abschließend wird immer ein biblischer oder liturgischer Gebetstext vorgelegt.

B. Da das Religionsbuch bisweilen eine gekürzte Fassung des biblischen Textes erzwingt, beachten wir hier den Gesamtzusammenhang. Einzellogien werden in ihren Kontext gestellt, größere Perikopen jedoch nur in Kernsätzen erneut vorangestellt.

7 Bittet, dann wird euch gegeben;
sucht, dann werdet ihr finden;
klopft an, dann wird euch geöffnet.
8 Denn wer bittet, der empfängt;
wer sucht, der findet;
und wer anklopft, dem wird geöffnet.
9 Oder ist einer unter euch,
der seinem Sohn einen Stein gibt,
wenn er um Brot bittet,
10 oder eine Schlange,
wenn er um einen Fisch bittet?
11 Wenn nun schon ihr, die ihr böse seid,
euren Kindern gebt, was gut ist,
wieviel mehr wird euer Vater im Himmel denen
Gutes geben, die ihn bitten.
(Mt 7,7–11)

Die Perikope ist in ihrem Aufbau geschlossen. Sie entstammt der Q-Tradition und wurde von Matthäus nur geringfügig redigiert. Der Abschnitt gilt als eine Einheit, deren jesuanischer Ursprung unterstellt werden darf.

Der Text beginnt mit einer *Aufforderung* zum Bitten. Man darf nicht nur bitten, man *soll* es auch. Die dreifache Variation dieser Aufforderung erhöht ihre Dringlichkeit. Alle drei Verben – suchen, bitten, anklopfen – haben im judenchristlichen Sprachgebrauch eine religiöse Dimension: Man bittet oder sucht Gott, man klopft an die »Tore des Erbarmens«. Die Aufforderung zur Bitte legitimiert sich aus der Gewißheit, daß Gott den Beter erhört.

Liegt in V. 7 die Betonung jeweils auf dem eröffnenden Verb, so verschiebt sich in V. 8 der Akzent auf das zweite Verb. Dabei formuliert der Text offen: *jeder*, der bittet, empfängt. Diese Aussage erfährt keine Einschränkung.

Die folgenden VV. 9.10 unterstreichen die Zusage der Erhörung durch zwei Metaphern. Brot und Fisch sind im galiläischen Raum Grundnahrung der Bevölkerung. Die Assoziation von Brot und Stein legte sich traditionell nahe, wie sie ja auch im deutschen Erzählraum, zum Beispiel in den Sagen vom Brot, das zu Stein wird (→ II, 481 f), vorherrscht. Eine ähnliche Verbindung gilt für Fisch und Schlange. Es soll beide Male die Relation von »brauchbar« zu »unbrauchbar« ausgedrückt werden. Die Funktion der beiden Gleichnisse ist unterstreichend. Es wird nichts Neues erzählt, sondern das zuvor Gesagte rhetorisch zugespitzt. Gleichzeitig wird der Hörer in die Fragestellung affektiv miteinbezogen.

Von hierher erfolgt die Übertragung auf die göttliche Ebene: gewisser als die Liebe eines Vaters hier auf Erden ist die Liebe Gottes. Der Hinweis auf die

»Bosheit« der Menschen ist dabei ein rhetorisches Mittel, das die Glaubensgewißheit im Blick auf Gott verstärken will. So geht es im ganzen Abschnitt darum, zum bittenden, »kindlichen« Gebet Mut zu machen. Die Gewißheit der Erhörung macht das Gebet nicht unnötig, sondern möglich.

In seiner Wirkungsgeschichte ist dieser Text oft als Anleitung zum »richtigen« Bitten verengt worden: er wurde auf den Imperativ V. 7 zurückgeschnitten, so daß die Betonung jetzt ganz auf das ausdauernde, beharrliche Gebet gelegt wurde. Blieb eine Erhörung aus, war der Rückschluß einfach: Man hat eben nicht recht gebetet. »Wer nicht findet, hat nicht gesucht.« Natürlich spiegeln sich in solchen Einschränkungen reale Erfahrungen und Gebetsnöte. Das grenzenlose Vertrauen der Jesus-Worte und die tatsächliche Not zahlloser Beter treten in ein offensichtliches Spannungsverhältnis, das die Exegese nicht einfach auflösen kann. Immerhin läßt sie uns sehen, daß die Erhörungsgewißheit Jesu ein Teil seiner Hoffnung auf das kommende Gottesreich war. War diese Hoffnung realitätsblind? Auf den ersten Blick ist sie gescheitert. Der zweite Blick zeigt, daß Jesus aus der Kraft dieser Hoffnung seinen Tod bestand. Matthäus macht mit seiner Jesusgeschichte deutlich, daß Gott ihn durch Leiden und Sterben zur Auferstehung geführt hat. Darum bedeutet der Gebetsglaube für Matthäus auch nicht, daß Gott alles Leiden erspart und in einem vordergründigen Sinn alle Bitten erfüllt. Ohne daß hierüber eine explizite Reflexion vorliegt, durchzieht sein Evangelium doch die selbstverständliche Gewißheit, daß der Glaube an den rettenden Gott in ein aktives Leben eingebunden sein muß.

»Amen, das sage ich euch:
Wenn jemand zu diesem Berg sagt:
Heb dich empor und stürz dich ins Meer!,
und wenn er in seinem Herzen nicht zweifelt,
sondern glaubt, daß geschieht, was er sagt,
dann wird es geschehen.
Darum sage ich euch:
Alles, worum ihr betet und bittet –
glaubt nur, daß ihr es schon erhalten habt,
dann wird es euch zuteil.«

(Mk 11, 23 f)

Den zitierten Versen geht die Szene am Feigenbaum voraus, der auf Jesu Fluchwort hin verdorrte. Das folgende Amen-Wort verheißt dem vertrauensvollen Beter größere Wunder als jenes Feigenbaumwunder. Das ad hoc gewählte Beispiel für dieses größere Wunder entspringt der konkreten Situation: Jesus befindet sich Jerusalem gegenüber. »Dieser Berg« – von dem er spricht – ist der Ölberg, von dessen Ostabhang, in der Nähe Betaniens, das Tote Meer sichtbar ist. Natürlich handelt es sich um eine überspitzende Metapher, wie sie die Redeweise Jesu oft kennzeichnet. Es wird ein Befehl an den (Öl-)Berg gedacht, der sich auf dieses Wort hin in die Lüfte erhebt und dann ins (Tote) Meer stürzt. Damit dieses Wunder möglich wird, nennt Jesus eine Bedingung: »wenn er in seinem Herzen nicht zweifelt«. Herz bezeichnet hier die Personmitte des Menschen. Zweifel darf also den Menschen nicht in seiner inneren Haltung bestimmen, denn der Zweifler entzieht Gott sein Vertrauen.

Nur der Glaubende ist ungeteilt bei Gott – »in seinem Herzen« – und macht dadurch das Unmögliche möglich (vgl.: Mt 17,20; 21,21).

Die Verse Mk 11,22b-23 gelten als authentische Jesusüberlieferung. Die Deutung des wunderwirkenden Glaubens und zugleich des Glaubens als Wundermacht ist für Jesus auch sonst bezeugt. »Wenn du kannst, hilf uns und hab Mitleid mit uns!« sagt der Vater eines besessenen Jungen zu Jesus. »Wenn du kannst?« fragt Jesus zurück. »Alles kann, wer glaubt!« (Mk 9, 22 f).

Eine humorvoll-listige Paraphrase des Jesus-Wortes vom Berge versetzenden Glauben schrieb der Schotte *Bruce Marshall* (geb. 1899) mit seinem Roman »Das Wunder des Malachias«[1]. Zugleich ist das Buch auch eine Inszenierung des anderen Wortes – »Wenn sie auf Mose und die Propheten nicht hören, werden sie auch nicht glauben, wenn einer von den Toten aufersteht.« (Lk 16,31): um einen skeptisch-zweifelnden anglikanischen Pfarrer zu überzeugen, daß auch heute noch Wunder möglich sind, behauptet der einfältig gläubige Pater Malachias, daß es ihm im Glauben an Gottes Hilfe gelingen könne, den Tanzpalast und Nachtklub »Der Garten Eden« von Edinburgh an einen anderen Ort zu versetzen. Das Wunder geschieht tatsächlich: das Haus des seichten Allotrias hebt sich in die Luft und findet seinen neuen Standort auf einem Felsen im Meer. Die Öffentlichkeit indes spricht von Schwindel, Trick, Aberglaube und Betrug. Dabei verursacht das Wunder den katholischen Kirchenbehörden das gleiche Unbehagen wie deren Gegnern, gleichzeitig aber beginnt die totale finanzielle Vermarktung des Geschehens. Pater Malachias wird durch dieses tolle Treiben klar, daß seinem Wunder die denkbar entsetzlichste Profanisierung widerfährt. Er bereut seinen Hochmut zu glauben, die Menschen seien durch ein erbetenes Wunder von Gottes Macht zu überzeugen. Seine Reue bewirkt, daß der Ausbeutung des Wunders ein Ende gemacht wird und der »Garten Eden« an seinen alten Ort gegenüber der Margaretenkirche in Edinburgh zurückversetzt wird. In der Öffentlichkeit wird dieser Umstand als Beweis dafür betrachtet, daß er sich überhaupt nie fortbewegt habe und alles nur Sinnestäuschung gewesen sei. Weder vorwärts noch rückwärts bewegte das Wunder die Menschen in ihrer geistigen und geistlichen Trägheit ...

»Wir wissen nicht,
worum wir in rechter Weise beten sollen;
der Geist selber tritt jedoch für uns ein.«
(Röm 8,26)

Bei Mt 20, 20 ff fällt eine Mutter vor Jesus nieder, weil sie ihn um etwas bitten will. »Versprich mir«, sagt sie, »daß meine beiden Söhne in deinem Reich rechts und links neben dir sitzen dürfen.« Das heißt, sie bittet um einflußreiche Ämter. Jesus erwiderte: »Ihr wißt nicht, um was ihr bittet. Könnt ihr den Kelch trinken, den ich trinken werde?«

Ähnlich unerleuchtet ist wohl manch ein Bittgebet. Wolfdietrich Schnurre hat zu dieser Art Bittgebet eine ironisierende Fabel geschrieben (→ S. 392), die deutlich macht, wie wenig ein solcher Beter seine eigenen Bitten durchschaut. In dieser hilflosen, fehlorientierten Schwachheit, sagt Paulus, kommt uns der Gottes Geist zu Hilfe und tritt für uns ein mit Worten, die uns selbst unverständlich und darum unaussprechlich sind. Das heißt, der Geist tritt bei Gott so für die Menschen ein, daß deren unerleuchtete Worte in eine Sprache gefaßt werden, die Gottes angemessen ist.

[1] *Bruce Marshall*, Father Malachy's Miracle, London 1931 (dt.: Köln 1950).

»Abba, Vater, alles ist dir möglich.
Nimm diesen Kelch von mir!
Aber nicht was ich will, sondern was du willst,
soll geschehen.«

(Mk 14,36)

Die Getsemani-Erzählung, VV. 32-42, ist in sich abgerundet und offenbar sehr bewußt gestaltet. Unser Religionsbuch gibt nur den ersten Teil dieser Erzählung wieder; die Krise und das Versagen der vertrautesten Jünger, von denen die VV. 37-42 berichten, wurden ausgelassen, weil deren Thematik nicht mehr vom Gebet bestimmt wird. Weder die Not Jesu noch das Versagen der Jünger sind als Anlaß für legendarische Gestaltung theologischer Intentionen denkbar. Auch spricht die Lokalisierung der Szene und ihre Einbettung in den Ablauf der Ereignisse gegen eine legendarisch konstruierte Erzählung. Andererseits liegt dennoch kein protokollarischer Tatsachenbericht vor, denn die Erzählung wurde literarisch deutlich bearbeitet, so daß ein »stark kerygmatisierter Bericht« (Rudolf Pesch) vorliegt, der keine weitere Gattungszuordnung erlaubt.

Das »Grundstück«, von dem hier die Rede ist, läßt sich auch als Landgut übersetzen – die Schwaben würden es »Gütle« nennen –; Joh 18,1 f bezeichnet es als Garten, in dem sich Jesus öfter mit seinen Jüngern aufhielt. Die johanneischen Angaben verraten genaue Ortskenntnisse; demnach handelte es sich um einen Ölbaumhain, in dem sich eine Ölkelter befand (Getsemani, aramäisch: Ölkelter). Das Grundstück lag am unteren Abhang des Ölberges oberhalb des Kidrontales. Möglicherweise gehörte der Platz einem der Jünger oder Freund Jesu.

Jesus weist seinen Jüngern einen Warteplatz zu, während er sich von ihnen zum Gebet trennen will. Mit dieser Ankündigung ist das Thema des ersten Teils der Erzählung genannt. Wie bei der Mk 9,2-13 überlieferten »Verklärung« erfolgt eine Absonderung von drei Vertrauten, Petrus, Jakobus und Johannes. Vielleicht ist dieses Moment in der Getsemani-Tradition jedoch die historische Vorlage für die Verklärungserzählung gewesen. Im folgenden wird Jesus als »klagender Gerechter« beschrieben: »Meine Seele ist zu Tode betrübt.« Rudolf Pesch erwägt, ob darin eine Anspielung an Ps 116,11 oder Ps 31,23 vorliegt. »Jesu Zagen kann darüber hinaus an Ps 61,3 erinnern. Mustert man das Wortfeld von ›Kummer, Gram und Unruhe‹ und von ›Furcht und Schrecken‹ in der Klage des leidenden Gerechten im Psalter, so wird eindeutig, daß V. 33b Jesu Reaktion auf die Todesgefahr beschrieben ist.«[1] Auch Ps 55,5 f kann im Blick sein: »Mir bebt das Herz in der Brust; mich überfielen die Schrecken des Todes. Furcht und Zittern erfaßten mich; ich schauderte vor Entsetzen.«

Mit der folgenden Anweisung an die drei Jünger wird die erste Anweisung variiert: Heißt es zunächst: »Wartet hier«, sagt er nun: »Bleibet hier und wachet!« Damit wird das zweite Hauptthema der Erzählung eingeführt: das Bild der schlafenden Jünger, während der Gerechte in seiner totalen Verlassenheit gezeigt wird. Es ist nicht literarisch vorgegeben, sondern dürfte zu den

[1] *Rudolf Pesch,* a.a.O., 389.

historischen Dispositionen der Erzählung gehören. Jesus entfernt sich zum Gebet, indem er sich nun auch von den Vertrauten trennt, »doch ist nicht gesagt, Jesus sei so weit fortgegangen, daß sein (lautes! – vgl. → III, 580 f) Gebet nicht mehr hörbar gewesen wäre.«[1] Das kleine Stück, das er weitergeht, verweist auf die geringe Distanz. Dann »warf er sich auf die Erde nieder.« Dieser Gestus ist nicht formelhaft, sondern erwächst der Situation und dem inneren Empfinden. Der Inhalt seines Gebetes wird als Bitte um den Vorübergang der Stunde an ihm geschildert. »Stunde« meint die Zeit seines Leidens und Todes. Jedoch schränkt er seine Bitte selbst ein: nicht der eigene Wunsch soll Maßstab sein, denn »nicht was ich will, sondern was du willst, soll geschehen«. So bleibt seine Gebetsbitte ganz dem Willen Gottes unterstellt.

»Unsere Bittgebete«, hatte der Lehrer seinem Schüler gesagt, »müssen Gott wollen. Dann wird in diesem Gebet alles verbrannt, was nicht in Gott eingehen kann. Das Ich, das erhört werden will, geht ein in das göttliche Du. In diesem Einswerden geschieht die ›Erhörung‹, auch wenn sie nicht die Erfüllung unserer ersten Wunschvorstellung ist.«

C. Für Kinder ist das Bittgebet die nächstliegende Form ihres Gebetslebens. Sie empfinden unzählige Wünsche, die sie innerlich bewegen. Das können die Nöte einer unfriedlichen Familie sein, die Krankheit im eigenen Haus, aber auch die Sorge um ein gutes Zeugnis oder der Wunsch, beim nächsten Schulausflug möge die Sonne scheinen. So unterschiedlich solche Bitten in ihrem Gewicht auch sind, so ernst ist jedes Kind darin zu nehmen. Andererseits ist es im Grundschulunterricht durchaus möglich, die Kinder zu einer ersten kritischen Beurteilung der eigenen Wünsche zu führen. Es fällt ihnen nicht schwer, zwischen egoistischen und engagierten Bitten zu unterscheiden, zwischen solchen, die auf Empfangen und Haben ausgerichtet sind und anderen, die Geben und Lieben verfolgen. Darum ist ihnen Röm 8,26: »Wir wissen nicht, worum wir in rechter Weise beten sollen«, im Blick auf eigene Gebetswünsche oft unmittelbar einsichtig. Andererseits kann die Getsemani-Erzählung ihnen helfen, eine erste Ahnung von der wahren Haltung des Bittgebets zu bekommen. Es ist freilich nicht angemessen, die Erzählung psychologisierend auszumalen. Wir müssen sie auch sonst nicht dramatisieren. Es genügt das ruhige Bedenken des Textes. Was bedeutet es, wenn ein Mensch in Todesnot immer noch betet: »Aber nicht was ich will, sondern was du willst, soll geschehen«?

D. Ausgangspunkt im Unterricht über das Bittgebet kann die Aesopische Fabel von den beiden Schiffbrüchigen sein, die wir an den Anfang der Seite gestellt haben. Eine ähnliche gleichnishafte Gestaltung dieses Themas finden wir in Bertolt Brechts Stück »Mutter Courage und ihre Kinder«. Was dort die stumme Kattrin, die alle hochnäsig mißachten, unter Tränen auf dem Katendach trommelt, um die heimlich belagerte Stadt zu warnen, ist ihr Bittgebet, in das sie sich mit Leib und Leben einbringt: wahrhaftig ein christliches Modell, selbst wenn Brecht es anders verstanden hat. Als »Schlupfwinkel vor der Verantwortung« karikiert das Bittgebet sich selbst. Solange der Mensch mit

[1] Ebd.

eigener Verantwortung nicht seinerseits darin vorkommt, bleibt das Gebet Flucht. – Im Bemühen um ein rechtes Verständnis des Bittgebets ist die »Stumme Kattrin« auch schon für zehnjährige Kinder ein eindrucksvolles Lehrstück.

Im Fortgang des Unterrichts kann dann Wolfdietrich Schnurres Fabel »Die schwierige Lage Gottes« bedacht werden. In der Gesamttendenz des Unterrichts liegt die Einsicht, daß Beten nicht heißen kann, Gott Vorschläge zu machen, »wie er unsere guten Ideen an anderen Leuten möglichst reibungslos durchführt« (Dorothee Sölle), sondern in der Bitte an Gott zugleich den Ort der eigenen Verantwortung aufzusuchen.

Im nächsten Schritt kann im Anschluß an die Bibeltexte des Religionsbuches die Frage nach dem Gebetsvertrauen und der Erhörung gestellt werden. Eine volle Antwort hierauf ist nur unter Einbeziehung des Gebetes Jesu im Garten Getsemani möglich. Von hier her führt der weitere Weg zum »Vater unser« (→ S. 394ff).

Wolfdietrich Schnurre: Die schwierige Lage Gottes

»Und verschone uns mit Feuer,
Mißernten und Heuschreckenschwärmen«,
beteten die Farmer am Sonntagmorgen.
Zu gleicher Zeit hielten
die Heuschrecken einen Bittgottesdienst ab,
in welchem es hieß:
»Und schlage den Feind mit Blindheit,
auf daß wir in Ruhe
seine Felder abnagen können.«[1]

A. Die Akteure der Fabel sind keine Typen und Charaktere, sondern Träger bestimmter menschlicher Eigenschaften. Der Kontrast Heuschrecken – Farmer dient als Stilmittel der Intention, die Widersprüchlichkeit der frommen Handlungen bzw. »die schwierige Lage Gottes« zu karikieren. Der Aufbau des knappen Stücks ist denkbar einfach: 1. Rede, Benennung der Redenden und des Rede»ortes« (Sonntagmorgen = Gottesdienst); 2. Benennnung der Gegenakteure, ihres Rede-(Handlungs-)Ortes, Redeausschnitt.

B. Das Gebet der »Farmer« entspricht christlicher wie allgemein religiöser Tradition: Seit Jahrtausenden beten Menschen um Schutz vor Unbill und um Gedeihen der Ernte. Verschont zu werden vor »Feuer, Mißernten und Heuschreckenschwärmen« sind kennzeichnende Bitten aus der christlichen Frömmigkeitsgeschichte. In der »Allerheiligenlitanei«, die u.a. an den »Bittagen« während der Flurprozession gesungen wird, heißt es: »Von Blitz und Ungewitter, verschone uns, o Herr!« – »Daß Du die Früchte der Erde geben und erhalten wollest...« Die Spezifizierung auf Heuschreckenschwärme greift auf eine der »ägyptischen Plagen« (Ex 10,4-6) zurück, die Fabel führt diese »Plage« jedoch ihrer eigenen Dramaturgie wegen ein: Farmer und Heuschrecken *»beten«* wechselseitig *gegeneinander;* sie verstehen sich als »natürliche Feinde«.

[1] *Wolfdietrich Schnurre,* Der Spatz in der Hand, München 1971.

Dabei geht es der Fabel nicht um »Farmer« und nicht um »Heuschrecken«, sondern um menschliches Verhalten, das beide Akteure repräsentieren. »Christenmenschen« sind es allemale. Jede Partei betet von ihren eigenen Interessen her und *nur* von diesen bestimmt. Die Situation des anderen mitzubedenken, schließt solch eine naive Gebetshaltung aus. Man glaubt »seinen Herrgott« ganz selbstverständlich auf der eigenen Seite. Wie »verzwickt« diese Situation für den widersprüchlich beanspruchten Gott sein muß, gibt die Überschrift zu denken auf. Besser gesagt: Sie will durch ihren Denkanstoß auf die Unsinnigkeit solcher Gebetspraxis verweisen. Daß die Lage aber nicht wirklich für Gott heikel ist, sondern die stupide und zugleich gefährliche Frömmigkeit der Menschen ad absurdum führt, darf der weiteren Auseinandersetzung, die die Fabel anstoßen will, vorbehalten bleiben.

C. Zur Debatte steht die erfahrene Gebetserziehung und gegenwärtige Gottesdienstpraxis der Schüler. In diesem Raum hat Schnurres Fabel ihren »Sitz im Leben«. Der Traditionshintergrund kann dabei nicht ausgeklammert bleiben. In den Prozeßprotokollen der Jeanne d'Arc lesen wir Johannas Aussage: »... und wenn Ihr Euch nicht fügt, werden wir ein Kriegsgeschrei erheben, wie es seit tausend Jahren in Frankreich keins mehr gegeben hat. Und seid gewiß, daß der Himmelskönig der Jungfrau und ihren treuen Kampfgefährten mehr Macht sendet, als Ihr mit all Euren Angriffen heraufführen könnt...«[1] Immerhin antwortete Johanna aber auf die Frage des Richters »und Gott haßt die Engländer?« – »Über die Liebe oder den Haß Gottes gegen die Engländer... weiß ich nichts...«[2], wohingegen die deutsche evangelische und katholische Kriegspredigt in den Weltkriegen des 20. Jahrhundert einen nationalen »Herrgott« kennt, der eine Identifizierung von Deutschlands und Gottes Sache rechtfertigt. Dieser Gott kannte keine schwierige Lage. Er war Partei, »stand auf von seinem Thron, erhob seinen diamantblitzenden Schuh und trat auf Frankreich, daß alle Felsen knirschten...«[3].

D. »Der dramatische Charakter der Fabel berechtigt uns, die Fabel im Unterricht mit verteilten Rollen lesen zu lassen, wobei ein Sprecher den erzählenden Teil vorträgt... Daß die Fabel auch zu einem Spiel umgestaltet werden kann, ergibt sich daraus, daß sie wie die parabolische Sprachform überhaupt einen dramatischen Kern enthält...« Das Spielen der Fabel wird durch Rollenwechsel besonders interessant. Ein Schüler bzw. eine Schülergruppe spielt zuerst die »Farmer«partei und dann die »Heuschrecken«partei, um durch den Wechsel der Interessen und Argumente »die schwierige Lage« für sich selbst zu erfahren. Die Interpretation dieser Fabel wird verfehlt, wenn sie nicht »zur Prüfung einer Sache, eines Arguments auffordert und zugleich zur Überprüfung seiner eigenen Denk- und Verhaltensweisen« (R. Dithmar).

[1] Der Prozeß Jeanne d'Arc. Akten und Protokolle 1431-1456, München 1961, 36.
[2] Ebd., 65.
[3] Zit. n.: *Heinrich Missalla,* »Gott mit uns«. Die deutsche katholische Kriegspredigt 1914 bis 1918, München 1968, 89. Dort viele weitere Belege.

Parabel vom Bittgebet

Es hatte seit Wochen nicht mehr geregnet. Das Getreide verdorrte auf den Feldern. Das Weideland lag gelblich-grau in der Hitze. Die Gemeinde wurde zu einem Bittgottesdienst um Regen eingeladen. Viele kamen – mittags um zwei, mitten in der glühenden Hitze.

Auch ein kleiner Junge kam, ein Fünfjähriger, mit einem Regenschirm.

»Was willst du mit dem Regenschirm?« fragte ihn der Kirchenordner streng an der Tür.

»Es ist doch ein Bittgottesdienst für Regen...«

Matthäus 6,9b-13: Vater unser

A. Das Vaterunser ist in zwei Fassungen überliefert. Eine Kurzform bietet Lk 11,2b-4; eine erweiterte Fassung, der das kirchliche Gebet folgt, ist Bestandteil der matthäischen Bergpredigt (6,9b-13):

Matthäus	*Lukas*
So nun sollt *ihr* beten:	Er aber sprach zu ihnen: Wenn ihr betet, sagt:
Unser Vater im Himmel, dein Name werde geheiligt, dein Reich komme, dein Wille geschehe wie im Himmel, so auf der Erde.	Vater, dein Name werde geheiligt, dein Reich komme.
Gib uns heute das Brot, das wir brauchen. Und erlaß uns unsere Schulden, wie auch wir sie unseren Schuldnern erlassen haben. Und führe uns nicht in Versuchung, sondern rette uns vor dem Bösen.	Gib uns täglich das Brot, das wir brauchen. Und erlaß uns unsere Sünden; denn auch wir erlassen jedem, was er uns schuldig ist. Und führe uns nicht in Versuchung.

Ist eine von beiden Versionen die ursprüngliche Fassung? Joachim Jeremias hat versucht, die griechische Vorlage ins Aramäische (→III, 575 f) rückzuübersetzen, doch führt dies in keinem Fall zum »Original«. Die Sprachgestalt des Gebetes, wie Jesus es gelehrt hat, ist unbekannt; die überlieferten Versionen spiegeln nur deren Rezeption durch die tradierenden Gemeinden. Der exegetische Vergleich und eine vokabelstatistische Analyse kommen zu der Ansicht, daß die Lk-Fassung nach Länge und Struktur die größere Ursprünglichkeit besitzt, während der Mt-Text den ursprünglicheren Wortlaut bewahrt. Zweifellos ist im Vaterunser älteste Tradition aufgenommen; von einer Verzögerung der Parusie – die ja bereits Paulus in seinem ersten Brief beschäftigt – ist noch nichts zu spüren, vielmehr bittet die Gemeinde um deren Hereinbrechen. »Es ist keine Frage, daß wir im Vaterunser das Gebetsformular der ältesten judenchristlichen Q-Gemeinde Palästinas vor uns haben.«[1]

[1] *Siegfried Schulz,* Q. Die Spruchquelle des Evangelisten, Zürich 1972, 87.

Die lukanische Überlieferung läßt ahnen, wie das Vaterunser entstanden ist: »An einem anderen Ort war Jesus einmal beim Gebet; und als er es beendet hatte, sagte einer seiner Jünger zu ihm: Herr, lehre uns beten, wie schon Johannes seine Jünger beten gelehrt hat. Da sagte er zu ihnen: Wenn ihr betet, so sprecht: ...« Offensichtlich unterschieden sich damals die verschiedenen Gruppierungen des Judentums durch die Form ihrer Gebete. Demnach hatte das Gebet auch die Funktion eines Glaubensbekenntnisses, in dem sich die Identität der Gemeinschaft artikulierte. So kann man das Gebet Jesu als die Quintessenz seiner Botschaft betrachten.[1]

B. Ein erster Blick auf den Text zeigt, daß das Vaterunser ein Bittgebet ist. Die Abfolge der (sieben) Bitten ist aber nicht willkürlich, sondern sinnvoll gegliedert. Zunächst geht es um Gott und seine Herrschaft, danach erst um den Menschen. Es werden aber nur die wahrhaft fundamentalen Anliegen der menschlichen Existenz genannt, wie sie im öffentlichen wie persönlichen Lebensraum zu allen Zeiten bestehen. Von »Kirche« ist ebensowenig die Rede wie von Jesus selbst. Was Jesus in seinem Leben bewegt hat, findet hier Ausdruck. »Bittet um die großen Dinge, und Gott wird euch die kleinen auch geben«, lautet ein außerbiblisch überliefertes Jesus-Wort.[2] Es kommentiert die Intention seiner Gebetslehre.

Vater unser

Die Anrede Gottes mit Vater (páter) ist in der biblischen Tradition nicht neu. Sie begegnet mehrfach in den heiligen Schriften Israels. So ist bei Jeremia die Klage Gottes zu hören: »Ich hatte gedacht, ja, ich will dich unter die Söhne aufnehmen und dir ein liebliches Land geben... Ich dachte, du würdest mich Vater nennen und dich nicht von mir abwenden« (Jer 3,19 f). Oder als Klage des Volkes: »Halte dich nicht fern von uns, denn du bist unser Vater. Abraham weiß nichts von uns, Israel will uns nicht kennen. Aber du, Herr, bist unser Vater« (Jes 63,16). Auch indirekt kommt der Vatergedanke zum Ausdruck, wenn der Prophet im Namen Gottes sagt: »Ist Ephraim mir denn nicht ein teurer Sohn, mein Lieblingskind? Sooft ich ihm auch Vorwürfe mache, muß ich doch immer wieder an ihn denken. Ja, für ihn schlägt mein Herz, ich muß mich seiner erbarmen. – Wort des Herrn« (Jer 31,20). An einigen Stellen der Bibel sind sogar die Spuren eines mütterlichen Gottesbildes nicht ganz gelöscht (→ II, 214): »Wie einen seine Mutter tröstet, so will ich euch trösten« (Jes 66,13), oder: »Der Allerhöchste wird sich deiner mehr erbarmen als eine Mutter« (Sir 4,10).

Dennoch ist in der hebräischen Bibel die Vater-Titulatur nur eine Bezeichnung unter anderen. Häufiger und mit größerem Gewicht begegnen Herr, König, Richter, Schöpfer... Auch in der Gebetssprache bleibt die Vateranrede eine unter vielen Möglichkeiten. Dabei ist die Wendung »unser Vater« üblich, *abinu* in hebräischen, *abunan* in aramäischen Texten, seltener im Singular *abi*

[1] Vgl.: *Leonardo Boff,* Vater unser. Das Gebet umfassender Befreiung, Düsseldorf [4]1986, 39.
[2] Das Wort wird von *Clemens von Alexandrien* (140-211) überliefert; s.: *Joachim Jeremias,* Das Vater-Unser im Lichte der neueren Forschung, Stuttgart [4]1967, 27.

(hebräisch) »mein Vater«. Das »Vater« (griechisch: *páter*) des Vaterunsers ist natürlich nicht die Anrede Jesu gewesen, der aramäisch sprach und für den der Vokativ *abba* verläßlich bezeugt ist. Die Gebetsanrede *abba* ist für die Evangelienüberlieferung geradezu charakteristisch. *Diese* Form ist in der jüdischen Gebetsliteratur ohne Analogie. Sie ist familiär-vertraulich und hat ihren Sitz in der eher intimen Familienatmosphäre, etwa dem deutschen »Papa« zu vergleichen, das immer gegen das gehoben-korrekte »Vater« ausgewechselt wird, wenn es um eine Rede gegenüber Dritten geht.

Heinz Schürmann schränkt die Bedeutung des vertraut-familiären »Abba« gleich wieder ein, indem er zu bedenken gibt, daß trotz dieser Anrede »die patriarchalisch geordnete Großfamilie vor Augen steht, in welcher der Vater auch der Herr ist«.[1] Das ist ein dem patriarchalischen Gottesverständnis entsprechender Einwand, aber durchaus kein Schlüssel zum Verstehen Jesu. Um die Abba-Anrede, die das Glaubens- und Selbstverständnis Jesu charakterisiert, angemessen zu verstehen, ist ein Exkurs auf sein Gottesbild notwendig.

Von Georg von Gynz-Rekowski stammt der Hinweis, daß eine »heile Ordnungsstruktur« in einem Gottesbild da gegeben ist, wo »sich das Material des Gottesbildes als archetypisch erweist, geprägt aus den Urformen der menschlichen Psyche«.[2] Zu diesen Urformen archetypischer Art gehört – psychologisch gesprochen – die Animus- und Anima-Figur. Gynz-Rekowski zeigt, daß diese Integration im Alten Testament in Ansätzen begegnet, letztlich aber an den patriarchalischen Grundstrukturen scheitert, insbesondere seit der Kultreform des Josija (→ II, 521).

Hanna Wolff nimmt diesen Gedanken in ihrem wichtigen Buch »Jesus der Mann« auf und zeigt, daß in Jesus ein Gottesbild aufleuchtet, das eine heile Ordnung repräsentiert, da es ebenso von männlichen wie von weiblichen Werten bestimmt wird. Für sein Gottesverständnis sieht sie die drei Gleichnisse vom Verlorenen – dem verlorenen Sohn, dem verlorenen Groschen und dem verlorenen Schaf (→ III, 388 ff, 559) – als zentral an: »Außerhalb der Gesetzesfrömmigkeit und -gemeinschaft stehen heißt ›verloren‹ sein, ja ›verflucht‹ sein. Aber in jenen drei Gleichnissen wird gerade das Verlorene gesucht! Das Suchen, Finden und Bergen des Verlorenen ist das Entscheidende, über solch Finden und Bergen herrscht Freude bei Gott, und sogar noch weit mehr als über so viele Gerechte. Jetzt sind es die Verlorenen, die Verachteten, die Verworfenen, die Ausgestoßenen und übel Beleumdeten, die eine Chance haben. Gerade nicht die vom Kollektiv Anerkannten, Geschätzten und Gepriesenen haben die große Chance, also nicht die, die um keinen Preis verlorene Söhne, Schafe oder Groschen sein wollen.

Darum gilt jetzt: ›Die Zöllner und Huren kommen eher in Gottes Reich als ihr‹, die gerechten Vertreter der Gesetzesfrömmigkeit. Was geschieht hier im Gottesbild? Der Vater, also Gott, eilt dem verlotterten Sohn entgegen, die Frau bückt sich nach dem Weggerollten, der Hirt kehrt um und sucht und rettet das Verirrte. Gott kehrt um! Hier ist etwas in Gott, das heißt im Gottesbewußtsein und Gottesbild geschehen, etwas total Veränderndes, Revolutionäres! Gott wird der Gott der Gottlosen, so formuliert man heute pointiert, aber richtig.

[1] *Heinz Schürmann,* Das Gebet des Herrn als Schlüssel zum Verstehen Jesu, Freiburg i. Br. [4]1981, 24.

[2] *Georg von Gynz-Rekowski,* Symbole des Weiblichen im Gottesbild und Kult des Alten Testaments, Zürich 1963.

Wenn Jesus Gott wie eine Frau handeln läßt, die sich nach dem Verlorenen und Weggerollten bückt, dann handelt er selbst ja wie ein Gottloser. So mußte es in den Ohren der Zeitgenossen, insbesondere der offiziellen Vertreter von Glaube und Recht klingen ... Er ließ Gott etwas tun, was der gerechte Gott nie tun wird und kann, der doch ›den Weg der Gerechten kennt‹ ... Jesus läßt somit weibliche Seinswerte im Gottesbild dominieren! Das ist freilich unerträglich für das fromme Patriarchat, das ausschließlich von männlichen Werten lebt ... Die weibliche Wertskala ist in Jesu Konzeption der Liebe oder für das Gottesbild bestimmend. Das kommt darin zum Ausdruck, daß jede Spur einer Rechtsordnung getilgt ist, Jesus liebt nicht ›weil‹, der Gott Jesu liebt nicht ›weil‹. Vielmehr ist von einem spontanen Schöpfertum die Rede, das mit innewohnender Selbstverständlichkeit die Anrede, den Kontakt, das Geborgensein in der Gemeinschaft aktiv sucht oder ermöglicht, nicht einmal, ›nicht nur siebenmal, sondern siebzigmal siebenmal‹. Nach Jesu Verständnis sucht Gott überhaupt keine Genugtuung mehr für seine verletzte Majestät, sei es durch Opfer oder Gerechtigkeitsleistungen. Worin besteht in Wahrheit seine Majestät und Ehre, mehr noch seine Freude? Darin, daß der in sich verkrümmte Mensch, kontaktlos und verkümmert, sich dem Schöpfertum der ewigen Macht öffnet. Darin hat Gott seine Majestät, daß sein heilendes Schöpfertum zum Ziele kommt, daß der verlorene Sohn heimkehrt, daß der weggerollte Groschen sich aufheben, daß das verirrte Schaf sich auf die Schulter legen und heimbringen läßt. Über den Sünder, der umkehrt, herrscht ›die‹ große ›Freude im Himmel‹ ...

Darum ist Jesu Gottesbild ein heiles Gottesbild, in dem Männliches und Weibliches versöhnt ist, das erste heile Gottesbild der Religionsgeschichte – als solches selten verstanden, als solches immer neu zu entdecken.«[1]

Was das deutsche, das lateinische und griechische *Vater* also nicht notwendig umfassen, schwingt im aramäischen *abba* immer mit: Nähe und Vertrautheit, in der die Väterlichkeit zugleich Mütterlichkeit umgreift, da sie ohne solche Integration in patriarchalischer Distanz verhärten würde – wie die Frömmigkeitsgeschichte bis in die Gegenwart hinein zeigt. Die Übergabe der Abba-Anrede an die Jünger bedeutet zugleich die Befreiung, dieses Abba nachsprechen, das heißt an Jesu Gottesverhältnis Anteil nehmen zu dürfen. Dabei versteht sich der Jüngerkreis nicht exklusiv: Gott ist unterschiedslos der Vater aller Menschen, der selbst »gegen Undankbare und Böse gütig ist« (Lk 6,35) und »seine Sonne über Böse und wie Gute aufgehen und den Regen auf Gerechte wie Ungerechte fallen läßt« (Mt 5,45). So beten wir gemeinsam: Vater *unser.* Gott ist Vater aller, insbesondere aber der Kleinen und Armen, die mehr als andere um ihr tägliches Brot bitten.

Im Himmel

Dieser Zusatz »Vater unser *im Himmel*« hat einen mehrfachen Sinn, stellt jedoch zuallererst die Frage, was unter »Himmel« zu verstehen ist.

Was ist der Himmel? Englischsprachige Kinder haben es leichter, ein theologisches Verständnis des Himmels zu gewinnen, weil ihre Sprache *sky* und *heaven* unterscheidet. In unserem Sprachgebrauch weisen Redensarten wie »den Himmel auf

[1] *Hanna Wolff,* Jesus der Mann. Die Gestalt Jesu in tiefenpsychologischer Sicht, Stuttgart 1975, 120-126.

Erden haben«, sich »im siebten Himmel fühlen«, mit jemandem »in den Himmel hinein tanzen« auf den Himmel als »Bereich des menschlichen Strebens, Hoffens, Träumens, das alles Sichtbare, Greifbare, Berechenbare und Machbare übersteigt und ihm erst Weite, Höhe und Tiefe, Aussicht und Perspektive gewährt. Das meint auch das Credo, wenn es sagt, Gott habe zusammen mit der Erde, dem Sichtbaren, die Welt des Unsichtbaren geschaffen... Für die Bibel besteht kein Zweifel daran, daß *Gott allein der Himmel* des Menschen, d.h. die Erfüllung seiner tiefsten Wünsche und Sehnsüchte ist. Himmel ist dort, wo Gott ist, wo man ihm begegnet und nahe ist.«[1]

Die Himmel ist also an keine heiligen Orte gebunden. Seine Gegenwart verknüpft sich weder mit dem Sinai noch dem Garizim, nicht mit dem Sion noch mit der Wüste, auch nicht mit dem Tempel oder anderen Zielen der Wallfahrt (→ III, 463); es gilt des Angelus Silesius Wort: »Halt an, wo läufst du hin? Der Himmel ist in dir: Suchst du Gott anderswo, du fehlst ihn für und für« (→ Religionsbuch 3, S. 88). Andererseits verweist der Himmel auf Transzendenz. Er umfaßt alles, durchdringt alles und ist doch allem Diesseitigen jenseitig. Das matthäische Additum »im Himmel« erhält die notwendige paradoxale Spannung, um die vertrauliche Nähe des Abba-Vaters dennoch als die Unverfügbarkeit des ganz Anderen zu kennzeichnen. Der nahe Gott ist zugleich stets fern, aber gerade in dieser Vorenthaltenheit liegt seine alles übersteigende Größe, die diesen Gott Mitte des Menschen und Mitte der Welt sein läßt, also die wahre Heimat jeden Seins.

Geheiligt werde dein Name

Was »Name« bedeutet und was »heiligen« ist, bedarf zuvor einer Klärung, bevor wir nach der Reichweite dieser Bitte fragen.

Wir haben bereits des Sokrates Sicht bedacht, daß es bei einer Benennung nicht auf die Lautung ankomme, »wenn nur das Wesen des Dinges in dem Namen sich kundzutun imstande ist«. In jenem Kontext ging es um die Namengebung im Verhältnis des Menschen zu den Tieren (→ II, 172 f). Darüber hinausgehend läßt sich allgemein sagen, daß in der Bibel der Name immer die Person vertritt und deren inneres Wesen erklärt. Der Gott aber, der Mose aus dem Feuer heraus anspricht, gibt seinen Namen nicht in der gleichen Weise kund, wie die Götter ringsum: Der Jahwe-Name findet zwar seine Deutung auf den Menschen hin: »Ich bin immer bei dir«, aber zugleich geschieht seine Rückversetzung aus dem Bekannten, das ein Name zu vermitteln scheint, ins Unbekannte hinein (→ II, 242 f). Jesus allerdings legt den Namen Gottes als *Abba – unser Vater* aus; das ist sein Wesen: er ist lieber und gütiger Vater.

Und was bedeuten die Begriffe »heilig« und »heiligen«? Für Rudolf Otto waren sie so zentral, daß er versucht hat, von der Kategorie des Heiligen her das Wesen der Religion überhaupt zu erschließen. »Wenn der Begriff ›heilig‹ auf Gott bezogen wird«, interpretiert Leonardo Boff, »will er die besondere Art seines Seins zum Ausdruck bringen... Dieses besondere Sein Gottes, das sich von dem unseren unterscheidet, verbietet jede Art von Idolatrie, weil

[1] Katholischer Erwachsenen-Katechismus. Das Glaubensbekenntnis der Kirche, hrsg. v. der Deutschen Bischofskonferenz, Kevelaer/München/Stuttgart/Limburg/Regensburg/Köln 1985, 109.

Idolatrie bedeutet, daß ein Stück der Welt als Gott angebetet wird. Es verbietet jede Manipulation Gottes, sei es von seiten einer religiösen, sei es von seiten einer politischen Macht. Die einzig mögliche Haltung vor dem Heiligen ist Achtung, Ehrerbietung, Ehrfurcht. Denn wir stehen dem Unaussprechlichen gegenüber, einem Wort, für das es keine anderen Ausdrücke gibt, einem Licht ohne Schatten, einer Tiefe ohne Grund.«[1]

Dieser heilige Gott »in den Himmeln« ist, obwohl der ganz Andere, dennoch nicht der Welt distanziert; weder ist er gleichgültig noch neutral. Er hat Ohren und kann sagen: »Ich habe das Schreien meines Volkes gehört. Ich habe gesehen, wie es unterdrückt wird. Ich kenne ihr Leid« (Ex 3,7). So ist dieser Gott grundsätzlich Partei, weil seine Heiligkeit stets das Ethos, also Gerechtigkeit und Liebe einschließt. Jesaja charakterisiert diesen Aspekt »in einer genialen Wendung« (Boff)[2]: »Der heilige Gott will durch Gerechtigkeit geheiligt werden.« (Jes 5,16)

Man kann in vielfältiger Weise das Wort »heiligen« umschreiben: heilmachen, ganzmachen, würdigen, respektieren, ernstnehmen, achten... Einen »Namen« heiligen bedeutet, die andere Person in ihrer Ganzheit sehen, sie also nicht unter Teilaspekten verengen – und, da uns die Ganzheit kaum gelingt, darauf verzichten, uns ein »Bild« von ihr zu machen. Einen Namen mißbrauchen bedeutet, jemandem ein Etikett aufzukleben. So heißt heiligen auch, nicht nur die Sonnenseite, sondern auch die Schattenseite einer Person wahrzunehmen und zu respektieren. Im Gefolge Cyprians sagt Luther, daß Gottes Name in sich selbst heilig sei, aber auch *in uns* geheiligt werden solle. Dies geschehe gewiß nicht nur mit dem Munde, sondern mit allen Gliedern des Leibes und der Seele.[3]

Die heutige Welt widerspricht in ihrer Friedlosigkeit, in ihren Diskrepanzen von arm und reich, hungrig und übersättigt, frei und versklavt, gefoltert, verhöhnt, in ihrer Zerstörung von Natur und Landschaft, in der Vernichtung von Pflanzen- und Tierarten, der Vergiftung des Wassers und der Böden, der Entfremdung des Menschen von sich selbst, vom Mitmenschen, vom Schweigen und von der inneren Ruhe überall der Ehre Gottes. Darum beten wir, wenn wir sagen: »Geheiligt werde dein Name«, daß wir im Umgang mit uns selbst, im Umgang miteinander und im Umgang mit aller Welt seinen Namen ehren und damit beginnen, sie so zu verändern, daß sie würdig werde für Gottes Reich. »Gott wird immer dann verletzt, wenn man sein Bild und Gleichnis, das der Mensch ist, verletzt, und er wird immer dann geheiligt, wenn die menschliche Würde der Enteigneten und Vergewaltigten wiederhergestellt wird.«[4]

Dein Reich komme

Es gehört zum Menschen, daß er über die Gegebenheiten des Tages hinaus denkt und träumt. Er kann sich eine Welt wünschen, in der niemand hungers

[1] *Leonardo Boff*, a.a.O., 77 f.
[2] Ebd., 79.
[3] Vgl.: *Klaus W. Vopel/Bernhard Wilde*, Glaube und Selbsterfahrung im Vaterunser. Ein Kurs für lebendiges Lernen im kirchlichen Unterricht, Hamburg 1979, 55.
[4] *Leonardo Boff*, a.a.O., 85 f.

stirbt, deren Frieden in brüderlichen Beziehungen wurzelt, deren Glück nur dem Miteinander, nie dem Gegeneinander entspringt. Utopien sind es, die daran hindern, mit dem Gegebenen sich abzufinden und die Gegenwart gegen eine verändernde, heilende Zukunft abzuschließen. Leszek Kolakowski: Man kann »nicht darauf verzichten, sich augenblicklich unmögliche Ziele zu setzen, welche aber den augenblicklichen Wandlungen ihren Sinn verleihen«.[1] Georg Picht: »Es gibt in der technischen Welt, in der wir leben, im Grunde nur eine einzige Utopie, die alle anderen Utopien in sich enthält, nämlich die Utopie des Weltfriedens. Aber diese Utopie hat einen höchst eigentümlichen Charakter... Der Weltfriede ist nämlich im Atomzeitalter die Bedingung der Möglichkeit der technischen Welt überhaupt. Es ist die Bedingung ihrer Erhaltung und ihres Bestandes. Gelingt es nicht, die technische Welt als ein Weltfriedenssystem zu gestalten, so wird sie die Zukunft, von der wir sprechen, nicht erleben... Diese Utopie ist für sie konstitutiv; sie ist das Grundgesetz der technischen Welt, das sich auf eine Utopie begründen muß, weil sie aus utopischem Denken hervorgegangen ist.«[2] Nochmals Georg Picht: »Die wahre Zukunft des Menschen ist uns unbekannt. Wir wissen nicht, ob er in dem Prozeß, auf den er sich unwiderruflich eingelassen hat, noch Mensch bleiben wird... Der Mensch stößt in der technischen Welt an die absolute Grenze seiner eigenen Endlichkeit. Damit eröffnet sich aber zugleich ein Ausblick auf jene Formen der Antizipation von Zukunft, die schlechterdings jenseits der Möglichkeiten eines Wissens von Zukunft liegen: Vision, Prophetie und Eschatologie.«[3]

In der Geschichte des biblischen Glaubens mangelte es nie an Propheten, die immer wieder neu auftraten, um die Hoffnung des Menschen nicht sterben zu lassen. »Ihr werdet sehen, daß ich Jahwe bin«, heißt es unaufhörlich (Jes 42,8; 49,23; Jer 16,21; bei Ezechiel insgesamt 54 mal). Während sich in frühen Zeiten diese Hoffnung mit politischer Herrschaft und revolutionärem Umsturz verband, richtete sich später die Bitte an Gott: Dein Reich komme! Es komme die Fülle der Zeiten!

Reich Gottes – das ist das Schlüsselwort der Botschaft Jesu. Aber so vielfältig seine Aussagen auch sind, nirgendwo sagt er eindeutig und definitiv, was das Reich Gottes ist. Selbst die Summe aller Aussagen ergibt keine begriffliche Klarheit: Das Reich Gottes ist gleich einem Sämann, dessen Saat auf unterschiedlichen Boden fällt; wie ein Senfkorn, das zu einem Baum heranwächst (→ II, 551 f); wie ein Sauerteig, der eine riesige Menge Teig durchsäuert; wie ein Schatz, der im Acker verborgen liegt und der jeden Einsatz lohnt (→ III, 557 f)... Am meisten aber wird das Reich Gottes im Bilde des Festmahles beschrieben (→ III, 361 ff, 560). Zu diesem Fest sind alle geladen. Sie werden von Osten und Westen kommen und sich zu Tisch setzen. Dieses »Reich« ist ein neues Verhältnis zu Gott und darin eine neue Bruderschaft unter den Menschen. »Weil es einen endgültigen und universellen Charakter besitzt, bedeutet es das Ende dieser Welt... Ein neuer Himmel und eine neue Erde werden ent-

[1] *Leszek Kolakowski,* Von der Möglichkeit und Unmöglichkeit Marxist zu sein, München 1967, 128.

[2] *Georg Picht,* Prognose-Utopie-Planung. Die Situation des Menschen in der Zukunft der technischen Welt, Stuttgart [2]1967, 41.

[3] Ebd., 61.

stehen, wo endlich Gerechtigkeit, Frieden und Eintracht aller Kinder im großen Haus des Vaters herrschen werden.«[1]

Dieses Reich ist aber nicht bloß Zukunft, sondern schon »mitten unter uns« (Lk 17, 20). Es muß als Prozeß verstanden werden. Mit der Person Jesu ist es angebrochen, will in seinen Jüngern heute immer weiter wachsen und in allen Akten der Brüderlichkeit, der Güte und Eintracht, der Achtung vor der Würde eines jeden Menschen zunehmen. »Du bittest also für dich um die Gnade, gut zu leben, wenn du sprichst: Dein Reich komme«,[2] sagt Augustinus und Cyrill von Jerusalem: »Wer in seinem Handeln, Denken und Reden sich reingehalten hat, wird zu Gott sagen: Es komme dein Reich!«[3]

Dein Wille geschehe...

Als im November 1985 der Vulkan Nevado del Ruiz in Kolumbien ausbrach und mehr als 22.000 Menschen in Massen von Lava und Schlamm begrub, ging ein Foto um die Welt, in dem sich dieses Schicksal verdichtete. Es zeigte ein Kind, bis an den Mund in Wasserfluten versunken und von Helfern mühsam bei Kräften gehalten, um nicht zu versinken. Die Süddeutsche Zeitung vom 18. November schrieb dazu: »Die zwölfjährige Omayra Sanchez erwachte aus ihrer Betäubung und fand sich in einem Schlamm- und Wassertümpel voller Trümmer. Unter ihren Füßen spürte sie die Leichen ihrer Tante und ihres Bruders. Sie konnte sich nicht an den Balken über ihr aus dem Schlamm herausziehen, weil eine Zementplatte ihren Unterkörper einklemmte. Einer der freiwilligen Retter... sah die Hand Omayras aus den Trümmern winken... Man gab ihr zu trinken und zu essen. Die Retter forderten eine Motorpumpe an, um Wasser abzusaugen. Die Pumpe kam wegen des schlechten Wetters erst am Samstagmorgen an. Der junge Mann, der Omayra als erster gesehen hatte, versuchte sie die ganze Nacht durch Lieder wachzuhalten. Omayra starb am Samstagmorgen. ›Wir gingen weinend weg, wütend, fast mit Haß auf Gott, auf die Menschen und die Natur‹, schrieb einer der Reporter.« Heinrich Albertz fragte dazu: »Warum nur ›fast‹? Sie stirbt – lasse ich die Schlampigkeit der Hilfsmaßnahmen und den Leichtsinn der Behörden vor der zu erwartenden Naturkatastrophe einmal außer Betracht – nicht durch menschliche Schuld. Kein Terror einzelner, kein Terror von Staats wegen hat sie umgebracht. Die uralte Frage nach dem Sinn solcher Katastrophen, nach dem Schöpfer, der solches zulassen kann, nach der Unschuld der Opfer, ich kann sie nicht beantworten. Kein Sterblicher hat eine Antwort, auch hier nicht...«[4]

Zu diesem Ereignis und seinen notvollen Fragen kann eine andere Begebenheit zitiert werden, die Leonardo Boff berichtet:

»Die Frau, die ich seit Jahren kannte, rief mich beiseite und sagte in geheimnisvollem Ton: ›Herr Pfarrer, ich möchte Ihnen ein Geheimnis zeigen. Kommen Sie!‹

Wir gingen in das Zimmer.

[1] *Leonardo Boff,* a.a.O., 100.
[2] *Augustinus,* Sermo 56, IV, 6 (Migne, PL 38, 379).
[3] *Cyrill von Jerusalem,* V. Mystagogische Katechese (Migne, PG 33, 1109-1128).
[4] *Heinrich Albertz,* Fast mit Haß auf Gott. Zwei Bilder: Was sie uns sagen können, in: Die Zeit, Nr. 1, 27. 12. 1985, 45.

Im Bett ihr Kind. Ein Monstrum. Der Kopf so groß wie der eines Erwachsenen. Der Körper so klein wie der eines Säuglings. Der Blick haftete an der Zimmerdecke. Die Zunge streckte es heraus und zog sie ein wie eine Schlange.

›Mein Gott!‹ rief ich und stöhnte.

›Herr Pfarrer‹, sagte die Frau, ›ich pflege meinen Jungen schon seit acht Jahren. Er kennt nur mich. Ich hab' ihn sehr lieb. Fast niemand weiß von ihm.‹

Ungestüm sagte sie: ›Gott ist gut. Gott ist Vater ...‹ Und beruhigt sah sie nach oben: ›Dein Wille geschehe, wie im Himmel, so auf Erden.‹

Nur das sagte sie. Und sie sagte damit alles.

Ich ging, ohne ein Wort zu sagen. Betroffen. Niedergeschlagen wegen des Jungen, beeindruckt wegen der Mutter.

Nur ein Wort kam mir in den Sinn: ›Frau, du hast einen großen Glauben‹ (Mt 15,28).«[1]

Beide Beispiele stehen für zahllose andere. Wer auch nur ein wenig in die riesigen Schattenzonen der Geschichte und der Gegenwart hineinschaut, verstummt und verzweifelt vor dem Übermaß an Grauen, Unheil, Schmerz, Qual und Leid, deren Abgründe keine Phantasie ausmißt. Nicht alles davon ist durch Menschen verursacht, wenngleich wohl durch Ausbeutung und Folter Menschen ihren Mitmenschen abermillionenfach Höllenqualen bereiten. Was hat Gott damit zu tun? Und was ist der Wille Gottes?

Kurt Marti beginnt eine seiner »Leichenreden« – dem Tenor aller Todesanzeigen zuwider – mit der Behauptung:

»dem herrn unserem gott
hat es ganz und gar nicht gefallen
daß gustav e. lips
durch einen verkehrsunfall starb.«[2]

Wenn das stimmt, kann man dann hinter den Erdbeben von Lissabon, Skopje, Algier, Friaul, Mexiko oder Kolumbien den Willen Gottes behaupten? Hinter den Kriegen dieser Welt? Ihren Slums und Gettos? Was läßt sich theologisch als der Wille Gottes bezeichnen? Leonard Boff sagt: die Antwort ist ganz einfach: die Nachfolge Jesu leben, die gleiche Gesinnung haben, die er hatte, und sich nach dem Geist der Seligpreisungen und der Bergpredigt ausrichten. Der Wille Gottes ist, daß der Mensch lebe![3]

Die Frage, inwieweit Gott hinter dem Zusammenspiel der blinden (?) Naturkausalitäten steht, wenn sie den Menschen treffen und vernichten, und wie jenes Schicksal zu deuten ist, das Menschen infolge menschlicher Schuld trifft, ist nicht ebenso leicht zu beantworten. Es gibt auch den dunklen Gott (→ S. 171ff). Aber gewiß wird man sagen dürfen, daß es für den getroffenen Menschen darum geht, seine unabänderliche Situation anzunehmen, aus einer demütigen Freiheit, die nicht nach Wundern verlangt, um der Löwengrube, den Feueröfen zu entfliehen (→ S. 222ff). Gewiß liegt in der Kraft, das je Verfügte zu tragen und ertragen ein Gehorsam gegenüber dem Willen Gottes, der geschehen möchte »wie im Himmel, so auf Erden«, das heißt in der Sprache

[1] *Leonardo Boff,* a.a.O., 107.
[2] *Kurt Marti,* Leichenreden, Neuwied/Berlin 1969. Ebenfalls in: *Hubertus und Ursula Halbfas* (Hrsg.), Das Menschenhaus, a.a.O., 73.
[3] Vgl.: *Leonardo Boff,* a.a.O., 113-115.

der Bibel: in der Schöpfung Gottes insgesamt. »Deshalb werden wir, wenn der Wille Gottes ›auch auf Erden‹ geschieht, wie er ›im Himmel geschehen ist‹, alle zu ›Himmel‹ werden (Origenes).[1]

Unser täglich Brot gib uns heute

Waren die bisherigen Bitten auf Gott gerichtet, so wendet sich der Blick auf den Menschen. Die Sätze werden länger und formulieren die Bedrängnis, in die der Mensch geraten kann. Doch sowenig es im ersten Teil um einen weltlosen Gott ging, so wenig ist nun ein gottloser Mensch gemeint. Gott ist die Wahrheit des Menschen, der Himmel eine Dimension der Erde. Das Erhabene und das Alltägliche begegnen sich im Vaterunser.

Die Bitte richtet sich auf das Brot. Über dessen Bedeutung haben wir drei Jahre lang intensiv nachgedacht (→ I, 354 ff; II, 474-486, 106-114, 137 f; III, 319-339, 342-369, 408-429, 560). Es mag an dieser Stelle genügen, Martin Luthers Zusammenfassung aus dem Kleinen Katechismus zu bieten:

> »Was heißt denn täglich Brot?
> Alles, was zur Leibesnahrung und -notdurft gehört, als:
> Essen, Trinken, Kleider, Schuh,
> Haus, Hof, Äcker, Vieh, Geld, Gut,
> fromm Gemahl, fromme Kinder, fromm Gesinde,
> fromme und getreue Oberherrn, gut Regiment,
> gut Wetter, Friede, Gesundheit, Zucht, Ehre,
> gute Freunde, getreue Nachbarn und dergleichen.«

Solches Brot braucht jeder Mensch. Aber niemand kann damit seinen Hunger allein stillen, sondern nur in Gemeinschaft. Darum beten wir um *unser* Brot, nicht um »mein« Brot. Alles Brot, von dem wir leben, reicht in soziale Geflechte, derer wir uns in der Bitte um Brot, im Dank für das Brot stets erinnern müssen. Darum möchte das tägliche Brot auch miteinander geteilt werden, denn so sagt Meister Eckhart: »Wer dem anderen nicht gibt, was dem anderen gehört, ißt nicht nur sein eigenes Brot, sondern sein Brot und das des anderen.«

Vergib uns unsere Schuld, wie auch wir vergeben

Jeder Mensch, der sein Gewissen nicht ganz verdrängt, weiß, daß in seinem Leben nicht alles in Ordnung ist. »Wenn wir sagen, daß wir keine Sünden haben, betrügen wir uns selbst, und die Wahrheit ist nicht in uns.« (1 Joh 1,8) Es gibt jedoch keine Schuld ohne einen Maßstab dafür. Die entscheidende Frage für jeden einzelnen ist immer: Will ich diesen Maßstab anerkennen? Die Plurivalenz unserer Gesellschaft relativiert jeden Maßstab, darum ist es möglich, der Verbindlichkeit des Ethos immer wieder auszuweichen und damit sich selbst zu verfehlen. Es ist natürlich ebenso möglich, an falsche Maßstäbe zu geraten und Skrupel mit Schuld zu verwechseln.

[1] *Origenes,* De oratione 26 (Migne, PG 11, 505 f).

Zur Zeit Jesu unterschied man drei Kategorien Sünder: Erstens: »Juden, die sich vertrauensvoll mit Reue und Hoffnung an Gott wenden konnten; sie durften mit der göttlichen Barmherzigkeit rechnen.« Zweitens: »Die heidnischen Sünder, die sich mit Reue, aber ohne große Hoffnung, gehört zu werden, an ihn wenden konnten; von ihnen glaubte man, sie ständen außerhalb der Reichweite der göttlichen Barmherzigkeit.« Drittens: »Die Juden, die wie Heiden lebten; bei ihnen gab es weder Reue noch Hoffnung, sie waren praktisch verloren. Zu dieser Gruppe gehörten Hirten, Prostituierte, Aussätzige, Zöllner und andere Menschen dieser Art.«[1] Insbesondere mit Menschen dieser dritten Gruppe nahm Jesus Verbindung auf. »Ich bin nicht gekommen, um die Gerechten zu rufen, sondern die Sünder« (Mk 2,17). Die Gleichnisse vom Verlorenen charakterisieren seine Botschaft am deutlichsten: Barmherzigkeit und überwältigende Liebe. »Schon von weitem sah er ihn kommen, und er hatte Mitleid mit ihm. Er lief dem Sohn entgegen, fiel ihm um den Hals und küßte ihn« (→ III, 388-394). So wie dieser Vater handelt Gott, so handelt Jesus, so soll der Mensch handeln.

Die Bitte »Vergib uns unsere Schuld« wird mit der Klausel verknüpft »wie auch wir vergeben«. Matthäus fügt – dem Gebetstext angehängt – zwei katechesierende Sätze an: »Denn wenn ihr den Menschen ihre Verfehlungen vergebt, dann wird euer himmlischer Vater euch auch vergeben. Wenn ihr aber den Menschen nicht vergebt, dann wird euer Vater eure Verfehlungen auch nicht vergeben.« Dieser Zusammenhang begegnet bereits bei Jesus Sirach: »Vergib deinem Nächsten das Unrecht, dann werden dir, wenn du betest, auch deine Sünden vergeben« (Sir 28,2). Wie sehr diese Sicht die Denkweise Jesu bestimmt, kann folgende Liste zeigen:

»Seid barmherzig, wie euer Vater barmherzig ist.« (Lk 6,36)
»Richtet nicht, dann werdet auch ihr nicht gerichtet werden.
Verurteilt nicht, dann werdet auch ihr nicht verurteilt werden.
Erlaßt einander die Schuld, dann wird auch euch die Schuld erlassen werden.« (Lk 6,37)
»Mit dem Maß, mit dem ihr meßt, wird auch euch gemessen werden.« (Mt 7,2)
»Selig die Barmherzigen, denn sie werden Barmherzigkeit erlangen.« (Mt 5,7)
»Wie oft muß ich meinem Bruder vergeben, wenn er sich gegen mich versündigt? Siebenmal? Jesus sagte zu ihm: Nicht siebenmal, sondern siebenundsiebzigmal.« (Mt 18, 21 f)

Am Ende des Lebens zählen die Werke der Barmherzigkeit: »Mit dem Maß, mit dem ihr meßt, wird auch euch gemessen werden« (Mt 7,2). Anders gesagt: Wer seinem Mitmenschen nicht aufrichtig und ganz verzeihen kann, hat auch für sich selbst nicht um volle Vergebung gebeten und sperrt sich, die unbegrenzte Vergebung Gottes zu erlangen.

Und führe uns nicht in Versuchung

Leonardo Boff sieht in der Folge der Vaterunser-Bitten eine zunehmende Dichte, »bis sie schließlich in dem Angstschrei gipfeln: ›Führe uns nicht in Versuchung!‹«[2] Im Gegensatz dazu sagt ein anderer Kommentar: «Wer sich nicht in Gefahr begibt, kommt darin um! Das ist kein Druckfehler, sondern eine Einsicht, die viele Lebenserfahrungen paradox zusammenfaßt. In der Tat: Mit

[1] *Leonardo Boff,* a.a.O., 152 im Anschluß an *Leonhardt Goppelt,* Theologie des Neuen Testaments, Bd. 1, Göttingen 1975, 177 f.
[2] Ebd., 159.

der Versuchung ist es eine verquere Sache. Schon diese Bitte trägt Züge der Versuchung. Sie kann uns glauben machen, es ginge darum, daß unsere Hände nicht schmutzig werden.«[1] Die erste Perspektive ist theologisch gerichtet, die zweite psychologisch und pädagogisch gedacht. Lassen sich beide zusammenbringen?

Heinz Schürmann entschärft in seiner Interpretation des Vaterunsers das Problem, wenn er sagt: »Es geht in unserem Flehruf nicht um ›Versuchungen‹, die überall und immer Menschen bedrohen können, nicht primär um alle möglichen Anreizungen zur Sünde, sondern im Schatten der Bitte um das Kommen des Reiches doch wohl viel konkreter um das Ganze der Jüngerexistenz. Es geht hier um Bewahrung im Jüngerstand, um Behütung vor Glaubensabfall, vor dem einmaligen und endgültigen Fall.«[2] Diese Deutung vermeidet eine Diskrepanz zwischen Theologie und Psychologie. Wer betet: »Laß niemanden auf meinem Wege seine Brieftasche verlieren, damit ich sie nicht etwa an mich nehme, anstatt sie abzugeben«, trifft kaum die Mitte jener Vaterunser-Bitte. Wer sich aus allen gefährlichen Situationen der Welt heraushält, um sich nirgendwo die Finger zu verbrennen, wer Schwierigkeiten und Konflikten ausweicht, weil er so glaubt, ungeschoren und schuldlos bleiben zu können, entspricht ebensowenig der Intention der Bitte. *Angst* vor ambivalenten Herausforderungen, die zur Verweigerung führt, kann stracks zur Schuld des Jüngers werden. Die Scheu vor dem Engagement, die Unsicherheit über den Sinn des Lebens und die Verzweiflung gegenüber der Welt wird den Glauben an Gottes Liebe verdunkeln oder gar löschen und alle Jüngerschaft an ihr Ende bringen: dann müssen wir bitten und rufen: »Und führe uns nicht in Versuchung!«

Sondern erlöse uns von dem Bösen

Das Böse ist in der Welt. In jeder Sünde wird es wirksam. Es schafft Situationen und Strukturen, unter denen andere leiden. Der exegetische Streit, wie das Böse zu verstehen sei, ob es mit der personalen Existenz eines »Teufels« erklärt werden muß, kann hier übergangen werden. Es genügt zu sehen, daß die Bibel das Böse stets für konkret erfahrbar hält. Die Weltgeschichte ist voll der Schrecken des Bösen. Elie Wiesel erzählt ein Beispiel:

»Als wir eines Tages von der Arbeit zurückkamen, sahen wir auf dem Appellplatz drei Galgen. Antreten. Ringsum die SS mit drohenden Maschinenpistolen, die übliche Zeremonie. Drei gefesselte Todeskandidaten, darunter der kleine ›Pipel‹, der Engel mit den traurigen Augen.

...

Die drei Verurteilten stiegen zusammen auf ihre Stühle. Drei Hälse wurden zu gleicher Zeit in die Schlingen eingeführt.

›Es lebe die Freiheit!‹ riefen die beiden Erwachsenen.

Das Kind schwieg.

›Wo ist Gott, wo ist er?‹ fragte jemand hinter mir.

Auf ein Zeichen des Lagerchefs kippten die Stühle um. Absolutes Schweigen herrschte im ganzen Lager. Am Horizont ging die Sonne unter.

›Mützen ab!‹ brüllte der Lagerchef. Seine Stimme klang heiser.

1 *Klaus W. Vopel/Bernhard Wilde,* a.a.O., 131.
2 *Heinz Schürmann,* a.a.O., 117.

Wir weinten.
›Mützen auf!‹
Dann begann der Vorbeimarsch. Die beiden Erwachsenen lebten nicht mehr. Ihre geschwollenen Zungen hingen bläulich heraus. Aber der dritte Strick hing nicht reglos: der leichte Knabe lebte noch... Mehr als eine halbe Stunde hing er so und kämpfte vor unseren Augen zwischen Leben und Sterben seinen Todeskampf. Und wir mußten ihm ins Gesicht sehen. Er lebte noch, als ich an ihm vorüberschritt. Hinter mir hörte ich denselben Mann fragen:
›Wo ist Gott?‹
Und ich hörte eine Stimme in mir antworten:
›Wo er ist? Dort – dort hängt er am Galgen...‹«[1]

Angesichts solcher Grauen – deren Realität auch die heutige Welt gellen und verstummen macht – kann das Böse wahrhaftig nicht bagatellisiert werden. Es hat strukturellen Charakter, geht von Wirtschaftsgesetzen, sozialen Verhältnissen, politischen Systemen, ideologischen Einstellungen aus. Wir selbst können darin verstrickt sein: »Wie ein Sklave bin ich an die Sünde verkauft... Ich tue nicht das Gute, das ich will, sondern das Böse, das ich nicht will... Ich sehe ein anderes Gesetz in meinen Gliedern, das mit dem Gesetz meiner Vernunft in Streit liegt und mich gefangenhält im Gesetz der Sünde« (Röm 7,14.19.23). Wir dürfen Sünde und Bosheit heute nicht mehr in individualistisch verengter Deutung sehen. Die Strukturen des Bösen sind übergreifend: «Die Sünden sterben nicht mit den Menschen, sondern dauern fort in den Werken, die die Menschen überleben, in den Institutionen, Vorurteilen, den moralischen und juristischen Normen und in den kulturellen Gewohnheiten. Sehr vieles davon dauert fort als Laster, als rassische und moralische Diskriminierungen sowie Ungerechtigkeiten gegen Gruppen und Menschenklassen. Eine solche historisch entstandene Situation wird zum Verhängnis für die, die in sie hineingeboren werden... Auf der einen Seite ist der Mensch also Opfer der Sünde der Welt (weil er in einer bestimmten Situation lebt), auf der anderen Seite trägt er aber auch durch seine persönlichen Sünden zur Fortsetzung der Sünde der Welt bei. So herrscht unter allen Menschen im Lauf der ganzen Geschichte eine schreckliche Solidarität im Bösen... Der Hauptgrund für alles Übel der Welt liegt in der Gefühllosigkeit, im Fehlen von Solidarität und im Mangel an Liebe. Gerade das kritisiert Jesus an den Pharisäern (Mt 23,23), und das sind auch die wirklichen Dämonen, die wir aus unserem Leben austreiben müssen. Wo das erreicht ist, zeigt sich der Sieg der Gnade Gottes in der Welt. Die Nachfolge Jesu, die das zentrale Thema der Evangelien ist, fordert diese neue Mentalität, die wirklich den Menschen für den Menschen befreit. ›Wenn Gott für uns ist, wer ist dann gegen uns?‹«[2]

C. In den frühen Grundschuljahren wird vielen Kindern, wahrscheinlich einer Mehrzahl, das Vaterunser unbekannt sein. Es zählt nicht zu den Kindergebeten; überdies machen nur noch wenige Kinder Gebetserfahrungen im Familienkreis. Es ist allerdings zu unterstellen, daß der Kommunionunterricht mit seiner Einführung in den Gemeindegottesdienst die Kenntnis des Vater-

[1] *Elie Wiesel,* Die Nacht, Gütersloh 1980, 86–88.
[2] *Leonardo Boff,* a.a.O., 180f, 191.

unsers (und anderer Grundgebete) vermittelt hat. Daß diese Vermittlung auch das Textverständnis einbezog, ist weniger selbstverständlich. Darum stellt sich diese Aufgabe spätestens im 4. Schuljahr – und notwendigerweise noch einmal einige Jahre später.

D. Die Deutung der einzelnen Vaterunser-Bitten kann der Lehrer im Anschluß an die voraufgegangene Interpretation geben. Was ihn selbst ansprach, wird er in eigener Weise weitergeben. Nachfolgend skizzieren wir Vorschläge, die diesen Klassengesprächen über das Vaterunser dienlich sind.

Das Vaterunser und das eigene Leben

Der Text des Vaterunsers hängt in großer Schrift an der Wand, daneben ein zweites Plakat mit folgenden Halbsätzen:

Ich freue mich ...
Ich wünsche mir ...
Ich mache mir Sorgen ...
Ich vertraue darauf ...

Jedes Kind ergänzt für sich diese unfertigen Sätze. Es kann sagen, was tieferhin das eigene Leben bewegt. Darum müssen die Schüler vorweg wissen, daß niemand seinen Text vorlesen muß. Jeder soll nur das vorlesen, was er gerne möchte. – In einem zweiten Schritt können diese persönlichen Aussagen mit dem Vaterunser zusammenkommen. Zu welcher Gebetsbitte passen die eigenen Sätze am besten? Später können wir das Vaterunser gemeinsam sprechen. Nach jeder Bitte fügen die Kinder ihre eigenen Aussagen hinzu. Dem Amen folgt kein weiteres Gespräch.

Vaterunser-Collage

Alle Kinder haben Zeitungen, Zeitschriften, Kalender etc., ferner Schere, Farben, Klebstoff, Papierbögen verschiedener Größe. In ihren Bild- und Fotomaterialien suchen sie Bilder zu einer Bitte des Vaterunsers aus. Alle zusammen arbeiten an einer Großcollage. Wer möchte, schreibt zu seinem Bild einen Satz, der mit »ich« (»mir« oder »mich«) beginnt. Die Bilder und Texte werden anschließend einzelnen Bitten des Vaterunsers zugeordnet. Wir entdecken dabei, daß manche Bitten viele Bilder bekommen, andere weniger oder auch gar keins. Jede einzelne Bitte steht auf *einem* Plakat. Die Kinder teilen sich auf die einzelnen Plakatgruppen auf: Sie können die Bilder mit Texten kommentieren, etwas hinzumalen, ergänzende Texte wie Nachrichten vom Tagesgeschehen beifügen. Zum Schluß sehen wir uns an, was die anderen gestaltet haben. Sind einige Bitten unbearbeitet geblieben? Haben andere besonderen Zuspruch erfahren?

Der Vaterunser-Baum

»Stellt euch vor, das Vaterunser wäre ein Baum. Ein Baum hat Wurzeln, Stamm und Krone mit Blättern und Früchten. Malt das Vaterunser als Baum.

Welche Farben wählt ihr? Übertragt das Vaterunser auf den Baum. Wohin setzt ihr die Anrede, wohin die einzelnen Bitten?«

Indem die Kinder den Text in das Symbol des Baumes übersetzen, verbinden sie das Gebet mit einer lebendigen Gestalt. Dabei sind bewußte und unbewußte Kräfte beteiligt. Sie sollten ihren Baum jedoch auf einem möglichst großen Blatt malen. Zum Ende der Stunde werden die Blätter aufgehängt und miteinander besprochen.[1]

[1] Die Anregungen folgen dem Buch von *Bernhard Wilde/Philipp Neßling,* Zum Beten finden. Ein Werkstattbuch zum Beten mit Gruppen, Gelnhausen 1983, 89, 93 f, 95.

»*Schüler:* Ist der Dank für reichgedeckte Tische nicht verlogen, wenn die Produkte der hungernden Völker darauf stehen?
Lehrer: Danken kann nur, wer sieht und nachdenkt. Ohne Umweltverstand und Verantwortungsbereitschaft ist heute gewiß kein Tischgebet möglich.
Schüler: Wie meinst du das?
Lehrer: Achte einmal darauf, wie achtlos Schulbrote verkommen, die Teller nur halbleer gegessen werden, Speisen verderben und zum Abfall wandern, weil man sich daraus kein Gewissen macht. Hier beginnt die Frömmigkeit!
Schüler: Du hältst also das Wegwerfen vertrockneten Brotes oder eines nur halb gegessenen Apfels für unfromm?
Lehrer: Es geschieht entweder aus Gedankenlosigkeit, oder es fehlt an der Zucht, das weniger Schmackhafte ebenfalls zu verwenden. Beides halte ich für sündhaft.
Schüler: Das ist ein starkes Wort.
Lehrer: Aber nicht überzogen. Selbst wenn es auf dieser Welt keinen Hunger gäbe, wäre die Ehrfurcht vor aller Nahrung elementar für unser Menschsein.
Schüler: Und was ist mit den Häusern, in denen nach dem Dankgebet die Essensreste vom Teller weg in den Mülleimer kommen?
Lehrer: Das ist wie Feuer und Wasser.
Schüler: Dann ist auch das Tischgebet Ausdruck einer Lebenshaltung.
Lehrer: Wie jedes Gebet.
Schüler: Es beginnt also nicht mit der Mahlzeit, und es endet nicht damit.
Lehrer: Für den Bauern beginnt das Tischgebet zum Beispiel beim Düngen oder im Umgang mit den Tieren. Chemiker, die zu Tisch beten, verpflichten sich bewußt der Gesundheit ihrer Mitmenschen, *vor* dem Profit ihrer Konzerne. Und wenn Hausfrauen einkaufen, kochen und backen, ist diese Arbeit das Rückgrat ihres Gebets.«[1]

Lukas 17,11-19: Der dankbare Samariter

A. Diese Erzählung gehört zur Sonderguttradition des Lukas, hat also keine synoptischen Parallelen. Der einleitende V. 11 ist redaktionell und dürfte dem Evangelisten zuzuschreiben sein. Wahrscheinlich wurde auch der abschließende V. 19 dem Stück erst sekundär durch den Evangelisten beigefügt; die Erzählung selbst hat Lukas als ältere Überlieferung übernommen. Das Interesse des Textes ist weniger auf das Heilungswunder gerichtet als auf das Verhalten der Geheilten, zumal auf den Gegensatz zwischen dem geheilten Samariter und den übrigen Geheilten. Darin liegt eine entgrenzende Tendenz: Vorurteile werden überschritten, der Nicht-Orthodoxe gewinnt eine exemplarische Bedeutung.

B. Lukas erwähnt 9, 51 und 13, 22 eine »Reise« Jesu nach Jerusalem. Im Einleitungssatz unserer Perikope wird dieses Motiv erneut aufgegriffen. In V. 11 b heißt es wörtlich: »und er zog mitten durch Samaria und Galiläa«. Die

[1] *Hubertus Halbfas,* Der Sprung in den Brunnen, a.a.O., 160-162.

eigenartige Voranstellung Samarias erklärt sich möglicherweise dadurch, daß Lukas von der geographischen Lage beider Landschaften keine zutreffende Vorstellung hatte, so daß er Samaria wegen des in der Erzählung genannten Samariters unbekümmert voranstellte.

Im Fortgang ist von zehn Aussätzigen die Rede. Alles was zu dieser Krankheit, ihrer kultischen und gesellschaftlichen Wertung und zum auferlegten Verhaltenskodex hier zu sagen wäre, findet sich ausführlich im Handbuch II, 338 ff, 344 ff. Erneut ist daran zu erinnern, daß Aussätzige wohl offene Dörfer, nicht aber ummauerte Städte und schon gar nicht die heilige Stadt Jerusalem betreten durften. Sie verhalten sich in unserer Erzählung den Vorschriften entsprechend: bleiben »von ferne« stehen und wenden sich rufend an Jesus, daß er sich ihrer erbarme, das heißt: sie heile. Jesus berührt die Kranken nicht und spricht auch keinerlei Machtwort, vielmehr schickt er sie gleich fort, sich den Priestern zu zeigen, wie es Lev 13,19 und 14,2 gefordert wird. Diese Anweisung stellt das Vertrauen der Bittenden auf die Probe. Indem sie jedoch dem Wort Jesu folgen und sich auf den Weg machen, werden sie geheilt.

Erst jetzt tritt ein einzelner aus der Gruppe der zehn Aussätzigen heraus. »Als er sah, daß er geheilt war, kehrte er um und lobte Gott mit lauter Stimme.« Der Dank an Gott geht aber nicht an Jesus vorbei, sondern wird *zugleich* ihm abgestattet. Der Mann wirft sich Jesus zu Füßen und dankt ihm, wie er Gott preist. Die Erzählung bemerkt lakonisch: »Und dieser Mann war ein Samariter«. Die Textfassung wurde also aus jüdischer Perspektive konzipiert. Ursprünglich dürfte der Vorgang nicht in Samaria lokalisiert sein, sondern in einer jüdischen Landschaft wie Galiläa oder Judäa: Der Nichtjude beschämt die jüdischen Geheilten. Er wird gesund und preist das Wirken Gottes durch Jesus. Er kehrt zu ihm zurück und verbleibt nicht in Distanz.

Jesus fragt seinerseits nach den übrigen neun Geheilten. In seiner zweiten Frage formuliert er seine Erwartung: »Ist denn keiner umgekehrt, um Gott zu ehren, außer diesem Fremden?« Seinen Fragen fügt er dann noch ein Wort an den Geheilten bei: Er soll aufstehen und gehen, das heißt, seinen Weg als gläubiger Mensch gehen, denn was ihm Rettung brachte, war sein Glaube. Mit diesem Wort faßt Lukas die Erzählung zusammen.

C. Es besteht kein Anlaß, noch einmal in größerer Breite über den Aussatz in biblischer Zeit zu sprechen. Dieser Aspekt verband sich mit der Interpretation von Mk 1,40-45 im Kontext neutestamentlicher Wunderheilungen. Das Jesus-Kapitel des zweiten Bandes thematisierte diese Sachthematik hinreichend breit. Auch legt es die lukanische Perikope nicht nahe, da sich in ihr die Aufmerksamkeit nicht auf das Heilungswunder, sondern auf das Verhalten der Geheilten richtet. Insofern ist die Wahl von Lk 17,11-19 als textlicher Ausgangspunkt für die Behandlung des Dankgebetes begründet.

D. Die Religionsbuchseite stellt die schöne Geschichte aus den Fioretti obenan.[1] Wenn wir für die nebenstehende Seite 58 empfahlen, mit der Aesopischen Fabel zu beginnen, so sei diesmal die umgekehrte Reihenfolge nahegelegt: es

[1] Die Blümlein des heiligen Franziskus von Assisi. Aus dem Italienischen nach der Ausgabe der Tipografia Metastasio, Assisi 1901 von *Rudolf G. Binding*, Frankfurt 1973.

ist sinnvoll, zuerst die lukanische Perikope zu bedenken und erst danach die Dankbarkeit des heiligen Franz zu würdigen. Der Fioretti-Text findet sich ausführlicher auch im Lehrerhandbuch II, 393. Der Text im Religionsbuch 2, Seite 54, kann zur Interpretation erneut hinzugenommen werden. Auch die nachstehenden Anregungen sind für die Unterrichtsführung hilfreich.

Gedanken und Anregungen zum Danken

Danken ist eigentlich nicht mehr, als das Selbstverständliche wahr-zunehmen und sich daran zu freuen.

Und genau darin liegt auch die Schwierigkeit. Ich freue mich nicht ständig an meinem rechten Zeigefinger, den ich jetzt zum Schreiben brauche, oder an dem Licht, mit dem ich sehen kann. Erst, wenn mir etwas fehlt oder wenn etwas gestört ist, nehme ich es wahr. Viele Geschehnisse lasse ich nicht richtig in mein Bewußtsein. Ich nehme sie nicht wahr, indem ich sie kontrolliere, beurteile, katalogisiere, etikettiere, ausblende, vermeide und verdränge.

Und vor allem: Sehr oft erwarte ich noch etwas Besseres und Größeres in der Zukunft und verliere dabei das Gute und Schöne, das schon vorhanden ist. Manchmal befürchte ich etwas, was auf mich zukommen könnte und vergesse darüber den Augenblick.

Jesus spricht von denen, die mit sehenden Augen nicht sehen und mit hörenden Ohren nicht hören (Mt 13,13), und er preist die, die sehen können.

Danken heißt, offen zu sein für den Augenblick, zuzulassen, was geschieht, jetzt nichts ändern zu wollen. Danken heißt, in der Schöpfung sein.«[1]

*

»Geht einmal in Gedanken die vergangene Woche durch und versucht, euch zu erinnern, worum ihr andere gebeten habt. Wen habt ihr gebeten – zu Hause, in der Schule, in der freien Zeit – und worum ging es in euren Bitten? Schreibt alle eure Bitten untereinander auf. – Was sollen wir dazu sagen, wenn jemand kaum um etwas gebeten hat, und doch war alles da: Essen und Trinken, Kleidung und Ordnung im Haus, Lehrer und Unterricht, Freundschaft bei Sport und Spiel?

Nun überlegt noch einmal: Wann habt ihr in der letzten Woche Danke gesagt? Wann hören die Eltern ein Dankwort? Nur bei den eingeübten Anlässen, oder auch aus einem spontanen Bedürfnis heraus? Wo sagt ihr sonst Danke? Wie sagt ihr es?

Hier ist ein Stoß weißer Kärtchen. Nehmt davon so viele, wie ihr braucht und schreibt auf jedes Kärtchen eine Bitte. Darüber den Namen des Empfängers.

Und nun holt euch bitte ein rotes Kärtchen, jeder eines. Denkt wieder an die letzte Woche zurück und laßt euch eine Bitte einfallen, die ihr aus irgendeinem Grund nicht geäußert habt. Dann schreibt auf das rote Kärtchen diese unausgesprochene Bitte, und wenn es geht, auch den Namen desjenigen, dem ihr sie eigentlich stellen wolltet.

[1] *Klaus W. Vopel/Bernhard Wilde*, a.a.O., 16.

Jetzt sucht euch einen Partner aus, mit dem ihr besprechen wollt, was ihr auf die weißen Kärtchen geschrieben habt. Teilt euch mit, welche Bitten für euch leicht und welche schwer waren. Wenn ihr genügend Vertrauen zu eurem Partner habt, könnt ihr ihm auch erzählen, was ihr auf euer rotes Kärtchen geschrieben habt.

Anschließend ist es auch möglich, alle Kärtchen (anonym) an die Pinnwand zu heften, so daß verschiedene Spalten unter den Überschriften *Mutter*, *Vater*, *Geschwister*, *Lehrer*, *Freunde*, *Gott* gebildet werden. Wer bekommt die meisten Bitten? Welche Bitten sind besonders häufig? Fällt es allen in gleicher Weise leicht, um etwas zu bitten? Ist es wichtig, daß sich Menschen mit Bitten aneinander wenden? Wie werden erfüllte Bitten beantwortet? Kennt ihr verschiedene Formen und Sprachen des Dankes? Welche? Wie kann man mit seinem Dank den anderen erfreuen? Gibt es frommen und unfrommen Dank?«[1]

*

Nehmt einen Bogen Papier und schreibt als Überschrift: »Wofür ich dankbar bin.« Zählt auf, was euch dazu einfällt. Es geht nicht darum, daß möglichst viel genannt wird, sondern daß sich jeder an die Dinge erinnert, die ihn zufrieden und glücklich machen.

Nun überlegt: Wofür möchte ich Gott danken? Malt auf einen Bogen Papier die Dinge, für die ihr Gott danken wollt: malt sie als Gegenstände oder als Zeichen, falls sie sich nur schwer darstellen lassen. Wer nicht malen will, kann auch eine kleine Geschichte schreiben über das, was ihm zum Dank Anlaß gibt.[2]

[1] Ebd., 18 f.
[2] Nach: *Bernhard Wilde/Philipp Neßling*, a.a.O., 62.

»*Schüler:* Du sagst, das wahre Gebet sei ein Gebet des Herzens, nicht des Mundes. Was ›sagt‹ das Herz eigentlich?
Lehrer: Das Herz sagt sich selbst. Darum kann niemand mit Worten umschreiben, was das Herz spricht. Herz heißt hier: die Mitte unserer selbst, die Zusammenfassung aller unserer Kräfte. Der Mensch, der mit dem Herzen zu Gott spricht, findet seine Mitte in Gott und so auch in sich, weil Gott uns ja innerlicher ist als wir uns selbst. Indem wir uns Gott übergeben, sagen wir uns selbst.
Schüler: Was heißt, sich selbst sagen?
Lehrer: Das Gebet des Herzens ist nicht etwas Bestimmtes und Begrenztes, weder eine Bitte, noch ein Schuldbekenntnis, noch ein Dank. Es ist die reine Fülle, die uns auf Gott hin möglich ist. Christlich heißt diese Fülle Liebe.
Schüler: Es wird über nichts mehr geredet als über die Liebe. Glaubst du, die Menschen suchen von Herzen die Liebe? Oder fällt ihnen das zu schwer?
Lehrer: Die Liebe ist etwas sehr Einfaches und Selbstverständliches. Aber die einfachen und selbstverständlichen Taten des Herzens sind in unserer Gesellschaft meist nur mühsam zu erlernen. Bereits das Denken über die Liebe ist heute fehlgeleitet.
Schüler: Wie meinst du das?
Lehrer: Man denkt, Liebe sei Bindung an eine bestimmte Person. Das ist nicht so. Sie ist eine Haltung, eine Ausrichtung des Herzens, die das Verhältnis zu allen Menschen und zur ganzen Welt trifft. Wenn jemand nur einen einzigen Menschen zu lieben vorgibt, allen anderen gegenüber aber gleichgültig oder gar ablehnend bleibt, ist seine ›Liebe‹ nur eine Spielart von Egoismus. Wenn du zu einem anderen sagen kannst: ›Ich liebe dich‹, mußt du auch sagen können: ›Ich liebe in dir alle Menschen; ich liebe das Leben; ich liebe die ganze Welt, und ich liebe mich selbst.‹
Schüler: Wenn die Liebe so umfassend ist, schließt sie dann immer Gott mit ein? Genauer gefragt: Liebt jeder, der die Menschen liebt, in seiner Liebe zugleich Gott?
Lehrer: Jede wahre Liebe ist göttlich, ein Tun der Gnade. Und jede wahre Liebe meint, wissend oder nicht, immer auch Gott. Wenn aber ein Mensch nicht über die naive Bindung an Mutter, Familie oder Freunde hinauskommt, oder wenn er von einem strafenden wie belohnenden Vater und anderen äußeren Autoritäten abhängig bleibt, kann er so wenig eine reife Liebe zu Gott entwickeln, wie er aus innerer Gebundenheit fremde Menschen zu lieben vermag. Auch hier ist der Sprung in den Brunnen und der Weg durchs Labyrinth Voraussetzung für das eigene Glück: also für ein Leben aus Gott.«[1]

Matthäus 4, 1-11: Du sollst den Herrn, deinen Gott, anbeten und ihm allein dienen

A. Die Perikope entstammt der Logienquelle Q. Dort gehört sie zu den jüngeren Texten. Matthäus hat sie aus dieser Tradition ziemlich unverändert übernommen. Die formale Geschlossenheit und die strenge Symmetrie des dreigliedrigen Aufbaus legen nahe, daß der Text in einem Zuge konzipiert

[1] *Hubertus Halbfas,* Der Sprung in den Brunnen, a.a.O., 191 f, 195.

wurde. Es handelt sich um Gemeindebildung, gibt also keine historische Begebenheit wieder, sondern will in einer symbolisch-mythischen Darstellungsform den wirklichen Jesus beschreiben. Religionsgeschichtlich gehört diese Erzählung zu der verbreiteten Kategorie von Versuchungstraditionen, wie sie beispielsweise auch von Buddha, Milarepa, Zarathustra u.a. überliefert werden.

In der Auslegungsgeschichte des Textes wurde gefragt, ob die drei Versuchungen allgemein-menschlich oder messianisch interpretiert werden müssen. Im ersteren Falle legt sich eine moralisch-mahnende Auslegung nahe: so wie Jesus die Versuchungen der Genußsucht, des Ruhmes und der Herrschsucht überwunden hat, soll auch der Mensch diese Versuchungen bestehen. Im zweiten Fall würde sich der Text gegen eine Deutung Jesu als einen, der Schauwunder wirkt und der politisch verstanden werden kann, wenden. Zu diesen – und anderen – Interpretationsansprüchen läßt sich grundsätzlich sagen, daß es falsch wäre, eine symbolhaft-mythische Erzählung nur für eine einzige (diskursive) Deutung in Anspruch zu nehmen. Die Erzählung ist aus sich heraus offen und erlaubt verschiedene messianisch-christologische Deutungen und in Grenzen auch eine paränetische Auslegung. Ein einziger Skopus ist hier wie anderswo gewiß falsch.

B. V. 1 knüpft an die Taufgeschichte an, er ist redaktionellen Ursprungs. In der Taufe hat Jesus den Gottesgeist empfangen, der führt ihn nun in die Wüste, ist also der eigentliche Urheber des Geschehens; demgegenüber hat der Teufel hier wie anderswo im Neuen Testament untergeordnete Bedeutung. Möglicherweise stellte sich Matthäus unter der Wüste die Gebirgswüste am Jordan vor. Wichtiger ist ihm jedoch die symbolische Bedeutung der Wüste, wie sie seit ältesten Zeiten – und nicht alleine in der biblischen Tradition – besteht.

Wie bei vielen Symbolen gibt es hier ein ambivalentes Bedeutungsspektrum. Einerseits ist die Wüste ein Land des Todes, von lebensfeindlichen Dämonen beherrscht, ein Ort der Gefahren, an dem Hunger und Durst, Sandstürme und Schlangen den Menschen überwältigen. Andererseits ist sie ein Ort der Bewährung, eine Stätte der Einsamkeit und der Offenbarung, Rückzugsbereich der gottsuchenden Menschen, der »Garten Allahs«, wie die Araber die Sahara nennen.

»Man muß, um die formende Kraft der Wüste zu verstehen, etwa die Salzkarawanen vor sich sehen, die, aus dem Innern des Tschad kommend, Tausende von Kilometern durchqueren. Diese Menschen rechnen ihr Lebensalter nicht in Jahren, sondern nach der Anzahl der Karawanen, an denen sie teilgenommen haben – 20 Karawanenwege sind ein sehr hohes Alter; und würden sie von den Strapazen ihrer Wanderung berichten, so hätten sie vor allem von der Willensanstrengung zu erzählen, die nötig ist, um Tag für Tag gegen den Sand, gegen den Wind, gegen den Durst, gegen die Erschöpfung eine bestimmte Wegstrecke bis zu einer lebenswichtigen Zisterne zurückzulegen; von der flirrenden Hitze am Tag und der klirrenden Kälte der Nacht müßten sie berichten, von dem Gefühl der ohnmächtigen Winzigkeit inmitten einer grenzenlosen Weite, über sich das strahlende Blau-Grau der Himmelskuppel oder das flimmernde Band der Sterne und um sich herum kein anderes Geräusch als das Pfeifen des Chamsin und den heiseren Schrei der Kamele. Die Menschen der Wüste wissen um die vollständige Ausgeliefertheit an die Mächte der Natur, als wollte die Landschaft selbst sie die Haltung der Gottergebenheit lehren. Aber gerade so wird ihnen inmitten von Not und Entsagung jeder Tropfen Wasser und jeder Atemzug des

Lebens, eben weil es den Einsatz des ganzen Lebens kostet, über die Maßen kostbar. Die Wüste selber lehrt, den Wert der Dinge wieder zu schätzen ... Alles käme folglich darauf an, die Menschen die ›Wüstenei‹ ihres Lebens so intensiv wie möglich fühlen zu lassen, bis daß die Energie der Sehnsucht in ihnen wiedererwachte und die erstikkende Decke des Überkonsums und der Herzensverfettung aufbräche.«[1]

V. 2: Jesus fastete, wird gesagt. Für die meisten Menschen unserer Zeit ist das nur ein Wort, dessen Erfahrungsraum niemand kennt. Zu sagen, daß der fastende Mensch seine Nahrungsaufnahme radikal einschränkt oder gar ganz einstellt, um nur noch vom Wasser allein zu leben, bleibt ja am äußeren Phänomen haften. Mit dem Fasten verbinden sich wesentlich auch innere Vorgänge: Erfahrungen einer ungewöhnlichen Freiheit und Leichtigkeit, die Erschütterung des im Alltag Verkrusteten, eine Lösung aus stationären Strukturen und das Geschenk – wenigstens in besonderen Stunden – »fliegen« zu können. Dieses Fasten dauerte »vierzig Tage und vierzig Nächte«. Die Betonung der Nächte deutet an, daß wir nicht an jene Einschränkung der Nahrungsaufnahme denken sollen, wie sie vom späteren kirchlichen Fastengebot her bekannt ist, sondern an ein absolutes Fasten, das der Nacht nicht zugesteht, was dem Tag verwehrt war. Die genannten »vierzig« Tage und Nächte bedeuten natürlich keinen kalendermäßig registrierten Zeitraum, vielmehr ist es eine symbolische Zahl für eine bedeutsame Zeit. Die Bibel mißt die Notzeit der Sintflut in vierzig Tagen, die Zeit der Wüstenwanderung, die Bedrängnis der Philisternot, die Friedenszeit unter den Richtern jeweils in vierzig Jahren. Vierzig Tage war Mose auf dem Sinai, dauerte Elijas Weg zum Horeb, währte schließlich das Fasten Jesu und die Zeit seiner Epiphanien zwischen Ostern und Himmelfahrt. Allein diese Aufzählung zeigt, daß es sich bei der Zahl vierzig nicht um ein Zeitmaß, sondern um eine Bedeutungsangabe handelt. Hinter unserem Text steht keine historische Recherche, sondern der Sinn für theologische Tradition und symbolische Sprache. Vielleicht war für die judenchristliche Gemeinde, in der unser Text entstand, die Anknüpfung an die vierzig Tage des Mose und des Elija besonders wichtig, wenngleich sich damit keine typologische Deutung nahelegt.

V. 3: »Nachher hatte Jesus Hunger«, heißt es V. 2b in größter Knappheit. Der Hunger wird nun zum Anlaß für Jesu Versuchung. Schwierigkeiten bereitet hier die Vorstellung vom Teufel. Der Text deutet ihn wohl als eine sichtbare Gestalt, wenn er formuliert: »Er trat hinzu und sprach«. Allerdings gibt es nirgendwo im Neuen Testament eine Schilderung dieses Versuchers. Er scheint trotz der Wendung vom Hinzutreten nicht weiter sichtbar, sondern nur hörbar gedacht zu sein. Dabei spielt in diesem Weltbild die Existenz dämonischer Mächte eine fraglos selbstverständliche Rolle. Eingeschlossen darin ist die Erfahrung, daß boshafte Dämonie den einzelnen wie unzählbare Massen ergreifen kann, so daß Furcht und Grauen von ihnen ausgehen. Im Zusammenhang mit dem Hexenwahn, der die christlichen Völker ergriff und alle mitmenschliche Güte aus ihren Gesichtern trieb, den Judenpogromen unserer eigenen jüngeren Geschichte und dem Rassenwahn, wie er mal hier, mal da die Völker schüttelt, ist uns die fürchterliche Macht solcher Dämonie deutlich

[1] *Eugen Drewermann,* Das Eigentliche ist unsichtbar. Der Kleine Prinz tiefenpsychologisch gedeutet, Freiburg i. Br. 1984, 39 f.

geworden. Andererseits sieht unser Text, daß die Versuchung selbst nicht grenzenlos ist und auch der Versucher über keine unbeschränkte Autonomie verfügt. V. 1 sagt ja, daß Gott selbst Jesus dem Versucher zuführte. Dahinter könnte die mythische Tradition von Ijob 1,6-12; 2,1-6 stehen, die den Teufel als »Diener« Gottes sieht. Damit ist gesagt, daß selbst das Böse noch in Gottes Hand bleibt.

Die folgenden drei Versuchungsszenen arbeiten alle mit bedeutsamen Zitaten aus dem Buche Deuteronomium. »Wenn du der Sohn Gottes bist, so sage, daß diese Steine zu Brot werden sollen!«, lautet der erste einschmeichelnde Vorschlag. Den Zusammenhang von Stein und Brot haben wir schon erwähnt und zugleich auf Band II, 481 f verwiesen. Der Sohn-Gottes-Titel an dieser Stelle ist nicht von den erst später entfalteten Interpretationen der christologischen Konzilien her zu deuten. Er formuliert ein besonderes Erwählungs- und Näheverhältnis zu Gott. Im Kontext zu dem Vorschlag, angesichts des eigenen Hungers aus Wüstensteinen Brot zu machen, will der Titel nahelegen, dies müsse für Jesus ein leichtes sein. Die Wundermacht soll in den Dienst der eigenen Bedürfnisse treten. Jesus weist dieses Ansinnen mit einem Wort aus dem Deuteronomium zurück. Dort heißt es 8,3: »Er demütigte dich und ließ dich hungern und speiste dich dann mit Manna, das du und deine Väter nicht gekannt hatten, um dir kundzutun, daß der Mensch nicht vom Brot allein lebt, sondern von allem, was das Wort des Herrn schafft.« Vom Brote zu leben, ist für den Menschen unumgänglich. Vom Brote allein zu leben, ist für seine Seele und sein Verhältnis zu Gott erstickend. Daß der Mensch auch von jedem Wort lebt, das aus dem Munde Gottes hervorgeht, war für Jesus selbstverständlich. Gerade deswegen wurde er selbst zu Brot für den Hunger der Welt (→Religionsbuch 3, S.48/49).

VV. 5-7: Auch die nächste Versuchungsszene ist fiktiv. Sie versetzt Jesus und den Teufel auf die Zinne des Tempels. Dabei beginnt nun der Teufel seinerseits Bibelverse zu zitieren, man möchte meinen, in einer frommen Manier, indem er zu einem grenzenlosen Vertrauen in den Schutz Gottes auffordert. So scheint er zu fordern, daß Jesus die Bibel ernst nimmt und auf seine konkrete Situation bezieht. Die Szene zeigt, daß selbst der Teufel mit Schriftzitaten hantieren kann und daß deren rein verbale Auslegung so gut wie nichts wert sein muß. Die Intention ist ja nicht auf die Ehre Gottes gerichtet, sondern auf eine äußere Geltung des Menschen Jesus, auf eine Demonstration seines Vertrauens. Aber das wäre keineswegs ein Wagnis des Glaubens, in solcher Mutwilligkeit Gott versuchen zu wollen und seinen Schutz zu beanspruchen. Die Stelle hier korrespondiert mit zwei weiteren Situationen, von denen das Evangelium später erzählt. Mt 26,53 f verzichtet Jesus auf einen Hilferuf an Gott und bleibt seinem Geschick treu: »Oder meinst du, daß ich nicht meinen Vater bitten könnte, und er würde mir sogleich mehr als zwölf Legionen Engel zur Seite stellen?« Ähnlich wird 27,40 von den Passanten gegenüber dem gekreuzigten Jesus erzählt: »Die Vorübergehenden aber lästerten ihn, schüttelten die Köpfe und sagten: Der du den Tempel zerstörst und in drei Tagen aufbaust, rette dich selbst, wenn du der Sohn Gottes bist, und steige vom Kreuz herab!« Die Antwort Jesu an den Versucher hat also ihren gültigen Rückbezug in seinem Verhalten, das ihn gerade in den bedrängten Situationen seiner Passion als einen Mann zeigte, der keiner Unannehmlichkeit auswich. Jesus gab Gott die Ehre, indem er sein Leben im jeweils aktuellen Tag annahm und lebte.

VV. 8-10: Der Ort der dritten Versuchung ist »ein sehr hoher Berg«. Ähnlich wurde Mose auf einen hohen Berg geführt, um »das ganze Land«, nach rabbinischer Deutung sogar die ganze Welt zu schauen (Dtn 34,1-4). Doch bei Mose ist es Jahwe, der ihn dies schauen läßt; dort stirbt er, ohne seine Hand noch darauf legen zu können. Diese Szene hat hingegen die Intention, Jesus mit politischer Herrschaft zu locken. Dabei wird der Teufel als »Herr der Welt« gesehen, der faktische Macht übertragen kann. Muß man tatsächlich zum Teufel überlaufen, wenn man diese Welt regieren will? Die Verführung fordert zu einer eindeutigen Absage an Gott heraus. Nicht mehr dem Verborgenen soll die Anbetung gelten, sondern dem, der Einfluß und Macht verspricht, Herrschaft und Besitz. Nachdem sich die Alternative so bis zur äußersten Spitze gesteigert hat, kann Jesus den Versucher endgültig abweisen. Damit ist der Teufel besiegt und nun kommen – wohl in Übernahme von Mk 1,13 – Gottes Engel, um ihm zu dienen. Der Sieg bleibt jedoch sehr verhalten, ohne Andeutung eines Triumphes.

C. Es stellt sich die Frage, mit welchem Recht diese Perikope unter dem Titel des Lobgebetes steht. Zu beachten ist, daß Jesus in diesem Text weniger seine Messianität als seine Frömmigkeit zeigt. In allen drei Versuchungssituationen erweist er sich als der Gott vollkommen vertrauende Mensch – in seiner Passion wird dies endgültig offenbar – und ist eben darin der wahre Sohn.[1] Nichts lobt Gott mehr als ein solcher Mensch, der sich ganz auf seine Mitmenschen, auf deren Sorgen und Nöte, auf die eigenen Wege zum Tod einlassen kann, ohne dabei das Vertrauen zum Leben und zum Sinn allen Daseins zu verlieren. Vor allen Worten soll der Mensch in seiner konkreten Existenz Gott loben.

Für Kinder bleibt der Begriff »Lobgebet« natürlich zunächst auf besondere Texte und Anlässe bezogen. Wenn wir mit ihnen diese Perikope betrachten, wäre zu zeigen, wie Jesus jede Versuchung abweist, die ihn der eigenen Situation entführt. Sein Leben soll Gott vertrauen, indem er sich den Gegebenheiten des Tages unterstellt. Selbst dem Hinrichtungstod am Kreuze hat er sich nicht zu entwinden versucht, nachdem dies die Konsequenz seines tatsächlichen Lebens geworden war. Um das Verständnis des Lobgebetes vor den üblichen Festlegungen zu bewahren, ist es wichtig, dieses *als eine Weise des Lebens* zu deuten, als eine Form der Frömmigkeit, die nicht primär kultisch gerichtet ist, sondern *als Innerlichkeit des Alltags* gekennzeichnet werden könnte. Unser Umgang miteinander zeigt dann mehr diese Frömmigkeit als jenes Gebet, das wir möglicherweise zu Beginn des Schulmorgens sprechen, wenngleich hier nichts alternativ sein muß, sondern eins das andere erschließen kann.

Noch ein weiteres Bedenken drängt sich auf: Schon immer tat sich eine monophysitisch orientierte Tradition schwer, die Versuchungen Jesu wirklich ernst zu nehmen. Im Grunde lag für sie das Problem darin, daß Jesus überhaupt versucht werden konnte, hingegen war es keine Frage, daß er die Versuchung bestand. Wer in dieser Linie unsere Erzählung interpretieren will, würde ihr nicht gerecht. Ohne den Versuchungen ihr Gewicht zu lassen, kann auch das Lob und die Anbetung Gottes nicht zur Sprache kommen.

[1] Vgl.: *Eduard Schweitzer,* Das Evangelium nach Matthäus, Göttingen 1973, 36.

D. Der unterrichtliche Umgang mit dieser Perikope ist zweifellos schwer. Mit exegetischem Wissen allein gelingt er nicht. Einem Lehrer mit geringen Erfahrungen kann er nicht angeraten werden. Die Schwierigkeiten liegen auf verschiedenen Ebenen:

Die erste Problematik muß für Schüler, die im vierten Jahr mit unseren Religionsbüchern arbeiten, nicht abschreckend sein. Es geht um die Frage der Geschichtlichkeit des Textes. Die Kinder können – nach vielen voraufgegangenen Erfahrungen – einsehen, daß hier in symbolischen Szenen etwas erzählt wird, was sich faktisch mannigfach im Leben des historischen Jesus ereignet hat. Es ist jedoch wichtig, daß sie die einzelnen Versuchungsszenen in ihrer Dramaturgie nicht als Berichte mißdeuten, sondern sowohl die Orte als auch den Dialog als fiktive Setzungen verstehen lernen.

Das zweite Aufgabenfeld ist mit den vielen Begriffen gegeben, die einer näheren Entfaltung bedürfen:

die Wüste
das Fasten
vierzig Tage und vierzig Nächte
die Zinne des Tempels
der sehr hohe Berg

Mit all diesen Orten und Angaben verbinden sich weit herkommende Erfahrungen, die mit ein paar trockenen Sachinformationen nicht zur Sprache kommen können. Unsere Handbücher bieten fast zu jedem Komplex eigene Ausführungen, wollen zur Erschließung des Textes also entsprechend breit mitbeachtet werden.

Eine besondere Schwierigkeit mag manch einer in den Begriffen »Sohn Gottes« und »Teufel« sehen. Es sollte jedoch unterbleiben, im Kontext dieser Perikope eine christologische Dogmatik zu entfalten. Der Sohn-Gottes-Begriff steht bei Matthäus noch ganz im jüdischen Traditionsfeld und bezeichnet ein besonderes Erwählungs- und Näheverhältnis. Der Teufel ist hier der Versucher. Die aktuelle Debatte über den Teufelsglauben, wie sie Herbert Haag eröffnet hat,[1] sollte an dieser Stelle nicht aufgenommen werden. Es genügt, wenn im Unterricht der Teufel als personifizierte Versuchung deutlich wird.

Die eigentliche Herausforderung der Perikope aber ist mit ihrer Theologie gestellt. Hier genügt es nicht, unsere Kommentierung zu lesen; bevor wir darüber im Unterricht sprechen, ist eine persönliche Aneignung des Textes und eigene spirituelle Ausfüllung wichtig. Dabei darf der Blick auf das Rahmenthema »Gebet« nicht unterbleiben. Wenn die Überschrift unserer Interpretation nicht außer Acht gerät: »Du sollst den Herrn deinen Gott anbeten und ihm allein dienen«, fällt die Adaption leichter. Wir können mit den Kindern auch darüber sprechen, wie *unsere* Versuchungen aussehen, statt Gott in allem zu suchen und anzubeten, irgendwelche Dinge an seine Stelle als Ziel zu setzen. Dann gewinnt gerade die letzte Szene bedeutsame Aktualität.

[1] *Herbert Haag,* Teufelsglaube. Mit Beiträgen von *Katharina Elliger/Bernhard Lang/Meinrad Limbeck,* Tübingen 1974.

Kirche: Mit der Kirche leben

Unser Kirchen-Kapitel im Religionsbuch für das 4. Schuljahr ist sehr »positiv«, dabei im gewählten Ausschnitt durchaus authentisch. Die Fotografie Hartmut Voglers fängt reales Leben ein, das niemand für unsere Zwecke gestellt hat. Alles das gibt es im Spektrum des Jahres und vieles andere täglich, wöchentlich, nicht nur einmal, sondern in unzähligen Gemeinden. Es ist ein ermutigendes Leben.

Auch die Texte dieses Kapitels sind authentisch. Sie mußten verständlicherweise gekürzt werden, aber allesamt sind sie originäre Zeugnisse. Sie bezeugen Lebendigkeit und soziale Wachheit ebenso wie Freude an Gemeinsamkeit und Gemeinde, die niemandem Anlaß zu Mißmut und Spott bieten. Dennoch dürfen wir hier nicht so tun, als böte diese Reportage ein gültiges Bild jedweder Gemeinde. Nicht überall wären solche Aufnahmen möglich gewesen, nicht überall entstehen solche Zeugnisse eigener Gemeindeaktivität. Man muß schon an manchem Kirchturm vorbeifahren, um Gottesdienste dieser Festlichkeit, eine Krankenbetreuung durch berufstätige Männer oder eine Arbeit für Kinder zu finden, die mit dem Altenheim verbindet. Erst recht muß man gleich an einigen Domkirchen vorbeifahren – jedenfalls 1985 noch –, wenn man liturgischen Tanz von meditativer Kraft im Gottesdienst kennenlernen will. So betrachtet entwirft unser Kirchen-Kapitel ein sehr optimistisches, um nicht zu sagen »geschöntes« Bild von Gemeindeleben. Aber ähnlich ist es mit dem Schulleben ja auch, das wir in unseren Religionsbüchern entwerfen. Um alles das zeigen zu können, was uns für jede Schule wünschenswert und wichtig erscheint, waren nicht minder lange Reisen notwendig, wenngleich in manchen Regionen sich auch viele gute, beispielhafte Schulen erstaunlich zahlreich präsentieren.

Der Entwurf von Gemeinde, der in unserem kleinen Kapitel steckt, möchte also Maßstäbe setzen, Maßstäbe freilich, deren Konkretisierung keineswegs im Handlungsbereich der Schule liegt. Man müßte schon, mit Bildern und Texten in der Hand, zum eigenen Pfarrer, zum Pfarrgemeinderat gehen und fragen, was sich vereint tun läßt, damit unsere Kinder die guten Worte und traumhaften Entwürfe des Religionsunterrichts in der eigenen Heimat beglaubigt erfahren. Gesetzt den Fall, das geschähe so, die Pfarrer wären auch ihrerseits alle offen und kooperativ..., und wir würden in einer Reihe von Jahren ein ähnliches Gemeindeleben sich entwickeln sehen, wie es unser Kapitel skizziert..., bestünde dann Grund zu der Hoffnung, unsere heutigen Schüler auch morgen und übermorgen in diesen Gemeinden noch anzutreffen, ihnen dort als junge Erwachsene und Erwachsene immer wieder begegnen zu können?

Es wäre Realitätsblindheit zu glauben, eine Entscheidung über die *kirchlichen* Bindungen unserer Schüler läge allein bei den Lebensvorgängen einer intakten Gemeinde. Viele andere Faktoren spielen dabei ebenfalls eine Rolle, etwa der häusliche Hintergrund, das Freizeitmilieu, die Freunde und Bekannten – und natürlich in entscheidender Weise das übergreifende Bild der Kirche in der Gesellschaft. Auch wenn die Kinderzeit gute Erfahrungen mit dem kirchlichen Gemeindeleben verbindet, sind damit keineswegs Fundamente für die Zukunft gelegt. Andererseits sind belastende Erfahrungen innerhalb der religiösen Sozialisation gewöhnlich für ein ganzes Lebensschicksal bestimmend. Damit wir hier den eigenen Orientierungshorizont nicht zu eng halten, sondern unsere Schüler schon jetzt auf dem Hintergrund einer immer kirchen- und religionskritischen Gesellschaft wahrnehmen lernen, wollen wir zunächst einige Pflöcke setzen, mit denen heutige Schriftsteller ihre Sicht von Religion und Kirche markieren. Wir wählen deren Zeugnisse, weil sich in ihrer Position eine Sensibilität artikuliert, die auch für andere spricht – und nicht selten gerade für jene, die nach Kindheit oder Jugendzeit Abschied von der Kirche nehmen.

»Ich habe mich sehr früh freigemacht von all diesem Druck«[1]

Gespräch mit Martin Walser:

»Sie haben also durchaus eine katholische Sozialisation durchgemacht?

Ich bin sozusagen im Mittelalter aufgewachsen. Meine Mutter hat mich vollkommen in ihre Angstwelt eingeschlossen; aber nicht nur mich, sondern auch meine zwei Brüder. Es gibt keinen Bereich, der davon nicht durchdrungen gewesen wäre; vom Essen über das Geld, die Krankheit, den Tod, alles.

Gab es also so etwas wie traumatische religiöse Prägungen für Sie, die nachwirken bis heute?

Ja, ich bezeichne mich in meinem eigenen Selbstverständnis als katholischen Krüppel.

Was heißt das?

Ich glaube, daß ich verkrümmt bleiben werde in meiner Erlebnisweise. Davon kann ich mich nicht mehr erholen. Das hat nichts mit meiner intellektuellen Emanzipation zu tun. Aber in der Fühlweise, der Empfindungsweise, sozusagen in der Schreckhaftigkeit bleibe ich verkrümmt. Das kommt von meiner Mutter. Da kann ich böse sein oder nicht, da kann ich fluchen oder nicht! Ich weiß, daß ich mich nicht aufrichten werde. Auch wenn ich das, was mich drückt, nicht anerkenne. Ich kann mir klar machen, daß ich nicht imstande bin, zu glauben. Da haben Sie schon das richtige Wort gewählt: es sind traumatische Erinnerungen. In diesem Punkt bin ich verletzt.

Die Gotteserfahrungen, die aus dieser Zeit rühren, sind also alle angstbesetzt?

Ja.

Es gab nie eine andere Seite dieser Kindheit?

Nein.

...etwa über das katholische Ritualsystem, die Sakramentenpraxis...?

Nein. Das, was ich damit zu tun hatte, war ja hauptsächlich die Beichte, und die war total angstbesetzt. Das war ein verzweifeltes Bohren um die vollkommene Reue. Ich habe mich verkrampft, um diese Reue zu erlangen und habe gleichzeitig gesehen, daß es doch keine Reue ist. Ich fing also wieder von vorne an; wieder eine neue Drehung und immer dieselbe Drehung. Ein unerfüllbares Gebot also. Das war eine Irrsinnsschraube, die meine Mutter in Gang gesetzt hat.

[1] Die folgenden Gesprächsauszüge sind entnommen dem Buch von *Karl-Josef Kuschel,* Weil wir uns auf dieser Erde nicht ganz zu Hause fühlen. 12 Schriftsteller über Religion und Literatur, München 1985.

In welchem Alter begannen Sie, sich kritisch mit der Religion, dem Christentum, auseinanderzusetzen?

Das Wort ›kritisch‹ ist natürlich zu hoch gegriffen, weil es einen so gelehrten Anspruch besitzt. Ich glaube, daß dieses erfolglose Bemühen, richtig zu beichten, eine im Grunde genommen *praktizierte Kritik* war. Ich bin daran immer wieder verreckt. Irgendwann hört dann das Beichten auf, weil man sich das dann einfach nicht mehr zumuten kann. Dieses Unternehmen wird dann ja zu einer praktizierten Lüge, und diese Lüge ist so primitiv, daß man sie sich nicht mehr gestatten kann.

In Ihrer Büchner-Rede heißt es: ›Ob ein Kind, das in einer komplett atheistischen Familie aufwächst, noch erschreckt, wenn es 15 oder 19 wird und selber erlebt, daß Gott fehlt? Oder vermißt so jemand überhaupt nichts?‹ Was hat Sie veranlaßt, so scharf die Frage nach dem Fehlen Gottes zu stellen? Ich vermute, es war mehr als der äußere Anlaß der Büchner-Lektüre. Oder gar der Preisrede.

Es ist genau die zitierte Frage. Ich kann Sie nur hinausrufen, um zu hören, ob jemand darauf etwas sagt... Anteil an der Kirche nehme ich, weil ich die Kapläne liebe. Wir hatten damals zwei Kapläne, und einer von den beiden besaß alle Bände von Karl May. Und deshalb sind wir als Buben immer scharenweise zu diesem Kaplan hinausgewandert, haben ihm unsere alten Karl-May-Bände gebracht und die neuen bei ihm geholt. Ich trete deswegen nicht aus der Kirche aus. Ich bezahle meine Kirchensteuer sozusagen als nachgezahlte Bibliotheksspende für diese Bücher, die ich bei diesem Kaplan geholt habe. Die Bücher haben mir sehr viel bedeutet. Das war eine Kirche, die ich nicht vergesse, eine liebenswürdige, eine schöne Kirche. Aber die offizielle Kirche, die ich jetzt als Zeitgenosse erlebe, finde ich furchtbar. Die ist genauso furchtbar wie der Literaturmensch – Professor oder Kritiker –, der ein Klassikerzitat, beispielsweise von Goethe, Fichte oder Hölderlin, zur Legitimierung von Macht einsetzt. Genau das passiert in der Kirche.«

Gespräch mit Barbara Frischmuth:

»Wie würden Sie denn heute Ihr Verhältnis zum Katholizismus generell beschreiben?

Ich bin milder geworden insofern, als ich Katholiken nicht von vornherein als ebensolche abstemple. Aber eine wirkliche Beziehung zum heute existierenden Katholizismus habe ich nicht – auch wenn ich aus diesem Milieu komme; daß es da natürlich kein wirkliches Entrinnen gibt, habe ich mit der Zeit einsehen gelernt.

In Ihrem letzten Roman ›Kopftänzer‹ heißt es von der Hauptfigur: ›Sie fühlte sich schon längst keiner Glaubensgemeinschaft mehr zugehörig, hatte keinerlei Sympathie für Klerikales und sah die Kirchen als Vertreter von Macht, die sie sich im Laufe der Geschichte erkämpft, ermissioniert oder erschlichen hatten‹. Beschreibt sich in solchen Sätzen auch Barbara Frischmuth selber?

Jein. Ich glaube schon, daß ich diese Sätze unterschreiben könnte, aber sie sagen nicht alles. Für mich ist der Katholizismus heute ein autobiographisches Detail, mit dem ich leben muß. Aber ich hatte zum Beispiel nie den Wunsch, mich dem Katholizismus in irgendeiner Form wieder zu nähern. Im Gegenteil: Durch die Veränderung des liturgischen Ritus im Gottesdienst ist er mir noch unsympathischer geworden, das muß ich ehrlich sagen.

Sie sagten einmal, der Katholizismus stecke in der Haut...

Das habe ich nicht gesagt, diese Formulierung ist die Erfindung eines Journalisten. Was er gemeint hat, behaupten auch Freunde manchmal von mir: daß ich es nicht verleugnen könne, katholisch erzogen und aufgewachsen zu sein. Das stelle auch ich immer wieder an mir fest. Eine gewisse Art zu leben ist in dieser Hinsicht kaum mehr veränderbar. Man wehrt sich auf der einen Seite ungeheuer gegen bestimmte übernommene Dinge und auf der anderen Seite kultiviert man sie fast.

Was meinen Sie damit?

Da gibt es beispielsweise eine große Affinität zur Ritualisierung, gegen die ich mich zwar wehre, auf die ich aber immer wieder in irgendeiner Form stoße. Die Art, wie ich mein Leben gestalte, hat durchaus etwas mit dieser Gesetzmäßigkeit der frühen Kindheit zu tun.

Man kann also sagen, daß es so etwas wie ein katholisches Erbe im geistig-spirituellen Sinn bei Ihnen gibt?

Das glaube ich schon. Dafür hat mich das Katholische in meiner Kindheit einfach zu sehr beeindruckt. Meine ganze Polemik gegen die Klosterschule bezieht sich ja immer nur auf eine Seite. Von bestimmten anderen Eindrücken konnte ich mich dagegen nie befreien: Beispielsweise das Herbergssuchen um sechs Uhr früh, wenn wir in der Adventszeit als Zehnjährige aus den Betten gescheucht wurden und bei Finsternis und beginnendem Schneetreiben, mit gefrorenen Fäustlingen, unser Kerzerl in der Hand hielten und über die Wege im Park gestolpert sind ... Das war schon ungeheuer beeindruckend. Man war ja auch unausgeschlafen und eher bereit, etwas Unirdisches zu empfinden.

Was erwarten Sie denn heute von der katholischen Kirche?

Nichts. Mein Engagement geht einfach nicht so weit, daß ich sagen könnte, ich erwartete irgendetwas von der katholischen Kirche.«

Gespräch mit Peter Härtling:

»*Welcher Art ist Ihr Engagement in der konkreten Institution Kirche und welche Erfahrungen haben Sie damit gemacht?*

Mein Verhältnis zur Institution Kirche war mal näher, mal ferner, das hat auch mit früheren Erfahrungen zu tun. Meine Mutter nahm sich 1946 das Leben und der einzige Mensch, der sich aufschloß und meine Schwester und mich sozusagen als Leidende annahm, war ein Pfarrer in Nürtingen. Ich habe ihm das nie vergessen. Er lebt noch und ich mag ihn sehr. Er ist einer von den Menschen, der mir klargemacht hat, was glauben bedeutet. Er macht es mir heute noch klar.

Ich habe mich dann häufig von der Kirche entfernt durch Zweifel, auch durch Nachdenken. Im übrigen bin ich ein sporadisch zäher Kirchgänger. Ich war dann wieder aufgeweckter und wachte auch wieder auf, als ich vor etwas sechs Jahren zum Evangelischen Kirchentag eingeladen wurde. Die Gespräche dort und einige sehr präzise, sich am Text reibende Schriftauslegungen, etwa durch Ernst Käsemann, haben mir sehr geholfen.

Als dann hier in Walldorf die Auseinandersetzung um die Startbahn-West begann, kam ein Gemeindemitglied, das im Kirchenvorstand mitarbeitete, und fragte, ob ich denn nicht mitmachen wolle, oder meine Frau. Ich überlegte mir das und sagte mir: Das ist eine Gelegenheit, auch die Vorurteile, die du hast, wenigstens einmal zu überprüfen, indem du dort hingehst, wo es möglicherweise am verkrustetsten ist. Ich habe dann den Kirchenvorstand hier als besonders aufmerksam und lebendig erlebt. Dies ist hier auch eine Waldenser Gemeinde, eine reformierte unter lauter lutherischen Gemeinden. Man fragt sich hier unablässlich gegenseitig ab, duldet einander aber auch in extremen Spannungen.

Die Amtskirche ist für mich nicht mehr von großer Bedeutung, muß ich gestehen. Wenn der christliche Glaube dieses Jahrhundert überstehen, wenn die Kirche Menschen wachrufen und beleben will, dann sollte die Amtskirche, sollten die Verwalter und Bürokraten immer mehr zurücktreten. Wenn ich die DDR und die dortigen Gemeinden besuche und mit Pfarrern spreche, dann denke ich oft, daß die Kirche dort den Gemeinden viel näher ist und dadurch wohl auch dem Glauben. Die Kirche in unserem Land wird ja viel zu sehr verwaltet, auch dogmatisiert, weil Verwaltungen schnell dogmatisieren. Und ich glaube, daß ein Pfarrer, der in einer Gemeinde über drei, vier Jahre ernsthaft arbeitet, der auch ernsthaft seinen Glauben mitteilt, immer größere Schwierigkeiten haben wird mit den Kirchenverwaltungen.

Trotzdem bleibt es ein erstaunliches Phänomen: ein Schriftsteller in einem Kirchenvorstand. Wie kommen Sie sich dort vor, auch im Hinblick auf andere Kollegen?

Überhaupt nicht komisch. Sie meinen wahrscheinlich, daß man sich da ein bißchen schrullig, ein bißchen merkwürdig vorkommt. Ich finde das gar nicht. Ob ich in einer Partei bin – ich habe mich ja sehr lange für die SPD eingesetzt, habe dort auch meine politische Heimat, obwohl ich oft an dieser Partei leide –, ob ich im Gemeinderat bin oder ob ich im Kirchenvorstand sitze, das sind zunächst einmal alles Angebote an den Bürger, wenn er sich öffentlich machen will. Und die Kirche gehört zur Öffentlichkeit. Natürlich: Ich muß evangelischer Christ sein, ich muß evangelische Kirchensteuer zahlen, um überhaupt in einem Kirchenvorstand mitarbeiten zu können. Das ist mir klar. Aber ich kann das ja genauso wieder lassen.

Können Sie über ihr christliches Engagement, das ja keineswegs so öffentlich bekannt ist, mit Ihren Schriftstellerkollegen reden?

Ich kann mit einigen meiner Kollegen sicher ohne Mühe sprechen und auch mit Verständnis rechnen. Zum Beispiel mit Walter Jens. Ich könnte es sicher auch mit Günter Grass, mit Heinrich Böll. Ich habe es nie getan. Weshalb nicht, kann ich nicht so recht sagen. Wir kommen eigentlich nie darauf.

Hat das nicht auch mit dem von Ihnen erwähnten Sprachverlust zu tun? Gibt es ein Sprachdefizit unter Schriftstellern, was den Glauben betrifft?

Nein. Es gibt eher eine zunehmende Angst vor zu großen Wörtern. Wir Schriftsteller trauen uns nicht. Ich halte das nicht für eine Armut, sondern für den Ausdruck einer Verwunderung, einer Empfindlichkeit, für den Ausdruck dessen, daß wir Schriftsteller nicht so voreilig sind, große Wörter über die Lippen gehen zu lassen.

Sie wagen es jetzt in diesem Gespräch, öffentlich über Ihren Glauben zu sprechen. Unterscheidet Sie das von anderen Schriftstellern?

Auch das nicht: Walter Jens tut es sehr häufig. Heinrich Böll hat seine Verzweiflung in vielen seiner Bücher ausgedrückt und ist deswegen für mich einer derjenigen Gefährten geworden, die mich immer wieder glauben ließen – so merkwürdig sich das anhört.«

Gespräch mit Luise Rinser:

»Wenn Sie von jungen Leuten, die nicht mehr über starke Bindungen zur Kirche verfügen, die sich auch nicht so sehr intellektuell mit der Theologie und dem Glauben des Christentums auseinandersetzen können, aber dennoch religiöse Grundanliegen haben, gefragt würden: Warum soll ich angesichts dieser Welt, deren Hinfälligkeit und Brüchigkeit ich tagtäglich spüre, an Gott glauben, möglicherweise gar an den christlichen Gott, was würden Sie antworten?

Ich würde sagen: Deine Frage ist falsch. Nämlich: Du *mußt* gar nicht an Gott glauben, Du *darfst* an ihn glauben. Aber, so würde ich sagen und so sage ich wirklich: Was ist denn dieser Gott für Dich? Was ist es, woran Du glaubst oder nicht glaubst? Ich wurde vor zwei Jahren einmal gebeten, in einer Münchener Vorstadtschule Religionsunterricht zu geben, in einer auch konfessionell gemischten Klasse von Fünfzehnjährigen. Da wurde ich gefragt: Kann man sich Gott vorstellen? Ein junges Mädchen, Friseurlehrling, sagte: ›Also das ist so: Es gibt Sachen, die man nicht sieht und die doch da sind; wenn ich zum Beispiel ein Kind streichle und es lieb habe, dann weiß ich, was Gott ist.‹ Das ist eine geniale Antwort, nicht wahr? Wenn sie Menschen liebt, erfährt sie Gott.

Bei meinen Gesprächen mit jungen Menschen sehe ich ab von allen theologisch-religiösen Klischees. Ich wende mich sozusagen direkt an die innere religiöse Erfahrung der jungen Menschen. Es ist höchst überraschend zu erfahren, was junge Menschen von vornherein wissen.

Wenn Sie auf die letzten 20 Jahre zurückblicken und sich Religion, Kirche, Theologie anschauen – was ist, was war dominierend, was wird in den nächsten Jahren überleben? Was wird vielleicht wieder neu erwachen? Wohin gehen Kirche, Theologie, Religiosität?

So einfach ist das nicht zu sagen. Aber ich meine folgendes sagen zu dürfen: Vom Zweiten Vatikanischen Konzil ist vieles von manchen hohen Herren zugeschüttet worden. Von der alten thomistischen Theologie wird, glaube ich, wenig bleiben. Wir müssen zwar auf dem Fundament der alten Theologie weiterbauen, aber wir müssen schauen, daß man uns möglichst viel Freiraum läßt. Was der Papst zum Beispiel unterbinden will. Die ganze Entmythologisierung muß überwunden werden, der ganze Intellektualismus. Jesus hat ja ganz untheologisch gesprochen. Obwohl er ein Rabbi war. Wir müssen wieder zurück zu den Mythen. Wir müssen nicht nur das Dogmatisch-Gemeinsame in den christlichen Religionen herausstellen, nicht nur ›ökumenisch‹ denken, wir müssen tiefer graben, bis dorthinunter, wo wir auf die Mythen stoßen, die der ganzen Menschheit gemeinsam sind. Die Theologie der Zukunft könnte dort ansetzen, wo der Bruder des großen Dogmatikers Karl Rahner, der Theologe Hugo Rahner, zu arbeiten begann: Auf dem Gebiet der Symbolik der Kirche. Ich glaube nicht, daß die Zukunft der Theologie in der Sozialkritik liegt, so unabdingbar wichtig sie ist. Wichtiger noch ist das Auffinden des Lebensquells in den Mythen.«

Die Gesprächsfragmente, die wir hier wiedergeben, artikulieren durchaus unterschiedliche Positionen, und doch verbindet sie zugleich eine durchgehende Gemeinsamkeit. Als dieses Gemeinsame wird zunächst eine religiös verletzte Kindheit deutlich. Es scheint, daß Berührungen mit allzu ausgeprägten kirchlichen Erziehungsintentionen zu Verwundungen führen können, die oft ein Leben lang nicht mehr heilen. Als zweites ist die hohe Empfindsamkeit für das Wort zu nennen. Klischeehafte Sprache, direkte Begrifflichkeit, ausschließlich traditionsgesteuerte Rede ohne eigene Brechung, verursachen eine Distanz, die seitens der Kirche nicht mehr überbrückbar ist. Drittens kennzeichnet alle Autoren – auch wenn dies in unseren Auszügen nicht jedesmal zur Sprache kommt – ein Fragen und Suchen über das Christentum hinaus. »Es gibt doch keinen *christlichen* Gott!«, sagt Luise Rinser. »Es gibt Gott. Es gibt eine christliche *Gottesvorstellung*, es gibt eine buddhistische Gottesvorstellung. Wir wissen doch alle nicht, was oder wer Gott ist. Ich kann Ihnen irgendeine theologische Definition geben, aber das hilft doch nichts. Was Gott ist, erfährt man aus ganz anderen Erkenntnisquellen.« Schließlich steht hinter diesen Gesprächen die Überzeugung, daß »die Zeit rein intellektueller Theologie« vorbei ist. Für alle Autoren ist die »Zweite Naivität« (→III, 516 f) selbstverständlich, wenngleich der heutige theologische Erkenntnisweg keineswegs von jedem hinreichend überschaut und nachvollzogen zu sein scheint. So kommt auch manches subjektive Konzept zustande, das wahrscheinlich einen breiteren Konsens tragen könnte, wenn die informativen Voraussetzungen, sprich: die theologischen Kenntnisse allgemeiner verbreitet wären.

Für unsere didaktische Orientierung ist dieser Blick in die geistige Szenerie unserer Zeit unverzichtbar. Wer Kinder dieser Zeit unterrichtet, muß im Gespräch mit den wesentlichen Vorgängen in der eigenen Gesellschaft stehen. Eine kirchliche Orientierung in der Religionspädagogik geschieht nur dann sehenden Auges, wenn der Blick diese Kirche auch von außen wahrnimmt, um so die Sensibilität für alles Reden und Handeln, aber noch mehr für unser Schweigen und Wartenkönnen zu bilden.

Muß die Kirche die Jugend verlieren?

Gegen Ende der Grundschulzeit können wir bei manchen Kindern bereits erste Symptome ihrer nächsten Orientierung wahrnehmen. Aus Erfahrung wissen wir, daß sie schon zwei oder drei Jahre später deutliche Signale religiöser Distanzierung an den Tag legen, und daß es dann oftmals scheint, all unsere Arbeit im Religionsunterricht der Grundschule sei wie nie gewesen. Mit Sicherheit ist das ein falscher Eindruck, der aber trotzdem sehr belasten kann. Es sollte nie das größere Vertrauen ersticken, daß vieles ähnlich dem Weizenkorn in den Boden sinken und sterben muß, um nach Phasen anderer Umschau schließlich doch aufzubrechen und neues Leben zu treiben. Andererseits bleibt – statistisch drückend belegt – auch die immer breitere Erfahrung, daß bald nach der Kinderzeit die Verbindung zur Kirche reißt und nie mehr neu geknüpft wird. Adolf Exeler antwortet auf die Frage, ob die Kirche die Jugend verliert, »mit einem eindeutigen Ja«:

»Die Kirche ist heute für die meisten Jugendlichen, auch für die, die nominell noch zu ihr gehören, keine Größe mehr, die ernstlich für ihr Leben etwas bedeutet. Ich spreche hier nur von der *katholischen* Kirche in *unserem* Land; aber ich habe den Eindruck, daß es in der evangelischen Kirche unseres Landes nicht viel anders ist...

Gibt die Kirche in unserem Land der Jugend für eine Neuentdeckung und für eine entsprechende neue Artikulation des Evangeliums genügend Möglichkeiten und genügend Ermutigung? Fordert sie nicht zuviel an Vorleistungen in Formen der Christlichkeit, wie sie ältere Generationen vertreten? Das Einräumen von Spielwiesen, auf denen sich Jugendliche tummeln können, genügt nicht. Sie müssen die ernsthafte Möglichkeit haben, *ihre* Akzente im Verständnis des Evangeliums in das Leben der Kirche einzubringen.

Wenn das stimmt, dann hat dies erhebliche Konsequenzen für das Verhältnis der Kirche zu ihrer Jugend. Dann kann es nicht darum gehen, sie in eine Kirche zurückholen zu wollen, die nicht bereit ist, sich selbst zu verändern. Dann geht es vielmehr darum, selbstlos Hilfestellung dafür zu geben, daß innerhalb der Jugend selbst Kirche werden kann, nicht nach dem Muster der Erwachsenen, sondern in einer neuen Aneignung des Evangeliums. Dann geht es nicht darum, die Jugend zur Kirche hinzuführen, damit sich die Jugend ihr anpaßt, sondern darum, sie einzuladen, auf ihre Weise konstruktiv an der Verjüngung der Kirche mitzuarbeiten.

Die Jugend kann z. B. darauf aufmerksam machen, daß die Kirche, um der Größe ihrer Aufgabe besser gerecht zu werden, viel bescheidener von sich selbst denken muß. Was sich heute als Kirche darstellt, ist keineswegs alles gottgewollt oder gar unwandelbar.

Wenn die Kirche ernstlich lernt, bescheidener von sich zu denken, wird sie auch die nötige Beweglichkeit haben, um mitten in einer überorganisierten, unpersönlichen Lebenswelt als eine Bewegung in Erscheinung zu treten, von der Menschen sich gerade wegen ihrer wohltuenden Menschlichkeit angezogen fühlen. Viele Jugendliche stoßen sich mit Recht daran, daß sie die Kirche vorwiegend als imponierend auftretende, selbstsichere Institution erfahren, als eine Institution, die an der jungen Generation vor allem um ihrer Selbsterhaltung willen interessiert ist. Wo dieser Eindruck aufkommt, vertreibt man die jungen Menschen. Denn sie suchen eine lernende Kirche, in der alle miteinander unterwegs sind; eine Kirche, die weiß, daß sie sich in ihren Ausdrucksformen wandeln muß, wenn sie – gerade wegen der Treue zu ihrem Herrn – den Herausforderungen der jeweiligen Zeit gewachsen sein will.

Ein gutes Verhältnis der älteren Generation zu ihrer Jugend zu verwirklichen, ist für die Kirche keineswegs leicht. Denn Jugendliche werden schnell ungeduldig, wenn sich anscheinend nichts vom Fleck rührt, nicht nur in den kleinen, auch in den großen Fragen. Sie nehmen sich mit großer Unbekümmertheit, aber auch mit großem Elan gerade der Fragen an, um die sich Erwachsene gern herumdrücken. Dies gilt übrigens nicht nur für die Kirchen; es gilt ganz ähnlich für die politischen Parteien. Was den Erwachsenen zu brisant scheint, Probleme, an denen man sich die Hände schmutzig machen könnte, greift die Jugend auf. Sie nimmt es der Kirche übel, wenn sie sich zu den konkreten, bedrängenden Problemen der Menschen nicht äußert; wenn sie sich nicht traut, zu Fragen der Aufrüstung, der systematischen Vernichtung von Nahrungsmitteln usw. eindeutig Stellung zu nehmen.

Das Engagement der Jugend in solchen Fragen verschreckt viele Bürger, auch die der Kirche, obwohl es vollauf in Einklang steht mit einschlägigen Äußerungen von Päpsten, päpstlichen Kommissionen und Bischofssynoden...

Die in der Überschrift gestellte Frage ist nicht rhetorisch gemeint; beide Antwortmöglichkeiten sind offen. Die Kirche *muß* keineswegs die Jugend verlieren – wenn sie sich ändert. Sie *wird* sie aber *zwangsläufig* verlieren, wenn sie bleibt, wie sie ist.«[1]

Und welche Antwort gibt der Religionsunterricht?

Die Frage nach dem Verhältnis von Jugend und Kirche ist an die Kirche insgesamt gerichtet. Die Schule kann sie nicht beantworten, der Religionsunterricht auch nicht. Das Bild der Kirche in der Öffentlichkeit hat hier die eigentliche Relevanz. Solange kirchliche Amtsträger vom Religionsunterricht eine werbende Wirkung für die Kirche erwarten, die sie ihrerseits unbewußt durch Sprachhabitus und manche Formen der Repräsentanz wieder durchkreuzen, ist unter den Beteiligten nicht einmal Kommunikation und Verständigung hergestellt. Insofern bleibt selbst der beste Religionsunterricht ohnmächtig, wenn seine guten Worte von Kirche, Gemeinde und Gemeinschaft im örtlichen und überörtlichen Erfahrungsraum keine Deckung finden, die mit dem eigenen Lebensgefühl korrespondiert.

Die positive Antwort, die der Religionsunterricht auf diese Situation geben kann, liegt in unserem gesamten Unterrichtswerk vor. Hier geht es nicht um punktuelle Entgegnungen, sondern um eine Totalität, die den Lehrer in seiner Person, seine sachliche Kompetenz und alles, was zu Schule und Unterricht gehört, umgreift. Eine zweite, enger gefaßte Antwort gibt das vorliegende Kirchen-Kapitel. Darin sind Vermittlungen zwischen Schule und Gemeinde eingeschlossen, die nicht alleine von der Lehrerschaft geleistet werden können; sie bedürfen der Aufnahme und Ermutigung seitens des Pfarrers und seiner Mitarbeiter. Es sei empfohlen, bevor Unterricht geplant wird, unser Religionsbuch mit dessen Fotos und Texten über kirchliches Gemeindeleben zum Gegenstand einer gemeinsamen Konferenz zu machen, damit am je konkreten Ort nicht unbeglaubigt bleibt, was Wunsch und Hoffnung suchen.

[1] *Adolf Exeler*, Muß die Kirche die Jugend verlieren?, Freiburg i. Br. 1981, zit. n.: *Werner Trutwin*, Forum Religion 4, Düsseldorf 1985, 112 f.

»Unser Glaube sucht eine Kirche...« S. 65

A. »Jesus, ja – Kirche, nein!« heißt eine verbreitete Einstellung unter Christen. Eine Fülle geschichtlicher und aktueller Einwände wird geltend gemacht, um diese Parole zu erklären. Ohne Zweifel kann man endlose Sündenregister dieser Kirche auffüllen und schreckliche Dokumente aneinanderreihen. Wer die Vergangenheit kennt, weiß davon, fühlt sich betroffen und bisweilen bis ins Innerste irritiert. Die Kirche begeistert nur selten, stößt öfter ab, als daß sie fasziniert. Ein Bekenntnis zu ihr entspringt kaum rührender Überwältigung; falls doch, so muß man fragen, ob die Gründe nicht durchweg dieser Welt angehören.

Wenn Christen ihre Hoffnung dennoch auf *diese* Kirche richten, so weniger wegen des äußeren Erscheinungsbildes, in dem sie entgegentritt, sondern weil sie in aller Armseligkeit ihrer Menschen und Werke trotz allem auf »die Kraft und die Herrlichkeit« ihr Vertrauen setzen. Es geht demnach um die dem Glauben aufgegebene Kirche, die ohne diesen Glauben nicht zu ertragen wäre und ständig Anlaß böte, ihr den Rücken zuzukehren.

Im Glaubensbekenntnis heißt es nicht: »Ich glaube an die heilige Kirche«, sondern: »Ich glaube die heilige Kirche«. Die Kirche tritt also nicht als Glaubensgegenstand neben Gott; darum betonten schon Theologen der alten Kirche, daß es nur bei den göttlichen Personen einen »Glauben *an*« gebe. Im Apostolicum ist das Bekenntnis zur Kirche dem Glauben an den Heiligen Geist untergeordnet; damit soll die Verheißung betont werden, unter der die Kirche steht.

B. Der Text, der unser Kapitel »Mit der Kirche leben« einleitet, ist ein Dokument der Sehnsucht. In seiner sprachlichen Gestalt erlaubt er eine Gliederung, wie sie die strophenartige Einteilung sichtbar macht. Im ersten Teil erfährt die Kirche ihre entscheidende Kennzeichnung durch die stete Beifügung, »die gesandt ist, ...«. Ob sie tatsächlich die Kranken heilt, die Verlorenen rettet, die Tränen trocknet, die Einsamen umarmt, die Nicht-Geliebten küßt... wird nicht gesagt. Aber jedem, der diese Zeilen liest, fallen Geschichten und Berichte ein, die von all diesen Gesten der Liebe wissen. Vermutlich gibt es keine Kirchengeschichte, die breit davon erzählt, wie diese Kirche ihre Sendung zu den Geängstigten und Ungeliebten verstanden und eingelöst hat. Es würden erstaunliche Geschichten zu lesen sein, die Gottfried Benns Verwunderung über das Gute in der Welt aufs höchste steigern müßte. Aber was immer auch an Namen dort begegnete, an Dokumenten greifbar würde, wir hätten zu gewärtigen, daß hinter diesem Buch, so dick es wäre, ungeschriebene Bücher von erstaunlichen Ausmaßen stehen, weil alles das, was sich im Leben der Heiligen verdichtet, immer auch im Alltag der kleinen Leute findet, und das Heer dieser Kirche, die gesandt ist, die Hungrigen zu sättigen und die Durstigen zu tränken, ist größer als unsere Wahrnehmung reicht. Freilich müssen sich die Konturen dieser Kirche keineswegs mit jenem Kirchenbild decken, das die Medien zeichnen, das die verfaßte Kirche oft selbst von sich entwirft.

Viele, die sich fest zu ihr rechnen, mögen in jenen Reihen fehlen, und viele, die sich ihr fremd gegenüber sehen, stehen täglich im Dienst ihrer Sendung.

Vor den Dominikanern von Latour-Maubourg hielt 1948 *Albert Camus* einen vielbeachteten Vortrag: »Die Welt erwartet von den Christen«, sagte er, »daß sie sich aus der Abstraktion befreien und dem blutüberströmten Gesicht gegenübertreten, das die Geschichte in unseren Tagen angenommen hat. Die Vereinigung, die uns nottut, ist eine Vereinigung von Menschen, die gewillt sind, eine klare Sprache zu sprechen und sich mit ihrer Person einzusetzen. Wenn ein spanischer Bischof politische Hinrichtungen segnet, ist er kein Bischof mehr und kein Christ, ja nicht einmal ein Mensch; dann ist er ein Hund, genausogut wie jener, der von der Hohen Warte einer Ideologie aus die Hinrichtung befiehlt, ohne die Arbeit selbst zu verrichten. Wir warten, und ich warte darauf, daß sich die Menschen vereinigen, die keine Hunde sein wollen und die entschlossen sind, den Preis zu zahlen, den es kostet, damit der Mensch mehr ist als der Hund.«

Es hat immer Liebe gegeben unter den Menschen, aber wohl erst durch Jesus und die ihm folgenden Gemeinden ist das Feindschema gesprengt worden, die Fremdheit des Anderen und Nichtdazugehörigen, und ist *jeder* der Nächste geworden, den seine Notlage dazu macht. Wer in diesen Dienst eintritt, hat Teil am menschgewordenen Gott und gehört zur Kirche Jesu Christi. Für die verfaßte Kirche aber gilt: Die Kirche ist nur dann und nur soweit wirklich Kirche, wenn sie für andere da ist. Eine in die selbstproduzierten Eigenprobleme verstrickte Kirche wird zum Zerrbild ihrer Sendung.

Der zweite Absatz unseres Textes spricht von einer Kirche der Beschmutzten, einer Kirche der Verleumdeten, einer Kirche der Getretenen, der Kirche der Verschwiegenen. Auch hier definiert nicht Verbandsdenken die Kirche, sondern jener innere Blick, der in den Armen dieser Welt den *anderen* Christus erkennt, wie er sich bei Mt 25,35 zu erkennen gibt (→I, 120). An diese Beschmutzten, Verleumdeten, Getretenen, Verschwiegenen müssen wir glauben: daß sie mit uns Kirche sind, dem einen, unteilbaren Christus zugehörig, und daß wir sie nicht aufgeben können, ohne die Kirche aufzugeben.

C. Unser Text – seine Grundform in den ersten zwei Absätzen stammt von Wilhelm Willms – ist in Sprache und Form einfach und bietet den Kindern keine Schwierigkeiten. Dennoch ist seine spirituelle Gestalt voller Kühnheit, die über ein kindliches Fassungsvermögen hinausgeht, das heißt, der Text erfüllt die notwendigen Ansprüche, die ihn für Kinder angemessen machen. Zu »erklären« sollte wenig sein; mehr geht es um ein Assoziieren, um Verbindungen mit Legenden und Geschichten, Bildern und Fotos, Erfahrungen und Fragen, Namen und Orten...

D. Zum Beispiel können wir eine Kirche, die gesandt ist, die Kranken zu heilen, Tränen zu trocknen, Aussätzige zu küssen..., mit den bisher vermittelten Bildern und Texten unserer Religionsbücher zu veranschaulichen suchen. Als erste Beispiele sei verwiesen auf das Religionsbuch für das 1. Schuljahr: S. 18/19; 20/21; 24/25; 26/27; 28/29; 34/45; 40/41; Religionsbuch für das 2. Schuljahr: S. 34–44; Religionsbuch für das 3. Schuljahr: S. 37–50. Aber natürlich verweisen die je sparsam herangezogenen Traditionen auf wesentlich breitere Zusammenhänge. Wenn wir bisher von Martin von Tours, Elisabeth von Thüringen, Franz von Assisi, oder Maximilian Kolbe, Martin Luther King, Oscar Romero oder Mutter Theresa sprachen, so können wir diese Reihe nun in vielfacher Weise ergänzen, beispielsweise mit Las Casas und Friedrich von Spee, Vincenz von Paul oder Damian Deveuster.

In anderer Weise läßt sich unser Text auch mit Bildern konkretisieren und meditieren. Vorzugsweise bietet sich dazu die Dia-Edition zu unserem Unterrichtswerk an. Wer richtig hinschaut, sieht, daß ein großer Teil dieser 64 Bilder das geistliche Gesicht einer menschlichen, sich erbarmenden Kirche beschreibt.[1]

Aber auch der zweite Absatz unseres Textes kann mit den Materialien der Religionsbücher seine Auslegung erfahren: Am dichtesten verkörpert sich die Kirche der Ausgestoßenen und Beschmutzten in den Bildern von Relindis Agethen, insbesondere im Jesus-Zyklus des 2. Bandes. Aber nicht minder begegnete sie bereits im 1. Schuljahr in der Gestalt jenes kleinen traurigen Mädchens, das bezeichnenderweise eine bürgerliche Kritik von dort am liebsten vertreiben würde. – Und natürlich will der Holzschnitt auf Seite 65 mit hinzugenommen werden.

Sigmunda May: »Ich habe euch auf der Flöte gespielt, und ihr habt nicht getanzt« S. 65

A. Sigmunda May ist Franziskanerin und gehört zum Kloster Sießen bei Saulgau in Oberschwaben. Geboren 1937, trat sie nach dem Abitur 1958 dort ein und studierte anschließend an der Kunstakademie und der Technischen Hochschule Stuttgart. Mit ihren Fächern Geographie und Kunstgeschichte ist sie seit 1969 Kunsterzieherin am ordenseigenen Mädchengymnasium St. Agnes in Stuttgart. Gleichzeitig begann sie selbst als Künstlerin zu arbeiten, wobei sie sich ihren Ausdruck vorzugsweise in den schwer zu handhabenden Materialien Stein und Holz sucht.

Die bedeutenden Holzschnittfolgen, aus denen unser Religionsbuch einige Bilder als zweite Ebene zu dem sonst fotografisch dokumentierten Kapitel zeigt, entstanden seit 1973. Die meisten Schnitte sind schwarz-weiß, nur wenige mehrfarbig. Mit erstaunlicher Intensität umkreisen nahezu alle Holzschnitte die neutestamentliche Jesus-Erfahrung: eine Gestalt, die werbend, verbindend und befreiend die Menschen an sich zieht.

B. Im Anschluß an Mt 11, 17 läßt sich zum vorliegenden Holzschnitt sagen: »Ich habe euch auf der Flöte gespielt, und ihr habt nicht getanzt.« In der Mystik gibt es das Bild des tanzenden Jesus:

> »Jesus der Tänzer Meister ist,
> zum Tanze hat er hohe List,
> Er wendet sich hin, er wendet sich her,
> Sie tanzen alle nach seiner Lehr.«

Dahinter steht eine alte Tradition, die letztlich bis David zurückführen mag (→S. 454 ff). Nachdem über Jahrhunderte Jesus nur noch im Pathos des Herr-

[1] *Hubertus Halbfas,* 32 Dias zu den Religionsbüchern 1 und 2; 32 Dias zu den Religionsbüchern 3 und 4, (Patmos Verlag) Düsseldorf 1984/1986.

schers und Weltenrichters, im Gestus des Segnens oder in der meist sentimentalen Statik der »Herz-Jesu-Figur« begegnete, finden wir hier – neben der Tradition des Harlekins und Narren (→III, 46 f) – wieder den zum Tanz aufspielenden und selbst tanzenden Jesus: Der die Flöte blasende Jesus lädt seine Jünger ein – es sind die symbolischen Zwölf –, sich zu rühren, in den Rhythmus der Musik mit Leib und Seele einzustimmen. Doch der Block der jungen Männer verharrt unbewegt. Verblüfft, irritiert, starren sie auf die Flöte, klammern sich aneinander, stehen dicht gedrängt, einer den anderen stützend, einer den anderen fesselnd. Wie soll dieser monolithische Block in Bewegung kommen? Wie sollen sie gar erst tanzen, wenn sie einmal in die Jahre kommen und durch Titel, Insignien und Würden auch innerlich immobil werden! Man merkt es der Körpersprache dieser Jüngerschaft an, wie sehr sie das verlockende, einladende Spiel zum Tanz verwirrt. Ihre Füße zeigen alle in die Gegenrichtung, möchten alles andere als nachfolgen – denn Nachfolge ist zunächst ganz wörtlich zu verstehen: Jesu Schüler gingen, wenn er unterwegs war, einige Schritte hinter ihm her, wie die Toraschüler hinter ihrem Rabbi –, so daß diese Einladung zum Tanz wohl eher die eigenen Pläne durchkreuzt.

Das Bild des musizierenden, tanzenden Jesus verweist auf Leichtigkeit und Freiheit. »Der Teufel ist der Geist der Schwere«. In dieser Gestalt der Festlichkeit und Freude ist zugleich die Botschaft Jesu dargestellt: sie macht froh, lädt ein zum Fest (→III, 361 ff, 366), entkrampft Leib und Seele und gliedert alle ein in einen einzigen Gestus des Miteinanders: »Sie werden beim Reigentanz singen: All meine Quellen entspringen in dir.« (Ps 87,7)

C. Der Holzschnitt von Sigmunda May thematisiert Jüngerschaft und Nachfolge. Wir sind diesem Spektrum bereits im 3. Schuljahr ausführlich nachgegangen (→III, 268 ff, 275-339). Dabei war unübersehbar, daß Nachfolge oft im Zeichen des Kreuzes steht. Hier wird jedoch Nachfolge als Einladung zu Tanz und Fest akzentuiert; der Geist soll leicht werden, der Körper locker, die Füße beweglich und flink:

wir tanzen
wir tanzen
wir tanzen vor einem
der die lahmen
zum tanzen bringt
wir tanzen
wir tanzen
mit dem einen
der über den Schatten springt.

D. Was liegt vor diesem Holzschnitt näher, als selbst zu tanzen? Wir thematisieren den Tanz, zumal den meditativen und liturgischen Tanz in diesem Buch ja näherhin (→S. 44ff, 457ff), so daß sich im unterrichtlichen Kontext auch eigene erste Tanzformen empfehlen.

Von der Taufe läßt sich nicht reden, ohne daß das Ganze des Christentums in den Blick kommt: Die Taufe ist allen christlichen Kirchen gemeinsam; sie gilt ihnen als das grundlegende Sakrament. Zusammen mit der Bibel ist sie eines der wesentlichen Bänder, durch die Christen in aller Welt in all ihrer Unterschiedlichkeit zusammengehalten werden. Trotz mancher Differenzen im Taufverständnis und in der Taufpraxis erkennen die christlichen Kirchen und Freikirchen die Gültigkeit der Taufspendung in den jeweils anderen Kirchen an.[1] Grundsätzlich gilt in der christlichen Tradition: *Jeder* Mensch kann taufen, sei er Christ oder auch nicht, wenn jemand die Taufe erbittet, wie sie in der Christenheit gespendet wird, und wenn er tun will, was die Christen tun. Der Empfänger muß wenigstens implizit die Taufe so begehren, wie die christliche Glaubenstradition sie versteht. Als gültiger Taufritus findet in der Christenheit Anerkennung, wenn der Taufende den Täufling mit Wasser besprengt oder begießt oder in Wasser taucht oder untertaucht und dabei die trinitarische Taufformel spricht: »Ich taufe dich im Namen des Vaters und des Sohnes und des Heiligen Geistes.« Auch die in der Ostkirche verwendete Formel findet Anerkennung: »Getauft wird der Knecht – die Magd – Gottes, N., im Namen des Vaters. Amen. Und des Sohnes. Amen. Und des Heiligen Geistes. Amen.«

Taufe im Neuen Testament

Die Taufe wird quer durch das Neue Testament bezeugt, wenngleich Jesus selbst niemals getauft hat. Vorbildlich für die christliche Praxis war wahrscheinlich die Johannestaufe. Zwar ist das Wasser als Symbol kultischer Reinigung ein in der gesamten Religionsgeschichte verbreiteter Brauch (→II, 488 ff), doch hat Johannes sie in eigener Weise radikalisiert. Diese Taufe war eine Taufe der Umkehr zur Vergebung der Sünden: Johannes nämlich sah die Mehrzahl der jüdischen Mitmenschen von wahrer Frömmigkeit weit entfernt, und darum dem Strafgericht Gottes ausgeliefert. Aus Sorge um ihr Schicksal mahnte deshalb Johannes seine Volksgenossen, ihr Leben zu korrigieren. Glaubwürdiges Zeichen dafür sollte das Untertauchen im Wasser des Jordans sein. Wer so getaucht – getauft aus dem Wassergrab stieg, gehörte von da an

[1] Die katholische Kirche geht davon aus, daß sich diese Gültigkeit zweifelsfrei und positiv feststellen läßt. »Das gilt auch für die Taufe der Siebentags-Adventisten, ja sogar für die von der ›Neuapostolischen Kirche‹ und für die von den Mormonen gespendete Taufe trotz deren unbiblischer Intention. Dagegen können die Taufe der ›Zeugen Jehovas‹ (a), die als öffentliche Absage an die Christenheit und ihrer den Satan zum Urheber habenden Trinitätslehre begriffen wird, (b) ferner die Taufe der ›Christengemeinschaft‹, in der weltanschauliche Bestandteile der Anthroposophie dargestellt werden und (c) die Taufe der ›Christian Science‹ (die ihrerseits jedes Sakrament ablehnt, weil sich Geist nicht mit Materie verbinden kann, aber dennoch einen dem Irrtum absagenden Ritus vollzieht) nicht als christliche Taufe anerkannt werden.«
Johannes Brosseder, Art.: Taufe/Firmung, in: *Peter Eicher* (Hrsg.), Neues Handbuch theologischer Grundbegriffe, Bd. 4, München 1985, 167-182, hier: 168.

zum »Rest« des auserwählten Volkes: zu den Geretteten in der Stunde des Gottesgerichtes.

Jesus selbst hat sich dieser Taufe unterzogen, doch haben erst nach Ostern die ersten Christen »die Taufe des Johannes selbst übernommen und jeden Neuaufgenommenen zum Zeichen der Reinigung von allen Sünden im Wasser untergetaucht oder mit Wasser besprengt. Aber sie haben der Taufe einen neuen Sinn gegeben: sie tauften ›auf den Namen Jesu‹.«[1]

Durchweg ist im Neuen Testament von der Taufe auf den Namen Jesu die Rede, doch ist in dieser Formel stets der von Gott Auferweckte gemeint, mit dem die Christen durch seinen Geist verbunden sind. Insofern faßt das ausgehende Matthäusevangelium »die letzten Worte des Auferstandenen« richtig zusammen, wenn es die Taufformel trinitarisch formuliert: »Tauft sie auf den Namen des Vaters und des Sohnes und des Heiligen Geistes« (Mt 28,19).

Nach Paulus ist der Tod Jesu der letzte Grund der Taufe: »Wißt ihr denn nicht, daß wir alle, die wir auf Christus Jesus getauft wurden, auf seinen Tod getauft worden sind? Wir wurden mit ihm begraben durch die Taufe auf den Tod... Wenn wir aber mit ihm gleich geworden sind in seinem Tod, dann werden wir mit ihm auch in seiner Auferstehung vereinigt sein« (Röm 6,4a.5). So verbindet die Taufe symbolisch mit dem Schicksal Jesu. Die Getauften sind Menschen, die Christus zugehören und in ihrem Denken, Reden und Tun durch seine Weisung bestimmt sind. Gott zu dienen heißt seit Jesu Leben, Tod und Auferstehung: der Liebe zu dienen und alles zu tun, was den Mitmenschen zugute kommt. So begründet die Taufe eine weltweite Bruderschaft, in der nicht Jude und Grieche, nicht Sklave und freier Herr, nicht Mann und Frau zählt, wie Paulus Gal 3,28 sagt, und uns heute ergänzen läßt: eine Bruderschaft, der weder Rasse noch Nationalität, weder Amt noch Ansehen Grenzen setzt, weil sie für alles offen ist, was Menschenantlitz trägt.

Der Taufunterricht

Die Taufe ist an das Wort gebunden: »Als sie das hörten, traf es sie mitten ins Herz, und sie sagten...: Was sollen wir tun, Brüder? Petrus antwortete ihnen: Kehrt um, und jeder von euch lasse sich auf den Namen Jesu Christi taufen..., dann werdet ihr die Gabe des Heiligen Geistes empfangen« (Apg 2, 37 f). Ähnlich nahm auch Philippus das Wort und erklärte dem äthiopischen Hofbeamten das Evangelium von Jesus Christus, so daß dieser schließlich fragt: »Was steht meiner Taufe noch im Wege?« (Apg 8,26-40) Wo immer von einer Spendung der Taufe die Rede ist, stets geht ihrem Empfang eine Unterweisung im Glauben an den in Christus Jesus offenbar gewordenen Gott voraus. Im zweiten Jahrhundert bildet sich bereits ein dreijähriges strenges Katechumenat zur Vorbereitung auf die Taufe heraus. Dabei ist die Erwachsenentaufe die Regel; die Kindertaufe wird erst seit Ende des zweiten Jahrhunderts erwähnt, doch erfolgte sie – ohne eigenen Ritus – im Rahmen der Erwachsenentaufe. Bevorzugte Tauftage waren die Osternacht und, wenngleich seltener, Epiphanie und Pfingsten. Eingeleitet wurde die Liturgie durch

[1] *Ulrich Wilckens,* Taufe, in: Theologie für Nichttheologen, hrsg. v.: *Hans Jürgen Schultz,* Stuttgart 1966, 346.

Handauflegung, Beschwörung, Anhauchung und Bezeichnung mit dem Kreuz durch den Bischof. Während dann der Bischof ein Gebet über das Wasser spricht und die verschiedenen Öle konsekriert, entkleiden sich die Täuflinge vollständig – Jungen wie Mädchen, Männer wie Frauen – und werden in ihrer Nacktheit symbolisch ins Paradies zurückversetzt: »Ihr wart nackt vor den Augen aller und schämtet euch nicht.«[1] Später schafft man dann verdeckte Zugänge zum Taufbad, um die nackten Täuflinge »den Augen aller« zu entziehen, und schließlich kommen sogar Doppelbaptisterien für die getrennte Männer- und Frauentaufe vor.

Nach der Ganzsalbung des Täuflings durch einen Presbyter steigt dann ein Diakon mit ihm ins Wasser – später übernimmt diesen Dienst bei Frauen eine Witwe, Jungfrau oder Diakonisse. Nach der Taufe legen die Getauften wieder Kleider an, der Bischof legt ihnen die Hand auf, und danach beginnt die Taufeucharistie.

Die älteste pastorale Handreichung, die wir zum Taufgespräch kennen, ist die kleine Schrift Augustins (354-430) »De catechizandis rudibus«, die ihre Entstehung den Verlegenheiten der praktischen Seelsorge verdankt. Der Diakon mit dem schönen Namen Deogratias aus Karthago empfindet nämlich die Taufkatechese als eine Last und wendet sich an den Bischof Augustinus, und auch dieser verhehlt nicht, daß es ihm ganz ähnlich geht.

> »Du sagst«, resümiert Augustin die Klage des Diakons, »Du fühltest Dich fast ständig in Verdrückung, wie man das, woran wir glauben, angemessen vermitteln könne, wovon man ausgehen und bis zu welchem Punkt man den Stoff durchnehmen müsse; ob man nach Abschluß des informativen Teils ein Wort der Ermahnung anbringen oder die Gebote getrennt davon vorlegen solle ... Und oft – so hast Du in Deinem Brief gestanden und geklagt – hast Du die Erfahrung machen müssen, daß Du Dir bei Deinem langen und schleppendem Vortrag selbst billig und widerwärtig vorkamst – ganz zu schweigen von dem, für den Du sprachst und denen, die sonst noch da waren und zuhörten.« (cap. 1)

In der Art, wie Augustin hier die Klage des Diakons aufnimmt und wiedergibt, zeigt sich schon, daß er dem überforderten Katecheten Verständnis entgegenbringt. Aber im Unterschied zu Deogratias sieht er seinerseits die Problematik nicht in den inhaltlichen und didaktischen Anforderungen des Taufunterrichts, sondern im Engagement der eigenen Person. Augustins Frage zielt darauf, wie man es erreichen könne, daß der Katechet die Freude am Taufgespräche bewahrt:

> »Darum soll man sich nicht zu sehr den Kopf darüber zerbrechen, welche Lerninhalte dargeboten, in welchem Umfang die Heilsgeschichte ausgebreitet werden sollte oder wie man Abwechslung in den Unterricht bringen kann, indem manches kürzer, anderes länger behandelt wird – natürlich ohne Einseitigkeiten –; vielmehr muß die größte Sorge sein, wie man erreichen kann, daß der, der im Glauben unterweist, dies mit Freude tut. Denn je mehr ihm dies gelingt, um so besser wird seine Katechese sein.« (cap. 4)

Augustin beschreibt hier eine Erfahrung, die jeder Lehrer nachvollziehen kann, mehr noch aber jeder Seelsorger und alle Gemeindehelfer, die auf Klein-

[1] *Johannes von Jerusalem,* Jerusalemer cat. myst. 2.2

gruppenbasis eine Tauf-, Eucharistie- oder Firmvorbereitung durchführen: erst die emotionale Zuwendung zu den Bewerbern sichert ein kommunikatives Einverständnis, und nur jener, der sich mit Freude auf den anderen Menschen wirklich einläßt, geht selbst nicht leer aus; das Lehrer-Schüler-Verhältnis wendet sich, der Gebende erfährt sich als der Beschenkte:

»Wenn sich nämlich unsere Hörer davon betroffen sein lassen, daß wir sprechen, und wenn wir uns davon berühren lassen, daß sie uns zuhören, wohnen wir gewissermaßen ineinander. Und so kommt es, daß sie, was sie hören, gewissermaßen in uns sprechen und wir auf geheimnisvolle Weise in ihnen lernen, was wir lehren.« (cap. 17)[1]

Die Problematik, die Augustin und der Diakon Deogratias erörtern, hat sich für die heutige Kirche nur noch gesteigert. Die Mehrheit der Eltern ist ja außerstande, ihre Kinder in den christlichen Glauben einzuführen und zu einem christlichen Leben zu erziehen. Da aber auch die nächste Öffentlichkeit kaum noch eine christlich orientierende Kraft hat, besteht hohe Wahrscheinlichkeit, daß die meisten der getauften Kinder nie zu einem bewußten Christentum durchfinden, es vielmehr bei einem sie selbst nicht befriedigendem Taufscheinchristentum belassen.

An dieser Stelle wird gewöhnlich die Taufe selbst, namentlich als Kindertaufe, zur Disposition gestellt. Die Debatte über deren Für und Wider ist hier nicht zu resümieren,[2] vielmehr sollen einige Konsequenzen im Blick auf die faktischen Verhältnisse unterstrichen werden:

Erstens: Es kann heute noch weniger als je zuvor eine Taufe ohne vorausgehendes oder nachfolgendes Katechumenat geben. Taufe verweist immer auf Glauben; darum bleiben Taufe und Glauben »ein Lebensthema, das nie zu Ende ist« (Walter Kasper).

Zweitens: Die Kirche wird zwar immer Kirche der Sünder sein, sollte aber nie Kirche der Ungläubigen sein. Darum dürfen Sakramente immer dann nicht gespendet werden, wenn sie sich nicht auf den Glauben stützen können. Dies gilt vom grundlegenden Sakrament der Taufe in besonderer Weise.

Drittens: Für die Kindertaufe ergibt sich damit die Frage, ob die Zulassung nicht vom Glauben der Eltern abhängig gemacht werden muß. Eine Beantwortung dieser Frage muß sich ebenso sehr vor rigoroser Strenge wie vor laxer Nachsichtigkeit hüten: Wenn die Taufe für Eltern zunächst nur eine unverbindliche Feierlichkeit ist, ist die Abwehr ihres Begehrens oder dessen bedingungslose Erfüllung beidemale falsch: die Praxis der Taufkatechese muß sich ändern.

Viertens: Es genügt immer weniger eine flüchtige Kontaktnahme und eine kurze – gar noch unpersönliche – Einführung in den Sinn des Ritus. Die Taufe setzt also stets ein Gespräch voraus, sei es mit dem Pfarrer, sei es mit anderen Gemeindemitgliedern. Die Notwendigkeit dieses Gesprächs entspringt aber keineswegs nur der volkskirchlichen Situation, sie wird auch seitens der akti-

1 »De catechizandis rudibus« (im Deutschen am besten mit »Taufkatechese« wiederzugeben) entstand vermutlich im Jahr 405. Die Übersetzung folgt dem Aufsatz von *Rolf Zerfaß*, Von der Verdrossenheit des Seelsorgers oder: Die Last des Taufgesprächs (in: Wege zum Menschen, 34, 1982, 85-94), der sich seinerseits auf die Ausgabe von *G. Combès/M. Farges*, Le magistère chrétien, Paris 1949, stützt.

2 Siehe dazu: *Walter Kasper*, Christsein ohne Entscheidung oder Soll die Kirche Kinder taufen?, Mainz 1970.

ven Gemeindemitglieder gefordert, die ihrerseits eine wachsende Vertiefung des Glaubens suchen.

Fünftens: Das Taufgespräch muß der religiösen, sozialen und familiären Situation der Eltern Rechnung tragen. Die landläufigen und ungenügenden Motive für das Taufbegehren sollten gemeinsam erörtert werden. »Anzustreben ist die ›Wahrheit‹ des Sakraments, die Wahrheit und Wahrhaftigkeit von Seiten der Eltern wie von Seiten der Kirche« (Adolf Exeler).

Sechstens: Das Taufgespräch darf sich jedoch nicht in einer Erörterung der Motivationen erschöpfen. Immer geht es zugleich um das Ganze von Taufe und Glaube, um die Taufe als Eingliederung in die Gemeinschaft aller christlich Glaubenden.

Siebtens: »Manche der Eltern, die an den vorbereitenden Abenden teilnehmen, werden sich aus ganz entgegengesetzten Gründen dafür entscheiden, die Taufe ihres Kindes aufzuschieben. Einige bewußt gläubige Eltern werden ihrem Kind die Entscheidung für die Taufe später selbst überlassen wollen, wie es etwa im vierten Jahrhundert eine weithin geübte Praxis war. Das heißt keineswegs, daß sie ihr Kind nicht im Glauben erziehen wollen. Andere Eltern, die bisher der Kirche ferngestanden haben und vielleicht aufgrund der Geburt des Kindes den Kontakt zur Kirche wieder aufnehmen wollen, möchten den Glauben gern näher kennenlernen, können aber auch bei bester Bereitschaft nicht in kurzer Zeit zu einem hinreichenden Verständnis und zu einer genügenden Praxis des Glaubens geführt werden. Sollte man auf die Taufe ihres Kindes drängen oder nicht besser von der Taufe ihres Kindes abraten und ihnen vorschlagen, sie auf später zu verschieben?

Da wir mit dem allgemeinen Heilswillen Gottes rechnen dürfen, erscheint ein Taufaufschub verantwortbar, ja, in der heutigen Situation der Kirche unter Umständen gefordert. Die Kinder gläubiger Eltern wachsen aufgrund des Glaubens und des Beispiels der Eltern ›in der Kirche‹ auf und können so zu einer positiven persönlichen Entscheidung für die Taufe hingeführt werden. Die Kinder, die in einem nicht religiös geprägten Milieu aufwachsen, können auf dem Weg ›außerhalb der Kirche‹ das Heil erlangen. ›Vielleicht begegnet es (das ungetaufte Kind) auf diesem Wege später der Kirche und erschließt sich leichter ihrer Botschaft, als wenn der Mensch sich schon an die Kirche gebunden weiß mit einem Band, das er nur widerwillig anerkennt‹ (Piet Schoonenberg). Die pastoralen Probleme, die ein Taufaufschub mit sich bringt, sollen nicht unterschätzt werden, dürfen aber nicht hindern, das Berechtigte an einem Taufaufschub zu sehen.«[1]

Die ökumenische Bedeutung der Taufe

»Denn durch die Taufe sind wir alle in einen einzigen Leib hinein aufgenommen: Juden und Griechen, Sklaven und Freie«, schreibt Paulus 1 Kor 12,13. Im Ökumenismusdekret nimmt das Zweite Vatikanum diese Sicht auf: *alle* Getauften sind durch ein sakramentales Band der Einheit miteinander ver-

[1] *Adolf Exeler/Dietrich Zimmermann,* Zur Praxis der Kindertaufe, in: *Walter Kasper,* a.a.O., 182f. Auch die Punkte 2 bis 6 orientieren sich an diesem Aufsatz.

bunden, heißt es, und alle sonstigen Differenzen würden diese Einheit nicht aufheben.[1] Auch die Kommission für Glauben und Kirchenverfassung des Ökumenischen Rates der Kirchen betont dieselbe Überzeugung: »Vollzogen im Gehorsam gegenüber unserem Herren, ist die Taufe ein Zeichen und Siegel unserer gemeinsamen Jüngerschaft. Durch ihre eigene Taufe werden Christen in die Gemeinschaft mit Christus, miteinander und mit der Kirche aller Zeiten und Orte geführt. Unsere gemeinsame Taufe, die uns mit Christus im Glauben vereint, ist so ein grundlegendes Band der Einheit (Eph 4,3-6). Wir sind *ein* Volk und berufen, *einen* Herrn an jedem Ort und auf der ganzen Welt zu bekennen und ihm zu dienen. Die Einheit mit Christus, an der wir durch die Taufe teilhaben, hat wichtige Folgen für die Einheit der Christen... Daher ist unsere eine Taufe in Christus ein Ruf an die Kirchen, ihre Trennungen zu überwinden und ihre Gemeinschaft sichtbar zu manifestieren.«[2]

Martin Luther aber, mit dem die katholische Tradition so oft den Gedanken der Kirchenspaltung verbindet, war es, der die einende Bedeutung der Taufe herausstellte: »Denn alle Christen sind wahrhaft geistlichen Standes, und ist unter ihnen kein Unterschied denn des Amts halben allein, wie Paulus (1 Kor 12,12) sagt, daß wir allesamt ein Körper sind, doch ein jeglich Glied sein eigen Werk hat, womit es den anderen dienet; das macht alles, daß wir *eine* Taufe, *ein* Evangelium, *einen* Glauben haben und sind gleiche Christen, denn die Taufe, Evangelium und Glauben, die machen allein geistlich und Christenvolk« (WA 6,527).

Die Gemeinschaft mit Christus begründet also die Gemeinschaft untereinander und zugleich Anteil am göttlichen Leben. Diese Teilhabe am göttlichen Leben »ist eine qualitative und keine quantitative Größe. Ein Katholik hat nicht ›mehr‹ Teilhabe am göttlichen Leben als andere, ein evangelischer Christ nimmt an ihm nicht ›weniger‹ teil als andere... Wo solche Teilhabe am göttlichen Leben durch die Taufe gegeben ist... *haben* diese Kirchen *jetzt schon* untereinander ihre Gemeinschaft, die sie nicht erst suchen müssen, weil sie sie in Christus haben... Kirchengemeinschaft ist *nicht mehr* als Christusgemeinschaft. In der Taufe wird die Christusgemeinschaft geschenkt – warum ist die Kirchengemeinschaft nicht jetzt schon lebbar?«[3]

Meerestiefe und Ufer des Lebens S. 67

A. Die Seite 67 im Religionsbuch verbindet den Exodus-Holzschnitt von Sigmunda May mit Röm 6,3f und dem Foto eines Taufsteines (aus der Pfarrkirche in Drolshagen/Sauerland; spätromanisch, von rheinischem Typus, um 1242, Trachyt). Der Taufstein muß für die vielen tausend Taufsteine stehen, über denen in den Kirchen des Landes unsere Schüler getauft worden sind. Holzschnitt und Pauluszitat haben deutende Funktion.

[1] Unitatis redintegratio 22, in: *Karl Rahner/Herbert Vorgrimler,* Kleines Konzilskompendium, Freiburg i. Br. [18]1985, 248.

[2] Taufe, Eucharistie und Amt. Konvergenzerklärungen der Kommission für Glauben und Kirchenverfassung des Ökumenischen Rates der Kirchen. Mit einem Vorwort von *William H. Lazareth/Nikos Nissiotis,* Frankfurt/Paderborn 1982, Taufe 6 (sog. Lima-Text).

[3] *Johannes Brosseder,* a.a.O., 181 (Kursivsetzung im Original).

B. Die Exodus-Tradition haben unsere Schüler im vergangenen Jahr in größerer Breite kennenlernen können (→III, 228-243). Auf diese Grundlegung müssen wir hier zurückgreifen. Die Verknüpfung des Durchzugs durch das Meer mit Osternacht und Taufe ist alte kirchliche Tradition.

So sehen wir auf diesem Holzschnitt eine ganz andere Version des Exodus, als sie uns von Chagalls Gemälde vertraut ist. Es geht nicht mehr um Ägypten; alles Beiwerk wurde reduziert, es bleibt allein der Zug des Volkes Gottes durch die Meeresflut. Zwar steht hier die Wassermasse nicht in Mauern zu beiden Seiten. Das Bild hat nichts Statisches; die Flut ist auseinandergerollt und wird gleich zurückschlagen. Der geschlossene Zug der wandernden Gemeinde ist gefährdet. Dort, wo er sich gerade aufhält, ist Zone des Todes. Wer sie durchschreitet, läßt sich auf die Gefahr ein – wird durch die Taufe mit Christus begraben auf seinen Tod – und wird doch, wenn er diese Grabeszone hinter sich läßt, keineswegs das Paradies erreichen. Denn so wie das alte Israel weiterhin »vierzig« Wüstenjahre bestehen mußte, wird auch das Gottesvolk der Christen auf dem Weg bleiben müssen (→III, 435).

C. Wir müssen im unterrichtlichen Gespräch bei der Erfahrung des Wassers anknüpfen. Dessen tödlichen Aspekt haben wir bereits im 2. Schuljahr berührt: »Wenn aber das Wasser über sie kommt, wird es zu einem Grab für Mensch und Vieh« (S. 76). Die eindrucksvollste biblische Geschichte hierzu ist die Sintfluttradition (→II, 176 ff, 491); wir müssen sie in die Erinnerung unserer Schüler zurückholen. Eigene Erfahrungen von Hochwasser und bedrohender Gefahr, Rückgriffe auf je aktuelle Zeitgeschehnisse sollten hinzugenommen werden.

Von hierher können wir den ernsten Charakter der Taufe bewußt machen. Das Symbol des Wassers steht keineswegs vordergründig für Reinigung, sondern für Gefahr, Grab und Tod. Das heißt: der Christ will nicht nur an den hellen Seiten des Schicksals Jesu teilhaben, sondern sich seinem guten Weg so verpflichten, daß er dafür dieselben Anfeindungen anzunehmen bereit ist. Aber wenn sich der Mensch sogar auf Christi Tod einläßt, wird er auch an seiner Befreiung zum Leben Anteil haben: und für diesen Aspekt steht die lebensspendende Kraft des Wassers (→II, 490 f).

D. Die beste Weise, die Seiten 66 und 67 unseres Religionsbuches den Schülern lebendig zu vermitteln, ist eine von der ganzen Klasse mitgestaltete Tauffeier in der Gemeinde. Am schönsten wäre es, wenn es sich dabei um einen Mitschüler handeln könnte. Dann sollte keineswegs nur das Taufformular persolviert werden, sondern eine kreative und lebendige Beteiligung aller Schüler möglich sein: mit Musik und gemeinsamen Liedern, mit Ansprache durch den Täufling und Antwort durch die teilnehmenden Erwachsenen und Kinder. Wenn sich diese Möglichkeit bietet, ist die Gelegenheit nicht zu versäumen.

Andererseits ist eine der immer wieder stattfindenden Tauffeiern jeder Schulklasse erreichbar, sofern man nur die Initiative ergreift. Dazu können die Kinder das schöne Lied von Lothar Zenetti erlernen (S. 66, Gotteslob Nr. 636) und selbstverfaßte Texte und Wünsche hinzufügen.

»Wer jeden Sonntag zur Kirche geht, tut es mit hoher Wahrscheinlichkeit aufgrund eines äußeren Zwanges. Wer eine positive Beziehung zur Eucharistiefeier gewonnen hat, ist eher bereit, das Sonntagsgebot zu verletzen.« So wertet Norbert Mette eine Reihe jugendlicher Stellungnahmen zum Sonntagsgottesdienst aus.[1] Wir greifen damit der ausgehenden Grundschulzeit ein wenig vor, aber was die folgenden Stimmen artikulieren, kann die nächste Zukunft unserer heutigen Schüler sein:

»Kirche bedeutet für mich leider zur Zeit nur, daß ich einmal jede Woche in die Kirche muß.«

»Ich gehe einmal im Jahr in die Kirche, weil es für mich in der Kirche zu langweilig und zu kalt ist. Außerdem habe ich etwas Besseres zu tun, als zur Kirche zu latschen.«

»Ich gehe regelmäßig sonntags und jede Woche zur Schulmesse. Ich gehe gerne zur Kirche, da ich dort mehr Selbstvertrauen bekomme, und dann, wenn mir nichts mehr gefällt, immer wieder Lust zum Leben bekomme.«

»Ich gehe jeden Sonntag zur Hl. Messe, aber ich glaube, das geschieht nur unter Zwang oder auch aus Pflichtbewußtsein meinen Eltern gegenüber.«

»Daß ich gläubig bin, das bedeutet u.a. für mich, daß ich öfter in die Messe gehe, nicht jeden Sonntag, aber oft.«

Ein überzeugenderes Bild scheint sich darzustellen, wenn man die zu den Katholiken- und Kirchentagen drängende Jugend anschaut. Sie prägen durch ihre überaus große Präsenz, durch ihre Teilnahme an Gottesdiensten und Diskussionen deren öffentliches Erscheinungsbild – und doch weiß man längst, daß die gleiche Jugend am nächsten Sonntag beim gewöhnlichen Gemeindegottesdienst fehlt. Auf der Suche nach Erklärungen für dieses Phänomen wurde immer wieder vermutet, es müsse an der weniger ansprechenden Form der Gottesdienste und Veranstaltungen in den örtlichen Gemeinden liegen, daß dort die Jugend ausbleibt. Die Gegenargumentation weist jedoch darauf hin, daß Kirchentage oder beispielsweise Taizé durchaus traditionelle liturgische Formen kennen, die von den Jugendlichen angenommen werden, während sich dies zu Hause keineswegs zeigt; die Darbietungsform könne darum nicht den entscheidenen Unterschied begründen, der mal Engagement, mal Desinteresse und Distanz zeitige.

Gar so schnell sollte die Frage nach Form und Gestaltung nicht abgetan werden, denn ein Gottesdienst in Taizé oder während des Kirchentages mag sich in seiner traditionellen Struktur durchaus mit ähnlich gegliederten Gemeindegottesdiensten vergleichen lassen, und doch wird er sich durch die größere Sorgfalt der Vorbereitung, die bewußtere Sprachgestalt und vor allem durch die andere Atmosphäre davon abheben. Von besonderer Bedeutung aber

1 Heimatlos in der Kirche? Probleme heutiger Jugendpastoral, hrsg. v.: *Wolfgang Dinger/Rudolf Volk,* München 1980, 44.

dürfte das Erlebnis der altersgleichen Gemeinschaft sein: man ist nicht mehr als junger Mensch vereinzelt unter einer ihren Glauben ganz anders empfindenden und artikulierenden, oft überalterten und müden Ortsgemeinde, sondern gewinnt Ermutigung und soziale Stabilisierung durch die vielen jungen Gesichter ringsum, mit denen sich Hoffnung und Bestätigung verbinden läßt.

Das sich mit diesen Fragen und Überlegungen eröffnende Problemfeld hat seinen zentralen Ort im Jugendalter, doch berührt es auch die Kindheit. Mehr unbewußt als bewußt partizipieren im 3. und 4. Schuljahr Kinder bereits an Empfindungen gegenüber religiösen Lebensformen, die sie spätestens dann äußern, wenn psychische Entwicklung und soziale Selbständigkeit dazu die erste Freiheit einräumen. Zwar erlaubt das Grundschulalter und die katechetische Gemeindetradition noch einen unbehinderten »Anspruch« an die Kinder; man kann sie – in Schulklassen oder sogar Jahrgängen gebündelt – der Sakramentenkatechese unterziehen und ihnen bestimmte gottesdienstliche Termine zur Pflicht machen. Doch sollte niemand mehr denken, diese pastorale Kinderarbeit sei das Gemeindefundament für morgen. Eine umgekehrte Perspektive ist in vielen Fällen wahrscheinlicher: die erfahrene Langeweile des gottesdienstlichen Lebens kann zum Abschied von der Kirche führen, sobald in dieser Hinsicht Eltern, Lehrer und Seelsorger ihre »Richtlinienkompetenz« verlieren – und das geschieht in vielen Fällen bald nach der Grundschulzeit.

Wenn Kinder über die Kinderzeit hinaus einen Lebensort in der Kirche haben sollen, muß zumindest die Gemeinde auch für sie existieren. Es ist aber nicht selten, daß es die Gemeinde für Kinder gar nicht als Gemeinde gibt. Die Schule kann ihrerseits solche Leerstellen nicht ausfüllen, aber vielleicht kann sie helfen, Defizite wahrzunehmen und deutlich zu machen. Wir skizzieren nachfolgend einige Überlegungen, die dem Religionslehrer zur Beurteilung der örtlichen Situation vielleicht dienlich sind und die ihre indirekte Relevanz auch für den eigenen Unterricht haben.

Kommunikation statt Verkündigung

Der ständig überstrapazierte und oft klischeehaft benutzte Verkündigungsbegriff hat die Tendenz, die sich didaktisch stellenden Aufgaben zu überdekken. So war es zur Zeit des »kerygmatischen Religionsunterrichts«, als mit dem Verkündigungsanspruch ein Proprium behauptet wurde, das de facto verhinderte, den Religionsunterricht von seinen originären schulischen und unterrichtlichen Bedingungen her zu durchdenken.[1] So ist es aber auch im Blick auf den Gottesdienst, wenn die ausschließliche Verkündigungsperspektive alle sonstigen Aspekte nicht mehr wahrnehmen, geschweige denn realisieren läßt.

»Wo ausschließlich von Verkündigung gesprochen wird, da hat es der Grundsatz der Partnerschaft schwer, realisiert zu werden. Mit dem Wort ›Verkündigung‹ verbindet sich nämlich fast zwangsläufig die Vorstellung eines monologischen Sprechens in hohen Tönen. Wenn statt dessen stärker die *Kommunikation* betont wird, braucht damit der Anspruch der Sache des Glaubens in keiner Weise herabgesetzt werden. Reich Gottes, Gerechtigkeit, Freiheit, Heil, Gemeinschaft, Frieden, alles das, was

[1] Vgl. *Hubertus Halbfas,* Fundamentalkatechetik. Sprache und Erfahrung im Religionsunterricht, Düsseldorf/Stuttgart 1968, 102 f.

für das Evangelium zentral ist, zielt hin auf neue Kommunikation zwischen den Menschen in der Kraft Gottes. Die Botschaft Christi eignet man sich nicht durch Hinhören allein an, sondern durch Teilhabe. Der Glaube, um den es geht, wird nicht in erster Linie durch Worte vermittelt; *Mitteilung des Glaubens ist zuerst und vor allem eine Frage lebendiger Kommunikation*... Ich mag von der Auferstehung nicht sprechen, wenn nicht gleichzeitig deutlich wird, daß dieses Thema im Zusammenhang steht mit dem Aufstand der Menschen gegen alles, was ihre Würde tötet und begräbt... Ich mag vom ewigen Leben nicht sprechen, wenn nicht gleichzeitig diese Hoffnung verzahnt ist mit einer engagierten Bemühung um eine entsprechende jetzt schon erfahrbare Förderung des Menschen.

Solchen geänderten Akzenten entsprechen auch geänderte Verfahrensweisen. Man erwartet nicht mehr viel von monologischen Predigten. Man erwartet viel mehr von der Interaktion in einer Gruppe. Es geht nicht so sehr um Belehrung als vielmehr um Mobilisierung seelischer Prozesse; in diesem Kontext wird das Glaubensgeschehen angesiedelt.

Für einen Erwachsenen, der sich auf solche Kommunikation einläßt, genügt es nicht, daß er über *theologische Sachkompetenz* verfügt; ebenso wichtig ist seine *Sozialkompetenz*. Dies schließt zum Beispiel ein, daß er bereit sein muß, auch über seine persönlichen Erfahrungen mit dem Glauben und über seine persönliche Einstellung zu sprechen, ohne beides aufzudrängen. Es schließt aber auch ein, daß er sorgfältig hinhören und zu eigenständigen Äußerungen anregen kann. Nur so kann er wirkliche Glaubenshilfe bieten, die Freiheit zur eigenen Entscheidung nicht nur einräumt, sondern fördert.

Glaube kann nicht vollzogen werden ohne die Gemeinschaft der Mit-Glaubenden. Dementsprechend hat Hermann Steinkamp vorgeschlagen, das Moment der *Koinonia* stärker zu betonen als das eines intellektualistisch verstandenen Kerygmas: ›Jugendliche suchen den Wahrheitsgehalt von Sinndeutungssystemen... eher an glaubwürdigen Personen abzulesen, als daß sie die kognitive Konsistenz von Wertsystemen überprüfen. Christlicher Glaube wird beurteilt nach der Glaubwürdigkeit der Glaubenden, und der menschlichen Attraktivität von Gruppen, die überzeugend aus dem Glauben leben.‹«[1]

Alles was hier gesagt wurde, korrespondiert mit dem, was wir früher bereits zur Didaktik des Sakraments (→III, 372-384) vorlegten, insbesondere mit den Überlegungen zur Kommunikationsstruktur von Sakrament und Kirche (→III, 378 f). Kommunikation statt Verkündigung bedeutet die Aufgabe ausschließlich verbaler Gottesdienste »für« Kinder – in diesem »für« liegt die Wurzel des didaktischen Problems – zugunsten einer Umwandlung verbaler Darstellung in nicht-verbalen Ausdruck. Erst dann wird die Gefahr wirklich überwunden, daß Erwachsene einseitig dominieren und »für« Kinder etwas anbieten, ohne daß es deren eigene Sache wird.

Kommunikationsfähigkeit verweist auf die Beteiligung aller Sinne, auf vielfältige Handlungsformen, wie Gestik, pantomimisches und szenisches Spiel, Tanz, Instrumentenspiel und Gesang, aber auch auf meditative Besinnung und Stille, auf Formen der zeichnerischen und malenden Darstellung, die allesamt Aneignungs- und Ausdrucksmöglichkeiten des Glaubens sind. Grundfiguren solch kommunikativer Kinder-Gottesdienste wurden längst ent-

[1] *Adolf Exeler*, Möglichkeiten der Glaubensverkündigung in der außerschulischen Jugendarbeit, in: *Wolfgang Dinger/Rudolf Volk*, a.a.O., 69 ff.

wickelt.[1] Wir können sie studieren und zur Matrix eigener Wege machen. Da die genannten Bücher in die Richtung unserer Überlegungen weisen und diese konkretisieren, ist hier keine nähere Ausführung notwendig. Hingegen folgen weiter unten Hinweise und Erfahrungen zum liturgischen Tanz, da hierzu noch fast alles fehlt.

Über die Wahrheit der Form

Viele Pfarrer, die Inhalt und Form der Gottesdienste als ihre Sache betrachten, wissen nicht, wie sehr sie mit einer unbewältigten Form sensible Menschen abstoßen und aus der Kirche treiben können. Das Schlimme ist, daß solche Amtsträger kein Empfinden dafür haben, was als mißlungene Form in ihrer eigenen Praxis gelten sollte und sich darum unerreichbar für Kritik machen. Andererseits leiden nicht allein Sensible unter falschem Zungenschlag und hohlem Ausdruck, sondern letzthin alle Teilnehmer, seien sie jung oder alt, selbst wenn es ihnen nicht bewußt wird und sie es darum nie artikulieren können. Einige Beispiele sollen zeigen, wie die praktizierte Gottesdienstgestalt die Liturgiefähigkeit der Gemeinde mindert.

Was seit der konziliaren Liturgiereform besonders auffällt, ist eine Dominanz des lauten (und lautsprecherverstärkten) Wortes, das keine Stille mehr aufkommen läßt. Unaufhörlich wird gesprochen, meistens so, daß man dem Sprachduktus zwar das Bemühen um funktionale Verständlichkeit, nicht aber die Herkunft aus dem Schweigen anmerkt. In diesem permanenten Vortrag ist keine Ruhe, keine Demut und keine Innerlichkeit. Der Gottesdienstbesucher wird oft mehr davon attackiert als angesprochen, eingedeckt als angerührt und aufgeweckt. Wenn Stille »vorgeplant« ist, bleibt sie so kurz, daß niemand sich wahrhaft darauf einlassen kann; wirkt sie mehr äußerlich als innerlich; ist sie mehr Gedanke als Raum: und nie erfährt die Gemeinde eine Anleitung, sich meditativ auf die Stille einlassen zu können.

Auch die Fähigkeit zum »gelauteten Wort« ist wenig entwickelt (→III, 64). Allzu vieles bleibt im Spektrum des nur abgelesenen Textes, ohne durch die Person des Sprechenden Gewicht zu gewinnen. Selbst die Homilie tendiert immer öfter zur Vorlesung. Mehr und mehr werden die Gottesdienste papiernen Ursprungs.

Frei gesprochene Begrüßungsworte oder Wünsche zum Abschluß berühren peinlich durch ihre stereotype Erstarrung: »›Liebe Schwestern und Brüder, ich begrüße Sie *sehr herzlich* zur Feier...‹ – ›und nun wünsche ich Ihnen noch einen schönen Samstagabend und ein erholsames Wochenende!‹« (Noch schlimmer: »... darf ich Ihnen wünschen...«) In die Fürbitten, zumal die selbstformulierten, schleicht sich gerne unterschwellige Indoktrination. »Die Sanftheit der Form mindert nicht das Mißbehagen über eine Empfindung, die sich dabei einstellt: Jetzt werde ich zurechtgerückt! Der den Gläubigen in

[1] Wir nennen und empfehlen:
Franz Kett, Kinder erleben Gottesdienst, (Don Bosco Verlag) München 1978, [4] 1983.
Wilhelm Willms, aus der luft gegriffen. bausteine zu gottesdiensten mit kindern und familien, (Butzon & Bercker) Kevelaer 1976.
Lothar Zenetti, Zeitansage. Anregungen für den Gottesdienst einer neuen Generation, (J. Pfeiffer Verlag) München 1969.

ihren Bänken zugewandte Zelebrant am Altar bildet jene Kommunikationsform ab, die schulpädagogisch als ›Frontalunterricht‹ bezeichnet wird. Auch hier wird ein Kompetenz-Gefälle angezeigt, das die ›aktive Teilnahme‹ erschwert.«[1]

Der Nervus rerum aber wird berührt, wenn es um das eucharistische Symbol selbst geht. Da wird eine Kommunion zelebriert, ohne daß die Menschen hier und außerhalb miteinander kommunizieren. Wofür steht dieses Brot als Unterpfand der Einheit, wenn die Menschen, die es nehmen, nicht einmal in der Kirchenbank einander grüßen? Und was soll man von einer Kommunionpraxis halten, die sich immer mehr einem innerlich entleerten Ritual nähert: Inzwischen gehört schon Mut dazu, nicht den Weg *aller* nach vorne mitzugehen und stattdessen auf dem eigenen Platz zu verharren.

Der Beitrag des Religionsunterrichts

Fragen wir nach dem, was der Religionsunterricht zur Liturgiebefähigung der Kinder beitragen kann, so ist nicht verfrüht auf unmittelbare Unterstützung der Gottesdienste zu schauen. Der Religionsunterricht hat eigene Gesetze und Grenzen, die ihn von der Katechese abheben und außerhalb der kirchlichen Gemeindevollzüge lassen. Mittelbar bestehen jedoch viele Querbezüge, deren Bedeutung für die Liturgieerziehung der Kinder gar nicht überschätzt werden kann.

Zu erinnern ist als erstes an den Zusammenhang von Muße und Kult, den Josef Pieper so nachdrücklich aufgezeigt hat und dem unsere Handbücher mehrfach nachgegangen sind (→II, 367 ff; III, 342-353; IV, 344ff). Alles was unser Unterrichtswerk zum Leben und Lernen in der Schule anstößt, die Grundlegungen und Impulse zu Fest und Feier in der Schule (→ II, 115-138; III, 538 f, 560) und nicht zuletzt jene zahlreichen Anstöße zum kooperativen, eigenständigen Handeln unserer Schüler im Unterricht, lassen sich geradezu als eine kommunikative Didaktik verstehen, wie sie oben für gottesdienstliche Formen gefordert wurde, so daß hier zwischen unserem Schulkonzept und einem theologisch fundierten Gemeindeverständnis hohe Konvergenz besteht. Unter dem Aspekt einer liturgischen Propädeutik lohnt es sich, den genannten Linien in den Schüler- und Lehrerhandbüchern noch einmal nachzusinnen.

Das zweite Moment, mit dem unsere Gesamtkonzeption zugleich die Liturgiebefähigung der Kinder fördert, ist die durchgehend betonte Praxis der Stille-Übungen (→I, 43-55; II, 81-100; III, 117-127; IV, 44-51). Aber auch die in diesem Band gebotenen Anregungen für die Entfaltung einer kindgemäßen Spiritualität (»Erfahrungen machen«: S. 377f; »Übung des Selbstverständlichen«: S. 379ff) gehören in den gleichen Kontext. Wenn es der Unterricht über alle vier Grundschuljahre hinweg nicht unterläßt, die Kinder immer wieder zu verweilender Ruhe zu führen, sie sensibel und empfänglich für die Stille in sich selbst und um sie herum zu machen, dann ist dies eine der besten Voraussetzungen, auf die jede Führung der Kinder zu Gebet und Liturgie achten muß.

1 *Günter Stachel,* Lernen und Feiern – Religionspädagogik und Liturgie, in: Katechetische Blätter 109, 1984, 698-709, hier: 702.

Der dritte Komplex einer liturgischen Propädeutik ist in den Konstitutiven unserer Didaktik zu sehen. Genannt sei die Sensibilisierung für Wort und Sprache, die Weckung der Sehfähigkeit für Bilder, die Entfaltung der Sinne für symbolischen Ausdruck, also auch für sakramentale und liturgische Riten. Was wir auf all diesen Feldern zu fördern suchen, trägt gleichzeitig zur liturgischen Bildung unserer Schüler bei, macht sie andererseits aber auch kritisch und ablehnend gegenüber gottesdienstlichen Praktiken, die mehr dem Klischee verhaftet sind, als eine kommunikative Erfahrung zu ermöglichen.

Gruppen- und Gemeindegottesdienste

Es besteht kein Zweifel, daß die Erfahrung von Gottesdiensten – zumal von Eucharistiefeiern – in kleinen Gruppen ein wichtiger Weg liturgischer Bildung ist. »Aktive Teilnahme kann vorzugsweise hier gelernt und praktiziert werden... Der einzelne Mitfeiernde kann seinen verbalen und körpersprachlichen Beitrag leisten. Die ›Kelchkommunion‹ verliert eigentlich nur im überschaubaren Kreis eine letzte ›Peinlichkeit‹ oder ›Unbeholfenheit‹, und nur hier wird es möglich, Eucharistie und gemeinsames Mahl zu einem einzigen Vollzug zusammenwachsen zu lassen. Die Feiernden ›bleiben am Tische.‹«[1] Mit diesem Votum soll die Feier »in der hohen Halle« (Exultet) keineswegs überflüssig werden, denn Kirche reicht stets über Gruppe hinaus, ist auf Zugänglichkeit, nicht auf Exklusivität ausgerichtet, wenngleich die Gruppe erst zur Darstellung solcher Einheit befähigt.

Eine ganz andere Frage ist es, ob in dieser Perspektive auch von Schulgottesdiensten die Rede sein soll. Jan Heiner Schneider, der dieser Frage ausführlich nachgegangen ist, kommt zu dem Vorschlag, »die bisherige Ordnung des regulären und in der Stundentafel der Schule erfaßten Schulgottesdienstes gänzlich aufzugeben, desgleichen Gottesdienste mit Klassenverbänden und Jahrgängen«.[2] Seine Argumente sind: Einerseits ergäben sich stets ärgerliche Aufsichtspflichten über die nicht teilnehmenden Schüler; mit wachsendem Alter lehnten zudem die Schüler in immer größerer Zahl den Schulgottesdienst ab. Andererseits sei die eigentlich entscheidende Frage die der religiösen Grundeinstellung. Zwar äußere sich diese bei jüngeren Klassen zunächst nur in einer Kritik an Gestaltungsfragen, gewinne aber dann »in einer umfassenden Kirchenkritik ihre markante Struktur«. Wenn man im Grundschulbereich noch an regelmäßigen wöchentlichen Schulgottesdiensten festhalte, lasse man sich »von der ungerechtfertigten Illusion tragen, eine solche Kinderpastoral könne die Aufgaben gemeindlicher Katechese erfüllen und sich trotz aller gegenteiligen Erfahrung langfristig wirksam erweisen.« Auch Klassengottesdienste seien keine Alternative: die möblierten Klassenzimmer oder auch der übergroße leere Kirchenraum bedrängten oder verhinderten gerade die intendierte »liturgische Kommunikation«. Insgesamt simulierten Schulgottesdienste ein Konzept von »Kirche in der Schule«, das der mehrheitlichen gesellschaftlichen Realität nicht mehr Rechnung trage und auch nicht mehr durch

[1] Ebd., 703.

[2] *Jan Heiner Schneider,* Schule – Kirche – Seelsorge. Schulbezogene Arbeiten der Kirchen im Übergang, Düsseldorf 1976, 116.

das theologische und religionspädagogische Denken gestützt sei. Selbst für besondere Anlässe wie Einschulung, Schuljahresbeginn und -abschluß, Schulentlassung, Jubiläen, Todesfälle usw. komme ein Schulgottesdienst zwar den Bedürfnissen nach gesellschaftlichen Ritualen entgegen und biete im sozialen Kontext der derzeitigen Gesellschaft auch noch eine Solidarisierungs- und Entlastungsfunktion, spiegle insofern also eine »religiöse Marktsituation«, ließe aber durchweg übersehen, daß vorschnell eine religiöse Übereinkunft aller unterstellt werde, an welcher es dennoch grundlegend mangle. Abschließend meint Schneider, im Kontext regionaler Bedingungsverhältnisse könnten zwar bei besonderen schulischen Anlässen Gottesdienste angeboten werden, »um vorhandenen volkskirchlichen Erwartungen gerecht zu werden«; doch gilt sein Votum freiwilligen »Kerngruppen«, deren Gottesdienste außerhalb schulrechtlicher Regelungen ihren Ort haben.[1] Schulen, denen sich diese Fragen noch stellen, werden im kritischen Umgang mit diesen Überlegungen ihre eigene Position suchen und begründen müssen.

»Aus vielen Körnern ist ein Brot geworden« S. 68–69

A. Die Doppelseite zeigt links Fotos von einem Erntedankgottesdienst der Kinder. Dieselben Kinder sind auf Seite 70 zu sehen, wie sie im Anschluß an diesen Gottesdienst die Insassen des Altersheimes besuchen, um ihnen von den Erntefrüchten, die am Altar lagen, zu bringen. Das Thema verweist zurück auf die Erntedank-Thematik des Religionsbuches für das 1. Schuljahr (→I, 65-76), aber natürlich auch auf die vielfältige Tisch- und Eucharistie-Thematik im 3. Schuljahr.

B. Die rechte Seite entspricht formal der vorstehenden Tauf-Seite, sowie der Seite 79 mit Grabstein und Todesthematik.

Den Seitenkopf bestimmt der Holzschnitt von Sigmunda May »Fries der Jünger«. Wir sehen Jesus inmitten seiner Schüler, einem großen Freundeskreis, der sich einträchtig umarmt: In dieser Gesinnung soll der Holzschnitt Symbol jeder Kommunikation sein, die Christen in ihren Gottesdiensten miteinander verbindet. Welche kindliche Erfahrung deckt diesen Anspruch? Welche Unterrichtsvorgänge des vergangenen Jahres sind noch so lebendig, daß sie der Darstellung Gültigkeit für das kindliche Empfinden geben? Wenn schon größere Defiziterfahrungen die Kinder belasten, so sollte sich wenigstens der Text mit dem Bild als Bitte verbinden:

> »Aus vielen Körnern ist ein Brot geworden:
> so führ uns auch, o Herr, aus allen Orten
> zu einer Kirche brüderlich zusammen
> in Jesu Namen.«

C. Unten auf der Seite steht der Altartisch. Holzschnitt und Lied deuten das Geschehen daran. Diese Deutung wird nur gelingen, wenn unsere Schüler persönliche Erfahrungen damit verknüpfen – angefangen bei Erfahrungen des gemeinsamen Tisches zu Hause und in der Schule. Die mannigfachen Tisch-

[1] Ebd., 102-116.

und Eucharistiegeschichten des Religionsbuchs für das 3. Schuljahr bieten einen gefüllten Interpretationskontext, auf den hier lediglich rückverwiesen werden muß (→III, 538 f). Die voranstehenden Überlegungen zum Gottesdienst gehören ebenfalls in diesen Zusammenhang.

D. Die theologischen Deutungen des Altares reichen weit in die Religionsgeschichte zurück und verbinden allemale mit dem Opferkult. Das Grundschulalter sollten wir mit diesem Aspekt nicht befassen. Es empfiehlt sich, an der Linie des gemeinsamen Tisches festzuhalten und den einen Tisch mit den vielen Tischen in Verbindung zu bringen, an denen wir uns miteinander je treffen.

Die Erkundung

Für die folgenden Seiten des Kirchen-Kapitels ist das didaktische Konzept nicht hermeneutischer Natur. Jedenfalls geht es kaum darum, Unterricht vor aufgeschlagenen Buchseiten zu machen, sondern – inspiriert von diesen Seiten, ihren Fotos und Texten – die Schule zu verlassen, um die örtliche Kirchengemeinde als Lernort zu entdecken. Ausgangspunkt kann allerdings das Religionsbuch sein: Wir schauen uns an, wie andere Kinder einen Besuch im Altersheim gemacht haben, wie in einer fremden Gemeinde gefeiert, musiziert und getanzt wird, wie anderswo den Kranken Hilfe und Freundlichkeit entgegengebracht wird... doch soll es mit den wohlfeilen Kommentaren dazu nicht sein Bewenden finden. Statt mit dem Auge einer fremden Kamera zu sehen, wollen wir selbst zusehen, was es bei uns gibt. Keine Gemeinde gleicht der anderen; hier tut man dieses, dort jenes; kein Buch kann das breite Spektrum christlicher Gemeinden in unserem Land spiegeln, doch können wir für den Ort, an dem wir leben, wach und beweglich werden, und – ergänzend zum Religionsbuch – eine Reportage eigener Erfahrungen und Engagements schreiben.

Im Vokabular der Schulpädagogik handelt es sich bei dem, was wir hier vorschlagen, um Erkundungen, auch Lerngänge, Unterrichtsgänge oder Felderkundungen genannt. Natürlich ist das Aufsuchen externer Lernorte erst dann sinnvoll, wenn die Unternehmung in den Unterricht integriert ist, also ihre angemessene Vorbereitung findet, ihre nachgehende Auswertung und vor allem eine methodische Struktur, die den Kindern die möglichst intensive Auseinandersetzung mit der jeweiligen Sache erlaubt. Das alte Motto: »Lieber Herr Lehrer, das Wetter ist schön, wir wollen heute spazieren gehn«, legitimiert den Lerngang noch nicht:

> »Vorbereitender Unterricht, planender Museumsbesuch, Ablaufen der Wegstrecke, Studium des Fahrplanes, Besorgen der Sammelfahrkarte, wir hatten exakte Vorarbeit geleistet. Bewaffnet mit Buntstiften, Schreibzeug, Zeichenblock und Vesper zogen wir los. Wir hatten uns angemeldet. Außer uns wurde eine weitere Klasse erwartet. Sie hatte sich ebenfalls angemeldet. Wir planten einen kurzen einführenden Rundgang, ein Suchspiel und einen Vergleich zweier Lebensbereiche anhand von Arbeitsunterlagen in Gruppenarbeit.
>
> Im Museum trafen wir auf etwa 20 weitere Klassen, unangemeldet. Kinder drängten und schoben sich durch die Räume, Lehrer riefen nach ihren Klassen, Schüler suchten ihre Lehrer. Einzelne Gruppen liefen gelangweilt durch die Gänge: ›Hier waren wir ja auch schon‹. Andere saßen, Colabüchsen haltend, irgendwo nutzlos herum. Dazwischen unsere Klasse, mit glühenden Gesichtern mit ihren Suchbildern und Aufgaben durch die Gänge hastend oder vor Diarahmen sitzend, ausgerüstet mit Arbeitsblättern und Schreibzeug. Sie gaben sich der Schmetterlingsmalerei hin und waren gefesselt von der Vielfalt der Farben und Formen, die einem erst dann bewußt werden, wenn man aufgerufen ist, sie näher zu betrachten. Wir waren die einzigen,

die auf diese Weise das Museum ›besuchten‹. Viele Klassen waren schon weitergezogen, als wir nach knapp zwei Stunden abbrechen mußten. Die Zeit war verflogen, die Kinder waren durchgängig begeistert bei der Sache und ob des Abbruchs enttäuscht.«[1]

Was für das Museum gilt, ist – entsprechend varriiert – auch für Besuche im Altersheim, bei der Caritas, in der Pfarrkirche oder auf dem Friedhof notwendig: Wir müssen selbst vorher dort gewesen sein, müssen Gespräche mit den Menschen am Ort geführt, Möglichkeiten für die Selbsttätigkeit der Kinder erkundet, alle technischen und organisatorischen Voraussetzungen bereitet haben. Der Lerngang soll die Erschließung des jeweiligen Bereichs in einer Weise ermöglichen, wie sie den Kindern in den üblichen Begegnungsformen des Alltags nicht offen steht. Die Zugänglichkeit der genannten Orte schließt ja noch keineswegs ihre Bewußtwerdung ein, und dies um so weniger, als es sich im Fall einer Kirchengemeinde nicht um technische Sachverhalte handelt, die möglicherweise schon in ihren Abläufen faszinieren, sondern vorwiegend um menschliches Schicksal, also um Betroffenheiten und Vorgänge, für die nur im wiederholten Hinschauen langsam die Augen aufgehen.

Kinder- und Jugendarbeit

Oft genug nimmt die Schule die Kinder- und Jugendarbeit in ihrem Einzugsbereich nicht wahr. Natürlich ist jeder Lehrer hinreichend beschäftigt, um in seiner Aufmerksamkeit ganz ausgelastet zu sein. Dennoch darf sich eine Schule nicht ausschließlich in sich selbst verstricken. So wichtig es ist zu wissen, aus welchen Milieus, aus welchen Familien unsere Schüler kommen, so wichtig ist es auch, ihr gemeindliches Umfeld zu kennen: die bestehenden Freizeitangebote, das Vereinsleben, die Träger und Mitarbeiter der Jugendarbeit. Als positiv darf immer gewertet werden, wenn zwischen all denen, die mit unseren Schülern in und außerhalb der Schule zu tun haben, Kontakte bestehen – seien sie auch nur locker und informell – und gelegentliche Gespräche stattfinden. Der Gedanke einer jährlichen pädagogischen Gesamtkonferenz für alle, die sich in irgendeinem Teilbereich mit Kindern befassen, ist übrigens nicht abwegig. Man könnte über viele konkrete Gegebenheiten am Ort sprechen: über Spielplätze, Sport- und Freizeitangebote, Kinderbücherei, kommerzielle Angebote und deren Einflüsse (Kino, Kiosk, Video-Verleih), über das Spektrum musischer Betätigung, Bastel- und Werkkurse usw. Noch mehr zu sprechen wäre jedoch über die Mängel und Ausfälle in der örtlichen Kinderkultur, denn wer sonst will sich Gedanken machen über Hilfen und Begleitangebote, die dringlich erscheinen und dennoch fehlen? In diese Gesamtkonferenz gehören darum neben den Lehrern die Seelsorger der Gemeinde, Vertreter des Jugend- und Kulturausschusses der Gemeinde, aktive Mitarbeiter von Vereinen und engagierte Eltern. Es genügt nicht, daß jeder an seinem Platz gut arbeitet, zu wünschen bleibt vielmehr von jedem Platz aus der Blick und das Interesse für das Gesamtfeld, in dem unsere Kinder heranwachsen.

[1] Vgl.: *Karlheinz Burk/Claus Clausen* (Hrsg.), Lernorte außerhalb des Klassenzimmers. Bd. I: Didaktische Grundlegung und Beispiele, Bd. II: Methoden, Praxisberichte, Hintergründe, Frankfurt a. M. 1980/81.

Im übrigen ist es sehr gut, wenn Lehrer ihren Schülern nicht ausschließlich in der Schule begegnen, sondern auch im Rahmen der Gemeinde und der Vereinsarbeit. Das jeweilige Engagement mag völlig von den persönlichen Neigungen des Lehrers bestimmt sein, wünschenswert bleibt die Verklammerung von Schule und Öffentlichkeit, Unterrichtsarbeit und Freizeitbeschäftigung.

Nicht selten sind Gemeinden, deren Pfarrer keinen Blick und kein Geschick für Kinder- und Jugendarbeit haben und die dann auch der Schule wenig Interesse entgegenbringen. Manchmal kann eine gemeinsame Konferenz, in welche ein Lehrerkollegium ihn einbezieht, dennoch eine Wende zum Guten anstoßen. Im Austausch der Gedanken und Sorgen, in der Diskussion unserer Möglichkeiten, eröffnen sich oft Perspektiven, die ein einzelner von sich aus nicht hat, und die er dennoch nicht abwehrt, wenn sie vermittelt werden. Außerdem schafft die gemeinsame Gesprächsrunde Verbindlichkeiten, die leicht zu Taten und Veränderungen führen, wenn man nur wirklich will und dabei respektvoll vorgeht, so daß je und je Zuwendung, aber keine distanzierende Kritik empfunden wird.

Eine besondere Problematik der Kinder- und Jugendarbeit liegt bei den manchmal engen Grenzen der Helfer und Gruppenleiter. Nicht selten ist dieser Mitarbeiterkreis zu jung, durchweg zu wenig oder gar nicht für seine Aufgaben ausgebildet und wohl immer ist er zu klein. Diese Umstände führen zu Enttäuschungen und Mutlosigkeit, so daß es gewöhnlich an Beständigkeit und Kontinuität der Arbeit mangelt. Außerdem kommt durch die vielseitige Überforderung der jugendlichen Mitarbeiter eine Hilflosigkeit in alle Aktivitäten, so daß man sich oft fragen muß, ob einem Treiben ohne Form und innere Substanz noch zugestimmt werden kann. Diese Verhältnisse schreien dann geradezu nach erwachsener Begleitung. Zu wünschen ist eine Mitarbeiterrunde, die sowohl spirituelle Nahrung als auch handwerklich-methodische Hilfe vermittelt, und die den jungen Gruppenleitern inneren Halt und ständige Ermutigung gibt. Wenn es der Schule in einem umfassenden Sinn um die Kinder geht, werden sich immer wieder Lehrer bemühen, diesen Kindern auch außerhalb des Unterrichts zu begegnen und ihnen dort Erfahrungsräume schaffen, die vieles von dem, was Schule und Religionsunterricht wollen, den Kindern im eigenen Tun und vitalen Erleben erst zugänglich machen.

Aus ihrem häuslichen Milieu heraus nehmen viele Kinder das Spektrum der örtlichen Möglichkeiten oft nicht wahr. Das gilt in besonderer Weise für Ausländerkinder, aber auch für sonstige soziale Randgruppen. Darum ist es wichtig, daß die Schule hier Türen öffnet, Hemmungen abbaut und erste Begegnungen ermöglicht. Wir sollten darum zunächst für uns selbst untersuchen, in welchen Bereichen für Kinder am Ort außerschulische Betätigungsfelder bestehen:

Gibt es eine Musikschule? Welches Angebot besteht? Wie teuer ist es? Bestehen längere Anmelde- und Wartefristen? Welche Schüler könnten dort in besonderer Weise gefördert werden?

Was gibt es sonst im musischen Bereich? Eutonie für Kinder? Ballett? Einen Kinderchor? Spielkreise? Welche befristeten Angebote werden von Zeit zu Zeit gemacht? Zum Beispiel Malkurse oder Bastel- und Werkprogramme? Wird in der Schule darüber informiert? Werden einzelne Eltern und deren Kinder gezielt auf solche Veranstaltungen angesprochen und dazu angeregt?

Wie sieht das Sportprogramm am Ort aus? Welche Sportarten werden für Kinder angeboten, wie ist die Leitung dieser Abteilungen unter pädagogischem Aspekt zu bewerten? Welche Schüler sind Mitglied in einem Sportverein?

Gibt es am Ort Kinderbibliotheken in kommunaler oder kirchlicher Trägerschaft? Wieviele Stunden war diese Bücherei schon der eigenen Information wert? Was sagt der Leiter der Bibliothek – dessen Kartei oder Statistik – über die Benutzer aus? Ist ein Lerngang mit der ganzen Klasse dorthin möglich?

Können die Kinder dabei einzelne Buchbestände kennenlernen? In Büchern ihrer Wahl für eine Weile lesen? Eigenständig ein Buch ausleihen?

Existiert ein Kulturprogramm für Kinder? Theaterspiele, Konzerte, besondere Museumsveranstaltungen?

Wendet sich auch die Volkshochschule hin und wieder mit besonderen Angeboten an Kinder? Welche Formen der Arbeit mit Kindern bestehen in den Kirchengemeinden? Wer informiert über all dies? Ist die Schule hier eine Vermittlungsinstanz?

Haben die örtlichen Jugendorganisationen gute Kindergruppen? Welche Gruppierungen gibt es? Kann man ihre Gruppenleiter einmal zu einem Bericht – vielleicht mit Dias aus dem Ferienlager – in die Schule einladen? Was wissen unsere Schüler aus eigenen Erfahrungen hierüber zu erzählen?

Diese Checkliste ist gewiß nicht vollständig und muß auf die lokalen Verhältnisse hin konkretisiert werden. Sie kann aber das pädagogische Feld anzeigen, in dem die Schule ihre Verantwortung mit Kirche, Kommune und den Trägern der freien Jugendarbeit teilt. Nicht Abgrenzung, sondern Kommunikation heißt die Richtlinie.

Seniorenarbeit S. 70-71

Über Programme einer gemeindlichen Seniorenarbeit muß sich die Grundschule eigentlich nicht kümmern, aber wenn der Religionsunterricht die Frage nach dem Selbstverständnis einer christlichen Gemeinde stellt, rücken diese Perspektiven dennoch in den Blick. Gemeinde sind weder die Jungen für sich und auch nicht die Alten allein, niemals der eine ohne den anderen und am wenigsten ohne die Schwachen und Ohnmächtigen. Darum ist es wichtig, den Blick unserer Schüler auf die alten Menschen zu lenken, von denen sie oft keine gute Meinung haben. Eine gute Möglichkeit, alte Menschen Kindern begegnen zu lassen, ist ein Besuch im Altersheim. Sekundarstufen-Schüler, die den Weg gegangen sind, zeigten sich manchmal sogar tief betroffen, vor allem durch ihre Erfahrung von Krankheit und Behinderung. Wir können natürlich auch die Einladung umwenden und alte Menschen in die Schule einladen.

»In der Schule hatten die Jungen und Mädchen die Tische festlich gedeckt, Kerzen brannten, es gab Tee und Gebäck. Nach einigem Zögern tauten beide Seiten auf. Etwas schwierig wurde es bei dem Versuch, gemeinsam zu singen. Es gab kaum Lieder, die beide Seiten kannten.›Was sind das für reizende junge Leute‹, meinten die Älteren hinterher. ›Die Alten sind ja prima!‹, lautete das Urteil der Schüler. ›Wie werden pflegebedürftige Menschen zu Hause versorgt?‹, wollten sie wissen. Wir luden zwei Gemeindeschwestern ein, die von morgens bis abends unterwegs sind. Sie berichteten sehr anschaulich: ›Manchmal ist es nicht so einfach, einen schweren Menschen zu versorgen, vor allem, weil die Betten so niedrig gebaut sind.‹«[1]

[1] *Roland Goeden,* »Alte Menschen« – Thema für junge Leute, in: Religion heute 3, 1985, 165 f.

Irgendwo hat man Kinder alte Menschen malen lassen. Die Alten erscheinen auf diesen Bildern einsam, in düsteren Farben, erstarrt und verbittert. Einer der Schüler, der den Alten neu begegnet war, malte als Antwort darauf spontan seine Großmutter, wie sie mit siebzig Jahren Seilhüpfen übt: »Meine Oma ist aber anders!«

Auch in der Gemeinde können die Alten anders sein. Seniorenarbeit soll keine »Betreuung« sein. Ein Pfarrer erkannte, daß es der Gesamttendenz der Arbeit in der Gemeinde entspricht, die Verantwortung möglichst in die Hand der Betroffenen zu legen. So suchte er einen Kreis von zwölf Vertrauensleuten. »Ein pensionierter Beamter war bereit, die Hauptverantwortung zu übernehmen. Die Arbeit ist heute besser auf die eigenen Bedürfnisse abgestellt, abwechslungsreicher und qualifizierter als in den ersten Jahren...

Zur Aufgabe jeder Pfarrgemeinde gehört es, die Tradition des christlichen Lebens in zeitgemäßer Form weiterzugeben. Das ist nur möglich durch eine Gesamtpastoral, in die *alle* Gruppen der Gemeinde einbezogen werden. Die älteren Leute haben darin einen besonderen Platz und eine besondere Aufgabe, weil sie durch die Erfahrung ihres Lebens oft einen tiefen Glauben besitzen. Wenn dieser Glaube seinen Ausdruck findet in einer Haltung der Toleranz, der Vergebung, der Hoffnung, sind die alten Menschen wirklich glaubwürdige Zeugen.

Wir erkennen immer deutlicher: Die dritte Lebensphase muß vorbereitet werden und aus der Gesamtpastoral erwachsen. Es gilt, die jetzt Vierzig- und Fünfzigjährigen schon auf diese Zeit mit ihren Möglichkeiten aufmerksam zu machen, damit sie bewußt darauf hinleben.

Im Pfarrgemeinderat und in anderen Gemeinschaften ist wiederholt über diese Fragen gesprochen worden. Wir können uns vorstellen, daß viele der jetzt Verantwortlichen in wenigen Jahren, wenn sie aufgrund ihres Alters keine beruflichen Pflichten mehr haben, die Seniorenarbeit weiterentwickeln. Je mehr die Pfarrgemeinde ihre Mitglieder und Mitarbeiter zu selbständigem Tun und zur Kreativität befähigt, desto eher wird auch die Seniorenpastoral, deren Bedeutung wir gerade erst entdecken, ihrer Aufgabe gerecht werden können.«[1]

*

Seligpreisung eines afrikanischen Christen

»Selig die Verständnis zeigen
für meinen stolpernden Fuß
und meine lahme Hand.
Selig, die begreifen,
daß mein Ohr sich anstrengen muß,
um alles aufzunehmen,
was man zu mir spricht.
Selig, die mit einem freundlichen Lachen verweilen,
um ein wenig mit mir zu plaudern.

[1] *Bernhard Honsel,* Der rote Punkt. Eine Gemeinde unterwegs, Düsseldorf [2]1985, 81 f.

Selig, die niemals sagen:
das haben Sie mir heute schon zweimal erzählt.
Selig, die verstehen,
Erinnerungen in mir wachzurufen.
Selig, die mich erfahren lassen,
daß ich geliebt, geachtet
und nicht alleingelassen bin.
Selig, die in ihrer Güte mir die Tage,
die mir noch bleiben, erleichtern.«[1]

Einladung an Behinderte. Aus einem Schultagebuch

Wir trafen die letzten Vorbereitungen für den Besuch der Körperbehindertenklasse: Einige räumten Tische um, so daß sich die Rollstuhlfahrer bequem bewegen konnten, andere schmückten den Klassenraum mit neuen Bildern, und eine Gruppe Mädchen schrieb kunstvoll »Herzlich willkommen« an die Tafel. Alle Aktionen kamen von den Schülern selbst, ich hatte nur noch beratende Funktion.

Ein Drittel der Klasse blieb in der Schule, um die neun Behinderten und ihre zwei Lehrerinnen gleich nach dem Mittagessen an der Bushaltestelle abzuholen. Die Jungen und Mädchen, im Alter von 11-16 Jahren, waren alle Spastiker, drei von ihnen saßen im Rollstuhl.

Nach dem ersten Augenblick der Konfrontation verloren die Kinder schon auf dem kurzen Weg zur Schule ihre Zurückhaltung und stellten sich gegenseitig interessierte Fragen. Jeweils zwei meiner Schüler schoben einen Rollstuhl und erfuhren selbst, welche Mühe es kostet, damit Bordsteine und Stufen zu überwinden.

Das Zimmer der Klasse 4 lag im ersten Stock, doch keiner ließ sich von der langen Treppe abhalten: Mit vereinten Kräften und sehr vorsichtig schafften wir es nach oben. Guido holte Spiele aus dem Tagheim und nahm Heiko mit, der wegen seiner starken Spasmen nur langsam gehen konnte. Lachend und voll bepackt mit Kartons kamen sie zurück. Bald darauf bildeten sich mehrere Spielgrüppchen, deren Fröhlichkeit nicht zu überhören war. Wir Lehrerinnen hielten uns währenddessen im Hintergrund und staunten über die Unbefangenheit der Kinder.

Als im Laufe der ersten Stunde alle Schüler der vierten Klasse eingetroffen waren, bildeten wir einen Gesprächskreis, an dem auch die Klassenlehrerin teilnahm. Die behinderten Kinder beschrieben ausführlich Ursachen und Auswirkungen ihrer Behinderungen und schilderten ihren Tagesablauf sowie ihr Schulleben.

Wir beschlossen den Nachmittag mit Tee und viel Kuchen, den einige Mütter meiner Schüler gebacken hatten. Der Abschied verlief herzlich, Adressen wurden ausgetauscht und Briefwechsel vereinbart, der tatsächlich zustande kam. Inzwischen fanden unabhängig von der Schule mehrere Treffen statt, die von Eltern unterstützt bzw. ermöglicht wurden.

Nicht alle meiner Schüler bemühten sich um Kontakt zu den Behinderten, sondern übernahmen die Rolle der stillen Beobachter. Ich unterließ es, sie zu aktiver Beteiligung am Geschehen aufzufordern, denn jeder sollte diese erste direkte Begegnung mit behinderten Menschen auf seine Art erfahren.

Ursula Reutter

[1] Zit. n.: ebd., 82.

Zum christlichen Leben gehört das Fest, das erfahren unsere Schüler im Religionsunterricht. Das Fest müssen sie aber auch in ihren Gemeinden wiederfinden, rund durch das Kirchenjahr. Wie diese Feste aussehen, dafür gibt es zahllose Entwürfe; wer Schulfeste feiert, kann dazu beitragen. Unser Religionsbuch gibt einige Inspirationen, die natürlich auch in der Schule brauchbar sind. Wer darüber sprechen will, greift am besten auf die eskimoische Mythe zurück »Wie die heilige Gabe des Festes zu den Menschen kam« (→III, 354-358).

Im übrigen ist der Religionsunterricht in dieser Sache auf die Realität der konkreten Ortsgemeinde angewiesen. Es lohnt nicht, über Dinge zu reden, die dort fehlen. Jeder Einsatz aber lohnt, daß es dort eine Realität gibt, welche die guten Worte des Religionsunterrichts deckt.

Ein Pfarrer erzählt:

»Ein Fest, das die Gemeinde besonders betrifft, ist das Pfarrfest. Es wird jedes Jahr in der Woche nach Dreifaltigkeit gefeiert, und zwar unterschiedlich groß. Bei besonderen Anlässen (Jubiläen, Kirchenrenovierung...) ist es eine richtige Pfarrkirmes.

Ein solches Unternehmen braucht wochen-, ja monatelange Vorbereitung. Einige Helfer nehmen sich Urlaub und setzen sich ganze Tage von früh bis spät ehrenamtlich dafür ein. Die Vorbereitung und die Durchführung solcher Feste erfordern mehr als hundert freiwillige Helfer. Die Vorbereitung, die jeden mit seinen speziellen Fähigkeiten fordert, und das aktive Mittragen des Festes selbst bewirken ein Gefühl der Zugehörigkeit, führen zu einer intensiven Erfahrung von Gemeinschaft und Gemeinde.

Die Begegnung der Gemeinde in dieser Pfarrwoche findet einen besonderen Ausdruck in der Eucharistiefeier am Fronleichnamstag. Mitten auf dem Kirchplatz ist ein Altar aufgebaut, um den sich die Gemeinde versammelt. Die Menschen sprechen miteinander und sehen einander. Auch während sie singen und beten, haben sie mehr Kontakt miteinander als in der Kirche. Das macht es ihnen leichter, auch an die Nähe Gottes zu glauben. Das Erleben der liturgischen Feier geht mit in den Tag.«

*

»Ein weiterer Anlaß zur Freude, der alle betrifft, ist das Erntedankfest. Leben ist nicht selbstverständlich, es ist geschenkt. Gesundheit ist nicht selbstverständlich. Ausreichend Nahrung zu haben, Kleidung und Wohnung, das alles ist nicht selbstverständlich. So bietet sich das Erntedankfest in besonderer Weise dazu an, das Leben zu feiern und zu bedenken. Aus dem Dank für all das, womit wir oft reich beschert werden, erwächst die Verantwortung für die Natur und für den Mitmenschen. Es liegt auch an uns, zu sorgen, daß alle Menschen auf der Erde menschenwürdig leben können, Nahrung, Wohnung und Kleidung haben.

In unserer Gemeinde gestaltet die Landjugend die Erntedankgottesdienste jedes Jahr unter einem anderen Gesichtspunkt. Die Landjugend spricht aus der unmittelbaren Erfahrung ihres Lebens und Arbeitens. In diesem Jahr stellte sie die Feier unter das Thema ›Danken und Teilen‹. Andere Gruppen, wie der Arbeitskreis ›Familiengottesdienst‹ und der Arbeitskreis ›Entwicklung und Frieden‹, hatten sich diesem Thema angeschlossen und sorgten für die Umsetzung in die Praxis (Sammlung von Lebensmitteln und Kleidung und deren Versand nach Polen; Verkauf von Kaffee, Reis und Honig aus Nicaragua).«

»Wenn ein Fest wie Karneval sich über Jahrhunderte hält und die Menschen so bewegt, dann ist zu vermuten, daß sich darin Grundbedürfnisse artikulieren.

Daher versuchen wir Jahr für Jahr, auch die religiöse Dimension dieses Festes deutlich zu machen. Zum Familiengottesdienst laden wir die Kinder in Masken und Kostümen ein, denn in diesem Gottesdienst haben auch Reigentanz und Maskenspiele Platz. Auf diese Weise erleben die Kinder und die ganze Gemeinde, daß es in der Welt und vor Gott um denselben Menschen geht, an diesen Tage vor allem um den Menschen, der sein Leben feiert.«[1]

Liturgischer Tanz

Unsere Schüler finden auf Seite 74 des Religionsbuches zwei Fotos von einem Tanz in der Kirche. Das mag sie verwundern. Es ist ein Anlaß, mit ihnen über die religiöse und kultische Tradition des Tanzes zu sprechen und selbst mit ihnen zu tanzen.

Tanz ist nie mit dem Alltag, sondern notwendig mit dem Fest verbunden. Wer tanzt, läßt den Alltag hinter sich und tritt in eine Bewegung des Leibes und der Sinne ein, die einen eigenen Raum und eine eigene Zeit schafft. In dieser Bewegung ist der Tanz grundsätzlich auf Ekstase ausgerichtet, denn Ekstase bedeutet Entrückung, ein Aus-sich-Heraustreten. Der Tänzer wird vom Rhythmus ergriffen und fortgerissen, er tanzt nicht, er wird getanzt. Dabei ist diese Ekstase des Tanzes auf Wandlung gerichtet, auf ein Eingehen, Untergehen und Auferstehen in neuer Gestalt. Für besonders wichtige, sozial vermittelte und zugleich psychisch gefährliche kultische Handlungen entstand bei vielen Naturvölkern eine eigene Ekstasetechnik, die jedoch nur von einem befähigten Menschen, dem Schamanen, erlernt und ausgeübt werden durfte.[2]

Sogar Götter tanzen ekstatisch. Hindus verehren Shiva, den Gott des Tanzens, als kosmischen Tänzer, als den Urtänzer und König aller Tänzer. In der wilden Ekstase seines totalen Tanzes zeigt sich seine ewige Energie, die er sowohl in sich sammelt als auch der Natur in all ihren Geschöpfen mitteilt. Dieser Tanz Shivas ist der Quell jeder Bewegung im Kosmos, jedoch zugleich die Verbindung aller Gegensätze: als Schöpfer und Erhalter, aber auch als der Zerstörer des Lebens, wie sich Werden und Vergehen im Kosmos die Hand reichen. Zugleich tanzt Shiva nicht nur »außen« in den kosmischen Dimensionen des Universums, sondern immer auch »innen« im Herzen seiner Geschöpfe.

Der ekstatische Tanz ist der biblischen Tradition ebenfalls nicht fremd. Bekannt ist die Tradition des vor der Bundeslade tanzenden Königs David und bedenkenswert die kühne Interpretation, die Norbert Lohfink dieser Überlieferung widmet:

»Bei dieser Prozession sehen wir David außer sich geraten. Er wirft seine Kleider ab bis auf einen Leinenschurz. Er gerät in Ekstase und tanzt den ganzen Weg vor der Bundeslade her – er, der König von Israel. Ich kenne kein besseres Bild für das ganz Persönliche, das Gottesdienst sein sollte... David ist nur noch er selbst. Und er ist seiner selbst vergessen, so daß er noch mehr er selbst ist. Beides gehört also dazu: die

[1] Ebd., 138, 137 f.
[2] Vgl.: *Mircea Eliade,* Schamanismus und archaische Ekstase-Technik, Zürich/Stuttgart 1956. Hierzu auch die Dokumente in: *Hubertus Halbfas,* Das Welthaus, a.a.O., Nr. 127.

strenge Übernahme von Vorgegebenem und die selbstvergessene persönliche Entblößung. Immer wird es darauf ankommen, beides zu haben und beides zugleich.

Wichtig erscheint mir noch, daß das Element des Persönlichen hier gerade im Tanz und in der Entblößung hervortritt. David gilt der Tradition ja auch als Psalmendichter. Aber nicht dieser persönliche Beitrag, der einer persönlichen Leistung entspringt, wird uns vor Augen gestellt, sondern der vorbeirauschende Tanz, von dem nichts bleiben wird als die Erinnerung, daß einer sich losgelassen hat.

Wenn wir das Persönliche suchen, dann sollte es so etwas sein wie Davids Entblößung und Davids Tanz.«[1]

Was Davids Tanz zu bedenken gibt, durchzieht auch die Geschichte der Mystik in allen Religionen. Immer ist der Tanz eine Form des Gebetes, oft sogar in einer besonders intensiven Steigerung. »Wenn ich nicht tanzen kann, kann ich nicht ›beten‹. Ich spreche durch den Tanz zu Gott«, sagte ein Derwisch zu Nikos Katzantzakis. Zwei Elemente bestimmen diesen mystischen Tanz: das ekstatische und das kontemplative Moment. Die antike griechische Tradition kennzeichnete diese Aspekte als dionysisch und apollinisch, als rauschhaft und besänftigt. So beschreibt auch Isidora Duncan die ambivalente Spannung: »Man kann sich in den Geist des Tanzens hineinwerfen und das ›Ding selber tanzen‹: Dionysos. Oder man kann den Geist des Tanzes kontemplieren und wie einer, der eine Geschichte erzählt, tanzen: Apollo.« In der Tradition der tanzenden Derwisch-Orden geht alle Spiritualität der kreisenden Bewegung auf den bedeutenden islamischen Mystiker Dschelaleddin Rumi (1207-1273) zurück. Für Rumi und seinen Orden verkörpert der Tanz das Geheimnis des Lebens. Einer seiner heutigen Nachfolger charakterisiert diese Frömmigkeit:

»Wenn du still geworden bist und dein Tanz ein Gebet ist, in dem du alles, was du bist, Gott hingibst, dann gibt es im Mittelpunkt, um den dein Körper kreist, einen Punkt vollkommener Unbewegtheit. Im Wissen darum, daß es nur Ihn gibt, erfährst du dann, wie das Universum um diesen Mittelpunkt kreist. Wenn du dich drehst, dann kreisen all die Sterne, Planeten und unzähligen Welten um diesen unbewegten Punkt. Die Himmel antworten, und all die unsichtbaren Reiche reihen sich ein in den Tanz. Jesus sagte: ›Wenn ihr nicht tanzt, so wißt ihr nicht, was geschehen wird.‹ Das ist es, weshalb wir uns drehen. Aber die Welt versteht es nicht. Man glaubt, wir drehen uns, um uns in eine Art Trancezustand zu versetzen. Es ist wahr, daß wir uns manchmal in einem Zustand befinden, den ihr Ekstase nennt, aber das geschieht nur dann, wenn Erkennen und Erleben eins sind. Wir drehen uns nicht um unseretwillen.«[2]

Auch die jüdische Mystik kennt den tanzenden Frommen. Das gilt insbesondere für den ostjüdischen Chassidismus. Es ist eine Frömmigkeitsbewegung, genauer gesagt, eine Erweckungsbewegung, die den Laien auf seine eigenen Erfahrungen und Fähigkeiten hin anspricht und ihn ermutigt, in den Dingen des Alltags, auch in der Bejahung leiblicher Freuden, Gott zu loben. Ihr Begründer, Israel ben Elieser, Baalschem genannt, tanzte einmal mit der

[1] *Norbert Lohfink*, Ritus und Selbstpreisgabe, in: Bibel und Kirche 3, 1976, hier zit. n.: *Hilda Maria Lander,* Tanzen will ich. Bewegung und Tanz in Gruppe und Gottesdienst, München 1983, 24.

[2] *Reshad Feild,* Ich ging den Weg des Derwisch, Düsseldorf 1977, 161, hier zit. n.: *Hubertus Halbfas,* Das Welthaus, a.a.O., Nr. 188.

Schriftrolle in der Hand. Als er sie beiseitelegte und ohne die Tora tanzte, erkannten die Schüler: »Jetzt hat unser Meister die leibliche Lehre aus der Hand getan und die geistige Lehre an sich genommen.«[1]

In der frühchristlichen Kirche hatte der Tanz anfangs noch ein Heimatrecht. Ein Dokument aus dem vierten Jahrhundert empfiehlt, daß die Kinderchöre nicht allein singen, sondern auch tanzen sollen. Nach dem Sieg Konstantins an der Milvischen Brücke, berichtet Eusebius, gaben die Christen »mit Tanzen und Gesängen in Stadt und Land dem großen Gott, aber dann auch dem frommen Kaiser die Ehre«. Damals tanzten sie, Männer, Frauen und Kinder »vor dem Herrn und miteinander«.

Dennoch nahmen Unbehagen und Ablehnung sehr bald zu. Im vierten Jahrhundert bricht der Streit bereits offen aus. Basilius der Große, Bischof von Cäsarea (344-407), der zwar »grundsätzlich« den Tanz akzeptierte und das christliche Leben als Tanz pries, bekämpfte ihn bald danach wegen seiner erotischen Note. Aus diesem manichäischen Erbe heraus, das die christliche Tradition durch die Zeiten hindurch begleitete, wurde seitdem der Tanz aus der Liturgie zu drängen versucht. Dieses Ziel wurde für den offiziellen Bereich um so leichter durchgesetzt, als die Administration ihre Organe ausbauen konnte. Dennoch blieben Spuren des Tanzes in der Peripherie erhalten, etwa im österlichen Tanz im Labyrinth (→S. 506) oder in jenen inneren Bildern, die vom »heiligen Tanz Jesu« sprechen, von einem Jesus, der »flötet und mit der Seele tanzt« und von dem die mittelalterliche Mystik noch singen kann: »Jesus der Tänzer Meister ist...« (→S. 430f). Aber im gleichen Maße, wie die Verknüpfung der Jesus-Gestalt mit der Figur des Narren und Harlekin inakzeptabel erscheint, fällt auch das Symbol des tanzenden Jesus dem Vergessen anheim.

Wenn sich nun heute die Anzeichen mehren, daß im Christentum diese Entwicklung überwunden wird, so verbindet sich damit die Hoffnung, daß die fürchterliche Strenge und Nüchternheit als eine Zerrform erkannt wird, während Spiel und Tanz seinem Herzen viel näher kommen. »Jedenfalls läßt sich«, sagt Harvey Cox, »die Tatsache einer wiederauflebenden Festlichkeit nicht leugnen. Etwas vom Jubilierenden, ja Dionysischen kehrt mit Macht ins moderne Christentum zurück. Freudige Bewegung, strahlende Farben und durchdringender Laut sind nicht mehr verboten... Was das Christentum in seinen Kirchengebäuden zuläßt, ist vor allem wichtig als Signal dessen, was es in der Kultur überhaupt ermutigt. Eine antifestliche Kirche treibt die Tänzer nicht nur aus dem Tempel, sondern auch aus Straßen und Häusern, wenn es die Möglichkeit dazu hat. Umgekehrt könnte eine Kirche, die die Bejahung des Leibes im sakralen Bereich selbst unterstützt, auch eine weniger repressive Sozialordnung unterstützen.«[2]

Erfahrungen mit dem liturgischen Tanz sind bis heute noch nicht weit gestreut. Den meisten Kindern wird die Vorstellung gewiß noch fremd sein. Dennoch könnten Kindergarten und Grundschule hier Türen öffnen, wenngleich die eigentlich fundierende Arbeit zweifellos bei der Jugend liegt. Unser Unterrichtswerk möchte einige Impulse geben und ermutigen.

[1] *Martin Buber*, Die Erzählungen der Chassidim, Zürich 1949, hier zit. n.: *Hubertus Halbfas*, Das Welthaus, a.a.O., Nr. 189.

[2] *Harvey Cox*, Das Fest der Narren. Das Gelächter ist der Hoffnung letzte Waffe, Stuttgart 1970, 76.

Tanz in der Kirche. Ein Erfahrungsbericht[1]

Vor etwa zehn Jahren entdeckte ich für mich die Bewegungsimprovisation und den Ausdruckstanz. Sie zogen mich in ihren Bann und ließen mich nicht mehr los. Etwa zur gleichen Zeit hörte ich bei Tanzfortbildungen hier und da vom Tanz in der Kirche. Immer wieder tauchte der eine oder andere Teilnehmer in den Gruppen auf, der sich mit liturgischem bzw. sakralem Tanz beschäftigte. Ich nahm das zur Kenntnis, schenkte diesem Phänomen aber weiter keine Aufmerksamkeit.

Gut drei Jahre liegt es zurück, daß der ehemalige Pastor unserer Gemeinde, der um meine Aktivitäten in der Bewegungserziehung und Tanz wußte, mir vorschlug, den Versuch zu machen, das Tanzen in den Gottesdienst einzubringen. Ich reagierte zunächst sehr zurückhaltend.

Nun wußte ich bis dahin kaum etwas über den Tanz in der Kirche und bemühte mich von jetzt an, möglichst viel über den liturgischen Tanz zu erfahren. Ich entdeckte umfangreiche Literatur, vertiefte mich in Darstellungen des sakralen Tanzes und der Gebärde in der bildenden Kunst und nahm Kontakt zu Menschen auf, die auf dem gleichen Weg waren. In Gemeinschaft mit anderen beschäftigte ich mich mit Gesten, Gebärden und Symbolen. Ich versuchte, sie mit dem Körper zu erfassen und zu erfahren und tänzerisch auszudrücken.

Je mehr ich mich mit der Bewegungsdimension bei der Gottesverehrung beschäftigte, desto wacher erlebte ich mich und auch die anderen Menschen im Gottesdienst. Mir fielen immer häufiger viel zu ernste Gesichter auf, starre Haltungen. Ich vermißte Lebendigkeit und Raum für Phantasie. Oft kam es mir vor, als wäre der Körper bei der Gottesverehrung unerwünscht. Manchmal fühle ich mich auch heute noch merkwürdig verzerrt, wenn ich im Gottesdienst von der Freude höre und singe und dabei wie eine Statue festgemauert stehe, den Blick immer nur geradeaus gerichtet. Die Gesichter bleiben unbewegt und verschlossen, sie leuchten nicht vor Freude.

Mittlerweile verstehe ich den Ruf: »es darf nicht bloß alles per kopf gehen. es muß alles mittun können, der geist, das ›herz‹, der leib, auge, ohr, nase ... die erlösende bewegung im raum ist wichtiges element. das hände-reichen, das sich aufeinanderzubewegen ...«[2]

Jetzt sehe ich im Tanz eine wunderbare Möglichkeit, mit Leib und Seele zu beten, leibhaftig Gottesdienst zu feiern. Mit anderen zusammen will ich versuchen, durch die Sprache unseres Körpers unsere Freude am Glauben zu bezeugen.

Mögliche Tanzformen im Gottesdienst

Feste Tanzformen: Für Kinder, tanzungewohnte Menschen oder größere Gruppen, z. B. alle Gottesdienstbesucher, ist es einfacher, über feste Tanzformen oder noch eher über Tanzelemente aus tradierten Tänzen den Zugang zur Bewegung zu finden. Die Auswahl sollte so sein, daß ohne größere Vorbereitung alle schnell und leicht mittanzen können.

Für den einzelnen in der Gruppe ist es ein schönes Erlebnis, sich mit den anderen von der Musik bewegen und tragen zu lassen, im gemeinsamen Rhythmus zu schwingen, zu drehen, zu laufen, zu stampfen, zu federn und zu klatschen; schnell oder langsam, fröhlich oder still. Rhythmus und Melodie können im Tanzenden freudige Erregung erwecken, können das Gefühl gegenseitigen Verstehens und gemeinsamen Tuns entstehen lassen. Der rhythmische Gleichtakt erzeugt Gleichgestimmtheit und wirkt harmonisierend auf Leib und Seele.

[1] Diesen Abschnitt schrieb *Margarete Horsch.*
[2] *Wilhelm Willms,* der geerdete himmel, Kevelaer 1981, 1. 17.

Improvisation und freie Tanzgestaltung: Die tänzerische Ausdrucksgestaltung eignet sich eher für Jugendliche und junge Erwachsene. Solch eine Gruppe sollte nicht zu groß sein; fünfzehn bis zwanzig Personen sind ausreichend. Tänzerisches Können ist keine Vorbedingung. Allerdings sollte der Leiter einer solchen Gruppe Grunderfahrung in der Bewegungskunst des Ausdruckstanzes haben, und er sollte in der Lage sein, in den Tänzern die Fähigkeit zum tänzerischen Ausdruck zu wecken. Hier geht es darum, die Freude an sich selbst zu wecken; die ursprüngliche Bewegungsfreude wieder zu entdecken, die in der Freiheit des Tanzens intensiver persönlicher Ausdruck wird. Phantasie und Gefühl sollen körperlich ausgedrückt werden, sich gleichsam in der Bewegung offenbaren. Wenn der Tänzer seine Kräfte spürt, die ihm zur Verfügung stehen, kommt Freude in ihm auf. Er wird dadurch frei, zuversichtlich und schöpferisch zu werden.

Ich tanze überwiegend in der freien und schöpferischen Weise mit anderen Menschen; denn hierbei wird der gesamte Körper vom Bewegungsfluß erfaßt, während bei traditionellen Tänzen der Bewegungsschwerpunkt auf den Füßen und Beinen liegt (Schrittänze). Allerdings bringe ich häufig passend zum Stimmungs- und Bewegungscharakter einer Gestaltung Elemente aus tradierten Tanzformen (Folklore) mit ein.

Über die praktische Durchführung einzelner Tanzgestaltungen

Ausgangssituation und Planung: Zu Beginn meiner Arbeit bekam ich überwiegend Ablehnung und Mißtrauen zu spüren. Die Einstellung von vielen Freunden und Bekannten läßt sich aus ihren Kommentaren ablesen: Du spinnst! – Du bist verrückt! – Laß doch den Firlefanz! – Das ist geschmacklos! – Einfach unmöglich! – Die Leute werden erst recht weglaufen oder gar nicht erst kommen! – Das ist das Letzte, Tanz in der Kirche! – Das soll wohl modern sein!

Ich ließ mich dadurch nicht beirren. Auf der anderen Seite spürte ich auch Offenheit, Neugier und freudige Erwartung. Zum Glück bereitete der Pastor seine Gemeinde sehr behutsam vor und versuchte die Menschen für das Tanzen bei der Gottesverehrung sensibel zu machen.

Die Tänze wurden für verschiedene Gottesdienste in der Kirche Maria Königin zu Dortmund-Eichlinghofen entwickelt. Es wurden Tänze in einer Gruppe erarbeitet und auch mit allen Gottesdienstbesuchern getanzt. Bisher wurden die Gottesdienste mit liturgischem Tanz im Abstand von mehreren Monaten gefeiert. Die Tanzthemen, die Auswahl der Musik und die Organisation wurden jeweils mit dem Pastor abgestimmt.

Zur Tanzgruppe gehören zur Zeit neun Mädchen und zwei Jungen im Alter zwischen 16 und 18 Jahren. Einige Wochen vor einem Gottesdienst mit liturgischem Tanz fangen wir an zu arbeiten. Ein- bis zweimal wöchentlich treffen wir uns im Pfarrsaal oder in der Kirche zum Proben.

Behandlung und Durchführung eines Tanzthemas. Eigene Vorbereitung: Bevor ich mit der Tanzarbeit in der Gruppe beginne, bereite ich mich selbst sehr sorgfältig vor. Ich vertiefe mich in die ausgewählten Texte oder in eine Idee, höre Musik und lasse mich von ihr bewegen. Die Musik wähle ich, soweit sie nicht vorgegeben ist, selber aus. Dabei erlebe ich oft die wechselseitige Wirkung von Musik und Bewegung. Mal suche ich zu meiner Bewegung die passende Musik, mal weckt die Musik in mir bestimmte Bewegungsvorstellungen.

Den Text bzw. die Idee versuche ich für mich selbst in Tanz umzusetzen. Ich schreibe auf, was ich ertanze und erfühle. Oft zeichne ich auch meine Tanzstimmungen und -erfahrungen. Diese Zeichnungen erweisen sich beim Erspüren und Erarbeiten von Bewegungen und bei der späteren choreographischen Gestaltung als sehr hilfreich.

Aus diesen eigenen Erfahrungen entsteht zunächst mein Tanz, indem ich meine Aufzeichnungen rhythmisch, räumlich und dynamisch gestalte. Die Tanzstruktur dient als Gerüst für das Erarbeiten der Tanzgestaltung mit der Gruppe. Sie ist mir Orientierungshilfe bei der Auswahl der Bewegungsthemen, bei der Lenkung der Bewegungsphantasie und beim Erweitern des Bewegungsrepertoires.

Durchführung in der Gruppe: Zunächst mache ich die Gruppe mit dem Thema vertraut. Dabei versuche ich, möglichst wenig von meiner Auffassung und Interpretation durchleuchten zu lassen, um die Tänzer nicht zu stark vorzuprägen und den Spielraum ihrer Phantasie nicht einzuengen. Wir beginnen jede Arbeit mit einem intensiven Aufwärmtraining, denn nur ein beweglicher Körper ist imstande, Bewegungen zu erfassen und eigene Bewegungen hervorzubringen. In diese erste Phase baue ich bereits viele Bewegungselemente aus dem späteren Tanz ein. Ich wähle gymnastische Übungen aus, die ein differenziertes Körperbewußtsein bewirken, die das Bewußtsein für Schwerkraft, Zeit und Raum schärfen und die Anpassung an einen oder mehrere Partner zum Ziel haben.

Besondere Aufmerksamkeit wende ich der Körpermitte zu, der Kräftigung der Schwerpunktmuskulatur; denn jeder Bewegungsimpuls geht von der Körpermitte aus. Die Möglichkeiten, das Bewegungsrepertoire zu erweitern und ein gutes Körpergefühl zu entwickeln, sind unendlich groß. Der Körper kann sich »lang oder kurz, breit oder schmal, groß oder klein machen. Er kann gehen, laufen, springen, sich wenden. Er kann knien, kauern, sitzen, liegen. Er kann auf zwei Füßen, auf einem Fuß oder auf dem Kopf stehen ... Und all dieses Tun kann von verschiedener Qualität sein: stark oder weich, schwer oder leicht, aktiv oder passiv – und kann mit Vergnügen in jedem Tempo, vom langsamsten bis zum schnellsten ausgeführt werden.«[1] Die differenzierte Erfahrung des eigenen Körpers macht dem einzelnen seine Fähigkeiten bewußt und stärkt das Vertrauen in die eigene Begabung. Durch die unzähligen Variationsmöglichkeiten wird die eigene Bewegungsphantasie stark anregt und ein Ausweichen in Bewegungsklischees wird immer seltener. Nach einiger Zeit werden einfache Bewegungselemente zu komplexen Bewegungen zusammengefügt. Diese Bewegungsphrasen erfüllen nun keine gymnastische Funktion mehr, sondern treten als Ausdruck bestimmter Gefühle und Gedanken in Erscheinung. Die einzelnen Bewegungssequenzen werden häufig wiederholt, um das Gefühl für die darin enthaltene Stimmung immer mehr zu stärken. Je tiefer die Stimmungen erfahren und je genauer sie erkannt werden, desto differenzierter offenbaren sich die Empfindungen in der Bewegung nach außen. Alle Bewegungen werden in der Auseinandersetzung mit dem Raum, der Zeit, mit der Gruppe und mit unterschiedlichem Krafteinsatz ausgeführt. Die Bewegung kann »fest oder zart, direkt oder flexibel, plötzlich oder allmählich, gebunden oder frei«[2] sein.

Wenn eben möglich überlegen und entscheiden wir gemeinsam, welche Bewegungsfolgen zu Tanzphasen zusammengefügt werden können. Im weiteren bedeutet tänzerische Gestaltung »klare Gliederung, Wiederholbarkeit, inhaltliche und formale Entwicklung und Aufbau ... Zum spontan Skizzierten, Improvisierten muß die Überlegung, die logische sinnbezogene Konstruktion und die Präzision der Ausführung kommen.«[3] Das Ziel ist eine Tanzkomposition, die mit ganzer innerer Beteiligung der Tänzer klar in der Form ausgeführt wird.

Getanzte Lieder für Gruppe und Gemeinde: Unsere ersten Tänze entwickelten wir zu verschiedenen Liedern aus dem Liederzyklus »Fest der Hoffnung« (Text: Wilhelm

[1] *Trudi Schoop,* »... komm tanz mit mir«, Zürich 1981, 48.
[2] *Rudolf von Laban,* Der moderne Ausdruckstanz, Wilhelmshaven 1981, 60.
[3] *Barbara Haselbach,* Improvisation Tanz Bewegung, Stuttgart 1979, 6.

Willms, Musik: Peter Janssens, Chorsatz: Detlev Jöcker und Peter Janssens). Die Lieder wurden im Gottesdienst vom Kirchenchor gesungen und von einer Instrumentalgruppe (Klavier, Querflöte,Gitarre, Schlagzeug) begleitet. Der Chorleiter machte freundlicherweise eine Arbeitsaufnahme auf Band für unsere Proben. Da einige Lieder zusammen mit der Gemeinde gesungen wurden, bekam jeder Gottesdienstbesucher ein Faltblatt mit Liedtexten und Noten. Getanzt haben wir zum Eingangslied, zum Gloria (Text: Netz; Musik: Lehmann), zum Zwischengesang, zur Opferbereitung und zum Sanctus. Drei Gestaltungen möchte ich ausführlich beschreiben.

Eingangslied

Wir spinnen feine Fäden von mir zu dir und weit,
wir spinnen spannen Netze im Zirkus Zeit,
wir weben einen Teppich über die Erde hin,
wir weben grüne Hoffnung Goldspuren Sinn.

Wir weben einen Teppich über die Wüste hin,
wir weben Weizenfelder Goldähren drin,
wir weben in den Teppich ganz neue Muster ein,
wir weben schwarzen Hunger Weißbrot und Wein.

Wir knüpfen eine Brücke tausend-und-eine Nacht,
wir knüpfen nicht ins Blaue, Land zugesagt,
wir knüpfen eine Brücke über das weite Meer,
so kommen und so gehen wir hin und her.

Wir spinnen feine Fäden von mir zu dir und weit,
wir spinnen spannen Netze im Zirkus Zeit,
wir knüpfen eine Freundschaft, die nie mehr enden wird,
wir geben und wir nehmen, sind Gast und Wirt.

Zu diesem Lied hatte jeder Gottesdienstbesucher beim Eintritt in die Kirche einen etwa 30 cm langen Wollfaden bekommen. Und genau das, was alle hörten und sangen, wurde wirklich getan. Alle Gläubigen knüpften gemeinsam ein großes buntes Netz. Vorweg wurde kurz erläutert, wie die Fäden verbunden werden müssen, damit aus vielen kleinen Netzen in kleinen Gruppen ein großes Netzgeflecht entstehen kann. Im Mittelgang wurden die Netze aus beiden Schiffen von der Tanzgruppe in Empfang genommen und zu einem Netz vereinigt. Da das Knüpfen relativ lange dauerte, gestaltete der Chorleiter die musikalische Begleitung abwechslungsreich mit Instrumentalvariationen des Liedes. In einem zum Lied rhythmisch passenden Schrittanz (Tanzschritt entnommen aus dem Tanz »Jericho«, entwickelt und aufgezeichnet von Prof. Dr. Hilda-Maria Lander/Fft. Tanzkreis[1]) wurde das Netz hocherhoben von der Tanzgruppe durch den Mittelgang bis zum Altar getragen und über eine Seite des Altares gebreitet. Zum Netz auf dem Altar betete der Pfarrer mit der Gemeinde:

Aus vielen bunten Fäden haben wir Dir dieses Netz geflochten. Jeder Faden soll ein Stück von uns selber sein. Jeder von uns hat sich in dieses große Netz hineingeflochten. Mit allem, was uns erfüllt, haben wir uns hineingeknüpft: mit unserer Freude und Traurigkeit, mit unserer Sorge und mit unserer Angst, mit Vertrauen und mit Mißtrauen, mit unserer Begeisterung, Spannung und Neugier haben wir uns hineingeknüpft; unsere Sehnsüchte und Träume sind in diesem Netz, unsere Schuld, aber auch das, was wir mit Deiner Hilfe Gutes tun . . .

[1] Vgl.: *Hilda-Maria Lander,* a.a.O.; siehe auch: S. 50, Anm.**.

Zwischengesang

Einsam ein Korn verdirbt,
wenn dieses Korn nicht stirbt,
einsam bleibt einsam,
wenn dieses Korn nicht stirbt.
Refrain:
Einsam zweisam dreisam vielsam und gemeinsam
einsam zweisam vielsam und gemeinsam heilsam.

Einsam wird vielsam.
Wenn ein Korn gestorben, ist es nicht verdorben.
Einsam gestorben ist nicht verdorben.
Einsam gestorben, Leben erworben.
Refrain –

Einsam ein Korn wird Brot,
Korn leidet Todesnot,
einsam wird vielsam,
viel Brot in Hungersnot.
Refrain –

Die Tanzbilder zu diesem Lied entstanden aus dem Zusammenspiel von Wort, Musik und Bewegung. Lied und Refrain setzen sich deutlich voneinander ab. Es wechselt verhaltene, getragene, introvertierte Stimmung im Lied mit mahnender, pochender, aktiver Stimmung im Refrain. Die Stimmung im Refrain zeigt eine Bereitschaft zum Durchbruch und zur Umkehr.

Tanzbeschreibung: Der Tanz beginnt mit einem zweifachen instrumentalen Vorspiel des Refrains, bei dem sich die Tänzer nacheinander auf der breiten Stufe vor dem Altar in zwei sich gegenüberstehenden Reihen aufstellen. Die Körperfront ist zur Wand gedreht, die Hände bedecken das Gesicht. (Die Einsamkeit betrifft jeden.)

Mit dem Einsetzen des gesungenen Refrains strecken alle den rechten und linken Arm nacheinander nach oben aus (einen Ausweg suchend) und ziehen die Arme wieder zurück (traurig und enttäuscht); dasselbe wird nach rechts und links zur Seite ausgeführt; die Hände bedecken wieder das Gesicht. Mit dem Einsetzen der ersten Strophe wenden sich die Tänzer mit einer halben Drehung einander zu, fassen sich an den Händen – Arme hängen herab – und gehen in einer sich viermal wiederholenden Schrittkombination (Biserka II)[1] aufeinander zu. Dieser Tanzschritt bleibt in allen drei Strophen mit jeweils viermaliger Wiederholung gleich. (Alle sind auf dem gleichen Weg, gehen hintereinander oder nebeneinander her; jeder ist still, nachdenklich, vielleicht traurig; und alle lassen sich von dem gemeinsamen, meditativen Rhythmus tragen.)

Beim 2. Refrain springt ein Tänzer aus der Reihe und eine Stufe tiefer, die Arme nach oben ausgestreckt (Hilferuf). Die anderen sehen ihn und folgen ihm nacheinander mit der gleichen Bewegung. Es entsteht ein dichter Pulk, alle Arme sind nach oben ausgestreckt. Mit der 2. Strophe löst sich der Pulk auf. Die Tänzer bilden wieder zwei Reihen und gehen im Tanzschritt durch den Mittelgang in den Kirchenraum. Beim 3. Refrain setzt ein Tänzer durch Fingerschnippen ein Zeichen. Die anderen hören ihn, wenden sich ihm zu und stimmen in das Schnippen mit ein. Schnippend oder klatschend gehen die Tänzer aufeinander zu, bilden Paare und drehen sich umeinander. So wechseln die Reihen und gehen bei der 3. Strophe in Gegenrichtung

[1] Vgl.: *Hilda-Maria Lander,* a.a.O., 41.

durch den Mittelgang zurück. Zu Beginn des letzten Refrains bricht wieder ein Tänzer aus und streckt die Hände nach den anderen aus. Diese eilen zu ihm hin, und alle legen sich gegenseitig die Hände auf die Schultern. Im rhythmischen Gleichtakt schwingt die Gruppe bis zum Ende des Liedes.

Sanctus
Tanz gegen die Schwermut und gegen die Schwerkraft der Erde

Einer tanzt und hebt die Schwermut auf, fällt nicht so, wie alle fallen.
Fällt hinauf, freier Fall, hebt Gesetze auf.
Refrain:
Wir lassen los und schweben, wir hoffen fest und leben,
wir lassen los und schweben, wir hoffen fest und leben.

Einer, dem wird eingeheizt, tanzt im Feuerofen,
er verbrennt nicht, weil er glüht, und aus seinem Munde sprüht
Feuer, Feuer, Feuer und ein neues Lied.
Refrain –

Einer spielt zum Tanze auf, Hoffnung in den Gliedern,
einer singt die Seele aus und verklingt
und verklingt und verklingt in Liedern,
Hoffnung in den Gliedern,
einer singt die Seele aus und verklingt in Liedern.
Refrain –

Einer, der gebunden ist, hat sich losgelassen,
haftet ihm die Hoffnung an, festgenagelt ist er frei,
jenseits, jenseits, jenseits aller Sklaverei.
Refrain –

Im folgenden werde ich die Art der Tanzbewegungen darstellen, die wir entsprechend dem Stimmungscharakter entwickelt haben. Die Stimmung wird deutlich von Gegensätzen geprägt:

Stimmungen

Auf der einen Seite:	Auf der anderen Seite:
Schwermut, Bedrängnis, Qual, Spannung, Gefangensein, Fall, Gesetz, Starrheit, Dunkel	Freude, Freiheit, Leichtigkeit, Leben, Bewegung, Hoffnung, Wärme, Licht

Bewegungen

Starke Betonung der unteren Raumebene; eng, verkrampft, bedeckte Augen, geduckt, eingewickelt, allein, ortsgebunden, statisch, schwer, verspannt	Betonung der mittleren und vor allem der oberen Raumebene; Drehungen allein, mit Partner oder im großen Kreis; erhobene Arme; spiralförmiges Ausdrehen von unten nach oben; gelöst, kraftvoll, schnell, leicht, wirbelnd, raumgreifend

In die raumgreifende Bewegung stimmten beim letzten Refrain alle Gottesdienstbesucher mit ein, so daß die ganze Kirche von Bewegung erfüllt wurde. Und zwar verließen (loslassen) alle Leute bankweise nacheinander zum Mittel- bzw. Seitengang ihre Plätze. Alle machten sich auf den Weg in den Altarraum. Auf diesem Weg war niemand allein; an den Händen gefaßt hatte jeder Weggefährten und jeder war dem anderen Weggefährte. Im Altarraum angekommen konnte sich jeder wieder aus der Kette lösen, ein wenig hin und her gehen und sich in aller Ruhe einen Platz suchen, auf dem er bleiben wollte. Dicht versammelt um den Altar wurde die heilige Messe weitergefeiert. Nach der Kommunion ging – wer wollte – wieder in die Bank zurück. Einige blieben bis zum Ende des Gottesdienstes im Altarraum. Ganz spontan fingen beim Schlußlied »Ein neuer Himmel, eine neue Erde...« einige Leute an zu tanzen. Daraus entwickelte sich unvorhergesehen noch einmal eine große, sehr fröhliche Bewegung im gesamten Kirchenraum. Schließlich verließen sogar die Chorsänger ihre Plätze und tanzten mit.

Eine Tanzszene aus dem Vaterunser: Das Vaterunser haben wir in sechs Bildern getanzt. Die Musik habe ich selber ausgesucht und zusammengestellt. Die Textabschnitte wurden jeweils am Anfang eines Tanzbildes von einem Sprecher begleitend zur Musik gesprochen. Tanzgestaltung zu den Bitten: Und vergib uns unsere Schuld, wie auch wir vergeben unseren Schuldigern. Und führe uns nicht in Versuchung. Musik: Paul Horn (Querflöte), Inside »Shah Jahan«.

Unsere Gefühle, Stimmungen und Vorstellungen zur Schuld und Versuchung lassen sich wie folgt beschreiben: Druck, Enge, Fesseln, Sog, Dunkel, magische Kraft; Knoten, Blockierung, Angst, Lähmung, Rückzug. Übersetzt in die Körpersprache entstanden eckige, kantige, spitze und verzerrte Bewegungen, gekreuzte Arme, gespreizte Finger; unruhiges Durcheinanderlaufen; Versuchung, die magisch in ihren Bann zieht, wird vom einzelnen in einer beinah bis zum Boden sich einschraubenden Spirale getanzt; die Schuld drückt jeden bis tief auf den Boden; mühsam und Schritt für Schritt erhebt sich jeder vom Boden (aus der Tiefe) und arbeitet sich empor in den Stand (ans Licht). Zum Zeichen der Vergebung streckt jeder seine Hände zu den anderen aus; alle berühren sich gegenseitig. Musikwechsel: Gheorghe Zamfir (Panflöte und Orgel), »Cintec din Ardeal«. Zum Abschluß des Vaterunsers bewegten sich alle Tänzer im großen Innenstirnkreis in einer rhythmisch schwingenden Bewegung. In diese Bewegung stimmten viele Gottesdienstbesucher mit ein.

Auswertung: Nach jedem Gottesdienst mit liturgischem Tanz wurde bisher bei einem gemütlichen Beisammensein im Pfarrsaal Gelegenheit zum Gespräch angeboten. Die Beteiligung war gut. Nur wenig ablehnende Äußerungen wurden laut: Ich fühlte mich in meiner Andacht gestört – Mir war das zu unruhig – So kann ich nicht beten – Wenn alle in der Kirche tanzen, komme ich mir vor, wie im Irrenhaus – Mir gefällt das nicht. Viele erlebten jedoch einen Gottesdienst, in dem getanzt wurde, in ganz besonderer Weise. Starke Gefühle von Glück, Freude, Dankbarkeit, Verbundensein, Dabeisein, von Feierlichkeit und Festlichkeit wurden erfahren und dankbar zum Ausdruck gebracht: Ich war sehr glücklich – Ich kam mir wichtig vor – Die Atmosphäre war so gelockert – Ich habe jemanden, den ich nicht leiden kann, auf einmal ganz anders gesehen – Ich fühlte mich angenommen – Ich war ergriffen – Ich habe geweint – Ich war gerührt – Äußerlichkeiten wurden Nebensache – Ich fühlte mich wohl – Ich spürte Offenheit – Ich fühlte mich ganz – Ich war ganz dabei – Ich hatte mein Kirchengesicht abgelegt – Ich sah und spürte meinen Nachbarn – Ich hatte Gänsehaut – Ich habe neue Kraft geschöpft – Ich war betroffen – Am Altar war es dicht und warm – Ich hatte Angst mitzumachen und bin froh, daß ich es trotzdem getan habe – Ich spürte, daß es neben allem Kummer und Schweren etwas ganz Leichtes gibt, etwas Schönes, so schön wie Filigran.

Mittlerweile haben viele Gemeindemitglieder ihr anfängliches Mißtrauen überwunden und geben zu, daß sie sich Tanz in der Kirche »so« nicht vorgestellt haben.

Margarete Horsch

Nachdem wir die eigene Gemeinde kennengelernt haben: im Altersheim zu Besuch waren, die Kinder- und Jugendarbeit studierten, nach der Situation der alten Menschen geforscht haben, über Feste und Bräuche im Gemeindeleben uns informierten, soweit es ging auch daran teilnahmen, die Caritasarbeit und die Krankendienste erkundeten... haben unsere Schüler nun hinreichende Kenntnisse und Fragestellungen, um zur weiteren Erkundung (→S. 447) ins Pfarrhaus zu ziehen.

Ein solcher Besuch muß gut vorbereitet werden. Zunächst sollte der Unterricht in großen Zügen über das Alter und die Geschichte der Gemeinde informieren. Denkmäler, die mit dieser Geschichte verbinden, werden aufgesucht und angeschaut. Auch die Grenzen der Gemeinde müssen vergegenwärtigt werden. Wieviele Menschen gehören dazu? Wie weit sind die Wege zur Pfarrkirche? Wie heißen die Nachbargemeinden?

Im weiteren Gang der Vorbereitung informieren wir uns über alle Institutionen und Dienstleistungen, welche die Gemeinde für ihre Menschen eingerichtet hat: Ist sie Träger eines Krankenhauses? Einer Schule? Unterhält sie einen Kindergarten? Eine Leihbibliothek? Regelmäßige Bildungsangebote? Feste Einrichtungen der Jugendarbeit? Wieviele hauptamtliche Mitarbeiter gehören dazu? Was wird ehrenamtlich betrieben? Welche Aufgaben hat der Kirchenvorstand, welche der Pfarrgemeinderat? Wie ist die Gemeindecaritas organisiert? Wer springt in Notfällen ein, um eine kranke Mutter zu vertreten oder einen Kranken im Haus zu versorgen? An wen wenden sich Menschen in Not? Welche Mittel und welche Menschen stehen zum Helfen bereit?

Wo regt sich Eigenleben in der Gemeinde? Wieviele Vereine gibt es und was tun diese für das Zusammenleben der Menschen? Wurden die ausländischen Gastarbeiter und deren Familien in die Gemeinde mit einbezogen? Gibt es Veranstaltungen, die dem wechselseitigen Kontakt dienen?

Wie lebendig ist die Nachbarschaft zu den evangelischen Christen? Wie heißt deren Kirche und deren Pfarrer? Gibt es gemeinsame Gottesdienste und Veranstaltungen? Ist auch ein Besuch in der evangelischen Kirche möglich? Welche anderen Glaubensgemeinschaften haben Häuser oder Räume im Bereich der eigenen Gemeinde (Stadt)? Was wissen wir von diesen Glaubensgemeinschaften, von ihrer Geschichte und ihrem Leben? Gibt es auch nichtchristliche Gruppierungen? Wo treffen sich die islamischen Mitbürger zum Gottesdienst? Wie oft gehen deren Kinder zur Koranschule? Ist es möglich, einen Koranlehrer in den Religionsunterricht einzuladen?

Was wissen wir von der kirchlichen Ordnung, welche die Pfarrgemeinden untereinander verbindet? Wie heißt das Dekanat? Wie das Bistum und der Bischof? Zu welchen Anlässen kommt der Bischof in jede Gemeinde?

Das Spektrum all dieser Fragen vermittelt unseren Schülern ein Koordinatengefüge, in dem sich das Bild der eigenen Gemeinde sehr konkret differenziert. Zugleich erwächst daraus ein erstes Verständnis für den verzweigten Aufgabenbereich des Pfarrers. Sie werden Interessen gewinnen, die sie auf den Besuch im Pfarrhaus vorbereiten: Wie kümmert sich der Pfarrer um die vielen verschiedenen Dinge? Welche Mitarbeiter hat er, wie gewinnt er weitere Helfer? Welche Aufgaben sind ihm die wichtigsten, welche die liebsten, welche scheute er am meisten? Können wir Vorschläge machen, was in der eigenen Gemeinde anders und besser gemacht werden kann? Können wir selbst dazu beitragen? Worüber sprechen die älteren Geschwister und die Erwachsenen in der Gemeinde kritisch? Haben wir Kinder dazu schon eine eigene Meinung? Können wir mit dem Pfarrer darüber sprechen?

Können wir den Pfarrer bitten, uns etwas näherhin zu zeigen? Zum Beispiel Besonderheiten in der Kirche? Die Glockenkammer oder Kunstschätze aus alter Zeit? Vielleicht auch die Kirchenbücher, die er führen muß; ein altes Taufbuch und auch das Taufbuch, in das die Schüler der Klasse eingetragen sind? Was möchten wir dem Pfarrer über die Gottesdienste sagen, an denen wir teilnehmen, insbesondere über die Kindergottesdienste?

Wir können eine Liste unserer Themen und Fragen machen und diese miteinander aufteilen, so daß möglichst alle Kinder am Gespräch mit dem Pfarrer beteiligt sind. Hernach versuchen wir dann im Unterricht, unsere Eindrücke zu ordnen und ein Resümee zu ziehen. Vielleicht läßt sich auch alles mit eigenen Texten und Bildern in einem Buch (oder auf einem Plakat) zusammentragen.

Krankendienste S. 78 (77)

Unser Religionsbuch bringt den (gekürzten) Bericht eines Mannes (Angestellter, Vater von sechs Kindern) über dessen Besuchsdienst im Krankenhaus: »Im Lauf der Jahre ist mir dieser Krankenhausdienst lieb geworden. Das ist etwas, was ich noch im Ruhestand weitermachen kann. Ich fühle mich immer fähiger, sogar bei Schwerkranken und Sterbenden Besuche zu machen und das auszuhalten. Mich freut besonders, daß auch jüngere Menschen mittun.« Zum Hintergrund dieser Krankenbetreuung äußert sich der Pfarrer:

»Der Arbeitskreis Besuchsdienste trifft sich einmal monatlich zum Erfahrungsaustausch, zur Reflexion und zur Neuverteilung der Arbeit. Damit ist auch eine Schulung verbunden. Ich nehme als Pfarrer an diesen Treffen regelmäßig teil. Auf diese Weise bin ich informiert, wer aus der Gemeinde im Krankenhaus liegt und ob ein Besuch von mir gewünscht oder notwendig ist. Wenn Kranke ein besonderes Problem haben oder meinen Besuch ausdrücklich wünschen, besuche ich sie selbstverständlich. Normalerweise gehe ich an einem Vormittag der Woche ins Krankenhaus, um Kranke zu besuchen, die längere Zeit dort sein müssen.

Durch die Besuche im Krankenhaus entdeckten wir, daß es eine Reihe älterer Menschen gibt, die allein wohnen und kaum Kontakte haben. Wenn diese zudem noch kränklich sind, fühlen sie sich nach der Rückkehr aus dem Krankenhaus besonders einsam. Der Arbeitskreis Besuchsdienst versucht, in Absprache mit der Seniorengemeinschaft und den Verantwortlichen der Caritas mit diesen Menschen Verbindung zu halten.

Der Arbeitskreis Besuchsdienst regelt auch die Kontaktaufnahme zu den Neuzugezogenen. Da in letzter Zeit, besonders in den Neubaugebieten, monatlich oft viele Familien zuziehen, können die Mitglieder des Arbeitskreises diese nicht allein besuchen. Kommunionhelfer, Mitglieder der Frauengemeinschaft, der KAB, der Jugend und des Pfarrgemeinderates besuchen daher Neuzugezogene, die in ihrer Nähe wohnen.

Was hier von den Mitgliedern des Arbeitskreises Besuchsdienst und von den Kommunionhelfern berichtet wird, ist das Ergebnis eines Prozesses von vielen Jahren. Sie selber hatten anfangs Widerstände und Schwierigkeiten bei sich selber und in der Gemeinde zu überwinden. Langsam änderte sich die Haltung der meisten. Einige aber richten nach wie vor ihre Erwartungen auf den Gemeindeleiter. Sie sind mit der Entwicklung, wie sie hier stattgefunden hat, nicht einverstanden. Manche sind enttäuscht. Der überwiegende Teil der Gemeindemitglieder jedoch hat sich auf die neue Situation positiv eingestellt.«[1]

[1] *Bernhard Honsel,* a.a.O., 53 f.

In einer größeren Gemeinde geht der Tod fast alle Tage um. In ländlichen Gegenden mag noch eine Sterbeglocke davon künden, in städtischen Verhältnissen ist der Tod eher anonym geworden und aus der Öffentlichkeit verdrängt. Die meisten Menschen sterben heute in Krankenhäusern, die Hilflosigkeit an Sterbebetten ist unermeßlich geworden. Sie zeigt sich auch gegenüber Kindern in Stummheit und mannigfachen Floskeln.

In unseren Religionsbüchern wird der Tod mehrfach thematisiert. Grundlegend zunächst auf der »Allerseelen-Seite« des Religionsbuchs für das 1. Schuljahr. Mit dieser Bildgegenüberstellung können wir durch die ganze Schulzeit gehen. Ein wiederholtes Darauf-zurück-Greifen ist kein Notbehelf, sondern sinnvoll und wünschenswert (→I, 95-99). Im Religionsbuch für das 3. Schuljahr wird in Verbindung mit dem Memento-mori des Aschermittwochs der Totentanz vorgestellt (→III, 450-456). Ein Gutachter im Länder-Genehmigungsverfahren nannte diese Holzschnittfolge »im absoluten Grenzbereich affektiven kindlichen Erlebens« gelegen, das soll heißen: eigentlich schon nicht mehr zumutbar; – auch ein Beispiel für die Verdrängung des Todes bei gleichzeitiger Verdrängung einer Tradition, die über Jahrhunderte zum öffentlichen Bildbestand der Gesellschaft gehörte.

Die dem Tod gewidmete Seite im Religionsbuch für das 4. Schuljahr verbindet nun den Verweis auf die Begrenztheit des Lebens und das Grab des Christen mit einer Deutung des Geschehens im Tode im Anschluß an Mt 14,22-32. Wir stellen nachfolgend Materialien und Anregungen zusammen, die eine recht unterschiedliche Auswertung im Unterricht zulassen.

Gott ist Leben

»Über den Tod reden wir nicht. Wir verdrängen die Todesgedanken und verschließen die Augen vor der Unausweichlichkeit des Todes. Aber das, was wir verdrängen, lebt doch in unserem Unterbewußtsein und zehrt uns aus. Wenn wir uns als Menschen selbst finden und unsere Bestimmung erfüllen wollen, so müssen wir es wagen, sowohl zurück als auch nach vorne zu schauen, und wir müssen einsehen, daß der Tod zu den Bedingungen unseres Lebens gehört.

Kinder fragen nach dem Tod, um sich im Leben zu orientieren. Sie fragen einfach und sachlich, und sie brauchen einfache und sachliche Antworten. Wenn Kinder nach dem Tod fragen, sollten wir die Fragen nicht stoppen, sondern uns verhalten wie sonst auch. Wir sollten beantworten, was wir beantworten können, und nicht mehr von uns verlangen. Kinder haben volles Verständnis für die Grenzen der Erwachsenen. Niemand kann alles beantworten. Leben und Tod durchschaut man nicht, wie alt und klug man auch wird.

Wichtiger als unsere Worte ist unsere eigene Einstellung zum Tod. Wenn wir peinlich berührt und verwirrt werden, wenn Kinder nach dem Tod fragen, so lehren wir sie – gleichsam nebenher –, nicht mehr danach zu fragen. Unsere Verdrängung der

Todesproblematik wird so an die nächste Generation weitergegeben. Miteinander über den Tod zu reden, nimmt nicht alle Fragezeichen weg, aber es hilft uns, unsere Lebensbedingungen zu akzeptieren. Auf dem Knie sitzen zu dürfen, in den Armen der Eltern, und dabei laut zu denken, daß alles ein Ende hat, wird das nicht eine Grundeinstellung von Vertrauen angesichts der ganzen Vergänglichkeit schaffen?

Die Fragen nach dem Tod sind nicht religiöser als andere Fragen. Gott gehört mit dem Tod nicht mehr zusammen als mit dem Leben. Wenn ›Gott‹ im *Leben* eines Kindes etwas Unwirkliches und Fremdes ist, sollte man sich hüten, Gott als Erklärung und Trost für den Tod zu benutzen. Sonst besteht die Gefahr, daß Gott–Tod in der Vorstellung des Kindes als ein Begriffspaar zusammengebunden werden; Gott wird dann fast dasselbe wie der Tod, etwas Unheimliches und Gefährliches.

Aber Gott ist Leben. Kein Kind sollte von Gott zum ersten Mal im Zusammenhang mit einem Todesfall hören.

Wenn ein Kind dagegen die Nähe und Liebe Gottes aus den frohen Tagen des Lebens kennt, dann spricht man ganz natürlich auch im Zusammenhang mit dem Tod von Gott. Für ein Kind, das Vertrauen zu Gott hat, kann es genug sein zu hören: Gott sorgt für uns jetzt, wenn wir leben, und er sorgt auch für uns, wenn wir sterben. Nichts, nicht einmal der Tod, kann uns von Gott fortnehmen.

Ich persönlich sage das mit dem Gedanken an ein Pauluswort: Ich bin gewiß, daß weder Tod noch Leben, weder Gegenwärtiges noch Zukünftiges mich von Gottes Liebe in Jesus Christus trennen können. (Röm 3,38)

Daß nicht einmal der Tod uns von Gott trennen kann, das kann auch schon ein Vierjähriger erfassen. Und mit dieser Einsicht kann auch ein Vierzehnjähriger und ein Siebzigjähriger in Geborgenheit leben und sterben.«[1]

Was Leute sagen und tun

»Was Leute *tun,* wenn ein Mensch gestorben ist:

Sie öffnen das Fenster. – Sie halten die Uhr an. – Sie stellen Kerzen auf. – Sie ziehen schwarze Kleidung an. – Sie beten am Sarge des Verstorbenen. – Sie halten die Totenwache. – Sie schicken Karten, Blumen oder Kränze. – Sie lassen in der Friedhofskapelle eine Predigt oder Rede halten. – Sie werfen drei Hände voll Erde oder ein Sträußchen Blumen in das offene Grab. – Sie halten am Grab einen Nachruf, in dem über den Verstorbenen etwas Gutes gesagt wird (oft mehr, als er verdient hat: Es heißt, über Tote soll man nur Gutes reden). – Sie halten einen Leichenschmaus. – Sie ...

Was Leute *sagen,* wenn ein Mensch gestorben ist:

Zu Leidtragenden wird gesagt:
›Es tut mir leid!‹ – ›Herzliche Teilnahme!‹ – ›Herzliches Beileid!‹

Zu Kindern wird gesagt:
›Dein Opa ist jetzt im Himmel.‹ – ›Deine Mutti blickt vom Himmel auf dich herab.‹ – ›Dein Schwesterchen ist jetzt ein Engel.‹

[1] *Margareta Melin,* Johanna och Leif; dt.: Johanna und der Tod. Eine Bildgeschichte, übersetzt von *Lilly* und *Franz Gölzenleuchter,* Gelnhausen/Berlin 1977, 32 f.

Die Trauernden selbst sagen:

›Warum mußte das sein?!‹ – ›Es kam alles so plötzlich.‹

›Gott hat ihn von seinem Leiden erlöst.‹ – ›Sie ist ganz sanft entschlafen.‹

›Was soll ich bloß ohne sie anfangen?‹ – ›Er wird mir immer fehlen.‹ – ›Wir werden ihn nie vergessen.‹ – ›Er hat nichts als Arbeit gekannt.‹ – ›Sie hat sich nie etwas gegönnt.‹

›Er hat ein langes, gesegnetes Leben gehabt.‹ – ›Weißt du noch, wie sie damals . . .‹ – ›Wir hätten uns mehr um ihn kümmern sollen, aber jetzt ist es zu spät.‹

Unbeteiligte reden daher:

›Den hat's erwischt!‹ – ›Er war zu gut für diese Welt.‹ – ›Was soll bloß aus den Kindern werden?‹ – ›Wer weiß, wozu es gut ist.‹ – ›Was hat er nun von dem, was er zusammengerafft hat? Mitnehmen kann er nichts.‹

Woran Menschen sterben:

Menschen können jung und alt sterben. Alte Menschen sterben an Herz- und Kreislaufkrankheiten, an Krebs, an Krankheiten der Verdauungsorgane, der Atmungsorgane, an Altersschwäche . . . Auch junge und gesunde Menschen können sterben: an Verkehrs- und Arbeitsunfällen, an Infektionskrankheiten, an Gewalttätigkeiten. Viele alte und junge Menschen sterben durch Hunger und Unterernährung, durch grausame Kriegswaffen, durch Folterungen in Gefängnissen und Konzentrationslagern. Die Zeitungen berichten täglich von den vielen Toden, die Menschen in dieser Welt sterben.«[1]

Literaturhinweise:

Kinderbücher, in denen die Erfahrung des Todes dargestellt und verarbeitet wird, finden sich in I, 98 f; III, 455 genannt.

Literatur für Eltern und Erzieher zur Begegnung von Kindern mit Sterben und Tod wurde I,94 f; III, 451 vorgestellt.

Weiterhin ist empfehlenswert:

Tobias Brocher, Wenn Kinder trauern. Wie sprechen wir über den Tod, (Kreuz Verlag) Zürich 1980.

Marguerita Rudolph, Wie ist das, wenn man tot ist? Mit Kindern über das Sterben reden, (Otto Maier) Ravensburg 1979.

Sigmunda May: Gehalten im Untergehen S. 79

A. Die Erzählung vom sinkenden Petrus, wie sie Mt 14,22-33 überliefert, wird – historisch betrachtet – als eine nachösterliche Epiphaniegeschichte gedeutet. Jedoch verschiebt sich bei Matthäus das christologische Interesse in das Ekklesiologische hinein, insofern hier Jesus als der Herr erscheint, der seinem Jünger die Vollmacht zur Nachfolge gibt und ihn in seinem Unvermögen zugleich rettet.

B. In unserem Holzschnitt ist die Szene des sinkenden Petrus festgehalten: »Als er aber sah, wie heftig der Wind war, bekam er Angst und begann unterzugehen. Er schrie: Herr, rette mich! Jesus streckte sofort seine Hand aus,

[1] Aus: Religion. Bilder und Wörter, Düsseldorf 1974, 120f.

ergriff ihn und sagte zu ihm: Du Kleingläubiger, warum hast du gezweifelt?« (Mt 14, 29-31). Im Kontext zum Thema der Schulbuch-Seite bekommt diese Szene in ihrer bildlichen Gestaltung symbolische Bedeutung. Das verschlingende, abgrundtiefe Wasser ist nichts anderes als ein Grab. Es verschluckt in den Tod hinein. Über diesem Grab kann nur stehen, wer den Tod überwunden hat: der auferstandene Christus, in dessen Auferweckung Gott allen Menschen seine rettende Hand entgegenstreckt. Seine Hilfe reicht tiefer als alles, was zu verschlingen droht. Selbst der Tod ist nicht das letzte Wort.

C. Innerhalb des Religionsbuches bestehen von diesem Bild aus zwei bedeutsame Querverbindungen zu vorhergehenden Kapiteln: Die erste Beziehung verknüpft mit der Frage nach dem dunklen Gott: dort wird der Mensch mehrfach in Nacht und Not gezeigt, in Angst und Untergang. Aber so wie in alle diese Grabeszonen oder Feueröfen Gott seinen errettenden Engel sendet, so erfolgt auch hier die Rettung durch die in Christus erschienene Menschenfreundlichkeit Gottes. Die zweite Beziehung besteht zu den Seiten über die Auferstehung Christi. Das Osterereignis ist eine Deutung des Todes und verkündet einen Gott, der ein Gott der Lebenden, nicht der Toten ist. Von hierher gewinnt aller Trost an den Gräbern seine symbolische Perspektive.

D. Um den Holzschnitt von Sigmunda May im Unterricht zu interpretieren, bedarf es zunächst der Textkenntnis. Die Erzählung muß jedoch nicht in allen ihren theologischen Dimensionen entfaltet werden; in unserem Kontext genügt die Deutung des Motivs vom sinkenden Petrus, der für den Jünger schlechthin steht. Dabei kann das Wasser als Symbol des Todes oder verschlingenden Grabes, wie wir es schon mehrfach kennenlernten (→II, 491 f; III, 308; IV, 437), den Schülern gerade an diesem Holzschnitt bewußt werden: der untergehende Jünger schreit aus der Grabestiefe nach der rettenden Hand.

Der zweite Schritt darf zu den Seiten 26 und 27 zurückführen. Wenn unsere Kinder die Geschichte von Abrahams Glaubensprobe mit diesem Holzschnitt zusammenbringen, können sie Abraham und Isaak mit dem sinkenden Jünger vereint denken und die in aller Nacht haltende Gotteshand erkennen. Dasselbe gilt für die folgenden Seiten 28-33. In einer anderen Weise interpretieren sich die Erzählung von den Männern im Feuerofen und jene vom sinkenden Petrus: beides sind Errettungsgeschichten, die das Grab nicht als letzte Realität kennen.

Von dieser Einsicht aus ist es sogar möglich, den verborgenen österlichen Aspekt in allen voraufgehenden dunklen Geschichten zu erkennen. Wenn wir die Bilder von Jesu Tod und Auferstehung mit hinzunehmen und von dort her zu Abrahams und Jakobs Nacht und anderen Feueröfen zurückfragen, andererseits aber auch die Gräber und Friedhöfe aller Welt in unsere Umsicht einbeziehen, erscheinen die Abgründe dieser Welt nie ohne die Verheißung der Ostersonne.

Das »Leben der kommenden Welt« ist schließlich nicht nur als Erfüllung des individuellen Lebens zu verstehen, sondern als Vollendung der menschlichen Geschichte, ja der Schöpfung insgesamt. »Die Vollendung des leibhaftigen Menschen wäre ja gar nicht möglich ohne Vollendung der Welt... Deshalb gehören die menschliche und die kosmische Vollendung in einem großen Gesamtgeschehen unlösbar zusammen«[1] (→ S. 318f).

Todesanzeigen

Wir sammeln Todesanzeigen aus unterschiedlichen Zeitungen – und falls das möglich ist: aus unterschiedlichen Zeiten – und stellen die Deutungen des Todes vergleichend zusammen. Verbinden sie Gott *mehr* mit dem Tod als mit dem Leben? Werden Sterben und Tod beim Namen genannt oder kaschierend umschrieben? Drückt sich in der Erfahrung des Todes auch eine christliche Auferstehungshoffnung aus (→S. 318ff)? Von welchem Dank und welchem Glauben sprechen die Todesanzeigen?

Grabinschriften

Kirche versteht sich seit jeher als *Communio sanctorum;* sie umfaßt die Lebenden und die Toten. Darum waren die Friedhöfe ehedem inmitten der Gemeinde. Die Toten wurden *ad sanctos* bestattet. Eine Geschichte des Todes und des Lebens mit den Toten kann unser Handbuch hier nicht bieten; sie ist leicht zugänglich.[2] Aber jener Geschichte des Todes, welche die Gräber und Zeugnisse der Gemeinde am Ort erzählen, können wir auf eigenen Erkundungsgängen nachgehen. Es werden Grabmäler und Inschriften sein, die bei sorgfältigem Befragen manches von den unterschiedlichen Einstellungen zum Tod berichten, die das Denken und Verhalten der früheren Generationen bestimmt haben. Allein die Grabsteine dieses Jahrhunderts zeigen eine deutliche Entwicklung: in ihren Angaben über Person und Stand der Toten sind sie – zumal in Süddeutschland und in den Alpenländern – in der Vergangenheit sehr gesprächig; sie erzählen von Berufen, Ehen, Kindern, von Unglücksfällen und Glaubenshaltungen, während die Grabsteine zur Gegenwart hin immer sprachloser werden. Bisweilen heißt es nicht einmal mehr »Ruhestätte der Familie X«, sondern nur noch »X« mit Vornamen und Jahreszahlen. Auch im symbolischen Ausdruck zeigt sich ein Rückgang des Sprachvermögens; je nach Friedhofsordnung fallen die gewählten Grabsteine aus, mal bruchrauh, mal poliert, aber durchweg mit theologisch entleerten Emblemen konventioneller Prägung versehen, die eher Verlegenheit als eigene Sehweisen des Todes verraten.

Wenn wir mit der Schulklasse den Friedhof besuchen, lohnt es sich, Grabinschriften zu notieren und diese später nach Jahresdaten zu ordnen. Vielleicht sind Vergleiche sehr unterschiedlicher Gräber oder gar Vergleiche alter und neuer Friedhöfe möglich. Es lohnt sich auch, nach der örtlichen Geschichte dieser Friedhöfe zu fragen, nach den früheren (und heutigen) Bestattungsordnungen für Andersgläubige, ungetaufte Kinder oder Suizidtote, weil sich auch damit ein Kapitel Glaubensgeschichte verbindet. – Das im Religionsbuch abgebildete Grabkreuz kann der Ausgangspunkt zur Erörterung von Maßstäben und Möglichkeiten sein.

[1] Katholischer Erwachsenen-Katechismus, a.a.O., 426.

[2] *Philippe Ariès,* Studien zur Geschichte des Todes im Abendland, München 1976. *Ders.,* Geschichte des Todes, München 1980.

Religionen: Das Welthaus der Sioux

Wer sich das folgende Kapitel geistig erarbeiten will, tut gut daran, den bisherigen Weg noch einmal zu überblicken. Wir haben nach einer Reflexion über den didaktischen Zugang zur Welt der Religionen zunächst die Sonnensymbolik thematisiert, wobei keltische und ägyptische Sonnenheiligtümer im Vordergrund standen (→II, 417-441). Im 3. Schuljahr sind wir von hier aus zur Symbolik des Runden weitergegangen und haben deren archetypische Ordnungsfunktion in unterschiedlichen religiösen Weltdeutungen verfolgt (→III, 476-509). Nunmehr ziehen wir diese Linie durch und kommen zu einem geschlossenen religiösen Weltbild, das die bisher erarbeiteten Strukturen in sich trägt und zugleich in einer einzigartigen Bildhaftigkeit verkörpert. Um die inhaltlichen Entscheidungen didaktisch einsichtig zu machen, entwickeln wir zunächst die wichtigsten Überlegungen, die hinter dem Religionsbuch-Kapitel »Religionen: Das Welthaus der Sioux« stehen.

Warum eine archaische Religion?

»Bei allem Interesse, das Schüler für fremde Völker, Kulturen und Religionen aufbringen, scheint mir dieses Kapitel doch etwas weit weg zu sein«, urteilte ein Gutachter, dem das Schulbuch-Manuskript vorlag. Das wirft die grundsätzliche Frage auf, welche Inhalte für Schüler weit weg sind und welche nah; und die zweite: ob man auf entlegene Inhalte verzichten soll, während die naheliegenden Präferenz haben. So einfach kann es gewiß nicht sein, denn sonst müßten wir bedeutende biblische und theologische Traditionen vom Lehrplan streichen, da sie den Schülern bisweilen außerordentlich fern sind. Dabei ist es keineswegs selten, daß Inhalte der eigenen Überlieferung, Vorgänge der Nähe und der ständigen Wiederkehr nicht einmal ein Aufschauen bewirken, während anderes, das die eigene Welt kaum berührt, brennendes Interesse findet. Die über Generationen reichende Liebe zur Indianerliteratur ist hierfür nicht das schlechteste Beispiel.

Wir haben bereits früher begründet, warum unsere Bücher beim Blick über die eigene christliche Tradition hinaus nicht zu den heutigen Weltreligionen und nicht einmal zum Islam führen, sondern zu archaischen Strukturen und Gestaltungen (→II, 420 f). Wir wollen diese Begründung hier nochmals weiterführen.

Religionen haben sehr viel mehr Sprachen, als die Wissenschaften verzeichnen. Am wenigsten sprechen die Universalreligionen una voce. Zwar kann bewußte Regie eine äußere Sprachregelung herbeiführen, doch vibriert das weitherkommende und ungezähmte Leben fast immer noch hinter den Fassaden der Einheitlichkeit. Es gibt Religionen in der Religion. In den kulturell höher entwickelten Religionen, zumal den Universalreligionen, wurden die voraufgegangenen Systeme nicht einfach zurückgelassen oder gar in ihrer Substanz »erledigt«, vielmehr leben selbst älteste Traditionen in den neuen Strukturen weiter. Die archaischen Fundamente bestehen noch immer. Was in ihnen an archetypischer Ursprünglichkeit, symbolischer Kraft, elementarem Ausdruck steckte, ging auf dem Weg über die Volksreligionen zu den Universalreligionen keineswegs ganz verloren, vielmehr bewirkt es einen wesentlichen Teil von deren Vitalität und religiöser Potenz. Religiöse Traditionen, in denen die Rückbindung in den archaischen Wurzelbereich gestört oder gar unterbunden wurde, geraten immer mehr zu gedanklichen Konstrukten. Die hohe Übereinstimmung, die den Volksglauben und mancherlei Volksfrömmigkeit innerhalb aller Universalreligionen kennzeichnet, und die Tatsache, daß keine Weltreligion diese Religiosität an ihrer Basis hat überflüssig machen können, zeigt, wie tief deren Wurzeln reichen und läßt zugleich auf elementare Strukturen schließen, die hier ihre prägende Kraft entfalten.

Um nicht mißverstanden zu werden: Gemeint sind keine inhaltlichen Übereinstimmungen, sondern archetypische Dispositionen. Als Beispiel sei auf die Symbolik des Runden und der Mitte verwiesen, die unser Religionsbuch für das 3. Schuljahr entfaltet und deren Ausformungen sich in allen Religionen nachweisen lassen. Wenn wir auf derartige Strukturformen in unserer Didaktik zurückgreifen, so geschieht dies nicht aus äußeren Stoffverteilungsgründen, sondern um zu jenen Wurzelgründen zu gelangen, in denen tragende religiöse Prädispositionen mit den psychischen Prädispositionen des Menschen – und zumal des Kindes, das hierzu noch unverschüttete Offenheit hat – korrelieren.

So gehen wir denn diesmal zu einem Weltbild zurück, das zweifellos längst historisch ist und insofern als uns mehrfach fern abgetan werden könnte, wenn in dieser mythischen Gestalt nicht eine Erfahrung, ein Wissen, ein Ganzheitsverständnis aufschienen, woran die eigene Seele zu größerer Klarheit, das moderne Natur- und Weltverhältnis zu religiöser Verbundenheit, der oft verkümmerte Symbolsinn zu befreiter Durchsicht wachsen können.

Die didaktische Begründung, die wir mit diesem Gedankengang geben, leuchtet freilich im letzten nur dann ein, wenn sie mit jener breiten religionswissenschaftlichen Arbeit zusammengesehen wird, wie sie beispielsweise in den vergangenen Jahrzehnten durch den Eranos-Kreis repräsentiert wurde oder durch Namen wie Richard Wilhelm, Heinrich Zimmer, Karl Kerényi, Walter F. Otto, Mircea Eliade, Joseph Campbell und Werner Müller...

Warum gerade die Indianer?

Wer bis hierher gefolgt ist, kann immer noch einwenden, es möge ja sein, daß der Rückgriff auf eine archaische Religion didaktisch sinnvoll ist, aber deswegen müsse man nicht gleich nach Amerika; die eigene Tradition sei doch näher, beispielsweise die germanische Religionswelt. Das allerdings ist ein Trugschluß. Einerseits ist die Religion und Kultur der Germanen ungleich komplexer und schwieriger zu durchschauen, während jene indianische Tradition, auf die wir hier zurückgreifen, von einer wundervollen Gestaltklarheit bestimmt ist. Andererseits müßten wir in Europa über die ganze Christentumsgeschichte zurück in eine zeitliche Ferne, die keinerlei Feldbeobachtung und Berichterstattung uns nahe rückt, während die indianische Kultur in unvergleichlich besserer Weise durch Selbstzeugnisse und ethnologische Beobachtung dokumentiert ist.

Nicht minder wichtig ist ein kulturgeschichtlich-emotionales Element. Seit vielen Generationen richtet sich – zumal im deutschen Sprachraum – ein breites Leseinteresse von Kindern und Erwachsenen auf indianisches Leben und Schicksal. »Weder Asiaten noch Afrikaner haben jemals in der deutschen Abenteuer- und Sachliteratur solche Beachtung gefunden«, urteilt Heinrich Pleticha, »wie die Indianer vor allem Nord- und Mittelamerikas«. In dieser Entwicklung sieht er deutlich vier Phasen, deren erste er bereits im 16. Jahrhundert ausmacht, dann eine zweite, die etwa vom Ausgang des 17. bis zur Mitte des 19. Jahrhunderts reichte. Für die dritte Phase nennt Pleticha die völkerkundlichen Romane von Charles Sealsfield[1] und Friedrich Gerstäcker als kennzeichnend, wenngleich der alle überflügelnde Karl May am wenigsten übersehen werden darf.[2] Die neuen Akzente in der Geschichte des deutschen Indianerbuchs, die die Romane von Fritz Steuben, zumal dessen Tecumseh-Erzählungen oder das fünfbändige Epos von Liselotte Welskopf-Henrich gesetzt haben, gehören ebenfalls hierher. Die letzte große Hinwendung zur Indianerliteratur begann schließlich in den siebziger Jahren und dauert derzeit immer noch an. Bekannte Autoren wie Frederik Hetmann oder Hans Jürgen Stammel schreiben Sachbücher für den Jugendbuch-Markt, Anthologien erscheinen in Fülle, die wissenschaftliche Literatur bietet mit den Werken Werner Müllers ausgesprochene Glücksfälle ethnologischer Forschung, und Völkerkundemuseen veranstalten große Sonderausstellungen.[3]

Die indianische Welt ist also seit Generationen dem deutschsprachigen Raum besonders nahe, wenngleich nicht zu übersehen ist, daß die breite Masse der Abenteuerliteratur ein ethnologisches Studium im Detail kaum durchscheinen läßt, so daß sich ein sehr klischeehaftes Indianerbild im allgemeinen Bewußtsein festsetzte. Andererseits aber bewahrte diese Sparte des Kinder- und Jugendbuchmarktes doch ein lebendiges Interesse an indianischer Kultur. Kein anderes Volk wird im Rollenspiel von Kindergruppen so oft imitiert, keiner sonstigen Kultur entnehmen Spielwaren und Kostümgeschäfte so viele Requisiten, seien sie nun verstanden oder unverstanden. Ein Schulunterricht, der an dieser latent immer vorhandenen Indianerbegeisterung anknüpfen will – hier am religiösen Aspekt ihres Weltbildes –, findet dafür gegen Ende der Grundschulzeit viele positive Voraussetzungen.

[1] Hinter diesem Namen verbirgt sich die Geschichte des Karl Anton Postl (1793-1864), der – in Böhmisch-Mähren geboren – auf Wunsch der Mutter ins Kloster ging, später aber, etwa dreißigjährig, daraus floh und auf heimlichen Wegen nach Amerika zog. Freimaurerlogen halfen ihm auf der Flucht. Seine Erfahrungen in der neuen Welt verarbeitete er in Reiseberichten und Indianergeschichten, die zunächst anonym erschienen, später unter dem Namen Charles Sealsfield zusammengefaßt wurden. Alle seine Bücher bezeugten ihn als einen guten Kenner amerikanischer Verhältnisse.

[2] Claus Roxin, Vorsitzender der Karl-May-Gesellschaft: »Karl-Mays Werk ist lebendiger denn je, und die Karl-May-Forschung, die sich in größerem Umfang erst in den letzten fünfzehn Jahren entwickelt hat, steht trotz ihrer beachtlichen Erträge noch am Anfang.« Zum Stand dieser Forschung: *Claus Roxin,* Karl May und die Karl-May-Forschung, in: *Kevin Carpenter/Bernd Steinbrink,* Ausbruch und Abenteuer. Deutsche und englische Abenteuerliteratur von Robinson bis Winnetou, Universität Oldenburg 1984, 122 ff.

[3] Vgl.: *Heinrich Pleticha,* Abenteuer-Lexikon. Alles über Motive, Inhalte und Autoren alter und neuer Abenteuerbücher, Würzburg 1978, 82-89.

Die eigentliche Begründung für unsere Auswahl aber liegt natürlich in der Sache selbst. Das Welthaus der Osagen, das wir hier darstellen, ist von jener symbolischen Großartigkeit und zugleich inneren Wahrheit, daß es wenige Symbolsysteme in der Religionsgeschichte geben dürfte, die in dieser Geschlossenheit ein Modell des Kosmos sind und zugleich eine Ordnungsfigur für den Ort des Menschen. Gleichzeitig führt dieses Welthaus wie kein anderer Entwurf die religionsgeschichtliche Umschau des Vorjahres weiter, so daß in diesem Kapitel des 4. Schuljahres die Erkenntnisse des 3. Schuljahres aufgehoben und vertieft werden.

Warum ein »Welthaus«?

Eine letzte Begründung für das »Welthaus der Sioux« führt über die didaktische Linie der Kapitel »Religionen« im Grundschulwerk hinaus. Dieses »Welthaus« ist nämlich zugleich im Querverbund mit der »grünen« Thematik des Religionsbuches für das 4. Schuljahr verknüpft. Es korrespondiert mit allen Themenaspekten des Kapitels »Schöpfung«. Was dort über Verantwortung für die Erde, für das Leben und für den Frieden ausgeführt wurde, findet sich hier in einen einzigen, anschaulichen Symbolzusammenhang integriert. Unübersehbar ist ja, daß bereits die ökologisch orientierte Schöpfungstheologie auf indianische Weltfrömmigkeit Bezug nahm. Wenn jenes Kapitel unterrichtet wird, sollte zumindest im Bewußtsein des Lehrers der Blick auf die nachstehenden symbolischen Erdbilder nicht fehlen.

Weitere Querbezüge bestehen zum Schulgarten, wie ihn das Religionsbuch einleitend darstellt (→S. 52ff) und gleichzeitig zum Kapitel »Symbolverständnis« mit seinen Abschnitten »Labyrinth« und »Baum« (→S. 495ff). Auch jenes Feldlabyrinth, das wir mit einer Schulklasse anlegten und spielend wie feiernd uns zu eigen machten, ist ein Welthaus, wenngleich in einer anderen Weise und anderen Sinndeutung, jedoch immer auch ein Symbol, das mit dem Acker, mit Frühjahr, Sommer und Herbst, mit Wind und Wetter, Regen und Sonne, Saat und Ernte, Arbeit und Genuß, Weg und Ziel verbunden hat. So wie wir versucht haben, exemplarisch ein altes, fast nur in Büchern zu findendes Symbol zu revitalisieren, so ist von dort her auch der Impuls möglich, in ähnlicher, noch viel phantasievollerer Weise das Welthaus der Sioux mit unseren Schülern in der Natur zu entwerfen und zu beleben.

In allen genannten Bezügen ist Begriff und Bild des »Welthauses« ein besonders glücklicher Ansatz. In diesem Namen treffen sich Gedanke und innere Vision der menschlichen Zusammengehörigkeit, in der einer für den anderen mitverantwortlich ist. Zugleich übersteigt er das Menschenhaus und verweist auf eine mitkreatürliche Solidarität, in welcher der Mensch für Pflanze und Baum und für die ganze Tierwelt einsteht. Wenn wir europäischen und christlichen Menschen unseren globalen Lebensraum wirklich als ein unserer Liebe aufgegebenes Welthaus sehen und bewohnen lernten, läge in dieser Anschauung auch eine symbolische Kraft, deren ethischer Impuls nicht unterschätzt werden sollte.

»Die« Indianer als einheitliche ethnische Größe gibt es nicht. Die Gesamtheit der Indianer Nordamerikas ist die Summe unzähliger Gruppen und Grüppchen, die oft wenig gemein haben. »Die« indianische Gesellschaft besteht aus Hunderten unterschiedlicher Kulturen, die je für sich eigene Systeme darstellen, mit nur wenigen oder gar keinen übergreifenden Gemeinsamkeiten. Wenn überhaupt »das Typische« der indianischen Einzelkulturen benannt werden kann, dann nur in dem Hinweis, daß sie aus zahlreichen Einzelkulturen besteht.[1] Diese Vielfalt ist aber nicht Gegenstand unserer Darstellung. Wir konzentrieren uns vielmehr inmitten des riesigen Stammesspektrums auf eine einzige Population: die Osagen aus der Sprachfamilie der Sioux.

Der Lebensraum

Der Lebensraum, in den wir hier geführt werden, sind die Prärien und Plains, also die großen Ebenen (Great Plains) des mittleren und östlichen Nordamerika. Seit der Mitte des 18. Jahrhunderts war hier eine eigene indianische Kulturprovinz entstanden (deren Lebensformen mehr als jede andere die spätere Abenteuerliteratur bestimmten). Vordem wurde der größte Teil des Plainsgebietes nur von Präriestämmen und den westlich der Rocky Mountains lebenden Stämmen aufgesucht, wenn sie zur Jagd auszogen. Bis gegen Ende des 18. Jahrhunderts weideten hier Büffelherden, deren Zahl jede Vorstellung überstieg. Als die Amerikaner 1769 unter Führung Daniel Boones in das heutige Kentucky eindrangen, muß das Land mit seinem Tierreichtum selbst diesem erfahrenen Jäger die Sprache verschlagen haben. Trupps von Hunderten wären nicht selten gewesen und an den Salzquellen habe ihre Zahl alle Begriffe überstiegen.

Wenngleich er den Wildreichtum seines Landes in dieser paradiesischen Fülle nicht mehr erleben konnte, schilderte ein alter Omaha dem Ethnologen Melvin Randolph Gilmore die frühesten Erinnerungen: »In meinen jungen Jahren war das Land schön. In den Flußauen wuchs Wald: Baumwollebäume,[2] Ahorne, Ulmen, Eichen, Hickorys, Walnüsse und viele Arten mehr. Da wuchsen im Unterholz Reben und Büsche und noch eine Stufe tiefer gediehen viele gute Kräuter und Blumen. Wald und Prärie waren durchzogen von Wildpfaden, und überall sangen Vögel. Wo ich auch ging, erblickte ich die mannigfaltigsten Formen des Lebens, von Wakanda[3] an ihren Ort gesetzt. Die Tiere gingen, flogen, sprangen und spielten herum. Aber nun ist das Gesicht des Lan-

[1] Vgl.: *Wolfgang Lindig/Mark Münzel,* Die Indianer. Kulturen und Geschichte der Indianer Nord-, Mittel- und Südamerikas, München 1978, 13.
[2] Baumwollebaum: amerikanischer Name der Pappel.
[3] Wakanda: von wakan = heilig, Bezeichnung Gottes.

des verwandelt und voller Trauer. Die lebenden Wesen sind dahin. Ich sehe das Land verwüstet und mich bedrückt unsäglicher Kummer. Manchmal wache ich nachts auf, und dann meine ich ersticken zu müssen unter dem Druck dieses fürchterlichen Gefühls der Einsamkeit.«[1]

Die Indianerkultur der großen Plains ist dennoch eine sehr junge Erscheinung und außerdem eine nur kurzlebige. Als 1492 Columbus Amerika »entdeckte«, lebten die Völkerfamilie der Sioux und andere Stämme noch in festen Dörfern im Waldlandgebiet des heutigen North Carolina. Um 1600 hielten sich viele Stämme im Bereich der Großen Seen im Quellgebiet des Mississipi auf. Ihre Wanderung dorthin hatte sich über hundert Jahre erstreckt. Auch in der Folgezeit hielt die Wanderbewegung nach Westen an, wohl infolge kriegerischer Konflikte. Eine wesentliche Veränderung der Lebensformen brachte die Verbreitung des Pferdes in den Plains und Prärien mit sich. Ursprünglich ist das Pferd auf dem amerikanischen Kontinent nicht zu Hause. Die Spanier haben diese Tiere erst mitgebracht und im heutigen Texas und New Mexiko (Santa Fé) Gestüte eingerichtet. Schon um 1630 kamen die ersten Pferde in die Hand von Indianern. Um 1750 verfügten die meisten Präriestämme über Pferde; um 1775 besaßen auch die nördlichen Plainsstämme größere Herden. Für die Bisonjagd und das beständige Leben in diesen Ebenen wurde das Pferd eine wichtige Voraussetzung.

Die Mehrzahl der Prärie-Indianer zählt zur weitverzweigten Sprachfamilie der *Sioux.* Seit dem 17. Jahrhundert bezeichnet man mit diesem Namen eine Fülle indianischer Stämme, die trotz unterschiedlichster Kulturformen durch ihre Sprache zusammengehören. Die Bezeichnung entstand nach 1640 in Französisch-Kanada infolge des mißverstandenen und verkürzten indianischen Stammesnamens *«Naduesiu«.* Die *Osagen,* von denen hier näherhin die Rede sein soll, gehören zu jenen Präriestämmen, die niemals zum ausschließlichen Reiterleben, also zum Nomadentum, übergegangen sind. Sie lebten zunächst in der Nähe von Kansas City, später in Oklahoma als ein Volk typischer Präriekultur. Ihre Dörfer waren standfest, doch brachen sie von dort zu ausgedehnten Jagdzügen in die Weite des Landes auf, so daß man von einer Art Saison-Nomadentum sprechen könnte. Für das Jahr 1800 wird die Bevölkerungszahl der Osagen auf 6200 geschätzt.[2]

Der Feldbau der Osagen war auf Mais, Bohnen und Kürbis ausgerichtet. Bei sparsamer Verwendung konnte die Ernte für ein ganzes Jahr reichen. In der ersten Hälfte des 19. Jahrhunderts dürften die Osagen geradezu klassische Vertreter der Feldjagdstufe gewesen sein. Der spätere Übergang in die europäische Existenzform vollzog sich bei ihnen ohne jene Brüche, wie sie bei den nomadisierenden Jägern unausbleiblich waren. Noch heute, berichtet Werner Müller, wohnen die Osagen in ihren drei altgewohnten Dörfern Hügelspitze, Hangwald und Dornendickicht.[3]

[1] *Melvin Randolph Gilmore,* a.a.O., 26, zit. n.: *Werner Müller,* Geliebte Erde, a.a.O., 19.
[2] Vgl. *Wolfgang Lindig/Mark Münzel,* a.a.O., 146. Weitere Schätzungen zum Vergleich (ebenfalls für das Jahr 1800): Mandan: 3600; Östliche Dakota zusammen: 15.000; Omaha: 2800; Iowa: 1200; Oto: 900; Missouri: 1000; Kansa: 3000; Pawnee: 10.000; Westliche Dakota: 10.000; Blackfoot: 15.000; Cheyenne: 3500; Comanche: 7000; Kiowa-Aspekte: 300.
[3] Vgl.: *Werner Müller,* Glauben und Denken der Sioux. Zur Gestalt archaischer Weltbilder, Berlin 1970, 173.

Erdhaus und Tipi

Diese Dörfer bestehen aus rechteckigen Holzhäusern, die etwas in den Boden eingegraben sein konnten. Vier schwere Holzpfosten trugen das Zentralgerüst. Kleinere Pfosten bildeten einen äußeren Pfostenkranz. Leichte Balken liefen von diesem äußeren Trägerring auf das Zentralgerüst zu und bildeten so ein großes Dachgestänge, das mit Weidenzweigen und Grasgeflecht und darüber mit Grassoden und Erde bedeckt wurde. Die gesamte Konstruktion kam ohne Nägel oder Stifte aus. An Stelle der Tür gab es einen schräg nach unten verlaufenden Eingangstunnel, ebenfalls ein Balkengerüst, das mit Erde abgedeckt war. In seiner Mitte besaß das Erdhaus ein großes Abzugsloch für den Rauch, das man bei Regen zudecken konnte.[1]

Auf ihren Jagd- und Streifzügen zogen die Dörfer, in kleine Gemeinschaften aufgeteilt, mit schnell beweglicher Ausrüstung einher, die einen großen Aktionsradius erlaubte. Dieses Umherziehen selbst im Winter erlaubte »eine geniale, bis ins letzte durchdachte Erfindung... das berühmte Tipi. Man versteht darunter ein konisches Zelt mit Büffelhautdecke, zu damaliger Zeit etwa 3 m hoch und ebenso breit an der Basis. Ein Bock aus drei Stangen, oben mit Lederriemen verschnürt, gab das Grundgerüst ab, neun weitere Stangen lehnte man von allen Seiten gegen den Bock, acht Büffelfelle, miteinander vernäht, bildeten die Normaldecke. Brannte das Feuer in der Mitte, bot solch ein Tipi auch bei kältestem Wetter einen erträglichen Aufenthalt.«[2]

Zum Transport wurden zwei der Tipistangen rechts und links am Sattel befestigt und über den Erdboden nachgeschleift. Querlatten hielten sie hinten auseinander. Auf dieses Gestänge band man die Bagage: die Tipihäute, Kessel, Holzschüsseln, Pelze und sonstiges Gerät. Hier hatten aber auch die kleinen Kinder ihren Platz: »Mein kleiner Bruder und ich saßen auf den Tragstangen hinter dem Pferde, auf dem die Mutter ritt. Diese Tragstangen – Travois – kreuzten sich über den Schultern des Pferdes. Eine kleine Hängematte aus Häuten verband die Stangen unterhalb des Pferdeschwanzes, darin ritten ich und mein Bruder zugleich mit mancherlei ›Hausgerät‹, das unter und um uns verstaut war. Es gab viel Spaß, einander auszulachen, wenn das Pferd plötzlich mit dem Schwanze schlug und wir dabei einen scharfen Hieb über das Gesicht erhielten. Manchmal hat uns das geblendet, dicke rote Striemen entstanden auf unseren Backen – aber geweint haben wir nie, noch uns bei der Mutter beklagt.«[3]

Die schweren Bisonlederhäute wurden ab Mitte des 19. Jahrhunderts durch leichtere Leinwandgewebe eingetauscht, hatten dann aber wohl nicht mehr den alten Wärmewert. Die Tipis der nördlichen Plainsstämme waren übrigens erheblich größer. Ihre Zeltstangen betrugen bis zu zehn Meter Länge und ragten weit über den Zeltkegel hinaus. Die Plane setzte sich aus 14 bis 18 Bisonfellen zusammen. Diese Tipigrößen entwickelten sich natürlich erst, nachdem das Pferd zum Transport bereitstand. Solange Hunde als Zugtiere dienten, konnten nur kleine Zeltstangen und weniger Bisonhäute mitgenommen werden.[4]

[1] Nach: *Wolfgang Lindig/Mark Münzel*, a.a.O., 152 f.
[2] *Werner Müller*, Sioux, a.a.O., 17.
[3] Häuptling Büffelkind Langspeer erzählt sein Leben, München 1958. Gekürzt neu aufgelegt als Klett-Leseheft für den Literaturunterricht, Stuttgart 1983, 21 f.
[4] Vgl.: *Wolfgang Lindig/Mark Münzel*, a.a.O., 153.

Der Ring des Volkes

S. 82-85

A. *Die Quellen.* Die Zeit, in die wir mit den folgenden Darstellungen zurückführen, ist entlegen. Der Weg zu ihren Quellen ist im allgemeinen abgeschnitten, denn die alte indianische Kultur kannte keine schriftliche Überlieferung und das heilige Wissen, um das es sich bei allen religiösen Dingen handelt, unterlag strengster Geheimhaltung und Schweigepflicht. Von den zahlreichen indianischen Stämmen ist es vielleicht nur jener der Osagen, deren mythische und rituelle Traditionen seit Beginn des Jahrhunderts in so ungewöhnlicher Zugänglichkeit vor uns liegen. Den Zutritt erhielt die Ethnographie durch einen Mitarbeiter der völkerkundlichen Smithsonian Institution in Washington, Francis La Flesche (1857–1932). La Flesche war Sohn des Oberhäuptlings der Omaha-Sioux Joseph La Flesche. Er sprach einen dem Osagischen verwandten Sioux-Dialekt, so daß es keine Sprachprobleme gab. Die Ethnologin Alice C. Fletcher wurde auf La Flesche aufmerksam und zog ihn 1910 in den Dienst des Bureau of American Ethnology und adoptierte ihn später als ihren Sohn. Dieser Verbindung verdankt die Völkerkunde das sehr seltene Vordringen »hinter den äußeren Aspekt des Indianerlebens, die Erkenntnisse der Ideale und Glaubensvorstellungen, die alle indianischen Handlungen beleben.«[1] Die Omaha-Monographie erreichte dieses Ziel freilich nicht ganz. Als La Flesche aber in Washington eine Osagen-Delegation kennenlernte, die dort Stammesangelegenheiten zu regeln versuchte, lernte er unter ihren Mitgliedern einen alten Omaha kennen namens Spielkalb. »Mein Volk und besonders die jüngere Generation wird gleichgültig gegen die alten Riten«, bekannte er La Flesche. »Die noch Interesse zeigen und in die verschiedenem Grade initiiert werden wollen, werden immer weniger. Es sieht so aus, als seien die Reden der Alten bald verloren und vergessen. Vielleicht kommst du eines Tages nach Oklahoma und dann werde ich dir die Rituale meiner eigenen Gens zitieren, damit du sie auf Papier schreibst. So könnte viel von unseren Stammesriten erhalten bleiben. Ich weiß, die Alten Männer pflegen niemanden diese Dinge zu lehren, ohne die vorgeschriebenen Formalitäten und ohne Lohn, aber – in allem Ernste – es müßten wenigstens einige Rituale zu Papier gebracht werden, damit auch in Zukunft osagische Männer und Frauen erfahren können, was ihre Ahnen gedacht, gesagt und getan haben.«[2] La Flesche hat später gesagt: »Ich wußte, daß es auch für einen Indianer Hindernisse genug gibt bei der Sammlung von Informationen über die Stammesriten, die das religiöse Leben beherrschen.« Spielkalb ebnete ihm jedoch den Weg zum Herzen der Alten der Osagen und zum Verständnis der Riten. Er gestand später, ohne die Hilfe seiner Gewährsleute hätte er nichts begriffen.

[1] *Alice C. Fletcher/Francis La Flesche,* The Omaha-Tribe. 27. Annual Report of the Bureau of American Ethnology 1905/06, Washington 1911, 17-672, hier: 30, zit. n.: *Werner Müller,* Sioux, a.a.O., 79.

[2] *Francis La Flesche,* The Osage-Tribe: Rite of the Wa-xo'-be. 45. Annual Report of the Bureau of American Ethnology 1927/28. Washington 1930, 523-833, hier: 532, zit. n.: *Werner Müller,* Sioux, a.a.O., 79f.

Ganz ähnlich sieht sich der traditionell ausgebildete Ethnologe immer noch vor La Flesches Aufzeichnungen ratlos. »Die Schau von innen, der Kosmos eines mythisch denkenden, mythisch sprechenden, mythisch handelnden Volkes« steht »zu weit außerhalb der Normalethnologie«, schreibt Werner Müller, der erstmals das Welthaus der Osagen breiteren Kreisen zugänglich macht.

B. *Der Tipiring:* »Der malerische und farbige Eindruck, den die Reitervölker Nordamerikas eh und je auf die Europäer gemacht haben, geht nicht zuletzt auf die Büffelhautzelte zurück. Besonders am Abend muß ein solches Lager einen geradezu zauberischen Reiz ausgestrahlt haben. In allen Behausungen brannten dann die Feuer, aus den Luftklappen wehten blaue Rauchschleier empor, und das gelbe, durch die Lederdecken schimmernde Licht verwandelte die Tipis in große, kegelförmige Laternen. Vereinzelte schwarze Bemalungen mit Tieren, Pflanzen und Sternen verstärkten diesen Eindruck noch. Das Merkwürdige aber blieb die Anordnung: die Zelte standen nicht in einem regellosen Haufen beieinander, sondern schlossen einen Kreis um einen weiten, freien Platz.«[1] Dieser Tipiring hat für den Sioux-Indianer niemals Zufallscharakter, sondern eine über die äußere Gestalt hinausweisende Qualität. Er verkörpert nämlich den Kosmos in allen seinen Gestaltungen. Die osagischen Alten Männer sind nicht müde geworden, La Flesche diese Sichtweise einzuhämmern, denn sie schließt das Tor auf, das in ihr Welthaus hineinführt.

Eine unsichtbare, aber stets bewußte Linie durchschneidet von Osten nach Westen den kosmischen Ring. Die Tipis der nördlichen Kreishälfte bilden den Himmel, die Tipis der südlichen Hälfte die Erde. So setzt sich der osagische Kosmos aus Himmel und Erde zusammen. Jene im nördlichen Teil wohnenden Familien sind die Himmelsleute (*Tsischu*), die dem südlichen Teil zugehörigen die Erdleute (*Honga*). Die *Tsischu* bilden eine einheitliche Gruppe, aber die *Honga* gliedern sich in zwei Unterabteilungen: jene, die das Land (links, das heißt südwestlich) und jene, die das Wasser repräsentieren (rechts, das heißt südöstlich). Der gesamte Tipiring, also die vollständige Gemeinschaft des Stammes verkörpert das Universum. Die organisierende Grundidee des Tipiringes ist unverkennbar kosmisch bestimmt, ein Abbild der gesamten Schöpfung, man kann auch sagen: die eindrücklichste Welt-Anschauung, die vorstellbar ist. Wir werden sehen, wie sie sich bis ins Detail hinein ausdrückt.

Die Himmels- und die Erdleute bilden aber nicht die letzte Unterteilung des Tipiringes, vielmehr gliedern sich beide Hälften in kleinere Untergruppen, welche die Ethnologie Clans oder Gentes nennt (und die im Religionsbuch als Sippen bezeichnet wurden). La Flesche berichtet: »Um das Gemälde des Himmels mit seinen Leuchten, der Erde mit ihren lebenwimmelnden Gewässern und des trockenen Landes mit seinen vielen Tierarten zu vervollständigen und um die Zeremonien ausführen zu können, wurde der Stamm in Gentes unterteilt. Jede Gens besitzt ihre eigene mythische Lebenserzählung, ihre Lebenssymbole, ihre priesterlichen Funktionen, sowie einen bestimmten Teil der großen Stammesriten.«[2] Bei den mit den Osagen verwandten Omaha lautet der

[1] *Werner Müller,* Der Mythos heute und die Wissenschaft von gestern, in: *Philipp Wolff-Windegg* (Hrsg.), Mythische Entwürfe, Stuttgart 1975, 56.

[2] *Francis La Flesche,* The Osage Tribe: Rite of the Chiefs. Sayings of the Ancient Men, Washington 1921, zit. n.: *Werner Müller,* Die Religionen der Waldlandindianer Nordamerikas, Berlin 1956, 49 f.

einheimische Ausdruck für Gens *tonwongthon,* »Dorf«, das sich seinerseits wieder in eine wechselnde Zahl von Zellen gliedern konnte, doch wird ein Omaha auf die Frage:»In welchem Dorf hast du deinen Platz?« (d.h. zu welcher Gens gehörst du?) stets mit dem Gensnamen antworten, niemals mit der Bezeichnung der Unterabteilung.[1]

Eine solche Gens ist eine religiöse, keine soziologische Einheit. Die Übersetzung mit »Sippe« führt in die Irre, wenn Sippe mit Verwandtschaft gedeutet wird. Das Konstitutive der osagischen Kleingruppen liegt ebenso wie bei den Omaha in ihrem mythischen, rituellen Besitz. Vor jeder weiteren Detailinformation ist es wichtig, im Blick zu halten, daß der Ring der Gentes den Stamm bildet und dieser die Ganzheit des Universums repräsentiert, wie La Flesche immer neu bewußt macht. Darum gilt jede Gens als ein *wegatsche,* das heißt, als ein Teil, das man braucht, um ein Ganzes zu machen, wobei es in diesem Fall um die Geschlossenheit des Universums geht. »Sowenig das Weltgebäude ohne Sonne und Mond bestehen kann, ebensowenig vermag das Haus des Stammes körperliche Form anzunehmen, wenn ein oder zwei Gentes fehlen.« La Flesche bemerkt deswegen eigens, daß es keine Tradition vom Aussterben einer Gens gebe, weil bei der Einteilung des Stammes in Gentes jede Gens mit einem bestimmten Stammesritus betraut wurde und keine Zeremonie möglich war, wenn nicht die Ganzheit des Universums repräsentiert werden konnte. Deswegen müssen bei zeremoniellen Anlässen sämtliche Kleingruppen im Welthaus vertreten sein, auch solche, die beim Ritual schweigen,weil nur ihre Vollzähligkeit den Mikrokosmos schafft.

Das ursprüngliche Grundgerüst der Gentesaufteilung im Tipiring bestand aus drei Siebenergruppen: Sie erscheinen stets mit feststehenden Titeln: die *Waschasche,* ein Volk mit sieben Feuerplätzen; die *Honga,* ein Volk mit sieben Feuerplätzen; die *Tsischu,* ein Volk mit sieben Feuerplätzen. Die Himmelsleute bildeten also einen Siebenerblock, während die Erdleute zwei Siebenerblöcke bildeten, einen für das Wasser, den anderen für das Land. Diese dreimal sieben Feuerplätze, auf unserem Schema (Religionsbuch S. 83) durch Tipis vertreten, dürfen natürlich nicht mit der Zahl der Tipis im Stamm verwechselt werden. Jedes »Dorf« umfaßte eine unbestimmte Zahl von Tipis.

Das Schema der dreimal sieben Feuerplätze wurde in späterer Zeit ergänzt durch drei zusätzliche Feuerplätze. Die erste Ergänzung ist der *Isolierte Honga* (Honga untanondsi) im Süden des Heiligen Ringes. Die Stammestradition erzählt, daß im Anfang 21 Gentes vom Himmel herabstiegen und auf der Erde umherwanderten. Schließlich kamen sie zu einem seltsamen Dorf, in dessen Umgebung Menschen- und Tierknochen bleichten. »Es war das Dorf des Todes, zu dem sie gekommen waren, als sie das Leben suchten.« In diesem Dorf hausten die *Isolierten Honga,* die »alle Wesen mit den vier Winden töteten.« Durch die Begegnung mit den vom Himmel gekommenen Sippen gaben sie ihr Todeswirken auf, schlossen sich den drei mal sieben Dörfern an und zogen mit ihnen in ein anderes Land.

Die symbolische Charakteristik dieser Gens ist gekennzeichnet durch die Polarität von Leben und Tod. »In das Welthaus dieser erdumfassenden Gens wurden die Neugeborenen gebracht, um die heilige Lebensspeise zu erhalten, die ihnen ein hohes Alter sicherte.« Gleichzeitig bekamen sie hier ihre Stammesnamen und damit ihren Platz in der Stammesorganisation. Und doch entstammen die Hüter dieses Myste-

[1] Vgl.: *Werner Müller,* Waldlandindianer, a.a.O., 156.

rienhauses zugleich dem Dorf des Todes, das erst durch seine Eingliederung in den Stammesverband mit den Lebenssymbolen betraut wurde.[1]

Zwei weitere zusätzliche Feuerplätze finden sich auf der Himmelsseite; sie galten als die »Zu-spät-Gekommenen«. Dazu wurde überliefert, daß der Rat der Alten Männer eines Tages beisammen saß, als plötzlich von draußen zorniges Brüllen ertönte: Vor der Tür tobte ein Büffelbulle mit erhobenem Schwanz und wühlte mit seinen Hörnern die Erde auf. Zugleich ließ ein Donnerschlag die Erde erbeben. Daraufhin beeilten sich die Alten Männer, den beiden übergangenen Wesen zusätzliche Feuerplätze auf der Himmelseite zu geben. – Die Stellung dieser zusätzlichen *wegatsche* der »Zu-spät-Gekommenen« bleibt unklar. Anzunehmen ist, daß der Büffel in Beziehung zur Sonne steht. Die religionsgeschichtlichen Parallelen zu dieser Symbolik sind zahlreich.

Welche kosmischen Bezüge aber vertreten die dreimal sieben Gentes? Jede Gens ist mit einem Teilbereich des Kosmos substantiell verbunden, beispielsweise mit Sonne, Mond oder Adler auf der Himmelsseite oder mit Kolbenschilfrohr und Schildkröte im Wasserquadranten, mit Schwarzbär, Puma oder Wapiti im Landquadranten. Für diese Verschränkung der eigenen Existenz mit einem Teilbereich der Schöpfung haben die Osagen den Begriff *waschoigathe*, das heißt wörtlich: »Gegenstände, aus denen sie ihre Körper machen«. La Flesche übersetzt den Terminus mit Lebenssinnbild oder Symbol, Werner Müller hält das aber für zu blaß, wenn nicht verfälschend: »Sie selbst und die aus ihnen geschaffenen Gentesangehörigen *symbolisieren* nicht, sie *sind* vielmehr Teile des Kosmos.«[2] In gewisser Weise erinnert das Problem an den Streit um die Deutung der Abendmahlsworte, in dem »sein« und »bedeuten« ebenfalls gegeneinander gestellt wurden, wohl vor allem deswegen, weil das Symbolverständnis verblaßt war. Es genügt hier der Hinweis, daß die Verbindung der Gens zu ihrem Aspekt des Universums nicht »gedacht« werden darf, sondern »sakramental« zu verstehen ist, so daß eine unauflösliche Lebenseinheit zwischen Gens und Schöpfungsausschnitt entsteht, in der eins das andere vertritt.

Die *waschoigathe* bilden also Fundament und sakramentalen Korpus einer Gens. In dieser Verbindung sind die Angehörigen einer Gens wesensmäßig miteinander verwandt, nicht auf den Blutsverband gegründet, sondern in den Kosmos einverwoben, gleichsam ein Corpus mysticum bildend. So *verkörpern* die Himmelsleute ihre *waschoigathe* Wolken, Schwalbe, Morgenstern, Abendstern, Sonne, Mond und viele Sternbilder..., die Wasserleute Kolbenschilfrohr, Muschel, Flußufer, Flußbett, Schildkröte... die Erdleute Adler, Wapiti, Schwarzbär, Puma, Metall, Stein... »Ein indianisches Auge sieht also den Stammesverband und seine äußere Form völlig anders als ein europäischer Beobachter. Wo der Europäer nur ein Nebeneinander von Personen und Behausungen erblickt, da schimmern dem Indianer geheimnisvolle Zusammenhänge. Für ihn sind die Gentes seines Volkes nicht Gruppen von Menschen, sondern Teile der Welt.«

Das kosmische Symbol des Welthauses transzendiert aber nicht alleine den Tipiring des Stammes, sondern wird auch kultisch präsent bei verschiedenen heiligen Anlässen. Bei solchen Anlässen, wenn sich das Welthaus konstituiert, müssen die Schöpfungsmythen des Stammes ebenfalls »anwesend« sein – und

[1] Ebd., 176 f.
[1] *Werner Müller*, Der Mythos heute, a.a.O., 57.

dies vollzieht sich im Zitieren der *wigies.* Wigies sind jene heiligen Überlieferungen, die in strenger, formelhaft gebundenen Rede (→III, 565 ff) die Urgeschichte der Gentes erzählen. Wenn der Stamm zum Welthaus in actu zusammentritt, werden diese Schöpfungstexte synchron zitiert. Jeder Anwesende »brüllt mit höchster Lautstärke das *wigie* seiner eigenen wegatsche, ohne sich durch die anders lautenden Worte seiner Nachbarwegatsche irre machen zu lassen. Dieses etwa fünfzehn Minuten dauernde Wortgetöse hört sich von ferne an wie das Brausen eines Zikadenschwarmes, eine dissonierende Konsonanz höchster Sakralität, mit der jedes Ritual eingeleitet wird.« Jeder Teilnehmer, der sein *wigie* spricht, »fällt auf den Grund zurück«, aus dem er stammt und macht den Anfang der Schöpfung zugleich präsent, denn das wigie ist ein Gesang des mitlaufenden Anfangs (→III, 132 ff). So bildet das Haus aus Himmel und Erde die Welt ab und zugleich die Weltgeschichte, ein gelebtes und immer wieder neu erlebtes Weltschöpfungsritual.

Die Gegenwärtigkeit des Welthauses beschränkt sich aber keineswegs auf rituelle Anlässe, sondern durchdringt und prägt den Alltag in einer kaum vorstellbaren Weise. Die osagische Welt ist durch ihre Mittelachse, die Erd- und Himmelshälfte trennt und zugleich die Bahn der Sonne vertritt, auf Osten ausgerichtet, den Ort des Sonnenaufgangs. Darum mußte ein Himmelsmann im Schlaf auf seiner linken Seite liegen, ein Erdmann dagegen auf der rechten, so daß beide dem Sonnenaufgang zugewendet waren. Auch hängte ein Tsischu-Mann das Medizinbündel an der linken Seite des Tipis auf, ein Honga-Mann dagegen an der rechten. Beim Aufstehen schlüpfte ein Himmelsmann zuerst in den linken Mokassin, der Erdmann zuerst in den rechten. Vor allen Dingen aber: ein Himmelsmann konnte nur eine Erdfrau heiraten, ein Erdmann nur eine Himmelsfrau. Jede Ehe war eine Verbindung von Himmel und Erde, ein Abbild der kosmischen Einheit spannungsreicher Polarität. In allen Bräuchen und Funktionen hebt sich so der Dualismus des Welthauses in einer höheren Einheit auf. Die dichotomischen Einrichtungen des Stammes verschmelzen allemale zur Ganzheit.

Das Modell des Welthauses wiederholt sich in vielen weiteren Lebensäußerungen und selbst in kleinsten Gerätschaften wie dem Medizinbeutel und der heiligen Pfeife. Bevor von ihnen die Rede ist, müssen die beiden Häuptlingswohnungen vorgestellt werden. Himmels- und Erdhälfte stellen je einen Häuptling; ihre Tipis bilden ebenfalls den Kosmos ab. Statt des sonst üblichen Osteingangs gibt es hier zwei Öffnungen nach Osten und Westen. Die Verbindung zwischen beiden Türen bildet die Ost-West-Achse des Welthauses und den Gang der Sonne ab. Das Feuer in der Mitte repräsentiert die Sonne. Der Name dieser Häuptlingswohnungen, »Haus im Zentrum«, macht deutlich, daß sie symbolisch die »Mitte der Welt« bilden (→III, 480-485). Zugleich waren die Feuer heilig und lebensspendend. Wer hierhin flüchten konnte, genoß Asylrecht.

Eins der wichtigsten Merkmale des osagischen Welthauses ist dessen Abhängigkeit von universaler Vollständigkeit. Keine Feier kann stattfinden, sofern nicht alle Gentes anwesend sind, wenn nicht alle Schöpfungslieder (*wigies*) erklingen und nicht der gesamte Kosmos repräsentiert werden kann. Darum war ebenfalls die Anwesenheit der Genssymbole wie Wapitihaut, Schildkrötenpanzer, Muschelschale oder Adlerbalg wichtig. Ungreifbare

Erscheinungen wie Sonne, Mond und Sterne konnten in anderen Symbolen gegenwärtig sein. Die Realität dieses Welthauses machte zugleich die Vollständigkeit *der ganzen Schöpfung* notwendig. Deshalb war der Indianer besorgt, daß keinem Tier seine Lebensgrundlage gänzlich entzogen und durch Jagdeifer keine Art ausgerottet wurde, aber auch keine Pflanze von dieser Erde verschwand (→S. 104-109, 130-146).

C. *Didaktische Überlegungen.* »Die Osagen existieren mythisch oder sie existieren gar nicht«,[1] resümiert Werner Müller seine jahrzehntelange Forschungsarbeit. Also mußte ihr Welthaus untergehen, die in Oklahoma heraufziehende europäische Zivilisation erlaubte keinen Kompromiß. Die weisen Alten Männer ihres Stammes sehen um 1910, daß kaum noch Zeit verbleibt, wenigstens das Wissen um ihr Welthaus einer späteren Menschheit und den fernen Söhnen des Stammes zu wahren. Sie starben wenige Jahre, nachdem sie La Flesche ihre Geheimnisse anvertraut hatten.

Auf einer Bewußtseinsstufe der ersten Naivität (→III, 516 f), die dieses faszinierende Welthaus einmal entworfen hat, bleibt es der Menschheit für immer verloren. Und dennoch ist es durch La Flesches und Werner Müllers Lebensarbeit nicht untergegangen, ersteht vielmehr als großartiges Symbol neu in einer Zeit, die um ihre eigene Macht und Gefährdung inzwischen weiß, das gemeinsame Welthaus und zugleich die Menschheit endgültig vernichten zu können. In dieser krisenhaften Situation ist das Welthaus der Sioux eine ökologische Vision, die wieder zusammenfügt, was wissenschaftliche Spezialisierung und wirtschaftliche Separierung auseinandergenommen haben. Wenn unsere Zeit es nicht schafft, der Atomisierung des wissenschaftlichen Wissens mit solch »mythischen« Entwürfen zu begegnen, mit denen sich Affekte und Handlungspotentiale verbinden, werden die Gegenkräfte wohl zu kraftlos bleiben.

Unser Religionsbuch stellt seinem Schöpfungskapitel, das dem Raubbau an der Erde und der Zerstörung großer Lebensräume die Verantwortung für die Schöpfung Gottes entgegensetzt, im Kapitel »Religionen« das indianische Welthaus in einer seiner eindrucksvollsten Varianten gegenüber. Dies geschieht nicht polemisch, sondern um der eigenen Weltfrömmigkeit ein tragendes Symbol anzubieten. Denn auf der Ebene einer »Zweiten Naivität« ist dieses Welthaus für unsere gefährdete Situation wiederzufinden, muß eine neue franziskanische Brüderlichkeit mit aller Kreatur verbinden und müssen die Gentes dieser Erde mit den ihnen anvertrauten Ländern und Landschaften sich zu einem Kreis die Hände reichen lernen. Begriff und Symbol des Welthauses können dafür eine stimulierende Leitwirkung haben.

D. *Die Realisationsmöglichkeiten des Welthauses* im Leben der Kinder sind vielgestaltig. Sie können einerseits in Möglichkeiten des Indianerspiels eingebunden werden. Andererseits gibt es auch schulische Wege, die Lehrern wie Schülern Freude machen.

So kann das Welthaus eine Rahmenkonzeption für den Gesamtunterricht eines großen Zeitraumes bieten: Religion, Deutsch, Sachkunde, Musik, Kunsterziehung, Spiel und Sport beteiligen sich daran. Von allen erdenklichen Seiten

[1] Ebd., 70.

tragen wir Wissen und guten Willen zusammen, um das symbolische Bild einer kooperativen, verantwortungswilligen und liebenden Völkerfamilie zu entwerfen. Schwarze und Weiße geben sich darin die Hände, Reiche teilen mit den Armen, das Huhn in der Legebatterie wird ebenso als ein Mitgeschöpf Gottes gesehen, wie es die Herren der pharmazeutischen Industrie persönlich zu bekümmern beginnt, die Leiden ihrer Versuchstiere zu verhindern.

Wir können auch in der Klasse eine Gens bilden und nach unserem *waschoigathe* suchen. Mit welchem Teil der Schöpfung können wir uns so identifizieren, daß wir dafür volle Verantwortung übernehmen? Was wollen wir »verkörpern«: einen Biotop in Schulnähe? Einen Bachlauf? Die Kleinlebewelt in einem Tümpel, die Existenzbasis möglichst vieler Vögel im Umfeld der Schule? Unser Handbuch gibt viele Anregungen zu solch einem Unterfangen. Möglicherweise übernimmt die ganze Grundschule in allen ihren Klassen derartige Verantwortungsbereiche und trifft sich – vielleicht alle Vierteljahr – um das Welthaus zu konstitutieren, in dem jede Gens ihr *wigie,* ihr Schöpfungslied singt, von ihrem Schöpfungsdienst berichtet... Ist das nicht eine großartige Idee, mit der man ein Lehrerkollegium überzeugen und eine ganze Schule begeistern kann?

Es ist denkbar, daß sich das Welthaus unserer Schule im Frühjahr mit einem anderen Ritual konstituiert als im Sommer, im Herbst wieder anders als im Winter. Man wird immer verschiedene *wigies* singen, wird stets neue Geschichten erzählen, veränderte Aufgaben beraten, von wechselnden Erfahrungen berichten. Mal laden wir einen Gärtner zu uns in den Ring der Kinder, mal einen Förster, mal befragen wir einen Kommunalpolitiker, warum der Bach den Fischen kein Leben erlaubt, wieso die Fabriken immer noch so viel Schmutz in den Himmel blasen und wo wir helfen können, damit das Welthaus gesundet.

Oder wie wäre es mit einem Schulfest unter dem Leitgedanken des Welthauses? Vielleicht muß man dazu das Schulgelände verlassen. Wir könnten einen Platz suchen, den wir dem Tipiring der Osagen nachbilden. In der Mitte steht der Lebensbaum, ringsum sitzen die Himmels- und die Erdleute. Alle Spiele sind auf dieser Dualität aufgebaut, um je in eine umfassende Ganzheit zu führen. Es könnte Stände geben mit Informationen und Ratschlägen für gesundes Leben (»Rund ums Frühstück« für die Eltern), mit Experimenten und Vorführungen, wie sie seinerzeit auf der »Phänomena« tausendfach zu sehen waren, mit gemeinsamen Sing-, Spiel- und Erzählrunden. Wer etwas kreativ ist, kann im Symbol des Welthauses ein buntes, frohes und gleichzeitig sehr inhaltsreiches Fest feiern.

Das Welthaus bietet sich auch als Gestaltungsaufgabe für die ganze Schule an. Gewiß gibt es irgendwo eine große, repräsentative Wand, an der sich ein Welthaus in mancherlei Techniken gestalten läßt: das lokale und globale Aspekte vereint, ökologische und politische, in dem sich die Religionen zur Ökumene und die Rassen zum Menschenhaus verbinden.

A. *Black-Elk, Schwarzer Hirsch.* Die Texte Seite 81 über das Kreissymbol und jener über die heilige Pfeife stammen von dem Ogalalla-Sioux *Hächaka Ssapa,* »Schwarzer Hirsch« (1863-1950). Er kam aus einer Familie, die zu den Trägern der kultischen Tradition seines Stammes gehörte. Kindheit und Jugend waren belastet von den Kämpfen seiner Stammesgenossen mit dem amerikanischen Militär. Schon mit fünf Jahren hatte er visionäre Begegnungen mit der Welt der indianischen Urväter. Mit neun Jahren überkam ihn das »große Gesicht«, eine Vision machtvoller Bilder und Bedeutungen, eine »fast erschreckende Speicherung von Sioux-Symbolik«[1] in einer Seelenlandschaft, die das Kind, verglichen mit den prophetischen Gesichten Israels, zum Greis erhebt. In dieser großen Vision wurde ihm in symbolischer Verschlüsselung das Schicksal seines Volkes offenbart.

Schwarzer Hirsch gehört zu jener Handvoll bedächtiger Indianer, wie Spielkalb und Lame Deer, Ohijesa und Standhafter Bär, die das Erliegen ihrer Volkstraditionen sahen und darum im Widerspruch zu den überkommenen Verhaltensgesetzen geheimes Wissen an schreibkundige Freunde weitergaben. John Neihard, der dieses Vermächtnis aufzeichnete, sagt von Schwarzer Hirsch: »Als Jäger, Krieger, Krankenheiler und Seher schien er mir damals das Wissen der Prärie-Indianer vollkommener zu vertreten als irgendeiner, den ich gekannt... Als ich Schwarzen Hirsch erstmals besuchte, war er nahezu blind. Kürzlich ist er völlig erblindet, wovon er mich ganz beiläufig und anscheinend ohne alle Betrübnis in Kenntnis setzte. Ist er nicht gerade so von der ›Dunkelheit der Augen‹ befreit und damit seiner geschauten Wirklichkeit um einiges näher?

Schwarzer Hirsch besitzt keine Schulkenntnisse; doch werden denkende Leser zugeben, daß er trotzdem ein gebildeter Mensch ist, in der edlen und ursprünglichen Bedeutung, die unserem fortschrittlichen Zeitalter entglitten ist. Denn wie anders kann ein gebildeter Mann gerühmt werden, als man von ihm sagt, es wiederhole sich in seinem Bewußtsein die ganze Erfahrung seiner Rasse, um seine reiche Persönlichkeit zu entfalten? Und ganz gewiß sehen wir in Schwarzem Hirsch die Kultur seines Volkes in voller Blüte.«[2]

B. *Der Ritus der heiligen Pfeife* ist das wichtigste »Sakrament« der indianischen Stämme. Die übliche Indianerliteratur kennt davon lediglich eine Außensicht, beschreibt also bestenfalls ein gesellschaftliches Zeremoniell, dessen Bedeutung in Analogie zum Schwur der westlichen Praxis gesehen wird. In einem durchaus solide gearbeiteten Jugendbuch heißt es:

[1] *Werner Müller,* Indianische Welterfahrung, Stuttgart 1976, 56.

[2] *Schwarzer Hirsch,* Ich rufe mein Volk. Leben, Visionen und Vermächtnis des letzten großen Sehers der Ogalalla-Sioux, hrsg. von *John G. Neihard.* Aus dem Amerikanischen von *Siegfried Lang,* Olten [5]1978, 8, 10.

»Die Friedenspfeife war ein Symbol für Friede und Wahrheit. Jeder indianische Gesandte trug eine Pfeife bei sich, und kein Vertrag wurde ohne sie abgeschlossen. Das Rauchen der Pfeife war bindend wie ein Schwur. Beschuldigte man einen Indianer eines Verbrechens, das er selbst leugnete, so gab man ihm die Friedenspfeife. Rauchte er sie, so war er unschuldig. Kein Indianer hätte es gewagt, seine Schuld durch das Rauchen der Pfeife zu verschleiern. Bei der Zeremonie wurde die Pfeife von Osten nach Westen herumgereicht. Der Rauchende hielt den Pfeifenkopf zuerst der Sonne entgegen und sagte oft: ›Großvater, rauche.‹ Dann deutete man mit der Pfeife zur Erde, ins Feuer und nach den vier Himmelsrichtungen, manchmal auch nach den Geistern der indianischen Heldengeschichte.«[1]

Mit solchen Schilderungen wird noch kein Verständnis vermittelt. Sie sehen nur mit den »äußeren Augen«, ohne zum inneren Leben vorzudringen. Mit tiefstem Ernst sagt Schwarzer Hirsch zu dererlei Ansichten: »Die meisten Leute nennen unsere Pfeife ›Friedenspfeife‹; aber noch ist kein Friede auf Erden, und selbst nicht zwischen Nachbarn, und es wurde mir gesagt, seit langer Zeit sei kein Friede mehr auf der Welt gewesen. Unter ›Christen‹ wird viel von Frieden gesprochen, doch es ist nur Gerede. Vielleicht ist es möglich – und dies ist mein Gebet –, daß durch unsere heilige Pfeife und durch dieses Buch, in dem ich erklären werde, was unsere Pfeife wirklich ist, Friede zu jenen Völkern kommt, die verstehen können –, verstehen mit dem Herzen und nicht mit dem Kopf allein ...«[2]

Das Ritual der heiligen Pfeife ist bei allen wichtigen Stammesanlässen zugegen, in jede Symbolhandlung miteinbezogen. Alle Sioux ohne Ausnahme messen ihr eine kosmische Qualität zu: die heilige Pfeife vertritt das Welthaus. Bereits das Füllen der Pfeife vollzieht sich in Zuwendung zu den Weltrichtungen. Ein Helfer hält den Pfeifenstiel gegen Westen, nimmt eine Prise des heiligen Tabaks und ruft: »Mit diesem Uakan-Tabak bringen wir dich, o geflügelte Macht des Westens, in diese Pfeife ...«. Dann dem Norden zugewandt: »O Du Donnerwesen, der Du mit den reinigenden Winden kommst und über die Gesundheit des Volkes wachst! Da ist auch ein Platz für Dich in dieser Pfeife, die Uakan-Tanka geopfert werden soll ...« Und gegen Osten gewandt: »O Du heiliges Wesen vom Orte, wo die Sonne heraufkommt, der Du das Wissen regierst! Dein ist der Pfad der aufgehenden Sonne, die Licht in die Welt bringt. Da ist ein Platz für Dich in der Pfeife; hilf uns, unsere Stimmen zu Uakan-Tanka schicken ...« Schließlich nach Süden zu: »Du, der Du den Pfad bewachst, der zum Orte führt, dem wir immer zugewandt sind. Du bewachst unser Leben und die Leben aller Völker des Weltalls. Alles, was sich bewegt, und alles, was ist, will eine Stimme zu Uakan-Tanka schicken. Wir haben eine Stelle für Dich in der Pfeife; hilf uns, unsere Stimme zu Uakan-Tanka schicken. Wir haben eine Stelle für Dich in der Pfeife; hilf uns, unsere Stimme zu erheben und gib uns einen Deiner guten Tage!« Danach wird die Pfeife gegen die Erde gerichtet, der »Allmutter, aus der wir gekommen sind«; danach legt sie der Helfer in die Hände des Pfeifenbetreuers. »Ich habe gesehen, daß in sie das ganze Weltall getan wurde«, sagt dieser.

[1] *Fred Larsen,* Mit Tomahawk und Friedenspfeife. Das Buch vom Indianer, Gütersloh 1957, 157.
[2] *Schwarzer Hirsch,* Die heilige Pfeife. Das indianische Weisheitsbuch der sieben geheimen Riten, Olten ²1978, 9.

Wenn aber die Pfeife das Weltall enthält oder »ist«, so verkörpert sie zugleich auch den Menschen. Der Indianer, der die Pfeife stopft, soll mit ihr eins werden. Indem er mit der Pfeife den Mittelpunkt der Welt errichtet, muß er zugleich seine eigene gewinnen (→III, 476-509). Er hat die Richtungen der Welt, die außen waren, zusammengeholt und nimmt sie nun in sich hinein. Damit hört der Mensch auf, ein Teil zu sein und wird »ganz«. So lautet eine Tradition der Osage-Indianer:

»Dieses Volk hatte eine Pfeife,
die es zu seinem Leibe machte.
O Hon-ga, ich habe eine Pfeife,
die ich zu meinem Körper machte,
Wenn du sie auch zu deinem Leib machst,
wirst du einen Leib haben, der frei von allem Todbringendem ist.«[1]

Um diese Sätze besser zu verstehen, sollten wir sehen, wie die heilige Pfeife beschaffen ist. Schwarzer Hirsch beschreibt sie folgendermaßen: »Die vier Bänder, die am Rohr hängen, sind die vier Viertel des Alls. Das schwarze ist für den Westen, wo die Donnerwesen wohnen, die uns den Regen senden; das weiße ist für den Norden, von wo der große, weiße, reinigende Wind kommt; das rote für den Osten, wo das Licht aufstrahlt und wo der Morgenstern wohnt, der die Menschen mit Weisheit begabt; das gelbe Band für den Süden, wo der Sommer herkommt und die Gewalt des Wachstums. Doch diese vier Geister sind im Grunde nur ein Geist, und diese Adlerfeder ist für den Einen, welcher wie ein Vater ist; aber sie ist auch für die Gedanken der Menschen, die sich zu den Höhen erheben sollen wie die Adler. Ist nicht der Himmel ein Vater und die Erde eine Mutter? Sind nicht alle Lebewesen ihre Kinder, ob sie nun Füße, Flügel oder Wurzeln haben? Und diese Haut des Büffels hier am Mundstück ist für die Erde, von der wir kommen und aus deren Brust wir alle unser Leben saugen wie Neugeborene, zusammen mit allen Tieren, Vögeln, Bäumen, Gräsern. Weil die Pfeife all dies bedeutet, und mehr noch als irgendein Mensch verstehen kann, ist sie heilig.«[2]

Zu beachten bleibt, daß die verzweigte Sioux-Tradition natürlich mancherlei Varianten kennt, wenngleich das symbolische Grundschema überall durchscheint. Die Pfeifenköpfe der Prärie- und Plains-Indianer waren meist aus einem leicht schneidbaren roten Stein (Catlinit)[3] gefertigt, mit Symbolen geschmückt, und auch das hölzerne Pfeifenrohr war ornamentiert. Gilmore berichtet von den Dakota, sie sähen im Pfeifenkopf eine Art Weihrauchfaß, einen Altar mit sakralem Feuer. Der runde Pfeifenrand, der den Tabak umfängt, sei der alles umschließende Horizont. Zugleich sei er jene Linie, wo Himmel und Erde verschmelzen; auch das Rund der Zeiten, auf dem die Jahreszeiten kreisen; schließlich der Ring des Universums. Der Pfeifenstil erinnere an Wahrheit und Recht, der Rauch an den Geist, dessen Atem das Universum belebt.

[1] *Francis La Flesche,* War Ceremony and Peace Ceremony of the Osage-Indians. Bulletin of the Bureau of American Ethnology, Nr. 101, Washington 1939, 62, zit. n.: *Schwarzer Hirsch,* Die heilige Pfeife, a.a.O., 237.

[2] *Schwarzer Hirsch,* Ich rufe mein Volk, a.a.O., 14 f.

[3] Der Name Catlinit kommt von dem Maler indianischen Lebens, George Catlin, der den Pfeifensteinbruch im südwestlichen Minnesota als erster Weißer besuchte und beschrieb.

Ähnlich deutete Schwarzer Hirsch den roten Pfeifenkopf als die Erde. »In den Stein geschnitten und gegen die Mitte gerichtet ist dieses Büffelkalb; es vertritt alle Vierbeinigen, die auf eurer Mutter leben. Der Pfeifenstiel ist aus Holz, und er stellt all das dar, was auf der Erde wächst. Und diese zwölf Federn, die hier hängen, wo der Stil am Kopf sitzt, sind von dem gefleckten Adler; sie vertreten den Adler und alle Geflügelten in der Luft. Alle diese Völker und alle Dinge des Weltalls gesellen sich zu dem, der die Pfeife raucht – alle senden sie ihre Stimme zu Uakan-Tanka, dem großen Geist. Wenn ihr mit dieser Pfeife betet, so betet ihr für alle und mit allem.«[1]

Über die Tabakpflanze ist bisher noch nichts gesagt worden. Alle Sioux züchteten *Nicotiana rustica.* Werner Müller nennt sie die erste und älteste indianische Kulturerrungenschaft, an die sich vermutlich der weitere Bodenbau angeschlossen hat. Wahrscheinlich wurde die Pflanze von Südamerika auf den nördlichen Kontinent geholt. Diese entfernte Herkunft weckt die Frage, warum gerade Nicotiana rustica dem Anruf der Gottheit dient. Es wurde ja nicht aus Genußstreben geraucht, und der bloßen Rauchentwicklung nach den Kardinalpunkten der Welt hätten viele andere Pflanzen dienen können.

Werner Müller sieht das Geheimnis dieses Vorgangs in der Vierzahl gegeben: »Die Tabakpflanze muß in irgendeinem Teil ihrer Gestalt die kosmische Urzahl verkörpern. Das trifft in der Tat zu bei der Nicotianakapsel. Die Früchte ruhen in einem Gehäuse aus zwei Klappen, deren jede zwei Zähne trägt, die also vier Spitzen emporstrecken.« Bei Quadrivalvis, einer Varianten, wird die heilige Vier noch stärker betont durch vier Viertelkämmerchen, in denen die Samen ruhen; »eben deswegen wird sie dem indianischen Denken besonders nahe gestanden haben«.[2]

Die heilige Pfeife wurde aber nicht nur mit Tabakblättchen gestopft, sondern mit anderen Blättern oder zerriebener Baumrinde gemischt. Schwarzer Hirsch kann sogar sagen: »Ich fülle diese heilige Pfeife mit der Rinde der roten Weide.« Als er auf den Berg gestiegen ist, um den Großen Geist anzurufen, erhebt er mit der linken Hand die Heilige Pfeife: »Unser wichtigster Grund zum Flehen ist, daß es uns hilft, unsere Einheit mit allen Dingen zu verwirklichen, zu wissen, daß alle Dinge unsere Verwandten sind; und dann beten wir für alle Dinge zu Uakan-Tanka, damit er uns Wissen um Ihn selbst verleihe, von Ihm, der die Quelle aller Dinge ist, größer noch als alles.«

C. Unsere relativ breiten Informationen sind nicht primär dem Schüler, sondern dem Lehrer zugedacht. Bevor er über Welthaus und heilige Pfeife spricht, muß er selbst ein möglichst großes Hintergrundwissen haben. Die beste Lösung wäre es, wenn unser Handbuch zur Lektüre jener Primärliteratur anregen könnte, die wir anschließend empfehlen.

Beim Gespräch über die heilige Pfeife sollte das Welthaus im Hintergrund bewußt bleiben: daß in diesem Symbol eine Verbindung mit der gesamten Schöpfung vollzogen wird. Das Wort vom Schwarzen Hirsch – »Wenn ihr mit dieser Pfeife betet, so betet ihr für alle und mit allen« – können unsere Schüler gut verstehen. Für ihr eigenes Gebetsverständnis und Gebet können von dieser

[1] *Schwarzer Hirsch,* Die heilige Pfeife, a.a.O., 14 f.
[2] *Werner Müller,* Sioux, a.a.O., 265 f.

Anschauung hilfreiche Symbole ausgehen. Das Wort, in dem Schwarzer Hirsch seine Intention zusammenfaßte, die ihn bewog, über das fromme Geheimnis der heiligen Pfeife zu sprechen, kann auch unseren Unterricht kennzeichnen: »Ich wollte mithelfen, Frieden auf die Erde zu bringen, nicht nur unter den Menschen, sondern auch zwischen der Menschheit und der ganzen Schöpfung. Wir sollten wissen, daß der Große Geist in allen Dingen ist: in den Bäumen, den Gräsern, den Flüssen, den Bergen und all den vierbeinigen Tieren und den geflügelten Völkern; und was noch wichtiger ist: wir sollten verstehen, daß Er auch über all diesen Dingen und Wesen ist. Wenn wir all das tief in unseren Herzen erfassen, dann werden wir den Großen Geist fürchten, lieben und kennen; und dann werden wir uns bemühen, so zu sein, so zu handeln und so zu leben, wie Er es will.«

D. Der Unterricht geht am besten von einer Betrachtung der Zeichnungen auf Seiten 84-85 aus. Gezeigt werden heilige »Pfeifen« der Omaha, die nicht geraucht, sondern nur als rituelles Calumet verwendet wurden (S. 493f).

Mit Hilfe der Deutungen, die wir oben mit indianischen Stimmen belegen, können wir den Kindern das Calumet in seinen einzelnen Teilen und Aspekten erklären. Dazu trägt auch der Text auf Seite 86 bei, der auf Schwarzen Hirsch zurückgeht. Querverbindungen sind möglich zum Kapitel »Schöpfung«, insbesondere zum Abschnitt »Verantwortung für den Frieden« und zum Kapitel »Gebet«. Die zu Ende des Gebetstextes stehende Formel »Hetschetu weloh!« bedeutet: »Es ist gut!« (Amen).

Zu den Zeichnungen S. 81-85

Alle Zeichnungen dieses Kapitels stammen von Annemarie und Josef Schelbert. Sie stützen sich mit größter Sorgfalt auf Stücke des Museums für Völkerkunde Berlin, Abteilung Amerikanische Naturvölker II (bemalte Bisonhaut; Calumet-Paar) sowie auf eine Fotografie von Edward S. Curtis.

Bemalte Bisonhaut S. 81

Unsere Zeichnung zeigt das große Mittenornament der bemalten Bisonhaut. Es befindet sich auf der Innenseite der enthaarten Haut; eine ornamentierte viereckige Rahmung wurde fortgelassen. Die Länge der Haut (ohne Kopf und Schwanz) beträgt 250 cm (Inventarnummer des Museums: IV B 12835). Die Malerei entstand vor 1845 im Stamm der Crow-Indianer, die zur Gemeinschaft der Sioux gehören.

Wir sehen ein differenziertes Kreissymbol, dessen Mitte ein kleines rotes Kreuz bildet. Um diesen inneren Kern lagern sich drei konzentrische Ringe, die sich aus stilisierten Adlerfedern aufbauen. Jede Feder setzt sich aus einem roten und einem blauen Dreieck zusammen, die jeweils durch einen gelben Querstrich voneinander getrennt werden. Die gebrochene rote Linie an der Spitze jedes blauen Teils stilisiert eine Flaumfeder oder ein Büschel aus Pferdehaar. Die drei konzentrischen Federringe werden von Doppelbändern in Gelb und Blau gegeneinander abgegrenzt; die Dreiecksornamente dieser Ringe fassen dabei ineinander.[1]

[1] Nach: *Horst Hartmann,* Die Plains- und Prärieindianer Nordamerikas, hrsg. v.: Museum für Völkerkunde, Berlin 1973, 304.

Eine authentische Deutung dieser Symbolik gibt es nicht. Mit Sicherheit hat jedes Element und jede Farbe eine über sich hinausweisende Bedeutung gehabt. Wir werden nicht fehl gehen in der Vermutung, daß sich kosmische und stammesbezogene Aspekte durchdringen. Im Kontext zu den übrigen Bildern und Texten des Kapitels verkörpert diese Malerei die Harmonie und Kraft des indianischen Kosmotheismus (→ S. 481ff).

Lagerring der Blackfoot-(Piegan-)Indianer S.82-83

Die Piegan sind einer der drei Blackfoot-Stämme; sie gehörten zum Sprachstamm der Algonkin. Um die Mitte des 19. Jahrhunderts zählten die Piegan noch ca. 13 Lokalgruppen; jede dieser Einheiten umfaßte etwa 25 Tipis und 200 Personen. Im Winter 1869/70 registrierte man 15 Einheiten, wahrscheinlich weil das Ernährungsproblem eine Aufteilung erforderlich machte. Lieber hätten wir den Tipiring eines der Sioux-Stämme gezeigt, deren Weltfrömmigkeit unser Kapitel schildert, doch war dafür kein dokumentarisches Zeugnis aufzutreiben. Darum gibt die Zeichnung die Aufnahme eines »Piegan Encampment« von Edward S(heriff) Curtis (1868–1952) wieder, dessen berühmte Fotografien letztes indianisches Leben im ausgehenden 19. Jahrhundert einfangen (Portraits from North American Indian Life. Reprint 1972, Outherbridge and Lazard, Inc., USA).

Rituelle feierliche Handlungen vollzogen sich grundsätzlich im Tipiring inmitten des freien Landes. Dieses Tipi darf nicht mit dem Wigwam, den kuppelförmigen Rindenhütten vieler Waldlandindianer verwechselt werden. Das Tipi ist jenes konische Zelt der Plainsindianer, das wie keine andere Behausung ursprünglicher Völker die Phantasie europäischer Menschen beflügelt hat. Der Durchmesser eines solchen Wohnzeltes konnte zwischen drei bis acht Metern erheblich variieren (von der Sondergröße der Ritualzelte einmal abgesehen), wobei die Höhe der Kreuzungspunkte der Zeltstangen ungefähr dem Durchmesser entsprach. »Ein Tipi bildete einen gemütlichen Unterschlupf, wenn es eingerichtet worden war. Das Zelt enthielt alles, was man täglich benötigte: Behälter aus Leder, von weißen Händlern bezogene Kochkessel, Holzschüsseln, Trinkgefäße aus Tierhorn, Löffel, Werkzeug aller Art, Stöcke zum Ausgraben von Prärierüben und anderen genießbaren Wurzeln, Kleidungs- und Schmuckstücke, Kindertragen, Waffen, Geschirrteile, Tabakspfeifen, Musikinstrumente, Medizinbeutel und die Taschen, die für Zeremonialgeräte bestimmt waren … Andere Lichtquellen als das in einer Vertiefung in der Zeltmitte lodernde Feuer kannte man nicht. Im Winter spendeten die Flammen auch die nötige Wärme; gesteigerte Behaglichkeit ließ sich erzielen, wenn man im Inneren des Tipis eine Zwischenwand aus Fellen aufzog. In der heißen Jahreszeit konnte die Zeltdecke aufgerafft und so für eine gute Ventilation gesorgt werden.«[1]

Calumet-Paar S.84-85

Dieses Calumet-Paar (Omaha, nach 1880) erwarb das Museum für Völkerkunde Berlin 1898 aus dem Besitz von Francis La Flesche (→S. 481). Die Länge beider Calumets beträgt ca. 83 cm (Inventar-Nr. IV B 2234a,b).

Die hier gezeigten Calumets wurden im Gegensatz zu den meist verbreiteten Formen nicht zum Rauchen benutzt. Sie stellen als Ganzes einen Adler dar und traten bei den Pawnee, Iowa, Oto, Omaha, Osage, Kansa und Ponca stets paarweise in Erschei-

[1] Ebd., 69f.

nung. Es sind heilige Stäbe, die nach rituell festgelegter Form über einem Menschen geschwenkt wurden, um ihm Frieden und Glück zuzuwenden. Dabei zeigten die Entenköpfe nach unten.

Das Calumet mit dem Fächer aus sieben Federn des Goldadlers (S. 84) verkörpert wahrscheinlich das männliche Prinzip mit Erde, Krieg, Tag, Sonne und Süden, das Calumet mit dem Fächer aus neun (ehemals zehn) gefleckten Adlerfedern (S. 85) vemutlich das weibliche Prinzip mit Himmel, Frieden, Nacht, Mond und Norden. Wenn diese Deutung stimmt, so steht sie im Gegensatz zu den sonst üblichen Verbindungen, die den Himmel männlich, die Erde weiblich sehen. Nach Alice Fletcher sollte mit diesem Austausch das enge Zusammenspiel der beiden Prinzipien im Universum betont werden.

Die zwei in Längsrichtung durchbohrten Stäbe sind grün bemalt. Auf jedem von ihnen steckt vorne ein Wildentenkopf. Weil sich die Ente im Wasser, auf der Erde und in der Luft bewegen kann, faßt sie auf dem Calumet alle drei Bereiche zusammen. Auf dem Calumet mit dem siebenteiligen Fächer (links) ragen hinter dem schillernden Halsgefieder zwei Federn auf, während das andere Calumet nur eine Feder an dieser Stelle trägt. Dann folgen jeweils eine dicke Krause aus den Federn der Waldohreule, sowie je drei in Längsrichtung halbierte Adlerfedern und schließlich gegen Ende des Stabes der rote Kopfbelag des Spechtes mit zurückgezogenem Oberschnabel. Jeder der vertretenen Vögel besitzt eine spezifische Potenz: die Eule entfaltet ihre Macht in der Dunkelheit, der Adler beherrscht den Tag, und der Specht wurde Francis La Flesche zufolge mit der Sonne in Verbindung gebracht.

Rechts neben den Fächern hängen von beiden Calumets rote Tuchstreifen und weiße Baumwollschnüre herab, links von ihnen rot gefärbte Pferdehaarbüschel. Sie verweisen gemäß La Flesche auf die Morgenröte und die Strahlen der aufgehenden Sonne. [1]

Diese Beschreibung, einem Museumskatalog folgend, bleibt natürlich in all ihrer wissenschaftlichen Bemühtheit in unendlicher Distanz zur Sache. Sie offenbart uns, daß wir nichts wissen, wenn wir nur von außen an fremde Kulturen und Religionen herantreten können. Jene Art, in der Schwarzer Hirsch auf S. 86 des Religionsbuches die heilige Pfeife beschreibt, kann wenigstens noch die Ehrfurcht und Größe ahnen lassen, die sich mit diesen Kultgeräten verbanden. Auch dieses Calumet-Paar trägt den kosmotheistischen Zug der indianischen Frömmigkeit in sich.

[1] Nach: ebd., 302f; vgl. ebd., 352f.

Symbolverständnis: Labyrinth, Baum und Berg

Das Labyrinth

S. 87-92

Im Labyrinth verliert man sich nicht
Im Labyrinth findet man sich
Im Labyrinth begegnet man nicht dem Minotauros
Im Labyrinth begegnet man sich selbst

Mit diesen lapidaren und hintergründigen Sätzen eröffnet Hermann Kern sein großes Standardwerk »Labyrinthe«;[1] an anderer Stelle nennt er sie die »unerwarteten Ergebnisse« seiner intensiven Labyrinth-Studien.[2] Auch wir stellen diese Sätze unserem Kapitel vorauf, weil sie eine Art didaktischer Quintessenz sind und *ein* Schlüssel, wenn auch keineswegs der einzige zum Geheimnis dieses rätselhaften und faszinierenden Symbols.

Im Umgang mit dem Labyrinth zeigt sich, wie weit wir im eigenen Verständnis des Symbols gekommen sind. Gerade intellektuell geschulte Köpfe sind immerfort geneigt, im Symbol einen ins Bild übersetzten Begriff zu sehen, der – zu seiner »Erklärung« – in den Begriff rückübersetzt werden müsse. Diesen »Köpfen« sei ein Satz Romano Guardinis zu erwägen gegeben, in dem er »Geheimnis« und »Problem« einander gegenüberstellt; um das Zitat für unsere Sache fruchtbar zu machen, ist es erlaubt, statt Geheimnis auch Symbol zu lesen: »Dieses [das Problem] soll gelöst werden; geschieht das, dann ist es verschwunden. Jenes hingegen soll erfahren, verehrt, ins eigene Leben aufgenommen werden. Ein Geheimnis, das durch Erklärung aufgelöst wird, war nie eins. Das echte Geheimnis widersteht der ›Erklärung‹; und nicht, weil es sich mit irgendwelchen Kniffen doppelter Wahrheit der Prüfung entzöge, sondern weil es seinem Wesen nach nicht rationell aufgelöst werden kann. Aber es gehört zur gleichen Wirklichkeit, zu der auch das Erklärbare gehört, und es steht zur Erklärung in einem absolut redlichen Verhältnis. Es ruft diese, und ihre Aufgabe besteht gerade darin, zu zeigen, wo echtes Unerklärbares ist.«[3]

Wirkliche Symbole können nicht als Probleme gelöst werden. Wir können vieles zu ihrer Geschichte, ihrem Gebrauch, dem Spektrum ihrer Bedeutungen erforschen, doch bleiben sie bei noch so gründlicher Erklärung urgestaltig, das heißt, immer zugleich aller Bewußtheit vorauf, da sie niemals nur *einem* Bereich angehören, sondern Bewußtes und Unbewußtes in sich verbinden.

[1] *Hermann Kern,* Labyrinthe. Erscheinungsformen und Deutungen. 5000 Jahre Gegenwart eines Urbildes, München 1982.

[2] *Hermann Kern,* Das Labyrinth. Geheimnis zwischen Tod und Wiedergeburt, in: Bild der Wissenschaft, November 1982, 148-159.

[3] *Romano Guardini,* Zu Rainer Maria Rilkes Deutung des Daseins, Bern ²1946, 26.

Was ist ein Labyrinth? Begriff, Form, Herkunft

Der heutige Sprachgebrauch vermengt gewöhnlich die unterschiedlichen Formen *Labyrinth* und *Irrgarten* und nimmt das eine für das andere. So bieten viele Zeitschriften Such- und Denksportfiguren unter dem Titel »Labyrinth« an, obwohl es sich allemale um Irrgärten, nicht um Labyrinthe handelt.

Ein Irrgarten, als Bauwerk oder Gartenanlage, bietet ein verschlungenes Wegenetz, das immer wieder vor unterschiedliche Wahlmöglichkeiten stellt, von denen einige oder auch alle in Sackgassen führen, so daß frühere Wegscheiden aufgesucht werden müssen, um im Erproben der alternativen Gänge den Ausweg zu finden. Vorstellungen von einem solchen Irrgang-System liegen schon den schriftlichen antiken Labyrinth-Traditionen zugrunde. Die in das Labyrinth des Königs Minos eingeschlossenen jungen Menschen »seien darin umhergeirrt, hätten den Ausgang nicht finden können und seien so zu Tode gekommen«, überliefert Plutarch (ca. 45 – ca. 120 n. Chr.) in seiner Theseus-Geschichte.

Erstaunlicherweise gibt es aber keine bildnerische Darstellung solcher Irrgang-Systeme in der Antike. Der früheste zeichnerische Entwurf dieser vielläufigen Gänge stammt von dem venezianischen Arzt Giovanni Fontana um 1420. In seinem Handbuch über Kriegsmaschinen erklärt er, daß es für Labyrinthe keine vorgeschriebene Form gebe, daß sie vielmehr jede beliebige Form annehmen könnten. In einem (verschollenen) »Büchlein der Labyrinthe« habe er zahlreiche Irrgärten eigener Erfindung gezeichnet. Obwohl also die literarische Tradition der Antike und des Mittelalters durchaus die Irrgarten-Vorstellung kennt, ist diese in bildnerischer Gestaltung bis zur Renaissance absolut unbekannt. Die Labyrinth-Darstellungen des Altertums kennen ausschließlich das klassische Modell des kreuzungsfreien, einlinigen Weges, der keine Verirrungsmöglichkeiten einräumt. Für unsere weiteren Überlegungen und für die Labyrinth-Symbolik des Religionsbuches scheidet der Typ Irrgarten aus.

Das Labyrinth im eigentlichen Sinn – einerlei ob mit runder oder eckiger Begrenzung nach außen – bietet in seiner Wegführung niemals Wahlmöglichkeiten. Man betritt es durch eine kleine Öffnung in der äußeren Wandung, und man muß dann nach zahlreichen Umwegen, die zum Abschreiten des gesamten Innenraumes zwingen, dem Weg zwischen Peripherie und Zentrum folgen, bis dieser zwangsläufig zur Mitte führt, wo er endet. Das klassische Labyrinth, mit dem wir uns befassen, hat also stets eine Mitte, die zugleich Ende des Weges ist. Dort muß der Besucher seine Richtung ändern, indem er sich umwendet und den Eingangsweg zum Ausgangsweg macht.

In der Vergangenheit sind Irrgang-System und Labyrinth immer wieder in der Vorstellung überlagert worden. Über die entstandene Begriffsverwirrung, die im Bewußtsein der meisten Zeitgenossen anhält, ist sich erstaunlicherweise erst die jüngere Forschung klar geworden. Da im Unterhaltungsbereich, etwa auf Rätselseiten und bei verschiedenen Spielarten auch unseren Kindern Irrweg-Systeme als »Labyrinthe« vorgestellt werden, ist es wichtig, eine klare Unterscheidung zu erarbeiten.

Begriffsgeschichte. Etymologische Deutungsversuche führen nicht weit. Die seit der Ausgrabung des Palastes von Knossos auf Kreta vertretene These, in

Labyrinth stecke das Wort Labrys = Doppelaxt, Labyrinthos bedeute demnach »Haus der Doppelaxt« und dies sei der Palast von Knossos gewesen, hat sich inzwischen als unhaltbar erwiesen. Sicher ist, daß das Wort Labyrinth zur Zeit der griechischen Einwanderung in den Mittelmeerraum bereits existierte, also schon der minoischen Kultur auf Kreta angehörte und vermutlich ursprünglich als graphische Figur zu einem Tanz gehörte. Man nimmt an, daß es sich dabei um einen Gruppentanz handelte, bei dem die Tänzerkette Wegbahnen folgte, wie sie beispielsweise auf dem Tontäfelchen von Pylos zu sehen sind.

Es handelt sich hierbei um eine Ritzzeichnung auf der Rückseite eines Tontäfelchens aus dem mykenischen Palast des Pylos, das 1957 bei Ausgrabungen gefunden wurde. Nestor war König in Pylos, der älteste unter den griechischen Königen, die am Trojanischen Krieg teilnahmen.[1] Um 1200 v. Chr. brannte der Palast nieder. Dabei wurden die Tontäfelchen gehärtet. Auf der Vorderseite zeigt das Täfelchen einen Abrechnungsvorgang, während das rückseitige Labyrinth wahrscheinlich nur eine Spielerei war. »Es ist die älteste Labyrinth-Darstellung, die archäologisch-historisch sicher datiert werden kann; aus ihr läßt sich folgern, daß um 1200 v. Chr. in der mykenischen Kultur die Labyrinth-Vorstellung so weit Allgemeingut war, daß sie zum Zeitvertreib eines Buchhalters dienen, offensichtlich auch schnell gezeichnet werden konnte.«[2]

Der erste Beweis dafür, daß diese Figur Labyrinth genannt wurde, stammt erst aus der Zeit vor dem Untergang Pompejis 79 n. Chr. Dort findet sich an einem Haus eine Ritzzeichnung mit der Beischrift: »Labyrinth. Hier wohnt der Minothauros«, möglicherweise der Streich eines Lausbuben, der vor dem Bewohner des Hauses warnen wollte. Aber auch die Silbermünze aus Knossos aus dem 2. Jahrhundert v. Chr. (→ S. 516) wurde offensichtlich Labyrinth genannt, so daß zu folgern ist, wenn Name wie Figur je für sich im zweiten vorchristlichen Jahrtausend vorkommen, dürfte die Labyrinth-Figur auch damals schon »Labyrinth« genannt worden sein.

Diese Labyrinth-Figur hatte eine choreographische Bedeutung. Sie skizzierte den Bewegungsablauf des Labyrinth-Tanzes. Die Forschung geht heute davon aus, daß »Labyrinthos« ursprünglich einen Tanz meinte, dessen Bewegungsform der besagten graphischen Figur entsprach. Das berühmte Labyrinth von Knossos war dann wohl gar kein Gebäude, sondern ein kunstvoller Tanzplatz, wobei die bedeutsame Leitfigur in den Marmor des Bodens eingelegt war. Diesen Ursprung des Labyrinths hat erstmals Karl Kerényi untersucht.[3]

Angesichts dieser Klärungen bleibt es um so rätselhafter, wie die visuell so eindeutige, kreuzungsfreie Figur von der Bedeutung »Irrgarten« überlagert werden konnte. Am wahrscheinlichsten sei die Annahme, meint Hermann Kern, »daß – spätestens in hellenistischer Zeit – die geschilderte Tanzfigur nicht mehr verstanden wurde, daß die Tradition abbrach oder modifiziert wurde, daß dementsprechend die vorgeschriebenen Bewegungen als irreführ-

[1] Ilias I, 247-286; II, 77-83.
[2] *Hermann Kern,* Labyrinthe, a.a.O., 97 (Abb. Nr. 103/104).
[3] *Karl Kerényi,* Labyrinth-Studien (1941). Jetzt in: *Ders.,* Humanistische Seelenforschung, München/Wien 1966, 266-273. Siehe auch: *Ders.,* Vom Labyrinthos zum Systos. Gedanken über den griechischen Tanz, ebd., 274-288.

rend und unübersichtlich empfunden wurden.« Jedenfalls steht für die späthellenistische Zeit fest, daß man auf der sprachlichen Ebene unter einem Labyrinth überwiegend ein Irrgang-System verstand, während die traditionelle eindeutige graphische Figur ebenfalls weiter Labyrinth hieß. Damit ist die heutige Begriffsverwirrung schon vor zweitausend Jahren angelegt.

Ursprungsort und Verbreitung. Unsere bisherigen Überlegungen führten ausschließlich in den griechisch-kretisch-minoischen Kulturbereich zurück. Ein Blick auf die Verbreitungskarte aber zeigt, daß sich die Labyrinth-Vorstellungen in Europa, Indien, Java, Sumatra und in indianischen Traditionen im Südwesten Nordamerikas nachweisen lassen. In anderen Teilen dieser Welt begegnet das Labyrinth nur als europäisches Bildungsgut. Somit ist das Labyrinth kein gemeinsamer Menschheitsbesitz. Wie aber kommt dann eine so komplexe Figur in die kulturelle Tradition ganz unterschiedlicher Weltregionen? Gerade ihre Komplexität steht einer mehrfachen Erfindung im Wege. Hermann Kern vermutet: »Eine große Wahrscheinlichkeit spricht für die Annahme, daß die Labyrinth-Vorstellung in einer bestimmten Kultur ausformuliert und anschließend durch Wanderung bzw. Entlehnung verbreitet wurde.« Allerdings: »Übernommen wird von einer fremden Kultur regelmäßig nur eine Vorstellung, die bereits in Vorstufen in der übernehmenden Kultur vorhanden ist (sonst gäbe es keine Ansätze zum Verständnis der fremden Formulierung). Übernahme bedeutet also nicht Addition unverstandener Fremdkörper zum bisherigen Kulturbestand, sondern die Weiterentwicklung heimischer Vorstellungen am fremden Beispiel.«[1] Damit stellt sich die Frage, welche psychische Disposition für das Symbol Labyrinth empfänglich macht. Oder anders herum: welchen unbewußten wie bewußten Dispositionen der Seele das Labyrinth Ausdruck verleiht. Nochmals anders: Welche Fragen und welche Bedeutungen verbinden sich mit dem Labyrinth? Wir kommen weiter hinten hierauf zurück.

Apekte der Forschungsgeschichte

Die wissenschaftliche Erforschung des Labyrinth-Symbols, der Varianten und Deutungen, hat spät eingesetzt. Erstaunlicherweise steht nicht die Altertumswissenschaft an ihrem Anfang, sondern die französische Kirchenarchäologie, die sich nach der Revolution von 1789 aus der schon vorher begründeten Baudenkmälerarchäologie entwickelt hatte. Eine Zerstörung mancher Bodenlabyrinthe in französischen Kathedralen war vorausgegangen; die Prälaten hatten das Verständnis für deren theologische Bedeutung längst verloren und ärgerten sich allenfalls über die Kinder und einfachen Leute, die mit spielerischer Freude und etwas Lärm »la lieue« (die Meile) durchmaßen, wie in Chartres das Labyrinth in Anspielung auf die angebliche Länge des Weges genannt wurde.

1824 publizierte A. P. M. Gilbert das Bodenlabyrinth der Kathedrale von Chartres, 1825 G. Villers seine »Memoire sur le labyrinthe des Bayeux«; 1843 folgte Emanuel Wallet mit einer Beschreibung von sechs Kirchenlabyrinthen;

[1] *Hermann Kern,* Labyrinthe, a.a.O., 21.

1847 erließ A. de Caumont einen Aufruf zur Erhaltung der noch vorhandenen Kirchenlabyrinthe. Im gleichen Jahr wurde das zerstörte Labyrinth der Kathedrale von Sens durch eine Rekonstruktionszeichnung publiziert, 1849 erschien eine Dokumentation über das Kathedrallabyrinth von Poitiers, 1851 ein Überblick über alle französischen Kirchenlabyrinthe und deren Bedeutung.

Eine besondere Sensation aber hatte 1848 der französische Offizier F. Prevost aus seiner Kolonialzeit in Algier mitzuteilen. In der »Revue Archéologique« informierte er in einer »Notice sur Orléansville« über die 1843 in El Asnam (Orléansville) entdeckte Basilika des hl. Reparatus, deren Gründungsjahr heute allgemein mit 324 angegeben wird. In deren Mosaikfußboden befindet sich eine quadratische vierteilige Labyrinthfigur römischen Stils, in deren Mitte durch kreuzwortartig angeordnete Buchstaben über dreitausendmal SANCTA ECCLESIA zu lesen war.

Die Aufmerksamkeit richtete sich nun auch über die Grenzen Frankreichs hinaus. Man wurde auf die Kirchenlabyrinthe von Lucca, Santa Maria in Aquino zu Rom und San Vitale zu Ravenna aufmerksam. Das neue Forschungsinteresse überschritt freilich nicht die Grenze. So konnte ausgerechnet während seines Höhepunktes in Frankreich das einzige deutsche Kirchenlabyrinth in der Severinskirche in Köln entfernt werden.[1]

Die mittelalterlichen Kirchenlabyrinthe und zumal das aus der Zeit Konstantins stammende frühchristliche Labyrinth aus Algerien stellten die Frage nach der Abhängigkeit von den antiken Labyrinth-Traditionen. Für einige Zeit galt die These, es gebe eine lückenlose Tradition; die Glieder zwischen den frühchristlichen und mittelalterlichen Labyrinthen wurden in merowingischen und karolingischen Kirchen vermutet. Doch stellten sich auch Bedenken dagegen ein. Warum beschränken sich die Kirchenlabyrinthe auf Frankreich und Italien? Wieso weisen die mittelalterlichen Kirchenlabyrinthe eine ganz andere Wegführung als die antiken Labyrinthe auf? Vor allem aber gibt es zu denken, daß die heidnische Antike das Labyrinth nur mit profanen Bauten verbindet – nie wurde eins in einem Tempel gefunden –, während im christlichen Mittelalter zur Zeit der großen Kathedral-Labyrinthe kein einziges Labyrinth an einem profanen Gebäude nachweisbar ist (die frühesten Belege dafür entstammen der verweltlichten Labyrinth-Auffassung der Renaissance).

Bei dieser Problematik hat in jüngster Zeit die mittelalterliche Handschriftenforschung neu angesetzt. Sie beschränkte sich darauf, die mittelalterlichen Handschriften nach dem Sinn der darin verstreuten Labyrinthfiguren zu befragen. Eine wesentliche Erkenntnis lautet, daß unmittelbare Beziehungen zu den antiken Labyrinthen nicht bestehten; die Konstruktion der mittelalterlichen Labyrinthe ist eigenständig. »Es ist angesichts dieser Konstruktionsweise sinnvoll, die Kirchenlabyrinthe aus den prinzipiell gleichartigen, früheren Handschriftenlabyrinthen abzuleiten, zumal der Haupttyp der Kirchenlabyrinthe dort seit dem 10. Jahrhundert auftritt.«[2]

[1] Vgl.: *Werner Batschelet-Massini,* Labyrinthe, in: Neue Zürcher Zeitung, 11. 5. 1984.

[2] *Wolfgang Haubrichs,* Error inextricabilis. Form und Funktion der Labyrinthabbildung in mittelalterlichen Handschriften, in: Text und Bild. Aspekte des Zusammenwirkens zweier Künste in Mittelalter und früher Neuzeit, hrsg. v.: *Christel Meier/Uwe Ruberg,* Wiesbaden 1980, 63-174, hier: 109.

Fünftausend Jahre Gegenwart eines Symbols

Felsritzungen

Die älteste bekannte Darstellung eines Labyrinths ist eine Felsritzzeichnung in der »Tomba del Labirinto« in Luzzanas, Sardinien. Sie befindet sich in einem unterirdischen Grab und stammt wahrscheinlich aus dem dritten Jahrtausend v. Chr. Kennzeichnend ist hier der Zusammenhang mit Grab und Totenkult im »Schoß der Mutter Erde«, bemerkenswert aber auch, daß die Zeichnung neben dem engen Türdurchbruch (ca. 60 x 40 cm) zur hinteren Kammer angebracht ist, wohl als symbolische Kennzeichnung von Tür und Schwelle, die der Verstorbene passieren mußte. Offensichtlich wurde in diesem frühesten Zeugnis das Labyrinth als ein Symbol für Tod und Wiedergeburt verstanden. Es ist Ausdruck der Hoffnung, der Tote möge aus der Grabeshöhle zurückkehren, »auferstehen« zu einem Leben jenseits des Todes.[1]

Eine größere Anzahl labyrinthischer Felsritzzeichnungen gibt es auch in Nordwest-Spanien und Cornwall im Zusammenhang mit dem bronzezeitlichen Bergbau. Hier wäre das Labyrinth als Symbol für das Eindringen in die Eingeweide der Mutter Erde allemale ein Todesweg, und wäre zugleich Darstellung der Hoffnung auf Rückkehr, also nahezu ein »Kultsymbol des Selbstverständnisses des Bergmanns« (Helmut Birkhan).

Alle Felsritzungen haben miteinander gemeinsam, daß ihre Öffnungen im Westen liegen (wie jene Kirchenlabyrinthe später auch), also der Todesrichtung des Sonnenuntergangs zugewandt. An den senkrechten Felsen bedeutet Westen gleichzeitig »unten«, – ebenso wie in den mittelalterlichen Handschriften-Labyrinthen.

Das kretische Labyrinth

Dem mit der griechischen Mythologie auch nur oberflächlich Vertrauten fällt bei Labyrinth meistens nur die Sage von Theseus und Ariadne ein, wie sie Plutarch überliefert. Dieser im Original umfangreiche Bericht ist eine Zusammenstellung verschiedener Quellen und Versionen, deren Alter bis zu tausend Jahre auseinandergehen kann. Aus der minoischen Zeit,[2] von der die Erzählung handelt, gibt es keine Berichte, sondern nur spätere griechische »Widerspiegelungen der minoischen Kultur in der griechischen Sage«, vermengt mit märchenhaften Erzählmotiven. Der zentrale Zweifel läßt fragen, »ob denn überhaupt Einzelaspekte bei Theseus, Ariadne und dem Minotauros zur Interpretation des Labyrinths herangezogen werden dürfen« (Hermann Kern). Wir bieten hier dennoch eine Kurzfassung nach Plutarch, weil im Kontext der Labyrinth-Thematik deren Kenntnis nicht übergangen werden kann.

[1] Vgl.: *Hermann Kern,* Labyrinthe, Abb. Nr. 76. Auch als Foto, in: *Ders.,* Das Labyrinth, a.a.O., 156.

[2] Die minoische Kultur auf Kreta datiert man in ihren frühesten Zeugnissen auf ca. 3000 v. Chr. Nach 2000 entwickelte sie sich zur Schriftkultur. Ihren Namen erhielt sie nach dem sagenhaften König Minos. Die Blütezeit reichte von 2200 bis 1400. Der Palast von Knossos ist ihr bedeutendster architektonischer Ausdruck. Die Aufnahme kretischer Elemente in Griechenland führte zu der eindrucksvollen Mischkultur, die wir nach ihrem Zentrum, der Burg von Mykene, die Mykenische Kultur nennen.

»Nicht lange danach kamen aus Kreta zum dritten Male die Gesandten, um den Tribut (in Athen) abzuholen (nämlich alle neun Jahre sieben Jünglinge und ebenso viele Jungfrauen). Von den nach Kreta gebrachten jungen Menschen erzählt nun die düsterste Sage, Minothauros habe sie im Labyrinth getötet, oder sie seien darin umhergeirrt, hätten den Ausgang nicht finden können und seien so zu Tode gekommen; der Minotauros aber sei gewesen, wie Euripides sagt, ›ein mischgestaltet Wesen, üble Spottgeburt‹ und ›doppelgestaltig Wesen, Stier und Mensch.‹

Philochorus aber sagt, das wollten die Kreter nicht wahrhaben, sondern sie behaupteten, das Labyrinth sei weiter nichts als ein Gefängnis gewesen, an dem sonst nichts Böses war, als daß darin die Gefangenen nicht entfliehen konnten, und Minos habe... ein Kampfspiel veranstaltet und als Preise für die Sieger die Kinder ausgesetzt, die nun eben so lange im Labyrinth in Gewahrsam gehalten wurden; bei den ersten Wettspielen habe ein Mann, der bei ihm im höchsten Ansehen stand und Feldherr war, namens Tauros, den Sieg davongetragen, ein Mann von hartem, unsanften Charakter, der mit den Kindern der Athener übermütig und grausam umgegangen sei.

Ebenso ist auch Aristoteles offenbar nicht der Meinung, daß die Kinder von Minos getötet worden seien, sondern daß sie bis ins hohe Alter in Kreta Knechtsdienste leisten mußten... Es ist offenbar wirklich eine gefährliche Rache, sich einen Staat, der eine Stimme und die Gabe der Dichtkunst hat, zum Feinde zu machen. Denn Minos ist auf der attischen Bühne immer schlecht weggekommen und geschmäht worden, und weder hat es ihm etwas genützt, daß Hesiod ihn den königlichsten König, noch daß Homer ihn Tischgenossen des Zeus genannt hat, sondern die tragischen Dichter haben den Sieg davongetragen und von der Bühne her als bösen und gewalttätigen Mann in Verruf gebracht, obschon doch sonst die Sage meldet, Minos sei der König und Gesetzgeber gewesen...

Als nun (in Athen) die Zeit des dritten Tributes herankam und die Väter, welche eben erwachsene Kinder hatten, sie zur Auslosung zur Verfügung stellen mußten, da wurden bei den Bürgern wieder die Klagen gegen Aigeus (den König von Athen) laut. Sie jammerten und empörten sich, daß er, der an allem Schuld sei, als einziger keinen Teil an der Strafe habe, sondern einem herbeigelaufenen Bastard die Thronfolge zugespielt habe und ruhig zusehe, wie sie ihrer echtbürtigen Kinder beraubt, kinderlos zurückblieben. Das wurmte den Theseus. Er hielt es für seine Pflicht, nicht gleichgültig zu bleiben, sondern an dem allgemeinen Schicksal teilzunehmen, trat vor und stellte sich ohne Los zur Verfügung. Alle anderen bewunderten seinen hohen Mut und priesen seinen Gemeinsinn... Nachdem er in Kreta angekommen war, bekam er, wie die meisten schreiben und singen, von Ariadne (der Tochter des Königs Minos), die sich in ihn verliebte, den Faden und die Belehrung, wie er sich durch die Windungen des Labyrinths hindurchfinden könne, tötete den Minotauros und fuhr mit Ariadne und den athenischen Kindern davon...«[1]

Wir haben bereits darauf hingewiesen, daß die durch diesen Text angestoßene Suche nach einem labyrinthischen Bauwerk in die Irre führte, da sich bei Plutarch († um 120 n. Chr.) bereits die Vorstellungen von Labyrinth und Irrgarten überlagern. Es gilt heute als unwahrscheinlich, das kretische Labyrinth habe irgendwann einmal als Gebäude existiert. Dennoch verweist das Labyrinth als Tanzform auch auf eine architektonische Figur. »Der gemeinsame Nenner zeigt sich in der Doppeldeutigkeit des Wortes *choros* als Tanz(-form, -bewegung) und Tanzplatz. Einen solchen kunstvollen *choros* soll Daidalos in Knossos für Ariadne geschaffen haben, wie Homer (Ilias 18, 590 ff) berichtet.

[1] *Plutarch,* Theseus, zit. n. der Übersetzung von *Konrat Ziegler* (1954), München [2]1979, I, 51 ff (Kap. 15-19).

Und was liegt näher, als in diesem Wunderwerk die Fixierung der kunstvoll gefügten Bewegungsspuren auf dem Boden zu sehen, also in gewisser Weise doch ein (ebenes) Bauwerk, das aber gleichzeitig den Tanz inkorporiert? Und wenn man davon ausgeht, daß es Sinn und Aufgabe der knossischen Labyrinth-Münzen (→S. 516) war, Knossos als ›Labyrinth-Ort‹ auszuweisen, dann darf man sich den Labyrinth-Tanzplatz mit der Gangführung dieser Münzbilder in einem Durchmesser vorstellen, der sicher von der Zahl der vorgesehenen Tänzer abhing, jedoch zwischen 10 und 20 m betragen haben dürfte. Da der *choros* des Daidalos ›kunstvoll gefügt‹ war, ... bestimmten diese Linien die Bewegung der Tänzerkette, und ein später, unverstandener Reflex dieses Vorgangs scheint sich noch bei Plutarch zu finden, wenn er davon schreibt, daß Theseus bei seinem Tanz mit den befreiten Geiseln die Windungen des Labyrinths nachgeahmt habe.«[1]

Labyrinthe in Handschriften

Die vorchristlichen Labyrinth-Funde ebenso wie die Bodenlabyrinthe in den Kathedralen des Mittelalters erschweren ihre Deutung, weil es an Orientierungspunkten für eine treffende Interpretation durchweg mangelt. Bei den in Handschriften überlieferten Labyrinthen ist hingegen zu erwarten, daß sie in der Verschränkung mit dem Text begründete Rückschlüsse auf das Verständnis der jeweiligen Labyrinth-Vorstellung erlauben. Der Blick in diesen Bereich ist aber auch deshalb wichtig, weil er zum Verständnis der Kirchenlabyrinthe beiträgt, deren Überlieferungsweg gewiß über Handschriften, aber nicht über römische Bodenmosaiken erfolgte.

Überraschend ist zunächst, daß nahezu alle Handschriften-Labyrinthe orientiert sind: sie haben ihren Eingang im Westen, d. h. unten, und stehen damit im Einklang mit der mittelalterlichen Kartographie, wie beispielsweise die Ebstorfer Weltkarte zeigen kann (→III, 501 ff). Wenn das Labyrinth also wie eine Weltkarte orientiert wurde, dann steckte darin auch die Vorstellung vom Labyrinth als einem Weltbild. Als Bild der Welt wurde es zusätzlich charakterisiert durch den Eingang von Westen als der Richtung des Sonnenuntergangs. Dadurch repräsentiert ein solches Labyrinth die sündige, todgeweihte Welt. Die späteren Kirchen-Labyrinthe wurden von dieser Vorstellung mitgeprägt.

Das sehr breite und unterschiedliche Bedeutungsspektrum der Handschriften-Labyrinthe soll hier nicht verfolgt werden. Wir beschränken uns auf Labyrinthe mit religiöser Relevanz. Dazu gehören insbesondere die sogenannten *Computi*. Das sind Handschriften mit Texten und Tabellen zur Errechnung des Datums für das Osterfest, das ja seinerseits alle weiteren beweglichen Feste im Kirchenjahr regiert. Die Zuverlässigkeit dieser Berechnung war natürlich um der Sache willen, aber auch aus Gründen der kirchlichen Einheit bedeutsam. Deshalb gab es in allen Zentren kirchlichen Lebens solche *Computus*-Handschriften. Wenn nun im Kontext eines derartigen Computus ein Labyrinth dargestellt wird, ist es – ebenso wie der labyrinthische Ostertanz, von dem noch zu sprechen sein wird – ein Symbol des Osterglaubens: Hinweis auf die Aufer-

[1] *Hermann Kern*, Labyrinthe, a.a.O., 49 f.

stehung Christi als des neuen Theseus aus dem Labyrinth der Unterwelt, in welche ihn der Tod verschlang.

Neben den Computi soll die wichtigste Handschrift für das Verständnis einer christlichen Labyrinth-Rezeption erwähnt werden. Es ist dies das Evangelienbuch des Otfrid von Weißenburg (ca. 790-875). Von Otfrid ist bekannt, daß er bei Hrabanus Maurus in Fulda studierte (→III, 505 f). Sein *Liber evangeliorum* entstand 863-871 an der Klosterschule Weißenburg im Elsaß. Diesem Buch fügte er zwei Bildseiten zu: Auf dem Vorsatzblatt, mit dem die Evangelienschrift beginnt, ein die volle Seite ausmessendes Labyrinth, dessen formale Konzeption auf den Lehrer in Fulda zurückgeht. Sodann noch als weitere, ganzseitige Miniatur eine Kreuzigung. Bis dahin war das Labyrinth immer nur in komputistischen Handschriften verwendet worden, nun jedoch wird es das *initium,* die Titelseite eines Evangelienbuches, und steht dabei in offensichtlicher Korrespondenz zu der zweiten Bildseite des Handexemplars, der Kreuzigung. Kreuzigung und Labyrinth sind »durch ihr Farbenrepertoire eng verbunden: beide benutzen exakt dieselben Farben und signalisieren damit ihren künstlerischen Zusammenhang. Die Bindung beider imagines reicht aber noch darüber hinaus: die Länge und Breite des Kreuzes ist exakt so bemessen, daß sie in den äußersten Ring des Labyrinths gerade hineinpaßt. Die *figura crucis* erfüllt die *figura labyrinthi.*«[1] In Übereinstimmung mit dieser Kongruenz interpretiert Otfrid das Kreuzsymbol: »Das Maß des Kreuzes ist dem Kosmos eingeprägt. Es mißt die Welt aus; es ist die Struktur der Welt, die in die Hände Christi gegeben ist. Es zeigt an, daß Christus der Herr der Welt geworden ist.«[2] Wir werden sehen, wie das Labyrinth-Verständnis dieses frühen und programmatischen Evangelienbuches sich in den Kathedrallabyrinthen des Hochmittelalters wiederfindet.

Kirchenlabyrinthe

Das älteste Kirchenlabyrinth begegnet fast gleichzeitig mit dem Eintritt des Christentums in die Öffentlichkeit (→ S. 500). Das Bodenlabyrinth entstand 324, also nur elf Jahre nach dem Toleranzedikt von Mailand, noch vor dem Konzil von Nicäa. Es ist jedoch ein christlich adaptiertes römisches Labyrinth und begründet nicht die Tradition der mittelalterlichen Kirchenlabyrinthe.

Das jüngste Kirchenlabyrinth entstand 1977 auf dem Treppenabsatz des nördlichen Zugangs zur Krypta im Kölner Dom. Auch hier ist ein Zusammenhang mit der Kathedraltradition zu verneinen: die Lage des Labyrinths auf einem Treppenabsatz, seine geringe Größe (über Kreuz 135 cm) und seine Öffnung nach Süden fallen aus der Tradition heraus.

Die Zeit der Kirchenlabyrinthe, von denen nachstehend die Rede ist, reicht vom 12. bis zum 16. Jahrhundert; ihr Verbreitungsraum beschränkt sich auf Frankreich (mit Schwerpunkt Nordwesten), Südengland und Italien. Wir sagten schon, daß sie ähnlich den Handschriften-Labyrinthen orientiert waren, mit Eingang von Westen. Bei den großen nordfranzösischen Labyrinthen nehmen sie die volle Breite des Mittelschiffs ein. Sie haben »gewissermaßen Sperr-

[1] *Wolfgang Haubrichs,* a.a.O., 157.
[2] Ebd., 158.

funktion, stellen eine Pufferzone dar: Der Gläubige soll zuerst die Labyrinth-Vorstellung – mit allen Implikationen – dadurch verinnerlichen, daß er das Labyrinth abschreitet; erst dann darf er weiter, nach vorne zum Allerheiligsten.« Das Labyrinth hat hier also eine ähnlich initiale Bedeutung wie für Otfrids Evangelienbuch. Gleichzeitig werden wir damit an Labyrinthe als Schwellenzeichen erinnert, wie sie in Indien vorkommen,[1] und als Türzeichen, wie sie ebenso am Dom zu Lucca wie an einem sauerländischen Bauernhaus auf dem Torbogen (in Marmecke, Kreis Olpe) zu sehen sind.[2] »Jedenfalls muß die Vorstellung von einem Eingang und von der Notwendigkeit, diesen Eingang zu schützen, intensiv mit der Labyrinth-Figur verbunden gewesen sein, und zwar auch noch im christlichen Mittelalter.«[3]

Die Form der Kirchenlabyrinthe verändert sich gegenüber der antiken Tradition. Der kretische Typ (→S. 501) begegnet niemals. Während dieser durch sieben Umgänge gekennzeichnet ist, weist der neue Typ – wie schon bei Otfrid – elf Umgänge auf. Die Zahl ist kein Zufall, sondern Symbol. Die Elfzahl steht im Mittelalter für Sünde, Übertretung und Maßlosigkeit – da sie über die Zahl der Gottesgebote hinausgeht – und gleichzeitig für Unvollkommenheit, da die »runde« Zwölf (beispielsweise der zwölf Apostel) nicht erreicht wird. So vertritt das elfgängige Labyrinth die unvollkommene, erlösungsbedürftige Welt.

Bedeutsamer aber ist, daß die neue Labyrinth-Gestalt, die wir nach ihrer vollkommensten Ausprägung den Typ Chartres nennen können, von zwei Kreuzachsen überlagert wird (→ S. 514). »Die drei oberen Halbachsen sind jeweils halb durchlässig, die untere Halbachse ist für vier getrennte Wegstrekken vorgesehen. Der kretische Typ wurde also nicht nur von sieben auf elf Windungen erweitert, er wurde auch weitgehend symmetrisiert, und vor allem wurde ein Kreuz darüber gelegt, dessen Sperren immer wieder zur Umkehr, in gewisser Weise zu einem ›Kreuzweg‹ nötigen. Vielleicht haben die für Reims berichteten ›Stationen‹, die auf dem Labyrinth abgeschritten worden sein sollen, in diesen 28 Umkehrpunkten ihre tatsächliche Grundlage.« Diese Überlagerung des Labyrinths durch das Kreuzzeichen gibt dem alten archaischen Symbol eine neue theologische Qualität. Die sündige Welt wird dadurch als erlöst bezeichnet und eben durch dieses Kreuz in einen überschaubaren Kosmos mit vier Quadranten gegliedert: die beiden Blätter des Otfrid-Evangelienbuches werden somit im Kirchenlabyrinth des Typs Chartres zu einer einzigen Grundfigur ergänzt. »Dieser seit dem zehnten Jahrhundert in Handschriften nachweisbare Typ Chartres kann nicht als bloße Modifikation der antiken Mosaik-Labyrinthe erklärt werden; dort gibt es kein Kreuz, das über die Labyrinth-Windungen gelegt wird, es gibt nur vier deutlich abgegrenzte einzelne Sektoren (Stadtviertel), wovon einer nach dem anderen durchwandert werden muß. Hier gibt es stattdessen eine ausgesprochene Axialität, den Zusammenhalt der Sektoren durch die übergeordnete, darübergelegte Kreuzfigur, die auch die Verzahnung der Sektoren durch die jeweils übergreifende Bewegung sichert.«[4]

1 Siehe bei *Hermann Kern*, Labyrinthe, a.a.O., Abb. Nr. 607 f.
2 *J. Otto Plassmann,* Die Trojaburg als Torzeichen, in: Germanien, 1940, 289f.
3 *Hermann Kern*, Labyrinthe, a.a.O., 143.
4 Ebd., 210.

Da die großen Kathedral-Labyrinthe Umgangsfiguren waren mit einem Durchmesser zwischen 10 und 12 m, luden sie die Kirchenbesucher zum Abschreiten des ganzen Wegs (in Chartres 294 m) ein. So kommt es auch, daß immer Faszination von dieser Bewegungsgestalt ausging. Das Wandern im Labyrinth läßt den Menschen dabei die symbolische Funktion der Kathedrale selbst erfahren. Aus der gefallenen Welt wird er hinübergeleitet in die Ordnung der Gnade. Das Labyrinth leitet »auf Pfaden, die chaotisch scheinen, doch in Wirklichkeit geordnet sind (die Kirchenlabyrinthe, obwohl von großer Komplexität, waren immer einlinig und schlossen daher einen Irrtum eigentlich aus), durch eine Zeiterfahrung hindurch, die aus der Zeit hinausführt.«[1]

Ostertanz im Labyrinth

Die früheste Verbindung zwischen der Osterfreude und dem Labyrinth haben wir in den sogenannten Computi-Handschriften entdeckt, die der Berechnung des veränderlichen Ostertermins dienten. Der nächste Schritt führt zur Kathedrale von Chartres, für die auf dem großen Bodenlabyrinth im Anschluß an die Ostervesper ein Tanz der Kleriker bezeugt wird. Der Tanz feierte die siegreiche Auferstehung Christi und die neue Weltschöpfung, von der angenommen wird, daß der bedeutende Bischof Fulbert († 1028) diese Ostervesper in seiner damals noch romanischen Kathedrale eingeführt hat und daß von Chartres aus der geistliche Ostertanz nach Sens und Auxerre exportiert wurde.[2] Beide Kathedralen besaßen ebenfalls ein großes Bodenlabyrinth. Der Bischof oder der Domdekan sollen dort den Reigen angeführt haben. Auf Grund eines Kapitelbeschlusses von Sens vom 14. April 1413, daß während des österlichen Festgottesdienstes nach alter Tradition getanzt werden solle, schildert Hermann Kern die heutigen Kenntnisse folgendermaßen:

> Die Vorbereitung des Tanzes begann mit der Verpflichtung des zuletzt eingeführten Domherrn, den Ball zu beschaffen; dieser mußte – wie aus einem Beschluß von 1412 hervorgeht – so groß sein, daß man ihn nicht mit einer Hand halten konnte. Zu Beginn der Feier übergab dieser Domherr den Ball an den Domdekan, der daraufhin die Ostersequenz »Victimae paschali laudes« zu singen begann, den Ball ergriff und zum Rhythmus des Liedes in feierlichem Dreischritt tanzte. Gleichzeitig faßten sich auch die übrigen an den Händen und tanzten einen Reigen »den eingelegten Labyrinth-Weg entlang«. Dabei reichte oder warf der Dekan seinen Mittänzern den Ball zu, was darauf schließen läßt, daß er sich auf dem Labyrinth hin und her bewegte und dabei auch seine Richtung wechselte. Die Orgel begleitete den Tanz. Später folgte ein gemeinsames Festmahl.
>
> Zweifellos ist der Ball in diesem Labyrinth-Ostertanz ein Symbol der Sonne. In der vorchristlichen Tradition feierte der Brauch dann die Erneuerung der Natur im wieder aufsteigenden Jahr; die christliche Umdeutung integrierte ihn als siegreiche Ostersonne, die ihre leuchtende Bahn zieht über dem Labyrinth der Erde.[3]

[1] *Joseph Leo Koerner,* Die Suche nach dem Labyrinth. Der Mythos von Dädalus und Ikarus, Frankfurt a.M. 1983, 80.

[2] Nach: *Werner Batschelet-Massini,* Labyrinthzeichnungen in Handschriften, in: Codices manuscripti. Zeitschrift für Handschriftenkunde 4, 1978, 2. Heft, 33-65, hier: 61.

[3] Nach: *Hermann Kern,* Labyrinthe, a.a.O., 214f.

Weitere Labyrinth-Traditionen

Über weitere und zumal spätere Labyrinth-Traditionen zu informieren, die von der Renaissance bis heute reichen, würde den Rahmen unseres Handbuchs sprengen. Wir wollen lediglich einige Formen noch vorstellen, die sich mit der Labyrinth-Idee, die wir mit Grundschulkindern realisierten, berühren.

Rasenlabyrinthe sind als erste zu nennen. Sie entstehen dadurch, daß man den Ariadne- oder Gehweg durch die erhöhte Grasnarbe kennzeichnet, während die ausgestochene Linie die Trennwände bedeutet. Zwar gibt es auch die umgekehrte Version, doch entspricht sie immer einer fehlerhaften Lesart des vorgelegten Plans. Das klassische Land der Rasenlabyrinthe ist England. Schon Geoffrey Chaucer (ca. 1340-1400) setzt in einem Gedicht »Legend of Ariadne« die Kenntnis des Rasen-Labyrinths (*Maze*) allgemein voraus. Hermann Kern hält die derzeitige Form dieser Labyrinthe für christlich bestimmt, nämlich für Transpositionen von Kirchenlabyrinthen. Übernommen wurden die großen Kathedralformen. »Mit den Labyrinthen von Chartres und Reims besteht nicht nur eine Übereinstimmung, sondern auch eine Entsprechung in den Ausmaßen.« Andererseits stellt die Arbeitstechnik eine englische Besonderheit dar. Es gibt in England, besonders an Hängen, großformatige Erdzeichnungen, die durch ein Abtragen der Grasnarbe entstehen (z. B. das Weiße Pferd von Uffington, Berkshire, 365 Fuß lang, aus der frühen Eisenzeit). Diese Tradition allein erklärt, warum englische Kleriker sich für ihre Labyrinth-Anlagen bevorzugt der Rasenanlagen bedienten. Nach der Reformation in England verblaßte die christliche Symbolkraft der *Mazes*. Es trat ein Funktionswandel ein, der wohl auch die älteste heidnische Bedeutung der Anlage wieder durchschimmern ließ. Die Motivation, alle paar Jahre die Anlage nachzuschneiden, ging dabei verloren, so daß viele Rasenlabyrinthe wieder untergepflügt wurden.[1]

Labyrinthe als Steinsetzungen: Trojaburgen. Trojaburgen sind labyrinthförmige Steinsetzungen aus faust- bis kopfgroßen Stücken, lose auf freiem Feld ausgelegt, vorzugsweise in Küstennähe, immer in Variation des kretisch-heidnischen Typs. Klassisches Verbreitungsgebiet dieser Trojaburgen ist Skandinavien. Für Schweden sind 300 Labyrinthe belegt, für Norwegen etwa 120, für Finnland 141. In Dänemark sind die Trojaburgen verschwunden. Der häufige Ortsname Trelleborg (→III, 495 ff) soll noch darauf hinweisen. Das Alter dieser Anlagen ist schwer zu belegen. Da aber sämtliche Labyrinthe den kretischen Typ verkörpern, muß mit einem vorchristlichen Ursprung gerechnet werden. Möglicherweise reicht die Tradition bis in die Bronzezeit zurück. Offensichtlich verband sich mit diesen Labyrinthen ein Spiel, bei dem eine junge Frau im Mittelpunkt des Labyrinths Platz nahm. Das erklärt auch den Namen einiger Anlagen als *Jungfrudans.* Die Bezeichnung Trojaburg wird als sekundäre »gelehrte« Deutung einer ursprünglich einheimischen Benennung vermutet, die »Kreisburg« oder »Tanzburg« gemeint haben könnte.

[1] Vgl.: ebd., 243ff.

Liebeslabyrinthe sind ein spezieller Typ von Heckenlabyrinthen. Erst Hermann Kern hat sie nach genauer Analyse seiner Materialsammlung als eigene Gattung herausgehoben. Die Grundform dieser Pflanzung scheint von Kirchenlabyrinthen abzustammen. Im Zentrum der gärtnerischen Anlage steht eine Laube, die um einen Maibaum herumgebaut wurde. Es ist der Baum des Lebens und steht wie im Paradiesgarten in der Mitte. »Andererseits kann in der Mitte auch das Zentrum der Konfusion gelesen werden, so möglicherweise bei Valkenborch (→S. 516)... Und angesichts der Ambivalenz der Labyrinth-Figur kann man wohl so weit gehen, im Liebes-Labyrinth nicht nur ein Bild des Paradieses, sondern auch ein Bild vom Verlust des Paradieses zu sehen und daran zu erinnern, daß in der Mitte des Paradieses neben dem Baum des Lebens auch der Baum der Erkenntnis von Gut und Böse stand...«[1]

Deutungen

Das Labyrinth ist »zugleich der Kosmos, die Welt, das Leben des einzelnen, der Tempel, die Stadt, der Mensch, der Schoß – oder die Eingeweide – der Mutter Erde, die Windungen des Hirns, das Bewußtsein, das Herz, die Pilgerfahrt, die Reise und der Weg«[2] – eine famose Aufzählung für die Vielfalt der Bedeutungen, die ein großes Symbol kennzeichnen. Wir haben auf unserem bisherigen Weg durch die labyrinthische Welt mit den jeweiligen Formen deren unterschiedliche Bedeutungswelt geschildert, so daß wir darauf nicht zurückkommen müssen. Allein fundamentale Aspekte des Labyrinth-Symbols, die lediglich gestreift wurden oder keine Beachtung fanden, sollen jetzt noch zusammengefaßt werden, um dem unterrichtlichen Umgang mit dem Labyrinth einen weiten und lebendigen Orientierungshorizont einzuräumen.

Tod und Wiedergeburt

Der Bedeutungsbereich von Tod und Wiedergeburt verbindet sich mit allen Labyrinthen, seien sie vorchristlich oder christlich. Dabei verknüpft sich der Eintritt ins Labyrinth immer mit der Todessymbolik: Der Innenraum ist durch eine fast geschlossene Grenzlinie gegen die übrige Welt abgehoben, nur an einer Stelle befindet sich ein kleiner, unbetonter Eingang. Hinter diesem Eingang beginnt das »Prinzip Umweg«. Der verfügbare Raum wird mit einem Maximum an Wegen ausgefüllt, das heißt auch mit einem Maximum an Zeitverlust und Belastung; glaubt man sich dem Ziel zum Greifen nahe, sieht man sich gleich darauf wieder an der Peripherie. Dennoch kann die Mitte nicht verfehlt werden. Im Gesichtsfeld unserer Betrachtung bedeutet sie Tod. Dort ist der Weg zu Ende; es geht nicht mehr weiter, es sei denn, nun würde ein grundlegender Richtungswechsel erfolgen, eine Kehrtwendung um 180 Grad. Allerdings darf man den nun folgenden Weg nicht nur als eine Negation des Hinweges sehen, denn er liegt keineswegs auf derselben Ebene. Wer die Mitte

[1] Ebd., 329.
[2] *Jill Purce,* The Mystic Spiral, zit. n.: *Janet Bord,* Mazes and Labyrinths of the World, London 1976; dt.: Irrgärten und Labyrinthe, Köln 1978, 8.

erreichte und von dort zurückkehrt, tut es nicht als »alter Adam«, sondern wiedergeboren zu einer neuen Existenz: im Zentrum vollziehen sich Tod *und* Wiedergeburt.

Aus diesem Verständnis des Labyrinths finden wir das älteste Zeugnis in einem Grab der Bronzezeit oder im Zusammenhang mit Bergbau, der tägliche Todesgefahr für die Arbeiter darin bedeutete. Aber auch die Kirchenlabyrinthe mit ihrem Eingang nach Westen und den elf Umgängen verkörpern die Todeszone der sündhaften Welt. Man kann sie deshalb u.a. als Bußsymbole betrachten, die dazu anleiten wollen, der Sünde und selbst dem Tod zu sterben, um wiedergeboren zu werden mit Christus zu einem neuen Leben.

Die Bedeutungsnähe, die das Labyrinth zu Höhle (→S. 278), Uterus und Eingeweide hat, rückt es gleichzeitig ins Umfeld von Geburtsvorstellungen. Im symbolischen Verständnis liegen Geburt und Tod ja immer beieinander; jede Geburt geschieht zum Tode hin, aber der Tod ist zugleich eine zweite Geburt. Darum ist die Verbindung des Labyrinths mit dem Tod und der Auferstehung Christi schon früh geknüpft worden. Die Anfänge liegen in Fulda bei Rhabanus Maurus, greifbar werden sie bei seinem Schüler Otfrid in dessen Evangelienbuch. In den Osterglauben hinein entfaltet, offenbart sich das Labyrinth in den geistlichen Tänzen auf der in den Kirchenboden eingelassenen Choreographie der französischen Kathedralen.

Im Zuge der Interpretation von Labyrinthen in unserem Religionsbuch wird die Symbolik von Tod und Leben, Sterben und Auferstehen weiter verfolgt (→S. 511ff, 515).

Der Lebensweg

Jedes Labyrinth ist ein Wegsymbol. Es gibt wohl kein anderes, das in dieser Intensität und Tiefe den Weg des Menschen durch die Welt, zu sich selbst und zugleich zu Gott zum Ausdruck brächte. Während der »Irrgarten« nihilistisch ist, da sein System keine Mitte und kein Ziel kennt, aber immer eine Art Mausefalle sein kann, zeigt sich das Labyrinth vom Glauben an einen letzten Lebenssinn gehalten, der jeden und sei es noch so späten Umweg trägt. Wer hier unterwegs bleibt, also Schritt für Schritt weitergeht, kann sein Ziel nicht verfehlen, er kommt mit Sicherheit an. Der Weg durch das Labyrinth ist also Sinnbild eines Glaubens, der sich auch auf unübersichtlicher Strecke, die keine Orientierung dem Betroffenen mehr erlaubt, nicht in Verzweiflung und Hoffnungslosigkeit verliert. Das Wissen um eine tragende Mitte konstituiert den gesamten Lebensentwurf. In dieser Sicht wird die Mitte des Labyrinths ausschließlich positiv gedeutet. Sie ist Zielpunkt. Wer sie erreicht, hat alles erreicht.

Negativ gewendet begegnet diese Deutung schon bei Johann Amos Comenius in seinem »Labyrinth der Welt und das Paradies des Herzens« (1631). Durch dieses Welt-Labyrinth irrt der Pilger als christlicher Wandersmann, um aus dem Labyrinth heraus zum Paradies zu finden. Die Ambivalenz der Labyrinth-Symbolik wird also nicht aufgenommen. Während unsere voranstehende Deutung den Weg durch das Labyrinth zur Mitte hin in einer positiven Sicht darstellt, wird hier allein der Weg *aus* dem Labyrinth ohne Beachtung der Mitte in einer weltflüchtigen Perspektive gesehen.

Der Kosmos

Die konsequente Orientierung aller mittelalterlichen Kirchenlabyrinthe (wie auch der meisten Handschriften-Labyrinthe) weist über die erste Bedeutungsebene als irdische Sündenwelt hinaus, denn insofern diese Labyrinthe in kosmische Raum-Zeit-Koordinaten eingeordnet wurden, sind sie auch Ausdruck eines realen, kosmisch orientierten Weltbildes. Die Kirchenlabyrinthe erschöpfen sich demnach nicht in einer moralischen Qualität.

Was das kretische Labyrinth betrifft, so vermutet Hermann Kern in den Labyrinth-Wegen auch die Nachahmung der Bewegung von Himmelskörpern sehen zu können: »Tatsächlich ist es ja recht verlockend, die Siebenzahl der Geiseln, durch Verdopplung (Jünglinge und Mädchen) in ihrer Bedeutung noch unterstrichen, in Beziehung zu setzen mit den sieben Windungen des klassischen Labyrinths vom kretischen Typ und den sieben Planeten, nämlich den in der Antike bekannten Merkur, Venus, Mars, Jupiter und Saturn, wozu noch die beiden ›großen Lichter‹ Sonne und Mond gerechnet wurden...« Er ist der »schwer begründbaren« Überzeugung, es müsse zwischen Labyrinth und der Bewegung der Himmelskörper ein wesentlicher Zusammenhang bestehen. »Wenn diese intuitive Gewißheit (derzeit) nicht verifizierbar ist, dann mag das mit der Begrenztheit des analytischen Instrumentariums zusammenhängen oder mit der wesentlichen Eigenschaft jedes lebendigen Symbols, sich allzu eindeutigen Festlegungen und Reduktionen zu entziehen.«[1]

[1] *Hermann Kern,* Labyrinthe, a.a.O., 31, 33.

Das Labyrinth im Religionsbuch

In den zurückliegenden Jahren hat jeweils ein besonderer Symbolkomplex die innere Linie unserer Religionsbücher akzentuiert. Im 2. Schuljahr war es die Sonne, im dritten der »Buchschlucker«. Es ist nicht schwierig, schon bei der ersten Begegnung mit dem Religionsbuch für das 4. Schuljahr das Labyrinth als Leitmotiv zu erkennen. Wer mit dem Buch arbeitet, wird ihm nicht gerecht, wenn er nur punktuell das Labyrinth-Kapitel beachtet, die übrigen Bezugspunkte aber eher übersieht. Nachfolgend bieten wir deswegen eine zusammenhängende Durchsicht. Sie empfiehlt sich zur Verständigung über die didaktische Kohärenz dieses Buches. Gleichzeitig enthält sie einen Unterrichtsvorschlag: nämlich im Anschluß an die grundlegende Erörterung des Symbols Labyrinth mit der Klasse das ganze Religionsbuch durchzublättern, um an den insgesamt zehn Labyrinth-Versionen die Bedeutungsvielfalt eines Symbols kennenzulernen, aber auch, um eine genauere Kenntnis der fünftausendjährigen Labyrinth-Tradition zu gewinnen.

Das Labyrinth des Titelbildes

Das Bild (Relindis Agethen) verbindet den christologischen Schwerpunkt des Religionsbuches mit seiner labyrinthischen Linie. Die Mitte des Labyrinths wird von Tod und Auferstehung beherrscht. Als Mittensymbol fungiert der Berg (→ S. 541ff), hier als Golgota (→ III, 498 ff) und Grab Christi betont. Aber Grab oder Berg brechen auf. Sie können den Toten nicht halten, und so »entführt« der Auferstandene in grünewaldscher Emphase. Das Osterbild Matthias Grünewalds wird freilich nur im Ausschnitt zitiert (→ S. 338ff). Die nach oben entschwindende Gestalt will lediglich Andeutung sein, Hinweis auf das nicht mehr gegenständlich Darstellbare. Wer das Bild gründlich erarbeiten will, kann auch zu seiner Abwandlung auf Seite 50/51 im Religionsbuch überwechseln (→S. 328ff) und dazu die theologischen Deutungen des Auferstehungsglaubens einbeziehen (→S. 318ff).

Eine schöne, aber leicht übersehbare Parallele zur Symbolik von Tod und Auferstehung bildet das Motiv mit Raupe und Schmetterling. Vorne, auf der unteren Kreuzachse des Labyrinths sehen wir eine kleine Raupe labyrintheinwärts kriechen. Im Zentrum aber, auf der rechten Spitze des aufgerissenen Berges, sitzt sie in der Gestalt ihres gewandelten, »auferstandenen« Lebens: als Schmetterling. Wir haben dieses Bild von Raupe und Schmetterling im Labyrinth bereits im Vorjahr kennengelernt (→III, 532 f). Jetzt wiederholt es sich in deutlicher Parallelsetzung zur Osterthematik. Elisabeth Kübler-Ross berichtet mehrfach, daß sterbende Kinder in ihren Träumen häufig Raupen sehen, die sich zu herrlichen Schmetterlingen wandeln: jetzt können sie sich vom Boden lösen, ihre schönen Flügel entfalten und ins Licht erheben.

Das abgebildete Labyrinth folgt einer florentinischen Vorlage (Meister der Cassoni Campana, Kretafahrt des Theseus, Anfang 16. Jahrhundert), deren Gangführung dem Typ Chartres entspricht (→S. 505). Da der Eingang des Labyrinths jedoch im Anschnitt liegt, ist es nicht möglich, seiner Wegführung nachzugehen. Hingegen ist das die Kirchenlabyrinthe kennzeichnende Kreuz, welches das Labyrinth gliedert, auch hier erlösendes Zeichen über der Welt. Denn das wird durch die Schräglage und Horizontgrenze ganz deutlich: dieses Labyrinth ist die Erde selbst, aus einer kosmischen Perspektive geschaut und vor dem Dunkelblau des Alls abgehoben. Das Erlösungsgeschehen »in der Mitte der Welt« (→III, 480 ff) wird in seiner universalen Gültigkeit bildhaft deutlich.

Das Symbol des Regenbogens – Zeichen der Bundestreue Gottes – begleitet bereits seit dem 1. Schuljahr. Im Lehrerhandbuch II, 233-236, 385-387 finden sich dazu breite Ausführungen, die hierhin mit übernommen werden können. Ebenfalls ist die Ostersonne, die im Osten aufgeht – das Labyrinth ist also orientiert! – von Schulbeginn an den Kindern bekannt, und zwar stets in österlichen Kontexten (→I, 190 ff; II, 464 f). Sie kann jetzt im 4. Schuljahr von Mk 16,2b her interpretiert werden.

Die Fülle der Rückbezüge und Querverweise zeigt, daß unser Titelbild in das gesamte Unterrichtswerk für die Grundschule, besonders aber in das Religionsbuch für das 4. Schuljahr eingebunden ist. Man kann es deswegen als Repetitorium und Erinnerungshilfe, als einen didaktischen Schlüssel für zentrale symbolische und theologische Inhalte benutzen.

Das Labyrinth des Innentitels

Die drei vorausgegangenen Religionsbücher haben gezeigt, daß Außen- und Innentitelbild stets in Korrespondenz zueinander stehen: Was innen äußerlich gesehen wird, erscheint außen mit den inneren Augen gesehen.

Die hier abgebildete Radierung stammt von Hieronymus Cock aus Antwerpen (ca. 1510-1570). Sie trägt den Titel »Labyrinthi mirabiles ambages«, Die wunderbaren Irrwege des Labyrinths (Format 19,6 x 28,9 cm, datiert 1558). Das Blatt gehört zu einer Serie von 14 Landschaften mit biblischen und mythischen Szenen. Gezeigt wird ein großes Heckenlabyrinth mit elf Umgängen, ein an kirchlichen Mustern orientiertes Welt-Labyrinth auf einer Insel (»Kreta«), das mit dem Festland durch eine schmale Zugbrücke verbunden ist. Hermann Kern meint, der Titel »Die wunderbaren Irrwege...« bezögen sich nicht nur auf das Labyrinth, sondern auch auf die sorglos ihren Belustigungen nachgehenden Personen (die unsere am linken Rand beschnittene Wiedergabe nicht alle zeigt).

Hieronymus Cock hat viele Stiche nach Gemälden Pieter Breughels d. Ä. (→I, 213) angefertigt und verlegt. Zu seiner Zeit war der bewußte Blick für die christliche Gestalt des Labyrinths längst der Konvention gewichen. Darum dürfte dieses Insellabyrinth primär für »die Welt« stehen, in der die Menschen leben und die sie zugleich in sich haben. Es ist also kein Symbol der Erlösung und Wiedergeburt, sondern eher Gefängnis und zugleich Ort der Selbstverstrickung. Zwar wird dieses Sinnbild der Welt von den Achsen des Kreuzes gekennzeichnet, doch geht davon nicht mehr Anstoß aus als beispielsweise von Kirchen inmitten der Großstadt. Darum bleibt es bei einem Labyrinth der Welt. Erst das äußere Titelbild zeigt diese Welt in christlicher Sicht: auf den Tod gerichtet, zum Leben in Gott berufen.

Raupe und Schmetterling, Nuß und Kern S. 5

Das von Josef Schelbert gezeichnete Labyrinth basiert auf einem Holzschnitt von Thomas Hill aus seinem Buch über »The Profitable Art of Gardening«, London [3]1579. Es handelt sich dort um einen Entwurf für ein rundes Gartenlabyrinth. Mit seinen Eckrundungen erinnert es an das 1778 zerstörte Labyrinth in der Kathedrale von Reims. Dieses Kirchenlabyrinth hat großen Einfluß ausgeübt. Es kam möglicherweise über eine Kopie um 1406 nach England und fand dort Nachgestaltungen in Rasenlabyrinthen. Andererseits bestehen große Unterschiede gegenüber dem Typ Reims. Jenes bleibt bei der symbolischen Zahl von elf Umgängen, dieses zählt siebzehn Umgänge und verlängert damit den Gesamtweg erheblich. Wenn die Kinder den Gängen nachgehen wollen, ist ihnen dies mit den Augen allein ohne Verwirrung kaum möglich. Am besten legt man ihnen hierzu eine Fotokopie vor oder projiziert das Bild durch den Tageslichtprojektor an die Wand, um dort mit einem Stock den verschlungenen Wegen folgen zu können.

In den vier Eckbastionen finden sich über Kreuz gegenüberstehend jeweils eine Nuß und eine in sich zusammengerollte Raupe. Das ist bereits innerhalb des Labyrinths. Wer den Weg zu ihnen vom unten liegenden Eingang aus sucht, wird entdecken, daß sie zwar »ganz außen« zu liegen scheinen, aber doch einen erheblichen Weg durch das Labyrinth voraussetzen, somit also zur Tiefe des Labyrinths gehören. Die Nuß: noch ist sie verschlossen, ihr köstlicher Kern verborgen – Symbol für viele Dinge, die sich zunächst nur von außen darstellen und mit denen man lange und geduldig *um-gehen* muß, um zu ihrem Kern zu finden. Hat man ihn gefunden, so ist man angekommen: das Ziel ist erreicht. Die Raupe: bis sie die vielen engen Windungen bis zur Mitte durchkrochen hat, ist gute Zeit verstrichen, ein langer Weg beendet. Dort endet auch ihre uneigentliche Gestalt; die Raupe »stirbt«, um sich als herrlich leuchtender Schmetterling aller Enge des Labyrinths entwinden zu können. Sie wird sich erheben und in den Tageshimmel hineinfliegen.

Von allen Labyrinthen des Religionsbuches hat dieses die komplizierteste Gestalt. Es ist bewußt linear gehalten, damit es gut kopiert werden kann. Wenn die Kinder nicht sehr konzentriert und ruhig sind, wird ihnen der Weg in die Mitte kaum gelingen; allzu leicht geraten sie in einen benachbarten Gang und werden damit völlig verwirrt. Sofern der Unterricht ausschließlich beim Buch verbleibt, können sie an dieser Figur die Irritation des Labyrinths am besten erfahren.

Es sei empfohlen, mit diesem Labyrinth den Einstieg in die Thematik zu suchen. Das gilt sowohl für das Symbolkapitel S. 87 bis 92, als auch für die Erarbeitung der Labyrinthdarstellungen auf dem Außentitel und dem Innentitel des Buches. Die Bezüge von Schale und Kern, Raupe und Schmetterling, Tod und Auferstehung zeigen sich hier am klarsten, ohne von sonstigen Beigaben überlagert zu sein. Wenn die Kinder dieses Labyrinth mit Finger oder Stift erfahren haben und das Symbol des Schmetterlings erfaßten, ist ihnen das Titelbild von Relindis Agethen kein sonderliches Verständnisproblem mehr.

Labyrinth und Gottesbild S. 6–7

Die Seitenkonzeption ist so, daß sich hier das blaß unterlegte Labyrinth und die innere Mitte des Gottessymbols entsprechen (→ S. 51). Wenn man sich die linke Seite auf die rechte projiziert denkt, also das Labyrinth über das Gottesbild gelegt, hat man die angemessene Vorstellung, zu welcher auch der Text anleitet. Die inneren Voraussetzungen für das Verständnis der Mitte wurden im Vorjahr vermittelt (→III, 479 ff).

Gezeigt wird ein reliefartiges Labyrinth mit elf Umgängen vom Typ Chartres. Es befindet sich am Rande des großen Wallfahrtsplatzes von Kevelaer am Niederrhein, wo die dort von weither kommenden Pilgergruppen oft ebenfalls in langen Kreisen und Schleifen die kleine Kapelle mit dem Gnadenbild in der Mitte des Platzes umrunden. Die dem Stein beigegebene Inschrift lautet:

Dum vivimus, moriendum est, ut non moriamur, si moriemur.	Solange wir leben, müssen wir sterben, damit wir nicht sterben, wenn wir sterben.

Das in unserem Religionsbuch für die Grundschule nun zum vierten Mal wiederkehrende Gottessymbol aus dem mittelalterlichen Hildegardis-Codex besitzt natürlich keine Labyrinth-Struktur. Es verkörpert den Grund und die Mitte der Welt. Der Mensch, der hierhin gelangt, wird von Christus selbst repräsentiert, er ist seinerseits ein *alter Christus,* wie es lateinisch heißt, also ein anderer Christus: hat Teil an dessen Tod und Auferstehung und dem Leben im göttlichen Licht.

Die Beschäftigung mit Matthias Grünewalds und Alfred Manessiers Auferstehungsbildern in diesem Buch (→S. 332ff) zeigt, wie Auferstehung als Lichtereignis gedeutet werden kann. Von hierher wird auch das trinitarische Gottesbild der Hildegard von Bingen als ein Osterbild verständlich. Es zeigt den in die Lichtfülle Gottes aufgenommenen Christus, also den Auferstandenen; jeder, der an diesem Weg Christi »in die Mitte« des Seins teilhat, partizipiert auch an seinem Leben im Osterlicht. Mit gleichem Recht läßt sich aber auch sagen, daß dieses Bild zugleich ein Himmelfahrtsbild ist: Wer so in die Nähe der göttlichen Lichtfülle aufgenommen ist, befindet sich im Himmel. Theologisch gibt es hier keinen Widerspruch, denn »Auferstehung« und »Himmelfahrt« – von der symbolischen Bedeutung dieser Termini ist nicht abzusehen – bezeichnen in gleicher Weise die Rettung des in seinen Tod versinkenden Menschen (→ S. 318ff) in die Lebensfülle Gottes.

Vergleichend läßt sich sehr schön das Himmelfahrtsbild des Bischofs Bernward von Hildesheim hinzuziehen (→ S. 547). Dort ist der *Vorgang* (natürlich symbolisch) dargestellt, wie Christus in die göttliche Lichtfülle aufgenommen und darin für diese Welt unsichtbar wird. Es lohnt sich, die Osterbilder Grünewalds, Manessiers und Bernwards in ihrer inneren Beziehung zum Hildegardisbild zu betrachten. (Vgl. auch S. 51.)

Wer unsere bisherigen Labyrinth-Interpretationen mitsamt ihren Querverweisen aufmerksam für sich nachvollzogen hat, wird den inneren Zusammenhang der verschiedenen Darstellungen erkennen, von denen eine auf die andere verweist. Es sind theologische Bilder, die der tieferen Durchdringung des christlichen Glaubens dienen. Dies gilt insbesondere für die drei Gemälde von Relindis Agethen, die wir hier nachfolgend einordnen, ausführlich aber an anderer Stelle besprechen. Es ist schwer zu raten, in welcher Reihenfolge der Religionsunterricht die verschiedenen Labyrinthe erarbeiten soll. Realistisch wird wohl sein, in wachsenden Ringen mehrfach das Thema aufzunehmen und jeweils zu vertiefen. So wird die Doppelseite 6/7 wahrscheinlich schon zu einer Zeit vorliegen, in welcher das Jesus-Kapitel und die zentrale Thematisierung des Symbols noch nicht wahrgenommen werden konnte. Dann empfiehlt es sich, bei jedem neuen Schritt die Rückbezüge und Querverbindungen sorgfältig wahrzunehmen. Nicht Einmaligkeit sichert unterrichtlichen Erfolg, sondern ein bewußt wiederholtes Umkreisen der Dinge.

Im Labyrinth: Geburt, Tod und Auferstehung S. 41/47/52

Die drei Bilder zu den großen christologischen Themen von Relindis Agethen bewegen sich alle innerhalb der Labyrinth-Symbolik, in dieser Form gewiß zum ersten Mal. Das *Weihnachtsbild* zeigt die Geburt in einer Höhle, tief im Bauch der Erde, unterhalb eines Berges. Auf dem Gipfel dieses Berges sind drei Kreuze zu sehen; sie kennzeichnen ihn als den Hinrichtungsort jenes Kindes, das jetzt noch nackt zwischen Ochs und Esel vor seiner Mutter liegt. Im unteren Bereich des verschneiten Bergkegels ist das Gangsystem eines Labyrinths zu erkennen, das den Berg umringt und aus dem nur die hohe Kuppe mit den Kreuzen herausragt. Da Berg und Höhle hier zusammengehören – beide liegen in der Mitte der Welt –, ist diese Geburt als ein Geschehen inmitten des Labyrinths zu verstehen. Es ist das Labyrinth der Welt und zugleich der Erlösungsweg, den das Kind von seiner Geburt bis zum Tod am Kreuz gehen muß.

Was sich bei der Menschwerdung nur undeutlich und noch übersehbar als Labyrinth andeutete, ist auf dem *Kreuzigungsbild* ganz nahe gerückt. Golgota mit dem Schädel Adams (→III, 498 ff) wird vom Labyrinth eingeschlossen. Hier ist seine Mitte der Ort des Todes. Jesus ist am Ende des Lebenswegs angekommen: »Es ist vollbracht.« Dunkel und unheimlich schlingt sich das Labyrinth in konzentrischen Kreisen um den Weltenberg. Es weitet sich bis zum Horizont und wird dabei eins mit der Welt.

Was gerade noch schwarze, leblose Mauer war, hat sich auf dem *Osterbild* in eine grüne Hecke gewandelt. Das Labyrinth ist Weltsymbol geblieben, aber es ist eine befreite, zum Leben erweckte Welt geworden. Zwar steht in ihrer Mitte noch immer der Berg als Grab des alten und des neuen Adam, doch ist er geöffnet, er hält den Tod nicht länger. Was hier ans Ende gekommen zu sein schien, erstand zu einem neuen Leben. Das Gleichnis von Raupe und Schmetterling begleitet auch diesmal die Aussage.

Zur weiteren Deutung siehe die Seiten 278 ff, 315 ff, 338 ff.

Das Insellabyrinth des Lucas van Valckenborch S. 87

Wir eröffnen unser Symbolkapitel mit einem Ausschnitt aus dem Gemälde »Frühlingslandschaft« des Lucas van Valckenborch (Öl auf Leinwand, 116 x 198 cm, datiert 1587, Kunsthistorisches Museum Wien). Es ist eine von insgesamt fünf Jahreszeiten- oder Monatsdarstellungen, wahrscheinlich »Mai«. Auf diesem Gemälde liegt unser Ausschnitt am linken Bildrand. Das auf einer Insel gelegene kreisrunde Heckenlabyrinth zählt sechs konzentrische Umgänge, in denen zwei Paare promenieren. In der Mitte, unter einem laubenartig geschnittenen Baum mit einem tellerförmigen Blätterdach, ein weiteres Paar sowie ein einzelner Mann. An der rechten Seite legt gerade ein Boot an. Ein beieinandersitzendes Paar läßt sich ebenfalls ins Liebeslabyrinth bringen. Auf dieser Insel ist man geschieden vom emsigen Treiben der Stadt, von dem der rege Verkehr im Hin und Her auf der Brücke zeugt; hier herrscht die Freiheit der Muße, nicht das Gesetz der Arbeit.

Wir haben dieses poetische Labyrinth an den Anfang gestellt, weil es in seiner frühlingshaften, lebensfrohen Stimmung besonders schön mit dem Feldlabyrinth zusammenstimmt, von dem unsere Fotofolge so eindringlich berichtet. Es ist ein Bild, das die Phantasie anregt, das sich mit Festlichkeit verbindet und das gleichzeitig auf den nachfolgenden Abschnitt des Kapitels mit der Symbolik des Baumes verweist.

Das kretische Labyrinth S. 88

Wir zeigen das kretische Labyrinth in der Darstellung einer Münze aus Knossos (KNΩ); es hat eine runde Form mit sieben Umgängen und dem Eingang oben rechts. Die Münze stammt aus der Zeit von etwa 190 bis 100 v. Chr.

Alle wichtigen Informationen über das kretische Labyrinth sind dem einleitenden Text (insbesondere S. 498f und S. 501ff, 510) zu entnehmen. (Vgl. auch »Labyrinthe als Steinsetzungen« S. 507.)

Ein indianisches Labyrinth S. 89

Neben dem kretischen zeigen wir eine indianische Labyrinthversion, weil sie der Entwurfsplan für das Feldlabyrinth unserer Schüler in Ratingen-Homberg wurde. Ein Kirchenlabyrinth mit seinen elf Umgängen vom Typ Chartres auf den Acker zu übertragen, hätte ganz andere Platzdimensionen erfordert und wäre in seiner komplizierten Gestalt auch über das Vermögen von Grundschülern gegangen. Da bot sich die Labyrinthfigur der Pima-Indianer als das am besten zu realisierende Muster an.

Über die amerikanischen (indianischen) Labyrinthe ist nur wenig bekannt. Sie finden sich in Arizona und New-Mexico im Kulturbereich der Pueblo-Indianer, zumal bei den Hopi, Navajo und Pima. Es sind die Nachkommen der vorkolumbischen Pueblo-Indianer, die etwa ab Christi Geburt eine spezifische Kulturtradition ausgebildet hatten und schon vor fast 1500 Jahren, wahrscheinlich unter dem Einfluß altmexikanischer Kulturen, zur Kultivierung von

Pflanzen und damit zur Seßhaftigkeit übergegangen waren.[1] Bei diesen Pueblo-Stämmen begegnet allein die kretische Labyrinth-Form, was eine europäisch-christliche Übertragung unwahrscheinlich macht. Warum sollte gerade ein Missionar den Indianern die Labyrinth-Vorstellung vermitteln und dann gleich deren heidnische, vorchristliche Gestalt, fragt Hermann Kern. Er vermutet statt dessen transpazifische Kontakte, also eine Übertragung aus Asien (etwa auf Wegen, wie sie Thor Heyerdal wahrscheinlich zu machen suchte und von denen auch Ursprungsmythen der Hopi wissen).[2]

Bei den Hopi scheint das Labyrinth die größte Rolle zu spielen; bei den Pima kommt es nur gelegentlich vor. Das abgebildete Labyrinth ist eine Flechtarbeit der Pima und neueren Datums. Es wurde um 1950 aus verschiedenen Gräsern spiralförmig geflochten (Durchmesser 24 cm).

Hinweis:

Auf der Seite 90 im Religionsbuch wird in der Darstellung von David Macaulay ein Kirchenlabyrinth vom Typ Chartres gezeigt, auf S. 91 wiederholt sich die Radierung von Hieronymus Cock. Beide Labyrinth-Typen sind voranstehend hinreichend informativ vorgestellt worden.

Das Labyrinth der Kinder S. 92

Unser Religionsbuch wollte keine Darstellung des Labyrinth-Symbols bieten, ohne einen eigenen Versuch, dieses fünftausendjährige faszinierende Urbild mit einer Gruppe von Grundschulkindern zu revitalisieren. Wenigstens an einem Beispiel sollte deutlich werden, welche Möglichkeiten es für den Umgang mit Symbolen gibt. Da Symbole leibhaftige Gebilde sind, möchten sie auch möglichst leibhaft erfahren werden. Sie lediglich in Büchern anzuschauen, um dann darüber zu reden, ist zu wenig. Das gilt für Berg und Höhle, für Tür und Haus, Brot, Wasser und Tisch, Garten und Baum, für das Licht, für die Symbolik des Runden und der Mitte, für das Labyrinth. Gerne hätte ich ähnliche Symbol-Erfahrungen, wie sie dem Labyrinth galten, auch für einige andere Traditionen versucht. Wir wollen nicht das »Thema« Baum, sondern den Baum als reale und symbolische Gestalt; nicht das »Thema« Brot, sondern das Brot, vom Korn bis zum gemeinsam genossenen Mahl; nicht »besprochene«, sondern erlebte Türen, die wir öffnen, schließen, durchschreiten, mit wechselnder Bedeutung erfahren, an unterschiedlichen Orten...

Um so etwas eröffnen und mit Kindern erleben zu können, bedarf es solider Grundlagen. Der nächst erreichbare Artikel in einem »Symbol-Lexikon« genügt zur Vorbereitung niemals. Wir müssen so viel wie möglich wissen, das variantenreiche Bedeutungsspektrum eines Symbols so breit wie möglich heranziehen, denn dies ist der Humus, in dem wir als Lehrer wurzeln. Ist der Wurzelgrund zu flach und zu begrenzt, bleiben alle unterrichtlichen Ableger

[1] Vgl.: *Wolfgang Lindig/Mark Münzel*, a.a.O., 189.
[2] Vgl.: *Hermann Kern*, Labyrinthe, a.a.O., 439 ff (Abb. Nr. 654).

entsprechend kümmerlich. »Dicke« Lehrerhandbücher sind deshalb unverzichtbar. Dennoch genügen sie nicht. Ein wissenschaftliches Grundlagenwerk, ein gut ausgestatteter Bildband dürfen gerne hinzukommen, auch wenn es teure Werke sind. Was bedeuten hundert Mark angesichts einer Aufgabe, die unser Beruf ist und mit der wir das eigene Leben verbinden.

Mein eigenes Interesse begann mit »Du Mont's Spielbuch der Verwirrungen: ›Irrgärten und Labyrinthe‹« von Janet Bord (1976). Es bietet reiches und anregendes Bildmaterial (bei einem in grundlegenden Fragen schlecht informierten Text), unter anderem das Foto eines englischen Pfarrers mit seinen kleinen Töchtern im über sechs Jahre hin selbst gepflanzten Labyrinth. Aber erst Hermann Kerns Standardwerk – ein Musterbeispiel für Symbolforschung – brachte das notwendige Wissen, um das in der christlichen Tradition verblaßte Labyrinth mit sachhaltigen Gründen in ein Religionsbuch überführen zu können: als ein Urbild sinnstiftender Einheit, das Weg und Ziel, Tod und Leben, Immanenz und Transzendenz umgreift, und in dem die notwendigen Ambivalenzen der menschlichen Existenz wie die Paradoxa der Theologie aufgehoben sind. Der Labyrinth-Weg ist Individuationsweg, Kreuzweg, Erlösungsweg; die Figur ein ganzheitlich fundamentales Symbol, das jeder gleichgültigen Beliebigkeit das Sinnbild eines einzigen Weges, ohne diesen zu simplifizieren, kraftvoll entgegenstellt.

Diese Entdeckung des Labyrinths ergänzte sich in einer glücklichen Weise mit religionsgeschichtlichen Studien, vor allem bei Werner Müller, dessen Lebenswerk dem Welthaus archaischer Kulturen gilt. Von hierher ist die symboldidaktische Linie unserer Religionsbücher anthropologisch fundiert und in sich stimmig. Am Beispiel des Labyrinths – so stand mir vor Augen – müßte zu zeigen sein, wie ein archaisches Urbild mit Kindern neu inszeniert werden kann.

Angesichts der immensen Aufgaben, die Religionsbuch und Lehrerhandbuch in ihrer jährlichen Folge stellen, wäre der Plan niemals gelungen, hätte nicht Hartmut Vogler mit Begeisterung und bewundernswertem Geschick hier geholfen. Seinen Bericht fügen wir nachstehend an. Damit sei allen Mut gemacht, die einmal den mißmutigen Slogan – »An unserer Schule geht das nicht« – durchbrechen möchten. Hartmut Vogler ist kein Lehrer, sondern Fotograf, Bildjournalist. Er nahm die Probleme, die jeden Schulinsider hemmen, erst gar nicht zur Kenntnis und schaffte es, in einer »freien Arbeitsgemeinschaft« an Nachmittagen, zusammen mit drei Lehrerinnen über ein halbes Jahr lang mit Kindern ein wachsendes, blühendes Labyrinth anzulegen und es arbeitend und spielend, vor allem aber immer wieder feiernd in geistigen Besitz zu nehmen. Die winzige Wiedergabe der Fotos kann leider nur einen schwachen Abglanz jener Faszination vermitteln, die von dem Unternehmen ausging.

Es war wohl bei den Fotoarbeiten in Reutlingen: auf dem Boden wurde eine Spirale aus grünen Zweigen gelegt – das müßte doch mal richtig wachsen. Hat es so angefangen?
Dann kam eines Tages ein Buch mit vielen Labyrinthen und eine Frage: hätten Sie Lust und wie könnte so etwas gemacht werden und haben Sie wohl genug Kinder dafür? Es war der begründende Optimismus von Ihnen, lieber Herr Halbfas!

Mit dem Labyrinthbuch und den ersten Religionsbüchern ging ich zu Herrn Rektor Arndt von der Christian-Morgenstern-Grundschule in Ratingen-Homberg-Süd. Der war mit Rat und Tat zur Mithilfe bereit. Mit Projekten hatte die Schulgemeinschaft durch die jährlichen Wochen am Ende des Schuljahres schon gewisse Erfahrungen.

Herr Arndt arrangierte ein baldiges Vorstellen der Idee bei den Lehrerinnen und mit dem Konrektor. Ich habe dann dort das Labyrinthbuch, das »Welthaus« und die beiden ersten neuen Religionsbücher vorgestellt. Nach einigen Tagen Bedenkzeit erklärten sich vier Lehrerinnen zur Mitarbeit bereit. Inzwischen wurden in den 3. Jahrgangsklassen von Homberg-Süd und von Homberg-Nord für eine »freie Arbeitsgemeinschaft« geworben. Jedes interessierte Kind bekam einen vervielfältigten Bogen zu Information der Eltern mit nach Hause. Es kamen danach einige Telefonanrufe von fragenden Müttern.

Inzwischen ging ich hinaus an die Ackerränder. Damit ich mit Obersicht fotografieren konnte, mußte die Ackerfläche tief liegen. Sodann sollte die Fläche eine geeignete Größe haben: meine Überlegung war, einen Landzipfel würde ein Bauer schon leichter hergeben können, und wenn ein Bach neben dem Land fließt, so wird die Kraft dieses lebendigen Stromes die Arbeit munter begleiten und in den trockenen Sommermonaten die Fruchtbarkeit der Saat fördern.

Ein solches »Idealland« hatte der liebe Bauer Grashaus in Pacht. Und so besuchte ich an einem Feierabend die Familie Grashaus auf ihrem Hof, um meine Bitte vorzutragen. Da in der Schule schon die Vorbereitungen liefen, waren Frau und Herr Grashaus schnell zur Mithilfe gewonnen: »Wenn wir den Acker für die Kartoffeln fertig machen, gehe ich mit der Egge auch über ›eure Fläche‹, dann haben es die Kinder nicht so schwer. Wie solltet ihr mit den kleinen Harken die dicken Erdbrocken sonst zu krümeliger Erde machen« – dachte der praktische und hilfsbereite Bauersmann, und er bot auch für die weiteren Wochen vielleicht notwendig werdende Mithilfe an. Die hat sich dann in den folgenden Monaten sehr bewährt, wofür die Familie Grashaus aus Homberg-Süd ein herzliches Vergelts Gott! lesen soll.

Was sich von niemandem bewegen ließ, war allerdings das Wetter! Wir lernten bald die Sorgen des Bauern zu teilen. »Unser Land« lag auf der Talsohle des Schwarzbaches. In nördlicher und südlicher Richtung stiegen weite und geschwungene Hügel auf. Der viele Winterregen, das späte und kalte Frühjahr ließen den Acker nicht trokken werden. Der Bauer stand mit gefalteten Händen neben seinem schweren Traktor: so können wir noch nicht auf den Acker, die Maschinen versinken im Matsch und an Aussaat ist nicht zu denken. Die Wochen vor den Osterferien gingen dahin.

Etwa 15 Kinder hatten sich zum Mitmachen in der freien Arbeitsgemeinschaft angemeldet. Jeder Lehrerin hatte ich einige Tage vor dem »Gründungstreffen der freien Arbeitsgemeinschaft Labyrinth« einen Text gegeben, so wußten sie um den Sinn des kleinen Festes.

Diese Vorbereitung war sicher eine wichtige Voraussetzung für das ganze Projekt.

Erst gegen Ende April, in der ersten Woche nach den Osterferien, war der Acker genügend trocken. Nach Beratung mit den freundlichen Männern von der landwirtschaftlichen Genossenschaft in Wülfrath, wurden zur Aussaat 15 kg ungebeizter Sommerweizen und 5 kg Gelbsenf gekauft. Vier kleine Päckchen »bunte Wild- und Wiesenblumen« und ein Tütchen »Blauer Rittersporn« für die Labyrinthmitte waren die bunten und hoffentlich blühenden Extras. Wichtig ist, daß bei der Aussaat durch Kinder unbehandeltes und ungebeiztes Saatgut ausgewählt wird, denn bald werden Kinder auf den guten Geschmack des süßen Weizens kommen und die kleinen Münder schon «erste Ernte« halten.

Die späte Aussaat und die meist kühlen Tage ließen die Saat zwar ankeimen, aber nicht so bald grün werden. Inzwischen hatten die gefiederten Bewohner der umliegenden Büsche und Bäume ihren hungrigen Nachwuchs im Nest. Da war der ungebeizte Weizen mit seinem weichen Mark ein reich gedeckter Tisch. Weil der viele Regen die zudeckende Erde fortgespült hatte, war das eingesäte Labyrinth ein wohlgefüllter und riesiger Teller.

Zwei Nachmittage brauchten wir zum Bau des Labyrinthes. Zuerst wurde mit einem Pfahl und einer gelben Wäscheleine die Mitte gesucht. Ein kreisrundes Labyrinth ist so leicht abzustecken und mit einem spitzen Holz wird dann Segment um Segment auf den Boden gezeichnet. Wir hatten eine Fläche von ca. 11,50 m Durchmesser zur Verfügung und konnten für jeden Gehkreis 40 cm und für jeden Saatkreis etwa 20 cm abmessen. Mit dem angespitzten Handstab wurden zwei Saatrillen in den zuvor geharkten und geebneten Boden gekratzt. Die Kinder bildeten eine tanzende, stampfende Kette, um die Erde der Gehkreise sofort fest zu treten. Hier hätten zuvor eingeübte Arbeitslieder geholfen, den gleichen Takt einzuhalten und der »Arbeit« Augen aus Sinn, Würde und Freude gegeben.

An einem weiteren Nachmittag wurde der kleine Garten in den Endzipfel des Ackers angesät: Möhren, Erbsen, Schnittsalat, Radieschen und Spinat wurden von Kindern mit einer überschäumenden Lust ausgesät. Welch ein Staunen über die winzigen Körnchen, und wie die Hände dann die Erde streichelten – ein Saatfest!

Zwischendurch eine Apfelpause. Vom Böschungsrand wurde der Acker und die darauf gelingende Arbeit betrachtet, dem Vogelgesang konnten wir lauschen, die frische Erde riechen – es war das erste Einswerden mit unserem Werk; so hatte das Paradies auch einmal begonnen!

Eine Lehrerin hatte ihren kleinen Sohn mitgebracht. Die Kinder nahmen an dessen Mahlzeit behutsamen Anteil. Als das Labyrinth eingesät war, wurde der von der Klassenfeier im Tiefkühlfach aufbewahrte Brotrest bis in die kleinsten Brocken geteilt und gegessen, Saft und später frisches Brunnenwasser von einem Talhof getrunken.

Im Mai war dann die (Rest-)Saat aufgegangen. Bald waren auch die Wege mit Wildkräutern begrünt. Sie wurden langsam unsichtbar und verwirrten das Bild. (Siehe S. 89 oben links.) Ich habe dann zweimal (gegen Ende Mai und im Juni) mit einem scharfschneidenden Kratzer die Wege wieder blank gemacht.

Vor den Ferien wurde von den Kindern der Garten gepflegt und das Gemüse von den schneller wachsenden Wildkräutern befreit. Der viele Regen und die frühen Ferien haben eine häufigere Pflege verhindert.

In den Schulferien wurde der Garten von einigen Kindern besucht und dabei der erste Schnittsalat geerntet.

In dieser Zeit war das Labyrinth zu einem riesigen Kamillenmeer aufgeblüht. Im warmen Sommerwind brodelten die Heilessenzen aus den unzähligen weißgelben Blüten dem Begeher in die Augen und die Riechsinne – eine Orgie der reinen Fülle!

Auch der Gelbsenf stand gut in seinen gelben von unten nach oben blühenden und reifenden Rispenähren. Der rote Punkt des Mittenpfahles konnte nur mühsam gefunden werden. Der Mohn aus der Tüte und einige blaue Kornblumen suchten ebenfalls das Licht – o Gott, wenn die Erde in Deine Hand gegeben ist, so ist Wachstum und Fülle für viele da; alles Blühen und alles Singen in der Luft ist Festsaal und Musik für die tanzenden Mücken. Und die Bienen und Hummeln finden Honig in dem Land Deiner Freude!

Nach der Blühzeit der Kamille drohten die breitbauchigen Labyrinthringe umzufallen und zu faulen. So habe ich viele Arme voller Kamillenbüsche mit einiger Sorgfalt aus der Erde gezogen – aber der mit blühenden Ähren dazwischen stehende Sommerweizen sollte weiterwachsen, was auch insgesamt gelang. Nun war auch Platz da für andere Wildkräuter. Wo mochten nur deren Samen herkommen?

Der Sommer 1984 war durch lange und plötzliche Regentage gekennzeichnet. Jetzt zeigten sich auch die »Schwächen« einer freien Arbeitsgemeinschaft: um die

Kinder und die Lehrerinnen (Frau Jacobsen, Frau Kühler und Frau Metzgeroth) einzuladen, bedurfte es doch einiger absehbarer trockener Tage. Wäre das Labyrinth die Aufgabe nur einer Schulklasse, so könnte der Lehrer flexibler reagieren. Es bedürfte nicht des langen Wegs einer schriftlichen Verständigung.

Etwa vier Wochen nach der allgemeinen Getreideernte war auch unser Labyrinthweizen zu reifen Ähren gekommen. Durch den feuchten Standort, die Überfülle der mitwachsenden Pflanzengemeinschaft, zeigten sich die Ähren ziemlich schwarzfleckig. Und doch sollten wir noch einen schönen Rest von dem ernten, was die gefiederten Sänger übriggelassen hatten; denn obwohl in der Nachbarschaft ein großes Weizenfeld mit vollen reifen Ähren stand, flogen die singenden Nachbarn bevorzugt die Ähren unseres Stücks an, knickten dann den Halm um, bis die Ähre auf dem Labyrinthweg lag, um hier in aller Ruhe die noch weichen Körner auszupicken.

Von einigen heftigen Regenschauern unterbrochen, haben wir dennoch Erntetag gehalten. Auch das wäre für die Kinder ein Erlebnis gewesen: ein reifes Weizenfeld und die darüber liegende Sonnenglut und dann mit der biblischen Sichel die Ähren schneiden und mit einem Strohseil binden: diese mühevolle Arbeit aus den Gleichnissen selbst zu erleben, wäre doch gut gewesen. Einige Wochen nach dem Erntetag – der Regen drängte uns weit in den Herbst – haben wir einen langen Nachmittag gefeiert:

Zunächst gingen wir ins nahe Wäldchen, um Fallholz aufzulesen. Nachher schleppten alle Kinder das Holz herbei.

Einige krummgebrannte Klinkersteine vom Neubau unseres lieben Bauern wurden auf die Erde gelegt, darüber das ausgedroschene Stroh. Darauf schichteten wir das dünnere Holz und schließlich die kräftigeren und feuchteren Äste. An diesem Nachmittag waren viele Kinder gekommen, aber wegen der zwei Tage später beginnenden Herbstferien hatte keine der Lehrerinnen sich kurzfristig freimachen können. So mußte ich die Kinder in mehreren Gruppen an die einzelnen Tagesschritte heranleiten – sie waren voll von sprühendem Schaffenseifer!

Was haben wir alles an diesem Herbsttag getan?

Erstens im Wäldchen Brennholz gesammelt; zweitens mit den Ährengarben und den Weintrauben eine »Prozession« zur Labyrinthmitte versucht und dort die Ähren und die Trauben zu einer großen und geschmückten Hocke aufgebaut; drittens die Ähren gedroschen; viertens mit vorher gemahlenem Weizenmehl ein Brot angeteigt und einiges vom Teig für Stockbrote, die später über der Glut gebacken und geröstet wurden, für alle beiseitegelegt, die sich einen schönen langen Stock gesucht hatten; fünftens den Ariadnefaden über die Labyrinthwege gelegt; sechstens ausgedroschenes Stroh und Holz angezündet und das Feuer in Gang gebracht; siebtens Kartoffeln ausgegraben und mit Alufolie in die wachsende Glut gelegt; achtens dem aufsteigenden Rauch nachgeschaut und über dem Feuer Stockbrot und Würstchen gebacken; neuntens die hereinbrechende Dunkelheit und die Abendkühle gesehen und gespürt, um schließlich näher an das niederbrennende Feuer zu rücken, wo Stockbrot, Kartoffeln, Würstchen und das mit einer Spirale geschmückte Brot langsam gar wurden – wir waren fast an den Anfangspunkt unserer Labyrinth-Arbeit zurückgekehrt, als schließlich am späten Abend die unruhigen Eltern ihre noch feuerglühenden Kinder abholten; der beißende Rauch hatte sich in die Haare und in die Kleider eingenistet.

Nach den Herbstferien gab es doch noch einen kurzen »Altweibersommer«. Im Labyrinth hatten die Spinnen ihre »Telefondrähte« über die Wege in die leere Ähren des Weizens gespannt. Zwischen den Wegen hatten sich neue herbstliche Ödkräuter erhoben. Die schon merklich flachstehende Herbstsonne goß einen warmen Farbglanz verschwenderisch über all diese flirrende und sich im Wind wiegenden Netze. Ja, alles ungestörte Wachsen ist voller Pracht und mit paradiesischer Fülle auf diesem Stück Acker zur Erde zurückgereift.

Noch einmal – wie so oft in diesem Halbjahr – vorsichtig schreitend zur Mitte gehen; die Windungen der Wege lösen den Menschen aus seinen eingepflanzten Orientierungsnetzen: wo ist Osten und Süden und Westen und Norden? Wo bin ich hineingeschritten und wo ist die haltende Mitte: sie kommt am Ende des Weges ganz überraschend und ist einfach da; wenn die Füße die Erden-Schwelle überschreiten, wird mein Ahnen in das Kommende des Rückweges wie von Flügeln getragen in das neue Oben schweben. Diese gezeichnete Erde hat auch den Geher mitgezeichnet. Das irdische Labyrinth wird große und weite Kreise zum himmlischen Ort des Lichtes weben. Ganz langsam schreiten die Füße aus diesen Raum in den Alltag des leeren Ackers zurück – danke für diese kostbare Zeit und danke für dieses atemvolle Zeichen.

Als der Holunder schon überreif war und die Sonne am Nachmittag nur noch wenig über die weitgeschwungenen Kammlinien der Felder stieg, kamen zum letzten Mal einige Kinder zum Labyrinth. Das Brot vom Herbstfeuer war im häuslichen Ofen reifgebacken und in der konservierenden Kälte der Frosttruhe aufgehoben worden. Heute wurde es in die Mitte gestellt, und der frischgepreßte Saft aus den Trauben stand in der Glaskanne daneben. Ein Kreis flackernder Lichter schmückte die Mitte – dazu Brot und Wein, Zeichen voll erlösender Kraft. Wenn wir es auch nicht laut aussprechen, so umfaßt der Kreis der Kinderhände und Kinderarme ein schmeckbares Geheimnis: hier ist gut sein.

Die baldige Dunkelheit gibt dem Kerzenweg im Labyrinth genug Schatten und die Stille des Abends trinkt das wandernde Licht in vollen Zügen: wie groß sind doch die einfachen Zeichen; Brot, Wein, Licht und Nachtschatten über und in der Erde.

Mitte November konnte der Bauer die letzten Kartoffeln aus der herbstnassen Erde ernten. An einem frühen Morgen zog der schwere Traktor die dreireihige Pflugschar über das Feld. Wie mag es dem Bauern zumute gewesen sein, als er das müde Labyrinth unter die glänzende Erde brach – ich sah noch die Saatmaschine, die hinter der vielzinkigen Egge die nächsten Fruchtlinien in den umgebrochenen Acker zeichnete: eine neue Hoffnung.

In der Fastenzeit des Jahres 1985 kamen Kinder und Eltern ins Pfarrzentrum, um dort die Farbdias vom Beginn, vom Heranwachsen und von den Herbsttagen des Labyrinthes zu sehen.

Alle waren fast ein Jahr älter geworden, die Kinder jetzt in der vierten Klasse: So klein waren wir damals? Und so haben unsere Kinder mitgearbeitet? fragten die Eltern. Die Lehrerinnen hatten dazu viel zu erzählen.

Wie vor einem Jahr spendete ein frisches Brot mit dem Zeichen der zur Mitte sich windenden Spirale seinen häuslichen Duft; der rote Saft funkelte dazu. Mütter und Väter staunten über den zupackenden Appetit ihrer Kinder, denn das Brot wurde zwar noch warm gebrochen, aber sonst doch eben trocken, ohne Belag gegessen. Auf dem Feld hatte frisches Wasser aus dem Brunnen für den Durst gereicht: die Kinder spürten und schmeckten das »Ganze« der Nahrung und der Zeit.

Allen Mithelfern, vor allem der Kindergruppe aus der Christian-Morgenstern-Schule zu Ratingen-Homberg, sei ein herzliches Dankeschön gesagt. Es war ein wunderbar wachsendes und reifendes Jahr mit ihnen: eine gesegnete Fülle bleibt noch für lange Zeit zurück.

Vielleicht wird in diesem Jahr auf »unserem Feld« zwischen dem neuen reifenden Korn ein vergangenes Zeichen neu aufblühen – vielleicht wird einiges von der blühenden Saat des Labyrinthes, von der Sonne aus dem Acker gelockt, noch einmal zu farbfrohen Zeichen wachsen, wenn ein neuer Sommer das Feld zwischen Weg und Bach zur vollen Reife erwärmt – vielleicht werden andere Kinder auf anderen Feldern auch dieses tröstende Glück ernten, wenn sie vorher die Mühen der Aussaat aushielten.

Hartmut Vogler

Was aber nutzt eine Schule im Buch, wenn sie nur Bilderwelt, Hinweis auf fremde Initiative bleibt? Sowenig wir brotbackende, gärtnernde, musizierende, feiernde Kinder vorstellen, um sie im Unterricht nur anschauen zu lassen, so wenig muß es hier beim Betrachten der Fotos bleiben. Natürlich kann man nicht in jeder Schule, und selbst dort, wo es einmal möglich war, nicht jedes Jahr ein großes Feldlabyrinth anlegen. Aber man kann die im Religionsbuch vorgestellte Inszenierung eines Symbols in die eigenen Möglichkeiten hinein übersetzen – wenn man nur nicht zu klein von sich selbst denkt. Und sollte dies für das Labyrinth nicht möglich sein, so doch vielleicht für Baum oder Berg oder ein anderes Symbol.

Zunächst aber läßt sich überlegen, ob wir nicht tatsächlich in Schulnähe ein Stück Land mieten und für ein Jahr ein Weizen-Labyrinth ansäen können. Schon für eine Kommuniongruppe wäre das im 3. Schuljahr eine schöne Idee. Anzuraten ist freilich ein früherer Beginn, als wir ihn schafften.

Man kann natürlich auch an ein Rasenlabyrinth denken, wie es der englischen Tradition entspricht; andererseits ist jede sonstige Pflanzung oder Ansaat denkbar, die sich aus den lokalen Verhältnissen heraus empfiehlt. Ein besonderer Glücksfall wäre es, wenn sich hier und da ein beständiges Labyrinth, etwa mit Hilfe örtlicher Mäzene und Interessenten anpflanzen ließ. Ein Heckenlabyrinth ist die schönste Form, wenngleich auch teuer und pflegeintensiv, aber dafür zugleich ein Anziehungspunkt für jedermann.

Viel einfacher sind die schnellen Improvisationen. Damit unseren Kindern das Labyrinth aus eigenem Tun heraus zugänglich wird, können wir auf dem Schulhof eins auslegen: wenn es die Gegebenheiten erlauben, als Steinsetzung, wie die skandinavischen Trojaburgen; wenn es weniger aufwendig sein soll, kann man es mit Sägemehl auf den Schulhof streuen, oder mit Kreide aufmalen, oder – sofern es beständiger sein darf – mit Farbe. Aber es darf bei alledem niemals nur ein technischer Arbeitsvorgang sein. Bevor man beginnt, ist ein sorgfältiger Anweg notwendig, eine feiernde Vorwegnahme, wie es unsere Fotos auf Seite 87 zeigen. Aber auch begleitende Gesten sind wichtig: Geschichten und Lieder und so etwas, wie jene kleinen Rastzeiten und Feiern, von denen Hartmut Vogler erzählt.

Der Baum

Daß die »grüne« Linie unseres Religionsbuches in diesem Jahr den Baum als Symbol nicht auslassen darf, versteht sich von selber. Universal ist diese Symbolik in den Kulturen der Welt verbreitet, elementar ist sie jedem Menschen zugänglich, so daß vieles bereits unmittelbar spricht, noch bevor es breite Erklärung findet. Wer vom Symbol des Baumes sprechen will, tut gut daran, nach draußen zu gehen und den Bäumen zu begegnen, damit nicht wieder einmal mehr die Interpretation vor der Sache steht.

»Die Seele wird vom Pflastertreten krumm.
Mit Bäumen kann man wie mit Brüdern reden
und tauscht bei ihnen seine Seele um.
Die Wälder schweigen. Doch sie sind nicht stumm.
Und wer auch kommen mag, sie trösten jeden.
Man flieht aus den Büros und den Fabriken.
Wohin, ist gleich! Die Erde ist ja rund!
Dort, wo die Gräser wie Bekannte nicken
und wo die Spinnen seidne Strümpfe stricken,
wird man gesund.«[1]

Dies also zuvor. Man muß die Bäume sehen lernen, wie sie mit dem wechselnden Licht der Tageszeiten leben, wie die Sonne sie aufleuchten läßt, der Wind in ihnen flüstert, rauscht, sie schüttelt und zaust, der Regen ihr Laub wäscht und glänzend macht, die dunkle Nacht sich in ihren Kronen fängt. Reglos still stehen sie da, fest und tief in der Erde verwurzelt und doch voller Leben, immerfort wachsend, mit allen Elementen ringsum in Verbindung, Kräfte schöpfend aus Erde und Himmel, Licht und Wasser, Winden und Lüften, der lastenden Sommerhitze wie dem klirrenden Frost ausgesetzt. »Kein anderes Lebewesen spiegelt den Kreislauf des Jahres wie sie: im Steigen ihrer Säfte, im Schwellen ihrer Knospen, in ihrem zarten Frühlingsgrün und himmlischen Blühen, in ihrem Fruchtüberfluß und flammenden Herbstlaub, ehe sie ihr Leben ganz in sich zurückziehen. Und in der großen Winterruhe, die sie überkommt, bereiten sie den neuen Frühling vor.«[2]

Welche symbolischen Bedeutungen sich auch immer mit dem Baum verbinden, sie alle sind an die Erfahrung des Baumes gebunden, lassen sich also nur erschließen, wenn Bäume irgendwann für den Menschen bedeutsam wurden. Dabei muß es keineswegs um eine bewußte, verbal abrufbare Erfahrung gehen. Wichtiger ist hier – wie im symbolischen Bereich insgesamt – eine die eigene Verfügbarkeit übersteigende Erfahrung, von der Manès Sperber berichtet: »Tausende von Seiten habe ich geschrieben – und wahrscheinlich werde ich schreiben, solange ich lebe – doch werde ich in der Gewißheit sterben, daß es

[1] *Erich Kästner*, Die Wälder schweigen, Strophe 3 und 4, aus: Gesammelte Schriften für Erwachsene, Bd. I., Zürich 1956.
[2] *Gerda Gollwitzer*, Bäume. Bilder und Texte aus drei Jahrtausenden, Herrsching 1980, 9.

mir, hätte ich es versucht, nie gelungen wäre, in zwei oder in hunderten von Sätzen auszudrücken, was Bäume... mir bedeuten... Es ist die einzige Erfahrung, die – wie das Leben selbst – beides zugleich ist: tröstlich und beängstigend.«[1] (Vgl. die praktischen Ratschläge → II, 59ff.)

Die gleiche Ambivalenz kommt auch der Baumsymbolik zu. In ihrer nachfolgenden Darstellung lassen sich hier nur einige Aspekte hervorheben, die sich vorzugsweise aus dem Konzept unseres Unterrichtswerkes nahelegen. Darüber hinausgehende religionsgeschichtliche Materialien und insbesondere psychoanalytische Betrachtungsweisen bleiben unbeachtet.

Der Weltenbaum

In vielen Kulturen wird der Baum als ein Bild des Kosmos gesehen. Seine Wurzeln, die tief in die Erde greifen, der senkrecht aufragende Stamm, der eine *axis mundi* bildet, die Krone, die mit ihrem Astwerk den Himmel einfängt, diese Verbindung der drei kosmischen Zonen hat den Baum zum Mittelpunkt der Welt und Symbol des Universums werden lassen. Wenn wir Symbol sagen, muß jedoch immer im Blick bleiben, daß in archaischen Kulturen zwischen Gegenstand und Symbol nicht getrennt wird. Der Baum *ist* das All; die von ihm symbolisierte Realität ist ihm eingekörpert. Diese heilige Mächtigkeit kommt dem Baum zu, weil er sich im »Mittelpunkt der Welt« befindet (→III, 480 ff, 491 ff) und damit im Berührungspunkt dreier kosmischer Zonen. Einerseits ist das »Zentrum« in sich heilig. Das Objekt, welches dieses Zentrum vorstellt, also sichtbare Gestalt werden läßt – es kann auch ein Stein, ein Berg oder ein Pfahl sein –, ist deshalb schon von seinem Ort her bedeutsam und wirkmächtig. Andererseits verkörpert der Baum durch seine Gestalt den Kosmos und tut darum auch dasselbe kund wie der Kosmos.

Der Weltenbaum verbindet Erde und Himmel, er markiert die Mitte, den Nabel der Welt, ist also immer auch axis mundi, Nahtstelle zwischen Diesseits und Jenseits, Zeit und Ewigkeit und darum Ausdruck für die innere Einheit des Kosmos. Am bekanntesten ist der Weltenbaum der germanischen Völker: Yggdrasil. Mircea Eliade nennt ihn *den* kosmischen Baum. In seiner tiefsinnigen Bedeutung verdient er nachdenkliche Betrachtung.

Die Wurzeln des Weltenbaumes Yggdrasil reichen hinab bis zum Herzen der Erde. Es ist der größte und herrlichste Baum, von dem irgend jemand weiß. Sein Wurzelwerk ist dreigeteilt. Die eine Wurzellinie kommt von den Asen (Göttern), die zweite von den Riesen, die dritte von Niflheim. Unter der Wurzel in Niflheim ist ein Brunnen, der elf Flüsse speist. Niflheim, auch Niflhel genannt, ist die neblige und dunkle Welt des Todes. Unter der Wurzel bei den Riesen ist ebenfalls ein Brunnen, Mimirsbrunnen, in dem alle Weisheit und Wahrheit der Welt verborgen liegt. Dieser Quell gehört dem Riesen Mimir, der mehr als jeder andere von der Welt verstand, weil er täglich aus diesem Brunnen trinken konnte. Eines Tages kam Odin (der »Allvater«), weil es ihn nach größerer Weisheit drängte. Er bat Mimir um einen Trunk, doch Mimir verweigerte den Quell, es sei denn, Odin würde eins seiner natürlichen Augen dafür

[1] *Manès Sperber,* Die Wasserträger Gottes. All das Vergangene..., Wien/Zürich/München 1974, 54.

geben. Odins Liebe zur Wahrheit und Weisheit war so groß, daß er auf das Auge verzichtete, um die Welt nicht alleine mit dem äußeren, sondern auch mit dem inneren Auge hinfort sehen zu können. Auch unter der dritten Wurzel, bei den himmlischen Asen, befindet sich ein Brunnen. Es ist der Urdbrunnen, wo die Götter Thing halten. Zugleich wohnen hier drei Frauen, Urd, Werdandi und Skuld oder Vergangenheit, Gegenwart und Zukunft. Es sind die Nornen, die dort sitzen und weben; sie bestimmen das Schicksal der Menschen, ja sogar das Schicksal der Asen, und niemand kann ihm entgehen. (Das Märchen »Die drei Federn«, in dem die drei Söhne ihre Eignung für die Königsherrschaft durch den »feinsten Teppich« nachweisen sollen, hat diesen Schicksalshintergrund; vgl.: II, 98). Auch andere Nornen leben hier, gute und böse. Bei der Geburt eines Menschen sind sie zugegen und verfügen über den Schicksalsfaden des Kindes.[1]

Der Gipfel Yggdrasils berührt den Himmel und seine Zweige umarmen die Welt. Viele Tiere wohnen im Geäst. Vier Hirsche fressen Laub vom Weltenbaum. Am Wurzelwerk nagt die Schlange Niddhog, auf dem Wipfel sitzt ein kluger Adler, zwischen beiden aber klettert ein Eichhörnchen am Stamm auf und ab und schürt Zwist zwischen der Schlange und dem Adler. So ist der Untergang dem Weltenbaum sicher, auch wenn er Jahr für Jahr in frischem Grün prangt. Sein Stamm beginnt seitwärts zu faulen, doch noch schöpfen die Nornen am Urdbrunnen täglich Wasser aus dem heiligen Quell und gießen es über den Baum, damit er dem Verfall widersteht. Aber eines nicht allzufernen Tages wird Yggdrasil zusammenstürzen, und das bedeutet das Ende der Welt.

Offensichtlich handelt es sich in diesem Mythos um das auch in vielen anderen Kulturen beheimatete Bild des kosmischen Baumes in der Mitte der Welt. Als germanische Besonderheit ist hier jedoch das schicksalhafte Ende, das der Schöpfung innewohnt, zu beachten. Der Baum – das heißt der Kosmos – trägt die Ursachen seiner Zerstörung bereits in sich. Yggdrasil verkörpert in seiner Befindlichkeit sowohl das universelle wie auch das individuelle Schicksal. Jede Existenzform ist vergänglich, denn alle Lebenswurzeln tauchen in den Brunnen der Nornen. So wird unausweichlich der Weltenbaum von seiner Klage erbeben, die Erde wird bersten und der Himmel darüber.

Aber, so erzählt die *Völuspá,* vielleicht vom Christentum beeinflußt, die Erde wird sich neu erheben, die Äcker wachsen ungesät, einige Götter überleben die Katastrophe und treffen sich erneut, um über Odins alte Weisheit zu reden. Selbst die Spielsteine aus Gold, die sie im Anfang der Zeiten benutzten, werden im Grase wiedergefunden...

Der Lebensbaum

Lebensbaum und Weltenbaum sind nicht scharf voneinander zu unterscheiden. Es gibt Weltenbäume, die zugleich auch Lebensbäume sind, wie die immergrüne, am Urbrunnen stehende Weltenesche Yggdrasil. Auch anderswo,

[1] Die Darstellung der drei Brunnen folgt der Tradition von Snorri Sturloson, einem isländischen Skalden aus dem 13. Jahrhundert; es ist aber wahrscheinlich, daß der ursprüngliche Symbolismus nur *eine* unterirdische Quelle kennt.

wo der Weltbaum zugleich Lebensbaum ist, findet sich gewöhnlich daneben ein Brunnen oder Quell als Lebenswasser. Dennoch ist eine Identität zwischen beiden Bäumen nicht selbstverständlich, zumal der Lebensbaum aus dem kosmischen Bedeutungsspektrum des Weltbaumes herausrücken kann, um eine überwiegend individuelle Symbolfunktion zu übernehmen.

Von weit her kommt die Tradition, zur Geburt eines Kindes ein Bäumchen zu pflanzen. Man verband damit eine magische Schicksalsgemeinschaft, als würden Wachstum und Gedeihen oder Krankheit und Tod des einen Lebens immer auch Indiz für das andere sein. Einige Naturvölker legten die Plazenta in die Pflanzgrube des Baumes, ja Walther Kauer sieht diesen Brauch sogar im Tessin beheimatet.

In seinem Roman »Spätholz« erzählt er die Geschichte eines Bergbauern, der sich in der rauhen Einsamkeit seines Hofes gegen die andrängende touristische Erschließung der Talgemeinden zu wehren sucht. Rocco sieht sich in seinem Lebensschicksal ganz an jenen Baum gebunden, der vom Vater in der Stunde seiner Geburt gepflanzt worden war. Ihn zu pflegen und zu schützen, verband sich für Rocco mit der eigenen Identität; würde der Baum einmal gefällt – im Zuge einer Straßenerweiterung droht dieses Schicksal –, so wäre Unheil und der eigene Tod die sichere Folge. Rocco will deshalb selbst mit Waffengewalt und um den Preis des eigenen Lebens seinen Baum verteidigen.

Dennoch kann er der amtlich verfügten Abholzerei nicht wehren. Als der Baum zu Boden liegt, betrachtet er dessen Schnittfläche und erkennt, daß ihm darin ein Jahresbuch seines eigenen Lebens vor Augen liegt. Die hellen Frühholzringe zeigen den Wetterkalender seiner Frühlinge und Sommer; die Erträge seiner Äcker und Bergwiesen sind wie in Diagrammen aufgezeichnet. Die dunkleren Spätholzringe erzählen hingegen von den unterschiedlichen Weinernten seiner Lebenszeit.

Der fast geschmolzene Kern war das Jahr seiner Geburt. Zwei schwarze Ringe bewahren die Erinnerung an den großen Brand, den der Baum überlebte. Damals hatte er alle seine Blätter verloren und in den ersten beiden Jahren danach nur mit zwei oder drei Zweigen gegrünt. Bei diesem Brand kamen Roccos Eltern ums Leben. Der Baum hatte damals weder Früh- noch Spätholz angesetzt.

In seiner Kindheit hatten die Eltern ihm übrigens oft erzählt, daß der junge Pflänzling am Tage nach seiner Geburt wieder halb ausgegraben neben dem Pflanzloch gelegen habe. Ging dies nun auf ein Raubtier zurück, das auf die Plazenta hungrig war, oder mußte es als das Omen eines bösen Geistes gelten, der Roccos Schutzgeist übermächtigt hatte?

Die endgültig böse Tat aber wurde erst jetzt, nach siebzig Jahren, an Roccos Lebensbaum vollzogen. Doch Rocco stirbt nicht.[1]

In kollektiver Bedeutung begleitet den Sioux-Indianer Schwarzer Hirsch (→S. 488) der Lebensbaum als Symbol seines Volkes. Schon als Neunjähriger erkannte er in einer großen Vision seine Berufung, dem eigenen Volke zu helfen: »Dir ist anvertraut der heilige Stab und der Kreis deines Volkes«, hatte eine Stimme zu ihm gesagt. »In die Mitte des Kreises sollst du den Stab setzen und ihn zu einem schirmenden Baum aufwachsen lassen und zu voller Blüte.« Was er dann sah, erzählt Schwarzer Hirsch so: »Da faßte ich den glänzenden roten Stab, und in der Mitte des Stammkreises stieß ich ihn in die Erde. Als er den Boden berührte, bewegte er sich mächtig in meiner Hand und war ein grü-

[1] *Walther Kauer,* Spätholz, Zürich/Köln 1976.

nender Baum, sehr hoch und voll blättriger Äste und singender Vögel. Unter ihm waren alle Tiere mit den Menschen versammelt wie mit Verwandten und stießen Freudenrufe aus. Und alle Männer und Frauen riefen: ›Hier werden wir unsere Kinder aufziehen und sein wie Küken unter Mutter Scheos Flügeln‹.«[1]

Damals erzählte Schwarzer Hirsch niemandem von diesem Gesicht. Als er aber fünfzehn Jahre alt war und erlebt hatte, wie – seiner Vision gemäß – der Ring des Volkes zerbrach und der blühende Baum verwelkte, bevor er, noch nicht erwachsen, etwas hätte tun können, schien es ihm, er könne an nichts anderes mehr denken als an sein Gesicht und wie es ihm möglich würde, den heiligen Baum wieder blühen zu machen. Aber so sehr er sein ganzes Leben hindurch bemüht blieb, den eigenen Leuten den guten Weg zu weisen, um sie vielleicht doch in den Ring des Volkes zurückzubringen, so sehr wurde er dennoch Zeuge eines immer weiteren Verfalls. Als er schließlich schon ein alter Mann war, bestieg er mit Freunden noch einmal jenen Berg, von dem er in seinem Gesicht den blühenden Baum des roten Volkes geschaut hatte. Nachdem er sich hier »in heiliger Weise« gekleidet und bemalt hatte, wie damals zur Zeit seiner Vision, sprach er zum Großen Geist:

»In die Mitte der Welt hast du mich gebracht und mir die Güte und die Schönheit und die Seltsamkeit der grünenden Erde gezeigt, der einzigen Mutter – und dort hast du mir die Geist-Formen der Dinge gezeigt, so wie sie sein sollten, und ich habe gesehen. In der Mitte dieses heiligen Kreises hast du gesagt, ich solle dem Baum zum Blühen bringen.

Unter rinnenden Tränen, O Großer Geist, Großer Geist, mein Großvater – unter rinnenden Tränen muß ich nun bekennen, daß der Baum nie geblüht hat. Ein beklagenswerter alter Mann, so siehst du mich hier, und ich bin abtrünnig geworden und habe nichts getan. Hier, in der Mitte der Welt, wo du mich hingebracht und unterwiesen hast, als ich jung war; hier, nun alt, stehe ich, und der Baum ist verdorrt, Großvater, mein Großvater!

Nochmals, und vielleicht zum letztenmal auf dieser Erde, rufe ich das große Gesicht wieder auf, das du mir gesandt hast. Es könnte ja sein, daß eine kleine Wurzel des heiligen Baumes noch lebte. Nähre sie, auf daß sie Blätter und Blüten trage und sich mit singenden Vögeln fülle. Höre mich, nicht um meinetwillen, um meines Volkes willen; ich bin alt. Erhöre mich, auf daß sie wiederum in den heiligen Ring zurückkehren und den guten roten Weg finden und den beschirmenden Baum.«[2]

Wahrscheinlich gibt es in der ganzen Welt keinen bewegenderen Text von der Sehnsucht nach dem beschirmenden Lebensbaum als dieses (hier stark gekürzte) Zeugnis des Ogalalla-Indianers Schwarzer Hirsch. Dabei ist die Reife dieser Vision unverkennbar. Nirgendwo geht es um einen realen Baum, vielmehr um ein machtvolles symbolisches Bild, das bereits dem Neunjährigen Lebensorientierung gibt und den Greis nicht losläßt. Eine Tradition, die so sprechen kann, verliert in aller Tragik nie die Würde.

Das Spektrum des Lebensbaumes ist natürlich sehr breit. Es verbindet sich mit der Geburt des Menschen ebenso wie mit der Hochzeit. Auf Kinderwie-

[1] *Schwarzer Hirsch,* Ich rufe mein Volk, a.a.O., 43.
[2] Ebd., 253.

gen der Vergangenheit kann man dem Baum-Symbol begegnen, aber es schmückt auch die Aussteuertruhen, mit denen die Braut in die Ehe geht. Es findet sich an den Türpfosten westfälischer und niederdeutscher Bauernhäuser und nicht zuletzt auf Grabsteinen. Auf den nordfriesischen Inseln waren – beispielsweise – die Grabsteine verstorbener Frauen häufig mit einem Baum geschmückt, der Lebens- und Stammbaum zugleich war; er trug so viele Rosen und Tulpen, wie die Verstorbene Mädchen und Jungen zur Welt gebracht hatte. Ein Karlsruher Grabstein von 1978 zeigt ebenfalls einen Lebensbaum, dessen fünf Äste die fünf Kinder der Verstorbenen vertreten; die große Blüte mit dem eingefügten Christuszeichen, die den Baum krönt, versinnbildlicht das Weiterleben, während die Wurzeln des Baumes und der sich unten verbreiternde Stein die Verwurzelung mit dieser Erde zum Ausdruck bringen.[1]

Der Festbaum

Alle Bäume, die wir unter diesem Titel vorstellen, sind auch Lebensbäume und mitunter können sie sogar Bezüge zum Weltenbaum aufweisen. In der Version, in welcher wir diese Festbäume kennen, wurzeln sie tief in der eigenen, manchmal regional geprägten Geschichte, dennoch partizipieren sie immer auch an jener allgemeinen Symbolkraft, die der Baum seit frühesten Zeiten in fast allen Kulturen gehabt hat, um die Lebensquelle und die immer wieder neue Lebenskraft anzuzeigen, und um Segen und Gesundheit der Festgemeinde zu bescheren.

Der Maibaum

Der älteste Festbaum und gleichzeitig am weitesten verbreitet ist der Maibaum. Er begegnet als Symbol des wiedererwachenden Lebens, aber auch als Glücksbringer für Gesundheit, Fruchtbarkeit und Segen und als Ausdruck einer Liebesbeziehung zwischen zwei jungen Menschen.

Bereits bei Griechen und Römern war es Brauch, Häuser und Ställe zum Schutz vor Krankheit und anderem Unheil mit jungen Bäumen zu schmücken. *Quaerere Majum* nannten die Römer dieses Ritual, »den Maien suchen«, um ihn ins Dorf zu holen.

In seinem ersten hellen Grün galt der Maibaum als Zeichen der jungen Liebe. In wenigen Landstrichen ist es selbst heute noch üblich, daß die Burschen ihrer Liebsten – oder vielleicht auch nur Begehrten – einen Maibaum vor die Haustür setzen, bisweilen auch aufs Dach, was dann als Heiratsantrag verstanden wird. Gewöhnlich wird dieser Baum, durchweg ist es eine Birke, mit bunten Bändern geschmückt. Dies geschieht in der Nacht zum 1. Mai. Das Bäumchen bleibt dann den ganzen Monat auf dem Dach oder vor der Haustür stehen.

In Süddeutschland ist der »Dorfmaie« von besonderer Bedeutung und Festlichkeit für die ganze Gemeinde. Dieser Brauch reicht weit in die vorchristli-

[1] *Sibylle Selbmann,* Der Baum. Symbol und Schicksal des Menschen. Eine Ausstellung der Badischen Landesbibliothek. Ausstellungskatalog, Karlsruhe 1984, 18 f.

che Zeit zurück. Schon Tacitus berichtet, daß die Germanen den Maibaum auf einem heiligen Wagen, der von Rindern gezogen wurde, aus dem Walde holten (De Germania, c. 40). »Fast immer ist der Maibaum eine Fichte oder eine Tanne. Ihr Stamm wird entastet und geschält, um Hexen und Dämonen daran zu hindern, sich zwischen Stamm und Rinde festzusetzen. An der Spitze wird meist eine junge Birke oder ein Kranz befestigt. Oft läßt man auch den Wipfel der Fichte unbeschädigt, denn dieser gilt als eigentlicher Träger des Segens. Birke, Kranz oder Fichtenwipfel werden mit bunten Bändern geschmückt, oft auch mit Blumen, allerlei Flitterwerk, Brezeln, Würsten und Kuchen sowie mit bunten Eiern und anderen Fruchtbarkeitssymbolen, während am Stamm die Zeichen der am Ort vertretenen Handwerke angebracht sind.

Um den Maibaum entwickelten sich zahlreiche Spiele und Tänze, so das Wettklettern der Burschen, ein Spiel, bei dem der Sieger alle Gaben erhält, die er sich aus der Krone holen kann oder der Bändertanz, bei dem die Mädchen bunte Bänder in die Hand nehmen und damit um den Maibaum tanzen. In Friesland brachte jedes junge Mädchen eine Kerze für den Maibaum mit. Abends tanzte man dann um den beleuchteten Baum. – Wenn die Maifeiern vorüber sind, läßt man in manchen Orten den Maibaum stehen und erneuert im folgenden Jahr nur die Spitze.«[1]

Der Richtbaum

Das Richtfest ist ein Fest für alle, die beim Hausbau mitgeholfen haben. Es findet jedoch nicht statt, wenn das neue Haus fertig, sondern sobald die Zimmerleute den Dachstuhl aufgesetzt haben. Dann wird der Richtbaum am aufgeschlagenen Dachfirst angebracht, auch hier meistens eine junge Fichte oder auch ein Birkenbäumchen. Möglich sind ebenso eine geflochtene Richtkrone oder ein Richtkranz aus Fichtenzweigen; in jedem Fall handelt es sich um Symbole des Lebens und des Wachstums. So wie der Maibaum der Lebensbaum des Dorfes ist, soll auch der Richtbaum dem Haus und seinen Bewohnern Gesundheit, Glück und Segen bringen.

Der Christbaum

»Auff Weihnachten richtet man Dannenbäum zu Strasburg in den Stuben auff, daran hencket man roßen auß vielfarbigem Papier geschnitten, Aepfel, Obladen, Zischgold, Zucker. Man pflegt darum ein viereckert ramen zu machen.« Dies soll die älteste Beschreibung eines geschmückten Christbaums sein; sie findet sich in der Schilderung einer elsässischen Reise von 1605. Die älteste Abbildung eines Weihnachtsbaumes ist dagegen noch hundert Jahre älter; sie ist auf einem Kupferstich von Lukas Cranach d. Ä. aus dem Jahre 1509 zu sehen (→I, 145).

Als man im 15. und 16. Jahrhundert im Elsaß und im Schwarzwald damit begann, Weihnachtsbäume aufzustellen, habe die Kirche vergeblich versucht, diesen heidnischen Brauch zu unterbinden, berichtet Sybille Selbmann. Der

[1] Ebd., 98.

Ursprung dieses Brauchs wird darin gesehen, daß in vorchristlicher Zeit Maienzweige in den sogenannten Rauhnächten ins Haus geholt wurden. In den zwölf Rauhnächten – man nennt sie auch die zwölf heiligen Nächte (nach der Wintersonnenwende, 25. Dezember bis 6. Januar) – war der Umzug wilder Geister besonders gefürchtet. Darum hängte man zur Wintersonnenwende grüne Zweige an Türen und Wände, damit diese jedem bösen Einfluß wehrten. Dazu wurden Lichter angezündet gegen die Mächte der Finsternis und schließlich sollte das Lebensgrün in der Mitte der winterlichen Nacht die wiederkommende Sonne beschwören. Gleichzeitig verband man mit den immergrünen Zweigen – Stechpalmen (Ilex), Buchsbaum, Eiben, Efeu oder Mistel – die Hoffnung auf Gesundheit und Glück für das ganze Haus.

Spätestens die Reformation rezipierte diese alte Lebensbaumsymbolik in den christlichen Kontext, so daß die lichtergeschmückte Tanne anfänglich als »Weihnachtssymbol der Protestanten« galt.[1] 1765 beschreibt Goethe einen Weihnachtsbaum in Leipzig, der im Hause der Großeltern von Theodor Körner stand: »... mit allerlei Süßigkeiten war er behangen, darunter Lamm und Krippe mit zuckernem Christkind. Davor stand ein Tischchen mit Pfefferkuchen für die Kinder.« Ende des 18. Jahrhunderts hat sich der Christbaum bereits an den protestantischen Höfen und in den protestantischen Reichsstädten eingebürgert. Im deutsch-französischen Krieg ordnet König Wilhelm I. für seine Soldaten zahlreiche Weihnachtsbäume an. Er verbindet mit dem im 19. Jahrhundert ausgebreiteten Brauch einen »deutsch« akzentuierten Charakter. Doch wanderte in dieser Zeit der Lichterbaum über Konfessions- und Völkergrenzen hinweg. Den Christen wurde er ein Symbol Christi als des einzigen Lebens- und Weltenbaumes; in der säkularen Gesellschaft rührt er mit symbolischer Mächtigkeit an ein tief liegendes Empfinden, mit dem sich alle Wünsche und Sehnsüchte nach einem beschützten Leben verbinden.

Der Kreuzbaum

Der gesamte Reichtum der Baumsymbolik findet seine Zusammenfassung in der christlichen Deutung des Kreuzes. Hugo Rahner ist diesem Mysterium des Kreuzes in der alten Kirche nachgegangen und hat gezeigt, wie hier ein bedeutsames symbolisches Erbe seine Konzentration findet. »Zwischen dem Lebensbaum des Paradieses und dem Lebensbaum des neuen Himmels sieht der antike Christ nun einen Lebensbaum ragen, an dem sich das Geschick der Adamsfamilie entscheidet: das Kreuz. Und in seinem Mysterienblick schaut er diese Bäume wie in einem einzigen Bild. Der Paradiesbaum ist nur eine Vordeutung des Kreuzes, und dieses Kreuz ist der Mittelpunkt der Welt und des Heilsdramas der Menschen. Es ragt von Golgota zum Himmel, den Kosmos zusammenfassend, es ist errichtet an der gleichen Stelle, an der einst Adam erschaffen wurde, wo er begraben liegt, wo zur gleichen Stunde und am gleichen Tag der zweite Adam sterben sollte (→III, 498 ff). Und zu seinen Füßen quellen die vier Paradiesflüsse des Taufmysteriums, durch das die Nachkommen des Adam ein neues Anrecht erlangen auf den ewig grünenden Baum des Lebens. Ein altchristliches Gedicht des 3. Jahrhunderts beginnt mit den Wor-

[1] Ebd., 103.

ten: ›Es gibt einen Ort, von dem glauben wir, er sei der Mittelpunkt der ganzen Erde. Golgota nennen ihn die Juden in der Sprache ihrer Väter.‹ Und dann wird geschildert, wie dieser Kreuzbaum des Lebens in ungeheure Höhen wächst, seine Arme ausbreitet, um den Erdkreis zu umfassen. Der Schlußvers lautet: ›Von da aus geht die Reise zum Himmel, durch die Zweige dieses hohen Baumes. Das ist das Holz des Lebens für alle Glaubenden. Amen.‹

Wir müßten jetzt noch erzählen von dem wundervollen Legendenkranz, der sich um das Holz des Lebensbaumes rankt: von der Geschichte des todkranken Adam, der seinen Sohn Seth zum Paradies schickt, um eine Frucht der Unsterblichkeit vom Baume des Lebens zu holen. Aber der Engel, der das Paradies hütet, gibt ihm nur drei Kerne, und aus diesen wächst das dreifache Holz aus Zeder, Pinie und Zypresse, es wächst aus dem Mund des toten Adam, und in einer wundersamen und wechselreichen Geschichte durch das ganze Alte Testament hindurch erhält sich dieses Holz, bis daß die Schergen daraus den Kreuzbaum für Christus verfertigen. Noch das ganze Mittelalter hat an diesen Legenden weitergesponnen – und sie sind nichts anderes, als die Bildwerdung, die naiv volkstümliche Gestaltung dessen, was wir das altchristliche Kreuzmysterium nennen. Im Hintergrund all dieser Mythenbildung steht die theologische Überzeugung von dem tiefen Zusammenhang, der da besteht zwischen Adam und Christus, dem irdischen und dem pneumatischen Menschen... Zu Beginn des 3. Jahrhunderts wurde in einer Osterpredigt ein wundervolles Loblied auf das kosmische und biblische Mysterium des Kreuzesholzes angestimmt:

›Dieser himmlische Baum ist von der Erde empor zum Himmel gewachsen. Unsterbliches Gewächs, reckt er sich auf zwischen Himmel und Erde. Er ist der feste Stützpunkt des Alls, der Ruhepunkt aller Dinge, die Grundlage des Weltenrunds, der kosmische Angelpunkt. Er faßt in sich zur Einheit zusammen die ganze Vielgestalt der menschlichen Natur. Er rührt an die höchsten Spitzen des Himmels und festigt mit seinen Füßen die Erde, und die weite, mittlere Atmosphäre dazwischen umfaßt er mit seinen unermeßlichen Armen.

O Gekreuzigter, du Vortänzer im mystischen Tanze! O des geistlichen Hochzeitsfestes! O des göttlichen Pascha, übergehend von den Himmeln bis zur Erde und wiederum aufsteigend in die Himmel! O neue Feier aller Dinge, o kosmische Festversammlung, o Freude des Universums, o Ehre, o Lust, o Entzücken, durch die der finstere Tod vernichtet, das Leben dem All mitgeteilt, die Tore des Himmels geöffnet wurden. Gott erschien als Mensch, und der Mensch fuhr empor als Gott, da er die Pforten der Hölle zerschmettert und die ehernen Riegel gesprengt hat. Und das Volk, das in der Tiefe war, steht von den Toten auf und verkündet die Fülle droben: Der Chor der Erde kehrt zurück!‹«[1]

[1] *Hugo Rahner*, Griechische Mythen in christlicher Deutung (1957), Darmstadt [3]1966, 68-73.

Der »allmächtig hohe Baum« S. 93

A. Das Motiv des »allmächtig hohen Baums« wurde dem Märchen »Die Prinzessin auf dem Baum« entlehnt, aus der Sammlung »Deutsche Märchen seit Grimm« von Paul Zaunert. Es handelt sich dabei um den Anfang eines norddeutschen Märchen; dessen Fortsetzung vergißt so sehr den Handlungsort Baum, daß an dieser Stelle davon nicht weiter die Rede sein muß.

B. Dem Märchen entsprechend wird eher kurzweilig und unterhaltend von dem himmelhohen Baum und seiner Besteigung erzählt. Es ist offensichtlich kein heiliger Baum wie die Weltenesche Yggdrasil. Der Ernst und Glaubensanspruch des Mythos wird hier gegen einen vorrangigen Erzählwert eingetauscht. Dennoch steht das Bild des Weltenbaumes von Ferne auch hinter diesem Märchenmotiv.

Hier ist es ein armer Hirtenjunge, der unerwartet vor dem riesigen Baum steht, »dessen Zweige sich in den Wolken verloren«. Dem Reiz, ihn zu besteigen, kann er sich nicht entziehen. Statt dem Boden verhaftet zu bleiben, wie seine Schweine, die ihn durchwühlen, um Futter zu finden, will er hoch hinaus, Überblick gewinnen und zugleich sich nicht zufrieden geben mit einem Halt im Vorläufigen. »Hat denn hier der Baum schon ein Ende?« fragt der Junge. »Nein«, sagten die Bauern, »der Wipfel liegt noch weit höher«. – »Dann kann ich auch nicht bei euch bleiben«, versetzte der Junge, »ich muß in den Zopf hinauf.« Ähnlich dem heiligen Christophorus begnügt er sich nicht mit halben Zielen, sondern erstrebt das höchst erreichbare.

C. Mit unserer unabgeschlossenen Geschichte verbindet sich die prachtvolle Darstellung eines Palmbaumes. Es ist die Kopie (von Annemarie Schelbert) einer Miniatur aus dem Kommentar zur Apokalypse von Beatus († 798), einem spanischen Mönch. Die Palme, die hier wohl islamischen Einfluß spiegelt, gilt im Vorderen Orient als Baum des Lebens. Auf unserer Nachzeichnung haben wir einen kletternden Menschen fortgelassen; an dessen Stelle erzählt der Text von jenem, der den Himmelsbaum erstieg. Unsere Schüler können sich in diese Geschichte hineinträumen. Der wunderbare, einzigartige Baum vertritt gerade in seiner Stilisierung symbolische Realität.

D. Geschichte und Miniatur sollen Anlaß geben, nach dem Baum in seinen symbolischen Bedeutungen zu fragen. Daß Text und Bild kein reales Verständnis einfordern, ist unseren Schülern allein schon durch das übergreifende Kapitel verständlich. Daß der Baum hier als »Weg zum Himmel« verstanden wird, wobei die »Höhe« ebenso wie der »Himmel« natürlich als Metaphern zu gelten haben, ist ihnen gleicherweise verständlich zu machen. Sie verstehen die Geschichte, wenn davon die Rede ist, daß manche Menschen ihr Leben lang auf dem Boden ihrer Alltagsgeschäfte bleiben, und nie danach verlangen, aus der »Höhe« die Welt zu beschauen.

A. Der jahwistische Text Gen 2,15-17 führt uns zurück in den »Garten«, von dem wir im Vorjahr ausführlich gesprochen haben und auf dessen Verständnis – so breit es III, 176-187 entfaltet wurde – wir hier zurückverweisen.

B. Der »Garten«, von dem die jahwistische Tradition erzählt, ist mit vielen Bäumen bepflanzt. (Gen 3,7 nennt den Feigenbaum; Ez 31,8 f Zedern, Zypressen und Platanen) Von all diesen Bäumen dürfen die Menschen essen, ausgenommen wird nur der Baum der Erkenntnis von Gut und Böse. Erstaunlich und auch ungewöhnlich ist es, daß dieser Baum der Erkenntnis nicht allein in der Mitte des Gartens steht, sondern diesen exeptionellen Platz mit dem Baum des Lebens teilen muß. »Der Verdacht, daß die Zweiheit der Bäume in der Mitte erst das Ergebnis einer nachträglichen Verbindung zweier Überlieferungen sei, läßt sich schwer unterdrücken. Es spielt ja auch im Folgenden nur *ein* Baum, der der Erkenntnis, eine Rolle; erst ganz zum Schluß (3,24) hören wir wieder von dem Lebensbaum.«[1]

Gerhard von Rad meint, daß das Begriffspaar »gut und böse« keineswegs primär im moralischen Sinn verwendet wird, da es eine orientalische Redewendung sei, die einfach »alles« bedeute, verbunden mit einer Negation »nichts«. Somit gehe es bei diesem Baum der Erkenntnis »um Allwissenheit im weitesten Sinn des Wortes«.

C. Wir müssen erneut auf jene didaktischen Ratschläge zurückverweisen, die wir im vorhergehenden Handbuch zu dieser Unterrichtsaufgabe gegeben haben (→III, 179 f). Ein Vergleich der jahwistischen Tradition mit der Geschichte vom Korb und mit der eskimoischen Mythe von der Seele des Wals ist aller unterrichtlichen Erfahrung gemäß der beste und wohl auch schönste Weg, um jene »sensible Mitte« in den Erfahrungsbereich unserer Schüler zu rücken. Dabei interpretieren sich »Baum«, »Korb« und »Lampe« wechselseitig. Diese Konzeption hat außerdem den Vorzug, daß sie drei wunderschöne Geschichten erzählen läßt – in einer Form, die Atmosphäre stiftet – und trotz aller Erhellung, die von ihren Geschehnissen und Symbolen ausgeht, keinerlei »Erklärung« des Geheimnisses verfolgt.

D. Ein zusätzlicher Weg wird dem Unterricht mit dem Holzschnitt »Das bedrohte Paar« von HAP Grieshaber angeboten. Es lohnt sich, auf seine Betrachtung einige Sorgfalt zu verwenden. Der nächste Schritt führt dann zum Vergleich des Grieshaberschen Holzschnitts mit dem gegenüberstehenden Lebensbaum von Sigmunda May.

[1] *Gerhard von Rad,* Das erste Buch Mose, a.a.O., 63.

HAP Grieshaber: Das bedrohte Paar S. 94

»A. Schwarz sei keine Farbe, sagen die Farbtheoretiker, sondern deren Abwesenheit. Schwarz-Weiß-Malerei ist verpönt, wo Differenzierung und Nuancierung nötig sind. ›Holzschnitt‹ dient als Metapher für Klarheit der Kontur, Verzicht auf umständiche Details, für scharfe Kontrastwirkung, für grob, wuchtig. Ein Holzschnitt wird nicht mit dem biegsamen Pinsel, sondern mit dem starren, scharfen Messer hergestellt. Das Material leistet Widerstand; außer der künstlerischen Sensibilität braucht man handwerkliche Geschicklichkeit und Körperkraft. In dieser Art von Graphik findet der Übergang zur Plastik statt. Ein Schnitt wird gedruckt, vervielfältigt. Es gibt nicht das eine kostbare Original, das von keiner Reproduktion erreicht wird, sondern die Vielheit der (fast) gleichwertigen Exemplare gehört zum Genre. Deshalb ist der Holzschnitt ›wie geschaffen‹ für ein Buch; die gedruckten Buchstaben sind ja ursprünglich auch nichts anderes als Holzschnitte gewesen.

B. Drei senkrechte Stämme gliedern das Blatt in einem spannungsvollen Rhythmus. Was der linke Stamm an Umfang weniger hat als die beiden rechten, wird ausgeglichen durch ein Mehr an Abstand, durch ein Mehr an Aktivität im oberen Drittel. Unten und oben gehen die drei Senkrechten ineinander über, so daß ein geschlossenes Rechteck entsteht. Dadurch bleibt die Einheit der drei gegenüber der Spannung, die zwischen dem einen und den beiden anderen besteht, gewahrt. Die Sphären lassen sich nicht geometrisch exakt trennen. Im oberen Drittel überschreitet der linke Stamm die gedachte Mittellinie des Blattes, in der mittleren und unteren Region rückt das Paar ein wenig über die Mittellinie hinaus.

Die beiden rechten Stämme bilden zusammen ein Paar. Sie berühren einander nicht nur oben und unten, ihre Formen verschmelzen ebenso in der mittleren Zone. Die Grundform ›Stamm‹ (oder auch ›Vase‹) wird mit sparsamsten graphischen Mitteln so variiert, daß daraus die Menschengestalt resultiert, und zwar unverkennbar rechts mit männlichen und links mit weiblichen Gestaltmerkmalen... Ihre Körper bilden einen zum Betrachter hin geöffneten Winkel. Diese Geste des Zueinanderstehens wird durch die Verschränkungen der Handkonturen ornamental betont. In der Kopfpartie kommt ihre Verbundenheit noch zusätzlich durch die gemeinsame Schräge zum Ausdruck; im Gegensatz zu den einander halbwegs zugedrehten Leibern sind die Köpfe en face voll dem Betrachter zugewendet. Der Mann hat die Funktion des Eckpfeilers... Die Frau wirkt bewegter, das Bein leicht gewinkelt, den Arm angewinkelt. Sie ›hält den Rücken hin‹ und sucht Anlehnung. Wer sich eine Schablone schneidet und die dritte Figur abdeckt, wird genauer sehen, wie das Paar Schutzsuche vor der Bedrohung, Zueinanderstehen und gelassene Sicherheit gleichzeitig ausdrückt. Die beiden brauchen und finden Halt aneinander. Es wird keine zufällige, anekdotische Situation abgeschildert, sondern eine Haltung ›verkörpert‹. Eine Idylle sähe anders aus... Ein oft verkitschtes Thema, scheinbar verbraucht, wird hier neu zur sinnlichen Erfahrung gebracht durch die verfremdende Formensprache und durch die Herausarbeitung des Überindividuellen, Archetypischen.

Das Symbol der Befreiung, der dritte Stamm, wirkt zunächst wie eine Nachäffung des Paars. Zu Dreivierteln Stamm, mit einem überraschenden Knick als ›Schulter‹. Die geometrische Form der Rechtwinkligkeit in Schulterhöhe läßt aus der organischen Form plötzlich eine Angriffswaffe werden, die auf das Paar zuschießt. Der Einschnitt im unteren Drittel des Stammes markiert sozusagen die ›Kniekehle‹. Die Einkerbung bildet das ›Scharnier‹, das den Stamm herüberkippen lassen kann und dadurch zusätzlich gefährlich macht. Die ›Halspartie‹ weicht schlangenhaft zurück. Sie läuft in einen Doppelkopf aus: ein monströses Gebilde, zwei isolierte Riesenaugen. Augen ohne Gesicht üben eine magisch-suggestive Wirkung aus. Sie dämonisieren. Dieser ›Kopf‹ ist das Rätselhafteste und Beunruhigendste des ganzen Holzschnitts.

Verweilt der Blick lange genug auf ihm, geschieht etwas Merkwürdiges. Die Augen sitzen so tief, sie wirken so traurig, daß dieses Monstrum auf einmal Mitleid erregt. Die scheinbare Bedrohung wandelt sich in Anlehnungsbedürfnis, die Einkerbung am Knie wird zur Verletzung. Die ›Bedrohung‹ liegt dann in der Störung der Zweisamkeit durch die Bedürfnisse des isolierten Dritten, wer oder was immer das sein mag. Das Zueinanderstehen des Paares, eben noch als Urbild des menschlichen Widerstandes gegen die Bedrohung von außen gesehen, gerät bei dieser neuen Seheinstellung in die Schwebe. Die Zweisamkeit ist durch das Kommunikationsbedürfnis jenes häßlichen Dritten herausgefordert. Die Bedrohung liegt jetzt in der möglichen eigenen Abkapselung des Paares.

Die Dialektik läßt sich noch weiter treiben. Das monströse Dritte vertritt dann überhaupt nicht etwas von außen Kommendes, sei es bedrohlich oder auch hilfsbedürftig, sondern den Zustand derselben Menschen ohne ein Du, das also, wovon Du-sagen erlöst, das, wovon die Ich-Du-Einheit immer bedroht ist; das Angstgespenst des Alleinseins meldet sich. Und das Gegenbild wird aufgerufen und dadurch der Glückscharakter der Paarbildung eindringlicher gemacht.

Alle eingangs genannten Charakteristika der Gattung Holzschnitt sind vorhanden. Durch die Art der Linienführung, vor allem im oberen Drittel, findet in formaler Entsprechung zum Thema eine Gefühlsaufladung statt, die die Härte und Strenge der Gattung aufwiegt. Diese Aufladung beruht auf dem Affektgehalt menschlicher Gestik und Mimik. Der Holzschnittcharakter wiederum verhindert, daß die Graphik ins Private oder Sentimentale abgleitet.

Alle Gruppen, mit denen ich bisher den Holzschnitt von Grieshaber betrachtete, kamen zuletzt in die Irritation über die Bedeutungsvielfalt der ›Bedrohung‹. Jedesmal erwuchs daraus ein bewegtes Gespräch über Grund und Sinn der Paarbildung und über deren Pervertierungsmöglichkeiten... Wenn es nicht zur Verfestigung von psychologischen Schablonenvorstellungen führt, wird man wohl auch zusätzlich fragen dürfen, warum die Frau in der Mitte steht; ob Grieshaber diese Gruppierung wohl nur zufällig vorgenommen habe.

C. Der Holzschnitt findet sich in einem Religionsbuch für Kinder der auslaufenden Grund-Schulzeit. Räsonieren über das Paarsein ist in dieser Altersstufe nicht angebracht. Aber auch der Holzschnitt räsoniert nicht. Seine Formen sind allesamt von Kindern dieses Alters lesbar. Paarsein wird von ihnen spielerisch oder in der Phantasie erprobt. Das doppeldeutige Monstrum, das die vorhandene Paarbildung bedroht oder zur schützenden Paarbildung nötigt, bedeutet einen Denkanstoß für die Schüler. Das Paarsein verliert seine naive Selbstverständlichkeit...

Die inhaltliche Benennung der Bedrohung sollte vermieden werden, der dritte Stamm ist einfach *das* Bedrohende. Sein Bedrohlichkeitscharakter hängt mit seiner Undefinierbarkeit zusammen. Auch eine biblische Festlegung würde die Bedeutungspotenz des Holzschnitts abschwächen: das Paar als erstes Menschenpaar, das Bedrohende als die Versuchung, die an Eva herantritt (und über sie an Adam), trügerischer Baum der Erkenntnis und Schlangenform zugleich.

Die ›Religiosität‹ der Darstellung liegt nicht in einer Art Wiederholung der konkreten biblischen Bildersprache. Hier wird eher der überzeitliche Symbolfundus angerührt, aus dem sich auch biblische Symbolsprache nährt. Die religiöse Potenz liegt m.E. in der kosmisierenden und stabilisierenden Funktion der Ich-Du-Beziehung, die dem Dämonischen und Chaotischen trotzt.

D. Für die Schüler dieses Alters ist das Lernziel erreicht, wenn sie spüren, daß dort, wo Mann und Frau zusammenstehen, die Welt ins Lot kommt. Sie sollen eine Vorahnung bekommen, daß das eine Hilfe und ein Geschenk in den Bedrohlichkeiten des Lebens ist. Sie sollen diese Erkenntnisse aus der Gebärdensprache des Holzschnitts gewinnen. Eventuell sind Beobachtungen über den Ausdruckswert menschlicher Gestik und Mimik vorauszuschicken. Womöglich lassen sich Bedrohung, Anlehnungsbedürfnis, Vertrauenssuche und Schutzgewährung pantomimisch spielen!

Eine Füllung mit anekdotischem Material verbietet sich. Wohl aber sollte zur Sprache kommen und bewußt werden, daß es sich um ein ›Rahmenthema‹ handelt, um ein Grundmuster, das für viele mögliche Situationen gilt.

Wenn die Schüler selbst auch die Züge der Hilfsbedürftigkeit des Dritten sehen (und damit die Verlagerung der Bedrohung), so geht das Gespräch weiter: Nicht nur: warum bilden Mann und Frau ein Paar, wie und woran bewährt sich das?, sondern auch: Ist das ein Endziel? Was ist mit den anderen, die keinen finden, der für sie ›einzig‹ ist?

Je weniger Worte dazu benötigt werden, um so besser. Der Lehrer muß immer wieder den Blick auf die dargestellten Figuren zurücklenken. Worte sind nur zu rechtfertigen, soweit dadurch das Gesehene tiefer eindringen kann. Letztlich hat ja das Bild selbst etwas von der kosmisierenden und stabilisierenden Macht des Paarseins mitbekommen. Andererseits werden schweifende Angstvorstellungen gebannt, wenn sie wie hier im Bild Formen annehmen.«[1]

Günter Lange

[1] Erstmals in: *Hubertus Halbfas,* Lehrerhandbuch Religion. Informationen und Materialien zur Unterrichtsvorbereitung. Mit Text- und Bildinterpretationen zum Lesebuch »Das Menschenhaus«, Düsseldorf/Stuttgart ^{5}1983, 135-138.

Der Baum der Erlösung S. 95

A. Dem Baum der Erkenntnis steht der Baum der Erlösung gegenüber; der Geschichte der Schuld der Lobpreis des neuen Heils. Auf dieser Seite verbinden sich die Präfation vom Kreuze Christi mit dem Ich-bin-Wort vom Baum (Weinstock) im Johannesevangelium und dem Baumholzschnitt von Sigmunda May. Zunächst bieten wir knappe Interpretationshinweise zu allen drei Elementen.

B. *Sigmunda May: Baum der Erlösung.* Dem Baum, von dem der Tod kam, steht hier der Baum, von dem das Leben ersteht, gegenüber. Wie sieht solch ein Baum aus? Fest und stark der Stamm, machtvoll in die Erde gegründet. In die Breite ausladend und hoch in den Himmel gereckt. Reich gegliedert, in zahllose Äste verzweigt: lebend, wachsend, blühend, fruchttragend, ermüdend und doch wieder zu neuer Fülle treibend. Ein Urbild an Lebenskraft, Standfestigkeit und ausgreifender Offenheit.

Einen solchen und trotzdem ganz anderen Baum sehen wir hier vor uns. Seine Mitte, Stamm und Gezweig in einem, ist der kreuzgestaltige Christus. Wie ein Baum hält er seine Arme ausgebreitet, um alle Welt zu umfangen. Aber er ist nicht mehr allein, wie auf anderen Bildern der Kreuzigung. Dicht an dicht umscharen, umdrängen ihn verwirrend viele Menschen, bilden mit ihm eine lebendige Baum-Gestalt, reichen gleich ihm ihre Hände in alle Himmelsrichtungen, um Freundschaft und Brüderlichkeit anzubieten. Wer eine dieser Hände ergreift und sich eingliedert in den wachsenden Organismus, läßt den Baum erstarken, so daß er immer mehr Weltenbaum wird, immer reicher an Lebenskraft ist. Doch so sehr dieser Baum nach außen gerichtet ist und nach Nord und Süd, Ost und West seine Arme streckt, offene Hände anbietet, so sehr lebt er doch von innen, denn in gleicher Weise öffnen sich die Hände zur Mitte hin, ringsum die Hostie des Christushauptes. Von hierher geht die Lebenskraft, der Antrieb zur helfenden Geste, die Einladung zur Freundschaft aus.

Welchen Reichtum dieser Holzschnitt hat! Er ist Kreuz und Baum; ein Bild der Kirche, der Jüngerschaft und der Brüderlichkeit; ein Symbol eucharistischer Gemeinschaft, der Sendung in die Welt und der Verwurzelung im eigenen Boden, der mitmenschlichen Solidarität und eines Lebens von innen. Wer diesen Holzschnitt mit Kindern betrachtet, muß behutsam in seiner Sprache sein, damit keine leichten Worte die symbolische Kraft des Bildes zudecken.

Die Präfation vom heiligen Kreuz. Eine Präfation eröffnet das Hochgebet der Eucharistiefeier. Danksagung für die Menschwerdung, das Leiden, den Tod und die Auferstehung Christi sind ihre Themen im Gang des Kirchenjahres. Dabei ist es eine Eigentümlichkeit der abendländischen Liturgien, daß ihr Gebet – auch das Hochgebet – mit den Zeiten des Kirchenjahres wechselt, so daß immer nur ein Teilaspekt des Christusgeschehens hervorgehoben wird. Andere Liturgien, zumal die gesamten Liturgien des Ostens, kennen diesen

Wechsel nicht. Wohl kennen sie einen Wechsel in der Formulierung, doch überschaut jedes Formular immer das Ganze des christlichen Mysteriums.

Die Kreuzpräfation entstand im fränkischen Raum, wohl noch im 9. Jahrhundert. Die im Religionsbuch zitierte Antithese vom doppelten Baum – jenem des Todes und jenem des Lebens – findet sich erstmals bei Alkuin († 804), dem »Kultusminister« Karls des Großen. Allerdings ist die Antithese selbst uralt. Ihre früheste Form findet sich bereits bei Irenäus: »Da wir den Logos durch das Holz verloren haben, ist er durch das Holz allen wieder offenbar geworden und zeigte durch das Holz die Höhe und die Länge und die Breite und die Tiefe an, indem er... durch die Ausbreitung seiner Hände die beiden Völker in einem einzigen Gott vereinte.«[1] Die »beiden Völker« sind Juden und Hellenen, die durch das Kreuzesholz nun vereint sind. Alles, was voranstehend über den Kreuzesbaum und seine altkirchliche Deutung gesagt wurde (→S. 531f), steht als theologische Tradition hinter dieser Präfation. Gleichzeitig formuliert dieser Text das didaktische Konzept unserer Doppelseite.

Joh 15,5.7: »Ich bin der Weinstock, ihr seid die Reben.« Was in den synoptischen Evangelien die Gleichnisse Jesu sind, das sind im Johannesevangelium die Ich-bin-Worte. Diese Ich-bin-Worte greifen elementare Gegebenheiten des Lebens auf und geben ihnen metaphorische Bedeutung: Ich bin das Brot, das Wasser, der Hirt, der Weinstock, das Licht, der Weg, die Tür. Die damit aufgenommenen alltäglichen Realitäten werden jedoch nicht in einer allgemein-symbolischen Bedeutung für naturhafte Vorgänge beansprucht, sondern auf die geschichtliche Erfahrung des Jesus von Nazaret bezogen. Der Bezug zur Geschichte bleibt demnach in der christlichen Symbolik konstitutiv. Inwiefern Jesus Brot oder Baum, Weg oder Tür ist, erschließt sein eigenes Leben, das andere als nährend und führend kennengelernt haben. Demnach läßt sich als ein hermeneutisches Kriterium für den Umgang mit solchen Symbolen angeben: »Elementare Phänomene und Vorgänge können als Symbole für Gott in Anspruch genommen werden, wenn sie sich auf Jesus als das Gleichnis Gottes beziehen lassen; denn hier hat sich Gott so ›angebunden‹ (Luther), daß wir ihn gewiß finden. In Jesus haben wir das bedeutungsvollste Symbol Gottes vor uns, so daß wir zwischen angemessenen und unangemessenen Symbolen unterscheiden können.«[2]

Der Weinstock in Joh 15,1.5 geht wahrscheinlich auf mandäisch-gnostische Einflüsse zurück. In dieser Tradition ist der Weinstock der Lebensbaum, jedoch wurden im Orient Baum wie Weinstock auch allgemein als ein Urbild des Lebens gesehen. In Analogie zum Weinstock könnte es ebenso heißen: »Ich bin der Baum des Lebens. Wer an mir bleibt und ich in ihm, bringt reiche Frucht.« Während bei den Abendmahlsworten die Prädikatsaussagen unendliche Kontroversen ausgelöst haben, unterlag das »Ich bin...« der johanneischen Worte keinen Mißdeutungen. Daß Jesus das Brot des Lebens, der Weinstock, der gute Hirt, der Weg und die Tür *ist,* wird als metaphorische Rede richtig verstanden. Es gilt für die Deutung dieser Worte alles, was wir bisher

1 *Irenäus,* Gegen die Häresien, V, 17,4.

2 *Peter Biehl,* Zugänge zu christlichen Grunderfahrungen mit Hilfe elementarer Symbole, in: Der Evangelische Erzieher 35, 1983, 255-272, hier: 261.

zur Hermeneutik und Didaktik der Metapher in diesen Handbüchern vorgetragen haben (→I, 233-241; II, 501-510; III, 546 ff, 553 ff).

Es handelt sich bei der Weinstock-Metapher aber nicht nur um ein Ich-bin-Wort, vielmehr ist es in gleicher Weise ein »Ihr-seid-Wort«. Es bezieht die Jünger Jesu in seine Aussage ein. Nachfolge wird im Bild organischer Zugehörigkeit interpretiert. Das Fruchtbringen der Gemeinde ist nur möglich im Geiste Jesu.

Die unterrichtliche Erschließung solcher Metaphern muß sich hüten, mit allgemeiner, begrifflicher Sprache, wie sie diesen Text bisher kennzeichnet, mit Kindern zu sprechen. Besser ist es, das Wort in konkrete historische Anschauung zu übersetzen. Das Leben einer Elisabeth von Thüringen oder eines Franz von Assisi, eines Martin Luther King, Maximilian Kolbe, einer Mutter Teresa... und anderer, die unsere Religionsbücher bisher vorstellten, ist Veranschaulichung des lebendigen Weinstocks und seiner köstlichen Reben. Am schönsten wäre es, im Herbst mit einer großen Traube in die Religionsstunde zu gehen, sie sehen und munden zu lassen und aus dieser freundlichen Erfahrung das Ich-bin-Wort zusammen mit Geschichten, die ähnlich köstliche Früchte sind, den Kindern erfahrbar zu machen.

C. Das johanneische Ich-bin-Wort kann auf zahlreiche Vorerfahrungen der gesamten Grundschulzeit bezogen werden. Die wichtigsten Angaben hierzu finden sich weiter oben. Es sollte aber auch erinnert werden, daß dies das dritte Ich-bin-Wort ist, daß unsere Schüler kennenlernen konnten. Im 1. Schuljahr war es die Metapher »Ich bin die Tür« (→I, 311-331; bes.: 313, 331); im 3. Schuljahr konnte sich die Weg-Symbolik mit dem Wort »Ich bin der Weg« verbinden (→III, 432-474; bes.: 436 f).

D. In einer anderen Weise als die Kreuzpräfation nimmt unser Ich-bin-Wort auf den darüberstehenden Holzschnitt Bezug. Indem wir Bild und Text ineinander spiegeln, gewinnen sie beiderseits neue Aspekte. Der Holzschnitt läßt sich ohne Schwierigkeiten als Übersetzung der Weinstock-Metapher verstehen. Wie er mit dem Senfkorn-Gleichnis in fruchtbare Beziehung gebracht werden kann (→III, 551 ff), kann er auch als der mystische Weinstock gesehen werden. Hoffentlich gerät die Köstlichkeit der Früchte während aller Gespräche nie aus dem Bewußtsein.

Am 30. Juni 1978, vor seinem Abflug zum Alleingang auf den Nanga Parbat, stellten Journalisten Reinhold Messner auf dem Flughafen München-Riem die üblichen Fragen:

»›Glauben Sie, daß dieser Alleingang der Höhepunkt Ihres Bergsteigerlebens sein wird und daß er sinnvoll ist?‹

›Die Frage nach dem Sinn stellt sich unter dem Nanga-Gipfel nicht mehr...‹

›Entspricht das, was Sie sagen, auch dem, was die Einheimischen dort sagen und denken?‹

›Nein, die können diesen Alleingang nicht nachvollziehen. Die Leute dort leben immer in der Stimmung, die ich vielleicht unter dem Nanga-Parbat-Gipfel erlebe. Ein Asiate - ein Hindu oder ein Buddhist – würde nie auf die Idee kommen, auf einen so hohen Berg hinaufzuklettern. Er sucht die Vergeistigung; er kann so und so da oben sein...‹«[1]

In seinem berühmten Tibetbuch schreibt Lama Anagarika Govinda (1898-1985): »Um die Größe eines Berges wahrnehmen zu können, müssen wir Distanz von ihm halten; um seine Form in uns aufzunehmen, müssen wir ihn umwandeln; um seine Stimmungen zu erleben, müssen wir ihn zu allen Tages- und Jahreszeiten beobachten: bei Sonnenaufgang und Sonnenuntergang, zur Mittagszeit und in der Stille der Nacht, an trüben Regentagen und unter blauem Himmel, im Winterschnee und im Gewittersturm. Wer den Berg in dieser Weise kennenlernt, kommt seinem Wesen nahe, das ebenso intensiv und vielfältig ist wie das eines Menschen. Berge wachsen und zerfallen, sie atmen und pulsieren von Leben. Sie sammeln unsichtbare Kräfte aus ihrer Umgebung: die Kräfte der Luft, des Wassers, der Elektrizität und des Magnetismus; durch sie entstehen Wolken und Winde, Gewitter und Regen, Wasserfälle und Flüsse. Sie füllen ihre Umgebung mit tätigem Leben und bieten unzähligen Wesen Nahrung und Schutz. Darin besteht die Größe eines Berges.

Aber selbst unter den mächtigen Bergen sind nur wenige von solch außergewöhnlichem Charakter und so besonderer Lage, daß sie Symbole höchsten menschlichen Strebens werden, wie es sich in alten Kulturen und Religionen äußert...

So kommt es, daß der Ruhm des Kailas (Sanskrit, sprich: Kailasch) sich ausbreitete und alle anderen heiligen Berge der Welt überstrahlte. Seit undenklichen Zeiten ist er das Ziel frommer Pilger. Es gibt keinen anderen Berg, der sich mit dem Kailas vergleichen ließe, denn er bildet die Nabe der zwei größten und ältesten Kulturkreise der Welt, deren Traditionen sich durch Jahrtausende bis auf unsere Zeit fortpflanzen: Indien und China. Für Hindus und Buddhisten ist der Kailas das Zentrum der Welt...

Nur wer das Göttliche in seiner furchtbarsten Form erlebt hat, wer es gewagt hat, der unverschleierten Wahrheit ins Auge zu sehen, ohne davon

[1] *Reinhold Messner,* Alleingang. Nanga Parbat, München 1979, 48.

überwältigt und verstört zu werden – nur ein solcher Mensch ist imstande, die mächtige Stille und Einsamkeit des Kailas und seiner heiligen Seen zu ertragen und die Gefahren und Mühen auf sich zu nehmen, die der Preis sind, den der Pilger zu zahlen hat, um in die göttliche Gegenwart im heiligsten Bezirk dieser Erde zugelassen zu werden. Wer aber seinen Komfort und seine Bequemlichkeit, seine Sicherheit und die Sorge um sein eigenes Leben aufgegeben hat, wird mit dem unbeschreiblichen Erlebnis höchster Glückseligkeit belohnt... Sein Bewußtsein ist einer neuen Dimension der Wirklichkeit geöffnet, so daß ihm wunderbare Visionen zuteil werden, seltsame Stimmen an sein inneres Ohr dringen und trance-ähnliche Verzückungszustände über ihn kommen, in denen alle früheren Beengungen und Hindernisse wie in einem Blitzstrahl verschwinden, der das bisher in Dunkelheit Verborgene enthüllt. Es ist, als ob sein individuelles Bewußtsein... plötzlich zurückgetreten wäre, um einem allumfassenden, kosmischen Bewußtsein Platz zu machen.«[1]

Der Pilger sieht und erlebt den Berg anders als der Bergsteiger, wenngleich allemal das Wort William Blakes (1747–1827) gelten darf: »Wenn Menschen und Berge sich begegnen, ereignen sich große Dinge, die sich im Gedränge der Straßen nicht verwirklichen lassen.« Fragen wir vorab, wie sich der Berg im Blick der Religionen darstellt.

Der Berg in den Religionen

»Oben« und »unten« sind in ihrer symbolischen Bedeutung in Mythos und Religion nicht vertauschbar. Darum wurde auch seit frühester Zeit der Berg, in dem sich die Erde über sich selbst erhebt, niemals wertfrei wahrgenommen. Neben Wüste und Meer bilden Berge die dritte Urlandschaft der Erde, die den Menschen mit extremen Herausforderungen konfrontiert, mit Gefahren, die stets auf Leben und Tod beanspruchen, mit Erfahrungen, die den Menschen bis ins Innerste treffen und tiefgreifend verändern können. Während jedoch Wüste und Meer durchquert und bestanden werden mußten (→S. 414), konnte man den Bergen ausweichen, aber erfuhr selbst noch im Tal genug von ihrer Macht. Die Unerreichbarkeit der majestätischen Höhen und das Spiel des Himmels im Wechsel des Lichtes, der Wolken und der Wetterfolgen unterstrichen die numinose Entzogenheit der Berge und wiesen sie letztlich als Sitz der Götter aus.

In fast allen Religionen des Altertums begegnet uns der kosmische Urberg, dessen Gipfel in den Himmel ragt und dessen Fundamente in die Unterwelt reichen. Der berühmte mythische Berg, das Urbild aller sichtbaren heiligen Berge, die lediglich dessen Abbild sind, ist der Berg Meru als Mittelpunkt des menschlichen und göttlichen Kosmos:

»Über dreiunddreißigtausend Meilen erstreckt sich sein Massiv, vierundachtzig Meilen hoch bohrt er seinen Gipfel in den Himmel. Sonne, Mond und Sterne, alle Himmelskörper kreisen um ihn. Höher als die Sonne und ihrer Strahlen nicht teilhaftig, hat er eigenes Licht und gleicht einer riesigen Feuermasse. Weit und breit in die Runde fällt sein Schein auf Berge und Ebenen; sie leuchten in der roten Glut, die von

[1] *Lama Anagarika Govinda,* Der Weg der weißen Wolken. Erlebnis eines buddhistischen Pilgers in Tibet, München 1975, 304 f, 312 f.

Felswänden ausgeht. Hier liegt der Garten, in dem die Götter zusammenkommen, um sich darin zu ergehen. Von hier führt ein Pfad durch den Luftraum in den Himmel, wo die Götter ihren Wohnsitz haben.«[1]

Der heilige Berg Kailas, von dem wir schon sprachen, ist das irdische Gegenstück des mythischen Berges Meru. Er wird von den höchsten transzendenten Mächten überwölbt, die jedem Pilger in den Symbolen seiner Glaubenswelt erscheinen. So ist der Kailas für die Hindus der Sitz Shivas, während die Buddhisten in ihm ein universales Mandala erblicken. An der gleichen archetypischen Symbolik haben der griechische Olymp als Berg der Götter, der Weltenberg Sumeru in Indien, der Garizim in Iran Anteil, aber zum Beispiel auch die altbabylonischen Zikkurate oder der Borobodur-Stupa auf Java als künstliche Tempelberge. Gelegentlich wird sogar die ganze Erde als kegelförmiger »Erdenberg« oder »Länderberg« oder »Völkerberg« beschrieben, von dem eine illustrierte Handschrift aus dem 11. Jahrhundert im Katharinenkloster eine einzigartige Darstellung bietet, die wir im Religionsbuch für das 3. Schuljahr auf Seite 85 abbildeten (→III, 499).

Alle diese Urbilder des Berges waren von einer touristischen oder sportlichen Perspektive selbstverständlich völlig unberührt. Wenn von Zarathustra überliefert wird, daß für ihn der Berg niemals nur der äußere Berg, sondern stets ein inneres Bild des erhöhten Bewußtseins, der seelischen Erhobenheit und Inspiration gewesen ist, dann darf dieses symbolische Verständnis letztlich in allen reiferen Religionen gesucht werden. Insofern ist die äußere Gewalt und Höhe eines Berges auch nicht die wichtigste Vorgabe. In manchen Ländern genügen schon geringe Erhebungen, bescheidene Hügel oder selbst eigene Steinsetzungen, um dem symbolischen Weltenberg präsent zu setzen. Mit vielen majestätischen Berggipfeln verbinden Tabuvorstellungen. Es ist ein Ort der Begegnung von Himmel und Erde, der weder »erobert« noch »erzwungen« werden kann. Als erster auf einem Gipfel zu stehen, ist solcher Grundeinstellung fremd. Ebensowenig wie ein Frommer »seinen Fuß auf den Kopf eines Kultbildes setzen würde, würde es ihm in den Sinn kommen, seinen Fuß auf den Gipfel eines heiligen Berges zu setzen«, sagt Anagarika Govinda.

Andererseits sind die »Höhen« bevorzugte Kultorte. Das palästinisch-syrische Land war von solchen Opferstätten auf den Bergen durchzogen. Die Babylonier bauten Stufenberge, deren Spitze den Altar trug; ähnlich war es bei Mayas und Azteken in Mittelamerika. Gewiß steht hinter diesen Opferbergen die Sicht des Berges als Ort der Gottesnähe. So sehr diese Gottesgegenwart Distanz auferlegen konnte, zog sie in anderen Fällen die Menschen auch zu Pilger- und Opferreisen an.

Der Berg im Alten Testament

»Ihr Gott ist ein Gott der Berge; darum waren sie uns überlegen. Wenn wir aber in der Ebene mit ihnen kämpfen, dann werden wir sie bestimmt besiegen.« So überlegte der König von Aram, nachdem er eine Niederlage erlitten

[1] *Rudolf Jockel* (Hrsg.), Götter und Dämonen, Darmstadt/Genf 1953, Nr. 31; auch in: *Hubertus Halbfas,* Das Welthaus, a.a.O., Nr. 93.

hatte (1 Kön 20,23). Andererseits behaupten Theologen, die biblische Tradition gehe in einem fortschreitenden Maße »entmythologisierend« mit den Bergen um; beispielsweise diene die Erinnerung an den Sinai zu nichts anderem als zur geographischen Fixierung des einstigen Offenbarungsgeschehens.[1] Aber warum wurde dann gerade der Ort dem Vergessen preisgegeben, während die Symbolbedeutung des Berges erhalten blieb? Ein summarischer Durchblick durch das Alte Testament läßt uns immer wieder heiligen Bergen begegenen:

Der Berg Morija, der ebenfalls nicht mehr lokalisierbar ist, und gerade deshalb nicht »entmythologisiert« wurde, vielmehr eine allgemeingültige Ubiquität erhielt, wurde »der Berg, wo Jahwe erscheint« genannt (Gen 22,14; → S. 180ff). Am Berge Horeb, der mit dem Sinai identisch sein könnte, wird dem Mose aus dem Dornbusch zugerufen: »Komm nicht näher heran. Der Ort, wo du stehst, ist heiliger Boden« (Ex 3,5 →II, 241). Auch hier verlief die Entscheidung Israels »für das numen personale gegen das numen locale«. Machtvoll sind dann die Beschreibungen des Berges, dessen Höhe allein Mose vorbehalten bleibt und mit dessen Namen sich das Bundesgesetz verbindet (→III, 254–260). Auch der Gottesberg des Elia wird, zumindest sekundär, mit dieser Tradition in Verbindung gebracht (→III, 249 f).

Topographisch eindeutig und gleichzeitig von Mythen umrankt ist hingegen in der Tradition Israels der Berg Zion, den die Prophetie in der Endzeit als Völker- und Weltberg aufragen sieht:

> Am Ende der Tage wird es geschehen:
> Der Berg mit dem Haus des Herrn
> steht fest gegründet als höchster der Berge;
> er überragt alle Hügel.
> Zu ihm strömen die Völker.
> Viele Nationen machen sich auf den Weg.
> Sie sagen: Kommt, wir ziehen hinauf zum Berg des Herrn
> und zum Haus des Gottes Jakobs ...
> Und der Herr wird ihr König sein auf dem Berg Zion
> von da an auf ewig.
> (Mi 4, 1f.7)

Diese Vision läßt erkennen, daß hier der Zion als kosmischer Riesenberg verstanden wird und mit dem Tempelberg identisch ist. Mit den lokalen Gegebenheiten stimmt dieses Gesicht freilich nicht überein, doch das ist nichts Neues in der Religionsgeschichte; ob Weltmitte, axis mundi, omphalos, Weltenbaum... es sind innere Bilder von kosmischer Bedeutung, aber sie können sich durchaus mit unscheinbaren äußeren Gegebenheiten verbinden; Beispiele dafür haben wir schon mehrfach kennengelernt (→III, 481, 502, 505). Die prophetische Schau vom Weltenberg, der alles andere überragt und zu dem die Völker wallfahren, ist ja topographisch auf die kleine befestigte Davidsstadt mit ihrem südöstlichen Hügel bezogen, dessen Lage und bauliche Entwicklung wir in Band II, 519 geschildert haben.

»Nördlich vom eigentlichen Zionshügel erhebt sich der um fast 100 Meter höhere Tempelberg mit dem von zahlreichen Mythen umgebenen ›Heiligen

[1] *Werner Schmauch,* Orte der Offenbarung und der Offenbarungsort im Neuen Testament, Göttingen 1956, 30.

Felsen‹, auch ›Weißer Felsen‹ genannt (744 m über dem Meer). An dieser heiligen Stätte soll der geheimnisvolle Priesterkönig Melchisedek von Salem dem hebräischen Nomadenfürsten ›Abram‹ Brot und Wein gereicht haben (Gen 14, 18–20). Am selben Ort sollte Erzvater Abraham seinen Sohn Isaak zum Opfer darbringen, wie die rabbinische Bibelauslegung im Talmud zu berichten weiß. Allein der ›Engel des Herrn‹ erscheint an der Opferstätte und befiehlt Abraham, einen Widder zu schlachten. Wegen dieser göttlichen Erscheinung heißt der Ort ›Morija‹, d. h. ›Gottesgesicht‹. Später sind dort der salomonische und der nachexilisch-herodianische Tempel errichtet worden: ›Salomo begann, den Tempel des Herrn zu bauen in Jerusalem auf dem Berge Morija‹ (2 Chr 3,1). Wahrscheinlich hat der heutige Felsen als Sockel für den Brandopferaltar gedient, da sich im gewachsenen Fels ein Abflußloch von einem Meter Durchmesser findet, durch das sich das Blut der Opfertiere in eine große Felsenkammer von viereinhalb Metern im Quadrat ergossen hat.

Dieser religionsgeschichtlich höchst bedeutsame Opferstein wird in der Literatur der jüdischen Mystik ›Grundstein‹ oder ›Urstein der Schöpfung‹ genannt, um den herum der himmlische Schöpfer die ganze Erde geformt hat. Wegen seiner abgestumpften Kegelform heißt er in der alttestamentlichen Prophetie auch ›Nabel der Erde‹ (Ez 38,12). Nach dem Propheten Ezechiel wird auf dem Erdennabel die Völkerschlacht der Endzeit ausgetragen.«[1]

Weitere Materialien und Deutungen zum Berg Zion als Mitte der Welt →III, 498 ff, 501 ff.

Der Berg im Neuen Testament

Nach dem einheitlichen Zeugnis der Evangelien hat Jesus immer wieder den Berg aufgesucht. »Als Jesus die vielen Menschen sah, stieg er auf einen Berg. Er setzte sich und seine Jünger traten zu ihm. Dann begann er zu reden und lehrte sie«, – so leitet Matthäus die »Bergpredigt« Jesu ein. Gleich diese Stelle zeigt, daß der Berg nicht als geographischer Ort verstanden wird, sondern als Symbol. Mehrfach im Evangelium ist Jesus ein »Berg« verfügbar, wenn er ihn gerade braucht. Dieser Berg hier ist seine Kathedra, ein Ort der Verkündigung. Ging einst vom Berge das Wort der Weisung an Israel, so ergeht jetzt das neue Wort ebenfalls vom Berge. Eben darum *setzt* sich Jesus auch zu seiner kompilatorischen »Rede«, weil autoritative Rede in der Antike sich sitzend ereignete.

Nicht anders ist es mit dem »Berg der Versuchung«, von dem Mt 4,8 erzählt. Wir haben diese Szene bereits als literarische Gestaltung erkannt (→ S. 417), den Berg als Symbol gedeutet. Ähnlich darf der »Berg des Gebetes« gesehen werden, von dem Mt 14,23 spricht: Nachdem Jesus seine Jünger am Ufer des Sees Gennesaret aufgefordert hat, ins Boot zu steigen und ihm vorauszufahren, »stieg er auf einen Berg, um in der Einsamkeit zu beten«. Es scheint für den Text keine Frage zu sein, ob es am Seegestade einen »Berg« überhaupt gab: er ist aus inneren Gründen gegeben; denn »auf den Berg steigen« kann hier auch als Umschreibung der Gottesnähe verstanden werden, die Jesus im

[1] *Paul Huber*, Heilige Berge. Sinai, Athos, Golgota – Ikonen, Fresken, Miniaturen, Zürich 1980, 10 f.

Gebet suchte. Eine besondere Stellung nimmt der Sammelbericht vom »Berg des Wunders« ein: »Jesus zog weiter und kam an den See von Galiläa. Er stieg auf einen Berg und setzte sich. Da kamen viele Menschen und brachten Lahme, Krüppel, Blinde, Stumme und viele andere Kranke zu ihm; sie legten sie vor ihn hin, und er heilte sie. Als die Menschen sahen, daß Stumme plötzlich redeten, Krüppel gesund wurden, Lahme gehen und Blinde sehen konnten, waren sie erstaunt und priesen den Gott Israels« (Mt 15,29-31). Auch hier ist der Berg symbolischer Ort, ähnlich der »Berg«predigt eine literarische Setzung. Wenn vom »Berg der Verklärung« (Mt 17,1-9) die Rede sein soll, muß bedacht werden, daß dieses Stück eine ursprüngliche Auferstehungsgeschichte ist, und daß der Berg, auf den Jesus hier die Jünger führt, kein anderer ist als der Berg der Sendung in Mt 28,16. Die Aufnahme alttestamentlicher Berg-Epiphanien liegt hier ebenso vor wie ein Wissen um die grundlegende symbolische Qualität des Berges. – Noch eine weitere Rede lokalisiert Matthäus auf einem Berg. Es ist die große Endzeitrede Mt 24,3 ff. In Analogie zur Bergpredigt heißt es: »Als er auf dem Ölberg saß, wandten sich die Jünger, die mit ihm allein waren, an ihn und fragten: Sag uns, wann wird das geschehen...?« – Schließlich endet das Matthäusevangelium mit dem Abschied des Auferstandenen und der Sendung der Jünger auf einem Berge: »Die elf Jünger gingen nach Galiläa auf den Berg, den Jesus ihnen genannt hatte...« (Mt 28,16)

Wenn man diese Stellen in einer graphischen Übersicht zusammenstellt, ergibt sich eine erstaunliche Ordnung, die den zuvor begründeten Eindruck unterstreicht, daß der Berg stets in symbolischer Funktion gesehen werden muß.[1]

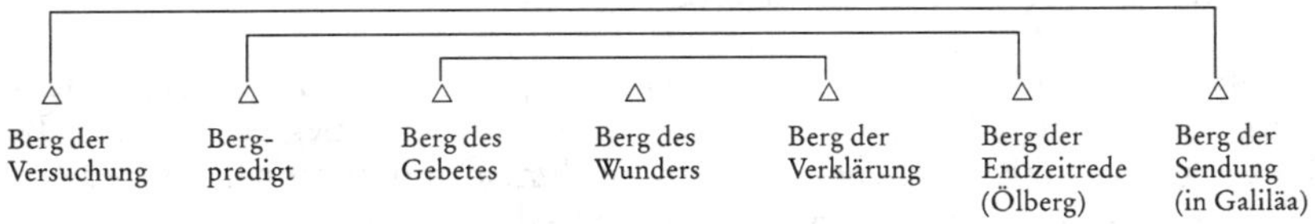

Die symbolische Bedeutung ist jedoch nicht immer in gleicher Weise angeknüpft: mal dominiert der Berg als Ort hoheitsvoller Verkündigung, als ein neuer Zion, mal dient er, um die Isolierung vom Volke, die Einsamkeit und Gottesnähe Jesu zu verdeutlichen. Für den Evangelisten ist es dabei grundsätzlich keine Frage, ob es am jeweiligen Schauplatz überhaupt einen »richtigen« Berg gibt: die Berge, von denen hier die Rede ist, sind Topoi der Theologie.

Der Berg der Himmelfahrt

Nach allem Gesagten verwundert es nicht, daß auch die Darstellung der Himmelfahrt mit einem Berg verbunden ist. Dies geschieht in der Apostelgeschichte nur indirekt. Im Anschluß an die Engelworte heißt es: »Dann kehrten sie vom Ölberg, der nur einen Sabbatweg von Jerusalem entfernt ist, nach Jerusalem zurück« (Apg 1,12). Obwohl das Matthäusevangelium keine eigentliche

1 Nach *Fred Ritzhaupt*, Wegzeichen. Bergsteigen und christliche Existenz, Bozen 1980, 31.

Himmelfahrtsszene kennt, schließt dieses mit der schon erwähnten Beauftragung an die Elf, auf einen bestimmten Berg in Galiläa zu gehen, wo der Auferstandene sie heißt: »Geht zu allen Völkern und macht alle Menschen zu meinen Jüngern... Und seid gewiß: Ich bin bei euch alle Tage bis zum Ende der Welt.« Indirekt ist diese Abschiedsszene ja auch eine »Himmelfahrts»darstellung, wenngleich ohne die spätere räumliche Symbolik. Der Berg des Abschieds und der Sendung, von dem aus die Jünger »zu allen Völkern« gehen sollen, ist insofern zugleich Völker- und Weltenberg.

Aus der bildlichen Darstellung der Himmelfahrt Christi ist in späterer Zeit der Berg nicht mehr wegzudenken. In den ältesten Reliefs aus frühchristlicher Zeit steigt Jesus noch einen Berg hinauf, gezogen von der Hand Gottes, die sich ihm entgegenstreckt (Elfenbeintafel im Bayerischen Nationalmuseum München, um 400). Hier ist der Weg auf den Bergesgipfel also der »Himmelfahrt« gleichgesetzt. Die Differenz der bildlichen Auffassung zum Text verweist eindrücklich auf das symbolische Verständnis.

Die Darstellung der Himmelfahrt Christi im Evangeliar des Bischofs Bernward von Hildesheim (um 1015) nimmt die alte biblische Tradition in sich auf (Religionsbuch 4, S. 96). In einem wunderbaren Grün wölbt sich die Erde in vielen kleinen Bögen, mit Blumen besetzt und mit Bäumen bestanden, gegen den Himmel. Diese sich nach oben aufwerfende, zum Berg sich wölbende und gegen den Himmel sich streckende Erde begegnet auch in anderen Bildern jener Zeit, beispielsweise im Evangeliar aus Echternach um 1050. Auf dem obersten der grünenden Erdhügel steht Christus, deutlich in einer Schrittbewegung und schon im Übergang in die Unsichtbarkeit, denn eine strahlende, herrliche Lichtaureole hat ihn bereits teilweise in sich aufgenommen, jene herrliche Variation der göttlichen »Wolke«, die ihn der Raum-Zeitlichkeit entzieht. Dieser in allen Farben leuchtende Himmel, dessen Pracht sich auch der Erde mitteilt, wölbt sich von oben her der Erde entgegen. Christus selbst ist nun die Brücke zwischen beiden Dimensionen.

In einem goldenen Kreis auf dem grünenden Berg sehen wir einen Adler, der ein Buch hält. Es ist das Zeichen des Evangelisten Johannes, der nach damaliger Anschauung derjenige war, der mit seinen Gedanken am höchsten gestiegen ist; darum galt dieser Adler zugleich auch als Symbol der Himmelfahrt Christi. Wer in dessen Evangelium liest, kann teilhaben an der Verbindung von Himmel und Erde. Eins aber zeigt unser Bild mit besonderer Eindringlichkeit: Himmel und Erde wenden sich einander zu. Christus wird aufgenommen in das göttliche Licht (in dem ihn voll die Miniatur des Hildegardis-Codex zeigt, → S. 51, 514), die Erde aber wandelt sich in einen blühenden Garten.

Wer sich mit dieser Darstellung tiefer befassen will, sollte neben dem Gottesbild des Hildegardis-Codex die Auferstehungsdeutung anschauen, und zwar einerseits im theologischen Verständnis von Tod, Auferstehung und Himmelfahrt (→ S. 318ff), andererseits in der Version Matthias Grünewalds (→ S. 332ff) und Alfred Manessiers (→ S. 335ff).

Didaktische Hinweise

Die Annahme, unser Religionsbuch habe dem Symbol Berg nur eine einzige Seite gewidmet, täuscht. Vielmehr ist die christologische Thematik ihrerseits davon durchzogen. Wir finden das Berg-Symbol mit allen zentralen christologischen Geschehnissen verbunden, näherhin mit Menschwerdung, Kreuzigung, Auferstehung und Himmelfahrt.

Menschwerdung: Die byzantinische Ikone verbindet das Mysterium der Inkarnation mit Berg und Höhle (→ S. 265). Der Berg vertritt die Erde schlechthin, ist gewissermaßen auch hier Weltenberg. Das Weihnachtsbild von Relindis Agethen steht in der gleichen Linie (→ S. 278ff). Berg und Höhle sind hier noch deutlicher im Vordergrund; der Berg verbindet sich seinerseits mit der Labyrinthvorstellung.

Kreuzigung: Die Kreuzigungsbilder von Grünewald und Chagall stehen in einer anderen Tradition, aber die Ikonographie des Ostens wird in Agethens Darstellung aufgenommen. Es geht hier um den Berg Golgota, wie wir ihn in Band III, 498 ff beschrieben haben; vgl. auch in diesem Band, S. 315. Die tiefsinnige Überlieferung vom Grab Adams in der »Schatzhöhle« wird wieder aufgenommen; gleichzeitig verbinden sich Labyrinth und Berg. Der Berg ist die Mitte der Welt, also auch Weltenberg mit dem Baum des Todes und des Lebens.

Auferstehung: Die Bedeutung des Weltenberges wird auf dem Osterbild beibehalten. Diesmal liegt der Akzent jedoch ausschließlich auf der Überwindung des Todes. Der Berg, der Grab war, ist aufgebrochen; er ist jener Mittelpunkt, in dem sich Niederlage in Sieg, Ende in Anfang wandelt. Auf den Seiten 339ff wird darüber gesprochen; nicht zu übersehen sind auch die Seiten 511 und 513.

Himmelfahrt: Wer die beschriebene Linie weiter verfolgen will, tut gut daran, auch den Berg der Himmelfahrt aus dem Evangeliar des Bischofs Bernward von Hildesheim hinzuzunehmen. Die auf der gleichen Seite beigefügten Bibelzitate erlauben eine Rückbesinnung auf die Symbolik des Berges in wichtigen Bibeltexten. Die dort genannte »Wolke« bedarf ebenfalls einer symbolischen Deutung. In gewisser Weise können wir sie auch dem göttlichen Lichtkreis gleichsetzen, über den wir schon so oft gesprochen haben (besonders →I, 264 f, 288 ff), und der uns im Religionsbuch für das 4. Schuljahr vor allem in der Lichtaureole des Auferstandenen Grünewalds (→ S. 333f) und der Ostersonne Manessiers (→ S. 337f) begegnete. Die »Wolke« fand ebenfalls schon im Vorjahr Erwähnung, als der Exodus Israels Thema war (→III, 236 f). Wir haben sie als eine Umschreibung der unsichtbaren Gegenwart Gottes verstanden, die Ex 14,19 auch durch den »Engel Gottes« ersetzt werden konnte. Wolke, Engel oder Licht sind also unterschiedliche Möglichkeiten, das allemal unerreichbare Mysterium anzudeuten.

Sprachverständnis: Legende und Paradoxon

Jeder Religionsunterricht stellt spezifische sprachliche Erwartungen. Ohne die Bereitstellung besonderer Verstehensvoraussetzungen lassen sich wesentliche Inhalte religiöser Überlieferung nicht vermitteln. Lehrpläne, die nur Inhalte einfordern, ohne eine diesen Inhalten entsprechende religiöse Sprachlehre, eine Grammatik des Glaubens, ebenfalls zu entwickeln und dem Lehrer abzufordern, wissen nicht, wovon sie handeln.

Wer sich nun auf unseren folgenden Schritt eines religionsdidaktischen Lernprogramms einlassen will, tut gut daran, zuvor Rückschau zu halten und sich des bisherigen Wegs zu vergewissern. Wir haben im 1. Schuljahr mit einer elementaren »Seh-Schule« begonnen und in diesem Kontext Geschichten wie Bilder vermittelt, auf die wir während der gesamten Grundschulzeit immer wieder zurückgreifen konnten (→I, 197-247). Es sind dies Geschichten, die den Blick vom Alltäglichen und Vordergründigen lösen und den kindlichen Geist für hintersinnige Wirklichkeit öffnen. Wer sich ernsthaft darauf eingelassen hat, weiß, in welchem Maße hier die Grundlagen für ein differenziertes Wirklichkeitsverständnis, das ja immer auch ein differenziertes Sprachverständnis mitträgt, vermittelt worden sind.

Im 2. Schuljahr stand dann eine Einführung in die metaphorische Sprache vornan. Dies geschah über (mißverstandene) Bilder und sprichwörtliche Redensarten, die in sich bereits als kleine Gleichnisse verstanden werden konnten (→II, 501-510). Dieser Ansatz wurde im 3. Schuljahr in eine explizite Gleichnisdidaktik verlängert. Ging alles mit Sachverstand und innerem Enthusiasmus vor sich, sind unsere Schüler nunmehr im Verständnis metaphorischer, gleichnishafter Rede einigermaßen geübt.

Im 4. Schuljahr soll ein neuer Schritt erfolgen. Wir gehen von analoger Sprache zu symbolischer Sprache weiter. Gleichnisse sprechen analog. Ihre Metaphern enthalten nicht die unabschließbare Bedeutungsvielfalt, wie sie symbolischer Sprache zukommt. Der König in einem Gleichnis ist weniger breit interpretierbar als der König in einem Märchen, der sich beispielsweise auf einer Objektstufe wie auf einer Subjektstufe deuten läßt, was analoge Sprache so nicht einräumt.

Von den Gattungen symbolischer Rede – Mythe, Märchen, Sage, Legende – soll hier die Legende didaktisch erschlossen werden. Sie ist die wichtigste Gattung religiöser Sprache, die neben dem Gleichnis in der Grundschulzeit von Bedeutung ist und Kindern in ihrer gattungsspezifischen Eigenart verständlich gemacht werden kann.

Auf ein ganz anderes Feld sprachlicher Orientierung führt hingegen der zweite Schwerpunkt unseres Kapitels. Mit dem Stichwort »Paradoxon« hat sich bislang die Religionsdidaktik noch nicht beschäftigt, wenngleich die Sache seit ältester Zeit der Sprache des Glaubens immanent ist. Es wird sich zeigen, daß unser Interesse für scheinbar nur formale Fragen jeweils in wesentliche Bereiche religiöser Erfahrung und Erfahrungsmitteilung hineinführt.

Die Legende

Das Wort Legende leitet sich vom lateinischen *legere,* lesen, ab, näherhin vom Partizip nom.plur., »das, was gelesen werden soll«. Dieser neutrale Plural wird im Deutschen als femininer Singular aufgefaßt: die Legende. In seiner ursprünglichen Bedeutung kommt der Begriff heute noch als Bezeichnung für Inschriften von Münzen und Medaillen oder für Text- und Zeichenerklärungen auf Landkarten, Stadtplänen und Architekturzeichnungen vor, ebenfalls für Bildunterschriften in Büchern.

Im übrigen verbindet sich mit Legende die Bedeutung Heiligenlegende. Dazu führte der Brauch, am Jahrestag der Heiligen Überlieferungen aus ihrem Leben, zum Beispiel in klösterlichen Konventen, vorzulesen. Die Bücher, in denen solche Geschichten gesammelt waren, nannte man ebenfalls *Legenda:* das, was gelesen werden muß. Vom Ganzen übernahm auch der einzelne Abschnitt diese Benennung. Schließlich verstand man unter Legende die schriftliche Fassung einer Heiligenvita. Im ausgehenden Mittelalter erfährt der Terminus eine Bedeutungsverschiebung: im 15. Jahrhundert steht Legende bereits für einen nicht recht beglaubigten Bericht; Luther nennt sie angesichts der überhand genommenen Mirakelgeschichten, die auch einem Sensationsbedürfnis des Volkes entsprachen, »Lügenden«; im 16. Jahrhundert erscheint die Nebenbedeutung einer unglaubhaften und unwahrscheinlichen Erzählung. Der heutige Sprachgebrauch steht weitgehend in dieser Bedeutungstradition. Wenn man einem Bericht mißtraut oder ihn als frei erfunden bezeichnen will, spricht man schnell von Legende. Dabei ist es allerdings fast einerlei, ob man den jeweiligen Sachverhalt Legende, Märchen oder Mythos nennt – man meint allemal eine Fälschung oder Erdichtung, mißt Legende, Märchen oder Mythos also am Maßstab historischer Wahrheit und stellt sie in Widerspruch dazu. Innerhalb der Literaturwissenschaft steht die Legende jedoch neben den anderen Gattungsbezeichnungen wie Sage, Märchen oder Mythe und erfährt eine eigenständige Erforschung.

Die Wahrheit der Legende

Eine Kultur, die in kognitive Trance gefallen ist und viel Sensibilität für das Mysterium hinter dem Alltag verloren hat, bringt der Legende nur wenig Verständnis entgegen. »Fromme Lügen bis ans Ende« nennt sie ein DDR-Jugendbuch und plakatiert damit die falsche Alternative »entweder Empirie oder Lüge«, die aus dem Entwicklungsgang aller neuzeitlichen Jahrhunderte resultiert. Schon Humanismus und Aufklärung verfielen dem einäugigen Logos und verloren darüber den Sinn für die je spezifische Wahrheit sprachlicher Gattungen. Es war Jacob Grimm, der als einer der ersten wieder danach fragen lernte, als er 1835 meinte, Märchen, Sage oder Legende müßten je ihren

»gesonderten, unberührten Grund« haben, der ihre sprachliche Form und ihre je spezifische Wahrheit erfassen lasse.[1]

Was die Legende angeht, so war es insbesondere das Wunder, das sie in den Verriß der historisierenden Vernunft brachte. Dabei gehört das Wunder zur Legende wie das Licht zur Laterne. Apologie ist ihr fremd, und Wunder »beweisen« zu wollen, führt bereits aus jener inneren Haltung heraus, die alleine Wunder zuläßt und wahrnehmbar macht. Rabbi Schnëur Salman pflegte zu sagen: »Was Weissagungen, was Wundertaten! Im Haus meines Lehrers, des heiligen Maggids, schöpfte man den heiligen Geist eimerweise, und die Wunder lagen unter den Bänken, ohne daß wer Muße hatte, sie aufzuheben.«[2] Die Legende gehört zum Leben solcher Menschen, bei denen das Unmögliche immer wieder möglich wird, während anderen »nur Plattheiten widerfahren, weil sie selbst keinen inneren Aufschwung kennen«, wie Walter Nigg meint. Dennoch erzählt die Legende nicht berichterstattend vom Wunder. Man darf sie nicht fundamentalistisch auslegen, also nicht von Fakten sprechen, ohne nach dem Verständnis der Gattung und ihrer Erzählweise gefragt zu haben. Je genauer dies geschieht, um so deutlicher tritt die Wahrheit der Legende hervor.

Geschichtsschreibung und Legende

Unser erster Ansatz ist von der Absicht bestimmt, die Wahrheit der Legende gegen historische Faktizität abzugrenzen. Ausgangspunkt ist eine idealtypisch konstruierte, frühchristliche Märtyrerlegende, der wir das historische Geschehen zur Zeit der diokletianischen Christenverfolgung gegenüberstellen:

Bericht

Der römische Kaiser Diokletian erläßt im Jahre 303 strenge Gesetze gegen Christen. Sie sollen dem Kaiser mit göttlichen Ehren opfern, besonders, wenn sie Beamte oder Soldaten sind. Damals gibt es Christen schon überall, sogar unter den höchsten Offizieren und am kaiserlichen Hof. Die Mutigen und Standfesten unter den Christen beugen sich nicht dem Gesetz. Darum werden sie verhaftet, gefoltert, hingerichtet.
Die Verfolgung der Christen dauert mehrere Jahre. Tausende werden schwach und leisten das Kaiseropfer. Viele bleiben standhaft.

Schon zehn Jahre später – 313 – wird in Mailand ein anderes Gesetz erlassen. Der neue Kaiser Konstantin erkennt den

Legende

Es war ein Hauptmann im römischen Heer – nennen wir ihn Felix. Er war Christ und stand treu zu seinem Glauben wie auch zu seinem Kaiser. Als aber ein neuer Kaiser kam, verlangte dieser von allen Christen, daß sie ihm als Zeichen ihrer Ergebenheit opferten. Da ließ ihn der Kaiser gefangennehmen und auf *einem Rad mit scharfen Klingen* martern. In seinen Qualen hörte Felix eine *Stimme vom Himmel:* »Fürchte dich nicht, ich bin mit dir!«

Nach der Folter wurde Felix in den Tempel geführt, damit er jetzt opfere. Felix aber machte das Zeichen des Kreuzes über den Gott aus Erz und sprach: »Allein dem lebendigen Gott diene ich.« Da entfuhr dem Standbild ein jämmerli-

[1] *Jacob Grimm,* Deutsche Mythologie, Graz [5]1968/69.
[2] *Martin Buber,* Die Erzählungen der Chassidim, Zürich 1949, 199.

christlichen Glauben als eine erlaubte Religion an. Nach weiteren zwölf Jahren veranstalten die christlichen Bischöfe zusammen mit dem Kaiser vor aller Welt eine große Kirchenversammlung: das Christentum hatte sich durchgesetzt, die römische Religion begann zu schwinden.

ches Geheul, und *alle Götterbilder* im Tempel *zerbarsten in Stücke.*

Die Tempelpriester aber ergriffen Felix, marterten ihn erneut und enthaupteten ihn auf Befehl des Kaisers.

Natürlich lassen sich die historischen Informationen beliebig ergänzen. Bereits um 250 hatte der Kaiser Decius eine Neuordnung des Reiches auf der Basis einer einheitlichen Religion angestrebt. Das führte zu dem ersten Versuch einer systematischen Christenverfolgung im gesamten Reichsgebiet. Ausgelöst wurde diese Verfolgung durch die Weigerung der Christen, an staatlichen Opfern teilzunehmen, die zur Abwendung einer Seuche angeordnet worden waren. Es wurden Opferkommissionen eingesetzt, vor denen alle mit Frauen und Kindern opfern mußten. Die Ableistung dieser Pflicht wurde durch eine Bescheinigung (*libellus*) testiert. Es gab eine Reihe Verweigerer, aber noch mehr solche, die sich anpaßten. Unter diesen *lapsi* waren nicht wenige Kleriker und Bischöfe. Manche suchten trickreiche Auswege. Sie ließen sich einen libellus ausstellen, ohne tatsächlich geopfert zu haben.

Die Phase dieser Repression gegen die Christen dauerte nicht allzulange. Anschließend erlebten die Christen eine 40jährige Friedenszeit. Als jedoch der energische Diokletian Kaiser wurde (284-305), setzte dieser eine vollständige Neuordnung des Reiches ins Werk. Dazu strebte er wie Decius erneut die Gemeinsamkeit der Religion an. Drei Edikte verfügten im Jahre 303 die Zerstörung der christlichen Kirchen, die Auslieferung der Heiligen Bücher und die Gefangensetzung der Kleriker, um sie durch Folterung zum Opfer zu zwingen. Ein viertes Edikt befahl 304 die allgemeine Verfolgung. Wiederum gab es viele *lapsi,* aber auch zahlreiche Märtyrer. Im Westen des Reiches flaute die Verfolgung schon nach 305 wieder ab, im Osten ging sie noch einige Jahre weiter, bis 311 der Nachfolger Galerius auf dem Totenbett ein Toleranzedikt erließ. Aber erst der Sieg Konstantins des Großen über seine Konkurrenten im Jahre 312 brachte endgültige Freiheit, die 313 im Edikt von Mailand bestätigt wurde.

Auf diese Zeit beziehen sich zahlreiche christliche Märtyrerlegenden, die alle mit ähnlichen Sprachfiguren arbeiten wie unser idealtypisches Beispiel. Die Gegenüberstellung dieser Legendenfassung mit den Zeitereignissen gestattet unseren Schülern die Beobachtung, in welch spezifischer Weise die Legende den geschichtlichen Vorgang verarbeitet:

– Die tausendfachen Schicksale, die Christen zur Zeit Diokletians um ihres Glaubens willen erlitten, die niemand registrieren und auch Historiker nur in unpersönlichen Größenordnungen erfassen können, konzentriert die Legende in der exemplarischen Gestalt des römischen Offiziers *Felix.*

– Die vielfältigen Repressalien, die Christen um ihrer Glaubenshaltung wegen erleiden mußten, beispielsweise Entlassung aus dem Staatsdienst, Verarmung, Kerker, Folter, Tod, faßt die Legende in einer einzigen genialen Sprachgebärde zusammen: *ein Rad mit scharfen Klingen.*

– Den aus dem Glauben gestärkten Widerstand der Christen, der sich trotz aller Bedrängnis nicht brechen läßt, interpretiert die Legende als *eine Stimme aus dem Himmel, die ruft: Fürchte Dich nicht, ich bin mit Dir!*

– Die geschichtliche Erfahrung, daß noch vor dem Tode Diokletians, der 305 von der Regierung zurücktritt, unter Kaiser Konstantin 313 das Toleranzedikt von Mailand ergeht und 325 bereits unter kaiserlicher Assistenz das Konzil von Nizäa stattfindet, verdichtet die Legende in den symbolischen Vorgang von den *Götterbildern im Tempel, die in Stücke zerbersten.*

Unser gewähltes Beispiel zeigt die Legende keineswegs ohne Geschichtsbezug, aber sie befaßt sich mit den erlebten Ereignissen in anderer Weise, als es die nur registrierende Erinnerung tut. Die Geschichtsforschung ist bestrebt, soviele Details wie nur möglich zu sammeln. Beispielsweise registriert sie alle erhalten gebliebenen *libelli* und kann deshalb Namen nennen und genaue Auskunft darüber geben, wie diese Bescheinigungen unterschrieben, gegengezeichnet und datiert worden sind. An solchen Vorgängen und Details ist die Legende qua Gattung nicht interessiert. Ihr geht es nicht um eine Schilderung historischer Vielfalt, sondern um Verarbeitung dieser Vielfalt in einer symbolhaften Verdichtung, durch die die erfahrene Zeitgeschichte ihre gläubige Deutung gewinnt. Die Legende übersetzt also die Summe der Erlebnisse auf eine Sprachebene »letzter, nicht weiter teilbarer Einheiten« (André Jolles). Wenn es heißt: *Ein Rad mit scharfen Klingen,* so ist damit kein konkretes Folterinstrument gemeint, vielmehr die Summe aller körperlichen und seelischen Qualen, welche die Endlosigkeit des Rades wirksam zum Ausdruck bringt (→S. 560ff). Wenn es heißt: *Eine Stimme aus dem Himmel,* so steht diese Wendung für allen Trost und alle Ermutigung, die der Christ aus seinem Glauben gewann. Und welche symbolmächtige Ausdruckskraft liegt in *einem zerborstenen Gott!* In diesem genialen Bild wird der komplizierte Prozeß des nun unaufhaltsamen Niedergangs der hoheitsvollen und ehrwürdigen heidnischen Antike zusammengefaßt.

Versuchen wir in einem zweiten Ansatz unseren idealtypischen Legendentext mit der Geschichtsdarstellung zu konfrontieren, so kann die vergleichende Gegenüberstellung unter den Aspekten von Intention, Adressat, Objekt, Motiv und Tempus die wichtigsten Kriterien der Gattung Legende hervorheben:

Die Geschichtsdarstellung:	*Die Legende:*
beschreibt ein Ereignis	schildert ein Vorbild
will informieren	will zur Nachfolge rufen
wird für jedermann geschrieben	wird für Jünger geschrieben
registriert Namen, Orte, Zeiten, Vorfälle – also Vielerlei	verdichtet die Vielheit zu letzter symbolischer Einheit
schaut in die Vergangenheit	will die Gegenwart verändern

Sowenig sich Äpfel und Birnen wertend vergleichen lassen, so wenig legitim ist es, einen Bericht an der Legende zu messen oder legendarische Wahrheit durch historische Wahrheit zu maßregeln. Das ist nicht so, weil es zweierlei Wahrheit gäbe, sondern weil die eine umfassende, immer komplexe Wahrheit nur unter vielerlei Hinsichten erfaßt wird, also nicht ein einziges, sondern mehrere Sprachspiele verlangt, um einigermaßen umfassend wahrgenommen zu werden.

Legenden sind Nachfolgegeschichten

André Jolles kennt den Begriff der Geistesbeschäftigung.[1] Er geht davon aus, daß jede »einfache Form« – darunter versteht er Mythe, Sage, Legende, Märchen, Rätsel, Spruch u.a. – einer je eigenen Geistesbeschäftigung entspringt. Das organisierende Prinzip, welches die Gattung zur Gattung macht, so daß wir eindeutig von Legende sprechen können und nicht von Märchen oder Mythe, dieses die Gattung organisierende Prinzip sucht er in einer spezifischen Interessenlage der geistigen Kräfte.

Der obigen Gegenüberstellung von Bericht und Legende können wir bereits entnehmen, daß sich einmal das Interesse dem historischen Geschehen zuwendet, ein andermal aber einer ethischen Figur, die als ein *imitabile* erfaßt wird und für das eigene Leben maßgeblich werden kann. Insofern ist das die Legende errichtende Interesse ein moralisches, was in vergleichbarer Weise für keine andere Gattung gilt. Es geht freilich nicht um ethische Erörterungen, sondern um ein Imitabile, also ein Vorbild, welches die Legende zur Nachfolge empfiehlt. Deshalb kann man Legenden auch als Nachfolgegeschichten bezeichnen. Sie haben nahezu eine soziologische Voraussetzung, insofern sie eine Gemeinde bedingen, in der es Nachfolge als Anspruch und Bereitschaft gibt. Überall dort, wo sich Jüngerschaft formiert, um einem Ruf zur Nachfolge zu gehorchen, bestehen die inneren Voraussetzungen für Legenden. Deshalb konnten in der Evangelienbildung als Ausdruck zeugnisgebender Jüngerschaft sich letztlich nur Legenden entwickeln für jene, die ihrem Ruf folgen können und wollen. Man kann die Evangelien mit innerem Recht Legenden nennen, denn sie wurden ja nicht geschrieben, um historische Neugier zu befriedigen, sondern sind eine Frucht der Jesus nachfolgenden Gemeinden und wollen in dieser Nachfolge – in Auseinandersetzung mit zeitbedingten Fragen – bestärken.

Diese formale Beschreibung der Legende enthält keinerlei Urteil über die eventuelle Historizität einer Legende. Legenden können historische Vorgänge darstellen, wie es beispielsweise manche Texte über Franz von Assisi oder Elisabeth von Thüringen tun, sie können aber auch Szenen beschreiben, für die sich ein geschichtlicher Rückhalt nicht finden läßt, wobei es dennoch offen bleibt, ob solche Szenen in einer höheren Weise nicht doch als eine Verdichtung komplexer historischer Erfahrungen gesehen werden müssen. Beispielsweise ist die im Religionsbuch für das 1. Schuljahr S. 27 vorgestellte und im 3. Schuljahr S. 94 erneut zitierte Elisabeth-Legende in dieser Form nicht historisch, aber als Ausdruck für die christusfromme lebenslange Bemühung um besonders liebesbedürftige Kranke ein von sämtlichen Geschichtsquellen gestütztes, verdichtetes Symbol dieser Frau. Einer solchen Legende geschichtliche Wahrheit absprechen zu wollen, kann nur jemand, dem die Verstehensvoraussetzungen für symbolischen Ausdruck fehlen.

An dieser Stelle zeigt sich ein weiteres Merkmal der Legende. Entsprechend ihrer Ausrichtung auf ein Imitabile, geht es der Legende nur um eine einzelne vorbildliche Handlung, in der sich bisweilen komplexe biographische oder zeitgeschichtliche Erfahrungen symbolhaft verdichten. Über dieses Imitabile,

[1] *André Jolles,* Einfache Formen, Tübingen ^{4}1968.

das die Legende errichtet, fragt sie aber nie hinaus. Es liegt jenseits des gattungsbedingten Interesses, was davor oder danach geschah. Herkunft, Kindheit, Jugend, privates Schicksal, gesellschaftlicher Kontext... bleiben außen vor. Zwar können sich Legenden zu Legendenkränzen zusammenfügen, doch ergibt dies niemals ein biographisches Kontinuum, vielmehr steht jede Legende grundsätzlich in sich, ist ein abgeschlossenes Ganzes. Das Imitabile, das sie errichtet, ist »der« Heilige.

Wie bei anderen Gattungen auch gibt es Zeiten, in welchen sich ihre innere Form in klassischer Reinheit bildete, und andere Zeiten, in denen Momente des Verfalls deutlich werden. Für die Legende gilt die mittelalterliche Heiligenlegende, wie sie in der »Legenda aurea« des Jacobus de Voragine seit 1273 vorliegt, als »ganz zu sich gekommen«. Das 15. und 16. Jahrhundert kennen demgegenüber Erscheinungen des Niedergangs. Danach entstanden kaum noch neue Heiligenlegenden, die einem heutigen Maßstab genügen. Angesichts der Tatsache, daß die Legende die einzige narrative Tradition ist, die sich im Christentum entfalten konnte (wohingegen die islamischen Länder eine überreiche und auch gattungsgeschichtlich differenzierte Erzählkultur kennen), ist es um so bedauerlicher, wenngleich kennzeichnend, daß seit einem halben Jahrtausend keine genuin christlichen Erzählformen entstanden. Die Proklamation einer »narrativen Theologie« hat dieses Defizit in allen ihren Erscheinungsformen eher unterstrichen als behoben.

Säkularisierte Formen: Polit- und Konsumlegenden

Freilich ließe sich heute außerhalb der christlichen Tradition von säkularisierten Legenden sprechen, die als Imitabile nicht den Heiligen, sondern ein politisches Vorbild präsentieren oder den Star als gesellschaftsgängiges Lebensmodell. Aus der eigenen Grundschulzeit erinnere ich mich eines Lesebuchstücks, das von dem jungen Adolf Hitler erzählte, der oftmals mit glühenden Wangen vor dem »Bücherschrank« seines Vaters gesessen habe, um über den großen vaterländischen Krieg (1870/71) zu lesen. Dann habe der kleine Adolf stets erneut seinen Vater gefragt, warum »wir« Österreicher nicht daran teilnehmen durften, und der Vater habe auf eine Zukunft verwiesen, in der es nur noch Deutsche in *einem* Reich gebe. – Dies war ein Musterstück politischer Legende. Der junge Hitler wurde als Imitabile für alle kleinen Pimpfe vorgestellt, welche die Grundschule besuchten. Gleich ihm sollte jedes Kind von frühester Jugend auf empfinden und streben. Welchen historischen »Sitz im Leben« dieser Text wirklich hatte, blieb für seine legendarische Intention irrelevant.

Das Gesetz der Gattung macht sich ebenfalls bemerkbar in der offiziellen Lenin-Biographie, herausgegeben vom Institut für Marxismus-Leninismus beim ZK der KPDSU. Weil die Intention dominant ist, den jungen Lenin, der damals noch Wladimir Iljitsch Uljanow hieß, allen Lesern als ein Imitabile vorzustellen, entstehen Textpassagen, die den pädagogisch instrumentalisierten Heiligenlegenden der späten Neuzeit (und Gegenwart) überraschend gleichen:

»In der Familie Uljanow herrschten stets Eintracht und Liebe. Das persönliche Beispiel der Eltern übte großen Einfluß auf die Kinder aus. Die Kinder sahen, wie sehr der Vater seine Kräfte für die Volksbildung einsetzte, wie streng er gegen sich selbst und seine Pflichten war und welche Freude ihm die Eröffnung jeder neuen Dorfschule bereitete. Das ganze Leben seines Vaters, seine Energie, seine Fähigkeit, sich völlig der geliebten Sache zu widmen, sein aufmerksames Verhalten gegenüber den einfachen Menschen und seine Bescheidenheit in allen Dingen waren von hoher erzieherischer Bedeutung für die Kinder. Der Vater besaß hohe Autorität, und die Kinder liebten ihn sehr.

Ilja Nikolajewitsch freute sich über die ständigen Erfolge seiner Kinder in der Schule und bemühte sich, sie zu noch Größerem anzuspornen. Er haßte Eitelkeit und erzog auch seine Kinder zu der gleichen Einstellung. Seine ganze freie Zeit widmete Ilja Nikolajewitsch der Familie. In seiner Gegenwart fühlten sich die Kinder frei, nie wich er ihren Fragen aus, aufmerksam erklärte er ihnen, was sie nicht verstanden. Er war ein mitreißender und lustiger Erzähler ...

Wolodja[1] Uljanow hatte eine frohe und glückliche Kindheit. Er war ein lebhaftes, gesundes und lebensfrohes Kind. Er war ein unermüdlicher Initiator kindlicher Spiele und Scherze. Aus Erinnerungen von Verwandten ist bekannt, daß er bei den Spielen sehr gerecht war und Raufereien haßte. Das ist kein Spiel, das ist eine Gemeinheit, ich werde daran nicht teilnehmen, erklärte er, wenn das Spiel in Rauferei überging. Er war wißbegierig, lernte mit fünf Jahren lesen und verbrachte viel Zeit über den Büchern ...« (usw., usw.)[2]

Natürlich handelt es sich bei solchen Texten nicht mehr um Legende, wie sie zur Zeit ihrer Blüte ausreifte. Hier spielt die pädagogische Regie eine übergeordnete Rolle; Legende wird als didaktischer Text instrumentalisiert, um die Leser zur Nachahmung zu ermuntern. Es fehlt vor allem die Verwandlung ins Symbol, was den Text als unaufhörliche Reihung tugendhafter Klischees so flach macht. An denselben Merkmalen ist die »für die christliche Familie« geschriebene Legende des 19. Jahrhunderts zugrunde gegangen. Ein Beispiel:

»Agatha war die Tochter einer hochadeligen und sehr reichen Familie in Sicilien. Sie war ausgezeichnet durch seltene Anmut und Schönheit des Körpers wie durch Lebhaftigkeit ihres Geistes und Edelsinn ihres Herzens. Ihre frommen Eltern unterwiesen durch Wort und Beispiel das liebe Kind in den Wahrheiten des christlichen Glaubens und in den hehren Tugenden des christlichen Lebens mit solchem Erfolge, daß es den schönen Namen Agatha – die Gute, die Liebliche – wohl verdiente. In dieser trefflichen Schule entfaltete sie sich zur vollendeten Jungfrau, die in ihrer Unschuld und Sittsamkeit mehr ein Engel, denn ein Mensch zu sein schien ...«(usw., usw.)[3]

Eine neuere Form politischer Legendenbildung war vor allem unter Studenten in den siebziger Jahren zu beobachten. Hier gewann der kolumbianische Freiheitskämpfer Che Guevara (1928-1967) eine legendäre Statur. Sein im Jesus-Typos stilisiertes Bild war auf Plakaten, Fahnen und T-Shirts allerwege anzutreffen. Che Guevarra wirkte als ein maßstabssetzendes Imitabile bis in Diskussionen und persönliche Überzeugungen hinein. Das gemeindebildende Element war unübersehbar.

[1] Wolodja: Kosename für Wladimir.
[2] W. I. Lenin. Biographie, (Moskau 1967) Berlin/Frankfurt a.M. 1969, 19-22.
[3] Das Leben der Heiligen Gottes nach den besten Quellen bearbeitet v.: *Otto Bitschnau*, Einsiedeln/Waldshut/Köln 1881, 89.

Die andere Version säkularisierender Legendenbildung hat ihren Sitz im Leben im Rahmen des heutigen Star-Kultes. Der Star ersetzt den Heiligen, der Fan-Club die Gemeinde. Seine Vorbildfunktion ist unübersehbar und wird in vielfältiger Weise von jeder Art Konsum-Werbung ausgenutzt. Zeitschriften wie »Bravo« schreiben die schnell wechselnden Legenden und bieten besonders favorisierte Idole sogar im Großformat auf Hochglanz oder im Star-Schnitt für die Bettwand. Im 4. Schuljahr ist die Wirksamkeit dieser Imitabiles vielfältig zu beobachten. In manchem gilt: »Wie er sich räuspert, wie er spuckt, das hat er ihm trefflich abgeguckt.« Die an Hauswänden und Bildstökken einst überall begegnenden heiligen Vorbildgestalten wurden innerhalb unserer Gesellschaft abgelöst durch schnell wechselnde Namen des Show-Business. Daß die mit ihnen verbundene Ikonographie freilich ohne orientierende Wahrheit ist und statt symbolischer Spiritualität nur die Faszination des immer wieder Wechselnden, aber immer auch Zufälligen und Gleichgültigen, kennt, muß bedacht werden. So geht mit der beliebigen Austauschbarkeit der »Typen« zugleich eine Zerstörung des inneren Bildsinns einher, der mit der besten Legendentradition zutiefst verbunden ist.

Kind und Legende

Kommen wir nach diesem Exkurs erneut zur klassischen Legende zurück. Jene Geistesbeschäftigung, die wir *imitatio* nannten, sahen wir so auf die Mannigfaltigkeit der Lebensvorgänge gerichtet, daß sie in sprachlich verdichteten Wendungen, in symbolischen Gestaltungen, welche die Vielfalt der Ereignisse ordnet, auf hintergründigen Sinn lenkt, in dem Zufälliges in Letztgültiges übergeht.

In ihrer Gesamtheit sind diese sprachlichen Gebärden so gerichtet, daß sie in Verbindung mit einem heiligen Menschen Maßstab und aktuelle Orientierung geben. Dabei ist es unerheblich, ob diese Gestalt »historisch« ist, oder ob das Sprachfeld der Legende sie erst geschaffen hat. Die Verbindlichkeit einer Legende berührt das nicht; bedeutsam ist ihr allein die Möglichkeit, ein Imitabile zu errichten, dessen Nachbildung den Jünger auf den Weg zum Äußersten führt.

Den Gehalt des lateinischen Wortes imitatio können die deutschen Wörter *folgen* oder *nachahmen* nur unzureichend andeuten. Wortgeschichtlich hängt imitatio (imitor) mit aemulus = nacheifernd und mit imago = Abbild zusammen. Das Mittelalter hat imitari zugleich mit immutari in Verbindung gebracht: Sich so verwandeln, daß man in etwas anderes eingeht.

Wir haben im bisherigen Religionsunterricht der Grundschule eine schöne Zahl alter christlicher Legenden unseren Kindern vermitteln können. Das Religionsbuch für das 1. Schuljahr reiht eine Zahl jener Traditionen aneinander, die den »Glanz der Legende« begründet haben, doch fehlt in keinem weiteren Schuljahr das legendarische Element. Da wir gewöhnlich Text und Bild einander zuordnen, finden sich gute Voraussetzungen, um die Legende vor allem in ihrer spirituellen Gestalt wahrzunehmen. Gleichzeitig haben uns diese Legenden – mehr intuitiv als begrifflich – geholfen, einen inneren Sinn für »nicht fotografierbare Wahrheit« zu entwickeln. In dieser Hinsicht erfüllen sie eine ihrer wichtigsten Aufgaben. Der Unterricht muß bedacht bleiben, Legenden niemals »erklären«, »besprechen«, »durchnehmen« zu wollen, denn vorrangig ist, daß sie wieder Glanz gewinnen, von innen her leuchten und für die Schüler eine Entdeckung werden, die ihrem Leben größere Tiefe gibt.

Im Rahmen unseres Kapitels begegnen wir jetzt im 4. Schuljahr der Legende erstmals unter formalliterarischen Aspekten. Das ist in diesem Alter unverzichtbar, weil der kritisch werdende Geist sonst seine Maßstäbe verliert, dem Genus Legende einen legitimen Platz im je stärker naturwissenschaftlich geprägten Weltbild zu bewahren. Denn wenn Legende oder Bibeltext diese Vermittlung nicht auch in Form einer rationalen, argumentativen Auseinandersetzung erfahren, werden sie unweigerlich in ihrer Bedeutung für den jungen Menschen zurücktreten müssen und in nicht ferner Zeit als »Kindergeschichten« aus dem eigenen Leben verdrängt. Die im Religionsbuch angebotene Synopse von historischer und legendarischer Darstellung eines kirchengeschichtlichen Ereignisses und die angeschlossene Aufarbeitung der formalen Merkmale der Gattung sollten deshalb mit einiger Sorgfalt im Unterricht erarbeitet werden. Dabei sind auch zahlreiche Rückgriffe auf früher behandelte Legenden möglich. So können die Kinder Analogien zwischen der Elisabeth-Legende vom Gekreuzigten in deren Bett und der Eustachius-/Hubertus-Legende mit dem Gekreuzigten im Hirschgeweih feststellen, um auf diese Weise weitere Sprachgebärden, welche die Legende kennzeichnen, zu bedenken. Die nachstehenden Anregungen erschließen die übrigen Materialien des Religionsbuches.

Das Rad der Welt

S. 97–99

A. Das »Rad mit den vielen Klingen«, das wir oben symbolisch gedeutet haben als Darstellung des unermeßlichen Leids, das die Verfolgung über die Christenheit im Reiche Diokletians gebracht hat, begegnet als Folterinstrument in vielen Heiligenlegenden. So heißt es in der Legende des heiligen Georg, der Richter habe befohlen, »daß man Georg auf ein Rad flechte; das war allenthalben mit zweischneidigen Schwertern besetzt. Aber es brach alsbald und Georg blieb unversehrt.«[1] Auch dieser gewiß unhistorische Vorgang wird in die Zeit Diokletians verlegt. Am bekanntesten ist das Rad als Attribut der heiligen Katharina von Alexandrien. Sie ist eine der »drei heiligen Madl«, von denen der (süddeutsche) Volksmund sagt: »Margareta mit dem Wurm, Barbara mit dem Turm, Katharina mit dem Radl, das sind die drei heiligen Madl.« Die Gestalt der Katharina hat das Mittelalter außerordentlich fasziniert, und diese Tradition hat immer noch einzelne Ausläufer, etwa in den »Catérinettes«, den heutigen Modistinnen und Schneiderinnen der Pariser Modehäuser, deren Schutzheilige sie ihrer ungewöhnlichen Schönheit wegen wurde.

Obwohl die Legende das Leben der Katharina ebenfalls der Diokletianischen Zeit zuordnet – sie soll unter Maximianus oder Maxentius um 310 den Märtyrertod erlitten haben –, ist Katharina als historische Gestalt nicht faßbar. Nur ihr Kult ist zu belegen, doch hat dieser nicht als natürlichen Ausgangspunkt das Grab, wie es sonst häufig vorkommt, sondern lediglich einen Legendentext. Das früheste Anzeichen ihrer Verehrung ist erst um die Mitte des 8. Jahrhunderts in Rom zu finden. Gegen Ende dieses Jahrhunderts las man in einem fränkischen Kloster die »Passio Ecaterine virginis«, also ihre Märtyrerlegende. Die Grundlage für die weite Verbreitung ihres Kultes war – ähnlich wie bei Georg oder Christophorus – die erzählte Legende. Deren Symbolwelt entsprach dem inneren Bildsinn der mittelalterlichen *Welt; die Wahrheit* der legendarischen Zeichnung befriedigte vollkommen, so daß sich die Frage nach historischer Beglaubigung nie stellte. Weil die Katharinenlegende ganz dem Idealtyp der frühchristlichen Märtyrerlegende entspricht, stellen wir sie hier vor. Legendentypische Sprachgebärden finden sich mehrfach; wer entsprechend unserem obigen Beispiel die sprachlichen Wendungen dieser Tradition erarbeiten will, kann folgende Formulierungen aufschließen:

- die in strahlendes Licht getauchte Nacht;
- die Engel, welche Katharinas Wunden mit Salben pflegen;
- die Ernährung mit himmlischem Brot;
- das bedrohende Räderwerk;
- die Milch, die statt Blut aus ihrem Leibe fließt.

[1] Legenda aurea, a.a.O., 329.

»Als nun der Cäsar nach Alexandrien kam und alles Volk zusammenrief, Reiche und Arme, damit sie den Götterbildern opferten, ließ er die Christen, die sich weigerten, zum grausamsten Tode verurteilen. Katharina hörte in ihrem Palaste das Brüllen der wilden Tiere und die Gesänge der Märtyrer. Sogleich sandte sie einen Boten aus, um zu fragen, was das wäre. Als sie es erfahren hatte, bezeichnete sie sich mit dem Zeichen des heiligen Kreuzes und lief eilends zur Arena, wo schon einige der Christen aus Furcht vor dem Martyrium sich anschickten, den Götzenbildern zu opfern. Von tiefem Schmerz ergriffen, trat die kühne Jungfrau vor den Kaiser und sprach zu ihm: ›Das hohe Amt, das du bekleidest, darf von mir Achtung und ehrerbietigen Gruß fordern; die Klugheit könnte mir raten, dir in Demut und blindem Gehorsam zu nahen. Aber Anbetung kannst du weder für dich noch für deine steinernen Bilder verlangen, Anbetung gebührt allein dem einen Gott, dem Herrn, der Himmel und Erde erschaffen.‹ Betroffen von dem Freimut ihrer Rede und dem Anstand ihrer Erscheinung, hörte der Kaiser die Jungfrau an, ja, er wandte sich auch nicht ab, als sie fortfuhr: ›Warum hast du alle diese hierher befohlen und zwingst sie, törichte Opfer zu bringen? Dein Tempel ist zwar voll der Kunstwerke, die deine Steinmetze gemacht haben, seine kostbare Zierde ist von Menschenhand geformt, und du bewunderst ihn. Dennoch weißt du, daß all dies leichtlich zu Staub zerfallen kann. Betrachte dagegen Himmel und Erde, das Meer und alles was darinnen ist, sieh die Sonne und die Planeten, wie sie von Anbeginn der Welt fleißig Tag und Nacht vom Aufgang zum Niedergang laufen. Dann frage dich, was gewaltiger ist, und bewundere ihren Schöpfer, der auch dich schuf. Denn Er ist der Gott aller Götter und der Herr aller Herren. Auch du sollst Ihn anbeten und preisen!‹ Da erschrak der Fürst und ließ sie rasch in seinen Palast bringen, denn ihre Klugheit und Schönheit hatten sein Herz angerührt.

Der Kaiser wollte nun aber die Jungfrau um ihrer Schönheit willen retten und versprach ihr, wenn sie ihrem Glauben abschwöre, solle sie nach der Kaiserin die Erste werden im Palast und ihr Bild solle angebetet werden wie das einer Göttin. Strenge wies ihn Katharina zurück: ›Weder deine schönen Worte noch deine grausamen Martern werden mich je von meinem Herrn abbringen können.‹ Da ließ der Kaiser sie nackend ausziehen und mit Ruten schlagen und danach in einen finsteren Kerker sperren, und er befahl, sie zwölf Tage ohne jegliche Speise zu lassen. Während dieser Zeit mußte der Kaiser in Staatsgeschäften verreisen. Die Kaiserin empfand jedoch Mitleid mit der Jungfrau. Sie begab sich in der Nacht mit Porphyrus, dem Obersten der Garde, zu ihrem Gefängnis. Wie erstaunte sie aber, als sie die Finsternis in strahlendes Licht getaucht fand und Engel erblickte, die die Wunden der Jungfrau mit Salben pflegten. Katharina erhob sich und predigte der Kaiserin vom Christenglauben in so beredten Worten, daß sie und Porphyrus, der alles mit angehört hatte, auf die Knie fielen und nach der Taufe verlangten. Der Kaiser fand Katharina zu seiner Verwunderung nach seiner Rückkehr ebenso blühend vor wie ehedem, denn der Herr hatte seine Dienerin mit himmlischem Brote genährt. Da ergrimmte er noch mehr und befahl, daß vier Eisenräder gefertigt würden, mit spitzen Nägeln darin, mit denen sollte sie zum Schrecken aller zu Tode gebracht werden. Als man sie zu der Marter führte, siehe, da kam ein Engel des Herrn und zerstörte das Räderwerk, so daß es mit großer Gewalt auseinanderbarst. Die Kaiserin hatte alles vom Fenster aus mitangesehen. Nun erhob sie ihre Stimme und schalt den Kaiser wegen seiner Grausamkeit und bekannte sich laut als Christin. Als der Kaiser dies vernahm und daß auch Porphyrus mit vielen seiner Ritter Christ geworden sei, ließ er alle martern und dann enthaupten. Katharina verurteilte er zum Tode durch das Schwert. Nachdem man ihr das Haupt abgeschlagen hatte, floß aus ihrem Leibe kein Blut, sondern Milch. Ihr Leichnam aber wurde von Engeln aufgehoben, die trugen ihn zum Berge Sinai, an den Ort, wo einstmals Gott dem Mose die Gesetzestafeln gab. (Das dortige Katherinenkloster versteht sich als Hüter ihrer Reliquien.)«[1]

C. Soweit sich feststellen läßt, ging das *sprachliche* Symbol des Rades mit den scharfen Klingen seiner ikonographischen Gestaltung voraus. Die Unterschiedlichkeit, mit der dieses Rad oder Räderwerk in allen Legenden beschrieben wird, läßt erkennen, daß keine einheitliche Vorstellung zugrundeliegt. Da auch die jeweiligen Märtyrer-Gestalten, denen das Rad als kennzeichnendes Attribut beigegeben wird, – neben Georg und Katharina vor allem noch Christophorus – keinen historischen Nachweis finden können, ist zu vermuten, daß das Rad als Folterinstrument anfänglich nur als symbolische Sprachgebärde bestand und erst im Gefolge der Legende, als Konsequenz einer fundamentalistischen Lesart, in das grauenhafte Spektrum der *christlichen* Straf- und Folterformen aufgenommen wurde.

»Der Gebrauch des Rades als Strafmittel scheint der Erklärung zu spotten«, bemerkt Hans von Hentig.[2] In der Vorstellung der Menschen begegnet das Rad als Strafmittel zwar schon in ältester Zeit. So ist es irgendwann mit der Ixion-Mythe verbunden worden,[3] begegnet auch in einer altkeltischen Sage und bei außereuropäischen Völkern, jedoch stets im Blick auf die natürliche Bewegung des Rades, so daß man auch hier fragen möchte, was zuerst war, das innere Bild oder die tatsächliche Strafpraxis der Räderung. Jedenfalls ist das Aufs-Rad-Flechten eines Menschen, wozu ihm zunächst die Knochen gebrochen werden mußten, vor dem (christlichen) Mittelalter nicht wirklich belegt.

Die »Peinliche Halsgerichtsordnung« Kaiser Karls V. bestimmte in Artikel 192, der Mörder solle »mit dem Rade durch Zerstoßung seiner Glieder vom Leben zum Tod gericht und fürter (danach) offentlich darauff gelegt werden«. Je nach Landesrecht gab es Varianten in der Durchführung. »Der Verurteilte wurde flach auf ein liegendes Rad gelegt, dessen Speichenzahl manchmal mit neun, manchmal mit zehn bestimmt war. Er wurde an den Hand- und Fußgelenken angepflockt, dann trat der Scharfrichter über ihn und ließ ein schweres Rad, das er an den Speichen hielt, auf die Glieder des Unglücklichen herabfallen oder stieß es hinab. Beim Rädern ›von unten auf‹ wurde bei den Schienbeinen begonnen, sonst beim Brustbein. Manche Rechtsbücher legen die Zahl der Radstöße fest. Drei war die Mindestzahl, doch sagte man kundigen Scharfrichtern nach, daß sie es in der Hand hätten, durch einen bestimmten kräftigen Stoß auf den Brustkasten die Leiden des Deliquenten abzukürzen.«[4]

Im 18. Jahrhundert kam die Strafe des Räderns allmählich außer Gebrauch. In Preußen wurde sie 1811 abgeschafft.

[1] Das Jahr der Heiligen. Geschichte und Legende, zusammengestellt und hrsg. v.: *Erna Melchers* unter Mitarbeit v. *Hans Melchers,* München 1965, 764.

[2] *Hans von Hentig,* Die Strafe, 2 Bde, Göttingen 1954/55.

[3] Die griechische Mythe erzählt, Ixion habe den Brautpreis nicht zahlen wollen und darum seinem Schwiegervater eine Grube gegraben, die mit glühenden Kohlen gefüllt war. Damit wurde er zum ersten Mörder. Zeus reinigte ihn von seinem Verbrechen und lud ihn zur Göttertafel ein. Doch statt dankbar zu sein, versuchte Ixion Hera zu betören, die Gattin des Zeus. Da bildete Zeus aus einer Wolke ein Ebenbild der Hera, die Nephele. Mit ihr zeugte Ixion die Kentauren. Zur Strafe dafür, daß er sich der Gunst Heras rühmte, wurde er später im Tartaros auf ein sich ständig drehendes, glühendes Rad geflochten.

[4] *Hermann Schreiber,* Die Zehn Gebote. Der Mensch und sein Recht, Wien/Düsseldorf 1962, 272.

Wir haben der frühchristlichen Märtyrerlegende zwei Darstellungen des geräderten Menschen beigefügt: einmal einen Holzschnitt HAP Grieshabers, den dieser 1969 als Jahresgabe für den württembergischen Kunstverein schuf, zweifellos in Anlehnung an das auf Seite 99 gezeigte Maßfensterwerk der Stiftskirche St. Georg in Tübingen, 1483-89 entstanden. Beide Bilder stehen zum Gedenken an die zahllosen Menschen, die in alter wie neuer Zeit, auf das Rad ihrer Zeit gespannt, ärgste Folter erleiden.

Das Rad gilt seit alter Zeit als Sonnensymbol; man dachte sich die Sonne auf einem Wagen mit vier Rädern über den Himmel fahrend, wie es der Sonnenwagen von Trundholm veranschaulicht (→II, 437 ff), oder man stellte sich die Sonne als rotierendes Symbol nach Art eines Rades vor. Das Rad bedeutete aber auch die viergeteilte Sonnenbahn oder das Bild des Kosmos, wie wir es mehrfach studiert haben (→III, 479 ff, 486 ff). Das sich drehende Rad wurde zugleich als ein Symbol der Vergänglichkeit verstanden. So steht die griechische Schicksalsgöttin auf einem Rad, während im späten Mittelalter, als den Menschen der Wandel der Welt immer bewußter wurde, neben dem Glauben an die göttliche Vorsehung, auch Fortuna, die Göttin des irdischen Schicksals, dargestellt wurde, wie sie das Lebensrad bewegt. In einer Handschrift der Prager Wenzelswerkstatt von 1392 steht sie inmitten des Rades als gekrönte Herrscherin über das menschliche Geschick. Sie dreht das Glücksrad, wenn es denn eines ist. Vier Gestalten klammern sich daran: links (wo die Uhr neun zeigt), ein Prinz, der zur Herrschaft aufsteigt. *Regnabo* steht daneben: Ich werde herrschen; oben ein König auf dem Gipfel seiner Macht; *regno:* ich regiere. Rechts ein stürzender Herrscher: *regnavi,* ich habe regiert; unten schließlich einer, der ohne Macht und Ansehen ist; *sum sine regno:* ich bin ohne Herrschaft.[1]

Schließlich ist das Rad auch ein Symbol des Gerichtes. Nemesis, die strafende Göttin der Gerechtigkeit, hat es als Attribut. Der Frevler Ixion wurde zur Sühne auf ein feuriges Rad geflochten. Anakreon sagte, das Menschenleben rolle unbeständig wie die Sprosse eines Wagenrades.[2] In der buddhistischen Tradition wird vom Rad der Gestaltungen gesprochen. »Schnell dreht sich das Rad der Gestaltungen, Govinda... Ich bin unterwegs. Ich war ein Reicher, und bin es nicht mehr; und was ich morgen sein werde, weiß ich nicht.«[3]

Alle diese Bedeutungen dürfen mit dem Rad verbunden werden, auf das wir den Menschen gespannt sehen: es ist der Wechsel von oben und unten;es ist das Rad der Welt mit all ihrer Vergänglichkeit; es ist das Rad mit den scharfen Klingen, denn niemand lebt, ohne Wunden davon zu tragen; es ist das Rad des Leidens, auf das manche Menschen rettungslos gebunden sind; es ist das Rad des ausgelieferten Menschen, das seine Würde mißachtet und die Ohnmächtigen in den Tod hinein foltert; es ist das Rad der heiligen Märtyrer, die es zu allen Zeiten gibt, heute in vielen Verließen dieser Welt.

D. Im Gespräch mit den Kindern sollten wir den geräderten Menschen ausschließlich symbolisch deuten, also nicht auf dem Hintergrund einer

[1] Vgl.: Die Parler und der Schöne Stil 1350-1400. Europäische Kunst unter den Luxemburgern, Führer zur Ausstellung, Köln o.J. (1978).
[2] Vgl.: *Manfred Lurker,* Wörterbuch biblischer Bilder und Symbole, München 1973, 243.
[3] *Hermann Hesse,* Siddhartha, Frankfurt a.M. 1950.

unmenschlichen Strafpraxis interpretieren. Dabei hat er seine erste Funktion im Kontext der idealtypisch konstruierten Legende, wie sie das Religionsbuch Seite 98 vorstellt. HAP Grieshaber, der auf der Achalm bei Reutlingen lebte und arbeitete, wenige Kilometer von Tübingen entfernt, hat für seinen Holzschnitt die gotische Steinplastik des geräderten Georg aufgegriffen, um den geschundenen Menschen unserer Zeit ein Denkmal zu setzen. Seine Kunst versteht sich politisch. Sie macht darauf aufmerksam, daß es sich bei diesem Motiv keineswegs um eine historische Retrospektive handelt, wie auch die Darstellung im Fenster der Stiftskirche nicht vorrangig der Erinnerung dient, sondern einer Mahnung in die Zeit. Über dieses Verständnis wird den Kindern dann auch einmal mehr der symbolische Sprachstil der Legende bewußt.

A. Welche historische Gestalt steht hinter dem Christophorus der Legende? Gertrud Benker meint, die Antwort lasse sich in einem Satz zusammenfassen: »Christophorus lebte wahrscheinlich im 3. Jahrhundert in Kleinasien und starb dort als Bekenner seines Glaubens an Jesus Christus.«[1] Um das »wahrscheinlich« zu erläutern, sind allerdings allzu viele weitere Sätze notwendig, die wir hier auf das knappste beschränken. Festzustellen ist, daß es kein direktes Zeugnis seiner realen Existenz gibt, weder eine historisch fundierte Vita, noch ein Grab, noch indirekte Kunde in einem kirchlichen Dokument. Die Vermutung einer historischen Person stützt sich nur auf Indizien zweiten Grades: Da gibt es einen Stein in Kleinasien, dessen Inschrift meldet, am 22. 9. 452 sei eine Kirche zu Ehren des heiligen Christophorus geweiht worden. Da der Name früher nie auftaucht, wird unterstellt, mit jenem Kirchenpatronat sei der Christophorus der Legende gemeint. Sodann ist für das Jahr 553 ein Bischof Christophorus von Arkadiopolis im vorderasiatischen Lydien bezeugt. Ist sein Name Widerschein des verehrten Heiligen? Um 600 war fernerhin ein Frauenkloster in Galatien (Kleinasien) dem Christophorus geweiht. Das ist bereits der ganze Befund. Papst Paul VI. war er zu fragwürdig, so daß er die Ungeschichtlichkeit der Legendengestalt präsumierte und das Fest kurzerhand aus dem liturgischen Kalender strich, – den heiligen Georg gleich mit dazu. Was müßte sonst noch alles aufgegeben werden, wenn der historische Maßstab theologisches Kriterium werden soll?

Am Anfang steht also die Legende. Hinter sie zurück reicht die Forschung nicht. Aber welche Legende? Das Bild des alten Riesen, der sich mit einem Kind auf der Schulter mühsam durchs Wasser kämpft, ist eine ziemlich späte Erweiterung der Heiligengeschichte, die mit der älteren Legende sich kaum berührt. Der legendarische Ursprung wurde so rekonstruiert:

Gegen Ende des 5. Jahrhunderts erzählt eine Legende von einem Märtyrer Bartholomäus, der aus dem Reich der Ichtophagen (Fischesser, gemeint sind Küstenbewohner) ins Innere Kleinasiens kam und dort gemeinsam mit einem Mann namens Andreas Wunder wirkte. Der König des Landes nimmt beide wegen ihres fremden Glaubens gefangen und foltert sie vielfältig, doch gehen die Standhaften, die Auferstehung des Leibes in legendarischer Symbolik vorwegnehmend, aus allen grausamen Torturen unbeschädigt hervor. Als es Bartholomäus und Andreas kraft ihrer Taufe gelungen ist, sich von ihrer Stofflichkeit zu befreien und somit die Sterblichkeit zu überwinden, wird ihnen von Gott ein Helfer beigesellt: ein Kynokephale, das ist ein Hundsköpfiger, der mit ungewöhnlicher Kraft ausgestattet ist. Man nannte ihn zunächst Reprobus, das heißt der Verfluchte, bis er mit seiner Taufe das tierische Wesen ablegen konnte und nun Christianus genannt wurde.

[1] *Gertrud Benker,* Christophorus. Patron der Schiffer, Fuhrleute und Kraftfahrer. Legende, Verehrung, Symbol, München 1975, 8.

Dieser Erzählansatz wurde in den folgenden Jahrhunderten fortgesponnen. Unter dem Einfluß anderer Legendenströme kamen neue Elemente hinzu, wurden alte umgebaut. Die orientalischen Fassungen haben den legendarischen Ursprung am besten bewahrt. Sie berichten folgende Geschichte:

»Christophorus war zunächst ein Heide mit dem Namen Reprobus. Er sah wild und schreckenerregend aus, besaß einen Hundskopf und eine riesenhafte Gestalt und war der Sprache nicht mächtig. Auf sein Flehen hin verlieh ihm Gott Verstand und Sprechfähigkeit. Außerdem wurde ihm von oben Mut zugesprochen, denn seinetwegen würden sich viele Menschen bekehren. Der also Begnadete und zum gläubigen Christen Gewandelte bekennt: ›Ego christianus sum, et non sacrificabo daemoniis perditis.‹ (Ich bin Christ und ich werde nicht den verderblichen Dämonen opfern.) Nun beginnt Reprobus eine erfolgreiche Lehr- und Predigertätigkeit auf Samos. Dabei stößt er einmal seinen Stab auf die Erde, worauf dieser zu blühen und zu grünen beginnt.

Das Auftreten des Bekenners vor dem Volk kommt dem Kaiser zu Ohren; er befiehlt, ihn vorzuführen. Die Soldaten, die Reprobus ergreifen wollen, werden durch ein Speisungswunder bekehrt. Ein Priester Petrus erteilt dem Riesen die Taufe und gibt ihm den Namen Christophorus.

Freiwillig läßt sich nun Christophorus von den Soldaten binden und zum Kaiser bringen. Durch schmeichelhafte Versprechungen sucht ihn dieser dem christlichen Glauben abspenstig zu machen und für sich zu gewinnen. Als sowohl gutes Zureden wie eine Geißelung erfolglos bleiben, läßt er Christophorus in den Kerker werfen. Zwei Dirnen sollen ihm dort zusetzen und ihn vom rechten Weg abbringen. Auch an ihnen bewirkt der Heilige das Wunder der Läuterung.

Die Bekehrungsaktionen und das nachfolgende Martyrium der Gläubigen nehmen immer größere Ausmaße an: Christophorus wird von den Schergen des Kaisers auf eine eisenbeschlagene Bank genagelt, und rings um diese ein großer Brand entfacht. Dem fallen dreißig Häuser und mehrere Menschen zum Opfer. Eine erregte Volksmenge läuft zusammen. Christophorus erhebt sich, predigt und bekehrt Tausende.

Als der Kaiser am nächsten Morgen zum Opferaltar schreitet, widerfährt ihm eine böse Überraschung: der Totgeglaubte tritt vor ihn hin, hinter sich eine Schar Neubekehrter. Der Kaiser will sich an ihnen rächen und alle töten lassen. Während Christophorus betet, bebt die Erde und die Menschen stieben auseinander. Schließlich kann der Bischof Athanasius die Reliquien der verstorbenen Bekenner sammeln.

Christophorus aber muß neue Quälereien erdulden: Ein gewaltiger Stein wird ihm um den Hals gelegt – in einigen Versionen: an die Haare gebunden –; als er damit durch die Straßen geschleift wird, können die Christen seine Fleischfetzen aufnehmen. Schließlich bleibt er wie tot liegen; die Soldaten wälzen einen großen Stein auf ihn. Doch mit Gottes Hilfe vermag sich der Heilige abermals zu befreien. Mitsamt dem Stein erscheint er vor dem Kaiser und verspottet ihn.

Am darauffolgenden Tag vollzieht sich die letzte Szene der Passio (Leidensgeschichte): Christophorus soll enthauptet, der Leichnam verbrannt werden. Vor seiner Hinrichtung bittet der Heilige im Gebet um Erhörung aller, die in seinem Namen zu Gott um Hilfe flehen werden. Christus erscheint und verleiht ihm diese Privilegien, vor allem die Wunderkraft seiner Reliquien.

Nach dem Tode des Christophorus weiß sich Bischof Athanasius der Leiche zu versichern. Er läßt eine Kirche errichten und den Heiligen dort zur letzten Ruhe betten. Die Stadt, die bisher unter den Überschwemmungen eines Flusses sehr zu leiden hatte, bleibt von diesem Zeitpunkt an davon verschont.«[1]

[1] Ebd., 16f.

Die hier gekürzte Grundform der Legende bietet eine uns unerträglich scheinende Folge von Torturen, die man zumindest Kindern nicht zumuten möchte. In westlichen Handschriften wird das Allzugrausame ein wenig zurückgenommen, gleichzeitig eine Historisierung durchgeführt: als der unerbittliche Kaiser wird nun Decius genannt, der 251 starb. Die schon im Osten erwähnte Stärke und Größe des Heiligen erfährt eine genaue Festlegung:

Christophorus mißt »zwölf Ellen«, was etwa dem Dreifachen der normalen Mannesgröße entspricht.

Die bisher erzählte Legende kennt – zumindest äußerlich betrachtet – noch nicht das Bild der Christusträgerschaft. Allerdings: Namensetymologien spielten im Mittelalter eine große Rolle, wie die Legenda aurea in jedem Kapitel neu zeigt. Da der Heilige ein Märtyrer war, kam ihm der Ehrentitel »Christianus« zu, was zu »Christophorus« verstärkt werden konnte. Hans-Friedrich Rosenfeld hat gezeigt, daß das Motiv des Tragens zunächst auf einen engen geistigen Kontakt verwies; es wurde metaphorisch verstanden als »Christus im Herzen tragen«. So zeigen frühe bildliche Übersetzungen dieses Verständnisses, wie Christus auf der linken Brustseite des Heiligen steht (z. B. das Fresko in St. Peter in Bacharach oder in St. Johann, Taufers/Südtirol).

Etwa ab 1130 wird dann der Sinngehalt des Namens in die allgemein bekannte Gestalt übertragen, doch ist dies zugleich ein eigenartiger Vorgang. Der innere Bildsinn des Volkes entwirft die monumentale Christusträgergestalt zunächst nur ikonographisch, während die erzählerische Version noch einige Menschenalter auf sich warten läßt. Die endgültige Form der uns vertrauten Christophoruslegende entstand erst durch Jacobus de Voragine, den Verfasser der Legenda aurea (zwischen 1263 und 1273). Er fügte die vorhandenen Erzählmotive – variierend, erweiternd – zu einem in sich schlüssigen Ganzen zusammen. Eine bewundernswerte Leistung! Unser Religionsbuch folgt seinem Text.

B. Der Christophorus dieser Legende gehört zu den großen Wandergestalten unserer Tradition, die auf der Suche nach dem Leben sind und von denen man nicht sagen kann, daß sie von allem weggegangen und nirgends angekommen sind. Entsprechend mittelalterlicher Typik wollte er allein dem Mächtigsten dieser Welt dienen, und zwar in freiwilliger Unterordnung, die nicht auf Zwang und Knechtschaft beruht.Dieser Entschluß ist jedoch nur die Vorderseite seines Aufbruchs. Dahinter steht eine der tiefsten Fragen menschlichen Denkens. Was ist die letzte Instanz des Lebens? Auf diese Frage gibt die Legende eine allen Gemeinplätzen überlegene Wegleitung.

Zentrales Motiv der Legende ist ein Paradox: Der Starke (ein Mensch »von gewaltiger Größe und furchtbarem Angesicht«) stellt seine ganze Kraft in den Dienst der Schwachen und Hilflosen. Damit wird ein Grundgedanke christlicher Existenz zum bildhaft-konkreten Imitabile erhoben. Die Entwicklung dieses Leitbildes durchzieht die ganze Legende. Ihre Dreiteilung ermöglicht Spannung und Steigerung und versinnbildlicht das Suchen, das stufenweise über Irrtümer zur Erkenntnis führt. Sie macht eine alte Vorstellung von der Weltordnung sichtbar: Zunächst die weltliche Macht, dann das Böse, im Teufel personifiziert, und endlich über allem Gott, der durch die Gestalt Jesu – das Kreuz und das Kind – vergegenwärtigt wird. Hier wird das zweite Paradox deutlich: Die höchste Macht tritt in der tiefsten Ohnmacht und Schwäche in Erscheinung. Beides, der Dienst des Starken und die Macht in der Ohnmacht, ist inhaltlich eng aufeinander bezogen.

Christophorus will sich dem Mächtigsten zur Verfügung stellen, »für ewige Zeiten«. Er wagt seine ganze Existenz, aber nur für das Höchste lohnt sich sein Einsatz. Anfangs scheint jede Macht in sich gefestigt, bis sie – wenn auch widerwillig – ihre Ohnmacht in der Furcht vor dem Stärkeren offenbart; Furcht gilt als Kriterium der äußeren und inneren Schwäche. Mit dem König und auch mit dem Teufel tritt Christophorus direkt in Verbindung; in bezug auf die Dienstleistungen scheint es keine Schwierigkeiten zu geben; sie werden fraglos und selbstverständlich getan. Doch ebenso fraglos und selbstverständlich kündigt Christophorus den Dienst, sobald er hinter der glänzenden Maske der Macht deren moralische Schwäche und Angst erkennt.

Erneut wandert er weiter, und während er den Teufel bald gefunden hatte, mußte er nun lange Zeit suchen, bis ihm jemand von Christus Kunde geben konnte. Hier zeigt sich, daß Christophorus' Suche (in manchen Textfassungen heißt er vor seiner Begegnung mit Christus *Reprobus* oder auch Offorus) nach dem »Stärksten« ein sich selbst noch nicht verstehendes Heilsuchen ist. Endlich findet er einen Einsiedler. Dieser in Distanz zur Welt lebende Mensch war befähigt, ihn zu beraten. Allerdings bot er Christophorus zunächst eine Lebensorientierung, die ganz dem mittelalterlich-kirchlichen Frömmigkeitsideal zugehörte; Fasten: »Dies vermag ich nicht zu tun«; Beten: »Ich weiß nicht, was das ist, und kann ihm darin nicht folgen.« Mit beiden Antworten äußert Christophorus ein Befremden, in dem sich viele heutige Zeitgenossen, zumal junge Leute, wiedererkennen. Fasten und Beten sind seinem bisherigen Leben unbekannt; er lehnt es ab, weil er nicht weiß, wie er darin seine ihm eigenen Möglichkeiten realisieren soll, einmal davon abgesehen, daß er auch deswegen nicht fasten mag, weil ihm, dem Riesen, das Essen allzu köstlich und begehrenswert erscheint.

Doch der Einsiedler weiß eine Alternative, die er wie Fasten und Beten als einen Dienst Christi bezeichnet: »Setze dich an den Fluß und trage die Menschen dahinüber... Und ich hoffe, daß (Christus) sich dir dort offenbaren wird.« Entgegen den früheren Dienstleistungen, die er in den unmittelbaren Eigeninteressen seiner Herren übernommen hatte, gilt dieser Dienst Menschen, die in gefährlicher Strömung leicht ertrinken könnten. Was unbekannte Reisende mit seinem neuen Herrn zu tun haben, ist freilich nicht auf den ersten Blick verständlich. Die Einsicht, daß er Gott in seiner Arbeit dient, der sich durch Christus mit den hilfebedürftigen Menschen identifiziert, erschließt sich in ihrer vollen Tiefe nicht sofort, sondern erst nach langem Einsatz im Dienst der Mitmenschen: Das Kind offenbart ihm ein zentrales Prinzip des Evangeliums: daß die höchste Macht – Gott – sich in der tiefsten Schwäche und Ohnmacht verbirgt.

Zeichen für die Wahrheit dieser Offenbarung ist der verdorrte Stab, der über Nacht erblüht und Früchte trägt: Symbol für den, der in der Tiefe der Armut und des Kreuzes die Herrlichkeit Gottes findet und dadurch neues Leben fördert.

C. Die Christophorus-Legende ist eine Summe des Evangeliums. Ihre Theologie kulminiert in folgenden Akzenten:

Erstens: Der Weg zu Gott kennt als Stationen Aufbruch, Wanderschaft, Irrtum, Verfehlung, unermüdliches Suchen. (Das Labyrinth ist ein symbolisches Gegenstück.) Der biblische Prototyp dieses homo viator ist Abraham, dessen Aufbruch aus gesicherter Existenz ins Dunkle hinein erfolgte und allein von Vertrauen und Hoffnung geleitet war. Soweit es nur um den Aufbruch geht, modifiziert auch Maurice Sendaks »Es muß im Leben mehr als alles geben« diese Urthematik (→III, 470-474).

Zweitens: Die Christophorus-Legende interpretiert in handlungsreicher Symbolik die Quintessenz von Mt 25,31-46: »Was ihr einem von diesen meinen geringsten Brüdern getan habt, habt ihr mir getan.« In vielfältigen Variationen haben unsere Schüler diese Aussage in Legenden vor Augen gestellt bekommen; erinnert sei beispielsweise an St. Martin, Elisabeth und den Aussätzigen, Hubertus und den Hirsch. Es soll deutlich werden: Es gibt keine christliche Gottesverehrung ohne Liebe zu den Menschen. Niemand kann Gott finden, aber seine Mitmenschen verfehlen.

Drittens: Der Gott Jesu Christi offenbart sich nicht in Hoheit und Reichtum, nicht in der Herrschaft von Menschen über Menschen, sondern in der Menschlichkeit des Menschen. Die christliche Tradition sagt: er zeigt sich als Kind. Die »Autorität« Gottes ist nicht die Autorität der Mächtigen, sondern die »Autorität« der Ohnmächtigen.

Viertens: Das längst verdorrte Holz wird wieder grün und trägt Früchte, wenn sich Menschen auf den Weg solidarischer Hilfe einlassen. Dieses Wunder der Legende kann auch heute immer neu beglaubigt werden.

D. Die unterrichtliche Beschäftigung mit der Christophorus-Legende sollte erst geschehen, nachdem die voranstehenden Seiten mit ihren Erörterungen der legendarischen Wahrheit sorgfältig erarbeitet wurden. Auf diesem Hintergrund werden unsere Schüler verstehen, daß die Frage nach der Historizität dieser Erzählung in die falsche Richtung führt. Jener Christianus/Christophorus ist keine einmalige christliche Gestalt, sondern die Verkörperung christlicher Existenz, wie sie zu allen Zeiten gelebt wurde. Darum geschah auch alles, was die Legende erzählt, und geschieht es noch immer. Aber wie geschieht es?

Einer Vertiefung des Legendenverständnisses dient das schöne Bild von Joachim de Patinir. Wir sollten es die Kinder mit Muße betrachten und gemeinsam besprechen lassen. Eine Projektion des bereitgestellten Dias erhöht die Einprägsamkeit des Symbols.

Der tieferen Erarbeitung der Legende, zumal ihrer typischen Sprachgebärden, dient die Seite 103. Der Text unterscheidet zweierlei Sorten: in der Grundschrift finden sich Legendenzitate, in der Kursive ein Impuls zum deutenden Gespräch. Insgesamt werden vier Motive herausgestellt:

Das Kind ist das erste Motiv. Es sollte als Symbol gelesen werden. Dann repräsentiert das Kind alle Kleinen, Wehrlosen, Schwachen, Ohnmächtigen, Armen..., also jeden, der keine Lobby hat, übersehen, übergangen und übervorteilt werden kann. Wenn wir das »Kind« so verstehen, ist es leicht einsichtig, daß es selbst Riesen zu Boden drückt... gerade Riesen. Sobald es beispielsweise darum geht, einen hilflosen Kranken zu pflegen, ihn täglich zu waschen, sein Bett zu machen, ihm dabei ein Lächeln zu schenken, werden Riesen leicht zu Zwergen. Auch jene, die aus freien Stücken zu diesem Dienst bereit sind, können davon über die Maßen belastet werden. – Die andere Dimension des Symbols haben wir schon mehrfach betrachtet: den Bettler, mit dem Martin seinen Mantel teilt und mit dem sich Christus im Traumgesicht identifiziert; den Aussätzigen, den Elisabeth pflegt, und den die inneren Augen als den Gekreuzigten erkennen; das gejagte Tier, das seinen Verfolger anredet: »Ich leide in diesen Tieren, deren Not du mißachtest!« All diese Geschichten interpretieren den Satz im Religionsbuch: »Gott offenbart sich nicht in der Stärke, sondern im Kleinen und Ohnmächtigen.«

Das Wasser und der Fluß bilden einen weiteren Komplex, der über alle Faktizität hinaus symbolische Qualität besitzt. Dieser Hintergrund wurde bereits erschlossen (→III, 487-492). Hier steht der bedrohende und tödliche Aspekt des Wassers im Vordergrund; wir kennzeichneten ihn mit Hindernis, Grenze, Gefahr, Tod und Grab. Die Hilfe, die Christophorus leistet, ist jeweils ein »Übersetzen«: der Beistand, daß kein Weg vorzeitig endet, daß niemand stehen bleiben muß, weil er an Grenzen gelangt, die nur durch mitmenschliche Solidarität überwunden werden können.

Mensch und Gott: Der dritte Absatz enthält kein dinghaftes Symbol. Er spricht vom verborgenen Gott in dieser Welt. Es ist der Gott, der in den Leiden der Menschen leidet (→ S. 172ff), der sich im Gekreuzigten mit allen übrigen ausgelieferten Menschen verbindet. Dieses Symbol des Kruxifixus ist dunkles Geheimnis (→ S. 307ff) und doch je und je konkret. Wer den Ohnmächtigen oder Hilflosen auf seine Schultern lädt, trägt den, der alles trägt. Es ist auch ein Geheimnis der Liebe.

Der blühende Stab wird als viertes Symbolmotiv herausgestellt. Es ist ein weitverbreitetes Legendenthema. Gertrud Benker meint, es stehe »immer für die Bestätigung einer menschlichen Aussage durch den göttlichen Willen«, oder das Grünen des Baumes sanktioniere den Heiligen, von der Wahrheit Zeugnis zu geben. Mag sein, daß die Literatur solche Deutungen bevorzugt, doch erscheinen sie angesichts der Baumsymbolik viel zu eng, um auf derartig dünne Gedankengänge fixiert werden zu dürfen. Das neu ausschlagende dürre Holz zeigt an, was durch die Tat des Christophorus geschieht: wo vorher Stillstand war, ist nun wieder Bewegung, was Trockenheit zerbrechlich machte, steht neu im Saft, was dem Tod überschrieben war, treibt Blüten und Früchte. Wir können nach Erfahrungen fragen, die diesen Aspekt des Lebensbaums belegen. Weiter vorne finden sich breit entfaltete Materialien (→ S. 524ff).

Joachim de Patinir: Christophorus S. 101

A. Joachim Patinir wurde um 1480 in oder bei Dinant geboren, gestorben ist er in Antwerpen; 1524 wird von seiner Frau bereits als Witwe gesprochen. Spätestens 1515 war Patinir in Antwerpen ansässig, denn in diesem Jahr wird er dort in die St.-Lukas-Gilde aufgenommen. Schon bald gewann er europäischen Ruf. Auf seiner Niederländischen Reise suchte Albrecht Dürer die Bekanntschaft mit Patinir; in seinem Tagebuch erwähnt er ihn mehrfach. Aus den Maitagen des Jahres 1521 in Antwerpen heißt es: «Item am Sonntag hat mich Meister Joachim, der gut Landschaftsmaler, auf seine Hochzeit geladen und mir alle Ehre geboten... Ich hab dem Meister vier Christophel auf grau Papier überreicht.« Dürers Geschenk, der sich schon zuvor in Nürnberg mehr als ein Dutzend mal Lösungen unseres Themas erarbeitet hatte, war ein Blatt mit vier Figuren des heiligen Christophorus. Im Reisebericht lesen wir ebenfalls, daß Dürers Antwerpener Wirt Adriaen Herbouts ihm Patinirs kleines Gemälde »Die Zerstörung von Sodoma und Gormorrha« schenkte. Dürer muß Patinir sehr geschätzt haben. Mit seiner Notiz, dieser sei »ein gut Landschaftsmaler« verwendete er einen Ausdruck, der bis dahin in der deutschen Sprache noch nie vorkam.

Für die Entwicklung der Landschaftsmalerei bei Patinir war Gérard David und noch mehr Hieronymus Bosch von Bedeutung. Seine Landschaften haben für unser Empfinden freilich etwas Synthetisches: Sie sind aus dem Vogelflug gesehen und rücken Landschaftsformen in phantastischen Kombinationen zusammen: Felsen und Flüsse, Berge und Inseln, Wälder und Wiesen, Städte und Dörfer. Dabei gibt er jedes einzelne Objekt äußerst sorgfältig wieder. »Die Anschauung der Natur befreite sich bei Patinir von der untergeordneten Position, die sie in der niederländischen Malerei bis dahin eingenommen hatte, und schickte sich an, ein autonomes, malerisches Genre zu werden. Aus diesem Grunde kommt Patinir das historische Verdienst zu, den ersten großen Schritt zur Emanzipation der Landschaftsdarstellung unternommen zu haben, wenn sie bei ihm auch noch einen gemäßigten sakralen Charakter aufweist. ›Reine‹ Landschaften, die keine sakralen Figuren aufweisen, sind bei Patinir überhaupt nicht bekannt.«[1]

B. Das Tafelbild mit dem heiligen Christophorus wird nach 1521, also im Anschluß an Dürers Besuch datiert. Man glaubt, daß der Einfluß Dürers spürbar sei. Die riesenhafte Gestalt des Christophorus wird am besten im Vergleich mit den übrigen Figuren, zumal dem Kind auf seinem Rücken deutlich. Der weitere Einfluß geht auf Hieronymus Bosch (→III, 395 ff) zurück. So wenig es in dessen Bildern geheuer ist, so wenig ist diese von Bosch inspirierte Landschaft geheuer. Momente der Bedrohung und des Todes durchziehen das Bild.

[1] *G. T. Faggin,* Art.: Patinir, in: Kindlers Malerei Lexikon, Bd. 10, München 1976, 66.

Alles, was sich in der Legende (in jener Tradition, die Jacobus de Voragine vorausging) im Nacheinander ereignet, wird hier synchron und im winzigen Maßstab in den Bildhintergrund gebracht.

Da weitet sich der Fluß, der rings um Christophorus eine bedrohlich dunkle Farbe einnimmt, nach hinten zum offenen Meer. Wo der Riese ihn durchquert, ist wohl seine engste und zugleich passierbare Stelle. Aber sie ist doch überaus gefährlich, denn wir sehen zwei Männer, die einen angeschwemmten Leichnam an Land ziehen. Von der Stadt her kommt über die Straße rechts ein Troß lanzenstarrender Reiter heran, den gleichen Weg ziehen ein Stück weiter vorne zwei Wanderer, einer mit einer Kiepe auf dem Rücken. Wie auf fast allen mittelalterlichen Christophorusbildern fehlt der »Einsiedel« nicht, welcher den Rat gab, Christus in den Mitmenschen zu dienen. Er geht gebeugt an einem Stock, mit der Rechten einen toten Baum umfassend. Seine Behausung hinter ihm scheint auch nicht Geborgenheit zu verraten. Ist die Hütte im Baum eine Fluchtburg? Was ist das überhaupt für eine seltsam belebte, aber auch unüberschaubare und überraschungsreiche Welt? Dieses Kolossal-Panorama von fernen Küsten, Bergen, Inseln, Städten und Straßen ist die Umsetzung der Suchwanderung des Christophorus in dem landschaftlichen Kontext des Bildes.

Ein besonderer Hinweis soll der Zentralfigur mit dem Kind noch dienen. Ernst Wolfgang Mick macht darauf aufmerksam, daß dem Christophorus jedwedes Lot mangelt: »Weder Vertikale, noch Horizontale verfestigt eine der schräg gegeneinander schwankenden Achsen, und dies im Gegensatz zur Stabilität der im gleichen Flußlauf so fest gegründeten Felsen, wie der sonstigen vielen Lotrechten im Bild, das darüber hinaus bis zu Wasserlinien und Wolken von lauter Horizontalen beherrscht und getreppt wird. Bewußt verstand es der Maler, die Sehgesetze zu nutzen. Ihm konnte nicht gleichgültig bleiben, in welcher Wegrichtung der Riese das Wasser durchwatet, ob von links nach rechts in der üblichen Weise – stets läuft der Blick des normalen Betrachters die nach rechts ›abrollende‹ Zeile entlang – oder, was ungleich mühsamer wirkt, in der Richtung gegen den Strich. Da scheint der Widerstand stärker, ja die Kraft, die gegen ihn angeht, bei zurückgewendetem Kopf fast zum Stehen gebracht. Auch hat dieser Christoph noch kaum die Mitte des Bildes erreicht, obwohl er nach links hin sich abmüht. Nach links hin läßt Mittag sodann auch zunehmend die Landschaft erstrahlen.«[1]

C/D. Das Tafelbild Patinirs ersetzt nicht die Legende, sondern setzt sie voraus. Die wichtigeren Arbeitsmöglichkeiten bietet uns der Legendentext. Jedoch trägt das Gemälde die alte Erzähltradition schön ins Bild. Dessen wichtigste didaktische Funktion wird es sein, die Erzählung durch ein Bild zu vertiefen, das der eigenen Phantasie großen Bewegungsraum anbietet.

[1] *Ernst Wolfgang Mick*, Christophorus, Recklinghausen 1968, 29.

A. Am 27. 3. 1329 unterzeichnete Papst Johannes XXII. eine Bulle »In agro dominico«, in der er achtundzwanzig Sätze aus den Schriften des Meister Eckhart verdammt. Näherhin wurden siebzehn Sätze als häretisch bezeichnet, elf Sätze als häresieverdächtig und »überaus übel klingend«. Eckhart hat diese Verurteilung nicht mehr erlebt. Die Bulle setzt seinen Tod bereits voraus. Das hinterlassene Werk ist bald darauf für Jahrhunderte völliger Vergessenheit anheimgefallen, doch hätten über jenes halbe Jahrtausend hinweg die inkriminierten Artikel, die Eckhart »gepredigt, gelehrt und geschrieben hat« nicht minder Kopfschütteln hervorgerufen, wie sie die päpstliche Kommission in Avignon düpierten. Denn was rechtfertigt schon Sätze wie diese:

»Wer jemanden mit einer Schmähung lästert, lobt Gott durch eben diese Sünde der Schmähung; und je mehr er schmäht und je schwerer er sündigt, um so kräftiger lobt er Gott.«
»Desgleichen: Wer Gott selbst lästert, lobt Gott.«
Oder: »Wenn ein Mensch tausend Todsünden begangen hätte, und es wäre ein solcher Mensch in rechter Verfassung, so dürfte er nicht wünschen, er hätte sie nicht begangen.«
Und: »Alles was die Heilige Schrift über Christus sagt, das bewahrheitet sich völlig an jedem guten und göttlichen Menschen.«[1]

Bernhard Welte, der sein Leben lang die Gedanken des mittelalterlichen Meisters nachzudenken versuchte, hat sich bemüht, die Diskrepanz zwischen Eckhart und der damaligen Schultheologie zu erklären. Dazu griff er auf die Sprachspieltheorie des späten Wittgenstein zurück, der in seinen »Philosophischen Untersuchungen« darauf hinwies, daß dasselbe Wort oder derselbe Satz, wenn diese in verschiedenen Sprachspielen gebraucht werden, eine ganz verschiedene Bedeutung haben können. Daraus entsteht andererseits aber auch die Möglichkeit, daß Wörter oder Sätze, die in einem Sprachspiel sinnvoll sind, in einem anderen Sprachspiel ihren Sinn verlieren können oder zu einer verzerrten, irreführenden Bedeutung führen, falls man sie einfach überträgt. Von dieser Sprachspieltheorie ausgehend, folgert Bernhard Welte im Blick auf den Prozeß des Meisters Eckhart, daß bei dessen Gegnern und Kritikern ein festgeprägtes sprachliches Gebrauchsmuster, das er das »Sprachspiel der gegenständlichen Vereinfachung« nennt, herrschend geworden sei. Von einer solchen sprachlichen Ebene her seien die Mißdeutungen Eckharts unvermeidlich geworden, denn dessen »Sprachspiel der dialektisch gefaßten Erfahrung« könne halt nur Widerspruch und Unsinn fördern, wenn es einem Verständnis »gegenständlicher Vereinfachung« unterworfen werde. Die Ebene dieses Sprachgebrauchs kennt Sprache nämlich nur ohne Hintergrund und doppelten Boden. Die Dinge sind was sie sind, ihre Identität ist eindeutig, das Gute kann

[1] *Meister Eckehart,* Deutsche Predigten und Traktate, hrsg. v.: *Josef Quint,* München 1963, 450ff.

nicht böse sein, das Böse unter keiner Hinsicht gut; Abstufungen des Denkens, Relativierungen und Zwischentöne bleiben ausgeschlossen, es gibt, was es gibt, und selbst Aussagen über Gott unterliegen derselben Sicherheit und Eindeutigkeit wie Feststellungen zur Sachenwelt. Dieserart zu denken und zu sprechen hat etwas ungemein Klares und Überzeugendes für sich. Es ist auf weite Strecken hin wohl immer die Verständigungsebene praktisch orientierter Menschen gewesen, und wohl auch die *ordinary language* des Kirchenvolks.[1] Daß sie zugleich auch weite Gebiete des theologischen Bewußtseins beherrschte und heute noch das sprachliche Fundament des religiösen Fundamentalismus in beiden Konfessionslandschaften bildet, kann immer wieder neu beobachtet werden. Darum stellt sich aber auch die Frage, ob in der elementaren religiösen Bildung nicht mehr getan werden kann, um ein subtileres Sprachverständnis und also auch ein differenziertes theologisches Denkvermögen zu entwickeln.

B. Ganz allgemein darf man die Sprache des Glaubens damit charakterisieren, daß sie über das hinausführt, worüber der Sprecher aus eigener Kompetenz verfügt. Er ist nicht der Herr seiner Worte, sondern verdankt das, was er sagen kann, einem Geschehen, das nicht dem eigenen Willen unterliegt, ebenso wenig dem Handeln anderer Menschen, sondern einem unverfügbaren Ereignis, das in seiner Unverfügbarkeit dennoch die eigene Existenz betrifft. Diese Vorgegebenheit artikuliert sich in einer paradoxen Sprachstruktur, das heißt in einer Rede, welche gegen die Doxa gerichtet ist, also gegen den Strom des herrschenden Sprachgebrauchs und der gängigen Meinung.

Weil demnach das Paradox in der Grundbeschaffenheit des Menschen angelegt ist, ist die paradoxe Rede auch kein Ausdruck sprachlicher Unbeholfenheit, die sich so widersprüchlich artikuliert, etwa weil andere Formulierungen möglicherweise nicht gelingen. Vielmehr gibt es Sachverhalte und Beziehungen, die sich angemessen nur in einer paradoxen Wendung zum Ausdruck bringen lassen. Das Paradox ist immer dann unumgehbar, wenn etwas artikuliert werden soll, was über die Alltäglichkeit hinausstrebt und sie dennoch in Anspruch nimmt.

Das fundamentale christliche Paradoxon liegt in der Erscheinung dessen, »der die Existenz unter den Bedingungen der Existenz überwindet«.[2] Alles was »Erlösung« umfaßt – Menschwerdung, Leben, Tod und Auferstehung – ist in dieses paradoxe Ereignis mit eingeschlossen, das in den Erfahrungszusammenhang unserer Geschichte einbrach, nicht aber aus ihm abgeleitet werden kann. Ein logischer Widerspruch liegt diesem Paradox nicht zugrunde, wohl aber ein Moment über alle Vernunft hinaus. Wer das christliche Paradox bejaht, übernimmt nichts Absurdes, wenngleich ein die endliche Vernunft überschreitendes Mysterium, das sich im Sprachspiel der gegenständlichen Vereinfachung nicht ausdrücken läßt, weil es darin falsche Eindeutigkeiten annähme, das Mysterium jedem Mißverständnis preisgäbe.

[1] Vgl.: *Bernhard Welte,* Meister Eckhart. Gedanken zu seinen Gedanken, Freiburg i. Br. 1979, 253ff.

[2] *Paul Tillich,* Systematische Theologie, Bd. I, Stuttgart 1956, 71.

Eine Sprache, welche die paradoxale Struktur des Glaubens nicht widerspiegelt, läuft Gefahr, diesen Glauben in seiner Unverfügbarkeit und Unverrechenbarkeit zu mißachten. Sie fixiert auf Vorstellungen, die sich in der Struktur von Subjekt-Objekt-Aussagen bewegen, und darin den latent überall angelegten Fundamentalismus fördern. In der Reihe unserer Religionsbücher haben wir deswegen von Anfang an mit der sprachlichen Figur des Paradoxons gearbeitet, ohne daß es diese Benennung bisher gefunden hätte. Eine Rückschau kann uns und unseren Schülern das bereits geknüpfte Muster vor Augen führen.

C. Im Religionsbuch für das 1. Schuljahr wurde das Kapitel »Sprachverständnis« mit einem Vers eröffnet, der einige Schlüsselfragen zu den nachfolgenden Geschichten und Bildern stellt, und den wir nun erneut unserer Buchseite im 4. Schuljahr voranstellen:

> Nicht alles ist gleich zu verstehen,
> weil Worte doppelbödig sind.
> Gibt es Blinde, die sehen,
> und Augenlicht, das blind?
> Gibt es Lahme, die gehen,
> und Alte, die ein Kind?
> Was heißt blind, und was heißt sehen?
> Was heißt lahm, und was heißt gehen?
> Nicht alles ist gleich zu verstehen,
> weil Worte doppelbödig sind.

Da diese Fragen nicht ohne umfassende Erzählbezüge sind, also durch handlungsreiche Geschichten anschaulich wurden, ist es den Kindern leicht geworden, die paradoxale Struktur zu erfassen. Insbesondere hat die mehrfache Rückbesinnung auf die »Geschichte vom Korb« die Blindheit der allzu Gesunden aufdecken können, wie es andererseits mehrfache Anlässe gab, das innere Sehen zu bedenken, für das der Mensch ein »Herzauge« haben muß (vgl.: Religionsbuch 1, S. 59, 60, 68, 69; im Religionsbuch 3, S. 94, 95; im Religionsbuch 4, S. 97). Auch die Bilder des Jesus-Zyklus im Religionsbuch für das 2. Schuljahr bewegen sich in einer paradoxalen Spannung: Mehrfach sind es dort die Sehenden, die sich als blind erweisen, die Hörfähigen, die doch nicht hören können, die Beweglichen, die sich als gelähmt zeigen, die Unreinen, die Jesu Nähe finden, die Armen, denen allein das Sitzen am Tische vorbehalten bleibt. Gleichzeitig schimmert dahinter die Tradition biblischer Paradoxa durch, die davon sprechen, daß die Letzten die Ersten sein werden und die Ersten die Letzten (Mk 10,31 par); oder daß, wer der Erste sein will, der Letzte von allen und der Diener aller werden müsse (Mk 9,35); auch das Wort: »Wer sein Leben erhalten will, wird es verlieren; wer aber sein Leben verliert um meinetwillen, wird es erhalten« (Joh 12,25). Solche Worte, Geschichten und Bilder sprechen von einem Gott, der mit den Maßstäben der menschlichen Gesellschaft nicht verrechenbar ist, ihnen sogar meistens diametral entgegensteht.

Damit berühren wir das Paradoxon von der Torheit des Kreuzes, das für Paulus zentraler Ort seiner Theologie ist, denn was in aller Welt als extremer Ausdruck eines gescheiterten Lebens gilt, gewinnt hier die Bedeutung von Heil und Befreiung. In unseren Religionsbüchern kommt diese christliche

Narretei in der Symbolgestalt des Clowns oder Harlekins zur Darstellung, die in allen früheren Schuljahren begegnete und über deren paradoxale Herausforderung wir bereits ausführlich gesprochen haben (→III, 46 ff). Die Figur des Narren zu bedenken ist eine Einübung ins Christentum; wer sich darauf einläßt, überwindet gerade den konventionellen Blick und sieht dem Christentum »direkt in den Bauch«, wie Friedrich Nietzsche scharfsichtig erkannte.

Ein solch christlicher Narr ist ganz gewiß der »vierte König«, von dem wir schon gehört haben (→III, 448 f), der auf den Agethen-Bildern dieses Schuljahres neu begegnet und der in allem, was er tut, dem Verhaltenskanon einer bürgerlichen Raison widerspricht. Wir brauchen nur seiner Legende entlang zu gehen und sie in ein Verhältnis zur eigenen Lebensraison zu setzen, um einen Musterfall vom Paradox des Christentums vor uns zu sehen. Gerade als Paradoxon ist diese Legende alles andere als »erbaulich«: ihre Provokation ist die des Narren; es geht nirgendwo um Kompromisse, sondern in jedem Schritt um das Ganze der Existenz, und zwar in einer Radikalität, die bürgerlicher Ausgewogenheit fern bleibt. Wahrscheinlich gibt es für Kinder keine andere Geschichte, die so eindringlich und anschaulich das Paradoxon der Nachfolge Christi vor Augen stellt wie diese Legende.

In einer anderen Weise konfrontiert uns die Christophorus-Legende mit paradoxen Konstellationen. Wir haben einige auf Seite 103 besonders herausgestellt: »Der Riese kann das Kind nicht tragen. Der Starke ist zu schwach, das Leichte ist zu schwer. Gott offenbart sich nicht in der Stärke, sondern im Kleinen und Ohnmächtigen« (vgl. vorne S. 569). Auch diese Paradoxa verweisen insgesamt auf das in Christus offenkundige Grundparadox des Glaubens.

Außerhalb der christlichen Glaubenstradition sind jene Paradoxa zu Hause, die wir hier aus dem Tao-Tê-King des Laotse zitieren:

»Geht man nicht aus der Tür,
kennt man die Welt.
Blickt man nicht aus dem Fenster,
sieht man des Himmels Weg.
Je weiter man ausgeht,
desto weniger kennt man.«

Um diese Verse zu deuten, ist als Kontext das Grimmsche Märchen »Die drei Federn« empfehlenswert (→II, 97). An der Gestalt des Jüngsten, der schon als »Dummling« der heimliche König ist, also in sich als Paradoxon verstanden werden kann, wird ablesbar, wie alle Weltläufigkeit mit geistiger Enge verschränkbar ist, während der Weg in die Tiefe, ohne vom Ort der Kindheit wegzuführen, den Reichtum von Himmel und Erde in sich schließt.

Das Beispiel zeigt, daß die paradoxe Struktur sich bereits dort einstellt, wo es darum geht, den Menschen aus einer Einbindung in alltägliche Konventionen und Schemata zu lösen. In jedem Fall betreibt das Paradoxon eine geistige Orientierung wider den Strich der gängigen Meinung. Darum ist es als eine Sprachfigur spiritueller Wachheit und religiöser Empfänglichkeit dem Religionsunterricht grundsätzlich unentbehrlich.

D. Die Erarbeitung der kindlichen Aufmerksamkeit für das Paradoxon, dem die Seite 104 dient, bietet Gelegenheit, unter einem neuen Begriff noch einmal vergangene Wege des Religionsunterrichts zurückzuverfolgen. Dabei sollten frühere Geschichten und Bilder jedoch nicht lediglich »erwähnt« werden; eine Nennung mit Name oder Titel allein genügt nicht. Vielmehr ist ein erneutes Anschauen der jeweiligen Vorgänge wichtig, damit statt des Gedächtnisses der innere Bildsinn geweckt wird.

Da die »Sache« also nicht neu eingeführt wird, sondern bereits seit dem 1. Schuljahr gegenwärtig ist, stellt die Aufgabe vor keine besonderen Schwierigkeiten. Selbstverständlich ist jetzt allerdings, daß der Fachausdruck »Paradoxon« verwendet wird und daß mit dem Begriff nun auch das sprachliche Bewußtsein Kontur erhält. Die Schüler sollen das Paradoxon als eine Redefigur kennenlernen, die auf etwas hinweist, was jenseits der alltäglichen Lebensformen liegt. Wenn sie Paradoxa mit diesem Sinnverständnis verbinden können, ist ihr Verständnis religiöser Sprachformen um eine wichtige Dimension erweitert worden, die wesentlich dazu beiträgt, dem Diktat der Alltagssprache »gegenständlicher Vereinfachung« nicht hilflos ausgeliefert zu sein.

Bibelverständnis: Politische und religiöse Umwelt

Unsere Einführung in die biblische Welt, die mit dem Alltagsleben in Israel begann, mit den kultischen Einrichtungen und Ordnungen sowie einer Kultur- und Religionsgeschichte der Heiligen Schrift fortgesetzt wurde, rundet sich nunmehr mit einem Durchgang durch die politische und religiöse Welt zur Zeit Jesu. Für Kinder sind vier Grundschuljahre eine lange Zeit, und nicht alles, was curriculare Systematik überblickt, bleibt auch ihrer Aufmerksamkeit benachbart. Deshalb wäre es gut, wenn zu Beginn unseres erneuten Weges durch die Landesverhältnisse Israels die Zeichnungen dieser Kapitelfolge noch einmal angeschaut werden könnten. Mit den Bildern des bäuerlichen Lebens, der Synagoge, des Tempels, der biblischen Überlieferung und der Bibelschule verknüpfen sich schnell wieder die Informationen und Erzählungen, die der Unterricht daran gebunden hat. Für ein Verständnis der Zeitverhältnisse aber ist es gut, die dörflichen Hausformen, die Arbeitsgänge den Tag hindurch, das geschäftliche Leben auf dem Markt und natürlich auch den Gottesdienst in der Synagoge sowie die Tempelanlage in Jerusalem vor Augen zu haben. Bevor unser Unterricht von römischen Besatzungspraktiken, von Herodes, dem Hohen Rat, der Steuer- und Zollordnung und von Schriftgelehrten und Pharisäern erzählt, sollte er noch einmal das bisher entworfene Zeitgemälde vor den inneren Augen der Kinder entstehen lassen. Dabei kann das eindrucksvoll ausgestattete Sachbuch von Peter Connolly[1] gute Dienste leisten. Zwar ist dieses Werk in seinen Rekonstruktionsversuchen vielleicht etwas freizügiger, als wir es für unser Religionsbuch für angemessen hielten, doch kann die insgesamt aufwendige Anschaulichkeit in den vorzüglichen Bildmaterialien derartige Bedenken zurückstehen lassen. Auch als Informationsband für die Klassenbibliothek ist dieses Sachbuch geeignet. Wenn auch die historisch detaillierten Texte das Niveau von Grundschülern übersteigen, so bieten doch die ungewöhnlich sorgfältigen Illustrationen in ihrer detailfreudigen Farbigkeit vorzügliches Anschauungsmaterial.

[1] *Peter Connolly*, Das Leben zur Zeit des Jesus von Nazareth, Hamburg 1984.

Im Jahre 65 v. Chr. drang das römische Imperium bis nach Syrien-Palästina vor. Als sich damals ein Legat des Pompejus in Damaskus aufhielt, wandten sich die rivalisierenden Hasmonäer[1] Aristobul und Hyrkanus mit Geschenken an ihn, um die römische Gunst und Hilfe jeweils für sich zu erwerben. Bis dahin war Rom eine politische Macht der Ferne gewesen. Von nun an aber erhielt die jüdische Geschichte einen neuen Hintergrund, denn in der Folgezeit trat die römische Militärmacht in dieser Region selbst auf. Damit begann eine Entwicklung, in deren Verlauf die Dinge mehr abhingen von der Einsicht oder auch Willkür römischer Entscheidungen als von den Instanzen des Landes. »Fortan kam derjenige zum Zuge, der das Wohlwollen der jeweils wesentlichen römischen Stelle zu erwerben wußte; und damit setzte das unwürdige Buhlen um die Gunst römischer Herren ein, das in der Folgezeit eine praktisch wichtige Rolle spielte.«[2]
Pompejus kam wenige Monate später selbst nach Syrien. Den Winter 64/63 verbrachte er dort in Winterquartieren; im Frühjahr zog er nach Damaskus, von wo aus er die römischen Interessen gegenüber allen Teilen des Landes ins Spiel brachte. Aristobul und Hyrkanus erschienen persönlich vor ihm, doch zögerte Pompejus noch mit einer Entscheidung zwischen beiden. Im Zuge dieser Auseinandersetzung zog Pompejus schließlich selbst nach Süden und rückte mit seinem Heer gegen Jerusalem vor. Die Bürger der Stadt wollten in ihrer Mehrheit eine Belagerung und Zerstörung vermeiden und öffneten den Römern die Tore. Eine Minderheit verschanzte sich jedoch im Tempelbezirk, um die Verteidigung bis zum letzten fortzusetzen. Pompejus wurde dadurch zu einer regelrechten Belagerung mit Belagerungsmaschinen gezwungen. Erst nach drei Monaten gelang es ihm, eine Bresche in die Tempelmauer zu schlagen und so den Tempelbezirk einzunehmen. Die Verteidiger zahlten mit einem furchtbaren Blutbad. Anschließend betraten Pompejus und andere Römer den Tempel und sogar das Allerheiligste (→II, 521), für alle Gesetzesfrommen eine ungeheuerliche Greueltat.

Schon am nächsten Tage befahl Pompejus die Wiederaufnahme des traditionellen Opferkults. Den Hyrkanus setzte er als Hohenpriester erneut in sein Amt ein, während er dessen Bruder Aristobul als Gefangenen mit nach Rom führte. Als Pompejus dort im Jahre 61 v. Chr. in einem Triumphzug seine Erfolge demonstrierte, war der Hasmonäerkönig Aristobul unter den Vorgeführten.

Pompejus hat damals die territorialen Verhältnisse des bisherigen Hasmonäerstaates völlig umgeordnet. Der palästinensische Raum wurde zur römischen Provinz Syria gemacht. Was ehedem die Hasmonäer erobert hatten,

[1] Hasmonäer nennt Josephus die Dynastie der Makkabäer von Simon (143-135) bis Antigonus (40-37 v. Chr.); der angebliche Ahnherr soll Hasmon geheißen haben.
[2] *Martin Noth,* Geschichte Israels, Göttingen [5]1963, 360.

erhielt seine Selbständigkeit – innerhalb der Provinz – zurück. Das betraf vor allem hellenistische Stadtgründungen, welche die Hasmonäer annektiert hatten. Auch Samaria wurde erneut von Judäa getrennt und durfte sich wieder als eigene Kultgemeinde etablieren, möglicherweise mit dem Berg Garizim als zentraler Kultstätte (→III, 482). Die Hasmonäer hatten nämlich eine Art Theokratie errichtet, die eine erzwungene Judaisierung verfolgte, so daß Samariter wie Hellenisten die römische Herrschaft als Befreiung erlebten und ihre Jahre fortan sogar nach einer pompejanischen Ära zählten. Damit wurde das Gebiet der Jerusalemer Kultgemeinde wieder auf die alte Provinz Judäa beschränkt, ergänzt mit den Landesteilen Galiläa und Peräa. Pompejus unterstellte also diejenigen Gebiete dem Hohenpriester, deren Bewohner einigermaßen geschlossen am Tempelkult zu Jerusalem teilnahmen. Der frühere Hasmonäerstaat war auf diese Weise liquidiert und spielte als Dynastie nur noch in der Person des Hohenpriesters Hyrkanus eine Rolle.

Die von Pompejus geschafffene Situation änderte sich mit dem Auftreten Julius Caesars. Im Kampf um die Macht war Pompejus unterlegen; in Ägypten wurde er im Jahr 48 ermordet. Kurz darauf erschien auch Caesar mit einem Heer in Ägypten, um sich in den Provinzen des Vorderen Orients Anerkennung zu verschaffen. Hyrkanus erfaßte sofort, daß er nun von der Gnade dieses Mannes abhängig war. Er veranlaßte die jüdische Gemeinde in Ägypten, Caesar zu unterstützen, und sandte ihm selbst, als er vor Alexandrien in Schwierigkeiten steckte, dreitausend Mann jüdischer Truppen zu Hilfe. Caesar belohnte ihn dafür mit dem erblichen Hohenpriestertum und der Ernennung zum Ethnarchen der Juden.

Damals, genauer gesagt mit dem Jahr 47 v. Chr., begann auch der Aufstieg des Herodes. Dessen Vater Antipater war Hausverwalter beim Hohenpriester Hyrkanus und beherrschte schon längst dessen Geschäfte, so daß Hyrkanus nur noch eine Figur in der Hand des Antipater war. Dieser Antipater war Idumäer, seine Frau die Tochter eines arabischen Fürsten, sein Sohn Herodes also nichtjüdischer Abstammung.In jenem entscheidenden Jahr 47, als Herodes 27 Jahre alt war, wurde er von seinem Vater zum Statthalter von Galiläa eingesetzt, wo er dem dort grassierenden Räuberunwesen ein Ende machte. Eine neue Wende schien sich mit dem Jahr 40 anzubahnen. Einem Sohn des in Rom umgebrachten Hasmonäers Aristobul, Antigonus, gelang es, mit Hilfe der Parther die Macht an sich zu reißen. Herodes floh, zuerst nach Ägypten und von dort nach Rom, wo er es mit kluger Geschenkdiplomatie erreichte, durch Befürwortung von Antonius und Octavian, per Senatsbeschluß zum König von Judäa ernannt zu werden. Doch vorderhand herrschte Antigonus im Lande; dieser ließ dem alt und schwach gewordenen Hohenpriester Hyrkanus die Ohren abschneiden und machte ihn damit untauglich für sein Amt. Herodes landete im Jahre 39 in Ptolemais (Akko), sammelte ein Heer, unterwarf das Land, angefangen in Galiläa, und eroberte schließlich nach längerer Belagerung und römischer Unterstützung auch Jerusalem. Im Jahre 37 konnte er sein Königtum in Jerusalem antreten. (Über die herodianische Zeit siehe S.: 585ff)

Aber nur für die Regierungszeit des Herodes war das Land Königreich. Bald nach seinem Tode erfolgte die erneute Rückstufung als römische Provinz. Die Bewohner galten als *peregrini,* das heißt Fremde ohne politische Rechte. Ihr Land gehörte offiziell dem römischen Staat, der es ihnen gegen eine zehnprozentige Ertragssteuer zur Nutzung überließ.

Gleich nach dem Tode des Herodes waren Unruhen im Lande ausgebrochen, die sich gegen das herodianische Regime, aber auch gegen die römische Oberhoheit richteten. Jener durch seinen mißlungenen Feldzug gegen die Germanen bekannte P. Quintilius Varus war damals noch Statthalter von Syrien. Varus besetzte mit seinen Truppen Jerusalem und durchsuchte das Land nach Aufständischen. Eine Folge der weiteren Unruhen war es, daß dem Herodessohn Archelaus das judäische Land wieder abgenommen und einem Prokurator (»Landpfleger«) unterstellt wurde. Amtssitz dieses Prokurators war aber nicht Jerusalem, sondern die von Herodes gegründete Hafenstadt Kaisareia (Caesarea), nach dem Kaiser Augustus so benannt. Für Herodes war diese Stadt das Fenster zur bewunderten griechisch-römischen Welt, die seiner eigentlichen Orientierung diente. Darum war es eine heidnische Stadt mit einem Tempel an hervorgehobener Stelle am Hafen zu Ehren des Kaisers. Alle Luxuseinrichtungen der hellenistischen Kultur gab es – Theater, Amphitheater, Stadion, öffentliche Badeanlagen –, aber nur ein kleines Judenviertel. Im modernen Caesarea (zwischen 22 und 10 v. Chr. mit hohem Aufwand erbaut) fühlte er sich wohl, so daß er nur zu besonderen Anlässen nach Jerusalem kam. Auf diese Weise respektierten die Römer gleichzeitig die Besonderheiten des heiligen Jerusalem. Zwar belegte die römische Staatsmacht auch die Burg Antonia in unmittelbarer Nachbarschaft des Tempels und konnte von dort aus alle Vorgänge im Tempelbezirk beobachten, doch wurden Kaiserbilder in der Regel nicht mit nach Jerusalem gebracht, um unnötige Provokationen zu vermeiden.

Es waren auch nicht alle Prokuraten in gleicher Weise geschickt und taktvoll, um Unruhen zu vermeiden. Besonders von Pontius Pilatus, der von 26–36 v. Chr. Prokurator war, ist bekannt, daß er die religiöse Empfindsamkeit der Juden wenig respektierte. Die Quellen schildern ihn als habgierig, nachtragend und grausam. Die Münzen seines Sprengels ließ er immer wieder mit heidnischen Symbolen versehen, obwohl er wußte, daß sie bei den Juden Anstoß erregten. Eine andere Provokation war, daß er Feldzeichen und Schilde (vgl. im Religionsbuch S. 108) mit dem Namen des Kaisers aufstellen ließ. Die schließlich bis Rom vorgetriebene Klage führte zur Absetzung des Pilatus.

Dennoch nahm die Serie der Konflikte kein Ende. Die Anlässe dazu lagen gewissermaßen auf der Straße. Außerdem war auch das Judentum Palästinas von hellenistischer Kultur ganz durchdrungen. Mit der römischen Herrschaft hatte sich die bereits bestehende Tendenz zur griechischen Sprache verstärkt, zumal griechisch die offizielle Amtssprache im Osten des römischen Reiches war. Selbst in Jerusalem gab es eine Synagoge der Hellenisten, also der griechischsprechenden Juden.

Aber auch hellenistische Lebensformen drangen in das jüdische Leben ein. Sie äußerten sich in der Architektur ebenso wie im Recht; in Erziehung und Sport waren sie Anlaß mancher Spannung zwischen »Progressiven« und »Konservativen«. Letztlich gab es keinen Lebensbereich, der nicht von den Einflüssen der hellenistischen Weltkultur mitgeprägt worden wäre.

Römische Hoheitszeichen S. 108

Die römischen *signa* standen den Legionen im Kampf voran und hatten dort eine viel größere taktische Bedeutung als bei den Heeren der Neuzeit. Sie waren in ihren Erscheinungsformen aber auch stärker differenziert als oft angenommen wird.

Bei der Legion der Kaiserzeit war das wichtigste Signum der Adler (*aquila*), der feierlich verliehen wurde und nicht nur symbolische, sondern auch sakrale Bedeutung hatte. Der Träger dieses Zeichens (*aquilifer*) war einer der höchsten Unteroffiziers-Chargen und zugleich Centurio-Anwärter. Er trug ein Bärenfell über dem Helm aus Ausweis seiner höheren Würde.

Bei berittenen Truppen gab es das *vexillum*, das Fähnlein als Standarte der Reiter. Alle Einheiten führten in der Kaiserzeit neben dem taktischen Zeichen auch noch ein Kaiserbildnis (*imago*) auf der Stange mit sich. Da es bei Hilfstruppen das einzige Zeichen für deren Einheit war, spielte es dort eine größere Rolle als bei den Legionen, die den Adler als ihr heiliges Signum hatten.

Unsere Zeichnung zeigt den Adler auf einem »Donnerkeil« mit Blitzen. Der Adler ist das Symbol Jupiters, deshalb auch Sinnbild des römischen Staates. Anfangs wurden diese Feldzeichen aus Holz, später aus Silber mit goldenen Blitzen gefertigt und auf einer Lanze oder hohen Stange befestigt.

Herodes und seine Söhne S. 106

Als Herodes durch seinen Vater mit der Aufsicht über Galiläa betraut worden war und das Land durch eigene Strafexpeditionen von Räuberhorden befreite, hatte ihn anschließend der Hohe Rat wegen angemaßter Jurisdiktion zur Rechenschaft ziehen wollen. Herodes trat damals vor dem Synedrium so herrisch auf und konnte sich dabei auf Rückendeckung durch den syrischen Statthalter Sextus Caesar verlassen, daß man es nicht wagte, ihn zu verurteilen. Zehn Jahre später, als Herodes sein in Rom verbrieftes Königreich fest in der Hand hielt, zahlte er es dem Hohen Rat heim: 45 der 70 Mitglieder ließ er hinrichten und konfiszierte deren Besitz. Von da an durfte sich der Hohe Rat nur noch mit religiösen Angelegenheiten befassen.

Um seine Macht zu sichern, legte Herodes im Lande eine Kette von Festungen und Militäranlagen an. Seine berühmtesten Bollwerke sind die von Masada und Herodium. Masada liegt an der Westseite des Toten Meeres. Der Felsen mit dem »hängenden Palast« des Herodes wurde durch Erosion über Jahrmillionen vom umgebenden Bergplateau abgetrennt und bildete eine damals uneinnehmbare natürliche Festung. Schon die Hasmonäer hatten hier eine Schutzanlage errichtet. Herodes baute neue Befestigungen und Gebäude.

Zugänglich war Masada nur von Osten und Westen. Der fünfeinhalb Kilometer lange Schlangenpfad ist so schmal, daß nicht einmal zwei Personen nebeneinander gehen können. Das machte die Festung für jeden Angriff unerreichbar. Als aber die Parther Masada belagerten, wäre Herodes' Familie dort beinahe verdurstet, während er sich sein Königreich noch erobern mußte. Diesen Wassermangel wollte Herodes nie wieder riskieren, darum ließ er ein System von Zisternen und Aquädukten in den Fels schlagen, das endgültige Abhilfe versprach. Danach faßten die Zisternen 40.000 m^3 Wasser, so daß nun selbst längsten Belagerungen getrotzt werden konnte. Außerdem ließ Herodes gewaltige Paläste mit allem Komfort der Zeit errichten.

Herodes' Gönner in dessen früher Königszeit war Antonius gewesen. Voraufgegangen waren Pompejus, Caesar, Cassius...; jedesmal hatte sich Herodes neue Rückendeckung besorgen müssen. Nun standen in Rom die Zeichen abermals auf Sturm. Zwischen Antonius und Octavian war der unvermeidliche Konflikt ausgebrochen. Antonius unterlag in der Entscheidungsschlacht vom Jahre 31 und brachte sich bald darauf selbst ums Leben. Herodes mußte nun mit der Rache des Siegers rechnen und besann sich deshalb auf seine alte Taktik, im günstigen Augenblick persönlich bei dem neuen Herrn zu erscheinen, nicht ohne jedesmal viel Geld mitzubringen. So machte er sich jetzt auf den Weg zu Octavian, als dieser im Jahre 30 auf Rhodos weilte. In einer theatralischen Geste legte Herodes dem Octavian aus freien Stücken seine Königskrone zu Füßen und sprach frei mit ihm darüber, daß er Antonius' Parteigänger gewesen sei, bat jedoch zugleich um Gelegenheit, sich als Octavians zuverlässiger Freund nunmehr erweisen zu können. »Wenn du nun mir«, sagte er laut Josephus' Bericht, »meine freundschaftliche Gesinnung ihm gegenüber zum Verbrechen anrechnen willst, so muß ich mich dieses Verbrechens allerdings für schuldig befinden. Wenn du aber meine Gesinnung gegen Wohltäter kennenlernen willst, so kannst du sie am besten aus meinem Benehmen gegen Antonius erkennen. Die unwandelbare Freundschaft, die ich ihm erwiesen, werde ich bestimmt auch demjenigen entgegenbringen, der an dessen Stelle tritt.« Der neue Herr der Welt war von Herodes' Freimut beeindruckt und bestätigte ihn als König, ja, er wurde sogar noch mit einer Erweiterung seines Herrschaftsgebietes belohnt. Für den Rest seines Lebens ist er im wohlverstandenen eigenen Interesse ein treuer Vasall des Octavian-Augustus geblieben.

Bestärkt vom neuen Glanz der kaiserlichen Gunst, setzte Herodes noch größeren Ehrgeiz darein, sein Reich nach römisch-hellenistischem Vorbild umzuformen. Paläste und heidnische Tempel entstehen an neuen Orten des Landes, hinzu kommen Sportanlagen, Arenen und Rennbahnen, die mit großem Aufwand errichtet werden und dem Land ein neues Gesicht geben. Mit Pomp wird Samaria ausgebaut; Herodes nennt die ehemalige Hauptstadt des Nordreiches jetzt Sebaste. Wie Caesarea erhält auch die Stadt einen Tempel zu Ehren des Augustus. Neben Jerusalem, dem Heiligtum Jahwes, treten die »heiligen Städte des Augustus«. Um der jüdischen Bevölkerung des Landes entgegenzukommen, läßt Herodes den gesamten Tempelbezirk in Jerusalem mit ungeheurem Aufwand neu gestalten. Aber gleichzeitig errichtet er die Königsburg neu; er nannte sie zu Ehren seines damaligen römischen Förderers Antonia. Ebenfalls in der Stadt entsteht ein griechisches Theater und vor den Mauern Jerusalems ein großer Circus. Mit diesen Bauten zieht natürlich auch ein verändertes Leben in die heilige Stadt ein:

»Durch die engen und stillen Gassen, die Jahrhunderte nur die Scharen andächtiger Pilger sahen, strömt nun das bunte Gemisch von Athleten und Gymnasten, von Gauklern und Gladiatoren, von Musikanten und Artisten. Das Geschrei der Zuschauermassen in Amphitheater und Rennbahn, mit Römern, Griechen und von überall herbeigeeiltem Volk auf den Rängen und Tribünen, erfüllt die Luft. Und in Reichweite des Tempels johlt die Menge zu den barbarischen Schaustellungen römischer Gladiatoren, zu den blutigen Kämpfen Mann gegen Mann, Mensch gegen Bestie. Unverhohlen, ohne Rücksicht auf die Gefühle des Volkes, dessen König er sich nennt, zeigt Herodes seine Sympathien für die griechisch-römische Lebensweise, regiert er wie der Satrap einer fremden Macht. Seine Söhne, die künftigen Regenten Judäas, läßt er in Rom erziehen. Gebildete Griechen zählen zu seinen Freunden und Beratern. Unverblühmt rühmt Herodes sich, den Hellenen näherzustehen als den Juden.«[1]

Das diplomatische Geschick, die Verschlagenheit, aber auch die rücksichtslose Gewalttätigkeit, mit der Herodes seinen Weg zur Macht gebahnt hatte, sind auch für seine lange Regierungszeit kennzeichnend. Möglichen Gegnern oder Rivalen begegnet er von Anfang an mit Vernichtungsplänen. Die Anhänger des Antigonus (→ S. 582) im Hohem Rat läßt er hinrichten. Weitere Mitglieder sowie Schriftgelehrte verjagt er in die Verbannung. Das bis in seine Tage amtierende Herrschergeschlecht der Makkabäer/Hasmonäer beargwöhnt er mit seiner Eifersucht, bis alle ermordet sind.

[1] *Werner Keller,* Und wurden zerstreut unter alle Völker. Die nachbiblische Geschichte des jüdischen Volkes, München 1966, 44.

Den alten Hohepriester Hyrkanus, der zu den Parthern geflüchtet war, lockte er mit Versprechungen nach Jerusalem zurück. Dort läßt er ihn, zweiundachtzigjährig, wegen angeblichen Hochverrats töten. Hoherpriester hätte Hyrkanus sowieso nicht mehr sein dürfen, da er wegen seiner abgeschnittenen Ohren für dieses Amt die gesetzlichen Vorschriften nicht mehr erfüllte.

Nach Antigonus' Tod mußte ein neuer Hoherpriester ernannt werden. Herodes konnte als Idumäer in diese Funktion nicht einrücken, obwohl unter den Hasmonäern der König stets Hoherpriester gewesen war. Auf Betreiben seiner Schwiegermutter und seiner Frau Mariamne wurde der erst siebzehnjährige Aristobul, Herodes' hasmonäischer Schwager, zum Hohenpriester ernannt. Beim Laubhüttenfest 35 v. Chr. amtierte Aristobul erstmals als Hoherpriester. Bald danach ging die ganze Familie in den Palast von Jericho. Von Herodes animiert, betrank sich Aristobul. Auf einem Spaziergang zu den Teichen der Palastanlage, ermunterte ihn Herodes, ein Bad zu nehmen. Junge Männer, die sich dort ebenfalls tummelten, tauchten ihn darauf – scheinbar zum Spaß – so lange unter Wasser, bis er ertrunken war. Die hasmonäischen Verwandten durchschauten jedoch den »Unfall« und zeigten Herodes in Rom an. Die übliche hohe Geldsumme und politisches Taktieren ließen ihn auch diesmal frei ausgehen. Allerdings fraßen sich Mißtrauen und Rachsucht nunmehr in der Familie fest. Seinen Schwager Joseph ließ Herodes hinrichten, weil er des Ehebruchs mit seiner schönen Mariamne bezichtigt wurde. Er liebte diese Frau leidenschaftlich und hatte heimlichen Befehl erlassen, sie nach seinem Tode zu töten, damit sie nie einem anderen gehöre. Die Intrigen, die in der königlichen Sippe gesponnen wurden, insbesondere im Blick auf das Nachfolgerecht der Söhne, setzten auch Herodes in Angst und Furcht. Im Fortgang standen weitere Verwandtenmorde: infolge von Mißtrauen und Angst ließ er Mariamne hinrichten, bald danach auch deren Mutter. Später folgten ihnen sogar die beiden Söhne Alexander und Aristobul aus der Ehe mit Mariamne, die er mit großen Hoffnungen am kaiserlichen Hof in Rom hatte erziehen lassen, – von all den anderen rigorosen Maßnahmen gegen Feinde wie Freunde nicht zu reden. Josephus, der mit den Hasmonäern verwandt war, berichtete über die Gewalttaten des Herodes mit großer Detailfreude. Unerwähnt bleibt bei ihm jedoch der Betlehemitische Kindermord, mit dem sich in der neutestamentlichen Tradition vor allem des Herodes Name verbindet. Daß Josephus darüber kein Wort verliert, läßt auf den legendarischen Charakter des matthäischen Textes schließen; daß man diese Darstellung jedoch an Herodes' Namen knüpfen konnte, zeigt, in welcher Erinnerung das jüdische Volk diesen König hatte.

Viele der Schandtaten, die sich mit Herodes verbinden, werden aber zweifellos relativiert, wenn man sie im Kontext der Zeit und der allerorten herrschenden Machtpolitik sieht. Die Geschichtsschreibung bezeichnet als Herodes' größten Charakterfehler seine Maßlosigkeit im Hassen wie im Lieben. Die Leidenschaftlichkeit wie die stete Besorgnis um den eigenen Thron haben ihn zu den meisten »Verbrechen« getrieben, für die sich aus Herodes' Sicht jedoch immer auch Gründe der Staatsraison angeben ließen. Das Urteil über seine Person fällt deswegen auch gespalten aus, je nachdem, welche Seite gehört wird. Den Juden blieb der hellenistisch orientierte König immer fremd; was er ihnen mit seiner Gesamtpolitik zumutete, war – einmal abgesehen von den ungeheuren Steuerlasten, die seine Bautätigkeit bedingte – eine ständige religiöse Provokation, welche die innere Wut nur anheizte. Den hellenistisch denkenden Nichtjuden mochte die liberale und »weltoffene« Einstellung des Königs, der das Land mit glanzvollen Stätten griechisch-römischer Kultur überzog, für die es keinen vergleichbaren Maßstab in der vieltausendjährigen jüdischen Geschichte gibt, durchaus imponierend und ruhmvoll erscheinen. Auch fehlen in Herodes' Charakterbild nicht Züge kluger und sorgender Verantwortung. Ungefähr zwei Jahre, nachdem er mit der Umgestaltung Samarias begonnen hatte, brachen in Judäa Hungersnöte und Seuchen aus. Man deutete das als Gottes Strafe für Herodes' heidnische Neigungen. Der König zeigte jedoch Mitgefühl für seine Untertanen und ließ aus dem gesamten Gold- und Silbergerät der Paläste Münzen schlagen und für dieses Geld Nahrungsmittel aus Ägypten herbeischaffen.

Herodes hat ungewöhnlich lange regiert. Seit seiner Rückkehr als König aus Rom sind es fünfunddreißig Jahre. Unter ihm gab es über dreißig Jahre lang Frieden. Der neue Hafen Caesarea förderte den Handel, aber das ungewöhnliche Bauprogramm verschluckte Unsummen, die als Steuern und Zölle aufzubringen waren. »Nach den Maßstäben seiner Zeit war Herodes kein schlechter Landesherr. Seine Brutalität, zweifellos vorhanden, erreichte keineswegs die der Hasmonäer. Sein größter Vorzug war im Grunde genau das, was viele Juden an ihm am meisten kritisierten – seine halbherzige Einstellung zum Judentum. Augustus hatte Herodes' wahren Wert erkannt, als er ihm Samaria und den Küstenstreifen übertrug: Ebenso, wie Herodes sich bemühte, die Juden nicht zu kränken, vermied er es, die Samariter und Nichtjuden zu unterdrücken. Ein Hasmonäer-Fürst hätte sie verfolgt, ein nichtjüdischer Herrscher wohl kaum Symphatie für die Juden aufgebracht.«[1]

Herodes starb im Jahre 4 vor unserer Zeitrechnung (→ S. 250) in Jericho. Nach seiner pompösen Beisetzung begaben sich seine Söhne Archelaus und Herodes Antipas nach Rom, um dort ihre Ansprüche zu vertreten und möglichst viel für sich zu erreichen; auch andere Mitglieder des Königshauses reisten nach Rom und führende Kreise der jüdischen Kultgemeinde baten durch eine Gesandschaft, der Herrschaft der Herodianer überhaupt ein Ende zu bereiten. Angesichts dieser Lage entschied Augustus im großen und ganzen nach dem Testament des Herodes. Archelaus erhielt Judäa mit Idumäa und Samaria jedoch nicht den Königstitel; er nannte sich Ethnarch. Herodes Antipas, erhielt die räumlich getrennten Gebiete von Galiläa und Peräa und wurde damit der Landesherr Jesu. Er ließ auf Betreiben der Herodias und ihrer Tochter Salome Johannes den Täufer hinrichten; Jesus wurde ihm vor seiner Hinrichtung in Jerusalem vorgeführt, als er sich dort zum Osterfest aufhielt. Philippus, ein Halbbruder, erhielt die Gebiete des nördlichen Ostjordanlandes.

Die weitere Geschichte dieser Regentschaft ist nicht rühmlich. Unmittelbar nach Herodes' Tod waren Revolten im Lande ausgebrochen, die sich ebenso gegen die herodianische Herrschaft wie gegen die römischen Besatzer richteten. Damals hatte Varus mit seinem Heer Jerusalem eingenommen und mit brutaler Härte die Aufständischen hinrichten lassen. Die unterschwellige Wut gegen die Römer war damit nur gewachsen. Das grausame Regime des

[1] *Peter Connolly,* a.a.O., 42.

Archelaus über Judäa und Samaria führten zu Beschwerden bei Augustus, der darin einen Grund fand, ihn wieder abzusetzen und ihn (6 n. Chr.) nach Vienna in Gallien zu verbannen. Als eine kleine Provinz minderen Ranges (prokuratorische Provinz) wurde das Gebiet hinfort einem römischen Prokurator unterstellt (→ S. 583).

Demgegenüber behauptete sich der Tetrarch Herodes Antipas mit seiner Herrschaft über Galiläa und Peräa ausdauernd (4 v. Chr. – 39 n. Chr.). Er baute sich einen Regierungssitz um 20 n. Chr. ans Westufer des Sees Gennesaret, den er nach Tiberius, dem Augustus-Nachfolger, Tiberias benannte. Im Gefolge seiner Ehekonflikte entstanden politische Unruhen mit den Nachbarn. Als er sich auf Betreiben der Herodias schließlich in Rom um den Königstitel bewarb und dabei auf die Konkurrenz des Herodianers Agrippa stieß, setzte ihn der Kaiser – inzwischen war es Caligula – im Jahr 39 ab und verbannte ihn nach Lugdunum (Lyon) in Gallien.

Von dem Tetrarchen Philippus ist wenig überliefert. Josephus lobt ihn als einen guten Herrscher. Er starb ohne Erben im Jahre 34 n. Chr. Sein Gebiet fiel danach an die Provinz Syrien.

Der Palast des Herodes in Jericho S. 106/107

Unsere Zeichnung zeigt einen Teil der ausgedehnten Palastanlagen von Jericho, links in einer rekonstruierten Gestalt, rechts als Ausgrabungsfeld. Dieser weitläufige Palastkomplex wurde etwa 250 Meter östlich des älteren Hasmonäerpalastes gefunden. Herodes ließ den Palast wahrscheinlich in den letzten zehn Jahren seiner Regierungszeit errichten, wobei ältere Gebäude in die Gesamtanlage mit einbezogen wurden. Der auf unserer Zeichnung (von Josef Schelbert) rekonstruierte Nordflügel[1] umfaßte eine große Empfangshalle, die jener im Palast zu Jerusalem geglichen haben soll. Darauf folgten Säulenhöfe und ein griechisch-römisches Bad. Der Abhang vorne im Bild gehört zum Wadi Qelt. Auf den erhaltenen Mauern wurden Fragmente von Wanddekorationen gefunden. Mit Sicherheit war dieser Palast luxuriöser als der Masada-Palast. Sehr anschaulich ist das farbige Rekonstruktionsmodell des Palastes von Jericho bei Peter Connolly.[2]

[1] Quelle: Le Monde de la Bible, 17, Jan./Fev. 1981.
[2] *Peter Connolly,* a.a.O., 43.

Im römischen Herrschaftssystem hatte Herodes der Große die Stellung eines »verbündeten Königs«. Als solcher unterstand er nicht dem Statthalter der Provinz Syrien, sondern war unmittelbar dem Kaiser bzw. dem Senat unterstellt, die ihm auch die politischen Weisungen gaben. Er mußte Hilfstruppen bereit halten und in seinem Gebiet die Reichsgrenzen schützen, doch war Herodes in der inneren Verwaltung seines Staates selbständig und auch frei von Tributzahlungen. Er besaß eine eigene Münzhoheit.

Diese Verhältnisse wandelten sich nach Herodes' Tod. Für Judäa und Jerusalem zumal wurde jenes Steuersystem aktuell, das die Römer in ihren Provinzen praktizierten. Statthalter traten hier an die Stelle der ehemaligen Landesherrscher. Zwar übernahmen sie weitgehend deren Verwaltungs- und Steuerorganisation, doch während die einheimischen Könige nicht in kurzen Fristen dachten, betrachteten die Statthalter in den meisten Fällen ihre Provinzen, in die sie nur für begrenzte Zeit und ohne Kontrollorgane geschickt wurden, als reine Ausbeutungsobjekte, aus denen sie die Gelder zur Finanzierung ihrer politischen Interessen in Rom nach eigenen Maßstäben erpressen konnten. Für Bestechungen, Stimmenkauf, Spiel, Spenden, ehrgeizige Bautätigkeit und eigene Luxusansprüche bestand so gut wie immer ein unersättlicher Bedarf. Es wurde zwar schon 149 v. Chr. ein ständiger Gerichtshof für Erpressungsprozesse in Rom eingerichtet, um den zunehmenden Klagen der Provinzialen über räuberische Beamte entgegnen zu können, aber das Verfahren war teuer und langwierig und endete selten mit einer Verurteilung, da die dem Senatorenstand meist angehörenden Richter ihre Standesgenossen gewöhnlich deckten.

»Es will schon etwas heißen, wenn Caesar im Jahr seiner Statthalterschaft in Spanien (61 v. Chr.) eine Schuldenlast von fünfundzwanzig Millionen Denaren tilgen konnte, wobei ihm die Provinzialen noch ausdrücklich für die schonende Behandlung dankten. Dagegen sagte man von dem syrischen Statthalter Varus: ›Arm kam er in eine reiche Provinz und reich verließ er eine arme Provinz.‹

Noch verhängnisvoller als die Habgier der jährlich wechselnden senatorischen Statthalter wirkte sich die ständige Bedrückung durch die römischen Superpächter (Publicani) aus dem Ritterstand auf den Wohlstand der Provinzen aus. Ihre privaten Kapitalgesellschaften streckten der Staatskasse die von den Censoren pauschal festgesetzte Steuersumme vor, die sie dann mit ungeheueren Aufschlägen durch ihre verhaßten Helfer – die ›Zöllner‹ der Bibel – gnadenlos eintrieben. Infolge der Wucherzinsen (bis zu 48 Prozent!), die sie für Kredite forderten, preßten sie die Provinzialen bis zum letzten Blutstropfen aus. Gelegentliche Aufstände der verzweifelten Bevölkerung wurden von der Besatzungsmacht mit brutaler Härte niedergeschlagen.«[1]

In seiner Rede gegen Verres, der sich in Sizilien besonders schamlos bereichert hatte, legt Cicero, wenn auch in rhetorischer Übertreibung, den Finger auf die Wunde des römischen Steuerpächtersystems: »Es trauern alle Provinzen, es klagen alle freien Völker, selbst die Königreiche fordern Genugtuung von uns für unsere

[1] *Heinrich Pleticha/Otto Schönberger* (Hrsg.), Die Römer, Gütersloh 1977, 362.

Taten der Begehrlichkeit und Ungerechtigkeit. Bis zum Ozean hin gibt es keinen noch so entlegenen oder versteckten Platz, wohin nicht in der letzten Zeit die Willkür und die Unbill unserer Leute gedrungen wäre. Schon kann das römische Volk nicht mehr standhalten dem, was ihm von allen Nationen – nicht an Gewalt, Waffen und Krieg, nein an Trauer, Tränen und Klagen entgegenstürmt.«[1]

Es gab in allen römischen Provinzen zwei Arten direkter Steuern: eine Steuer auf den Bodenertrag und eine Kopfsteuer. Diese Steuern waren zur Zeit Jesu in Palästina nicht verpachtet, sondern an die regulären Behörden zu Einzug und Weitergabe delegiert. Dagegen waren alle indirekten Abgaben, das heißt die Zölle, verpachtet. Besonders wichtig war unter diesen Zöllen das *portorium,* ein Grenzzoll, der beim Passieren von Straßen, Brücken, Pässen, Toren und ähnlichen Kontrollpunkten fällig wurde. Die Zollhoheit lag in Rom; dort wurden auch die Arten der Zölle bestimmt, jedoch verfügten die selbständigen Herrschaften innerhalb ihrer Grenzen über den Steuer- und Zolleinzug, während in den prokuratorischen Provinzen wie etwa Judäa mit Idumäa und Samaria seit 6 n. Chr. Rom selbst die Zollrechte ausnutzte. Zuständig für die Organisation und effektive Auswertung dieses Zollsystems war der Prokurator. In der Regel wurden von diesem die einzelnen Zollbezirke an finanzkräftige Beamte meistbietend versteigert, oft genug sogar gegen Vorauskasse. Der Zollpächter zahlte also eine feste Summe pro Jahr an die Staatskasse des Prokurators oder des Tetrarchen, dafür durfte er seinerseits alle Zollrechte des gepachteten Bezirks ausnutzen. Natürlich lag diese Pachtsumme, die dem Staat einen festkalkulierbaren Etatposten garantierte, bereits im Ansatz hoch; durch Versteigerung wurde sie nochmals höher getrieben. Damit der Pächter seine Kosten wieder einholen und einen möglichst hohen eigenen Gewinn darüber hinaus machen konnte, reproduzierte er noch einmal dasselbe System in je kleineren Einheiten nach unten: Als Zollgroßhändler verpachtete er nun seinerseits die einzelnen Zollstellen an »die Zöllner«, das heißt an die eigentlichen Zolleintreiber vor Ort. Der Profit für den »Großhändler« war in dieser Unterverpachtung immer garantiert. Aber natürlich wollte auch der Inhaber einer einzelnen Zollstation auf seine Kosten kommen mitsamt seinen angestellten Mitarbeitern; darum waren unbarmherzig harte Praktiken gang und gäbe. Zwar gab es feste Zolltaxen für einzelne Waren, aber indem man sie falsch wog, falsch maß, zählte und berechnete, zusätzlich die divergierenden Währungen noch mit ausbeuterischen Wechselkursen nutzte, wußten sich die Zöllner immer als die Stärkeren zu behaupten. Dieses Filzen der kleinen Leute wurde ausschließlich von den Unterbeamten und Gehilfen der örtlichen Zollstellen besorgt. Fast immer waren es Männer aus der einheimischen Bevölkerung, und da sie es waren, die allen Druck von oben an den zahlenden Bürger weitergaben, richtete sich hauptsächlich auf sie der Haß und die Verachtung der Bevölkerung als »Schmarotzer« und »Kollaborateure«, die für eine Fremdmacht und die Herodianer die eigenen Landsleute erpreßten.

»Natürlich hatten sich auch die pharisäischen Schriftgelehrten mit dem Fall ›Zöllner‹ beschäftigt. Durch sie wurde festgestellt, daß die Zöllner, soweit sie für den römischen Fiskus arbeiteten (also im prokuratorischen Gebiet von Judäa, Idumäa,

[1] Zit. n.: *Heinrich Pleticha/Otto Schönberger,* ebd.

Samaria), durch diese Abhängigkeit von den Heiden notorisch unrein waren. Auch dadurch, daß sie an den Zollstellen täglich mit Nichtjuden aller Art und mit unreinen Menschen anderer Art zusammenkamen, waren sie ständig im Zustand der rituellen Unreinheit. Da ihr Verdienst aus Betrug und Erpressung stammte, konnte von ihm nicht einmal der Zehnt gezahlt werden, so daß jeder, der bei einem Zöllner aß, nicht nur mit einem Unreinen verkehrte und nicht nur an seinem geraubten Verdienst teilnahm, sondern auch unverzehntete Speise aß.

Der Verdienst eines Zöllners war selbst nicht zum Almosen tauglich. Wegen dieser Verdienstart taugte der Zöllner auch nicht zum Richter und Zeugen; er stand auf einer Stufe mit Würfelspielern, mit Leuten, die Geld gegen Zinsen verliehen und Leuten, die Wetten abschlossen, um damit Geld zu verdienen. Dies waren unehrliche Arten, sein Auskommen zu haben; deswegen waren solche Leute ›öffentliche Sünder‹ und ihnen wurden die Zöllner zugezählt durch die Formel ›öffentliche Sünder und Zöllner‹...

Vor diesem Hintergrund muß man die Zöllnerperikopen der Bibel sehen: Bei Johannes, der bei den Jordanfurten, also in der Nähe der Handelsstraßen taufte, erschienen auch die Zöllner der Umgegend; dort war ja eines ihrer ertragreichsten Gebiete. Und sie fragten: ›Was sollen wir tun?‹ Johannes: ›Verlangt nicht mehr, als für euch festgesetzt ist.‹ (Lk 3,13) Jesus berief Levi/Matthäus, obwohl er ein Zöllner war, und er aß mit ihm in dessen Hause... Jesus kehrte bei Zachäus ein; dieser Zachäus wird ›oberster Zollpächter‹ (Oberzöllner) genannt, was jedoch hier bestimmt nicht Erstpächter, sondern ebenfalls Zweitpächter bedeutet, wahrscheinlich einer, der mehrere Zollstellen gepachtet hatte, aber doch auch selbst an den Zollstellen ›nach dem Rechten‹ sah. Zachäus gab zu, daß der betrog und sich selber wie ein Dieb einschätzte. Aber Jesus aß mit ihm.

Am aufschlußreichsten ist die Parabel vom Pharisäer und Zöllner (Lk 18, 9-14). Gerade die Schriftgelehrten der Pharisäer hatten ja alles zusammengetragen, was den Zöllner den ›öffentlichen Sündern‹ gleichstellte, was ihn zum Unreinen, zum Verachteten machte... ›Zöllner‹ war so sehr zum Inbegriff des abseits Stehenden und Verworfenen geworden, daß es fast losgelöst von diesem seltsamen Beruf gebraucht werden konnte: ... ›...hört er aber auch auf die Gemeinde nicht, dann sei er für dich wie ein Heide oder Zöllner‹ (Mt 18,17).«[1]

Zeitgenössische Münzen S. 107/109

Allgemeine Informationen über den Geldverkehr in neutestamentlicher Zeit haben wir bereits früher gegeben (→I, 352 f). Pilger, Söldner und Händler brachten aus allen Regionen der mittelmeerischen Welt unterschiedliche Münzen mit, so daß viele Fremdwährungen in Israel in Umlauf waren. Dabei standen sich das griechische und das römische Münzsystem gegenüber. *Die griechische Grundeinheit* war die Drachme; sie zerfiel in sechs Oboloi (obolós). Als größere Recheneinheiten hatten die Griechen die Mine (= 100 Drachmen) und das Talent (= 60 Minen) aus dem Orient übernommen. Alle diese Münzwerte finden in den neutestamentlichen Schriften Erwähnung. – *Die römische Grundeinheit* war der Golddenar: er wird im NT nur indirekt Mt 10,9 erwähnt. Am häufigsten genannt wird der Silberdenar, die Sold- und Steuermünze (Mt

[1] *Heinrich A. Mertens*, Handbuch der Bibelkunde. Ein Arbeitsbuch für Unterricht und Predigt, Düsseldorf [2]1984, 591f.

22,19); sie entsprach wie die griechische Drachme etwa einem israelitischen Viertelschekel (→I, 352) und war der gewöhnliche Tageslohn eines Arbeiters.

Wir zeigen im Religionsbuch drei verschiedene Münzen. Links eine *Bronzemünze von Herodes dem Großen* mit griechischer Aufschrift »Der König Herodes«. In seiner ihm eigenen Münzhoheit hat Herodes zunächst den Doppelcharakter seiner Herrschaft durch die Zuordnung hellenistischer und jüdischer Symbole betont; so finden sich zum Beispiel Apollodreifuß und Räucheraltar auf einer Münze. Sie zeigen allgemeine, nicht einseitig festgelegte Motive, um weniger Anstoß zu bieten. Die Legenden sind griechisch verfaßt. – Die Münzen der Herodes-Söhne und -Enkel verraten oftmals ihre diplomatische Gewandtheit. So verwendet Herodes Antipas durchweg nur Symbole wie Palmen und Kränze, die bei den jüdischen Untertanen keine Ablehnung weckten, während Philippus, in dessen Tetrarchie im Ostjordanland kaum Juden lebten, Kaiserbilder und Darstellungen heidnischer Tempel auf seine Münzen setzt, wie dies auch sonst bei römischen Vasallenfürsten üblich war. Die Münzen der Prokuratoren in Judäa und Samaria lassen nach dem Vorbild der Herodianer ebenfalls Rücksichtnahme auf die religiösen Einstellungen des Volkes erkennen. Die Legenden nennen zwar den Kaiser, doch unterbleibt das Kaiserbildnis. Die Herodianer wie die Prokuratoren durften jedoch nur Bronzemünzen prägen. Auf den römischen Silberdenaren war auch in Judäa das anstößige Kaiserbild zu sehen. Die bei Mt 22,20 f überlieferte Begebenheit von der »Steuermünze« nimmt darauf Bezug.

Die in der Mitte abgebildete Münze ist eine *Prägung des Alexander Jannäus* (103-76 v. Chr.), eines Hasmonäerfürsten, der seinen Machtbereich bis zu den Grenzen des früheren David-Staates ausdehnen konnte, wegen seiner weltlichen Politik aber die Gegnerschaft der religiösen Kräfte fand. Seine Münze zeigt auf ihrer Vorderseite in archaischen Lettern den Text j-n-t-n k-h-n g-d-l w-h-b-r h-j-h-d, das heißt: Jonathan, Hoherpriester und die Gemeinde der Juden. Der hebräische Name Jonathan ist gleichbedeutend mit der griechischen Form Jannaios. Wie die anderen hasmonäischen Fürsten bekleidete er das Amt des Herrschers in Personalunion mit dem des Hohenpriesters unter Vermeidung eines eigenen Bildnisses, wie dies jüdischer Einstellung entsprach.

Die rechtsstehende Münze ist eine *römische Goldprägung* mit dem Kopf *des Kaisers Hadrian* (117-138). Die Inschrift lautet: »Hadrianus Augustus«.

Nach der Niederwerfung des jüdischen Aufstandes (→ S. 594f) durch Titus im Jahre 70 nahmen die Römer keine Rücksicht mehr auf die religiöse Einstellung des Volkes. Ihre Siegesmünze mit der Aufschrift *Ioudaías healōkyias* (griechisch) bzw. *Iudaea capta* (lateinisch = nach der Eroberung Judäas) wurden bereits drei Jahre vor der Erstürmung Masadas (im April 72) in Umlauf gebracht. Die Vorderseite, die wir im Religionsbuch nicht zeigen, trägt ein Kaiserbild (Vespasian); auf der Rückseite ist ein triumphierender Legionär und eine jüdische Frau unter einer Palme zu sehen. Manche deuten diese Gestalt als die Siegesgöttin Nike, mehrheitlich wird in ihr aber eine jüdische Gefangene oder die »trauernde Judäa« gesehen. Man kann in dem »Legionär« auch Titus in Feldherrnkleidung sehen, auf den Speer gestützt, den linken Fuß auf einen Helm gesetzt. Unsere Darstellung in der Zeichnung von Josef Schelbert ist stark vergrößert. Das Original hat in etwa die Größe eines Zwei-Mark-Stücks.

Die Spannung zwischen der jüdischen Kultgemeinde und dem politischen System, sei es die römische Oberhoheit, sei es die Herrschaft der Herodianer, bot eine unaufhörliche Fülle immer neuer Konflikte, die einerseits mit grausamer Härte zu erledigen gesucht wurden, die andererseits aber die Wut der Unterdrückten fortwährend steigerte. Nachdem Prokuratoren die bedingte Eigenständigkeit des Landes in römische Allzuständigkeit überführt hatten und diese Prokuratoren ungleich weniger Rücksicht zeigten als ihr Kaiser, wuchs die Spannung zwischen den Juden und der römischen Staatsmacht weiterhin. Das Volk begehrte immer wieder von neuem auf. War es einmal der vom Kaiser gebotene Zensus, eine peinlich genaue Volkszählung und Vermögensschätzung, unter dem ersten Prokurator Coponius zum Zweck der Besteuerung durchgeführt, so waren es gleich darauf Willkür und Übergriffe und insbesondere immer wieder die Verletzung des so sensiblen religiösen Gefühls der Juden. Vor allem hatte Pilatus »für die Gewissenhaftigkeit und Empfindlichkeit der Juden in Glaubensdingen nichts als Verachtung übrig, was er durch einen provozierenden Schritt auch deutlich zu verstehen gab. Er ließ Banner mit dem Abbild des Kaisers in den Tempel bringen. Und Caligula, der wahnsinnige Nachfolger des Augustus, verlangte die Aufstellung seines Standbildes im Tempel. Vierzig Tage lang belagerten die über die Gotteslästerung aufgebrachten Juden den Amtssitz des Statthalters bis gerade noch rechtzeitig aus Rom die Nachricht von der Ermordung des Irren eintraf.«[1]

Es kann nicht verwundern, daß die immer feindlicher werdende Stimmung gegen die römische Besatzungsmacht die Entwicklung von militanten Untergrundbewegungen förderte. Dabei ging von dem streng religiösen Kern des Volkes eher eine mäßigende Wirkung aus. Die Schriftgelehrten lebten ohne Interesse an Besitztum und weltlicher Macht, einzig dem Studium und der Deutung des Gesetzes ergeben. Die in ihrer Mehrheit gemäßigten Pharisäer waren bemüht, ihr Volk durch Ermutigung zum strikten Festhalten am Glauben der Väter für alle schweren Zeiten zu stärken, die bevorstünden, und zum geduldigen Warten auf eine bessere Zukunft. Die Schule Hillels lehrte Langmut und Ergebung, die strengere Schule Schammais enthielt sich ebenfalls aller Reden, die zum Aufruhr hätten reizen können (→ S. 599, 603 ff).

Dennoch entwickelte sich eine Bewegung extremer Patrioten, die eine revolutionäre Konspiration betrieben, die Zeloten (griech. *zälootäs,* Eiferer). Offensichtlich war auch wenigstens einer der Jünger Jesu ein Zelot: in Mt 10,4 und Mk 3,18 hat er den Beinamen *Kananaios,* der Lk 6,15 und Apg 1,14 mit *zälootäs* wiedergegeben wird. Als sich das Verhältnis zwischen Römern und Juden so verschlechterte, daß jeder exekutiert wurde, der sich des Aufruhrs auch nur verdächtig machte, trieb diese unnachgiebige Repression die zelotischen Widerstandsgruppen in den Extremismus. Ein Teil dieser Zeloten ging,

[1] *Abba Eban,* Dies ist mein Volk. Die Geschichte der Juden, Zürich 1970, 82 f.

wohl insbesondere zur Zeit des Prokurators Antonius Felix, in den Untergrund und bildete dort Banden von Sikariern (von *sica*, Dolch), die mit kleinen Dolchen im Gewande die Römer terrorisierten und kollaborierende Elemente aus dem Weg räumten. Im Jahre 66 führte der Fanatismus der kämpferischen Zeloten ebenso wie die Gewaltherrschaft des Prokurators Florus zu einem Aufstand in Caesarea und zum Ausbruch des Jüdischen Krieges.

Der Text unseres Religionsbuchs erwähnt einen »Judas aus Galiläa«, dessen Aktivitäten zu Beginn der seitdem immer mehr eskalierenden Entwicklung steht. Dieser Judas vertrat die Parole: »Es ist euch nicht erlaubt, dem Kaiser Steuern zu zahlen.« Damit meinte er nicht die Grund- und Vermögenssteuer, sondern die auf dem Zensus von 6 n. Chr. beruhende Kopfsteuer. Diese kaiserliche Kopfsteuer konkurrierte nämlich mit der von Nehemia eingeführten Tempelsteuer, die ebenfalls eine Kopfsteuer war. Jeder Jude über zwanzig Jahren, auch der aus fernen Diasporaländern, zahlte sie als Beisteuer zu den Kultuskosten. So war die Kopfsteuer zugleich eine Zugehörsteuer, ein Symbol der persönlichen Zugehörigkeit zu Jahwe und der Kultusgemeinde. Die Kopfsteuer des Kaisers erregte in besonderer Weise, weil sie eine Zugehörigkeit zum Kaiser ausdrücken konnte – eine Perspektive, die ein gläubiger Jude für sich persönlich ablehnte. Judas von Galiläa mobilisierte mit seiner Parole – »Es ist euch nicht erlaubt, dem Kaiser (Kopf-)Steuer zu zahlen« – den subversiven Widerstand gegen die Römerherrschaft. Er selbst ließ in diesem Kampf das Leben, aber der Partisanenkampf erhielt durch ihn kräftige Impulse, welche der Zelotenbewegung und den Sikarier-Gruppen Auftrieb gaben.

Die Priesterschaft S. 110

Das nachexilische Judentum bildete im wesentlichen einen »Tempelstaat«, der innenpolitisch unter einem Priesterregiment stand. Der Ausbau dieser Ordnung wurde durch die tempelfreundlichen Perserkönige ermöglicht und von priesterlichen Heimkehrern aus dem Exil durchgeführt. Hinter ihnen stand der Einfluß von Priesterideen, der während des Exils von Babylonien und dem Perserreich aus wirksam wurde, ganz wesentlich aber auch der Einfluß Ezechiels und anderer kultisch denkender Propheten.

Die vornehmsten Priester bildeten eine aristokratische Klasse, die ihre Geschichte auf Zadok, den Oberpriester unter David und Salomo, zurückführte. Die übrigen Priester leiteten sich von Levi ab. Für die Zeit des zweiten Tempels (450 v. Chr. - 70 n. Chr.) sind folgende Strukturen des Priestertums erkennbar: Die priesterliche Kompetenz beruht auf Abstammung in drei Ordnungen: die adeligen Priester berufen sich auf Zadok, die gewöhnlichen auf Aaron, die unteren Chargen wie Diener und Sänger auf Levi. Die gesamte Priesterschaft gliederte sich in 24 Klassen bzw. Geschlechter. Turnusgemäß stellte jede dieser Klassen etwa zweimal im Jahr von einem Sabbat zum nächsten die Hauptwache in Jerusalem. Die Zahl aller Priester ging in die Tausende.

Der Dienst im Tempel: Bereits vor Morgengrauen standen die Priester auf, nahmen ein rituelles Bad und kleideten sich an. Sie waren während ihrer Dienstzeit in Wachstuben nördlich des Tempelhauses untergebracht. Jeden Morgen wurden durch Los die verschiedenen Aufgaben verteilt. Dazu gehörten Räucherung, Brandopfer und verschiedene Opferriten; auch das Reinigen des Altares sowie der Unterhalt des Feuers und der Lampen zählten zu den priesterlichen Funktionen. Bei Tagesanbruch wurde ein Lamm geschlachtet, auf den Marmorplatten neben dem Altar zerlegt und zu einigen Teilen verbrannt. Die amtierenden Priester erhielten Erstlinge und weitere Anteile von den Opfergaben.

Das Zeichen zum morgendlichen Gottesdienst war das Dröhnen eines Gongs. Die gottesdienstliche Zeremonie, von Musik und Gesang begleitet, dauerte mehrere Stunden. Den weiteren Vormittag verbrachten die Priester u.a. mit der Darbringung privater Opfer. Gegen Abend fand ein zweites Gemeinschaftsopfer statt. In der Nacht bewachten Priester und Leviten den Tempel und seine Höfe. Ein Priester hütete das Feuer auf dem Altar.

Die Priesterkleidung: Die gewöhnliche Priesterkleidung bestand aus weißen Kniehosen, darüber ein langes weißes Gewand mit Gürtel; auch die Kopfbedeckung war weiß. Der Hohepriester trug über dieser weißen Kleidung eine fußlange blaue Robe, deren Saum mit Quasten und anderem Schmuck gefaßt war. Darüber kam ein westenartiges Kleidungsstück mit goldener und roter Stickerei. Die mit zwölf großen Edelsteinen besetzte Tasche wurde auf der Brust getragen.

Ansehen und Geltung: In der Zeit des Zweiten Tempels war das Judentum in keiner Hinsicht mehr ein monolithischer Block. Die vielen außenpolitischen und kulturellen Überfremdungen lösten Umbrüche und äußerst kontroverse Entwicklungen aus. Anfänglich stellte allerdings die aristokratische Priesterschaft aus dem Stamme Zadok die unangefochtene Führungsschicht. Sie konnte an die Überlieferungen der Königszeit anknüpfen und hatte ein Bewußtsein ihrer eigenen Autorität und Würde. Da angesichts der immer weiter streuenden Diaspora und des fehlenden Königtums der Tempel mehr und mehr Symbol der Einheit wurde, partizipierte auch die höhere Priesterschaft an der gewachsenen Bedeutung. Wallfahrtsfeste verankerten deren Stellung weit über das Land hinaus im Diasporajudentum. Gleichzeitig gewann der Tempelkult politische und wirtschaftliche Bedeutung und begründete die zentrale Stellung Jerusalems.

Das Ansehen der höheren Priesterschaft zerfiel allerdings, seitdem das Amt des Hohenpriesters zum politischen Schacher mißbraucht wurde. Im Jahre 164 v. Chr., kurze Zeit vor dem Aufstand der Hasmonäer, erschlich sich der Bruder des amtierenden Hohenpriesters durch Bestechung das Hohepriesteramt:

»Sobald Jason das Amt an sich gebracht hatte, führte er unter seinen Landsleuten die griechische Lebensart ein. Absichtlich ließ er unmittelbar unterhalb der Burg ein Gymnasion errichten, und die Söhne der besten Familien brachte er dazu, den griechischen Hut aufzusetzen. So kam das Griechentum in Mode; man fiel ab zu der fremden Art... Schließlich kümmerten sich die Priester nicht mehr um den Dienst am Altar; der Tempel galt in ihren Augen nichts, und für die Opfer hatten sie kaum mehr Zeit. Dafür gingen sie eilig auf den Sportplatz, sobald die Aufforderung zum Diskuswerfen erging, um an dem Spiel, das vom Gesetz verboten war, teilzunehmen«. (2 Makk 4, 10b. 12-14)

Unter den Hasmonäern fand dieses Treiben ein Ende. Jetzt beanspruchten jedoch neue Kreise das Amt des Hohenpriesters, außerhalb der zadokidischen Tradition. Gewöhnlich strebten die hasmonäischen Könige selbst nach dieser Würde und lösten damit die alte Ordnung wesentlich auf. Die Willkür Herodes' des Großen, ausschließlich Männer seines Beliebens und in oft abrupter Umbesetzung zum Hohenpriester zu machen, unterlief das Ansehen des Amtes noch mehr und machte offenkundig, daß es für fremde Machtinteressen usurpiert wurde. Dennoch spielte der Hohepriester bis zum Untergang Jerusalems im Jahre 70 immer wieder eine herausgehobene, oft auch eine vermittelnde Rolle.

Die Sadduzäer: Der Name ist die in der Römerzeit latinisierte Fassung der sich von Zadok ableitenden Priesterschaft, den Zadokiden. Der Name enthält also einen aristokratischen Anspruch, wenngleich der enge Kreis der von Zadok abgeleiteten Priesterschaft längst aufgeweicht und durch fremde Linien erweitert worden war. Oft beschreibt man die Sadduzäer als eine »Partei« jener Zeit; das vermittelt jedoch falsche Vorstellungen. Besser spricht man von einer Gruppe des Judentums, die aristokratisch geprägt war und zu der außer Priestern und Leviten auch reiche Landbesitzer, Höflinge und Kaufherren gehörten. Sadduzäer waren betont traditionalistische Leute. Sie wehrten sich gegen die Einführung neuer Ordnungen. Der Tempelkult war ihre institutionelle Stütze. Die Heilige Schrift beschränkte sich für sie auf die Tora, die mosaischen Bücher der Weisung. Diese Tradition nahmen sie ganz wörtlich, aber was dort nicht geschrieben stand, lehnten sie ab. Die gewiß nicht geringen mündlichen Überlieferungen zur Tora fanden bei ihnen keine Anerkennung.

Natürlich maßen sie den späteren Schriften ebenso wenig Autorität zu, wie sie vertiefte Glaubenserfahrungen späterer Zeiten weit von sich abwiesen. Der Auferstehungsgedanke blieb deswegen für die Sadduzäer außen vor. Da die prophetischen Bücher von ihnen gering geachtet wurden, war auch ihre religiöse Überzeugung kaum messianisch geprägt. So wurden sie in ihrer Grundhaltung zu Rationalisten und kalkulierenden Machtmenschen. Sie glaubten nicht, daß sich Jahwe mit dem täglichen Leben der Menschen befasse, weshalb jeder seine eigenen Probleme selbst lösen müsse. In ihrer politischen Praxis waren die Sadduzäer deswegen oft genug Opportunisten, die es mit den jeweiligen Oberherrschern hielten. Ihre Antwort bei Joh 19,15, als sie dem Pilatus sagen: »Wir haben keinen König außer dem Kaiser!«, läßt solche Berechnung durchschimmern.

Mit dem Untergang des Tempels und des Opferkults war auch das institutionelle Rückgrat der Sadduzäer gebrochen. Während die pharisäische Bewegung dem Judentum den Weg über den Zusammenbruch hinweg in die nachfolgenden zwei Jahrtausende gehen hilft, verlieren sich die Spuren der Sadduzäer bald nach dem Ende des Tempelkults. Die tragende Kraft der Synagoge (→II, 522 ff) ist pharisäisch geprägt.

Das Synedrium – Der Hohe Rat (hebräisch: *sanhedrin*) war die jüdische Verwaltungs- und Gerichtsbehörde in Jerusalem während der hellenistisch-römischen Zeit. Dieses Gremium bestand aus siebzig und einem Mitglied unter dem Vorsitz des Hohenpriesters. Man kann an Gruppierungen unterscheiden a) »die Hohenpriester«; das ist der regierende Ausschuß, der auch die früheren Hohenpriester umfaßt, nachdem das Amt nicht mehr lebenslänglich wahrgenommen wird; b) »die Ältesten«, zu denen die »Häupter der vornehmen Familien« zählen, also bevorzugt sadduzäische Aristokratie und c) »die Schriftgelehrten«. Hatte ursprünglich der Priesteradel die Dominanz, so gewannen später die pharisäischen Schriftgelehrten an Einfluß. Der Rat entschied über Auslegungsfragen der Tora, die meistens konkrete Konsequenzen für die jüdische Lebenspraxis hatten und war außerdem höchster Gerichtshof der Juden (→III, 403 f). Er tagte in der Quadersteinhalle im inneren Tempelvorhof. Die Mitglieder saßen im Halbkreis, drei Reihen von Schülern hinter sich. In der Mitte saß der präsidierende Hohepriester. Zwei Schreiber schrieben die Verhandlungen auf.

In die Kompetenz des Hohen Rates fiel auch die Entscheidung über Krieg und Frieden. Da der Sanhedrin gegen Herodes opponiert hatte, ließ dieser, als er König geworden war, fünfundvierzig der einundsiebzig Mitglieder hinrichten und nahm dem Rat seine weltlichen Machtbefugnisse. Auch die Römer beschnitten die Kompetenzen. Wahrscheinlich nahmen sie dem Sanhedrin das Recht, eine von ihm gefällte Todesstrafe ohne Zustimmung des Prokurators exekutieren zu lassen.

Nach dem Fall Jerusalems hoben die Römer den Hohen Rat auf. An seine Stelle traten bald die Schulen des rabbinischen Judentums.

Die Pharisäer sind den meisten Lehrern (und der Pfarrerschaft nicht minder) nur aus dem Neuen Testament bekannt, und zwar in einer recht klischeehaften Kennzeichnung als die Gegner Jesu. Da die Pharisäer als die lebendigste Kraft des Judentums das sich von ihm lösende Christentum am meisten herausforderten und andererseits auch für die Zukunft der jüdischen Religion nach dem Ende des zweiten Tempels die größte Bedeutung gewannen, waren sie von jeher Anlaß zu polemischer Kontroverse. Nahum N. Glatzer bezeichnet das Pharisäertum als eine der am wenigsten verstandenen Bewegungen in der Religionsgeschichte des Altertums. Weil das Verständnis dieser Bewegung für die Aufarbeitung einer vorurteilsbelasteten jüdisch-christlichen Geschichte von grundlegender Bedeutung ist, andererseits aber die Pharisäerpolemik des Neuen Testaments den Religionsunterricht von früh auf desorientiert, soll wenigstens ein kurzer Blick auf die Forschungsgeschichte fallen.

Zur Geschichte der Pharisäerforschung

Mit Julius Wellhausens (1844-1918) Pointierung – »Jesus war kein Christ, sondern ein Jude« – begann eine neue Phase in der Frage nach dem historischen Jesus. Die Erforschung der religiösen und politischen Lebenswelt Jesu rückte auch die Pharisäer als einen wesentlichen Faktor jener Zeit in den Vordergrund des Interesses.

Den ersten (jüdischen) Versuch unternahm Abraham Geiger (1875), indem er die geistigen Strömungen des Judentums zur Zeit des Zweiten Tempels wissenschaftlich zu erfassen suchte. Er erklärte die Bedeutung der Pharisäer vom politischen Gegensatz zu den Sadduzäern her. Während die sadduzäische Tradition nicht nur den Opferdienst, sondern das Heilige schlechthin allein dem Priestertum vorbehielt, hätten die Pharisäer das ganze Volk in diese Gottesbeziehung gerückt: »Gott hat sein ganzes Volk gerettet und allen das Erbe und die Königsherrschaft und das Priestertum und die Heiligung verliehen« (2 Makk 2, 17). In Hillel (50 v. Chr. – 10 n. Chr.) sah Geiger den ersten bedeutenden Vertreter dieser neuen Richtung; indem er sie so charakterisierte, kommt ihm das Verdienst zu, das Klischee von der starren Gesetzlichkeit der Pharisäer als erster aufgebrochen zu haben.

Dieselbe Sicht gewinnt leider bei Julius Wellhausen in seiner Untersuchung von 1874[1] noch keinen Raum. Wellhausen geht von einem scharfen Gegensatz zwischen Propheten und Pharisäern aus: den Propheten schreibt er ein ideales Bild von der Herrschaft Gottes zu; die nachexilischen Schriftgelehrten, Bindeglied zwischen Prophetentum und Pharisäertum, hätten die Ideale der Prophe-

[1] *Julius Wellhausen,* Die Pharisäer und die Sadduzäer. Eine Untersuchung zur inneren jüdischen Geschichte, Greifswald 1874.

ten verwirklichen wollen. Weil hierzu alle Voraussetzungen fehlten, sei die Tora an die Stelle Gottes getreten, der göttliche Wille sei mit den 613 Geboten und Verboten der Tora eingetauscht worden, und statt Gott habe nun das Gesetz geherrscht. Die Heiligung des Lebens erkennt Wellhausen den Pharisäern zu, doch meint er, die Gesetze hätten bei ihnen das Gewissen überflüssig und den Menschen unfrei gemacht.

Wellhausens Urteil ist primär von der antipharisäischen Polemik der Evangelien bestimmt. Jüdisches Schrifttum der Jesuszeit spielt eine weitaus geringere Rolle. Die theologische Arbeit aber wird in der Folge wesentlich von Wellhausen beeinflußt. Wenn man ein pauschales Resümee der theologischen Forschung wagen will, bleibt vor allem zu sagen, daß überwiegend Negativität und Starrheit für das pharisäische Judentum festgestellt wird. Auch französische Theologen wie Renan, de Pressence und Reville wiederholen fortwährend die Behauptung einer pharisäischen Überbetonung des Gesetzlichen. Dabei ist die fast ausschließliche Orientierung an den Evangelien zu beobachten, während eine Beachtung jüdischer Quellen nur sehr mäßig oder gar nicht erfolgt. Niemals stellt sich auch nur einer der Theologen die Frage, wie eine so sture, starre und unlebendige Religion, die man in der pharisäischen Auslegung wahrzunehmen glaubt, zweitausend Jahre überdauern konnte und wie Juden in aller Welt, auch als Nachbarn der Christen, damit leben konnten.

Der erste christliche Gelehrte, der erkannte, daß die Tora nicht nur starres Gesetz, sondern auch Gnade ist und die Synagoge eine überragend bedeutsame, für die Kirche beispielgebende Schöpfung des nachexilischen Judentums, war R. Travers Herford. Er fand in den Schriften der pharisäischen Bewegung als Grundmotiv die Frömmigkeit, »welche Gott sucht und findet, welche zu ihm in Liebe und demütigem Vertrauen aufblickt«. Bei aller talmudischen Kasuistik sah Herford in den Pharisäern »Weise«; sie waren für ihn »Menschen, die Gott ehrlich dienten und in der Tora sein volles und vollkommenes Wort fanden«.[1]

Der wesentliche Beitrag der jüdischen Forschung zur Korrektur des Pharisäerbildes darf nicht übersehen werden. Leo Baeck hebt die Laienfrömmigkeit der Pharisäer besonders hervor. An die Stelle des Tempelpriestertums tritt das Priestertum aller, an jene des Tempelopfers der Synagogengottesdienst mit Gebet und Schriftauslegung. »Wie ich heilig bin, so sollt auch ihr heilig sein«, ist kennzeichnendes Gotteswort; es konstituiert die »erste religiöse Gemeinde« in der Geschichte.[2] Die Arbeiten von Georg F. Moore,[3] Nahum N. Glatzer,[4] und Louis Ginzberg[5] können hier nicht weiter referiert werden, doch verdient der Beitrag von Martin Buber[6] noch einen besonderen Hinweis, der den Beziehungen zwischen Jesus und den Pharisäern nachging, um ein offenes

[1] *R. Travers Herford,* Die Pharisäer, Köln 1961 (Vorwort: Nahum N. Glatzer).

[2] *Leo Baeck,* Die Pharisäer (43. Bericht der Hochschule für die Wissenschaft des Judentums), Berlin 1927, Neuauflage Berlin 1934.

[3] *George F. Moore,* Judaism in the First Centuries of the Christian Era. The Age of the Tannaim, Cambridge, Massachusetts 1927/30.

[4] *Nahum N. Glatzer,* Hillel the Elder, New York 1957.

[5] *Louis Ginzberg,* The Religion of the Pharisees, in: Students, Scholars and Saints, Philadelphia 1928.

[6] *Martin Buber,* Antisemitismus und jüdisches Volkstum, Sonderheft »Juden«, Berlin 1925.

Gespräch zwischen Christen und Juden zu initiieren. Er sah die Pharisäerdarstellung der Evangelien als eine polemische Bearbeitung an, weil diese bereits »im Kampf gegen das die christliche Kirche ablehnende Judentum stehen«. Buber weist darauf hin, daß in den ältesten Textschichten wie Mk 12,28-34 die Pharisäer »nicht fern vom Reiche Gottes« gesehen werden, während sie später bei Mt 22,35-40 oder Lk 10,25-28 als doppelzüngig und hinterlistig gelten, etwa um Jesus in der Frage nach dem höchsten Gebot hereinzulegen. Buber meint, die Pharisäer fügten das Gesetz in die lebendige Sinaitradition ein, Jesus dagegen wolle in die »Unbedingtheit des Gesetzes eindringen«, in die Wolke, aus der über dem Sinai die Stimme erschallt. In einer so begründeten Religion sei der Bruch zwischen »gemeintem und gelebten Leben« vorgezeichnet.

Was sind Pharisäer?

Der Name Pharisäer (griechisch: *pharisaîos,* neuhebräisch: *pārūsch,* aramäisch und syrisch: *p.rūschā*) wird gewöhnlich mit der Bedeutung »Abgesonderte« erklärt, jedoch gibt es keine zweifelsfreie Deutung. Manche sehen den Namen als Spottnamen an, der von Gegnern angehängt worden sei, sei es wegen einer politischen Trennung von Judas Makkabäus, sei es wegen ihres Anspruchs auf kultische Reinheit und Heiligkeit. Wieder andere deuten die Benennung im Sinne von »Exeget«: der Pharisäer sei jemand, der das Gesetz »aussondern«, das heißt »unterscheiden« helfe, damit man es leben könne.

Im Alten Testament werden Pharisäer nicht, im Neuen Testament sehr häufig erwähnt. Die wichtigste Informationsquelle über sie ist Josephus, der selbst ein Pharisäer war. In Josephus' Darstellung treten die Pharisäer zum ersten Mal während der Regierungszeit des Hyrkanus (→ S. 581) auf. Sie rekrutierten sich aus allen sozialen Schichten des Volkes, verkörperten also ähnlich wie die Synagoge ein demokratisches Gemeindeverständnis. Sowohl Priesteradel und Großgrundbesitzer, aber auch Handwerker und Tagelöhner konnten Pharisäer sein, Proselytensöhne nicht ausgeschlossen. Deshalb lebten Pharisäer in allen Kreisen der Bevölkerung und erreichten mit ihrer Überzeugung nahezu jedermann. Das Motto Simon ben Schetas: »Trenne dich nicht von deiner Gemeinschaft«, leitete sie dabei. Josephus erzählt, wie es zum Bruch zwischen Pharisäern und Sadduzäern kam; als Hauptgrund gibt er an, »daß die Pharisäer durch mündliche Überlieferung viele Gebote aufbewahrt haben, die in die Gesetzgebung Mose nicht aufgenommen sind. Diese Gebote verwirft die Sekte der Sadduzäer und behauptet, das allein sei maßgebend, was geschrieben stehe, während die mündliche Überlieferung keine Gültigkeit habe. Darüber entstanden oft heftige Streitigkeiten, wobei die Sadduzäer nur die Reichen, die Pharisäer aber die große Menge des Volkes auf ihrer Seite hatten«. (Ant. XIII, 10,6)

Josephus' Darstellungen sind oft schematisch und stellenweise auch widersprüchlich. So waren die Pharisäer und Sadduzäer weder Sekten noch Philosophenschulen, wie er den römischen Lesern zu erklären versucht, doch hat er recht, daß der Unterschied zwischen den Pharisäern und anderen, nicht nur sadduzäischen Bewegungen in der Bewertung der *mündlichen* Tora liegt (→ III, 564-569). Zwar konnten sich auch die Sadduzäer de facto mit dem geschriebenen Gebot allein nicht begnügen; die »Tradition der Vorväter« war bekannt und anerkannt. Doch ging der Streit um die Verhältnisbestimmung zwischen der Schrift-Tora und den überlieferten und seit je gelebten Traditionen. Auch die Sadduzäer leugneten nicht die Notwendigkeit von Gesetzen und Halacha, die nicht in der Tora festgelegt sind, aber allein das geschriebene Wort war für sie bindend, nicht die mündliche Überlieferung. Die Pharisäer sahen hingegen, daß letztlich nur mündliche und kontinuierliche Bemühung um die Schrift – in Auslegung und Brauchtum – den Erhalt der Tora garantierte.

Hyrkanus ließ nach dem Bericht des Josephus alle Bestimmungen der Pharisäer für eine religiöse Lebensführung für ungültig erklären, in der Hoffnung, durch diese Erleichterung die Gunst des Volkes zu finden. Aber das Volk stellte sich auf die Seite seiner Lehrer. Zur Zeit des Alexander Jannäus (103-76 v. Chr.; vgl. S. 593) wurde der bei Hyrkan bereits vorbereitete Bruch zwischen Pharisäern und dem hasmonäischen Herrscherhaus offenkundig. Danach begann eine regelrechte Verfolgung der Pharisäer; viele flohen außer Landes. Simon ben Scheta, ihr Führer in jenen Tagen – er war der Bruder der Königin – mußte weggehen aus Jerusalem und verdankte wohl nur dem Schutz seiner Schwester Alexandra das Leben.

Als aber Alexandra nach dem Tod ihres Mannes die Regierung übernahm (76-67) – die einzige friedliche Zeit, die Israel in jener Epoche erlebte – wurde Simon ihr »Kanzler«. In diesen neun Jahren hatten die Pharisäer größten Einfluß auf die Politik des Landes, doch vor allem erstreckte sich dieser auf das religiöse Leben. Ihre Stimme im Hohen Rat wurde so gewichtig, daß die Sadduzäer und sadduzäischen Hohenprister pharisäischen Ansichten in manchen Dingen Folge leisteten. Nach Alexandras Tod hatten sie nie wieder derartigen Einfluß auf das öffentliche Leben.

Eine immer noch verbreitete Ansicht verbindet die Pharisäer mit konservativ verknöcherten Positionen in Israel. Das Gegenteil trifft zu: die Pharisäer waren fortschrittliche – wenngleich nicht liberale – Reformer. Die in der Anwendung der mündlichen Lehre erreichte Humanisierung der mosaischen Gebote war eine ihrer wesentlichen Leistungen. Insbesondere versuchten sie das Strafrecht menschenfreundlich auszulegen. So interpretierten sie das *lex talionis,* das ehedem auch einmal ein Fortschritt war, in dem es mit der Regel »Aug' um Auge, Zahn um Zahn« jede Unverhältnismäßigkeit der Vergeltung bekämpfte, nunmehr so, daß für zugefügtes Unrecht Schadensersatzleistungen zu entrichten waren. Die Todesstrafe wurde mit so vielen Bedingungen umgeben, daß sie kaum zur Anwendung kam. Die Strafe des Auspeitschens – nach Dtn 25,3 »vierzig Schläge« – wurde reduziert und nur angewandt, wenn nach ärztlicher Ansicht sicher war, daß das Opfer sie überleben würde. Jochanan ben Sakkai, ein Zeitgenosse Jesu, lehnte das im Num 5,11-31 genannte Gottesurteil für eine mutmaßliche Ehebrecherin mit der Begründung ab, daß man von Frauen nur erwarten könne, sich ihm zu unterziehen, wenn ihre Männer rein wären; dies aber sei nicht mehr der Fall (Mischna Sota 9,9). Daß einer geschiedenen Frau ihr Besitz zurückgegeben wird, wurde auf pharisäische Initiative hin Gesetz. (In England konnte diese Regelung gerade erst auf ihren hundertsten Geburtstag zurückblicken.) Insgesamt gab es bei den Pharisäern die Tendenz, die Lage der Frauen zu verbessern. Auch Josephus bestätigt (Ant. XIII, 10,6) ihre oft milden Urteile.

Demgegenüber vertraten die Sadduzäer die wörtliche Auslegung der in der Tora vorgesehenen Strafforderungen. Als in den Tagen der Königin Alexandra die Pharisäer die harten sadduzäischen Dekrete rückgängig machten, feierten das Volk und seine Lehrer einen öffentlichen Festtag.

Die Sabbatgesetze waren in den Augen der Pharisäer zu unbestimmt, darum definierten sie neununddreißig Arbeiten, die am Sabbat verboten waren; alle anderen Tätigkeiten galten als erlaubt. Der pharisäische Sabbat ist nie wie der calvinistische Sonntag gewesen. Er ist ein Tag der Ruhe und der Muße, des Studiums und der Erholung, auch für die Sklaven damals und selbst für die Tiere. Ein Tag der Freude also und des Friedens, ein Vorgeschmack auf die Zeit, in der »immer Sabbat« ist (→II, 516 ff). Die Christen verdanken ihnen den Sonntag, die Muslime den Freitag, auch wenn sie ihn meist nicht heiligen.

Durch die Art, wie die Pharisäer einen »Zaun« um die Tora errichteten, fügten sie der Tora neue Gesetze hinzu. Da zum Beispiel Graben am Sabbat verboten ist, sollte man nach pharisäischer Meinung nicht einmal einen Spaten anrühren, weil er zum Graben verleiten könne. Christlicherseits wird diese Genauigkeit oft nicht verstanden und als übertriebene Kasuistik belächelt. Das Angebot, das diese Exaktheit enthält, wenn Jesus sagt, wer schon eine andere Frau begehrlich anschaue, habe die Ehre gebrochen, wird oft als »Radikalisierung« gedeutet. Im Grunde ist aber die Bergpredigt, das Herzstück der Lehre Jesu, so etwas wie dieser pharisäische »Zaun um die Tora«.

Mit ihrer Würdigung der Tora und der Hervorhebung des Laien begründeten die Pharisäer ein umfassendes Erziehungssystem. In jedem Dorf, in jeder Stadt, überall, wo Juden lebten, wurden Schulen eingerichtet, die »allen« offenstanden (d.h. allen Männern; die Fortschrittlichkeit hat auch hier ihre Grenzen: →III, 578 ff). Im Laufe der Zeit brachten sie eine neue intellektuelle Strenge in das religiöse Denken, die oft kritisiert wurde. Auf der anderen Seite hatten die Pharisäer einen Sinn für Poesie, die später in der Haggada, in Volkssagen, Gleichnissen, witzigen Phantasien und metaphysischen Spekulationen ihren Ausdruck fand.

Angesichts all dessen, läßt sich die Behauptung, die Pharisäer wären scheinheilige Heuchler und sture Paragraphenreiter gewesen, nicht aufrechterhalten, obwohl es diese natürlich auch gab, wie es in jeder Religion solche Menschen gibt. Doch kaum eine religiöse Bewegung kritisierte die eigenen Anhänger so streng wie gerade die Pharisäer. So heißt es im Jerusalemer Talmud, es gebe sieben Arten von Pharisäern: Solche, die ihre Frömmigkeit vor aller Welt zur Schau tragen; andere, die immer noch meinten, ein Gebot erfüllen zu müssen; wieder andere, die gute und böse Taten gegeneinander aufrechneten; solche, die mit ihrer Askese prahlten; andere, die dauernd wissen wollen, welche Sünden sie begangen hätten; dann solche, die das Gute aus Furcht wie Hiob tun und zum Schluß solche, die es aus Liebe tun wie Abraham.

Von ihnen allen, heißt es, sei keiner beliebt im Himmel außer dem, der wie Abraham aus Liebe Gutes tut.

Jesus und die Pharisäer

Wahrscheinlich lernte Jesus schon als Kind von pharisäischen Rabbis die

Tora und ihre Auslegung, vielleicht ging er zu ihnen in die Schule (→III, 578-582), hörte auch Wanderpredigern zu. Wie jedem Pharisäer war für ihn in späteren Lebensjahren eine genaue Schriftkenntnis selbstverständlich. Das Pharisäertum seiner Zeit war jedoch keineswegs homogen. Allgemein bekannt ist die Polarisierung zwischen den beiden Schulen des Rabbi Hillel (um 50 v. Chr. – 10 n. Chr.) und des Rabbi Schammai (er lebte ebenfalls in den letzten Jahrzehnten v. Chr.). Hillel vertrat eine flexible, menschenfreundliche Auslegung der Tora (Gamaliel, den Apg 5,34 ff, 22,3 erwähnt, gehörte seiner Schule an), während Schammai als Repräsentant eines strengeren, rigorosen Verständnisses bekannt ist. Jesus kann von beiden Richtungen des Pharisäertums nicht unberührt geblieben sein. Aufs Ganze gesehen darf man sagen, daß er Hillels Schule weitgehend selbst vertreten hat. Seine Seligpreisung der Friedensstifter, die Jesus Söhne Gottes nennt (Mt 5,9) finden wir auch bei Hillel: »Seid wie die Söhne Aarons, die Frieden lieben und suchen, Frieden stiften zwischen Mann und Frau und allen Kreaturen Liebe entgegenbringen.« Die besondere Zuwendung zu den Armen und Bedürftigen kennzeichnet wie Jesus auch Hillel und seine Schule. Wie Jesus seine Jünger lehrt: »Mit dem Gericht, mit dem ihr richtet, werdet auch ihr gerichtet werden« (Mt 7,2), so lehrt auch Gamaliel seine Schüler: »Mit dem Maß mit dem ihr meßt, werdet auch ihr gemessen werden« (B. Sot 15af). Wenn Matthäus im 23. Kapitel in geballtem Affront die Weherufe Jesu über »die Schriftgelehrten und Pharisäer« zusammenstellt, so hat an dieser Kritik gewiß die zeitgenössische Auseinandersetzung mit dem Judentum mitgeschrieben, dennoch kann als historischer Anstoß dazu ein Disput mit der Schammai-Schule beteiligt sein. »Wehe euch, ihr Schriftgelehrten und Pharisäer, ihr Heuchler!« heißt es Mt 23,13:»Ihr verschließt das Himmelreich vor den Menschen!« Jene, die zur Zeit Jesu den Sündern Anteil am »kommenden Gottes Reich« absprachen, waren die Schammaiten. Diese teilten die Kandidaten für das kommende Reich in drei Gruppen ein: Den Frommen war das ewige Leben verheißen, den Sündern die ewige Verwerfung, den durchschnittlichen Menschen eine Zeit des Gerichts in der Gehenna. Die Hilleliten bestritten diese Zuweisung.

Sie lehrten, daß die Sünder wie die gesamte Menschheit, also auch die Nichtjuden, am ewigen Leben teilhätten. Grundlage dieser hillelitischen Argumentation war die Freundlichkeit des Schöpfers, der Ps 117 Ausdruck gibt. Ähnlich verhielt sich Jesus kritisch gegen die strenge Auslegung der Schammai-Pharisäer in bezug auf das Schwören, die Bewertung der Opfergabe, den Tempelzehnt und jeglichen Gesetzesgehorsam, dessen äußerem Vollzug keine innere Gesinnung entspricht.

Dennoch war Jesus kein Vertreter irgendwie gearteter Laxheit. Er trat entschieden, wie jeder Pharisäer, für die Tora ein: »Wer also eines dieser geringsten Gebote aufhebt und die Menschen so lehrt, wird der Geringste heißen im Himmelreich; wer sie aber tut und lehrt, wird groß heißen im Himmelreich« (Mt 5,19). Zur mündlichen Tora, wie sie die Pharisäer gegenüber den Sadduzäern vertraten, sagte er: »Auf dem Lehrstuhl des Mose sitzen die Schriftgelehrten und Pharisäer. Tut und haltet alles, was sie euch sagen« (Mt 23,2 f), wobei der dann folgende Vorbehalt erneut der Schammai-Schule gelten konnte, aber auch darüber hinaus als innerpharisäische Kritik verständlich ist.

Als besonders kontrovers zur pharisäischen Einstellung wird immer wieder

Jesu Haltung zum Sabbat angeführt. Im Blick auf die pharisäischen Reformen der Sabbatgesetze kann man jedoch sagen, daß Jesus in deren Sinn nie gegen das Sabbatgebot verstoßen hat. Nur in den Augen der Sadduzäer wäre von einem Verstoß zu reden. Es ist denkbar, daß die Diskussion über die Sabbatfrage ursprünglich mit Sadduzäern geführt wurde, denn Pharisäer sahen einen Menschen, der unter Gefahr des eigenen oder eines anderen Menschen Leben den Sabbat hielt, als Sünder an. Wenn Jesus sagte: »Der Sabbat ist um des Menschen willen und nicht der Mensch um des Sabbats willen geschaffen« (Mk 2,27), so lesen wir im Talmud: »Der Sabbat wurde euch gegeben, nicht ihr wurdet dem Sabbat gegeben« (B. Joma 85b u.ö.). Bei Joh 7,23 sagt Jesus: »Wenn nun ein Mensch am Sabbat die Beschneidung empfängt, ohne daß das Gesetz des Mose verletzt wird, was zürnt ihr mir, wenn ich am Sabbat einen ganzen Menschen gesund gemacht habe?« Ganz ähnlich formuliert der Talmud: »Wenn die Beschneidung, die nur eines der 248 Glieder des Körpers betrifft, den Sabbat verdrängt, um wieviel mehr verdrängt ihn dann die Rettung des ganzen Körpers?« (B. Joma 85b)[1]

Auch die Umkehrpredigt, wie Jesus sie an seine Zeitgenossen richtete, war beiden pharisäischen Schulen gemeinsam. Ihnen ist auch das Reden in Gleichnissen vertraut, wenngleich die beeindruckende Gestalt der jesuanischen Gleichnisse in der pharisäischen Literatur von einmaligem Glanz ist. Die Botschaft der Gleichnisse Jesu kennt jedoch mannigfaltige Parallelen: Wenn Jesus das Gleichnis vom verlorenen Sohn bei Lk 15,10 mit den Worten einleitet: »So sage ich euch, bei den Engeln Gottes wird mehr Freude sein über einen einzigen Sünder, der umkehrt«, so lautet diese Überzeugung im Talmud: »Wo die reuigen Sünder in der künftigen Welt stehen, da werden die ganz Gerechten nicht stehen dürfen.« Jesus versichert den Sündern, daß es für die Umkehr zu Gott nie zu spät ist, denn »die Letzten werden die Ersten sein« (Mt 20,16; Lk 13,30). In B. Awoda Sara 17b heißt es: »Es gibt solche, die einen Platz in der kommenden Welt nach vielen Jahren erhalten und solchen die ihn sofort erhalten.«

Als Resümee der angeführten Beispiele darf gesagt werden, daß Jesus ein Mensch seiner Zeit war. Wie Hillel predigte er die Goldene Regel als Kern der Tora und der Propheten (Mt 7,12; Lk 6,31; B. Schab 31a). Er glaubte wie die Pharisäer um ihn herum, er beachtete wie sie die Gesetze und gebotenen Regeln, er lebte wie ein toratreuer Pharisäer lebte. Sie sahen in ihm einen »Kollegen« und nannten ihn auch so (Lk 12,13; vgl. Mk 10,51; Sifre Num 96). Weder das Liebesgebot noch die Umkehrpredigt, auch nicht sein Engagement für die Armen oder sein Einsatz für Feindesliebe und Gewaltlosigkeit sind in der pharisäischen Lehre ohne Parallelen. Dennoch hebt er sich von ihnen allen ab durch die Ganzheit, in der er dieses Ethos gelebt und durch seinen Tod beglaubigt hat (→ S. 287).[2]

[1] Eine ausführliche Zusammenfassung talmudischer Gesetze zur Frage der Heilung am Sabbat hat *R. David Feldmann* in seinem Kommentar zu »Kizzur Schulchan Arach« (Auszug aus Schulchan Arach) als Leitfaden für Rabbis und Lehrer zusammengestellt (ohne apologetische Gedanken an das NT). Deutsch bei *Hyam Maccoby,* König Jesus, Tübingen 1982, Anhang 4b, 230f.

[2] Ich stütze mich voraufgehend auf eine Zulassungsarbeit zur Ersten Dienstprüfung an der Pädagogischen Hochschule Reutlingen von *Annemie Scholl,* Jesus und die Pharisäer, WS 1982/83,

Didaktische Konsequenzen

Die Welt, in der Jesus lebte, unterscheidet sich grundlegend von unserer Zeit und dem Orientierungsrahmen unserer Kinder. Damit sie die neutestamentlichen Texte verstehen können, müssen sie soviel wie möglich von dieser Zeit erfahren. Dafür ist es wichtig, daß der Lehrer die bibelkundlichen Kapitel aller vier Bände in jedem Schuljahr überschaut. Biblischer Unterricht ohne die Kenntnis – und Wertschätzung! – der jüdischen Welt ist ein Unding. Wichtig ist insbesondere, die zeitbedingte Polemik, welche die Evangelien gegen das Judentum vertreten, aus den Bedingungen der sich von der Synagoge trennenden christlichen Gemeinde zu verstehen, aber auch zu sehen, daß sie bis in dieses Jahrhundert der christlichen Judenfeindschaft immer wieder Nahrung gab. Daß im Zentrum dieser Polemik ein einseitiges Pharisäerbild steht, wollten unsere Ausführungen deutlich machen. Sie müssen nicht dazu führen, nunmehr das damalige Pharisäertum ohne Schatten zu sehen, sondern dürfen im Blick auf die nie zaghafte Selbstkritik die gewiß vorhandenen Verkrustungen aufzeigen. Aber die Kritik wahrt ihre eigenen Bedingungen, wenn sie zeigt, daß Jesus nicht von außen sein »Ich aber sage euch« dagegen setzte, sondern als gläubiger Jude im Rahmen einer gläubigen Tradition.

Es bleibt auch zu bedenken, daß viele neutestamentliche Texte gar nicht plausibel sind und ihre eigentliche Spannung verlieren, wenn von vornherein mit einem negativen pharisäischen Zerrbild gearbeitet wird. Als Beispiel kann das Gleichnis vom Pharisäer und Zöllner dienen (Lk 18,9-14). Was wäre seine Aussage wert, wenn der Pharisäer lediglich eine unglaubwürdige, formalistisch erstarrte Figur wäre, statt den lebendigsten und ernsthaftesten Teil der gläubigen Judenschaft zu repräsentieren? Wer den Pharisäer nur als Karikatur sieht, seinen Namen lediglich als Synonym für Scheinheiligkeit und Augenwischerei gebraucht, nivelliert auch die frohe Botschaft Jesu für alle, die »Zöllner« sind: denn nur, wenn jene in ihrer religiösen wie bürgerlichen Achtbarkeit gesehen werden, erstrahlt das Evangelium für die Randsiedler der Gesellschaft und jeder Glaubensgemeinschaft in seinem vollen Licht.

die durch den Tübinger Judaisten *Reinhold Mayer* beraten wurde. Während R. Mayer (wie Joseph Klausner u.a. jüdische Forscher) Jesus den Pharisäern zugehörig zählt, verneint *Franz Mußner* diese Ansicht (vgl.: Traktat über die Juden, München 1979, 276), räumt aber ein: »Mit Blick auf die verschiedenen Gruppen im damaligen Judentum kann man höchstens sagen, daß Jesus der Gruppe der Pharisäer näherstand als den anderen Gruppen des Judentums.« Ebd., 276.